Uni-Taschenbücher 1888

UTB FÜR WISSENSCHAFT

Eine Arbeitsgemeinschaft der Verlage

Wilhelm Fink Verlag München
Gustav Fischer Verlag Jena und Stuttgart
Francke Verlag Tübingen und Basel
Paul Haupt Verlag Bern · Stuttgart · Wien
Hüthig Verlagsgemeinschaft
Decker & Müller GmbH Heidelberg
Leske Verlag + Budrich GmbH Opladen
J. C. B. Mohr (Paul Siebeck) Tübingen
Quelle & Meyer Heidelberg · Wiesbaden
Ernst Reinhardt Verlag München und Basel
Schäffer-Poeschel Verlag Stuttgart
Ferdinand Schöningh Verlag Paderborn · München · Wien · Zürich
Eugen Ulmer Verlag Stuttgart
Vandenhoeck & Ruprecht in Göttingen und Zürich

Gerhard Köbler

Etymologisches Rechtswörterbuch

J.C.B. Mohr (Paul Siebeck) Tübingen

Die Deutsche Bibliothek – CIP-Einheitsaufnahme

Köbler, Gerhard:
Etymologisches Rechtswörterbuch / Gerhard Köbler. – Tübingen : Mohr, 1995
(UTB für Wissenschaft : Uni-Taschenbücher ; 1888)
ISBN 3-8252-1888-0 (UTB)
ISBN 3-16-146420-6 (Mohr)
NE: HST; UTB für Wissenschaft / Uni-Taschenbücher

Druck: Presse-Druck, Augsburg;
Einbandgestaltung: Alfred Krugmann, Stuttgart

ISBN 3-8252-1888-0 UTB Bestellnummer

Vorwort

Das fast täglich komplexer werdende menschliche Recht kommt als gedankliches Gebilde bekanntlich in der Sprache zum Ausdruck und hat mit ihr wie alles Irdische eine von der Dimension Zeit vorgegebene Geschichte. Erst deren Kenntnis macht seinen Inhalt jedermann verständlich. Deswegen erstaunt es, daß ein deutsches etymologisches Rechtswörterbuch, welches die einfache analytische Frage beantwortet, wie ist eigentlich dieses oder jenes im Recht verwendete Wort zu verstehen, noch nicht vorliegt.
Begründet ist dieser auffällige Mangel eines entstehungsanalytisch orientierten Rechtswörterbuches, das die grundlegenden Rechtswörter der Gegenwartssprache auf ihre anfänglichen Bausteine und deren Bedeutung zurückführt, freilich wohl nur allzu gut durch die schwierige Ausgangslage. Zu gewaltig ist nämlich die von den dunklen Anfängen der Verschriftlichung menschlichen Denkens bis zur informationsgesellschaftlichen Gegenwart ins Unermeßliche steigende Flut der Quellen. Zu bescheiden sind andererseits zugleich die aus diesem Material von der immer weiter zurückbleibenden Forschung erzielten Ergebnisse.
Schon für die allgemeine Sprache liegt deswegen auch für kaum eine einzige Sprachstufe eine wirklich befriedigende Darstellung vor. Die besondere rechtssprachgeschichtliche Forschung steht sogar noch hinter diesem mangelhaften Stand weit zurück. Selbst das seit hundert Jahren zumindest das ältere Quellenmaterial sammelnde und darstellende Deutsche Rechtswörterbuch ist derzeit erst zur guten Hälfte abgeschlossen.
Deswegen muß ein Einzelner, der die Lücke eines deutschen etymologischen Rechtswörterbuches in einem überschaubaren Zeitraum durch ein einheitliches Werk schließen will, seine Arbeitsmethode an diesen Schwierigkeiten ausrichten. Er muß durch selbständige langjährige Forschung zunächst in seiner Person die interdisziplinäre Verbindung von Rechtswissenschaft, Geschichtswissenschaft und Sprachwissenschaft herstellen. Danach muß er die bereits vorliegenden Teilergebnisse möglichst gut miteinander verbinden und durch die kompensatorisch-suppletive Addition ihrer Stärken zugleich ihre gravierenden partiellen Schwächen summarisch minimieren.
Unter dieser Zielsetzung ist es dem vorliegenden Buch erstmals gelungen, für den rechtlichen, auch einzelne lateinische Wörter einschließenden Grundwortschatz und seine allgemeinsprachlichen Bausteine die zur verständigen Analyse unabdingbare geschichtliche Grundlage in einem einzigen streng alphabetisch geordneten Band mit insgesamt etwa 12000 Ansätzen und Verweisen zusammenzufassen. Dieser gibt für jedes Stichwort zunächst eine grammatikalische Bestimmung und mindestens einen Bedeutungshinweis,

welcher dem Leser so einfach wie möglich erklärt, wie das Lemma im Neuhochdeutschen der Gegenwart zu verstehen ist. Danach verfolgt er rückwärtsschreitend von Sprachstufe zu Sprachstufe die Entwicklungsgeschichte des Stichwortes, wobei immer wieder normalisierter Ansatz, grammatikalische Bestimmung und Bedeutungshinweis(e) nebeneinandergestellt werden. Analytisch wird so das Lemma bzw. das in ihm vertretene Sprachelement bis zu seinen ältesten Wurzeln zurückverfolgt. Weil diese wegen der Vielfältigkeit deutscher Rechtsgeschichte häufig im Fremdsprachlichen liegen, ergibt sich hieraus fast zwanglos ein Überblick über nahezu fünftausend Jahre europäischer Rechtssprachgeschichte.

Dieser ist wegen der übersichtlichen Anlage des Werkes für jedermann ohne besondere Vorkenntnisse leicht verständlich. Mit den allgemeinen Grundfragen der Etymologie macht den Leser darüber hinaus eine kurze Einführung vertraut. Will er selbst weiter forschen, so bieten ihm die allgemeinen Literaturhinweise bequeme Einstiegshilfen.

Auf dieser Grundlage kann das Werk schon dem studentischen Anfänger zum unabdingbaren Wegweiser in die juristische Gedankenwelt werden. Es lehrt ihn zum einen, welche sprachlichen Ergebnisse das uralte Ringen um Gerechtigkeit bisher gezeitigt hat. Es zeigt ihm zum anderen, wann und wo oder durch wen Entwicklungen eingetreten sind. Und schließlich vermittelt es ihm durch die retrospektive Analyse auch das grundsätzliche Wesen rechtlicher Denkweise und Sprachgestaltung schlechthin.

Geschaffen ist das Buch aus der eigenen wissenschaftlicher Neugier bezüglich der Geschichte der Sprache des Rechts. Zur Verfügung steht es allen, denen das Recht scheinbar ohne Geschichte in der Sprache begegnet. Möge es die Erkenntnis erleichtern, daß auch das in Sprache verkörperte Recht nur in seiner Geschichtlichkeit wirken kann.

Zu danken habe ich abschließend an dieser Stelle allen meinen Mitarbeitern, welche mich bei dieser Aufgabe unterstützt haben. Mein besonderer Dank gilt dabei meinen freien Mitarbeitern Veronika Schönegger und Brigitte Vylet, welche die leidigen chronischen Schwächen zweier fester Mitarbeiter freundlicherweise ausgeglichen haben. Nur ihr besonderer Einsatz hat den raschen Ausdruck möglich gemacht.

Widmen möchte ich die Arbeit meinem akademischen Lehrer Karl Kroeschell, der meine rechtssprachgeschichtlichen Neigungen von unserer ersten Begegnung vor mehr als 30 Jahren an ununterbrochen gefördert hat.

Wassertrüdingen, den 13. 5. 1995 — Gerhard Köbler

Abkürzungsverzeichnis

A. = Auflage, Anfang
aal. = altalemannisch
abay. = altbayerisch
Abl. = Ablativ
Adj. = Adjektiv
Adv. = Adverb
ae. = altenglisch
afries. = altfriesisch
afrk. = altfränkisch
afrz. = altfranzösisch
agascogn. = altgascognisch
ahd. = althochdeutsch
ai. = altindisch
air. = altirisch
airan. = altiranisch
Akk. = Akkusativ
akkad. = akkadisch
Akt. = Aktiv
alat. = altlateinisch
alger. = algerisch
amerik. = amerikanisch
amfrk. = altmittelfränkisch
an. = anomal
Anf. = Anfang
anfrk. = altniederfränkisch
anglonormann. = anglonormannisch
anrhfrk. = altnordrheinfränkisch
aobd. = altoberdeutsch
aofrk. = altostfränkisch
apoln. = altpolnisch
aprov. = altprovenzalisch
arab. = arabisch
arhfrk. = altrheinfränkisch
Art. = Artikel
as. = altsächsisch
aslaw. = altslawisch
asmfrk. = altsüdmittelfränkisch
asrhfrk. = altsüdrheinfränkisch
assyr. = assyrisch
athem. = athematisch
athür. = altthüringisch
atschech. = alttschechisch
atürk. = alttürkisch
awestfrk. = altwestfränkisch
babyl. = babylonisch
chin. = chinesisch
C. = codex
d. = deutsch
D. = Digesten
Dat. = Dativ
DRW = Deutsches Rechtswörterbuch
DW = Deutsches Wörterbuch
E. = Ende
F. = Femininum
f. = folgender
ff. = folgende
fnhd. = frühneuhochdeutsch
frz. = französisch
Fut. = Futur
galloroman. = galloromanisch
Gen. = Genetiv
germ. = germanisch
Gerund. = Gerund(ium)
Gerundiv. = Gerundiv(um)
got. = gotisch
gr. = griechisch
H. = Hälfte
hd. = hochdeutsch
I. = Institutionen
Instr. = Instrumental
i.S.v. = im Sinn von
iber. = iberisch
idg. = indogermanisch
Imp. = Imperfekt
Imper. = Imperativ
Ind. = Indikativ
Interj. = Interjektion
it. = italienisch
jap. = japanisch
Jh. = Jahrhundert
jidd. = jiddisch
kelt. = keltisch
ketschua. = ketschuasprachig
kirchenlat. = kirchenlateinisch
kirchenslaw. = kirchenslawisch
Komp. = Komparativ
Konj. = Konjunktion, Konjunktiv
kroat. = kroatisch
kymr. = kymrisch
lang. = langobardisch
lat. = lateinisch
Lbd. = Lehnbedeutung
lombard. = lombardisch
Lsch. = Lehnschöpfung
Lüs. = Lehnübersetzung
Lüt. = Lehnübertragung
Lw. = Lehnwort
M. = Maskulinum, Mitte
mal. = mittelalterlich
mbay. = mittelbayerisch
md. = mitteldeutsch
me. = mittelenglisch
mfrz. = mittelfranzösisch
mgr. = mittelgriechisch
mhd. = mittelhochdeutsch
mlat. = mittellateinisch

mmd. = mittelmitteldeutsch
mnd. = mittelniederdeutsch
mnl. = mittelniederländisch
mostfrk. = mittelostfränkisch
N. = Neutrum
nd. = niederdeutsch
ne. = neuenglisch
ngr. = neugriechisch
nhd. = neuhochdeutsch
nlat. = neulateinisch
nnd. = neuniederdeutsch
nnl. = neuniederländisch
Nom. = Nominativ
nordd. = norddeutsch
nordwestd. = nordwestdeutsch
Num. Kard. = Grundzahl
Num. Ord. = Ordnungszahl
obd. = oberdeutsch
oberit. = oberitalienisch
ON = Ortsname (als Quelle)
ON. = Ortsname (als Wortart)
Opt. = Optativ
ostd. = ostdeutsch
ostgerm. = ostgermanisch
ostmd. = ostmitteldeutsch
ostmmd. = ostmittelmitteldeutsch
P. = Person
Part. = Partizip
Partik. = Partikel
Pass. = Passiv
pers. = persisch
Pl. = Plural
PN = Personenname (als Quelle)
PN. = Personenname (als Wortart)
polab. = polabisch
poln. = polnisch
polynes. = polynesisch
portug. = portugiesisch
PPP. = Partizip Präteriti Passiv
pr. = principium
Präf. = Präfix
Präp. = Präposition
Präs. = Präsens
Prät. = Präteritum
Prät.-Präs. = Präterito-Präsens
Pron. = Pronomen
red. = reduplizierend
rh. = rheinisch
roman. = romanisch
rotw. = rotwelsch
russ. = russisch
s. = siehe
Sb. = Substantiv
schwäb. = schwäbisch
schwed. = schwedisch
schweiz. = schweizerisch
serbokroat. = serbokroatisch
Sg. = Singular
slaw. = slawisch
slow. = slowenisch
span. = spanisch
spätlat. = spätlateinisch
spätmhd. = spätmittelhochdeutsch
st. = stark
str. = streitig
subst. = substantiviert
südd. = süddeutsch
Suff. = Suffix
sumer. = sumerisch
Superl. = Superlativ
sw. = schwach
türk. = türkisch
u.U. = unter Umständen
ungar. = ungarisch
urspr. = ursprünglich
venez. = venezianisch
vgl. = vergleiche
vorahd. = voralthochdeutsch
vord. = vordeutsch
vorkelt. = vorkeltisch
Vt. = Viertel
vulgargr. = vulgargriechisch
vulgarlat. = vulgarlateinisch
Vw. = Verweis
westfränk. = westfränkisch
westgerm. = westgermanisch
westjidd. = westjiddisch
westmd. = westmitteldeutsch
westroman. = westromanisch
zigeunersprachl. = zigeunersprachlich

Einführung

1. Aufgabe

Das älteste deutsche Buch ist die Übersetzung des lateinisch-lateinischen Synonymenlexikons Abrogans in das Altbayerische in der Mitte des 8. Jahrhunderts. Seit diesem Werk ist die Reihe der Wörterbücher in Deutschland nie mehr abgerissen. Zu groß war der mit ihnen verbundene Gewinn für den Benutzer.

Mit der Zunahme des Wissens wuchs dabei auch der Umfang der lexikalischen Sammelwerke. Die Erfindung des Buchdruckes machte es zudem möglich, diese formal alphabetisch oder inhaltlich systematisch geordneten Darstellungen schnell, weit und preiswert zu verbreiten. Damit wurde das Wörterbuch eine gesicherte und geschätzte, ja in gewisser Weise sogar unabdingbare Einrichtung.

An diese wurden seit der Aufklärung besondere wissenschaftliche Anforderungen gestellt. Deswegen begann das 19. Jahrhundert mit einer Reihe neuer Grundlagenwerke. Sie betreffen vor allem auch die deutsche Sprachwissenschaft.

Für die älteste hochdeutsche Sprachstufe, das Althochdeutsche, legte etwa Eberhard Gottlieb Graff seit 1834 seinen damals vorbildlichen Althochdeutschen Sprachschatz vor. Dem folgte seit 1867 Matthias Lexer mit seinem 1878 abgeschlossenen Handwörterbuch des Mittelhochdeutschen, dem er im gleichen Jahr ein seitdem vielfach aufgelegtes Taschenwörterbuch zur Seite stellte. Und schon 1854 hatten Jacob Grimm und Wilhelm Grimm den ersten, bis Biermolke reichenden Band ihres umfassenden Deutschen Wörterbuches veröffentlicht, dem sich seit 1881 ein besonderes Schweizerisches Idiotikon anschloß.

Für die besondere Fachsprache des Rechts wies Heinrich Brunner im Jahre 1894 darauf hin, daß das einzige einigermaßen brauchbare Glossar von Christian Gottlob Haltaus (1758) zu dürftig und zu alt sei, weshalb er in Parallele zu einem Wörterbuch der klassischen römischen Jurisprudenz (Vocabularium iurisprudentiae Romanae, Bd. 1-5 1894-1987) ein neues Wörterbuch der deutschen Rechtssprache forderte. Dieses sollte in zehn bis zwölf Jahren hergestellt sein. Der Umfang sollte 600 Bogen doppelt gespaltenen Quartformates jedenfalls nicht überschreiten.

Diese vielfältigen Unternehmungen führten bis zur Gegenwart freilich keineswegs zu befriedigenden Ergebnissen. Schon das große, streng alphabetisch geordnete Deutsche Wörterbuch der Gebrüder Grimm ist bis weit über die Hälfte des Alphabetes ziemlich dürftig, gibt für diesen Teil nur den längst völlig veralteten Stand der Abfassungszeit wieder, erfaßt für viele seiner Stichwörter anscheinend nur einigermaßen beliebig herausgegriffene jüngere Belege, schließt über weite Strecken alles jüngere aus fremden Sprachen aufgenommene Wortgut aus, ist deshalb schon in sich insgesamt viel zu uneinheitlich und kann selbst in seiner in einzelnen Teilen (a, d) erschienenen zweiten Bearbeitung mit der rasenden Weiterentwicklung der Gegenwartssprache kaum Schritt halten.

Für die ältere Zeit des Neuhochdeutschen ist zwar in jüngster Zeit der Versuch eines eigenen frühneuhochdeutschen, das ältere Neuhochdeutsche mit dem jüngeren Mittelhochdeutschen zusammenfassenden Wörterbuches begonnen worden. Dieses beruht aber auf einer eher engen sachlichen und einer auch persönlich schmalen Grundlage. Deshalb ist es bisher über erfreuliche Anfänge kaum hinausgekommen.

Für das damit gleichzeitig auf einen kleineren zeitlichen Rahmen eingeengte Mittelhochdeutsche gilt die Lage trotz der seinerzeit großen Verdienste Matthias Lexers als desolat. Die Quellenbasis seiner nicht streng alphabetisch geordneten Werke ist zu sehr auf einen engen Ausschnitt konzentriert. Die Nachweise sind so unübersichtlich beigegeben, daß sich nur mit erheblichen Mühen feststellen läßt, wann ein mittelhochdeutsches Wort erstmals bezeugt ist. Nicht allzu viel besser steht es um das in etwa parallele Mittelniederdeutsche, für welches eine neue lexikalische Darstellung ebenfalls noch nicht weit genug vorangebracht worden ist.

Im Bereich des zeitlich vor dem Mittelhochdeutschen liegenden Althochdeutschen ist demgegenüber die Lage günstiger. Es gibt ein seit 1952ff. im Erscheinen befindliches Großprojekt Althochdeutsches Wörterbuch, das allerdings wegen seines langsamen Fortschreitens ungleich aktuell ist. Daneben besteht ein nicht ganz leicht verständliches, nicht durchweg normalisierendes, belegloses Spezialwörterbuch zu den althochdeutschen Texten sowie ein Belegstellen bietendes Wörterbuch zu den altdeutschen Glossen. Schließlich ist beides von mir selbst noch zu einem handlichen Wörterbuch des althochdeutschen Wortschatzes zusammengefaßt worden, welches sich um die Sammlung aller interessierenden Angaben bemüht. Einigermaßen brauchbar aufbereitet ist auch der parallele altsächsische und altniederfränkische Wortschatz.

Das diesen Einzelsprachen und zugleich dem Altfriesischen, Altenglischen, Altnordischen und Gotischen zeitlich vorausliegende Germanische ist demgegenüber ziemlich unzureichend bearbeitet. Zwar werden an den unterschiedlichsten Stellen rekonstruierte germanische oder teilgermanische Ansätze geboten. Eine zusammenfassende aktuelle alphabetisch geordnete Übersicht aber fehlt und wäre ein dringliches Desiderat.

Im Gegensatz hierzu wurde die dem Germanischen wie dem Keltischen, Slawischen, Lateinischen, Griechischen usw. vorausgehende wissenschaftlich rekonstruierte sprachliche Einheit des Indogermanischen oder Indoeuropäischen immerhin im Indogermanischen Etymologischen Wörterbuch Julius Pokornys vor nicht allzu langer Zeit zusammengestellt. Dieses nahm zwar noch keine Rücksicht auf die inzwischen entwickelte

Laryngaltheorie. Dessenungeachtet werden die von Pokorny anerkannten rekonstruierten indogermanischen Ansätze aber doch mehr oder weniger unverändert von der gesamten etymologischen Forschung weiterverwendet.
Im Bereich der Rechtssprache führten hundert Jahre intensiver Sammeltätigkeit für das von Brunner angeregte Deutsche Rechtswörterbuch immerhin zu mehr als einer Million Belegen, von denen vielleicht die Hälfte auch bereits in die im Jahre 1932 bis Bergkasten und im Jahre 1994 bis minderjährig gediehene Veröffentlichung einfloß. Allerdings wurde dabei das zunächst festgelegte Grenzjahr 1750 bald in das neue Grenzjahr 1832 geändert, was ein so starkes Wachstum und eine so geringe Publikationsgeschwindigkeit zur Folge hatte, daß eine Rückverlegung auf das Jahr 1800 für Grundwörter und auf das Jahr 1700 für Zusammensetzungen nötig wurde. Da zudem ursprünglich die jüngeren Lehnwörter ausgespart, später aber doch aufgenommen wurden, ging mit der langen Dauer der Bearbeitung auch in dieser Hinsicht die Einheitlichkeit der Bearbeitungsweise verloren. Mit der geschichtlichen Entwicklung wird zudem die Distanz zwischen bearbeiteter Zeit und Bearbeitungszeit immer größer, so daß es sich fragt, für welchen Juristen das nach Vorstellungen des 19. Jahrhunderts begonnene und voraussichtlich im Jahre 2036 in 16 Bänden zu je 800 Seiten und insgesamt etwa 120.000 Stichwörtern abgeschlossene Werk noch interessant sein wird.
In dieser Lage hätte man vielleicht erwarten können, daß die immer noch bestehende Lücke eines brauchbaren sprachgeschichtlichen Rechtswörterbuches durch das seit 1964 im Erscheinen befindliche Handwörterbuch der deutschen Rechtsgeschichte geschlossen würde. Dieses ist aber in erster Linie sachlich ausgerichtet und bietet nur vereinzelt sprachgeschichtlich weiterführende Hinweise. Deshalb besteht der von Heinrich Brunner beklagte Mangel nach wie vor. Diesen will das vorliegende Buch vorläufig in einfacher und doch zugleich weiterführender neuer Art und Weise abstellen.

2. Anlage

Das Deutsche Etymologische Rechtswörterbuch will in erster Linie den gegenwärtigen Grundwortschatz der deutschen Rechtssprache durch Verwendung der geschichtlichen Betrachtungsweise für möglichst viele Interessierte knapp und klar verständlich machen. Es bezieht dazu in strenger alphabetischer Ordnung Wörter aller Art ein und schließt umgekehrt Namen als Bezeichnungen bloß individueller Gegebenheiten (von wenigen grundsatzverletzenden Ausnahmen abgesehen regelmäßig) aus. Als deutsche Wörter gelten dabei alle in der deutschen Sprache benutzten Wörter, mögen sie auch in einer anderen Sprache entwickelt und aus dieser in das Deutsche aufgenommen worden sein. (Zusätzlich sind alle für den Juristen heute noch notwendigen lateinischen Wörter unter besonderer Kennzeichnung beigegeben.)

Innerhalb des Deutschen beschränkt sich das Deutsche Etymologische Rechtswörterbuch auf den (an sich stets in Entwicklung befindlichen und damit offenen und auf Erweiterung angelegten) Rechtswortschatz. Als Rechtswort wird dabei nicht nur das ausschließlich innerhalb rechtlicher Texte verwendete Wort (Rechtswort im engeren Sinn wie z.B. Gefängnis, mieten, Mord, pfänden, Richter, verklagen) angesehen, sondern auch jeder Ausdruck für irgendeine rechtliche Bewertung einer allgemeinen Erscheinung (Rechtswort im weiteren Sinn wie z.B. Fleisch, Haus, Zeichen). Dementsprechend werden vor allem Maße, Münzen, Waffen, Titel, Verwaltungsgliederungen, Berufe, Körperteile, Verwandtschaftsbezeichnungen, Symbole und Beleidigungen grundsätzlich einbezogen und außerdem zahlreiche in den unscharfen Grenzzonen zwischen juristischer Fachsprache und anderen Fachsprachen oder auch zwischen juristischer Fachsprache und Umgangssprache liegende Wörter (z.B. Axiom, Linguistik, Psychotherapie, Garaus, klauen, schummeln) sowie wichtigere Grundwörter vergangener Zeitabschnitte (z.B. Büttel, Gewere, Heergewäte, Kaiser, Sendgericht, Weichbild) aufgenommen.

Ausgangspunkt ist also der allgemeine Grundwortschatz der heutigen Rechtssprache. Jedes seiner Stichwörter wird zunächst grammatikalisch grob nach der Wortart bestimmt. Danach wird es mit einem oder mehreren, formal durch Anführungszeichen und Abführungszeichen gekennzeichneten Bedeutungshinweis(en) versehen, welche(r) das semantische Wissen des Lesers aktivieren und zugleich auch regelmäßig verbessern soll(en).

Dabei wird nicht außer acht gelassen, daß die lexikographische Theorie hierfür im Grundsatz hohe Anforderungen aufgestellt hat. Diese sind in der Praxis aber bisher nirgends eingelöst worden. Deswegen werden auch hier nur teils semantische Definitionen, teils Begriffs- und Sachbeschreibungen und teils Synonyme gegeben. Aus praktischen Gründen werden dabei mehrere Bedeutungshinweise jeweils durch ein Komma voneinander getrennt, Beistriche innerhalb einer Erklärungseinheit aber entgegen der üblichen Konvention nicht gesetzt.

Von hier aus erfolgt die Suche nach der geschichtlichen Herkunft des Wortes, welche in ganz unterschiedliche Zeiten zurückführen kann. Zwar gilt dabei der Erfahrungssatz, daß ein Stichwort im Zweifel umso jünger ist, je komplizierter es aufgebaut ist. Dies trifft aber doch auch nicht ausnahmslos zu.

Deswegen stellt sich als erstes die Frage, ob das Wort zeitlich vor das Neuhochdeutsche (d.h. vor 1650 bzw. 1500) (in das Frühneuhochdeutsche [1350-1650] oder) in das ältere (süddeutsche) Mittelhochdeutsche (1050-1350 [bzw. 1650]) (oder in das in etwa parallele norddeutsche Mittelniederdeutsche [1150-1650]) zurückreicht. Dann wird nach abgekürzter Angabe der betreffenden Sprachstufe die (frühneuhochdeutsche bzw.) mittelhochdeutsche (bzw. mittelniederdeutsche) Form in gleicher normalisierter Weise mit grammatikalischer Bestimmung und Bedeutungshinweisen angeführt.

Schwierigkeiten bereitet dabei allerdings, daß Matthias Lexers Mittelhochdeutsche Wörterbücher infolge ihrer aus heutiger Sicht zu schmalen Quellenbasis den mittelhochdeutschen Wortschatz keineswegs ausschöpfen und auch Angaben für eine eventuelle Entstehungszeit nicht leicht machen. Hilfsweise kann hier aber vor allem doch auch auf das bereits veröffentlichte Material des Deutschen Rechtswörterbuches zurückgegriffen werden. Dieses scheidet zwar nicht deutlich genug zwischen mittelhochdeutschen und mittelniederdeutschen Belegen, es versieht aber wenigstens die Mehrzahl seiner umfangreichen Nachweise mit Orts- und Zeitangaben. Für die letzten Buchstaben des Alphabetes bietet im übrigen auch das Deutsche Wörterbuch der Gebrüder Grimm wertvolle Hilfen.

Reicht ein Wort zeitlich über die (frühneuhochdeutsche oder) mittelhochdeutsche (oder mittelniederdeutsche) Epoche bis in das Frühmittelalter zurück, so gewähren die neuen Wörterbücher des Althochdeutschen (750-1050) wieder einen etwas sichereren Grund. Da die Überlieferung des etwa gleichzeitigen Altsächsischen (8./9. Jh.-1150) und Altniederfränkischen (9. Jh.-11. Jh.) deutlich weniger umfangreich ist, schadet es nicht zu sehr, daß hier auch die lexikalische Aufbereitung noch nicht die optimale Gestalt gewonnen hat. Besonders bedauerlich ist an dieser Stelle freilich, daß das altdeutsche Glossenwörterbuch seine nichtalthochdeutschen Belege nicht klar genug individualisiert.

Mit dem 6. bis 8. Jahrhundert sind dann bereits die Anfänge der Schriftlichkeit berührt. Alles Frühere ist sowohl von der Seite des Ansatzes her wie auch von der Seite der Bedeutung her rekonstruiert(, weshalb im übrigen in Übereinstimmung mit der allgemein üblichen Konvention der Ansatz durch einen vorgesetzten Stern (*) gekennzeichnet wird).

Bezüglich dieser Rekonstruktion besteht die Gefahr des klassischen zirkulären Schlusses. Dessenungeachtet wird aber hier, wenn mehrere germanistische Sprachen ein Stichwort parallel überliefern, die hieraus an Hand der sprachgeschichtlichen Entwicklungsgesetze erschlossene Form eines vorausgehenden germanischen Wortes mit einem aus den jüngeren Sprachen ermittelten Bedeutungshinweis angegeben. Das gleiche gilt für die aus dem Germanischen und weiteren indogermanistischen Parallelen erschlossene, dem Germanischen vorausliegende indogermanische Vorform. Mit ihr ist der Leser freilich bereits am vielleicht irgendwo im dritten vorchristlichen Jahrtausend liegenden Anfang der uns noch erkennbaren Sprachgeschichte angelangt.

Dem damit im günstigsten Fall erreichten rekonstruierten indogermanischen Ansatz entspricht allerdings keine sprachliche Wirklichkeit mehr, weil auch die Indogermanen nicht in solchen Ansätzen gesprochen haben. Der Ansatz bildet aber doch einen sprachlichen Möglichkeitsrahmen, der vor allen einzelsprachlichen Verwirklichungen gestanden haben kann. Deshalb verhilft seine Ermittlung trotz aller damit verbundenen Gefahren zu wertvollen Aufschlüssen.

Sofern auf diesem Wege durch die Sprachgeschichte ein konkreter Entstehungszeitpunkt eines Stichwortes wahrscheinlich zu machen ist, wird dieser so genau wie möglich angegeben. Läßt sich ein einzelner Erstverwender aufspüren, wird dessen Personenname der Zeitangabe vorangestellt. Ist nur oder zugleich auch eine örtliche Bestimmung des Erstbelegs möglich, folgt diese der Zeitangabe nach.

In vielen Fällen ergibt das geschilderte Verfahren dabei, daß zwar ein selbständiges Stichwort erst in einer bestimmten Situation entstanden ist, daß aber seine Bestandteile offensichtlich älter sind. Dann wird wegen des analytisch möglichen Wissensgewinnes in nahezu allen Fällen durch einen Verweis auf den Bestandteil hingewiesen. Als logische Folge wird dann auch der einzelne Bestandteil als eigenes Stichwort angesetzt und bis zu seinen Anfängen zurückverfolgt (z.B. be und legen bei Beleg, ge und setzen bei Gesetz, ver und tragen bei Vertrag). Auf diese Weise werden sämtliche Grundbausteine der deutschen Rechtssprache einbezogen.

Sehr häufig zeigt sich bei diesem systematisch-analytischen Rückschreiten in die Vergangenheit weiter, daß ein Wort irgendwann aus einer fremden Sprache aufgenommen wurde oder ein Wort einer fremden Sprache in sonstiger Weise ein deutsches Wort beeinflußte. Dies nennt man Interferenz. Bei ihr lassen sich fünf Möglichkeiten unterscheiden.

Ein (Fremdwort oder) Lehnwort liegt vor, wenn das fremde Wort mehr oder weniger unverändert in fremder Lautgestalt übernommen wird (z.B. Abandon, Hypothek, Testament). Lehnübersetzung ist die vollständig wörtliche, Lehnübertragung die teilweise wörtliche und teilweise freie sowie Lehnschöpfung die gänzlich freie Nachbildung eines fremdsprachlichen Wortes in eigensprachlichem Lautmaterial (z.B. Gottesurteil, Rechtsgeschäft, Urheberbenennung). Eine bloße Lehnbedeutung ist gegeben, wenn der fremdsprachliche Einfluß zwar die eigensprachliche Ausdrucksseite (d.h. die äußere Form eines Wortes) überhaupt nicht berührt, aber doch die Inhaltsseite des eigensprachlichen Wortes erweiternd oder einengend verändert (z.B. Auftrag, Bann, Ehe).

Soweit fremdsprachlicher Einfluß wahrscheinlich ist, ist dieser ebenfalls so konkret wie möglich dokumentiert. Das bedeutet zum einen wiederum die Angabe von eventuell maßgeblichen Personen, Zeiten und Orten, zum anderen aber vor allem die Benennung der interferierenden Sprache. Dies sind häufig das Lateinische, Griechische, Französische, Italienische und Englische, manchmal aber auch das Spanische, Portugiesische, Russische, Ungarische, Türkische, Hebräische, Arabische, Assyrische, Persische, Malayische, Polynesische oder gar das Chinesische, Japanische oder Indianische.

Innerhalb der fremden Sprache wird das interferierende Wort vielfach auch noch weiter zurückverfolgt. Systematische Etymologie bis zu den fremdsprachlichen Wurzeln wird dabei aber nicht mehr betrieben. Sie muß dem interessierten Leser überlassen bleiben, der sich hierzu der speziellen fremdsprachlichen etymologischen Literatur bedienen muß.
Wichtige Hilfsmittel bei der Ermittlung der in diesem Rahmen so knapp wie möglich und so umfassend wie nötig zusammengetragenen Angaben waren neben den bereits genannten Lexika vor allem die führenden etymologischen Wörterbücher des Deutschen einschließlich des freilich in sich auch nicht völlig einheitlichen Deutschen Fremdwörterbuches. Vom Sachgeschichtlichen her ergänzt wurde das Material durch das Historische Lexikon zur politisch-sozialen Sprache in Deutschland (Geschichtliche Grundbegriffe) und andere Sachwörterbücher (Handwörterbuch zur deutschen Rechtsgeschichte, Posener, Weiske u.a.). Der Abrundung dienten neben einzelnen Dissertationen vor allem die Register verschiedener führender juristischer Standardwerke, ohne daß dabei in irgendeiner Weise die an sich durchaus wünschenswerte, aber in überschaubarer Zeit nur einem umfangreichen Forscherteam mögliche Vollständigkeit hätte erreicht werden können.

3. Wortbildung

Wie ein Wort wirklich entstanden ist, weiß man in den meisten Fällen nicht sicher. Vielleicht hat am Anfang der menschlichen Sprache die Möglichkeit gestanden, für etwas Neues auch eine neue Lautfolge zu schaffen, welche das Gemeinte lautlich unmittelbar, mittelbar oder hilfsweise nachahmt (sog. Urschöpfung). In der Gegenwart ist diese Vorgangsweise die seltene Ausnahme und selbst für die Frühzeit kann man sie meist nur vermuten und kaum eindeutig sichern.
Dementsprechend sind (zumindest später) die meisten Wörter im Wege der Wortbildung aus bereits vorhandenen Wörtern entstanden(, weshalb man die Regeln der [durch Ableitung oder Zusammensetzung vollzogenen] Wortbildung kennen muß, wenn man die Entwicklungsgeschichte von Wörtern rückschreitend erhellen will). Dabei liegt eine Ableitung vor, wenn ein bisheriges Wort mit unselbständigen Zusätzen versehen oder in eine weitere Wortart überführt wird. Dagegen ist eine Zusammensetzung gegeben, wenn zwei bereits bestehende, (schon und noch) selbständige Wörter zu einem neuen dritten Wort zusammengefügt werden.
Bei der Ableitung werden meist Elemente (Affixe) am Wortende angehängt (Suffixe oder Nachsilben), aber auch am Wortanfang vorangestellt (Präfixe oder Vorsilben) oder manchmal in das Wortinnere eingefügt (Infixe). Wird ein Wort ohne zusätzliches Element in eine andere Wortart übertragen, spricht man von einer sog. Nullableitung (z.B. Arbeit, arbeiten), wobei die Richtung dieser Ableitung manchmal vom längeren Wort zum kürzeren verläuft (sog. Rückbildung, z.B. wanken, Wank). Gelegentlich

werden gleichzeitig mehrere Ableitungen vorgenommen, indem zugleich eine Vorsilbe vorangestellt oder eine Nachsilbe angefügt und eine Überführung in eine andere Wortart vollzogen wird (z.B. be-Nachricht-igen).

Bei der Zusammensetzung werden oft beide selbständige Wörter ohne weiteres zu einer zusätzlichen neuen Einheit zusammengefügt (z.B. Landrecht). Manchmal wird auch ein eigenes Fugenelement eingeschoben (z.B. Wald-es-lust), das einem Kasus- oder Numerussuffix des ersten Zusammensetzungsbestandteils entspricht. In älterer Zeit gab es sogar eigene Kompositionssuffixe am Ende von Zusammensetzungen. Bedeutsam ist in diesem Zusammenhang weiter, daß ursprünglich selbständige Wörter oft allmählich unter Verflüchtigung ihrer früheren Bedeutung vorsilbenartig oder nachsilbenartig gebraucht werden können (z.B. tum, heit, mann, zeug, archi, anti, foto, tele usw.)

Interessiert man sich für die Herkunft eines Wortes, so muß man es durch die Ablösung der Affixe der Ableitung oder die Trennung der Teile der Zusammensetzung (sowie die anschließende Ablösung eventueller Affixe der die Zusammensetzung bildenden Einzelwörter) analysieren. Dabei gelangt man im Ergebnis zu Grundlagen, welche nicht weiter auflösbar sind. Solche meist aus Konsonant, Vokal, Konsonant(, Vokal) bestehenden rekonstruierten sprachlichen Grundelemente, aus denen durch Ableitung oder Zusammensetzung entstandene komplexe Worteinheiten (abgeleitete bzw. zusammengesetzte Wörter) erklärbar sind, nennt man Wurzeln, wobei im geschichtlichen Ausgangsfeld des Deutschen das Wort, das diese Wurzel vertritt, in den meisten Fällen ein Verb ist (sog. Verbalwurzeln).

In der frühen Zeit wurden aus der Wurzel durch Suffixe, Infixe oder Ablaut (Vokalwechsel) sowohl die einzelnen Stämme (z.B. Präsensstamm, Perfektstamm) des Verbs wie auch nominale Bildungen geschaffen. Unmittelbar aus der Wurzel gewonnene nominale Bildungen nennt man dabei primär, aus einem bereits gebildeten Wort abgeleitete Bildungen sekundär. Je nachdem, ob die Wurzel oder das Suffix mit einem Konsonanten oder einem Vokal endet, spricht man von vokalischen Stämmen (Wurzelverben oder Wurzelnomina auf Langvokal bzw. auf einen Vokal endendes Suffix) oder von konsonantischen Stämmen (Wurzelverben, Wurzelnomina bzw. auf einen Konsonanten [z.B. n, r/n] endendes Suffix).

An die Wurzel können verschiedene Erweiterungen angefügt werden. Sie bestehen regelmäßig entweder aus einem einfachen Konsonanten oder aus einem Vokal und einem Konsonanten. Insbesondere nach dem dabei aufgenommenen Konsonanten ordnet die Sprachwissenschaft die Erweiterungen systematisch.

Ist ein Wort aus einem Nomen (Substantiv oder Adjektiv) gebildet, wird es als denominal bezeichnet, geht es von einem Verb aus, wird die Bildung deverbal genannt. Von einem Verb abgeleitete Adjektive heißen Verbaladjektive (z.B. verselbständigte Partizipien, Adjektive der Möglichkeit [z.B. anfechtbar]), von einem Verb abgeleitete Substantive Verbalsubstantive (z.B. Infinitiv, Verbalabstraktum [z.B. Bildung, Stich]), von einem Adjektiv abgeleitete Substantive Adjektivabstrakta (z.B. Schwärze).

Durch bestimmte Erweiterungen können von Substantiven Verkleinerungsformen (z.B. Bäumchen), Kollektivformen (z.B. Gebirge) oder Motionen (z.B. Löwin) gebildet werden. Nomina actionis bezeichnen eine Handlung vorwiegend nach ihrem Verlauf (z.B. Hinrichtung), nomina acti nach dem Ergebnis (z.B. Pflanzung). Nomina instrumentalia betreffen das Werkzeug (z.B. Kleber), nomina qualitatis die Eigenschaft (z.B. Schwäche), nomina agentis den Täter (z.B. Anstifter). Innerhalb der Verben lassen Kausative die Veranlassung erkennen (z.B. säugen als saugen machen), Iterative die Wiederholung, Intensive die Verstärkung, Durative das Andauern und Inchoative das Beginnen.

4. Grammatik

Die Grammatik ordnet die Wörter nach Wortarten. Dabei sind besonders wichtig die Substantive und Verben. Beide werden flektiert.

Das Substantiv wird nach Kasus und Numerus dekliniert, wobei der in älteren Zeiten vorhandene Dual (natürliche Paarigkeit) inzwischen ebenso verschwunden ist wie der ursprüngliche Lokativ (den Ort bezeichnender Fall). Kasus obliquus ist zunächst der Akkusativ bzw. allgemeiner jeder vom Nominativ verschiedene Fall.

Das Verb wird nach Person, Numerus und Tempus/Modus konjugiert, wobei von den finiten Formen (Personalformen) die infiniten Formen (Infinitiv, Partizip) zu unterscheiden sind. In einzelnen Sprachen gibt es das Gerundivum (z.B. lat. interficiendus »ein zu tötender«) und das Gerundium (z.B. lat. natandi »des Schwimmens«). Ältere Sprachen weisen neben Aktiv und Passiv auch ein Medium auf.

Adjektive sind wie Substantive Nomen (Nomina). Sie kennen die Möglichkeit der Steigerung. Dabei sind Positiv, Komparativ und Superlativ zu unterscheiden.

Den Adjektiven verwandt sind die Zahlwörter. Im Vordergrund stehen die Grundzahlen (eins, zwei, drei usw.) und die Ordnungszahlen (erste, zweite, dritte). Daneben gibt es Multiplikativzahlwörter (einmal, zweimal, dreifach) und Distributivzahlwörter (je zwei, je drei).

Pronomina können an die Stelle von Nomina treten. Sie nehmen meist etwas bereits Besprochenes (anaphorisch) wieder auf. Ihre altertümlichen Stämme sind sehr kurz, unregelmäßig und werden vielseitig verwendet.

5. Lautstand

Innerhalb der Laute sind Vokale Öffnungslaute, bei denen der Luftstrom beim Sprechen nicht durch Teile des Sprechapparates behindert wird, (Nichtvokale bzw.) Konsonanten dagegen Laute, bei denen der Luftstrom beim Sprechen behindert wird. Halbvokale sind Laute, welche je nach ihrer Umgebung Silbenträger oder Laute außerhalb des Silbengipfels darstellen. Gleitlaute oder Übergangslaute werden bei einem Übergang von einem Laut zu einem anderen Laut eingeschoben.

Innerhalb der Nichtvokale lassen sich nach der Hervorbringungsart die durch eine Enge im Mund gepreßten Reibelaute (Spiranten, z.B. f, s, ch), die durch die Lösung eines Verschlusses gekennzeichneten Verschlußlaute (z.B. p, b, t, d), die Affrikate (Verschlußlaut und Reibelaut an gleicher Stelle), die Nasale (m, n, ng), die Liquide (r, l) und die Kontinuanten (Halbvokale) (j, w) unterscheiden. Nach dem Ort der Lautprägung gliedert man in Labiale (Lippenlaute), Labiodentale (Unterlippen/Oberzähnelaute, z.B. f), Dentale (Zahnlaute), Alveolare (Zunge/Zahnrückenlaute, z.B. d, t), Palatale (Vordergaumenlaute), Velare (weiche Gaumenlaute), Uvulare (Zäpfchenlaute) und Laryngale (Kehlkopflaute, z.B. h).

Laute können sich im Laufe der Zeit nach bestimmten Regelmäßigkeiten (Lautgesetzen) wandeln (z.B. Lautverschiebung vom Indogermanischen zum Germanischen oder vom Germanischen zum Althochdeutschen oder Lautwandlungen vom Althochdeutschen zum Mittelhochdeutschen oder vom Mittelhochdeutschen zum Neuhochdeutschen). Dabei können etwa zum Ausgleich des Ausfalles von einzelnen Lauten andere Laute gedehnt (gelängt) werden. Unter dem Einfluß eines benachbarten Lautes kann ein anderer Laut an diesen angeglichen (assimiliert) oder seinetwegen abgeändert bzw. beseitigt (dissimiliert) werden. Bei der Metathese werden zwei Laute in ihrer Reihenfolge umgestellt.

Tritt ein Lautwandel nur in bestimmten Umgebungen auf und wechselt diese Umgebung innerhalb des Formenbestandes eines Wortes (Paradigma) oder einer Wortfamilie, so nennt man dies Lautwechsel. Hierher gehören vor allem Ablaut (z.B. singen, sang, gesungen) und Umlaut (z.B. Gast, Gäste). Der Umlaut ist dabei darauf zurückzuführen, daß ein dunkler Vokal aufgehellt wurde, wenn in der folgenden Silbe ein (mit der Bildung des Umlautes verschwindendes) i oder j stand. Ein nur noch schwer erkennbarer Lautwechsel bei Konsonanten ist der sog. grammatische Wechsel.

Bei der sog. Rundung wird ein vorderer Vokal gerundet (z.B. i zu ü oder e zu ö). Bei der Entrundung erfolgt der gegenteilige Vorgang.

6. Lautzeichen

Die alphabetische Ordnung ist die des deutschen Alphabetes. Umlaute (ä, ö, ü) werden wie einfache Vokale (a, o, u) behandelt. Ein ß wird als ss eingeordnet.

Der Längestrich bezeichnet den Langvokal (z.B. ā). Gleichzeitig mögliche Länge und Kürze werden durch ein eigenes diakritisches Zeichen dargestellt (z.B. ā̆). Die einfache

Kürze wird nicht besonders gekennzeichnet. Die diakritischen Zeichen fremder Sprachen sind nach Möglichkeit beibehalten.

Das Indogermanische kennt ə als einen Murmelvokal (ähnlich einem unbetonten e), l̥, m̥, n̥, r̥ als silbentragende Sonorlaute, k̂, ĝ als Vordergaumenlaute, kʷ, gʷ als weiche Gaumenlaute mit gleichzeitiger Lippenrundung (Labiovelare) sowie i̯ und u̯ als Halbvokale (vgl. j, w). Das Germanische weist þ als stimmlosen dentalen Reibelaut auf, der im Althochdeutschen verschwindet. Für sonstige Sprachen wird wegen der Sonderzeichen auf die Spezialliteratur verwiesen.

7. Verweise, Hinweise und Rückmeldungen

Für den Benutzer ist die streng alphabetische Reihenfolge der Artikel die einfachste und damit freundlichste, weil er jedes erfaßte Stichwort dort behandelt finden kann, wo er es nach der alphabetischen Ordnung suchen muß. Diese alphabetische Ordnung unterbricht allerdings sachliche Zusammenhänge (z.B. liegt das semantische Schwergewicht einer Ableitung in der Regel nicht auf den Präfixen). Durch systematische Verweise werden deshalb die Unterbrechungen der Sachzusammenhänge ausgeglichen. Darüberhinaus wird vielfach abgekürzt (durch vgl.) auf wichtige Standardwerke verwiesen, welche das jeweilige Stichwort behandeln oder zumindest verwenden. Diese Standardwerke sind in das Verzeichnis der Literaturhinweise aufgenommen. Dagegen muß wegen der ausführlichen bibliographischen Nachweise für die verwendeten Quellenbelege aus praktischen Gründen allgemein auf die umfangreichen Quellenverzeichnisse der Großwörterbücher Bezug genommen werden.

Sofern das Wissen eines geschätzten Lesers in einer Einzelheit dem hier vorgelegten allgemeinen Stand überlegen ist, bitte ich an dieser Stelle mit herzlichem Dank im voraus um eine unmittelbare Rückmeldung an mich.

Literaturhinweise

Adelung, J., Grammatisch-kritisches Wörterbuch der Hochdeutschen Mundart, mit beständiger Vergleichung der übrigen Mundarten, besonders aber der Oberdeutschen, 2. A. Bd. 1ff. 1793, Neudruck 1970
Adelung, J., Versuch eines vollständigen grammatisch-kritischen Wörterbuches der Hochdeutschen Mundart, Bd. 1ff. 1774ff.
Althochdeutsches Wörterbuch, hg. v. Karg-Gasterstädt, E./Frings, T., Bd. 1ff. 1952ff.
Badisches Wörterbuch, bearb. v. Ochs, E./Müller, K./Baur, G., Bd. 1ff. 1925ff.
Baetke, W., Wörterbuch der altnordischen Prosaliteratur, Bd. 1f. 1965ff.
Bahder, K. v., Zur Wortwahl in der frühneuhochdeutschen Schriftsprache, Heidelberg 1925
Bammesberger, A., Beiträge zu einem etymologischen Wörterbuch des Altenglischen. Berichtigungen und Nachträge zum Altenglischen Wörterbuch von Holthausen, F., 1979
Bartholomae, C., Altiranisches Wörterbuch, 1904, Neudruck 1961, 1979
Battisti, C./Alessio, G., Dizionario etimologico italiano, Bd. 1ff. 1950ff.
Baum, B., Der Stabreim im Recht, 1986
Behaghel, O., Deutsche Syntax, Bd. 1ff. 1923ff.
Benecke, G./Müller, W./Zarncke, F., Mittelhochdeutsches Wörterbuch, Bd. 1ff. 1854ff.
Berthold, L./Friebertshäuser, H., Hessen-Nassauisches Volkswörterbuch, Bd. 1ff. 1943ff.
Bibliothek zur historischen deutschen Studenten- und Schülersprache, hg. v. Henne, H./Objartel, G., Bd. 1ff. 1984
Bielfeld, H., Die Entlehnungen aus den verschiedenen slavischen Sprachen im Wortschatz der neuhochdeutschen Schriftsprache, 1965
Bloch, O./Wartburg, W. v., Dictionnaire étymologique de la langue française, 6. A. 1975
Bosworth, J./Toller, N., An Anglo-Saxon Dictionary, 1898ff.
Brandenburg-Berlinisches Wörterbuch, bearb. v. Ising, G./Wiese, J., Bd. 1ff. 1976ff.
Brunt, R., The Influence of the French Language on the German Vocabulary. (1649-1735), 1983
Buck, C., A Dictionary of Selected Synonyms in the Principal Indoeuropean Languages. A Contribution to the History of Ideas, 1949
Campe, J., Wörterbuch der deutschen Sprache, Bd. 1ff. 1807ff., Neudruck 1969
Campe, J., Wörterbuch zur Erklärung und Verdeutschung der unserer Sprache aufgedrungenen fremden Ausdrücke, Bd. 1f. 1801, 2. A. 1813
Chantraine, P., Dictionnaire étymologique de la langue grecque, Bd. 1ff. 1968ff.
Clark-Hall, J., A Concise Anglo-Saxon Dictionary, 4. A. 1975
Cleasby, R./Vigfusson, G., An Icelandic-English Dictionary, 1874, 2. A. 1957
Cortelazzo, M./Zolli, P., Dizionario etimologico della lingua italiana, Bd. 1ff. 1979ff.
Coßmann, C., Juristisches Wörterbuch, 1829
Darms, G., Schwäher und Schwager, Hahn und Huhn. Die Vr̥ddhi-Ableitungen im Germanischen, 1978
Deutsche Philologie im Aufriß, hg. v. Stammler, W., Bd. 1ff. 2. A. 1966ff.
Deutsche Wortgeschichte, hg. v. Maurer, F./Stroh, F., Bd. 1ff. 1943, 2. A. Bd. 1ff. 1959ff., 3. A. 1974ff.
Deutsches Rechtswörterbuch, hg. v. d. preußischen Akademie der Wissenschaften u.a., Bd. 1ff. 1914ff.
Devlamminck, B./Jucquois, G., Compléments aux dictionnaires étymologiques du gotique, 1977ff.
Dictionary of the Irish Language. Baised mainly on Old and Middle Irish Materials, ed. by the Royal Irish Academy, 1913ff., Compact edition 1983
Die althochdeutschen Glossen, gesammelt von Steinmeyer, E./Sievers, E., Bd. 1ff. 1879ff.

Die deutsche Literatur des Mittelalters. Verfasserlexikon, hg. v. Stammler, W., Bd. 1ff. 1933ff., 2. A. hg. v. Ruh, K. u.a., Bd. 1ff. 1978ff.
Diefenbach, L., Glossarium latino-germanicum mediae et infimae aetatis, 1857, Neudruck 1986
Diefenbach, L., Novum glossarium latino-germanicum, 1867
Diefenbach, L./Wülcker, E., Hoch- und niederdeutsches Wörterbuch der mittleren und neueren Zeit, 1885, Neudruck 1965
Dietz, P., Wörterbuch zu Dr. Martin Luthers deutschen Schriften, Bd. 1 1870ff., Neudruck 1973
Diez, F., Etymologisches Wörterbuch der romanischen Sprachen, 5. A. 1887
Doornkaat Koolman, J. ten, Wörterbuch der ostfriesischen Sprache, Bd. 1ff. 1879ff., Neudruck 1965
Dornseiff, F., Der deutsche Wortschatz nach Sachgruppen, 7. A. 1970
Du Cange, C., Glossarium mediae et infimae latinitatis, Bd. 1ff. 1883ff., Neudruck 1954
Dückert, J., Zur Ausbildung der Norm der deutschen Literatursprache. 1470-1730. II. Auf der lexikalischen Ebene, 1976
Duden. Das große Wörterbuch der deutschen Sprache, hg. v. Drosdowski, Bd. 1ff. 1976ff.
Duden. Etymologie. Herkunftswörterbuch der deutschen Sprache, bearb. v. Drosdowski, G./Grebe, P. u.a., 1963
Eichhof, J., Wortatlas der deutschen Umgangssprache, Bd. 1f. 1977f.
Eichler, E., Etymologisches Wörterbuch der slawischen Elemente im Ostmitteldeutschen, 1965
Ernout, A./Meillet, A., Dictionnaire étymologique de la langue latine. Histoire des mots, 4. A. 1959, Neudruck 1985
Etymologisches Wörterbuch des Deutschen, hg. v. Pfeiffer, W., 2. A. 1993
Falk, H./Torp, A., Norwegisch-dänisches etymologisches Wörterbuch, Bd. 1ff. 2. A. 1960
Falk, H./Torp, A., s. Fick, A.
Feist, S., Vergleichendes Wörterbuch der gotischen Sprache. Mit Einschluß der krimgotischen und sonstiger zerstreuter Überreste des Gotischen, 3. A. 1939
Fick, A., Vergleichendes Wörterbuch der Indogermanischen Sprachen. Teil 3: Wortschatz der germanischen Spracheinheit, bearb. v. Falk, H./Torp, A., 4. A. 1909, Neudruck 1979
Fink, H., Tiroler Wortschatz an Eisack, Rienz und Etsch, 1972
Fischer, B., Novae Concordantiae Bibliorum Sacrorum juxta Vulgatam versionem critice editam, Bd. 1ff. 1977
Fischer, H., Schwäbisches Wörterbuch, Bd. 1ff. 1904ff.
Follmann, M., Wörterbuch der deutsch-lothringischen Mundarten, 1909, Neudruck 1971
Fraenkel, E., Litauisches Etymologisches Wörterbuch, Bd. 1ff. 1962ff.
Franck, J./Wijk, N. van, Francks Etymologisches Woordenboek der Nederlandse Taal. Tweede Druk door Wijk, N. van, 1912, Supplement door Haeringen, C. van, 1936, Neudruck 1980ff.
Frankfurter Wörterbuch, hg. v. Brückner, W., Bd. 1ff. 1971ff.
Friederici, G., Amerikanistisches Wörterbuch, 1947
Friedrich, J., Hethitisches Wörterbuch. Kurzgefaßte Sammlung der Deutungen hethitischer Wörter, 1952ff.
Friedrich, J./Kammerhuber, A., Hethitisches Wörterbuch. 2. A. auf der Grundlage der edierten hethitischen Texte, Bd. 1ff. 1975ff.
Frisk, H., Griechisches etymologisches Wörterbuch, Bd. 1ff. 1960ff.
Fritzner, J., Ordbog over det gamle norske sprog, Bd. 1ff. 2. A. 1886ff.
Frühneuhochdeutsches Wörterbuch, hg. v. Anderson, R. u.a., Bd. 1ff. 1986ff.
Gallée, J., Vorstudien zu einem altniederländischen Wärterbuch, 1903
Gamillscheg, E., Etymologisches Wörterbuch der französischen Sprache, 2. A. 1969
Ganz, P., Der Einfluß des Englischen auf den deutschen Wortschatz 1640-1815, 1957

Geiriadur Pryfysgol Cymru. A dictionary of the Welsh language, Bd. 1ff. 1950ff.
Gemoll, W., Griechisch-deutsches Schul- und Handwörterbuch, 9. A. 1954, Neudruck 1985
Georges, K./Georges, H., Ausführliches lateinisch-deutsches Handwörterbuch, Bd. 1f. 8. A. 1913ff., Neudruck 1985
Gesenius, W., Hebräisches und aramäisches Handwörterbuch über das alte Testament, 17. A. 1915, Neudruck 1962
Goedel, G., Etymologisches Wörterbuch der deutschen Seemannssprache, 1902
Goethe-Wörterbuch, hg. v. d. Akademie der Wissenschaften der DDR u.a., Bd. 1ff. 1978ff.
Götze, F., Frühneuhochdeutsches Glossar, 7. A. 1967
Graff, E., Althochdeutscher Sprachschatz oder Wörterbuch der althochdeutschen Sprache, Bd. 1ff. 1834ff., Neudruck 1963
Grimm, J./Grimm, W., Deutsches Wörterbuch, Bd. 1ff. 1854ff., Quellenverzeichnis 1971, Neudruck 1984, Neubearbeitung Bd. 1ff. 1965ff.
Günther, L., Die deutsche Gaunersprache und verwandte Geheim- und Berufssprachen, 1919
Habel, E., Mittellateinisches Glossar, 2. A. 1971
Haibach, U., Familienrecht in der Rechtssprache, 1991
Haltaus, C., Glossarium Germanicum medii aevi, 1758
Hamburgisches Wörterbuch, hg. v. Kuhn, H./Pretzel, U., Bd. 1ff. 1985ff.
Handwörterbuch des deutschen Aberglaubens, hg. v. Bächtold-Stäubli, H., Bd. 1ff. 1927ff., Neudruck 1987
Handwörterbuch zur deutschen Rechtsgeschichte, hg. v. Erler, A./Kaufmann, E., Bd. 1ff. 1964ff.
Heller, M., Reform der deutschen Rechtssprache im 18. Jahrhundert, 1992
Hellquist, E., Svensk etymologisk ordbok, Bd. 1f. 3. A. 1948
Henzen, W., Die Bezeichnung von Richtung und Gegenrichtung im Deutschen. Studien zu Umfang und Ausnützung der mit Adverbien der Richtung zusammengesetzten Wortbildgruppen, 1969
Hermann, J., Allgemeines deutsch-juristisches Lexicon, 1739
Heumann, H./Seckel, E., Handwörterbuch zu den Quellen des römischen Rechts, 9. A. 1907, Neudruck 1958
Heyne, M., Das deutsche Wohnungswesen, von den ältesten geschichtlichen Zeiten bis zum 16. Jahrhundert, 1899
Heyne, M., Deutsches Wörterbuch, Bd. 1ff. 2. A. 1905f., Neudruck 1970
Heyne, M., Fünf Bücher deutscher Hausaltertümer von den ältesten geschichtlichen Zeiten bis zum 16. Jahrhundert, 1899ff.
Hiersche, R., Deutsches etymologisches Wörterbuch, 1986ff.
Hofmann, G., Bibliographie der deutschen Rechtsbibliographien, 1994
Holthausen, F., Altenglisches etymologisches Wörterbuch, 2. unv. A. 1963
Holthausen, F., Altsächsisches Wörterbuch, 1954, 2. A. 1967
Holthausen, F./Hofmann, D., Altfriesisches Wörterbuch, 2. A. 1985
Horn, P., Die deutsche Soldatensprache, 1899
Hübschmann, H., Armenische Grammatik, Theil I: Armenische Etymologie, 1897
Jóhannesson, A., Isländisches etymologisches Wörterbuch, 1956
Johannisson, T. J., Verbal ock postverbal partikelkomposition, 1939
Jones, W., A Lexicon of French Borrowings in the German Vocabulary. (1575-1648), 1976
Jutz, L., Vorarlbergisches Wörterbuch mit Einschluß des Fürstentums Liechtenstein, Bd. 1f. 1960ff.
Kalb, W., Wegweiser in die römische Rechtssprache, 1912, Neudruck 1961
Kammerhuber, A., Materialien zu einem hethitischen Thesaurus, 1973ff.
Klein, E., Comprehensive Etymological Dictionary of the English Language, Bd. 1f. 1966f., Neudruck 1977
Kluge, F., Deutsche Studentensprache, 1895

Kluge, F., Etymologisches Wörterbuch der deutschen Sprache, 22. A. neu bearbeitet v. Seebold, E., 1989
Kluge, F., Nominale Stammbildungslehre der altgermanischen Dialekte, 3. A. 1926
Kluge, F., Rotwelsch. Quellen und Wortschatz der Gaunersprache und der verwandten Geheimsprachen. I. Rotwelsches Quellenbuch, 1901, Neudruck 1987
Kluge, F., Seemannsprache. Wortgeschichtliches Handbuch deutscher Schifferausdrücke älterer und neuerer Zeit, 1911, Neudruck 1973
Kluge, F., Von Luther bis Lessing, 5. A. 1918
Köbler, G., Altenglisch-neuhochdeutsches Wörterbuch und neuhochdeutsch-altenglisches Wörterbuch, 1983
Köbler, G., Altfriesisch-neuhochdeutsches und neuhochdeutsch-altfriesisches Wörterbuch, 1983
Köbler, G., Althochdeutsch-lateinisches Wörterbuch, 1974, 2. A. 1984
Köbler, G., Altniederdeutsch-neuhochdeutsches und neuhochdeutsch-altniederdeutsches Wörterbuch, 2. A. 1982
Köbler, G., Altnordisch-neuhochdeutsches und neuhochdeutsch-altnordisches Wörterbuch, 1986
Köbler, G., Bauer im Frühmittelalter, in: Bauer, Wort und Begriff, 1975, 230
Köbler, G., burg und stat - Burg und Stadt?, Hist. Jb. 87 (1968), 211
Köbler, G., Burgreht und diohtreht im Lichte der Interferenzforschung, FS Schmidt-Wiegand, R., 1987, 416
Köbler, G., Civis und ius civile im deutschen Frühmittelalter, 1964
Köbler, G., Das Recht im frühen Mittelalter, 1971
Köbler, G., Der oberdeutsche esago, TRG 1972, 501
Köbler, G., Deutsche Rechtsgeschichte, 4. A. 1990
Köbler, G., Deutsche Sprachgeschichte und Rechtsgeschichte, in: Sprachgeschichte, hg. v. Besch, W. u.a. 1984, 56
Köbler, G., Die Amtsbezeichnungen in den frühmittelalterlichen Übersetzungsgleichungen, Hist. Jb. 92 (1972), 334
Köbler, G., Die Herkunft der Gewere, TRG 1975, 195
Köbler, G., Eigen und Eigentum, ZRG GA 95 (1978), 1
Köbler, G., Einfache Biliographie europäisch-deutscher Rechtsgeschichte, 1990
Köbler, G., Ergänzungen, Richtigstellungen, Nachträge, Teileditionen, Editionen, Nachweise 1993 zu Steinmeyers Edition: Die althochdeutschen Glossen, 1993
Köbler, G., Ewart. Ein Beitrag zur Lehre vom altgermanischen Priesteramt, ZRG KA 1972, 306
Köbler, G., Frühmittelalterliche Ortsbegriffe, Bll.f.dt.LG. 108 (1972), 1
Köbler, G., Germanisch-neuhochdeutsches und neuhochdeutsch-germanisches Wörterbuch, 1981
Köbler, G., Germanisches Wörterbuch, 2. A. 1982
Köbler, G., Gotisches Wörterbuch, 1989
Köbler, G., Indogermanisch-neuhochdeutsches und neuhochdeutsch-indogermanisches Wörterbuch, 2. A. 1982
Köbler, G., Klage, klagen, Kläger, ZRG GA 92 (1975), 1
Köbler, G., Land und Landrecht im Frühmittelalter, ZRG GA 86 (1969), 1
Köbler, G., Lateinisch-althochdeutsches Wörterbuch, 1971
Köbler, G., Lateinisch-germanistisches Wörterbuch, 2. A. 1983
Köbler, G., Mercatores personati, FS Carlen, L., 1989, 157
Köbler, G., Neuhochdeutsch-gotisches Wörterbuch, 2. A. 1990
Köbler, G., Richten, Richter und Gericht, ZRG GA 87 (1970), 59
Köbler, G., Sammlung aller altsächsischen Texte, 1987
Köbler, G., Sammlung aller Glossen des Altsächsischen, 1987
Köbler, G., Sammlung kleinerer althochdeutscher Sprachdenkmäler, 1986
Köbler, G., Verzeichnis der normalisierten Übersetzungsgleichungen der Werke Notkers von St. Gallen, 1971

Köbler, G., Verzeichnis der Übersetzungsgleichungen von Abrogans und Samanunga, 1972
Köbler, G., Verzeichnis der Übersetzungsgleichungen der althochdeutschen Benediktinerregel, 1970
Köbler, G., Verzeichnis der Übersetzungsgleichungen der althochdeutschen Isidorgruppe, 1970
Köbler, G., Verzeichnis der Übersetzungsgleichungen der kleineren althochdeutschen Sprachdenkmäler, 1971
Köbler, G., Verzeichnis der Übersetzungsgleichungen des althochdeutschen Tatian, 1971
Köbler, G., Verzeichnis der Übersetzungsgleichungen Otfrids von Weißenburg, 1971
Köbler, G., Verzeichnis der Übersetzungsgleichungen von Heliand und Genesis, 1972
Köbler, G., Verzeichnis der Übersetzungsgleichungen von Willirams Paraphrase des Hohen Liedes, 1971
Köbler, G., Verzeichnis der Übersetzungsgleichungen der Murbacher Hymnen, 1970
Köbler, G., Verzicht und Renuntiation, ZRG GA 85 (1968), 211
Köbler, G., Von dem Stabreim im deutschen Recht, FS Thieme, H., 1986, 21
Köbler, G., Vorstufen der Rechtswissenschaft im mittelalterlichen Deutschland, ZRG GA 100 (1983), 75
Köbler, G., Wörterbuch des althochdeutschen Sprachschatzes, 1993
Köbler, G., Wörterverzeichnis zu den Concilia aevi merovingici, 1977
Köbler, G., Wörterverzeichnis zu den Diplomata regum Francorum e stirpe Merowingica, 1983
Köbler, G., Wörterverzeichnis zu den Leges Alamannorum und Baiwariorum, 1979
Köbler, G., Wörterverzeichnis zu den Leges Burgundionum, Saxonum, Thuringorum und Frisionum, 1978
Köbler, G., Wörterverzeichnis zu den Leges Francorum, 1979
Köbler, G., Wörterverzeichnis zu den Leges Langobardorum, 1977
Köbler, G., Wörterverzeichnis zu den Leges Visigothorum, 1981
Köbler, G., Zur Frührezeption der consuetudo in Deutschland, Hist. Jb. 89 (1969), 337
Köbler, G., Zur Lehre von den Ständen in fränkischer Zeit, ZRG GA 89 (1972), 161
Kraft, S., Juristisches Praktisches Wörterbuch, 1793
Krahe, H., Germanische Sprachwissenschaft, Bd. 1 5. A. 1963
Krahe, H., Indogermanische Sprachwissenschaft, Bd. 1 5. A. 1966, Bd. 2 5. A. 1969
Krahe, H./Meid, W., Germanische Sprachwissenschaft, Bd. 2 7. A. 1969
Krahe, H./Meid, W., Germanische Sprachwissenschaft, Bd. 3 1967
Krause, W./Thomas, W., Tocharisches Elementarbuch, Bd. 1f. 1969
Kretschmer, P., Wortgeographie der hochdeutschen Umgangssprache, 2. A. 1969
Kuhberg, W., Verschollenes Sprachgut und seine Wiederbelebung in neuhochdeutscher Zeit, 1933
Kühn, P., Deutsche Wörterbücher. Eine systematische Bibliographie, 1978
Küpper, H., Wörterbuch der deutschen Umgangssprache, 1987
Küpper, H., Wörterbuch der deutschen Umgangssprache, Bd. 1ff. 1955ff., 2. A. 1956
Kuppermann, H., Juristisches Wörterbuch zur Verbesserung des Aktenstils, 1792
Kurschat, A., Litauisch-deutsches Wörterbuch, Bd. 1ff. 1968ff.
Kurzer Grundriß der germanischen Philologie, hg. v. Schmitt, L., Bd. 1f. 1970f.
Ladendorf, O., Historisches Schlagwörterbuch, 1906, Neudruck 1968
Lasch, A./Borchling, C., Mittelniederdeutsches Handwörterbuch, Bd. 1ff. 1956ff.
Latein und Griechisch im deutschen Wortschatz. Lehn- und Fremdwörter altsprachlicher Herkunft, 4. A. 1988
Lehmann, W., Gothic Etymological Dictionary. Based on the third edition of Vergleichendes Wörterbuch der Gotischen Sprache by Sigmund Feist, 1986
Lewy, H., Semitische Fremdwörter im Griechischen, 1895

Lexer, M., Mittelhochdeutsches Handwörterbuch. Zugleich als Supplement und alphabetischer Index zum Mittelhochdeutschen Wörterbuch von Benecke-Müller-Zarncke, Bd. 1ff. 1872ff., Neudruck 1979
Lexer, M., Mittelhochdeutsches Taschenwörterbuch, 37. A. 1983
Littmann, E., Morgenländische Wörter in Deutschen, 2. A. 1924
Lloyd, A./Springer, O., Etymologisches Wörterbuch des Althochdeutschen, Bd. 1ff. 1988ff.
Lokotsch, K., Etymologisches Wörterbuch der amerikanischen (indianischen) Wörter im Deutschen, 1926
Lokotsch, K., Etymologisches Wörterbuch der europäischen (germanischen, romanischen und slavischen) Wörter orientalischen Ursprungs, 2. unv. A. 1975
Lübben, A., Mittelniederdeutsches Handwörterbuch, 1888
Lüschen, H., Die Namen der Steine. Das Mineralreich im Spiegel der Sprache, 1968
Luxemburger Wörterbuch, Bd. 1ff. 1950ff.
Manitius, M., Geschichte der lateinischen Literatur des Mittelalters, Bd. 1ff. 1911ff., Neudruck 1960f.
Mann, S., An Indo-European Comparative Dictionary, 1984ff.
Martin, E./Lienhart, H., Wörterbuch der elsässischen Mundart, Bd. 1ff. 1899ff., Neudruck 1974
Marzell, H., Wörterbuch der deutschen Pflanzennamen, Bd. 1ff. 1943ff.
Mayer, O., Deutsches Verwaltungsrecht, 1895, 2. A. 1914ff.
Mayrhofer, M., Etymologisches Wörterbuch des Altindoarischen, Bd. 1ff. 1986ff.
Mayrhofer, M., Kurzgefaßtes etymologisches Wörterbuch des Altindischen, Bd. 1ff. 1956ff.
Meyer-Lübke, W., Romanisches etymologisches Wörterbuch, 3. A. 1935
Miettinen, E., Zum mundartlichen Fortleben mittelhochdeutsch-mittelniederländischen Lehnwortgutes romanischer Herkunft, 1962
Miklosch, F., Lexicon palaeoslovenico-graeco-latinum, 1862ff.
Mittellateinisches Wörterbuch, hg. v. d. bayerischen Akademie der Wissenschaften u.a., Bd. 1ff. 1967ff.
Mitzka, W., Schlesisches Wörterbuch, Bd. 1ff. 1963ff.
Mitzka, W./Schmitt, L., Deutscher Wortatlas, Bd. 1ff. 1951ff.
Möller, P., Fremdwörter aus dem Lateinischen im späteren Mittelhochdeutschen und Mittelniederländischen, 1915
Mühlenbach, K./Endzelin, J., Lettisch-deutsches Wörterbuch, Bd. 1ff. 1923ff.
Müller, E., Großvater, Enkel, Schwiegersohn. Untersuchungen zur Geschichte der Verwandtschaftsbezeichnungen im Deutschen, 1979
Müller-Fraureuth, K., Wörterbuch der obersächsischen und erzgebirgischen Mundarten, Bd. 1f. 1911ff., Neudruck 1968
Niedersächsisches Wörterbuch, hg. v. Jungandreas, W./Wesche, H. u.a., Bd. 1ff. 1965ff.
Nielsen, N., Dansk etymologosk ordbok. Ordenes historie, 3. A. 1976, 4. unv. A. 1985
Niermeyer, J., Mediae Latinitatis Lexicon Minus, 1976
Nyström, S., Die deutsche Schulterminologie in der Periode 1300-1740, 1915
Oberländer, S., Lexicon juridicum Romano-Teutonicum, 1725
Öhmann, E., Studien über die französischen Worte in Deutschen, 1918
Palander, H., Die althochdeutschen Tiernamen. I. Die Namen der Säugetiere, 1899
Palmer, P., Neuweltwörter im Deutschen, 1939
Palmer, P., The Influence of English on the German Vocabulary to 1700, 1950
Palmer, P., The Influence of English on the German Vocabulary to 1800. A Supplement, 1960
Partridge, E., A Dictionary of Slang and Unconventional English, 4. A. 1951
Paul, H., Deutsches Wörterbuch, 7. A. 1976, 8. unv. A. 1981
Pedersen, H., Vergleichende Grammatik der keltischen Sprachen, Bd. 1f. 1909f.
Pfälzisches Wörterbuch, begr. v. Christmann, E., Bd. 1ff. 1965ff.
Planck, J., Systematische Darstellung des deutschen Strafverfahrens auf der Grundlage der neueren Strafprozeßordnungen seit 1848, 1857

Pokorny, J., Indogermanisches etymologisches Wörterbuch, Bd. 1f. 1959ff.
Posener, P., Rechtslexikon, 1909
Preußisches Wörterbuch. Deutsche Mundarten Ost- und Westpreußens, hg. v. Riemann, E., Bd. 1ff. 1974ff.
Puhvel, J., Hittite Etymological Dictionary, Bd. 1ff. 1984ff.
Radloff, W., Versuch eines Wörterbuches der Türk-Dialekte, Bd. 1ff. 1960
Räsänen, M., Versuch eines etymologischen Wörterbuchs der Türksprachen, 1969
Raven, F., Die schwachen Verben des Althochdeutschen, Bd. 1f. 1963ff.
Reallexikon der Germanischen Altertumskunde, hg. v. Hoops, J., Bd. 1ff. 1911ff., 2. A. 1973ff.
Rheinisches Wörterbuch, hg. v. Müller, J. u.a., Bd. 1ff. 1928ff.
Richthofen, K. Frhr. v., Altfriesisches Wörterbuch, 1840
Rosenquist, A., Der französische Einfluß auf die mittelhochdeutsche Sprache in der ersten Hälfte des 14. Jahrhunderts, 1932
Rosenquist, A., Der französische Einfluß auf die mittelhochdeutsche Sprache in der zweiten Hälfte des 14. Jahrhunderts, 1942
Roth, S., Ein Teutscher Dictionarius, 1571
Ruipérez, G., Die strukturelle Umschichtung der Verwandtschaftsbezeichnungen im Deutschen. Ein Beitrag zur historischen Lexikologie, diachronen Semantik und Ethnolinguistik, 1984
Ruppel, H., Rückbildung deutscher Substantive aus Adjektiven, 1911
Sadnik, L./Aitzetmüller, R., Handwörterbuch zu den altkirchenslavischen Texten, 1955
Sadnik, L./Aitzetmüller, R., Vergleichendes Wörterbuch der slavischen Sprachen, Bd. 1 1975
Sanders, D., Fremdwörterbuch, Bd. 1f. 1871
Schatz, J., Wörterbuch der Tiroler Mundarten, Bd. 1f. 1955f.
Schiller, K./Lübben, A., Mittelniederdeutsches Wörterbuch, Bd. 1ff. 1875ff., Neudruck 1983
Schirmer, A., Der Wortschatz der Mathematik nach Alter und Herkunft untersucht, 1912
Schirmer, A., Wörterbuch der deutschen Kaufmannssprache. Auf geschichtlichen Grundlagen mit einer systematischen Einleitung, 1911
Schleswig-Holsteinisches Wörterbuch (Volksausgabe), hg. v. Mensing, O., 1927ff.
Schmeller, J., Bayerisches Wörterbuch, 2. A. Bd. 1f. 1872ff., Neudruck 1983, 1985
Schomburg, W., Lexikon der deutschen Steuer- und Zollgeschichte. Abgaben, Dienste, Gebühren, Steuern und Zölle von den Anfängen bis 1806, 1992
Schott, A., Kurzes juristisch-praktisches Wörterbuch, 1784
Schulz, H./Basler, O., Deutsches Fremdwörterbuch, Bd. 1ff. 1913ff.
Schützeichel, R., Althochdeutsches Wörterbuch, 4. A. 1989
Schweizerisches Idiotikon. Wörterbuch der schweizerischen Sprache, bearb. v. Staub, F./Tobler, L., Bd. 1ff. 1881ff.
Schwentner, E., Farbenbezeichnungen, 1915
Seebold, E., Das System der Personalpronomina in den frühgermanischen Sprachen, 1984
Seebold, E., Etymologie, 1981
Seebold, E., Vergleichendes und etymologisches Wörterbuch der germanischen starken Verben, 1970
Sehrt, E., Vollständiges Wörterbuch zum Heliand und zur altsächsischen Genesis, 2. A. 1966
Sendler, B., Die Rechtssprache in den süddeutschen Stadtrechtsreformationen, 1990
Siebenbürgisch-Sächsisches Wörterbuch, Bd. 1ff. 1924ff.
Skeat, W., An Etymological Dictionary of the English Language, 2. A. 1956
Souter, A., A Glossary of Later Latin to 600 A.D., 3. A. 1964
Sperander (Gladow, F.), A la Mode-Sprach der Teutschen, 1728
Sprache - Recht - Geschichte, hg. v. Eckert, J./Hattenhauer, H., 1991
Starck, T./Wells, J., Althochdeutsches Glossenwörterbuch, 1972ff.

Studien zum indogermanischen Wortschatz, hg. v. Meid, W., 1987
Sudetendeutsches Wörterbuch. Wörterbuch der deutsche Mundarten in Böhmen und Mähren-Schlesien, hg. v. Engels, H., Bd. 1ff. 1982ff.
Südhessisches Wörterbuch, begr. v. Maurer, F., Bd. 1ff. 1965ff.
Suolahti, H., Der französische Einfluß auf die deutsche Sprache im dreizehnten Jahrhundert, Teil II. 1933
Suolahti, H., Die deutschen Vogelnamen, 1909
Szemerényi, O., Studies in the Indo-European System of Numerals, 1960
Teuchert, H., Die Sprachreste der niederländischen Siedlungen des 12. Jahrhunderts, 1944
The Concise Oxford Dictionary of English Etymology, hg. v. Hoad, T., 1986
The Oxford dictionary of English Etymology, hg. v. Onions, C., 1966
Thesaurus linguae latinae, Bd. 1ff. 1900ff.
Thöl, H., Handelsrecht, 2. A. 1847, 3. A. 1854
Thüringisches Wörterbuch, bearb. v. Spangenberg, K. u.a., Bd. 1ff. 1966ff.
Tischler, J., Hethitisch-deutsches Wörterverzeichnis, Mit einem semasiologischen Index, 1983ff.
Tischler, J., Hethitisches Etymologisches Glossar. Mit Beiträgen von G. Neumann, Teil 1ff. 1983ff.
Tobler, A./Lommatzsch, Altfranzösisches Wörterbuch, Bd. 1ff. 1925ff.
Trautmann, R., Baltisch-Slavisches Wörterbuch, 1923, 2. unv. A. 1970
Trübners Deutsches Wörterbuch, hg. v. Götze, A./Mitzka, W., Bd. 1ff. 1939ff.
Tschinkel, W., Wörterbuch der Gottscheer Mundart, Bd. 1f. 1973ff.
Ullmann, E., Lehrbuch des deutschen Strafprozeßrechts, 1893
Unger, T./Khull, F., Steirischer Wortschatz als Ergänzung zu Schmellers Bayerischem Wörterbuch, 1903, Neudruck 1968
Vasmer, M., Russisches etymologisches Wörterbuch, Bd. 1ff. 1953ff., 2. unv. A. 1976ff.
Vendryes, J., Lexique étymologique de l'irlandais ancien, Bd. 1ff. 1959ff.
Verdam, J., Middelnederlandsch Handwoordenboek, 1949
Verwijs, E./Verdam, J., Middelnederlandsch woordenboek, Bd. 1ff. 1885ff., Neudruck 1969
Vries, J. de, Altnordisches etymologisches Wörterbuch, 2. A. 1962
Vries, J. de, Nederlands etymologisch woordenboek, 1971
Wadstein, E., Kleinere altsächsische Sprachdenkmäler mit Anmerkungen und Glossar, 1899
Walde, A./Hofmann, J., Lateinisches etymologisches Wörterbuch, 3. A. Bd. 1ff. 1938ff., 5. unv. A. 1982
Wartburg, W. v., Französisches etymologisches Wörterbuch. Eine Darstellung des galloromanischen Sprachschatzes, 1928ff.
Wasserzieher, E., Kleines etymologisches Wörterbuch der deutschen Sprache, 1977
Weigand, F./Hirt, H., Deutsches Wörterbuch, Bd. 1f. 5. A. 1909f., Neudruck 1968
Weiske, J., Rechtslexikon für Juristen aller deutschen Staaten, Bd. 1ff. 1839ff.
Westfälisches Wörterbuch, hg. v. Goosens, J., Bd. 1ff. 1973ff.
Wetzel, G., System des ordentlichen Civilprocesses, 2. A. 1865
Wick, P., Die slavischen Lehnwörter in der neuhochdeutschen Schriftsprache, 1939
Wis, K., Ricerche sopra gli italianismi nella lingua tedesca. Dalla metà del secolo XIV alla fine del secolo XVI, 1955
Woeste, F., Wörterbuch der Westfälischen Mundart, hg. v. Nörrenberg, E., 1930, Neudruck 1966
Wolf, H., Studien zur deutschen Bergmannssprache, 1958
Wolf, S., Großes Wörterbuch der Zigeunersprache (romani tsiw). Wortschatz deutscher und anderer Zigeunerdialekte, 1960, 2. A. 1987
Wolf, S., Jiddisches Wörterbuch, 2. A. 1986
Wolf, S., Wörterbuch des Rotwelschen. Deutsche Gaunersprache, 1956, 2. A. 1985
Woordenboek der nederlandsche taal, hg. v. Vries, M. de u.a., Bd. 1ff. 1882ff.

Wörterbuch der bairischen Mundarten in Österreich, bearb. v. Dollmayr, V./Kranzmayer, E. u.a., Bd. 1ff. 1963ff

Wörterbuch der deutschen Gegenwartssprache, hg. v. Klappenbach, R./Steinitz, W., 10. A. Bd. 1ff. 1980ff.

Wörterbuch der mittelhochdeutschen Urkundensprache. Auf der Grundlage des Corpus der althochdeutschen Originalurkunden bis zum Jahre 1300, Bd. 1 1986ff.

Wossidlo, R./Teuchert, H. 4., Mecklenburgisches Wörterbuch, hg. v. d. Sächsischen Akademie der Wissenschaften, Bd. 1ff. 1942ff.

Wrede, A., Neuer Kölnischer Sprachschatz, Bd. 1ff. 6. A. 1976

Wurdenboek fan de Fryske taal. Woordenboek der Friese taal, hg. v. d. Fryske Akademy, Bd. 1ff. 1984ff.

Zaunmüller, W., Bibliographisches Handbuch des Sprachwörterbücher. Ein internationales Verzeichnis von 5600 Wörterbüchern der Jahre 1460-1958 für mehr als 500 Sprachen und Dialekte, 1958

Ziesemer, W., Preußisches Wörterbuch. Sprache und Volkstum Norddeutschlands, Bd. 1f. 1939f., Neudruck 1975

Zwerenz, R., Der Rechtswortschatz der Urteile des Ingelheimer Oberhofes, 1988

A

a, Präf., »los, un«, Lw. gr. a, Präf., »los, un, nicht«

A.A. (Aulus Agerius), lat., M., »Abkürzung (bzw. abstrakte Benennung) für den Kläger im römischen Formularprozeß«

Aas, N., »Fleisch eines toten Körpers«, mhd. ās (11. Jh.), N., »Fleisch eines toten Körpers, (Schimpfwort 12. Jh.)«, zu idg. *ed-, V., »essen«

ab, Adv., Präp., Präf., »ab«, mhd. abe, Adv., Präp., Präf., »herab«, ahd. aba (8. Jh.?), Adv., Präp., Präf., »aus, durch, herab, von, weg von«, as. af, Präp., Präf., »ab, von, aus«, germ. *aba, *ab, Adv., Präp., »ab, weg«, idg. *apo-, Präp., »ab, weg«

abändern, V., »wechseln, verändern«, Müller 1673, s. ab, ändern

Abänderung, F., »Veränderung, Versetzung«, 1523 Pfäfers, 1673, s. abändern, ung

Abänderungsklage, F., »Klage auf Abänderung einer Verurteilung zu künftig fällig werdenden wiederkehrenden Leistungen (z.B. Unterhalt) die bei einer wesentlichen Veränderung der maßgeblichen Verhältnisse (z.B. Lebenshaltungskosten) zulässig ist«, 19. Jh.?, s. Abänderung, Klage

Abandon, M., »Preisgabe des Gesellschaftsanteils«, 19. Jh. (Allgemeines Deutsches Handelsgesetzbuch 1861) Lw. frz. abandon, M., »Verlassenheit«, 12. Jh. postverb. M. von frz. abandonner, V., »preisgeben«, 11. Jh., zusammengerückt aus älterem a ban doner, V., »zur freien Verfügung übergeben«, zu ahd. ban, M. »Bann«, s. Bann

abandonnieren, V., »verlassen (V.)« 1633, Lw. (nnl. abandonneren 1489,) frz. abandonner, V., »verlassen (V.)«, s. Abandon, ieren

abberufen, V., »sich berufen«, 15. Jh. (mnd. afberopen), s. ab, be, rufen

Abbruch, M., »Mangel, Abgang, Abzug, Eintrag, Schaden, Beendigung, Erzgang (1309 Freiburg)«, 1339 Hagenau, s. ab, brechen

abdanken, V., »Dank für eine Tätigkeit abstatten (frühes 16. Jh.), eine Tätigkeit beenden (1534)«, s. ab, danken

Abdecker, M., »Schinder, Nachrichter«, 1. H. 16. Jh. (1534 Quedlinburg), s. ab, dekken

abdingbar, Adj., »vertraglich abänderbar«, s. ab, abdingen, bar

abdingen, V., »vereinbaren«, mhd. abedingen, V., »ein Übereinkommen treffen, abhandeln« (1312 Österreich bzw. 14. Jh. München), s. ab, dingen

Abend, M., »Abend«, mhd. ābent, M., »Abend«, ahd. aband (A. 9. Jh.), M., »Abend«, as. āvand, M., »Abend«, anfrk. āvand, M., »Abend«, germ. *ēbanda, *ēbandaz, M., »Abend«, idg. ēponto, Sb., »der hintere Teil (des Tages)«

Abenteuer, N., »Zufall, Gefahr«, 1360 Bremen, mhd. aventiure, N., »Begebenheit, Ereignis, Schicksal«, 12. Jh. Lw. frz. aventiure, F., »Begebenheit, Ereignis«, aus mlat. *adventura, N. Pl.?, F.?, »Ereignis«, subst. Part. Fut. von lat. advenire, V., »herankommen, ankommen«, zu lat. ad, Präp., Präf., »zu«, lat. venire, V., »kommen«

Aberacht, F., »abermalige Acht«, 1221 Wien, Sachsenspiegel um 1225, s. Acht

aberratio ictus, F., »Eintritt des Handlungserfolges an einem anderen als dem nach dem Täterplan angegriffenen Objekt (T schießt auf A und trifft B)«, Lw. lat. aberratio, F., »Abirrung«, lat. ictus, M., »Stoß, Wurf«, vgl. Weiske 1839ff.

Abfall, M., »bewegliche Sache deren sich der Besitzer entledigen will oder deren geordnete Beseitigung zur Wahrung des Wohls der Allgemeinheit geboten ist«, mhd. abeval, M., »Abfall, Loslösung (1415/6)«, »Abzug (1520 Freiburg)«, »Verlust« (1518 Buchhorn)«, »Schmach (Luther vor 1546)«, »Gefallensein«, »Überrest (Overbeck 1765)«, s. ab, Fall, fallen

Abfertigung, F., »Entsendung (1458), Abfindung (16. Jh.)«, s. ab, fertig, ung

Abfindung, F., »für die Aufgabe eines Rechts evtl. auch einer Aussicht - meist in Geld - gewährte einmalige Gegenleistung (z.B. bei Unterhaltsverzicht)«, »Abschichtung (1615), Entschädigung (1543), Auszahlung (1586)«, s. ab, finden, ung

Abfindungsguthaben, N., »Wert des Gesellschaftsanteils eines ausscheidenden Gesellschafter im Zeitpunkt des Ausscheidens«, 20. Jh.?, s. Abfindung, Guthaben

Abgabe, F., »kraft öffentlichen Rechts in Geld zu entrichtende öffentliche Last zur Finanzierung der staatlichen Tätigkeit«, »öffentliche Abgabe« 2. H. 17. Jh. (Hasse 1687 Leipzig), s. ab, geben

Abgabenordnung (AO), F., »das Recht der Abgaben allgemein regelndes Bundesgesetz«, 1920, Reichsabgabenordnung 1919, s. Abgabe, Ordnung

Abgabenüberhebung, F., »übersteigertes Abgabenverlangen«, 20. Jh.?, s. Abgabe, über, heben, ung

abgeleitet, Adj., »nicht ursprünglich«, 19. Jh.? Lüt. lat. derivativus, Adj., »abgeleitet«, s. ab, leiten

Abgeordneter, M., »Mitglied eines (Bundes- oder Landes-)Parlamentes«, verkürzt aus abgeordneter Bote, M., »mit Vollmacht entsandter Bote, Stellvertreter«, 1610 Österreich, 1616 Waadt, s. ab, ordnen

abgeschlossen, Adj., »baulich abgegrenzt«, zu abschließen (Köln 1597), s. ab, schließen

abhanden, Adv., »aus den Händen«, Verbindung von ab mit dem umlautlosen Plural von Hand, schon ahd., seit dem 14. Jh. zusammengesetzt

Abhandenkommen, N., »Verlust des unmittelbaren Besitzes ohne Willen des Besitzers (z.B. durch Verlieren oder durch Zwang oder durch Zueignung seitens des Besitzdieners)«, 1437 Jena abhende komen, V., »verloren gehen«, 1583 (von abhanden kommen), 1680 Lübeck abhanden kommen

abhelfen, V., »weghelfen (16. Jh. Breslau), befreien, beseitigen (1547 Reval)«, mhd. abehelfen, V., »befreien« (1210/20), s. ab, helfen

Abhilfe, F., »Abänderung einer Entscheidung durch die entscheidende Behörde auf Grund eines Antrages (z.B. Beschwerde oder Erinnerung oder Widerspruch)«, 1786 Köln (abhülf), s. ab, abhelfen, Hilfe

Abitur, N., »Abgangsprüfung, Reifeprüfung«, 1788 Berlin?, um 1890, aus Abiturium (um 1880), Lw. lat. abiturum, abiturium, N., »Abitur«, zu lat. abiturus, Part. Fut., »einer der weggehen wird«, s. Abiturient

Abiturient, M., »Gymnasiast vor der Abgangsprüfung«, 1788, 1824 Braunschweig, Lw. lat. abituriens, Part. Präs. subst., M., »Gymnasialabgänger«, Prätorius 1666, zu mlat. abiturire, V., »abgehen wollen«, zu lat. abire, V., »weggehen«, zu lat. a, ab, Präp., Präf., »von, ab«, lat. ire, V., »gehen«

Abkauf, M., »Abkauf«, 1428 Freiberg, s. ab, Kauf

Abkomme, M., »Nachkomme«, 1741 Hamburg, s. ab, kommen

Abkommen, N., »Abstammung (Münster 1541), Übereinkommen (1683), Konvention«, s. ab, kommen

Abkömmling, M., »Verwandter eines Menschen in absteigender Linie (z.B. Kind oder Enkel)«, Fischart 1578, Schottel 1663, Lüt. lat. progenies, F., »Abstammung«?

Abkunft, F., »Abkömmling (17. Jh.), Herkunft (Schiller 1788), Übereinkunft (18. Jh.), Finanzertrag (1609 Reval)«, s. ab, kommen

Ablaß, M., »(im katholischen Kirchenrecht) auch vor Gott verbindliche Befreiung von zeitlichen Sündenstrafen«, mhd. abläz, M., »Ablaß, Erlaß der Sündenschuld, Nachlaß von Sündenstrafen gegen Vollbringung guter Werke (2. H. 13. Jh.)«, ahd. abläz (790), M., »Ablaß, Vergebung«, Verbalabstraktum zu ahd. abalāzan (aus aba, lāzan), Lehnbedeutung lat. indulgentia, F., »Güte, Gnade«?, remissio, F., »Zurückschicken, Erlassung«?

Ablehnung, F., »Zurückweisung eines Verhaltens oder einer Person, (im Verfahrensrecht) Zurückweisung einer bestimmten Gerichtsperson hinsichtlich ihrer Mitwirkung in einem Verfahren«, »Zurückweisung einer Klage (1571), Abstellung (1512), Tilgung (1555 Mecklenburg), Befreiung (Luther 1525)«, s. ab, lehnen, ung, vgl. lat. recusatio, F., »Ablehnung«

Ableite, F., N., »Aufgabegebühr« (1258 Niederösterreich)«, s. ab, leiten

abliefern, V., »hinbringen«, 17. Jh. (1618), s. ab, liefern

Ablieferung, F., »von Übereignungswillen begleitete Verschaffung des unmittelbaren Besitzes des Ersteigerers durch den Gerichtsvollzieher«, mhd. abelœsen, V., »losmachen, lostrennen, abkaufen, tilgen« 11. Jh. (Lohenstein vor 1683), s. ab, liefern, ung

ablösen, V., »losmachen, wegnehmen, tilgen«, s. ab, lösen

Ablösung, F., »Aufhebung (1360), Einlösung (1460)«, s. ablösen, ung

Ablösungsgesetz, N., »Ablösungsgesetz«, 1832

Ablösungsgesetzgebung, F., »Gesetzgebung des 19. Jh.s zur Ablösung feudaler Rechte (Bodenbefreiung Preußen 9. 10. 1807, 14. 9. 1811)«, s. Ablösung, Gesetzgebung, vgl. Weiske 1839ff.

Ablösungsrecht, N., »Recht eines Dritten an Stelle des Schuldners den Gläubiger zu befriedigen wenn der Gläubiger die Zwangsvollstreckung in einen dem Schuldner gehörigen Gegenstand betreibt und dadurch ein Recht des Dritten gefährdet«, »Näherrecht« Suttinger 1655, Lüt. lat. ius redimendi, N., »Lösungsrecht«?

Abmahnung, F., »Aufforderung zur Änderung eines unerwünschten Verhaltens«, »Kapitalkündigung (Dasypodius 1535 bzw. 1580 Lüneburg), Verwarnung (1631 Österreich)«, Lüs. lat. dehortatio, F., »Abmahnung«?, s. ab, mahnen, ung

Abmahnungsschreiben, N., »Abmahnungsschreiben«, 1626, s. Abmahnung, Schreiben

abmeiern, V., »den Meier vom Gut vertreiben (1597 Peine)«, s. ab, Meier

Abnahme, F., »Entgegennahme der Leistung durch den Gläubiger eines Kaufvertrages oder Werkvertrages«, »Niedergang (1494), Wegnahme (Murner 16. Jh.), Bezug (Klingner 1725), Entgegennahme (1724 Königsberg)«, s. ab, nehmen

abnorm, Adj., »regelwidrig«, 1804, Börne 1809, Lw. lat. abnormis, Adj., »nicht schulgerecht«, zu lat. a, ab, Präp., Präf., »von, weg«, lat. norma, F., »Winkelmaß, Richtschnur, Regel, Vorschrift«

Abnutzung, F., »Abnutzung (1459)«, »Ertrag (1525 Würzburg), Mißbrauch (1509 Oberösterreich)«, s. ab, nutzen, ung

Abolition, F., »Abolition«, 17. Jh. (1658), Lw. lat. abolitio, F., »Vergehenmachen, Aufheben«, zum PPP. abolitus von lat. abolere, V., »vergehen machen, vernichten«, vgl. Weiske 1839ff.

abordnen, V., »entsenden«, 1512 Appenzell, s. ab, ordnen

Abordnung, F., »vorübergehende Zuweisung eines Beamten an eine andere Amtsstelle bei einer anderen Behörde«, »Abweichung (Paracelsus 1493-1541), Entsendung (Suttinger 1718), Gesamtheit von Abgeordneten (1674)«, s. abordnen, ung

abortus, M., »Fehlgeburt«, 16. Jh. (Paracelsus 1536) Lw. lat. abortus, M., »Fehlgeburt«, vgl. Weiske 1839ff.

Abrechnung, F., »Rechnungslegung (1452 Bern), Abzug (1487 Schlesien)«, s. ab, rechnen, ung

Abrede, F., »Leugnung (um 1300), Vereinbarung (1445 Passau), Redeschluß (16. Jh.), Abstreiten (1461 Frankfurt)«, s. ab, reden

abreden, V., »bereden, abmachen«, 1477 Murau, s. ab, reden

Abruf, M., »Wertherabsetzung (1377 Villingen), Wegruf (E. 19. Jh.?)«, s. ab, rufen

Absage, F., »Entsagung, Ablehnung, Aufkündigung (1433 Göttweig)«, mhd. abesage, F., »Absage«, ahd. abasaga (1000), F., »Absprechen«, Lsch. lat. negatio, F., »Verneinung«?, s. ab, sagen

Absatz, M., »Wegnahme (1388 Braunschweig-Lüneburg), Unterbrechung (15. Jh.), Veräußerung durch Verkauf (1564 bzw. Möser E. 18. Jh.), Absetzung (17. Jh. Bremen), Verringerung (1395 Bayern), Abschnitt (eines Paragraphen)«, spätmhd. abesaz, M., »Verringerung, Verschlechterung der Münze«, s. ab, Satz, setzen

Abschichtung, F., »Abfindung, Abteilung«, (Wigand) 1698 Minden, s. ab, schichten, ung

Abschiebung, F., »Entfernung eines Ausländers aus dem Staatsgebiet unter Anwendung unmittelbaren Zwanges«, (1461 Meppen affshuwinge?), Stieler 1691, s. ab, schieben, ung

Abschied, M., »Abschied«, »Beschluß (1458)«, »Vermögensteilung (1454 Ingelheim), Abschied, Entlassung«, zu fnhd. abscheiden, V., »weggehen«

Abschlag, F., »Abgehauenes (1429), Abzug (1288), Abschlag des Kaufpreises, Rate (1325 Oberösterreich)«, s. ab, schlagen

Abschlagszahlung, F., »Teilzahlung«, 18. Jh. (1789) bzw. Allgemeines Landrecht 1794 Preußen, s. Abschlag, Zahlung

abschließen, V., »beschließen (1561), verschließen (1650), beenden (1778)«, s. ab, schließen

Abschluß, M., »Bewirken einer Bindung der Vertragsparteien an einen vereinbarten Vertragsinhalt durch Willenserklärung«, »Beschluß (1801), Abschluß (1729), Beendigung (1727)«, s. ab, schließen

Abschlußfreiheit, F., »Freiheit einer Person selbst darüber zu entscheiden ob und mit wem sie eine vertragliche Bindung eingehen will«, 20. Jh.?, s. Abschluß, Freiheit

Abschlußvertreter, M., »zum Abschluß berechtigter Vertreter«, 20. Jh.?, s. Abschluß, Vertreter

Abschlußvollmacht, F., »zum Abschluß eines Vertrages ermächtigende Vollmacht«, 20. Jh.?, s. Abschluß, Vollmacht

Abschlußzwang, M., »Pflicht mit einem anderen die von diesem gewünschte vertragliche Bindung einzugehen«, 20. Jh.?, s. Abschluß, Zwang

Abschnitt, M., »Abgeschnittenes, Abschnitt, Gliederungseinheit (1525)«, mhd. abesnit, M., »Abschneiden, Abschnitt«, »Verlust (um 1300)«, s. ab, schneiden

abschöpfen, V., »wegschöpfen (1417), gewinnen, ermitteln (1509 Oberösterreich)«, s. ab, schöpfen

Abschöpfung, F., »Maßnahme eines Staates durch die der Preis einer importierten Ware auf einen gesetzlich festgeschriebenen Stand gebracht wird (z.B. bei landwirtschaftlichen Erzeugnissen innerhalb der Europäischen Union durch die Bundesfinanzbehörden)«, »Herunterschöpfung« 1682, s. abschöpfen, ung

abschrecken, V., »abnehmen, abhalten, aufscheuchen«, mhd. abeschrecken, V., »abschrecken«, um 1340, s. ab, schrecken

Abschreckung, F., »Strafzweck (relative Straftheorie) bei welchem die Strafe einen möglichen Täter vor Straftaten zurückschrecken lassen soll«, 1531, s. abschrekken, ung

abschreiben, V., »abschreiben, gutschreiben, löschen, streichen (1340 Freiburg)«, mhd. abeschrīben, V., »abschreiben«, 1172, s. ab, schreiben

Abschreibung, F., »Herabsetzung des Buchwertes eines Vermögensgegenstandes in der Bilanz entsprechend dessen (durchschnittlichem) Wertverlust (im Laufe der Zeit)«, »Abschrift (1403/39), Tilgung (1607), Abbuchung (1674 Amsterdam)«, »Abschreibung« 1851, s. abschreiben, ung

Abschreibungsgesellschaft, F., »auf Verlusterzielung durch Abschreibung gerichtete Gesellschaft«, 2. H. 20. Jh., s. Abschreibung, Gesellschaft

Absender, M., »Absender« Stieler 1691, s. ab, senden

Absetzung, F., »Heruntersetzung« Kant vor 1804, s. ab, setzen, ung

Absicht, F., »direkt auf den Erfolg als Ziel gerichteter Wille des Täters (z.B. Zueignungsabsicht)«, »Aufsicht« 1609 Österreich, »Bestreben« 1653, zu absehen, V., »eine Schußwaffe auf jemanden richten«, s. ab, Sicht

absichtlich, Adj., »absichtlich«, Brockes 1748, s. Absicht, lich

Absichtsprovokation, F., »absichtliche Herbeiführung der Situation der Notwehr durch den Angegriffenen um unter dem Deckmantel der Notwehr den Angreifer zu verletzen«, s. Absicht, Provokation

absolut, Adj., »uneingeschränkt, unbedingt«, 16. Jh. (1579) Lw. lat. absolutus, Adj., »abgeschlossen«, PPP. von lat. absolvere, zu lat. a, ab, Präp., Präf., »von«, lat. solvere, V., »lösen«, Lbd. frz. absolu, Adj., »unumschränkt«, s. absolvieren

absolute Fahruntüchtigkeit, F., »unbedingte Fahruntüchtigkeit« 2. H. 20. Jh., s. absolut, Fahruntüchtigkeit

absolute Mehrheit, F., »unbedingte Mehrheit« 1790, s. absolut, Mehrheit

absolute Straftheorie, F., »unbedingte Straftheorie« 20. Jh.?, s. absolut, Straftheorie

absoluter Revisionsgrund, M., »unbedingter Revisionsgrund« 20. Jh.?, s. absolut, Revisionsgrund

absolutes Fixgeschäft, N., »unbedingtes Fixgeschäft« 20. Jh.?, s. absolut, Fixgeschäft

absolutes Recht, N., »uneingeschränktes Recht« 20. Jh.?, s. absolut, Recht

absolutio ab actione, F., »Entbindung von dem Klageanspruch, (im gemeinen Recht) Abweisung einer Klage aus materiellen Gründen«

absolutio ab instantia, F., »Entbindung von dem Verfahren, (im gemeinen Recht) Abweisung einer Klage aus formellen Gründen«

Absolution, F., »Sündenvergebung«, 14. Jh. (1346 absolutie) Lw. lat. absolutio, F., »Trennung, Scheidung, Freisprechen, Sündenvergebung«, zum PPP. absolutus von lat. absolvere, V., »lösen«, s. absolvieren

Absolutismus, M., »Regierungsform bei welcher der Inhaber der Herrschaftsgewalt (z.B. Monarch oder anderer Gewalthaber) den Untertanen gegenüber unbeschränkte Macht hat«, »Unbedingtheit« Herder 1775, 1. H. 19. Jh. (Börne 1832) Lbd. frz. absolutisme (1796), M., »Absolutismus«, s. absolut

absolvieren, V., »lossprechen (1263), erledigen (Fuchsberger 1534)«, Lw. lat. absolvere, V., »lösen, frei machen«, zu lat. a, ab, Präp., Präf., »von, ab«, lat. solvere, V., »lösen«

absondern, V., »trennen, ausscheiden, abschichten«, mhd. abesundern, V., »vermögensrechtlich abfinden, loslösen« (13./14. Jh.), s. ab, sondern

Absonderung, F., »(im Konkurs) gesonderte Befriedigung eines Gläubigers aus einzelnen Gegenständen der Konkursmasse«, »Trennung (E. 15. Jh.), Abschichtung (1385), Trennung von Tisch und Bett (Luther vor 1546)«, s. absondern, ung

Absonderungsrecht, N., »Absonderungsrecht (von Erbschaftsgläubigern)«, (1777) Klöntrup 1798, Allgemeines Landrecht 1794 Preußen, s. Absonderung, Recht

absorbieren, V., »aufnehmen, verschlukken«, 2. H. 17. Jh. (Liebe 1678) Lw. lat. absorbere, V., »verschlucken, verschlingen«, zu lat. a, ab, Präp., Präf., »von, ab«, lat. sorbere, V., »zu sich nehmen, schlürfen«

Absorption, F., »Aufsaugung«, 2. H. 18. Jh. (1772) Lw. lat. absorptio, F., »Aufsaugung«, zum PPP. absorptus von lat. absorbere, V., »verschlucken, verschlingen«, s. absorbieren

Absorptionsprinzip, N., »Grundsatz zur Bestimmung der Strafe bei Tateinheit«, Grundsatz der Absorption (vor 1858, auf Carpzow zurückgeführt), s. absorbieren, Absorption, Prinzip

Absorptionstheorie, F., »Theorie der Absorption«, 19. Jh.?, s. Absorption, Theorie

Absprache, F., »Urteil (1510) (bzw. 1470 Lübeck afsprake), Verabredung (Ludwig 1716)«, s. ab, Sprache, sprechen

abstammen, V., »herkommen, nachfolgen«, 17. Jh. (Hartknoch 1684), s. ab, Stamm

Abstammung, F., »natürliche Herkunft eines Kindes von bestimmten Eltern«, Lsch. lat. genus, N., »Geschlecht«?, Francisci 1689, s. abstammen, ung

abstiften, V., »des Gutes entsetzen (1381 Österreich), verzichten (1393 Braunschweig)«, s. ab, stiften

abstimmen, V., »Münzen abwerten« 15. Jh. Schweiz, »ablehnen« Luther 1521, »passend machen« 17. Jh., »eine Stimme abgeben« 1793, s. ab, stimmen

Abstimmung, F., »Verfahren zur Ermittlung des Willens einer Gesamtheit von Personen hinsichtlich einer bestimmten Frage«, »Ablehnung (Stieler 1691), Stimmabgabe (Niebuhr 1811)«, s. abstimmen, ung

abstrakt, Adj., »begrifflich, allgemein, vom Gegenständlichen abgezogen«, 2. H. 15. Jh. (Hueber 1477) Lw. lat. abstractus, PPP. von lat. abstrahere, V., »abziehen«, zu lat. a, ab, Präp., Präf., »von«, lat. trahere, V., »ziehen, herleiten«

Abstraktion, F., »Verallgemeinerung«, 2. H. 16. Jh. (Roth 1571) Lw. lat. abstractio, F., »Fortschleppen, Abstraktion«, »Verallgemeinerung« 1. H. 18. Jh., s. abstrakt

Abstraktionsprinzip, N., »Grundsatz daß Verpflichtungsgeschäft und Erfüllungsgeschäft in ihrem Bestand voneinander grundsätzlich unabhängig sind«, 20. Jh.?, s. Abstraktion, Prinzip

abstreiten, V., »absagen (1443 Schweiz), verweigern (1674 Schlesien)«, mhd. abestrīten, V., »im Streit abgewinnen«, s. ab, streiten

Abt, M., »Oberer eines geistlichen Ordensinstituts, Leiter einer rechtlich selbständigen Niederlassung«, mhd. abbet, M., »Abt«, ahd. abbat (800), M., »Abt«, Lw. lat. abbas, abbatem (Akk.) (4. Jh.), M., »Abt, Vater«, Lw. gr. ábba, Lw. aram. abbā, M., »Vater«, Lallwort

Abtei, F., »Abtei«, mhd. abbeteie, »Abtei«, ahd. abbateia (12. Jh.), F., »Abtei«, Lw. lat. abbatia, F., »Abtei«, s. Abt

Äbtissin, F., »Äbtissin«, spätmhd. ebbetissīn, F., »Äbtissin«, zu mhd. eppetisse, F., »Äbtissin«, ahd. abbatissa (12. Jh.), F., »Äbtissin«, Lw. lat. abbatissa, F., »Äbtissin«, s. Abt

abtreiben, V., »vertreiben, abtreiben, wegschaffen«, mhd. abetrīben, V., »vertreiben (12. Jh.), wegschaffen (1262 Elsaß), abwenden (um 1300), forttreiben (um 1305), fortnehmen (1353), ein lebendes Kind abtreiben (1507 Bamberg), die Schwangerschaft abbrechen 1510/30«, s. ab, treiben

Abtreibung, F., »nicht besonders gerechtfertigter Abbruch einer Schwangerschaft nach Abschluß der Einnistung des befruchteten Eies in der Gebärmutter«, »Fruchtabtreibung (1509), Verjagung (1541), Absonderung (1580), Abholzung (1615)«, s. abtreiben, ung

Abtreibungsmittel, N., »Mittel zur Abtreibung einer Leibesfrucht« Faber 1710, s. Abtreibung, Mittel

abtreten, V., »weggehen, zurücktreten (15. Jh.), aufgeben (1363 Magdeburg bzw. 1520 Freiburg)«, mhd. abetreten, V., »beiseite gehen (E. 12. Jh.)«, s. ab, treten

Abtretung, F., »Übertragung einer Forderung von einem (bisherigen) Gläubiger (Zedenten) auf einen anderen (Neugläubiger oder Zessionar)«, »Rücktritt von einem Amt (1460), Abfall (15. Jh. Münster), Aufgabe (1360), Übertragung (1443 Leipzig), Zession von Gütern (1616 Bayern bzw. 1579 Braunschweig), Gutsübergabe«, s. abtreten, ung

Abtretungserklärung, F., »Erklärung der Abtretung«, Bürgerliches Gesetzbuch 1896, s. Abtretung, Erklärung

Abtrieb, M., »Näherkauf, Näherrecht«, (1461 Altenhaslau), s. ab, treiben

Abtriebsrecht, N., »Näherrecht«, 1668 Trier, s. Abtrieb, Recht

Abwasser, N., »durch Schadstoffe verunreinigtes Wasser«, »Abflußwasser«, »abfließendes Wasser in welchem Erz gewaschen wurde« 1545 Württemberg, Thurneysser 1572, s. ab, Wasser

Abwehr F., »Abwehr, Verteidigung«, 16. Jh. (1523), s. abwehren

abwehren, V., »abwehren (1311 Braunschweig), verhindern (1525 Württemberg), ablehnen (1417 Niederlande afweren)«, mnd. afwēren, V., »zurückweisen«, 14. Jh., s. ab, wehren

abweichen, V., »entweichen, beiseite treten (15. Jh. Erfurt), nicht befolgen (1662)«, mhd. abewīchen, V., »sich davon machen (1287 Friedberg), s. ab, weichen

abweichend, Part. Präs., s. abweichen

abweichendes Verhalten, N., »ungewöhnliches Verhalten«, 2. H. 20. Jh., s. abweichend, Verhalten

abweisen, V., »zurückweisen (um 1200/10), (Klage) abweisen (mnd. afwīsen Sachsenspiegel um 1225), absprechen«, s. ab, weisen

Abweisung, F., »Zurückweisung (1416 Hildesheim), Verweisung (1634), Abfindung (13./14. Jh. Halle)«, s. abweisen, ung

abwerben, V., »abwendig machen (Rupert von Freising 1328)«, s. ab, werben

abwerten, V., »im Wert herabsetzen«, 18. Jh., s. ab, Wert

Abwertung, F., »Herabsetzung des Außenwertes einer Währung im Verhältnis zum Wert von Gold oder anderen Währungen durch Änderung des Wechselkurses«, Wurm 1858, s. abwerten, ung

abwesend, Adj., »abwesend« 15. Jh. (1409 Magdeburg bzw. 1466 Meppen) ndd. afwesend, 16. Jh. (Zwingli 1526) obd. abwesend, zu mhd. abewesen, V., »fehlen, mangeln«, ahd. abawesan (9. Jh.), V., »weg sein, nicht vorhanden sein, hervorstehen«, Lüs. lat. abesse, V., »abwesend sein«, zu ahd. aba, wesan, Bedeutung »zerstreut« 2. H. 17. Jh.

Abwesender, M., »wer sich zu einem bestimmten Zeitpunkt nicht an einem bestimmten Ort aufhält«, s. abwesend, vgl. Weiske 1839ff.

Abwesenheit, F., »Abwesenheit«, A. 16. Jh. (Rotschitz 1529) Lüs. lat. absentia, F., »Abwesenheit«, zum subst. Inf. Abwesen, N., »Fehlen«, s. abwesend, heit

Abwesenheitspflegschaft, F., »im Falle der Abwesenheit mögliche Pflegschaft«, Planck 1880, s. Abwesenheit, Pflegschaft, vgl. Abwesenheitskuratel (18. Jh., Allgemeines Landrecht 1794 Preußen)

Abwesenheitsverfahren, N., »(im Strafprozeß) ausnahmsweise zulässiges besonderes Verfahren gegen eine Person deren Aufenthalt unbekannt ist oder die sich im Ausland aufhält und deren Gestellung vor das zuständige Gericht unausführbar oder unangemessen erscheint«, 1960, s. Abwesenheit, Verfahren

abwickeln, V., »abrollen«, 16. (1529), häufiger seit 18. Jh., s. ab, wickeln

Abwicklung, F., »endgültige Ausführung einer Angelegenheit«, 1691 Stieler, Lüt. lat. devolutio, F., »Entwicklung«?, s. abwickeln, ung

abzahlen, V., »ablohnen, auszahlen (1481 Sachsen), entlohnen (um 1525)«, mhd. abezaln, V., »zahlen, ratenweise tilgen« (1313), s. ab, zahlen

Abzahlung, F., »Bezahlung, Entlohnung (1573 Steiermark), Tilgung (1584), Abschlagszahlung, Zahlung«, Paracelsus 1530, »Ratenzahlung« 1891, s. abzahlen, ung

Abzahlungskauf, M., »(von 1894 bis 1991) Kauf beweglicher Sachen - durch eine Person die nicht Kaufmann ist - bei dem der Kaufpreis in - mindestes zwei - Teilzahlungen (Raten) entrichtet werden soll«, E. 19. Jh., s. Abzahlung, Kauf

Abzahlungskredit, M., »der Finanzierung eines Abzahlungskaufes dienendes Darlehen einer Bank an einen Abzahlungskäufer der den Kaufpreis auf Grund des Darlehens sofort und das Darlehen in Raten bezahlt«, 20. Jh.?, s. Abzahlung, Kauf

Acht, F., »Vorsicht, Aufmerksamkeit«, mhd. ahte, F., »Zustand, Beschaffenheit«, ahd. ahta (Anf. 9. Jh.), F., »Fürsorge, Nachdenken, Erwägen, Gedanke, Betrachtung«, germ. *ahtō, F., »Beachtung, Aufmerksamkeit«, zu idg. *ok-?, V., »überlegen (V.), meinen, denken«?, idg. *ak-, Adj., »scharf, spitzig«?

Acht, F., »(im mittelalterlichen deutschen Recht) als Unrechtsfolge mögliche allgemeine Verfolgung (Vogelfreiheit)«, mhd. āhte, F., »Verfolgung, Acht«, ahd. āhta (2. Vt. 11. Jh., PN?), F., »Verfolgung, Acht«, germ. *anhtō, F., »Verfolgung«, weitere Zusammenhänge unklar

achten, V., »achten, wertschätzen«, mhd. ahten, V., »merken auf, beachten, erwägen«, ahd. ahtōn (1. Vt. 9. Jh.), V., »achten, nachdenken, überlegen (V.), bedenken, erwägen«, as. ahtian, V., »glauben, halten für«, zu germ. *ah-, V., »glauben, meinen denken«, idg. *ok-?, V., »überlegen (V.), meinen, denken«, idg. *ak-, Adj., »scharf, spitzig«

actio, lat., F., »Klaganspruch, Klagemöglichkeit«, fnhd. (1499 Worms bzw. 1509 Frankfurt) Lw. lat. actio, F., »Klaganspruch«, s. Aktion, vgl. Weiske 1839ff.

actio illicita in causa, lat., F., »unerlaubtes Handeln in der Verursachung«, s. Notwehrprovokation

actio libera in causa, lat., F., »freies Handeln in der Verursachung, Verhalten des Täters in willensfreiem Zustand das die spätere Begehung einer bestimmten Straftat in einem Zustand auslöst in dem er nicht mehr verantwortlich handeln kann (z.B. Täter betrinkt sich um in diesem Zustand die Tat leichter begehen zu können (Vorsatz) oder obwohl er damit rechnen hätte müssen (Fahrlässigkeit) daß er in diesem Zustand eine bestimmte Straftat begehen werde)«, 19. Jh.?, s. actio, causa

actio pro socio, lat., F., »Handeln für den Gesellschafter, Geltendmachung eines Anspruchs der Gesellschaft (sog. Sozialanspruch) gegen einen anderen Gesellschafter aus dem Gesellschaftsverhältnis durch einen einzelnen oder mehrere einzelne Gesellschafter (z.B. Anspruch auf Beitragsleistung)«, vgl. Weiske 1839ff.

actus contrarius, lat., M., »Gegenhandlung, Rechtshandlung die das Gegenteil einer anderen Rechtshandlung bewirkt (z.B. Erlaß einer Schuld im Verhältnis zu ihrer Begründung)«, Lw. lat. actus contrarius, M., »Gegenhandlung«

Adäquanz, F., »Angemessenheit«, Substantivierung des Part. Präs. adaequans von lat. adaequare, V., »gleich machen«, s. adäquat

Adäquanztheorie, F., »Theorie zur Bestimmung der rechtlich beachtlichen Kausalität eines Verhaltens für einen Erfolg«, E. 19. Jh.?, s. adäquat, Theorie

adäquat, Adj., »angemessen«, 2. H. 17. Jh. (Leibniz 1684) Lw. lat. adaequatus, PPP. von lat. adaequare, V., »gleichmachen, gleichkommen«, zu lat. ad, Präp., Präf., »zu«, lat. aequare, V., »gleich machen«, zu lat. aequus, Adj., »gleich«

Adel, M., »in der mittelalterlichen und neuzeitlichen deutschen Gesellschaft führender Stand«, mhd. adel, M.?, N., »Geschlecht, edler Stand«, ahd. adal (1. Vt. 9. Jh.), M., N., »Adel, Abstammung, Geschlecht, Sippe«, germ. *aþala, *aþalam, N., Geschlecht, Herkunft, Art, Wesen, Gut?«, vielleicht vorgerm. *at-al-, zu *at »weg, über, hinaus«, *al- (2), V., »nähren, wachsen«?, vgl. Geschichtliche Grundbegriffe

adeln, V., »auszeichnen (1261/9), adeln (1415/6), in den Adel erheben (nach 1427)«, s. Adel

Adelsstand, M., »Stand des Adels«, 16. Jh. Österreich, s. Adel, Stand

Adhäsion, F., »Hängen an, Adhäsion«, »Anhänglichkeit (1582/1612)«, Lw. lat. adhaesio, F., »Anhängen«, zum PPP. adhaesus von lat. adhaerere, V., »anhängen«, zu lat. ad, Präp., Präf., »zu«, lat. haerere, V., »hängen, stecken, kleben«

Adhäsionsverfahren, N., »Möglichkeit (im Rahmen der sachlichen Zuständigkeit) einen durch eine strafbare Handlung verursachten Vermögensschaden statt im Zivilprozeß anhangsweise im wegen der Straftat abhängigen Strafprozeß geltend zu machen«, z.T. Lw. lat. adhaesio, F., »Anhängen, Anschließung«, zum PPP. adhaesus von lat. adhaerere, V., »anhängen«, zu lat. ad, Präp., Präf., »zu«, lat. haerere, V., »hängen, stecken, kleben«, vgl. Weiske 1839ff., Planck 1857 Adhäsion des Beschädigten, Adhäsionsprozeß

Ädil, M., »Amtsträger (Tempelvorsteher bzw. Marktaufseher) des römischen Rechts«, Niebuhr 1811, Lw. lat. aedilis, M., »Ädil, Marktaufseher«, zu lat. aedes, F., »Herd, Haus«

Adjunkt, M., »Hinzufügung, Gehilfe«, (1883 adiunctus), Lw. lat. adiunctus, Adj., »verbunden«, PPP. von lat. adiungere, V., »anfügen«, s. lat. ad, Präp., Präf., »zu«, lat. iungere, V., »verbinden«

Adjutant, M., »Helfer, Hilfsoffizier«, 17. Jh. (Ostein 1617) Lw. span. ayudante, M., »Helfer«, zu span. ayudar, V., »helfen«, aus lat. adiutare, V., »unterstützen«, Intensivum zu lat. adiuvare, V., »helfen«, zu lat. ad, Präp., Präf., »zu«, lat. iuvare, V., »helfen«

Administration, F., »Verwaltung«, A. 16. Jh. (1509 Frankfurt) Lw. lat. administratio, F., »Dienstleistung, Besorgung, Verwaltung«, zum PPP. administratus von lat. administrare, V., »besorgen, verwalten«, zu lat. ad »zu«, lat. ministrare, V., »bedienen, verschaffen«, zu lat. minus, Adv., »weniger«

administrativ, Adj., »zur Verwaltung gehörend«, A. 19. Jh. Lw. frz. administratif, Adj., »zur Verwaltung gehörend«, aus lat. administrativus, Adj., »zum Ausführen geeignet«, s. Administration

Administrativenteignung, F., »Verwaltungsenteignung«, s. administrativ, Enteignung

Admiral, M., »Admiral, Befehlshaber einer Flotte«, 16. Jh. (Basler Chroniken 1396 bzw. Fronsperger 1565) Lw. frz. admiral (1305), amirail, M., 12. Jh. Sizilien, »Admiral«, 10. Jh. (?) (Rolandslied um 1170 admirate, um 800?) Lw. arab. amir, M., »Befehlshaber, Fürst«, unter dem Einfluß von lat. admirari, V., »bewundern«?, Form Admiral im 18. Jh. durchgesetzt

adoptieren, V., »als Kind annehmen«, 16. Jh. (Carion 1532 bzw. 1564), mnd. apoptēren (15. Jh.) Lw. lat. adoptare, V., »ausersehen«, zu lat. ad, Präp., Präf., »zu«, lat. optare, V., »wünschen«

Adoption, F., »Annahme als Kind«, 16. Jh. (Tengler 1511 bzw. Pleningen 1513) Lw. lat. adoptio, F., »Adoption«, s. adoptieren

Adressat, M., »Person an welche sich die Norm wendet, Person deren Verhalten durch die angeordnete Rechtsfolge beeinflußt werden soll, Person an die eine Willenserklärung gerichtet ist«, 1761, Heyse 1835, s. Adresse

Adresse, F., »Aufenthaltsort, Anschrift«, 17. Jh. »Zugang« (Schupp 1657), »Anschrift« (Ettner 1698 bzw. Sperander 1727) Lw. frz. adresse, F., »Richtung, Anschrift«, afrz. adrece, F., »Richtung, Gelegenheit«, zu frz. adresser, V., »richten an«, aus spätlat. *addirectiare, V., »richten an«, zu lat. ad, Präp., Präf., »zu«, lat. directus, PPP. von lat. dirigere, V., »gerade richten«, zu lat. dis, Präf., »auseinander«, lat. regere, V., »lenken, leiten richten«

Advokat, M., »(ältere in der Schweiz noch gültige Bezeichnung für) Rechtsanwalt«, »Sachwalter« 14. Jh. (1392 Livland), »juristischer Berater« 15. Jh. (1402 Köln), E. 14. Jh. Lw. lat. advocatus, M., »Herbeigerufener, Beistand, Advokat«, subst. PPP. von lat. advocare, V., »herbeirufen«, zu lat. ad, Präp., Präf., »zu«, lat. vocare, V., »rufen«, zu lat. vox, F., »Stimme«, 1878 in Deutschland durch Rechtsanwalt ersetzt

Affe, M., »Affe«, mhd. affe, M., »Affe«, ahd. affo (9. Jh.), M., »Affe«, as. apo, M., »Affe«, germ. *apan, *apōn, M., »Affe«, idg. *abō?, Sb., »Affe«, Herkunft unbekannt, kelt. Einfluß?, slaw. Einfluß?

Affekt, M., »heftige Gemütsbewegung (z.B. Wut) die meist mit Veränderungen der Körpervorgänge verbunden ist«, 16. Jh. (Luther 1520) bzw. häufiger 18. Jh. Lw. lat. affectus, M., »Erregung«, zum PPP. affectus von lat. afficere, V., »hinzutun, einwirken, anregen«, zu lat. ad, af, Präp. Präf., »zu«, lat. facere, V., »machen, tun«

Affektion, F., »Wohlwollen, Liebe, Reizung«, 16. Jh. (Fuchsperger 1533) Lw. lat. affectio, F., »Wohlwollen, Liebe«, s. Affekt

Affektionsinteresse, N., »Liebhaberinteresse«, s. Affektion, Interesse, vgl. Weiske 1839ff.

Affektionswert, M., »Liebhaberwert«, Hamann 1781, s. Affektion, Wert

Affidavit, N., »er hat geschworen«, »(im internationalen Wertpapierrecht) ein besonderes Mittel der Glaubhaftmachung«, Sealsfield 1833, Lw. ne. affidavit, N., »Versicherung«, zu lat. affidare, V., »geloben«, zu lat. ad, af, Präp., Präf., »zu«, lat. fides, F., »Treue«, lat. dare, V., »geben«

affirmativ, Adj., »bestätigend, positiv«, (1597 affirmative,) um 1797 Lw., zum PPP. affirmatus von lat. affirmare, V., »bestätigen«, zu lat. ad, af, Präp., Präf., »zu«, lat. firmare, V., »bestätigen, festigen«, zu lat. firmus, Adj., »fest«

Affront, M., »Schmähung, Beleidigung«, vereinzelt M. 15. Jh. Oberelsaß, 17. Jh. (1633 Konstanz) Lw. frz. affront, M., »Schmähung, Beleidigung«, zu frz. affronter, V., »auf die Stirn schlagen, trotzen, beleidigen«, zu frz. front, M., »Stirn«, aus lat. frons, M., »Stirn«

Afrika, N., »ein Kontinent«, Lw. lat. Africa, F., »Afrika«, zu lat. Afri, M. Pl., »Bewohner des Gebietes um Karthago, Afrikaner«

Agende F., »Gottesdienstregelung«, Lw. lat. agenda, N. Pl., »zu Betreibende«, zu lat. agere, V., »treiben, führen«

Agent, M., »Vertreter, Geschäftsführer, Vermittler (1600), Spion (M. 17. Jh.), (Schauspieler [16.-18. Jh.])«, 16. Jh. (Gebhardt 1597) Lw. it. agente, M., »Vertreter, Spion«, (in deutscher Aussprache), aus lat. agens, Part. Präs., »handelnd«, zu lat. agere, V., »treiben, führen«

agent provocateur, M., »Scheinanstifter, Person die - meist zum Zweck der Überführung - eine andere Person zu einer Straftat veranlassen will deren Erfolg aber nicht eintreten soll«, 19. Jh. Lw. frz.

aggressiv, Adj., »angreifend«, 1. H. 19. Jh. Lw. frz. aggressif, Adj., »angreifend«?, s. Aggression

Aggression, F., »Angriff«, 1. H. 18. Jh. Lw. lat. aggressio, F., »Angriff«, zum Part. Prät. Akt. aggressus von lat. aggredi, V., »heranschreiten«, zu lat. ad, ag, Präp., Präf., »zu«, lat. gradi, V., »gehen«

Agio, N., »Betrag über Nennwert«, 17. Jh. (Schurtz 1695) Lw. it. aggio, M., »Betrag über Nennwert«, Lw. gr. allágion, N., »Tausch«

Agnat, M., »von demselben Familienvater über Männer abstammender Familienangehöriger (z.B. eheliches Kind oder eheliches Kind des Sohnes oder eheliches Kind des Sohnessohnes usw.)«, 18. Jh.? Lw. lat. agnatus, M., »nachgeborener Sohn, Verwandter von väterlicher Seite«, Part. Prät. Akt. von lat. agnasci, zu lat. ad, ag, Präp. Präf., »zu«, lat. nasci, V., »geboren werden«

Agrar, Präf., »die Landwirtschaft betreffend«, A. 19. Jh. unter frz. Einfluß Lw. lat. agrarius, Adj., »den Ackerbau betreffend«, zu lat. ager, M., »Acker«

Agrarrecht, N., »Landwirtschaftsrecht«, 19. Jh., s. Agrar, Recht

Agrément, N., »Zustimmung des Empfängerstaates zur Ernennung des Leiters einer diplomatischen Vertretung eines Entsendestaates« (um 1920), 18. Jh. »Ausstattung, Annehmlichkeit« Lw. frz. agrément, M., zu frz. agréer, V., »gütig aufnehmen, genehmigen«, afrz. agreer, V., »willkommen sein, gefallen«, »gutheißen«, 12. Jh., zu afrz. gré, Sb., »Gefallen, Wunsch«, aus dem subst. Neutrum von lat. gratus, Adj., »willkommen«

Ahn, M., »Vorfahre«, mhd. ane, M., »Großvater, Urgroßvater«, (ane, F., »Großmutter«,) ahd. ano (9. Jh.), M., »Ahne, Vorfahre«, (ana, F., »Ahne, weiblicher Vorfahre«,) germ. *anōn, M., »Ahn«, idg. *an- (1), Sb., »Ahn«?, *han-, Sb., »alte Frau«?, Lallwort?

ahnden, V., »strafen«, mhd. anden, V., »ahnden, rügen, rächen«, ahd. antōn (E. 8. Jh.), V., »eifern, beklagen, tadeln, strafen«, as. andon, V., »eifern«, zu germ. *andan, *andōn, M., »Hauch Atem«, vgl. idg. *anə-, V., »atmen, hauchen«, Schreibung mit h seit dem 17. Jh.

Ahnenprobe, F., »Nachweis einer (adligen) Herkunft«, Schreuer 1712, s. Ahn, Probe

ähnlich, Adj., »ähnlich«, mhd. anelich, Adj., »ähnlich«, ahd. *analīh, Adj., »ähnlich, gleich«, s. an, lich

Aids, N., »acquired immune deficiency syndrome, erworbenes Immundefektsyndrom, 1980 entdeckte durch Viren übertragbare Störung der zellulären Immunabwehr)«

Akademie, F., »nicht besonders geschützte Bezeichnung für eine Bildungseinrichtung«,

15. Jh. (1511 Wittenberg bzw. Fabricius 1568) Lw. lat. academia, F., »Akademie, Lehreinrichtung«, Lw. gr. akadémia, F., »Name eines vor Athen gelegenen Tempelbezirkes (des Heros Akademos), eine Schule«, 18. Jh. (1744 Berlin) Lbd. frz. académie, F., »Vereinigung von Gelehrten«

akademisch, Adj., »akademisch, gelehrt«, 1. H. 16. Jh. (Meyfart 1636) Lw. lat. academicus, Adj. »akademisch«, s. Akademie, vgl. ahd. akademisk (um 1000), Adj., »akademisch«, Lw.

Akklamation F., »Zustimmung ohne Stimmenauszählung«, 18. Jh. (Görres 1800) Lw. lat. acclamatio, F., »Beifall, Zuruf«, zum PPP. acclamatus von lat. acclamare, V., »zurufen«, zu lat. ad, ac, Präp., Präf., »zu«, lat. clamare, V., »rufen«

Akkord, M., »Zusammenklang, Stückarbeit, Stücklohn, Vereinbarung«, 2. H. 15. Jh. Lw. it. accordo, M., »Übereinstimmung«, 16. Jh. (Carolus 1614) Lw. frz. accord, M., »Übereinstimmung, Abkommen«, zu frz. accorder, V., »ein Abkommen schließen«, aus vulgarlat. *accordare, zu lat. ad, ac, Präp., Präf., »zu«, lat. cor, N., »Herz, Stimmung«, A. 19. Jh. Bedeutung »Vereinbarung zu Bezahlung nach Stückzahl«

Akkordlohn, M., »nach dem erzielten Arbeitsergebnis bemessener Lohn«, M. 19. Jh., s. Akkord, Lohn

akkreditieren, V., »Ansehen verschaffen, empfehlen, beglaubigen, bevollmächtigen (1. H. 18. Jh.)«, um 1700 Lw. frz. accréditer, V., »in Ansehen bringen, beglaubigen«, zu lat. ad, ac, Präp., Präf., »zu«, lat. credere, V., »glauben«

Akkreditierung, F., »mit Entgegennahme des Beglaubigungsschreibens durch die zuständige Stelle des Empfangsstaats vollzogene Anerkennung einer Person als Gesandter«, s. akkreditieren, ung

Akkreditiv, N., »Vertrag durch den sich der Käufer einer Ware verpflichtet eine bestimmte Bank zu veranlassen die Kaufpreissumme an den Verkäufer bereits nach Prüfung und Aushändigung der Dokumente zu zahlen«, 19. Jh.?, zu lat. ad, ac, Präp., Präf., »zu«, zum PPP. creditus von lat credere, V., »glauben«

Akkusation, F., »Anklage«, Lw. lat. accusatio, F., »Anschuldigung, Anklage«, zum PPP. accusatus von lat. accusare, V., »anschuldigen, anklagen«, zu lat. ad, ac, Präp. Präf., »zu«, lat. causa, F., »Grund, Ursache«

Akkusationsprozeß, M., »durch die Anklage (lat. accusatio) des Verletzten gegen den Verletzenden eingeleiteter (Straf-)Prozeß«, s. Akkusation, Prozeß, vgl. Weiske 1839ff.

Akt, M., »Handlung«, M. 16. Jh. Lw. lat. actus, M., »Handlung«, zum PPP. actus von lat. agere, V., »treiben, handeln«

Akte, F., »Gesamtheit der bezüglich einer Angelegenheit angefallenen Schriftstücke«, zunächst (1. H. 15. Jh.?) als lat. acta entlehnt, PPP. N. Pl. zu lat. agere, V., »treiben, handeln«, im 16. Jh. (1500 acten) als Lw. eingedeutscht, daneben z.B. ad acta legen (1. H. 17. Jh.) bewahrt

Akteneinsicht, F., »Einsichtnahme in die von der Behörde angelegten Akten«, s. Akte, Einsicht, vgl. Weiske 1839ff.

aktenkundig, Adj., »in den Akten festgehalten«, Mack 1763 Rottweil, s. Akte, kundig

Aktenlage, F., »sich aus den Akten ergebende Sachlage«, s. Akte, Lage

Aktenversendung, F., »Versendung von Gerichtsakten an rechtliche Autoritäten (z.B. Juristenfakultäten) zur Beurteilung«, s. Akten, versenden, ung, vgl. Weiske 1839ff.

Aktenzeichen, N., »zum Zweck der Unterscheidung einer Akte zugeteiltes individuelles Kennzeichen«, 19. Jh.?, s. Akte, Zeichen

Aktie, F., »ziffernmäßiger Teil des Grundkapitals einer Aktiengesellschaft (Gesellschaftsanteil), Summe der Rechte und Pflichten des Aktionärs (Mitgliedschaft), Urkunde welche die Mitgliedschaft verbrieft (Wertpapier)«, 2. H. 15. Jh. (1472 Bremen mnd. axien) »Anspruch, Anrecht«, M. 17. Jh. »Anspruch, Anteilschein« Lw. nnl. actie, F., »Anrecht«, Lw. lat. actio, F., »Handlung, Klageanspruch«, Abstraktum zum PPP. actus von lat. agere, V., »treiben, handeln«, aus »Anrecht« entwickelt sich über die Niederländisch-Ostindische Handelskompagnie (1606, dt. 1647) »Urkunde über Anrecht auf Dividende«

Aktienbuch, N., »Verzeichnis für Namensaktien einer Aktiengesellschaft«, 20. Jh., s. Aktie, Buch

Aktiengesellschaft, F., »Gesellschaft mit

eigener Rechtspersönlichkeit (Verein bzw. juristische Person) die ein in Aktien zerlegtes Grundkapital hat und für deren Verbindlichkeiten den Gläubigern nur das Gesellschaftsvermögen haftet«, 1. H. 19. Jh. Lüt. frz. compagnie d'actionnaires, F., »Aktiengesellschaft«?, s. Aktie, Gesellschaft, vgl. A. 18. Jh. Aktienhandlung, Eichhorn 1839 Actiencompagnie, Weiske 1839ff.

Aktiengesetz, N., »das Recht der Aktiengesellschaft erstmals außerhalb des Handelsgesetzbuches regelndes Einzelgesetz«, 19. Jh., s. Aktie, Gesetz

Aktieninhaber, M., »Inhaber einer oder mehrerer Aktien«, Baasch 1806 Hamburg, s. Aktie, Inhaber

Aktienrecht, N., »Recht der Aktien bzw. Aktiengesellschaft«, 19. Jh.?, s. Aktie, Recht

Aktion, F., »Handlung, Maßnahme«, 2. H. 15. Jh. »Klaganspruch« (bis E. 18. Jh.), 16. Jh. Lw. lat. actio, F., »Bewegung, Handlung, Tätigkeit, Klage«, zum PPP. actus von lat. agere, V., »treiben, handeln«

Aktionär, M., »Gesellschafter einer Aktiengesellschaft«, M. 18. Jh. (Möser 1775) Lw. frz. actionnaire, M., »Aktienbesitzer«, älter Aktionist (E. 17. Jh. bis M. 19. Jh.) zu ne. actionist

Aktionensystem, N., »System des römischen Rechts für die Ordnung der Verwirklichungsmöglichkeiten subjektiver Rechte«, 19. Jh.?, s. actio, Aktion, System

aktiv, Adj., »tätig, handelnd«, 16. Jh. (Lebenwaldt 1680) Lw. lat. activus, Adj., »tätig, tatkräftig«, zum PPP. actus von lat. agere, V., »treiben, handeln«

Aktiva, N. Pl., »Vermögensteile eines Unternehmens die auf der Aktivseite der Bilanz ausgewiesen werden«, 18. Jh. (1787) Lw. lat. activa (debita), N. Pl., »Aktivschulden«, s. aktiv

aktivieren, V., »aktiv machen«, 1. H. 19. Jh. Lw. frz. activer, V., »in Gang bringen«, s. aktiv

Aktivlegitimation, F., »Klagebefugnis, aktive Sachbefugnis (z.B. des Verkäufers beim Kaufpreisanspruch)«, 19. Jh.?, s. aktiv, Legitimation

Aktivschuld, F., »Schuld (vom Gläubiger aus betrachtet)«, 1696 Krumau, s. aktiv, Schuld

Aktivvertretung, F., »auf der Seite des Erklärenden stattfindende Vertretung«, 19. Jh.?, s. aktiv, Vertretung

Aktuar, M., »Gerichtsschreiber«, 18. Jh. (Rabener 1759 Gerichtsactuar) Lw. lat. actuarius, M., »Buchhalter, Rechnungsführer«, zu lat. actus, M., »Handlung«, zum PPP. actus von lat. agere, V., »treiben, handeln«

aktuell, Adj., »gegenwärtig«, E. 19. Jh. (Stinde 1884) Lw. frz. actuel, Adj., »gegenwärtig«, aber auch in der 1. H. 18. Jh. in der Bedeutung »wirklich« aus spätlat. actualis, Adj., »tätig, wirksam, tatsächlich« belegt, zum PPP. actus von lat. agere, V., »treiben, handeln«

Akzept, N., »Annahme, (im Wechselrecht) Annahmeerklärung des Bezogenen«, s. akzeptieren, vgl. Weiske 1839ff.

akzeptieren, V., »annehmen, billigen«, 15. Jh. (um 1400) Lw. lat. acceptare, V., »annehmen, billigen«, zum PPP. acceptus von lat. accipere, V., »annehmen«, zu lat. ad, ac, Präp, Präf., »zu«, lat. capere, V., »nehmen«, einen Wechsel akzeptieren M. 16. Jh.

Akzessorietät, F., »Abhängigkeit eines rechtlichen Umstandes von einem anderen«, zum PPP. accessus von lat. accedere, V. »hinzutreten«, zu lat. ad, ac, Präp., Präf., »zu«, lat. cedere, V., »gehen, treten«

Akzidenz, N., »Zufälliges«, Lw. lat. accidentia, Part. Präs. N. Pl. »Zufälliges«, zu lat. accidere, V., »eintreten, fallen an«, zu lat. ad, ac, Präp. Präf., »zu«, lat. cadere, V., »fallen«

akzidentiell, Adj., »zufällig, zusätzlich, nebensächlich«, s. Akzidenz

Akzise, F., »Akzise, eine Abgabe«, mhd. assise, F., »Akzise«?, Lw. 13. Jh. (Kleve), 16. Jh. frz. accise, F., Verbrauchsteuer, Lw. mlat. accisia, F., »Verbrauchsteuer«, zu mlat. accisum, N., »Eingekerbtes« (als Zeichen für eine Leistung), zum PPP. accisus von lat. accidere, V., »anschneiden, anhauen«, zu lat. ad, ac, Präp., Präf., »zu«, lat. cadere, V., »hauen, schneiden, stoßen«?, oder zu afrz. assise, subst.? PPP. von afrz. asseoir, V., »festsetzen«?

Alarm, M., »Gefahrenmeldung, Warnzeichen«, 15. Jh. (1421) bzw. 16. Jh. Lw. it.? allarme (all'arme), Interj., »zu den Waffen«, zu it. arma, N., »Waffe«, aus lat. arma F., »Waffen«

Aldermann, M., »Ältester, Vorsteher« 18. Jh. Lw. ne. alderman. M.. »Ratsherr«. zu ae. ealdorman, M., »Vornehmer«, zu ae. eald, Adj., »alt«, ae. man, M., »Mann«

aleatorisch, Adj. »vom Zufall abhängig«, 19. Jh.? Lw. lat. aleatorius, Adj., »zum Glücksspieler gehörig«, zu lat. aleator, M., »Würfelspieler«, zu lat. alea, F., »Würfelspiel«

alias, Adv., »anders«, M. 15. Jh. Lw. lat. alias, Adv., »anders«, zu lat. alius, Adj., »andere«

Alibi, N., »Nachweis daß der Beschuldigte sich zur Tatzeit an einem anderen Ort als der Täter aufgehalten hat und deshalb nicht der Täter sein kann«, 2. H. 18. Jh. (1783) Lw. frz. alibi, M., »Alibi«, aus lat. alibi, Adv., »anderswo«, zu lat. alius, Adj., »andere«, lat. ibi, Adv., »da, dort«

Alimentation, F., »Unterhalt, Ernährung«, 16. Jh. (Eyzinger 1590) Lw. mlat. alimentatio, F., »Unterhalt«, s. Alimente

Alimentationstheorie, F., »Theorie der Alimentation«, 19. Jh.?, s. Alimentation, Theorie

Alimente, N. Pl., »Nahrungsmittel, Unterhaltszahlungen insbesondere des Vaters für das nichteheliche Kind«, »Nahrung, Kost, Kleider« A. 16. Jh., »Unterhaltszahlung« 18. Jh. (Campe 1801ff.) Lw. lat. alimenta, N. Pl., »Nahrungsmittel, Unterhalt, Unterhaltspflicht«, zu lat. alere, V., »nähren«

aliud, N., »anderes, Gegenstand der nicht der vereinbarten Gattung angehört«, Lw. lat. alius, Adj., (Neutrum aliud), »andere«

Alkohol, M., »reiner Weingeist«, 16. Jh. Lw. span. alcohol, Sb., »Antimon«, span./ arab. alkuhul, aus arab. kuhl, Sb., »Antimon«, Bedeutungsentwicklung »feines Pulver, Essenz, Wesen, Wesen des Weines (Paracelsus 1526/7 alcool vini), Alkohol«

Alkoholdelikt, N., »auf Alkohol beruhendes Delikt«, 2. H. 20. Jh., s. Alkohol, Delikt

all, Adj., Indef.-Pron., »ganz, umfassend«, mhd. al, Pron.-Adj., »all, ganz, jeder«, ahd. al (765), all, ala, Pron.-Adj., »all, jeder, ganz, vollständig«, as. al, all, Pron.-Adj., »all«, germ. *alla, *allaz, Adj., »all, ganz, jeder«, idg. *al- (1), Adv., »darüberhinaus«?, idg. *al- (2), V., »nähren, wachsen«?

allgemein, Adj., »allgemein, gemeinschaftlich, öffentlich«, 16. Jh., zu mhd. allgemeine, Adv., »insgesamt«, s. all, gemein

allgemeine Geschäftsbedingungen, F. Pl. »allgemein verwendete Geschäftsbedingungen« 20. Jh., s. Geschäftsbedingung, allgemein

allgemeine Gütergemeinschaft, F., »alle Güter umfassende Gemeinschaft« 19. Jh., s. Gütergemeinschaft, allgemein

allgemeine Handlungsfreiheit, F., »grundsätzliche Handlungsfreiheit« 20. Jh.?, s. Handlungsfreiheit, allgemein

allgemeine Lebenserfahrung, F., »übliche Lebenserfahrung« 2. H. 20. Jh.?, s. Lebenserfahrung, allgemein

allgemeine Staatslehre, F., »den Staat allgemein betreffende Lehre« 19. Jh.?, s. Staatslehre, allgemein

allgemeine Wahl, F., »alle betreffende Wahl« 19. Jh., s. Wahl, allgemein

allgemeiner Rechtsgrundsatz, M., »überall geltender Rechtsgrundsatz« 20. Jh.?, s. Rechtsgrundsatz, allgemein

allgemeiner Studentenausschuß, M., »allgemeines Vertretungsorgan der Studentenschaft« 20. Jh.?, s. Studentenausschuß, allgemein

allgemeiner Teil, M., »das Allgemeine enthaltender Teil« 19. Jh., s. Teil, allgemein

Allgemeines bürgerliches Gesetzbuch, N., »das 1811 geschaffene und seit 1812 in Österreich für das Privatrecht geltende Gesetzbuch«, s. allgemein, bürgerlich, Gesetzbuch

Allgemeines Deutsches Handelsgesetzbuch, N., »das in gemeinsamen Verhandlungen inhaltlich abgesprochene ab 1861 durch Einzelgesetze der Bundesstaaten des Deutschen Bundes in Kraft gesetzte Handelsgesetzbuch das 1871 im Deutschen Reich (ohne Österreich) als Reichsgesetz übernommen und zum 1. 1. 1900 durch das Handelsgesetzbuch vom 10. 5. 1897 ersetzt wurde«, s. allgemein, deutsch, Handelsgesetzbuch

Allgemeines Landrecht, N., »das 1794 in Preußen in Kraft gesetzte und u.a. bis zum Bürgerlichen Gesetzbuch von 1900 geltende kodifikatorische Gesetzbuch des aufgeklärten Preußen (ca. 19000 Paragraphen)«, s. allgemein, Landrecht

Allgemeinheit, F., »Allgemeinheit, Gesamtheit«, Schiller vor 1805, s. allgemein, heit

Allgemeinverbindlichkeit, F., »Verbindlichkeit einer Bestimmung für alle«, 20. Jh., s. allgemein, verbinden, lich, heit

Allgemeinverfügung, F., »Verwaltungsakt der sich an einen nach allgemeinen Merkmalen bestimmten oder bestimmbaren Personenkreis richtet oder die öffentlich-rechtliche Eigenschaft einer Sache oder ihre Benutzung durch die Allgemeinheit betrifft (z.B. Sperrung einer bestimmten Straße wegen Bauarbeiten)«, 20. Jh., s. allgemein, Verfügung

Allgemeinwohl, N., »Interesse des Ganzen der menschlichen Gesellschaft (öffentliches Interesse)«, 20. Jh.?, s. allgemein, wohl

Allianz, F., »Bündnis«, A. 16. Jh. (Alliancie) bzw. 17. Jh. Lw. frz. alliance, F., »Bündnis«, zu frz. allier, V., »verbinden«, aus lat. alligare, V., »verbinden«, zu lat. ad, al, Präp., Präf., »zu«, lat. ligare, V., »binden« (1125?, 1197)

Alliierte, M., »Verbündete«, M. 17. Jh. (Getröst 1684), zu frz. allié, M., »Verbündeter«, zu frz. allier, V., »verbinden«, aus lat. alligare, V., »verbinden«, zu lat. ad, al, Präp., Präf., »zu«, lat. ligare, V., »binden«

Alliteration, F., »Stabreim«, E. 18. Jh. (Adelung 1785 bzw. Jean Paul) Lw. it allitterazione, F., »Alliteration«, aus lat. alliteratio (Pontanus vor 1505), zu lat. ad, al, Präp., Präf., »zu«, lat. litterae, F. Pl., »Buchstaben«

Allmende, F., »einem Verband oder einer sonstigen Personenmehrheit (ala bzw. allen) zur gemeinsamen Nutzung gemeinschaftlich zustehende Wirtschaftsfläche (z.B. Weide oder Wald)«, mhd. almende, F., »Gemeinland, Dorfgemeinschaft«, zu all, gemein, *mein

Allod, N., »keinen zusätzlichen Beschränkungen unterliegendes Familiengut«, ahd. alōd (A. 9. Jh.), N., »Allod, freies Gut, Hinterlassenschaft, Erbgut, Freigut«, latinisiert alodis, s. germ. *alōdi, Sb., »Vollgut, fahrende Habe«, vgl. germ. *al, Adv., »voll«, idg. *al- (1), Adv., »darüberhinaus«, im 19. Jh. neu aufgegriffen

Allodifikation, F., »Umwandlung von bestimmten Beschränkungen unterliegendem Gut (z.B. Lehen) in keiner zusätzlichen Beschränkung unterliegendes Familiengut später auch Individualeigentum«, s. Allod, vgl. Coßmann 1829, Weiske 1839ff.

Allzuständigkeit, F., »Recht der Gemeinde alle Angelegenheiten der örtlichen Gemeinschaft im Rahmen der Gesetze in eigener Verantwortung zu regeln«, 20. Jh.?, s. all, Zuständigkeit

Alm, F., s. Alpe

alma mater, F., »Universität«, Lw. lat. alma mater, F., »Nährmutter«

Almosen, N., »Schenkung an Arme«, mhd. almuosen, N., »Almosen«, ahd. alamuosan (E. 8. Jh.), N., »Almosen, Opfer«, Lw. roman. *alemosena?, aus lat. eleemosyna, Lw. gr. eleemosýne, F., »Mitleid«, zu gr. eleémon, Adj., »mitleidig«, zu gr. éleos, M., »Mitleid«, Einfluß von spätlat. alimonia?, zu erwartende Form Almusen durch die dem Niederdeutschen folgende Form Luthers verdrängt

Alpe, Alp, Alm, F., »Bergweide«, mhd. albe (1300), F., »Bergweide«, ahd. alba (10. Jh.), F., »Alp, Alm, Bergweide«, (790 lat. alpes duas,) zu (vor)idg. *albi̯on, Sb., »Berg, hochgelegener Weideplatz«, Einfluß von lat. albus, Adj., »weiß«?, m in Alm als Assimilation von p an n seit E. 15. Jh.

alt, Adj., »alt«, mhd. alt, Adj., »alt«, ahd. alt (765), Adj., »alt«, as. ald, Adj., »alt«, germ.? *aldaz, Adj., »alt«, wohl to-Partizip zu germ. *alan, V., »wachsen, nähren«, s. idg. *al- (2), V., »nähren, wachsen«

Altar, M., N., »Altar«, mhd. altare, M. N., »Altar«, ahd. altari (765?), M., »Altar«, Lw. (8. Jh.) lat. altaria, altare, N., »erhöhter Aufsatz, Altar«, zu lat. adolere, V., verbrennen, vgl. germ. *aid-, V., »brennen«?, schon im klassischen Latein bedeutungsmäßig von lat. altus, Adj., »hoch« beeinflußt

Altenteil, M., N., »Altenteil«, 1710 Bremen, s. alt, Teil

Altenteilsrecht, N., »Inbegriff von Nutzungen und Leistungen aus oder auf einem Grundstück zum Zweck der Versorgung des Berechtigten (Altenteilers)«, um 1900?, s. alt, Teil, Recht

Alter, N., »Alter«, mhd. alter, N., »Alter«, ahd. altar (um 800), N., »Alter«, as. aldar, N., »Alter«, germ. *aldra, *aldram, N., »Alter«, *aldra, *aldraz, M., »Alter«, s. idg. *al- (2), V., »nähren, wachsen«

alter ego, M., »das andere ich«, 19. Jh. (Börne 1823), Lw. lat.

alternativ, Adj., »anderweitig«, lat. Adverb alternative seit 15. Jh. in deutschen

Texten, A. 18. Jh. ohne lat. Endung verwendet und als Adjektiv gebraucht, s. Alternative

Alternative, F., »andere Möglichkeit«, 17. Jh. (Leibniz 1670) lat. Form alternativa, E. 17. Jh. Lw. frz. alternative, F., »andere Möglichkeit«?, zu frz. alterné, Adv., »wechselnd, wechselweise«, aus lat. alternus, Adv., »wechselnd«, zu lat. alter, Adj., »andere«

alternative Kausalität, F., »wechselweise mögliche Kausalität« 19. Jh.?, s. alternativ, Kausalität

alternativer Vorsatz, M., »wechselweiser Vorsatz« M. 20. Jh.?, s. alternativ, Vorsatz

Alternativobligation, F., »Wahlschuld«, 19. Jh.?, s. alternativ, Obligation

Altersgrenze, F., »durch ein bestimmtes Alter festgelegte Begrenzung«, 20. Jh.?, s. Alter, Grenze

Altershilfe, F., »(für Landwirte) besondere Sozialversicherung für landwirtschaftliche Unternehmer und deren Angehörige«, 20. Jh., s. Alter, Hilfe

Alterspräsident, M., »Person die einem Gremium deswegen vorsitzt weil sie das höchste Lebensalter der Mitglieder aufweist«, 20. Jh.?, s. Alter, Präsident

Altersruhegeld, N., »bei Erreichung der gesetzlichen Altersgrenzen (Vollendung des 60. bis 65. Lebensjahres) auf Antrag zu gewährende Versicherungsleistung (Rente) der Rentenversicherung«, 20. Jh., s. Alter, Ruhe, Geld

Altertum, N., »hohes Alter, Altsein (16.-19. Jh.)«, »alte Zeit (um 1500)«, Lüs. lat. antiquitas, F., »Vorzüglichkeit, alte Zeit«, s. Alter, tum, Pl. Altertümer, N. Pl. »aus dem Altertum stammende Gegenstände« (1. H. 18. Jh.)

Ältervater, M., »Großvater«, Sachsenspiegel um 1225, s. alt, Vater

Altersversorgung, F., »nicht aus eigenem Vermögen bestrittene Versorgung im Alter«, 20. Jh.?, s. Alter, Versorgung

Ältestenrat, M., »Organ der Geschäftsführung des Parlamentes«, 20. Jh.?, s. alt, Rat

Altvater, M., »Großvater, Vorfahre«, 14. Jh., s. alt, Vater

ambulant, Adj., »wandernd, nicht ortsgebunden«, 2. H. 18. Jh. (Campe 1801ff.) Lw. frz. ambulant, Adj., »wandernd«, zum Part. Präs. ambulans von lat. ambulare, V., »herumgehen«

Amendement, N., »Verbesserung, Zusatz«, 19. Jh.? Lw. frz. amendement, M., »Besserung«, zu lat. mendum, N., »Fehler«

Amerika, N., »Amerika«, 16. Jh.? zum PN Amerigo Vespucci

Ammann, (mhd. ammann) s. Amtmann

Amme, F., »Amme«, mhd. amme, F., »Amme, Mutter«, ahd. amma, F., »Amme, Pflegemutter«, germ. *ammōn, F., »Mutter«?, idg. *amma, *ama, F., »Mutter«, Lallwort

Amnestie, F., »durch Gesetz ausgesprochener Gnadenerweis für eine unbestimmte Zahl rechtskräftig verhängter aber noch nicht vollstreckter Strafen«, E. 16. Jh. bzw. A. 17. Jh.? (Spangenberg 1561) Lw. lat. amnestia, F., »Vergebung, Vergessen«, Lw. gr. amnestía, F., »Vergebung, Vergessen« zu gr. ámnestos, Adj., »erinnerungslos«, zu gr. a, Präf., »los, un, nicht«, gr. mimnéskein, V., »sich erinnern«

Amok, M., »Tötungslauf«, erstmals 1660 in einer Reisebeschreibung bezeugt, 19. Jh., häufiger 20. Jh. Lw. malayisch Amok, Sb., »Ruf bei Tötungslauf nach Rauschmittelgenuß«

Amoklauf, M., »Tötungslauf«, A. 20. Jh., s. Amok, Lauf

Amortisation, F., »Ertötung, langzeitliche Tilgung einer Schuld, (in bestimmten Einzelfällen) sonstige Beseitigung eines Rechts«, 1. H. 18. Jh. (1717) Lw. mlat. admortizatio, F., »Absterbung, Schuldentilgung«, s. amortisieren, vgl. Coßmann 1829

amortisieren, V., »tilgen, für nichtig erklären«, 18. Jh. Lw. (aus) frz. amortir, V., »abtöten, abtragen«, aus mlat. admortizare, V., »ersterben, absterben, tilgen«, zu spätlat. *admortire V., »töten«, zu lat. ad, Präp., Präf., »zu«, lat. mortuus, Adj., »tot«, zu lat. mori, V., »sterben«

Ampel, F., »Licht«, mhd. ampel, ampulle, F., »Ampulle«, ahd. ampla (10. Jh.), F., »Gefäß, Kännchen, Krug«, ampulla (9. Jh.), F., »Gefäß, Kännchen, Krug«, Lw. lat. ampulla, *amporla, F., »Fläschchen«, zu lat. amphora, F., »zweihenkeliger Krug«, Lw. gr. amphoréus, Sb., »zweihenkeliger Krug«, zu gr. amphí, Präp., »um ... herum«, gr. phérein, V., »tragen«, im Nhd.

von Lampe verdrängt, im 20. Jh. (1924) für Verkehrsampel neu belebt.

Amt, N., »(im Verwaltungsrecht) kleinste Organisationseinheit, konkrete Amtsstelle eines Menschen zu welcher eine Aufgabe und eine Zuständigkeit gehören, abstrakte Dienststellung die sich aus dem Haushaltsplan und dem Besoldungsgesetz ergibt, Behörde«, mhd. ambahte, ambet, N., »Dienst, Amt, Beruf«, ahd. ambaht (765), N., »Aufgabe, Dienst, Auftrag, Würde«, daneben ambahti (765), N., »Amt, Aufgabe, Dienst, Stand, Verwaltung«, germ. *ambahtja, *ambahtjam, N., »Dienst, Amt«, zu germ. *ambaht-, M., »Diener, Höriger«, kelt. Lw.? zu idg. *m̥bhi, Präp., »um ... herum«, idg. *aĝ-, V., »treiben, schwingen, bewegen, führen«

amtlich, Adj., »zum Amt gehörig, amtlich«, mhd. ambetlich, Adj., »amtlich«, ahd. ambahtlīh (11. Jh.), Adj., »priesterlich, dienstlich«, Lsch. lat. Levitis, Adj., »levitisch, priesterlich«?

Amtmann, M., »Leiter der Verwaltung eines Amtsbezirkes eines Landesherrn, (seit 1921) ein Beamter des gehobenen Dienstes«, mhd. ambetman, amman, M., »Amtmann, Dienstmann«, ahd. ambahtman (790), M., »Walter, Verwalter, Diener«, s. Amt, Mann

Amtsanmaßung, F., »unbefugte Befassung mit der Ausübung eines öffentlichen Amtes, unbefugte Vornahme einer Handlung welche nur kraft eines öffentlichen Amtes vorgenommen werden darf«, 19. Jh., s. Amt, an, Maß, ung, vgl. Hälschner 1887

Amtsanwalt, M., »Beamter der Staatsanwaltschaft bei einem Amtsgericht der nicht zum Richteramt befähigt zu sein braucht (z.B. Beamter des gehobenen Dienstes oder Rechtsreferendar)«, 1737, Gerichtsverfassungsgesetz 1877/9, s. Amt, an, Anwalt, vgl. Ullmann 1893

Amtsarzt, M., »beamteter Arzt der staatlichen Gesundheitsverwaltung«, 19. Jh.?, s. Amt, Arzt

Amtsbetrieb, M., »Offizialbetrieb, Verfahrensgrundsatz nach dem die Einleitung und Fortführung eines Prozesses von Amts wegen erfolgen (z.B. Strafprozeß)«, 19. Jh.?, s. Amt, Betrieb

Amtsblatt, N., »zur öffentlichen Bekanntmachung amtlicher Mitteilungen bestimmtes Veröffentlichungsmittel eines Hoheitsträgers«, s. Amt, Blatt, vgl. Grimm 1854 DW

Amtsdelikt, N., »Delikt dessen Täter ein Amtsträger ist (z.B. Rechtsbeugung)«, 19. Jh., s. Amt, Delikt, vgl. Hälschner 1887

Amtsermittlungsgrundsatz, M., »Grundsatz von Amts wegen zu ermitteln«, 19. Jh.?, s. Amt, Ermittlung, Grundsatz

Amtsgericht, N., »Gericht der ordentlichen Gerichtsbarkeit, für den Umfang eines Amtes eingesetztes Gericht« 1556 Zürich, »Bezirk eines solchen Gerichtes« 1525 Tirol, »Handwerksgericht« 1662 Reval, »Amtsgericht« 1877/9, s. Amt, Gericht

Amtshaftung, F., »Haftung für eine Schädigung in Zusammenhang mit einer Ausübung eines Amtes (Amtspflichtverletzung)«, A. 20. Jh.?, s. Amt, Haftung

Amtshilfe, F., »ergänzende Hilfe, die eine Behörde einer anderen auf Ersuchen leistet«, »behördliche Unterstützung« 1629 Echzell, s. Amt, Hilfe

Amtspflicht, F., »durch Innehaben oder Abhängigkeit eines Amtes auferlegte Pflicht« 1519 Görlitz, »Amtseid« 1504 Baden, s. Amt, Pflicht

Amtspflichtverletzung, F., »vorsätzliche oder fahrlässige Verletzung einer einem Beamten einem Dritten gegenüber obliegenden Amtspflicht (z.B. Aufsichtspflicht des Lehrers über Schulkinder)«, Planck 1896, s. Amt, Pflicht, Verletzung

Amtsrecht, N., »(im römischen Recht) das von den Amtsträgern geschaffene Recht (ius honorarium bzw. ius praetorium)«, »Recht eines Amts« A. 13. Jh. Westfalen bzw. 1489 Schweiz, »Recht eines Amtmanns auf Einkünfte« 1414 Steiermark, s. Amt, Recht

Amtsschimmel, M., »Bürokratie« 18. Jh. Schweiz, den Amtsschimmel reiten, »auf Vorschriften unnötig lange und umständlich beharren« 2. H. 19. Jh. Österreich, Sulger 1868, (auf dem obrigkeitlichen Schimmel herumreiten 1824 Schweiz)

Amtstag, M., »Sprechtag einer Behörde«, 19. Jh.? Österreich?, s. Amt, Tag

Amtsträger, M., »wer nach deutschem Recht Beamter oder Richter ist bzw. in einem sonstigen öffentlich-rechtlichen Amtsverhältnis steht oder sonst dazu bestellt ist bei einer Behörde oder sonstigen Stelle oder in deren Auftrag Aufgaben der öffentlichen Verwaltung wahrzunehmen«, »Amtsinhaber« 1526 Mosbach, s. Amt, Träger

Amtsvergehen, N., »Vergehen eines Amtsträgers«, 1851 Preußen Verbrechen und Vergehen im Amte, s. Amt, Vergehen

Amtsverschwiegenheit, F., »Pflicht des Amtsträgers über die ihm bei seiner amtlichen Tätigkeit bekanntgewordenen Angelegenheiten Verschwiegenheit zu bewahren«, 19. Jh., s. Amt, schweigen, vgl. Hälscher 1887, Ullmann 1893

Amtsverteidiger, M., »Pflichtverteidiger«, 19. Jh.? Österreich, s. Amt, Verteidiger

Amtsvormundschaft, F., »Vormundschaft des Jugendamtes über eine Person«, E. 19. Jh.?, s. Amt, Vormundschaft

Amtswalter, M., »Inhaber eines Amts«, 20. Jh.?, s. Amt, Walter

an, Präp., Adv., Präf., »an«, mhd. ane, an, Präp., Adv., Präf., »an«, ahd. ana (765), Präp., Adv., Präf., »an, in, auf nach, über, durch, bei, von, zu, für, gegen, hinsichtlich«, germ. *ana, Adv., Präp., Präf., »an«, idg. *an- (4), Präp., »an, hin, hinan«, *anō, Präp., »an, hin hinan«

ana, Präf., »auf, hinauf, gemäß, zurück«, Lw. gr. aná, Adv., Präp., Präf., »auf, gemäß«

analog, Adj., »gleichartig«, M. 18. Jh. (Archenholz 1787) Lw. frz. analogue, Adj., »gleichartig«, aus lat. analogus, Adj., »gleichartig«, Lw. gr. análogos, Adj., »gleichartig«, zu gr. aná, Präp., »auf, gemäß«, gr. lógos, M., »Wort, Kunde (F.), Wissenschaft, Vernunft«, zu gr. légein, V., »zählen, berechnen«

Analogie, F., »Übertragung der Rechtsfolge eines geregelten Tatbestandes auf einen mit diesem wertungsmäßig gleichen aber ungeregelten Tatbestand«, 1. H. 16. Jh. (Tentzel 1689) Lw. lat. analogia, F., »gleiches Verhältnis, Gleichmäßigkeit, Analogie«, Lw. gr. analogía, F., »entsprechendes Verhältnis, Übereinstimmung«, s. analog

Analogieschluß, M., »Schluß von der wertungsmäßigen Gleichheit der Tatbestände auf die Gleichheit der Rechtsfolgen«, 19. Jh.?, s. Analogie, Schluß

Analogieverbot, N., »Verbot für alle im Strafverfahren beteiligten staatlichen Stellen Analogie eines Strafgesetzes zuungunsten des Handelnden vorzunehmen«, 19. Jh.?, s. Analogie, Verbot

Analyse, F., »Zergliederung, Untersuchung«, 15. Jh. (analysis) bzw. M. 18. Jh. (Analyse) Lw. mlat. analysis, F., »Zergliederung, Auflösung«, Lw. gr. análysis, F., »Zergliederung, Auflösung«, zu gr. aná, Adv., Präp., Präf., »auf, hinauf, gemäß«, gr. lyein, V., »lösen«

Anarchie, F., »Herrschaftslosigkeit«, 1. H. 17. Jh. (Wächter 1709) Lw. lat. anarchia, F., »Herrschaftslosigkeit«, Lw. gr. anarchía, F., »Herrschaftslosigkeit«, zu gr. ánarchos, Adj., »führerlos«, zu gr. a, an, Präf., »los, un, nicht«, gr. archós, M., »Führer«, zu gr. árchein, V., »führen«, vgl. Geschichtliche Grundbegriffe

Anarchist, M., »Anarchist«, E. 18. Jh. (Laharpe 1797) Lw. frz. anarchiste, M., »Anarchist«, s. Anarchie

Anathema, N., »durch Verfluchung erfolgende Auslieferung an Gottes Zorn, kirchlicher Bann«, 16. Jh. (Luther/Emser 1521) Lw. gr. anáthema, N., »geweihtes verfluchtes Ding«

Anatozismus, M., »Nehmen von Zinseszins«, Lw. lat. anatocismus, M., »Zins auf Zins«, Lw. gr. anatokismós, M., »Zins auf Zins«, zu gr. aná, Adv., Präp., Präf., »hinauf, auf, gemäß«, gr. tókos, M., »Gebären, Kind, Gewinn, Zins«, vgl. Coßmann 1829

anberaumen, V., »festsetzen«, (1560), zu mhd. berāmen, V., »festsetzen« (1427, im 17. Jh. aufgegeben), zu mhd. rāmen, V., »streben, trachten«, ahd. rāmēn (863-71), V., »zielen, streben, trachten«, as. rāmon, V., »trachten, streben«, germ. *rēmen?, sw. V., »zielen«, zu idg. *rē- (1), rə-, V., »berechnen, zählen«, die Wandlung von ā zu au ist mundartlich bedingt und steht vielleicht unter dem Einfluß von Raum

anbieten, V., »anbieten«, mhd. anebieten, V., »anbieten, vor Gericht laden«, 14. Jh., s. an, bieten

ander, Adj., »andere«, mhd. ander, Adj., »andere«, ahd. ander (765), Adj., »andere«, idg. *ontero-, *ontro-, Num. Ord., »andere«, vgl. idg. *eno-, Pron. »jener«

Anderkonto, N., »Bankkonto das eine Person im eigenen Namen und mit eigener Verfügungsbefugnis für eine andere unterhält«, 20. Jh.?, s. ander, Konto

ändern, V., »ändern, anders machen«,

mhd. endern, andern, V., »ändern«, 14. Jh., s. ander

Änderung, F., »Änderung, Veränderung (1388 Württemberg)«, s. ändern, ung

Änderungskündigung, F., »Kündigung unter der Bedingung daß der Vertragspartner sich nicht mit veränderten Vertragsbestimmungen einverstanden erklärt«, 20. Jh., s. Änderung, Kündigung

androhen, V., »androhen«, 1555 Österreich, s. an, drohen

Androhung, F., »Inaussichtsstellung eines bestimmten für den betroffenen Empfänger nachteiligen Verhaltens«, s. androhen, ung, vgl. Grimm DW 1854

Anefang, M., (neben dem Wort Anfang) »(im Frühmittelalter) rechtsförmliches Anfassen einer abhandengekommenen und wiedergefundenen Sache«, mhd. anvanc, anevanc, M., »Anfang, Ursache«, ahd. anafang (E. 9. Jh.), M., »Anfassen, Berührung, Beginn«, s. an, Fang, fangen

Aneignung, F., »Erwerb des Eigentums an einer herrenlosen (eigentümerlosen) beweglichen Sache durch - rechtmäßige - Besitznahme als Eigenbesitzer«, 19. Jh.?, s. an, eignen, ung

Anerbe, M., »derjenige von mehreren Erben der allein unter Abfindung der übrigen Miterben den landwirtschaftlichen Betrieb erbt«, 1279 Westfalen, mhd. anerbe, M., »nächster Erbe«, s. an, Erbe (M.), vgl. ahd. gianerbo (M. 10. Jh.), M., »Erbe, Miterbe«

anerkennen, V., »gutheißen«, 16. Jh. (1525 Thüringen) Lüt. lat. agnoscere, V., »anerkennen«, Verdeutlichung von erkennen, V., »gutheißen«, s. an, er, kennen

Anerkenntnis, N., »rein tatsächliches Verhalten des Schuldners gegenüber dem Gläubiger aus dem sich das Bewußsein des Bestehens des Anspruchs unzweideutig ergibt (z.B. Abschlagszahlung)«, »Anerkenntnis eines Vertrages« (Allgemeines Landrecht 1794 Preußen), Erklärung des Beklagten an das Gericht (reine Prozeßhandlung str.) daß der vom Kläger geltendgemachte prozessuale Anspruch besteht«, s. anerkennen

Anerkenntnisurteil, N., »Urteil das auf Antrag des Klägers ohne Sachprüfung auf Grund des Anerkenntnisses des Beklagten ergeht«, s. Anerkenntnis, Urteil, vgl. Planck 1896ff.

Anerkennung, F., »Erklärung eines Staates daß er einen anderen als Völkerrechtssubjekt anerkennen und behandeln will«, s. anerkennen, ung, vgl. Grimm DW 1854

Anfall, M., »Anfall«, mhd. anval, aneval, M., N., »Anfall, Zutritt«, ahd. anafal (12. Jh.), M., »Mündung, Eingang, Zugang«, s. an, Fall

Anfang, M., »Anfang«, s. Anefang

Anfang der Ausführung, M., »Zeitpunkt an dem aus einer in der Regel straflosen Vorbereitungshandlung mindestens der Versuch einer Straftat wird«, s. Anfang, Ausführung, vgl. Weiske 1839ff.

Anfänger, M., »Urheber, Lernender, Beginnender«, 15. Jh., s. Anfang, älter spätmhd. anvaher (14. Jh.)

anfänglich, Adj., »beginnend, am Anfang bestehend«, 2. H. 15. Jh., 16. Jh. Schlettstadt, s. Anfang, lich

Anfechtbarkeit, F., »rückwirkende Vernichtbarkeit eines in bestimmter Weise mangelhaften Rechtsgeschäftes durch Willenserklärung (Anfechtung) des Anfechtungsberechtigten gegenüber dem Anfechtungsgegner«, s. anfechten, bar, heit, vgl. Weiske 1839ff.

anfechten, V., »anfechten, angreifen«, mhd. anevehten, V., »anfechten, beunruhigen«, ahd. anafehtan (9. Jh.), V., »angreifen, bekämpfen«, s. an, fechten

Anfechtung, F., »nachträgliche Beseitigung bestimmter Rechtsfolgen«, »Angriff, Schaden« 1354 Mecklenburg, »Widerspruch, Einspruch« 1344 Glatz, mhd. anevehtunge, F., »Anfechtung, Rechtsanspruch« um 1300, s. anfechten, ung

Anfechtungsgesetz, N., »Gesetz betreffend die Anfechtung von Rechtshandlungen eines Schuldners außerhalb des Konkursverfahrens«, 19. Jh., s. Anfechtung, Gesetz

Anfechtungsklage, F., »auf Aufhebung eines Verwaltungsaktes gerichtete Klage«, 19. Jh. »Klage gegen den Beschluß auf Eröffnung des Konkurses« Koch 1864, »Klage gegen polizeiliche Verfügungen wegen Gesetzwidrigkeit« Mayer 1895, s. Anfechtung, Klage

Anfrage, F., »Frage«, »der Kontrolle der Regierung durch das Parlament dienende Bitte um Auskunft«, »Umfrage« 1481 Sankt Gallen, s. an, Frage

Angebinde, N., »(an Arm oder Hals gebundenes) Geburtstagsgeschenk« (17. Jh.), s. an, ge, binden

Angebot, N., »(Antrag sowie) Beginn der Bewirkung der Leistung der grundsätzlich im tatsächlichen Beginn der - je nach der Art der Schuld verschiedenen - Leistungshandlung bestehen muß bzw. ausnahmsweise aber auch in einer Erklärung leisten zu wollen bestehen kann«, 18. Jh. (Hayme 1738), älter mnd. anbot, N., »Angebot«, s. anbieten

angehören, V., »gehören, zugehören«, mhd. anegehœren, V., »Teil von etwas sein«, Sachsenspiegel um 1225, s. an, ge, hören

angehörig, Adj., »dazu gehörend« 15. Jh., »zugehörig« 1618 Oldenburg, »untertan« M. 15. Jh. Amorbach, s. an, ge, hörig

Angehöriger, M., »Verwandter und Verschwägerter gerader Linie, der Ehegatte bzw. der Verlobte bzw. ein Geschwister bzw. ein Ehegatte der Geschwister bzw. ein Geschwister des Ehegatten«, 16. Jh., s. angehörig

Angehörigkeit, F., »Zugehörigkeit, Untertänigkeit« 1497, s. angehörig, heit

Angeklagter, »Beschuldigter, Angeschuldigter gegen den die Eröffnung des Hauptverfahres beschlossen ist«, 16. Jh., »Beklagter« 1730 Schweiz, s. anklagen, vgl. Planck 1857

Angelegenheit, F., »Vorfall, Sache«, 17. Jh. (Greneck 1752), s. an, liegen, heit

angeloben, V., »versprechen, geloben« 1496 Bayern, »Treue schwören« 1486, s. an, ge, loben

Angeschuldigter, M., »Beschuldigter gegen den die öffentliche Klage erhoben ist«, »Beschuldigter« 1769 Österreich, s. anschuldigen, ge

Angestelltenversicherung, F., »die Angestellten und die ihnen Gleichgestellten betreffender Zweig der Sozialversicherung«, A. 20. Jh. (1911), s. Angestellter, Versicherung

Angestellter, M., »Arbeitnehmer der vorwiegend geistige Arbeit leistet«, A. 19. Jh. »nichtbeamteter (öffentlicher) Bediensteter« (1809 Pforzheim), 2. H. 19. Jh. (Ersch/Gruber 1853) »Inhaber einer relativ festen Dienststellung (auch im Privatbereich)«, Ausgrenzung der Beamten bis etwa 1920, s. anstellen, vgl. Geschichtliche Grundbegriffe

Angriff, M., »von einem Menschen drohende Verletzung rechtlich geschützter Interessen«, mhd. anegrif, M., »Angreifen, Handhabe«, 11. Jh., »Überfall« 1314, vgl. langobard. anagrift (643), anagrip, M., »Angreifen, Anfassen«, s. an, greifen

Angriffskrieg, M., »völkerrechtswidrige bewaffnete Aggression«, s. Angriff, Krieg, vgl. Grimm DW 1854

Angriffsnotstand, M., »Einwirkung auf eine fremde selbst nicht gefährdende Sache welche zur Abwendung einer gegenwärtigen Gefahr notwendig ist und bei welcher der drohende Schaden für das gefährdete Rechtsgut gegenüber dem aus der Einwirkung auf die fremde selbst nicht gefährdende Sache deren Eigentümer tatsächlich entstehenden Schaden unverhältnismäßig groß ist«, A. 20. Jh.?, s. Angriff, Notstand

Angst, F., »Angst«, mhd. angest, M., F., »Bedrängnis, Angst, Furcht, Besorgnis«, ahd. angust (765), F., »Angst, Furcht, Bedrängnis, Unruhe, Sorge«, germ. *angusti, *angustiz, F., »Enge, Verdruß«, zu idg. *an̂ĝhos, Sb., »Beklemmung, Bedrängnis«, zu idg. *an̂ĝh-, Adj., V., »eng, einengen, schnüren«

Angstmann, M., »Scharfrichter, Gerichtsdiener« 1458 Halberstadt, mnd., s. Angst, Mann

anhängig, Adj., »zugehörig« 1485, »angehörig« 1466 Tirol, »zusammenhängend« 1491 Leipzig, »anhängig« 1461 Österreich, »anhängig machen« 15. Jh., s. an, hängen

Anhängigkeit, F., »Schweben einer Streitsache in einem prozessualen Verfahren«, s. anhängig, heit

anheimstellen, V., »überlassen«, 16./17. Jh., s. an, Heim, stellen

Anhörung, F., »Möglichkeit zur Äußerung der eigenen Vorstellungen in einer bestimmten Angelegenheit«, »Zuhören« 1509 Görlitz, »Audienz« 1711 Schweiz, s. an, hören, ung

animus, lat., M., »Seele, Geist, Gemüt«, zu idg. *anə-, V., »atmen, hauchen«

animus auctoris, lat., M., »Täterwille«, s. animus, vgl. Hälschner 1887

animus socii, lat., M., »Teilnehmerwille«, s. animus, vgl. Hälschner 1887

Anklage, F., »vor Gericht gegen eine bestimmte Person wegen einer bestimmten Straftat erhobene Anschuldigung«, mhd. aneklage, F., »Beschuldigung, Klage« 1295 Fürstenberg, s. an, Klage

Anklageerzwingung, F., »Erzwingung der Anklage«, 19. Jh.?, s. Anklage, er, zwingen, ung

Anklagemonopol, N., »ausschließliches Recht zur Erhebung der Anklage«, 19. Jh., s. Anklage, Monopol, vgl. Ullmann 1893

anklagen, V., »anklagen«, mhd. aneklagen, V., »rechtlich gegen jemanden vorgehen, anzeigen, beschuldigen, gerichtlich in Anspruch nehmen«, Schwabenspiegel um 1275, s. an, klagen

Ankläger, M., »Kläger« 1340 Utrecht, »öffentlicher Kläger« 1338 Trient, s. anklagen

Anklagesatz, M., »Teil der Anklageschrift der den Angeschuldigten und die ihm zur Last gelegte Tat und Zeit und Ort ihrer Begehung und die gesetzlichen Merkmale der Straftat und die anzuwendenden Strafvorschriften bezeichnet«, 19. Jh.?, s. Anklage, Satz

Anklageschrift, F., »zur Anklageerhebung grundsätzlich erforderliche schriftliche Anklage«, s. Anklage, Schrift, vgl. Weiske 1839ff., Grimm DW 1854, Ullmann 1893

Anklagungsprozeß, M., »Akkusationsprozeß«, Hellfeld M. 18. Jh., s. anklagen, Prozeß

Anlage, F., »besondere Einrichtung oder Vorrichtung«, mhd. anlâge, F., »Anliegen, Bitte, Hinterhalt«, »Umlage« 1362, »Entschädigung« 1538 Hamburg, »Aufwendung« 1494 Riga, später »Anliegendes«, »Angelegtes« (Goethe vor 1832), s. an, legen

Anlagevermögen, N., »Vermögen das dauernd dem Geschäftsbetrieb zu dienen bestimmt ist«, 19. Jh.?, s. Anlage, Vermögen

anlegen, V., »anlegen«, mhd. anelegen, V., »anlegen, ankleiden, vorbereiten«, ahd. analeggen (765), V., »anlegen, auflegen, hineinschicken, anziehen, legen«, s. an, legen

Anleihe, F., »Anleihe« 18. Jh. (1789), verdrängt Anlehen(, zu ahd. analēhan (um 800), N., »Anleihe«), s. an, leihen

Anleit, F., »Einweisung in ein Gut«, mhd. anleite, aneleite, F., »Anleitung, Einsetzung«, 1240 Österreich, s. an, leiten

Anliegen, N., »Zielvorstellung«, 15. Jh., zu mhd. aneligen, V., »bitten, antreiben, sich bemühen, bevorstehen«, ahd. analiggen (9. Jh.), V., »liegen, vorliegen, anliegen, ankommen, lasten auf, gegeben sein, innewohnen«, s. an, liegen

Anlieger, M., »Eigentümer oder Besitzer eines an einer öffentlichen Straße oder einem öffentlichen Gewässer gelegenen Grundstücks«, »Grenznachbar«, 1797 (bzw. Goethe vor 1832), s. Anliegen

Anmerkung, F., »Verzeichnung«, 1322, s. an, merken, ung

Annahme, F., »vorbehaltslose Bejahung eines Antrages auf Abschluß eines Vertrages«, 15. Jh. Lüs. lat. acceptio, F., »Annahme«?, »Aufnahme als Bürger oder Bediensteter« Scheidemantel 1782, »Annahme eines Angebotes« Allgemeines Landrecht 1794 Preußen, »Annahme des Wechsels« Allgemeines Landrecht, s. an, nehmen

Annahme als Kind, F., »Annahme einer Person durch eine andere Person oder durch ein Ehepaar als Kind«, 1975, s. Annahme, Kind

Annahme an Kindes Statt, F., »Annahme an Stelle eines Kindes«, Allgemeines Landrecht 1794 Preußen, s. Annahme, Kind

Annahmeverzug, M., »Verzug des Gläubigers bei der Annahme«, 19. Jh., s. Annahme, Verzug

Annaten, Pl., »im ersten Jahr zu zahlende Abgabe einer geistlichen Pfründe«, (fnhd.) Lw. lat. annatae (Bonifatianae), F., »im ersten Jahr zu zahlende Abgabe einer geistlichen Pfründe« (14. Jh.), zu lat. annus, M., »Jahr«

annektieren, V., »anhängen, anknüpfen«, 16. Jh. Lw. lat. annectere, V., »anknüpfen« umgestaltetes Lw., Lbd. »aneignen« M. 19. Jh. (Marx 1850, 1867 [Savoyen]) frz. annexer, V., »einverleiben«, zu lat. ad, an, Präp., Präf., »zu«, lat. nectere, V., »binden, knüpfen«

Annexion, F., »einseitige Erkärung eines Staates daß er von nun ab bestimmte fremde Gebiete als eigene betrachte (z.B. Annexion Kuweits durch Irak)«, 19. Jh. (1858) Lw. frz. annexion, F., »Annexion«, s. annektieren, sachlich beeinflußt durch ne. annexation (von Texas im Jahre 1845) und die Annexion Savoyens 1860 durch Frankreich

Annexkompetenz, F., »Ausdehnung einer ausdrücklich zugeteilten Zuständigkeit in die mit diesem Gebiet in notwendigem Zusammenhang stehenden Annexe«, 19. Jh.?, s. annektieren, Kompetenz

annullieren, V., »für nichtig erklären«, A. 16. Jh.? Lw. (bzw. 19. Jh.? Lw. frz. annuler, V., »für nichtig erklären«, aus) lat. annullare, V., »zunichte machen«, zu lat. ad, an, Präp., Präf., »zu«, lat. nullus, Pron., »kein«

anomal, Adj., »unregelmäßig«, 18. Jh.?, A. 19. Jh.? Lw. spätlat. anomale, Adv., »ungleich, unregelmäßig«, zu gr. anómalos, Adj., »ungleich«, zu gr. a, an, Präf., »los, un, nicht«, gr. homalós, Adj., »gleich, eben«, frühe Berührung mit gr. nómos, M., »Brauch, Sitte, Gesetz«

anonym, Adj., »anonym, namenlos, ohne Angabe des Handelnden«, A. 18. Jh. Lw. spätlat. anonymus, Adj., »namenlos«, Lw. gr. anónymos, Adj., »namenlos«, zu gr. a, an, Präf., »los, un, nicht«, gr. ónoma, ónyma, N., »Name«

Anordnung, F., »Bestimmung zu einem Verhalten«, 1582 Österreich, s. an, Ordnung

anrainen, V., »angrenzen« 16. Jh (1568), s. an, Rain

Anrainer, M., »Nachbar« 16. Jh. (1524 Österreich), s. an, Rain

Anregung, F., »Anstoß zu einem Verhalten«, 1509 Görlitz, s. an, regen, ung

ansässig, Adj., »wohnhaft«, 15. Jh. Bayreuth, zu fnhd. ansez, ansesse, M., »Eingesessener«, zu mhd. sez, M., N., »Sitz, Wohnsitz«, ahd. sez (1), N., »Sitz, Thron«, germ. *seta, setam, N., »Sitz«, zu idg. *sed- (A), V., »sitzen«

Anschein, M., »Aussehen, Erscheinungsbild«, s. an, Schein, scheinen

Anscheinsbeweis, M., »prima-facie-Beweis, Beweis einer bestimmten Ursache bzw. eines bestimmten Ablaufes oder eines bestimmten Erfolges aus einer feststehenden Tatsache mit Hilfe der allgemeinen Lebenserfahrung (z.B. Fahren eines Autos gegen einen Baum deutet auf Fahrlässigkeit des Fahrers)«, 20. Jh.?, s. Anschein, Beweis

Anscheinsvollmacht, F., »auf Schein gegründete Vertretungsmacht die dann vorliegt wenn der Vertretene das Handeln seines angeblichen Vertreters zwar nicht kennt es aber bei pflichtgemäßer Sorgfalt hätte erkennen und verhindern können und der Geschäftsgegner nach Treu und Glauben annehmen durfte der Vertretene dulde und billige das Handeln seines (Schein-)Vertreters«, 2. H. 20. Jh.?, s. Anschein, Vollmacht

Anschluß, M., »Anschluß, Folge«, vor 19. Jh.?, s. an, schließen

Anschlußberufung, F., »im Anschluß an die Berufung der einen Prozeßpartei erfolgende Berufung des Berufungsbeklagten«, 19. Jh., s. Anschluß, Berufung, vgl. Planck 1896

Anschlußkonkurs, M., »im Anschluß an ein Vergleichsverfahren eröffneter Konkurs der in Betracht kommt wenn das Vergleichsverfahren scheitert«, 19. Jh?, s. Anschluß, Konkurs

Anschlußpfändung, F., »im Anschluß an eine bereits vollzogene Pfändung einer Sache erfolgende weitere Pfändung für eine andere Forderung gegen denselben Schuldner«, 19. Jh.?, s. Anschluß, Pfändung, vgl. Planck 1896

Anschlußrevision, F., »Revision des Revisionsbeklagten im Anschluß an die Revision«, 19. Jh, s. Anschluß, Revision, vgl. Planck 1896

Anschlußzwang, M., »von der Gemeinde auf Grund der Gemeindeordung durch Satzung vorschreibbarer Anschluß der in der Gemeinde gelegenen Grundstücke an eine gemeindliche Einrichtung (z.B. Wasserversorgung oder Kanalisation oder Müllabfuhr)«, 20. Jh.?, s. Anschluß, Zwang

anschuldigen, V., »beschuldigen«, mhd. aneschuldigen, V., »beschuldigen«, s. Angeschuldigter, an, Schuld, ig

ansetzen, V., »ansetzen«, mhd. anesetzen, V., »ansetzen, angreifen, anstellen«, ahd. anasezzen (790), V., »auflegen, einsetzen, hinsetzen, angreifen«, s. an, setzen

Ansetzen zur Tatbestandsverwirklichung, N., »Verhalten das nach dem Gesamtplan des Täters so eng mit der tatbestandlichen Ausführungshandlung verknüpft ist daß es bei ungestörtem Fortgang ohne längere Unterbrechung im Geschehensablauf unmittelbar zur Verwirklichung des gesetzlichen Tatbestands führen soll (z.B. Beschmieren der Fenster mit Seife damit diese beim Einbruch nicht klirren)«, 2. H. 20. Jh.?, s. ansetzen

Ansprache, F., »Ansprache«, mhd. anesprāche, F., »Ansprache, Anspruch, Einspruch, Anklage« 13. Jh., ahd. anasprāhha (9. Jh.), anasprācha, F., »Anruf, Anspruch«, s. an, Sprache

Anspruch, M., »Recht von einem anderen ein Tun oder Unterlassen zu verlangen (z.B. Anspruch auf Übereignung der Kaufsache)«, mhd. anspruch, M., »Anspruch, Forderung, Klage, Einwand gegen die Rechtmäßigkeit«, 1291 Salem, s. an, sprechen, Spruch

Anspruchsgrundlage, F., »Rechtssatz welcher bei Vorliegen eines Tatbestandes einen Anspruch als Rechtsfolge ausweist«, 20. Jh.?, s. Anspruch, Grund, Lage

Anspruchskonkurrenz, F., »Zusammentreffen mehrerer Ansprüche auf Grund eines Sachverhalts«, 20. Jh.?, s. Anspruch, Konkurrenz

Anstalt, F., »von einem Träger öffentlicher Verwaltung zur Erfüllung einer besonderen Verwaltungsaufgabe errichtete verwaltungsorganisatorisch oder rechtlich verselbständigte Verwaltungseinheit von persönlichen und sachlichen Mitteln«, »Einstellung«, »Verordnung« 17. Jh., »Vorkehrung« 18. Jh., »Anstalt« Allgemeines Landrecht 1794 Preußen, mhd. anstalt, F., »Anordnung, Unternehmung, Einrichtung«, zu anstellen, V., »anordnen, einrichten«, s. an, stellen

Anstand, M., »Antritt, Zaudern, Stillstand (1461), Bedingung, Einwand, gute Sitten« 17. Jh., zu anstehen, V., »passen, sich schicken«, s. an, stehen

anstellen, V., »einstellen« 15. Jh. Freiburg, »einrichten« 1495 Ostfriesland, »verzögern« 1472 Bruchsal, »anfragen« 1509, »aussprechen« Weichbild 14. Jh., »in Dienst nehmen« 15./16. Jh. bzw. Zedler 1732, mhd. anestellen, V., »einstellen, aufschieben«, s. an, stellen

Anstellung, F., »Aufschub« 15. Jh., »Anstellung« 1566, »Einrichtung« 1521 Kärnten, »Fristerstreckung« 1675 Schweiz, »Erhebung« 1506 Kassel, »Übertragung von Diensten« vor 1800, s. anstellen, ung

Anstellungsbetrug, M., »durch Täuschung im Zuge einer Ausstellung möglicher Unterfall des Betruges«, 20. Jh.?, s. Anstellung, Betrug

Anstellungstheorie, F., »Theorie die aus Amtspflichtverletzung diejenige Körperschaft haften läßt die den Beamten (Amtswalter) angestellt hat«, 2. H. 20. Jh., s. Anstellung, Theorie

anstiften, V., »veranlassen, anhalten zu« 16. Jh. (Frauenstädt 1603), s. an, stiften

Anstifter, M., »wer vorsätzlich einen anderen zu dessen vorsätzlich begangener rechtswidriger - nicht notwendig schuldhafter Tat (Versuch genügt) bestimmt hat«, »Anreger« 1588 Baden, s. anstiften

Anstiftung, F., »ein Fall der Teilnahme an einer Straftat (als Anstifter)«, »Anregung« 1554 Offenburg, s. anstiften, ung

ant, Präp., Präf., s. ent

ante, Präf., »vor«, Lw. lat. ante, Präp., Präf., »vor«

Anteil, M., »Teilberechtigung an einem Gegenstand«, mhd. anteil, M., »zustehender Teil, Beteiligung« 1332, s. an, Teil

Anteilseigner, M., »Inhaber eines Anteils, Gesellschafter«, 2. H. 20. Jh., s. Anteil, eignen

anti, Präf., »gegen«, Lw. gr. antí, Präp. Präf., »gegen«

Antichrese, F., »Nutzungspfandrecht«, 19. Jh.? Lw. lat. antichresis, F., »das die Benutzung eines Pfandes dem Gläubiger überlassende Rechtsgeschäft«, Lw. gr. antichrésis, F., »Nutzungspfand«, zu gr. antí, Präp., Präf., »gegen«, gr. chrésis, F., »Gebrauch, Nutzen«, noch als Antichresis Mackeldey 1814, vgl. Weiske 1839ff.

Antinomie, F., »Widerspruch zweier Rechtssätze desselben Gesetzes«, Lw. lat. antinomia, F., »Widerstreit der Gesetze«, Lw. gr. antinomía, F., »Widerstreit der Gesetze«, zu gr. antí, Präp., Präf., »gegen«, gr. nómos, M., »Brauch, Sitte, Gesetz«

antizipieren, V., »vorwegnehmen«, 16. Jh. (Rasch 1590) Lw. lat. anticipare, V., »vorwegnehmen«, zu lat. ante, Präp., Präf., »vor«, lat. capere, V., »nehmen«

Antrag, M., »(im Privatrecht) einseitige Willenserklärung durch die eine Person einer anderen einen Vertrag in der Weise anträgt daß dessen Zustandekommen nur von der Zustimmung des anderen Teils abhängt, (im öffentlichen Recht) von einem möglichen Berechtigten an die Verwaltung gerichtete Aufforderung zu einem bestimmten Verhalten (z.B. Antrag auf Erteilung einer Baugenehmigung)«, »Beschuldigung« 1539, »Erklärung« 1585, »Vorbringen«, mhd. antrac, M., »Anschlag«, Rückbildung aus antragen, s. antragen

antragen, V., »antragen, herantragen, anstellen«, fnhd. »vorbringen, beantragen« 1488 Leipzig, »anbieten« 1514 Schweiz, mhd. anetragen, V., »herantragen, an sich tragen, führen, anstellen, anstiften«, vgl. ahd. anatragan (790), V., »tragen, hineintragen«, Lüs. lat. importare, V., »hineintragen«, s. an, tragen

Antragsdelikt, N., »Delikt das auf Antrag eines Verletzten verfolgt wird«, 19. Jh.?, s. Antrag, Delikt, vgl. Hälschner 1887, Ullmann 1893

Antwort, F., »Antwort«, mhd. antwürte, antwurt, N., F., »Antwort, Rechenschaft«, ahd. antwurti (765), N., »Antwort, Verheißung, Orakel«, germ. *andawurdja, *andawurdjam, N., »Antwort, Widerwort«, s. Wort, ent

Anwachsung, F., »Erhöhung von Anteilen die anderen Berechtigten an einer (gesamthänderischen) Gesamtheit zustehen im Wege der Gesamtnachfolge bei Wegfall eines Mitberechtigten«, »Anlandung« 1453 Ostfriesland, Lüs. lat. accretio, F., »Zunahme, Anwachsung«?, s. an, wachsen, ung

Anwalt, M., »Rechtsanwalt«, mhd. anwalte, M., »Anstifter, Anwalt, Vertreter, privatrechtlicher Vertreter vor Gericht und außerhalb des Gerichts (15. Jh.)«, ahd. anawalto (1000), M., »Gewalt, Walter, Machthaber, Geist«, s. an, walten (, ahd. anawaltanti, Part. Präs., »machtvoll, gewaltig, mächtig«)

Anwaltsgehilfe, M., »in besonderer Weise ausgebildeter Gehife eines Rechtsanwalts für einfachere mehr technische als juristische Angelegenheiten«, 20. Jh.?, s. Anwalt, Gehilfe

Anwaltsnotar, M., »Rechtsanwalt der - was in einigen Ländern der Bundesrepublik rechtens ist - zugleich das Amt eines Notars ausübt (z.B. Berlin)«, 20. Jh.?, s. Anwalt, Notar

Anwaltsprozeß, M., »Prozeß in dem sich die Parteien durch einen vor dem Gericht zugelassenen Rechtsanwalt vertreten lassen müssen«, 19. Jh.?, s. Anwalt, Prozeß, vgl. Planck 1896

Anwaltszwang, M., »durch Gesetz vorgeschriebene Notwendigkeit sich vor Gericht durch einen Rechtsanwalt vertreten zu lassen«, E. 19. Jh.?, s. Anwalt, Zwang, vgl. Planck 1896

Anwaltschaft, F., »Gesamtheit der Anwälte«, »Vertretung, Vollmacht, Stellung als Anwalt« 1484 Nürnberg, »Verwaltungsbezirk« 1633 Österreich, s. Anwalt, schaft

Anwart, F., »Anwartschaft«, Braunschweig 1227, s. an, warten

Anwärter, M., »Anwärter«, 1. H. 16. Jh., (mnd. anwārder M. 14. Jh.,) zu mhd. anewarten, V., »erwarten«, s. an, warten

Anwartschaft, F., »einer bestimmten Person zustehende rein tatsächliche Aussicht auf ein später zu erwartendes Amt oder Recht, die schon zu einem Recht verdichtete dem Berechtigten grundsätzlich nicht mehr durch einseitige Handlung des Geschäftsgegners entziehbare Aussicht (, das werdende Recht, das dem Vollrecht wesensgleiche Minus)«, »Anrecht, Nachfolgerecht« 1599 Württemberg, 1. H. 17. Jh., s. Anwart, schaft, geringfügig älter Anwartung

anweisen, V., »zuweisen, anweisen«, mhd. anwīsen, V., »zuweisen« 14. Jh., »anleiten« 1332 Hildesheim, »anhalten zu« 16. Jh., »eine Leistung anweisen« 14. Jh., s. an, weisen

Anweisung, F., »schriftliche Aufforderung eines Teiles (Anweisender) an einen anderen Teil (Angewiesener) Geld bzw. Wertpapiere oder andere Sachen an einen Dritten (Anweisungsempfänger) zu leisten«, »Anregung« 14. Jh. Dinkelsbühl, »Anstiftung« 14. Jh., »Anordnung« 15. Jh., »Rat« 1332 Hildesheim, »Rechtsbelehrung« 14. Jh., »Überweisung, Einweisung« 1332 Mühlhausen, »Zahlungsanweisung« 1480 Meißen, s. anweisen, ung

Anwendung, F., »Gebrauch«, s. an, wenden, ung

Anwesen, N., »Gegenwart, Aufenthalt, Anwesenheit« 15. Jh., »Grundstück«, »Aufenthaltsort« 1520 Bayern, zu mhd. anewesen, V., »da sein, dabei sein«, ahd. anawesan (9. Jh.), V., »dasein, vorkommen, vorhanden sein«, s. ahd. ana, wesan

anwesend, Adj., »gegenwärtig«, E. 15. Jh., Part. Präs. zu ahd. anawesan (9. Jh.), V., «zugegen sein«, Lüs. lat. adesse, V., »da sein«

anz, Suff., Lw. lat. antia (Part. Präs. Nom. N. Pl.)

Anzahlung, F., »(beim Abzahlungskauf) erster fälliger Teilbetrag des Kaufpreises«, »Bezahlung« A. 17. Jh., s. an, Zahlung, zu spätmhd. anzalen

Anzeige, F., »Mitteilung eines rechtlich erheblichen Vorganges oder Zustandes (z.B. A. der Abtretung der Forderung)«, »Mitteilung des Verdachts einer strafbaren Handlung«, »Anzeige« 1454 Freiburg, »Beweismittel« 1514 Niederösterreich, »Verkündigung« 1513 Sinsheim, Lüt. lat. indicium, N., »Anzeige«?, s. anzeigen

anzeigen, V., »anzeigen, anklagen« 1409 Appenzell, »verkünden« 1499 Tirol, »beweisen« 1501 Schweiz, s. an, zeigen

Anzeigepflicht, F., »Pflicht zur Erstattung einer Anzeige an eine Behörde«, 19. Jh.? (Mayer 1895), s. Anzeige, Pflicht

Apanage, F., »Unterhaltszuwendung an die nichtregierenden Mitglieder eines Fürstenhauses«, 17. Jh. Lw. frz. apanage (13. Jh.), F., »Unterhaltszuwendung«, aus mlat. *appanagium, N., »Unterhaltszuwendung«, zu lat. appanare, V., »mit Brot versehen«, zu lat. ad, ap, Präp., Präf., »zu«, lat. panis, M., »Brot«

Apartheid, F., »Rassentrennung (in Südafrika bis 1994)«, 2. H. 20. Jh. Lw. afrikaans apartheid, F., »Abgesonderheit«, zu frz. à part (17. Jh.), Adv., »auf der Seite«, aus lat. pars, F., »Seite, Teil«, ndl. hed, Suff., »heit«

apo, Präf., »ab, weg«, Lw. gr. apó, Präp., Präf., »ab, weg«

Apologie, F., »Verteidigung, Rechtfertigung«, 16. Jh. (Apologia bzw. 1. H. 17. Jh. Apologie) Lw. spätlat. apologia, F., »Verteidigung«, Lw. gr. apología, F., »Verteidigung«, zu gr. apologeisthai, V., »sich herausreden, sich losreden«, zu gr. lógos, M., »Wort, Kunde (F.), Rede, Wissenschaft, Vernunft«

Apostel, M., »Jünger Christi«, ahd. apostol (8. Jh.), apostolo (E. 8. Jh.), M., »Apostel«, germ. *apostol M., »Apostel«, Lw. lat. apostolus, M., »Apostel«, Lw. gr. apóstolos, M., »Bote, Gesandter«, zu gr. apostéllein, V., »abschicken, entsenden«, zu gr. apó, Präp., Präf., »von, weg«, gr. stéllein, V., »senden«, seit Luther allgemein das einheimische Wort Bote verdrängend, vgl. mhd. apostel, F., »Schrift des Unterrichters an den höheren angerufenen Richter«, Appellationsbriefe 1470 Bayreuth, 1484 Nürnberg, 1520 Bayern, Gobler 1536

Apostelbrief, M., »Apostelbrief«, 1470 Bayreuth, s. Apostel, Brief, vgl. mhd. apostel, F., »Schrift des Unterrichters an den höheren angerufenen Richter«, Appellationsbriefe 1470 Bayreuth, 1484 Nürnberg, 1520 Bayern, Gobler 1536

apostolisch, Adj., »apostolisch, päpstlich«, mhd. apostolisch (13. Jh.), Adj., »apostolisch«, Lw. kirchenlat. apostolicus, Adj., »apostolisch«, Lw. gr. apostolikós, Adj., »den Abgesandten betreffend«, s. Apostel, vgl. Weiske 1839ff.

Apotheke, F., »Geschäft für Heilmittel«, mhd. apotheke (13. Jh.), F., »Geschäft für Heilmittel«, Lw. mlat. apotheca, aus lat. apotheca, F., »Magazin«, Lw. gr. apothéke, F., »Magazin«, zu gr. apó, Präp., Präf., »von, weg«, gr. théke, F., »Behälter, Abstellraum«, zu gr. tithénai, V., »setzen, stellen, legen«

Apotheker, M., »Inhaber einer Apotheke, Fachmann für Arzneimittel«, mhd. apotēker, M., »Händler von Spezereien und Heilmitteln« 13. Jh., s. Apotheke

Appell, M., »Aufforderung, Aufruf«, 18. Jh. (Sperander 1727) Lw. frz. appel, M., »Aufruf«, zu frz. appeler, V., »aufrufen«, aus lat. appellare, V., »anreden, anrufen«, zu lat. ad, ap, Präp., Präf., »zu«, lat. *pellare, V., »rufen«?, zu lat. pellere, V., »stoßen, treiben«

Appellation, F., »Anrufung eines höheren Gerichts zwecks Überprüfung einer Entscheidung«, mhd. appellacion (13. Jh.), appelaz (14.-A. 16. Jh.), 1484 Nürnberg, Lw. lat. appellatio, F., »Ansprechen, Ansprache, Berufung, Appellation«, zum PPP. appellatus von lat. appellare, V., »ansprechen, um Hilfe ansprechen, appellieren«, s. Appell, seit dem späteren 19. Jh. durch Berufung ersetzt, vgl. Planck 1895

Appellationsordnung, F., »Appellationsordnung« 1697 Schlesien, s. Appellation, Ordnung

Appellatsgericht, N., »Appellationsgericht«, 1528, s. Appellation, Gericht

appellieren, V., »appellieren, anrufen«, 12. Jh.? (1300 bzw. 1484 Nürnberg), Lw. lat. appellare, V., »ansprechen, appellieren«, s. Appell

Approbation, F., »Billigung, Bestallung als Arzt oder Apotheker«, 15. Jh. (approbacie) Lw. lat. approbatio, F., »Zustimmung, Anerkennung«, s. approbieren, vgl. Weiske 1839ff.

approbieren, V., »bestätigen, billigen, zulassen«, 15. Jh. (1418 Ostfriesland) Lw. lat.

approbare, V., »zustimmen, billigen, gutheißen, anerkennen«, zu lat. ad, ap, Präp., Präf., »zu«, lat. probare, V., »prüfen, untersuchen«, zu lat. probus, Adj., »gut, tüchtig«, PPP. approbiert (17. Jh.), Adj., »staatlich anerkannt«

äquivalent, Adj., »gleichwertig«, (M. 17. Jh. Äquivalent, N., »Gegenwert, Ausgleich«,) 18. Jh. (1731 Oberrhein) Lw. frz. équivalent, Adj., »gleichwertig«, aus lat. aequivalens, Adj., »gleichwertig«, zu lat. aequus, Adj., »gleich«, lat. valere, V., »wert sein«

Äquivalenz, F., »Gleichwertigkeit«, M. 19. Jh., s. äquivalent

Äquivalenzprinzip, N., »Rechtsgrundsatz daß zwischen dem Wert einer einzelnen Leistung der Verwaltung und der für diese geforderten Gebühr ein ausgewogenes Verhältnis bestehen muß«, 20. Jh.?, s. Äquivalenz, Prinzip

Äquivalenztheorie, F., »Theorie zur Bestimmung der rechtlich beachtlichen Kausalität eines Verhaltens für einen Erfolg«, 20. Jh.?, s. Äquivalenz, Theorie

ar, Suff., »-er, -ar«, Lw. lat. arius

Ar, N., »ein Flächenmaß«, 19. Jh. (1868 amtlich eingeführt) Lw. frz. are (1793), F., »ein Flächenmaß«, aus lat. area, F., »Platz, Fläche«

Arabien, N., »Arabien«, ahd. Lw. lat. Arabia, F., »Arabien«, Lw. gr. Arabía, F., »Arabien«

Arbeit, F., »auf Schaffung von Werten gerichtete körperliche oder geistige Tätigkeit, unselbständiger Dienst«, mhd. arbeit, arebeit, F., N., M., »Arbeit, Mühe, Not, Strafe«, ahd. arbeit (765), arabeit, F., »Mühe, Mühsal, Last, Werk, Arbeit«, daneben arbeita, arbeiti, as. arvēd, F., »Mühe, Not«, germ. *arbaidi, *arbaidiz, F., *arbaidja, *arbaidjam, N., »Mühe, Beschwernis, Arbeit«, vgl. idg. *orbho-, Adj., Sb., »verwaist, Waise«?, oder zu aslaw. rabu, M., »Knecht«?, vgl. Geschichtliche Grundbegriffe

arbeiten, V., »arbeiten«, mhd. arbeiten, arebeiten, erbeiten, V., »arbeiten, streben, bedrängen, plagen«, ahd. arbeiten (800), arbeitōn (830), V., »arbeiten, sich mühen, bedrängen, plagen«, as. arviden, V., »quälen«, lat. beeinflußt?, s. Arbeit

Arbeiter, M., »Arbeitnehmer der nicht Angestellter ist«, mhd. arbeiter, M., »Arbeiter, Handwerker« 1439, »Bergmann« 1370, »Tagelöhner«, 14. Jh. Lüt. lat. operator, M., »Arbeiter, Schöpfer«?, seit etwa 1830 »Arbeiter, Proletarier«, s. Arbeit, vgl. Geschichtliche Grundbegriffe, Sonnenfels 1763/87 (Arbeiter im Gegensatz zu Geldbesitzer)

Arbeitgeber, M., »wer mindestens einen anderen in einem Arbeitsverhältnis als Arbeitnehmer beschäftigt«, um 1840, s. Arbeit, geben

Arbeitgeberanteil, M., »vom Arbeitgeber zu erbringender Anteil an den Sozialversicherungsbeiträgen (z.B. Krankenversicherung)«, 19. Jh.?, s. Arbeitgeber, Anteil

Arbeitgeberverband, M., »als (rechtsfähiger) Verein gestalteter Zusammenschluß mehrerer Arbeitgeber«, 20. Jh.?, s. Arbeitgeber, Verband

Arbeitnehmer, M., »wer in einem Arbeitsverhältnis unselbständige fremdbestimmte Arbeit leistet«, um 1840, s. Arbeit, Nehmer

arbeitnehmerähnlich, Adj., »einem Arbeitnehmer vergleichbar«, 20. Jh., s. Arbeitnehmer, ähnlich

Arbeitnehmererfindung, F., »von einem Arbeitnehmer während der Dauer eines Dienstverhältnisses vorgenommene Erfindung«, 20. Jh.?, s. Arbeitnehmer, Erfindung

Arbeitnehmerfreibetrag, M., »dem Arbeitnehmer als solchem für die Lohnsteuer und Einkommensteuer zustehender Freibetrag«, 20. Jh., s. Arbeitnehmer, Freibetrag

Arbeitnehmerhaftung, F., »Haftung des Arbeitnehmers für Schädigungen des Arbeitgebers oder Dritte«, 20. Jh., s. Arbeitnehmer, Haftung

Arbeitnehmerüberlassung, F., »(gewerbsmäßige) Überlassung von Arbeitnehmern (an Arbeitgeber)«, 2. H. 20. Jh., s. Arbeitnehmer, Überlassung

Arbeitsamt, N., »mit der Arbeitsvermittlung befaßte unterste organisatorische Einheit der Bundesanstalt für Arbeit«, 20. Jh., s. Arbeit, Amt

Arbeitsbereitschaft, F., »Bereitschaft zur Arbeitsaufnahme«, 20. Jh., s. Arbeit, Bereitschaft

Arbeitsdirektor, M., »bei bestimmten Kapitalgesellschaften zu bestellendes Mitglied des Vorstandes das die Interessen der Arbeitnehmer zu wahren und in die Entscheidungen der Geschäftsführung einzubringen hat«, 2. H. 20. Jh., s. Arbeit, Direktor

Arbeitsförderung, F., »Gesamtheit der Maßnahmen welche darauf ausgerichtet sind einen hohen Beschäftigungsstand zu erzielen und aufrechtzuerhalten sowie die Beschäftigungsstruktur zu verbessern und damit das Wachstum zu fördern«, 1969, s. Arbeit, Förderung

Arbeitsgericht, N., »das für Arbeitssachen im ersten Rechtszug zuständige Gericht«, 1926 (Arbeitsgerichtsgesetz), s. Arbeit, Gericht

Arbeitshaus, N., »Arbeitshaus«, 1679 (Zucht- und Arbeitshaus), s. Arbeit, Haus

Arbeitskampf, M., »absichtliche Ausübung wirtschaftlichen Druckes durch gemeinsame Maßnahmen zur Erreichung eines bestimmten Zieles«, 20. Jh.?, s. Arbeit, Kampf

Arbeitslohn, M., »Vergütung die der Arbeitnehmer vom Arbeitgeber auf Grund des Arbeitsverhältnisses erhält«, »Bergelohn« 14. Jh.?, »Handwerkslohn« 16. Jh.?, s. Arbeit, Lohn

arbeitslos, Adj., »vorübergehend nicht in einem Beschäftigungsverhältnis stehend oder nur eine geringfügige Beschäftigung ausübend«, vereinzelt 16. Jh., 2. H. 18. Jh. (Voss 1802) arbeitlos (lat. expers operis), s. Arbeit, los

Arbeitslosengeld, N., »aus der Arbeitslosenversicherung gewährte Geldleistung an einen Arbeitslosen«, 20. Jh., s. arbeitslos, Geld

Arbeitslosenhilfe, F., »aus der Arbeitslosenversicherung gewährte Geldleistung an einen Arbeitslosen«, 20. Jh., s. arbeitslos,Versicherung

Arbeitslosenversicherung, F., »Zwangsversicherung für Arbeitnehmer gegen die wirtschaftlichen Folgen der Arbeitslosigkeit«, 20. Jh., s. arbeitslos, Versicherung

Arbeitslosigkeit, F., »Untätigkeit (E. 18. Jh.), Mangel an Erwerbsmöglichkeit (1. H. 19. Jh.)«, s. arbeitslos, ig, heit

Arbeitsmündigkeit, F., »unbeschränkte Geschäftsfähigkeit eines Minderjährigen zur Eingehung oder Aufhebung eines Dienstverhältnisses oder Arbeitsverhältnisses«, 20. Jh., s. Arbeit, Mündigkeit

Arbeitsprozeß, M., »vor den Arbeitsgerichten in arbeitsrechtlichen Streitigkeiten geführter Prozeß«, 20. Jh., s. Arbeit, Prozeß, vgl. Planck 1895 Arbeiterstreitigkeit

Arbeitsrecht, N., »Recht der Arbeitsverhältnisse«, Potthoff 1908, Sinzheimer 1914, s. Arbeit, Recht

Arbeitsschutz, M., »dem Arbeitnehmer durch Gesetz gewährter Schutz vor aus der Arbeit erwachsenden Gefahren«, 20. Jh.?, s. Arbeit, Schutz

Arbeitssicherheit, F., »Sicherheit des Arbeitnehmers vor Schäden durch oder bei der Arbeit«, 20. Jh., s. Arbeit, Sicherheit

Arbeitssicherheitsgesetz, N., »die Arbeitssicherheit regelndes Gesetz«, 1973, s. Arbeitssicherheit, Gesetz

Arbeitsstrafe, F., »strafweise auferlegte Zwangsarbeit«, 1759 Preußen, 1768 Österreich, s. Arbeit, Strafe

Arbeitsunfall, M., »Unfall den ein Versicherter bei Ausübung der Arbeit als einer von der Unfallversicherung erfaßten Tätigkeit sowie auf dem Weg zu und von dieser Arbeit erleidet«, 19. Jh.?, s. Arbeit, Unfall

Arbeitsverhältnis, N., »durch den Arbeitsvertrag begründetes Schuldverhältnis«, 20. Jh.?, s. Arbeit, Verhältnis

Arbeitsvermittlung, F., »Vermittlung geeigneter Arbeitsstellen zwischen Arbeitssuchenden und Arbeitgebern«, 20. Jh., s. Arbeit, Vermittlung

Arbeitsvertrag, M., »zwischen Arbeitgeber und Arbeitnehmer über die entgeltliche Leistung von Arbeit geschlossener Vertrag«, Fichte 1793, s. Arbeit, Vertrag

Arbeitsverwaltung, F., »Arbeitsverhältnisse betreffender Teil der öffentlichen Verwaltung«, 20. Jh.?, s. Arbeit, Verwaltung

Arbeitszeit, F., »Zeit vom Beginn bis zum Ende der Arbeit«, »Zeit der Arbeit« Waldis 1548, 1580 Österreich, s. Arbeit, Zeit

arbiträr, Adj., »willkürlich«, Lw. frz. arbitraire, Adj., »willkürlich«, aus lat. arbitrarius, Adj., »willkürlich«, zu lat. ad, ar, Präp., Präf., »zu«, lat. bitere, baetere, V., »gehen«, Bedeutungsentwicklung »hinzukommend, anwesend, beurteilend, schiedsrichtend, beliebig«

Arbitrage, F., »Ausnutzung von Preisunterschieden (Kursunterschieden) an verschiedenen Märkten (Börsen)«, 19. Jh.? Lw. frz. arbitrage, M., »Schiedsspruch,

Gutachten, Berechnung und Vergleichung verschiedener Wechselkurse, Wechselhandel«, zu lat. arbiter, M., »Zeuge, Beobachter, Schiedsrichter«, s. arbiträr

archaisch, Adj., »alt, veraltet«, 19. Jh. Lw. gr. archaikós, Adj., »veraltet«, zu gr. archaĩos, Adj., »alt«, zu gr. arché, F., »Anfang, Ursprung«

Archäologie, F., »Archäologie« 2. H. 18. Jh. (Denis 1778) Lw. gr. archaiología, F., »Erzählungen aus der alten Geschichte«, zu gr. archaĩos, Adj., »alt«, gr. lógos, M., »Wort, Kunde (F.), Wissenschaft, Vernunft«

archi, Präf., »Erz«, Lw. gr. archi, Präf., »Haupt«, zu gr. arché, F., »Anfang, Ursprung»

Architekt, M., »Baumeister«, 1. H. 16. Jh. Lw. lat. architectus, M., »Baumeister«, Lw. gr. architékton, M., »Oberbaumeister«, zu gr. arché, F., »Anfang, Ursprung«, gr. tékton, M., »Baumeister, Zimmermann«

Archiv, N., »Archiv«, 15. Jh.?, 16. Jh. Lw. spätlat. archivum, N., »Archiv«, aus spätlat. archium, N., »Amtsgebäude«, Lw. gr. archeĩon, N., »Amtsgebäude«, zu gr. árchein, V., »herrschen«

arg, Adj., »schlimm, böse«, mhd. arc, Adj., »schlecht, böse, nichtswürdig, karg«, ahd. arg (765), Adj., »schlecht, böse, schlimm, feige, geizig, gottlos«, germ. *arga, *argaz, Adj., »feige, unmännlich«, idg. *ergh-, *eregh-, *orgh-, Adj., »feige?, impotent?«, Einzelheiten dunkel

Arglist, F., M., »Arglist, Hinterhältigkeit«, mhd. arclist, F., »Arglist, Bosheit«, ahd. arglist (1000), M., F., »Arglist, Bosheit«, s. arg, List

arglistig, Adj., »hinterhältig«, mhd. arclistec, Adj., »arglistig«, 1572 Eiderstädt, s. Arglist, ig

arglistige Täuschung, F., »Arglist verwendende Täuschung«, s. Täuschung, arglistig

arglos, Adj., »wer sich im Zeitpunkt einer Tat keines Angriffes oder keiner Feindseligkeit versieht bzw. versehen kann«, 2. H. 18. Jh.?, »ohne Falsch« Schiller 1803, s. arg, los

Argument, N., »Beweisgrund«, 16. Jh.?, mhd. argument, Lw. lat. argumentum, N., »Beweisgrund«, zu lat. arguere, V., »beweisen, erhellen«

argumentum a maiori ad minus, lat., »Schluß von Größerem auf das Kleinere, Schluß von einer umfassenderen Regelung auf einen weniger Voraussetzungen erfordernden Fall«, s. Argument

argumentum e contrario, lat., »Schluß aus dem Gegenteil, Umkehrschluß von der Regelung eines geregelten Falles auf die umgekehrte Rechtsfolge für einen nichtgeregelten Fall«, s. Argument

Argwohn, M., »Verdacht«, mhd. arcwān, M., »Verdacht«, ahd. argwān (12. Jh.), M., »Verdacht, Argwohn«, s. arg, Wahn

Aristokrat, M., »Adeliger«, 18. Jh. Lw. frz. aristocrate, M., »Aristokrat«, zu frz. aristocratie, F., »Adelsherrschaft«, s. Aristokratie

Aristokratie, F., »Adelsherrschaft«, A. 16. Jh. Lw. lat. aristocratia, F., »Adelsherrschaft«, Lw. gr. aristokratía, F., »Adelsherrschaft«, zu gr. áristos, Adj. Superl., »tüchtigste«, gr. kratein, V., »herrschen«, zu gr. krátos, M., »Macht, Gewalt«

arm, Adj., »mittellos«, mhd. arm, Adj., »besitzlos, dürftig, ärmlich, armselig, elend, unglücklich, leibeigen«, ahd. arm (E. 8. Jh.), Adj., »arm, gering, schwach, elend, unwürdig, unglücklich«, as. arm, Adj., »arm«, germ. *arma, *armaz, Adj., »vereinsamt, unglücklich«, zu idg. *cr-, erə-, V., »auflösen«?

Armee, F., »Heer«, A. 16. Jh.? bzw. 17. Jh. Lw. frz. armée, F., »Heer«, zu frz. armer, V., »bewaffnen«, aus lat. armare, V., »bewaffnen«, zu lat. arma, N. Pl., »Gerätschaften, Waffen«

Armenhaus, N., »Haus für arme Leute«, 1583 Hadeln, s. arm, Haus

Armenrecht, N., »(bis 1980) einstweilige Befreiung einer unbemittelten Partei von den Kosten des Prozesses«, 1697 Brandenburg, s. arm, Recht, vgl. Planck 1895

Armesünder, M., »zum Tod Verurteilter«, um 1700, Lüs. lat. miser peccator, M., »armseliger Sünder«, s. arm, Sünder

Arrest, M., »Eilverfahren des Zivilprozesses zur Sicherung der Zwangsvollstreckung wegen einer Geldforderung oder wegen eines Anspruchs der in eine Geldforderung übergehen kann«, 15. Jh. (1484 Nürnberg), Lw. mlat. arrestum, N., »Verhaftung, Beschlagnahme, Festhalten, Haft«, zu lat. ad, ar, Präp., Präf., »zu«, lat. re, Präp., Präf., »zurück«, lat. stare, V., »stehen«, bzw. lat. sistere, V., »stellen«, verdrängte seit dem 17. Jahrhundert die ältere Bezeichnung Kummer, wurde andererseits selbst z.T. durch Haft ersetzt

arrestieren, V., »festhalten, festnehmen, festsetzen«, mhd. arrestieren (14. Jh.), V., »festhalten«, Lw. mnl. arretēren (13. Jh.), V., »festhalten«, Lw. (mfrz. arrester, V., »anhalten«?, aus) mlat. arrestare, V., »festhalten«, s. Arrest, ieren

arrha, F., »Draufgabe«, mhd. arre, F., »Angeld«, Lw. lat. arra, F., »Draufgabe«

arrondieren, V., »abrunden«, s. lat. ad, ar, Präp., Präf., »zu«, rund, ieren

Arsch, M., »Arsch«, mhd. ars, M., »Arsch«, ahd. ars (9. Jh.), M., »Arsch, Gesäß, Hintern«, as. *ars, M., »Arsch«, germ. *arsa, *arsaz, M., »Arsch«, idg. *ers-, Sb., »Hintere, Schwanz«, zu idg. *er-, V., »sich bewegen, emporstehen«

Arschkriecher, M., »widerlicher Schmeichler«, 1839, älter, s. Arsch

Arschloch, N., »Arschloch«, mhd. arsloch, N., »Arschloch«, ahd. arsloh (11. Jh.), N., »Arschloch, After«, s. Arsch, Loch

Arsenal, N., »Sammlung, Lager, Zeughaus (E. 16. Jh.)«, E. 15. Jh. (»Herstellungsstätte für Waffen in Venedig«) Lw. it. arsenale, M., »Zeughaus, Werft«, zu arab. dar as-sinàa, Sb., »Haus für Gewerbe, Haus für Beruf, Haus für Kunst«

Art, F., »Weise«, mhd. art, M., F., »Weise, Eigentümlichkeit, Herkunft«, älter? (vgl. ahd. art (12. Jh.), F., »Pflügen, Akkerbau«)

Artikel, M., »Gegenstand, Aufsatz, Geschlechtswort«, mhd. artikel, M., »Abschnitt«, 14. Jh. (1291 bzw. 1333 Hohenlohe) Lw. lat. articulus, M., »Teil, Glied, Abschnitt«, zu lat. artus, M., »Gelenk, Glied«, 17. Jh. Lbd. frz. article, M., »Teil einer Warenrechnung, Ware, Gegenstand«, 18. Jh. Bedeutung »Geschlechtswort«

Artikelprozeß, M., »frühneuzeitlicher Prozeß bei welchem der Prozeßstoff in Artikel (Streitpunkte) gegliedert ist«, s. Artikel, Prozeß, vgl. Buchda HRG

artikulieren, V., »in Artikel einteilen (um 1500), sorgfältig aussprechen, äußern«, 15. Jh. (1499 Worms bzw. Horscht 1580) Lw. lat. articulare, V., »gliedern«, s. Artikel

Artist, M., »Künstler (16. Jh.), Schauspieler (M. 19. Jh.)«, A. 15. Jh. (»Student der artes liberales«) Lw. mlat. artista, M., »Student der artes liberales, Künstler«, zu lat. ars, F., »Kunst, Wissenschaft«

Arznei, F., »Heilmittel«, mhd. arzenīe, F., »Heilmittel (1541), Heilkunst (1450 Bayern)«, s. Arzt, n unter Einfluß von ahd. lahhan (1000), N., »Arznei« eingefügt?

Arzneimittel, N., »Stoff oder Zubereitung welche durch Anwendung im menschlichen oder tierischen Körper Krankheiten bzw. Schäden oder Beschwerden heilen bzw. lindern oder verhüten soll, Stoff welcher diagnostischen Zwecken oder dem Ersatz körpereigener Wirkstoffe dienen oder den seelischen Zustand beeinflussen soll«, E. 16. Jh., s. Arznei, Mittel

Arzt, M., »Heiler, Arzt«, mhd. arzāt, arzet, M., »Arzt«, ahd. arzāt (863-71), M., »Arzt, Heiler«, Lw. mlat. archiater, arciater, M., »Arzt«, Lw. gr. archíatros, M., »Erzarzt«, zu gr. arché, F., »Ursprung, Anfang«, gr. iatrós, M., »Arzt«, zu gr. ĩasthai, V., »heilen«

Arztrecht, N., »Gesamtheit der die Tätigkeit eines Arztes betreffenden Rechtsnormen«, 2. H. 20. Jh.?, s. Arzt, Recht

asozial, Adj., »die Gesellschaft schädigend«, A. 20. Jh., s. a(, Präf., »los, un«), sozial

Asperationsprinzip, N., »bei Tatmehrheit grundsätzlich geltendes Prinzip der Bildung einer Gesamtstrafe«, z.T. Lw. lat. asperatio, F., »Vermehrung, Verschlimmerung«, zu lat. asper, Adj., »rauh, barsch«, s. Prinzip

Aspirant, M., »Anwärter, Bewerber«, 2. H. 18. Jh. (Campe 1801) Lw. frz. aspirant, M., »Anwärter, Bewerber«, zu frz. aspirer, V., »sich bewerben, streben«, aus lat. aspirare, V., »zuhauchen, zuwenden, sich nähern«, zu lat. ad, as, Präp., Präf., »zu«, lat. spirare, V., »hauchen, atmen«

Assekuranz, F., »Versicherung«, 17. Jh.? Lw. it. assicuranza, F., »Versicherung«, zu lat. ad, as, Präp., Prät., »zu«, lat. securus, Adj., »sicher«, im 19. Jh. durch Versicherung verdrängt

Assessor, M., »Beisitzer«, 15. Jh.? bzw. A. 16. Jh.? Lw. lat. assessor, M., »Beisitzer«, zum PPP. assessus von lat. assidere, V., »beisitzen«, zu lat. ad, as, Präp., Präf., »zu«, lat. sedere, V., »sitzen«, 18. Jh. Titel, Bedeutung »Anwärter auf feste Anstellung im höheren Staatsdienst« 2. H. 19. Jh.

Assise, Pl., »Versammlungen, Beschlüsse«, Lw. mlat. assisa, F., »Sitzung« (12. Jh.), zum PPP. assessus von lat. assidere, V.,

»sich hinsetzen«, zu lat. ad, as, Präp., Präf., »zu«, lat. sedere, V., »sich setzen«

Assistent, M., »Helfer«, 2. H. 16. Jh. (Zimmerische Chronik 1565), zum Part. Präs. assisentens von lat. assistere, V., »beistehen«, zu ad, as, Präp., Präf., »zu«, lat. sistere, V., »stellen«

Assoziation, F., »Vereinigung (z.B. Genossenschaft)«, A. 17. Jh. Lw. frz. association, F., »Verbindung, Zusammenschluß«, s. assoziieren

assoziieren, V., »verbinden«, M. 16. Jh.? bzw. 17. Jh. (Kraft 1683) Lw. frz. associer, V., »verbinden«, aus lat. associare, V., »beigesellen, verbinden«, zu lat. ad, as, Präp., Präf., »zu«, lat. socius, M., »Genosse«

Asyl, N., »Freistatt, Zufluchtsort für politisch Verfolgte«, A. 16. Jh. (asylum) bzw. E. 18. Jh. (Goethe 1804) Lw. lat. asylum, N., »Zufluchtsstätte«, Lw. gr. ásylon, N., »Zufluchtsstätte«, zu gr. ásylos, Adj., »unberaubt, sicher«, zu gr. a, Präf., »los, un, nicht«, gr. sȳlon, N., »Raub, Plünderung«, seit 2. H. 19. Jh. »Unterkunft«

Asylant, M., »Asyl begehrende Person«, 20. Jh.?, s. Asyl

Asylrecht, N., »Recht des Asyls«, 20. Jh.?, s. Asyl, Recht

Aszendenten, M. Pl., F. Pl., »Vorfahren (Verwandte) eines Menschen in gerader Linie (z.B. Vater oder Großmutter)«, zum Part. Präs. ascendens von lat. ascendere, V., »heransteigen, hinaufsteigen«, zu lat. ad, as, Präp., Präf., »zu«, lat. scandere, V., »steigen«, vgl. Allgemeines Bürgerliches Gesetzbuch 1809 Österreich, Weiske 1839ff.

Atom, N., »Teilchen«, (in der Philosophie M. 16. Jh. lat. flektiert Maskulinum, M. 18. Jh. Pl. Atomen, um 1800 N.) in der Chemie 19. Jh. Lw. lat. atomus, F., »Teilchen«, Lw. gr. átomos, F., »Teilchen«, zu gr. átomos, Adj., »unteilbar«, zu gr. a, Präf., »los, un, nicht«, gr. témnein, V., »schneiden«

Atomgesetz, N., »Gesetz über die friedliche Verwendung der Kernenergie und den Schutz gegen ihre Gefahren vom 23. 12. 1959«, s. Atom, Gesetz

Attaché, M., »Beamter des auswärtigen Dienstes der Eingangsstufe, einer Auslandsvertretung für besondere Sachaufgaben zugewiesener Beamter (z.B. Kulturattaché)«, A. 19. Jh. (Hauff 1826) Lw. frz. attaché (d_ambassade), M., »diplomatischer Beamter«, subst. PPP. zu frz. attacher, V., »befestigen, zuteilen«, zu afrz. atachier, V., »festbinden«, aus afrz. estachier, V., »an einem Pfahl festmachen«, zu afrz. estache, Sb., »Pfahl«

Attentat, N., »Mordanschlag, Attentat (19. Jh.)«, 15. Jh. (und 18. Jh.) Lw. (frz. attentat, M., »Mordanschlag«, aus) lat. attentatum, M., »Versuch«, subst. PPP. von lat. attemptare, attentare, V., »versuchen, angreifen«, zu lat. ad, at, Präp., Präf., »zu«, lat. temptare, V., »versuchen«

Attentäter, M., »Täter eines Mordanschlags«, 1844 (nach einem mißglückten Attentat auf König Friedrich Wilhelm IV. von Preußen als Reimwort zu Hochverräter gebildet), s. Attentat

Attest, N., »Bescheinigung«, frühes 18. Jh. (1736) Lw. lat. (attestatio, F., »Bescheinigung«,) nlat. attestatum, subst. Part. Prät. Akt. N. von lat. attestari, V., »bezeugen, bestätigen«, zu lat. ad, at, Präp., Präf., »zu«, lat. testari, V., »bezeugen«, zu lat. testis, M., »Zeuge«, älter Attestat(um) (1654)

audiatur et altera pars, lat., »es werde auch der andere Teil gehört«, (Seneca 4 v. Chr.-65 n. Chr., Augustin 354-430 n. Chr.)

Audienz, F., »Empfang«, 15. Jh. (Dürer 1506) »Anhörung, Untersuchung«, Lw. lat. audientia, F., »Gehör, Aufmerksamkeit«, zum Part. Präs. audiens von lat. audire, V., »hören«

Auditorium, N., »Hörerschaft, Hörsaal«, vereinzelt E. 15. Jh., allgemeiner A. 17. Jh. (Meyfart 1636) Lw. lat. auditorium, N., »Anhören, Hörsaal«, zu lat. auditor, M., »Hörer«, zum PPP. auditus von lat. audire, V., »hören«

auf, Adv., Präp., »auf«, mhd. ūf, Adv., Präp., »auf«, ahd. ūf (8. Jh.), Adv., Präp., »hinauf, auf«, as. ŭp, Präp., Adv., »auf«, germ. * ŭp, ŭpp, ŭpa, Adv., Präp., »auf«, idg. upo, Adv., Präf., »unten, hinauf, über«

Aufenthalt, M., »Ort an dem sich ein Mensch befindet«, spätmhd. ūfenthalt, M., »Unterhalt, Aufhalten, Aufenthalt«, zu mhd. enthalt, M., »Unterhalt, Aufenthalt«, enthalten, V., »unterhalten«, s. auf, ent, halten, »Wohnsitz (1752 Österreich)«

Aufenthaltsgenehmigung, F., »Erlaubnis welche Ausländer zur Einreise und zu

Aufenthalt in der Bundesrepublik benötigen«, 20. Jh.?, s. Aufenthalt, Genehmigung

Aufenthaltsort, N., »Ort des Aufenthalts«, s. Aufenthalt, Ort, vgl. Grimm DW 1854

Aufforderung, F., »Äußerung die von einem anderen ein bestimmtes Verhalten verlangt«, »Anforderung« 15. Jh. Nürnberg, s. auf, Forderung

Aufgabe, F., »zur Lösung anstehende Angelegenheit«, »Übergabe« 1487 Bayern, mhd. ūfgabe, F., »Aufgabe«, »Übertragung« 13. Jh. Worms, »Verzicht« (14. Jh.), s. auf, Gabe

Aufgebot, N., »öffentliche (gerichtliche) Aufforderung an unbekannte Beteiligte vor einer beabsichtigten Änderung der Rechtslage Tatsachen anzugeben oder Rechte geltend zu machen«, zuerst »aufgebotene Mannschaft«, »Heeresaufgebot« 15. Jh., »Aufgebot« 1325 Iglau, »Verkündigung der Eheschließungsabsicht« 1557?, 1709, s. auf, bieten

Aufgebotsverfahren, N., »in besonderen Fällen (z.B. Ausschließung des Eigentümers eines Grundstückes) anzuwendendes besonderes Verfahren der Durchführung eines Aufgebotes«, 19. Jh.?, s. Aufgebot, Verfahren

Aufgeld, N., »Betrag um den der Kurswert eines Wertpapiers dessen Nennwert übersteigt«, »Überschuß« 1359 Lübeck, »Handgeld« 1440, »Aufgabegebühr« 1537, »Zins« 1453, »Anzahlung« um 1500, »Wechselgeld« um 1500, seit dem 18. Jh. verdrängt durch Agio, s. auf, Geld

aufhängen, V., »aufhängen« 1354 Göttingen, s. auf, hängen

Aufhebung, F., »gänzliche oder teilweise Beseitigung eines Verwaltungsaktes durch die Verwaltung«, »Arrest« 1322 Eßlingen, »Einhebung« 14. Jh., »Aufhebung« 15. Jh., s. auf, heben, ung

aufklären, V., »klar machen«, um 1600 aufklaren, V., »sich aufhellen, klar werden« Lw. mnd. upklāren, V., »klar werden, aufstrahlen«, s. auf, klar, M. 17. Jh. aufklären

Aufklärung, F., »auf Erzielung von mehr Klarheit gerichtete Tätigkeit«, Stieler 1691 »Aufhellung« Lüt. lat. serenitas, F., »Aufhellung (meteorologisch)«?, seit etwa 1760 übertragen auf Gemüt und Verstand, s. aufklären, ung

Aufklärungspflicht, F., »auf Klarstellung bestimmter Umstände gerichtete Rechtspflicht einer Person«, 20. Jh.?, s. Aufklärung, Pflicht

Aufklärungsquote, F., »Anteil der aufgeklärten Straftaten an der Zahl der gesamten bekannt gewordenen Delikte«, 20. Jh., s. Aufklärung, Quote

Auflage, F., »- meist als Nebenfolge - ausgesprochene Bestimmung eines besonderen Verhaltens«, »Auferlegtes« 1480, »Strafzahlung« 1525, »Auftrag, Befehl« 1573 Niederösterreich, »Neudruck« 1722, s. auf, Lage

auflassen, V., »übergeben, verzichten«, 1227 Braunschweig, Sachsenspiegel um 1225, »aufheben, beenden« 14. Jh., s. auf, lassen

Auflassung, F., »zur Übertragung des Eigentums an einem Grundstück erforderliche Einigung des Veräußerers und des Erwerbers über den Eigentumsübergang«, »Besitzübertragung, Verzicht« 14. Jh., »Einstellung eines Betriebes« 1732, s. auf, lassen, ung

Auflassungsvormerkung, F., »auf Sicherung des (meist aus einem Kaufvertrag erwachsenden) Anspruchs auf Übertragung des Eigentums an einem Grundstück gerichtete Vormerkung«, 19. Jh.?, s. Auflassung, Vormerkung

auflösen, V., »auflösen, aufbinden« 1376 Pettau, »beenden« 1522, s. auf, lösen

auflösende Bedingung, F., »eine Rechtsfolge beseitigende Bedingung«, Allgemeines Landrecht 1794 Preußen, s. Bedingung, auflösende

Auflösung, F., »Aufhebung« 1513 Görlitz, s. auflösen, ung

aufoktroyieren, V., »aufzwingen«, M. 19. Jh. (um 1848), s. auf, oktroyieren

aufopfern, V., »stiften, darreichen« 1452 Bayern, s. auf, opfern

Aufopferung, F., »Verlust eines individuellen Rechts zugunsten der Allgemeinheit oder eines begünstigten Dritten«, Allgemeines Bürgerliches Gesetzbuch 1811 Österreich, s. aufopfern, ung, vgl. Grimm DW 1884

Aufopferungsanspruch, M., »ursprünglich auf § 75 Einl. ALR beruhender Ausgleichsanspruch bei einem solchen hoheitlichen Eingriff in ein nichtvermögenswertes Recht (z.B. Gesundheit) welcher dem

Betroffenen ein Sonderopfer auferlegt«, 19. Jh.?, s. Aufopferung, Anspruch

Aufopferungstheorie, F., »Theorie der Aufopferung«, 20. Jh.?, s. Aufopferung, Theorie

aufrechnen, V., »abrechnen« 1333 Breslau, »anrechnen« 1610 Württemberg, s. auf, rechnen

Aufrechnung, F., »Kompensation, wechselseitige Tilgung zweier sich gegenüberstehender gleichartiger Forderungen durch Verrechnung auf Grund einseitiger Erklärung«, »Rechnungslegung« 16. Jh. Frankfurt, »Verrechnung« 1372 Schlesien, s. aufrechnen, ung

Aufruf, M., »Aufruf, Bekanntmachung«, s. auf, Ruf

Aufruf der Sache, M., »formeller Beginn eines Termins im Verfahren«, s. Aufruf, Sache, vgl. Planck 1896

Aufruhr, M., »Aufruhr, Erhebung, Erregung«, M. 15. Jh. (Femininum bis ins 18. Jh.), 14. Jh. mnd. uprōr, 1379 Ostfriesland, s. auf, Ruhr, rühren

aufschieben, V., »verschieben, vertagen« 1300, s. auf, schieben

aufschiebende Bedingung, F., »eine Rechtsfolge hinausschiebende Bedingung«, 1809 Baden, s. Bedingung, aufschieben

aufschiebende Wirkung, F., »zeitlich hinausschiebende Wirkung« 19. Jh.?, s. Wirkung, aufschieben

aufsenden, V., »anheimstellen, zur Verfügung stellen« Schwabenspiegel 1275, s. auf, senden

Aufsendung, F., »Aufsendung«, 1325 Hannover (upsendinge), 1679 Österreich (auffsandung), s. aufsenden, ung

auf Sicht, Adv., »auf Sicht, alsobald« Harsdörfer 1656, Lüt. lat. visis litteris, Adv., »bei Vorlage der Unterlagen«?, s. auf, Sicht

Aufsicht, F., »Überwachung eines Verhaltens«, 16. Jh. (1538 Jülich ūfsicht), s. auf, Sicht

Aufsichtsbeschwerde, F., »Beschwerde an die Dienstaufsichtsbehörde«, 19. Jh.? Österreich?, s. Aufsicht, Beschwerde

Aufsichtspflicht, F., »Verpflichtung einer Person oder Behörde über eine andere Person oder Behörde Aufsicht auszuüben«, 19. Jh.?, s. Aufsicht, Pflicht

Aufsichtsrat, M., »bei bestimmten Gesellschaften das zur Überwachung und evtl. auch zur Bestellung des die laufenden Geschäfte führenden Organes vorgeschriebene Organ«, 19. Jh. (Allgemeines Deutsches Handelsgesetzbuch 1861) nach französischem Vorbild (1856), s. Aufsicht, Rat

Aufstand, M., »Aufruhr, Erhebung«, spätmhd. ūfstant, M., »Unterbrechung« 1437 Köln, »Aufruhr« 1551 Salzburg, »Aufstehen« 16. Jh., s. auf, Stand

Auftrag, M., »Mandat, Angebot zu einem unvollkommen zweiseitig verpflichtenden Vertrag durch den sich der eine Teil (Beauftragter) verpflichtet für den anderen Teil (Auftraggeber) unentgeltlich ein Geschäft (z.B. Überweisung) zu besorgen, Vertrag über die Besorgung eines Geschäftes«, »Übergabe« 1532 Luxemburg, »Befehl, Beauftragung« 1555 Österreich, »Auftrag« 1805?, Rückbildung aus auftragen, s. auf, tragen

Auftragsangelegenheit, F., »Angelegenheit die eine juristische Person des öffentlichen Rechts (z.B. Staat) einer anderen (z.B. Gemeinde) durch Auftrag zur Ausführung überträgt (mittelbare Staatsverwaltung)«, 20. Jh.?, s. Auftrag, Angelegenheit

Auftragsbestätigung, F., »Bestätigung eines Vertragsantrages«, 19. Jh.?, s. Auftrag, Bestätigung

Auftragsgeschäft, N., »Auftrag«, Allgemeines Landrecht 1794 Preußen, s. Auftrag, Geschäft

Auftragsverwaltung, F., »Verwaltung der Auftragsangelegenheiten«, 20. Jh.?, s. Auftrag, Verwaltung

Aufwand, M., »Ausgabe, Kosten« 18. Jh. (Hayme 1738), s. aufwenden

Aufwandsentschädigung, F., »Vergütung für einen mit der Berufsausübung verbundenen Aufwand«, 20. Jh.?, s. Aufwand, Entschädigung

aufwenden, V., »aufwenden, verwenden« 15. Jh. (1539), s. auf, wenden, vgl. ahd. ūfwenten (12. Jh.?), V., »aufrichten, aufwärts wenden«

Aufwendung, F., »freiwillige Einbuße von Vermögenswerten im Interesse eines anderen (z.B. Vorstrecken eines Geldbetrages für einen Auftraggeber)«, 1726 Leiningen, s. aufwenden, ung

Aufwendungserstattung, F., »Erstattung der Vermögenswerte die eine Person im

Interesse einer anderen freiwillig eingebüßt hat«, 20. Jh.?, s. Aufwendung, Erstattung

Aufwertung, F., »Erhöhung des Wechselkurses einer Währung im Verhältnis zum Goldwert oder anderen Währungen«, 20. Jh.?, s. auf, werten, ung

aufwiegeln, V., »in Bewegung bringen«, E. 15. Jh. Schweiz, zu mhd. wigelen, V., »wanken«, mhd. wegen, V., »bewegen«, s. auf, wegen

Aufzeichnung, F., »schriftliche Fixierung von Gedankeninhalten oder Geschehensabläufen«, 1524 Niederrhein, s. auf, zeichnen, ung

aufziehen, V., »hochziehen (15. Jh.), verschieben (1301), in der Folter hochziehen, quälen, verspotten (1619)«, mhd. ūfziehen, V., »sich erheben, in die Höhe ziehen, fördern, pflegen«, ahd. ūfziohan (1000), V., »aufziehen, nach oben ziehen, hervorziehen«, Lüt. lat. protrahere, V., »vorziehen«?, s. auf, ziehen

Auge, N., »Auge, Sehorgan«, mhd. ouga, N., »Auge«, ahd. ouga (765), N., »Auge«, as. ōga, N., »Auge«, germ. *augo, *augōn, *augan, N., »Auge«, idg. *okᵘ̯-, Sb., »Auge«, zu idg. *okᵘ̯-, V., »sehen«

Augenschein, F., »Autopsie, unmittelbare sinnliche Wahrnehmung«, Lüt. mlat. ocularis inspectio, F., »Augenschein«? 1454 Freiburg, 1499 Worms, s. Auge, Schein

Auktion, F., »Versteigerung«, 16. Jh. (Roth 1571) Lw. lat. auctio, F., »Versteigerung«, zum PPP. auctus von lat. augere, V., »wachsen lassen, vermehren, versteigern«, sachlich kam die Versteigerung im 13. Jahrhundert von Süden und Westen in das deutsche Reich

Auktionator, M., »Versteigerer«, M. 18. Jh. Lw. spätlat. auctionator, M., »Versteigerer«, zum Part. Prät. Akt. auctionatus von lat. auctionari, V., »eine Auktion halten«, s. Auktion

Aula, F., »Veranstaltungsraum«, (M. 16. Jh. »künstliche Macht, Hofstaat«,) 17. Jh. (1617) Lw. lat. aula, F., »Atrium, Halle«, Lw. gr. aulé, F., »Hof, Platz vor der Wohnung«

aus, Adv., Präp., Präf., »aus«, mhd. ūz, Adv. Präp., Präf., »aus«, ahd. ūz (E. 8. Jh.), Adv., Präp., Präf., »aus, heraus, draußen, aber, hinaus, hervor«, as. ūt, Adv., Präf., »heraus«, germ. *ūt-, Adv., »heraus«, idg. *ŭd-, Adv., »empor, hinauf, hinaus«, vgl. daneben er, Präf., »er, aus«, zu dessen germ. Vorform das germ. *ūt, Adv., »heraus« hinzugefügt wurde, ehe es selbst präpositionalen Charakter erlangte

Ausbildender, M., »die Ausbildung nach dem Berufsausbildungsvertrag (evtl. durch Ausbilder bzw. Ausbildungsgehilfen) verantwortlich Durchführender«, 20. Jh., s. aus, bilden

Ausbildung, F., »Vermittlung von Kenntnissen und Fähigkeiten an einen Menschen«, 19. Jh.?, s. aus, Bildung, vgl. Grimm DW 1854

Ausbildungsförderung, F., »staatliche Förderung der Ausbildung durch institutionelle Maßnahmen und vor allem Förderung der Ausbildung bestimmter einzelner Personen durch Gewährung von Mitteln«, 2. H. 20. Jh.?, s. Ausbildung, Förderung

ausbleiben, V., »wegbleiben« 1422 Miltenberg, s. aus, bleiben

Ausbleiben, N., »Nichterscheinen einer an sich erwarteten Person«, s. ausbleiben, vgl. Ullmann 1893

Ausbürger, M., »außerhalb der Stadt wohnender Bürger« 1300 Waldkirch, s. aus, Bürger

Ausbürgerung, F., »gegen eine Person oder Bevölkerungsgruppe (kollektive Ausbürgerung) angeordnete Entziehung der Staatsangehörigkeit«, s. aus, Bürger, vgl. Weiske 1839ff.

ausdrücklich, Adj., »ausdrücklich, eigens betont«, 16. Jh. (1564 Nürnberg) (ausdrukkenlich), s. aus, drücken, lich

Ausdrücklichkeitsgebot, N., »Gebot an ein nachkonstitutionelles Gesetz das ein Grundrecht auf Grund eines Gesetzesvorbehaltes einschränkt dieses Grundrecht unter Angabe des Artikels zu nennen«, 2. H. 20. Jh., s. ausdrücklich, Gebot

Auseinandersetzung, F., »Verfahren der gänzlichen oder teilweisen Auflösung des Vermögens einer Personenmehrheit«, 19. Jh.?, s. aus, ein, ander, Setzung

Ausfall, M., »Verlust«, 1670 Schlesien, s. aus, Fall

Ausfallzeit, F., »Zeitraum für den eine versicherungspflichtige Beschäftigung aus bestimmtem Anlaß unterbrochen wird«, 19. Jh.?, s. Ausfall, Zeit

Ausfertigung, F., »urkundliche Festlegung einer Gedankenerklärung«, »Aussteuer«

1499 Brandenburg, »Abfassung, Ausstellung« 1627 Böhmen, s. aus, fertig, ung, vgl. Planck 1896

Ausforschung, F., »Ermittlung, Erkundung«, 18. Jh. Schweiz, s. aus, forschen, ung

Ausforschungsbeweisantrag, M., »Versuch durch die Beweisermittlung an Hand eines ungenau bezeichneten oder vermutungsweise benannten Beweisthemas die Grundlage für eine Behauptung einer Partei zu gewinnen«, 20. Jh.?, s. Ausforschung, Beweis, Antrag

Ausführung (eines Gesetzes), F., »Verwirklichung (durch die vollziehende Gewalt)«, »Herausführung« 1573 Hamburg, »Vollbringung« 1498 Thüringen, »Darlegung« 1475 Glatz, s. aus, führen, ung

Ausführungsgesetz, N., »Gesetz das besondere Einzelheiten der Ausführung eines anderen Gesetzes regelt«, 19. Jh.?, s. Ausführung, Gesetz

Ausführungsverordnung, F., »Rechtsverordnung die besondere Einzelheiten der Ausführung eines Gesetzes regelt«, 19. Jh.?, s. Ausführung, Verordnung

Ausfüllung, F., »Füllung freier Stellen«, 1766 Preußen, s. aus, füllen, ung

Ausfüllungsbefugnis, F., »Ermächtigung zur Ausfüllung eines Blankettes«, 20. Jh.?, s. Ausfüllung, Befugnis

Ausgabe, F., »Abfluß eines Vermögenswertes insbesondere die Weggabe von Geld«, »Auslage, Unkosten« 1516 Steiermark, »Abfindung« 1568 Schlesien, »Neudruck« Allgemeines Landrecht 1794 Preußen, spätmhd. ūzgābe, F., »Ausgabe, Austeilung«, s. aus, Gabe

ausgeübt, Adj., »im Rechtsweg ausgetragen« 1544 Sankt Gallen, »ausgeführt« 1750 Schwyz, s. aus, üben

Ausgleich, M., »Ausgleich«, E. 19. Jh.?, aus älterem Ausgleichung (Gottsched 1792), s. ausgleichen

ausgleichen, V., »schlichten« 1694, Lüs. lat. exaequare, V., »ausgleichen«, s. aus, gleich

Ausgleichsabgabe, F., »dem Ausgleich einer ungleichen Belastung innerhalb einer Gruppe von Personen dienende Abgabe die von einem Teil ihrer Angehörigen erhoben wird (z.B. Lastenausgleichsabgabe)«, 20. Jh.?, s. ausgleichen, Abgabe

Ausgleichsanspruch, M., »Anspruch auf Beseitigung von ungerechtfertigten Vermögensverschiebungen«, 20. Jh.?, s. Ausgleich, Anspruch

Ausgleichsaufgaben, F. Pl., »öffentliche Angelegenheiten die sich aus den Bedürfnissen einzelner untergeordneter Verwaltungsträger dadurch ergeben daß deren Kraft zur Erfüllung der ihnen obliegenden Aufgaben nicht ausreicht«, 20. Jh.?, s. Ausgleich, Aufgabe

ausheischen, V., »abfordern (13. Jh.), sich berufen auf den Oberhof (14. Jh.)«, Lbd. lat. reclamare, V., »widersprechen«?

Auskultator, M., »Hörer«, 18. Jh.? Lw. lat. auscultator, M., »Zuhörer«, zu lat. auris, F., »Ohr«

Auskunft, F., »Mitteilung von Tatsachen durch eine Person (18. Jh.)«, »Ausfließen (15. Jh.)«, 17. Jh. (1670) »Ausweg, Bescheid, Aufschub, Unterhalt, Ergebnis«, s. aus, kommen

Auskunftspflicht, F., »Verpflichtung zur Erteilung einer Auskunft«, 19. Jh.?, s. Auskunft, Pflicht

Auskunftsverweigerungsrecht, N., »Berechtigung eine mögliche Auskunft nicht zu erteilen«, 20. Jh.?, s. Auskunft, Verweigerung, Recht

Auslage, F., »geldwerte Aufwendung eines Gerichts«, »Aushebung, Auswahl (1681 Schweiz), verausgabtes Geld (1375 Bayern), Abgabe (1478), ausgelegte Ware (1752)«, s. aus, Lage

Ausland, N., »das nicht zum eigenen Staatsgebiet gehörige Gebiet«, 1554 Schwaben bzw. 17. Jh., älter mhd. ūzlant, N., »Land außerhalb des eigenen Gebietes« 1290, 1343, »Land außerhalb des Deiches« 1380, s. aus, Land

Ausländer, M., »Person die eine andere Staatsangehörigkeit als die deutsche hat (bzw. nicht Deutscher i.S.v. Art. 116 I GG ist)«, mhd. ūzlender, M., »Ausländer, Fremder« 1235 Kärnten, s. aus, Land

ausländisch, Adj., »fremd, dem Ausland angehörig«, mhd. ūzlendisch (14. Jh.), Adj., »fremd«, s. Ausland, isch

Auslandsdelikt, N., »im Ausland begangene Straftat einer Person«, 19. Jh.?, s. Ausland, Delikt

Auslegung, F., »Ermittlung und Klarlegung des Bedeutungsgehaltes eines Rechtsbegriffes oder eines sonstigen Umstandes (z.B. Erklärung, Verhalten)«, mhd. ūzlegunge, F., »Auslegung, Deutung, Übersetzung, Beantwortung, Offenbarung, Geldauslage«, »Herauslegung« 15. Jh., »Erklärung« Klagspiegel 1516, Lbd. lat. interpretatio, F., »Auslegung«?, s. aus, legen, ung

Auslieferung, F., »zwangsweise Verbringung einer Person ins Ausland auf Ersuchen eines ausländischen Staates zwecks Strafverfolgung oder Strafvollstreckung«, »Übergabe, Aushändigung« 1504, s. aus, Lieferung

Auslieferungsverbot, N., »(im Verfassungsrecht) Verbot einen Deutschen an das Ausland auszuliefern«, 20. Jh.?, s. Auslieferung, Verbot

ausloben, V., »versprechen« 1584 Brandenburg, »bekannt geben« 1738 Bremen, s. aus, loben

Auslobung, F., »das durch öffentliche Bekanntmachung erfolgende einseitige Versprechen einer Belohnung für die Vornahme einer Handlung (z.B. Wiederbeschaffung abhandengekommener Sachen)«, »Versprechen« 1767, s. ausloben, ung

auslosen, V., »durch Los auswählen«, 1504?, s. aus, Los

Auslosung, F., »Auswahl zwischen mehreren Möglichkeiten durch Verwendung eines Loses (z.B. Auslosung ehrenamtlicher Richter)«, Hayme 1738, s. auslosen, ung

ausmarken, V., »abgrenzen«, 1305 Zürich, s. aus, Mark

ausmerzen, V., »ausscheiden, aussondern«, 15. Jh. (1578?), vielleicht zu März?, oder zu Mark?, s. aus

Ausnahme, F., »Abweichung von einer allgemeinen Regelung«, »Vorbehalt« 1696, »Vorrecht« 1726, »Ausgabe« 1721, Lüt. lat. exceptio, F., »Ausnahme«?, s. aus, nehmen

Ausnahmegericht, N., »außerordentliches für bestimmte Fälle eingesetztes Gericht«, s. Ausnahme, Gericht, vgl. Ullmann 1893

Ausnahmezustand, M., »Staatsnotstand, Ausnahmezustand«, 1852 Waldeck, s. Ausnahme, Zustand, vgl. Wagener 1865

Aussage, F., »(im Verfahrensrecht) jede sprachliche Mitteilung«, 15. Jh. Magdeburg, s. aus, Sage

Aussageerpressung, F., »Erpressung einer Aussage«, 20. Jh., s. Aussage, Erpressung

Aussagegenehmigung, F., »einem Beamten von seinem Vorgesetzten zu erteilende Genehmigung zur Aussage«, 20. Jh.?, s. Aussage, Genehmigung

Aussagenotstand, M., »auf anerkannter Interessenkollision beruhende Zwangslage bei uneidlichen oder eidlichen Aussagen«, 20. Jh.?, s. Aussage, Notstand

Aussagepflicht, F., »öffentlichrechtliche Verpflichtung eines Zeugen zur Aussage«, 20. Jh.?, s. Aussage, Pflicht

Aussageverweigerungsrecht, N., »Berechtigung die Aussage zu verweigern«, 20. Jh.?, s. Aussage, Verweigerung, Recht

ausschlagen, V., »ausschlagen«, mhd. ūzslahen, V., »herausschlagen, umhauen, ablehnen, zurückschlagen, ausweisen«, ahd. ūzslahan (9. Jh.), V., »ausschlagen, ausbrechen«, »wegtreiben« (1355), »verzichten« 1524, »Erbschaft ausschlagen« 1530, s. aus, schlagen

Ausschlagung, F., »(im Erbrecht) die dem Nachlaßgericht gegenüber abzugebende formgebundene und fristgebundene Willenserklärung des vorläufigen Erben die Erbschaft nicht anzunehmen«, »Herausschlagen«, »Verzicht« 1616 Schweiz, s. ausschlagen, ung

Aussatz, M., »Lepra«, 13. Jh., mhd. ūzsaz, M., »Aussatz, Heraussetzen, Ausnahme, Bedingung, Bestimmung«, zu mhd. ūzsetze, M., »Aussätziger«, ahd. ūzsazzo (2. H. 8. Jh.), M., »Aussätziger«, verdrängt ahd. misalsuht, F., »Aussatz«, s. lat. misellus, Adj., »elend«

ausschließlich, Adj., »was ausgeschlossen wird«, s. aus, schließen, lich, vgl. Grimm DW 1854

ausschließliche Gesetzgebung, F., »einer Person (-enmehrheit) ausschließlich vorbehaltene Gesetzgebung«, 19. Jh.?, s. Gesetzgebung, ausschließlich

Ausschließung, F., »(im Verfahrensrecht) die auf Gesetz beruhende Verhinderung der Mitwirkung einer Person (z.B. Richter) am Verfahren«, »Ausschluß« 14. Jh., »Nichtzulassung« Abele 1712, Lüs. lat. exclusio, F., »Ausschluß«?, s. aus, schließen, ung

Ausschluß, M., »Nichtzulassung«, 1523, Lüt. lat. exclusio, F., »Ausschluß«?, s. aus, Schluß

Ausschlußfrist, F., »Frist für die Vornahme einer Handlung mit der Folge daß ein Rechtsnachteil nach dem Ablauf der Frist von selbst eintritt (z.B. Rechtsverlust)«, 19. Jh.?, s. Ausschluß, Frist

Ausschuß, M., »aus einer größeren Personenmehrheit gewählter kleinerer Kreis von Personen«, spätmhd. ūzschuz, M., »Ausschuß«, 1499 Schwaben, zu fnhd. ausschießen, V., »ausscheiden, aussondern«, s. aus, schießen, Bedeutung »schlechte Ware« M. 15. Jh., dann 18. Jh.

außen, Adv., »außen«, mhd. ūzen, Adv., »außen«, ahd. ūzan (790?), Präp., Adv., Konj., »aus, außen, ohne, aber«, ūzana (765), Präp., Adv., »außen, draußen, außer«, germ. *ūtan-, Adv., »außen«, s. idg. *ŭd-, Adv., »empor, hinauf, hinaus«

Außenbereich, M., »Grundstücke die außerhalb des räumlichen Geltungsbereichs eines qualifizierten Bebauungsplanes und außerhalb der im Zusammenhang bebauten Ortsteile liegen«, 2. H. 20. Jh., s. außen, Bereich

Außensteuerrecht, N., »ausländische Tatbestände betreffendes Steuerrecht«, 20. Jh., s. außen, Steuerrecht

Außenverhältnis, N., »über die unmittelbar Beteiligten hinausreichendes Verhältnis«, 20. Jh.?, s. außen, Verhältnis

Außenvollmacht, F., »einem Dritten gegenüber erklärte Vollmacht«, 20. Jh.?, s. außen, Vollmacht

Außenwirtschaft, F., »Geschäftsverkehr mit anderen Ländern«, s. außen, Wirtschaft, vgl. Grimm DW 1854 »Hauswirtschaft der Vorwerke eines Gutes«

außer, Adv., Präp., Präf., »ausgenommen«, mhd. ūzer, Präp., »aus, hinaus, außerhalb«, ahd. ūzar (765), Präp., Konj., »aus, heraus, sondern (Konj.), aber, außer«, germ. *ūtar-, Präp., »außer«, s. idg. *ŭd-, Adv., »empor, hinauf, hinaus«

außergerichtlich, Adv., »ohne Mitwirkung eines Gerichts erfolgend«, 17. Jh. Lippstadt, Lüs. mlat. extraiudicialiter, Adv., »außergerichtlich«

äußern, V., »nach außen kundtun (14. Jh.)«, »herausgeben« (1413), »verleihen« 1358 Sachsen, »entäußern« (13. Jh.), mhd. ūzern, iuzern, V., »herausgeben, veräußern, bekanntgeben, ausweisen, ausschließen«, s. außer

außerordentlich, Adj., »ungewöhnlich, zusätzlich« 1400 Böhmen bzw. E. 17. Jh. z. T. Lw. z. T. Lüs. lat. extraordinarius, Adj., »außergewöhnlich«, s. außer, ordentlich

außerordentliche Kündigung, F., »außerhalb des Gewöhnlichen erfolgte Kündigung«, 20. Jh.?, s. Kündigung, außerordentliche

Außerstreitverfahren, N., »Verfahren der freiwilligen Gerichtsbarkeit«, 19. Jh.? Österreich?, s. außer, Streit, Verfahren

Aussetzung, F., »(im Strafrecht) das Aussetzen oder in hilfloser Lage Verlassen einer wegen jugendlichen Alters oder Gebrechlichkeit oder Krankheit hilflosen Person«, »Bestimmung« 1413, »Satzung« 1447, »Belehnung« 1358, »Gebühr« 1454 Danzig, »Ausschluß« 1614 (außsetzung zu lande), Lüs. lat. expositio, F., »Ausleerung, Aussetzung«?, s. aus, setzen, ung, vgl. Hälschner 1887

Aussonderung, F., »(im Konkurs) Herausnahme eines dem Gemeinschuldner nicht gehörigen Gegenstandes aus der Konkursmasse auf Grund eines dinglichen oder persönlichen Rechts (z.B. Eigentum) zwecks Rückgabe an den Berechtigten«, Konkursordnung 1898, »Ausnahme« 1347 Hildesheim (utsunderinge), s. aus, sondern (V.), ung

Aussperrung, F., »von Arbeitgeberseite unter Verweigerung der Lohnzahlung planmäßig vorgenommene Nichtzulassung einer Gruppe von Arbeitnehmern zur Dienstleistung«, 19. Jh.?, s. aus, Sperrung

Ausspielvertrag, M., »Lotterievertrag«, s. aus, Spiel, Vertrag, vgl. Weiske 1839ff.

Ausstand, M., »rückständige Schuld« 1478 Österreich, »Streitigkeit« 1392, obd. »Fehlen beim Dienst« 17. Jh., um 1880 »Streik«, s. aus, Stand

ausstatten, V., »zu etwas Gelegenheit geben, zu etwas verhelfen«, 17. Jh., s. aus, Statt

Ausstattung, F., »über den gewöhnlichen Unterhalt hinausgehende mit Rücksicht auf die Verheiratung oder die Erlangung einer selbstständigen Lebensstellung erfolgende Zuwendung der Eltern an ein Kind«, »Aussteuer« (1555 Mecklenburg), Lüs. mlat. elocatio, F., »Verdingung«?, s. ausstatten, ung

Aussteller, M., »(bei einer Anweisung oder einem Wechsel) diejenige Person die zur Zahlung anweist oder die Zahlung verspricht«, Hayme 1738, s. aus, stellen

Aussteuer, F., »Zuwendung der zur angemessenen Einrichtung eines Haushaltes gehörenden Gegenstände«, 16. Jh. (1494 Schlesien), s. aus, Steuer

Austausch, M., »Umtausch«, s. aus, Tausch, vgl. DRW

Austauschpfändung, F., »(in der Zwangsvollstreckung) die Pfändung gewisser unpfändbarer Sachen unter gleichzeitiger Hingabe eines dem geschützten Verwendungszweck genügenden Ersatzstückes oder eines zur eventuellen Beschaffung eines solchen Ersatzstückes erforderlichen Geldbetrages«, 19. Jh.?, s. Austausch, Pfändung

Austauschtheorie, F., »Theorie des Schadenersatzes bei nachträglicher vom Schuldner zu vertretender Unmöglichkeit«, 19. Jh.?, s. Austausch, Theorie

Austrag, M., »Austrag, Altenteil«, »Beilegung« 1420 Speyer, südd., s. aus, tragen

Austritt, M., »Abtreten aus einer Mehrheit« 1767, »Flucht« 1599 Niederösterreich, mhd. ūztrit, M., »Austritt«, s. aus, treten

Ausübung, F., »Austragung, Durchführung« 1548 Joachimsthal, s. aus, üben, ung

Ausübungsermächtigung, F., »Ermächtigung ein Recht auszuüben«, 20. Jh.?, s. Ausübung, Ermächtigung

Ausverkauf, M., »Verkauf zu herabgesetzten Preisen zum Zweck der Aufgabe mindestens einer Warengattung durch einen Gewerbetreibenden«, s. aus, Verkauf, vgl. Grimm DW 1854

ausverkaufen, V., »im kleinen verkaufen« 1519 Essen, s. Ausverkauf

Auswanderung, F., »Verlassen eines Staatsgebietes auf Dauer«, Sonnenfels E. 18. Jh., Lüs. lat. emigratio, F., »Auswanderung«?, s. aus, wandern, ung, vgl. Weiske 1839ff.

Auswanderungsbetrug, M., »geschäftsmäßige Verleitung von Deutschen zur Auswanderung unter Vorspiegelung falscher Tatsachen oder Verwendung unbegründeter Angaben oder anderer auf Täuschung gerichteter Mittel«, 19. Jh.?, s. Auswanderung, Betrug, vgl. Hälschner 1887 Verleitung zur Auswanderung

auswärtig, Adj., »nach außen gerichtet, ausländisch« 15. Jh. Nürnberg, mhd. ūzwertic, Adj., »äußerlich, auswertig«, ahd. ūzwertīg (1000), Adj., »äußere, auswärtig«, Lüt. lat. extraneus, Adj., »auswärtig«, s. aus, wärts, ig

auswärtige Angelegenheit, F., »das Ausland betreffende Angelegenheit«, s. Angelegenheit, auswärtig, vgl. Weiske 1839ff.

auswärtiger Dienst, M., »das Ausland betreffende dienstliche Tätigkeit«, 19. Jh.?, s. Dienst, auswärtig

Ausweis, M., »amtliche die Identität einer Person beglaubigende Urkunde«, »Nachweis« um 1600, »amtliches Dokument mit Angaben zur Person«, A. 19. Jh. (Goethe), vgl. Grimm DW 1854, DRW, s. aus, weisen

Ausweismißbrauch, M., »Gebrauchen eines fremden Ausweises oder Überlassen des eigenen Ausweises zur Täuschung im Rechtsverkehr«, 20. Jh.?, s. Ausweis, Mißbrauch

Ausweisung, F., »Verbot des Aufenthalts innerhalb des Staatsgebietes«, mhd. ūzwisunge, F., »Abfindung«, um 1300 Halle, »Aussage« 1300 Dortmund, »Hinausweisung« 1538 Österreich, s. aus, weisen, ung

Auszubildender, M., »eine Person welche eine Ausbildung erhalten soll«, 20. Jh.?, s. Ausbildung

Authenticae, lat., F. Pl., »Auszüge aus einer um 1100 in Bologna auftauchenden Sammlung von Novellen Justinians im Codex Justinians bzw. 2 Konstitutionen Friedrichs I. und 11 Konstitutionen Friedrichs II. im Codex«, Lw. mlat. authenticum, N., »authentischer (Text der Novellen Justinians)«, s. authentisch

authentisch, Adj., »echt«, 16. Jh. (Fischart 1575) Lw. lat. authenticus, Adj., »zuverlässig«, Lw. gr. authentikós, Adj., »zuverlässig«, zu gr. authéntes, M., »Herrscher, Haupt«, zu gr. autós, Pron., »selbst, eigen«

authentische Interpretation, F., »zuverlässige Auslegung«, 19. Jh.?, s. Auslegung, authentisch

auto, Präf., »selbst«, Lw. gr. autós, Pron., »selbst«

Auto, N., »Automobil, motorgetriebenes Fahrzeug«, E. 19. Jh. (1898 Automobil) Lw. frz. automobile (als Adjektiv um 1860,) voiture automobile 1875/6, M., »Automobil, Kraftfahrzeug, Motorwagen, Auto (nach 1890)«, aus gr. autós, Pron., »selbst«, lat. mobilis, Adj., »beweglich«, zu lat. movere, V., »bewegen«, Kurzform A. 20. Jh.

Autobahn, F., »besonders gekennzeichnete nur für den Verkehr mit Kraftfahrzeugen bestimmte Bundesfernstraße«, um 1920, s. Auto, Bahn

Autodafé, N., »Hinrichtung von Ketzern«, 18. Jh. (Hübner 1717) Lw. portug. auto da fé, M., »Akt des Glaubens, öffentliche Verkündigung eines Urteils der Inquisition, Urteil über den Glauben«, aus lat. actus fidei, M., »Glaubensakt«, zu lat. actus, M., »Handlung, Tat«, zum PPP. actus von lat. agere, V., »treiben, handeln«, lat. fides, F., »Treue, Glaube«

Automat, M., »Selbstbeweger, mechanische Einrichtung die nach Aufheben einer Hemmung einen Vorgang selbsttätig ausführt«, (1575 Fischart automata bzw.) 18. Jh. (Wächter 1709) Lw. lat. automatus, Adj., »aus eigenem Antrieb«, Lw. gr. autómatos, Adj., »selbständig, von selbst geworden«, zu gr. autós, Pron., »selbst«, s. idg. *men-, V., »denken«, M. 19. Jh. M.

Automatenmißbrauch, M., »Erschleichen der Leistung eines Automaten in der Absicht das Entgelt nicht zu entrichten«, 20. Jh., s. Automat, Mißbrauch

Automobil, N., s. Auto

autonom, Adj., »unabhängig«, 18. Jh.? bzw. M. 19. Jh.? Lw. gr. autónomos, Adj., »unabhängig«, zu gr. autós, Pron., »selbst«, gr. nómos, M., »Brauch, Gesetz«

Autonomie, F., »Selbstgesetzgebung, (vom Staat gewährtes) Recht einer oder mehrerer Personen (z.B. Minderheiten) bestimmte eigene Angelegenheiten oder Rechtsverhältnisse selbst zu regeln insbesondere eigene Rechtsnormen zu erlassen«, (E. 16. Jh. latinisiert in dt. Texten,) 2. H. 18. Jh. Lw. gr. autonomía, F., »Autonomie«, Goethe 1805, s. autonom

Autopsie, F., »Augenschein«, M. 18. Jh. Lw. gr. autopsía, F., »Sehen mit eigenen Augen«, zu gr. autós, Pron., »selbst«, gr. optikós, Adj., »das Sehen betreffend«, zu gr. op-, V., »sehen«, Bedeutung »Leichenöffnung« E. 19. Jh.

Autor, M., »Urheber«, 15. Jh. (Steinhöwel 1473) Lw. lat. auctor, M., »Urheber, Gründer«, zum PPP. auctus von lat. augere, V., »wachsen lassen, vermehren, fördern«

Aval, M., »Wechselbürgschaft«, A. 19. Jh. Lw. frz. aval, M., »Wechselbürgschaft«, zu frz. valoir, V., »wert sein«, aus lat. valere, V., »wert sein«

Axiom, M., »weder beweisbarer noch beweisbedürftiger grundlegender Satz der Logik«, A. 17. Jh. (axioma bzw. E. 18. Jh. Axiom) Lw. lat. axioma, N., »Grundsatz«, Lw. gr. axíoma, N., »Grundsatz«, zu gr. axiún, V., »für halten, für würdig erachten«, zu gr. áxios, Adj., »wert, würdig«, zu gr. ágein, V., »treiben, führen, wagen«

B

baccalaureus, lat., M., »seit dem 13. Jh. unterster akademischer Grad«, Lw. mlat. baccalarius, M., »Knecht, Lehrling«, Lw. keltisch?, zu lat. baculus, M., »Stock«?

Bach, M., »kleines Gewässer«, mhd. bach, M., F., »Bach«, ahd. bah (790, ON), M., »Bach, Fluß«, as. beki, M., »Bach«, westgerm. *baki, *bakiz, M., »Bach«, *bakja-, *bakjaz, M., »Bach«, idg. *bhog-, Sb., »fließendes Wasser, Bach«?

Bad, N., »Bad«, mhd. bat, N., »Bad«, ahd. (765) bad, N., »Bad, Badehaus, Taufe«, as. bath, N., »Bad«, germ. *baþa, *baþam, N., »Bad«, idg. *bhətom, N., »Bad«?, to-Suffix zur Wurzel *bhē-, *bhō-, V., »wärmen, rösten«, s. nhd. bähen?

Baden, N., »bis 1951 ein selbständiges deutsches Land seitdem ein Teil des Bundeslandes Baden-Württemberg«, 1112 Markgrafen von Baden

Baden-Württemberg, N., »(1951) aus der Vereinigung der früheren Länder Baden und Württemberg-Baden und Württemberg-Hohenzollern hervorgegangenes Bundesland«, s. Baden, Berg

backen, V., »backen«, mhd. backen, V., »backen«, ahd. bakkan (A. 9. Jh.), backan, bahhan, V., »backen, rösten, dörren«, as. bakkan, V., »backen«, germ. *bakan, *bakkan, V., »backen«, idg. *bhōg-, V., »wärmen, rösten, backen«?, zu idg. *bhē-, *bhō-, V., »wärmen, rösten«?, oder zu idg. *bhrəg-, *bhr̥g-, V., »wärmen, rösten«?

Bäcker, M., »Bäcker«, mhd. becker, M., »Bäcker«, ahd. *bakkāri (12. Jh.), *backari, M., »Bäcker«, as. bakkeri, M., »Bäkker«, Lüs. lat. pistor, M., »Bäcker«, s. backen, im Althochdeutschen ist pfistur älter

Bader, M., »Heilgehilfe«, mhd. badære, M., »Bader«, ahd. *badāri, M., »Bader«, as. batheri, M., »Inhaber einer Badestube«, s. Bad

Bagatelldelikt, N., »Straftat von geringer Bedeutung, 19. Jh.?, s. Bagatelle, Delikt

Bagatelle, F., »Kleinigkeit«, A. 17. Jh. (Thomasius 1688 Pagadelle) Lw. frz. bagatelle (16. Jh.), F., »Kleinigkeit«, Lw. it. bagatella, F., »Kleinigkeit, kleine Beere«, zu lat. baca, F., »Beere«

Bagatellsache, F., »Angelegenheit von geringer Bedeutung«, 19. Jh., s. Bagatelle, Sache, vgl. Koch 1864

Bahn, F., »Weg, Fahrspur, Fahrbahn«, mhd. bane, ban, F., M., »Bahn, Weg«, als »Durchhau« zu ahd. bano, M., »Töter, Totschläger«?, zu idg. *bhen-, V., »schlagen, verwunden«

Bahnpolizei, F., »Sonderpolizei der öffentlichen Eisenbahnen«, 19. Jh.?, s. Bahn, Polizei

Bahnsteig, M., »Bahnsteig«, (1886) Ersatzwort für frz. perron, s. Bahn, steigen

Baisse, F., »Kursrückgang, Sinken der Wertpapiere«, 19. Jh. (Heyse 1859) Lw. frz. baisse (M. 18. Jh.), F., »Sinken«, zu frz. baisser, V., »senken«, aus spätlat. *bassiare, V., »senken«, zu spätlat. bassus, Adj., »niedrig«

Bakschisch, N., »Geldgeschenk«, 2. H. 19. Jh.? Lw. ne. baksheesh, N., »Geschenk«, 17./18. Jh. Lw. türk./arab., Lw. pers. bahsis, Sb., »Geschenk«

Ballotage, F., »Abstimmung durch Abgabe verschiedenfarbiger Kugeln«, 19. Jh.? Lw. frz. ballottage, F., »Abstimmung mit Kugeln, Stichwahl«, zu frz. ballotter, V., »durch kleine Kugeln abstimmen«, zu frz. balle, F., »Kugel«, it. balla, F., »Kugel«, zu idg. *bhel- (3), V., »schwellen«

Band, N., »Band«, mhd. bant, N., »Band, Verband«, ahd. bant (765), N., »Band, Binde, Fessel, Zwang, Zügel, Riemen, Verbindung«, as. band, M., F., N., »Band, Fessel, Binde«, germ. *banda, *bandam, N., »Band, Fessel«, zu idg. *bhendh-, V., »binden«

Bande, F., »auf ausdrücklicher oder stillschweigender Vereinbarung beruhende Verbindung von mindestens zwei (str. a.M. drei) Personen zur Begehung mehrerer selbständiger im einzelnen noch ungewisser Taten«, 16. Jh. (1591 Flandern bende bzw. Sperander 1727) Lw. frz. bande, F., »Schar (F.) (1), Trupp, unter einer Fahne Vereinigte, Fähnlein«, Lw. (zu) got. bandwa, Sb., »Zeichen«, Bedeutungsverschlechterung im 18. Jh. (»Schar von Dieben und Räubern«)

Bandit, M., »Verbrecher«, A. 16. Jh. (Dalhover 1687) Lw. it. bandito, M., »Verbannter«, subst. PPP. von it. bandire, V., »verbannen«, Lw. (zu) ahd. ban, M., »Bann, Gebot«?

Bank, F., »Unternehmen dessen Inhaber mindestens eine Art von Bankgeschäften in einem Umfang betreibt der einen in kaufmännischer Weise eingerichteten Geschäftsbetrieb erfordert«, mhd. bank, M., F., »Bank, Tisch, Wechselbank, Gerichtsbank«, 15. Jh.? bzw. 16. Jh.? Lbd. it. banco, M., »Tisch, Geldinstitut«, it. banca, F., »Tisch, Geldinstitut«, Lw. ahd. bank (9. Jh.), M., »Bank, Sitzgelegenheit«, as. bank, M., »Bank«, germ. *banki, *bankiz, *bankan, M., »gebogene Erdaufschüttung?, Erhöhung, Bank«, s. idg. *bheg-, V., »biegen, wölben«?

Bankakzept, N., »Annahme eines Wechsels durch eine Bank«, 19. Jh.?, s. Bank, Akzept

Bankbürgschaft, F., »von einer Bank als Bürgen gegebene (selbstschuldnerische) Bürgschaft«, 20. Jh.?, s. Bank, Bürgschaft

Bankeinlage, F., »von einem Kreditinstitut als Darlehen oder in ähnlicher Weise von einer Vielzahl von Geldgebern auf Grund typisierter Verträge entgegengenommenes Geld«, 20. Jh.?, s. Bank, Einlage

Bankert, M., »uneheliches Kind«, mhd. banchart (1323), M., »uneheliches Kind«, s. lat.-ahd. barchardus, M., »Hurenkind«, s. Bank, PN-element hart, vgl. Bastard

Bankette, F., »Bankette, Straßenrandstreifen«, 19. Jh. Lw. frz. banquette, F., »Straßenrandstreifen«, zu normannisch-frz. banc, M., »Aufwurf an einem Graben«, Lw. afrk. *banc, F., »Erhöhung, Bank«?

Bankgeheimnis, N., »Verpflichtung der Bank grundsätzlich gegenüber jedermann alle einen Kunden betreffenden aus der Verbindung mit diesem bekanntgewordenen Tatsachen geheimzuhalten (z.B. Stand und Bewegung der Konten)«, 19. Jh.?, s. Bank, Geheimnis

Bankgeschäft, N., »der Bank zugeordnetes Geschäft«, 19. Jh., s. Bank, Geschäft

Bankier, M., »Bankier, Betreiber einer Bank«, A. 17. Jh. Lw. frz. banquier, M.,

»Bankier«, älter Bankir, Banker (15. Jh.), Bankier, Bankierer (16./17. Jh.), Banchiero (17. Jh.), Lw. it. banchiere, M., »Bankier«, s. Bank

Bankkonto, N., »Teil der Buchführung einer Bank welcher der wertmäßigen Erfassung der Geschäftsvorfälle zwischen Bank und Kontoinhaber dient«, 19. Jh., s. Bank, Konto

Banknote, F., »von der zuständigen Bank ausgegebenes auf einen bestimmten runden Betrag von Währungseinheiten lautendes Papiergeld«, 18. Jh. Lw. ne. banknote (17. Jh.), N., »Banknote«, s. Bank, Note, älter Bankbillet, Bankzettel

Bankomat, M., »Bankgeschäfte ausführender Automat«, 2. H. 20. Jh., s. Bank, Automat

Bankrecht, N., »Gesamtheit der die Bank und ihre Geschäfte betreffenden Rechtssätze«, »Vorschrift über Fleischbank« M. 16. Jh. Österreich, »Schöffengebühr« 1597 Luxemburg, »Inbegriff der einer Bank zuständigen Rechte« Grimm DW 1854, s. Bank, Recht

bankrott, Adj., »zahlungsunfähig«, 16. Jh., s. Bankrott

Bankrott N., »Unvermögen eines Schuldners seine Gläubiger zu befriedigen«, 15. Jh. Gent (banckeroete) bzw. 16. Jh. (Schweinichen 1597) Lw. it. banca rotta, F., »zerbrochene Bank«, s. Bank, rotta aus dem PPP. F. rupta von lat. rumpere, V., »brechen«, (Campe 1795 Bankbruch)

Bankrotteur, M., »Bankrotteur«, 18. Jh.?, älter Banckerotter, bancrottierer (16. Jh.), s. Bankrott

Bankrottierer, M., »Bankrotteur«, 16. Jh. (1601), s. Bankrott

Bann, M., »Möglichkeit eines Amtsträgers Gebote und Verbote unter Androhung gewichtiger Rechtsfolgen im Falle der Nichtbeachtung auszusprechen«, mhd. ban, M., »Gebot, Verbot«, ahd. ban (9. Jh.), M., »Bann, Gebot, Aufgebot«, as. ban, M., »Bann«, lat.-ahd. bannus, M., »Bann«, germ. *banna, *bannaz, M., »Gebot, Bann«, s. idg. *bhā-, *bhō-, *bhə-, V., »feierlich sprechen«

Banner, N., »Fahne«, mhd. bannier, banner, N., »Fahne« 1264/9 Basel (banier), Lw. afrz. baniere, frz. bannière, F., »Heerfahne«, Lw. got. bandwa, Sb., »Zeichen«?

Bannkreis, M., »bestimmte besonders geschützte Zone um den Sitz besonders wichtiger Staatsorgane (z.B. Bundestag)«, Möser 1775, s. Bann, Kreis

Bannmeile, F., »Bannmeile«, mhd. banmīle, F., »Bannmeile«, 1237, s. Bann, Meile

bar, Adj., »bar, bloß«, mhd. bar, Adj., »nackt, bloß, leer, ledig, sichtbar, offen vor Augen liegend«, ahd. bar (9. Jh.), Adj., »bloß, allein, besitzlos, einfach, rein«, as. bar, Adj., »bloß, bar, nackt, offenbar«, germ. *baza, *bazaz, Adj., »nackt, bloß, bar«, idg. *bhosós, Adj., »nackt, bar, bloß«, zu idg. *bhes- (1), *bhos-, V., »reiben, abreiben, zerreiben, ausstreuen«

bar, Suff., »bar«, mhd. bære, Suff., »bar«, ahd. bāri, Suff., »bar«, germ. *berja, *berjaz, Adj., »tragend«, s. germ. *beran, V., »tragen, gebären«, idg. *bher- (1), V., »tragen, bringen«

Bargebot, N., »vom Ersteher im Verteilungstermin einer Zwangsversteigerung bar zu entrichtender Betrag«, 19. Jh., s. bar, Gebot

Bargeld, N., »Bargeld, sichtbares Zahlungsmittel«, 1409 bar gelt, 1457 Schweiz bargelt

Barkauf, M., »Kauf bei dem Kaufvertrag und Erfüllung des Kaufvertrags (durch Übereignung der Kaufsache und Übereignung des Kaufpreisgeldes) äußerlich ununterscheidbar zusammenfallen«, s. bar, Kauf, vgl. Weiske 1839ff.

Barscheck, M., »Scheck der vom Bezogenen bar zu bezahlen ist«, 19. Jh.?, s. bar, Scheck

Barzahlung, F., »Zahlung durch Übereignung von Geldstücken«, 19. Jh., s. bar, Zahlung

barditus (98 n. Chr.), lat.-germ.?, M., »Schildgesang der Germanen bei Kampfbeginn«

Baron, M., »Freiherr«, (mhd. barūn, M., »Freiherr«,) E. 16./17. Jh. (Carolus 1609) Lw. frz. baron, M., »freier Mann, Lehnsmann«, zu lat.-afrk. baro (507-11), M., »Mann, freier Mann«, zu idg. *bher- (3), V., »ritzen, schneiden, reiben, spalten«?

Base, F., »Kusine, Nichte, entfernte weibliche Verwandte« (südd.), mhd. base, F., »Tante, Vaterschwester«, ahd. basa (A. 9. Jh.), F., »Tante«, germ. *bazwōn, *baswōn, F., »Vaterschwester«?, Lallwort?

Bastard, M., »uneheliches Kind, Mischling«, mhd. bastart, M., »uneheliches Kind«, A. 13. Jh. Lw. frz. bastard, M., »anerkannter Sohn eines Adligen aus unrechtmäßiger Geschlechtsverbindung«, germ. Herkunft?

Bastonade, F., »(orientalische) Prügelstrafe (auf die Fußsohlen)«, 19. Jh. Lw. frz. bastonnade, F., »(orientalische) Prügelstrafe (auf die Fußsohlen)«, 18. Jh. Lw., daneben 17. Jh. (Carolus 1609) Lw. it. bastonata, F., »Stockschlag«, zu it. bastonare, V., »schlagen, prügeln«, zu it. bastone, M., »Stock«

Bataillon, (zunächst M.,) N., (um 1800 F.,) »Truppenabteilung«, A. 17. Jh. (Wallhausen 1616) Lw. frz. bataillon, M., »Truppenabteilung«, Lw. it. battaglione, M., »Truppenabteilung«, zu it. battaglia, F., »Truppe«, aus vulgarlat. battalia, F., »Stockkampf«, spätlat. battualia, F., »Stockkampf«, zu spätlat. battuere, V., »schlagen, klopfen«, verdrängt älteres »Fähnlein«

Batzen, M., »Klumpen, Geldstück«, 1495 Salzburg (Dickpfennig), zu batzen, V., »zusammenhängen, zusammenkleben«, als *backezzen? zu mhd. bakken, V., »backen«

Bau, M., »künstlich geschaffene Behausung oder eine sonstige einer Unterbringung dienende Anlage«, mhd. bū, M., N., »Bau, Wohnung, Gebäude«, ahd. bū (765), M., »Bau, Wohnung, Platz, Wohnsitz«, as. bū, N., »Bau, Wohnung, Haus«, germ. *būwa, *būwaz, M., »Bau, Wohnung«, s. idg. *bheu-, *bheu̯a-, *bheu̯ə-, »werden, wachsen, sein (V.), gedeihen, schwellen, wohnen«

Bauaufsicht, F., »amtliche Überwachung der Errichtung bzw. Änderung oder Beseitigung baulicher Anlagen gemäß dem Bauplanungsrecht und Bauordnungsrecht«, 19. Jh.?, s. Bau, Aufsicht

Bauer, M., »(im älteren deutschen Recht) (unterster) Landwirtschaft treibender Berufsstand«, mhd. būwære, M., »Bauer (M.) (1), Erbauer«, ahd. būāri (800), M., »Bewohner, Bebauer, Siedler, Ansiedler«, daneben mhd. gebūre, ahd. gibūro, s. Bau, vgl. Geschichtliche Grundbegriffe

Bauernbefreiung, F., »Befreiung der Bauern aus der feudalistischen Abhängigkeit an der Wende des 18. zum 19. Jh. (z.B. Stein-Hardenbergsche Reformen in Preußen)«, Knapp 1887, s. Bauern, be, frei, ung

Bauernkriege, M. Pl., »zu Beginn der Neuzeit von den Bauern gegen die Grundherren (weitgehend ergebnislos) geführte Kriege«, 1524, (paurnaufstand 1515 Österreich,) s. Bauer, Krieg

baufällig, Adj., »einsturzgefährdet« (1293 Österreich bzw.) 1427 Magdeburg, s. Bau, fallen, ig

Baufreiheit, F., »Freiheit ein Grundstück zu bebauen (str.)«, 19. Jh.?, s. Bau, Freiheit

Baugenehmigung, F., »Feststellung der zuständigen Behörde daß einem - genehmigungsbedürftigen - Bauvorhaben aus dem zur Zeit ihrer Erteilung geltenden Recht keine Hindernisse entgegenstehen«, 19. Jh.?, s. Bau, Genehmigung

Baugesetzbuch, N., »Bundesgesetz für Baurecht vom 8. 12. 1986«, s. Bau, Gesetzbuch

Baugestaltungsrecht, N., »Gesamtheit der die Bauestaltung bestimmenden Regeln«, s. Bau, Gestalt, Regel

Bauherr, M., »Bauherr« 1599 Oberpfalz, »Weinbergsbesitzer« 1532 Oberrhein, »Bauaufseher« 1304 Schweiz, s. Bau, Herr

Baukosten, F. Pl., »Kosten der Errichtung oder Änderung eines Gebäudes (oder sonstigen Baues) (1564 Elbingerode)«, s. Bau, Kosten

Baukostenzuschuß, M., »Zahlung des Mieters an den Vermieter im Hinblick auf das Mietrecht in einem zu errichtenden oder zu ändernden Gebäude«, 20. Jh.?, s. Baukosten, Zuschuß

Bauland, N., »zur Bebauung mit Gebäuden ausgewiesenes Grundstück«, »Ackerland« 1341 Groningen, s. Bau, Land

Baulandsachen, F. Pl., »Angelegenheiten auf den Gebieten des Enteignungsrechts bzw. des Umlegungsrechts und Grenzregelungsrechts sowie des dazugehörigen Entschädigungsrechts«, 2. H. 20. Jh., s. Bauland, Sache

Baulast, F., »sich nicht bereits aus öffentlichrechtlichen Vorschriften ergebendes ein Grundstück betreffendes Tun oder Dulden oder Unterlassen eines Eigentümers«, 20. Jh.?, s. Bau, Last

Bauleitplan, M., »Plan zur Erfüllung der Aufgaben der Bauleitplanung«, 20. Jh., s. Bau, leiten, Plan

Bauleitplanung, F., »zur Ordnung der städtebaulichen Entwicklung in Stadt und Land geschaffene Planung«, 2. H. 20. Jh., s. Bauleitplan

Baulinie, F., »im Bebauungsplan festgelegte Linie auf der das jeweilige Gebäude errichtet werden muß«, 20. Jh.?, s. Bau, Linie

Baum, M., »Baum«, mhd. boum, M., »Baum, Stange, Stock«, ahd. boum (765), M., »Baum, Holz, Balken, Pfahl«, as. bōm, M., »Baum, Stange«, germ. *bauma, *baumaz, *bagma, *bagmaz, *bazma, *bazmaz, M., »Baum«, Etymologie ungeklärt, zu idg. *bheu-, V., »wachsen«?, zu biegen?

Baumangel, M., »Mangel eines Bauwerks«, 20. Jh.?, s. Bau, Mangel

Baumeister, M., »Baumeister« 1525 Tirol, mhd. būmeister, M., »Aufseher über Gemeindeland« 1323 Weinheim, »Hofverwalter« 1260, »Bauaufseher« 14. Jh. Nürnberg, »Kirchenbaupfleger« 1284 Frankfurt, »Amtsdiener« 1222, s. Bau, Meister

Baunutzung, F., »Nutzung eines Bauwerkes«, 20. Jh.?, s. Bau, Nutzung

Baunutzungsverordnung, F., »Verordnung zur Regelung der Art und des Maßes der baulichen Nutzung (z.B. Wohngebiet) sowie der Bauweise«, 20. Jh., s. Baunutzung, Verordnung

Bauordnung, F., »(materiell) rechtliche Ordnung der Bauvoraussetzung bzw. Baugestaltung des Bauverfahrens, (formell) die Ordnung des Bauverfahrens betreffendes (landesrechtliches) Gesetz«, »Ackerbauordnung« 1617 Oberrhein, »Ordnung für Bauwerke« 1579 Frankfurt, s. Bau, Ordnung

Bauordnungsrecht, N., »Recht der Gefahrenabwehr im Bauwesen«, 20. Jh., s. Bauordnung, Recht

Bauplan, M., »der Ausführung eines Bauwerkes vorausliegender Plan«, 19. Jh.?, s. Bau, Plan

Bauplanungsrecht, N., »Recht der Bauleitplanung«, 2. H. 20. Jh.?, s. Bau, Planung

Baupolizei, F., »(frühere) Tätigkeit der Polizei im Bauwesen die im Zuge der Entpolizeilichung der Verwaltung durch die Tätigkeit von Ordungsbehörden ersetzt wurde«, s. Bau, Polizei, vgl. Weiske 1839ff.

Bauprozeß, M., »Zivilprozeß in Bausachen«, s. Bau, Prozeß, vgl. Weiske 1839ff.

Baurecht, N., »Gesamtheit der Rechtsnormen die sich auf die Zulässigkeit und die Grenzen bzw. die Ordnung und die Förderung der Errichtung und wesentlichen Veränderung von baulichen Anlagen sowie auf deren bestimmungsgemäße Nutzung beziehen«, 1574 Holstein, 1655 Rheinland, 1783 München, »Rechtsverhältnis des Baulehens« 1120, s. Bau, Recht

Bauschein, M., »die Baugenehmigung verkörpernde Urkunde die vom Baubeginn an zur Einsicht an der Baustelle bereitliegen muß«, 20. Jh.?, s. Bau, Schein

Bausparkasse, F., »Kreditinstitut welches das Bauspargeschäft betreibt«, 20. Jh.?, s. Bau, Sparkasse

Bausparvertrag, M., »mit einer Bausparkasse abgeschlossener Sparvertrag«, 20. Jh.?, s. Bau, sparen, Vertrag

Bauten, N. Pl., »Gebäude«, nnd. būte, N., »Gebäude«, mnd. būwete, N., »Gebäude«, seit dem 18. Jh. in Norddeutschland, seit 1800 allgemein als Ersatz des lautlich schwierigen Plurals von Bau verwendet, s. Bau

Bauwerk, N., »unbewegliche durch Verwendung von Material und Arbeit in Verbindung mit einem Grundstück hergestellte Sache, Gebäude«, spätmhd. būwerk (14. Jh.), N., »Feldbestellung« 1386 Waldeck, »Gebäude (der Sprachen)« A. 18. Jh., s. Bau, Werk, vgl. Grimm DW 1854

Bauwich, M., »von der Bauordnung vorgeschriebener Abstand zwischen Bauwerk und Grundstücksgrenze der dem Schutz der Nachbarn dient«, 19. Jh.?, s. Bau, weichen

bayerisch, Adj., »Bayern betreffend«, Annolied um 1080, s. Bayern, isch

Bayerisches Oberstes Landesgericht, N., »oberstes Landesgericht in Bayern«, 1877/9?, s. bayerisch, oberste, Landesgericht

Bayern, N., »ein Bundesland«, zum PN Baibarii, lat.-ahd., M. Pl., »Bayern (M. Pl.)«, Jordanes M. 6. Jh., Peigira (8. Jh.), Herkunft umstritten

be, Präf., »be, hin, um«, mhd. be, Präf., »be, hin«, ahd. bi (765), Präf., Präp., »be, hin«, as. bi, Präf., Präp., »be, hin«, germ. *bi, Präf., »be«, idg. *ebhi, *bhi, Präp., Präf., »auf, zu, hin, bei«

beamten, V., »in ein Amt einsetzen, verwalten« 15. Jh. obd., »Messe halten« 1336

Hessen, fnhd. PPP. beamtet »in einem Amt angestellt, in der Verwaltung tätig«, älter die verkürzte Form beampt (14. Jh.), s. Amt

Beamtenhaftung, F., »Haftung eines (beamtenrechtlichen) Beamten für die Schädigung eines Dritten durch schuldhafte Verletzung einer diesem gegenüber obliegenden Amtspflicht«, 19. Jh.?, s. Beamter, Haftung

Beamtenrecht, N., »die Rechtsverhältnisse der Beamten regelndes Recht«, 19. Jh.?, s. Beamter, Recht

Beamtenrechtsrahmengesetz, N., »vom Bund in Ausübung seiner Rahmenkompetenz geschaffenes das Landesrecht vereinheitlichendes Rahmengesetz für das Beamtenwesen«, 1957, s. Beamter, Recht, Rahmengesetz

Beamtenverhältnis, N., »zwischen dem Dienstherrn und dem Beamten bestehendes öffentliches Dienstverhältnis und Treueverhältnis«, 19. Jh.?, s. Beamter, Verhältnis

Beamter (*beamtenrechtlicher* Beamter), M., »wer unter Aushändigung einer Urkunde bei einer juristischen Person des öffentlichen Rechts in das Beamtenverhältnis als ein öffentlichrechtliches Dienstverhältnis und Treueverhältnis berufen worden ist«, (19. Jh., Allgemeines Landrecht 1794 Preußen Civilbediensteter), 14. Jh., 16. Jh. (Erbach 1552), verkürzte substantivierte Form des PPP. beamtet von beamten, s. Amt

beanstanden, V., »anstehen lassen, rügen, Einwände erheben«, 19. Jh., s. be, Anstand

bearbeiten, V., »durch Arbeit behandeln«, »(Feld) bestellen« Weichbildglosse 14. Jh., »betreiben« 1360 Bremen, s. be, Arbeit

Bearbeitung, F., »Behandlung durch Arbeit«, »Behandlung« Kant vor 1804, s. bearbeiten, ung

beauftragt, Adj., »von einem anderen mit einer Aufgabe betraut«, 19. Jh.?, s. be, Auftrag

Beauftragter, M., »von einem anderen mit einer Aufgabe Betrauter«, 19. Jh.?, s. beauftragt

beauftragter Richter, M., »mit einer einzelnen Maßnahme beauftragter Richter«, 19. Jh., s. Richter, beauftragt, vgl. Ullmann 1893, Planck 1895

bebauen, V., »mit einem Bauwerk versehen«, mhd. bebûwen, V., »Feld bestellen« 14. Jh., »Land bestellen« 1404 Rheinland, »Gebäude errichten« 1436 Riga, s. be, Bau

Bebauungsplan, M., »regelmäßig aus dem Flächennutzungsplan zu entwickelnder verbindlicher Bauleitplan«, 19. Jh., s. bebauen, Plan

Beck, M., »Bäcker«(, südd., md.), mhd. becke, M., »Bäcker«, ahd. *bekko, *becko, M., »Bäcker«, s. backen

Bedarf, M., »Bedarf, Notwendigkeit«, 16. Jh. Lw. mnd. bedarf, M., »Notdurft, Mangel«, »Nutzen, Vorteil« Sachsenspiegel um 1225 (bederf), s. be, dürfen, im 18. Jh. allgemein verbreitet

Bede, F., »Bitte«, mnd. Form, zu mhd. bete, bet, F., N., »Bitte, Gebot, Gebet«, »Abgabe« Sachsenspiegel um 1225, s. bitten

Bediensteter, M., »wer in einem Dienstverhältnis steht«, 19. Jh.?, s. be, Dienst, vgl. Bedienter (1563)

bedingen, V., »zur Folge haben, voraussetzen, fordern«, mhd. bedingen (11. Jh.?), V., »aushandeln, vereinbaren, verursachen«, s. ahd. dingōn (863-71), V., »sprechen, verhandeln, vereinbaren, Gericht halten«, s. be, Ding

bedingt, Adj., »nicht vollkommen«, 19. Jh.?, s. bedingen

bedingte Schuldfähigkeit, 20. Jh.?, s. Schuldfähigkeit, bedingt

bedingter Vorsatz, 19. Jh.?, s. Vorsatz, bedingt

Bedingung, F., »zukünftiges ungewisses Ereignis von welchem die Parteien eines Rechtsgeschäfts dessen Wirkungen abhängig machen (Kauf unter der Bedingung der Erlangung einer Erbschaft)«, »Anerkennung« 1561, »Abmachung« 1572, »Bedingung« 1302 Arnstadt, Lbd. lat. condicio, F., »Bedingung«?, s. bedingen, ung

Bedingungsfeindlichkeit, F., »Eigenschaft eines Rechtsgeschäftes die dessen Abhängigmachung von einer Bedingung verhindert«, 19. Jh.?, s. Bedingung, feindlich, heit

Bedingungstheorie, F., »Theorie der Bedingung«, 19. Jh.?, s. Bedingung, Theorie

Bedrohung, F., »an einen anderen gerichtete Ankündigung gegen ihn oder eine ihm nahestehende Person ein Verbrechen zu begehen«, »Androhung« 1507 Bamberg, s. be, Drohung

Bedürfnis, N., »Mangel, Wunsch einem Mangel abzuhelfen«, 15. Jh. bedürfnisse, N., »Verlangen, Mangel«, s. be, dürfen, vgl. Grimm DW 1854, Geschichtliche Grundbegriffe

Bedürfnisprüfung, F., »Prüfung eines Antrages auf Zulassung zu einem Beruf oder Gewerbe daraufhin ob ein öffentliches Bedürfnis danach besteht«, 19. Jh.?, s. Bedürfnis, Prüfung

bedürftig, Adj., »arm, mittellos«, mhd. bedurftic, Adj., »arm, bedürftig«, ahd. bidurftīg (13. Jh.), Adj., »bedürftig«, s. bedürfen, ig

Bedürftigkeit, F., »Mangel, Armut«, M. 16. Jh., s. bedürftig, heit

beeiden, V., »durch Eid bekräftigen«, 16. Jh., s. be, Eid

beeidigen, V., »vereidigen«, 15. Jh., s. beeiden, ig

Beeidigung, F., »Vereidigung«, 1564 Nürnberg, s. beeidigen, ung, vgl. Ullmann 1893

Beeinträchtigung, F., »Gefährdung oder Schädigung eines Rechtsgutes oder Rechtes«, 1645 Helgoland, s. be, Eintracht, ig, ung

beenden, V., »abschließen, aufhören«, 17. Jh., s. be, enden

beendet, Adj., »abgeschlossen«, 19. Jh.?, s. beenden

beendeter Versuch, M., »abgeschlossener Versuch«, 20. Jh.?, s. Versuch, beendeter

beerdigen, V., »bestatten«, 17. Jh., Lüt. lat. terra condere, V., »bestatten«, s. be, Erde

Beerdigung, F., »Bestattung in der Erde«, 18. Jh.?, s. beerdigen, ung

Beerdigungskosten, F. Pl., »Kosten der standesgemäßen Bestattung (des Erblassers)«, 19. Jh.?, s. Beerdigung, Kosten

Befähigung, F., »subjektive Möglichkeit der Übernahme und erfolgreichen Ausführung einer Aufgabe«, A. 19. Jh., s. be, fähig, ung

Befähigungsnachweis, M., »Nachweis einer bestimmten Befähigung«, 19. Jh.?, s. Befähigung, Nachweis

befangen, V., »umfangen, einnehmen«, mhd. bevāhen, bevān, V., »umfangen, begreifen, nötigen«, ahd. bifāhan (765), V., »umfangen, umfassen, umgeben, bedecken, begreifen«, germ. *bifanhan, V., »umfassen«, s. be, fangen

befangen, Adj., »voreingenommen, verschüchtert«, »befangen«, mhd. bevangen, Adj., »ergriffen, erfaßt«, s. befangen, vgl. Grimm DW 1854

Befangenheit, F., »Fehlen der Unvoreingenommenheit und der objektiven Einstellung«, 18. Jh., s. befangen, heit, vgl. Grimm DW 1854, Ullmann 1893, ein ahd. Frühbeleg bifanganheit (12. Jh.), F., »Beschränkung«

Befehl, M., »Anweisung zu einem Verhalten durch einen Vorgesetzten an einen Untergebenen«, spätmhd. bevelch, M., »Übergebung, Aufsicht, Obhut, Befehl«, 14. Jh.?, s. befehlen

befehlen, V., »gebieten, anordnen, anvertrauen, empfehlen«, mhd. bevelhen, V., »übergeben, überlassen, empfehlen, anbefehlen«, ahd. bifelahan (765), V., »anvertrauen, empfehlen, übergeben«, as. bifelhan, V., »anvertrauen«, germ. *bifelhan, V., »anvertrauen, übergeben, bergen«, s. be, germ. *felhan, zu idg. *pel-, V., »bedecken, verhüllen«?

befördern, V., »voranbringen« 15. Jh., »transportieren, unterstützen (16. Jh.), »in der Dienststellung voranbringen« 18. Jh., s. be, vordere

Beförderung, F., »örtliche Veränderung (nach vorne)«, »Unterstützung, Begünstigung« 1549 Österreich, s. befördern, ung

Beförderungsvertrag, M., »auf Beförderung von Personen oder Sachen gerichteter Fall des Werkvertrages«, 20. Jh.?, s. Beförderung, Vertrag

befreien, V., »frei machen« 1399 Calenberg, mhd. bevrīen, V., »frei machen, erlösen«, s. be, frei

Befreien, N., »Aufheben der amtlichen Gewalt über einen Gefangenen«, 19. Jh.?, s. befreien

Befreiung, F., »Dispens, Beseitigung einer Verpflichtung oder Beschränkung, (im Verwaltungsrecht) Außerkraftsetzung von Voraussetzungen oder Plänen im Einzelfall«, »Freimachung« 1556 Mecklenburg, »Ausstattung mit Freiheiten« 1561, »Privileg« 1470 Altenburg, s. befreien, ung, vgl. Weiske 1839ff.

Befreiungsanspruch, M., »Anspruch auf

Befreiung«, 20. Jh.?, s. Befreiung, Anspruch

Befreiungsvorbehalt, M., »gesetzlich vorgesehene Möglichkeit von einem repressiven Verbot des objektiven Rechts im Einzelfall eine Ausnahme zu machen und durch eine Befreiung das repressive Verbot im Einzelfall aufzuheben«, 20. Jh.?, s. Befreiung, Vorbehalt

befrieden, V., »Friede machen«, mhd. bevrīden, V., »Friede schaffen, einzäunen«, Sachsenspiegel um 1225, s. be, Friede

befriedet, Adj., »gegen unbefugtes Eindringen eingehegt, zum Frieden gebracht«, 19. Jh.?, s. befrieden

befriedigen, V., »einfrieden, schützen« (15. Jh.), »zufriedenstellen« (16. Jh.), s. be, frieden, ig

Befriedigung, F., »Erfüllung eines Anspruchs insbesondere im Wege der Zwangsvollstreckung«, »Bezahlung« 1670, »Einhegung« 1593 Österreich, »Sicherung« 1464 Österreich, s. befriedigen, ung

befristen, V., »Frist setzen«, »umzäunen« 1413 Bern, »Frist erteilen« Luther vor 1546, mhd. bevristen, V., »erhalten«, s. be, Frist

Befristung, F., »Nebenbestimmung eines Rechtsgeschäfts die dessen Wirkungen in ihrem Beginn oder ihrem Ende von einem gewissen zukünftigen Ereignis abhängig macht«, Lohenstein 1690, s. befristen, ung

Befug, M., »Recht« 1501, s. be, Fug

***befugen**, V., spätmhd. sich bevūgen, V., »eine Zuständigkeit ausüben« (14. Jh.), s. be, fügen

Befugnis, F., »Befugnis, Berechtigung, Recht« 16. Jh. (Fidicin 1658), s. Befug, nis

befugt, Adj., »berechtigt«, 15. Jh., Part. Präs. Pass. von *befugen

befürworten, V., »empfehlen«, 19. Jh., zu Fürwort (17. Jh.), N., »Empfehlung«, s. be, für, Wort

begabt, Adj., »ausgestattet«, später »talentiert«, zu mhd. begāben (13. Jh.), V., »ausstatten, beschenken«, s. be, geben

Begabtenförderung, F., »Förderung von Begabten«, 20. Jh., s. begabt, Förderung

begehen, V., »begehen, tun«, mhd. begān, begēn, V., »hingehen, treffen, tun«, ahd. bigān (nach 765), bigēn, V., »begehen, ausüben, umstricken, entkommen«, as. bigān, V., »begehen«, germ. *bigēn, V., »begehen, ausüben«, s. be, gehen

begehren, V., »begehren, verlangen«, mhd. begern, V., »begehren«, zu ahd. gerōn (8. Jh.), V., »begehren«, zu ahd. ger (8. Jh.), Adj., »begierig, verlangend«, s. be, Gier

Begehren, N., »Antrag« 1525 Bodenseegebiet, »Befehl« 1542, s. begehren

Begehung, F., »Begehung, Durchführung«, s. begehen, ung, vgl. Hälschner 1887 (Begehungshandlung)

Begehungsdelikt, N., »Delikt dessen Tatbestand durch ein aktives Tätigwerden verwirklicht wird z. B. Diebstahl«, s. Begehung, Delikt, vgl. Weiske 1839ff., Hälschner 1887 (Commissivdelict)

beglaubigen, V., »bestätigen« 16. Jh., »die Richtigkeit bescheinigen« 1775, »akkreditieren« Allgemeines Landrecht 1794 Preußen, s. be, Glaube, ig, verdrängt älteres beglauben (14. Jh.) bis zum 19. Jh.

Beglaubigung, F., »Zeugnis über die Echtheit der Unterschrift bzw. des Handzeichens des Erklärenden und über den Zeitpunkt der Beglaubigung«, »Glaubhaftmachung« 1602 Gotha, s. beglaubigen, ung

Beglaubigungsschreiben, N., »Schreiben des Entsendestaates an den Empfangsstaat das den Gesandten als solchen ausweist«, s. Beglaubigung, Schreiben, vgl. Weiske 1839ff.

begleiten, V., »mitgehen, hinbringen« E. 14. Jh., »begleiten« A. 17. Jh. Schlesien, älter geleiten (Luther vor 1546), beleiten (Dasypodius 1537, mhd. beleiten, ahd. bileiten [A. 9. Jh.])

Begleitname, M., »zusätzlicher Name«, 20. Jh., s. begleiten, Name

Begleittat, F., »Tat die neben einer anderen (Haupt-)Tat begangen wird«, 20. Jh.?, s. begleiten, Tat

begnadigen, V., »begaben« 1350 Siegen, »privilegieren« 1383, »Strafe erlassen« 16. Jh., s. be, Gnade, ig

Begnadigung, F., »teilweiser oder völliger Erlaß der Strafe eines einzelnen Täters nach Eintritt der Rechtskraft des Strafurteils«, »Begabung, Privilegierung« 1373, »Straferlaß« 1539 Bern, s. begnadigen, ung

Begriff, M., »Vorstellung«, mhd. begrif, M., »Umfang, Bezirk, Zusammenfassung«, s. be, greifen

begrifflich, Adj., »einen Begriff betreffend«, s. Begriff, lich

Begriffsjurisprudenz, F., »Richtung der Rechtswissenschaft die davon ausgeht daß die Rechtsordnung aus einem lückenlos bageschlossenen System von Begriffen bestehe (Begriffspyramide) aus welchem allein durch logischen Denkvorgang eine Lösung jeden Einzelfalles ermittelt werden könne«, 20. Jh.?, s. Begriff, Jurisprudenz

begründen, V., »mit einem Grund versehen« Österreich 1589, mhd. begründen, V., »Grund legen«, s. be, Grund

begründet, Adj., »mit einem Grund versehen«, 19. Jh.?, s. begründen

Begründetheit, F., »Bewertung des Inhaltes eines Antrages als durch überzeugende Gründe gerechtfertigt«, 19. Jh.?, s. begründet, heit

Begründung, F., »- regelmäßig erforderliche - Darlegung der rechtlichen wie tatsächlichen Gründe einer Entscheidung oder eines Antrages«, »Errichtung, Darlegung eines Grundes«, für Urteilsspruch 1603, s. begründen, ung

begünstigen, V., »eine Gunst erweisen, begnadigen« 1. H. 16. Jh. (1532), »privilegieren« 1540, »begünstigen« 1809 Baden, s. be, günstig

begünstigend, Adj., »vorteilhaft«, 20. Jh.?, s. begünstigen

begünstigender Verwaltungsakt, M., »für den Betroffenen vorteilhafter Verwaltungsakt«, 20. Jh.?, s. Verwaltungsakt, begünstigend

Begünstigung, F., »Hilfeleistung an einen anderen (Straffreiheit der Selbstbegünstigung) der eine rechtswidrige - nicht notwendig schuldhafte - Tat begangen hat in der Absicht ihm die Vorteile der Tat zu sichern (früher sachliche Begünstigung)«, »Vergünstigung« 1570, »Begünstigung« (vgl. Weiske 1839ff.), s. begünstigen, ung

behalten, V., »behalten, schützen, bewahren, nehmen«, mhd. behalten, V., »bewahren, erretten, erlösen, beobachten, behalten«, ahd. bihaltan (765), V., »behalten, erhalten (V.), retten, halten«, as. behaldan, V., »behalten, verbergen«, germ. *bihaldan, V., »behüten«, zu idg. *kel- (5), V., »treiben«?

behaupten, V., »sagen, als richtig hinstellen«, spätmhd. behoubeten, V., »festhalten, bekräftigen, sich als Haupt einer Sache erweisen«, 14. Jh. (1387), Bedeutungsentwicklung »sich als Herr erweisen, etwas verteidigen, etwas versichern, erklären (17. Jh.)«, s. be, Haupt

Behauptung, F., »Behauptung« 1809 Baden, E. 16. Jh. »Bekräftigung«, s. behaupten, ung

Behelf, M., »Hilfe« 1422, »Rechtswohltat« 15. Jh., »Rechtsmittel« 1437 Mainz, mhd. behelf, M., »Ausflucht, Vorwand, Zuflucht«, s. be, helfen

beherrschen, V., »beherrschen« 15. Jh. (1455 Aargau), s. be, Herr

Beherrschung, F., »Herrschaft«, 1570 Zürich, s. beherrschen, ung

Beherrschungsvertrag, M., »Vertrag durch den eine Aktiengesellschaft (bzw. Kommanditgesellschaft auf Aktien) die Leitung ihrer Gesellschaft einem anderen Unternehmen unterstellt«, 2. H. 20. Jh.?, s. Beherrschung, Vertrag

behindern, V., »beeinträchtigen«, »gefangen setzen« 1408 Ostfriesland, »mit Beschlag belegen« 1406 Bremen, spätmhd. behinderen, V., »hinderlich sein«, s. be, hindern

behindert, Adj., »beeinträchtigt, eingeschränkt« 19. Jh.?

Behinderter, M., »wer wegen einer Beeinträchtigung seines körperlichen oder geistigen oder seelischen Zustandes Hilfe braucht um diesen Zustand zu beseitigen oder zu bessern oder seine Verschlimmerung zu verhüten oder seine Folgen zu mildern und um ihr einen angemessenen Platz in der Gesellschaft insbesondere im Arbeitsleben zu sichern«, 20. Jh.?, s. behindert

Behinderung, F., »Beeinträchtigung« 1450 Ostfriesland, s. behindern, ung

Behinderungswettbewerb, M., »Behinderung bedeutender Wettbewerb«, 2. H. 20. Jh.?, s. Behinderung, Wettbewerb

Behör, N., »Zuständigkeit« 1320 Westfalen, s. be, hören

Behörde, F., »organisatorisch - nicht jedoch auch rechtlich - selbständige Stelle die Aufgaben öffentlicher Verwaltung wahrnimmt«, 2. H. 17. Jh. (1693 Bremen), zu ndd. behören, V., »zu etwas gehören«, mhd. behœren, V., »gehören, gebühren«, Bedeutungsentwicklung »Gehöriges, Notwendiges, zugehörige Amtsstelle, Amtsstelle«, s. be, hören

Behuf, M., »Zweck«, mhd. behuof, M., »Zweck, Geschäft, Vorteil«, zu mhd. beheben, V., »wegnehmen, erhalten«, s. be, heben

bei, Präp., Adv., Präf., »bei«, mhd. bī, Adv., Präp., Präf., »bei, an, auf, zu, wegen, während«, ahd. bī (765), Adv., Präp., Präf., »bei, auf, in, wegen, nahe, zu, für«, as. bī̆, Adv., Präp., Präf., »bei, be«, germ. *bi, Adv., »bei, um«, idg. *ebhi, *bhi, Präp., Präf., »auf, zu, hin, bei«?, *ambhi, *m̥bhi, Präp., »um«?, germ. *bi wird im Westgermanischen unter Einwirkung des Akzentes gelängt und ändert die Bedeutung von »um« zu »bei, an, nahe«

beibringen, V., »beibringen« 15. Jh., s. bei, bringen

Beibringung, F., »Herbeischaffung« 1724, »Vorbringung« Gobler 1536, s. beibringen, ung

Beibringungsgrundsatz, M., »Grundsatz der Beibringung (des Streitstoffes)«, 19. Jh.?, s. Beibringung, Grundsatz

Beichte, F., »Sündenbekenntnis«, mhd. bigiht, bigihte, bīhte, F., »Bekenntnis, Beichte«, ahd. bī̆giht (E. 8. Jh.), bī̆jiht, F., »Aussage, Bekenntnis, Geständnis, Gelöbnis, Zeugnis«, Lbd. lat. confessio, zu germ. *jehti, *jehtiz, F., »Aussage, Bekenntnis«, vgl. idg. i̯ek-, V., »sprechen«, das im Mittelhochdeutschen auftretende e am Ende setzt sich erst im Neuhochdeutschen durch

Beichtvater, M., »Beichtvater« 1483 Ostfriesland, mhd. bīhtvater, M., »Beichtvater«, Lbd. lat.?, s. Beichte, Vater

Beigeladener, M., »am Prozeß an sich nicht beteiligte aber vom Gericht während des Verfahrens wegen der Berührung ihrer rechtlichen Interessen durch die Entscheidung hinzugeladene Person«, 19. Jh.?, s. beiladen

Beigeordneter, M., »vom zuständigen Organ einer kommunalen Körperschaft auf Zeit gewählter Beamter«, 19. Jh.?, s. beiordnen

Beihilfe, F., »Unterstützung«, »(im Strafrecht) Fall der Teilnahme an einer Straftat, (im Verwaltungsrecht) finanzielle Hilfeleistung des Staates an seine Bediensteten«, »Unterstützung« 1496 Schweiz, s. bei, Hilfe

Beil, M., N., »Beil«, mhd. bīhel, bīel, bīl, N., »Beil«, ahd. bīhal, (817?, PN), N., »Beil, Axt«, germ. *biþla, *biþlam, M., N., »Haueisen, Beil?«, zu idg. *bhei-, *bhei̯ə-, *bhī-, V., »schlagen«

beiladen, V., »hinzuladen«, 15. Jh. Sachsen, »zum Streit beiladen« 1809 Baden, s. bei, laden (V.) (1)

Beiladung, F., »Einbeziehung von am Verfahren an sich nicht beteiligten Personen während des Verfahrens durch das Gericht«, 19. Jh.?, s. beiladen, ung

Beilager, N., »Beischlaf« 1513, Lüt. lat. concubitus, M., »Beischlaf«?, s. bei, liegen

beiordnen, V., »hinzuziehen« 1654 Schlettstadt, s. bei, ordnen

Beisaß, M., s. Beisasse

Beisasse, M., »außerhalb der Stadtmauer wohnender Bürger« 1375 Hessen, »Hintersasse« 1374, »Beisitzer« 1507, »Ratgeber« 1444, s. bei, sitzen

Beischlaf, M., »das der Art nach zur Zeugung geeignete sei es auch nur unvollständige Eindringen des männlichen Gliedes in das weibliche Geschlechtsorgan«, 15. Jh. (1502 Fürstenberg), Lüt. lat. concubitus, M., »Beischlaf«?, s. bei, schlafen, älter ahd. mitislāf (1000)

Beisitz, M., »Mitnutzung« 1452 Österreich, s. bei, Sitz

Beisitzer, M., »Mitglied eines Kollegialgerichts das nicht Vorsitzender ist«, 1348 Zürich, »Mitglied sonstiger Ämter« 1466 Köln, Lüs. lat. assessor, M., »Beisitzer«?, s. bei, sitzen

Beispiel, N., »Beispiel«, mhd. bīspel, N., »zur Belehrung erdichtete Geschichte, Fabel, Gleichnis, Sprichwort«, ahd. *bīspil?, N., »Spruch, Gleichnis«?, zu germ. bī, Präp., Präf., »bei«, germ. *spella-, *spellam, N., »Geschichte«, Lüt. lat. parabole, F., »Dabeistehen, Gleichnis«?, zu idg. *spel-, *pel-, V., »laut sprechen«?, e sekundär an Spiel angeglichen

Beispruch, M., »Einspruch, Näherrecht« 1613 Preußen, s. bei, Spruch

Beispruchsrecht, N., »Näherrecht« 1746 Holstein, s. Beispruch, Recht

Beistand, M., »wer einer anderen Person Unterstützung gewährt«, spätmhd. bīstant, M., »Beistand, Hilfe« 1381, »Helfer« 1455 Bayern, s. bei, Stand

Beitrag, M., »(im Verwaltungsrecht) Geldleistung (Abgabe) zur Deckung oder Verringerung der Kosten einer öffentlichen Einrichtung die von demjenigen gefordert wird dem die Einrichtung objektiv besondere Vorteile gewährt (z.B. Erschließungsbeitrag für Grundstückseigentümer), (im Sozialverwaltungsrecht) Leistung des Sozialversicherten oder sonstigen Verpflichteten an die Sozialversicherung«, »(im Privatrecht) Leistung zu der sich die Gesellschafter einer Gesellschaft verpflichtet haben«, »Abgabe« 1680 Grünberg, s. bei, tragen

Beitragsbemessungsgrenze, F., »Höchstbeitrag bis zu dem eine Vergütung einer Person (z.B. Lohn) zur Beitragsleistung herangezogen wird«, 20. Jh., s. Beitrag, be, messen, Grenze

beitreiben, V., »eintreiben« 1724 Königsberg, s. bei, treiben

Beitreibung, F., »zwangsmäßige Herbeischaffung einer (Geld-)Leistung«, 1738 Holstein, s. beitreiben, ung

beitreten, V., »sich anschließen« 1809 Baden, s. bei, treten

Beitritt, M., »Erwerb der Mitgliedschaft eines Vereins oder einer Gesellschaft oder einer anderen Rechtsstellung oder Pflichtenstellung neben anderen Personen (z.B. Schuldbeitritt)«, »Hinzutritt« Klingner 1749, s. beitreten

Beiurteil, N., »Zwischenurteil«, 1482 Salzburg, s. bei, Urteil

Beiwohnung, F., »Geschlechtsverkehr durch Vereinigung der Geschlechtsteile«, spätmhd. bīwonunge, F., »nahe Wohnung« 1485 Nürnberg, »Beiwohnung« 16. Jh. Lbd. lat. cohabitatio, F., »Beisammenwohnen«, s. bei, wohnen, ung

bekannt, Adj., »bekannt, kund«, mhd. bekant, bekennet, Adj., »bekannt, kund«, 1342, s. bekennen

bekannt machen, V., »kund tun« 1752?, s. bekannt

Bekanntmachung, F., »Kundgabe bestimmter Tatsachen«, 2. H. 17. Jh., 1789 Hamburg, s. bekannt, machen, ung

bekennen, V., »bekennen«, mhd. bekennen, V., »bekennen, kennen, erkennen, bekannt machen«, ahd. bikennen (E. 8. Jh.?), V., »kennen, bekennen, erkennen, finden«, s. be, kennen

Bekenntnis, N., »Bekenntnis, Glaubensbekenntnis (16. Jh.), Konfession (19. Jh.)«, mhd. bekantnisse (12. Jh.), bekenntnisse, F., N., »Wissen, Glaube, Erkennung, Erkenntnis, Geständnis (1294 Lübeck), Zeugnis«, s. bekennen, bekannt, nis, im 18. Jh. setzt sich N. gegenüber F. durch

Bekenntnisfreiheit, F., »Freiheit religiöse und weltanschauliche Ansichten als für sich und andere maßgebend anzusehen«, s. Bekenntnis, Freiheit, vgl. Weiske 1839ff.

Bekenntnisschule, F., »Konfessionsschule, (formell) Zusammenfassung von Schülern einer bestimmten Religion zum Unterricht durch Lehrer derselben Religion, (materiell) Gestaltung des gesamten Unterrichts im Geiste einer bestimmten Religion«, 19. Jh.?, s. Bekenntnis, Schule

beklagen, V., »beklagen, beweinen«, mhd. beklagen, V., »klagen über, klagen gegen«, ahd. biklagōn, V., »beklagen«, Lbd. lat. queri, V., »klagen«?, s. be, klagen

Beklagter, M., »derjenige gegen den sich eine Klage richtet«, 15. Jh. (1499 Worms), Reichskammergerichtsordnung 1507, s. beklagen

Belang, M., »Interesse«, mhd. belanc, belange, M., »Verlangen«, Rückbildung aus belangen, ahd. bilangēn (11. Jh.), mnd. belanc, M., »Bedeutung, Interesse«, s. be, langen

belasten, V., »belasten (16. Jh.)«, mhd. belesten, V., »belästigen«, »verpflichten (1375 Lübeck)«, s. be, Last

Belastung, F., »Auferlegen eines Nachteils oder einer Beschränkung«, »Beeinträchtigung« 1446 Meppen, s. belasten, ung

Belastungsverbot, N., »Verbot der Belastung einer Sache mit beschränkten dinglichen Rechten«, 19. Jh.? Österreich?, s. Belastung, Verbot

Belastungszeuge, M., »den Angeklagten belastender Zeuge«, s. Belastung, Zeuge, vgl. Grimm DW 1854

Beleg, M., »Nachweis für einen wirtschaftlichen Vorgang«, E. 17. Jh./A. 18. Jh.? Rückbildung aus belegen, V., »bedekken, auferlegen, besetzen«, s. be, legen

belegen, Adj., »gelegen«, s. be, legen, vgl. Planck 1896 (belegene Sache)

Belegenheit, F., »Gelegensein«, 19. Jh.?, s. belegen, heit

Belegenheitsgrundsatz, M., »Grundsatz welcher eine Rechtsfolge (z.B. Zuständigkeit) an die örtliche Lage einer Sache (insbesondere eines Grundstückes) knüpft«, 20. Jh.?, s. Belegenheit, Grundsatz

beleglos, Adj., »ohne Beleg«, 20. Jh.?, s. Beleg, los

belehnen, V., »belehnen, verleihen« mhd. belēhenen, V., »belehnen«, Sachsenspiegel um 1225, s. be, Lehen

Belehnung, F., »Vereinbarung eines Lehens«, 1447, s. belehnen, ung

belehren, V., »belehren, eine Lehre geben« 1384, s. be, lehren

Belehrung, F., »Belehrung« 1417 Hildesheim, s. belehren, ung

Belehrungspflicht, F., »Pflicht einer Behörde eine Privatperson zu belehren (z.B. Belehrung über Zeugnisverweigerungsrecht)«, 19. Jh.?, s. Belehrung, Pflicht

beleidigen, V., »in der Ehre verletzen«, spätmhd. beleidigen (1419 Schwyz), V., »verletzen, schädigen«, zu mhd. leidegen, leidigen, V., »betrüben, kränken, beleidigen, verletzen, schädigen«, s. be, Leid, ig

Beleidigung, F., »nach außen dringende Kundgabe der Mißachtung oder Nichtachtung eines anderen«, »Schädigung, Beeinträchtigung« 1498 Thüringen, »Beleidigung (der Majestät)« 1484 Nürnberg, fehlt noch in der Constitutio Criminalis Carolina 1532, s. beleidigen, ung

beleihen, V., »verleihen, belehnen«, 1333 Hildesheim, s. be, leihen

Beliehener, M., »beliehener Unternehmer, wem vom Staat das Recht eingeräumt ist bestimmte einzelne hoheitliche Aufgaben im eigenen Namen wahrzunehmen (z.B. Müllabfuhr)«, 19. Jh., Mayer 1895, s. beleihen

bemessen, V., »abmessen«, Lw. mnl.?

Bemessung, F., »Abmessung«, s. bemessen, ung

Bemessungsgrundlage, F., »allgemeines Merkmal für die Bemessung einer Leistung«, 20. Jh.?, s. Bemessung, Grundlage

beneficium, lat., N., »Wohltat, Lehen«, zu lat. bene, Adv., »gut«, zu lat. bonus, Adj., »gut«, zu lat. facere, V., »machen, tun«

Benehmen, N., »in Anhörung und Beratung liegende Mitwirkung eines Verwaltungsorganes an einer Maßnahme eines anderen Verwaltungsorganes«, zu dem jungen und vielleicht aus der niederdeutschen Kanzleisprache kommenden benehmen, V., »besprechen, verständigen«, neben mhd. benemen, V., »zusammenfassen, wegnehmen, entziehen, berauben, entledigen, freimachen«, s. be, nehmen

Benelux-Staaten (Belgien, Niederlande, Luxemburg), 20. Jh.?

benutzen, V., »nutzen«, mhd. benutzen, benützen, V., »gebrauchen, verwenden«, s. be, nutzen

Benutzung, F., »Gebrauch«, 1616 Österreich, s. benutzen, ung

Benutzungsgebühr, F., »Gebühr für die Inanspruchnahme einer nutzbaren öffentlichen Einrichtung«, 19. Jh.?, s. Benutzung, Gebühr

Benutzungsordnung, F., »abstrakte Regelung von Benutzungsverhältnissen«, 19. Jh.?, s. Benutzung, Ordnung

Benutzungsverhältnis, N., »Verhältnis zwischen einem umfassend Berechtigten eines Gegenstandes und einem Benutzer«, 20. Jh.?, s. Benutzung, Verhältnis

Benutzungszwang, M., »öffentlichrechtlicher Zwang zur Benutzung einer öffentlichrechtlichen Einrichtung (z.B. Wasserversorgung)«, 19. Jh.?, s. Benutzung, Zwang

beraten, V., »beraten, Rat pflegen, Rat erteilen«, mhd. berāten, V., »überlegen (V.), anordnen, bedenken«, ahd. birātan (765), V., »beraten, mit Vorrat versehen«, s. be, raten

Berater, M., »Ratgeber«, 18. Jh. (Hagedorn vor 1754) Lüs. lat. consultor, M., »Berater«?, s. beraten

Beratung, F., »Bildung und Vermittlung einer Meinung, Teil der Bildung der Entscheidung (eines Kollegialgerichts)«, 1665 Schweiz, s. beraten, ung

Beratungshilfe, F., »Hilfe für die Wahrnehmung von Rechten außerhalb eines gerichtlichen Verfahrens durch Rechtsanwälte«, 1980, s. Beratung, Hilfe

berechtigen, V., »gerichtlich anhängig machen« 14. Jh. Hagenau, »gerichtlich ansprechen« 1430 Neckargemünd, »mit Recht versehen« 1356 Buchhorn, s. be, Recht

Berechtigung, F., »Recht, Berechtigung« 1657 Leipzig, s. berechtigen, ung

Bereich, M., »Gebiet«, 18. Jh., zu mhd. bereichen, V., »reichen bis, sich erstrekken«, s. be, reichen

bereichen, V., »bereichern«, Neocorus 1598, s. be, reich

bereichern, V., »bereichern, reicher machen«, um 1600, s. bereichen

Bereicherung, F., »Vermögensvermehrung«, s. bereichern, ung, vgl. Weiske 1839ff., Grimm DW 1854

Bereicherungsabsicht, F., »Absicht ein Vermögen zu mehren, Absicht des Diebs sich die Sache anzueignen«, 20. Jh.?, s. Bereicherung, Absicht

Bereicherungsanspruch, M., »Anspruch auf Herausgabe einer ungerechtfertigten Bereicherung«, 19. Jh.?, s. Bereicherung, Anspruch

bereinigen, V., »rein machen«, s. be, rein, ig, 15. Jh., vgl. Grimm DW 1854

Bereinigung, F., »Säuberung, Herstellung von Klarheit«, 15. Jh., s. bereinigen, ung

bereit, Adj., »bereit«, mhd. bereit, bereite, Adj., »bereitwillig, dienstfertig, fertig, ausgerüstet« Wolfram von Eschenbach um 1200, zu ahd. bireiten (12. Jh.), V., »verfertigen«, zu germ. *bi, Präp., Präf., »be, bei«, germ. *raidjan, V., »bereitmachen, ordnen«, zu idg. *reidh-, V., »fahren, sich bewegen«

Bereitschaft, F., »Bereitschaft« (15. Jh.), mhd. bereitschaft, F., »Zubereitung, Ausrüstung, Gerätschaft, Vorrat (1276 Augsburg), bereiter Zustand (1600 Österreich)«, s. bereit, schaft

Bereitschaftspolizei, F., »für besondere Aufgaben bestimmter Teil der Polizei«, 20. Jh., s. Bereitschaft, Polizei

Berg, M., »Berg, Hügel«, mhd. berg, M., »Berg«, ahd. berg (765), M., »Berg«, germ. *berga, *bergaz, M., »Berg«, idg. *bherĝhos, M., »Berg, Höhe, Schutz«, s. *bher- (1), V., »tragen, bringen«?, idg. *bher-, V., Sb., »hervorstehen, Kante, Spitze, Ecke«?

Bergarbeiter, M., »Bergarbeiter« 16. Jh., 1663 Österreich, s. Berg, Arbeiter

Bergassessor, M., »Bergassessor« Köhl 1792, s. Berg, Assessor

Bergbau, M., »Gewinnung von Mineralien oder Bodenschätzen«, 17. Jh. (1624 Sachsen), s. Berg, Bau

Bergelohn, M., »bei der Bergung eines in Seenot und zugleich aus der Verfügungsgewalt der Schiffsbesatzung geratenen Schiffes geschuldete Vergütung«, 1412, s. bergen, Lohn

bergen, V., »schützen, retten«, mhd. bergen, V., »bergen, verbergen, in Sicherheit bringen«, ahd. bergan (6./7. Jh.), V., »bergen, verbergen, verstecken, schützen«, germ. *bergan, V., »bergen, schützen«, idg. *bhergh-, V., »bewahren«?, s. idg. *bher- (1), V., »tragen, bringen«

Bergmann, M., »Bergmann«, spätmhd. (14. Jh.) bercman, M., »Bergmann«, s. Berg, Mann

Bergrecht, N., »Recht des Bergbaues (Gewinnung von Mineralien oder Bodenschätzen)«, »Abbaurecht im Bergbau« 1189 Bayern, »Berggerichtsbarkeit« 1193 St. Paul, »Bergwerksabgabe« 1207 Steiermark, »Weinbergsrecht« 1279 Österreich, »Recht der Bodenschätze und Bergleute« 14. Jh., s. Berg, Recht

Bergregal, N., »(im mittelalterlichen und neuzeitlichen deutschen Recht) ausschließliche Berechtigung des Königs später der Landesherren an den Bodenschätzen«, 1766 Kleve-Mark (, sachlich schon ausgebildet vor 1158?), s. Berg, Regal

Bergwerk, N., »Bergwerk«, mhd. bercwerc, N., »Bergwerk«, »Berghoheit« 1296 Sachsen, »Bergbau« (14. Jh. Iglau), »einzelnes Bergwerk« 1384 Quedlinburg, »Schachtanlage«, s. Berg, Werk

Bergwerkseigentum, N., »zur Ausbeutung der Mineralien überlassenes Grundstück« Wagner 1791, s. Bergwerk, Eigentum

Bericht, M., »Bericht«, mhd. beriht, M., »Belehrung, Vertrag, Versöhnung«, »Einrichtung« 1354 Österreich, »Verhandlung« 1398 Bopfingen, »Bericht« Constitutio Criminalis Carolina 1532, Verbalabstraktum zu berichten

Berichterstatter, M., »wer einen Bericht erstattet, dasjenige Mitglied eines Kollegialgerichtes welches die Entscheidung durch einen gutachtlichen Bericht vorbereitet und sie nach der Abstimmung schriftlich abfaßt«, A. 19. Jh., s. Bericht, erstatten, vgl. Grimm DW 1854

berichten, V., »mitteilen«, mhd. berihten, V., »richtig machen, in Ordnung bringen (bis 18. Jh.), belehren«, ahd. birihten (1000), V., »gerade machen, ordnen, bessern«, s. be, richten

berichtigen, V., »richtig machen, richtig stellen« 1486?, löst im 18. Jh. berichten, V., »in Ordnung bringen« ab, s. be, richtig

Berichtigung, F., »nachträgliche Richtigstellung einer falschen Angabe«, »Schlichtung, Vergleich« 1315 München, s. berichtigen, ung

Berlin, N., ON., »Land der Bundesrepublik (für Westberlin bis 3. 10. 1990 str.)«, (1230/40)

Berliner Testament, N., »gemeinschaftliches Testament in welchem sich Ehegatten gegenseitig als Erben einsetzen und bestimmen daß nach dem Tod des Überlebenden der beiderseitige Nachlaß - als einheitlicher Nachlaß des zuletzt versterbenden Ehegatten - an einen Dritten (meist die Kinder) fallen soll«, 19. Jh.?, s. Berlin, Testament

Berlinklausel, F., »bis 3. 10. 1990 eine Bestimmung eines Bundesgesetzes welche dem in einem Schreiben der westlichen Militärgouverneure Berlins vom 12. 5. 1949 enthaltenen Genehmigungsvorbehalt für die Geltung der vom Bundestag beschlossenen Gesetze für Berlin(-West) Rechnung trug«, 2. H. 20. Jh., s. Berlin, Klausel

Bern, N., ON., (1191) Lw. lat. Verona (ON)

Berner Übereinkunft, F., »völkerrechtliche Übereinkunft zum Schutz von Werken der Literatur und Kunst« (1866), (mehrfach geändert), s. Bern, Übereinkunft

berüchtigen, V., »Hilfegeschrei anstimmen, anschuldigen« 1331 Stendal, bis ins 19. Jh., Lw. mnd. berüchtigen, V., »Geschrei erheben, in einen Ruf bringen«, zu mnd. berüchtich, Adj., »ruchbar, bekannt«, zu mnd. ruchte, Sb., »Ruf, Geschrei, Leumund«, zu mhd. ruof, ruoft, M., »Ruf«, s. be, rufen

berüchtigt, Adj., »in schlechtem Ruf stehend (weil angeschuldigt)«, s. berüchtigen

Beruf, M., »auf Dauer angelegte die Arbeitskraft und Arbeitszeit überwiegend in Anspruch nehmende Betätigung die im allgemeinen mit dem Ziel betrieben wird daraus den Lebensunterhalt zu gewinnen und die zugleich einen Beitrag zur gesellschaftlichen Gesamtleistung erbringt«, fnhd. (Luther 1522), M., »Ruf, Amt, Stand«, mhd. beruof (15. Jh.), M., »Ruf, Leumund«, Bedeutung »Tätigkeit für Lebensunterhalt« 17. Jh., im 19. Jh. allgemein verbreitet, s. berufen, vgl. Geschichtliche Grundbegriffe

berufen, V., »berufen, ernennen«, mhd. beruofen, beruefen, V., »berufen, zusammenrufen, ausrufen«, ahd. biruofōn (13. Jh.), V., »berufen, beschwören«, s. be, rufen

Berufsausübung, F., »Ausübung eines Berufes«, 2. H. 20. Jh.?, s. Beruf, Ausübung

Berufsbeamter, M., »Beamter der seine amtliche Tätigkeit als Beruf ausübt«, 19. Jh.?, s. Beruf, Beamter

Berufsbildung, F., »organisierte Vermittlung der zur Ausübung eines Berufes erforderlichen Kenntnisse und Fertigkeiten durch Betriebe der Wirtschaft bzw. Schulen und sonstige Berufsbildungseinrichtungen«, 1969, s. Beruf, Bildung

Berufsfreiheit, F., »Freiheit der Berufwahl und Berufsausübung«, 20. Jh., s. Beruf, Freiheit

Berufgenossenschaft, F., »Zwangsverband der versicherungspflichtigen Unternehmer zur Finanzierung der gesetzlichen Unfallversicherung«, 19. Jh., s. Beruf, Genossenschaft

Berufsrichter, M., »auf Grund der Richteramtsbefähigung in das besondere Richterverhältnis berufener Richter«, 19. Jh., s. Beruf, Richter

Berufsschule, F., »Bildungsanstalt in welcher ein Schüler nach erfüllter Volksschulpflicht unter Berücksichtigung seiner Berufsausbildung unterrichtet und erzogen wird«, 19. Jh.?, s. Beruf, Schule

Berufsunfähigkeit, F., »qualifizierte Erwerbsunfähigkeit«, 19. Jh., s. Beruf, Unfähigkeit

Berufsverband, M., »auf Grund Berufszugehörigkeit gebildete Vereinigung der Arbeitgeber und Arbeitnehmer«, 19. Jh.?, s. Beruf, Verband

Berufsverbot, N., »zeitweilige oder dauernde Untersagung der Ausübung eines bestimmten Berufes«, 20. Jh., s. Beruf, Verbot

Berufswahl, F., »Wahl eines Berufs«, 19. Jh.?, s. Beruf, Wahl

Berufung, F., »grundsätzlich gegen Urteile des ersten Rechtszuges gegebenes Rechtsmittel«, »Ruf«, »Berufung«, »Appellation« 1295 Groningen, »Aufforderung« 1452, ersetzt 1877/9 Appellation, vgl. Planck 1857

Besatzung, F., »Besetzung«, 1237 Mecklenburg (bisethinge), »besetzte Festung« (15. Jh.), s. be, setzen, ung

Besatzungsgewalt. F., »der Gebietshoheit ähnliche Zwangsgewalt einer das Gebiet eines anderen Staates ganz oder teilweise beherrschenden Besatzungsmacht während der Dauer der Besatzung«, 20. Jh., s. Besatzung, Gewalt

Besatzungsmacht, F., »die Besatzungsgewalt ausübender Staat«, 20. Jh., s. Besatzung, Macht

Besatzungsrecht, N., »von einer Besatzungsmacht auf Grund der Besatzungsgewalt für das Besatzungsgebiet geschaffenes Recht (unmittelbares Besatzungsrecht), auf Veranlassung oder Anweisung der Besatzungsmacht von Stellen der besetzten Macht geschaffenes Recht (mittelbares Besatzungsrecht)«, 20. Jh., s. Besatzung, Recht

Besatzungsstatut, N., »einzelnes Gesetz der (westlichen) Besatzungsmächte das der Bundesrepublik Deutschland grundsätzlich die gesetzgebende und vollziehende sowie rechtsprechende Gewalt übertragen und die verbleibenden Rechte der Besatzungsmächte festgelegt hat«, 2. H. 20. Jh., s. Besatzung, Statut

Besatzungszone, F., »einer von mehreren Besatzungsmächten unterstehendes Gebiet eines besetzten Staates«, 1945?, s. Besatzung, Zone

beschädigen, V., »Schaden zufügen, beeinträchtigen«, mhd. beschedigen, V., »Schaden zufügen« 1276 Augsburg, s. be, Schaden, ig

Beschädigung, F., »ohne den Willen des Berechtigten eintretende Wertverringerung eines Gegenstandes«, »Verletzung« 1338, s. beschädigen, ung

beschaffen, V., »besorgen«, mhd. beschaffen, V., »schaffen, erschaffen«, s. be, schaffen, vgl. ahd. biskaffōn (765), biscaffōn, V., »schaffen, bilden, ausbilden«

Beschaffung, F., »Besorgung«, s. beschaffen, ung

Beschaffungsschuld, F., »Schuld bei welcher der Schuldner verspricht - mit seinen Geldmitteln - dem Gläubiger bestimmte Gegenstände zu beschaffen«, 19. Jh.?, s. Beschaffung, Schuld

Beschaffungsverwaltung, F., »Teil der Verwaltung welcher Handlungen vornimmt mit denen die Verwaltung sich die Voraussetzungen ihrer Tätigkeit beschafft (z.B. Bundesbahn kauft Lokomotive)«, 20. Jh., s. Beschaffung, Verwaltung

beschäftigen, V., »sich befassen mit (1. H. 17. Jh.), eine Tätigkeit ausführen lassen (18. Jh.)«, zu mhd. scheftec, scheftic, Adj., »tätig«, mnd. bescheftich, Adj., »geschäftig«, s. be, schaffen

Beschäftigung, F., »Tätigkeit, Befassung«, s. beschäftigen, ung

Beschäftigungspflicht, F., »Pflicht des Arbeitgebers den Arbeitnehmer die geschuldete Dienstleistung tatsächlich erbringen zu lassen«, 20. Jh.?, s. Beschäftigung, Pflicht

Bescheid, M., »am Ende eines Verwaltungsverfahrens(-abschnittes) stehende Entscheidung (z.B. Steuerbescheid)«, mhd. bescheit, M., N., »Bestimmung, Verabredung, Bedingung«, »Kennzeichnung« Sachsenspiegel um 1225, »Bezirk« 1366 Mecklenburg, »Bestimmung« Sachsenspiegel um 1225, »Befehl« 1471 Heidelberg, »Entscheidung« 1421 Westfalen, s. bescheiden

bescheiden, V., »bestimmen, einen Bescheid erteilen«, mhd. bescheiden, V., »scheiden, trennen, unterscheiden, entscheiden, bestimmen, belehren«, s. be, scheiden

Bescheidung, F., »Grenzscheide« 15. Jh. Hagenau, »Bestimmung, Ladung, Bescheid«, s. bescheiden, ung

Bescheidungsurteil, N., »Urteil in welchem das Verwaltungsgericht auf Grund einer Verpflichtungsklage - weil die Sache noch nicht spruchreif ist - gegenüber der Behörde die Verpflichtung ausspricht den Kläger unter Beachtung der Rechtsauffassung des Gerichtes zu bescheiden«, 20. Jh., s. bescheiden, Bescheidung, Urteil

bescheinigen, V., »beweisen, bescheinigen«, mhd. beschīnigen, V., »beweisen«, Sachsenspiegel um 1225, seit 16. Jh. geläufig, s. be, Schein, ig

Bescheinigung, F., »Nachweis«, 1682, s. bescheinigen, ung

beschimpfen, V., »schimpfen auf, beleidigen«, 1544 Sachsen, s. be, schimpfen

Beschimpfen, N., »nach Form oder Inhalt besonders verletzende Kundgebung der Mißachtung«, 18. Jh.?, s. Beschimpfen

Beschlag, M., »Arrest« 1350 Westfalen, »Beschlag« 15. Jh., s. be, schlagen, in Beschlag nehmen 17. Jh. (1740 Österreich)

Beschlagnahme, F., »durch Verwaltungsakt angeordnete zwangsweise Sicherstellung von Gegenständen zur Sicherung öffentlicher oder privater Belange«, 1. H. 19. Jh., s. Beschlag, nehmen, vgl. Weiske 1839ff., Grimm DW 1854

beschlagnahmen, V., »in Beschlag nehmen, zwangsweise sicherstellen«, M. 19. Jh., s. Beschlagnahme

beschleunigen, V., »schneller werden lassen«, 17. Jh. (1717 Österreich), s. be, schleunig

beschleunigt, Adj., s. beschleunigen

beschleunigtes Verfahren, N., »rasch durchgeführtes Verfahren«, 20. Jh.?, s. Verfahren, beschleunigt

beschließen, V., »vereinbaren, bestimmen«, mhd. besliezen, V., »umschließen, festhalten, festsetzen, zum Abschluß bringen, entscheiden«, ahd. bisliozan (E. 8. Jh.), V., »schließen, beschließen, erschließen, zum Abschluß bringen«, germ. *bisleutan, V., »schließen, beschließen«, s. idg. *skel- (4), V., Adj., Sb., »biegen, anlehnen, krumm, Gelenk, Biegung«, s. be, schließen

Beschluß, M., »abschließende Willensäußerung, (im Verfahrensrecht) eine gerichtliche Entscheidung in weniger bedeutsamen Angelegenheiten«, »Ende« 1528 Schweiz, »Einschluß«, »Abschluß« 1475 Schweiz, »Schlußwort« 1502 Schwäbisch Hall, »Beschluß« 1491, spätmhd. besluz, M., »Verschluß, Abschluß, Entscheidung«, s. beschließen, vgl. ahd. bislŏz, M., »verschließbarer Raum, Schlafgemach«

Beschlußfähigkeit, F., »Fähigkeit einer Personenmehrheit bei Anwesenheit einer bestimmten Anzahl ihrer Mitglieder die ihr zustehenden Entscheidungszuständigkeiten wahrzunehmen und einen Beschluß zu fassen«, 19. Jh.?, s. Beschluß, Fähigkeit

Beschlußverfahren, N., »Verfahren in welchem durch Beschluß entschieden wird«, »Beschlußverfahren« 1570 Wien, s. Beschluß, Verfahren

beschränken, V., »eingrenzen«, mhd. beschrenken, V., »mit Schranken umgeben, einengen«, s. ahd. biskrenken (A. 9. Jh.), biscrenken, V., »niederwerfen, schwächen, betrügen«, s. be, Schranke, schränken

beschränkt, Adj., »eingeschränkt«, »dumm« 18. Jh., s. beschränken

beschränkte Haftung, F., »in bestimmter Hinsicht eingeschränkte Haftung«, 19. Jh.?, s. Haftung, beschränkt

beschränkte persönliche Dienstbarkeit, F., »auf eine Person beschränkte Dienstbarkeit«, 19. Jh.?, s. Dienstbarkeit, beschränkt persönlich

beschränktes dingliches Recht, N., »(gegenüber dem Eigentum) eingeschränktes Sachenrecht«, 19. Jh.?, s. Recht, beschränkt, dinglich

beschuldigen, V., »anklagen«, »verschulden« 1470, »zur Last legen« 1507 Bamberg, mhd. beschuldigen, V., »anklagen« 13. Jh. Halle, s. be, schuldig

Beschuldigter, M., »derjenige Verdächtige gegen den das Strafverfahren betrieben wird«, »Angeklagter« 1457 Pommern, s. beschuldigen

beschummein, V., »betrügen«, 18. Jh., jüdisch?

Beschwer, F., »Belastung«, »(im Verfahrensrecht) für den Beschwerten ungünstiger Inhalt einer Entscheidung«, Lüt. lat. gravamen, N., »Beschwerlichkeit«, »Belastung« 1574 Oldenburg, »Anliegen« 1515, s. be, schwer

Beschwerde, F., »Mühe, Anstrengung, Schmerz«, »Rechtsbehelf der entweder gerichtlich oder außergerichtlich geltend gemacht werden kann«, mhd. beswærde, F., »Bedrückung, Kummer, Betrübnis«, »Belastung, Zins« 1302 Arnstadt, »Beschwerde, Berufung« 1418 bzw. 1484 Nürnberg, ahd. biswārida (10. Jh.), F., »Last«, s. be, schwer

Beschwerdeführer, M., »Beschwerdeführer« 1756, s. Beschwerde, Führer

beschweren, V., »belasten«, mhd. beswæren, V., »drücken, betrüben, belästigen«, ahd. biswāren (1000 bzw. 10. Jh.?), V., »belasten, bedrücken«, s. be, schwer, seit 14. Jh. sich beschweren, V., »sich als beschwert darstellen, sich beklagen«

beseitigen, V., »auf die Seite stellen, entfernen«, um 18. Jh. (1800) aus dem Obd. (Badisches Landrecht 1809), zu mhd. besīte, Adv., »beiseite, auf der Seite«, s. be, Seite, ig

Beseitigung, F., »Entfernung«, 19. Jh.?, s. beseitigen, ung

Beseitigungsanspruch, M., »Anspruch auf Entfernung einer Beeinträchtigung«, 19. Jh.?, s. Beseitigung, Anspruch

Besitz, M., »tatsächliche Gewalt einer Person über eine Sache (unmittelbarer Besitz z.B. Mieter an Mietsache bzw. Dieb an gestohlener Sache)«, 16. Jh.?, 1340 Marienrode (besitte), Lüt. lat. possessio, F., »Besitz«?, Bedeutung »Belagerung« 15. Jh., daneben mhd. besez, M., »Besitz, Belagerung«, ahd. bīsez (10. Jh.), M., N., »Besitz, Besetzung«, zu be, sitzen bzw. setzen, verdrängt in der Neuzeit die ältere Gewere

Besitzdiener, M., »wer die tatsächliche Gewalt über eine Sache für einen anderen (den Besitzer) in dessen Haushalt oder Erwerbsgeschäft oder in einem ähnlichen Verhältnis ausübt vermöge dessen er den sich auf die Sache beziehenden Weisungen des anderen Folge zu leisten hat (z.B. Arbeiter)«, 19. Jh.?, s. Besitz, Diener

Besitzeinweisung, F., »staatliche Einweisung einer Person in den Besitz einer Sache«, 1696 Tessin, s. Besitz, Einweisung

besitzen, V., »besitzen, tatsächliche Sachherrschaft haben«, mhd. besitzen, V., »in Besitz nehmen«, ahd. besizzen (765), V., »belagern, bewohnen, in Besitz nehmen, besitzen«, germ. *bisetjan, V., »wohnen, belagern, sich auf etwas setzen, besitzen«, s. be, sitzen

Besitzer, M., »Besitzer«, »Versammlungsteilnehmer« 1387 Arnstadt, »Beisitzer« 1717, »Bewohner« 1362 Mansfeld, »Besitzer (auch von Rechten), Eigentümer« 1290 Westfalen (besitter), Lüt. lat. possessor, M., »Besitzer«?, s. besitzen

Besitzergreifung, F., »Besitzergreifung« Allgemeines Landrecht 1794 Preußen, s. Besitz, er, greifen, ung

Besitzkehr, F., »Zurückgewinnung des Besitzes«, 19. Jh.?, s. Besitz, Kehr

Besitzkonstitut, N., »Besitzmittelungsverhältnis, Verhältnis zwischen mittelbarem und (weiterem mittelbaren oder) unmittelbarem Besitzer vermöge dessen dieser jenem gegenüber auf Zeit zum Besitz berechtigt oder verpflichtet ist (z.B. Nießbrauch bzw. Miete)«, 19. Jh., z.T. Lüs. lat. constitutum possessorium, N., »Besitzkonstitut«, s. Besitz, Konstitut

Besitzmittelungsverhältnis, N., »Besitzkonstitut«, 19. Jh., s. Besitz, mittel, Verhältnis

Besitznahme, F., »Ergreifung des Besitzes an einer Sache«, 1761 Weber, s. Besitz, nehmen

Besitzrecht, N., »Summe der den Besitz regelnden Rechtssätze, Recht eine Sache zu besitzen«, s. Besitz, Recht, vgl. Grimm DW 1854, DRW

Besitzschutz, M., »dem zunächst rein tatsächlichen Herrschaftsverhältnis (Besitz) in der Rechtsordnung - unabhängig vom Eigentum - zugeordneter Schutz gegen unrechtmäßige Entziehung und Störung«, 19. Jh., s. Besitz, Schutz

Besitzstand, M., »jeweiliger augenblicklicher rechtlicher Zustand, (im Verwaltungsrecht) die - gegenüber dem subjektiven Recht schwächere - durch eine behördliche Erlaubnis gewährte öffentlichrechtliche Berechtigung ein Interesse bis zur Entziehung oder Einschränkung durch die Verwaltungsbehörde zu verfolgen (z.B. auf Grund einer Baugenehmigung)« Rostock 1787, Lüs. lat. status possessionis, M., »Besitzstand«?, s. Besitz, Stand

Besitzsteuer, F., »vom Vermögen (z.B. Vermögensteuer bzw. Grundsteuer) oder Einkommen oder Ertrag ausgehende Steuer«, 19. Jh.?, s. Besitz, Steuer

Besitzstörung, F., »Störung des Besitzes«, 19. Jh.? Österreich?, s. Besitz, Störung

Besitztum, N., »zustehendes Gut«, Kant 1798?, »Gesamtheit des Besitzes« (14. Jh.), s. Besitz, tum, vgl. DRW

Besitzwehr, F., »Abwehr einer Besitzstörung«, 19. Jh.?, s. Besitz, Wehr

besolden, V., »für Dienste (Kriegsdienste) bezahlen«, mhd. besolden, V., »für Dienste (Kriegsdienste) bezahlen«, 1347 Wolfenbüttel, s. be, Sold

Besoldung, F., »Gesamtheit der regelmäßigen Dienstbezüge des Beamten und Soldaten«, »Bezahlung für (Kriegs-)Dienste«, 1500 Straßburg, s. besolden, ung

Besoldungsdienstalter, N., »für die Besoldung maßgebliches Dienstalter«, 19. Jh.?, s. Besoldung, Dienstalter

Besoldungsordnung, F., »Dienstbezüge der Beamten regelnde Ordnung«, 19. Jh.?, s. Besoldung, Ordnung

Besoldungszulage, F., »Zulage zu einer Besoldung«, Klingner 1749, s. Besoldung, Zulage

besonder, **besondere**, Adj., »besonder«, spätmhd. besunder, Adj., »besonder« Kaiserchronik um 1150, 1339 Heilbronn, zu mhd. besunder, Adv., »abgesondert«, mhd. sunder, Adj., »besonder«, s. sondern (V.)

besonderer Teil, M., »besondere Einzelheiten umfassender Teil«, 19. Jh., s. Teil, besonder

besonderes Gewaltsverhältnis, N., »besonderes Gewalt ermöglichendes Verhältnis«, 19. Jh., s. Gewaltverhältnis, besonder

besorgen, V., »Sorge tragen, beschaffen, stehlen«, mhd. besorgen, V., »sorgen, versorgen, beschützen«, ahd. bisworgēn (M. 9.

Jh.), V., »Sorge tragen, besorgen, Ehre erweisen«, as. bisorgon, V., »behüten«, s. be, sorgen

Besorgnis, F., »Besorgnis, Vermutung«, spätmhd. besorgnis, F., »Sorge, Befürchtung, Fürsorge«, »Besorgung«, 1258 Bremgarten, s. besorgen, nis

Besorgung, F., »Ausführung einer Angelegenheit, Vornahme einer Angelegenheit«, 1720 Freiburg, »Besorgnis« Lessing, s. besorgen, ung

besser, **bessere**, Adj. Komp., »günstiger«, mhd. bezzer, Adj. Komp., »bessere«, ahd. bezziro (E. 8. Jh.), Adj. Komp., »bessere«, germ. *batizōn, Adj. Komp., »bessere«, zu idg. *bhă̄d-, *bhŏ̄d-, Adj., »gut«?

Besserung, F., »Veränderung zum Guten«, mhd. bezzerunge, F., »Besserung, Entschädigung, Buße, Vorteil«, ahd. bezzirunga (9. Jh.), F., »Besserung, Gewinn, Erbauung«, Lüs. lat. melioratio, F., »Besserung«?, Lbd. lat. lucrum, N., »Gewinn«?

bestallen, V., »einsetzen«, nhd. Umbildung von bestellen, s. be, stellen

Bestallung, F., »Versehen mit einer besonderen Stellung, (im Verwaltungsrecht) öffentlichrechtliche Zulassung als Arzt bzw. Apotheker usw. (Approbation), (im Familienrecht) Beweisurkunde über die Bestellung zum Vormund oder Pfleger«, »Besetzung« 1332 Hildesheim, »Beschlagnahme«, »Auftrag« Hackmann 1608, »Anstellung« 1469 Freiburg, Umbildung von Bestellung, s. bestallen, ung

Bestand, M., »Bestand, Dauer«, mhd. bestant, M., »Bestand (14. Jh. Österreich), Dauer, Waffenstillstand (1272), Pacht (1443 Steiermark), Miete, Kaution (1484 Nürnberg), Bürgschaft«, s. be, stehen

Bestandskraft, F., »Unanfechtbarkeit und Verbindlichkeit (z.B. Bestandskraft von Verwaltungsakten)«, 19. Jh.?, s. Bestand, Kraft

Bestandsschutz, M., »Sicherung der Fortdauer eines Zustandes, (im Bauordnungsrecht) Gewährleistung der Existenz eines Bauwerks das zwar dem geltenden formellen Baurecht widerspricht aber im Einklang mit ehemals verbindlichen materiellen Baurechtsnormen errichtet oder im wesentlichen fertiggestellt worden ist«, 19. Jh.?, s. Bestand, Schutz

Bestandteil einer Sache, M., »körperlicher Gegenstand der entweder von Natur aus mit einer Sache eine Einheit bildet oder durch Verbindung mit ihr seine vor der Verbindung bestehende Selbständigkeit dergestalt verloren hat daß er fortan solange die Verbindung dauert mit der Sache als ein Ganzes bzw. als eine einheitliche Sache erscheint (z.B. Frucht am Baum bzw. Schublade im Schrank)«, 18. Jh., s. Bestand, Teil, vgl. Grimm DW 1854

Bestandvertrag, M., »Mietvertrag, Pachtvertrag«, 1809 Baden, Lüt. lat., s. Bestand, Vertrag

bestätigen, V., »für richtig erklären«, mhd. bestætigen, V., »bestätigen, festnehmen, festmachen, bekräftigen«, 1254 Brünn, zu mhd. stætec, Adj., »fest, beständig«, s. be, stet, stehen, ig

Bestätigung, F., »Willenserklärung durch welche jemand sein eigenes bisher fehlerhaftes Rechtsgeschäft - sofern dies möglich ist - als gültig anerkennt«, mhd. bestætigunge, F., »Bestätigung, Bekräftigung«, 1212 Schweiz, s. bestätigen, ung

Bestätigungsschreiben, N., »eine frühere Erklärung bestätigendes Schriftstück«, 19. Jh.?, s. Bestätigung, Schreiben

bestechen, V., »mit Geld zu einer rechtswidrigen Amtshandlung bestimmen«, mhd. bestechen, V., »anstechen, prüfen, ausprobieren, kontrollieren«, seit 15. Jh. »in Versuchung führen, durch Geschenke zu unrechten Handlungen verführen (1470 Österreich)«, s. be, stechen

bestechlich, Adj., »der Bestechung zugänglich, käuflich«, 18. Jh., s. bestechen, lich

Bestechlichkeit, F., »Fordern oder Sichversprechenlassen oder Annehmen eines Vorteils durch einen Amtsträger oder einen für den öffentlichen Dienst besonders Verpflichteten als Gegenleistung dafür daß er eine Diensthandlung vornimmt oder unterläßt und dadurch seine Dienstpflichten verletzt (passive Bestechung)«, s. bestechlich, heit, vgl. Grimm DW 1854

Bestechung, F., »Anbieten oder Versprechen oder Gewähren eines Vorteils an einen Amtsträger oder einen für den öffentlichen Dienst besonders Verpflichteten oder einen Soldaten der Bundeswehr als Gegenleistung dafür daß er eine Diensthandlung vornimmt oder unterläßt und dadurch seine Dienstpflichten verletzt (aktive Bestechung)«, 1. H. 16. Jh., Klingner 1740, s. bestechen, ung

bestellen, V., »bindend verlangen«, mhd. bestellen, V., »umstellen, angreifen, besetzen«, ahd. bistellen (863-71), V., »bekränzen, bestellen«, s. be, stellen

besteuern, V., »einer Steuer unterwerfen«, »beschirmen« 1360 Göttingen, »beherrschen« 1425 Ostfriesland, spätmhd. bestiuren, V., »besteuern« Buch der Könige um 1275, s. be, steuern

Besteuerung, F., »Bestimmung und Geltendmachung einer Steuer«, 1595 Bayern, s. besteuern, ung

Besteuerungsverfahren, N., »Verfahren der Bestimmung und Geltendmachung der Steuer«, 20. Jh.?, s. Besteuerung, Verfahren

Besthaupt, N., »bestes Stück Vieh (als Todesfallsabgabe)«, (beste hovet 1232, das best haupt 1274 Schweiz,) 1289 Frankfurt

bestimmen, V., »festlegen, definieren (18. Jh.)«, spätmhd. bestimmen, V., »benennen, (durch die Stimme) festsetzen (15. Jh.), bestimmen (1461 Nürnberg), durch seine Stimme auswählen«, s. be, stimmen, Stimme

bestimmt, Adj., »festgesetzt, entschieden«, 1461 Nürnberg, Adv., »sicher, gewiß« (um 1800), s. bestimmen

Bestimmtheit, F., »Festgesetztheit, Klarheit«, s. bestimmt, heit, vgl. Grimm DW 1854

Bestimmtheitserfordernis, F., »aus dem Grundsatz der Rechtssicherheit folgende Anforderung an Normen - bei Anwendung der Methoden der Rechtswissenschaft - klar erkennen zu lassen was sie vorschreiben«, 20. Jh.?, s. Bestimmtheit, Erfordernis

Bestimmtheitsgebot, N., »Gebot daß die Verwaltung den Inhalt eines Verwaltungshandelns (z.B. eines Verwaltungsakts) hinreichend klar zum Ausdruck bringen muß«, 20. Jh.?, s. Bestimmtheit, Gebot

Bestimmtheitsgrundsatz, M., »Grundsatz der Bestimmtheit«, 20. Jh.?, s. Bestimmtheit, Grundsatz

bestreiten, V., »anfechten« 1696, »verfügen« 17. Jh. Österreich, »Kosten tragen (17. Jh.)«, »bezahlen« Gesenius 1801, mhd. bestrīten, V., »bekämpfen«, s. be, streiten

betagen, V., »einen Tag (vor Gericht) festsetzen«, mhd. betagen, V., »tagen, Tag werden, erscheinen, den Tag über bleiben, den Tag zubringen, auf einen bestimmten Tag laden (13. Jh.)«, s. be, Tag

Betagung, F., »gänzlich oder teilweise auf einen späteren Zeitpunkt verschobene Zulässigkeit der Geltendmachung eines bereits entstandenen Rechts (z.B. bei Stundung)«, »Vorladung« 1540 Trier, »Tagung« 1509, s. betagen, ung

betäuben, V., »betäuben, (zeitweise) des Bewußtseins berauben«, mhd. betouben, V., »taub machen, betäuben, entkräften, vernichten, betören, erzürnen«, ahd. bitouben (10./11. Jh.), V., »verfinstern«, s. be, taub

Betäubung, F., »Betäubung« Voss 1793?, s. betäuben, ung

Betäubungsmittel, N., »Mittel zur Betäubung«, 19. Jh.?, s. Betäubung, Mittel

Betäubungsmittelgesetz, N., »den Verkehr mit Betäubungsmitteln ordnendes Gesetz vom 1. 1. 1982 welches vor allem Herstellung und Handel erlaubnispflichtig macht«, 2. H. 20. Jh., s. Betäubungsmittel, Gesetz

beteiligen, V., »teilnehmen, teilnehmen lassen« Badisches Landrecht 1809, Lüt. frz. participer, V., »teilnehmen«?, s. be, Teil, ig

Beteiligter, M., »wer an einer Angelegenheit teil hat«, »(im Verfahrensrecht) wer am Verfahren teilnimmt oder zum Verfahren zugezogen wird, wessen Rechtsstellung durch das Verfahren unmittelbar betroffen wird, (im Verwaltungsprozeßrecht) der Kläger und der Beklagte und der Beigeladene und der Vertreter des öffentlichen Interesses«, »Beteiligter« Badisches Landrecht 1809, Lüt. frz. participe, M., »Teilnehmer«?, s. beteiligen

Beteiligung, F., »Teilnahme an einer Angelegenheit insbesondere an einer Straftat oder einer unerlaubten Handlung oder an einem Verfahren (Beteiligter) sowie an einem Unternehmen oder einer Gesellschaft (Mitglied)«, Badisches Landrecht 1809, Lüt. frz. participation, F., »Teilnahme, Mitwirkung«?, s. beteiligen, ung

Beteiligungsdarlehen, N., »der Beteiligung dienendes Darlehen«, 20. Jh.?, s. Beteiligung, Darlehen

beteuern, V., »als wahr betonen«, A. 17. Jh., s. be, teuer, vgl. mhd. betiuren, V., »im Wert anschlagen, schätzen, eidlich einschätzen, festsetzen«

betrachten, V., »erwägen, ansehen«, mhd. betrahten, V., »betrachten, bedenken, erwägen, abschätzen«, ahd. bitrahtōn (9. Jh.), bitrahten (765), V., »betrachten, erstreben, erwägen«, s. be, trachten

Betrachtung, F., »Betrachtung«, mhd. betrahtunge, F., »Betrachtung, Vorstellung, Überlegung, Trachten«, 1320, s. betrachten, ung

Betrachtungsweise, F., »Art der Betrachtung eines Gegenstandes«, 19. Jh.?, s. Betrachtung, Weise

betreiben, V., »betreiben, ausüben«, 16. Jh. Lw. mnd. bedrīven, V., »ausüben 1327«, »(mit Vieh) betreiben« 14. Jh. Hildesheim, »eintreiben« 1428 Ostfriesland, »beitreiben« 1604 Schweiz, »ausüben« 1327, s. be, treiben

Betreiber, M., »Aufseher« 1239 Antwerpen, »Erheber« 1542, »Bewirtschafter« 1436 Brandenburg, s. betreiben

betreuen, V., »betreuen, umsorgen«, mhd. betriuwen, V., »in Treue erhalten, schützen«, »erhärten« 1599 Niederösterreich, »ausstatten« 16. Jh. Österreich, s. be, treu

Betreuung, F., »(seit 1. 1. 1992) staatliche Fürsorge für die Person und das Vermögen eines volljährigen Menschen soweit er infolge Krankheit oder Behinderung seine persönlichen oder vermögensrechtlichen Angelegenheiten nicht selbst besorgen kann durch einen vom zuständigen Vormundschaftsgericht bestellten Betreuer«, »Ausstattung« 1532 Tirol, s. betreuen, ung

Betrieb, M., »organisatorische Einheit innerhalb welcher ein Unternehmer allein oder in Gemeinschaft mit seinen Mitarbeitern durch materielle und immaterielle Mittel bestimmte arbeitstechnische Zwecke unmittelbar fortgesetzt verfolgt«, mnd. bedrīf, M., »Betreiben, Wirken, Tätigkeit«, »Arbeit, Werk, Geschäft« 1264 Niederlande, »Bereich« 1398 Ostfriesland, um 1600 Lw. in Hochdeutschen, E. 19. Jh. Bedeutung »Unternehmen, geschäftiges Treiben, Trubel«, an Trieb angeglichen, s. betreiben

Betriebsanlage, F., »gewerbliche Anlage«, 19. Jh.? Österreich?, s. Betrieb, Anlage

Betriebsausgabe, F., »durch den Betrieb veranlaßte Aufwendung in Geld oder Geldeswert (z.B. Kauf einer Maschine)«, 19. Jh.?, s. Betrieb, Ausgabe

Betriebseinnahme, F., »durch den Betrieb veranlaßte Einnahme in Geld oder Geldeswert (z.B. Ertrag eines Verkaufs)«, 19. Jh.?, s. Betrieb, Einnahme

Betriebsgefahr, F., »Sachgefahr, mit dem Betrieb einer (gefährlichen) Anlage (Sache z.B. Kraftfahrzeug) typischerweise verbundene (erhöhte) Wahrscheinlichkeit des Eintrittes eines Schadens«, 2. H. 20. Jh.?, s. Betrieb, Gefahr

Betriebsprüfung, F., »von den Finanzbehörden vorgenommene allgemeine Außenprüfung eines Betriebes«, 20. Jh., s. Betrieb, Prüfung

Betriebsrat, M., »Organ der Arbeitnehmer eines Betriebs das in bestimmten Angelegenheiten des Betriebs mitwirkt und mitbestimmt«, 20. Jh., s. Betrieb, Rat

Betriebsrente, F., »vom Inhaber eines Betriebes gewährte Rente«, 20. Jh.?, s. Betrieb, Rente

Betriebsrisiko, N., »aus dem Betreiben einer Angelegenheit erwachsende Wahrscheinlichkeit des Eintritts eines Schadens«, »(im Arbeitsrecht) Risiko daß der Betrieb ohne Verschulden des Arbeitgebers oder der Arbeitnehmer zum Erliegen kommt (z.B. wegen Ausbleibens von Zulieferungen oder Energie)«, 20. Jh.?, s. Betrieb, Rente

Betriebsschutz, M., »Schutz des Betriebs«, 20. Jh.?, s. Betrieb, Schutz

Betriebsübergang, M., »rechtsgeschäftlicher Übergang eines Betriebes oder Betriebsteiles von einer Person auf eine andere«, 20. Jh., s. Betrieb, Übergang

Betriebsvereinbarung, F., »formbedürftige Vereinbarung (Vertrag str.) zwischen Arbeitgeber und Betriebsrat über Angelegenheiten die zum Aufgabenbereich des Betriebsrates gehören«, 20. Jh., s. Betrieb, Vereinbarung

Betriebsverfassung, F., »Gesamtheit der Regeln welche die Rechte des Arbeitgebers und der Arbeitnehmer und ihrer Organe (Betriebsversammlung bzw. Betriebsrat bzw. Betriebsausschuß [bei neun und mehr Mitgliedern des Betriebsrates] bzw. Vorsitzender) im Betrieb in Bezug auf das Betriebsgeschehen ordnen«, 1952, s. Betrieb, Verfassung

Betriebsverfassungsgesetz, N., »die Betriebsverfassung des Arbeitsrechts regelndes Gesetz das - abgesehen von den Betrieben des öffentlichen Dienstes - auf die meisten Betriebe Anwendung findet«, 1952, s. Betriebsverfassung, Gesetz

Betriebsverhältnis, N., »Verhältnis (während) des Betriebs«, 2. H. 20. Jh., s. Betrieb, Verhältnis

Betriebsversammlung, F., »Versammlung (der Mitarbeiter) des Betriebs«, 2. H. 20. Jh., s. Betrieb, Versammlung

Betrug, M., »durch Täuschung verursachte Vermögensschädigung eines anderen in Bereicherungsabsicht«, mhd. betroc, M., »Betrug, Schwindel, Täuschung, Lüge«, 15. Jh. Schweiz, 1447 Meppen, vgl. ahd. bitrog (vor 784), M., »Trugbild«, s. betrügen

betrügen, V., »betrügen, einen Betrug begehen«, mhd. betriegen, V., »verlocken, betrügen, betören, verblenden«, ahd. bitriogan (2. H. 8. Jh.), V., »trügen, betrügen, täuschen«, germ. *bidreugan, V., »betrügen, täuschen«, zu idg. *dhreugh- (2), V., »trügen, schädigen«

Betrüger, M., »Betrüger«, 15. Jh. (1414 Ostfriesland), s. betrügen

betrügerisch, Adj., »durch Betrug«, 19. Jh.?, s. Betrüger, isch

Bettelei, F., »Bettelei«, E. 14. Jh., s. betteln

betteln, V., »um Gaben bitten«, mhd. betelen, V., »betteln«, ahd. betalōn (830), V., »bitten, flehen, betteln«, Herkunft unklar, Anschluß an bitten bzw. beten nachträglich?

Bettler, M., »Bettler«, mhd. betelære, beteler, M., »Bettler«, ahd. betalāri (790), M., »Bettler«, Lüt. lat. rogator, M., »Bettler«?, s. betteln

Beugemittel, M., »staatliches Mittel zur Erzwingung bestimmter Handlungen oder Duldungen oder Unterlassungen seitens einer Person«, 20. Jh.?, s. beugen, Mittel

beugen, V., »biegen machen«, mhd. böugen, V., »biegen, beugen«, ahd. bougen (1000), V., »beugen, biegen«, as. bōgian, V., »biegen«, germ. *baugjan, *baugejan, V., »beugen«, idg. *bheugh-?, *bheug- (3), V., »biegen«, s. biegen

Beugestrafe, F., »Strafe zur Erzwingung eines bestimmten Verhaltens«, 20. Jh.?, s. beugen, Strafe

Beugung, F., »Krümmung, Neigung«, A. 15. Jh., s. beugen, ung

Beunde, F., »umzäunte Hauswiese«, mhd. biunte, F., »Gehege«, ahd. biunta (2. H. 8. Jh.), biunti (963), F., »Gehege, Weide (F.) (1)«, germ. *beund-, Sb., »Grundstück«?, zu be, winden?

beurkunden, V., »bestätigen, bezeugen, beurkunden« 1386 Clarenberg, s. be, Urkunde

Beurkundung, F., »schriftliche Festlegung«, Kant vor 1804, Badisches Landrecht 1809, s. beurkunden, ung

beurteilen, V., »ein Urteil abgeben«, »verurteilen« 1696 Appenzell, »beurteilen«, s. be, urteilen, vgl. mnd. beōrdelen, V., »urteilen« 1385 Hildesheim

Beurteilung, F., »Beurteilung«, 1740 Holstein, s. beurteilen, ung

Beurteilungsspielraum, M., »vom Gesetzgeber durch die Verwendung von wertenden unbestimmten Rechtsbegriffen - im Gegensatz zu sonstigen unbestimmten Rechtsbegriffen - der Verwaltung eingeräumter Entscheidungsspielraum (z.B. Prüfungsentscheidung)«, 20. Jh., s. Beurteilung, Spielraum

Beute, F., »Kriegsbeute«, spätmhd. biute, F., »Beute, Verteilung«, Lw. mnd. būite, būte, F., »Tausch, Verteilung, Beute«, 1395, zu mnd. buten, V., »tauschen, verteilen«, aus germ. *biūtjan, V., »herausgeben, verteilen, tauschen«?, zu germ. *ūt, Präp., Präf., »aus«?

bevollmächtigen, V., »Vollmacht erteilen« 1573 Niederösterreich, s. be, Vollmacht, ig

Bevollmächtigung, F., »Erteilung einer Vertretungsmacht durch Rechtsgeschäft«, Allgemeines Bürgerliches Gesetzbuch 1811 Österreich, s. bevollmächtigen, ung, vgl. Weiske 1839ff., DRW

bewähren, V., »als wahr erweisen«, mhd. bewæren, V., »als wahr dartun, beweisen, erproben«, ahd. biwāren (10. Jh.), V., »beweisen, bezeugen«, s. be, wahr

Bewährung, F., »Bestehen gegenüber Anforderungen«, »Beweis« 1327 Oberösterreich, »Bestätigung« 1241 St. Pölten, »Währung« 1390 Preußen, 20. Jh. Lbd. ne. probation, N., »Bewährung«, s. bewähren, ung

Bewährungsauflage, F., »von einem Gericht bei Strafaussetzung zur Bewährung erteilte Auflage die der Genugtuung für das begangene Unrecht dient«, 2. H. 20. Jh.?, s. Bewährung, Auflage

Bewährungshelfer, M., »(bei der Strafaussetzung zur Bewährung) Person die dem Verurteilten helfend und betreuend zur Seite steht«, 20. Jh., s. Bewährung, Helfer

bewegen, V., »veranlassen, in Bewegung setzen«, mhd. bewegen, V., »bewegen«, ahd. biwegan (9. Jh.), V., »bewegen, erwägen, erachten«, germ. *biwegan, V., »bewegen«, vermischt mit ahd. biweggen (12. Jh.), V., »bewegen, erregen, sich rühren«, s. be, wiegen, wägen, Bedeutungsdifferenzierung in bewegen, V., »veranlassen«, bzw. bewegen, V., »die Lage verändern« ist neu

Beweggrund, M., »Motiv für ein Verhalten«, Allgemeines bürgerliches Gesetzbuch 1811 Österreich, Mackeldey 1814, Vogel 1820, etwas älter Bewegungsgrund (Hagedorn 18. Jh.), s. bewegen, Grund

beweglich, Adj., »beweglich, bewegbar«, mhd. bewegelich, Adj., »beweglich«, 1307, Sachsenspiegelglosse 14. Jh., Lüs. lat. mobilis, Adj., »beweglich«?, s. bewegen, lich

bewegliche Sache, F., »bewegbare Sache«, (um 1500 beweglich ding bzw. beweglich gut bzw. beweglich habe belegt), s. Sache, beweglich

Beweis, M., »Darlegung der Richtigkeit oder Unrichtigkeit einer Vorstellung durch (tatsächliche oder) logische Gründe«, »Weisung, Urteil, Spruch« 1464, »Beweis, Begründung« 1438 bzw. 16. Jh., Rückbildung aus beweisen, s. beweisen

Beweisantrag, M., »(im Strafverfahren) Begehren über eine bestimmte Tatsache durch ein bestimmtes Beweismittel Beweis zu erheben«, 19. Jh., s. Beweis, Antrag, vgl. Ullmann 1893

Beweisantritt, M., »Beweisangebot, (im Zivilprozeßrecht) Einführung eines Beweismittels für eine bestimmte Behauptung«, s. Beweis, Antritt, vgl. Weiske 1839ff., Grimm DW 1854

Beweisartikel, M., »Beweispunkt« Gobler 1550, s. Beweis, Artikel

Beweisaufnahme, F., »Erhebung des Beweises«, 19. Jh.?, s. Beweis, Aufnahme, vgl. Weiske 1839ff., Planck 1857

beweisen, V., »nachweisen«, mhd. bewīsen, V., »anweisen, unterweisen (1200), lehren, zeigen, beweisen (Mühlhäuser Reichsrechtsbuch um 1225 bzw. Sachsenspiegel um 1225), überweisen, bezahlen«, s. be, weisen

Beweiserhebung, F., »Erhebung des Beweises, Durchführung des Beweisverfahrens«, 19. Jh., s. Beweis, erheben, ung, vgl. Ullmann 1893

Beweiserhebungsverbot, N., »Verbot über ein bestimmtes Beweisthema oder durch ein bestimmtes Beweismittel Beweis zu erheben«, 19. Jh.?, s. Beweiserhebung, Verbot

Beweisführung, F., »Beweisführung« 1627 Böhmen, s. Beweis, führen, ung

Beweisgrund, M., »Beweisgrund« 1668, s. Beweis, Grund

Beweisinterlokut, N., »(im älteren Prozeßrecht) eine Zwischenentscheidung über Beweislast und Beweisthema und Beweisfrist«, s. Beweis, Interlokut, Lüt. lat. sententia interlocutoria, F., »Interlokuturteil«, vgl. Planck 1896

Beweiskraft, F., »Beweiskraft«, 1793 Preußen, s. Beweis, Kraft

Beweislast, F., »Belastung mit dem Beweis die zur Folge hat daß die Nichtbeweisbarkeit eines Umstandes zu Lasten des Beweislastträgers geht«, s. Beweis, Last, vgl. Weiske 1839ff., Grimm DW 1854, Planck 1896

Beweislastumkehr, F., »Umkehr der Beweislast«, 20. Jh., s. Beweislast, um, Kehr

Beweismittel, N., »Mittel durch das ein Beweis geführt werden kann (Augenschein bzw. Zeuge bzw. Sachverständiger bzw. Urkunde und Parteivernehmung)«, Preußische Assekurranz- und Havereiordnung 1766, s. Beweis, Mittel

Beweisregel, F., »Regel über das Verfahren und die Würdigung eines Beweises«, 19. Jh.?, s. Beweis, Regel, vgl. Planck 1896

Beweissicherung, F., »vor der eigentlichen Beweisaufnahme zur Sicherung eines Beweises erfolgende vorsorgliche Beweiserhebung«, (für den Zivilprozeß) seit 1. 4. 1991 durch das sog. selbständige Beweisverfahren ersetzt, 19. Jh.?, s. Beweis, Sicherung

Beweisstück, N., »Beweisstück« 1575, s. Beweis, Stück

Beweisthema, N., »Gegenstand des Beweises (Tatsachen bzw. Erfahrungssätze bzw. ausländisches Recht bzw. Satzungsrecht bzw. Gewohnheitsrecht)«, 19. Jh.?, s. Beweis, Thema

Beweisurteil, N., »Beweisurteil«, s. Beweis, Urteil, vgl. Planck 1848

Beweisverwertung, F., »Beweisverwertung«, 20. Jh.?, s. Beweis, Verwertung

Beweisverwertungsverbot, N., »Verbot Beweise und Beweisergebnisse die unter Verstoß gegen Gesetzesvorschriften gewonnen worden sind oder die nur zur Verfolgung bestimmter Straftaten berechtigen über die zulässigen Grenzen zur Entscheidungsfindung zu verwerten«, 20. Jh.?, s. Beweisverwertung, Verbot

Beweiswürdigung, F., »Bildung der Überzeugung des Gerichts von der Wahrheit oder Unwahrheit einer Tatsache auf Grund der Beweisaufnahme«, 19. Jh., s. Beweis, Würdigung, vgl. Ullmann 1893, Planck 1895

Bewerb, M., »Erwerb«, 1502, s. bewerben

bewerben, V., »bewerben«, mhd. bewerben, V., »erwerben« 15. Jh., »anwerben« 1496, »bewirtschaften« 15. Jh. Schweiz, »bemühen« 1452 Freiburg, ahd. biwerban (765), V., »erwerben, vollbringen, tun, sich bemühen, gelangen, vermeiden, erstreben«, germ. *bihwerban, V., »erwerben«, s. be, werben

bewerten, V., »den Wert feststellen«, 2. H. 19. Jh., s. be, werten

Bewertung, F., »Ermittlung des Wertes eines Gegenstandes oder einer Leistung«, 19. Jh.?, s. bewerten, ung

bewilligen, V., »erlauben, zugestehen« 15. Jh. (1419 Schwyz), s. be, Wille, ig

Bewilligung, F., »(im Verwaltungsrecht) Begründung eines subjektiv-öffentlichen Rechts auf Sondergebrauch (Sondernutzung) einer öffentlichen Sache, (im Sachenrecht) Erklärung des durch eine Eintragung formell Betroffenen (z.B. Veräußerer) mit der Eintragung einverstanden zu sein«, »Vereinbarung, Satzung« 1427 Sachsen, »Genehmigung« 1469 Schweiz, s. bewilligen, ung

bewußt, Adj., »klar, wissend«, md. Nebenform bewußt zum Part. Prät. bewist, bewüst von fnhd. bewissen, V., »wissen, sich zurechtfinden«, Luther (vor 1546), s. be, wissen

bewußte Fahrlässigkeit, F., »bekannte Nachlässigkeit«, 19. Jh.?, s. Fahrlässigkeit, bewußt

bewußtlos, Adj., »ohne es zu wissen (Goethe vor 1832), ohne Bewußtsein«, s. bewußt, los

Bewußtlosigkeit, F., »Fehlen des Bewußtseins«, Grimm DW 1854, s. bewußtlos, ig, heit

Bewußtsein, N., »klares Wissen, klare geistige Verfassung«, 18. Jh. (Wolff 1720), s. bewußt, sein (V.)

Bewußtseinsstörung, F., »Bewußtseinstrübung und Bewußtseinsbeeinträchtigung bei welcher der Einfluß des normalen Bewußtseins des Handelnden in starkem Maße ausgeschaltet ist«, 19. Jh.?, s. Bewußtsein, Störung

bezahlen, V., »bezahlen«, mhd. bezaln, V., »überzählen, berechnen, erkaufen, bezahlen« 1294 Riga bzw. 1333, s. be, Zahl

Bezahlung, F., »Bezahlung« A. 14. Jh., s. bezahlen, ung

bezichtigen, V., »beschuldigen«, fnhd. (16. Jh.), zu fnhd. bezichten, V., »bezichtigen« 15. Jh., zu Bezicht, F., »Anschuldigung«, mhd. biziht, F., »Schandfleck, Tadelsucht, Eifersucht«, ahd. biziht (9. Jh.), F., »Schandfleck, Tadelsucht, Eifersucht«, zu mhd. bezīhen, V., »beschuldigen«, ahd. bizīhan (9. Jh.), V., »beschuldigen«, germ. *biteihan, V., »bezichtigen«, vgl. mnd. betichtigen (14. Jh.), s. be, zeihen

beziehen, V., »beziehen«, mhd. beziehen, V., »kommen zu, erreichen, überziehen, einziehen«, ahd. biziohan (765), V., »erreichen, beziehen, wegnehmen«, germ. *biteuhan, V., »beziehen, bedecken«, zu idg. *deuk-, V., »ziehen«, zu idg. *deu-?, V., »ziehen«

Beziehung, F., »Verbindung zu einer Person oder Sache«, »Ausübung des Zugrechts« 1406 Basel, »Leistung von Zugtieren?« 1428 Bayern, s. beziehen, ung

Bezirk, M., »örtlicher Zuständigkeitsbereich (z.B. Regierungsbezirk), kommunale Gebietskörperschaft«, spätmhd. (1444), zu spätmhd. bezirken, V., »im Umfang bestimmen«, zu nhd. Zirk, M., »Gebiet«, mhd. zirc, zirke, Sb., »Umfang, Umkreis«, ahd. *kirk, *kirc, M., Lw. lat. circus, M., »Kreis, Umkreis, Gebiet«, vgl. ahd. zirkōn (E. 8. Jh.), zircōn, V., »umkreisen«, nhd. Zirk wird im 19. Jh. aufgegeben

Bezirksgericht, N., »(bis 1993 in den Gebieten der ehemaligen Deutschen Demokratischen Republik) Gericht das teilweise Eingangsgericht (z.B. Finanzgerichtsbarkeit bzw. z.T. Strafgerichtsbarkeit) teilweise Rechtsmittelgericht war«, 1809 Baden, s. Bezirk, Gericht, vgl. auch Österreich

Bezirkshauptmannschaft, F., »Bezirksverwaltungsbehörde«, 19. Jh. Österreich, s. Bezirk, Hauptmann, schaft

Bezirksnotar, M., »besonderes Organ der Rechtspflege in den ehemals zu Württemberg gehörenden Teilen Baden-Württembergs«, 19. Jh.?, s. Bezirk, Notar

Bezogener, M., »wer aus einem Wechsel oder Scheck zahlen soll«, 19. Jh.?, s. beziehen

Bezug, M., »Bezugnahme, Hinsicht, Beziehung«, »Zugrecht« 1608 Aargau, Einzelbeleg 1483 Schweiz, s. beziehen, vgl. mhd. bezoc, M., »Unterfutter«, ahd. bizog (11. Jh.), M., »Decke«

Bezugsrecht, N., »gesetzliches Recht jedes Aktionärs auf Zuteilung eines entsprechenden Anteils neuer Aktien«, 20. Jh.?, s. Bezug, Recht

bi, Präf., »zwei«, 16. Jh., häufiger 19. Jh. Lw. lat. bis, Adv., »zweimal«, s. lat. di, alat. dvi

Bibel, F., »Heilige Schrift«, mhd. biblie, bibel, F., »Buch, Bibel«, kirchenlat. (mlat.) biblia, Sb., »die Heiligen Bücher«, Lw. gr. byblíon, biblíon, N., »Buch«, zu gr. býblos, bíblos, M., »Papyrusbast (aus Byblos)«

Bibliographie, F., »Bücherverzeichnis«, E. 18. Jh. Lw. nlat. bibliographia, F., »Bücherverzeichnis« Saint Charles 1645/51 bzw. frz. bibliographie (1633), F., »Bücherverzeichnis«, zu gr. bibliographía, F., »Bücherschreiben«, zu gr. byblíon, biblíon, N., »Buch«, gr. gráphein, V., »schreiben«

Bibliothek, F., »Aufbewahrungsort für Bücher«, A. 16. Jh. (Carion 1532) Lw. lat. bibliotheca, F., »Bücherei«, Lw. gr. bibliothéke, F., »Bücherei«, zu gr. byblíon, biblíon, N., »Buch«, gr. théke, F., »Gestell, Abstellplatz, Behälter«

Bibliotheksrecht, N., »Recht der Bibliothek(en)«, 20. Jh., s. Bibliothek, Recht

biegen, V., »krümmen, biegen«, mhd. biegen, V., »biegen«, ahd. biogan (800), V., »biegen, schwingen, beugen«, germ. *beugan, V., »biegen«, idg. *bheug- (3), V., »biegen«?, oder *bheugh-?

Biene, F., »Biene«, mhd. bīn, F., »Biene«, ahd. bīna, (10. Jh.), F., »Biene«, s. bini (8. Jh.), N., »Biene«, as. bina, N., »Biene«, germ. *bini-, N., »Biene«?, s. germ. *bijōn, biōn, N., »Biene«, vgl. idg. *bhei-, Sb., »Biene«, oder *bhī-?

Bienenrecht, N., »Gesamtheit der Bienen betreffenden besonderen Rechtsnormen«, Overbeck 1765, s. Biene, Recht

Bier, N., »Bier, Getränk aus Hopfen und Malz und Wasser«, mhd. Bier, N., »Bier«, ahd. bior (1. Vt. 9. Jh.), N., »Bier«, as. bior, N., »Bier«, westgerm. *beuza, *beuzam, N., »Bier«, zu lat. biber, Sb., »Getränk«?, zu idg. *bheru̯-, V., »brauen«?, zu germ. *bewwa-, Sb., »Getreide«?, zu idg. *beu-, *bheu-, *bhō-, V., «blasen, schwellen«?, sachlich wird das Brauen seit dem 6./7. Jh. in Klöstern betrieben

Bierlieferung, F., »Lieferung von Bier«, 19. Jh.?, s. Bier, Lieferung

Bierlieferungsvertrag, M., »auf die Lieferung von Bier durch die Brauerei an einen Gastwirt gerichteter Vertrag (Dauerschuldverhältnis)«, 19. Jh.?, s. Bierlieferung, Vertrag

bieten, V., »bieten, anbieten«, mhd. bieten, V., »bieten, anbieten, darreichen, strecken, gebieten«, ahd. biotan (E. 8. Jh.), V., »bieten, bezeichnen, anbieten«, as. biodan, V., »bieten«, germ. *beudan, V., »bieten, gebieten, verkünden«, idg. *bheudh-, V., »wach sein, wecken, beobachten, bewußt machen, bewußt werden, bewußt sein«

Bifang, M., »neu genutztes eingefriedetes Landstück«, mhd. bivanc, M., »Umfang, Ackerbeet, Bezirk, Gemarkung, Grenze, Vorbehalt«, ahd. bifang (750-79), M., »Umkreis, Umzäunung, Gemeinschaft, Vorwand«, s. be, fangen

Bigamie, F., »Bigamie, Doppelehe«, 16. Jh. (1532) (bigami) Lw. mlat. bigamia, F., »Doppelehe«, zu kirchenlat. bigamus, Adj., »zweimal verheiratet«, zu gr. dígamos, Adj., »zweimal verheiratet«, zu gr. di, Num. Kard., »zwei«, gr. gameīn, V., »heiraten«

Bilanz, F., »zusammengefaßte Gegenüberstellung der aktiven und passiven Werte einer Person aus der sich das Verhältnis des Vermögens und der Schulden (Reinvermögen) ergibt«, vereinzelt E. 15. Jh. obd. balanc, balanca, (aus dem Spanischen,) M. 16. Jh. Lw. it. bilancio, 17. Jh. (Spreng 1662) Lw. it. bilancia, F., »Endabrechnung, Abwägung«, zu lat. bilanx, Adj., »zweischalig«, in lat. libra bilanx, F., »Waage mit zwei Waagschalen«, s. bi, lat. lanx, F., »Waagschale«

Bilanzrecht, N., »Gesamtheit der das Ob und Wie der Aufstellung einer Bilanz betreffenden Rechtsnormen«, 2. H. 20. Jh., s. Bilanz, Recht

bilateral, Adj., »zweiseitig«, 19. Jh.?, s. bi, lateral

Bild, N., »Abbild«, mhd. bilde, N., »Bild, Werk, Gestalt, Art, Vorbild«, ahd. bilidi (2. H. 8. Jh.), biladi (765), N., »Vorbild, Beispiel, Gestalt, Form, Wesen, Bild«, as. bilithi, N., »Zeichen, Gleichnis, Abbild«, germ. *bilaþja, *bilaþjam, N., »Vorbild, Muster«, s. germ. *bil, Sb., »Form, richtige Form«?, weitere Herkunft unklar, zu idg. bheu̯ə-, V., »werden, wachsen, gedeihen, sein (V.)«?

bilden, V., »gestalten, formen« mhd. bilden, V., »gestalten, nachbilden«, ahd. bilidōn (A. 9. Jh.), V., »gestalten, darstellen, abbilden«, s. Bild

Bildschirm, M., »Bildschirm«, 2. H. 20. Jh., s. Bild, Schirm

Bildschirmtext, M., »elektronisches Informationssystem und Kommunikationssystem welches Informationen elektronisch speichert und über Abruf auf Bildschirm sichtbar macht«, um 1970, s. Bildschirm, Text

Bildung, F., »Formung, Ausbildung (18. Jh. [Mendelssohn 1784])«, mhd. bildunge, F., »Bildnis, Gestalt, sinnliche Vorstellung«, ahd. bilidunga (1000), F., »Vorstellung, Vorstellungskraft«, Lüs. lat. imaginatio, F., »Einbildung, Vorstellung«, as. *bilithunga, s. bilden, ung, vgl. Geschichtliche Grundbegriffe

Bildungsverwaltung, F., »Verwaltung des Bildungswesens«, 20. Jh., s. Bildung, Verwaltung

Bildungsverwaltungsrecht, N., »Recht der Bildungsverwaltung«, 2. H. 20. Jh., s. Bildungsverwaltung, Recht

billig, Adj., »angemessen, passend, wohlfeil (18. Jh.)«, mhd. billich, Adj., »billig, gemäß«, Lw. mnd. billīk, Sachsenspiegel um 1225, zu germ. *bil, Sb., »Form, richtige Form«?, s. Bild, im 17. Jh. formale Angleichung an mit dem Suffix ig gebildete Adjektive

Billigkeit, F., »natürliche Gerechtigkeit«, 1412 Oldenburg Lüs. lat. aequitas, F., »Gleichheit, Billigkeit«?, s. billig, heit

Billigkeitshaftung, F., »Billigkeitsersatzpflicht, aus Billigkeitsgründen festgelegte Haftung einer wegen fehlender Schuldfähigkeit nicht verantwortlichen Person für einen von ihr verursachten Schaden«, 20. Jh.?, s. Billigkeit, Haftung

Bill of Rights (1689), N., »in England ergangenes Staatsgrundgesetz das den Bürgern bestimmte Rechte und Freiheiten gegenüber dem König gewährt«

binden, V., »binden«, mhd. binden, V., »binden, verbinden, fesseln, verpflichten«, ahd. bintan (765), V., »binden, verknüpfen, fesseln, verbinden«, as. bindan, V., »binden« germ. *bendan, V., »binden«, idg. *bhendh-, V., »binden«

Bindung, F., »Bindung«, als Strafe 1707 Sudetenraum, »Verpflichtung« 1300 Hildesheim, »Vereinbarung« 1356 Mecklenburg, s. binden, ung

Bindungswirkung, F., »Bindung einer Behörde oder eines Gerichts an den Inhalt einer Entscheidung einer anderen Behörde oder eines Gerichts oder an einen sonstigen Umstand«, 20. Jh.?, s. Bindung, Wirkung

binnen, Präp., »innerhalb«, mhd. binnen, Präp., Adv., »innerhalb, innen«, mnd. binnen, Präp., »innerhalb«, zusammengerückt aus be und innen

Binnenschiffahrt, F., »Schiffahrt auf Binnenwasserstraßen«, 19. Jh.?, s. binnen, Schiffahrt

Biologie, F., »Lebenskunde, Wissenschaft des Lebendigen«, E. 18. Jh. (Roose 1797), zu gr. bíos, M., »Leben«, gr. lógos, M., »Wort, Kunde (F.), Wissenschaft, Vernunft«, s. logie

biologisch, Adj., 19. Jh., »biologisch«, s. Biologie, isch

Bischof, M., »oberster Geistlicher eines größeren kirchlichen Bezirkes (Diözese bzw. Landeskirche)«, mhd. bischof, M., »Bischof«, ahd. biskof (765), biscof, M., »Bischof, Priester«, as. biskop, M., »Bischof«, (germ.) Lw. vulgarlat. *biscopus, lat. episcopus, M., »Bischof«, Lw. gr. epískopos, M., Aufseher, zu gr. epí, Präp., »auf«, gr. skopeĩn, V., »sehen«

Bistum, N., »Amtsbezirk des Bischofs«, mhd. bischtuom, bistuom, N., »Bistum«, ahd. biskoftuom (E. 8. Jh.), biscoftuom, bistuom (12./13. Jh.), N., »Bischoftum, Diözese, Bistum, Bischofsamt, Heiligtum«, s. Bischof, tum

bitten, V., »bitten«, mhd. bitten, V., »bitten«, ahd. bitten (765), V., »bitten, beten, flehen«, as. biddian, V., »bitten«, germ. *bedjan, V., »bitten«, idg. *gᵘ̯hedh-, V., »bitten, begehren«?, str.

blank, Adj., »blank, blitzend, glänzend«, mhd. blanc, Adj., »blinkend, weiß, glänzend, schön, blank, farblos«, ahd. blank (10. Jh.), blanc, Adj., »weiß, glänzend, bleich, fahl«, germ. *blanka, *blankaz, Adj., »weiß, hell, glänzend«, vgl. idg. *bhleg-, V., »glänzen, brennen, sengen«, idg. *bhel- (1), Adj., V., »glänzend, weiß, glänzen«

Blankett, N., »mindestens in einem Punkt (z.B. Leistungszeit oder Kaufpreis) unvollständige vom Aussteller aber unterschriebene Urkunde welche von dem durch die Begebung als ermächtigt anzusehenden Inhaber abredegemäß vervollständigt werden darf und dadurch wirksam wird«, Luther 1539, französisierende Neuschöpfung (nlat. *blancetum) zu fnhd. blank, Adj., »blinkend, weiß, blank«

Blankettmißbrauch, M., »abredewidrige Ausfüllung eines Blankettes«, 19. Jh.?, s. Blankett, Mißbrauch

Blankettvorschrift, F., »Blankettgesetz, Blankettverordnung, Vorschrift die zwar eine Rechtsfolge festlegt die Bestimmung der Voraussetzungen aber anderen Rechtsquellen überläßt (z.B. Ausführungsvorschriften)«, 20. Jh.?, s. Blankett, Vorschrift

blanko, Adj., »weiß, unausgefüllt«, 2. H. 17. Jh. Lw. it. (in) bianco, Adj., »unausgefüllt, unliniert, weiß«, zu ahd. blank (10. Jh.), Adj., »weiß, glänzend, bleich«, i unter frz. Einfluß in l geändert, k unter Einfluß von blank entstanden

Blankogeschäft, N., »gegenüber einer noch nicht endgültig bestimmten Person vorgenommenes oder mit einem noch nicht endgültig bestimmten Inhalt vereinbartes Geschäft«, 19. Jh.?, s. blanko, Geschäft

Blankoindossament, N., »Indossament das die Person des Indossatares (Erwerbers) offenläßt«, 19. Jh. (Allgemeine deutsche Wechselordnung 1848), s. blanko, Indossament, vgl. Gerber 1895

Blankounterschrift, F., »Unterzeichnung einer inhaltlich noch nicht endgültig festgelegten Erklärung«, 19. Jh.?, s. blanko, Unterschrift, vgl. Planck 1896

Blankovollmacht, F., »inhaltlich nicht bestimmt festgelegte Vollmacht«, A. 20. Jh., s. blanko, Vollmacht

Blankowechsel, M., »- etwa hinsichtlich der Wechselsumme - noch nicht vollständig ausgefüllter Wechsel«, 19. Jh.?, s. blanko, Wechsel

Blankozession, F., »Abtretung - mit Abtretungsurkunde - bei der die Person des neuen Gläubigers noch nicht endgültig bestimmt ist«, 19. Jh.?, s. blanko, Zession (, Gerber 1895 Blancoabtretung)

Blasphemie, F., »Gotteslästerung«, A. 16. Jh. Lw. lat. blasphemia, F., »Gotteslästerung«, Lw. gr. blasphemía, F., »Gotteslästerung«, zu gr. blasphemeĩn, V., »lästern, schmähen«, zu gr. phánai, V., »reden, sagen«, Herkunft des Bestandteiles blas ungeklärt

Blatt, N., »Blatt«, mhd. blat, N., »Blatt, Laub, Halszäpfchen«, ahd. blat (765), N., »Blatt, Blech, Zäpfchen«, as. blad, N., »Blatt«, germ. *blada, *bladam, N., »Blatt«, zu idg. *bhel- (3), *bhlē-, V., »schwellen, aufblasen, aufschwellen, sprudeln, strotzen«

bleiben, V., »bleiben«, mhd. belīben, V., »bleiben, verharren, unterlassen werden«, ahd. bilīban (790), V., »bleiben, zurückbleiben, aufhören, sterben«, as. bilīvan, V., »bleiben«, germ. *bileiban, V., »bleiben«, zu idg. *leip- (1), V., »haften, kleben bleiben, schmieren, beschmieren«, zu idg. *lei- (3), V., »glätten, schmieren, streichen, gleiten«

blenden, V., »blind machen, blenden«, mhd. blenden, V., »blenden, verblenden, verdunkeln«, ahd. blenten (1. Vt. 9. Jh.), V., »blenden, verblenden«, germ. *blandjan, V., »mischen, blenden«, idg. *blendh-, Adj., V., »fahl, rötlich, schimmern, dämmern«, zu idg. *bhel- (1), Adj., V., »glänzend, weiß, bleich, glänzen«?, s. blind

blind, Adj., »blind, nicht sehend«, mhd. blint, Adj., »blind, dunkel«, ahd. blint (E. 8. Jh.), Adj., »blind, dunkel«, germ. *blenda-, *blendaz, Adj., »blind«, idg. *bhlendh-, Adj., V., »fahl, rötlich, schimmern, dämmern«?, idg. *bhel- (1), Adj., V., »glänzend, weiß, bleich, glänzen«?, s. blenden

Blindheit, F., »Blindheit«, mhd. blintheit, F., »Blindheit, Mangel«, s. blind, heit

Block, M., »Klotz, Block«, nd. Form (17. Jh.) zu (der dadurch verdrängten Form Bloch,) mhd. bloch, M., N., »Holzklotz, Block, Bohle«, ahd. bloh (1000), M., N., »Block, Pfahl«, zu idg. *bhleĝ-, *bhleg-, zu idg. *bhel- (3), *bhlē-, V., »aufblasen, schwellen, sprudeln«?

Blockade, F., »Absperrung eines Gebietes gegenüber anderen Gebieten«, M. 17. Jh. (1677), zu blockieren mit der roman. Endung -ade, vgl. it. bloccata, F., »Blokkade«

blockieren, V., »sperren«, A. 17. Jh. Lw. frz. bloquer, V., »mit einem Fort versehen, sperren«, zu frz. bloc, M., »Klotz«, beeinflußt von frz. blocus, Sb., »Fort, Festung, Blockade«, Lw. mnl. blochuus, N., »Balkenhaus«, s. Block, Haus

Blockwahl, F., »Wahl bei welcher der Wähler in einem einheitlichen Wahlvorgang ebenso viele Kandidaten wählen muß wie Stellen durch die Wahl zu besetzen sind«, 20. Jh.?, s. Block, Wahl

blöde, Adj., »träge, blöde«, mhd. blœde, Adj., »gebrechlich, schwach, zaghaft«, ahd. blōdi (790, PN), Adj., »lässig, träge, zaghaft«, as. blōthi, blōth, Adj., »furchtsam«, germ. *blauþa, *blauþaz, *blauþja, *blauþjaz, Adj., »schwach, zaghaft, weich«, s. idg. *bhlēu- (2)?, *bləu-, Adj., »schwach, elend«?

blödsinnig, Adj., »schwachsinnig, sinnlos«, A. 17. Jh., s. blöde, Sinn, ig

Blut, N., »Blut«, mhd. bluot, N., »Blut«, ahd. bluot (765), N., »Blut«, as. blōd, N., »Blut«, germ. *blōda, *blōdam, *blōþa, *blōþam, N., »Blut«, to-Suffix zu idg. *bhel- (3), *bhlē-, V., »aufblasen, schwellen, sprudeln«?, tabuistisches Ersatzwort für ein älteres indogermanisches Wort (vgl. gr. éar, Sb., »Blut«)

Blutalkohol, M., »Alkoholgehalt des Blutes«, 2. H. 20. Jh?, s. Blut, Alkohol

Blutgericht, N., »Gericht mit der Zuständigkeit für Todesstrafen« 1415, s. Blut, Gericht

Blutprobe, F., »geringe Menge Blut sowie Entnahme von geringen Mengen von Blut zur Untersuchung des Blutes«, 2. H. 20. Jh.?, s. Blut, Probe

Blutrache, F., »(im älteren Recht) (erlaubte) eigenmächtige Vergeltung einer Verletzung durch eine neue Verletzung (Selbsthilfe)«, Heerwagen 17. Jh., s. Blut, Rache

blutrünstig, Adj., »blutend (bis ins 19. Jh.), blutdurstig«, spätmhd. bluotrunstec, Adj., »blutend«, 1300, zu mhd. bluotrunst, F., »Blutfluß«, ahd. bluotrunst (8./9. Jh.), F., »Blutfluß«, zu Blut, rinnen, ig

Blutschande, F., »Inzest, Beischlaf zwischen nahen leiblichen Verwandten (Abkömmlinge oder Verwandte aufsteigender Linie oder Geschwister)«, 1. H. 16. Jh. (Luther vor 1546), s. Blut, Schande

Boden, M., »Grund, Boden, Raum unter dem Dach (16. Jh.)«, mhd. bodem, boden, M., »Boden, Grund, Floß«, ahd. bodam (790), M., »Boden, Grund«, as. bothom, M., »Boden«, germ. *buþma, *budma, *butma, M., »Boden«, idg. *bhudhmen, *bhudhno-, Sb., »Boden«

Bodenaltertum, N., »vorgeschichtlich oder geschichtlich bedeutsamer Gegenstand auf oder in einem Grundstück«, 20. Jh.?, s. Boden, Altertum

Bodenbefreiung, F., »Lösung der Grundstücke der Bauern aus den feudalen Abhängigkeitsverhältnissen zu Beginn des 19. Jahrhunderts«, 20. Jh.?, s. Boden, Befreiung

Bodenkredit, M., »Darlehen das durch Grundstücke abgesichert ist«, 19. Jh.?, s. Boden, Kredit

Bodenordnung, F., »rechtliche Ordnung der Nutzung von Grundstücken im Sinne der in den Bauleitplänen aufgestellten städtebaulichen Ziele«, 20. Jh.?, s. Boden, Ordnung

Bodenrecht, N., »Grundstücke betreffendes privates wie öffentliches Recht«, »Schiffsabgabe« 1501 Regensburg, »Getränkeabgabe« 1355 Augsburg, s. Boden, Recht

Bodenreform, F., »Änderung des Inhalts oder der Verteilung des Rechts an Grundstücken«, 20. Jh.?, s. Boden, Reform

Bodenregal, N., »Regal an Grund und Boden«, 19. Jh.?, s. Boden, Regal

Bodenschatz, M., »im Boden enthaltener mineralischer Rohstoff (außer Wasser) und Gase«, 19. Jh.?, »Lagergeld« 1524 Württemberg, s. Boden, Schatz

Bodenverkehr, M., »Grundstücksverkehr«, 20. Jh.?, s. Boden, Verkehr

Bodenverkehrsgenehmigung, F., »Genehmigung bestimmter Rechtshandlungen welche die planmäßige Bebauung eines Grundstückes erschweren oder vereiteln oder auf planwidrige Bebauung abzielen«, 20. Jh., s. Bodenverkehr, Genehmigung

Bodmerei, F., »Schiffsbeleihung«, 1549

Flandern, zu mnd. verbodemen, V., »den Boden eines Schiffes beleihen«, s. Boden

Böhnhase, M., »Bühnenhase, Katze, unzünftiger Handwerker«, mnd. (14. Jh.?), 1547 Reval, zu Bühne, F., »Dachraum« und Hase?, str.

Boje, F., »schwimmendes Zeichen«, 16. Jh. Lw. mnl. boye, F., »Boje«, Lw. afrz. boie, F., »Zeichen«?, zu anfrk. *bōkan, N., »Zeichen«, germ. *baukna, *bauknam, N., »Zeichen«, s. idg. *bha- (1), V., »glänzen, leuchten, scheinen«, oder zu afrz. buie, boie, F., »Fessel«, aus lat. boia, F., »Fessel«?

Bombe, F., »Bombe, Sprengkugel«, A. 17. Jh. (Wallhausen 1616) Lw. frz. bombe, F., »Bombe«, Lw. it. bomba, F., »Bombe«, aus lat. bombus, M., »dumpfes Geräusch«, Lw. gr. bómbos, M., »dumpfes Geräusch«, lautnachahmend

Bon, M., »Gutschein«, E. 18. Jh. (Campe 1801) Lw. frz. bon, M., »Gutschein«, zu frz. bon, Adj., »gut«, aus lat. bonus, Adj., »gut«

bona fides, lat., F., »gute Treue«, (im römischen Recht) Verpflichtungsgrundlage bestimmter Verbindlichkeiten«, »Maßstab für das Schuldverhältnis überhaupt«

bonitarisch, Adj., (im römischen Recht) diejenige sachenrechtliche oder erbrechtliche Stellung die nur durch die Anerkennung seitens des Prätors geschützt ist«, 19. Jh.?, zu lat. bonus, Adj., »gut«

Bonität, F., »Güte«, 19. Jh.?, Lw. lat. bonitas, F., »Güte«, zu lat. bonus, Adj., »gut«

Bonus, M., »Gutschrift«, 19. Jh.?, s. Bon

Bonze, M., »Priester, Würdenträger, selbstherrlicher Funktionär«, um 1600 Lw. frz. bonze, M., »Priester, Würdenträger«, Lw. portug. bonzo, M., »Priester, Würdenträger«, Lw. jap. bonsō, M., Mönch, Priester«, Lw. chin. fanseng, M., »fremdländischer Mönch«, Lw.?

Bord, N., »Wandbrett«, nd., zu mhd. bort, M., N., »Rand, Brett«, ahd. bort (A. 9. Jh.), N., »Planke, Blech«?, as. bord, N., »Bord«, germ. *burda, *burdam, N., »Brett«, idg. *bhr̥dho-, Sb., Brett, s. idg. *bheredh-, V., »schneiden«, vgl. idg. *bher- (3), V., »ritzen, spalten, schneiden«

Bordell, N., »auf Gewinnerzielung gerichtetes Unternehmen dessen Inhaber mehrere von ihm abhängige Personen zur Prostitution bereithält«, 15. Jh. (1401 Dordrecht) Lw. mnl. bordeel, N., »Bordell, Hüttchen«, Lw. afrz. bordel, N., »Hüttchen, Bordell«?, zu afrz. borde, F., »Hütte«, aus vulgarlat. *borda, N. Pl., »Bretter«, zu Bord?

borgen, V., »borgen, leihen«, mhd. borgen, V., »achtgeben, schonen, anvertrauen, borgen«, ahd. borgēn (880), V., »schonen, sich hüten, sich kümmern«, westgerm. *borgēn, *burgēn, V., »borgen, bürgen«, idg. *bhergh-, V., »bergen, verwahren, bewachen«, vgl. idg. *bher- (1), V., »tragen, bringen«?

Börse, F., »regelmäßig an bestimmtem Ort zu bestimmter Zeit stattfindender Markt für vertretbare Sachen (Waren und Wertpapiere)«, 16. Jh. (1531) Lw. nnl. beurs, Sb., »Börsengebäude in Antwerpen« (1531), zum Brügger PN »van de Borse«, aus mnl. borse, F., »Beutel«, zu as. bursa, F., »Beutel«, ahd. bursa (9. Jh.), F., »Beutel«, Lw. mlat. bursa, F., »Geldbeutel«, lat. byrsa, F., »Geldbeutel«, Lw. gr. byrsa, F., »Haut, Fell«

Böschung, F., »künstlicher Abhang«, 16. Jh., aus schweiz./schwäb. Bosch, zu Busch, ung

böse, Adj., »böse, schlecht«, mhd. bōse, bœse, Adj., »böse, schlecht, übel, gering, gemein«, ahd. bōsi (10. Jh.), Adj., »wertlos, schwach, nichtswürdig, feige«, vord./germ.? *bausja, *bausjaz, Adj., »böse, gering, schlecht«, zu idg. *beū-, V., »blasen, schwellen«?

böser Glaube, M., »Wissen oder Wissenmüssen um einen rechtlich bedeutsamen Umstand«, 19. Jh.?, Lüs. nlat. mala fides?, s. bösgläubig

bösgläubig, Adj., »bösgläubig«, Lüt. lat. mala fide, Adv., »in bösem Glauben«, Klagspiegel 1516, s. bös, glauben, ig

Bösgläubigkeit, F., »böser Glaube, Wissen oder grobfahrlässiges Nichtwissen um einen rechtlich bedeutsamen Umstand«, 19. Jh.?, s. bösgläubig, heit

Bot, N., »Gebot, Ausspruch«, mhd. bot, N., »Gebot, Versammlung einer Zunft«, ahd. bot (11. Jh.), N., »Ausspruch«, germ. *buda, *budam, N., »Gebot«, zu idg. *bheudh-, V., »wach sein, wecken, beobachten, erkennen machen«

Bote, M., »Person welche für einen anderen ohne eigene Willensbildung eine

Erklärung empfängt (Empfangsbote) oder abgibt (Erklärungsbote)«, mhd. bote, M., »Bote, Gesandter, Abgesandter, Stellvertreter, Engel«, ahd. boto (765), M., »Gesandter, Engel, Abgesandter, Apostel, Stellvertreter«, as. bodo, M., »Bote«, germ. *budan, *budōn, M., »Bote, Verkünder«, zu germ. *beudan, V., »bieten, entbieten«, idg. *bheudh-, V., »wach sein, wecken, beobachten, bewußt machen, bewußt werden, bewußt sein«

Botschaft, F., »Botschaft, Mitteilung«, mhd. boteschaft, botschaft, F., »Botschaft, Bericht, Gesandter, Bestellung«, ahd. botaskaf (E. 8. Jh.), botascaft, F., »Botschaft, Kunde (F.), Nachricht, Sendung«, as. bodskepi, F., »Botschaft«, s. Bote, schaft

Botschafter, M., »Gesandter«, 15. Jh.? bzw. 1590 Salzburg, 18. Jh. offiziell für frz. ambassadeur, s. Botschaft

Böttcher, M., »Küfer«, spätmhd. botecher, M., »Böttcher, Küfer« 15. Jh., Lw. mnd. bodeker, M., »Böttcher« M. 13. Jh., zu Bütte? (mnd. böde, bode)

Boykott, M., »Ächtung von Arbeitgebern oder Arbeitnehmern durch die jeweils andere Partei die alle Rechtsbeziehungen zu dem Geächteten ablehnt und ihm damit die Möglichkeit der Teilnahme am Arbeitsleben nimmt«, E. 19. Jh. Lw. ne. boycott, N., »Ächtung«, 1880, aus dem PN Charles Boycott (englischer Gutsbesitzer in Irland Herbst 1880)

Brand, M., »Brand«, mhd. brant, M., »Feuerbrand, Feuersbrunst, Brennen«, ahd. brant (9. Jh.), M., »Brand, Brandscheit, Brenneisen«, as. brand, M., »Brand«, germ. *branda, *brandaz, M., »Brand«, vgl. ahd. brinnan, V., »brennen«, s. idg. *gᵘ̯hr̥nw-?, V., »brennen«

Brandenburg, N., »Land der Bundesrepublik Deutschland«, 928/9 Brennaburg, s. Burg

brandmarken, V., »durch Einbrennen kennzeichnen«, vereinzelt E. 14. Jh., allgemein 17. Jh., s. Brand, Marke

Brandstiftung, M., »Inbrandsetzen besonders genannter Gegenstände die entweder fremdes Eigentum sind oder zwar Eigentum des Täters jedoch ihrer Beschaffenheit und Lage nach geeignet sind das Feuer besonders genannten Räumen oder den besonders genannten Gegenständen mitzuteilen«, 1709 Ulm, s. Brand, stiften, ung, vgl. Weiske 1839ff.

Brauch, M., »tatsächlich innerhalb einer Personenmehrheit geübtes Verhalten«, mhd. brūch, M., »Brauch«, ahd. brūh (1000), M., »Gebrauch«, germ. *brūki, *brūkiz, M., »Gebrauch«, zu idg. *bhrug-, Sb., V., »Frucht, genießen, gebrauchen«

brauchen, V., »brauchen, gebrauchen, nutzen«, mhd. brūchen, V., »brauchen, gebrauchen, benützen«, ahd. brūhhan (765), brūchan, brūhhen (800), brūchen, V., »brauchen, gebrauchen«, as. brūkan, V., »brauchen«, idg. *bhrūg-, Sb., V., »Frucht, genießen, gebrauchen«, s. idg. *bher- (3), V., »ritzen, schneiden, spalten, reiben«?

Braut, F., »neuvermählte junge Frau, Verlobte«, mhd. brūt, F., »Braut, junge Frau«, ahd. brūt (8. Jh.), F., »Braut, junge Frau, Schwiegertochter«, as. brūd, F., »junge Frau«, germ. *brūdi-, *brūdiz, F., »junge Frau am Hochzeitstag«, Etymologie ungeklärt, vgl. idg. *mru-, V., »sprechen«?, Bedeutung »Verlobte« ostmmd., seit Luther (vor 1546) allgemein verbreitet

Bräutigam, M., »Bräutigam«, mhd. briutegomo, M., »Bräutigam«, ahd. brūtigomo (E. 8. Jh.), M., »Bräutigam, Freier (M.) (2)«, as. brūdigomo, M., »Bräutigam«, germ. *brūdiguman, *brūdigumōn, M., »Bräutigam, Brautmann«, s. Braut, s. idg. *ghəmon, *ghmon, M., »Mann, Mensch, Irdischer«

Brautlauf, M., »Vermählung, Hochzeit«, mhd. brūtlouft, brūtlouf, M., F., N., »Brautlauf, Hochzeit«, ahd. brūtlouft (765), M., F., »Brautlauf, Hochzeit«, as. brūdhloft, F., »Brautlauf«, germ. *brūdihlaufti, *brūdihlauftiz, F., »Brautlauf, Hochzeit«, s. Braut, laufen

brechen, V., »brechen«, mhd. brechen, V., »entzwei brechen, zerbrechen, brechen, reißen, pflücken«, ahd. brehhan (765), brechan, V., »brechen, zerbrechen, zerpflükken, zerstören«, as. brekan, V., »brechen«, germ. *brekan, V., »brechen«, idg. *bhreĝ- (1), V., »brechen, krachen«

Bremen, N., »ein Bundesland«, 781/2 as. »an den Rändern«, vgl. idg. *bherem- (1), V., Sb., »hervorstehen, Spitze, Kante«

brevi manu traditio, lat., F., »Übergabe kurzer Hand«, »eine besondere Art der Übereignung beweglicher Sachen die voraussetzt daß der Erwerber bereits im Besitz der Sache ist so daß die Einigung über den Eigentumsübergang zur Übereignung genügt und eine Übergabe ausscheidet«

Brief, M., »schriftliche Mitteilung (einer Person an eine andere)«, mhd. brief, M., »Brief, Urkunde, Zeugnis«, ahd. brief (9. Jh.), M., »Brief, Urkunde, Schreiben«, as. brēf, N., »Brief, Schrift«, Lw. lat. breve, N., »kurzes Schreiben« 6. Jh., zu lat. brevis, Adj., »kurz«

Briefgeheimnis, N., »(im Verfassungsrecht) die Tatsache und den Inhalt von Briefen schützende Geheimhaltungspflicht«, s. Brief, Geheimnis, vgl. Weiske 1839ff., Grimm DW 1860

Briefmarke, F., »Postwertzeichen«, Keller 1860, s. Brief, Marke, älter Freimarke

Briefrecht, N., »durch Erteilung eines Briefes verkehrsfähiger gestaltetes Grundpfandrecht«, »verbrieftes Recht« 1523, s. Brief, Recht, (Briefhypothek bzw. Briefgrundschuld) (Briefhypothek 19. Jh., vgl. Gerber 1895)

Briefwahl, F., »Stimmabgabe in der Form der Zusendung des Stimmzettels seitens des Wählers an die Wahlbehörde durch die Post«, 2. H. 20. Jh., s. Brief, Wahl

Brigade, F., »militärische Einheit«, A. 17. Jh. Lw. frz. brigade, F., »Brigade«, Lw. it. brigata, F., »Truppe«, zu it. briga, F., »Streit, Erregung, Mühe«, kelt. Lw.?

bringen, V., »bringen, hinbringen«, mhd. bringen, V., »bringen, machen, herbringen«, ahd. bringan (765), V., »bringen, geben, führen, hervorbringen, überbringen«, as. brengian, V., »bringen«, germ. brengan, V., »bringen«, idg. *bhrenk-, V., »bringen«, Verknüpfung von idg. *bher- (1), V., »tragen, bringen« und idg. *enek-, V., »reichen, erreichen, erlangen«

Bringschuld, F., »Schuld bei welcher der Handlungsort des Schuldners (und Erfolgsort) der Ort des Wohnsitzes des Gläubigers ist«, 19. Jh.?, s. bringen, Schuld

Brink, M., »Grashügel«, mnd. brinc, M., »Anger«, zu idg. *bherem- (1), V., Sb., »hervorstehen, Spitze, Kante«?

Bruch, M., »Gebrochenes«, mhd. bruch, M., »Bruch (M.) (1), Gebrochens, Riß«, s. idg. *bhreg- (1), V., »brechen, krachen«

Bruchteil, M., »Teil«, 19. Jh.?, s. Bruch, Teil

Bruchteilsgemeinschaft, F., »Gemeinschaft zu Bruchteilen«, 19. Jh.?, s. Bruchteil, Gemeinschaft

Bruder, M., »Bruder«, mhd. bruoder, M., »Bruder«, ahd. bruoder (2. H. 8. Jh.), M., »Bruder«, as. brōthar, M., »Bruder«, germ. *brōþēr, M., »Bruder«, idg. *bhrātēr, M., »Bruder«

Brühl, M., »feuchte Wiese«, mhd. bruel, M., »feuchte Wiese«, Lw. mlat. brogilus, M., »feuchte Wiese«, gall. brogilos, Sb., »feuchte Wiese«, zu idg. *mrog-

Brunnen, M., »Brunnen«, mhd. brunne, M., »Brunnen, Quelle, Wasser, Ursprung«, ahd. brunno (8. Jh.), M., »Brunnen, Quelle, Wasser, Ursprung«, as. brunno, M., »Brunnen, Quelle«, germ. *brunnan, *brunnōn, M., »Brunnen, Quelle«, idg. *bhrun-, Sb., »Hervorsprudelndes, Quelle«, s. idg. *bhreu-, V., »sich heftig bewegen, kochen, sieden«, vgl. idg. *bher- (2), V., »wallen, sieden«

Brüsseler Vertrag (vom 17. 3. 1948), s. Vertrag

brutto, Adv., »roh, ohne Abzug«, M. 16. Jh. (Meder 1558) Lw. it. brutto, Adv., »ohne Abzug«, zu it. brutto, Adj., »unrein, schmutzig, häßlich, gemein«, aus lat. brutus, Adj., »schwerfällig, stumpf«

brutto für netto, »Preisklausel die bestimmt daß der Kaufpreis nach dem Bruttogewicht der Ware einschließlich der Verpackung berechnet wird«

btx, s. Bildschirmtext

Bube, M., »Bube, Knabe, Diener«, mhd. buobe, M., »Knabe, Diener, Spieler«, 1293, älter als PN ahd. Buobo, as. Bōvo, älteres Lallwort? (zu Bruder?)

Buch, N., »Buch«, mhd. buoch, N., »Buch, Dichtung, Heilige Schrift«, ahd. buoh (765), M., F., N., »Buch, Schrift, Heilige Schrift, Buchstabe«, as. bōk, F., »Schrifttafel«, germ. *bōkō, F., »Buchstabe, (Pl. *bōkōs) Buch«, aus germ. *bōks, s. idg. *bhāgōs, F., »Buche«?, oder zu ai. bhága-, Sb., »Wohlstand«?, idg. *bhag-, V., »zuteilen«?

buchen, V., »in Bücher eintragen«, vereinzelt im 16. Jh., öfters 18. Jh. Lw. ne. book, V., »eintragen«, zu ne. books, N. Pl., »Buchhaltung«

Buchersitzung, F., »Ersitzung durch Eintragung im Grundbuch«, 19. Jh.?, s. Buch, Ersitzung

Buchführung, F., »systematische Aufzeichnung von Vermögensgegenständen und Geschäftsvorgängen auf Grund von Belegen«, s. Buch, führen, ung, vgl. Weiske 1839ff.

Buchgeld, N., »rechtlich in einer - in vereinfachter Form verfügbaren - Forderung gegen ein Geldinstitut bestehendes Geld (z.B. Verwendung von Bankguthaben zur bargeldlosen Zahlung)«, 20. Jh.?, s. Buch, Geld

Buchhalter, M., »Buchführer«, 15. Jh., A. 16. Jh.?, s. Buchhaltung

Buchhaltung, F., »Buchführung«, 15. Jh.? bzw. 16. Jh.? Lüt. it. tenere i libri »die Bücher halten«, s. Buch, halten

Buchhypothek, F., »Hypothek bei der die Erteilung eines Hypothekenbriefes ausgeschlossen ist«, 19. Jh., s. Buch, Hypothek, vgl. Gerber 1895

Buchstabe, M., »Buchstabe«, mhd. buochstap, M., »Buchstabe«, ahd. buohstab (765), M., »Buchstabe, Schrift«, as. bōkstaf, M., »Buchstabe«, westgerm. *bōkstaba-, *bōkstabaz, M., »Buchstabe«, s. Buch, Stab

Buchung, F., »Eintragung, Bestellung«, 19. Jh., s. buchen, ung

Buchversitzung, F., »Rechtsverlust durch Nichteintragung im Grundbuch«, 19. Jh.?, s. Buch, Versitzung

Buchwert, M., »Wert mit dem Vermögensgegenstände in den Büchern und Bilanzen eingetragen sind«, 19. Jh.?, s. Buch, Wert

Bude, F., »Bude«, mhd. buode, F., »Bude«, 1294 Riga (bode), zu germ. *bowwan, V., »bauen«?

Budget, N., »Haushaltsplan, Voranschlag«, 2. H. 18. Jh.? bzw. A. 19. Jh. (Kotzebue 1812) Lw. ne. budget, N., »Finanzmittel«, Lw. afrz. bougette, F., »Lederbeutel«, zu afrz. bouge, M., »Ledersack«, aus spätlat. bulga, F., »Ledersack«, Aussprache von Budget (Görres 1819 Büdget) französisiert (, seit 1806 das im 18. Jh. ins Französische entlehnte ne. Wort in Frankreich offiziell gebraucht)

Budgetrecht, N., »Recht den Haushaltsplan des Staates in Einnahmen und Ausgaben verbindlich festzustellen, Recht des Budgets«, 19. Jh.?, s. Budget, Recht

***Bühr**, Sb., »gebührendes Erbteil« 1404, »Abgabe« 1666, »Bezirk«, s. Gebühr

Bulle, F., »(im Kirchenrecht) das in feierlicher Form ergehende (päpstliche) Gesetz«, mhd. bulle, F., »Siegel, Urkunde, Bulle (F.)«, 1250 Lw. mlat. bulla, F., »Blase, Buckel, Siegel, Siegelurkunde«, zu lat. bulla, F., »Wasserblase, Buckel«

Bulletin, N., »Bericht, Verlautbarung«, E. 18. Jh. (Kinderling 1795 »Tageszeitung«), Lw. frz. Bulletin, N., »Bericht, Mitteilung«, zu afrz. bullete, F., »Siegelabdruck«, zu afrz. bulle, F., »Kugel, Siegelkapsel«, aus lat. bulla, F., »Wasserblase, Buckel«

Bund, M., »künstliche Verbindung, künstlicher Zusammenschluß«, mhd. bunt, M., »Band, Fessel, Verband Bündnis«, 13. Jh. Nürnberg, 1293 Braunschweig, »Abrede eines Vertrages« 1281 Oberösterreich, zu binden, vgl. Geschichtliche Grundbegriffe

Bundesamt, N., »Bundesoberbehörde der unmittelbaren Bundesverwaltung für ein bestimmtes Sachgebiet (z.B. Bundeskriminalamt)«, 2. H. 20. Jh., s. Bund, Amt

Bundesangelegenheit, F., »Angelegenheit des Bundes«, vgl. Grimm DW 1860, s. Bund, Angelegenheit

Bundesangestelltentarifvertrag (BAT), M., »tarifrechtliche Regelung des Arbeitsrechts für Angestellte des öffentlichen Dienstes«, 2. H. 20. Jh., s. Bund, Angestellter, Tarifvertrag

Bundesanstalt, F., »Bundesoberbehörde der unmittelbaren Bundesverwaltung für ein bestimmtes Sachgebiet (z.B. Bundesarchiv)«, 2. H. 20. Jh., s. Bundes, Anstalt

Bundesanwalt, M., »Anwalt an einem Bundesgericht«, 2. H. 20. Jh., s. Bund, Anwalt

Bundesanwaltschaft, F., »Staatsanwaltschaft beim Bundesgerichtshof sowie Vertreter des öffentlichen Interesses beim Bundesverwaltungsgericht«, 2. H. 20. Jh., s. Bundes, Anwaltschaft

Bundesanzeiger, M., »amtliches Verkündungsblatt des Bundes für Satzungen bzw. Verträge bzw. Verwaltungsvorschriften und andere Bekanntmachungen, 1949/50, s. Bund, Anzeiger

Bundesarbeitsgericht, N., »oberstes Gericht des Bundes in Streitigkeiten auf dem Gebiet des Arbeitsrechts«, 2. H. 20. Jh., s. Bund, Arbeitsgericht

Bundesaufsicht, F., »Aufsicht des Bundes über die Länder«, 2. H. 20. Jh., s. Bund, Aufsicht

Bundesaufsichtsamt, N., »selbständige nachgeordnete Bundesbehörde mit der Aufgabe der Beaufsichtigung eines bestimmten Sachgebiets (z.B. für das Kreditwesen)«, 2. H. 20. Jh., s. Bundesaufsicht, Amt

Bundesauftragsverwaltung, F., »Auftragsverwaltung des Bundes«, 2. H. 20. Jh., s. Bund, Auftragsverwaltung

Bundesausbildungsförderungsgesetz, N., »Gesetz über die Bundesausbildungsförderung«, 1971, s. Bund, Ausbildungsförderung, Gesetz

Bundesautobahn, F., »der Verwaltung des Bundes unterstellte Autobahn«, 2. H. 20. Jh., s. Bund, Autobahn

Bundesbahn (DB), F., »Gesamtheit der bundeseigenen Eisenbahnen die vom Bund als nicht voll rechtsfähiges Sondervermögen mit eigener Wirtschaftführung und Rechnungsführung verwaltet wird«, 2. H. 20. Jh., s. Bund, Bahn

Bundesbank (in Frankfurt), F., »bundesunmittelbare juristische Person des öffentlichen Rechts für Währungsangelegenheiten«, 2. H. 20. Jh., s. Bund, Bank

Bundesbaugesetz, N., »die Bauleitplanung und die Bodenordnung regelndes Bundesgesetz vom 23. 6. 1960«, s. Bund, Bau, Gesetz 1960

Bundesbeamter, M., »Beamter des Bundes oder einer bundesunmittelbaren Körperschaft bzw. Anstalt oder Stiftung«, 2. H. 20. Jh., s. Bund, Beamter

Bundesbeauftragter, M., »zur Ausführung einer Aufgabe des Bundes besonders bestellte Person«, 2. H. 20. Jh., s. Bund, Beauftragter

Bundesbehörde, F., »Behörde des Gesamtstaats im Gegensatz zu den Landesbehörden«, s. Bund, Behörde, vgl. Grimm DW 1860

Bundesberggesetz, N., »das Bergrecht regelndes Bundesgesetz vom 13. 8. 1980«, s. Bund, Berg, Gesetz

Bundesdatenschutzgesetz, N., »den Datenschutz regelndes Bundesgesetz (20. 12. 1990)«, s. Bund, Datenschutz, Gesetz

Bundesfernstraße, F., »öffentliche Straße des weiträumigen Verkehrs«, 1953, s. Bund, Fernstraße

Bundesfinanzhof (BFH) (in München), M., »oberstes Finanzgericht des Bundes«, 1950, s. Bund, Finanz, Hof

Bundesflagge, F., »ein Staatssymbol der Bundesrepublik«, 19. Jh., s. Bund, Flagge

bundesfreundlich, Adj., »dem Bund gegenüber freundlich handelnd«, s. Bund, Freund, lich, vgl. Grimm DW 1860

Bundesgebiet, N., »Gebiet eines Bundes, Gebiet der Bundesrepublik«, s. Bund, Gebiet, vgl. Grimm DW 1860

Bundesgericht, N., »Gericht des Bundes«, »Schiedsgericht zwischen Verbündeten« Hellfeld 1733, »höchstes Gericht der Schweiz« 1848, s. Bund, Gericht

Bundesgerichtshof (BGH) (in Karlsruhe), M., »oberstes Gerichtshof für das Gebiet der ordentlichen Gerichtsbarkeit«, 2. H. 20. Jh., s. Bund, Gerichtshof

Bundesgesetz, N., »von den Gesetzgebungsorganen eines Bundes beschlossenes Gesetz«, s. Bund, Gesetz, vgl. Weiske 1839ff.

Bundesgesetzblatt, N., »amtliches Verkündungsblatt für Gesetze und Rechtsverordnungen eines Bundes«, 19. Jh. bzw. 1949/50, s. Bund, Gesetzblatt

Bundesgesetzgebung, F., »Gesetzgebung des Bundes im Gegensatz zu der Gesetzgebung der Länder«, 19. Jh.?, s. Bund, Gesetzgebung

Bundesgesundheitsamt, N., »selbständige Bundesoberbehörde für überregionale Aufgaben auf dem Gebiet der Gesundheitspflege«, 1952, s. Bund, Gesundheitsamt

Bundesgrenzschutz, M., »polizeiähnliche Bundesbehörde zum polizeilichen Schutz (der Grenzen) des Bundesgebietes«, 1951, s. Bund, Grenzschutz

Bundeshaushalt, M., »Gegenüberstellung der Einnahmen und Ausgaben des Bundes«, 2. H. 20. Jh.?, s. Bund, Haushalt

Bundesjustizministerium (BJM), N., »oberste Bundesbehörde der Justiz«, 1949, s. Bund, Justizministerium

Bundeskabinett, N., »Bundesregierung«, 2. H. 20. Jh., s. Bund, Kabinett

Bundeskanzler, M., »Kanzler eines Bundes (19. Jh.), politischer Führer der Bundesregierung (20. Jh.)«, s. Bund, Kanzler

Bundeskanzleramt, N., »dem Bundeskanzler für seine Geschäfte unmittelbar zugeordnete Behörde«, 20. Jh., s. Bundeskanzler, Amt

Bundeskartellamt (in Berlin), N., »selbständige Bundesoberbehörde für die Anwendung des Kartellrechts«, 1957, s. Bund, Kartell, Amt

Bundeskleingartengesetz, 1983, s. Bund, Kleingarten, Gesetz

Bundesknappschaft, 1969, s. Bund, Knappschaft

Bundeskriminalamt (BKA) (in Wiesbaden), N., »Bundesoberbehörde für die Verbrechensbekämpfung«, 1951, s. Bund, Kriminal, Amt

Bundesland, N., »Land eines Länderbundes, Land der Bundesrepublik«, 19. Jh.?, s. Bund, Land

Bundesminister, M., »Mitglied der Bundesregierung«, 2. H. 20. Jh.?, s. Bund, Minister

Bundesnachrichtendienst, M., »dem Bundeskanzler unmittelbar unterstellter Auslandsnachrichtendienst«, 2. H. 20. Jh., s. Bund, Nachricht, Dienst

Bundesnotarkammer, F., »Zusammenschluß der Notarkammern als Körperschaft des öffentlichen Rechts (mit Sitz in Köln)«, 2. H. 20. Jh., s. Bund, Notar, Kammer

Bundesoberbehörde, F., »einer obersten Bundesbehörde nachgeordnete Behörde der unmittelbaren Bundesverwaltung deren Zuständigkeit das gesamte Bundesgebiet umfaßt (z.B. Bundesamt für Verfassungsschutz)«, 2. H. 20. Jh., s. Bund, Ober, Behörde

Bundesoberhandelsgericht, N., »vom Deutschen Bund (1815-66) in Handelssachen eingerichtetes Gericht (1869)«, s. Bund, Ober, Handel, Gericht

Bundespatentgericht, N., »unabhängiges und selbständiges Bundesgericht in Patentsachen mit Sitz in München«, 2. H. 20. Jh., s. Bund, Patentgericht

Bundespost (BP), F., »Gesamtheit der Einrichtungen im Postwesen und Fernmeldewesen die vom Bund als nicht rechtsfähiges Sondervermögen mit eigener Haushaltsführung und Rechnungsführung verwaltet wird«, 2. H. 20. Jh., s. Bund, Post

Bundespräsident, M., »Staatsoberhaupt der Bundesrepublik das den Bund völkerrechtlich vertritt«, 2. H. 20. Jh., s. Bund, Präsident

Bundespräsidialamt, N., »oberste Bundesbehörde welche den Bundespräsidenten bei der Ausführung seiner Aufgaben unterstützt«, 2. H. 20. Jh., s. Bund, Präsidial, Amt

Bundesrat, M., »Organ des Bundes durch das die Länder bei der Gesetzgebung und Verwaltung des Bundes mitwirken«, »Mitglied einer Bundesbehörde« 1525, »oberste Regierungsbehörde und Verwaltungsbehörde der Schweiz«, »Organ des Norddeutschen Bundes und des Deutschen Reiches« 1867, s. Bund, Rat

Bundesrechnungshof (in Frankfurt), M., »oberste Rechnungsprüfungsbehörde des Bundes«, 1950, s. Bund, Rechnungshof

Bundesrecht, N., »Recht eines Bundes, von den Rechtsetzungsorganen des Bundes erlassenes Recht und als Bundesrecht fortgeltendes Reichsrecht sowie als Bundesrecht fortgeltendes Recht der Deutschen Demokratischen Republik«, 19. Jh?, s. Bund, Recht

Bundesrechtsanwaltsgebührenordnung, F., »Gebührenordnung für Rechtsanwälte«, 1957, s. Bund, Rechtsanwalt, Gebühr, Ordnung

Bundesrechtsanwaltsordnung, F., »das Recht der Rechtsanwälte ordnendes Bundesgesetz«, 2. H. 20. Jh, s. Bund, Rechtsanwalt, Ordnung

Bundesregierung, F., »oberstes Exekutivorgan des Bundes«, 19. Jh.?, s. Bund, Regierung

Bundesrepublik, F., »als Bundesstaat organisierte Republik, am 24. 5. 1949 aus den ehemaligen Besatzungszonen der westlichen Alliierten errichteter Bundesstaat«, s. Bund, Republik

Bundesrichter, M., »Richter an einem Bundesgericht«, »Schiedsrichter eines Bundes« 1530, s. Bund, Richter

Bundesseuchengesetz, N., »Bundesgesetz über Seuchen«, 1961, s. Bund, Seuche, Gesetz

Bundessozialgericht (BSG) (in Kassel), N., »oberster Gerichtshof des Bundes in der Sozialgerichtsbarkeit«, 2. H. 20. Jh., s. Bund, Sozialgericht

Bundesstaat, M., »Zusammenschluß von Staaten durch den ein neuer Staat (Oberstaat bzw. Gesamtstaat) entsteht auf den ein Teil der Souveränität der Glieder übergeht (z.B. Schweiz oder Vereinigte Staaten von Amerika)«, Brockhaus 1827, s. Bund, Staat, vgl. Weiske 1839ff., Grimm DW 1860

Bundesstaatlichkeit, F., »Grundsatz der

Ordnung eines Staates als Bundesstaat«, 2. H. 20. Jh., s. Bund, Staat, lich, heit

Bundestag, M., »Volksvertretung, wichtigstes Organ der Bundesrepublik Deutschland«, »Bundestagung« 1499, »Bundesversammlung des Deutschen Bundes«, s. Bund, Tag

Bundestagssitzung, F., »Sitzung eines Bundestages«, s. Bundestag, Sitzung, vgl. Grimm DW 1860

Bundestreue, F., »aus dem Wesen des Bundesstaates entwickelter Grundsatz nach welchem Bund und Länder verpflichtet sind auf einander Rücksicht zu nehmen und sich gegenseitig zu unterstützen«, »Vertragstreue« Heilmans 1760, s. Bund, Treue

Bundesverfassung, F., »Verfassung der Bundesrepublik«, »Verfassung des schwäbischen Bundes« 1596, s. Bund, Verfassung

Bundesverfassungsgericht (BVerfG) (in Karlsruhe), N., »höchstes Organ des Bundes auf dem Gebiet der Gerichtsbarkeit«, 1951, s. Bund, Verfassungsgericht

Bundesverkehrszentralregister, N., »vom Kraftfahrtbundesamt geführtes Register über Verkehrsverstöße von Kraftfahrern und entsprechende Verwaltungsentscheidungen und Gerichtsentscheidungen«, 2. H. 20. Jh., s. Bund, Verkehr, Zentral, Register

Bundesversammlung, F., »Versammlung eines Bundes, (in der Bundesrepublik) Bundesorgan das - nur - den Bundespräsidenten wählt«, s. Bund, Versammlung, vgl. Weiske 1839ff., Grimm DW 1860

Bundesversicherungsamt, N., »Bundesoberbehörde zur Beaufsichtigung der Sozialversicherungsträger«, 2. H. 20. Jh., s. Bund, Versicherung, Amt

Bundesversicherungsanstalt für Angestellte (in Berlin), F., »Trägerin der Rentenversicherung für Angestellte«, 2. H. 20. Jh., s. Bund, Versicherung, Anstalt

Bundesverwaltung, F., »Verwaltung des Bundes im Gegensatz zur Landesverwaltung«, 19. Jh.?, s. Bund, Verwaltung

Bundesverwaltungsgericht (BVerwG) (in Berlin), N., »höchstes Gericht des Bundes in der Verwaltungsgerichtsbarkeit«, 1952, s. Bund, Verwaltung, Gericht

Bundeswaldgesetz, N., »Gesetz zur Erhaltung des Waldes und der Förderung der Forstwirtschaft vom 2. 5. 1975«, s. Bund, Wald, Gesetz

Bundeswehr, F., »Gesamtheit der Einrichtungen der militärischen Landesverteidigung des Bundes«, um 1955, s. Bund, Wehr

Bundeswehrverwaltung, F., »bundeseigene Veraltung mit eigenem Verwaltungsunterbau zur Erfüllung der Aufgaben des Personalwesens und der unmittelbaren Dekkung des Sachbedarfs der Streitkräfte«, um 1955, s. Bundeswehr, Verwaltung

Bundeszentralregister, N., »von dem Generalbundesanwalt geführtes Register der strafgerichtlichen Verurteilungen bzw. (der Entmündigungen bzw.) gewisser Entscheidungen von Verwaltungsbehörden bzw. der Vermerke über Schuldunfähigkeit und anderer Entscheidungen«, 1971, s. Bund, zentral, Register

Bundeszwang, M., »Möglichkeit der Bundesregierung ein Land dann wenn es die ihm nach dem Grundgesetz oder einem anderen Bundesgesetz obliegenden Bundespflichten nicht erfüllt zwangsweise - mit Zustimmung des Bundesrats - zur Erfüllung seiner Pflichten anzuhalten«, 2. H. 20. Jh., s. Bund, Zwang

Bundschuh, M., »Schnürschuh«, mhd. buntschuoch, M., »grober Schnürschuh der Bauern«, Symbol der Bauern in Bauernaufständen seit 1. H. 15. Jh., s. Bund, Schuh

Burg, F., »Burg«, mhd. burc, F., »Burg, Schloß, Stadt«, ahd. burg (8. Jh.), F., »Burg, (antike) Stadt«, as. burg, F., »Burg, (antike) Stadt«, germ. *burg, F., »Burg, (antike) Stadt«, Lbd. lat. civitas, urbs, s. idg. *bhergh-?, V., »bergen, verwahren, bewahren«, vgl. idg. *bher- (1), V., »tragen, bringen«

Bürge, M., »wer sich durch Vertrag mit dem Gläubiger eines Dritten (Hauptschuldner) diesem Gläubiger gegenüber verpflichtet für die Erfüllung der Verbindlichkeit des Dritten einzustehen«, mhd. bürge, M., »Bürge«, ahd. burgo (vor E. 8. Jh.), M., »Bürge, Gläubiger«, germ. *burgjan, *burgjōn, M., »Bürge, Schützer«, s. idg. *bhergh-?, V., »bergen, verwahren, bewahren«, vgl. idg. *bher- (1), V., »tragen, bringen«

bürgen, V., »bürgen, einstehen für«, mhd. bürgen, V., »bürgen«, ahd. burgōn (10./11.

Jh.), V., »ansprechen, vor Gericht fordern«, s. Bürge

Bürger, M., »(seit dem Hochmittelalter) Bewohner einer mit besonderem Stadtrecht versehenen Stadt im Gegensatz zum Adligen und Bauern«, mhd. burgære, M., »Burgbewohner, Einwohner«, ahd. burgari (E. 8. Jh.), M., »Burgbewohner, Bewohner einer (antiken) Stadt«, Lbd. lat. civis, urbanus, s. Burg, germ. *waran, *warōn, M., »Bewohner«?, zu germ. *wesan, V., »sein (V.), bleiben«?, vgl. Geschichtliche Grundbegriffe

Bürgerinitiative, F., »meist rechtlich nicht verselbständigter Zusammenschluß von Bürgern zur Erreichung eines bestimmten allgemeinen Zwecks (z.B. Verhinderung eines Bauvorhabens)«, um 1970, s. Bürger, Initiative, Lüs. ne.?

bürgerlich, Adj., »bürgerlich« 1338, spätmhd. burgerlich, Adj., »bürgerlich«, Lüs. lat. civilis, Adj., »bürgerlich«, s. Bürger, lich

bürgerlicher Tod, M., »rechtlicher Tod«, (frz. mort civil 1601,) Lüs. lat. mors civilis, F., »bürgerlicher Tod«, Mitte 19. Jh. beseitigt, s. bürgerlich, Tod

Bürgerliches Gesetzbuch (BGB), N., »die wesentlichsten Materien des Privatrechts (bürgerliches Recht) regelndes Gesetzbuch vom 18. 8. 1896 das zum 1. 1. 1900 in Kraft getreten ist«, 19. Jh.? Lüs. lat. codex civilis, M., »bürgerliches Gesetzbuch« bzw. frz. code civil, M., »bürgerliches Gesetzbuch«, vgl. Allgemeines Bürgerliches Gesetzbuch 1811 Österreich

bürgerliches Recht, N., »die Bürger im Verhältnis untereinander betreffendes Recht«, Lüs. lat. ius civile, N., »Recht der Bürger« Gobler 1551, s. Recht, bürgerlich

Bürgermeister, M., »leitendes Organ einer Gemeinde (ursprünglich der Leiter der Gemeindeverwaltung)«, mhd. burgermeister, M., »Vorsteher eine Stadt oder einer Dorfgemeinde«, Köln 1258, Basel 1261, s. Bürger, Meister

Bürgermeisterverfassung, F., »besondere Form der dualistischen oder monistischen Gemeindeverfassung bei der ein Bürgermeister an der Spitze der Vertretungskörperschaft der Gemeinde steht und die Verwaltungsgeschäfte führt (z.B. Rheinland-Pfalz)«, 19. Jh.?, s. Bürgermeister, Verfassung

Bürgerrecht, N., »Grundrecht das allen Deutschen durch das Grundgesetz gewährt wird«, »Stadtrecht« Schwabenspiegel 1275, »Rechtsstellung als Bürger mit Rechten und Pflichten (Abgaben)« 1291 Schaffhausen, s. Bürger, Recht

Bürgerschaft, F., »Gesamtheit der Bürger, (in einzelnen Bundesländern) Parlament als Vertretung der Bürger (z.B. Hamburg)«, mhd. burgerschaft, F., »Bürgerrecht« (vgl. 1294 Lübeck), Gemeinschaft der Bürger (1525 Nürnberg), Städtebündnis«, s. Bürger, schaft

Bürgersteig, M., »Gehsteig«, 19. Jh.?, zunächst nur nd. und md., s. Bürger, steigen

Bürgerversammlung, F., »Versammlung der Bürger einer Gemeinde zur Erörterung gemeindlicher Angelegenheiten«, 20. Jh.?, s. Bürger, Versammlung

Burgrecht, N., »Burgrecht, Stadtrecht«, mhd. burcreht, M., »Bürgerrecht, Aufnahmegebühr als Bürger, Stadtrecht, Besitzrecht nach Stadtrecht«, ahd. burgreht (1000), N., »positives Recht, Recht der (römischen) Bürger«, Lüs. lat. ius civile, N., »Recht der (römischen) Bürger«, s. Burg, Recht

Bürgschaft, F., »einseitig verpflichtender Vertrag in dem sich der eine Teil (Bürge) gegenüber dem anderen Teil (Gläubiger eines Dritten bzw. Bürgschaftsgläubiger) verpflichtet für die Verbindlichkeit eines Dritten (Hauptschuldner) gegenüber dem Gläubiger einzustehen«, mhd. bürgeschaft, F., »Bürgschaft«, ahd. burgiskaf (10. Jh.), burgiscaf, F., »Bürgschaft, Verbürgung«, Lüt. lat. fideiussio, F., »Bürgschaft«?, s. bürgen, schaft

Büro, N., »Amtszimmer«, 17. Jh. (1695) Lw. frz. bureau, M., »Amtszimmer«, zu vulgarfrz. bure, F., »grober Wollstoff«, aus. lat. *bura, F., »grober Wollstoff«, zu lat. burra, F., »zottiges Gewand«?, Bedeutungsentwicklung »Tuch, Tischtuch, mit Tuch gedeckter Tisch, Schreibtisch, Raum mit Schreibtisch«

Bürokratie, F., »durch hauptberufliches fachlich ausgebildetes Personal bzw. durch Trennung von Amt und Person bzw. durch Regelgebundenheit und durch Schriftlichkeit aller wesentlichen Amtsvorgänge gekennzeichnete Verwaltungsgestaltung«, E. 18. Jh. (Schlözer 1790) Lw. frz. bureaucratie, F., »Bürokratie« (Gournay 1759), s. Büro, kratie

Bursche, M., »junger Mann«, fnhd. bursche, F., »Studentengemeinschaft«, Lw. mlat. bursa, F., »Geldbeutel«, seit 17. Jh. Sg. Bursch aus dem als Pl. verstandenen Bursche entwickelt

Burschenschaft, F., »Gesamtheit der Studenten einer Universität, Studentenvertretung (19. Jh.)« 18. Jh., s. Bursch, schaft

***bürtig**, Adj., »bürtig«, s. Geburt, ig

Buße, F., »Ausgleich für einen Unrechtserfolg durch eine Leistung zum Zweck der Ablösung des Racherechts, Sühne, Wiedergutmachung, Geldstrafe«, mhd. buoze, F., buoz, M., »Buße, Heilung«, ahd. buoza (800), F., buoz (882?), M., »Buße, Besserung, Ersatz, Preis, Umkehr, Strafe«, as. bōta, F., »Buße«, Lbd. lat. emendatio?, paenitentia, germ. *bōtō, F., »Besserung, Buße«, vgl. idg. *bhă̄d-, Adj., »gut«

büßen, V., »büßen«, mhd. buezen, V., »bessern, aufbessern, gut machen, Buße leisten«, ahd. buozen (765), V., »büßen, bessern, heilen, gut machen, sühnen, befreien«, as. bōtian, V., »büßen, bessern«, germ. *bōtjan, V., »bessern«, zu germ. *bōtō?, s. Buße

Bußgeld, N., »bei einer Ordnungwidrigkeit mögliche Geldbuße«, »Strafe« 1380 Jena, s. Buße, Geld

Bußgeldbescheid, M., »von der Verwaltungsbehörde im Bußgeldverfahren erlassener rechtsgestaltender Verwaltungsakt«, 2. H. 20. Jh., s. Bußgeld, Bescheid

Bußgeldkatalog, M., »systematische Aufstellung über die Höhe der bei verschiedenen Ordnungswidrigkeiten zu leistenden Bußgelder«, 2. H. 20. Jh., s. Bußgeld, Katalog

Bußgeldverfahren, N., »Verfahren der Verfolgung und Ahndung von Ordnungswidrigkeiten«, 2. H. 20. Jh., s. Bußgeld, Verfahren

Bütte, Butte, F., »offenes Daubengefäß«, mhd. büte, bütte, büten, F., »Gefäß, Bütte«, ahd. butin (9. Jh.), butina, F., »Bütte«, as. budin, F., »Bütte«, germ. *budinjō, *buddinō, buddinjō, F., »Bütte, Faß«, Lw. vulgarlat. *budina, F., »Gefäß, Faß, Bütte«, lat. butina, F., »Flasche, Gefäß«, Lw. gr. bytíne, F., »umflochtene Weinflasche«

Büttel, M., »Büttel, Gerichtsdiener, Gemeindediener«, mhd. bütel, M., »Büttel, Bote, Diener«, ahd. butil (9. Jh.), »Büttel, Diener, Gerichtsdiener, Kriegsherold«, as. budil, M., »Büttel«, westgerm. *budila, *budilaz, M., »Aufbieter«, s. idg. *bheud-, V., »wach sein, wecken, beobachten, erkennen machen«, s. bieten

C

canon, lat., M., (im Kirchenrecht) Untergliederung einer Rechtsquelle die etwa dem Artikel oder Paragraphen entspricht«, Lw. lat. canon, M., »Regel, Norm, Richtschnur«, Lw. gr. kanón, M., »Stab, Richtschnur, Regel, Grundsatz, Vorschrift, Gesetz, Bezirk«

Carolina, s. Constitutio Criminalis Carolina

case-law, ne., N., »konkretes Fallrecht im Gegensatz zum abstrakten Gesetzesrecht«, vgl. ne. case, law

casum sentit dominus, lat., »den (Unglücks-)Fall spürt der Herr«, »Grundprinzip des Schadensrechtes wonach der Eigentümer einer Sache grundsätzlich ihren Verlust selbst zu tragen hat und den Schaden nur (ausnahmsweise) bei Vorliegen von Schadensüberwälzungsnormen von einem anderen ersetzt verlangen kann«

causa, lat., F., »Ursache, Grund z.B. für eine Leistung«

cautio, lat., F., »Sicherheitsleistung«, zum PPP. cautus von lat. cavere, V., »sich hüten«

cf. (confer), lat., »vergleiche«, Imp. Sg. von lat. conferre, V., »zusammentragen, vergleichen«, zu lat. cum, con, Präp., Präf., »mit«, lat. ferre, V., »tragen, bringen«

cessio, lat., F., »Zession, Abtretung«, zum PPP. cessus von lat. cedere, V., »gehen, treten«

Chance, F., »Möglichkeit, Aussicht«, A. 19. Jh. Lw. frz. chance, F., »Möglichkeit, Aussicht«, zu afrz. cheance, F., »Glücksfall«, aus vulgarlat. *cadentia, Sb., »Glücksfall«, zum Part. Präs. cadens von lat. cadere, V., »fallen«

charta, lat., F., »Urkunde, Schrift«, Lw. gr. chártes, M., »Blatt der ägyptischen Papyrusstaude, Blatt, Urkunde«

Charta der Vereinten Nationen (26. 6./24. 10. 1945), F., »Grundordnung der Vereinten Nationen«, s. charta

chartern, V., »mieten«, 19. Jh. Lw. ne. charter, V., »mieten«, zu ne. charter, N., »Urkunde, Freibrief«, Lw. afrz. chartre, F., »Urkunde«, aus lat. chartula, F., »kleine Urkunde, kleine Schrift«, zu lat. charta, F., »Urkunde, Schrift«, Lw. gr. chártes, M., »Blatt der ägyptischen Papyrusstaude, Blatt, Urkunde«

Chartervertrag, M., »Fall eines Mietvertrages -evtl. eines Werkvertrages - bei dem ein Schiff oder Flugzeug gemietet wird«, 19. Jh.?, s. chartern, Vertrag

chen, Suff., »chen, lein«, 9. Jh., īn-Erweiterung eines alten k-Suffixes, welche sich seit dem 17. Jh. gegen das südliche -līn-Suffix durchsetzte

Christ, M., »Christ, Angehöriger einer christlichen Glaubensgemeinschaft«, zu mhd. kristen, Adj., »christlich«, ahd. kristāni (E. 8. Jh.), Adj., »christlich, rechtgläubig, gläubig, kirchlich«, zu ahd. krist (E. 8. Jh.), M., »Christus, Gesalbter, Christ«, germ. *Krist, *Kristus, M., »Christus«, Lw. lat. Christus, M., »Christus, Gesalbter«, Lw. gr. Christós, M., »Christus, Gesalbter«, PPP. von gr. chríein, V., »salben«, Lbi. hebr. māsiah, M., »Messias«

christlich, Adj., »an Christus glaubend, christlich, voll Nächstenliebe« mhd. cristlich, Adj., »christlich«, Lüs. lat. christianus, Adj., »christlich«, älter ahd. kristānlīh (11. Jh.), s. Christ, lich

Christlicher Gewerkschaftsbund, M., »Zusammenschluß christlicher Gewerkschaften«, 19. Jh.?, s. christlich, Gewerkschaft, Bund

cif (ne. cost, insurance, freight), »Klausel des internationalen Handelsverkehrs nach welcher der Verkäufer Verladungskosten und Versicherung und Fracht zum Bestimmungshafen einschließlich der Abladung übernimmt«, 19. Jh.?

clausula rebus sic stantibus, lat., F., »Klausel bei unveränderter Sachlage«, »Klausel die eine Rechtsfolge davon abhängig macht daß sich die wesentlichen Verhältnisse nicht ändern«, 19. Jh.?, vgl. Weiske 1839ff.

clearing, N., »(im internationalen Zahlungsverkehr) Verrechnung von Schulden und Forderungen über eine besondere Verrechnungsstelle zur Vermeidung überflüssiger Leistungsvorgänge«, Lw. ne. clearing, N., »Lichtung, Rodung, Verrechnung«, zu ne. clear, Adj., »klar«

Clementinae, F. Pl., »Teil des corpus iuris canonici«, F. Pl. eines lat. Adjektivs zum PN Clemens, zu lat. clemens, Adj., »weise«

Code civil, M., »Zivilgesetzbuch, französische Kodifikation des bürgerlichen Rechts mit ursprünglich 2281 Artikeln unter Napoleon (1804)«, aus lat. codex, M., »Stamm, Block, Tafel, Buch«, lat. civilis, Adj., »bürgerlich«

Code de commerce, M., »Handelsgesetzbuch, französische Kodifikation des Handelsrechts unter Napoleon (1807)«, aus lat. codex, M., »Stamm, Block, Tafel, Buch«, lat. commercium, N., »Handel, Warenverkehr«

Code pénal, M., »Strafgesetzbuch, französische Kodifikation des Strafrechts unter Napoleon (1810)«, aus lat. codex, M., »Stamm, Block, Tafel, Buch«, lat. poenalis, Adj., »strafend, peinlich«

codex, lat., M., »Stamm, Tafel, Buch, Gesetzbuch«

Codex Euricianus, lat., M., »auf König Eurich zurückgeführtes Gesetzbuch der Westgoten um 475 n. Chr.«

Codex Hammurapi, lat., M., »Gesetzbuch des babylonischen Königs Hammurapi um 1700 v. Chr.«

Codex juris canonici, lat., M., »Gesetzbuch des kanonischen Rechts, zu Pfingsten 1918 in Kraft getretene moderne Kodifikation des Rechts der katholischen Kirche«, s. codex, ius, canon

Codex Iustinianus, lat., M., »justinianisches Gesetzbuch, von Justinian (529-33) veranlaßte Sammlung römischer Kaisergesetze«

Codex Theodosianus, lat., M., »Gesetzbuch des oströmischen Kaisers Theodosius II. 438 n. Chr.«

cognitio extra ordinem, lat., F., »Erkenntnis außerhalb der Ordnung, besondere Verfahrensart des römischen Rechts in der ein öffentlicher Amtsträger untersucht und entscheidet«

comes, mlat., M., »(im Frühmittelalter) Graf«, lat. comes, M., »Begleiter«, zu lat. cum, com, Präp., Präf., »mit«, lat. ire, V., »gehen«

comitia, lat., F., (Plural von comitium) »verschieden gegliederte - Volksversammlung der Römer«, s. comes

commenda, lat., F., »Anvertrauung, Vorform der Kommanditgesellschaft«

commodatum, lat., N., »Leihe«

commodum, lat., N., »Bequemlichkeit, Vorteil«

common law, ne., N., »gemeines Recht«, »(in England) durch die Rechtsprechung der königlichen Gerichte an Hand von Einzelfällen entwickeltes (strenges) Recht im Gegensatz zu dem vom Kanzler und seinem Gericht entwickelten Recht (equity bzw. Billigkeit) sowie zum gesetzten Recht (statute law)«

communio, lat., F., »Gemeinschaft«, zu lat. cum, com, Präp., Präf., »mit«, lat. munus, N., »Aufgabe, Verrichtung, Amt«

communis opinio, lat., F., »allgemeine Meinung«

compensatio lucri cum damno, lat., F., »Aufrechnung oder Ausgleich des Gewinnes mit dem Schaden«, zu lat. cum, com, Präp., Präf., »mit«, lat. pensare, V., »wägen«

Computer, M., »Rechner, System von Geräten zur Behandlung umfangreicher Aufgaben der Datenverarbeitung«, 20. Jh. Lw. ne. computer »Datenverarbeitungsanlage«, zu ne. compute, V., »berechnen«, Lw. frz. computer, V., »berechnen«, aus lat. computare, V., »berechnen«, zu lat. cum, con, Präp., Präf., »mit«, lat. putare, V., »rechnen, berechnen, putzen, reinigen«, zu lat. putus, Adj., »rein, gereinigt«

Computerbetrug, M., »Betrug unter Benutzung eines Computers (z.B. Entnahme von Geld aus einem Bankomaten mit Hilfe einer gefälschten Codekarte)«, um 1985, s. Computer, Betrug

condicio, lat., F., »Bedingung«, zu lat. condicere, V., »verabreden«, zu lat. cum, con, Präp., Präf., »mit«, lat. dicere, V., »sagen, sprechen«

condicio sine qua non, lat., »Bedingung ohne die nicht«, 18. Jh. (Rohr 1718)

condictio, lat., »Ansagung, (im römischen Recht) besondere Verfahrensart des Legisaktionenverfahrens bzw. Formularverfahrens in der u.a. auch eine nichtgeschuldete Leistung (indebitum) zurückverlangt werden kann«, zum PPP. condictus von lat. condicere, V., »verabreden«, zu lat. cum, con, Präp., Präf., »mit«, lat. dicere, V., »sagen, sprechen«

conditio, s. condicio

consortium, lat., N., »Erbengemeinschaft des römischen Rechts«, zu lat. cum, con, Präp., Präf., »mit«, lat. sors, F., »Los, Teil«

constitutio, lat., F., »Festsetzung, Gesetz«, zu lat. cum, con, Präp., Präf., »mit«, zum PPP. statutus von lat. statuere, V., »festsetzen«, zu lat. sistere, V., »stellen«, zu lat. stare, V., »stehen«

Constitutio Criminalis Carolina, lat., F., »Peinliche Gerichtsordnung Karls V. von 1532, ein Gesetz des Heiligen Römischen Reiches deutscher Nation welches das Strafrecht der Neuzeit bestimmt und erst im 19. Jh. abgelöst wird«

contra legem, lat., »gegen das Gesetz, vor allem eine Entscheidung gegen den Wortlaut des Gesetzes«, zu lat. contra, Präp., Präf., »gegen«, lat. lex, F., »Gesetzesvorschlag, Gesetz«

contractus, lat., M., »Vertrag«, zu lat. cum, con, Präp., Präf., »mit«, PPP. tractus von lat. trahere, V., »schleppen«

contumacia, lat., F., »Kontumaz, Ungehorsam einer Partei gegen eine richterliche Prozeßanordnung z.B. Ladung«, zu lat. contumax, Adj., »trotzig«, zu lat. cum, con, Präp., Präf., »mit«, lat. tumere, V., »geschwollen sein«

conubium, lat., N., »römische Eherechtsfähigkeit«, zu lat. cum, con, Präp., Präf., »mit«, lat. nubere, V., »heiraten«

Copyright, N., »Vervielfältigungsrecht«, »(im angloamerikanischen Recht) Urheberrecht an Literaturwerken das durch Registrierung in einem besonderen Copyrightregister erreicht wird«, 18. Jh. bzw. E. 19. Jh. (Sanders 1871 bzw. 1892) Lw. ne. copyright, N., »Vervielfältigungsrecht«, zu ne. copy, V., »abschreiben, vervielfältigen«, zu lat. copia, F., »Vorrat, Mittel, Fülle«, ne. right, N., »Recht«

corpus, lat., N., »Körper, Gegenstand, Gesamtheit«

corpus catholicorum, lat., N., »Gesamtheit der katholischen Reichsstände (, seit 1648)«

corpus delicti, lat., N., »Tatbestand« Farinacius A. 17. Jh., »Gegenstand des Delikts« Ettner 1697

corpus evangelicorum, lat., N., »Gesamtheit der evangelischen Reichsstände (, seit 1653)«

corpus iuris canonici, lat., N., »Korpus des kanonischen Rechts«, »die zwischen 1140 und 1500 allmählich entstandene Sammlung des kirchlichen Rechts, (Dekret Gratians 1140 sowie liber extra 1234 sowie liber sextus 1298 sowie Clementinae 1317ff. und Extravaganten)«, 1580, s. corpus, ius, canon

corpus iuris civilis, lat., N., »Korpus des weltlichen Rechts«, »Kodifikation des römischen Rechts durch Justinian (Digesten oder Pandekten bzw. dem Codex Justinianus bzw. Institutionen bzw. Novellen Justinians (528-534)«, 1583, s. corpus, ius, civilis

Coupon, M., »Gutschein«, 18. Jh. (Möser 1776) Lw. frz. coupon, M., »abgeschnittener Zettel«, zu frz. couper, V., »schneiden«, s. Kupon

Cousin, M., »Vetter«, A. 17. Jh. (Schupp 1663) Lw. frz. cousin, M., »Vetter«, aus mlat. cosinus, M., »Vetter«, aus lat. consobrinus, M., »Geschwisterkind«, aus lat. *consuesrinos, zu lat. cum, con, Präf., Präp., »mit«, sobrinus, M., »Geschwisterkind«, zu lat. sororius, Adj., »schwesterlich«, zu lat. soror, F., »Schwester«, aus idg. *su̯esor

creditor, lat., M., »Gläubiger«, zum PPP. creditus von lat. credere, V., »vertrauen«

crimen, lat., N., »Beschuldigung, Verbrechen, Straftat«, zu lat. cernere, V., »unterscheiden«

crimen laesae maiestatis, lat., N., »Hochverrat, Majestätsbeleidigung«, vgl. crimen maiestatis Constitutiones 9,41,1,1

cuius regio - eius religio, lat., »wessen Gebiet - dessen Religion«, »nach den Religionskriegen 1555 im Augsburger Religionsfrieden ausgehandelte Formel zur Bestimmung der Religionszugehörigkeit«, Stephani (1533-1623)

culpa, lat., F., »Verschulden, Schuld, Sorgfalt«

culpa in abstracto, lat., F., »Außerachtlassung der im Verkehr abstrakt erforderlichen Sorgfalt«, 19. Jh.?

culpa in concreto, lat., F., »Außerachtlassung der im bestimmten Fall - der eigenen Angelegenheiten - konkret erforderlichen Sorgfalt«, 19. Jh.?

culpa in contrahendo, lat., F., »Verschulden beim Vertragsschluß, (seit dem späteren 19. Jh.) außerhalb des Bürgerlichen Gesetzbuches entwickeltes Institut bei dem im Fall schuldhafter Verletzung vorvertraglicher Pflichten der Verletzer dem Verletzten den entstandenen Schaden zu ersetzen hat (z.B. im Warenhaus fällt eine unachtsam aufgestellte Teppichrolle um und verletzt einen Kaufwilligen)«

culpa in custodiendo, lat., F., »Verschulden bei der Überwachung - eines Gehilfen -«

culpa in eligendo, lat., F., »Verschulden bei der Auswahl - eines Gehilfen -«, 19. Jh.

culpa lata, lat., F., »weite Schuld, grobe Fahrlässigkeit«, vgl. Weiske 1839ff.

culpa levis, lat., F., »leichte Schuld, einfache Fahrlässigkeit«, vgl. Weiske 1839ff.

culpa levissima, lat., F., »leichteste Schuld«

cum laude, lat., Adv., »mit Lob«, »eine Note der Doktorprüfung«

cum tempore, lat., F., »mit Zeit, 15 Minuten nach der angegebenen Stundenzeit«

D

da, Adv., »da, an jenem Ort«, mhd. dār, Adv., »da«, ahd. dār (765), Adv., »da, dort«, as. thăr, Adv., »da«, germ. *þar, þær, Adv., »da«, idg. *tor, Adv., »dort«, auslautendes r schwindet seit dem Mittelhochdeutschen, verstärkt seit dem 18. Jh.

da, Adv., »da, in jener Zeit«, mhd. dō, Adv., »da«, ahd. dō (1. H. 8. Jh.?), Adv., »da, dann«, as. thō, Adv., »da«, germ. *þē, Adv., »darauf«, vgl. idg. *to- (1), Pron., »der« (Akk. Sg. F.)?

Dach, N., »Dach«, mhd. dach, N., »Dach, Bedeckung, Decke, Verdeck«, ahd. dah (1. V. 9. Jh.), N., »Dach, Decke«, germ. *þaka, *þakam, N., »Dach, Decke, Bedeckung«, s. idg. *togo-, Sb., »Bedeckung«, zu idg. *steg- (1), *teg-, V., »decken«, vgl. idg. *stegos, N., »Dach, Haus«

Dachtheorie, F., »Theorie die annahm daß das Deutsche Reich auch nach der Gründung der Bundesrepublik Deutschland und der Deutschen Demokratischen Republik weiterhin als solches existiere (Reichsdach)«, nach 1945, s. Dach, Theorie

da mihi factum dabo tibi ius, lat., »gib mir (als dem Richter) den Sachverhalt ich werde dir das Recht geben«, s. Dekretalen 2,1,6 (Papst Alexander III. 1159-81)

Damnationslegat, N., »Vermächtnis mit schuldrechtlicher Wirkung«, s. lat. damnatio, F., »Verurteilung, Zahlpflicht«, lat. legatum, N., »Vermächtnis«, vgl. Weiske 1839ff.

damnum, lat., N., »Gabe, Schaden«, zu lat. dare, V., »geben«

damnum emergens, lat., N., »erwachsender Schaden«, zu lat. dare, V., »geben«, zum Part. Präs. emergens von lat. emergere, V., »auftauchen, machen«, s. lat. e, ex, Präp., Präf., »aus«, lat. mergere, V., »tauchen«

dar, Partik., »dar«, mhd. dare, dar, Adv., »dar, dahin«, ahd. dara (765), Adv., »dahin, dorthin«, s. germ. þar, Adv., »da, dort«, idg. *tor, Adv., »dort«, im 17. Jh. bis auf geringe Reste erloschen

Darlehen, N., »einseitig verpflichtender Vertrag (zinsloses Darlehen) oder gegenseitiger Vertrag in welchem sich der eine Teil (Darlehensnehmer) verpflichtet Geld oder andere vertretbare Sachen in gleicher Art und Güte und Menge wie er sie von dem anderen Teil (Darleiher) erhält zurückzuerstatten«, »ausgeliehenes Geld (1616), Ausleihen von Geld«, 16. Jh. (Fugger 1507 bzw. 1573 Niederösterreich), obd., s. dar, lehen, leihen, älter Darleihen (15.-19. Jh.)

Darlehensgeschäft, N., »Darlehensgeschäft« Allgemeines Landrecht 1794 Preußen, s. Darlehen, Geschäft

Darlehensvertrag, M., »Darlehensvertrag« 1791 Preußen, s. Darlehen, Vertrag

darleihen, V., »als Darlehen geben, zu Leihe geben« 1356, mhd. darlīhen, V., »darleihen«, s. dar, leihen

darstellen, V., »verbringen, hinstellen« 2. H. 14. Jh. bzw. Reformatio Sigismundi 1439, »herstellen« 1531, »bereitstellen« 14./16. Jh?, »kennzeichnen« 1551, s. dar, stellen

Darstellung, N., »Bereitstellung, Übergabe, Gestaltung (17. Jh.)«, s. darstellen, ung

Dasein, N., »Vorhandensein (13. Jh.), Existenz (A. 18. Jh.)«, geläufig seit 17. Jh., subst. aus dasein, V., »vorhanden sein«, zu da sein (E. 12. Jh.)

Daseinsvorsorge, F., »Vorsorge für Dasein«, um 1950?, s. Dasein, Vorsorge

Datei, F., »gleichartig aufgebaute Sammlung von Daten welche nach bestimmten Merkmalen geordnet und ausgewertet werden kann«, 1968, s. Daten

Daten, N. Pl., »Angaben, Einzeltatsachen, Gegebenheiten«, s. Datum

Datenbank, F., »Form der Datenspeicherung bei welcher die Daten nach Gruppengesichtspunkten gespeichert sind welche je nach Programm beliebig miteinander verknüpft und abgerufen werden können«, 1968, s. Daten, Bank

Datenschutz, M., »Schutz der Daten einer Person vor Mißbrauch«, vor 1977, s. Daten, Schutz

Datenschutzbeauftragter, M., »für den Datenschutz beauftragte Person«, um 1980?, s. Datenschutz, Auftrag

Datenverarbeitung, F., »Befassen mit Daten«, 1956 Lüt. ne. data processing, N., »Datenverarbeitung«, s. Daten, Verarbeitung

datio in solutum, lat., F., »Leistung an Zahlungs Statt«, zum PPP. datus von lat. dare, V., »geben«, zum PPP. solutus von lat. solvere, V., »lösen«

Datum, N., »Zeitangabe«, »Streben (2. H. 15. Jh.), Vorfall (A. 16. Jh.), gegebene Größe (E. 17. Jh.)«, 13. Jh. (1259 in lat. Datierungsformel deutschsprachiger Urkunden bzw. 1291 lat. in deutscher Datierungsformel) Lw. (subst.) lat. datum, PPP. N., »gegeben«, von lat. dare, V., »geben«

Dauer, F., »Haltbarkeit, Lebenskraft, Dauer«, mhd. dūr, F., »Haltbarkeit« (vereinzelt 13. Jh. bzw. häufiger um 1670), s. dauern

Dauerarrest, M., »Arrest von mindestens einer Woche und höchstens vier Wochen Dauer«, 1950, s. Dauer, Arrest

Dauerdelikt, N., »Straftat bei der (auch) die Aufrechterhaltung des widerrechtlichen Zustandes Tatbestandsmerkmal ist (z.B. Freiheitsberaubung)«, 20. Jh., s. Dauer, Delikt

dauern, V. (1), »währen«, mhd. dūren, V., »Bestand haben, dauern«, 12. Jh. Lw. mnd. dūren, V., »währen«, 12. Jh. Lw. lat. durare, V., »währen«, zu lat. durus, Adj., »hart«

Dauerschuldverhältnis, N., »Schuldverhältnis bei dem die geschuldete Leistung in ihrem Umfang von der Zeitdauer abhängt (z.B. Miete)«, 20. Jh.?, s. Dauer, Schuldverhältnis

Daumen, M., »Daumen«, mhd. dūme, doume, M., »Daumen«, ahd. dūmo (2. H. 8. Jh.), M., »Daumen«, as. thūmo, M., »Daumen«, germ. *þūman, *þūmōn, M., »Daumen«, zu idg. *tumo-, Adj., »dick«, vgl. idg. *teu-, V., »schwellen«

de, Präf., »von«, Lw. lat. de, Präp., Präf., »von«

de, Suff., »de«, mhd. de, Suff., »de«, ahd. ida, Suff., »de«, germ. iþō, Suff., »de«, idg. Dentalsuffix nach Zwischenvokal i

Debatte, F., »Diskussion, Wortschlacht«, E. 18. Jh. (Hohenfeld 1790) (aus einem Plural Debatten [E. 17. Jh.] entwickeltes) Lw., zu frz. débat, M., »Diskussion, Auseinandersetzung«, zu frz. débattre, V., »schlagen, diskutieren«, s. lat. de, Präp., Präf., »von«, vulgarlat. battere, V., »schlagen«, zu lat. battuere, V., »schlagen«

Debet, N., »Soll, Schuld«, 16. Jh. (in debito) bzw. M. 17. Jh. (1655) Lw. subst. lat. debet, »er schuldet«, 3. Pers. Sg. Präs. Akt. Ind. von lat. debere, V., »zu entrichten haben, schulden«, daneben ältere Form debit Lw. it. debito, M., »Schuld«, aus lat. debitum, N., »Schuld, Verpflichtung«, PPP. N. von lat. debere

debil, Adj., »schwach (19. Jh.), leicht schwachsinnig (um 1920)«, 19. Jh. Lw. lat. debilis, Adj., »schwächlich, gelähmt«, zu lat. de, Präp., »von«, lat. habilis, Adj., »beweglich, begehend«, zu lat. habere, V., »haben«

Debitor, M., »Schuldner«, Lw. lat. debitor, M., zum PPP. debitus von lat. debere, V., »schulden«

debitum, lat., N., »Schuld, Verpflichtung«, subst. PPP. N. von lat. debere, V. »schulden«

decken, V., »bedecken, decken, schirmen«, mhd. decken, V., »decken, bedecken, schützen«, ahd. dekken (765), decken, V., »bedecken, bekleiden, verhüllen, verdekken«, as. *thekkian, V., »decken«, germ. *þakjan, V., »decken«, zu idg. *steg- (1), *teg-, V., »decken«

Deckung, F., »Eindecken, Bedachung«, 1491, s. decken, ung, vgl. Weiske 1839ff., Gerber 1895

Deckungsverhältnis, N., »Grundverhältnis, (beim berechtigenden Vertrag zugunsten Dritter) Verhältnis zwischen Versprechensempfänger (Gläubiger) und Versprechendem (Schuldner)«, 1918?, s. Deckung, Verhältnis, vgl. Weiske 1839ff.

déclaration des droits de l'homme et du citoyen, F., »Erklärung der Menschenrechte und Bürgerrechte«, 1789

decretum Gratiani, lat., N., »Dekret Gratians«, 12. Jh.?, PPP. N. von lat. decernere, s. Dekret, PN Gratianus, corpus iuris canonici

deduzieren, V., »darlegen (A. 16. Jh.), ableiten (A. 17. Jh.), herleiten«, A. 16. Jh. Lw. lat. deducere, V., »abführen, herabziehen«, s. lat. de, Präp., Präf., »von«, lat. ducere, V., »ziehen«

de facto, lat., »nach der tatsächlichen Sachlage, sachlich«, 16. Jh. (1546) Lw. lat. de facto, Adv., »nach der tatsächlichen Sachlage«, zu lat. de, Präp., Präf., »von«, lat. PPP. factum zu lat. facere, V., »machen, tun«

défense sociale, F., »soziale Verteidigung«, 19. Jh.? Lw. frz. défense, F., »Verteidigung«, zum PPP. defensus von lat. defendere, V., »verteidigen«, s. defensiv, sozial

defensiv, Adj., »abwehrend«, 16. Jh. (1531) Lw. mlat. defensivus, Adj., »abwehrend«, zum PPP. defensus von lat. defendere, V., »fern halten«, zu lat. de, Präp., Präf., »von«, lat. *fendere, V., »stoßen«

defensiver Notstand, M., »Verteidigungsnotstand«, 20. Jh.?, s. Notstand, defensiv

definieren, V., »bestimmen, abgrenzen«, 14. Jh. Lw. lat. definire, V., »abgrenzen«, zu lat. de, Präp., Präf., »von«, lat. finire, V., »begrenzen, bestimmen«, zu lat. finis, M., »Grenze«

Definition, F., »Begriffsbestimmung«, 15. Jh. (Luther vor 1546) Lw. lat. definitio, F., »Abgrenzung, Erörterung«, zum PPP. definitus von lat. definire, V., »abgrenzen«, s. definieren

Defizit, N., »Mangel, Fehlbetrag«, 18. Jh. (1729 Stoppe bzw. Bürger 1788) Lw. frz. déficit, M., »Mangel, Fehlbetrag«, Sb. zu lat. deficit »es fehlt (als Kennzeichen in Inventarverzeichnissen benützt)«, 3. Pers. Sg. Präs. Akt. Ind. von lat. deficere, V., »fehlen«, s. lat. de, Präp., Präf., »von«, lat. facere, V., »machen, tun«

degradieren, V., »im Stand herabsetzen«,

um 1300 Lw. spätlat. degradare, V., »im Stand herabsetzen«, zu lat. de, Präp., Präf., »von«, lat. gradus, M., »Schritt, Stufe, Rang«, Lbd. »im Rang erniedrigen« von frz. dégrader

Deich, M., »Damm, Deich«, (neben mhd. tīch, M., »Damm, Teich«,) spätmhd. dīch, M., »Deich«, 15. Jh. Lw. mnl. dijc, M., »Damm, Teich«, Lw. as. *dīk, M., »Damm, Deich«, zu germ. *dīka, *dīkaz, M., »Damm, Wall«, zu idg. *dheig-, V., »stechen, stecken, festsetzen«

Deichrecht, N., »Recht des Deichwesens«, 1245 Antwerpen, s. Deich, Recht

dei gratia, lat., »von Gottes Gnaden«, zu lat. deus, M., »Gott«, lat. gratia, F., »Gnade«, beruht auf Bibelstellen der Apostelgeschichte 13,42, Römer 5,15, Hebräer 12,15, 1. Korinther 15,9f.

de iure, lat., »nach der Rechtslage, rechtmäßigerweise«, zu lat. de Präp., Präf., »von«, lat. ius, N., »Recht«

deka, Präf., »zehn«, Lw. gr. déka, Num. Kard., Präf., »zehn«

Dekan, M., »geschäftsführendes Organ einer Fakultät oder eines Fachbereichs einer Universität, (im Kirchenrecht) Leiter eines Dekanats oder eines Kirchenkreises (16. Jh.)«, 15. Jh. (1467 Köln) Lw. lat. decanus, M., »Vorsteher von zehn«, zu lat. decem, Num. Kard., »zehn«, älter ahd. tehhan (12. Jh.), techan, M., »Führer von zehn Mann, Dechant«

Dekanat, N., »Amt und zugehörige Räume, (im Kirchenrecht) Amt und zugehöriges örtliches Gebiet des Dekans«, 16. Jh. (1558 Heidelberg) Lw. mlat. decanatus, M., »Dekanat«, s. Dekan, deka

Deklaration, F., »Erklärung, Deklaration«, M. 15. Jh. Lw. lat. declaratio, F., »Erklärung«, zum PPP. declaratus von lat. declarare, s. deklarieren

deklaratorisch, Adj., »klarstellend«, 1784, s. Deklaration, isch

deklarieren, V., »erklären, angeben«, mhd. declāriren, V., »erklären«, 11. Jh.? Lw. lat. declarare, V., »erklären«, zu lat. de, Präp., Präf., »von«, lat. clarare, V., »klären, klar machen«, zu lat. clarus, Adj., »laut, hell, klar«

Dekonzentration, F., »Aufteilung, Verteilung von Zuständigkeiten auf mehrere Verwaltungsbehörden (unter Aufrechterhaltung der Weisungsabhängigkeit)«, Ableitung von Konzentration 1954?, s. de, Konzentration

Dekret, N., »Verordnung, Verfügung, Entscheidung, Erlaß«, mhd. decret, N., »Erlaß«, 13. Jh. (Konrad von Fuszesbrunnen um 1200) Lw. lat. decretum, N., »Entscheidung«, PPP. N. von lat. decernere, V., »entscheiden«, s. lat. de, Präp., Präf., »von«, lat. cernere, V., »scheiden«

Delegation, F., »Übertragung (16. Jh.), Abordnung (19. Jh.), Ausschuß (1775), Übertragung einer Zuständigkeit eines Verwaltungsträgers oder einer Behörde auf einen anderen Verwaltungsträger oder eine andere Behörde zu eigener Wahrnehmung«, 16. Jh. (Perneder 1532) Lw. lat. delegatio, F., »Anweisung«, zum PPP. delegatus von lat. delegare, V., »abgeben, abordnen«, s. delegieren

de lege ferenda, lat., »nach erst noch zu erlassendem Gesetz«, zu lat. de, Präp., Präf., »von«, lat. lex, F., »Gesetzesvorschlag, Gesetz«, lat. ferendus, Gerundivum von lat. ferre, V., »tragen, bringen«

de lege lata, lat., »nach erlassenem Gesetz«, »nach geltender Gesetzeslage«, zu lat. de, Präp., Präf., »von«, lat. lex, F., »Gesetzesvorschlag, Gesetz«, PPP. latus von lat. ferre, V., »tragen, bringen«

delegieren, V., »abgeben, abordnen, übertragen (V.)«, 16. Jh. (Perneder 1532) Lw. lat. delegare, V., »abgeben, abordnen«, s. lat. de, Präp., Präf., »von«, lat. legare, V., »verfügen, als Legaten abordnen«, zu lat. legatus, M., »mit Gesetz Beauftragter«, zu lat. lex, F., »Gesetzesvorschlag, Gesetz, Recht«

Delegierter, M., »Abgeordneter, Abgesandter«, 17. Jh., s. delegieren

delictum, lat., N., »Delikt«, s. Delikt

Delikt, N., »(im Strafrecht) mit öffentlicher Strafe bedrohte Handlung, (im Privatrecht) unerlaubte Handlung«, Lw. 16. Jh. (1559) bzw. 19. Jh. lat. delictum, N., »Verfehlung, Vergehen, Straftat«, subst. PPP. N. von lat. delinquere, V., »ausgehen, fehlen, sich vergehen«, s. lat. de, Präp., Präf., »von«, lat. linquere, V., »lassen«

Deliktsbesitzer, M., »Besitzer der sich den Besitz durch eine Straftat oder durch verbotene Eigenmacht verschafft hat«, 20. Jh.?, s. Delikt, Besitzer

deliktsfähig, Adj., »fähig ein Delikt zu

begehen, verantwortlich für ein Delikt«, Binding 1877, s. Delikt, fähig

Deliktsfähigkeit, F., »Fähigkeit verantwortlich ein Delikt zu begehen«, 19. Jh.?, s. deliktsfähig, heit

Delinquent, M., »Straftäter, Verbrecher«, 16. Jh. (1559) Lw. lat. delinquens, subst. Part. Präs. von lat. delinquere, s. Delikt

Delirium, N., »Bewußtseinstrübung«, 16. Jh.? bzw. 17. Jh. Lw. (bis E. 18. Jh. lateinisch gebeugt) lat. delirium, N., »Irresein«, zu lat. delirius, Adj., »wahnsinnig«, zu lat. delirare, V., »wahnsinnig sein«, zu lat. de Präp., Präf., »von«, lat. lira, F., »Furche«, lat. ire, V., »gehen«

Delkredere, N., »vertragliche Garantie für den Eingang einer Forderung (z.B. durch Handelsvertreter)«, zu lat. credere, V., »vertrauen«, vgl. Weiske 1839ff.

Delkredereprovision, F., »Provision die Handelsvertreter und Kommissionär dann erhalten wenn sie sich verpflichten für die Erfüllung der Verbindlichkeit eines Dritten gegenüber dem Unternehmer bzw. Kommissionär selbst einzustehen«, s. Delkredere, Provision, vgl. Weiske 1839ff.

Demagoge, M., »Volksverführer«, M. 18. Jh. (Goethe 1790) Lw. gr. demagogós, M., »Volksführer, Aufwiegler«, zu gr. dẽmos, M., »Volk«, gr. ageĩn, V., »führen«

Demarche, F., »(diplomatischer) Schritt, Vorstoß, Handlung«, 17. Jh. (Oswaldt 1592 bzw. 1687) (Singular 2. H. 19. Jh.) Lw. frz. démarche, F., »Haltung, Gang, Schritt«, zu frz. marche, F., »Gang, Marsch«, s. de

Dementi, N., »Abstreiten«, 18. Jh. (Heynatz 1775 bzw. speziell 1842) Lw. frz. démenti, M., »Widerruf, Richtigstellung«, s. dementieren

dementieren, V., »als falsch erklären, bestreiten«, M. 19. Jh. Lw. frz. démentir, V., »abstreiten«, zu lat. de, Präp., Präf., »von«, lat. mentiri, V., »lügen«, zu lat. mens, F., »Sinn, Verstand«

Demission, F., »Niederlegung (eines Amtes)«, A. 17. Jh. (1600) Lw. (frz. démission, F., »Abdankung, Entlassung«, aus) lat. dimissio, F., »Aussendung, Entlassung«, zum PPP. dimissus von lat. dimittere, V., »schicken, aussenden«, zu lat. dis, Präf., »auseinander«, lat. mittere, V., »senden, schicken«

Demokrat, M., »Demokrat«, 1760 Lw. frz. démocrate, M., »Anhänger der Demokratie«, s. Demokratie

Demokratie, F., »Volksherrschaft, Staatsform in der das Volk Träger der Herrschaftsgewalt ist (Volkssouveränität)«, E. 16. bzw. 18. Jh. (Oswaldt 1592 bzw. Micraelius 1639 democratey bzw. Zedler 1734) Lw. lat. democratia, F., »Volksherrschaft«, Lw. gr. demokratía, F., »Volksherrschaft«, zu gr. dẽmos, M., »Volk«, gr. krateĩn, V., »herrschen«, vgl. Geschichtliche Grundbegriffe

demokratisch, Adj., »demokratisch«, Oswaldt 1592 Straßburg (democratische regierung), s. Demokratie, isch

Demokratieprinzip, N., »demokratisches Prinzip, Grundsatz daß das Volk selbst durch eine von Parteien - und der öffentlichen Meinung - getragene Volksvertretung unter solchen Bedingungen herrscht die eine Ablösung der Regierung durch eine Opposition möglich machen«, 2. H. 20. Jh., s. Demokratie, Prinzip

Demonstrant, M., »durch Demonstration Erklärender (2. H. 18. Jh.), Teilnehmer an einer Kundgebung (2. H. 19. Jh.)«, aus dem Part. Präs. demonstrans von lat. demonstrare, V., »hinweisen«, s. demonstrieren

Demonstration, F., »Darlegung, Kundgebung«, 16. Jh. (Luther bzw. Fronsperger 1573) Lw. lat. demonstratio, F., »Hinweisen, Veranschaulichung«, zum PPP. demonstratus von lat. demonstrare, V., »hinweisen«, zu lat. de, Präp., Präf., »von«, lat. monstrare, V., »zeigen«, Bedeutung »Kundgebung« 1846 Lbd. ne. demonstration (Murray 1839), N., »Kundgebung«

demonstrativ, Adj., »beispielsweise, hinweisend«, 19. Jh.?, zum PPP. demonstratus von lat. demonstrare, V., »hinweisen«, s. demonstrieren

demonstrieren, V., »kund tun, darlegen, zeigen, beweisen«, A. 16. Jh. Lw. lat. demonstrare, V., »hinweisen«, zu lat. de, Präp., Präf., »von«, lat. monstrare, V., »zeigen«, zu lat. monstrum, N., »Mahnzeichen«, zu lat. monere, V., »mahnen«, M. 19. Jh. Lbd. »eine Kundgebung veranstalten« ne. demonstrate, V., »zeigen, beweisen, eine Kundgebung veranstalten«

Demoskopie, F., »Volksbefragung, Meinungsumfrage«, 2. H. 20. Jh., zu gr. dẽmos, M., »Volk«, gr. skopein, V., »schauen«

denken, V., »denken, überlegen (V.)«, mhd. denken, V., »denken, gedenken, wollen (V.)«, ahd. denken (nach 765?), V., »denken, erwägen, ersinnen, überlegen (V.)«, as. thenkian, V., »denken«, germ. þankjan, V., »denken, meinen«, idg. *tong- (1), V., »denken, fühlen«?, idg. *teng-, V., »ziehen, spannen, weigern?«?, Vergangenheitsformen (dachte bzw. gedacht) durch Ausfall des n und anschließende Ersatzdehnung gebildet

Denkmal, N., »(überliefertes) Zeugnis eines Vorganges oder einer Erscheinung«, 16. Jh. Lüt. gr. mnemósynon, N., »Gedächtnis, Denkmal«, s. denken, Mal, ursprüngliche Bedeutung »Erinnerung, Zeichen«

Denkzettel, M., »Denkzettel«, mnd. (15. Jh.) denkcedel, M., »Urkunde, schriftliche Vorladung«, »Erinnerungsmerkblatt« 16. Jh. (Luther vor 1546), »Strafe an welche man denken wird« 16. Jh., s. denken, Zettel

denuntiatio evangelica, lat., F., »(im Kirchenrecht) brüderliche Anzeige (zwecks Besserung)«, 13. Jh., zu Matthäus 18,15ff.

Denunziant, M., »Anzeigender, Denunziant«, M. 16. Jh. Lw. lat. denuntians, Part. Präs. von lat. denuntiare, s. denunzieren

Denunziation, F., »Anzeige, falsche Verdächtigung«, 1522 Lw. lat. denuntiatio, F., »Ankündigung, Anzeige«, zum PPP. denuntiatus von lat. denuntiare, V., »ankündigen, anzeigen«, zu lat. de, Präp., Präf., »von«, lat. nuntiare, V., »melden, kund tun«

denunzieren, V., »anzeigen, verraten«, 15. Jh.? bzw. A. 16. Jh. (Tengler 1509) Lw. lat. denuntiare, V., »anzeigen, ankündigen«, s. lat. de, Präp., Präf., »von«, lat. nuntiare, V., »melden«, zu lat. nuntius, M., »Bote, Melder«, zu lat. nuntius, Adj., »meldend«, Bedeutung »verraten, verleumden« jünger

Departement, N., »Abteilung«, 18. Jh. (1713) Lw. frz. département, M., »Abteilung, Geschäftsbereich, Verwaltungsgebiet«, zu frz. départir, V., »abteilen«, aus lat. departire, V., »zerteilen«, zu lat. de, Präp., Präf., »von«, lat. partiri, V., »teilen«, zu lat. pars, F., »Teil«

Depesche, F., »Eilbotschaft«, M. 17. Jh. Lw. frz. dépêche, F., »Eilbotschaft«, zu frz. dépêcher, V., »die Füße von Hindernissen befreien, beschleunigen«, Gegenwort zu frz. empêcher, V., »hindern«, aus lat. impedicare, V., »fesseln, behindern«, zu lat. pedica, F., »Fußfessel, Fußschlinge«, zu lat. pes, M., »Fuß«, s. lat. de, Präp., Präf., »von«

deponieren, V., »ablegen, hinterlegen«, A. 16. Jh. (um 1500) Lw. lat. deponere, V., »ablegen, hinterlegen«, zu lat. de, Präp., Präf., »von«, lat. ponere, V., »setzen, stellen, legen«

Deportation, F., »Wegführung, Verbannung«, 16. Jh. (Tengler 1509) Lw. lat. deportatio, F., »Wegtragen, Verbannung«, zum PPP. deportatus von lat. deportare, V., »wegtragen«, zu lat. de, Präp., Präf., »von«, lat. portare, V., »tragen«

Depositen, N. Pl., »hinterlegte Sachen«, »insbesondere verzinsliche Geldeinlagen bei Banken«, 16. Jh. (Federmann 1580) Lw. lat. depositum, N., »Niedergelegtes, Hinterlegtes«, s. depositum

depositum, lat., N., »Verwahrung«, subst. PPP. N., von lat. deponere, V., »niederlegen«, zu lat. de, Präp., Präf., »von«, lat. ponere, V., »setzen, stellen, legen«

depositum irregulare, N., »unregelmäßige Verwahrung«, s. depositum

Depot, N., »Verwahrung, Verwahrungsort« 18. Jh. (1756) Lw. frz. dépôt, M., »anvertrautes Gut, Hinterlegung«, afrz. depost, N., »Vorrat, Niederlage«, s. deponieren, depositum

Depotgeschäft, N., »Aufbewahrung von bestimmten Wertpapieren bei einem Verwahrungsgeschäfte tätigenden Kaufmann insbesondere bei Banken«, 19. Jh.?, s. Depot, Geschäft

Depotgesetz, N., »Gesetz betreffend Depotgeschäfte«, 19. Jh., 1937, s. Depot, Gesetz

Deputat, N., »zugehörige Sachleistung«, 16. Jh. Lw. lat. deputatum, N., »Zugeteiltes«, subst. PPP. N. von lat. deputare, V., »zuteilen, bestimmen«, zu lat. de, Präp., Präf., »von«, lat. putare, V., »schneiden, putzen, reinigen, berechnen«, zu lat. putus, Adj., »lauter, rein«

Deputation, F., »Abordnung, Ausschuß«, 15. Jh. (1435) Lw. lat. deputatio, F., »Anweisung, Zuteilung«, s. Deputat

deputieren, V., »bestimmen, abordnen«, 2. H. 15. Jh. Lw. lat. deputare, s. Deputat

Deputierter, M., »Beauftragter, Abgesandter, Abgeordneter«, 2. H. 16. Jh., s. deputieren

Dereliktion, F., »Zurücklassung, Eigentumsaufgabe«, M. 18. Jh. (1744) Lw. lat. derelictio, F., »Hintansetzung«, zum PPP. derelictus von lat. derelinquere, V., »verlassen (V.), zurücklassen, aufgeben«, zu lat. de, Präp., Präf., »von«, lat. re, Präp., Präf., »zurück, wieder«, lat. linquere, V., »lassen«

Derivat, N., »Abgeleitetes, abgeleitete chemische Verbindung (19. Jh.)«, seit 17. Jh. in dt. Texten in lat. Form gebrauchtes Lw. lat. derivatum, subst. PPP. N. von lat. derivare, V., »ableiten«, zu lat. de, Präp., Präf., »von«, lat. rivare, V., »ableiten«, zu lat. rivus, M., »Bach, Kanal«

derivativ, Adj., »abgeleitet«, 1791 Lw. lat. derivativus, Adj., »abgeleitet«, zu lat. derivare, V., »ableiten«, s. Derivat

derivativer Eigentumserwerb, M., »abgeleiteter Erwerb des Eigentums«, 19. Jh.?, s. Eigentumserwerb, derivativ

Derogation, F., »Wegziehung, Beschränkung, Aufhebung eines Rechtssatzes durch einen anderen«, 16. Jh. (1521) Lw. lat. derogatio, F., »Aufhebung«, zum PPP. derogatus von lat. derogare, V., »abschaffen«, zu lat. de, Präp., Präf., »von«, lat. rogare, V., »fragen, bitten«

Deserteur, M., »Fahnenflüchtiger, Überläufer«, 17. Jh. Lw. frz. déserteur, M., »Fahnenflüchtiger«, aus lat. desertor, M., »Verlasser, Ausreißer, Deserteur«, s. desertieren

desertieren, V., »fahnenflüchtig werden«, A. 17. Jh. (1702) Lw. frz. déserter, V., »fahnenflüchtig werden«, zu frz. désert, Adj., »verlassen (Adj.)«, (bzw. zu spätlat. desertare, V., »verlassen [V.]«,) zu lat. desertus, Adj., »verlassen (Adj.)«, PPP. von lat. deserere, V., »verlassen (V.)«, s. lat. de, Präp., Präf., »von«, lat. serere, V., »fügen, reihen«

Designation, F., »Bezeichung, Bestimmung, (im mittelalterlichen und neuzeitlichen Recht) vorläufige vielfach informelle Bestimmung zu einem Amt (z.B. designierter Nachfolger)«, »Verzeichnis« (1569), »Benennung für ein Amt« (1619), Lw. lat. designatio, F., »Bezeichnung«, zum PPP. designatus von lat. designare, V., »bezeichnen«, zu lat. de, Präp., Präf., »von«, lat. signare, V., »mit einem Zeichen versehen«, zu lat. signum, N., »Zeichen«

deskribieren, V., »beschreiben«, Lw. lat. describere, V., »beschreiben«, zu lat. de, Präp., Präf., »von«, lat. scribere, V., »schreiben«

deskriptiv, Adj., »beschreibend«, A. 19. Jh. (Goethe 1812) Lw. frz. descriptif, Adj., »beschreibend«, aus spätlat. descriptivus, Adj., »beschreibend«, zum PPP. descriptus von lat. describere, V., »beschreiben«, s. deskribieren

deskriptives Tatbestandsmerkmal, N., »beschreibendes Tatbestandsmerkmal«, 20. Jh.?, s. Tatbestandsmerkmal, deskriptiv

Despot, M., »Fürst, Gewaltherrscher«, 15. Jh. Lw. gr. despótes, M., »Herr des Hauses«, zu idg. *poti-, M., »Herr«, idg. *dems-, Sb., »(Genetiv eines Wortes für) Haus«

Despotie, F., »Willkürherrschaft, Gewaltherrschaft«, E. 18. Jh., s. Despot

despotisch, Adj., »gewaltätig, willkürlich«, 2. H. 17. Jh., s. Despotie

Destinatär, M., »Festgestellter«, »(bei einer Stiftung) Bezugsberechtigter, Genußberechtigter«, 19. Jh.? Lw. frz. déstinataire, M., »Empfänger«, s. Destination

Destination, F., »Bestimmung, Zweck«, Lw. lat. destinatio, F., »Bestimmung, Zweck«, zum PPP. destinatus von lat. destinare, V., »befestigen, festsetzen«, zu lat. de, Präp., Präf., »von«, lat. stare, V., »stehen«

Deszendent, M., F., »Abkömmling eines Menschen (z.B. Sohn oder Enkelin)«, 16. Jh. (1541) Lw. lat. descendens, Part. Präs. von lat. descendere, V., »herabsteigen«, zu lat. de, Präp., Präf., »von«, lat. scandere, V., »steigen«

Deszendenz, F., »Gesamtheit der Abkömmlinge eines Menschen«, 18. Jh. (1703) Lw. frz. descendance, F., »Nachkommenschaft«, s. Deszendent

detachiert, Adj., »abgeordnet, abgesondert«, 17./18. Jh. (1677 bzw. 1724) Lw. frz. détaché, PPP. von frz. détacher, V., »los machen«

detachierte Kammer, F., »abgesonderte Kammer eines Gerichts«, 19. Jh.?, s. detachiert, Kammer

Detektiv, M., »Detektiv, Ermittler«, 2. H. 19. Jh. (Gerstäcker 1868) Lw. ne. detective

(1856) (bzw. detective policeman), M., »Ermittler«, zu ne. detect, V., »ermitteln, entdecken«, zum PPP. detectus von lat. detegere, V., »entdecken«, zu lat. de, Präp., Präf., »von«, lat. tegere, V., »dekken«

Detektor, M., »Hochfrequenzgleichrichter«, 1927 Lw. ne. detector, M., »Detektor«, s. Detektiv

detentio, lat., F., »Innehabung«, zum PPP. detentus von lat. detinere, V., »festhalten«, zu lat. de, Präp., Präf., »von«, lat. tenere, V., »halten«

Deut, M., »geringer Geldbetrag (2. H. 18. Jh.), kleine holländische Kupfermünze (17. Jh.)«, Lw. mnd. deut, doyt, M., »Deut«, Lw. mnl. duit, doyt, M., »Deut, Abgeschnittenes«, zu ae. þwītan, V., »schneiden, abschneiden«

deutsch, Adj., »zum Volk gehörig«, mhd. diutisch, tiutsch, Adj., »deutsch«, ahd. diutisk (1000), diutisc, Adj., »völkisch, volkssprachlich, deutsch«, as. thiudisk, Adj., »volkssprachlich«, awestfrk. *þeodisk (um 700?), Adj., »zum Volk gehörig, völkisch«, zu germ. *þeudiska, *þeudiskaz, Adj., »zum Volk gehörig, völkisch«?, Lüs. lat. vulgaris, Adj., »zum Volk gehörig«?, zu germ. *þeudō, F., »Volk«, idg. *teutā, F., »Volk«, vgl. mlat. theodiscus (786), diutiscus (um 800), Adj., »zum eigenen Volk gehörig, germanisch-fränkisch«, vgl. auch mlat. teutonicus, Adj.

Deutsche Angestelltengewerkschaft (DAG), F., »Gewerkschaft der Angestellten aller Zweige der Industrie und Verwaltung«, 1919 bzw. 1949, s. deutsch, Angestellter, Gewerkschaft

Deutsche Bundesakte, F., »auf dem Wiener Kongreß vereinbartes verfassungsmäßiges Grundgesetz des Deutschen Bundes (1815-1866)«, s. deutsch, Bund, Akte, vgl. Weiske 1839ff.

Deutsche Demokratische Republik (DDR), F., »von 1949 bis 1990 im Gebiet der sowjetischen Besatzungszone errichteter Teilnachfolgestaat des Deutschen Reiches«, s. deutsch, demokratisch, Republik

Deutschenspiegel (spiegel aller tiuscher liute), M., »kurz vor 1275 in Augsburg entstandenes Rechtsbuch das den Sachsenspiegel in das Oberdeutsche überträgt und damit die Grundlage des Schwabenspiegels schafft«, 19. Jh. (1859 Spiegel deutscher Leute), s. deutsch, Spiegel

Deutscher (im Sinne des Grundgesetzes), M., »wer die deutsche Staatsangehörigkeit hat oder als Flüchtling oder Vertriebener deutscher Volkszugehörigkeit oder als dessen Ehegatte oder Abkömmling in dem Gebiet des Deutschen Reiches nach dem Stande vom 31. 12. 1937 Aufnahme gefunden hat«, 1949, s. deutsch

Deutscher Bund (1815-66), M., »völkerrechtlicher Zusammenschluß (völkerrechtlicher Verein) von (39) souveränen deutschen Einzelstaaten (31% der Einwohner bundeszugehörige Österreicher und 26% bundeszugehörige Preußen) auf der Grundlage der Deutschen Bundesakte (1815) und der Wiener Schlußakte (1820)«, s. deutsch, Bund, vgl. Weiske 1839ff.

Deutscher Gewerkschaftsbund (DGB), M., »Spitzenverband der (16) deutschen Industriegewerkschaften«, 1919 (Zusammenschluß des Gesamtverbandes deutscher Angestelltengewerkschaften und der christlichen Arbeitergewerkschaften), daneben 1919 Allgemeiner deutscher Gewerkschaftsbund, s. deutsch, Gewerkschaft, Bund

Deutscher Juristentag e.V., M., »Verein mit dem Zweck auf wissenschaftlicher Grundlage die Notwendigkeit von Änderungen und Ergänzungen der deutschen Rechtsordnung zu untersuchen«, 1860/1949, s. deutsch, Jurist, Tag

Deutsches Privatrecht, N., »das ältere aus germanistischer Wurzel entstammende vor Schaffung des Bürgerlichen Gesetzbuches auch ohne gesetzgeberischen Akt unmittelbar geltende (als Wissenschaftsgebiet nur aus dem Gegensatz zum römischen rezipierten Privatrecht erwachsene) Privatrecht in Deutschland«, s. deutsch, Privatrecht

Deutsches Recht, N., »in Deutschland geltendes Recht, für Deutsche geltendes Recht, Recht germanischer bzw. germanistischer Herkunft«, s. Recht, deutsch

Deutsches Reich, N., »Bezeichnung für verschiedene verfassungsrechtliche Organisationsformen der Deutschen«, vereinzelt in mittelalterlichen Chroniken, allgemein verbreitet E. 18. Jh., s. deutsch, Reich

Deutschland, N., »untechnische Bezeichnung für das Staatsgebiet des Deutschen Reiches in den Grenzen des Jahres 1937 (vor dem Anschluß Österreichs vom 13. 3. 1938 bzw. der Einverleibung des Sudetenlandes vom 29. 9. 1938 bzw. der Einverleibung des Protektorates Böhmen und Mähren vom 16. 3. 1939 bzw. der Einverleibung des Memelgebietes vom 22. 3. 1939 und der Einverleibung der Stadt Danzig vom 1. 9. 1939) sowie für die Bundesrepublik Deutschland«, 15. Jh. (1398) aus daz diutsche lant (1347 deutsche lant) zusammengerückt

Deutschlandvertrag, M., »Vertrag zwischen Frankreich und Großbritannien und den Vereinigten Staaten von Amerika und der Bundesrepublik Deutschland vom 26. 5. 1952 mit dessen Inkrafttreten am 5. 5. 1955 das Besatzungsstatut der westlichen Besatzungszonen endete«, s. Deutschland, Vertrag

deutschrechtlich, Adj., »dem deutschen Recht entsprechend« Beseler 1843, s. deutsch, rechtlich

Devise, F., »Wahlspruch, Losung«, 2. H. 16. Jh. (1575) Lw. frz. devise, F., »abgeteiltes Feld im Wappen, Sinnspruch im Wappen, Leitspruch (A. 18. Jh.)«, afrz. devise, F., »Bestimmung, Anordnung, Verfügung«, zu afrz. deviser, V., »anordnen, bestimmen«, zu afrz. viser, V., »aufmerksam machen«, zu lat. de, Präp., Präf., »von«, zum PPP. visum von lat. videre, V., »sehen«, oder zu afrz. deviser, V., »teilen«, aus vulgarlat. *devisare, V., »teilen«, zum PPP. divisus von lat. dividere, V., »teilen«, s. Dividende

Devisen, F. Pl., »Ansprüche auf Zahlungen in fremder Währung gegen Gläubiger an einem ausländischen Platz (z.B. Guthaben bei ausländischen Banken), i.w.S. auch auf fremde Währung lautende im Ausland zahlbare Wechsel und Schecks«, 19. Jh. (1833) Lw. frz. devise, F., »Zahlungsmittel«, s. Devise, Bedeutungsentwicklung »kaufmännische Zahlungsanordnung«, »auf einen ausländischen Handelsplatz ausgestellte Zahlungsanweisung«, »Auslandswechsel« (1900), »ausländische Zahlungsmittel« (um 1923)

Devolution, F., »Abwälzung, Übergang eines Rechtes von einer Person auf eine andere«, Lw. mlat. devolutio, F., »Abwälzung«, zum PPP. devolutus von lat. devolvere, V., »abwälzen«, zu lat. de, Präp., Präf., »von«, lat. volvere, V., »wälzen«

Devolutionsrecht, N., »Recht der vorgesetzten Behörde Angelegenheiten welche in den Zuständigkeitsbereich der ihr nachgeordneten Behörde fallen an sich zu ziehen und selbst zu entscheiden«, 1804 »Recht nach welchem beim Tod eines Ehegatten alles Gut an die Kinder fällt« (Verfangenschaftsrecht), 1829 (kirchenrechtlich) »Devolutionsrecht«, s. Devolution, Recht, vgl. Weiske 1839ff.

Devolutiveffekt, M., »Abwälzwirkung, Wirkung daß ein Rechtsstreit oder sonstiges Verfahren von einer Amtsstelle auf eine andere (höhere) Amtstelle abgewälzt wird«, Lw. mlat. effectus devolutivus, M., »Devolutiveffekt«, vgl. Coßmann 1829, Planck 1896

Dezentralisation, F., »Aufgliederung, Übertragung der Aufgaben des Staates auf Selbstverwaltungsträger (z.B. Gemeinde)«, 1832, Ableitung von Zentralisation, zu mlat. centrum, N., »Mittelpunkt, Stachel, Kern«, Lw. gr. kéntron, N., »Stachel, Kern, Mittelpunkt«, s. de, Zentrum

Dezernat, N., »Geschäftsbereich, Sachgebiet«, 2. H. 19. Jh.?, aus Aktennotizen wie decernat collega, »es entscheide Kollege«, s. Dezernent

Dezernent, M., »Sachbearbeiter«, M. 18. Jh. (Preußen) Lw. lat. decernens, subst. Part. Präs., »entscheidend«, zu lat. decernere, V., »entscheiden«, zu lat. de, Präp., Präf., »von«, lat. cernere, V., »trennen, scheiden«

dezi-, Präf., »zehn«, 19. Jh. Lw. frz. déci, Präf., »zehn«, zu lat. decimus, Num. Ord., »zehnte«, zu lat. decem, Num. Kard., »zehn«

Dezibel, N., »Schalldruckmeßeinheit«, 20. Jh., s. dezi, amerik. PN Bell

dezimal, Präf., »auf zehn bezogen« seit A. 17. Jh. Lw. mlat. decimalis, Adj., »auf zehn bezogen«, zu lat. decimus, Num. Ord., »zehnte«, zu lat. decem, Num. Kard., »zehn«

D'Hondtsches Höchstzahlverfahren, N., »von dem Belgier d'Hondt (1841-1901) entwickeltes Verfahren zur Berechnung der Sitzverteilung in einem - mindestens teilweise - nach dem Verhältniswahlrecht gewählten Parlament«, s. hoch, Zahl, Verfahren

di, Präf., »zwei«, Lw. gr. dís, Num. Kard. »zwei«

dia, Präf., »durch«, Lw. gr. diá, dià, Präp., Präf., »durch«, s. di

Diakon, M., »ursprünglich (im katholischen Kirchenrecht) Vorbereitungsstufe auf dem Weg zur Priesterschaft, (jetzt auch) niederer kirchlicher Amtsträger der predigen und taufen und die Kommunion erteilen kann, (im evangelischen Kirchenrecht) Gehilfe des Pfarrers oder sonstiger kirchlicher Angestellter (z.B. Krankenpfleger)«, mhd. dīāken, M., »Diakon, Helfer«, ahd. tīākan (830), M., »Diakon, Levit«, ahd. jakuno (765), M., »Diakon«, Lw. kirchenlat. diāconus, (oberit. *yacuno,) M., »Diener, Helfer«, Lw. gr. diákonos, M., »Diener«

Dialektik, F., »(vom Mittelalter bis zum 18. Jahrhundert) Schullogik, (dann allgemein) Kunst der Gesprächsführung, philosophische Methode die eine Ausgangsposition in Frage stellt und in der Synthese der Ausgangsposition und der Gegenposition eine Erkenntnis höherer Art zu gewinnen sucht«, (E. 12./13. Jh., vgl. mhd. dialectike,) 16. Jh. Lw. lat. dialectice (ars), Lw. gr. dialektiké (téchne), F., »Redekunst«, zu gr. diálektos, M., »Unterredung«, zu gr. dialégesthai, V., »sich unterreden«, zu gr. diá, Präp., Präf., »durch«, gr. légein, V., »sprechen, reden, sammeln«

Diät, F., »Krankenkost«, 15. Jh. Lw. lat. diaete, F., »geregelte Lebensweise«, Lw. gr. díaita, F., »Lebensart, Lebensweise«

Diäten, F. Pl., »Geldleistungen des Staates an die Abgeordneten des Parlamentes die insbesondere die Aufwendungen und Unkosten ausgleichen und damit mittelbar die Unabhängigkeit der Abgeordneten sichern sollen«, 18. Jh. (1714) Lw. mlat. dieta, F., »Versammlung, Tagegeld der Versammlungsteilnehmer«, zu lat. dies, M., F., »Tag«

Dichotomie, F., »(im Strafrecht) Zweiteilung der Straftaten in Vergehen und Verbrechen«, zu gr. dichotomía, F., »Zweiteilung«, zu gr. dichótomos, Adj., »zweigeteilt«, zu gr. dichotomeĩn, V., »teilen, spalten«, zu gr. dícha, Adv., »entzwei, auseinander«, gr. témnein, V., »teilen, spalten«

Dieb, M., »Täter eines Diebstahls«, mhd. diup, M., »Dieb«, ahd. diob (2. H. 8. Jh.), M., »Dieb, Räuber, Wegelagerer«, as. thiof, M., »Dieb«, germ. *þeuba, *þeubaz, M., »Dieb«, s. idg. *teup-?, V., »sich kauern, sich hocken, sich verstecken«?

Diebstahl, M., »Wegnahme einer fremden beweglichen Sache in der Absicht sich dieselbe rechtswidrig zuzueignen«, mhd. diupstale, diupstal, F. (15. Jh.), M., »Diebstahl, Betrug, gestohlenes Gut (1275)«, Rudolf von Ems 1225/30, zu ahd. diuba (8. Jh.), F., »Diebstahl, Gestohlenes«, bzw. ahd. stāla (1. V. 9. Jh.), F., »Diebstahl«, s. Dieb, stehlen, im 15. Jh. Wechsel von F. zu M.

dienen, V., »dienen, Knecht sein«, mhd. dienen, V., »dienen, aufwarten«, ahd. dionōn (765), V., »dienen, aufwarten, gefällig sein, untertan sein«, as. thionon, V., »dienen«, germ. *þiwanōn, V., »dienen«, zu germ. *þewa-, *þewaz, M., »Diener«, zu idg. *tekᵘ-, V., »laufen, fließen«?

Diener, M., »Diener«, mhd. diener, M., »Diener«, 11. Jh., im 17. Jh. Bedeutung »Verbeugung (wie ein Diener)«, s. dienen

Dienst, M., »Tätigkeit einer Person für eine andere«, mhd. dienest, M., »Verehrung, Aufwartung, Ergebenheit, Dienst, Zins«, ahd. dionōst (765), M., »Dienst, Bedienung, Untertänigkeit, Knechtschaft«, as. thionost, M., »Dienst«, germ. *þewanōsta, M., »Dienst«, s. dienen

Dienstag, M., »Dienstag«, 15./16.Jh.? Lw. mnd. dinstach (13. Jh.), M., »Dienstag«, zu mnd. dach, M., »Tag«, mnd. ding-, M., »Name des inschriftlich bezeugten germanischen Gottes Mars Thingsus«?, verdrängt seit Luther das südd. Zīestag (Lüs. lat. dies Martis) und das bay. Ergetag (Lüs. gr. Arēos heméra), gilt seit 17. Jh. in der Schriftsprache allgemein, vielleicht unmittelbar zum germ. Gottesnamen *Tīwaz gehörig

Dienstalter, N., »Dienstalter« 1794, s. Dienst, Alter

Dienstaufsicht, F., »Aufsicht der vorgesetzten Behörden und der Dienstvorgesetzten über die nachgeordneten Behörden und Amtswalter«, 19. Jh., s. Dienst, Aufsicht, vgl. Ullmann 1893

Dienstaufsichtsbeschwerde, F., »formlose und fristfreie und außergerichtliche (Aufsichts-)Beschwerde über das persönliche Verhalten eines Amtsträgers bei der übergeordneten die Dienstaufsicht ausübenden Behörde um diese zu einer Prüfung und Abhilfe zu veranlassen«, 19. Jh.?, s. Dienst, Aufsicht, Beschwerde

dienstbar, Adj., »dienstbar«, mhd. dienstbære, Adj., »dienend, zum Dienst tüchtig« (Stricker bzw. Wolfram von Eschenbach 1200/10)

Dienstbarkeit, F., »Servitut, beschränktes dingliches Recht an einer Sache das den

Eigentümer in einzelnen Beziehungen in der Benutzung der Sache oder in der Ausübung seiner Rechte beschränkt«, »rechtliche Abhängigkeit« (Goldene Bulle 1356), »Verpflichtung« Schwarzenberg 1535, »Abgabe« 1378 Heilbronn, »Dienstbarkeit, Servitut« 1485 Bebenhausen, Lüt.?, Lbd. lat. servitus, F., »Servitut, Dienstbarkeit«, s. dienstbar, heit

Dienstbezug, M., »einem Beamten auf Grund des ihm verliehenen Amtes im dienstrechtlichen Sinne (Dienstgrad) zustehender regelmäßiger Geldbezug«, 19. Jh.?, s. Dienst, Bezug

Dienstbote, M., »Hilfskraft für Hauswirtschaft und Landwirtschaft, Dienstbote«, spätmhd. dienestbote, M., »Dienstbote«, 1348/58 Zwickau, s. Dienst, Bote

Diensteid, M., »von einem Beamten bei Dienstantritt zu leistender Eid«, 1525 Amberg, s. Dienst, Eid

Diensterfindung, F., »Erfindung durch einen Bediensteten«, 2. H. 20. Jh., s. Dienst, Erfindung

Dienstflucht, F., »Flucht aus dem Dienst«, nach 1950, s. Dienst, Flucht

Dienstgeheimnis, N., »im Dienst gewonnenes geheimzuhaltendes Wissen« 1849, s. Dienst, Geheimnis

Dienstherr, M., »(eines Beamten) diejenige juristische Person des öffentlichen Rechts der gegenüber Rechte und Pflichten des Betreffenden aus dem öffentlichrechtlichen Dienstverhältnis und Treueverhältnis bestehen«, »Ministeriale« 1290 Österreich, »Arbeitgeber des Gesindes« 1599 Österreich, s. Dienst, Herr

Dienstleistung, F., »Erfüllung dienstlicher Verpflichtung« 1592, s. Dienst, Leistung

Dienstleistungsfreiheit, F., »Freiheit der Dienstleistung, eine der Freiheiten der Europäischen Gemeinschaften«, um 1960, s. Dienstleistung, Freiheit

Dienstleistungsmarke, F., »besonderes Kennzeichen eines Dienstleistungsunternehmers«, 20. Jh.?, s. Dienstleistung, Marke

Dienstmann, M., »(im mittelalterlichen deutschen Recht) durch Dienst allmählich in den Adel aufsteigender Unfreier«, mhd. dienestmann, M., »Diener, Ministeriale«, ahd. dionostman (800), M., »Diener, Helfer, Dienstmann«, Lüt. lat. servitor, M., »Aufwärter, Diener«?, 1865 »Gepäckträger, Bote«, s. Dienst, Mann

Dienstrecht, N., »den Dienst betreffendes Recht, (im öffentlichen Recht) Recht der Beamten und Angestellten und Arbeiter im öffentlichen Dienst, (im Privatrecht) Dienstvertragsrecht und Arbeitsrecht«, »Ministerialenrecht« 1354, »bäuerliches Leiherecht« 1323 Klosterneuburg, s. Dienst, Recht

Dienstsiegel, N., »von einer Behörde auf amtlichen Urkunden zum Nachweis der Echtheit neben der Unterschrift verwendetes Siegel«, 19. Jh.?, s. Dienst, Siegel

Dienststelle, F., »berufliche Stellung« 1600 Österreich, »Behörde« 1826, s. Dienst, Stelle

Dienst- und Vollzugsordnung, F., »den Strafvollzug regelnde Verordnung die durch das Strafvollzugsgesetz abgelöst wurde«, 19. Jh.?, s. Dienst, Ordnung

Dienstvereinbarung, F., »öffentlichrechtliche Vereinbarung (Vertrag str.) zwischen einer Dienststelle und der Personalvertretung über eine bestimmte soziale Angelegenheit«, 20. Jh., s. Dienst, Vereinbarung

Dienstvergehen, N., »schuldhafte Verletzung der Dienstpflichten (eines Beamten), sowie jedes außerdienstliche Verhalten das in besonderem Maß geeignet ist Achtung und Vertrauen in einer für sein Amt und das Ansehen des Beamtentums bedeutsamen Weise zu beeinträchtigen (z.B. unehrenhaftes Schuldenmachen)«, 19. Jh.?, s. Dienst, Vergehen, vgl. Weiske 1839ff.

Dienstverhältnis, N., »Dienste betreffendes Rechtsverhältnis«, (im Privatrecht) ein Schuldverhältnis (Dienstvertrag oder Arbeitsvertrag), (im Verwaltungsrecht) vor allem Beamtenverhältnis«, »mit dem Dienst verbundene Verhältnisse« 1791 Preußen, s. Dienst, Verhältnis

Dienstverschaffungsvertrag, M., »Vertrag durch den sich jemand verpflichtet einem anderen die Dienste eines Dritten zu verschaffen«, 20. Jh.?, s. Dienst, Verschaffung, Vertrag

Dienstvertrag, M., »gegenseitiger Vertrag in welchem sich der eine Teil (Dienstverpflichteter) zur Leistung von vereinbarten Diensten irgendeiner Art, der andere Teil (Dienstberechtigter) zur Entrichtung der vereinbarten Vergütung verpflichtet«, (Dienstcontract Mackeldey 1814,) s. Dienst, Vertrag, vgl. Weiske 1839ff.

Dienstvorgesetzter, M., »die Dienste leitender Vorgesetzte«, 19. Jh.?, s. Dienst, Vorgesetzter

dies, lat., F., M., »Tag, Termin«

dies interpellat pro homine, lat., »der Termin mahnt an Stelle des Menschen«, vgl. Baldus (1320-1400) zu Codex Justinianus 8,37,12, sowie Dekretalen 3,18,4 (Gregor IX. 1227-41)

Dietrich, M., »Nachschlüssel«, 14. Jh. (um 1400), vom PN Dietrich (Benennung des begleitenden Schlüssels als Person), älter ahd. aftersluzzil, M., »Nachschlüssel«

Differenz, F., »Unterschied«, mhd. differenze, F., »Unterschied«, 15. Jh. Lw. lat. differentia, F., »Unterschied«, zum Part. Präs. differens von lat. differre, V., »sich unterscheiden, zerteilen«, zu lat. dis, Präf., »zer«, lat. ferre, V., »tragen, bringen«

Differenzgeschäft, N., »Vertrag über die Lieferung von Waren oder Wertpapieren der nur in der Absicht geschlossen wird daß der Unterschied zwischen dem vereinbarten Preis und dem Börsenpreis und Marktpreis der Lieferungszeit von dem verlierenden Teil an den gewinnenden gezahlt werden soll«, Eichhorn 1836, s. Differenz, Geschäft

differenzieren, V., »trennen«, 16. Jh. Lw. nlat. differentiare, V., »trennen«, s. Differenz

Differenzierung, F., »Abstufung, Verzweigung«, 1830, s. differenzieren, ung

Differenzierungsklausel, F., »als unzulässig angesehene Klausel von Tarifverträgen die den Arbeitgeber verpflichtet den tarifgebundenen Arbeitnehmern höhere Leistungen zu gewähren als den nicht tarifgebundenen bzw. tarifvertragliche Leistungen überhaupt nur an organisierte Arbeitnehmer zu erbringen«, 20. Jh.?, s. Differenzierung, Klausel

Differenztheorie, F., »Theorie des Schadensersatzes bei nachträglicher vom Schuldner zu vertretender Unmöglichkeit einer Gegenseitigkeitspflicht«, 19. Jh.?, s. Differenz, Theorie

Digesten (oder Pandekten), N. Pl., »unter Kaiser Justinian 530/3 erlassenes Gesetz das aus (9142) Auszügen aus (mehr als 200) Schriften (39) klassischer Juristen des römischen Rechts besteht und dadurch diese Auszüge überliefert«, Stainreuter E. 14. Jh. Lw. lat. digesta, N. Pl., »Digesten, Auszüge aus den Schriften der römischen Juristen durch Justinian«, zum PPP. digestus von lat. digerere, V., »zerteilen, ordnen«, zu lat. dis, Präf., »zer«, lat. gerere, V., »tragen, ausführen«

Dikasterium, N., »Gerichtshof«, Lw. gr. dikastérion, N., »Gerichtshof«, zu gr. dikázein, V., »Recht sprechen«, zu gr. díke, F., »Sitte, Brauch, Recht«

Diktator, M., »Diktator, Gewaltherrscher«, 15. Jh. Lw. lat. dictator, M., »römischer Amtsträger mit absoluter Herrschaftsgewalt«, »Gewaltherrscher (16. Jh.)«, zu lat. dictator, M., »Befehlshaber, Diktator«, zum PPP. dictatus von lat. dictare, V., »vorsagen, vorschreiben, befehlen«, zu lat. dicere, V., »sagen«, politisch aktuell seit 1794 Frankreich, vgl. Geschichtliche Grundbegriffe

Diktatur, F., »Staatsform in der die Herrschaftsgewalt ausschließlich und uneingeschränkt einem Einzelnen oder einer Gruppe zusteht«, A. 16. Jh. (Vegetius 1511 bzw. Dietrich von Pleningen 1515) Lw. lat. dictatura, F., »Gewaltherrschaft«, s. Diktator

dilatorisch, Adj., »aufschiebend«, 16. Jh. (Perneder 1532) Lw. lat. dilatorius, Adj., »aufschiebend« (Gaius 161), zum PPP. dilatus von lat. differre, V., »aufschieben, verschieben«, zu lat. dis, Präf., »zer«, lat. ferre, V., »tragen, bringen«

dilatorische Einrede, F., »aufschiebende Einrede«, s. Einrede, dilatorisch, 19. Jh.?, vgl. Weiske 1839ff.

diligentia, lat. F., »Sorgfalt« »(im nachklassischen römischen Recht) (rechtmäßige) Anforderung an den Schuldner bei der Erfüllung seiner Verpflichtungen«, zum Part. Präs. diligens von lat. diligere, V., »auseinandernehmen, schätzen, lieben«, zu lat. dis, Präf., »zer«, lat. legere, V., »sammeln, lesen«

diligentia quam in suis, lat., F., »Sorgfalt wie in eigenen Angelegenheiten«, 19. Jh.?, s. diligentia

DIN Deutsche Industrienorm, um 1920, s. deutsch, Industrie, Norm

Ding, N., »(im germanischen und mittelalterlichen deutschen Recht vor allem) Volksversammlung, Gerichtsversammlung, Sache«, mhd. ding, N., »Ding, Sache, Vertrag, Gericht«, ahd. ding (765), N., »Versammlung, Gemeinde, Gericht, Gerichtstag, Gerichtsverhandlung, Sachverhalt, Streitsache, Rechtssache, Sache, Ding, Ursache«, as. thing, N., »Versammlung, Gericht, Sache«, germ. *þenga, *þengaz, N., »Zeit, Rat, Versammlung, Festsetzung«, zu idg. *ten-, V., »ziehen«?, idg. *tek-, V., »erreichen«?

dingen, V., »verhandeln, feilschen, mieten, in Dienst nehmen«, mhd. dingen, V., »versprechen, zu Gericht gehen«, ahd. dingōn, V., (863-71), V., »sprechen, verhandeln, vereinbaren, Gericht halten, vor Gericht bringen«, as. thingon, V., »verhandeln«, germ. *þengōn, V., »vertraglich festsetzen«, s. Ding

dingfest, Adj., »verhaftet«, 19. Jh., s. Ding, fest

dinglich, Adj., »sachenrechtlich«, mhd. dingelich, Adj., »gerichtlich«, ahd. dinglīh (1000), Adj., »gerichtlich, rednerisch, logisch«, as. thinglīk, Adj., »gerichtlich«, Lbd. lat. dialecticus, Adj., »logisch«?, Lüs. lat. forensis, Adj., »gerichtlich«?, s. Ding, lich

dingliches Recht, N., »sachenrechtliches Recht«, 19. Jh.?, s. Recht, dinglich

Dingpflicht, F., »Verpflichtung zur Gerichtsteilnahme«, Kaiserrecht 1328/38, s. Ding, Pflicht

dingpflichtig, Adj., »zur Gerichtsteilnahme verpflichtet«, Sachsenspiegel um 1225, s. Dingpflicht, ig

Diözese, F., »(im katholischen Kirchenrecht in antiker Tradition) einem Bischof unterstehendes Territorium«, 16. Jh. (Grunau 1510/30) Lw. lat. dioecesis, F., »Bezirk, Distrikt, Diözese«, Lw. gr. dioíkesis, F., »Haushaltung, Verwaltung, Diözese«, zu gr. dioikeĩn, V., »verwalten, einrichten«, zu gr. oikeĩn, V., »haushalten, wohnen«, zu gr. oĩkos, M., »Haus, Wohnhaus«

Diplom, N., »Urkunde durch die ein akademischer Grad bezeugt wird, akademischer Grad (z.B. Diplomingenieur)«, 17. Jh. (1612) Lw. lat. diploma, N., »Urkunde«, Lw. gr. díploma, N. »Gefaltetes, Gedoppeltes, Urkunde«, zu gr. diplóos, Adj., »doppelt«, s. di

Diplomat, M., »höherer Beamter des auswärtigen Dienstes (welcher durch ein Beglaubigungsschreiben ausgewiesen ist)«, A. 19. Jh. (Goethe 1811) Lw. frz. diplomate (1792), M., »Diplomat, Staatsmann«, s. Diplom

Diplomatik, F., »Urkundenlehre«, 18. Jh. Lw. frz. diplomatique, F., »Urkundenlehre«, zu nlat. diplomaticus, Adj., »die Urkunden betreffend«, s. Diplom, vgl. Mabillon 1681, De re diplomatica

diplomatisch, Adj., »die Urkunden betreffend (1748), diplomatisch«, Lw. nlat. diplomaticus, Adj., »die Urkunden betreffend«, s. Diplom, Diplomatik

diplomatische Beziehung, F., »auswärtige durch Diplomatie unterhaltene Beziehung«, 19. Jh.?, s. Beziehung, diplomatisch

Diplom-Rechtspfleger, M., »seit 1983 den Absolventen der Rechtspflegerprüfung verliehener akademischer Grad«, s. Diplom, Rechtspfleger

direkt, Adj., »gerade, geradlinig, unmittelbar«, (zunächst mit lat. Endung seit) E. 15. Jh. (1497 directe) Lw. lat. directus, Adj., »gerade ausgerichtet«, PPP. von lat. dirigere, V., »gerade richten, ausrichten«, zu lat. dis, Präf., »zer«, lat. regere, V., »richten, lenken, leiten«, seit E. 17. Jh. auch attributiv gebraucht

direkte Stellvertretung, F., »unmittelbare Stellvertretung«, 19. Jh.?, s. Stellvertretung, direkt

direkte Steuer, F., »unmittelbare Steuer«, 19. Jh.?, s. Steuer, direkt

direkter Verbotsirrtum, M., »unmittelbarer Verbotsirrtum«, 20. Jh.?, s. Verbotsirrtum, direkt

direkter Vorsatz, M., »unmittelbarer Vorsatz«, 19. Jh.?, s. Vorsatz, direkt

Direkterwerb, M., »Erwerb eines Rechts ohne vorherigen Erwerb einer nur vermittelnden Person (z.B. des Veräußerers einer Anwartschaft)«, 2. H. 20. Jh., s. direkt, Erwerb

Direktion, F., »Weisung, Richtlinie, Richtung, Leitung (um 1600)«, 16. Jh. (Christoph von Wirtemberg 1554) Lw. (frz. direction, F., »Ordnung, Richtung«, aus) lat. directio, F., »Gerademachung, Richtung«, s. direkt

Direktionsrecht, N., »Recht des Arbeitgebers zur Leitung der Arbeit durch Erteilung von Weisungen an die Arbeitnehmer im Rahmen von Gesetz und (guten Sitten und) Vertrag und Betriebsvereinbarung«, 20. Jh.?, s. Direktion, Recht

Direktive, F., »Richtlinie«, 1. H. 19. Jh., aus Direktivnorm (1. H. 19. Jh.) bzw. Direktivregel (um 1800), zu mlat. directivus

(13. Jh.), Adj., »richtunggebend, leitend«, zu lat. directus, s. direkt

Direktmandat, N., »durch die Mehrzahl der Erststimmen in einem Wahlkreis erlangte Stellung als Abgeordneter«, 20. Jh., s. direkt, Mandat

Direktor, M., »Leiter, Direktor«, E. 16. Jh. (1586) Lw. spätlat. director, M., »Lenker, Leiter«, s. direkt

Direktversicherung, F., »durch den Arbeitgeber als Versicherungsnehmer auf das Leben des Arbeitnehmers (Versicherten) mit einem Versicherer abgeschlossene private Lebensversicherung«, 20. Jh., s. direkt, Versicherung

Dirne, F., »Mädchen, Prostituierte (M. 15. Jh.)«, mhd. dierne, dirne, F., »Dienerin, Magd, Mädchen«, ahd. diorna (8. Jh.), F., »Mädchen, Jungfrau, Dienerin«, as. thiorna, F., »Jungfrau, Mädchen«, germ. *þewernō, *þewernōn, F., »Knechtstochter, Dienerin«?, zu idg. *teku̯-, V., »laufen, fließen«?

dis, Präf., »un, zer«, Lw. lat. dis, Präf., »zer««, zu idg. *du̯is-, *dis-, Adv., »entzwei, auseinander«

Disagio, N., »Abschlagsgeld, Betrag um den ein tatsächlich ausgegebenes Darlehen oder eine sonstige tatsächliche Auszahlung geringer ist als - abgesehen von den Zinsen - der Nennbetrag den der Schuldner zurückzahlen muß«, 1862 Lw. it. disaggio, M., »Disagio«, s. Agio, dis

Diskont, M., »bei der Begründung einer zu einem späteren Zeitpunkt fälligen Forderung vorweg vom Nominalbetrag abgezogener Zinsbetrag«, 17. Jh. (1662) Lw. it. disconto, M., »Vorzinsen«, zum PPP. discomputatus von mlat. discomputare, V., »abrechnen«, zu lat. computare, V., »rechnen«, zu lat. cum, com, Präp., Präf., »mit«, lat. putare, V., »schneiden, putzen, reinigen, berechnen«, zu lat. putus, Adj., »lauter, rein«

diskontieren, V., »den Diskont abziehen«, 17. Jh., s. Diskont

diskriminieren, V., »herabwürdigen, schlechter behandeln«, 19. Jh. (1876) Lw. lat. discriminare, V., »abtrennen«, zu lat. discrimen, N., »Trennendes, Unterschied, Abstand«, zu lat. discernere, V., »unterscheiden, trennen«, zu lat. dis, Präf., »zer«, lat. cernere, V., »scheiden«

Diskriminierung, F., »Abscheidung, Schlechtermachung, Schlechterstellung«, 1. H. 20. Jh. (1929), s. diskrimieren, ung

Dispens, M., »Befreiung«, A. 16. Jh. (1504) bzw. 1791 Lw. mlat. dispensa, F., »Befreiung«, zu mlat. dispensare, V., »zuteilen«, zu lat. dispensare, V., »zuteilen, abwägen«, zu lat. dispendere, V., »auswägen, zuteilen«, zu lat. dis, Präf., »zer«, lat. pendere, V., »wiegen, abwägen«

dispensieren, V., »befreien, beurlauben«, 13. Jh. Lw. mlat. dispensare, V., »Freiheit gewähren«, zu lat. dispensare, s. Dispens

Displaced Person (DP), um 1945 Lw. ne. displaced person, M., »verschleppte Person«

disponieren, V., »verfügen, anordnen, einteilen«, A. 16. Jh. (um 1500) Lw. lat. disponere, V., »aufstellen, verteilen«, zu lat. dis, Präf., »zer«, lat. ponere, V., »setzen, stellen, legen«,

Disposition, F., »Verfügung, Ordnung, Beschaffenheit«, 16. Jh. (Luther 1521) Lw. lat. dispositio, F., »Aufstellung, Anordnung«, zum PPP. dispositus von lat. disponere, V., »aufstellen, verteilen«, s. disponieren, »Vorkehrung, Plan, Berechnung« vereinzelt 17. Jh., zunehmend seit der 2. H. 19. Jh.

Dispositionsfreiheit, F., »Freiheit zur Verfügung«, Moshamm 1814, s. Disposition, Freiheit

Dispositionsmaxime, F., »Verfügungsgrundsatz, Parteibetrieb, Parteiherrschaft, Grundsatz daß die Parteien die Herrschaftsgewalt über das Verfahren haben«, 19. Jh.?, s. Disposition, Maxime

dispositiv, Adj., »anordnend, verfügend«, M. 19. Jh. (1850) Lw. nlat. dispositivus, Adj., »anordnend, verfügend«, s. Disposition

dispositives Recht, N., »abdingbares Recht«, Jhering 1852, s. Recht, dispositiv

Disput, M., »Auseinandersetzung, Wortstreit«, 15. Jh.? bzw. 17. Jh.? Lw. frz. dispute, F., »Auseinandersetzung«, zu frz. disputer, V., »streiten«, aus lat. disputare, V., »ins reine bringen, auseinandersetzen«, s. disputieren

Disputation, F., »Streitgespräch, (im Rahmen einer Promotion) nach einzelnen Promotionsordnungen nötige öffentliche Verteidigung der Theen der Doktorarbeit durch den Doktoranden«, um 1200 (, 1300?) Lw. lat. disputatio, F., »Berechnung,

Unterredung«, zum PPP. disputatus von lat. disputare, V., »ins reine bringen, erwägen, auseinandersetzen«, zu lat. dis, Präf., »zer«, lat. putare, V., »schneiden, putzen, reinigen, berechnen«

disputieren, V., »erörtern«, um 1200 Lw. (afrz. disputer, V., »erörtern«, aus) lat. disputare, V., »ins reine bringen, auseinandersetzen«, zu lat. dis, Präf., »zer«, lat. putare, V., »schneiden, putzen, reinigen, berechnen«

Dissens, M., »Einigungsmangel beim Vertragsschluß«, 17. Jh. (1639) Lw. lat. dissensus, M., »Uneinigkeit«, zum PPP. dissensus von lat. dissentire, V., »verschiedener Meinung sein«, s. lat. dis, Präf., »zer«, lat. sentire, V., »meinen, fühlen«

Dissertation, F., »Erörterung, (im Rahmen des Promotionsverfahrens) schriftliche wissenschaftliche Arbeit, Doktorarbeit«, 17. Jh. (1676?) Lw. lat. dissertatio, F., »Erörterung, Abhandlung«, zum PPP. dissertatus von lat. dissertare, V., »auseinandersetzen«, zu lat. disserere, V., »auseinandersetzen«, zu lat. dis, Präf., »zer«, lat. serere, V., »fügen, reihen«

Dissident, M., »Abweichler, Religionsloser«, A. 18. Jh. Lw. lat. dissidens (in religione), subst. Part. Präs. von lat. dissidere, V., »nicht übereinstimmen, anders denken«, zu lat. dis, Präf., Präp., »zer«, lat. sedere, V., »sitzen«

Distinktion, F., »Unterscheidung«, vereinzelt 14. Jh.? (um 1400 Magdeburg »Abschnitt«) bzw. 16. Jh. Lw. lat. distinctio, F., »Unterscheidung«, zum PPP. distinctus von lat. distinguere, V., »absondern, trennen, abteilen«, zu lat. dis, Präf., »zer«, lat. *stinguere, V., »stechen«

Distrikt, M., »Bezirk«, 16. Jh. (1522) Lw. spätlat. (6. Jh.) districtus, M., »Gerichtsbezirk«, zum PPP. districtus von lat. distringere, V., »ausdehnen«, s. lat. dis, Präf., »zer«, lat. stringere, V., »anziehen, fassen«

Disziplin, F., »Zucht (E. 15. Jh.), Ordnung, Fach (15. Jh.), Bereich«, mhd. discipline, F., »geistliche Züchtigung, Kasteiung«, 14. Jh.? Lw. lat. disciplina, F., »Erziehung, Zucht«, zu lat. discipulus, M., »Schüler«, zu lat. dis, Präf. »zer«, lat. capere, V., »fassen«

Disziplinargericht, N., »für die härteren Disziplinarmaßnahmen zuständiges besonderes Gericht«, 1834 Büchner, s. Disziplin, Gericht

disziplinarisch, Adj., »die Ordnung betreffend, streng«, A. 19. Jh., s. Disziplin, isch

Disziplinarmaßnahme, F., »Maßnahme die als Rechtsfolge von Dienstvergehen zulässig ist«, 1961?, s. Disziplin, Maßnahme

Disziplinarrecht, N., »Recht der Dienstvergehen«, 19. Jh.?, s. Disziplin, Recht

divers, Adj., »verschieden«, 17. Jh. Lw. lat. diversus, Adj., »verschieden«, PPP. von lat. divertere, V., »auseinandergehen, abweichen«, zu lat. dis, Präf., »zer«, lat. vertere, V., »wenden, drehen«

Diversion, F., »Umleitung, neueren kriminalpolitischen Tendenzen entsprechende Bestrebung offizielle und damit strenge vielfach stigmatisierende Reaktionen (Strafen) auf abweichendes Verhalten durch schwächere Reaktionen zu ersetzen (z.B. Gespräche)«, um 1985 Lw. ne. diversion, aus (dem bereits im 17. Jh. in Diversion, F., »Ablenkung« ins Deutsche entlehnten) lat. diversio, F., »Ablenkung«, zum PPP. diversus von lat. divertere, V., »auseinander gehen«, zu lat. dis, Präf., »zer«, lat. vertere, V., »wenden, drehen«

Dividende, F., »in Prozenten ausgedrückter Anteil des Aktionärs am jährlichen Bilanzgewinn der Aktiengesellschaft«, 1. H. 18. Jh. (1737) Lw. frz. dividende, M., »Aktiengewinn«, oder Lw. ne. dividend, N., »zu verteilender Gewinn«, aus lat. dividendus, M., »Zuverteilender«, Gerundivum von lat. dividere, V., »teilen, trennen«, zu lat. dis, Präf., »zer«, zur Wurzel *u̯idh-, V., »trennen«

Division, F., »Division, Heeresteil (1702)«, (15. Jh. [1445 divisie] »Teilung« Lw. lat. divisio bzw.) 18. Jh. Lw. frz. division, F., »Abteilung«, aus lat. divisio, F., »Teilung, Zerlegung, Ausgeteiltes«, zum PPP. divisus von lat. dividere, V., »teilen, trennen«, zu lat. dis, Präf., »zer«, Wurzel *u̯idh-, V., »trennen«, älter auch »Unterteilung eines Begriffs« (1531)

doctor (Dr.), M., »Lehrer, - im Mittelalter über baccalaureus und magister stehender - akademischer Grad«, s. Doktor

Dogma, N., »Lehrsatz, Lehrmeinung«, (im 16. Jh. als lat. Wort verwendet bzw. im) 18. Jh. Lw. lat. dogma, N., »Lehrsatz«, Lw. gr. dógma, N., »Lehrsatz«, zu gr. dokeĩn, V., »meinen«

Dogmatik, F., »Beschäftigung mit Dogmen«, 17. Jh. (Maresius 1648), s. Dogma

Doktor, M., »ein akademischer Grad«, mhd. doctor, M., »Lehrer«, 14. Jh. (1366) Lw. lat. doctor (seit 12. Jh. als Grad), M., »Lehrer«, zum PPP. doctus von lat. docere, V., »lehren, unterrichten«, Bedeutungsentwicklung »Hochschullehrer« (A. 15. Jh.), »akademisch gebildeter Arzt« (1455)

Doktorand, M., »wer mit dem Ziel des Erwerbes des akademischen Grades eines doctor eine wissenschaftliche Arbeit erstellt«, M. 16. Jh. (1558) Lw. lat. doctorandus, M., »zum Doktor zu machender«, Gerundivum von mlat. doctorare, V., »den Doktorgrad erwerben«, daneben schon im 16. Jh. auch Doctorant als Lw. lat. subst. Part. Präs. doctorans von lat. doctorare, s. Doktor

Doktorgrad, M., »Grad eines akademisch gebildeten Lehrers« 1701, s. Doktor, Grad

Doktorprüfung, F., »Prüfung zum Erwerbe des Doktorgrades« (1875), s. Doktor, Prüfung

Doktrin, F., »Lehre, programmatische Festlegung«, A. 16. Jh. (1504) Lw. lat. doctrina, F., »Belehrung, Unterricht, Lehre«, zum PPP. doctus von lat. docere, V., »lehren, unterrichten«

Dokument, N., »Beweis, Urkunde«, M. 16. Jh. (1566) Lw. mlat. documentum, N., »Schriftstück«, zu lat. documentum, N., »Lehre, Beweis«, zu lat. docere, V., »lehren, unterrichten, nachweisen«

Dokumentenakkreditiv, N., 20. Jh.?, s. Dokument, Akkreditiv

dolmetschen, V., »übersetzen«, mhd. tolmetzen, V., »übersetzen, erklären, schwätzen«, s. Dolmetscher

Dolmetscher, M., »Hilfsperson bei einer Verhandlung unter Beteiligung von Personen die der (deutschen) Sprache nicht mächtig sind oder taub oder stumm sind«, zu spätmhd. (13. Jh.) tolmetsche, M., »Dolmetsch, Übersetzer« (Meister Eckhart um 1300 tolmescher, tolmetzer 14. Jh), Lw. (ungar. tolmács, M., »Übersetzer«?,) Lw. slaw. tolmác, M., »Übersetzer«?, Lw. türk. tilmaç, M., »Übersetzer«, zu atürk. til, Sb., »Zunge«, Suff. maç, zu mitannitisch talami, Sb., »Mittelsmann« (15. Jh. v. Chr.)?

dolo petit (bzw. facit bzw. agit) qui petit quod statim redditurus est, lat. »mit Arglist begehrt (bzw. handelt) wer begehrt was er umgehend zurückgewähren muß«, vgl. Digesten 50,17,173,§3 =44,4,8,pr. (Paulus 160-224), Corpus iuris canonici Liber sextus 5,19,59 (Bonifaz VIII. 1294-1303)

dolos, Adj., »arglistig, vorsätzlich«, M. 16. Jh. (Waldis 1548) Lw. lat. dolosus, Adj., »trugvoll, trügerisch«, zu lat. dolus, M., »List, Täuschung«

dolus, lat., M., »List, Täuschung, Arglist, Absicht«, vgl. Vorsatz

dolus directus, lat., M., »direkter Vorsatz«, 19. Jh.?

dolus eventualis, lat., M., »eventualer Vorsatz«, vgl. Weiske 1839ff., Hälschner 1887

dolus generalis, lat., M., »allgemeiner Vorsatz«, vgl. Hälschner 1887

dolus indirectus, lat., M., »indirekter Vorsatz«, 19. Jh.?

dolus malus, lat., M., »Arglist«, Digesten 15,1,21 bzw. 19,1,6,§9

dolus subsequens, lat., M., »nachträglicher Vorsatz«, vgl. Hälschner 1887

Dom, M., »Dom, Hauptkirche, hervorragende Kirche (16. Jh.?)«, 14. Jh. (1344)? bzw. 15. Jh.? Lw. mfrz. dôme, F., »Dom«, Lw. it. duomo, M., »Dom«, aus spätlat. domus ecclesiae, F., »Haus der Kirchengemeinde«, Lüs. gr. oĩkos tẽs ekklesías, M., »Haus der Kirche«, das ältere (ebenfalls zu lat. domus gehörige) Lw. ahd. tuom (E. 8. Jh.), M., »Haus, Dom, Bischofskirche«, mhd. tuom, fnhd. thum verschwand im 18. Jh.

Domäne, F., »Herrschaft, Herrschaftsgut, Spezialgebiet (19. Jh.)«, E. 16. Jh. (1596) Lw. frz. domaine, M., »Gut des Landesherrn«, afrz. demaine, F., »Herrschaft, Gut«, zu lat. dominium, N., »Herrschaft, Eigentum«?, zu lat. dominus, M., »Herr«, zu lat. domus, F., »Haus«, lautliche Entwicklung von mlat. domanium (, Lw. afrz. demaine,) beeinflußt

Dominat, M., »Herrschaft, absolutes Kaisertum«, 16. Jh. (Tradel 1587) Lw. lat. dominatus, M., »Herrschaft«, s. Domäne

dominium, lat., N., »Eigentum«, s. Domäne

dominium directum, lat., N., »Obereigentum«, 14. Jh.?, s. dominium, direkt

dominium utile, lat., N., »Untereigentum«, 14. Jh.?, s. dominium

Domkapitel, N., »rechtsfähiges Kollegium von Klerikern einer Diözese das bei der Regierung der Diözese mitwirkt und vielfach an der Wahl des Bischofs beteiligt ist«, 15. Jh. (1473), (1373 thumkapitel,) Zusammensetzung aus 2 Lw., s. Dom, Kapitel

donatio, lat., F., »Gabe, Schenkung«, zum PPP. donatus von lat. donare, V., »geben, schenken«, zu lat. donum, N., »Gabe, Geschenk«, zu lat. dare, V., »geben«

Donner, M., »Donner«, mhd. doner, M., »Donner«, ahd. donar (1. Vt. 9. Jh.), M., »Donner«, germ. *þunara, *þunaraz, M., »Donner«, s. idg. *sten-, *ten-, V., »donnern, rauschen, dröhnen, stöhnen«

Donnerstag, M., »Donnerstag«, mhd. donerstac, M., »Donnerstag«, ahd. donaristag (2. Vt. 11. Jh.), M., »Donnerstag«, Lüt. lat. dies Iovis (vor 4. Jh.), daneben bay. Pfinztag, M., (Lw. gr. pémpte heméra, F., »fünfter Tag«)

doppel, Präf., »zweifach«, s. doppelt

Doppelbesteuerung, F., »mehrfache Inanspruchnahme desselben Gegenstandes durch Steuern«, 20. Jh.?, s. Doppel, Steuer

Doppelehe, F., »Ehe die jemand schließt obwohl er verheiratet ist, Ehe die jemand mit einem Verheirateten schließt«, Moritz E. 18. Jh. bzw. 1811, Lüs. lat. bigamia, F., »Doppelehe«, s. Bigamie, doppel, Ehe

Doppelname, M., »aus zwei Namen bestehender Name«, 20. Jh.?, s. Doppel, Name

doppelt, Adj., »zweifach«, 14. Jh. Köln (dobbel) Lw. afrz. doble, Adj., »zweifach«, aus lat. duplus, Adj., »zweifach, zweifältig«, zu lat. duo, Num. Kard, »zwei«, seit dem 15. Jh. t aus dem PPP. gedoppelt des V. doppeln (15. Jh.) aufgenommen

Dorf, N., »Dorf«, mhd. dorf, N., »Dorf«, ahd. dorf (765), N., »Weiler, Dorf, Hof, Gut, Stadtviertel«, as. thorp, N., »Weiler, Dorf«, germ. *þurpa, *þurpam, N., »Dorf, Schar (F.) (1), Haus?, Gehöft?, Rodung?«?, vgl. idg. *tu̯er-, V., »drehen, zwirbeln, quirlen, bewegen«?, zu idg. *trĕb-, Sb., »Balkenbau, Gebäude«?

Dorfrecht, N., »Recht eines Dorfes«, Sachsenspiegel um 1225, s. Dorf, Recht

dos, lat., F., »Mitgift«, »familienrechtliche Zuwendung anläßlich eines Eheschlusses«, zu lat. dare, V., »geben«

Dossier, N., (M.,) »umfängliche Akte«, 19. Jh.? (1904) Lw. frz. dossier, M., »umfängliche Akte«, zu frz. dos, M., »Rücken«, aus lat. dorsum, N., »Rücken«, benannt nach der Rückenaufschrift der Akte

dotieren, V., »ausstatten«, spätmhd. dotieren, V., »ausstatten«, 15. Jh. Lw. (frz. doter, V., »ausstatten«, aus) lat. dotare, V., »ausstatten«, zu lat. dos, F., »Gabe«, zu lat. dare, V., »geben«

Dotation, F., »Zuwendung, Ausstattung«, 15. Jh. (1440 Ulm) Lw. mlat. dotatio, F., »Zuwendung«, zum PPP. dotatus von lat. dotare, V., »ausstatten«, zu lat. dos

do ut des, lat., »ich gebe damit du gibst«, zu lat. dare, V., »geben«

Doyen, M., »Sprecher der in einem Staat versammelten ausländischen Diplomaten«, A. 19. Jh. (um 1800) Lw. frz. doyen, M., »Dekan, Ältester«, aus lat. decanus, M., »Vorsteher von zehn«, s. Dekan

dozieren, V., »lehren«, 16. Jh. (1558 Heidelberg) Lw. lat. docere, V., »lehren«

Dozent, M., »Lehrender, Lehrer an einer Hochschule, habilitierter Universitätslehrer der noch nicht auf eine Professur berufen worden ist«, 18. Jh. (1736) Lw. lat. docens, Part. Präs. von lat. docere, s. dozieren

drakonisch, Adj., »streng (wie Drakon)«, 18. Jh. (1793) Lw.? frz. draconique, Adj., »drakonisch«, zum gr. PN Drákon (621 v. Chr., »Drache«)

drauf, Adv., »drauf«, ahd. daraūf (863-71), Adv., »darauf«, zu ahd. dara, ūf, s. da

Draufgabe, F., »Leistung bei Eingehung eines Vertrages die als Zeichen des Abschlusses des Vertrages gilt und im Zweifel auf die geschuldete Leistung anzurechnen oder bei Erfüllung zurückzugeben ist«, 1791 Preußen, Lsch. lat. arrha, F., »Angeld«, s. drauf, Gabe, (Daraufgabe)

Dreck, M., »Schmutz, wertloses Zeug«, mhd. drec, M., »Schmutz, Unrat, Kot«, ahd. *drek, *drec, M., »Kot, Dreck«, zu idg. *ster-, *ter-, Sb., V., »unreine Flüssigkeit, besudeln, verwesen«

Dreckfink, M., »unsauberer Mensch (Goethe E. 18. Jh.)«, s. Dreck

Drecksack, M., »Sack mit Kot (1515), menschlicher Körper (1522), widerliche Person (1515)«, s. Dreck, Sack

Drecksau, F., »elender gemeiner Mensch«, Steinbach 1734, s. Dreck, Sau

Dreckskerl, M., »elender gemeiner Mensch«, Bahr 1919, s. Dreck, Kerl

Dreh, M., »Finte«, um 1900 Lw. rotw. »geschickte Drehung«

drehen, V., »drehen«, mhd. dræjen, dræhen, V., »drehen, drechseln«, ahd. drāen (765), V., »drehen, drechseln, runden«, as. thrāian, V., »drehen«, germ. *þrēan, V., »drehen«, idg. *ter-, *terə-, V., »reiben, bohren, drehen«

Dreher, M., »Dreher«, spätmhd. dreer, M., »Drechsler, Dreher«, 14. Jh. (1359 Mecklenburg dregher), s. drehen

drei, Num. Kard., »drei«, mhd. drī, Num. Kard., »drei«, ahd. drī (765), Num. Kard., »drei«, as. thrīa, Num. Kard., »drei«, germ. *þrī-, Num. Kard., »drei«, idg. *trei-, Num. Kard., »drei«

Dreieck, N., »Dreieck« 16. Jh., s. drei, Ecke

Dreiecksverhältnis, N., »Verhältnis zwischen drei Beteiligten (z.B. Vertrag zugunsten Dritter)«, 1962?, s. drei, Ecke, Verhältnis

Drei-Elemente-Lehre, F., »(im Verfassungsrecht) Ansicht daß der Staat durch Staatsgebiet und Staatsvolk und Staatsgewalt gekennzeichnet ist«, 19. Jh.?, s. drei, Element, Lehre

Dreifelderwirtschaft, F., »Bewirtschaftung einer Flur in dreijährigem Fruchtwechselturnus«, Hazzi 1803, s. drei, Feld, Wirtschaft

Dreiklassenwahlrecht, N., »die Wähler nach der Steuerleistung in (drei) Klassen einteilendes Wahlrecht«, 2. H. 19. Jh., s. drei, Klasse, Wahlrecht

dreißig, Num. Kard., »dreißig«, mhd. drīzec, Num. Kard., »dreißig«, ahd. drīzug (765), Num. Kard., »dreißig«, zu germ. *þrī-, Num. Kard., »drei«, germ. *tegu-, M., »zehn, zig«

Dreißigster, M., »als gesetzliches Vermächtnis grundsätzlich bestehende Verpflichtung der Erben bestimmten Familienangehörigen des Erblassers während der ersten 30 Tage nach dem Erbfall Unterhalt zu gewähren und die Benutzung der Wohnung und der Haushaltsgegenstände zu gestatten«, Sachsenspiegel um 1225, s. dreißig, vgl. die dreißigtägige Beweinung des toten Moses in 2. Mose 39,8

Driesch, M., »erschöpfter Acker«, mnd. dresch, M., »erschöpfter Acker«, zu germ. *þreutan, V., »ermüden«?

dritte, Num. Ord., »dritte«, mhd. dritte, Num. Ord., »dritte«, ahd. dritto (765), Num. Ord., »dritte«, as. thrida, Num. Ord., »dritte«, germ. *þredjan, *þridjōn, Num. Ord., »dritte«, idg. *tr̥ti̯o-, Num. Ord., »dritte«, s. idg. *trei-, Num. Kard., »drei«

Drittorganschaft, F., »Ausübung der Befugnisse eines Organes der Gesellschaft durch einen dazu bestellten Dritten der nicht Gesellschafter ist«, 20. Jh., s. dritte, Organ, schaft

Drittschadensliquidation, F., »unter der Voraussetzung einer Schadensverlagerung ausnahmsweise für bestimmte Fälle (z.B. mittelbare Stellvertretung) anerkannte Möglichkeit daß ein nichtgeschädigter Anspruchsberechtigter den Schaden eines nichtanspruchsberechtigten Geschädigten liquidiert (z.B. bei Versendungskauf)«, 2. H. 20. Jh.?, s. dritte, Schaden, Liquidation

Drittschuldner, M., »Schuldner eines Schuldners auf den der Gläubiger des Schuldners dadurch zugreift daß er in den Anspruch des Schuldners gegen dessen Schuldner - den D. - vollstreckt (z.B. Lohnpfändung)«, 19. Jh., s. dritte, Schuldner, vgl. Planck 1896

Drittwiderspruchsklage, F., »Interventionsklage, Klage des angeblichen oder wirklichen Inhabers eines die Veräußerung hindernden Rechtes an einem Gegenstand (z.B. Eigentum) gegen die Zwangsvollstreckung in diesen Gegenstand«, 19. Jh.?, s. dritte, Widerspruch, Klage, Interventionsklage

Drittwirkung (der Grundrechte), F., »(im Verfassungsrecht) die Frage der unmittelbaren Wirkung der Grundrechte außerhalb des Verhältnisses Staat - Einzelner«, 2. H. 20. Jh., s. dritte, Wirkung

Dr. jur. utr., Doctor iuris utriusque, M., »Doktor beider Rechte«, s. doctor

Droge, F., »Gewürz, Rauschmittel«, um 1600 Lw. frz. drogue, F., »Gewürz, chemisches Mittel«, Lw. mnd. dröge vate, N. Pl., »trockene Fässer, Behälter für trockene Waren«?

Drohbrief, M., »Gewalt androhender Brief«, A. 15. Jh., s. drohen, Brief

drohen, V., »drohen«, zu (dem zu nhd. dräuen führenden) mhd. drōuwen, drōn, V., »drohen«, ahd. drouwen (800), V., »drohen, tadeln«, westgerm. þrawjan, V., »drohen«, idg. *treu-, V., »stoßen, drängen, bedrängen«, s. idg. *ter- (3), V., »reiben, bohren, drehen«, o aus kontrahierten Formen entstanden

Drohung, F., (Nebenform Dräuung,) »Inaussichtstellen eines Übels auf dessen Eintritt der Drohende sich wirklich oder vorgeblich Einfluß beimißt«, mhd. drouwunge, F., »Drohung«, ahd. drewunga (2. H. 8. Jh.), F., »Tadel, Verweis«, s. drohen, ung

droit, frz., »Recht«, aus spätlat. directum, subst. PPP. N. von lat. dirigere, V., »gerade richten, ausrichten, richten«, zu lat. dis, Präf., »zer«, lat. regere, V., »lenken, leiten«

Drossel, F. (2), »Kehle (bis zum 17. Jh.)«, zu mhd. drozzel, F., »Kehle«, zu ahd. drozza (10. Jh.), F., »Kehle«, zu idg. *ster-, *ter-, V., »starr sein, steif sein«

drosseln, V., »würgen, (die Kehle) zudrücken«, 15. Jh., s. Drossel

Drost, M., »Amtshauptmann, Amtsvorsteher«, mnd. drossēte, droste, M., »Amtshauptmann«, s. mhd. truhtsæze, M., »Truchseß«, s. Truchseß

Druck, M., »Druck«, s. drucken

drucken, V., »drucken«, obd. durch Guttural bedingte umlautlose Nebenform zu drücken, welche sich seit dem 17. Jh. für das »Bücher drucken« durchsetzte, s. drükken

drücken, V., »drücken, pressen, hervortreiben«, mhd. drucken, drücken, V., »drücken, drängen, pressen«, ahd. drukken (830), drucken, V., »drücken, pressen, quälen«, westgerm. þrukkjan, V., »drücken, stampfen, pressen«, s. idg. *ter-, *tri- (3), V., »reiben, bohren, drehen«?

Drucksache, F., »zu einer bestimmten Angelegenheit der Gesetzgebung gedrucktes und im Parlament verteiltes Schriftstück«, »Druckerzeugnis geringen Umfangs« Grimm 1811, »Druckerzeugnis enthaltende Postsendung« Jung 1893, s. Druck, Sache

Druckschrift, F., »maschinell vervielfältigtes Schriftstück«, »eine Schriftart« 1536, »ein Druckwerk« Geßner 1740, s. Druck, Schrift

Druckwerk, N., »Druckerzeugnis«, 17. Jh. (Stieler 1691) Lüs. lat. opus typographicum, N., »Druckwerk«, s. Druck, Werk

Druide, M., »sicher Sehender, keltischer Priester«, 1533 Lw. lat. druides, M. Pl., »Druiden«, zu kelt. *druwido-, Adj., »eichenkundig«, zu idg. *deru-, Sb., Adj., »Baum, fest«, idg. *u̯eid- (2), (V.), »sehen, erblicken, finden«

Dualismus, M., »Zweiheitslehre, Lehre die zwei voneinander unabhängige meist gegensätzliche Prinzipien annimmt«, Wolff bzw. Kant 1781 Lw. (frz. dualisme, M., »Dualismus«, ne. dualisme, N., »Dualismus«, aus) nlat. dualismus, M., »Dualismus« (Hyde 1700), zu lat. duo, Num. Kard., »zwei«

dualistisch, Adj., »einen Dualismus betreffend«, 18. Jh., s. Dualismus, isch

Duell, N., »Zweikampf«, 16. Jh. (1590) Lw. mlat. duellum, N., »Zweikampf«, lat. bellum, duellum, N., »Krieg«, alat. duellum, N., »Krieg«, Einfluß von lat. duo, Num. Kard., »zwei«

Dukaten, M., »eine Goldmünze«, spätmhd. ducate, M., »Dukaten« 14. Jh. (1383 Regensburg) Lw. (mlat. ducatus bzw.) it. ducato (1284 Venedig), M., »Dukaten, Münze mit dem Bild des Dogen«, zu it. duca, M., »Herzog, Doge«, oder zu mlat. ducatus, M., »Herzogtum«, zu lat. ducatus, M., »Heerführerwürde«, zu lat. dux, M., »Herzog«, zu lat. ducere, V., »ziehen«

dulden, V., »dulden, leiden, ertragen«, mhd. dulten, V., »dulden, erleiden, geschehen lassen«, ahd. dulten (E. 8. Jh.), V., »dulden, leiden, erdulden«, westgerm. *þuldjan, V., »dulden«, s. idg. *tel- (1), V., »heben, wägen, tragen, dulden«?

Dulden, N., »Zulassen, Hinnehmen«, s. dulden

Duldung, F., »unwidersprochene Hinnahme und damit stillschweigende Anerkennung eines Geschehens«, mhd. dultunge, duldunge, F., »Leiden«, E. 12. Jh., Lüs. lat. passio, F., »Leiden«?, s. dulden, ung

Duldungsvollmacht, F., »Vollmacht die sich darauf gründet daß eine Person (Vertretener) es wissentlich geschehen läßt (weiß und duldet) daß ein anderer für ihn wie ein Vertreter auftritt und der Geschäftsgegner dieses Dulden nach Treu und Glauben dahin verstehen darf daß der als Vertreter Handelnde bevollmächtigt ist«, 2. H. 20. Jh., s. Duldung, Vollmacht

Dult, F., »Fest, Jahrmarkt«, mhd. tult, dult, F., »Fest, Jahrmarkt«, ahd. tuld (E. 8. Jh.), tuldī (1. Vt. 9. Jh.), F., »Dult, Fest, Feier, Feiertag«, germ. *dulþi, *dulþiz, F., »Fest, Feier«, Lbd. lat. dies festus?, zu germ. *dwelan, V., »verharren«?

Dumping, N., »Ausfuhr unter den Gestehungskosten zwecks Vernichtung ausländischer Konkurrenz«, A. 20. Jh. (Lensch 1917) Lw. ne. dumping, N., »Verkauf zu Schleuderpreis«, zu ne. dump, V., »unter Wert verkaufen, wegwerfen, abladen«, skandinavischer Herkunft, lautnachahmend?

dunkel, Adj., »dunkel, finster«, mhd. tunkel, dunkel, Adj., »dunkel, trübe, dumpf«, ahd. tunkal (765), tuncal, Adj., »dunkel, finster, gedämpft, schwer verständlich«, germ. *dunkala, *dunkalaz, Adj., »dunkel«, zu germ. *denkw-, Adj., »dunkel«, s. idg. *dhengu̯o-, Adj., »nebelig«?, zu idg. *dhem-, V., Adj., »blasen, dampfen, rauchen, dunkel«

Dunkelfeld, N., »nicht amtlich bekannter Teil der begangenen Straftaten«, »dunkler Grund eines hell beleuchteten Mikroskopierobjektes« 1910, »der Öffentlichkeit verborgen bleibender Bereich« 1959, s. dunkel, Feld

Duplik, F., »(im neuzeitlichen gelehrten Prozeßrecht) Gegenerklärung des Beklagten auf die Replik des Klägers die ihrerseits auf eine Erklärung des Beklagten zurückgeht«, 1521, zu lat. duplicare, V., »verdoppeln«, zu lat. duplex, Adj., »doppelt gefaltet«, zu lat. duo, Num. Kard., »zwei«, lat. plicare, V., »falten«, zu lat. plica, F., »Falte«

Duplikat, N., »Zweitausfertigung«, 17. Jh.?, 18. Jh.?, zu lat. duplicatum, PPP., »verdoppelt« von lat. duplicare, V., »verdoppeln«, zu lat. duplex, Adj., »doppelt gefaltet«, zu lat. duo, Num. Kard., »zwei«, s. Duplik

durch, Präp., Präf., »durch, hindurch«, mhd. durch, Adv., Präp., Präf., »durch, hindurch«, ahd. duruh (765), Präp., Präf., »durch, in, über, auf, wegen« as. thurh, thuru, Präp., Präf., »durch«, germ. *þerh-, *þurh-, Präp., »durch«, s. idg. *ter- (5), Adv., »durch, hindurch, über«?

durchfallen, V., »Mißerfolg haben«, 16. Jh. »durch den Korb fallen«, 17. Jh.? bzw. 18. Jh.? »eine Prüfung nicht bestehen«, mhd. durchvallen, V., »auseinanderfallen, zerfallen (V.)«, s. durch, fallen

durchführen, V., »hindurchführen, ausführen (1652)«, mhd. durchvüeren, V., »durch einen Raum transportieren (1295), durch einen Raum leiten (um 1300)«, s. durch, führen

Durchführung, F., »Ausführung (um 1300), Transport (1607)«, s. durchführen, ung

Durchführungsverordnung (DVO), F., »Rechtsverordnung die besondere Einzelheiten der Durchführung eines Gesetzes regelt (z.B. DVO zum BBG)«, 20. Jh., s. Durchführung, Verordnung

Durchgang, M., »Durchgang«, mhd. durchganc, M., »Durchgang, Durchſall«, ahd. duruhgang (1000), M., »Durchgang, Linie, Rand«, s. durch, Gang

Durchgangserwerb, M., »Erwerb eines dinglichen Rechts durch eine gegenüber dem endgültigen Erwerber nur vermittelnde Person (z.B. Anwartschaftsveräußerer)«, 20. Jh.?, s. Durchgang, Erwerb

Durchgriff, M., »Hindurchgriff«, »Griff (1619), Vorgehen (1917)«, s. durch, greifen

Durchgriffshaftung, F., »ausnahmsweise zulässiger haftungsmäßiger Durchgriff eines Gläubigers auf die hinter einer juristischen Person stehenden oder ihr angehörenden (natürlichen) Personen«, 20. Jh., s. Durchgriff, Haftung

durchlaucht, Adj., »erleuchtet, sehr berühmt«, mhd. Lüt. lat. perillustris, Adj., »erleuchtet, sehr berühmt«, im 15. Jh. als Titel und Anrede von Fürsten, s. durch, leuchten

Durchsuchung, F., »Durchforschung eines Bereiches auf ein bestimmtes Ziel hin«, 15. Jh. Lüs. mlat. perquisitio, F., »Durchforschung«, s. durch, suchen, vgl. duruh suohhan (1060)

dürfen, Prät.-Präs., »dürfen, nötig haben, bedürfen«, mhd. durfen, Prät.-Präs., »Grund haben, Ursache haben, brauchen«, ahd. durfan (1. Vt. 9. Jh.), Prät.-Präs., »bedürfen, brauchen, nötig haben, entbehren, sollen«, as. thurvan, Prät.-Präs., »bedürfen«, germ. *þerban, *þurfan, Prät.-Präs., »bedürfen, entbehren«, idg. *terp-, V., »sich sättigen, befriedigt werden, genießen«

dürftig, Adj., »bedürftig, arm«, mhd. durftic, Adj., »arm, bedürftig«, ahd. durftīg (nach 765?), Adj., »arm, bedürftig«, as. thurftig, Adj., »bedürftig«, zu germ. *durfti, *durftiz, F., »Bedürfnis, Bedarf«, zu idg. *terp-, V., »sich sättigen, befriedigt werden, genießen«

Dürftigkeit, F., »Nichtausreichen (des Nachlasses zur Deckung der Kosten der amtlichen Nachlaßverwaltung)«, spätmhd.

dürfticheit, F., »Armut« 1260/80, s. dürftig, ig, heit

Dürftigkeitseinrede, F., »Einrede der Dürftigkeit«, 19. Jh.?, s. Dürftigkeit, Einrede

dux, lat., M., »Führer, Leiter (M.), Feldherr, (im Mittelalter) Herzog«, zu lat. ducere, V., »führen«

dynamisch, Adj., »kraftvoll«, (Leibniz Lw. frz. dynamique, Adj., »dynamisch, selbständig«,) E. 17. Jh. [1692] bzw. (Kant 1781) zu gr. dynamikós, Adj., »vermögend, mächtig«, zu gr. dynamis, F., »Kraft«, zu gr. dýnasthai, V., »können, vermögen«

dynamische Rente, F., »der Einkommensentwicklung sich anpassende Rente«, 2. H. 20. Jh., s. Rente, dynamisch

Dynastie, F., »Herrscherhaus (18. Jh.), Herrschergeschlecht«, 16. Jh. (Hedio 1539) Lw. (spätlat. dynastia, F., »Herrscherhaus«, Lw.) gr. dynasteía, F., »Herrschaft«, zu gr. dynástes, M., »Herr, Herrscher«, zu gr. dýnasthai, V., »können, vermögen«

E

e, Suff., e, aus germ. *ō, *ōn (F.), *ī, *ōn (M.), jōn

Ebbe, F., »Ebbe«, E. 16. Jh. Lw. mnd. ebbe, F., »Ebbe«, westgerm. *abjōn, F., »Wiederkommendes, Ebbe«, zu idg. *op-, Adv., »hinten, spät«?, zu idg. *apo, Präp., »ab, weg«?

eben, Adj., Adv., »eben, gleich«, mhd. eben, ebene, Adj., »eben, glatt, gerade, gleich«, ahd. eban (790), ebani, Adj., »eben, gleich, ähnlich, gerade«, as. evan, Adj., »eben«, germ. *ebna, *ebnaz, *ibna, *ibnaz, Adj., »eben, gleich«, vgl. idg. *i̯em-, V., »halten, paaren, bezwingen«

Ebenburt, F., »Ebenburt« 1553 Dresden, s. eben, Geburt

ebenbürtig, Adj., »ebenbürtig, von gleichem Stand«, mhd. ebenbürtec, Adj., »ebenbürtig«, Sachsenspiegel um 1225, s. Ebenburt, ig

Ebenbürtigkeit, F., »von der Gleichheit des Geburtsstandes abhängige rechtliche Gleichheit (z.B. des Ehepartners)«, 13. Jh., s. ebenbürtig, heit

ecclesia non sitit sanguinem, lat., »die Kirche dürstet nicht nach Blut«, vgl. Corpus iuris canonici Liber extra, Buch III Titel 50

ecclesia vivit lege Romana, lat., »die Kirche lebt nach römischem Recht«, vgl. Lex Ribvaria (7. Jh.)

echt, Adj., »echt, unverfälscht, richtig«, 17. Jh. (13. Jh. md.) Lw. ndd., mnd. ēhafte, ēhaft, ēhachte, ēhacht, echte, echt, Adj., »echt«, vgl. mhd. ēhaft, Adj., »gesetzlich, gesetzmäßig, heilig, gerecht«, ahd. ēwahaft (nach 765?), Adj., »rechtmäßig, gesetzlich«, zu ahd. ēwa, F., »Recht«, ahd. haft, Adj., »haft, haltend«

echte Urkunde, F., »vom Unterzeichnenden herrührende Urkunde«, 19. Jh.?, s. Urkunde, echt

echtes Ding, N., »richtige Gerichtsversammlung«, s. Ding, echt

echtes Unterlassungsdelikt, N., »richtiges Unterlassungsdelikt«, 19. Jh.?, s. Unterlassungsdelikt, echt

Echtheit, F., »Unverfälschtheit«, 18. Jh., s. echt, heit

Ecke, F., Eck, N. (obd.), »Ecke, Schneide, Spitze«, mhd. ecke, F., N., »Schneide, Spitze, Winkel«, ahd. ekka (8. Jh.), egga, F., »Schneide, Spitze, Ecke, Rand«, as. eggia, F., »Schneide«, germ. *agjō, F., »Schärfe, Spitze, Ecke, Kante«, vgl. idg. *ak̑-, (2), Adj., Sb., »scharf, spitzig, kantig, Stein«

Ecklohn, M., »tariflich festgesetzter Arbeitslohn (Stundenlohn) einer bestimmten Tarifgruppe (Facharbeiter) (100%) von dem aus die Tariflöhne der anderen Tarifgruppen durch prozentuale Abschläge und Zuschläge berechnet werden«, 20. Jh.?, s. Eck, Lohn

ECU (European Currency Unit, N., Europäische Währungseinheit) (um 1980)

edel, Adj., »edel, vornehm, ausgewählt«, mhd. edel, edele, Adj., »adlig, edel«, ahd. edili (E. 8. Jh.), Adj., »adlig, edel, vornehm«, as. ethili, Adj., »edel«, westgerm. *aþlja, *aþljaz, Adj., »edel«, s. Adel

edictum, lat., N., »Aussage, Befehl, Edikt, Bekanntmachung«, subst. PPP. N. von lat. edicere, V., »ansagen«, zu lat. e, ex, Präp., Präf., »aus«, lat. dicere, V., »sagen«

edictum perpetuum, edictum tralatitium, N., lat., »beständiges Edikt«, (im römischen Recht) der Grundbestand an Rechtsregeln der allmählich von jedem neuen

Prätor ohne weiteres als zu seinem Amtsprogramm gehörig angesehen wurde«, 117-138, s. Edikt

Edikt, N., »Bekanntmachung, Erlaß«, fnhd. Lw. lat. edictum, N., »Bekanntmachung, Erlaß«, subst. PPP. N. von lat. edicere, V., »bekanntgeben«, zu lat. e, ex, Präp., Präf., »aus«, lat. dicere, V., »sagen, sprechen«

Ediktalzitation, F., »(im gelehrten Prozeßrecht) öffentliche Ladung des Beklagen vor das Gericht die vor allem bei unbekanntem Aufenthalt des Beklagten zulässig ist«, seit 13. Jh. (1274) durchgeführt, 1723 allgemein bestimmt, vgl. Weiske 1839ff.

Edition, F., »Ausgabe, Herausgabe«, 16. Jh. Lw. lat. editio, F., »Herausgabe«, zum PPP. editus von lat. edere, V., »herausgeben«, zu lat. e, ex, Präp., Präf., »aus«, lat. dare, V., »geben«

Editionspflicht, F., »Verpflichtung des Besitzers einer Sache die Sache einem anderen zur Besichtigung vorzulegen oder die Besichtigung einem anderen zu gestatten«, 19. Jh.?, s. Edition, Pflicht, vgl. Weiske 1839ff.

EDV (Elektronische Datenverarbeitung)

Effeff, N., »Abkürzung für D(igesten)«?, 19. Jh.?

Effekt, M., »Wirkung«, 15. Jh.? bzw. 16. Jh. (Fuchsberger 1534) Lw. lat. effectus, M., »Wirkung«, zum PPP. effectus von lat. efficere, V., »bewirken«, zu lat. e, ex, Präp., Präf., »aus«, lat. facere, V., »machen, tun«, Lbd. frz. effet, M., »bewirkter Drall, erreichtes Gut«

Effekten, M. Pl., »bestimmte börsengängige Wertpapiere (z.B. Aktien)«, »Kaufmannswaren« Horneck 1684 Österreich, »Habseligkeit« 1791, 1. H. 17. Jh. Lw. it. effetti, M. Pl., »Vermögen, Wertpapiere«, Lw. mfrz. effets, M. Pl. »bewegliche Sachen, Wertpapiere«, s. Effekt

effektiv, Adj., »wirklich«, 17. Jh. (1618) Lw. mlat. effective, Adv., »wirklich«, zu spätlat. effective, Adv., »in wirksamer Weise«, zu lat. effectivus, Adj., »bewirkend«, zu lat. effectus, s. Effekt

Effektivklausel, F., »Tarifvertragsklausel die den vor dem Abschluß des Tarifvertrags tatsächlich gezahlten über dem bisherigen Tarif liegenden effektiven Arbeitslohn auch im Verhältnis zu dem neuen Tarifvertrag sichern will«, 20. Jh.?, s. effektiv, Klausel

EFTA (European Free Trade Association, Europäische Freihandelszone)

egal, Adj., »gleich, gleichartig, gleichgültig (1. H. 19. Jh.)«, 1. H. 17. Jh.? bzw. 18. Jh. (Berckenmeyer 1712) Lw. frz. égal, Adj., »gleich, gleichgültig«, aus lat. aequalis, Adj., »gleich«, zu lat. aequus, Adj., »gleich«

égalité, frz., F., »Gleichheit«, s. egal

Ehe, F., »mit Eheschließungswillen eingegangene staatlich anerkannte Lebensgemeinschaft zwischen Mann und Frau«, mhd. ē, ēwe, F., »Recht, Ehe (13. Jh.)«, ahd. ēwa (765), F., »Recht, Gesetz, Regel, Gebot, Vertrag, Testament«, ēwī (E. 8. Jh.), F., »Gesetz, Testament, Religion«, as. ēo, F., »Recht, Gesetz«, westgerm. *aiwa, F., »Sitte, Recht«, idg. *a̯ieu, Sb., »Herkommen, Überlieferung, Sitte, Recht«?, zu idg. *a̯ieu-, V., »lenken, verbinden«?, zu idg *ei-, V., »gehen«?, nhd. Zerdehnung des mhd. ē in 2 e mit Gleitlaut

Eheaufhebung, F., »aus bekannten Gründen (z.B. Mangel der Einwilligung des gesetzlichen Vertreters) zulässige Auflösung einer Ehe für die Zukunft«, 20. Jh.?, s. Aufhebung, Ehe, vgl. Allgemeines Landrecht 1794 Preußen (Aufhebung ungültiger Ehen)

ehebrechen, V., »ehebrechen«, mhd. ēbrechen, V., »ehebrechen«, s. Ehe, brechen

Ehebrecher, M., »Ehebrecher«, mhd. ēbrechære, M., »Ehebrecher« 14. Jh., Lüs. lat. legirupa, M., »Gesetzesübertreter«?, s. Ehe, brechen, Ehebruch

Ehebruch, M., »zumindest bedingt vorsätzlicher Vollzug des Beischlafs eines Ehegatten mit einer dritten Person anderen Geschlechts«, spätmhd. ēbruch, M., »Ehebruch« 1409 Appenzell, s. Ehe, Bruch, vgl. ēwabruhlīh (11. Jh.), Adj., »gesetzwidrig«, Lüt. lat. legirupa, M., »Gesetzesübertreter«, zu lat. lex, F., »Gesetz«, lat. rumpere, V., »brechen«

Ehefähigkeit, F., »Fähigkeit einer Person eine Ehe zu schließen«, Campe 1807, s. Ehe, Fähigkeit

Ehefrau, F., »Ehefrau« 14. Jh. Leutkirch bzw. 1389 Bern, s. Ehe, Frau

Ehegatte, M., »wer mit einer Person des anderen Geschlechts wirksam eine Ehe geschlossen hat«, E. 16. Jh. (1525-31 Rügen), s. Ehe, Gatte

Ehegattenerbrecht, N., »gesetzliches Erbrecht des überlebenden Ehegatten der mit dem Erblasser bis zu dessen Tod in gültiger Ehe gelebt hat«, 20. Jh.?, s. Ehegatte, Erbrecht

Ehegesetz, N., »das Recht der Ehe betreffendes Gesetz«, Badisches Landrecht 1809, Lüt. frz.?, s. Ehe, Gesetz

Ehegut, N., »Mitgift, in der Ehe erworbenes Gut, Eheleuten gehöriges Gut«, 1444 Oberrhein, »Stück Land das zur Weide offen bleiben muß« 1478 Schweiz, s. Ehe, Gut

Ehegüterrecht, N., »das Ehegut betreffende Recht«, 19. Jh.?, s. Ehegut, Recht

Ehehindernis, N., »der Eheschließung entgegenstehender Umstand«, 1783 Österreich, Lüs. lat. impedimentum matrimonii, N., »Ehehindernis«

ehelich, Adj., »eine Ehe betreffend«, mhd. ēwelich, ēlich, Adj., »gesetzestreu, nach Gottes Gebot, rechtmäßig«, ahd. ēwalīh (vor E. 8. Jh.), Adj., »gesetzmäßig, rechtmäßig, religiös«, Lbd. lat. legitimus, Adj., »gesetzmäßig«, s. Ehe, lich, eheliches Kind Sachsenspiegel um 1225

eheliche Lebensgemeinschaft, F., »Lebensgemeinschaft der Ehegatten«, Planck 1880, älter eheliches Leben (1439), unzertrennliche Gemeinschaft (1783), eheliche Gemeinschaft (1844), s. Lebensgemeinschaft, ehelich

ehelichen, V., »»heiraten«, spätmhd. ēlīchen, V., »heiraten«, s. ehelich

Ehelicherklärung, F., »Erklärung ein nichteheliches Kind durch Entscheidung des Vormundschaftsgerichtes zu einem ehelichen zu machen«, Allgemeines Bürgerliches Gesetzbuch 1811 Österreich, 1912 Schweiz, s. ehelich, Erklärung

Ehelichkeit, F., »Ehelichkeit«, 1420 Lüt. lat. legitimatio (12. Jh.?), F., »Legitimation, Gesetzlichmachung«, s. ehelich, heit, vgl. Weiske 1839ff.

Ehelichkeitsanfechtung, F., »Anfechtung der Ehelichkeit«, 20. Jh.?, s. Ehelichkeit, Anfechtung

Ehelichkeitserklärung, F., »Erklärung der Ehelichkeit« Planck 1880, s. Ehelichkeit, Erklärung

Ehemann, M., »Ehemann«, mhd. ēman, M., »Ehemann, Gatte«, 13. Jh., s. Ehe, Mann

Ehemündigkeit, F., »altersbedingte Berechtigung eine Ehe einzugehen«, Badisches Landrecht 1809, s. Ehe, Mündigkeit

Ehename, M., »gemeinsamer Familienname der Ehegatten«, 16. Jh. (Fischart 1575), Lüs. lat. nomen matrimonii, N., »Ehename«, vgl. Wolff 1928 bzw. Ehegesetz 1938

Ehenichtigkeit, F., »Vernichtbarkeit der Ehe aus bestimmten Gründen (z.B. Formmangel)«, s. Ehe, Nichtigkeit, vgl. soll die Zusage der Ehe nichtig sein (1701)

Eheprozeß, M., »Verfahren in Ehesachen«, s. Ehe, Prozeß, vgl. Weiske 1839ff.

Eherecht, N., »Gesamtheit der die Ehe betreffenden Rechtsnormen«, »Recht« Schwabenspiegel 1275, »Erbrecht des überlebenden Ehegatten« 1295 Basel, Lüs. lat. ius matrimonii, N., »Eherecht«?, vgl. Weiske 1839ff.

Ehering, M., »Ehering« 1785 Tessin, s. Ehe, Ring

Ehescheidung, F., »Auflösung der Ehe durch Urteil aus Gründen die nach der Eheschließung eingetreten sind«, 1555 Württemberg, s. Ehe, Scheidung

Eheschließung, »Eingehung der Ehe«, 1633 Jena, s. Ehe, schließen, ung, eine Ehe schließen (1613 Sachsen)

Ehestörung, F., »Störung der ehelichen Lebensgemeinschaft (insbesondere ihres räumlich-gegenständlichen Bereiches) als eines absoluten Rechts durch einen Dritten (z.B. Eindringen der Geliebten des Mannes in die Ehewohnung)«, Österreich, s. Ehe, Störung, vgl. DRW

Eheverbot, N., »Vorschrift die bei Vorliegen bestimmter Umstände die Eheschließung verbietet«, 1573 Oberösterreich, Lüs. lat. interdictum matrimonii, N., »Eheverbot«

Eheverfehlung, F., »Verstoß gegen die durch die Ehe auferlegten Pflichten«, 20. Jh.?, s. Ehe, Verfehlung

Ehevermittlung, F., »auf den Nachweis oder die Vermittlung eines Ehepartners gerichteter Vertrag«, 19. Jh.?, s. Ehe, Vermittlung, mittel

Ehevertrag, M., »Vertrag durch den Ehegatten ihre güterrechtlichen Verhältnisse und den Ausschluß des Versorgungsausgleichs regeln können«, Campe 1807, Lüs. lat. pactum nuptiale, N., »Ehevertrag«, Mackeldey 1814

Ehezärter, M., »Ehevertrag«, 16. Jh., s. Ehe, Zärter

Ehre, F., »innerer und äußerer Wert eines Menschen, Würde und Geltung innerhalb der menschlichen Gesellschaft«, mhd. ēre, F., »Ehre, Ehrerbietung, Preis, Ansehen«, ahd. ēra (765), F., »Ehre, Würde, Ansehen, Glanz, Amt«, as. ēra, F., »Ehre«, germ. *aizō, F., »Achtung, Scheu, Ehre«, s. idg. *ais- (2), V., »ehrfürchtig sein, verehren«?, vgl. Geschichtliche Grundbegriffe

Ehrenbeamter, M., »Person die ein hoheitliches Amt ohne Dienstbezüge und Versorgungsansprüche (neben einem ausgeübten Beruf) wahrnimmt«, 19. Jh.?, s. Ehre, Beamter

Ehrendoktor, M., »ehrenhalber zum Doktor ernannte Person«, 19. Jh.?, s. Ehre, Doktor

Ehrengericht, N., »staatliches Gericht über Standesangelegenheiten bestimmter Berufe (z.B. Rechtsanwalt)«, 1615, s. Ehre, Gericht

Ehrenrecht, N., »mit besonderer persönlicher Wertschätzung verbundenes Recht (z.B. Wahlrecht)«, »Nutzung« 1375 Österreich, »Ausgleich für Ehrverlust« 1491 Schweiz, s. Ehre, Recht, bis zum 1. 4. 1970 hatte die Verurteilung zu Zuchthaus den Verlust der bürgerlichen Ehrenrechte zur Folge

Ehrenstrafe, F., »Ehrenstrafe«, Lünig 1683, s. Ehre, Strafe

Ehrenwort, N., »ehrendes Wort (16. Jh.), feierliches Versprechen unter Verpfändung der Ehre (um 1700), Ehrenwort (18. Jh.)«, s. Ehre, Wort, älter spätmhd. ērwort, N., »höfliche Rede«

ehrlich, Adj., »ehrlich, ansehnlich, vornehm, aufrichtig«, mhd. ērlich, Adj., »Ehre und Ansehen habend, herrlich«, ahd. ērlīh (E. 8. Jh.), Adj., »ehrerbietig, ehrenvoll, ruhmreich«, s. Ehre, lich

Ehrwürden, M., »Ehrenwerter«, 2. H. 15. Jh., s. ehrwürdig

ehrwürdig, Adj., »ehrenwert, ehrwürdig«, mhd. ērwirdec, Adj., »ehrwürdig«, ahd. ērwirdīg (765), Adj., »ehrenhaft, würdig, ehrwürdig, anständig«, s. Ehre, würdig

ei, Suff., »ei«, mhd. Lw. frz. īe, Suff., »ei«, aus lat. ia, Suff., »ei«

Ei, N., »Ei«, mhd. ei, N., »Ei«, ahd. ei (8. Jh.?), N., »Ei«, as. ei, N., »Ei«, germ. *ajjam, N., »Ei«, idg. *oui̯om, *oi̯om, Adj., N., »Vogel..., Ei«

eichen, V., »amtlich auf Maß oder Gewicht prüfen«, mhd. īchen, eichen, V., »amtlich prüfen«, vorahd. Lw. lat. aequare, V., »gleichmachen, ausgleichen«, zu lat. aequus, Adj., »eben, gleich«

Eid, M., »Anrufung einer Macht als Zeugen für die Wahrheit einer Aussage«, mhd. eit, M., F., »Eid«, ahd. eid (E. 8. Jh.) M., »Eid, Schwur, Zeugnis, Versprechen«, as. *ēth, M., »Eid«, germ. *aiþa, *aiþaz, M., »Eid«, s. idg. *ai- (5), Sb., »bedeutsame Rede«?, idg. *oito-, Sb., »Weg«?, zu idg. *ei- (1), V., »gehen«

Eidam, M., »Schwiegersohn«, mhd. eidem, M., »Schwiegersohn, Schwiegervater«, ahd. eidum (A. 9. Jh.), M., »Schwiegersohn, Eidam«, westgerm. *aiþuma, *aiþumaz, M., »Schwiegersohn«, zu idg. *oi-, Pron., »derselbe«?, idg. *tm̥o-, Vergleichssuffix, a im Frühneuhochdeutschen aus silbisch gesprochenem m entwickelt

Eideshelfer, **Eidhelfer**, M., »(im frühmittelalterlichen deutschen Recht) Person die schwört daß ein Eid eines Eidesleistenden rein - und nicht mein - sei, Person die zur Glaubhaftigkeit einer Person Stellung nimmt«, s. Eid, helfen, vgl. Weiske 1839ff., DRW, Grimm Rechtsaltertümer

Eidesmündigkeit, F., »alterbedingte und geistesbedingte Berechtigung einen Eid zu leisten«, s. Eid, Mündigkeit, vgl. Eichhorn 1836, Weiske 1839ff., Grimm DW 1860

eidesstattlich, Adj., »an Statt eines Eides«, M. 19. Jh., s. Eid, Statt, lich, vgl. Weiske 1839ff., älter an eines eides stat (A. 14. Jh.)

eidesstattliche Versicherung, F., »an Eides Statt abgegebene Erklärung«, 19. Jh., s. Versicherung, eidesstattlich

Eidgenosse, M., »Mitglied eines eidlich bekräftigten Bundes«, mhd. eitgenōze, M., »Verbündeter«, s. Eid, Genosse

Eifer, M., »Eifersucht, Eifer« 2. H. 15. Jh.?, zu ahd. eifar, Adj., »bitter, herb, scharf«?

Eiferer, M., »Eiferer«, mhd. eifrær, M., »Eifersüchtiger«, M. 14. Jh., s. Eifer

Eifersucht, F., »Eifersucht«, 16. Jh., s. Eifer, Sucht

eifersüchtig, Adj., »eifersüchtig, argwöhnisch«, (17. Jh.), s. Eifersucht, ig

eigen, Adj., »eigen«, mhd. eigen, Adj., »eigen, was man hat, hörig, leibeigen«, ahd. eigan (E. 8. Jh.), Adj., »eigen, besonders, zugehörig, charakteristisch«, as. ēgan, Adj., »eigen«, germ. *aigana, *aiganaz, Adj., »eigen«, Part. Prät. von germ. *aigan, Prät.-Präs., »haben«, s. idg. *eik-, *ēik̂-, *eik̂-, V., »haben, vermögen«

Eigenbedarf, M., »eigener Bedarf«, 20. Jh., s. eigen, Bedarf

Eigenbesitz, M., »Besitz des Eigenbesitzers«, 19. Jh., s. eigen, Besitz

Eigenbesitzer, M., »wer eine Sache als ihm gehörig besitzt«, 19. Jh., s. eigen, Besitzer

Eigenbetrieb, M., »wirtschaftliches Unternehmen einer Gemeinde (z.B. Stadtwerke) ohne eigene Rechtspersönlichkeit«, 19. Jh.?, s. eigen, Betrieb

eigener Wirkungskreis, M., »von selbst entstehendes Tätigkeitsfeld«, 20. Jh.?, s. eigen, Wirkungskreis

Eigengeschäftsführung, F., »Besorgung eines objektiv fremden Geschäftes als eigenes«, 20. Jh.?, s. eigen, Geschäftsführung

Eigengesellschaft, F., »wirtschaftliches Unternehmen einer Gemeinde das in der Rechtsform einer privatrechtlichen rechtsfähigen Gesellschaft betrieben wird (z.B. Salzgitter AG)«, 20. Jh.?, s. eigen, Gesellschaft

eigenhändig, Adj., »mit eigener Hand vollführt«, Abele 1670, s. eigen, Hand, ig

Eigenheim, N., »im Eigentum einer natürlichen Person stehendes Grundstück mit einem Wohngebäude das nicht mehr als 2 Wohnungen enthält von denen eine zum Bewohnen durch den Eigentümer oder seine Angehörigen bestimmt ist«, 20. Jh.?, s. eigen, Heim

Eigenjagdbezirk, M., »zusammenhängende Grundfläche mit einer landwirtschaftlich oder forstwirtschaftlich oder fischereiwirtschaftlich nutzbaren Fläche von mindestens 75 Hektar die sich im Eigentum einer Person oder einer Personengemeinschaft befindet«, 19. Jh.?, s. eigen, Jagd, Bezirk

Eigenkapital, N., »dem Inhaber des Unternehmens gehörendes Kapital«, 19. Jh.?, s. eigen, Kapital

Eigenkirche, F., »(im frühmittelalterlichen Kirchenrecht) einem weltlichen Grundherren gehörige Kirche«, 19. Jh.?, s. eigen, Kirche, vgl. 16. Jh. eigen kirch

Eigenmacht, F., »Entziehung oder Störung des Besitzes des unmittelbaren Besitzers«, Badisches Landrecht 1809, Lüs. frz.?, s. eigen, Macht

Eigenname, M., »Eigenname«, 17. Jh. Lüt. lat. nomen proprium, N., »eigener Namen«, s. eigen, Name, vgl. DRW »Schimpfname« 1628 Livland

Eigenschaft, F., »anhaftende Besonderheit, anhaftendes Merkmal«, »Verhältnis das wegen seiner Art und Dauer nach der Verkehrsanschauung Einfluß auf Wertschätzung oder Brauchbarkeit auszuüben pflegt«, mhd. eigenschaft, F., »Eigentum, Besitz, Eigentümlichkeit, Eigensinn, Leibeigenschaft, genaue Nachricht über etwas«, ahd. eiganskaft (12. Jh.), eiganscaft, F., »Eigentümlichkeit, Eigen«, Lbd. lat. idioma?, peculium?, Lüs. lat. proprietas, F., »Eigentümlichkeit, Eigentum«, s. eigen, schaft

Eigentum, N., »(im Verfassungsrecht) jede vermögenswerte privatrechtliche Rechtsposition (also auch Recht) sowie jede öffentlichrechtliche Rechtsposition die überwiegend das Äquivalent eigener Leistung d.h. des Einsatzes eigener Arbeit oder eigenen Kapitals ist«, »(im Sachenrecht) Recht mit einer Sache - grundsätzlich - nach Belieben zu verfahren (z.B. benutzen) und andere von jeder Einwirkung auszuschließen«, mhd. eigentum, N., »Eigentum«, 1230 Köln, 13. Jh. Oldenburg (im Lehensverband), »Herrschaftsbereich, Grundherrschaft« 1296 Westfalen, Lüs. lat. proprietas, F., »Eigentümlichkeit, Eigentum«, s. eigen, tum, vgl. Geschichtliche Grundbegriffe

Eigentümer, M., »Eigentümer« 1537 Lübeck, »Inhaber einer Gerechtigkeit« 1478 Taunus, s. Eigentum

Eigentümergrundschuld, F., »dem Eigentümer an seinem eigenen Grundstück zustehende Grundschuld«, 19. Jh., s. Eigentümer, Grundschuld

Eigentümerhypothek, F., »dem Eigentümer an seinem Grundstück zustehende Hypothek«, 19. Jh., s. Eigentümer, Hypothek

Eigentümer - nichtberechtigter Besitzer - Verhältnis, N., »gesetzliches Schuldverhältnis (str.) zwischen dem Eigentümer einer Sache und einem Besitzer dem kein Besitzrecht zusteht (sog. Vindikationslage)«, 20. Jh., s. Eigentümer, Besitzer, Verhältnis

Eigentumsaufgabe, F., »- rechtsgeschäftlicher - Verzicht auf das Eigentum (Dereliktion)«, 20. Jh.?, s. Eigentum, Aufgabe

Eigentumsbindung, F., »Beschränkung der Herrschaftsmacht des Eigentümers«, 20. Jh.?, s. Eigentum, Bindung

Eigentumserwerb, M., »Erlangung des Eigentums an einer Sache«, Badisches Landrecht 1809, vgl. Weiske 1839ff., Lüs. lat. acquisitio dominii, F., »Eigentumserwerb«?

Eigentumsherausgabeanspruch, M., »Anspruch des Eigentümers gegen den Besitzer auf Herausgabe der Sache (z.B. Rückgabe der Mietwohnung nach der Mietzeit)«, 19. Jh., s. Eigentum, Herausgabeanspruch (, lat. rei vindicatio)

Eigentumsstörung, F., »(rechtswidrige) Beeinträchtigung des Eigentums in anderer Weise als durch Entziehung oder Vorenthaltung des Besitzes (z.B. starker Lärm)«, 19. Jh.?, s. Eigentum, Störung

Eigentumsübertragung, F., »Übertragung des Eigentums, 20. Jh.?, s. Eigentum, Übertragung

Eigentumsverlust, M., »Verlust des Eigentums«, 19. Jh.?, s. Eigentum, Verlust

Eigentumsvermutung, F., »gesetzliche Vermutung des Eigentums (z.B. bei Besitz einer beweglichen Sache)«, 19. Jh.?, s. Eigentum, Vermutung

Eigentumsvorbehalt, M., »einer Einigung beigefügter Vorbehalt des Eigentümers einer beweglichen Sache (nicht: Grundstück) im Rahmen eines Rechtsgeschäfts das Eigentum nicht sofort sondern erst bei Eintritt einer weiteren Bedingung (z.B. Kaufpreiszahlung) auf den Erwerber übergehen zu lassen«, Badisches Landrecht 1809, s. Eigentum, Vorbehalt

Eigentumswohnung, F., »zu Wohnungseigentum gehörige Wohnung«, 2. H. 20. Jh., s. Eigentum, Wohnung

eignen, V., »zu eigen haben, tauglich sein (sich eignen)«, mhd. eigenen, V., »zu eigen machen, aneignen«, ahd. eiganen (9. Jh.), V., »aneignen, anmaßen«, westgerm. *eiganēn, V., »zu eigen haben«, zu germ. *aigana, *aiganam, N., »Habe, Eigen«, s. eigen

eilen, V., »eilen, hasten«, mhd. īlen, V., »befleißigen, eilen«, ahd. īlen (765), V., »streben, eilen«, as. īlian, V., »streben, eilen«, germ. *īljan, V., »sich mühen, eilen«, zu idg. *ei- (1), V., »gehen«?

ein, Num. Kard., Art., »ein«, mhd. ein, Num. Kard., Art., »ein«, ahd. ein (765), Num. Kard., Art., »ein«, as. ēn, Num. Kard., Art., »ein«, germ. *aina-, *ainaz, Num. Kard., »ein«, idg. *oinos, Pron., Adj., »er, ein (Num. Kard.)«, zu idg. *e- (3), *ei-, *i-, Pron., »dieser«

ein, Adv., Präf., »ein«, mhd. īn, Adv., Präf., »ein«, ahd. īn, Adv., Präf., »ein«, zu in, Präp., Präf., »in«

Einantwortung, F., »Überantwortung, Übergabe«, 1317, s. ein, Antwort, ung

Einbahnstraße, F., »in einer Richtung befahrbare Straße«, Lüs. ne. one-way street, N., »Einbahnstraße« (um 1920), s. ein, Bahn, Straße

Einbenennung, F., »Erteilung des Ehenamens der Mutter und ihres Ehemannes oder die Erteilung des Namens des Vaters an das nichteheliche Kind«, 19. Jh.?, s. ein, be, nennen

Einbrechen, N., »gewaltsames aber nicht notwendigerweise substanzverletzendes Öffnen einer den Zutritt verwehrenden Umschließung von außen«, mnd. inbreken, V., »einbrechen« 1284, spätmhd. einbrechen, V., »einbrechen« 1442 Österreich, »dieblich einbrechen« 15. Jh., s. ein, brechen

Einbringen (von Sachen), N., »rein tatsächlicher Vorgang des gewollten Hineinschaffens von beweglichen Sachen in die Mieträume bzw. Beherbergungsräume«, mhd. einbringen, V., »hineinbringen« 1300, »anklagen« Sachsenspiegel um 1225, s. ein, bringen

Einbürgerung, F., »staatlicher Hoheitsakt durch den einem Ausländer auf Antrag die inländische Staatsangehörigkeit verliehen wird«, auf Wörter bezogen Leibniz (1646-1716), s. ein, Bürger, ung

einen, V., »einigen, vereinen«, mhd. einen, V., »einen, vereinigen, übereinkommen, beschließen«, ahd. einōn (863-71), *einēn, V., »einen, vereinigen, übereinkommen, beschließen, sich verschwören, sich verbünden«, as. *ēnon, V., »einen«, s. ein

Einfuhr, F., »Einfuhr« 1708, s. ein, führen

einführen, V., »einführen« 1485 Reval, ahd. infuoren (1000), V., »hineinführen, herbeiführen«, s. ein, führen

Einführung, F., »Einführung« 1510 Görlitz, s. einführen, ung

Einführungsgesetz (EG), N., »ein der Einführung eines (umfassenderen) Gesetzes dienendes Gesetz (z.B. EGBGB) das vor allem Übergangsvorschriften enthält«, 19. Jh.?, s. Einführung, Gesetz

Eingabe, F., »Bitte, Anregung, Antrag«, spätmhd. ingābe, F., »Eingebung, schriftliche Eingabe«, »Zugabe« 1499, s. ein, Gabe

eingehen, V., »eingehen, beginnen«, mhd. ingān, ingēn, V., »hineingehen, eintreten, eindringen«, ahd. ingān (765), ingēn, V., »eingehen, eintreten«, s. ein, gehen

Eingehung, F., »Begehung«, s. eingehen, ung

Eingehungsbetrug, M., »Betrug bei dem die Täuschung zur Eingehung einer schuldrechtlichen Bindung führt und der Schaden im Mißverhältnis von Leistung und Gegenleistung gerade in Bezug auf den Getäuschten besteht (z.B. A verkauft an B einen Gegenstand der entgegen seiner Angabe aus einem geringwertigen Material besteht und daher seinen Preis nicht wert ist)«, 20. Jh.?, s. Eingehung, Betrug

eingerichtet, s. einrichten

eingerichteter Gewerbebetrieb, M., »zur Ausübung hergerichteter Gewerbebetrieb«, 20. Jh., s. einrichten, Gewerbebetrieb

eingeschränkte Schuldtheorie, F., »mit Einschränkungen versehene Schuldtheorie«, 20. Jh., s. einschränken, Schuldtheorie

eingetragene Genossenschaft, F., »in das Genossenschaftsregister eingetragene Genossenschaft«, 19. Jh.?, s. eintragen, Genossenschaft,

eingetragener Verein, M., »in das Vereinsregister eingetragener Verein«, 19. Jh.?, s. eintragen, Verein

Eingriff, M., »Hineingreifen in den Zuständigkeitsbereich eines anderen, (im Verwaltungsrecht) Beschränkung der Rechte und Freiheiten des Bürgers durch den Staat (Eingriffsverwaltung)«, »Rechtsverletzung (1364), Geltendmachung eines Rechtes (1544)«, s. ein, greifen

Eingriffskondiktion, F., »auf einem Eingriff des Bereicherungsschuldners in das Vermögen des Bereicherungsgläubigers beruhender Bereicherungsanspruch (z.B. Verbrauch fremder Sachen)«, 20. Jh.?, s. Eingriff, Kondiktion

Eingriffsverwaltung, F., »Verwaltung welche zur Erhaltung der öffentlichen Sicherheit und Ordnung in die Rechte und Freiheiten des Bürgers eingreift (z.B. Abriß eines baufälligen Hauses)«, 20. Jh.?, s. Eingriff, Verwaltung

Einheit, F., »Einheit«, 18. Jh. (Zedler 1734, nach) Böhme (1575-1624), Leibniz (1646-1716), Wolff (1679-1754), vgl. mhd. einheit, F., »Einsamkeit, Einöde«, 15. Jh. Lüs. lat. unitas, F., »Einheit«, s. ein, heit, vgl. Geschichtliche Grundbegriffe

einheitlich, Adj., »einheitlich, als Einheit« A. 17. Jh., Dahlmann 1845, s. Einheit, lich

Einheitliche Europäische Akte, s. einheitlich, europäisch, Akte

Einheitliches Kaufrecht, N., »grundsätzlich auf Kaufverträge über bewegliche Sachen zwischen Parteien mit Niederlassungen in verschiedenen Vertragsstaaten des Haager Kaufrechtsübereinkommens (vom 1. 7. 1964) anwendbares jedoch praktisch weitgehend erfolglos gebliebenes Recht«, s. einheitlich, Kaufrecht

Einheitliches UN-Kaufrecht, N., »durch das Wiener CSIG-Übereinkommen geschaffenes Kaufrecht«, (1. 1. 1991), s. einheitlich, Kaufrecht

Einheitsfreiheitsstrafe, F., »an die Stelle der früheren verschiedenen Freiheitsstrafen (Zuchthaus bzw. Gefängnis bzw. Einschließung bzw. Haft) getretene Freiheitsstrafe«, 2. H. 20. Jh., s. Einheit, Freiheitsstrafe

Einheitsstrafe, F., »einheitliche Strafe für mehrere Straftaten Jugendlicher«, 2. H. 20. Jh., s. Einheit, Strafe

Einheitstäter, M., »im Recht der Ordnungswidrigkeiten jeder der einen ursächlichen Beitrag zur Tatbestandsverwirklichung geliefert hat«, 2. H. 20. Jh., s. Einheit, Täter

Einheitswert, M., »für mehrere Steuern außerhalb der jeweiligen Veranlagungsverfahren festgelegter Wert eines Gegenstandes«, 20. Jh.?, s. Einheit, Wert

einig, Adj., »einzig, übereinstimmend (fnhd.)«, mhd. einic, einec, Adj., »irgendein, einzig«, ahd. einīg (8. Jh.), einag, Adj., »irgendein, einzig, einzeln, eigen«, as. ēnag, Adj., »einzig«, zu germ. *ainaha, *ainahaz, Adj., »einzig«, zu ein, Num. Kard., »ein«

einigen, V., »einig werden«, mhd. einegen, V., »vereinigen«, »vereinbaren« 1402 Oberrhein, Lüs. lat. unire, V., »vereinigen«?, s. einig

Einigung, F., »für den Eigentumserwerb und den Erwerb dinglicher Rechte erforderlicher Vertrag zwischen dem Erwerber und dem Veräußerer über den Übergang bzw. die Begründung des Rechts«, 19. Jh. (Savigny), »Übereinkunft, Bund« 1322 Westfalen, »Ordnung« 1609 St. Gallen, »Strafe« 1338 Niederbayern, s. einigen, ung

Einigungsmangel, M., »mangelnde Übereinstimmung zweier auf den Abschluß eines Vertrages gerichteter Willenserklärungen«, 19. Jh.?, s. Einigung, Mangel

Einigungsstelle, 20. Jh.?, s. Einigung, Stelle

Einigungsvertrag, M., »am 31. 8. 1990 zwischen der Bundesrepublik Deutschland und der Deutschen Demokratischen Republik abgeschlossener Vertrag über die Herstellung der Einheit Deutschlands«, 1990, s. Einigung, Vertrag

Einkammersystem, N., »Staatsform in der das Gesetzgebungsorgan nur aus einer Kammer besteht«, 19. Jh., s. ein, Kammer, System

Einkauf, M., »Einkauf« 1477 Mansfeld, s. ein, Kauf

Einkaufskommission, F., »zum Zweck eines Einkaufes vereinbarte Kommission«, 19. Jh.?, s. Einkauf, Kommission

einkommen, V., »einziehen, eingehen, einfallen«, mhd. īnkomen, V., »einkommen«, ahd. inkweman (E. 8. Jh.), inqueman, V., »hineinkommen, hereinkommen, eingehen, hineingehen, eindringen, eintreten«, s. ein, kommen

Einkommen, N., »einer Person aus ihrer Teilnahme am Wirtschaftsprozeß in einem bestimmten Zeitraum zufließendes Vermögen«, fnhd. (1471 Arnstadt) Substantivierung (mhd. īnkomen, N., »Hereinkommen, Ankunft«,) zu einkommen, V., »in die Kasse hineinkommen«, s. ein, kommen

Einkommensteuer, F., »vom Einkommen natürlicher Personen als Steuerobjekt zu entrichtende Steuer«, s. Einkommen, Steuer, vgl. Grimm DW 1862

Einkunft, F., »einer Person aus ihrer Teilnahme am Wirtschaftsprozeß in einem bestimmten Zeitraum zufließendes Vermögen«, fnhd. Substantivierung (mhd. īnkunft, F., »Ankunft«) zu einkommen, V., »in die Kasse hineinkommen«, s. ein, kommen, Einkommen

einladen, V., mhd. īnladen, V., »zu sich laden«, »vorladen« Sachsenspiegel um 1225, ahd. inladēn (1000), inladōn (1000), V., »einladen (V.) (2), hereinbitten«, Lüt. lat. invocare, V., »hineinrufen«?, s. ein, laden

Einladung, F., »Einladung, Vorladung (1709)«, s. einladen, ung

Einladung zum Antrag bzw. Angebot, F., »Aufforderung einen auf den Abschluß eines Vertrages gerichteten Antrag abzugeben (z.B. Katalog)«, 20. Jh.?, (lat. invitatio ad offerendum,) s. Einladung

Einlage, F., »Beitrag eines Gesellschafters zur Förderung des Zweckes der Gesellschaft«, mhd. inlāge, F., »Eingriff«, »Einlegen von Geld« 16. Jh. (1567 Zittau), »Einwurf in die Erbmasse« 1400 Magdeburg, s. ein, Lage

Einlager, F., »Einlager, Arrest, Beherbergung, Verpflichtung an einem vereinbarten Ort bis zur Schuldtilgung Quartier zu nehmen« 1313, s. ein, Lager, sachlich eine seit dem 12. Jh. bekannte Sonderform der Bürgschaft

Einlassung, F., »Verhandlung des Beklagten (bzw. Angeklagten) im Verfahren«, »Hineinlassen (1631), Eingehen (auf eine Klage) (16. Jh.)«, s. ein, lassen, ung

Einlassungsfrist, F., »zwischen der Zustellung der Klage und dem Termin zur Verhandlung notwendige Frist«, 19. Jh., s. Einlassung, Frist, vgl. Planck 1896

Einmanngesellschaft, F., »- nur bei Kapitalgesellschaften (und abgesehen von der Gesellschaft mit beschränkter Haftung auch nur nachträglich) mögliche - nur aus einem Gesellschafter bestehende Gesellschaft«, um 1980?, s. ein, Mann, Gesellschaft

Einnahme, F., »Einnahme« 1409 Jena, s. ein, nehmen

Einrede, F., »(im Zivilprozeßrecht) jedes gegen den Klaganspruch gerichtete Vorbringen das nicht im bloßen Leugnen besteht«, mhd. inrede, F., »Einrede«, »Dreinreden« 1469 Bayreuth, »Widerspruch« 1304 Mecklenburg, Lbd. lat. exceptio, F., »Einrede«

einrichten, V., »einrichten verordnen (1541 Fürstenberg), festlegen, abfassen, anhängig machen (1341 Bayern)«, s. ein, richten

Einrichtung, F., »(im Privatrecht) Sache die einer anderen Sache körperlich hinzugefügt ist und deren wirtschaftlichen Zwecken dient«, (im öffentlichen Recht) Gegenstand der benutzbar ist (z.B. Anlage)«, »Errichtung« 1672 Reval, »Anhängigmachung« 1657 Niederösterreich, »Abmachung« 1511 Görlitz, s. einrichten, ung

einschlägig, Adj., »betreffend«, 19. Jh., zu einschlagen, V., »hineinschlagen, betreffen«, vgl. ahd. inslahan (11. Jh.), V., »hineinschlagen, hineinstoßen«, s. ein, schlagen, ig

einschließen, V., »einschließen« 1499 Basel, s. ein, schließen

Einschließung, F., »(bis zum 25. 6. 1969) eine besondere Form der Freiheitsstrafe«, 1661 Nürnberg, s. einschließen, ung

einschränken, V., »beschränken« 1670, s. ein, Schranke

einschreiben, V., »einschreiben, eintragen« 1368 Mähren, s. ein, schreiben

Einschreiben, N., »Postsendung deren Übermittlung die Post gegen besondere Gebühr mit besonderer Gewähr übernimmt«, 19. Jh. (1875), s. einschreiben, ersetzt Rekommandation

einsehen, V., »einsehen, besichtigen, nachforschen« 1452 Bodensee, mhd. īnsehen (um 1300), V., »hineinsehen«, Lüs. lat. inspicere, V., »hineinsehen«, s. ein, sehen

einseitig, Adj., »nur eine Seite betreffend« Gesenius 1801, Lüs. nlat. unilateralis, Adj., »einseitig«?, s. ein, Seite, ig

einseitiges Rechtsgeschäft, N., »nur einen Beteiligten erforderndes Rechtsgeschäft«, 19. Jh., s. Rechtsgeschäft, einseitig

einsetzen, V., »einsetzen«, mhd. īnsetzen, V., »einsetzen, hineinsetzen, einlegen, verpfänden«, ahd. insezzen (830), V., »beisetzen, hineinlegen, einsetzen, hineinsetzen«, s. ein, setzen

Einsetzung, F., »Einsetzung«, 19. Jh.?, s. einsetzen, ung

Einsicht, F., »Einsicht, Hineinsehen«, A. 18. Jh., Badisches Landrecht 1809, s. einsehen

Einsichtsfähigkeit, F., »Fähigkeit zur Einsicht des Unrechts der Tat«, 20. Jh.?, s. Einsicht, Fähigkeit

einsperren, V., »einsperren, schließen«, 1562 Leutkirch, s. ein, sperren

Einsperren, N., »Verhindern am Verlassen eines Raumes durch äußere Vorrichtungen«, s. einsperren, vgl. Hälschner 1887

Einspruch, M., »Verwahrung gegen ein bestimmtes Geschehen«, »Widerspruch, Geltendmachung des Näherrechts« 15. Jh. (1418), s. ein, Spruch

Einspruchsgesetz, N., »Gesetz gegen welches der Bundesrat nur Einspruch einlegen kann«, 2. H. 20. Jh., s. Einspruch, Gesetz

einst, Adv., »ehedem«, mhd. einest, einst, Adv., »einst«, ahd. einēst (1000), eines (9. Jh.), Adv., »einmal«, adverbialer Genitiv zu ein, Num. Kard., »ein«

einstellen, V., »hineinstellen (1339), verpfänden, aufheben (16. Jh.)«, s. ein, stellen

Einstellung, F., »endgültige oder vorläufige Beendigung eines Verfahrens«, »Aufhebung« 1555 Württemberg, s. einstellen, ung

Einstellungsbeschluß, M., »Beschluß über die Einstellung eines Verfahrens«, vgl. Planck 1857

einstweilig, Adj., »eine Weile dauernd, vorübergehend, vorläufig«, Kant vor 1804, s. einst, Weile, ig

einstweilige Anordnung, F., »vorläufige Anordnung«, 19. Jh., s. Anordnung, einstweilig, vgl. Planck 1896

einstweiliger Ruhestand, M., »vorläufiger Ruhestand«, 20. Jh., s. Ruhestand, einstweilig

einstweilige Verfügung, F., »vorläufige Verfügung«, 19. Jh., s. Verfügung, einstweilig, vgl. Planck 1896

Eintrag, M., »Eintrag« 17. Jh., mhd. īntrac, M., »Eintrag, Nachteil, Schaden (1437 Straßburg), Einwand, Einrede« 1388 Kaufungen, »Vorteil« 1555 Württemberg, s. eintragen

eintragen, V., »eintragen, hineintragen« 15. Jh., »übereinkommen« 1350 Pommern, »einwenden« 1398 Preußen, mhd. īntragen, V., »hineintragen, einbringen, nutzen«, ahd. intragan (830), V., »hineintragen«, s. ein, tragen

Eintragung, F., »schriftliche Festlegung einer rechtserheblichen und eintragungsfähigen Tatsache in ein öffentliches Verzeichnis (z.B. Grundbuch)«, Allgemeines Landrecht 1794 Preußen, Eintragung ins Grundbuch 1809 Baden, s. eintragen

Eintragungsbewilligung, F., »Bewilligung

eines Betroffenen zu einer Eintragung in das Grundbuch«, 19. Jh., s. Eintragung, Bewilligung

Eintragungsfähigkeit, F., »Fähigkeit in ein öffentliches Verzeichnis unter Eintritt der damit verbundenen Rechtsfolgen aufgenommen zu werden«, 20. Jh.?, s. Eintragung, Fähigkeit

eintreten, V., »eintreten« 1323 Frankfurt, s. ein, treten

Eintritt, M., »Eintritt« 16. Jh., s. eintreten

Eintrittsrecht, N., »(im Erbrecht) Recht der Abkömmlinge (z.B. Enkel) eines vor dem Erblasser verstorbenen Abkömmlings (z.B. Sohn) an dessen Stelle Erbe zu sein (17. Jh. Oberösterreich)«, (im Verwaltungsrecht) Recht einer vorgesetzten Behörde (Devolutionsrecht) gegenüber einer untergeordneten Behörde zur eigenen Ausführung der an sich der anderen Behörde zustehenden Aufgaben«, s. Eintritt, Recht

Einung, F., M., »Einung, Einigung, Vereinigung«, mhd. einunge, F., »Einheit, Einigkeit, Vereinigung«, ahd. einunga (A. 9. Jh.), F., »Einung, Vereinigung, Beschluß, Vertrag, Verschwörung, Einheit, Bund, Beratung, Übereinkommen«, Lbd. lat. coniuratio, F., »Verschwörung«?, lat. senatusconsultum, N., »Senatsbeschluß«?, lat. testamentum, N., »Bund«?, s. einen, ung

Einverständnis, N., »tatbestandsausschließende Einwilligung«, »Übereinstimmung« 1753 Österreich, s. ein, Verständnis

einwenden, V., »vorbringen, zugunsten sprechen (17. Jh.), entgegnen, widersprechen (18. Jh.)« 1556 Graubünden, s. ein, wenden

Einwendung, F., »(im Verfahrensrecht) jede Abwehr des prozessualen Anspruches des Klägers (z.B. Bestreiten)«, (im materiellen Recht) Umstand der das Recht des Gegners beseitigt«, »Widerspruch« Abele 1670, »Einschreiten« 1653 Bodensee, s. einwenden, ung

einwilligen, V., »zustimmen, bewilligen« 16. Jh.? bzw. 17. Jh., s. ein, Wille, ig

Einwilligung, F., »vor Abschluß eines Rechtsgeschäfts erteilte Zustimmung des Berechtigten die das von einem anderen geschlossene Rechtsgeschäft wirksam macht«, 1555 Freiburg, s. einwilligen, ung

Einwohner, M., »wer in einem Staat oder einer Gemeinde wohnt«, mhd. innewoner, inwoner, M., »Einwohner«, 1364 Krakau, »Beisasse« 1348 Lübeck, s. ein, wohnen

einzeln, Pron., »einzeln«, mhd. einzel, Adj., »einzeln«, vgl. ahd. einazalēn (10. Jh.), einzelēn (10./11. Jh.), Adv., »einzeln«, t-Ableitung zu germ. *aina-, *ainaz, Num. Kard., »ein«

Einzelaktstheorie, F., »Theorie der Enteignung welche auf den Einzelakt abstellt«, nach 1950, s. einzeln, Akt, Theorie

Einzelhandel, M., »Teil des Handels der die Ware dem Verbraucher unmittelbar zuführt«, Stieler 1691 Lüt. lat. monopolium, N., »Recht des Alleinhandels«, s. einzeln, Handel

Einzelkaufmann, M., »Kaufmann der sein Handelsgewerbe ohne (offenen) Gesellschafter betreibt«, 19. Jh.?, s. einzeln, Kaufmann

Einzelrechtsnachfolge, F., »Singularsukzession, Nachfolge in ein einzelnes Recht im Gegensatz zur Gesamtrechtsnachfolge«, 19. Jh.?, s. einzeln, Rechtsnachfolge

Einzelrichter, M., »Richter der seine Amtstätigkeit allein ausübt«. s. einzeln, Richter, vgl. Weiske 1839ff., Koch 1864 (Einzelnrichter), Ullmann 1893

Einzelvollmacht, F., »einzeln ausübbare Vollmacht«, 20. Jh.?, s. einzeln, Vollmacht

einziehen, V., »entgegennehmen, an sich ziehen, einziehen« 14. Jh., s. ein, ziehen

Einziehung, F., »Entziehung eines Gegenstandes, (im Verwaltungsrecht) Entwidmung«, »(im Strafverfahren) Wegnahme von Sachen oder Werten die zu einer Straftat gebraucht (z.B. Mordwaffe) oder durch sie hervorgebracht worden sind (z.B. gefälschte Urkunde)«, 1426, s. einziehen, ung

Einziehungsermächtigung, F., »Ermächtigung einer Person durch eine andere deren Recht im eigenen Namen geltend zu machen, insbesondere deren Forderung einzuziehen«, 20. Jh.?, s. Einziehung, Ermächtigung

Einziehungsverfahren, N., »der Einziehung dienendes Strafverfahren oder Verwaltungsverfahren«, 20. Jh.?, s. Einziehung, Verfahren

Eisenbahn, F., »auf Schienen laufendes dem öffentlichen oder ihm ähnlichen Verkehr dienendes Transportmittel«, 18. Jh. »Schienen der Förderwägen im Bergbau«, 1879 definierte das Reichsgericht (RGZ

1,252) die Eisenbahn als »ein Unternehmen, gerichtet auf wiederholte Fortbewegung von Personen oder Sachen über nicht ganz unbedeutende Raumstrecken auf metallener Grundlage, welche durch ihre Konsistenz, Konstruktion und Glätte den Transport großer Gewichtsmassen, bzw. die Erzielung einer verhältnismäßig bedeutenden Schnelligkeit der Transportbewegung zu ermöglichen bestimmt ist, und durch diese Eigenart in Verbindung mit den außerdem zur Erzeugung der Transportbewegung benutzten Naturkräften (Dampf, Elektrizität, tierischer oder menschlicher Muskeltätigkeit, bei Ebene der Bahn auch schon der eigenen Schwere der Transportgefäße und deren Ladung usw.) bei dem Betriebe des Unternehmens auf derselben eine verhältnismäßig gewaltige (je nach den Umständen nur in bezweckter Weise nützliche, oder auch Menschenleben vernichtende und die menschliche Gesundheit verletzende) Wirkung zu erzeugen fähig ist«, s. Eisen, Bahn

eitel, Adj., »eitel, nichtig, leer«, mhd. ītel, Adj., »leer, ledig, eitel, unnütz, vergeblich, ausschließend«, ahd. ītal (nach 765?), Adj., »eitel, leer, öde, nichtig, vergeblich, befreit«, as. īdal, Adj., »eitel, nichtig«, Lbd. lat. vanus, Adj., »eitel«, westgerm. *īdala, *īdalaz, Adj., »scheinend, leer, eitel?«, Herkunft ungeklärt

el, Suff., »el«, z.T. germ. *ila, Suff., »el«, z.T. idg. *-lo-, Suff., »el«

elektrisch, Adj., »auf Kräften geladener Elementarteilchen beruhend«, 17. Jh. (Gilbert 1600 ne. electric) bzw. A. 18. Jh. Lw. nlat. electricus, Adj., »auf Kräften geladener Elementarteilchen beruhend, magnetisch« (Gilbert), zu lat. electrum, N., »Bernstein«, Lw. gr. élektron, N., »Bernstein«, zu gr. eléktor, M., »strahlende Sonne«?, zu gr. alégein, V., »zählen«?

Elektrizität, F., »auf elektrischer Ladung beruhende Energieform«, 1744, s. elektrisch, vgl. ne. electricity (1646), frz. electricité (1720), nlat. electricitas

Elektron, N., »elektrisch negativ geladenes Teilchen«, E. 19. Jh.? bzw. 20. Jh. Lw. ne. electron, N., »elektrisch negative Ladung, elektrisch negativ geladenes Teilchen«, zu ne. electric, Adj., »elektrisch«, ne. on, Suff., »on«, zu ne. ion, N., »elektrisch geladenes Teilchen«

elektronisch, Adj., »Elektrone betreffend«, 2. H. 20. Jh., s. Elektron, isch

Elektronische Datenverarbeitung, F., »mit Hilfe der Eigenschaften des elektrischen Stromes automatisierte Datenverarbeitung«, 2. H. 20. Jh., s. Elektron, Datenverarbeitung

Element, N., »Bestandteil, Grundstoff«, mhd. element, N., »Bestandteil, Grundstoff«, 13. Jh. Lw. lat. elementum, N., »Buchstabe?, Bestandteil, Grundstoff«, Herkunft unklar, aus *elepantum, N., »elfenbeinener Spielbuchstabe«?

elterlich, Adj., »Eltern betreffend«, Lüs. lat. parentalis?, s. Eltern, lich

elterliche Gewalt, F., »den Eltern über die Kinder zustehende Gewalt«, Badisches Landrecht 1809, Planck 1880, s. Gewalt, elterlich

elterliche Sorge, F., »den Eltern über die Kinder zukommende Fürsorge«, 1950 DDR, 1979, s. Sorge, elterlich

Eltern, Pl., »Vater und Mutter eines Kindes«, mhd. eltern, Pl., »Eltern, Vorgänger«, ahd. eltiron (nach 765?), Adj. Komp. subst.=sw. M. Pl., »Eltern«, as. eldiron, Adj. Komp. subst.=sw. M. Pl., »Eltern«, westgerm. *aldizōn-, Adj. Komp. subst.= sw. M., zu germ. *alda, *aldaz, Adj., »alt«, s. alt

Eltermutter, F., »Großmutter«, mhd. eltermuoter, F., »Großmutter«, s. alt, Eltern, Mutter

Eltervater, M., »Großvater«, mhd. eltervater, M., »Großvater«, s. alt, Eltern, Vater

Emanzipation, F., »Befreiung aus einem Zustand der Beschränkung oder Abhängigkeit (z.B. römisches Hauskind)«, 16. Jh., häufiger 18. Jh. (Wieland 1787) Lw. lat. emancipatio, F., »Befreiung, Gleichstellung«, zum PPP. emancipatus von lat. emancipare, V., »entlassen, für selbständig erklären«, s. emanzipieren, ursprünglich für den römischen Haussohn oder Sklaven, im 19. Jh. für amerikanische Sklaven, für Katholiken in Irland, für Juden, für Frauen und Arbeiter, vgl. Geschichtliche Grundbegriffe

emanzipieren, V., »befreien, selbständig machen«, 16. Jh. Lw. lat. emancipare, V., »entlassen, für selbständig erklären«, zu lat. e, ex, Präp., Präf., »aus«, lat. mancipare, V., »ergreifen, zu eigen geben«, zu lat. manus, F., »Hand«, lat. capere, V., »fangen, ergreifen«,

Embargo, N., »Zurückhaltung fremder Handelsschiffe in eigenen Gewässern, Verbot der Ausfuhr bestimmter Waren in bestimmte Länder«, E. 18. Jh.? bzw. 19. Jh. Lw. span. embargo, M., »Beschlagnahme«, zu span. embargar, V., »beschlagnehmen, behindern«, zu galloroman. bzw. vulgarlat. *barra, Sb., »Balken, Querstange«

Embryo, N., »in der Keimesentwicklung befindlicher Organismus (beim Menschen bis zum Ende des vierten Monates der Schwangerschaft)«, um 1700 (Lw. lat. embryo, N., »Embryo«,) Lw. zu gr. émbryon, N., »Neugeborenes, ungeborenes Leben«, zu gr. én, Präp., »in, hinein«, gr. brýein, V., »sprossen, treiben«, vgl. Weiske 1839ff.

emeritieren, V., »entpflichten«, M. 19. Jh., zu Emeritus, M., »im Ruhestand Lebender«, 18. Jh. Lw. lat. emeritus, Part. Prät. Akt., »ausgedient«, zu lat. emereri, V., »ausdienen«, zu lat. e, ex, Präp., Präf., »aus«, lat. merere, V., »dienen, verdienen«

Emeritierung, F., »Entbindung der (zeitlich vor den neuen Landeshochschulgesetzen) verbeamteten Hochschullehrer von ihren amtlichen Verpflichtungen unter Belassung der Amtsbezeichnung und der Dienstbezüge (und des Rechts Lehrveranstaltungen abzuhalten)«, 20. Jh., s. emeritieren, ung

emigrieren, V., »auswandern«, A. 17. Jh.? Lw. lat. emigrare, V., »auswandern«, zu lat. e, ex, Präp., Präf., »aus«, lat. migrare, V., »wandern, ziehen«

Emission, F., »Ausgabe und Unterbringung neuer Anleihen oder Aktien auf dem Kapitalmarkt« 19. Jh. (um 1800) Lw. lat. emissio, F., »Herausschicken«, zum PPP. emissus von lat. emittere, V., »herausgehen lassen«, zu lat. e, ex, Präp., Präf., »aus«, lat. mittere, V., »senden, schicken«

Empfang, M., »Entgegennahme, Übernahme, Einnahme, Aufnahme« 1550, mhd. antvanc, M., »Empfang«, ahd. antfang (1. H. 9. Jh.), M., »Empfang, Aufnahme, Anerkennung«, s. empfangen

empfangen, V., »aufnehmen, annehmen«, mhd. entvāhen, V., »empfangen, anfangen«, ahd. intfāhan (8. Jh.?), V., »empfangen, aufnehmen«, as. andfāhan, V., »umfassen, erfassen, ergreifen«, germ. *anfanhan, V., »empfangen, angreifen«, s. idg. *pă̂k-, V., »fest machen«

Empfänger, M., »Empfänger«, 14. Jh., mhd. emphāhære, M., »Empfänger«, ahd. intfangāri (9. Jh.), M., »Beschützer«, Lüs. lat. susceptor, M., »Empfänger«, s. empfangen

Empfängerhorizont, M., »objektive Verständnismöglichkeit des Empfängers einer empfangsbedürftigen Willenserklärung«, 20. Jh.?, s. Empfänger, Horizont

Empfängnis, F., »Einnahme, Einweisung, Erwerb, Einholung« 1321, spätmhd. entphencnisse, F., »Annahme, Schwangerschaft (14. Jh.)«, ahd. intfangnissa (E. 8. Jh.), F., »Empfang, Annahme«, Lüt. lat. assumtio, F., »Annahme«?

Empfängniszeit, F., »Zeitraum der für die Erzeugung eines Kindes nach den Erfahrungen ärztlicher Wissenschaft in Betracht kommt«, 19. Jh. (auch Conceptionszeit, vgl. Gerber 1895), s. Empfängnis, Zeit

Empfangsbedürftigkeit, F., »Notwendigkeit des Empfangs (bestimmter Willenserklärungen)«, 20. Jh.?, s. Empfang, Bedürftigkeit

Empfangsbote, M., »den Empfang einer Erklärung wahrnehmende Hilfsperson«, 20. Jh.?, s. Empfang, Bote

emptio venditio, lat., F., »Kauf Verkauf«

en, Präf., »en«, Lw. gr. én, Präp., Präf., »in, hinein«

Ende, N., »Ende, Spitze«, mhd. ende, N., M., »Ende, Ziel, Richtung, Seite«, ahd. enti (765), M., N., »Ende, Grenze, Rand, Spitze«, as. endi, M., »Ende«, germ. *andja, *andjaz, M., »Ende«, zu idg. *antịos, Adj., »gegenüber«?, idg. *hant-, Sb., »Stirn, Ende«?

enden, V., »enden, aufhören, aufhören lassen, vollenden«, mhd. enden, V., »beendigen, enden, sterben«, ahd. entōn (vor E. 8. Jh.), V., »enden, begrenzen, vollenden, sterben, beenden, zu einem Ende bringen, beschließen«, s. Ende

Endurteil, N., »Urteil das die Endentscheidung über einen Rechtsstreit enthält«, 1430 Kleve, Lüt. mlat. sententia definitiva, F., »endgültiges Urteil«?, Lüt. lat. sententia ultima, F., »Endurteil«?, s. Ende, Urteil

Energie, F., »Wirksamkeit, gespeicherte Arbeit«, E. 18. Jh. Lw. frz. énergie, F., »Kraft«, aus spätlat. energia, F., »Wirksamkeit«, Lw. gr. enérgeia, F., »Wirksamkeit«, zu gr. én, Präp., Präf., »in, hinein«, gr. érgon, N., »Werk, Wirken«

Energieentziehung, F., »Entziehung fremder elektrischer Energie mittels eines Leiters der zur ordnungsmäßigen Entnahme nicht bestimmt ist in der Absicht die elektrische Energie sich rechtswidrig zuzueignen oder einem anderen rechtswidrig Schaden zuzufügen«, 20. Jh., s. Energie, Entziehung

Energierecht, N., »Gesamtheit der die (aus Kohle usw.) gewonnene Energie betreffenden Rechtsregeln«, um 1980, s. Energie, Recht

Energieversorgungsunternehmen, N., »Unternehmen das andere mit Energie (z.B. Strom oder Gas) versorgt«, 20. Jh.?, s. Energie, Versorgung, Unternehmen

England, N., »England«, 18. Jh. aus älterem Engelland, N., »Land der Angel (sachse)n«, s. Land

Enkel, M., »Kindeskind«, mhd. eninkel, M., »Enkel«, neben mhd. enkelīn (12. Jh.), N., »Enkel«, ahd. eniklīn (13. Jh.), N., »Enkel«, zu ahd. ano, M., »Ahn«, germ. *aninkila, *aninkilaz, M., »Ahnlein, Enkel«, vgl. idg. *an- (1), Sb., »Ahn«, verdrängt seit dem 16. Jh. Neffe, Kindeskind und Diechter in der Bedeutung »Kindeskind«

Enklave, F., »Gebietsteil eines fremden Staates der von diesem räumlich getrennt und vom Gebiet des eigenen Staats vollständig umschlossen ist«, A. 19. Jh. Lw. frz. enclave, F., »eingeschlossenes Gebiet«, zu frz. enclaver, V., »einschließen«, zu frz. en, Präp., Präf., »ein«, frz. claver, V., »schließen«, aus vulgarlat. *inclavare, V., »einschließen«, zu lat. clavis, M., »Schlüssel«

enorm, Adj., »außerordentlich«, E. 17. Jh. Lw. lat. enormis, Adj., »von der Norm abweichend«, 18. Jh. Lw. frz. énorme, Adj., »außerordentlich«, aus lat. enormis, Adj., »von der Norm abweichend«, zu lat. e, ex, Präp., Präf., »aus«, lat. norma, F., »Regel, Norm«

Enquête, F., »Untersuchung, Erhebung«, M. 19. Jh. (Fallati 1846) Lw. frz. enquête, F., »Nachforschung, Untersuchung, Umfrage«, zum PPP. inquisitus, inquaesitus von lat. inquirere, V., »nachfragen«, zu lat. in, Präp., Präf., »in«, lat. quaerere, V., »fragen, suchen«

Enquêtekommission, F., »parlamentarische Untersuchungskommission die eine gewichtigere Sachentscheidung vorbereitet«, 20. Jh.?, s. Enquête, Kommission

Enquêterecht, N., »Recht eines Parlamentes Untersuchungsausschüsse einzusetzen«, 19. Jh.?, s. Enquête, Recht

ent, Präf., »weg«, mhd. ent, Präf., »ent«, ahd. int, Präf., »ent«, as. ant, Präf., »ent«, germ. *anda, Präp., Präf., »entgegen, gegenüber, weg, ent«, zu idg. *ant-, *hant-, Sb., »Vorderseite, Stirn«

enteignen, V., »Eigentum entziehen«, 15. Jh. (1462 Westfriesland), s. ent, eignen

Enteignung, F., »Entziehung oder Belastung des Eigentums durch staatlichen Hoheitsakt zur Befriedigung öffentlicher Belange«, »Zwangsenteignung, zwangsweise Eigentumsentziehung«, A. 19. Jh. Lüs. frz. expropriation, F., »Enteignung«, s. enteignen, ung, vgl. Grimm DRW 1862

enteignungsgleich, Adj., »einer Enteignung gleichkommend«, 2. H. 20. Jh.?, s. Enteignung, gleich

enteignungsgleicher Eingriff, M., »einer Enteignung gleichkommender Eingriff«, 2. H. 20. Jh.?, s. Eingriff, enteignungsgleich

Entente, F., »Einverständnis (1. H. 19. Jh.), Bündnis (A. 20. Jh.)«, Lw. frz. entente, F., »Absicht, Einverständnis, Bündnis«, zu frz. entendre, V., »aufmerken«, aus (dem PPP. F. intendita von vulgarlat. intendire,) lat. intendere, V., »auf etwas achten, lenken, richten, wenden«, zu lat. in, Präp., Präf., »in«, lat. tendere, V., »spannen, ausstrecken«

enterben, V., »enterben, von der Erbschaft ausschließen«, Schwabenspiegel um 1275, s. ent, erben, vgl. as. andervidio, M., »Erbloser«, Lüt. lat. exheres, Adj., »enterbt«

Enterbung, F., »Ausschluß eines Verwandten oder des Ehegatten von der gesetzlichen Erbfolge (bzw. vom Erbersatzanspruch) durch Verfügung von Todes wegen«, 1431 Aachen, Lüs. lat. exheredatio, F., »Enterbung«?, s. enterben, ung

entfalten, V., »entfalten, entwickeln«, mhd. entvalten, V., »erklären«, ahd. intfaldan (800), intfaltan, V., »entfalten, erwägen«, Lüs. lat. explicare, V., »auseinanderfalten«, s. ent, falten

Entfaltung, F., »Entwicklung«, Goethe vor 1832, s. entfalten, ung

Entfaltung, freie, F., »ungehinderte Betätigung«, 2. H. 20. Jh.?, s. Enthaltung, frei

entfernen, V., »entfernen, entziehen, veräußern«, mhd. entverren, entvern, V., »entfernen«, Mühlhäuser Reichsrechtsbuch um 1225, s. ent, fern

Entfernung, F., »räumliche Trennung«, »Entziehung« 1397 Sachsen, s. entfernen, ung

Entfernung aus dem Dienst, F., »Disziplinarmaßnahme gegen Beamte die nur unter bestimmten Voraussetzungen zulässig ist und das Beamtenverhältnis gegen den Willen des Beamten unter Verlust der Versorgungsrechte beendet«, s. Entfernung

Entfernung aus dem Sitzungszimmer, F., »ein Ordnungsmittel«, s. Entfernung

entführen, V., »entführen, entwöhnen, entwenden«, mhd. enphüeren, entvüeren, V., »entführen«, ahd. intfuoren (863-71), V., »entführen, entreißen, entziehen, nehmen«, s. ent, führen

Entführung, F., »rechtswidrige Wegführung einer Frau zur Erreichung sexueller Ziele (Frauenraub)«, »Wegführung« 1394 Königsberg, s. entführen, ung

entgangener Gewinn, M., »nicht erlangte Vermögensverbesserung«, Badisches Landrecht 1809, Lüs. frz.?, zu lat. lucrum cessans, N., »entgehender Gewinn«, s. entgehen, Gewinn

entgehen, V., »entgehen, herausgehen«, mhd. entgān, entgēn, V., »entkommen, entweichen«, ahd. intgān (A. 9. Jh.), intgēn, V., »entgehen, entrinnen, entschwinden«, s. ent, gehen

Entgelt, N., »Gegengabe, Entschädigung« 15. Jh. (1464 Bayreuth), s. entgelten

entgelten, V., »entgelten, büßen«, mhd. entgelten, V., »bezahlen, entgelten, büßen«, ahd. intgeltan (863-71), V., »entgelten, bezahlen, büßen, bestraft werden«, as. andgeldian, V., »entgelten«, Lbd. lat. punire, V., »strafen«?, s. ent, gelten

entgeltlich, Adj., »gegen Entgelt«, Allgemeines Bürgerliches Gesetzbuch 1811 Österreich, s. Entgelt, lich

Entgeltlichkeit, F., »Voraussetzen einer geldwerten Gegenleistung«, 20. Jh.?, s. entgeltlich, heit

enthaupten, V., »das Haupt abschlagen«, mhd. enthoubeten, V., »enthaupten«, s. ent, Haupt

entlassen, V., »entlassen, auseinander gehen lassen«, mhd. entlāzen, V., »entlassen«, ahd. intlāzan (765), V., »nachlassen, loslassen, verzeihen, lösen, entspannen, nachgeben«, s. ent, lassen

Entlassung, F., »Freigabe aus einem Rechtsverhältnis (z.B. Staatsangehörigkeit oder Dienstverhältnis)«, 1. H. 17. Jh. (1640), s. entlassen, ung

entlasten, V., »entlasten, nachlassen, befreien, abwehren«, mhd. entlasten, entlesten, V., »entlasten« 1327 Eßlingen, s. ent, Last

Entlastung, F., »Entlassung von einer Last, (im Verbandsrecht) Billigung der Geschäftsführung geschäftsführender Organe durch Aufsichtsorgane«, 20. Jh.?, s. entlasten, ung

Entlastungsbeweis, M., »Nachweis des Nichtvorliegens eines haftungsbegründenden Tatbestandsmerkmales durch die beweisbelastete Partei«, 20. Jh.?, s. Entlastung, Beweis

entmündigen, V., »entmündigen«, A. 19. Jh. (Badisches Landrecht 1809), Lüs. frz., s. ent, Mund (F.), ig

Entmündigung, F., »(bis 31. 12. 1991) Entziehung oder Beschränkung der dem Entmündigten dem Alter nach an sich zustehenden Geschäftsfähigkeit«, Badisches Landrecht 1809, Lüs. frz., s. entmündigen, ung, vgl. Planck 1896

Entnazifizierung, F., »Reinigung vom Gedankengut des Nationalsozialismus«, um 1945, s. ent, Nationalsozialismus, zu lat. facere, V., »machen, tun«

entschädigen, V., »entschädigen«, spätmhd. entschadegen, V., »Schaden wiedergutmachen« 1365 Schwyz, s. ent, Schaden, ig

Entschädigung, F., »Ausgleich für einen erlittenen Schaden, Schadensersatz«, 1350 Bern, s. entschädigen, ung

entscheiden, V., »unterscheiden, entscheiden«, mhd. entscheiden, V., »unterscheiden, richterlich entscheiden«, 1311 Brandenburg, s. ent, scheiden

Entscheid, M., »Entscheidung«, spätmhd. entscheit, M., »Entscheidung, Bescheid« 15. Jh., s. entscheiden

Entscheidung, F., »Entschließung, gerichtliche Entschließung in einer bestimmten Frage«, 1319 Magdeburg bzw. 16. Jh., s. entscheiden, ung

Entscheidung nach Lage der Akten, F., »Entscheidung allein auf Grund der schriftlich dem Gericht vorliegenden Tatsachen und Anträge«, 19. Jh.?, s. Entscheidung, Lage, Akt

Entscheidungsgrund, M., »für den Inhalt der Entscheidung maßgeblicher Grund«, Hellfeld 18. Jh., Lüt. mlat. ratio decidendi, F., »Entscheidungsgrund«

Entscheidungssammlung, F., »geordnete Zusammenstellung der Entscheidungen einer Behörde (z.B. der Urteile eines Gerichtes)«, 19. Jh.?, s. Entscheidung, Sammlung

entschließen, V., »einen Entschluß fassen (16. Jh.)«, mhd. entschliezen, V., »befreien, aufschließen, öffnen«, ahd. intsliozan (765), V., »aufschließen, öffnen«, s. ent, schließen

Entschlagungsrecht, N., »Aussageverweigerungsrecht«, 19. Jh. Österreich, s. ent, schlagen, ung, Recht

Entschließung, F., »Bildung einer empfehlenden oder auch anweisenden Erklärung, empfehlende oder anweisende Erklärung (z.B. Regierungsentschließung)«, 16. Jh. (1717 Brandenburg), s. entschließen, ung

Entschluß, M., »Entschluß«, 1527 Schweiz bzw. 17. Jh., s. entschließen

entschuldigen, V., »von Schuld befreien (wollen), entschuldigen«, mhd. entschuldigen, V., »entschuldigen«, Sachsenspiegel um 1225, Lüt. lat. excusare, V., »entschuldigen«?, s. ent, Schuld, ig

entschuldigend, Part. Präs., »von Schuld befreiend«, s. entschuldigen

entschuldigender Notstand, M., »von Schuld befreiende Zwangslage«, 20. Jh.?, s. Notstand, entschuldigend

Entschuldigung, F., »Entschuldigung«, mhd. entschuldigunge, F., »Entschuldigung«, 1397 Oberösterreich Lüs. lat. excusatio, F., »Entschuldigung«, s. entschuldigen, ung

Entschuldigungsgrund, M., »Umstand der eine derart starke Herabsetzung des Unrechtsgehalts und Schuldgehalts einer Tat bewirkt daß ein Schuldvorwurf nicht erhoben werden kann (z.B. entschuldigender Notstand)«, s. Entschuldigung, Grund, vgl. Grimm DRW 1862

entwehren, entweren, V., »die Gewere entziehen, aus der Gewere nehmen, aufsagen, aufgeben, entgehen«, mhd. entwern, V., »aus dem Besitz setzen, berauben«, 1252 Oberösterreich, s. ent, Gewere

Entwehrung, F., »Entzug«, s. entwehren, ung, vgl. Grimm DW 1862

entwenden, V., »entwenden, stehlen, entziehen«, mhd. entwenden, V., »entgehen, abwenden, entziehen, losmachen«, 14. Jh. Freiberg, ahd. *intwenten, as. anwendian, V., »entwenden« (830), s. ent, wenden

Entwendung, F., »Entwendung, Diebstahl« 1456 Österreich, s. entwenden, ung

entwickeln, V., »entwirren, aufwickeln«, 17. Jh. (Zesen 1645) Lüt. frz. évoluer, V., »entwickeln«, lat. explicare, V., »auswikkeln«, Bedeutungsentwicklung »einen Gedanken entwirren, ein Rätsel lösen, etwas nachprüfen, herausbilden«, s. ent, wickeln

Entwicklung, F., »Entfaltung, Entwicklung«, 17. Jh., s. entwickeln, ung, vgl. Grimm DW 1862, Geschichtliche Grundbegriffe

Entwicklungskriminalität, F., »für die in der Entwicklung vom Kind zum Erwachsenen befindliche Personen typische Kriminalität«, 20. Jh.?, s. Entwicklung, Kriminalität

entwidmen, V., »vermehren« 1415 Niederrhein, s. ent, widmen

Entwidmung, F., »Beseitigung einer Widmung«, 20. Jh.?, s. entwidmen, ung

entziehen, V., »entziehen, wegnehmen«, mhd. enziehen, V., »entgehen, vergehen, entziehen, abhalten, sich enthalten«, ahd. intziohan (765), V., »entziehen, wegziehen, abziehen«, Lüt. lat. abstrahere, V., »wegziehen«?, s. ent, ziehen

Entziehung, F., »Entfernung durch einen anderen«, »Wegnahme« 16. Jh. Österreich, s. entziehen, ung

Entziehungsanstalt, F., »ärztlich geleitete auf das Ziel der Befreiung von dem Hang alkoholische Getränke oder andere berauschende Mittel (z.B. Haschisch) im Übermaß zu sich zu nehmen gerichtete Einrichtung«, 2. H. 20. Jh.?, s. Entziehung, Anstalt

enumerativ, Adj., »aufzählend«, s. Enumeration

Enumeration, F., »Aufzählung, diejenige Art einer Angabe von Tatbestandsmerkmalen welche die einzelnen erfaßten Fälle besonders benennt«, 19. Jh.? Lw. lat. enumeratio, F., »Aufzählung«, zum PPP.

enumeratus von lat. enumerare, V., »aufzählen«, zu lat. e, ex, Präp., Präf., »aus«, lat. numerare, V., »zählen«, zu lat. numerus, M., »Zahl«

Enzyklika, F., »(im katholischen Kirchenrecht) päpstliches Rundschreiben (an die Bischöfe oder die Allgemeinheit) bezüglich einer allgemeinen Frage der kirchlichen Lehre das nach seinen Eingangsworten benannt wird (z.B. Enzyklika humanae vitae)«, zu spätlat. encyclios, Adj., »einen Kreis bildend«, Lw. gr. enký́klios, Adj., »kreisförmig, allgemein«, zu gr. én, Präp., Präf., »in«, gr. ky̆̃klos, M., »Kurs, Kreislauf«

Enzyklopädie, F., »universale Bildung, Gesamtheit des Wissens, Darstellung der Wissensinhalte«, (15. Jh. Lw. nlat. encyclopaedia, F., »Gesamtheit aller Wissenschaften«, allgemeiner) 18. Jh. Lw. frz. encyclopédie, F., »Nachschlagewerk«, aus nlat. encyclopaedia, F., »Grundlehre«, Lw. gr. enkyklopaideía (fehlerhafte Lesart aus gr. enký́klios paideía?), F., »Grundlehre«, zu gr. enký́klios, Adj., »kreisförmig, allgemein«, gr. paideía, F., »Lehre«, zu gr. pais, M., F., »Kind«

er, Präf., »er, aus«, mhd. er, Präf., »er, aus«, ahd. ir (8. Jh?), Präf., »er, aus«, germ. *uz, Präf., »er, aus«, Parallelbildung zu germ. *ūt, Präp., Präf., »aus«

er, Suff., »er«, mhd. ære, Suff., »er«, ahd. āri, Suff., »er«, Lw. lat. arius, Suff., »er«, Varianten sind ler, ner

eo ipso, lat., »von selbst«, zu lat. is, Pron., »dies«, lat. ipse, Pron., »selbst«

Erbanfall, M., »vorläufiger Erwerb der Erbschaft der nur noch durch Ausschlagung rückwirkend beseitigt werden kann«, 1627 Böhmen, s. Erbe (N.), Anfall

Erbausgleich (des nichtehelichen Kindes), M., »Recht des nichtehelichen Kindes zwischen seinem 21. und 27. Lebensjahr das Dreifache eines Jahresunterhaltes als vorzeitigen Ausgleich für seinen Erbersatzanspruch zu verlangen«, 1969, s. Erb, Ausgleich

Erbbau, M., »erblich überlassener Bau« 1434 Dresden, s. Erbe, Bau

Erbbaurecht, N., »veräußerliches und vererbliches Recht auf oder unter fremdem Grund und Boden ein Bauwerk zu haben (z.B. Haus)« 1884, Lsch. lat. superficies, F., »Oberfläche, Platzrecht, Erbbaurecht«, s. Erbbau, Recht

Erbbauzins, M., »in wiederkehrenden Leistungen zu entrichtendes Entgelt für die Bestellung eines Erbbaurechts«, E. 19. Jh., s. Erbbau, Zins

erbbiologisch, Adj., »der Erbbiologie entsprechend«, 20. Jh.?, s. Erbe, biologisch

Erbbiologisches Gutachten, N., »auf einer vergleichenden Untersuchung erbbedingter Körpermerkmale beruhendes Gutachen cines Sachverständigen (z.B. zum Nachweis einer behaupteten Verwandtschaft)«, 20. Jh., s. erbbiologisch, Gutachten

Erbe, M., »Gesamtnachfolger des Erblassers«, mhd. erbe, M., »Erbe (M.)«, ahd. erbo (765), M., »Erbe (M.)«, germ. *arbjan, *arbijōn, M., »Erbe (M.)«, s. Erbe (N.)

Erbe, N., »Erbgut, Hinterlassenschaft«, mhd. erbe, N., »Erbe (N.), Erbgut«, ahd. erbi (8. Jh.?), N., »Erbe (N.), Erbgut, Besitz«, as. ervi, N., »Erbe (N.)«, germ. *arbja, *arbjam, N., »Erbe (N.), Erbgut«, idg. *orbha-, Sb., »Erbgut, Erbschaft, das einer Waise Gehörige?«, zu idg. *orbho-, Adj., Sb., »verwaist, Waise«

Erbeinsetzung, **Erbseinsetzung** (öst.), F., »gewillkürte Zuwendung der Gesamtnachfolge in das ganze Vermögen des Erblassers oder einen Teil davon«, 1573 Niederösterreich, Lüs. lat. heredis institutio, F., »Erbeinsetzung«, s. Erbe (M.), einsetzen, ung

erben, V., »erben«, mhd. erben, V., »erben, beerben, vererben«, ahd. erben (nach 765?), V., »erben, gewinnen«, s. Erbe (N.)

Erbengemeinschaft, F., »bei mehreren Erben kraft Gesetzes entstehende Gemeinschaft«, 1396 Memmingen (Erbgemeinschaft), s. Erbe (M.), Gemeinschaft

Erbenhaftung, F., »Haftung eines oder mehrerer Erben«, 19. Jh.?, s. Erbe (M.), Haftung

Erbenlaub, N., »(im mittelalterlichen deutschen Recht) Einwilligung (Erlaubnis) des (zur Zeit der Verfügung) nächsten Erben zu bestimmten Verfügungen des (künftigen) Erblassers«, 19. Jh.?, die Quellen sprechen von erbengelob, erbenurlaub, ervenlove

Erbenlosung, F., »(im mittelalterlichen deutschen Recht) Recht des Erben ein vom Erblasser ohne Erbenlaub verkauftes Grundstück gegen Kaufpreiserstattung auszulösen (Näherrecht)«, 1552 Württemberg, »Erbfallsabgabe« 1348 Erfurt, s. Erbe (M.), lösen, ung

Erbenwartrecht, N., »(im Mittelalter) Anwartschaftsrecht eines Erben«, 19. Jh.?, s. Erbe (M.), warten, Recht

Erbersatzanspruch, M., »(seit 1. 7. 1970) in bestimmten Fällen entstehender schuldrechtlicher Anspruch zwischen nichtehelichen Kindern und dem Vater bzw. deren Verwandten auf den Wert ihres Erbteiles der an die Stelle des gesetzlichen Erbteils tritt«, 1969, s. Erbe (N.), Ersatz, Anspruch

Erbfall, M., »Tod des Erblassers«, mhd. erbeval, M., »Anfall einer Erbschaft (1421 Schweiz), Hinterlassenschaft, Erbangelegenheit, Todesfallsabgabe«

Erbfeind, M., »langzeitlicher Feind«, mhd. erbevīnt, M., »Teufel«, Lüt. lat. inimicus hereditarius?, M., »erblicher Feind«, s. Erbe (N.), Feind

Erbfolge, F., »Übergang des Vermögens des Erblassers auf den Erben«, 1655 Schweiz, Lüs. lat. successio hereditaria, F., »Erbfolge«, s. Erbe (N.), Folge

Erblasser, M., »wer ein Erbe hinterläßt, Person deren Vermögen mit ihrem Tod auf die Erben übergeht«, 16. Jh. (1573 Tirol), Lsch. lat. testator, M., »Testamentsverfasser?«, zu mhd. daz erbe lān, »das Erbe lassen«, s. Erbe (N.)

Erbleihe, F., »(im mittelalterlichen deutschen Recht) erbliche (entgeltliche) Leihe von Grundstücken«, »Erbpacht« 1571, s. erben, Leihe

erblich, Adj., »das Erbe betreffend« mhd. erbelich, erblich, Adj., »erblich«, 1276 Mansfeld, ahd. erblīh (9.?/10. Jh.), Adj., »ursprünglich, testamentarisch«, Lsch. lat. testamentarius, Adj., »testamentarisch«, s. Erbe (N.), lich

Erbpacht, F., »(im mittelalterlichen und neuzeitlichen Recht) erbliche Pacht (veräußerliches dingliches Nutzungsrecht) von Grundstücken«, 1303 Magdeburg, s. Erbe (N.), Pacht

Erbrecht, N., »Gesamtheit der Rechtsvorschriften die das Schicksal des Vermögens eines Verstorbenen betreffen, beim Tod des Erblassers für eine oder mehrere andere Personen entstehende Berechtigung am Nachlaß«, mhd. erbereht, N., »Erbrecht, Erbanspruch (1311 Oberösterreich), bäuerliches Recht am Gut (1234 Hessen), Recht des Erbpächters, Abgabe bei Erbfall (15. Jh. Weimar)«, s. Erbe (N.), Recht

Erbschaft, F., »Vermögen (Rechte und Pflichten) des Erblassers das bei dessen Tod als Ganzes auf eine oder mehrere andere Personen übergeht«, mhd. erbeschaft, F., »Erbschaft«, 1203 Bayern, »Erbeigen« 1285 Basel, s. Erbe, schaft

Erbschaftsanspruch, M., »Anspruch des Erben gegen den Erbschaftsbesitzer auf Herausgabe des Erlangten als Ganzes (samt Surrogaten und Nutzungen)«, s. Erbschaft, Anspruch, vgl. Grimm DW 1862

Erbschaftsbesitzer, M., »wer auf Grund eines ihm in Wirklichkeit nicht zustehenden Erbrechtes etwas aus der Erbschaft erlangt hat«, s. Erbschaft, Besitzer, vgl. Weiske 1839ff.

Erbschaftserwerber, M., »wer die Erbschaft durch Vertrag von einem Erbschaftsbesitzer erwirbt«, s. Erbschaft, Erwerb, vgl. Weiske 1839ff.

Erbschaftskauf, M., »(schuldrechtlicher) Kaufvertrag mit dem Erben über die ihm angefallene Erbschaft«, Allgemeines Landrecht 1794 Preußen, s. Erbschaft, Kauf

Erbschaftsteuer, F., »Steuer auf den Vermögensübergang durch Tod«, 19. Jh.?, s. Erbschaft, Steuer (F.)

Erbschein, M., »amtliches vom Nachlaßgericht auf Antrag auszustellendes Zeugnis des Erben über sein Erbrecht (und über die Größe des Erbteils)«, 19. Jh., s. Erb, Schein

Erbschleicher, M., »wer ein Erbe erschleicht«, E. 17. Jh. Lüt. lat. heredipeta, M., »Erbschleicher«, zu lat. heredium, N., »Erbgut«, lat. petere, V., »langen, reichen, streben, bitten«

Erbserklärung, F., »Annahmeerklärung eines Erben«, Allgemeines Bürgerliches Gesetzbuch 1811 Österreich, s. Erbe (M.), Erklärung

Erbteil, M., »Anteil eines Miterben am Nachlaß«, mhd. erbeteil, M., N., »Anteil am Erbe, Erbschaft, Nachlaß«, 1115 Mittelrhein, Sachsenspiegel um 1225, Lüs. lat. pars hereditatis, F., »Anteil am Erbe«, s. Erbe (N.), Teil

Erbtochter, F., »Erbtochter« 1444 Kärnten, s. erben, Tochter

Erbunfähigkeit, F., »Unmöglichkeit zu erben«, A. 19. Jh. Österreich, s. Erbe (M.), Unfähigkeit

Erbuntertänigkeit, F., »(im neuzeitlichen deutschen Recht) feudales Abhängigkeitsverhältnis des Bauern vom Gutsherrn«, 1672 Böhmen, s. erben, Untertan, ig, heit

Erbunwürdigkeit, F., »Unwürdigkeit Erbe zu sein«, Badisches Landrecht 1809, Lüs. frz., s. Erbe (M.), un, würdig, heit

Erbverbrüderung, F., »Erbvertrag«, 1552, s. erben, ver, Bruder, ung

Erbvertrag, M., »Vertrag zwischen mindestens zwei Personen in welchem mindestens einer der Vertragsschließenden (Erblasser) vertragsmäßige Verfügungen von Todes wegen trifft«, 1535 Braunschweig, s. Erbe, Vertrag, vgl. Hasse, Rhein. Museum für Jurisprudenz 2,2 (1828)

Erbverzicht, M., »Vertrag zwischen dem Erblasser und einem Verwandten oder Ehegatten oder gewillkürten Erben oder Vermächtnisnehmer durch den dieser auf sein Erbrecht bzw. die Zuwendung an ihn verzichtet«, 1602 Schlesien, s. Erbe, Verzicht

Erde, F., »Erde«, mhd. erde, F., »Erde, bebautes und bewohntes Land, Erdboden«, ahd. erda (nach 765?, PN), F., »Erde, Boden, Land, Welt«, as. ertha, F., »Erde«, germ. *erþō, F., »Erde«, idg. *ert-, Sb., »Erde«, vgl. *idg. *er- (4), Sb., »Erde«

ereignen, V., »ereignen« Goethe vor 1832, mhd. älter erougen, V., »vor Augen stellen«, ahd. irougen (E. 8. Jh.), V., »zeigen, darstellen, offenbaren«, zu ahd. ir, ahd. ouga, N., »Auge«, fnhd. entsteht Nebenform eräugnen, landschaftlich ereignen, welches sich im 18. Jh. durchsetzt

Ereignis, N., »Geschehnis«, 2. H. 18. Jh., s. ereignen, nis (, vgl. ahd. irougnessī (830), F., »Auftreten, Erscheinung«, Lüt. lat. ostensio, F., »Erscheinung«, ahd. irougnissa (E. 8. Jh.), F., »Verkündung, Offenbarung«, Lüt. lat. manifestatio, F., »Offenbarung«, zu ahd. ouga, N., »Auge«)

erfinden, V., »erfinden, entdecken«, mhd. ervinden, V., »ausfindig machen, bemerken, erfahren (V.)«, ahd. irfindan (9. Jh.), V., »erfahren (V.), entdecken, erkennen, ausfindig machen, erweisen«, s. er, finden

Erfinder, M., »Erfinder«, 1493, Lüs. lat. inventor, M., »Erfinder«, s. erfinden

Erfindung, F., »erste oder neue Lösung einer Aufgabe, neue (eine gewisse geistige Höhe erreichende) anwendbare Lösung eines technischen Problems durch eine natürliche Person (Erfinder)«, »Ordnung« 1499, »Entscheidung« 1400, »Feststellung« 1532, s. erfinden, ung

Erfolg, M., »(bezwecktes) Ergebnis eines Verhaltens oder eines sonstigen Ereignisses«, »Geschehen« 1521 Schweiz bzw. 17. Jh., Einfluß von frz. succès, M., »Erfolg«?, s. erfolgen

erfolgen, V., »geschehen, folgen«, mhd. ervolgen, V., »zuteil werden, einholen, erreichen, erfüllen«, ahd. irfolgēn (E. 8. Jh.), V., »verfolgen«, s. er, folgen

Erfolgsabwendungspflicht, F., »Garantenpflicht, Verpflichtung ein bestimmtes Ergebnis nicht eintreten zu lassen«, 2. H. 20. Jh., s. Erfolg, ab, wenden, ung, Pflicht

Erfolgsdelikt, N., »Delikt dessen Tatbestand außer einem Verhalten einen gedanklich abgrenzbaren Erfolg in der Außenwelt voraussetzt (z.B. Totschlag erfordert Tötungshandlung und Todeserfolg)«, 19. Jh.?, s. Erfolg, Delikt

Erfolgshaftung, F., »Haftung die beim bloßen Vorliegen eines Erfolges eintritt ohne daß es etwa auf die Vorwerfbarkeit eines Verhaltens ankommt«, 19. Jh.?, s. Erfolg, Haftung

Erfolgshonorar, N., »vom Eintritt des erwünschten Ereignisses abhängig gemachte Vergütung«, 19. Jh.?, s. Erfolg, Honorar

Erfolgsort, M., »Ort an dem der Leistungserfolg eintreten soll«, 19. Jh.?, s. Erfolg, Ort

erfolgsqualifiziert, Adj., »durch einen Erfolg gekennzeichnet«, 20. Jh.?, s. Erfolg, qualifiziert

erfolgsqualifiziertes Delikt, N., »durch einen Erfolg gekennzeichnetes Delikt«, 20. Jh.?, s. Delikt, erfolgsqualifiziert

Erfolgsunrecht, N., »im Rahmen der Prüfung der Rechtswidrigkeit durch einen von der Rechtsordnung mißbilligten Erfolg indiziertes Unrecht (z.B. eine Tötung eines Menschen [Erfolg] ist grundsätzlich rechtswidrig d.h. der Erfolg als solcher deutet auf das Vorliegen der Rechtswidrigkeit)«, 2. H. 20. Jh., s. Erfolg, Unrecht

erforderlich, Adj., »notwendig« Frisch 1734, s. erfordern, lich

Erforderlichkeit, F., »Notwendigkeit eines Umstandes für eine bestimmte Folge«, 20. Jh.?, s. erforderlich, heit

erfordern, V., »erfordern, benötigen«, mhd. ervordern, V., »fordern, in Anspruch nehmen, vor Gericht fordern, einladen«, Sachsenspiegel um 1225, s. er, fordern

Erfüllbarkeit, F., »Zeitpunkt von dem ab der Schuldner leisten darf«, 20. Jh.?, s. erfüllen, bar, heit

erfüllen, V., »erfüllen, ausfüllen, einfüllen«, mhd. ervüllen, V., »voll machen, anfüllen, ausfüllen, erfüllen«, ahd. irfullen (790), V., »füllen, erfüllen, ausfüllen, vollenden, vollbringen«, as. afullian, V., »erfüllen«, s. er, füllen

Erfüllung, F., »Bewirken der geschuldeten Leistung (z.B. Übereignung der Kaufsache) durch den Schuldner an den Gläubiger, die durch Leistung eintretende Schuldtilgung die das Schuldverhältnis erlöschen läßt«, »Ergänzung, Vollmacht« 1324 Wien, Lüs. lat. expletio, F., »Sättigung, Erfüllung«, s. erfüllen, ung

Erfüllungsbetrug, M., »Betrug bei dem ein Vertragsteil eine Leistung erhält die in Bezug auf Menge oder Güte hinter der Vereinbarung zurückbleibt (z.B. Lieferung eines älteren Automodells als vereinbart)«, 20. Jh.?, s. Erfüllung, Betrug

Erfüllungsgehilfe, M., »Person welche mit Wissen und Wollen des Schuldners rein tatsächlich in dessen Pflichtenkreis tätig wird (z.B. Krankenhausträger)«, 19. Jh.?, s. Erfüllung, Gehilfe

Erfüllungsinteresse, N., »Interesse an der Erfüllung eines Rechtsgeschäfts«, 19. Jh.?, s. Erfüllung, Interesse

Erfüllungsort, M., »Ort an dem der Schuldner die Leistungshandlung vorzunehmen hat«, 19. Jh., s. Erfüllung, Ort, vgl. Gerber 1895, Planck 1895

Erfüllungsübernahme, F., »auf Rechtsgeschäft gegründete Verpflichtung einer Person gegenüber einem Schuldner dessen Gläubiger zu befriedigen ohne daß der Gläubiger gegen den Dritten einen Anspruch erlangt«, 19. Jh.?, s. Erfüllung, Übernahme

ergänzen, V., »ganz machen«, 16. Jh. (1527), s. er, ganz

Ergänzung, F., »Ersatz, Ergänzung«, 1362, s. ergänzen, ung

Ergänzungspflegschaft, F., »neben einer elterlichen Gewalt oder einer Vormundschaft für besondere Angelegenheiten (an deren Besorgung die Eltern oder der Vormund verhindert sind) bestellte Pflegschaft«, um 1920 (Kipp 1928), s. Ergänzung, Pflegschaft

Ergänzungsurteil, N., »ein vorausgegangenes Urteil in einem versehentlich offen gelassenen Punkt ergänzendes Urteil«, 19. Jh., s. Ergänzung, Urteil, vgl. Planck 1895

Ergetag, M., »Dienstag« (südostd.), mhd. ergetac, ertac, M., »Dienstag«, ahd. *ertag, M., »Dienstag«, Lw. got. *areinsdags, *arjausdags, M., »Dienstag«, ostgerm. Lw./Lüs. gr. Areós heméra, F., »Tag des Ares«, s. Dienstag, Pfinztag

ergo, lat., Adv., »also«

erheben, V., »aufheben«, mhd. erheben, V., »aufheben«, ahd. irheffen (765), V., »erheben, erhöhen, beginnen«, as. āhebbian, V., »erheben«, Lbd. lat. magnificare, V., »rühmen«, germ. *uzhafjan, V., »erheben«, zu idg. *kap-, V., »fassen«, s. er, heben

erheblich, Adj., »bedeutsam«, 16. Jh., Bedeutungsentwicklung »erreichbar, tunlich«, Lbd. lat. relevans, Adj., »bedeutsam«, s. erheben, lich

erinnern, V., »wieder bewußt machen«, mhd. erinnern, V., »inne werden lassen, zu wissen machen, beweisen«, 1334, zu ahd. innaro (A. 9. Jh.), Adj., »innere«, s. er, innere

Erinnerung, F., »im Gedächtnis bewahrter Eindruck (15. Jh.), Rechtsbehelf gegen Entscheidungen und Maßnahmen von Justizbehörden (z.B. Erinnerung gegen Kostenfestsetzungsbeschluß)«, 1430, s. erinnern, ung

erkennen, V., »bemerken, wahrnehmen, sehen, verstehen«, mhd. erkennen, V., »erkennen, kennen, wissen«, ahd. irkennen (765?), V., »erkennen, bemerken, begreifen, wissen«, s. er, kennen, seit 13. Jh. Bedeutung »entscheiden, Urteil fällen«

Erkenntnis, F., »vom Bewußsein der Wahrheit begleitete Einsicht in einen Sachverhalt sowie das Ergebnis dieses Vorganges, (im Verfahrensrecht) ältere Bezeichung für das Urteil« (seit 18. Jh. N.), mhd. erkantnisse, F., N., »Erkenntnis, Einsicht«, »Urteil« 13. Jh., s. PPP. erkannt von erkennen, nis

Erkenntnisverfahren, N., »Teil des Verfahrens in dem über die Streitsache entschieden wird«, 19. Jh.?, s. Erkenntnis, Verfahren

erklären, V., »klar machen, erläutern, erklären«, mhd. erklæren, V., »klar machen, klar werden«, s. er, klären

Erklärung, F., »Klarlegung, Äußerung des objektiv zunächst unbekannten subjektiven Willens«, »Erläuterung« 1484, »Mitteilung« 1482, »Bekanntmachung« 1498, 15. Jh., s. erklären, ung

Erklärungsirrtum, M., »Irrtum über die Erklärungshandlung (z.B. Verschreiben)«, 19. Jh.?, s. Erklärung, Irrtum

Erklärungstheorie, F., »Theorie der Erklärung (bei einem Irrtum)«, 19. Jh., s. Erklärung, Theorie

Erklärungswille, M., »Wille eine rechtserhebliche Erklärung abzugeben«, 20. Jh.?, s. Erklärung, Wille

Erlaß, M., »(im Verwaltungsrecht) für den internen Dienstbetrieb der Verwaltung bestimmte allgemeine Anweisung (Verwaltungsvorschrift z.B. Ministerialerlaß), (im Schuldrecht) (Aufhebungs-)Vertrag zwischen Gläubiger und Schuldner in dem der Gläubiger auf die Forderung verzichtet«, »Nachlaß, Ermäßigung« 1. H. 18. Jh. (1744), »Entsagung eines erworbenen Rechts« Allgemeines Landrecht 1794 Preußen, s. erlassen

erlassen, V., »erlassen«, mhd. erlāzen, erlān, V., »frei lassen, erlassen«, Mühlhäuser Reichsrechtsbuch um 1225, »befreien« Sachsenspiegel um 1225, ahd. irlāzan (9. Jh.), »unterlassen, befreien«, s. er, lassen

erlauben, V., »zulassen, gestatten«, mhd. erlouben, V., »erlauben, zugestehen, entlassen«, ahd. irlouben (nach 765?), V., »erlauben, nachgeben, gestatten«, germ. *uzlaubjan, V., »erlauben«, s. er, *lauben

Erlaubnis, F., »(im Verwaltungsrecht) Erklärung einer Behörde daß sie ein bestimmtes Verhalten zuläßt (z.B. Bauerlaubnis), (im Strafrecht) Rechtfertigungsgrund der ein an sich verbotenes Tun ausnahmsweise erlaubt«, »Genehmigung« 1303, »Urlaub« 1446, s. erlauben, nis

Erlaubnisirrtum, M., »Irrtum des Täters über die rechtlichen Grenzen eines anerkannten Rechtfertigungsgrundes (z.B. Intensität der erlaubten Abwehr bei Notwehr) oder Glaube an das Eingreifen eines von der Rechtsordnung nicht anerkannten Rechtfertigungsgrundes (z.B. irrtümlicher Glaube an ein Züchtigungsrecht)«, 20. Jh.?, s. Erlaubnis, Irrtum

Erlaubnistatbestandsirrtum, M., »Irrtum über die tatbestandlichen Voraussetzungen eines anerkannten Rechtfertigungsgrundes (z.B. Täter hält sich irrtümlich für angegriffen)«, 20. Jh.?, s. Erlaubnis, Tatbestandsirrtum

Erlaubnisvorbehalt, M., »einem präventiven Verbot beigefügter Vorbehalt der regelmäßig bei Vorliegen der gesetzlichen Voraussetzungen zu erteilenden Erlaubnis (z.B. Verbot des Bauens ausgenommen mit Bauerlaubnis)«, 20. Jh.?, s. Erlaubnis, Vorbehalt

erlaucht, Adj. (aus PPP.), »erleuchtet«, mhd. erliuht, erlūht (md.), Adj., »erleuchtet«, Lbd. lat. illustris, Adj., »berühmt«, zu ahd. irliuhten (1000), V., »erleuchten«, im 14. Jh. für Angehörige des Hochadels verwendet, im 16. Jh. als subst. F. Titel und Anrede gräflicher Personen, s. er, leuchten

erledigen, V., »ausführen, tun«, mhd. erledigen, V., »ledig machen, frei machen, zu Ende bringen«, Schwabenspiegel um 1275, s. er, ledig

Erledigung, F., »Gegenstandsloswerden eines Antrages oder Begehrens durch ein nach Verfahrensbeginn liegendes Ereignis (z.B. die eingeklagte Geldsumme wird bezahlt)«, »Freilassung« 1458 Österreich, s. erledigen, ung

erlöschen, V., »erlöschen, enden«, mhd. erleschen, V., »erlöschen, aufhören«, ahd. irleskan (E. 8. Jh.), irlescan, V., »erlöschen, erkalten«, s. er, löschen

Erlöschen, N., »Beendigung eines Rechtsverhältnisses (z.B. Schuldverhältnis) oder einer Rechtsmacht (z.B. Vertretungsmacht)«, 19. Jh.?, s. erlöschen

ermächtigen, V., »ermächtigen«, »entschließen« 1420 Bremen, s. er, Macht, ig

Ermächtigung, F., »Übertragung der Befugnis über ein fremdes Recht im eigenen Namen zu verfügen oder das Recht auszuüben, übertragene Verfügungsbefugnis (z.B. Einziehungsermächtigung)«, »Anmaßung« 1752 Haltaus, s. ermächtigen, ung

Ermächtigungsgesetz, N., »Gesetz das ein Verfassungsorgan zu einem bislang nicht zulässigen Verhalten ermächtigt (z.B. Gesetz zur Behebung der Not von Volk und Reich [1933] das die Gesetzgebungszuständigkeit des Reichstages auf die Reichsregierung übertrug)«, 20. Jh.?, s. Ermächtigung, Gesetz

Ermächtigungsgrundlage, F., »verfassungsmäßige Grundlage der Ermächtigung zu einem bestimmten Verhalten«, 20. Jh.?, s. Ermächtigung, Grundlage

ermahnen, V., »ermahnen«, mhd. ermanen, V., »ermahnen, woran erinnern«, ahd. irmanōn (E. 8. Jh.), V., »mahnen«, Lüs. lat. exhortari, V., »ermahnen«, s. er, mahnen

Ermahnung, F., »eindringlicher Hinweis«, 1436 Bayern, s. ermahnen, ung

ermessen, V., »ausmessen, erfassen, begreifen«, mhd. ermezzen, V., »ermessen«, ahd. irmezzan (1000), V., »erfassen, ausmessen«, germ. *uzmetan, V., »ausmessen«, s. er, messen

Ermessen, N., »Maßstab für das Verwaltungshandeln«, »Erwägung, Beurteilung« 1522, s. ermessen

Ermessensfehler, M., »Fehler in der Ausübung des Ermessens«, 20. Jh.?, s. Ermessen, Fehler

Ermessensfehlgebrauch, M., »Fehlgebrauch des Ermessens«, 20. Jh.?, s. Ermessen, Fehlgebrauch

Ermessensmangel, M., »Fehlen der Prüfung und Abwägung aller Möglichkeiten der Entscheidung und aller in Betracht kommenden Gesichtspunkte durch die Behörde bei Anwendung einer Ermessensnorm«, 20. Jh.?, s. Ermessen, Mangel

Ermessensmißbrauch, M., »Gebrauch des Ermessens in einer dem Zweck der Ermächtigung nicht ensprechenden Art und Weise (z.B. Berücksichtigung sachfremder Erwägungen)«, 20. Jh.?, s. Ermessen, Mißbrauch

Ermessensreduzierung, F., »Ermessensreduktion, Einschränkung des Ermessensspielraumes durch die besonderen Umstände des konkreten Falles«, 20. Jh.?, s. Ermessen, Reduktion, ung

Ermessensüberschreitung, F., »Überschreitung der gesetzlichen Grenzen des Ermessens (z.B. Anordnen einer vom Gesetz nicht zugelassenen Rechtsfolge)«, 20. Jh.?, s. Ermessen, über, schreiten, ung

Ermessensunterschreitung, F., »Unterschreitung der gesetzlichen Grenzen des Ermessens«, 20. Jh., s. Ermessen, unter, schreiten, ung

ermitteln, V., »untersuchen, den Mittelwert bilden«, 19. Jh., s. er, Mitte

Ermittlung, F., »durch Nachforschen und Untersuchen zu bewirkendes Feststellen eines Sachverhaltes«, s. ermitteln, ung, vgl. Grimm DW 1862, Planck 1896

Ermittlungsrichter, M., »im Ermittlungsverfahren tätiger Richter der die dem Richter vorbehaltenen Amtshandlungen im Ermittlungsverfahren durchführt (z.B. Erlaß eines Haftbefehls)«, 19. Jh.?, s. Ermittlung, Richter

Ermittlungsverfahren, N., »Verfahren der Ermittlung, vorbereitendes Verfahren, Vorverfahren«, 19. Jh.?, s. Ermittlung, Verfahren, vgl. Ullmann 1893

ernennen, V., »ernennen«, mhd. ernennen, V., »zu Ende nennen, ganz aussprechen«, »mitteilen« 1408 Schladming, s. er, nennen

Ernennung, F., »Festlegung der Rechtsstellung eines Beamten nach Art und Inhalt«, »Ernennung« Hayme 1738, s. ernennen, ung

eröffnen, V., »öffnen, kund tun«, mhd. eroffenen, V., »eröffnen, kund machen«, ahd. iroffanōn, V., »eröffnen, offenbaren, öffnen, bekanntmachen«, as. iropanon, V., »eröffnen«, s. er, öffnen

Eröffnung, F., »Eröffnung«, »Mitteilung« 1456 Schweiz, s. eröffnen, ung

Eröffnungsbeschluß, M., »Beschluß des Gerichts über die Eröffnung des Hauptverfahrens auf Grund der Erhebung der öffentlichen Anklage«, 19. Jh.?, s. Eröffnung, Beschluß

Eröffnungsbilanz, F., »am Beginn einer Geschäftstätigkeit stehende Bilanz«, 20. Jh.?, s. Eröffnung, Bilanz

Eröffnungsverfahren, N., »Verfahren zwischen dem Ermittlungsverfahren und dem Hauptverfahren«, 19. Jh.?, s. Eröffnung, Verfahren

ERP (European Recovery Program, 1949)

erpressen, V., »erpressen (1707), herauspressen (E. 16. Jh.)«, s. er, pressen

Erpresser, M., »wer erpreßt«, E. 17. Jh., s. erpressen

erpresserisch, V., »herauspressend«, 19. Jh.?, s. erpressen

erpresserischer Menschenraub, M., »mit erpresserischen Mitteln erfolgender Menschenraub«, 20. Jh.?, s. Menschenraub, erpresserisch

Erpressung, F., »Beschädigung des Vermögens eines anderen durch Nötigung dieser oder einer anderen Person in der Absicht sich oder einen anderen zu bereichern«, 1. H. 18. Jh. (1724 Österreich), s. erpressen, ung

error, lat., M., »Irrtum«, *error in negotio*, M., »Irrtum über die Geschäftsart«, *error in obiecto*, M., »Irrtum über die Geschäftsart«, *error in persona*, M., »Irrtum über die Person«, s. a. irren

erringen, V., »erringen, mit viel Mühe erwerben«, mhd. erringen, V., »durchsetzen, erringen«, ahd. irringan (1000), V., »erringen«, s. er, ringen

Errungenschaft, F., »das Errungene«, 16. Jh. (1609 Blumenegg), Lsch. lat. acquaestus, M., »Erwerb«?, zum PPP. errungen von erringen, s. schaft

Errungenschaftsgemeinschaft, F., »Gütergemeinschaft in der das von den Eheleuten in der Ehe errungene Gut gemeinschaftliches Vermögen wird die vorehelichen Vermögen dagegen getrenntes Vermögen des jeweiligen Inhabers bleiben«, Badisches Landrecht 1809, s. Errungenschaft, gemeinschaft, vgl. Collaboration Gerber 1895

Ersatz, M., »Person oder Gegenstand oder Maßnahme die an die Stelle einer nicht mehr vorhandenen oder geeigneten Person oder Gegenstandes oder Maßnahme tritt« 18. Jh. (Leu 1730), »Strafe« 15. Jh., s. ersetzen, vgl. Grimm DW 1862

Ersatzdienst, M., »an der Stelle eines an sich geschuldeten Dienstes geleisteter Dienst«, 20. Jh., s. Ersatz, Dienst

Ersatzerbe, M., »Erbe der vom Erblasser für den Fall eingesetzt ist daß der Erbe vor oder nach dem Eintritt des Erbfalls wegfällt (z.B. durch Tod)«, 19. Jh.?, s. Ersatz, Erbe

Ersatzfreiheitsstrafe, F., »Freiheitsstrafe die kraft Gesetzes an die Stelle einer rechtskräftig verhängten aber tatsächlich uneinbringlichen Geldstrafe tritt«, 20. Jh.?, s. Ersatz, Freiheitsstrafe

Ersatzgeschäft, N., »als Ersatz dienendes Geschäft«, 20. Jh.?, s. Ersatz, Geschäft

Ersatzkasse, F., »die Krankenversicherung betreibende Körperschaft des öffentlichen Rechts deren freiwillige Mitgliedschaft von der Mitgliedschaft in einer Pflichtkrankenkasse befreit«, 19. Jh.?, s. Ersatz, Kasse

Ersatzvermächtnis, N., »für den Fall daß der zunächst Bedachte das Vermächtnis nicht erwirbt bestelltes Vermächtnis«, 19. Jh.?, s. Ersatz, Vermächtnis

Ersatzvornahme, F., »ersatzweise Vornahme einer Handlung die an sich ein Dritter schuldet durch die Verwaltung oder einen von ihr betrauten anderen«, 19. Jh.?, s. Ersatz, Vornahme, vgl. Mayer 1895

Ersatzzeit, F., »(bei der Rentenversicherung) beitragsfreie jedoch auf Wartezeiten und bei der Rentenberechnung anrechenbare Zeit (z.B. Wehrdienst)«, 20. Jh.?, s. Ersatz, Zeit

Ersatzzustellung, F., »auf andere Weise als durch Übergabe an den Zustellungsempfänger bewirkte Zustellung (z.B. Übergabe an Dienstboten)«, 19. Jh., s. Ersatz, Zustellung, vgl. Planck 1895

Ersatzzwangshaft, F., »Haft die das Gericht anordnen kann wenn das verhängte Zwangsgeld uneinbringlich ist und bei Anordnung des Zwangsgeldes auf die Möglichkeit der Ersatzzwangshaft hingewiesen worden ist«, 19. Jh.?, s. Ersatz, Zwang, Haft

erscheinen, V., »erscheinen, hervorkommen«, mhd. erschīnen, V., »sichtbar werden, erscheinen«, ahd. irskīnan (E. 8. Jh.), irscīnan, V., »erscheinen, leuchten«, germ. *uzskeinan, V., »aufscheinen«, s. er, scheinen

Erscheinen, N., »Sichtbarwerden«, s. erscheinen, vgl. Koch 1864

erschließen, V., »erschließen, aufschließen«, 19. Jh.?, s. er, schließen

Erschließung, F., »Gesamtheit der Maßnahmen die erforderlich sind Grundstücke die für die bauliche oder gewerbliche Nutzung bestimmt sind dafür geeignet zu machen (z.B. Straße)«, 20. Jh.?, s. erschließen, ung

ersetzen, V., »ersetzen«, mhd. ersetzen, V., »ersetzen, anflicken«, ahd. irsezzen (765), V., »ersetzen, wiederherstellen, ansetzen, ergänzen«, s. er, setzen

Ersetzung, F., »Entschädigung, Vergütung« 1340 Oberösterreich, s. ersetzen, ung

Ersetzungsbefugnis, F., »Befugnis des Schuldners oder Gläubigers statt der an sich geschuldeten bestimmten Leistung eine andere bestimmte Leistung zu erbringen oder zu verlangen (z.B. statt Naturalherstellung Geldersatz)«, 19. Jh.?, Lüt. nlat. facultas alternativa, F., »Ersetzungsbefugnis«, s. Ersetzung, Befugnis

ersitzen, V., »ersitzen«, mhd. ersitzen, V., »sitzen bleiben, durch Sitzen erwerben«, 1368 Frankfurt, s. er, sitzen

Ersitzung, F., »Erwerb des Eigentums durch Zeitablauf«, 1520 Freiburg, s. ersitzen, ung

erstatten, V., »hinbringen, zurückgeben, ersetzen«, mhd. erstaten, V., »hinbringen«, Sachsenspiegel um 1225, s. er, Statt

Erstattung, F., »Erstattung, Gewährleistung« 1298 Bayern, s. erstatten, ung

Erstattungsanspruch, M., »Anspruch auf Ausgleich einer Vermögensverschiebung«, 19. Jh.?, s. Erstattung, Anspruch

ersuchen, V., »bitten, aufsuchen, suchen«, mhd. ersuochen, V., »suchen, ergründen«, ahd. irsuohhen (800), irsuochen, V., »suchen, erforschen, prüfen«, s. er, suchen

Ersuchen, N., »von Behörde zu Behörde gerichtetes Verlangen um Rechtshilfe oder Amtshilfe«, »Aufforderung, Bitte« 1482 Fürstenberg, s. ersuchen

ersucht, Adj., »ersucht«, PPP. von s. ersuchen

ersuchter Richter, M., »um eine Maßnahme gebetener Richter«, 19. Jh., s. ersucht, Richter, vgl. Planck 1896

Ertrag, M., »Ergebnis, Einnahme, Wert einer in einer bestimmten Zeit erbrachten Leistung«, 16. Jh. (1608), s. ertragen

ertragen, V., »aushalten, ertragen«, »einbringen, aufbringen, betragen« 1423 Freiburg, »leisten« 1422 Miltenberg, mhd. ertragen, V., »vertragen, ertragen«, s. er, tragen

Ertragshoheit, F., »Recht auf das Steueraufkommen«, 20. Jh.?, s. Ertrag, Hoheit

Ertragsteuer, F., »an die Einkünfte anknüpfende Steuer (Gewerbesteuer oder Grundsteuer)«, 19. Jh., s. Ertrag, Steuer

Erwerb, M., »Erlangung einer rechtlich relevanten Stellung (z.B. Eigentum)«, 17. Jh. (Weber 1807/11 bzw. Goethe vor 1832), s. erwerben

erwerben, V., »erlangen, erreichen«, mhd. erwerben, V., »erreichen, gewinnen«, ahd. irwerban (765), V., »umkehren, erlangen, zu sich kommen, gewinnen«, Lüt. lat. resipere?, s. er, werben

Erwerbsunfähigkeit, F., »durch gesundheitliche Schäden bedingte Unfähigkeit den geordneten Lebensunterhalt durch Arbeit zu verdienen«, s. Erwerb, Unfähigkeit, vgl. Grimm DW 1862 (Erwerbunfähigkeit)

Erwerbsverbot, N., »Verbot einen Gegenstand zu erwerben«, 19. Jh.?, s. Erwerb, Verbot

Erz, Präf., »Erz, Archi, Ober«, mhd. erze, Präf., »Erz«, ahd. erzi, Präf., »Erz«, Lw. lat. archi, Präf., »Erz, Archi, Ober«, Lw. gr. árchi, Präf., »oberste, erste«, zu gr. árchein, V., »herrschen«

Erzbischof, M., »(im katholischen Kirchenrecht) der Leiter einer Kirchenprovinz (Erzbistum)«, mhd. erzebischof, M., »Erzbischof«, ahd. erzibiskof (12. Jh.), erzibiscof, M., »Erzbischof«, Lw. lat. archiepiscopus, M., »Erzbischof«, s. Erz, Bischof

erziehen, V., »erziehen«, mhd. erziehen, V., »aufwärtsziehen, herausziehen, aufziehen, erziehen, züchten, unterhalten, wegziehen, zurückziehen, hinziehen, einholen«, ahd. irziohan (765), V., »erziehen, aufziehen, ziehen, hervorziehen, wegnehmen«, as. ātiohan, V., »herausziehen, aufziehen«, Lbd. lat. nutrire, V., »nähren, erziehen«?, germ. *uzteuhan, V., »herausziehen«, s. er, ziehen

Erziehung, F., »Sorge für die sittliche und geistige und körperliche Entwicklung des Kindes, Inbegriff aller pädagogischen Maßnahmen durch welche das Kind zur vollentwickelten Person werden soll«, »Verzicht« 1322 Bern, »Erziehung« Lichtenberg 2. H. 18. Jh., s. erziehen, ung

Erziehungsbeistand, M., »Person welche die Personensorgeberechtigten bei der Erziehung eines Minderjährigen unterstützt und dem Minderjährigen mit Rat und Hilfe zur Seite steht«, 20. Jh.?, s. Erziehung, Beistand

Erziehungsgeld, N., »staatliche Unterstützungsleistung für die Erziehung eines Kindes«, 2. H. 20. Jh., s. Erziehung, Geld

Erziehungsurlaub, M., »Urlaub auf welchen ein Arbeitnehmer dem grundsätzlich Erziehungsgeld zusteht Anspruch hat«, 2. H. 20. Jh., s. Erziehung, Urlaub

Erziehungshilfe, F., »Unterstützung bei der Erziehung«, 20. Jh.?, s. Erziehung, Hilfe

Erziehungsmaßregel, F., »der Erziehung eines gefährdeten Jugendlichen dienende vom Vormundschaftsrichter oder Jugendrichter anwendbare Maßnahme«, 20. Jh., s. Erziehung, Maßregel

erzwingen, V., »erzwingen« 17. Jh., s. er, zwingen

Erzwingung, F., »Erzwingung« 1478 Quedlinburg, s. erzwingen, ung

Erzwingungshaft, F., »Maßnahme zur Vollstreckung eines Anspruches auf eine Geldbuße«, 20. Jh.?, s. Erzwingung, Haft

Esch, M., »Getreideflur«, mhd. ezzisch, M., »Saatfeld«, ahd. ezzisk (E. 8. Jh.), ezzisc, M., »Saat«, germ. *atiska, *atiskam, N.?, »Saatfeld, Flur«, s. idg. *ades-, N., »Getreideart, Spelt«?

Esel, M., »Esel«, mhd. esel, M., »Esel«, ahd. esil (830), M., »Esel«, as. esil, M., »Esel«, germ. *asiluz, M., Esel«, Lw. lat. asinus, M., »Esel«, lat. asellus, M., »Eselchen«, Lw. aus einer kleinasiatischen Sprache?

Etat, M., »Haushalt, Finanzmittel«, 1. H. 18. Jh. Lw. frz. état, M., »Haushalt, Haushaltsplan, Finanzmittel, Staat (Lbd. it. stato), Zustand«, aus lat. status, M., »Stand, Zustand, Hofhaltung (mlat.), Haushalt (mlat.)«, zum PPP. status von lat. stare, V., »stehen«

Ethik, F., »Sittenlehre, Moralphilosophie«, 17. Jh. Lw. lat. ethice (bzw. res ethica), F., »Sittenlehre«, Lw. gr. ethiké, F., »Sittenlehre«, zu gr. ethikós, Adj., »sittlich, gebräuchlich«, zu gr. éthos, N., »Sitte, Gewohnheit, Brauch«

ethnisch, Adj., »ein fremdes Volk betreffend«, A. 16. Jh. (Paracelsus um 1560) »heidnisch«, allgemein 19. Jh. Lw. gr. ethnikós, Adj., »zu einem fremden Volk gehörig, volkstümlich«, zu gr. éthnos, »Volk, Schar (F.) (1)«

Ethos, N., »Sittlichkeit«, 18. Jh. (, allgemeiner 20. Jh.) Lw. gr. éthos, N., »Sitte, Gewohnheit, Brauch«

Etter, M., N., »Zaun, Etter (obd.)«, mhd. eter, M., N., »Zaun«, ahd. etar (11. Jh.), M., N., »Zaun, Rand«, germ. *edara, *edaraz, M., »Zaun, Gehege, Etter«, s. idg. *edh- (2), Sb., »Stecken, Zaun«?

eu, Präf., »Eu«, Lw. gr. eũ, Adj., »wohl, gut«

Eunuch, M., »Kastrat, entmannter Haremswächter«, 1. H. 16. Jh. Lw. lat. eunuchus, M., »Eunuch«, Lw. gr. eunúchos, M., »Eunuch, Betthüter«, zu gr. euné, F., »Lager, Bett«, gr. óchos, M., »Halter, Träger«, zu gr. échein, V., »halten, haben«

Euro, Präf., »europäisch«, s. Europa

Eurocheque (, Euroscheck), M., »international einheitlicher Scheck welcher auch gegenüber ausländischen Banken Verfügungen mittels Scheckkarte zuläßt«, 2. H. 20. Jh., s. Euro, Scheck

Europa, N., »als selbständiger Kontinent angesehene westliche Halbinsel Asiens zwischen Atlantik und Mittelmeer und Ural«, Lw. lat. Europa, F., »Europa«, Lw. gr. Europa, F., »Europa, Tochter des Phönix und der Perimede«, »Westen«?

europäisch, Adj., »europäisch«, 17. Jh. (Micraelius 1. H. 17. Jh.) Lw. lat. Europaeus, Adj., »europäisch«, s. Europa

Europäische Akte (Einheitliche Europäische Akte), F., »von den Mitgliedsstaaten der Europäischen Gemeinschaften am 17./27. 2. 1986 unterzeichnete Vereinbarung über die politische Zusammenarbeit«, s. europäisch, Akte

Europäische Atomgemeinschaft, F., »europäische Gemeinschaft in atomaren Angelegenheiten«, (25. 3. 1975), s. europäisch, Atom, Gemeinschaft

Europäische Gemeinschaft für Kohle und Stahl (18. 4. 1951), s. europäisch, Gemeinschaft

Europäische Gemeinschaften, F. Pl., »mehrere nicht zu einer Einheit verbundene und deshalb jeder für sich völkerrechtlich rechtsfähige Zusammenschlüsse europäischer Länder«, 2. H. 20. Jh., s. europäisch, Gemeinschaft

Europäische Konvention zum Schutz der Menschenrechte und Grundfreiheiten, F., »vom Europarat ausgearbeiteter 1952 von der Bundesrepublik als Gesetz angenommener völkerrechtlicher Vertrag der allen der Herrschaft der angeschlossenen Staaten unterstehenden Ländern die grundlegenden menschlichen Freiheiten sichern will (z.B. Meinungsfreiheit)«, s. europäisch, Konvention

Europäische Sozialcharta, F., »europäische Charta für Sozialfragen«, (18. 10. 1962), s. europäisch, sozial, Charta

Europäische Union, F., »politisches Bündnis der europäischen Gemeinschaften«, 1993, s. europäisch, Union

Europäisches Währungssystem, N., »auf einer Entschließung des Rates der Europäischen Gemeinschaft beruhendes Währungssystem mit dem Ziel einer stabilen Währungszone in Europa«, um 1980, s. europäisch, Währung, System

Europäische Wirtschaftliche Interessenvereinigung, F., »Unternehmensform welche Unternehmen und freiberuflich tätige Personen in den Mitgliedsstaaten der Europäischen Gemeinschaft(en) eine grenzüberschreitende Zusammenarbeit ermöglicht oder erleichtert ohne daß die Mitglieder dieser Interessenvereinigung der Rechtsordnung eines bestimmten Mitgliedstaates unterworfen werden«, 1985, s. europäisch, wirtschaftlich, Interesse, Vereinigung

Europäische Wirtschaftsgemeinschaft, F., »europäische Gemeinschaft in wirtschaftlichen Angelegenheiten«, (25. 3. 1957), s. europäisch, Wirtschaft, Gemeinschaft

Europäischer Gerichtshof (EuGH), M., »gemeinsamer Gerichtshof der Europäischen Gemeinschaften«, 1957, s. europäisch, Gerichtshof

Europäischer Gerichtshof für Menschenrechte, M., »auf der Grundlage der Europäischen Konvention zum Schutz der Menschenrechte geschaffener Gerichtshof in Straßburg«, 2. H. 20. Jh., s. europäisch, Gerichtshof, Menschenrecht

Europäischer Rat, M., »aus den Ministerpräsidenten der Mitgliedsstaaten der Europäischen Gemeinschaft gebildetes die Richtlinien der Politik bestimmendes Organ«, (9./10. 12. 1974), s. europäisch, Rat

Europäischer Wirtschaftsraum (EWR), M., »in Verhandlungen zwischen der Europäischen Gemeinschaft und den EFTA-Staaten vereinbarter einheitlicher Wirtschaftsraum«, um 1990, in Kraft seit 1994, s. europäisch, Wirtschaft, Raum

Europäisches Gemeinschaftsrecht, N., »zwischen Völkerrecht und staatlichem Recht angesiedeltes Recht der Europäischen Gemeinschaften«, 2. H. 20. Jh., s. Europäische Gemeinschaft, Recht

Europäisches Parlament, N., »gemeinsames parlamentarisches Hauptorgan der Europäischen Gemeinschaften«, 2. H. 20. Jh., s. europäisch, Parlament

Europarat, M., »am 5. 5. 1949 in London von 10 Staaten errichteter völkerrechtlicher Zusammenschluß (west-)europäischer Länder«, s. Europa, Rat

Europarecht, N., »Gesamtheit des europäische Organisationen betreffenden Rechts«, um 1950, s. Europa, Recht

Eurovision, F., »seit 1954 bestehendes Programmaustauschsystem der Europäischen Rundfunkunion«, s. Euro, Vision

Euthanasie, F., »Sterbehilfe durch Arzneimittel, (im Nationalsozialismus) Tötung kranker Menschen«, 19. Jh. Lw. nlat. euthanasia (18. Jh.), F., »leichter schöner Tod«, Lw. gr. euthanasía, F., »leichter schöner Tod«, zu gr. eŭ, Adj., »wohl, gut«, gr. thánatos, M., »Tod«

evakuieren, V., »leeren, aussiedeln«, 16. Jh. (Paracelsus 1529) »schädliche Stoffe aus dem Körper abführen«, M. 17. Jh. »räumen«, Lw. lat. evacuare, V., »leeren, räumen«, zu lat. e, ex, Präp., Präf., »aus«, lat. vacuare, V., »leeren«, zu lat. vacuus, Adj., »leer«, um 1925 »aussiedeln«

Evakuierung, F., »Räumung eines Gebietes von den Bewohnern«, E. 19. Jh., allgemeiner nach 1930, s. evakuieren, ung

evaluieren, V., »werten, bewerten«, Lw. frz. évaluer, V., »bewerten, beurteilen«, zu lat. e, ex, Präp., Präf., »aus«, lat. valere, V., »wert sein, vermögen«

evangelisch, Adj., »zum Evangelium gehörig, biblisch (Luther 1520), evangelisch (nach 1520)«, mhd. ēwangelisch, Adj., »die Evangelien betreffend«, ahd. evangelisk (810-17), Adj., »die Evangelien betreffend«, Lw. lat. evangelicus, Adj., »die Evangelien betreffend«, Lw. gr. euaggelikós, Adj., »die Evangelien betreffend«, zu gr. euaggélion, N., »Freudenbotschaft«, s. eu, Engel

eventual, Adj., »möglich, gegebenenfalls eintretend«, A. 18. Jh. (Lessing 1778) Lw. lat. eventualis, Adj., »gegebenenfalls eintretend«, zu lat. eventus, M., »Ausgang, Zufall, Ereignis«, zum PPP. eventus von lat. evenire, V., »herauskommen«, zu lat. Präp., Präf., »aus«, lat. venire, V., »kommen«

Eventualaufrechnung, F., »im Rechtsstreit für den Fall erklärte Aufrechnung daß andere Verteidigungsmittel gegenüber einem Anspruch nicht durchgreifen«, 19. Jh.?, s. eventual, Aufrechnung

Eventualmaxime, F., »Verfahrensgrundsatz wonach eine Partei eines Prozesses zur Vermeidung der Präklusion ihren gesamten Vortrag einschließlich aller Eventualitäten bis zu einem bestimmten Zeitpunkt in den Zivilprozeß einzubringen hat«, s. eventual, Maxime, vgl. Weiske 1839ff.

Eventualvorsatz, M., »gegebenenfalls eintretender Vorsatz«, 19. Jh.?, s. eventual, Vorsatz

evident, Adj., »offenkundig«, A. 18. Jh. Lw. lat. evidens, Adj., »offenkundig, offensichtlich«, zu lat. e, ex, Präp., Präf., »aus«, Part. Präs. videns von lat. videre, V., »sehen, erkennen«

Evidenz, F., »Deutlichkeit, Gewißheit, Offensichtlichkeit«, M. 18. Jh. (Mendelssohn 1759) Lw. lat. evidentia, F., »Deutlichkeit, Gewißheit«, zu lat. evidens, Adj., »offenkundig, offensichtlich«, s. evident

Evidenztheorie, F., »Theorie nach welcher ein Verwaltungsakt nichtig ist wenn ihm offenkundig ein schwerer Fehler anhaftet«, 2. H. 20. Jh., s. Evidenz, Theorie

Eviktion, F., »Entwehrung«, 15. Jh. (Worms 1499) Lw. lat. evictio, F., »gerichtliche Wiedererlangung«, zum PPP. evictus von lat. evincere, V., »gänzlich besiegen«, zu lat. e, ex, Präp., Präf., »aus«, lat. vincere, V., »siegen«

Evokation, F., »Hervorrufen, Vorladung«, Lw. lat. evocatio, F., »Hervorrufen, Vorladung«, zum Part. Prät. Präs. evocatus von lat. evocare, V., »herausrufen«, zu lat. e, ex, Präp., Präf., »aus«, lat. vocare, V., »rufen«, zu lat. vox, F., »Stimme«

Evokationsrecht, N., »Herausrufungsrecht, (im mittelalterlichen und neuzeitlichen deutschen Recht) Recht des Königs jeden Rechtsstreit vor sein Hofgericht zu ziehen«, 19. Jh.?, s. Evokation, Recht

ex, e, Präp., Präf., »aus, ehemalig«, 13. Jh. Lw. lat. ex, Präp., Präf., »aus«

Examen, N., »Prüfung«, 16. Jh. (Krüginger 1555) Lw. lat. examen, exagsmen*, N., »Prüfung, Waagenzunge«, zu lat. exigere, V., »heraustreiben, abwägen, untersuchen«, zu lat. e, ex, Präp., Präf., »aus«, lat. agere, V., »treiben, betreiben«

examinieren, V., »ausfragen, befragen, prüfen (16. Jh.)«, 14. Jh. Lw. lat. examinare, V., »abwägen, untersuchen, prüfen«, s. Examen

ex ante, lat., »aus damaliger Sicht, von vornherein«, s. ex

exceptio, lat., F., »Ausnahme, Einrede«, zu lat. e, ex, Präp., Präf., »aus«, PPP. *ceptus von lat. capere, V., »nehmen, fassen«, vgl. Weiske 1839ff.

exceptio doli, lat., F., »Einrede der Arglist«, vgl. Weiske 1839ff.

exceptio plurium, lat., F., »Einrede des Mehrverkehrs«, vgl. Weiske 1839ff.

Exegese, F., »Auslegung, Erklärung eines Textes«, Lw. gr. exégesis, F., »Auseinandersetzung, Erklärung«, zu gr. exegeísthai, V., »auslegen, ausführen, erklären«, zu gr. ek, ex, Präp., Präf., »aus«, gr. hegeísthai, V., »führen, vorangehen«

Exekution, F., »Ausführung (15. Jh.), Vollstreckung (Fuchsberger 1534), Hinrichtung (17. Jh.)«, 15. Jh. (1453) Lw. lat. exsecutio, F., »Ausführung«, zum Part. Prät. Akt. exsecutus von lat. exsequi, V., »verfolgen, ausführen«, zu lat. e, ex, Präp., Präf., »aus«, lat. sequi, V., »folgen«

exekutieren, V., »vollziehen, ausführen, hinrichten (17. Jh.)«, s. Exekution, ieren

Exekutive, F., »vollziehende Gewalt«, 18. Jh. Lw. frz. executif, Adj., »ausführend, vollziehend«, zu frz. (pouvoir) exécutif, M., »ausführende (Gewalt)« (Rousseau), vereinzelt substantiviert, zu lat. exsecutio, F., »Ausführung«, s. Exekution

Exemplar, N., »Stück, Muster«, »Buchexemplar« 16. Jh. (Tengler 1510), mhd. exemplār, N., »Muster, Vorbild«, Lw. lat. exemplar, N., »Abschrift, Ebenbild, Muster«, zu lat. exemplum, exemlom*, N., »Probe, Muster«, zu lat. eximere, V., »herausnehmen«, zu lat. e, ex, Präp., Präf., »aus«, lat. emere, V., »nehmen, kaufen«

exemt, Adj., »ausgenommen, befreit«, Lw. lat. exemptus, PPP. von lat. eximere, V., »herausnehmen«, s. Exemplar

Exequatur, lat., »er über aus«, Zustimmung des Empfangsstaates zur Entsendung des Konsuls eines anderen Staates in sein Staatsgebiet« 3. Pers. Sg. Präs. Akt. Konj. von lat. exsequi, V., »verfolgen, ausführen«, 19. Jh.?, s. Exekution

Exhibition, F., »Zurschaustellung«, Lw. lat. exhibitio, F., »Beschaffung, Unterhalt, Vorzeigen, Zurschaustellung«, zum PPP. exhibitus von lat. exhibere, V., »vorzeigen, beibringen«, zu lat. e, ex, Präp., Präf., »aus«, lat. habere, V., »haben«

Exhibitionist, M., »wer geschlechtliche Bezüge zur Schau stellt«, 19. Jh.?, s. Exhibition

exhibitionistisch, Adj., »(geschlechtliche Bezüge) zurschaustellend«, 19. Jh.?, s. Exhibition, ist, isch

exhibitionistische Handlung, F., »(geschlechtliche Bezüge) zur Schau stellende

Handlung«, 19. Jh.?, s. Handlung, exhibitionistisch

exhumieren, V., wieder ausgraben«, 19. Jh. Lw. mlat. exhumare, V., »wieder ausgraben«, zu lat. e, ex, Präp., Präf., »aus«, lat. humus, M., »Boden, Erde«

Exhumierung, F., »Ausgraben einer schon beerdigten Leiche«, 19. Jh.?, s. exhumieren, ung

Exil, N., »Verbannung«, (16. Jh. Franck 1576 exilium,) 18. Jh. (Schiller 1790) Lw. lat. exsilium, N., »Verbannung«, zu lat. exsul, M., F., »Verbannter, Verbannte«, zu lat. e, ex, Präp., Präf., »aus«, lat. solum, N., »Boden«?, oder zu lat. (amb)ulare, V., »umhergehen»?

Existenzminimum, N., »geringstmöglicher Lebensbedarf«, 2. H. 20. Jh., s. Pfändung

Exklave, F., »Gebiet eines Staates das von diesem räumlich getrennt und vom Gebiet eines fremden Staates vollständig umschlossen ist«, E. 19. Jh. parallel zu Enklave gebildet, zu lat. e, ex, Präp., Präf., »aus«, lat. clavis, F., »Schlüssel«, vgl. 1. H. 19. Jh. exclaviert

exkommunizieren, V., »exkommunizieren«, 1. H. 16. Jh. (1523) Lw. kirchenlat. excommunicare, V., »in den Kirchenbann tun«, zu lat., e, ex, Präp., Präf., »aus«, lat. communis, Adj., »gemeinsam«

Exkommunikation, F., »(im katholischen Kirchenrecht) strafweiser Ausschluß eines Mitglieds aus der Gemeinschaft der Gläubigen - nicht jedoch der formellen Kirchenmitgliedschaft -«, (1. H. 16. Jh. 1525 Wegsprech gen Regensburg excommunicazio bzw.) E. 16. Jh. (Eyzinger 1591) Lw. kirchenlat. excommunicatio, F., »Kirchenbann, Ausschluß aus der Gemeinschaft«, zum PPP. excommunicatus von lat. excommunicare, V., »in den Bann tun«, s. exkommunizieren

Exkulpation, F., »die Entlastung durch die sich der Geschäftsherr von der Verpflichtung für Handeln eines Verrichtungsgehilfen befreien kann«, Lw. lat., zu lat. e, ex, Präp., Präf., »aus«, PPP. culpatus von lat. culpare, V., »zur Schuld machen«, zu lat. culpa, F., »Verschulden, Schuld«

ex lege, lat., »kraft Gesetzes«, s. lat. e, ex, Präp., Präf., »aus«, lat. lex, F., »Gesetzesvorschlag, Gesetz«

Exmatrikulation, F., »Ausschreibung, formelle Beendigung der Studien an einer Universität«, 19. Jh., zu lat. e, ex, Präp., Präf., »aus«, lat. matricula, F., »Matrikel, Verzeichnis«, zu lat. matrix, F., »Mutter«, zu lat. mater, F., »Mutter«, s. Immatrikulation

exmatrikulieren, V., »sich im Verzeichnis der Studierenden einer Universität streichen lassen«, 19. Jh., s. Exmatrikulation

ex nunc, lat., »von nun an (z.B. vom Zeitpunkt des Zugangs einer Willenserklärung an)«, zu lat. e, ex, Präp., Präf., »aus«, lat. nunc, Adv., »nun«

ex officio, lat., »von Amts wegen«, zu lat. e, ex, Präp., Präf., »aus«, lat. officium, N., »Amt«, s. Offizial, vgl. Coßmann 1829

explodieren, V., »ausklatschen, krachend zerbersten«, 16. Jh. (Albertus 1539) Lw. lat. explodere, explaudere, V., »ausklatschen, verwerfen, unter Lärm heraustreiben«, A. 19. Jh. (Müller 1814) Lw. ne. explode (17. Jh.), V., »platzen, zerplatzen«, Lw. lat. explodere, explaudere, V., »ausklatschen, unter Lärm heraustreiben«, zu lat. e, ex, Präp., Präf., »aus«, lat. plaudere, V., »klatschen, schlagen«

Explosion, F., »durch einen chemischen oder physikalischen Vorgang verursachte Zerstörungen bewirkende plötzliche Volumenvergrößerung einer Sache«, 18. Jh. (Campe 1801) Lw. (ne. explosion [17. Jh.],) lat. explosio, F., »Ausklatschen, geräuschvolles Hinaustreiben«, zum PPP. explosus von lat. explodere, s. explodieren

Export, M., »Ausfuhr«, E. 18. Jh. (Campe 1801) Lw. ne. export, N., »Ausfuhr«, zu ne. export, V., »ausführen«, Lw. lat. exportare, V., »ausführen«, zu lat. e, ex, Präp., Präf., »aus«, lat. portare, V., »tragen«

exportieren, V., »(Waren) ausführen«. E. 18. Jh. Lw. ne. export, V., »(Waren) ausführen«, s. Export

ex post, lat., »im nachhinein«, zu lat. e, ex, Präp., Präf., »aus«, lat. post, Präp., Präf., »nach«

expressis verbis, lat., »ausdrücklich«, zum PPP. expressus von lat. exprimere, V., »ausdrücken«, lat. verbum, N., »Wort«

extensiv, Adj., »ausdehnend«, 18. Jh. Lw. spätlat. extensivus, Adj., »ausdehnend«, zum PPP. extensus von lat. extendere, V., »ausdehnen«, zu lat. e, ex, Präp., Präf., »aus«, lat. tendere, V., »dehnen, spannen«

exterritorial, Adj., »außerhalb des Staatsgebietes befindlich, außerhalb der Staatsgewalt stehend«, 18. Jh., s. lat. e, ex, Präp., Präf., »aus«, Territorium

Exterritorialität, F., »begrenzte Befreiung von Personen (Diplomaten) und Sachen (Gesandtschaftsgebäude) eines fremden Staates von der Hoheitsgewalt des Aufenthaltsstaates«, 19. Jh.? Lw. frz. exterritorialité, F., »Exterritorialität«, zu lat. e, ex, Präp., Präf., »aus«, lat. territorium, N., »Gebiet«, zu lat. terra, F., »Trockenes, Erde, Land«, vgl. Ullmann 1893

extra, Präf., »besonders«, Lw. lat. extra, Präp., Adv., Präf., »außen, außerhalb (des Normalen)«, Lokativ Sg. F. von lat. exterus, Adj., »äußere«

extraordinaria cognitio, lat., F., »außerordentliche Erkenntnis«, s. extra, außerordentlich, Kognition

Extravaganten, Pl., »Teil des corpus iuris canonici«, zum Part. Präs. (mlat.) extravagans von lat. extravagari, V., »ausschweifen«, zu lat. extra, Adv., Präp., Präf., »außerhalb«, lat. vagari, V., »umherschweifen«, zu lat. vagus, Adj., »umherschweifend«

extrem, Adj., »äußerste«, E. 17. Jh. (Kuhnau 1700) Lw. lat. extremus, Adj., »äußerste«, Superl. von lat. externus, Adj., »äußere«, zu lat. e, ex, Präp., Präf., »aus«

Extremist, M., »Vertreter einer radikalen die anerkannten gesellschaftlichen Verhaltensregeln mißachtenden und verletzenden Weltanschauung«, 2. H. 20. Jh., s. extrem

Extremismus, M., »radikale Weltanschauung«, 2. H. 20. Jh., s. Extremist

ex tunc, lat., »von damals an (z.B. vom Zeitpunkt des ursprünglichen Wirksamwerdens einer Willenserklärung an)«, zu lat. e, ex, Präp., Präf., »aus«, lat. tunc, Adv., »da, dann, damals«

Exzeß, M., »Ausschreitung, Überschreitung bestimmter Grenzen«, 16. Jh. (1558 Heidelberg) Lw. lat. excessus, M., »Herausgehen, Ausschreitung«, zum PPP. excessus von lat. excedere, V., »herausgehen«, zu lat. e, ex, Präp., Präf., »aus«, lat. cedere, V., »gehen, weichen (V.) (1)«

Exzindierung, F., »Geltendmachung von materiellen Rechten an in Exekution gezogenen Gegenständen oder Forderungen«, 19. Jh. Österreich

F

Fabrik, F., »Gebäude oder Raum in dem industriemäßig aus Rohstoffen Erzeugnisse hergestellt werden (19. Jh.)«, 17. Jh. (Kraft 1683) Lw. frz. fabrique, F., »Herstellung, Herstellungsart«, zu frz. fabriquer, V., »herstellen«, aus lat. fabricare, V., »herstellen«, zu lat. faber, M., »Handwerker«, zu lat. facere, V., »machen, tun«, Bedeutung »Produktionsstätte, Herstellungsgebäude« 18. Jh. (Hönn 1721) Lbd. lat. fabrica, F., »Werkstätte«, vgl. auch Fabrik, F., »Kirche als Vermögensmasse« 1526 Zofingen, Lw. lat. fabrica, F., »Kunst, Werkstätte«, vgl. Geschichtliche Grundbegriffe

Fabrikant, M., »Hersteller, Fabrikseigentümer«, 17. Jh. Lw. frz. fabricant, M., »Hersteller, Fabrikseigentümer«, s. Fabrik

Fabrikation, F., »Herstellung«, (vereinzelt 16. Jh. bzw. allgemein) E. 18. Jh. (Goethe 1796) Lw. frz. fabrication, F., »Verfertigung«, aus mlat. fabricatio, F., »Herstellung«, zum PPP. fabricatus von lat. fabricare, V., »herstellen«, s. Fabrik

Fach, N., »Fach, Abteil, Falle, Schlinge«, mhd. vach, N., »Fischwehr, Wehr, Fang, Abteilung«, ahd. fah (E. 8. Jh.), N., »Mauer, Wehr, Wald?, Teil?, Abteilung?«, as. *fak, N., »Wand, Abteilung«, westgerm. *faka, *fakam, N., »Teil, Abteilung, Umschließung«, idg. *pă̂go-, Sb., »Umschließung«, s. idg. *pāg-, V., »festmachen, befestigen«, s. idg. *pak-, *pă̂k-, V., »festmachen«

Fachanwalt, M., »für ein besonderes Fach der Rechtswissenschaft besonders qualifizierter Rechtsanwalt«, um 1980, s. Fach, Anwalt

Fachaufsicht, F., »Aufsicht bestimmter Behörden (z.B. Oberbehörde) über andere Behörden (z.B. Gemeinde)«, 19. Jh.?, s. Fach, Aufsicht

Fachbereich, M., »Teilbereich einer Universität (Hochschule) der nach einzelnen Landeshochschulgesetzen an die Stelle der älteren Fakultät getreten ist«, um 1965?, s. Fach, Bereich

Fachhochschule, F., »Hochschule die neben der Universität eine gehobene Fachbildung vermitteln soll welche zu selbständiger Tätigkeit im Beruf befähigt«, um 1970, s. Fach, Hochschule

Fachschaft, F., »Organisation der Studenten eines Fachbereichs«, 20. Jh.?, s. Fach, schaft

Factoring, N., »Sonderfall der Inkassozession bei welcher der factor in der Regel die Forderung zu vollem eigenem Risiko gegen um einen Abschlag verkürztes Entgelt übertragen erhält«, 2. H. 20. Jh. Lw. ne. factoring, zu lat. facere, V., »machen, tun«

facultas, lat., F., »Befugnis, Befähigung«, zu lat. facul, facilis, Adj., »tunlich, leicht«, zu lat. facere, V., »machen, tun«

facultas alternativa, nlat., F., »Ersetzungsbefugnis«, s. facultas, Alternative

fähig, Adj., »imstande«, 15. Jh., mhd. *væhec, Adj., »was gefangen werden kann, wer fangen kann«, zu mhd. vāhen, V., »fangen«, s. fangen, ig

Fähigkeit, F., »Können, Fähigkeit«, A. 17. Jh. (Goethe vor 1832), Lüt. lat. facultas, F., »Befugnis, Befähigung«, s. fähig, heit

fahnden, V., »ausfindig machen, polizeilich suchen (E. 18. Jh.)«, vgl. mhd. vanden, vannen, V., »besuchen« bis ins 16. Jh., mnd. vanden, vannen, V., »besuchen, heimsuchen«, vgl. mhd. vanten, fenden, V., »einernten, auffinden, versuchen«, ahd. fantōn (765), V., »durchforschen, einwikkeln?«, as. fandon, V., »versuchen, nachstellen«, westgerm. *fandōn, V., »suchen, forschen«, idg. *pent-, V., »treten, gehen«?, verwandt mit finden, Dehnung durch ahd. fāhan verursacht?

Fahndung, F., »Verfolgung eines einer Straftat Verdächtigen durch den Staat«, A. 19. Jh., vgl. mhd. vandunge, F., »Besuchung, Heimsuchung«, mnd. vandinge, F., »Besuch, Heimsuchung«, s. fahnden, ung

Fahndungsschreiben, N., »eine Fahndung enthaltendes Schreiben«, 20. Jh.?, s. Fahndung, Schreiben

Fahne, F., »Banner, Tuch, Fahne«, mhd. vane, van, M., (F.,) »Fahne, Banner«, ahd. fano (vor E. 8. Jh.), M., »Tuch, Fahne, Feldzeichen, Kriegstuch, Gewand«, as. fano, M., »Tuch, Laken«, germ. *fanan, *fanōn, M., »Tuch«, idg. *pǎn-, Sb., »Gewebe«?, Lw.?, bis E. 18. Jh. (auch) M.

Fahnenflucht, F., »eigenmächtiges Verlassen der Truppe oder der Dienststelle oder eigenmächtiges Fernbleiben von der Truppe oder der Dienststelle durch einen Bundeswehrangehörigen um sich der Verpflichtung zum Wehrdienst dauernd oder für die Zeit eines bewaffneten Einsatzes zu entziehen oder die Beendigung des Wehrdienstverhältnisses zu erreichen«, s. Fahne, Flucht, vgl. Hälschner 1887

Fahnenlehen, N., »mit Fahnen verliehenes Lehen«, mhd. vanlehen, N., »Fahnenlehen«, 1217 Oberösterreich, s. Fahne, Lehen

Fähnrich, M., »Fahnenträger, ein militärischer Dienstgrad (16. Jh.)«, (dem Muster von PN folgende) Umbildung von mhd. vaner, väner, vener, venre, M., »Fähnrich, Fahnenträger«, ahd. fanāri (12. Jh.), M., »Fahnenträger«, (Fähndrich?) Lsch. lat. signifer?, vexillifer?, M., »Fahnenträger«, nhd. (schweiz.) Fänner, M., »Fähnrich«, zu Fahne, F., »Fahne«

fahren, V., »fahren«, mhd. varen, V., »fahren, wandern, ziehen, gehen, kommen«, ahd. faran (1. H. 8. Jh.), V., »fahren, gehen, ziehen, laufen«, as. faran, V., »fahren«, germ. *faran, V., »fahren«, idg. *per-(2B), V., »hinüberführen, hinüberbringen, durchdringen, fliegen«

Fahrer, M., »Fahrer«, 18. Jh., mhd. *varære, M., »Fahrer«, s. fahren

Fahrerflucht, F., »Verkehrsunfallflucht des Fahrers«, 20. Jh., s. Fahrer, Flucht

Fahrererlaubnis, F., »zum Führen von Kraftfahrzeugen auf öffentlichen Straßen erforderliche Erlaubnis der Verwaltungsbehörde«, 20. Jh., s. fahren, Erlaubnis

Fahrhabe, F., »Fahrnis«, s. fahren, Habe, ursprünglich schweizerisch

Fahrkarte, F., »Urkunde über einen Beförderungsanspruch«, E. 19. Jh., s. fahren, Karte

fahrlässig, Adj., »nachlässig, achtlos«, 15. Jh. Gengenbach, zu mhd. varen lān, V., »fahren lassen«, s. fahren, lassen, ig

Fahrlässigkeit, F., »(im Privatrecht) Außerachtlassen der im Verkehr objektiv - im Verkehrskreis des Handelnden - erforderlichen Sorgfalt«, (im Strafrecht) Vorwurf daß der Täter eine objektive Sorgfaltspflicht nicht erkannt oder die daraus folgenden Sorgfaltsanforderungen nicht erfüllt hat obwohl er dazu nach seinen persönlichen Fähigkeiten und dem Maß seines individuellen Könnens imstande gewesen wäre«, »Nachlässigkeit« 1480 Gengenbach (Diefenbach), s. fahrlässig, heit

Fahrlässigkeitsdelikt, N., »Delikt bei dem (im Gegensatz zum Vorsatzdelikt) fahrlässiges Verhalten mit Strafe bedroht ist (z.B. fahrlässige Körperverletzung)«, 19. Jh.?, s. Fahrlässigkeit, Delikt

Fahrlehrer, M., »auf eine Prüfung zwecks Erhalt einer Fahrerlaubnis schulende Person«, 20. Jh., s. fahren, Lehrer

Fahrnis, F., »(im mittelalterlichen und neuzeitlichen deutschen Recht) bewegliche Sachen im Gegensatz zu unbeweglichen Sachen (Liegenschaften)«, 15. Jh. (1484 Nürnberg), s. fahren, nis

Fahrnisgemeinschaft, F., »(im älteren Familienrecht) Form der Gütergemeinschaft in der das bewegliche Vermögen der Ehegatten gemeinschaftliches Vermögen ist (z.T. auch voreheliche Fahrnis und eheliche Errungenschaften)«, 19. Jh., s. Fahrnis, Gemeinschaft, vgl. Gerber 1895

Fahrschein, M., »Urkunde über einen Beförderungsanspruch«, E. 19. Jh., s. fahren, Schein

Fahrt, F., »Fahrt, Reise«, mhd. vart, F., »Fahrt, Zug, Reise, Gang, Lauf«, ahd. fart (765), F., »Fahrt, Gang, Reise, Zug, Lauf«, as. fard, F., »Fahrt, Gang, Reise, Weg, Zug«, germ. *fardi, *fardiz, F., »Fahrt«, s. fahren

Fahrtenbuch, N., »schriftlicher Nachweis über jede einzelne Fahrt mit einem Kraftfahrzeug und den jeweiligen Fahrzeugführer«, 2. H. 20. Jh., s. Fahrt, Buch

Fahruntüchtigkeit, F., »Fehlen der Tauglichkeit ein Fahrzeug im Straßenverkehr ordnungsgemäß zu führen«, 2. H. 20. Jh., s. fahren, un, tüchtig, heit

Fahrverbot, N., »Verbot im öffentlichen Straßenverkehr auf die Dauer von 1 bis 3 Monaten ein Kraftfahrzeug zu führen«, 20. Jh., s. fahren, Verbot

Fahrzeug, N., »Fortbewegungsmittel«, 17. Jh. (Lohenstein 1690) Lw. nnd. färtüg, N., »Schiff«, mnd. värtüch, N., »Fahrzeug«, seit 19. Jh. auch »Fuhrwerk, Wagen«, s. fahren, Zeug

Fahrzeughalter, M., »Halter eines Kraftfahrzeugs«, 20. Jh., s. Fahrzeug, halten

Faksimile, N., »künstliche Wiedergabe einer Vorlage«, A. 19. Jh. (Cramers 1806), Lw. ne.? (England 17. Jh.,) aus lat. fac, Imper. 2. Pers. Sg. von lat. facere, V., »machen, tun«, lat. simile, N. von lat. similis, Adj., »ähnlich«

faktisch, Adj., »tatsächlich«, E. 18. Jh., zu lat. factum, N., »Geschehenes, Tat«, subst. PPP. N. von lat. facere, V., »machen, tun«, s. Faktum, isch

faktische Gesellschaft, F., »durch tatsächliches Verhalten entstandene Gesellschaft«, 2. H. 20. Jh., s. Gesellschaft, faktisch

faktischer Vertrag, M., »durch tatsächliches Verhalten entstandener Vertrag«, Haupt 1941, s. Vertrag, faktisch

Faktor, M., »Urheber, Geschäftsführer, Wirkungseinheit«, 15. Jh. Lw. mlat. factor, M., »Geschäftsführer«, zu lat. factor, M., »Urheber, Macher«, 18. Jh. »Wirkungseinheit«, zum PPP. factus von lat. facere, V., »machen, tun«

Faktorei, F., »Handelsniederlassung«, 16. Jh., s. Faktor, ei

Faktum, N., »Tatsache, Ereignis«, 16. Jh. Lw. lat. factum, N., »Geschehenes, Tat«, subst. PPP. N. von lat. facere, V., »machen, tun«

Faktura, F., »Rechnung«, 17. Jh. (Schurtz 1662) latinisiertes Lw. it. fattura, F., »Warenrechnung«, zum Part. Fut. facturus bzw. PPP. factus von lat. facere, V., »machen, tun«

Fakultät, F., »Abteilung der Universität (1508)«, 15. Jh. Lw. mlat. facultas, F., »Vermögen, Kraft, Wissenschaftszweig (12. Jh.)«, zu lat. facultas, F., »Befähigung, Möglichkeit, Vermögen«, zu lat. facul, Adj., »leicht«, zu lat. facere, V., »machen, tun«

fakultativ, Adj., »möglich, freigestellt, nicht obligatorisch«, 19. Jh. Lw. frz. facultatif, Adj., »frei, nicht festgelegt«, zu lat. facultas, F., »Befähigung, Möglichkeit, Vermögen«, zu lat. facul, Adj., »leicht«, zu lat. facere, V., »machen, tun«

Fall, M., »Sturz, Fall, konkrete rechtlich relevante Geschehenseinheit (z.B. ein bestimmter Verkehrsunfall)«, mhd. val, M., »Fall, Sturz, Untergang«, ahd. fal (765), M., »Fall, Sturz, Untergang, Hindernis, Verderben«, as. fal, M., »Fall«, germ. *falla, *fallaz, M., »Fall«, s. idg. *phŏl-, V., »fallen«?, 17. Jh. Lbd. lat. casus, M., »Fall«

Fallbeil, N., »Fallbeil«, 17. Jh., s. Fall

fallen, V., »fallen«, mhd. vallen, V., »fallen, stürzen«, ahd. fallan (E. 8. Jh.), V., »fallen, stürzen«, as. fallan, V., »fallen«, germ. *fallan, V., »fallen«, idg. *phŏl-, *pŏl-, V., »fallen«?, idg. *sphaln-, V., »fallen«?

Fallgerechtigkeit, F., »auf die konkreten Umstände des einzelnen Falles abgestellte Gerechtigkeit«, 20. Jh., s. Fall, Gerechtigkeit

fällig, Adj., »anfallend, zur Zahlung anstehend«, mhd. vellec, Adj., »verfallen (Adj.), verurteilt, fallend, stürzend«, ahd. fellīg (9./10. Jh.), Adj., »umwerfend, baufällig«, s. fallen, ig

Fälligkeit, F., »Leistungspflicht, Zeitpunkt von dem ab der Gläubiger die Leistung vom Schuldner verlangen darf«, 1518 Kärnten, s. fällig, heit

Fälligkeitsklausel, F., »Klausel daß die gesamte Schuld fällig wird wenn der Schuldner einzelne fällige Teile oder Nebenschulden (Raten oder Zinsen) nicht ordnungsgemäß erfüllt«, 20. Jh.?, s. Fälligkeit, Klausel

Fallrecht, N., »Rechtsordnung die auf den richterlichen Entscheidungen einzelner Fälle beruht und sich an diesen bei jeder neuen Entscheidung orientiert (Präjudizienrecht) und nur durch diese fortgebildet wird«, 19. Jh., s. Fall, Recht, vgl. Gerber 1895, ne. case-law

falsa demonstratio non nocet, lat., »die unrichtige Bezeichnung schadet nicht«, vgl. Digesten 35,1,17 principium (Gaius 161)

falsch, Adj., »unredlich, unrichtig, unecht«, mhd. vals, Adj., »treulos, unredlich, unecht, unrichtig«, westmd. E. 12. Jh. bzw. 13. Jh. (Mühlhäuser Reichsrechtsbuch um 1225) Lw. afrz. fals, faus, Adj., »falsch«, aus lat. falsus, Adj., »falsch«, PPP. von lat. fallere, V., »täuschen«, daneben mhd. valsch, Lw. mnl. vals, Lw. afrz. fals, s. fälschen

Falschaussage, F., »falsche Aussage eines Zeugen oder Sachverständigen vor Gericht«, 19. Jh.?, s. falsch, Aussage

Falschbeurkundung, F., »im Widerspruch zur Wahrheit stehende Beurkundung«, 19. Jh.?, s. falsch, Beurkundung

Falscheid, M., »tatsächlich falsche eidliche Aussage die der Schwörende für wahr hält«, 14. Jh. Wiener Neustadt, s. falsch, Eid

fälschen, V., »unredlich herstellen, falsch machen«, mhd. valschen, velschen, V., »treulos sein, fälschen, verfälschen, täuschen«, ahd. falsken (11. Jh.), falscen, falskōn (1070), N., »widerlegen«, Lw. spätlat. *falsicare, falsificare, V., »fälschen«, zu lat. falsus, Adj., »falsch«, lat. facere, V., »machen, tun«, s. falsch

Fälscher, M., »Fälscher«, mhd. valschære, velscher, M., »treuloser Verleumder, Betrüger, Fälscher, Falschmünzer, Ketzer«, 1235, s. fälschen

Falschgeld, N., »nachgemachte oder verfälschte Münzen und Banknoten«, 19. Jh.?, s. falsch, Geld

Falschlieferung, F., »Leistung eines anderen (aliud) als des geschuldeten Gegenstandes«, 19. Jh.?, s. falsch, Lieferung

Falschmünzer, M., »Hersteller von Falschgeld«, 15. Jh. St. Gallen, s. falsch, Münze

Falschspieler, M., »unredlicher Spieler«, 17. Jh., s. falsch, spielen

Fälschung, F., »zu betrügerischem Zweck vorgenommene Veränderung oder Nachbildung eines Gegenstandes«, »Betrug, Fälschung, Falschmünzerei«, 1482 Zerbst, s. fälschen, ung

falsus procurator, lat., M., »falscher Vertreter, Vertreter ohne Vertretungsmacht«, 19. Jh.?

falt, Suff., »fach«, mhd. valt, Suff., »fach«, ahd. falt, Suff., »fach«, as. fald, Suff., »fach«, germ. *falda, *faldaz, Suff., »fach«, s. idg. *pel-, V., »falten«?

falten, V., »falten«, mhd. valden, valten, V., »falten, zusammenfalten«, ahd. faldan, faltan, V., »falten, wickeln, ablaufen, abwickeln«, germ. *falþan, V., »falten«, to-Ableitung zu idg. *pel-, V., »falten«?

Familie, F., »Kreis der durch Ehe und Verwandtschaft und Schwägerschaft verbundenen Personen, insbesondere die Ehegatten und ihre Kinder«, A. 15. Jh. (Lübeck 1409), allgemeiner 16. Jh. (1546) Lw. lat. familia, F., »Gesinde, Hausgenossenschaft, Gemeinschaft der Verwandten«, zu lat. famulus, M., »Diener«, E. 17. Jh. deutsche Endung e, vgl. Geschichtliche Grundbegriffe, verdrängt älteres hīwiski, hīwisch sowie Haus

Familienbuch, N., »vom Standesbeamten geführtes Buch das den jeweiligen Personenstand der Familienangehörigen ersichtlich machen soll«, 19. Jh.?, s. Familie, Buch

Familienfideikommiß, M., »hergebrachte durch die Weimarer Reichsverfassung und ein nachfolgendes besonderes Gesetz aufgelöste auf rechtsgeschäftlicher Stiftung beruhende Bindung eines (adligen) Familiengutes im Mannesstamm«, s. Familie, Fideikommiß, vgl. Weiske 1839ff.

Familiengericht, N., »beim Amtsgericht eingerichtete Abteilung die über Familiensachen (insbesondere die Scheidung einer Ehe und ihre Folgewirkungen) entscheidet«, Rothenberger 1942, s. Familie, Gericht

Familienhilfe, F., »(in der sozialen Krankenversicherung) Leistung welche unter bestimmten Voraussetzungen einem Versicherten für die unterhaltsberechtigten Ehegatten und Kinder zusteht«, 2. H. 20. Jh., s. Familie, Hilfe

Familienname, M., »Name den die Ehegatten (bis 1993) gemeinsam führen (Ehename)«, Allgemeines Landrecht 1794 Preußen, s. Familie, Name

Familienrecht, N., »Inbegriff der Vorschriften welche die Rechtsverhältnisse der durch Ehe und Verwandtschaft und Schwägerschaft verbundenen Personen regeln«, 2. H. 18. Jh., Allgemeines Landrecht 1794 Preußen, s. Familie, Recht

Familiensache, F., »vom Gesetz als solche bezeichnete Streitigkeit in familiären Angelegenheiten (z.B. Scheidung einer Ehe)«, s. Familie, Sache, vgl. Familiensache, F., »Familienstreitigkeit, Familienhandel« Grimm DW 1862

fangen, V., »ergreifen, fassen«, mhd. vāhen, vān, V., »fassen, fangen«, ahd. fāhan, V., »fangen, ergreifen, erfassen, halten«, as. fāhan, V., »fangen«, germ. fanhan, V., »fangen, fassen«, idg. *pă̂k-, *pən̂k-, V., »befestigen, halten«, im Althochdeutschen und Altsächsischen erfolgt nach Nasalausfall vor h Vokaldehnung, seit dem 16. Jh. vollzieht sich eine allmähliche Angleichung des Konsonantismus der Präsensformen an die durch den grammatischen Wechsel geprägten Präteritalformen

Faschismus, M., »politische Bewegung mit nationalistischer totalitärer Zielsetzung die ihren historischen Ausgang von Benito Mussolini (Italien 1919) genommen hat«, A. 20. Jh. (um 1923) Lw. it. fascismo (Colajanni 1898), M., »Bund (1871 fascio di Bologna), Rutenbündel«, zu it. fascio, M., »Bund, Bündel«, aus lat. fascis, M., »Bund, Rutenbündel«, am 23. 3. 1919 gründete Mussolini fasci di combattimento, vgl. Geschichtliche Grundbegriffe

fassen, V., »bereiten, rüsten, fassen«, mhd. vazzen, V., »fassen, erfassen, ergreifen, beladen, rüsten«, ahd. fazzōn (10. Jh.), V., »laden (V.) (1), bepacken, rüsten, bereiten«, germ. *fatōn, V., »fassen«, s. idg. *pĕ̄d- (1), V., »fassen«?

Fatzke, M., »Wichtigtuer«, 19. Jh. Berlin, aus dem poln. PN Wacek?

Faulpelz, M., »Faulenzer«, 19. Jh., schweiz. 13. Jh., zu faul, Pelz

Faust, F., »Faust, geballte Hand«, mhd. vūst, F., »Faust«, ahd. fūst (765), F., »Faust, Hand, Handvoll«, as. fūst, F., »Faust«, westgerm. *fūsti, *fūstiz, F., »Faust«, idg. *pn̥ksti-?, Sb., »Faust«, vgl. idg. *penku̯e, Num. Kard., »fünf«?

Faustpfand, N., »Pfandrecht an beweglichen Sachen bei dem der unmittelbare Besitz an den Pfandgläubiger übertragen wird«, 18. Jh. (1742 Brandenburg), s. Faust, Pfand

Faustrecht, N., »Zustand in dem sich jeder sein Recht mit eigener Faust (Selbsthilfe) zu erkämpfen versucht«, »Zweikampf« 1467, »Schlichtung eines Streites mit Waffen« 1583, s. Faust, Recht

fechten, V., »kämpfen, streiten, fechten«, mhd. vehten, V., »fechten, streiten, kämpfen, ringen«, ahd. fehtan (765), V., »kämpfen, streiten«, as. fehtan, V., »kämpfen«, westgerm. *fehtan, V., »kämpfen«, s. idg. *pek̂- (2), V., »zupfen, zausen, rupfen, raufen«

Fehde, F., »(im mittelalterlichen deutschen Recht) Zustand der rechtmäßigen Feindschaft zwischen dem Verletzten und dem Rechtsbrecher«, mhd. vēhede, vēde, F., »Fehde, Feindschaft, Streit, Haß«, ahd. *fēhida, F., »Fehde, Feindschaft«, langobardisch faida (643), westgerm. *faihipō, F., »Feindschaft, Feindseligkeit«, zu westgerm. *faiha, *faihaz, Adj., »feindselig«, s. idg. *peik̂-, V., »zürnen«

Fehdebrief, M., »schriftliche Ankündigung einer Fehde«, spätmhd. vēhedebrief, M., »Fehdebrief«, s. Fehde, Brief

Fehdehandschuh, M., »zum Zeichen der Fehde hingeworfener Handschuh«, 18. Jh., s. Fehde, Handschuh

fehlen, V., »nicht da sein, mangeln«, mhd. vælen, vēlen, V., »fehlen, sich irren, trügen, mangeln«, Lw. afrz. faillir, falir, V., »verfehlen, sich irren«, aus vulgarlat. fallire, V., »täuschen«, zu lat. fallere, V., »täuschen«

Fehlen der Geschäftsgrundlage, N., »Nichtvorhandensein der Grundlage eines Geschäfts«, 20. Jh., s. fehlen, Geschäftsgrundlage

Fehlen der Vollendung, N., »Ausbleiben der Vollendung«, 20. Jh.?, s. fehlen, Vollendung

Fehler, M., »Irrtum, Versehen, Mangel, ungünstige nicht unwesentliche Abweichung des tatsächlichen Zustandes einer Sache (Istbeschaffenheit) von der vorausgesetzten Beschaffenheit (Sollbeschaffenheit) in Bezug auf irgendein tatsächliches oder rechtliches Verhältnis das nach der Verkehrsanschauung auf die Wertschätzung der Sache Einfluß hat (z.B. falscher Kilometerstand eines Gebrauchtwagens)«, »Fehlschlag« 1502 Bayreuth, »Vergehen« 1616, »Mangel einer Sache« Badisches Landrecht 1809, s. fehlen

fehlerhaft, Adj., »einen Fehler habend« 19. Jh.? Lüt. lat. vitiosus, Adj., »mangelhaft«?, s. Fehler, haft

fehlerhaftig?, Adj., »einen Fehler habend«, 19. Jh.?, s. fehlerhaft, ig

Fehlerhaftigkeit, F., »negative Abweichung eines Geschehens oder Zustandes von einer ordnungsmäßigen Beschaffenheit, (im Verwaltungsrecht) Widerspruch einer Maßnahme der Verwaltung zu materiellem oder formellem Recht«, 20. Jh.?, s. fehlerhaftig, heit

Fehlgeburt, F., »noch nicht lebensfähige tot geborene Leibesfrucht«, 18. Jh. Lsch. frz. fausse couche, F., »Fehlgeburt«?, vgl. Grimm DW 1862

Feier, F., »Festlichkeit, Feier«, mhd. vīre, F., »Festtag, Feier«, ahd. fīra (810-17), F., »Feier, Fest, Ruhe«, as. fīra, F., »Feier«, Lw. spätlat. feria, F., »Festtag«, Sg. zu lat. feriae, F. Pl., »Tage an denen keine Geschäfte getätigt werden«

Feiertag, M., »kraft Gesetzes arbeitsfreier Arbeitstag«, mhd. vīretac, vīrtac, M., »Feiertag, Festtag«, ahd. fīratag (E. 8. Jh.), fīratago (9./10. Jh.), M., »Sabbat, Tag der Ruhe, Tag der ewigen Ruhe«, z. T. Lw. spätlat. feria, Lüt. spätlat. feria, F., »Festtag«, s. Feier, Tag

feige, Adj., »feige, ängstlich«, mhd. veige, Adj., »zum Tod oder Unglück bestimmt, verwünscht, feige, biegsam«, ahd. feigi (863-71), Adj., »arm, gering, todgeweiht«, as. fēgi, Adj., »dem Tod verfallen«, germ. *faigja, *faigjaz, Adj., »reif, todgeweiht«, zu idg. *peiĝ- (2), Adj., »feindlich, böse«

Feige, F., »Feige«, mhd. vīge, F., »Feige«, ahd. fīga (E. 8. Jh.), F., »Feige«, as. fīga, F., »Feige«, Lw. (über galloroman. oder it. Zwischenstufen) spätlat. fica, lat. ficus, M., »Feige, Feigenbaum«, Lw. aus unbekannter Sprache, s. Ohr-

Feigling, M., »feiger Mensch«, 18. Jh., s. feige, ling

feil, Adj., »verkäuflich, feil«, mhd. veile, Adj., »feil, käuflich«, ahd. feili (9. Jh.), Adj., »käuflich, verkäuflich«, germ. *fala, *falaz, Adj., »käuflich, feil, vorteilhaft«, zu gr. polei͂n, V., »verkaufen«?, idg. *pel-, V., »verkaufen«, Herkunft der Formen mit ei unklar

feilschen, V., »handeln, feilbieten«, mhd. veilsen, V., »handeln, feilschen«, isōn-Ableitung zu feil (, ahd. *feilisōn?)

Feind, M., »Gegner«, mhd. vīant, M., »Feind«, ahd. fījant (1. H. 8. Jh.), M., »Feind, Widersacher, Gegner«, as. fiund, M., »Feind«, germ. fījand, subst. Part. Präs.=M., »Gegner, Feind«, s. idg. *pei-, *pēi-, *pi-, *pī-, V., »weh tun, beschädigen verderben«

feindlich, Adj., »feindlich«, mhd. vīantlich, Adj., »feindlich«, ahd. fījantlīh (1000), Adj., »feindlich, vom Feind stammend, gegnerisch«, s. Feind, lich

Feld, N., »Feld, Acker«, mhd. velt, N., »Feld, Boden, Ebene, Fläche«, ahd. feld (nach 765?), F., »Feld, Ebene, Fläche«, as. feld, N., »Feld«, westgerm. *felþa, *felþam, N., »Feld«, s. idg. *pelə-, Adj., V., »breit, flach, breiten, schlagen«

Feldwebel, M., »Feldwebel, unterer militärischer Befehlshaber«, 16. Jh. (Feldweibel), Monophthongierung ostmd., s. Feld, Weibel

Felonie, F., »Treuebruch«, 17. Jh. (Nehring 1684) Lw. frz. félonie (11. Jh.), F., »Treuebruch«, zu frz. félon, Adj., »treubrüchig, verräterisch«, zu afrz. fel, felon, Adj., »treulos«, zu lat. fello, M., »Bösewicht, Verräter«?

Feme, F., »(im spätmittelalterlichen deutschen Recht) auf die konkrete Verbesserung der (Straf-) Rechtspflege abzielende Bewegung innerhalb der Gerichtsbarkeit die von den westfälischen Grafengerichten ausging aber nach einem Höhepunkt im 15. Jahrhundert rasch an Bedeutung verlor«, mhd. veme, F., »Feme«, mnd. vēme, F., »Feme«, Herkunft unklar, im 18. Jh. (Möser bzw. Goethe) erneuert

Femgericht, N., »(im spätmittelalterlichen deutschen Recht) mit einem Freigrafen und 7 Freischöffen die in die Regeln (Geheimnisse) der Feme eingeweiht waren besetztes Gericht der Feme«, s. Feme, Gericht, vgl. Weiske 1839ff.

Ferge, M., »Fährmann«, mhd. ver, vere, M., »Schiffer, Fährmann«, ahd. ferio (E. 8. Jh.), M., »Ruderer, Schiffer«, as. ferio, M., »Ruderer, Schiffer«, germ. *farjan, *farjōn, M., »Fährmann«, s. fahren, im 17. Jh. durch Fährmann (17. Jh.) verdrängt

Ferien, Pl., »Feiertage, »(im Verfahrensrecht) Zeit zwischen dem 15. Juli und dem 15. September«, 15. Jh. bzw. 16. Jh. (Gobler 1536) Lw. lat. feriae, F. Pl., »Tage an denen keine Geschäfte getätigt wurden«, eine verbale Grundlage nicht nachweisbar, jünger »Ferien (18. Jh.), Urlaub«

Feriensache, F., »Streitsache in der während der Gerichtsferien Termine abgehalten und Entscheidungen erlassen werden«, 19. Jh., s. Ferien, Sache, vgl. Ullmann 1893

Ferkel, N., »junges Schwein, Ferkel«, mhd. verkelīn, verlīn, N., »Ferkel«, ahd. farhilīn (9. Jh.), farhilī, N., »Ferkel«, Lüs. lat. porcellus, M., »Ferkel«, zu ahd. farh (9. Jh.), farah, N., »Ferkel, Schwein«, s. germ. *farha, *farhaz, M., »Schwein«, idg. *pork̂os, M., »Wühler, Schwein«, zu idg. *perk̂-, *pr̥k̂-, V., »reißen, wühlen, kratzen«

fern, Adj., Adv., »nicht nah, entfernt, fern«, mhd. verren, Adv., »von fern«, mhd. ver, Adv., »fern«, ahd. ferrana (765), Adv., »fern, von ferne«, ahd. ferro (830), Adv., »fern«, s. germ. *ferro, Adv., »fern«, ero-Ableitung zu idg. *per- (2A), Präp., »vorwärts, über, hinaus«

Fernmeldegeheimnis, N., »die Tatsache und den Inhalt von Ferngesprächen und Fernschreiben und Telegrammen schützende Geheimhaltungspflicht«, 20. Jh., s. fern, melden, Geheimnis

Fernmelderecht, N., »Recht des Fernmeldewesens«, 2. H. 20. Jh., s. fern, melden, Recht

Fernseher, M., »Fernsehgerät«, A. 20. Jh., älter »Fernrohr« 17. Jh., s. fern, sehen

Fernsehrecht, N., »Recht des Fernsehwesens«, um 1980, s. Fernseher, Recht

Fernsprecher, M., »optischer Telegraph«, 1795, »Telefon« 1875 (, vgl. frz. téléphone 1854)

Fernstraße, F., »dem Fernverkehr dienende Straße«, 19. Jh.?, s. fern, Straße

Fernunterricht, M., »örtlich von einer Unterrichtsanstalt getrennter Unterricht«, 20. Jh., s. fern, Unterricht

fertig, Adj., »bereit, beendet, erschöpft«, mhd. vertec, Adj., »beweglich, fahrbar, zur Fahrt bereit«, ahd. fertīg (9./10. Jh.), Adj., »fertig, beweglich, bereit«, s. fahren, Fahrt, ig

Fessel, F., »Band, Strick, Schlinge«, mhd. vezzel, M., F., »Band zum Befestigen und Festhalten«, ahd. fezzil (9. Jh.), M., N., »Gürtel, Gurt«, germ. *fatila, *fatilaz, M., »Band, Fessel«, s. idg. *pēd- (2), *pĕd-, M., V., »Fuß, Fessel, gehen, fallen«

fest, Adj., »fest, hart, kräftig«, mhd. veste, vest, Adj., »fest, hart, stark, beständig«, ahd. festi (765), Adj., »fest, stark, zäh, dicht, sicher«, as. fast, festi?, Adj., »fest«, zu germ. *fastu, *fastuz, Adj., »fest«, idg. *pasto-?, Adj., »fest«?, oder zu Fuß?

Fest, N., »Festtag, Feier«, mhd. fest, N., »Festtag, Fest«, 13. Jh., Lw. lat. festum, N., »Feiertag«, zu lat. festus, Adj., »feierlich«, zu lat. fanum, N., »heiliger Ort«

Festhalten, N., »Verhindern der Ortsveränderung«, »fest halten« 1361 Friedberg, s. fest, halten

Festnahme, F., »Entziehung der Fortbewegungsfreiheit«, 19. Jh.?, s. fest, nehmen, vgl. Grimm DW 1862

Festpreis, M., »durch Gesetz oder Hoheitsakt oder Rechtsgeschäft in seiner Höhe festgelegter Preis«, 19. Jh.?, s. fest, Preis

Festsetzung, F., »Festsetzung, Festlegung«, s. fest, Setzung

feststellen, V., »unbeweglich machen, festsetzen, erforschen, vereinbaren«, 17. Jh., s. fest, stellen, vgl. Grimm DW 1862

Feststellung, F., »Ermittlung« 1718 Österreich, s. feststellen, ung

Feststellungsinteresse, N., »Interesse an gerichtlicher Feststellung«, 19. Jh.?, s. Feststellung, Interesse

Feststellungsklage, F., »auf Feststellung des Bestehens oder Nichtbestehens eines Rechtsverhältnisses bzw. auf Anerkennung einer Urkunde oder Feststellung ihrer Unechtheit bzw. der Nichtigkeit eines Verwaltungsakts gerichtete Klage«, 19. Jh., s. Feststellung, Klage, vgl. Planck 1896

Feststellungsurteil, N., »die Feststellung des Bestehens oder Nichtbestehens eines Rechtsverhältnisses oder die Anerkennung einer Urkunde oder die Feststellung ihrer Unechtheit bzw. die Nichtigkeit eines Verwaltungsakts aussprechendes Urteil«, 19. Jh.?, s. Feststellung, Urteil

Festung, F., »Festung«, mhd. vestunge, F., »Befestigung, Bekräftigung (1281), Kraft«, s. fest, ung

Festungshaft, F., »am 4. 8. 1953 aufgehobene Art der Freiheitsstrafe«, 19. Jh.?, s. Festung, Haft, vgl. Grimm DW 1862

feudal, Adj., »Lehen betreffend, vornehm, besitzend (19. Jh.)«, 17. Jh. ([17./18. Jh. feudalisch,] um 1800 feudal) Lw. mlat. feodalis, Adj., »Lehen betreffend«, zu mlat. feodum, N., »Lehen, Lehngut«, Lw. germ. *fehu, N., »Vieh, Vermögen«

Feudalismus, M., »soziale und wirtschaftliche und politische Ordnung in der eine (adlige) Oberschicht mit Rechten an Land und anderen Gegenständen als Ausgleich für Kriegsdienste und andere Dienste ausgestattet wird (Lehnsrecht)«, A. 19. Jh. (Müller 1809 bzw. Rotteck/Welcker 1834) z.T. Lw. frz. feodalité (Boullainvilliers 1722/7 bzw. Montesquieu 1748), F., »Lehnsrecht (16. Jh.), Feudalität«, s. feudal, vgl. Geschichtliche Grundbegriffe

feudum, fevum, feum, mlat., N., »Lehen«, Lw. aus germ. *fehu, N., »Vieh, Vermögen«

Feuer, N., »Feuer«, mhd. viur, N., »Feuer, Scheiterhaufen«, ahd. fiur (765), N., »Feuer, Brand, Feuerstätte«, as. fiur, N., »Feuer«, westgerm. *fewur, N., »Feuer«, idg. *pehu̯r̥, *peu̯ōr, *pū̆r, *phu̯nos, N., »Feuer«

Feuerprobe, F., »Läuterung des Goldes im Feuer (A. 17. Jh.), Gottesurteil durch Feuer (18. Jh., [1753 Klingner]), Prüfung«, s. Feuer, Probe

Feuerschau, F., »regelmäßige Überprüfung aller Gebäude auf ihre Feuersicherheit«, 1547 Schwaben, s. Feuer, Schau, älter Feuerschauer, M., »Feuerschauer«, 14. Jh. St. Gallen

Feuerversicherung, F., »Versicherung welche Schäden abdecken soll die aus Brand oder Blitzschlag oder Explosion entstehen oder damit unmittelbar zusammenhängen«, Allgemeines Landrecht 1794 Preußen, s. Feuer, Versicherung

feurio, Interj., »Feuer!«, 15. Jh., s. Feuer

Fiaker, M., »Mietkutsche«, 18. Jh. Lw. frz. fiacre, M., »Mietkutsche«, nach einem Standplatz (17. Jh.) vor einem Haus mit einem Standbild des hl. Fiacrius

Fideikommiß, M., »Treueanvertrauung«, »(im römischen Recht) erbrechtliche Verfügung durch die ein Erblasser die Erfüllung einer Angelegenheit der Treue eines anderen anvertraut, (im deutschen Recht) in einer Familie gebundenes Gut das jeweils der Verwaltung eines Familienmitglieds anvertraut ist (Familienfideikommiß)«, 17. Jh. (Winckler 1696) Lw. lat. fideicommissum, N., »Fideikommiß«, seit dem späten Mittelalter »unveräußerliches Erbe«

fideikommissarisch, Adj., »Fideikommiß betreffend«, 19. Jh.? Österreich?, s. Fideikommiß, ar, isch

fides, lat., F., »Treue, (im römischen Recht) anfangs moralische dann auch rechtliche Verpflichtung zu seinem Wort zu stehen«

fiducia, lat., F., »Treue, Treuhandschaft«, s. fides

fiduziarisch, Adj., »treuhänderisch«, Lw. mlat. fiduciarius, Adj., »treuhänderisch«, zu lat. fiducia, F., »Treue, Treuhandschaft«, lat. fides

Fiktion, F., »Rechtssatz der eine in Wahrheit nicht bestehende Tatsache als bestehend behandelt (z.B. ist der Schuldner zur Abgabe einer Willenserklärung verurteilt so gilt die Erklärung als abgegeben sobald das Urteil Rechtskraft erlangt hat)«, 17. Jh. (Macchiavelli 1677) Lw. lat. fictio, F., »Erdachtes«, zum PPP. fictus von lat. fingere, V., »formen, gestalten«

Fiktionstheorie, F., »Theorie zur juristischen Person die davon ausgeht daß für die Zuordnung herrenloser Rechte die juristische Person durch Fiktion geschaffen werden müsse«, 19. Jh.?, s. Fiktion, Theorie

Filiale, F., »Zweigniederlassung«, 2. H. 19. Jh. (Lw. frz. filiale, F., »Zweiggeschäft, Abteilung«,) zu nlat. filialis, Adj., »abhängig«, kirchenlat. filialis, Adj., »kindlich«, zu lat. filia, F., »Tochter«, lat. filius, M., »Sohn«, älter Filialkirche (um 1600), Filial, N., »Tochterkirche« (16. Jh.)

Film, M., »Film«, E. 19. Jh. Lw. ne. film, N., »Film«, aus ae. fylmen, Sb., »Fell«

Filmrecht, N., »Recht des Filmwesens«, um 1980, s. Film, Recht

Filou, M., »Spitzbube«, Lw. frz. filou, M., »Dieb, Spitzbube« (17. Jh.), »gerissener Kerl« (18. Jh.), zu frz. filer, V., »spinnen«?

final, Adj., »den Zweck oder die Absicht umfassend, zweckgerichtet«, 18. Jh. Lw. lat. finalis, Adj., »am Ende befindlich, die Grenze betreffend«, zu lat. finis, M., F., »Ende«

finale Handlungslehre, F., »zweckgerichtete Handlungslehre«, Welzel um 1950, s. final

Finanz, F., »Darlehensgeschäft, Zins, Wucher, Betrug«, 14. Jh. Köln (1341) (financie) Lw. mlat. financia, F., »Geldmittel, Steuer (F.), Zins, Abgabe«, zum subst. Part. Präs. finans von mlat. finare, V., »eine festgesetzte Abgabe zahlen«, s. Finanzen, 19. Jh. »Gesamtheit der Bankleute« (nach frz. Vorbild?)

Finanzen, Pl., »bestehende Vermögenslage (insbesondere des Staates)«, 17. Jh. (Henisch 1616) Lw. frz. finances, Sb., »Geldmittel«, aus mlat. financia, Sb., »Geldmittel«, subst. Part. Präs. finans von mlat. finare, V., »eine festgesetzte Abgabe bezahlen«, zu lat. finire, V., »endigen«, zu lat. finis, M., F., »Ende«, Bedeutungsentwicklung »Ende, Zahlungsende, Zahlung, Geld«, s. Finanz

Finanzamt, N., »unterste Behörde der Finanzverwaltung«, 19. Jh.?, s. Finanz, Amt

Finanzausgleich, M., »angemessener Ausgleich der ungleichen Steuererträge und der unterschiedlichen Finanzkraft zwischen Bund und Ländern und Gemeinden«, 20. Jh., s. Finanz, Ausgleich

Finanzgericht, N., »Gericht erster Instanz der Finanzgerichtsbarkeit«, 2. H. 20. Jh., s. Finanz, Gericht

Finanzgerichtsbarkeit, F., »öffentliche Finanzen (insbesondere Steuern) betreffende Gerichtsbarkeit«, 2. H. 20. Jh., s. Finanz, Gerichtsbarkeit

finanziell, Adj., »geldlich, Finanzen betreffend«, 19. Jh. Lw. frz. financiel, s. Finanz

finanzieren, V., »mit Geld unterstützen, Geld zur Durchführung beschaffen«, 18. Jh. Lw. frz. financer, s. Finanz

finanziert, Adj., »finanziert«, 19. Jh.?, s. finanzieren

Finanzierung, F., »Unterstützung mit Geld, Beschaffung von Mitteln für bestimmte Zwecke«, 20. Jh.?, s. finanzieren, ung

Finanzierungsleasing, N., »auf Finanzierung bezogenes Leasing«, 2. H. 20. Jh., s. Finanzierung, Leasing

Finanzierungsmonopol, N., »ausschließliche Berechtigung des Staates aus dem Vertrieb eines Gegenstandes Einkünfte zu erzielen (z.B. Branntweinmonopol)«, 20. Jh.?, s. Finanz, Monopol

Finanzplanung, F., »Planung der künftigen Entwicklung und Gestaltung der Finanzen«, 20. Jh., s. Finanz, Planung

Finanzprokuratur, F., »staatliche Behörde zur Vertretung des Staates in Angelegenheiten der Finanz«, 19. Jh.? Österreich, s. Finanz, Prokurator

Finanzrecht, N., »Gesamtheit der Regeln welche die öffentlichen Finanzen betreffen«, 20. Jh., s. Finanz, Recht

Finanzverfassung, F., »Inbegriff der Regeln die sich mit der Ordnung des Geldwesens und dem Ablauf der Finanzvorgänge in der Haushaltswirtschaft und Vermögenswirtschaft und Schuldenwirtschaft der Körperschaften des öffentlichen Rechts befassen«, 20. Jh., s. Finanz, Verfassung

Finanzvermögen, N., »Vermögen öffentlichrechtlicher Körperschaften das den Zwecken der Verwaltung nur mittelbar durch seinen Wert oder seine Erträge (z.B. Grundstück) dient«, 20. Jh., s. Finanz, Vermögen

Finanzverwaltung, F., »Verwaltung der öffentlichen Einnahmen durch die öffentlichen Körperschaften«, 19. Jh.?, s. Finanz, Verwaltung, vgl. Mayer 1895

Findelkind, N., »von unbekannten Eltern ausgesetztes neugeborenes Kind«, 15. Jh. fündel, Verkleinerungsform? zu Fund, später zu finden, durch Kind klargestellt (1472 fundelkindt), vgl. mhd. vuntkint, N., »Findelkind«, s. Fund, finden, Kind

finden, V., »finden«, mhd. vinden, V., »finden, wahrnehmen, erfinden, dichten«, ahd. findan (765), V., »finden, entdecken, bestimmen, antreffen«, as. findan, V., »finden«, germ. *fenþan, V., »finden, gehen?«, idg. *pent-, V., »treten, gehen«?, zu idg. *pet-, V., »fliegen, fallen«

Finder, M., »wer eine verlorene Sache findet (entdeckt) und an sich nimmt«, 1249 (im Bergbau) bzw. Schwabenspiegel um 1275, Lüs. lat. inventor, M., »Erfinder, Finder«?, s. finden

Finderlohn, M., »Lohn den der Finder beim Fund von dem Empfangsberechtigten verlangen kann«, 18. Jh. Österreich, s. Finder, Lohn

Finger, M., »Finger«, mhd. vinger, M., »Finger, Hand, Kralle«, ahd. fingar, M., »Finger«, germ. *fengra, *fengraz, M., »Finger«, idg. *penkᵘ̯ro-, Sb., »einer von fünf«?, s. idg. *penkᵘ̯tos, Num. Ord., »fünfte«?, zu idg. *penkᵘ̯e-, Num. Kard., »fünf«

Fingerabdruck, M., »Abdruck der Fingerspitzen der menschlichen Hand«, sachlich seit 1892 eines der wichtigsten Hilfsmittel der Personenfeststellung, s. Finger, ab, Druck

fingieren, V., »vortäuschen (A. 17. Jh.)«, »erdichten« 16. Jh. (1587) Lw. lat. fingere, V., »formen, gestalten«

Firma, F., »Name des (Voll-)Kaufmanns unter dem er im Handel seine Geschäfte betreibt und die Unterschrift abgibt, Unternehmen«, A. 18. Jh. (1762?) Lw. it. firma, F., »Unterschrift, Bestätigung«, zu it. firmare, V., »befestigen, bekräftigen«, aus lat. firmare, V., »bestätigen, bekräftigen, durch Unterschrift bekräftigen (6. Jh.)?«, zu lat. firmus, Adj., »fest, tüchtig, stark«, Bedeutungsentwicklung »Unterschrift, Name, Unternehmen«

firmen, V., »firmen«, mhd. firmen, V., »stärken, bekräftigen, befestigen«, ahd. firmōn (10. Jh.), V., »firmen, bestärken, bezeichnen«, Lw. lat. firmare, V., »bestätigen, bekräftigen«, zu lat. firmus, Adj., »fest, tüchtig, stark«

Fisch, M., »Fisch«, mhd. visch, M., »Fisch«, ahd. fisk (2. H. 8. Jh.), fisc, M., »Fisch«, as. fisk, M., »Fisch«, germ. *fiska, *fiskaz, M., »Fisch«, idg. *peitsk-, *peisk-, *pisk-, Sb., »Zukost?, Fisch«, zu idg. *peitos, M., »Nahrung«, zu idg. *peit-, V., »nähren«

Fischenz, F., »Fischrecht«, mhd. vischenze, vischenz, F., »Ort wo gefischt wird, Recht zu fischen«, 1282 Schweiz, Lüs. lat. piscatio, F., »Fischerei«?, s. Fisch

Fischer, M., »wer Fische fängt«, mhd. vischære, M., »Fischer«, ahd. fiskāri (830), fiscāri, M., »Fischer«, s. Fisch

Fischerei, F., »Fischerei«, mhd. vischerīe, F., »Fischerei«, 1286, Lüs. lat. piscatio, F., »Fischerei«?, s. Fischer

Fischereirecht, N., »Recht in einem Binnengewässer Fische und Krebse und andere nutzbare Wassertiere welche nicht Gegenstand des Jagdrechts sind zu hegen und sich anzueigen«, 19. Jh.?, s. Fischerei, Recht

Fischwilderei, F., »Fischen unter Verletzung fremden Fischereirechts und Zueignen oder Beschädigen oder Zerstören einer Sache die dem Fischereirecht unterliegt«, 19. Jh.?, s. Fisch, Wilderei

Fiskal, M., »(im neuzeitlichen Verwaltungsrecht) Interessenvertreter des Fiskus«, um 1500? (sachlich im Reich seit 1421 urkundlich nachweisbar) Lw. lat. fiscalis, Adj., »den Fiskus betreffend«

fiskalisch, Adj., »die Staatskasse betreffend«, 19. Jh. Lw. lat. fiscalis, Adj., »den Fiskus betreffend«, s. Fiskus

Fiskus, M., »Träger öffentlicher Verwaltung soweit er in privatrechtlichen Formen tätig wird (z.B. Land kauft ein Grundstück oder Gemeinde schließt einen Werkvertrag)«, 16. Jh. (Schwartzenbach 1580) Lw. lat. fiscus, M., »Korb, Geldkorb, Staatskasse«

fix, Adj., »fest, beständig«, 16. Jh. (Paracelsus 1570) Lw. lat. fixus, Adj., »fest, beständig«, PPP. zu lat. figere, V., »festmachen«

Fixgeschäft, N., »Rechtsgeschäft bei dem die Leistung genau zu einer festbestimmten Zeit oder innerhalb einer festbestimmten Frist zu bewirken ist und das Geschäft nach der Vereinbarung oder den sonstigen Umständen mit Einhaltung der Zeitbestimmung stehen oder fallen soll«, 19. Jh., s. fix, Geschäft, vgl. Gerber 1895

flach, Adj., »flach, eben, gerade«, mhd. vlach, Adj., »flach, gerade, glatt«, ahd. flah (830), Adj., »flach«, germ. *flaka, *flakaz, Adj., »flach«, zu idg. *pelə-, *plā-, Adj., V., »breit, flach, schlagen, klatschen«

Fläche, F., »Fläche«, mhd. vleche, F., »Fläche, Platz«, s. flach

Flächennutzungsplan, M., »den Bebauungsplan vorbereitender Bauleitplan der die beabsichtigte Art der Bodennutzung in

Grundzügen darstellt«, 20. Jh., s. Fläche, Benutzung, Plan

Flächenstaat, M., »Staat der nicht nur aus einer Stadt sondern aus einem größeren Staatsgebiet besteht«, 20. Jh.?, s. Fläche, Staat

Flagge, F., »Fahne«, 17. Jh. Lw. nnl. vlag, F., »Schiffsflagge«, aus England, zu an. flegra, V., »flattern«

Flasche, F., »Flasche«, mhd. vlasche, F., »Flasche«, ahd. flaska (8. Jh.), flasca, F., »Flasche«, germ. *flaskō, F., »Flasche, das zum Geflecht Gehörige?«

Fleisch, N., »Fleisch«, mhd. vleisch, fleisch, fleis, N., »Fleisch«, ahd. fleisk (790?), fleisc, N., »Fleisch, Leib, Körper«, as. flēsk, N., »Fleisch«, westgerm. *fleiska, *fleiskam, N., »Fleisch«, idg. *ploiksko, Sb., »Speckseite, Ausgenommenes«?, zu idg. *plē-, *plə-, V., »abspalten, abreißen«

Fleischer, M., »Metzger, Fleischer«, 15. Jh., s. Fleisch

flexibel, Adj., »beugbar, beweglich veränderbar«, 17. Jh. Lw. lat. flexibilis, zum PPP. flexus von lat. flectere, V., »beugen, biegen«

fliegen, V., »fliegen«, mhd. vliegen, V., »fliegen«, ahd. fliogan (765), V., »fliegen, gleiten«, germ. *fleugan, V., »fliegen«, idg. *pleuk-, V., »rinnen, fließen, fliegen«, zu idg. *pleu-, V., »rinnen, schwimmen, fließen, fliegen«, zu idg. *pel- (1), V., »fließen, gießen, schütten, füllen, schwimmen, fliegen«

fliehen, V., »fliehen«, mhd. vliehen, vlien, V., »fliehen, sich flüchten«, ahd. fliohan (8. Jh.), V., »fliehen, entfliehen, flüchten«, as. fliohan, V., »fliehen«, germ. *fleuhan, V., »fliehen«, got. þliuhan, V., »fliehen«

fließen, V., »fließen«, mhd. vliezen, V., »fließen, sich ergießen«, ahd. fliozan (765), V., »fließen, strömen, rinnen«, as. fliotan, V., »fließen«, germ. *fleutan, V., »fließen«, idg. *pleud-, V., »fließen, rinnen, fliegen, schwimmen«, zu idg. *pleu-, V., »rinnen, fließen, fliegen, schwimmen«, zu idg. *pel- (1), V., »gießen, fließen, schütten, füllen, schwimmen, fliegen«

Florin, M., »niederländischer Gulden«, Lw. mlat. florenus, M., »Florentiner Gulden«, zu lat. flos, M., »Blume, Blüte«

flößen, V., »im Wasser als Floß schwimmen lassen«, mhd. vlœzen, V., »flößen«, s. fließen

Flotte, F., »Schiffsverband«, (A. 16. Jh. Lw. [fluth] mnd. vlōte, vlāte, F., »Schiffsverband«,) daneben E. 17. Jh. Lw. (Flotta) it. flotta, F., »Schiffsverband«, germanist. Lw., s. fließen, e 2. H. 17. Jh. unter Einfluß von frz. flotte (aus dem Altnordischen)

fluchen, V., »verwünschen«, mhd. vluochen, V., »schmähen, lästern«, ahd. fluohhōn (790?), fluchōn, V., »fluchen, verfluchen, schmähen, verwünschen«, as. flōkan, V., »fluchen«, germ. *flōkan, V., »klagen, schlagen«, idg. *plāk- (2), *plāg-, V., »schlagen«, zu idg. *pelə-, *plā-, Adj., V., »breit, flach, breiten, schlagen, klatschen«

Flucht, F., »Flucht«, mhd. vluht, F., »Flucht«, ahd. fluht (830), F., »Flucht«, as. fluht, F., »Flucht«, westgerm. *fluhti, *fluhtiz, F., »Flucht«, ti-Ableitung zu fliehen

Fluchtgefahr, F., »Wahrscheinlichkeit daß der Beschuldigte sich eher dem Strafverfahren entziehen als sich ihm stellen werde«, 20. Jh.?, s. Flucht, Gefahr, vgl. Ullmann 1893 Fluchtverdacht

Flüchtling, M., »wer aus seiner jeweiligen Umgebung geflohen ist«, 17. Jh. (Hayme 1738), s. Flucht, ling

Fluchtlinie, F., »Linie der Bauflucht«, s. Flucht, Linie, vgl. Grimm DW 1862

Flug, M., »Flug«, mhd. vluc, M., »Flug«, ahd. flug (E. 10./A. 11. Jh.), M., »Flug, Sturz«, as. flugi, M., »Flug«, germ. *flugi, *flugiz, M., »Flug«, zu fliegen

Flugblatt, N., »Flugblatt«, 18. Jh. Lüt. frz. feuille volante, F., »fliegendes Blatt«, s. Flug, Blatt

Flugschrift, F., »Flugschrift«, 18. Jh. Lüt. frz. feuille volante, F., »fliegendes Blatt«, s. Flug, Schrift

Flugzeug, N., »in der Luft fliegendes Fahrzeug«, 20. Jh.?, s. Flug, Zeug

Flur, F., »Flur, Feld, Weide (F.) (2), Boden«, mhd. vluor, F. (14. Jh.), »Flur, Saat, Boden«, ahd. fluor (12. Jh.), M., »Saat, Saatfeld, Flur«, germ. *flōra-, *flōraz, M., »Boden«, s. idg. *plāro-, Adj., »eben«, zu idg. *pelə-, *plā-, Adj., V., »breit, flach, breiten, schlagen, klatschen«, Bedeutung »Hausgang (mit festgestampftem Boden?)« (18. Jh., M.)

Flurbereinigung, F., »Zusammenlegung und Umgestaltung landwirtschaftlich genutzter Grundstücke in einem öffentlichrechtlichen Verfahren zum Zweck ertragreicherer Bewirtschaftung«, 19. Jh. (1949 bzw. 1953), s. Flur, Bereinigung, Rain

Flurschütz, M., »Aufseher über die Flur einer Gemeinde«, mhd. vluorschütze, M., »Flurwächter«, s. Flur, Wächter

Flurstück, N., »vermessungstechnische Bezeichnung eines Grundstückes (bzw. Grundstückteiles)«, 19. Jh.?, s. Flur, Stück

Fluß, M., »Fluß«, mhd. vluz, M., »Fließen, Strömung, Fluß«, ahd. fluz (765, ON), M., »Fluß, Lauf, Strom«, as. fluti, M., »Fluß«, germ. *fluti, *flutiz, M., »Fluß«, s. fließen

Flut, F., »Flut«, mhd. vluot, F., M., »Flut«, ahd. fluot (nach 765?), F., »Flut, Strömung«, as. flōd, F., M., »Flut«, germ. *flōdu, *flōduz, M., »Flut«, zu germ. *flōwan, V., »fließen«, zu idg. *pleu-, V., »fließen, rinnen, fliegen, schwimmen«, zu idg. *pel- (1), V., »gießen, fließen, schütten, füllen, schwimmen, fliegen«

fob (ne. free on board, frei an Bord), »Klausel des internationalen Handelsverkehrs nach welcher der Verkäufer die Ware kostenfrei an Bord eines Schiffes (Erfüllungsort) bringt«, 20. Jh.?

Föderalismus, M., »Lehre von der Gestaltung des Staats die neben der Einheit des Ganzen die Vielheit seiner Glieder (Einzelstaaten bzw. Länder) kennt«, 19. Jh. (Campe 1813) Lw. frz. fédéralisme, M., »System Bundesverfassungen zu bilden«, s. Föderation

Föderation, F., »Bündnis, Bundesstaat«, 18. Jh. Lw. lat. foederatio, F., »Bündnis, Zusammenschluß«, zum PPP. foederatus von lat. foederare, V., »vereinen, verbinden«, zu lat. foedus, N., »Bund, Bündnis«, zu lat. fidere, V., »vertrauen«

föderalistisch, Adj., »bundesstaatlich«, 19. Jh., s. Föderalismus, isch

Folge, F., »Konsequenz, Ergebnis«, mhd. volge, F., »Gefolge, Begleitung, Aufgebot, Verfolgung, Nachfolge, Befolgung«, ahd. *folga, F., (selbfolga 11. Jh.,) s. folgen

folgen, V., »folgen, begleiten«, mhd. volgen, V., »nachgehen, folgen«, ahd. folgēn (765), folgōn (9. Jh.), V., »folgen, nachfolgen«, as. folgon, V., »folgen«, germ. *fulgēn, V., »folgen«

Folgenbeseitigungsanspruch, M., »Anspruch des Einzelnen gegen eine öffentlichrechtliche Körperschaft vor allem die tatsächlichen Folgen eines ihm nachteiligen rechtswidrigen hoheitlichen Handelns zu beseitigen und den früheren Zustand wiederherzustellen«, 2. H. 20. Jh., s. Folge, Beseitigungsanspruch

Folgerecht, N., »Recht des Urhebers eines Werkes der bildenden Kunst bei einer Weiterveräußerung des Originals des Werkes durch einen Kunsthändler oder Versteigerer als Erwerber oder Veräußerer oder Vermittler vom Veräußerer 5% des Veräußerungserlöses zu verlangen«, 2. H. 20. Jh., s. folgen, Recht

Folgeschaden, M., »aus einer Verletzung erst nachfolgender Schaden am gesamten Vermögen«, 2. H. 20. Jh., s. folgen, Schaden

Folium, N., »Blatt«, Lw. lat. folium, N., »Blatt«

Folter, F., »Zufügung oder Ausnutzung vermeidbarer nicht ganz unerheblicher körperlicher oder seelischer Schmerzen oder Leiden die von einem Staat oder einem entsprechenden Machtorgan selbst bzw. mit dessen Billigung oder Duldung eingesetzt wird um den Gefolterten oder einen Dritten zu einer Aussage oder zu einem Geständnis zu zwingen oder einzuschüchtern«, A. 15. Jh. (föltrit) Lw. mlat. poledrus, M., »Fohlen, Foltergestell«, zu lat. pullitrus, Adj., »jung«, subst. pullitra, F., »junges Huhn«, zu lat. pullus, Adj., M., »jung, Tierjunges«, zu gr. pō̃los, M., F., »Fohlen, Foltergestell«?

Fond, M., »Hintergrund, Untergrund«, 1. H. 18. Jh. (Leib 1708) Lw. frz. fond, M., »Grund, Grundstück«, aus lat. fundus, M., »Grund«

Fonds, M. Pl., »Vermögensreserve, Geldvorrat«, A. 18. Jh. Lw. frz. fonds, M. Pl., »Grund und Boden, Vorrat, Kapital«, s. Fond

fordern, V., »verlangen«, mhd. vordern, V., »verlangen, fordern«, ahd. fordarōn (E. 8. Jh.), V., »fordern, begehren, verlangen, wünschen, machen daß etwas hervorkommt«, zu ahd. fordaro, Adj., »vordere«, zu germ. *furþera, Adj., »vordere«, zu idg. pr̥-, Adv., Adj., »hervor, vorn, erste«

fördern, V., »vorwärts bringen«, mhd. vürdern, V., »vorwärts bringen«, ahd. furdiren (1. Vt. 9. Jh.), V., »befördern«, furdirōn (11. Jh.), V., »befördern«, westgerm. *furdizjan, V., »fördern«, zu germ. *furþera, Adj., »vordere«, zu idg. *pr̥-, Adj., Adv., »hervor, vorn, erste«

Forderung, F., »Recht des Gläubigers gegen den Schuldner auf die Leistung«, mhd. vorderunge, voderunge, F., »Verlangen, Forderung, Klage«, ahd. fordarunga (1. Vt. 9. Jh.), fordrunga, F., »Beförderung, Bestimmung, Vorrecht«, s. fordern, ung

Förderung, F., »Unterstützung, Abbau von Bodenschätzen«, mhd. vürderunge, F., »Förderung«, s. fördern, ung

Forderungspfändung, F., »Pfändung einer Forderung«, 19. Jh.?, s. Forderung, Pfändung

Forderungsrecht, N., »Recht zum Fordern«, Badisches Landrecht 1809, s. Forderung, Recht

Forderungsübergang, M., »Übergang der Inhaberschaft einer Forderung von einem bisherigen Gläubiger auf einen neuen Gläubiger«, 20. Jh.?, s. Forderung, Übergang

Forderungsverletzung, F., »Verletzung eines Anspruchs«, 20. Jh.?, s. Forderung, Verletzung

Förderungsverwaltung, F., »Unterfall der Leistungsverwaltung bei dem bewußt geldwerte Leistungen von der Verwaltung ohne Gegenleistung erbracht werden (z.B. individuelle Ausbildungsförderung)«, 2. H. 20. Jh., s. fördern, ung, Verwaltung

forensisch, Adj., »gerichtlich«, Lw. lat. forensis, Adj., »gerichtlich, marktlich«, zu lat. forum, N., »Markt, Gericht«

Form, F., »sinnlich wahrnehmbare Gestalt eines Gegenstandes oder einer Vorstellung«, mhd. forme, form, F., »Form, Gestalt«, M. 13. Jh. (Konrad von Megenberg vor 1287) Lw. lat. forma, F., »Form, Gestalt«, zu lat. ferire, V., »schlagen«?

formal, Adj., »die Form betreffend«, (16. Jh.? bzw.) 18. Jh. (Podagra 1721) Lw. lat. formalis, Adj., »die Form betreffend«, zu lat. forma, F., »Form, Gestalt«

Formalbeleidigung, F., »Beleidigung durch eine Form (z.B. Beschimpfung)«, 19. Jh.?, s. formal, Beleidigung

Formalie, F., »Äußerliches«, 16. Jh. Lw. lat. formalia, N. Pl., »Äußerlichkeiten«, s. formal

formalisieren, V., »in eine Form bringen«, 19. Jh., s. formal, daneben 17. Jh. Lw. frz. formaliser, V., »über etwas Förmliches aufhalten«, s. Form

Formalismus, M., »auf Äußeres gerichtete Betrachtungsweise«, 19. Jh., s. formal

Formel, F., »förmlich festgelegte häufig wiederkehrende Aussage (z.B. Eidesformel)«, 16. Jh. Lw. lat. formula, F., »Gestalt, Form, Bestimmung, Formular«, Verkleinerungsform von lat. forma, F., »Form, Gestalt«

formell, Adj., »der Form nach«, 1. H. 18. Jh. (Boltz 1731) Lw. frz. formel, Adj., »der Form nach«, aus lat. formalis, Adj., »der Form nach«, zu lat. forma, F., »Form, Gestalt«

formelle Rechtskraft, F., »Unanfechtbarkeit der Entscheidung«, 19. Jh., s. Rechtskraft, formell, vgl. Weiske 1839ff., Planck 1896

formelle Verfassung, F., »Verfassungsurkunde«, 19. Jh.?, s. Verfassung, formell

formelles Recht, N., »die Form betreffendes Recht, Verfahrensrecht«, 19. Jh.?, s. Recht, formell

Formfreiheit, F., »Freiheit einer rechtlich relevanten Handlung von einer besonderen Form«, 20. Jh.?, s. Form, Freiheit

Formkaufmann, M., »Kaufmann kraft Rechtsform (z.B. Gesellschaft mit beschränkter Haftung)«, 19. Jh.?, s. Form, Kaufmann

Formular, N., »auf die allgemeinen Merkmale einer Rechtshandlung beschränktes Erklärungsmuster welches durch die Einfügung von Einzelfallmerkmalen konkretisiert werden kann«, 16. Jh. (Franck 1532), zum subst. N. formularium von lat. formularius, Adj., »zu den Rechtsformeln gehörig«, zu lat. formula, F., »Gestalt, Form, Bestimmung, Formular«, zu lat. forma, F., »Form, Gestalt«

Formularverfahren, N., »(im römischen Recht) das durch die Verwendung zahlreicher aus der actio des Klägers und einer eventuellen exceptio des Beklagten gebildeter Verfahrensformeln (Prozeßprogramme) gekennzeichnete Verfahren«, s. Formular, Verfahren, vgl. Weiske 1839ff.

forschen, V., »suchen, fragen«, mhd. vorschen, V., »forschen, fragen«, ahd. forskōn (765), V., »forschen, erfragen, suchen«, germ. *furskōn, V., »forschen«?, zu idg. *prek̂- (4), V., »fragen, bitten«

Forst, M., »Bannwald, Forst«, mhd. vorst, forst, M., »Forst, Wald«, ahd. forst- (790), M., »Forst, Wald, Bannwald, Gehölz«, germ. *forhist?, *forhistra?, Sb., »Föhrenwald, Forst?«, zu idg. *perkᵘus?, Sb.,

»Eiche, Stärke, Kraft, Leben«, oder »Gehegtes«?, zu lat. forum, N., »Gericht«?, zu lat. foris, Adv., »draußen«?

Förster, M., »Förster, Forstaufseher«, mhd. forstære, M., »Förster, Forstamtmann«, ahd. forstāri (10. Jh.), M., »Förster, Forstverwalter«, Lüt. lat. saltuarius?, s. Forst

fort, Adv., »weg«, mhd. vort, Adv., »fort, weg«, (ahd. furdir [A. 9. Jh.], Adv. Komp., »vorwärts«,) as. forth, Adv., »fort, weg«, westgerm. *furþa, Adv., »vorwärts«, idg. *pr̥to, Adv., »hervor«, s. vor

fortbilden, V., »weiter bilden«, s. fort, bilden, vgl. Grimm DW 1878

Fortbildung, F., »weitere Ausbildung«, s. fortbilden, ung, vgl. Grimm DW 1878

fortgesetzt, Adj., »fortgeführt«, s. fortsetzen

fortgesetzte Gütergemeinschaft, F., »mit den Kindern fortgeführte Gütergemeinschaft des überlebenden Gatten«, 19. Jh., s. Gütergemeinschaft, fortgesetzte, vgl. Gerber 1895

fortgesetzte Handlung, F., »als rechtliche Handlungseinheit anzusehende Mehrheit von Einzelakten einer Handlungsreihe«, 2. H. 19. Jh.?, s. Handlung, fortgesetzte

fortsetzen, V., »fortführen«, 1378 Paderborn, s. fort, setzen

Fortsetzung, F., »Fortführung« 1481 Ostfriesland, Lüt. lat. continuatio, F., »Fortführung«?, s. fortsetzen, ung

Fortsetzungsfeststellungsklage, F., »Feststellungsklage die einen nach der Klageerhebung aber vor dem Urteil erledigten Verwaltungsakt betrifft«, 2. H. 20. Jh., s. Fortsetzung, Feststellungsklage

Fortsetzungszusammenhang, M., »einen Zusammenhang bildende fortgesetzte Handlungen«, 20. Jh.?, s. Fortsetzung, Zusammenhang

forum, lat., N., »Markt, Gericht, Gerichtsstand«, zu lat. forae, F., »Türen«

forum delicti commissi, lat., N., »Gerichtsstand des begangenen Delikts«, vgl. Coßmann 1829

forum rei sitae, lat. N., »Gerichtsstand der belegenen Sache«, vgl. Coßmann 1829

Foto, Photo, M., N., Präf., »Foto«, M. 19. Jh., Kurzwort aus Fotographie, zu gr. phō̃s, N., »Licht«, zu gr. phaínein, V., »sichtbar machen, sehen lassen«

Fotographie, Photographie, F., »Verfahren der Erstellung von Lichtbildern«, Vossische Zeitung 25. 2. 1839, zu gr. phō̃s, N., »Licht«, zu gr. phaínein, V., »sichtbar machen, sehen lassen«

Fotokopie, F., »Vervielfältigung durch die Fototechnik des Lichtbildes«, 2. H. 20. Jh., s. Foto, Kopie

Fotokopieren, N., »fototechnisches Vervielfältigen eines Schriftstückes«, 2. H. 20. Jh., s. Fotokopie

Fotokopierabgabe, F., »Gebühr welche Großbetreiber von Fotokopiergeräten seit der Änderung von § 54 II 1 UrhRG (24. 6. 1985) an die Verwertungsgesellschaft WORT zu entrichten haben«, um 1985, s. Fotokopieren, Abgabe

Fötus, M., »Embryo ab drittem Monat«, 19. Jh. (allgemeinsprachlich) Lw. lat. fetus, foetus, M., »Zeugen (N.), Kind«, aus dem PPP. fetus von lat. *fere

Fracht, F., »Lohn für Beförderung, befördertes Gut«, 16. Jh. Lw. mnd. vracht, F., »Fracht«, 1270 Hamburg, Lw. aus dem Friesischen, zu germ. *fra, *far-, Präf., »ver«, germ. *aih-, Prät.-Präs., »er hat«, germ. Suff. *ti, Bedeutungsentwicklung »Beförderungsgebühr, befördertes Gut«

Frachtbrief, M., »Urkunde die der Absender von Gütern auf Verlangen des Frachtführers über das Frachtgeschäft ausstellt«, 17. Jh. (Wolff 1610), s. Fracht, Brief

Frachtführer, M., »wer es gewerbsmäßig übernimmt die Beförderung von Gütern zu Lande oder zu Flüssen oder sonstigen Binnengewässern auszuüben«, 19. Jh., s. Fracht, Führer, vgl. Gerber 1895

Frachtgut, N., »von einem Frachtführer beförderte bewegliche Sache«, 1614, s. Fracht, Gut

Frachtvertrag, M., »auf entgeltliche Güterbeförderung gerichteter Vertrag«, 19. Jh.?, s. Fracht, Vertrag, vgl. Unterfrachtvertrag DRW

Frage, F., »Frage«, mhd. vrāge, vrāg, F., »Frage, Nachforschung«, ahd. frāga (1. Vt. 9. Jh.), F., »Frage, Untersuchung«, germ. *frēgō, F., »Frage«, zu idg. *perk̑- (4), *prek̑-, V., »fragen«

fragen, V., »fragen«, mhd. vrāgen, V., »fragen, sich erkundigen«, ahd. frāgēn (1. H. 8. Jh.?), V., »fragen, befragen, untersuchen«, as. frāgon, V., »fragen«, zu westgerm. *frēgēn, V., »fragen«, zu germ. *frēgō, F., »Frage«, zu germ. *fregnan, V., »fragen«, zu idg. *perk̑- (4), *prek̑-, V., »fragen«

Fragestunde, F., »besondere Zeit der Bundestagssitzung in der jeder Abgeordnete berechtigt ist kurze mündliche Anfragen an die Bundesregierung zu stellen«, 20. Jh.?, s. Frage, Stunde

Fraktion, F., »Vereinigung der Mitglieder einer Partei - oder mehrerer nicht miteinander konkurrierender Parteien - im Parlament«, (18. Jh. Lw. [»Teilung, Teil«] lat. fractio, F., »Brechen, Zerbrechen«,) 19. Jh. (Heyse 1835) Lw. frz. fraction, F., »Abgeordnetengruppe«, aus lat. fractio, F., »Brechen, Zerbrechen«, zum PPP. fractus von lat. frangere, V., »brechen«

Fraktionszwang, M., »Zwang zum Anschluß des einzelnen Abgeordneten an die von seiner Fraktion beschlossene Haltung«, 20. Jh.?, s. Fraktion, Zwang

Franchisevertrag, M., »pachtähnlicher Vertrag bei welchem der Franchisenehmer im eigenen Namen und für eigene Rechnung gegen Entgelt Namen und Warenzeichen usw. des Franchisegebers beim Vertrieb von Waren oder Dienstleistungen gewerblich nutzen darf«, 2. H. 20. Jh., s. Franchising, Vertrag

Franchising, F., »Franchising«, um 1985 Lw. ne. franchising, N., »Franchising«, zu frz. franchise, F., »Freiheit«, zu frz. Franc, M., »Franke, freier Mann«, Lw. afrk. bzw. germ. *franka, *frankaz, Adj., »frei«

frank, Adj., »frank, frei«, spätmhd. franc, Adj., »frei«, 15. Jh. Lw. mfrz. franc, Adj., »fränkisch, frei«, Lw. afrk. bzw. germ. *franka, *frankaz, Adj., »frei«

Franken, M. Pl., »Angehörige einer germanischen Völkerschaft deren Reich (5.-10. Jh.) die Ausgangsbasis des Heiligen Römischen Reiches deutscher Nation (911-1806) bildete«, mhd. Franken, M. Pl., »Franken«, ahd. Frankon (9. Jh.), M. Pl., »Franken«, zu afrk. bzw. germ. *franka, *frankaz, Adj., »frei«

Franken, M., »Währungseinheit der Schweiz (seit 1850)«, aus afrz. franc, M., »eine Währungseinheit«, aus mlat. Franc(orum rex, M., »König der Franken«) auf den zuerst 1360 unter König Johann II. von Frankreich geprägten Goldmünzen

Frankfurter Reichsverfassung, F., »Paulskirchenverfassung, von der Frankfurter Nationalversammlung 1848/9 verabschiedete Reichsverfassung«, s. Frankfurt (794), ON., N., »Furt der Franken«, Reichsverfassung

frankieren, V., »freimachen«, 17. Jh. Lw. it. francare, V., »freimachen«, zu it. franco di porto »frachtfrei«, s. franko

franko, Adv., »kostenfrei, portofrei«, 17. Jh. Lw. it. franco (di porto), »frachtfrei«, zu mlat. francus, Adj., »fränkisch, frei«, Lw. afrk. bzw. germ. *franka, *frankaz, Adj., »frei«

Frankreich, N., »aus dem westlichen Teil des Reichs der Franken entstandener durch die Revolution von 1789 zur Republik gewordener Einheitsstaat«, mhd. Frankrīche, Vrankrīche, N., »Frankreich«, ahd. Frankrīhhi (11. Jh.?), Frankrīchi, N., »Frankreich«, s. Franken, Reich

Frau, F., »erwachsene weibliche Person«, mhd. vrouwe, F., »Herrin, Geliebte, Gemahlin«, ahd. frouwa (A. 9. Jh., PN), F., »Frau, Herrin«, as. frūa, F., »Frau«, germ. *frawjōn, *frowōn, F., »Herrin«, zu germ. *frawjōn, M., »Herr«, zu idg. *prō̆u̯o-, Präp., »vorwärts, vorn«, zu idg. *per- (2A), Präp., »vorwärts, über, hinaus, durch«

Frauenhandel, M., »Handel mit Frauen«, 19. Jh.?, s. Frau, Handel

Frauenhaus, N., »Frauenhaus (2. H. 20. Jh.)«, »Bordell« 1446 Konstanz, s. Frau, Haus

Frauenraub, M., »zum Zweck der Eheschließung begangene gewaltsame Entführung einer Frau«, s. Frau, Raub, vgl. Weiske 1839ff., Grimm DW 1878

Fräulein, N., »Fräulein, unverheiratete erwachsene weibliche Person«, mhd. vrouwelīn, N., »Herrin, Gebieterin, junge unverheiratete Adelige«, s. jungfrouwilīn (12. Jh.), s. Frau, lein, für bürgerliche Person seit A. 19. Jh., »Prostituierte« nach 1945

frei, Adj., »frei, unabhängig«, mhd. vrī, Adj., »ungebunden, nicht gefangen, ledig, frei«, ahd. frī (8. Jh.), Adj., »frei«, germ. *frija, *frijaz, Adj., »frei«, zu idg. *prāi-, *prī-, V., Adj., »gernhaben, schonen, lieben, eigen, vertraut, lieb«, zu idg. *peri-, Adv., »nahe, bei«, Bedeutungsentwicklung »eigen, frei«?

Freibank, F., »für alle Metzger zur Verfügung stehender Verkaufsstand (16. Jh.),

Verkaufsstand für minderwertiges Fleisch (19. Jh.)«, frei, Bank

Freibetrag, M., »besonderer Betrag der zur Ermittlung des steuerpflichtigen Betrages vom Gesamtbetrag abgezogen werden kann (z.B. Weihnachtsfreibetrag bei Einkommensteuer)«, 20. Jh.?, s. frei, Betrag

Freibeuter, M., »Seeräuber«, 16. Jh. Lw. mnd. vrībūter, M., »Seeräuber«, s. frei, Beute

Freibeweis, N., »Beweis bei dem Erhebung und Verfahren und Beweismittel im Ermessen des Gerichts stehen«, 19. Jh.?, s. frei, Beweis

Freibrief, M., »Privileg (15. Jh.), Freilassungsurkunde, Erlaubnis (für Unerlaubtes)«, s. frei, Brief

freibleiben, V., »freistehen« 1688 Lüneburg, s. frei, bleiben

freibleibend, Adv., »ohne Verpflichtung«, 19. Jh.?, s. freibleiben

freien, V., »ehelichen, heiraten wollen, werben«, mhd. vrīen, V., »werben, zur Frau nehmen«, s. frei

freier Beruf, s. Beruf, frei

Freier, s. frei

Freier, M., »Eheanwärter«, mhd. vrīer, M., »Eheanwärter«, s. frei

freie Rechtsschule, F., »freie Rechtsschöpfung des Richters zulassende Schule der Rechtswissenschaft«, 20. Jh., s. Rechtsschule, frei

freie richterliche Überzeugung, F., »unabhängig gebildete Überzeugung des Richters«, 19. Jh.?, s. Überzeugung, frei

Freiexemplar, N., »Freistück, Exemplar eines Druckwerkes das der Verfasser - oder auch ein Sortimenter bei Abnahme einer größeren Menge - unberechnet erhält«, 19. Jh.?, s. frei, Exemplar

Freigelassener, s. freilassen

Freihafen, M., »Hafen außerhalb des Zollgebietes«, 18. Jh., s. frei, Hafen

Freihandel, M., »freier Handel«, 19. Jh. Lüs. ne. free trade, N., »freier Handel«, s. frei, Handel

freihändig, Adj., »mit freier Hand«, 19. Jh.?, s. frei, Hand, ig

freihändiger Verkauf, 19. Jh.?, s. Verkauf, freihändig

frei Haus, »Klausel nach welcher der Verkäufer auf seine Kosten die Kaufsache beim Käufer anzuliefern hat«, 19. Jh.?, s. frei, Haus

Freiheit, F., »Möglichkeit der uneingeschränkten Entfaltung«, »Freiheit«, mhd. vrīheit, F., »Freiheit, Privileg, Asyl«, ahd. frīheit (1000), F., »Freiheit«, Lüs. lat. libertas, F., »Freiheit«, s. frei, heit, vgl. Geschichtliche Grundbegriffe

freiheitlich, Adj., »die Freiheit betreffend«, s. Freiheit, lich, vgl. Grimm DW (Dahlmann 1845), Lüs. frz. libéral, Adj., »freiheitlich, liberal«?

freiheitlich-demokratische Grundordnung, F., »auf Freiheit und Demokratie aufbauende Grundordnung«, 2. H. 20. Jh., s. freiheitlich, demokratisch, Grundordnung

Freiheitsberaubung, F., »widerrechtliches Einsperren oder anderweitiges Berauben des Gebrauchs der persönlichen Freiheit eines Menschen (z.B. Wegnahme der Kleidung Badender)«, 19. Jh., s. Freiheit, be, Raub, ung, vgl. Hälschner 1887, Gerber 1895

Freiheitsentziehung, F., »Entziehung der Freiheit«, 20. Jh.?, s. Freiheit, Entziehung

Freiheitsstrafe, F., »im Entzug der körperlichen Bewegungsfreiheit bestehende Strafe (z.B. auch Jugendstrafe)«, s. Freiheit, Strafe, vgl. Grimm DW 1878

Freiherr, M., »Freiherr, Baron«, mhd. vrīherre, M., »freier Edelmann«, s. frei, Herr

Freikirche, F., »Religionsgesellschaft welche nicht mit dem Recht einer Körperschaft des öffentlichen Rechts ausgestattet ist«, s. frei, Kirche, vgl. weiter freikirch 1638 Österreich

freilassen, V., »Freiheit gewähren«, zu ahd. frīlāzan (12. Jh.), Adj., »freigelassen«, Lüt. lat. libertus, Adj., »freigelassen«?, s. frei, lassen

Freilassung, F., »(im römischen und mittelalterlichen Recht) Entlassung eines Unfreien aus der Unfreiheit, Beseitigung eines rechtmäßigen oder rechtswidrigen Entzuges der Freiheit (z.B. nach Beendigung des Vollzugs einer Freiheitsstrafe)«, »Auflassung?« 1479, »Freilassung aus Gefangenschaft« Lazius 1619, »Freilassung aus Abhängigkeit« 1729, s. freilassen, ung

Freimaurer, M., »Freimaurer, Mitglied eines Geheimbundes«, 18. Jh. Lüs. ne. free mason, M., »freies Mitglied der Steinmetzzunft«, s. frei, Maurer

Freirechtsschule, F., »gegen die Begriffsjurisprudenz gerichtete Schule (ab 1907 Ehrlich u.a.) der Rechtswissenschaft die davon ausgeht daß die konkrete richterliche Fallentscheidung nicht auf logischer Subsumtion sondern auf dem Rechtsgefühl beruhe«, 20. Jh., s. frei, Recht, Schule

freisprechen, V., »freisprechen (vor Gericht)« 1583, »freisprechen (von Verpflichtung)« 1640, »für vogelfrei erklären« 1584, s. frei, sprechen

Freisprechung, F., »Lossprechung«, 1600 Pfeddersheim, s. freisprechen, ung

Freispruch, M., »gerichtliche Feststellung daß der Angeklagte einer Tat nicht überführt ist«, 1569, s. frei, Spruch

Freistaat, M., »Republik«, 18. Jh. (1768 Schweiz) Lsch. für Republik, zu lat. res publica, F., »Staat, öffentliche Sache«

Freistatt, F., »Zufluchtort«, 14. Jh. Flurname, häufiger 17. Jh., Lsch. lat. asylum, N., »Freistätte«?, s. frei, Statt

freistellen, V., »befreien, freistellen« 1556, s. frei, stellen

Freistellung, F., »Gewährung von Freiheit« 1559, s. freistellen, ung

Freistellungsanspruch, M., »Anspruch eines Schuldners gegenüber einem Dritten von seiner Verpflichtung gegenüber seinem Gläubiger befreit zu werden«, 2. H. 20. Jh.?, s. Freistellung, Anspruch

Freitag, M., »Freitag«, mhd. vrītac, M., »Freitag«, ahd. frīatag (830), frijatag, M., »Freitag«, Lüt. spätlat. dies Veneris, M., F., »Venustag«, Lüt. gr. Aphrodítes heméra, F., »Aphroditestag«, s. PN Freia, Tag

Freiteil, M., »(im mittelalterlichen Recht) von der christlichen Kirche geforderter Anteil des Hausvaters an seinem Vermögen (Nachlaß)«, s. Schultze 1928, vgl. »freies Gebiet«? 1489 Steintal

Freitod, M., »Selbstmord«, A. 20. Jh. Lüt. lat. mors voluntaria, F., »freiwilliger Tod«, s. frei, Tod

freiwillig, Adj., Adv., »aus freiem Willen«, 1302 Mansfeld, Lüt. lat. libera voluntate, Adv., »aus freiem Willen«?, s. frei, Wille

freiwillige Gerichtsbarkeit, F., »staatliche Organisation und ein staatliches Verfahren zur Hilfe in privatrechtlichen Angelegenheiten, nichtstreitige vom Gericht verwaltete Angelegenheiten«, Wetzell 1865, Lüt. nlat. iurisdictio voluntaria, F., »freiwillige Gerichtsbarkeit«, s. freiwillig, Gerichtsbarkeit, vgl. Digesten 1,16,2 principium

freiwillige Versicherung, F., »auf Freiwilligkeit beruhende Versicherung«, 20. Jh.?, s. Versicherung, Sozialversicherung

Freizeichen, N., »in einem Geschäftszweig bereits von mehreren Gewerbetreibenden oder allgemein für eine bestimmte Ware verwendetes Zeichen«, vgl. »Zeichen der Abgabefreiheit« 1481 Köln, s. frei, Zeichen

freizeichnen, V., »freizeichnen, die Haftung ausschließen«, 19. Jh.?, s. frei, zeichnen

Freizeichnung, F., »auf Grund der Vertragsfreiheit grundsätzlich ohne weiteres gegebene Möglichkeit des vertraglichen Ausschlusses bzw. der vertraglichen Einschränkung der Haftung«, 20. Jh.?, s. freizeichnen, ung

Freizeit, F., »Zeit der Erholung, freie Zeit«, 19. Jh., s. frei, Zeit

Freizeitarrest, M., »mildeste Form des Zuchtmittels Jugendarrest die mindestens 1 und höchstens 2 wöchentliche Freizeiten (Wochenenden meist von Samstag 15 Uhr bis Montag 6 Uhr) umfaßt«, 2. H. 20. Jh., s. Freizeit, Arrest

Freizug, M., »Freizügigkeit« 1485 Schwaben, s. frei, Zug

freizügig, Adj., »freizügig« 1505 Schweiz, s. Freizug, ig

Freizügigkeit, F., »Recht der freien Ortsveränderung«, 1722 Birkenfeld, s. freizügig, heit

fremd, Adj., »unbekannt, ausländisch, fremd«, mhd. vremde, vremede, Adj., »fremd«, ahd. fremidi (765), Adj., »fremd, ausländisch, unbekannt«, as. fremithi, Adj., »fremd«, germ. *framaþja, *framaþjaz, Adj., »fremd«, zu germ. *fram, Adv., »fern«, zu idg. *promo-, Adj., Adv., »vordere, fort«, zu idg. *per- (2A), Präp., »vorwärts«

Fremdbesitz, M., »Besitz einer Person die eine Sache als einer anderen Person gehörend besitzt (z.B. Mieter)«, 20. Jh.?, s. fremd, Besitz

Fremdbesitzer, M., »wer eine Sache als einer anderen Person gehörig besitzt«, 20. Jh.?, s. Fremdbesitz

Fremdbesitzerexzeß, F., »Überschreitung des - tatsächlichen oder vermeintlichen -

Besitzrechtes durch den Fremdbesitzer«, 20. Jh.?, s. Fremdbesitzer, Exzeß

Fremdenrecht, N., »Gesamtheit der die Stellung der Fremden (Ausländer) betreffenden Regeln«, s. Fremder, Recht, vgl. Weiske 1839ff.

Fremder, M., »wer nicht die Staatsangehörigkeit des betreffenden Landes besitzt«, mhd. vremder, M., »Fremder«, s. fremd, vgl. Weiske 1839ff.

Fremdkapital, N., »von einem Dritten zur Verfügung gestelltes Kapital (Darlehen und sonstige Verbindlichkeiten)«, 19. Jh.?, s. fremd, Kapital

Freude, F., »Freude«, mhd. vröude, vreude, F., »Freude«, ahd. frewida (E. 8. Jh.), frouwida (E. 8. Jh.), F., »Freude, Fröhlichkeit«, germ. *frawiþō, F., »Freude«, zu idg. *preu-, V., »springen, hüpfen«?

Freudenmädchen, N., »Prostituierte«, 18. Jh.?, Lüs. frz. fille de joie, F., »Freudenmädchen«, s. Freude, Mädchen

Freudenhaus, N., »Bordell«, 18. Jh. Lüs. frz. maison de joie, F., »Freudenhaus«, s. Freude, Haus, älter mhd. vröudenhūs, N., »Haus in dem Freude herrscht«, s. Freude, Haus

freuen, V., »froh machen«, mhd. vröuwen, vrouwen, vrewen, V., »froh machen«, ahd. frewen (E. 8. Jh.), V., »erfreuen, froh machen«, frouwen (E. 8. Jh.), V., »erfreuen, froh machen«, germ. *frawjan, V., »freuen, froh machen«, zu idg. *preu-, V., »springen, hüpfen«

Freund, M., »Vertrauter«, mhd. vriunt, M., »Freund, Geliebter«, ahd. friunt (765), M., »Freund, Nächster«, germ. *frijōnd, *frijōnds, M., »Freund, Verwandter«, Part. Präs. von germ. *frijōn, V., »freundlich behandeln, umwerben«, s. frei

Frevel, M., »Frevel, Kühnheit, Waghalsigkeit, Schamlosigkeit, Untat«, mhd. vrevele, vrevel, F., M., »Mut, Kühnheit, Verwegenheit, Vermessenheit, Vergehen«, ahd. frafalī (790), F., »Frevel, Vergehen, Unbesonnenheit, Missetat, Schamlosigkeit«, zu westgerm. *fraafla, *fraaflaz, *fraaflja, *fraafljaz, Adj., »rücksichtslos«

Frevler, M., »Missetäter«, mhd. vreveler, M., »Missetäter«, s. Frevel

Friede, M., »Zustand ungestörter Ordnung in dem sich niemand gewaltsamer Mittel bedient um seine besonderen Interessen durchzusetzen«, mhd. vride, vrit, M., F., »Friede, Ruhe, Sicherheit«, ahd. fridu (790), M., »Friede, Schutz, Sicherheit, Eintracht«, as. frithu, M., »Friede«, germ. *friþu, *friþuz, M., »Friede«, zu idg. *prāi-, *prī-, V., Adj., »gernhaben, schonen, lieben, eigen, vertraut, lieb«, zu idg. *peri-, Adv., »nahe, bei«, vgl. Geschichtliche Grundbegriffe

Friedensbruch, Friedbruch, M., »Bruch des Friedens«, mhd. vritbruch, M., »Friedensbruch«, 1371 Köln, s. Friede, Bruch

Friedenspflicht, F., »(schuldrechtliche) Verpflichtung der Parteien eines Tarifvertrages während der Vertragsdauer Maßnahmen des Arbeitskampfes zu unterlassen und vor einem Arbeitskampf über dessen Vermeidung zu beraten sowie auf ihre Mitglieder mit dem Ziel der Unterlassung von Arbeitskampfmaßnahmen einzuwirken«, s. Friede, Pflicht, vgl. Grimm DW (Logau 1654)

Friedensvertrag, M., »den Kriegszustand zwischen mehreren Staaten beendender völkerrechtlicher Vertrag«, Lüs. nlat. pactio pacis, F., »Friedensvertrag«?, 19. Jh.?, s. Friede, Vertrag

Friedhof, M., »Ort an welchem die Toten bestattet werden«, mhd. vrīthof, M., »Friedhof«, ahd. frīthof (E. 8. Jh.), M., »Kirchhof, Friedhof, Vorhof, Zufluchtsort«, as. frīdhof, M., »Friedhof«, zu germ. *frīda, *frīdaz, Adj., »gepflegt, schön«, zu idg. *prāi-, *prī-, V., Adj., »gernhaben, schonen, lieben, eigen, vertraut, lieb«, zu idg. *peri, Adv., »nahe, bei«, (statt nhd. Freithof) Lautentwicklung unter dem Einfluß von Friede unregelmäßig, s. Hof

friedlos, Adj., »ohne Frieden«, mhd. vridelōs, Adj., »friedlos, aus dem Frieden gesetzt, geächtet, vogelfrei«, 1227 Braunschweig (vredelos), s. Friede, los

Friedlosigkeit, F., »(im mittelalterlichen deutschen Recht) vermutlich der Zustand des Ausgestoßenseins aus der Rechtsgemeinschaft«, s. friedlos, ig, heit, vgl. Weiske 1839ff.

frisch, Adj., »frisch, jung, roh, rüstig«, mhd. vrisch, Adj., »frisch, neu, jung, munter, rüstig, keck«, ahd. frisk (3. Vt. 9. Jh., PN), frisc, Adj., »frisch, neu, roh«, westgerm. *friska, *friskaz, Adj., »ungesalzen, frisch«, (frische Tat, vgl. Ullmann 1893)

Frist, F., »bestimmter oder bestimmbarer Zeitraum«, mhd. vrist, M., F., N., »Aufschub, Zeitraum, Frist«, ahd. frist (800), M., F., »Zeit, Frist, Augenblick, Zeitraum, Gelegenheit«, as. frist, M., »Frist«, germ. *fristi, *fristiz, F., »Frist, Zeit«, Herkunft unklar, zu Friede?

fristen, V., »fristen«, mhd. vristen, V., »aufschieben«, ahd. fristen (1000), V., »aufschieben, zurückhalten, befristen«, s. Frist

fristlos, Adj., »ohne Frist«, 1. H. 20. Jh., s. Frist, los

Fristsetzung, F., »Festlegung einer Frist zur Vornahme einer bestimmten Handlung oder Unterlassung«, 19. Jh.?, s. Frist, setzen, ung

fromm, Adj., »religiös, gut«, mhd. vrum, vrom, Adj., »tüchtig, brav, ehrbar, gut, gottfällig«, aus dem prädikativen Gebrauch von ahd. fruma (765), F., »Fromme, Nutzen, Erfolg, Vorteil, Segen«, zu germ. *fruma, Adj., »erste, nützlich«, zu idg. *per- (2A), Adv., »vorwärts, über hinaus, durch«

Fron, F., »Fron, Herrendienst«, zu ahd. frōno, Gen. Pl., zu ahd. frō (8. Jh.), M., »Herr«, germ. *frawan, (neben) *frauja, *fraujan, M., »Vorderer, Herr«, zu idg. *prōu̯o-, Präp., »vorwärts, vorn«, zu idg. *per- (2A), Präp., »vorwärts, über hinaus, durch«

Fronbote, M., »(im mittelalterlichen deutschen Recht) Hilfsperson des Richters«, mhd. vrōnbote, M., »Bote Gottes, Gerichtsbote, Büttel«, Sachsenspiegel um 1225, s. Fron, Bote

Fronde, F., »Gruppe politischer Gegner«, Lw. frz. fronde, F., »Gruppe politischer Gegner (1648-53)«, afrz. flondre, F., »Schleuder«, aus vulgarlat. *fundula, F., »kleine Schleuder«?, zu lat. funda, F., »Schleuder«

Frondienst, M., »einem Grundherrn zu erbringender Dienst (z.B. Pflügen)«, mhd. vrondienst, M., »Herrendienst«, s. Fron, Dienst

fronen, **frönen**, V., »dienen, unterworfen sein«, mhd. vrōnen, vrœnen, V., »als Abgabe überreichen, Frondienst leisten, pfänden, verherrlichen«, ahd. frōnen (10. Jh.), V., »beschlagnahmen«, Lbd. lat. proscribere?, s. Fron, frönen »einem Laster wie einem Herrn dienen« 1. H. 18. Jh.

Fronhof, M., »Herrenhof«, mhd. vrōnehof, M., »Herrenhof, Platz um oder an einer Kirche«, ahd. frōnohof (10. Jh.), M., »Herrenhof, Fronhof, Fiskus, Staatskasse«, Lüs. mlat. curtis dominica, F., »Herrenhof«?, s. Fron, Hof

Fronung, F., »(im mittelalterlichen deutschen Recht) öffentliche Beschlagnahme von Gegenständen (Grundstücken) im Zuge der Zwangsvollstreckung«, mhd. vrœnunge, vrōnunge, F., »Herrschaft, Frondienst, gerichtliche Beschlagnahme«, Sachsenspiegel um 1225, s. fronen, ung

Frucht, F., »Erzeugnis einer Sache (z.B. Apfel) und sonstige ihrer Bestimmung gemäß aus ihr gewonnene Ausbeute (z.B. Kies), seiner Bestimmung gemäß aus einem Recht gewonnener Ertrag (z.B. Dividende)«, mhd. vruht, F., »Frucht, Kind, Geschöpf, Abstammung, Geschlecht, Familie«, ahd. fruht (830), F., »Frucht, Erfolg, Verdienst«, as. fruht, F., »Frucht«, Lw. lat. fructus, M., »Frucht«, zum Part. Prät. Akt. von lat. frui, V., »genießen«

Fruchtgenuß, M., »Nießbrauch«, 1345 Österreich, s. Frucht, Genuß

Fuder, N., »Fuder, Wagenladung«, mhd. vuoder, N., »Fuder, Fuhre, Wagenlast«, ahd. fuodar (12. Jh.), N., »Fuder, Fuhre«, as. vōther, N., »Fuder«, westgerm. *fōdra, *fōdram, *fōþra, *fōþram, N., »Gefäß?, Umfaßtes?, Fuder?, Fuhre, Wagenladung«, zu fahren?, zu Faden?

Fug, M., »Fug«, mhd. vuoc, M., »Schicklichkeit«, zu fügen, mit Fug und Recht (16. Jh.)

fügen, V., »fügen, anpassen, verbinden«, mhd. vüegen, vuogen, V., »zusammenfügen, verbinden«, ahd. fuogen (765), V., »fügen, verbinden, einrichten«, as. fōgian, V., »fügen«, westgerm. *fōgjan, V., »fügen«, idg. *pă̂k-, V., »festmachen, befestigen«

***fügig**, Adj., »fügig«, gefügig (15. Jh.), s. fügen, ig

fühlen, V., »fühlen«, mhd. vüelen, V., »fühlen, wahrnehmen, empfinden«, ahd. fuolen (790), fuolōn (765), V., »fühlen, empfinden, tasten, streicheln«, as. *fōlian, V., »fühlen«, germ. *fōljan, V., »tasten, fühlen«, zu idg. *pelem-, V., »schwingen, schütteln, zittern«?, zu idg. *pel- (1), V., »gießen, fließen, schütten, füllen, fliegen, schwimmen«?

führen, V., »führen, leiten«, mhd. vüeren, V., »fahren machen, in Bewegung setzen, treiben, fortschaffen, führen«, ahd. fuoren

(8. Jh.?), V., »führen, leiten, ziehen, tragen, bringen«, as. fōrian, V., »führen«, germ. *fōrjan, *fōrejan, V., »führen«, zu idg. *per- (2B), V., »hinüberführen, hinüberbringen, übersetzen, durchdringen, fliegen«

Führer, M., »bestimmender Leiter einer Gruppe«, mhd. vüerære, M., »Führer« 1410 Freiburg, vgl. mhd. vuorer, M., »Ernährer«, ahd. fuorāri (765), M., »Träger, Lastträger«, Lsch. lat. baiulus, M., »Träger«, s. fuoren

Führerschein, M., »Fahrerlaubnis zum Führen eines Kraftfahrzeuges«, 20. Jh., s. Führer, Schein

Führerstaat, M., »nach dem Führerprinzip organisierter Staat«, um 1933, s. Führer, Staat

Führung, F., »Führung«, 15. Jh., s. führen, ung

Führungsaufsicht, F., »Maßregel der Besserung und Sicherung bei der das Verhalten des Verurteilten der Überwachung durch eine Aufsichtsstelle unterstellt wird«, 20. Jh., s. Führung, Aufsicht

Führungszeugnis, N., »Zeugnis über den eine bestimmte Person betreffenden Inhalt des (Bundes-)Zentralregisters«, 19. Jh., s. Führung, Zeugnis

füllen, V., »füllen, voll machen«, mhd. vüllen, V., »vollmachen, füllen«, ahd. fullen (765), V., »füllen, erfüllen, anfüllen, auffüllen, ausführen, beenden, voll machen«, as. fullian, V., »füllen«, as. fullon, V., »erfüllen«, germ. fulljan, V., »füllen«, idg. *pel- (1), V., »gießen, fließen, schütteln, füllen, schwimmen, fliegen«, s. voll

Fund, M., »Entdecken und Ansichnehmen einer verlorenen (besitzlosen nicht dagegen eigentümerlosen) beweglichen Sache eines anderen«, mhd. vunt, M., »Finden, Fund, Gefundenes«, ahd. funt (9. Jh.), M., »Erfindung«, s. finden

fünf, Num. Kard., »fünf«, mhd. vünf, Num. Kard., »fünf«, ahd. fimf (vor E. 8. Jh.) Num. Kard., »fünf«, as. fīf, Num. Kard., »fünf«, germ. *femf, *femfe, Num. Kard., »fünf«, idg. *penkᵘe, Num. Kard., »fünf«

Fünfprozentklausel, F., »Bestimmung daß nur solche Parteien Abgeordnetensitze im Parlament erhalten die mindestens 5% der abgegebenen gültigen Stimmen erhalten haben«, 2. H. 20. Jh., s. fünf, Prozent, Klausel

fungibel, Adj., »vertretbar«, Lw. nlat. fungibilis, Adj., »vertretbar«, zu lat. fungi, V., »fertig werden, genügen«, vgl. Weiske 1839ff.

fungieren, V., »ausführen«, 17. Jh. (Nehring 1684) Lw. lat. fungi, V., »fertig werden, ausführen, genügen«, s. ieren

Funk, M., »Funk«, um 1920, s. funken

funken, V., »Funken geben, funken, telegraphieren (1914)«, mhd. vunken, V., »Funken von sich geben, funkenartig glänzen«, zu ahd. funko (1000), M., »Funke, Keim, Zunder«, westgerm. *funkan, *funkōn, M., »Funke«, zu idg. *pehu̯r̥, *peu̯ōr, *pŭ̑r, *phu̯nos, N., »Feuer«

Funktion, F., »Aufgabe, Dienstverrichtung«, 17. Jh. (Weise 1673) Lw. lat. functio, V., »Verrichtung«, zum Part. Prät. Akt. functus von lat. fungi, V., »fertig werden, ausführen, genügen«

Funktionär, M., »Mitarbeiter eines Verbandes«, 20. Jh., s. Funktion

funktionell, Adj., »von der Funktion her«, 19. Jh.?, s. Funktion

funktionelles Synallagma, N., »auf die Funktion bezogene Zusammengehörigkeit«, 20. Jh.?, s. Synallagma, funktionell

Funktionsnachfolge, F., »Aufgabennachfolge, tatsächlicher Übergang von Aufgaben eines Verwaltungsträgers auf einen anderen ohne Rechtsnachfolge (z.B. Fortführung der Funktionen des Deutschen Reiches durch die nach seinem Zusammenbruch entstandenen Ländern)«, 20. Jh.?, s. Funktion, Nachfolge

Funktionstheorie, F., »Theorie die aus Amtspflichtverletzung diejenige Körperschaft haften läßt deren Funktion der Amtsträger bei Begehung der Pflichtverletzung wahrgenommen hat«, 20. Jh., s. Funktion, Theorie

fur, lat., M., »Dieb«

für, Präp., »für«, mhd. vüre, vür, Präp., Adv., Präf., »vor, für«, ahd. furi (nach 765?), Präp., Adv., Präf., »vor, für, wegen«, as. furi, Präp., Adv., Präf., »für«, germ. *furi, Präp., Adv., »vor, für«, idg. *pr̥i, Präp., »vor, voran«, zu idg. *per- (2A), Präp., »vorwärts, über hinaus, durch«

Furcht, F., »Furcht, Angst, Sorge«, mhd. vorhte, vorht, F., »Furcht, Angst, Besorgnis«, ahd. forhta (765), forahta, F., »Furcht, Angst, Schrecken«, as. forhta, F., »Furcht«, germ. *furhtō, F., »Furcht«, zu germ. *furhta, *furhtaz, Adj., »furchtsam«, zu idg. *perk-, V., »fürchten«?, u seit 14. Jh.

furiosus, lat., M., »Geisteskranker«

fur semper in mora, lat., »der Dieb ist immer in Verzug«, vgl. Digesten 13,1,20 (Tryphonin unter Berufung auf ältere Juristen), 13,1,8§1 (Ulpian 170-228)

Fürsorge, F., »Fürsorge«, mhd. vürsorge, F., »auf die Zukunft sich erstreckende Besorgnis« (Ulrich von Zarzikofen um 1200), Lüt. lat. procuratio, F., »Besorgung, Verwaltung«, s. für, Sorge

Fürsorgeerziehung, F., »(bis 31. 12. 1990) öffentliche Ersatzerziehung gefährdeter Minderjähriger«, 19. Jh.?, s. Fürsorge, Erziehung

Fürsorgepflicht, F., »Pflicht zur besonderen Berücksichtigung der Interessen einer anderen Person«, 19. Jh.?, s. Fürsorge, Pflicht

Fürsorger, M., »wer für eine Sache Sorge trägt« 16. Jh., s. Fürsorge

Fürsprech, M., »Fürsprech«, mhd. vürspreche (1180), M., »der jemand sprechend vertritt, Fürsprecher, Verteidiger vor Gericht, Anwalt«, ahd. furisprehho (790), furisprecho, M., »Fürsprecher«, Lüt. lat. orator?, M., »Redner«, s. für, sprechen

Fürsprecher, M., »(im mittelalterlichen deutschen Recht) Vertreter einer Person vor Gericht im Wort«, mhd. vürsprecher, M., »der jemanden sprechend vertritt, Fürsprecher, Verteidiger, Gericht, Anwalt«, 1290 Bayern, s. für, Sprecher, Fürsprech

Fürst, M., »(im mittelalterlichen und neuzeitlichen deutschen Recht) Adliger dessen Stellung ursprünglich durch die unmittelbare Belehnung durch den König gekennzeichnet war«, mhd. vürste, M., »Vornehmster, Herrscher«, ahd. furisto, Adj. Superl., M., »erste, vorderste, Fürst, Herrscher«, as. furisto, Adj. Superl., »erste«, zu germ. furista, Adj., »vorderste, erste«, zu idg. *peri, Präp., »vor, voran«, zu idg. *per- (2A), Präp., »vorwärts, über hinaus, durch«

fürstlich, Adj., »einem Fürsten entsprechend. vornehm, reich«, mhd. vürstelich, vürstenlich, Adj., »fürstlich«, s. Fürst, lich

Fürstentum, N., »Gebiet eines Fürsten, Fürstenwürde«, mhd. vurstentuom, M., N., »Fürstenstand, Fürstenwürde, Herrschaftsgebiet eines Fürsten«, ahd. furisttuom (10. Jh.), M., »Herrschaft, Vorrang, Anfang«, Lüs. lat. principatus?, s. Fürst, tum

furtum, lat., N., »Wegtragung, Diebstahl«, zu lat. fur, M., »Dieb«

furtum usus, lat., N., »Gebrauchsanmaßung«

Füsilier, M., »mit Gewehr ausgerüsteter Soldat, Infanterist«, E. 17. Jh. Lw. frz. fusilier, M., »mit Gewehr ausgerüsteter Soldat«, zu frz. fusil, Sb., »Gewehr«, afrz. foisil, Sb., »Feuerstein, Feuerstahl«, aus vulgarlat. *focīlis, Adj., »zum Feuer gehörig«, zu lat. focus, M., »Feuerstätte, Feuer«

füsilieren, V., »erschießen«, 18. Jh. Lw. frz. fusiller, V., »erschießen«, s. Füsilier

Fusion, F., »Verschmelzung«, 19. Jh. Lw. lat. fusio, F., »Gießen, Schmelzen«, zum PPP. fusus von lat. fundere, V., »gießen«, Bedeutung zunächst konkret, dann übertragen

fusionieren, V., »zusammenschließen, verbinden«, 19. Jh., s. Fusion, ieren

Fusionskontrolle, F., »Fusionskontrolle«, 2. H. 20. Jh., s. Fusion, Kontrolle

Fuß, M., »Fuß«, mhd. vuoz, M., »Fuß«, ahd. fuoz (1. H. 8. Jh.), M., »Fuß, Ferse, Sohle«, as. fōt, M., »Fuß«, germ. *fōtu, *fōtuz, M., »Fuß«, idg. *ped-, M., »Fuß«, s. idg. *pĕ̄d- (2), M., V., »Fuß, Fessel, gehen, fallen«

Futter, N., »Futter (N.) (1), Nahrung«, mhd. vuoter, N., »Futter (N.) (1), Nahrung, Speise«, ahd. fuotar (vor 790?), N., »Futter (N.) (1), Speise, Verpflegung, Unterhalt«, germ. *fōdra, *fōdram, N., »Futter (N.) (1)«, zu idg. *pā-, *pāt-?, *pə-, *pət-, V., »füttern, nähren«

Futtermittel, N., »Stoff der zur Tiernährung bestimmt ist sowie ein zugehöriger Zusatzstoff und eine Vormischung«, (1975 Futtermittelgesetz), s. Futter, Mittel

G

Gabe, F., »Gabe«, mhd. gābe, F., »Gabe«, ahd. *gāba, F. (, brūtgāba [12. Jh.]), zu geben

Gadem, M., N., »Haus mit einem Raum, Gemach«, mhd. gadem, gaden, N., »Gemach, Kammer«, ahd. gadum (765), N.,

»Raum, Gemach, Zimmer, Speicher, Gebäude, Haus«, germ. *gadma, *gadmaz, M., »Raum«?

Gage, F., »Honorar«, 17. Jh. (Rist 1642) Lw. frz. gages, M. Pl., »Löhnung, Sold«, zu frz. gage, M., »Pfand«, Lw. afrk. *wadi, Sb., »Pfand«, seit 18. Jh. auf Künstler angewendet, vgl. Wette

Galeere, F., »Ruderschiff mit Segelmasten«, 16. Jh. (1582 Wien) (Gallera) Lw. it. galera (12. Jh. Venedig), F., »Ruderschiff mit Segelmasten«, 17. Jh. (Carolus 1609) (Gallere) Lw. frz. galère, M., »Ruderschiff mit Segelmasten«, zu mlat. galea, F., »Ruderschiff mit Segelmasten«, zu mgr. galéa, F., »Schwertfisch«, zu gr. galée, F., »Wiesel, Schwertfisch, Schnelles«

Galgen, M., »Galgen«, mhd. galge, M., »Galgen, Kreuz«, ahd. galga (2. H. 8. Jh.), F., »Galgen«, galgo (790), M., »Galgen, Kreuz«, as. galgo, M., »Galgen«, germ. *galgan, *galgōn, M., »Galgen«, idg. *ĝhalgh-, Sb., »Zweig, Stange«?

Galgenfrist, F., »dem Verurteilten vor der Hinrichtung gewährte Frist«, 1. H. 16. Jh., s. Galgen, Frist

Galgenstrick, M., »für die Hinrichtung am Galgen benützter Strick«, 15. Jh., »galgenreifer Schelm« 16. Jh., s. Galgen, Strick

Galgenvogel, M., »am Galgen befindlicher Vogel«, 16. Jh. sowohl konkret wie auch übertragen, s. Galgen, Vogel

Gallone, F., »Gallone, ein Hohlmaß«, 20. Jh. Lw. ne. gallon, N., »Gallone«, Lw. afrz. galon, galun, jalon, Sb., »Gallone«, zu afrz. *galla, F., »Gefäß«

gamie, s. Bi-

Ganerbe, M., »Miterbe«, mhd. ganerbe, M., »Miterbe«, ahd. gianerbo (9. Jh.), M., »Erbe (M.), Miterbe«, s. ge, an, Erbe (M.)

Gang, M., »Gang«, mhd. ganc, M., »Art des Gehens, Gang, Weg«, ahd. gang (nach 765?), M., »Gang, Lauf, Weg, Zug, Schritt«, as. gang, M., »Gang«, germ. *ganga, *gangaz, *gangam, M., N., zu germ. *gangan, V., »gehen«, s. idg. *ĝhengh-, V., Sb., »schreiten, Schritt«, vgl. idg. *ĝhe- (1), V., »leer sein, fehlen, verlassen (V.), gehen«

Gang, F., »Bande«, 20. Jh. (um 1930) Lw. ne. gang, N., »Bande (für ein verbrecherisches Vorhaben)«, s. Gang

Gangster, M., »Verbrecher, Mitglied einer Bande«, 20. Jh. (um 1930) Lw. ne. gangster, M., »Verbrecher, Mitglied einer Bande«, zu ne. gang, N., »Bande (für ein verbrecherisches Vorhaben)«, s. Gang

Ganove, M., »Verbrecher«, 18. Jh.? Lw. rotw. (17. Jh.), aus westjidd. gannew, (Pl. ganōwem,) M., »Dieb«, hebr. gannāv, M., »Dieb«, im 20. Jh. allgemeinsprachlich

Gant, F., »Versteigerung«, 14. Jh. (Schweiz) Lw. zu mlat. inquantare, V., »versteigern«, zu lat. in quantum, »wie hoch?«

ganz, Adj., »heil, unversehrt, vollständig«, mhd. ganz, Adj., »ganz, vollkommen, unverletzt«, ahd. ganz (2. H. 8. Jh.), Adj., »ganz, gesund, vollständig, heil«, germ. *ganta, *gantaz, Adj., »heil«, idg. *ghond-, *ghon-, Adj., »genug?, fertig?«, idg. *gᵘ̯hen-, *gᵘ̯hon-, V., Adj., »schwellen, strotzen, üppig, reichlich«?

gar, Adj., »bereit, gar«, mhd. gar, gare, Adj., »bereit, gerüstet, vollständig«, ahd. garo (vor E. 8. Jh.), Adj., »bereit, fertig«, as. garo, garu, Adj., »bereit«, germ. *garwa, *garwaz, Adj., »fertig, bereit, gegoren?«

Garage, F., »zur Unterstellung von Kraftfahrzeugen bestimmter Raum mit mindestens einem Dach und zwei Seitenwänden«, A. 20. Jh. Lw. frz. garage, M., »Garage, Abstellen«, zu frz. garer, V., »verwahren«, zu prov. garar, V., »bewahren«, Lw. got. *warōn, V., »beachten«, s. wahren

Garagenersatzvertrag, M., »öffentlichrechtlicher Vertrag durch den sich ein Bauherr gegenüber einer Gemeinde verpflichtet statt der an sich vorgeschriebenen Schaffung von Garagen oder Einstellplätzen für Kraftfahrzeuge auf seinem Grundstück andere Leistungen (z.B. Geldleistung) zu erbringen«, 20. Jh., s. Garagen, Ersatz, Vertrag

Garant, M., »Garant, Gewährleistender«, 1598 (bzw. 18. Jh.? Lw. frz. garant?), s. Garantie

Garantenpflicht, F., »Pflicht (zu einer Handlung und damit) zur Abwendung eines Erfolges (unechtes Unterlassungsdelikt)«, 20. Jh., s. Garant, Pflicht

Garantenstellung, F., »Stellung kraft deren jemand rechtlich dafür einstehen muß daß ein bestimmter Erfolg nicht eintritt«, 20. Jh., s. Garant, Stellung

Garantie, F., »einem anderen gegenüber abgegebene Beteuerung der Richtigkeit einer Erklärung«, nach M. 17. Jh. (1661 Preußen) Lw. frz. garantie, F., »Sicherheit, Gewähr«, zu frz. garant, M., »Bürge«, afrz. guarant, warant, M., »Gewähr, Gewährsmann«, Lw. afrk. *wērend, Adj., »Gewähr leistend«, s. Gewähr

garantieren, V., »Bürgschaft leisten, Gewährschaft bieten«, 2. H. 17. Jh. (Leibniz 1670) Lw. frz. garantir, V., »Bürgschaft leisten«, s. Garantie, vgl. mlat. garantire 1200

Garantiefrist, F., »Frist die je nach Sinn und Zweck der Vereinbarung entweder die Verjährung auf die Dauer der Garantiefrist abkürzen oder ihren Beginn um die Dauer der Garantiefrist hinausschieben soll«, 19. Jh., s. Garantie, Frist

Garantiegeschäft, N., »Garantie gewährendes Geschäft«, 20. Jh.?, s. Garantie, Geschäft

Garantievertrag, M., »Vertrag durch den jemand einem anderen verspricht für das Eintreten oder Nichteintreten eines Erfolges einzustehen«, 20. Jh.?, s. Garantie, Vertrag

Garaus, M., »Ende«, 15. Jh. (um 1500 Regensburg und Nürnberg) »Ausruf am Ende der Polizeistunde«, s. gar, aus

Garde, F., »Leibwache, Garde«, (15. Jh. in deutschen Texten und E. 17. Jh. [um 1700]) Lw. frz. garde, F., »Leibwache«, Lw. afrk. *warda, F., »Wache«

Garten, M., »Garten«, mhd. garte, M., »Garten«, ahd. garto (2. H. 8. Jh.), M., »Garten«, as. gardo, M., »Garten«, germ. *gardan, *gardōn, M., »Garten«, idg. *ghortós, M., »Umzäunung, umzäunter Ort«, zu idg. *gher-, V., »umfassen?, fassen?«, seit 15. Jh. n im Nominativ aus gebeugten Fällen

Gärtner, M., »Gärtner«, mhd. gartenære, M., »Gärtner, Weingärtner«, ahd. gartenāri (10. Jh.), M., »Gärtner«, Lüt. lat. hortulanus, M., »Gärtner«, s. Garten, vgl. auch ahd. gartāri (8. Jh.)

Gas, N., »luftförmiger Stoff«, E. 18. Jh. Lw. nnl. gas (gesprochen chas, Helmont 1652), N., »Dampf, luftförmiger Stoff«, Lw. ngr. cháos, N., »luftförmiger Körper«, zu gr. cháos, N., »Masse aus der das Weltall geschaffen ist, Luftraum«

Gasse, F., »Gasse«, mhd. gazze, F., »Gasse«, ahd. gazza (9./10. Jh., ON), F., »Gasse«, germ. *gatwōn, F., »Gasse«?

Gast, M., »Gast, Fremder«, mhd. gast, M., »Fremder zur Bewirtung, Gast«, ahd. gast (nach 765?), M., »Gast, Gastfreund, Fremder«, as. gast, M., »Gast«, germ. *gasti, *gastiz, M., »Gast«, idg. *ghostis, M., »Fremder, Gast«

Gasthaus, M., »Gasthaus«, mhd. gasthūs, M., »Fremdenherberge«, ahd. gasthūs (765), N., »Herberge, Gasthaus«, s. Gast, Haus

Gasthof, M., »Gasthof«, A. 15. Jh., s. Gast, Hof

Gastrecht, N., »Gastrecht (1689), Recht der Fremden (Ruprecht von Freising 1328), Gericht über Fremde (1353)«, s. Gast, Recht

Gastronom, M., »Gastwirt«, 19. Jh. Lw. frz. gastronome, M., »Gastwirt«, s. Gastronomie

Gastronomie, F., »Gaststättengewerbe, Bewirtung«, 19. Jh. Lw. frz. gastronomie (1800), F., »Lehre vom feinen Essen«, Lw. gr. gastronomía, F., »Lehre von der Pflege des Bauches, Lehre vom feinen Essen?«, zu gr. gastér, F., »Bauch, Hunger«

Gaststätte, F., »Unternehmen zur gewerbsmäßigen Bewirtung oder Beherbergung von Personen«, 20. Jh. (1909) Neubildung für Restauration, s. Gast, Stätte

Gastwirt, M., »Inhaber einer Gaststätte der gewerbsmäßig Gäste bewirtet«, 1551 Zuzenhausen, s. Gast, Wirt

Gastwirtschaft, F., »Gaststätte«, A. 19. Jh. (um 1800), s. Gast, Wirtschaft

GATT (ne. General Agreement on Tariffs and Trade, Allgemeines Zoll- und Handelsabkommen).

Gatte, M., »Gatte (M. 17. Jh.), Ehemann«, mhd. gat, gate (M. 12. Jh.), M., »Genosse, Gleicher, Gatte«, zu ahd. gigat (1000), Adj., »passend«, zu westgerm. *gadōn, V., »zusammenkommen, passen«, idg. *gadh-, V., »vereinigen, umklammern«?

Gattung, F., »Gesamtheit von Gegenständen die sich durch besondere gemeinsame Merkmale von anderen Gesamtheiten von Gegenständen wesentlich unterscheidet«, spätmhd. gatunge, F., »Zusammengefügtes«, 1445 Hildesheim (gadinge), 15. Jh. Nördlingen, zu westgerm. *gadōn, V., »zusammenkommen, passen«, s. Gatte, ung

Gattungskauf, M., »eine Gattungsschuld betreffender Kaufvertrag«, 19. Jh.?, Lüs.

nlat. emtio generis, F., »Gattungskauf«?, s. Gattung, Kauf

Gattungsschuld, F., »Schuld eines nicht nach individuellen sondern nur nach gattungsmäßigen Merkmalen bestimmten Gegenstandes (z.B. 1 Zentner Kartoffeln)«, E. 19. Jh., s. Gattung, Schuld

Gattungsvermächtnis, N., »einen nur der Gattung nach bestimmten Gegenstand betreffendes Vermächtnis«, 19. Jh., s. Gattung, Vermächtnis

Gau, M., »Gau, Kanton«, mhd. gou, göu, geu, N., »Gegend, Landschaft, Gau«, ahd. gewi (A. 9. Jh., ON), gouwi, N., »Gau, Flur, Gefilde, Land, Gegend«, germ. *gawja, *gawjam, N., »Landschaft, Gegend, Gau, Gesamtheit von Dörfern?«, »Umgebung eines Gewässers?«, M. seit Neubelebung im 17. und 18. Jh.

Gaugraf, M., »Gaugraf«, mhd. gougrāve, M., »Gaugraf«, mnd.-lat. gogravius 1100 Westfalen, s. Gau, Graf

Gaugrafschaft, F., »Gaugrafschaft«, 1177 Westfalen gograifschaf, s. Gau, Graf, schaft

gaukeln, V., »flattern, täuschen, zaubern«, mhd. gougeln, goukeln, V., »zaubern, Possen treiben«, ahd. gougalōn (10. Jh.), V., »zaubern, weissagen«, s. Gaukler

Gaukler, M., »Gaukler«, mhd. goukelære, M., »Gaukler, Zauberer, Taschenspieler«, ahd. gougalāri (A. 9. Jh.), M., »Gaukler, Zauberer, Weissager«, Lw. lat. ioculator, M., »Spaßmacher« unter Einfluß von Gauch oder einer vermittelnden Sprache?

Gauner, M., »Verbrecher«, älter Joner, M., »Falschspieler, Spieler« (E. 15. Jh.), Lw. rotw. yewōner*, juonner, joner, M., »Grieche«, zu westjidd. jōwōn, Sb., »Griechenland«, sachlicher Zusammenhang mit der Vertreibung von Griechen nach der Eroberung Konstantinopels (1453)?

Gaunerei, F., »Betrügerei«, 18. Jh. (Jaunerei), s. Gauner, ei

Gaunersprache, F., »Sprache der Gauner«, 19. Jh. (Jaunersprache), s. Gauner, Sprache

Gazette, F., »Zeitung«, E. 17. Jh. Lw. frz. gazette, F., »Zeitung«, Lw. it. gazetta, F., »Zeitung«, aus venez. gazeta, F., »eine venezianische Münze« (als Preis für das Nachrichtenblatt)

ge, Präf., »ge, mit«, mhd. ge, Präf., »ge, mit«, ahd. gi, Präf., »ge, mit«, as. gi, Präf., »ge, mit«, germ. *ga, Präf., »ge, mit, Verallgemeinerung mit perfektiver Bedeutung«, möglicherweise zu idg. *kom, Adv., Präp., Präf., »neben, bei, mit«, das aber germ. *ham ergäbe

Gebärde, Geberde (19. Jh.), F., »Gebärde«, mhd. gebærde, F., »Aussehen, Benehmen, Wesen«, ahd. gibārida (vor E. 8. Jh.), F., »Gebaren, Gebärde, Bewegung, Geste«, as. gibāritha, F., »Gebaren«, s. gebaren

gebaren, V., »betragen, verhalten, benehmen«, mhd. gebāren, gebæren, V., »gebärden, benehmen«, ahd. gibāren (E. 8. Jh.), gibārōn (9. Jh.), V., »gebaren, verhalten, betragen«, germ. *gabārjan, V., »gebaren, benehmen«, zu westgerm. bērja, *bērjam, N., »Betragen«, zu germ. *beran, V., »tragen, bringen«, idg. *bher-, V., »tragen, bringen«

gebären, V., »gebären«, mhd. gebern, V., »gebären«, ahd. giberan (765), V., »gebären, erzeugen, hervorbringen«, as. giberan, V., »gebären«, germ. *gaberan, V., »gebären«, zu germ. ga, Präf., »ge, mit«, germ. *beran, V., »tragen, bringen«, idg. *bher-, V., »tragen, bringen«

Gebäude, N., »von Menschen künstlich errichtetes Bauwerk«, mhd. gebūwede, N., »Gebäude«, ahd. gibūidi (12. Jh.), N., gibūida (A. 9. Jh.), F., »Wohnung, Niederlassung, Gebäude«, s. ge, bauen

geben, V., »geben«, mhd. geben, V., »geben, hergeben, schenken«, ahd. geban (765), V., »geben, überlassen, gewähren, schenken«, as. geban, V., »geben«, germ. *geban, V., »geben«, zu idg. *ghabh-, V., »fassen, nehmen, bringen, halten«?

Gebet, N., »Gebet«, mhd. gebet, N., »Gebet«, ahd. gibet (vor E. 8. Jh.), N., »Gebet, Bitte, Fürbitte«, westgerm. *gabeda, *gabedam, N., »Gebet«, s. ge, bitten

Gebiet, N., »örtlich abgegrenzte Fläche«, mhd. gebiet, gebiete, N., F., »Gebot (13. Jh.), Befehlsgewalt, Befehlsbereich (1254 Brünn)«, s. gebieten

gebieten, V., »gebieten, befehlen«, mhd. gebieten, V., »ausstrecken, darreichen, anbieten, entbieten, gebieten, befehlen, laden«, ahd. gibiotan (8. Jh.?), V., »gebieten, befehlen, ansagen, auftragen, herrschen, verkündigen, offenbaren«, as. gibiodan, V., »gebieten, befehlen«, germ. *gabeudan, V., »gebieten, befehlen«, s. ge, bieten

Gebietshoheit, F., »Befugnis zur Entfaltung hoheitlicher Macht in einem bestimmten Gebiet«, 20. Jh.?, s. Gebiet, Hoheit

Gebietskörperschaft, F., »Körperschaft deren Mitglieder alle Bewohner eines bestimmten Gebietes sind (z.B. Gemeinde)«, 20. Jh.?, s. Gebiet, Körperschaft

Gebot, N., »hoheitliche Anordnung eines bestimmten Verhaltens, (im Zivilverfahrensrecht) im Rahmen der Zwangsvollstreckung abgegebener Antrag zu einem öffentlichrechtlichen Vertrag (z.B. Meistgebot)«, mhd. gebot, N., »Gebot, Auftrag, Verbot, Herrschaft«, ahd. gibot (E. 8. Jh.), N., »Bekanntgabe, Verkündigung, Geheiß, Gebot, Befehl, Anordnung, Vorschrift, Auftrag, Gesetz, Herrschaft«, as. gibod, N., »Gebot«, s. gebieten

geboten, Adj., »geboten«, PPP. von gebieten, s. gebieten

gebotenes Ding, N., »besonders bestimmte Versammlung«, (gebotnew ding Sächsische Weichbildchronik 13. Jh.), s. geboten, Ding

Gebotsirrtum, M., »Irrtum über die Garantenpflicht«, 20. Jh., s. Gebot, Irrtum

Gebrauch, M., »Verwendung«, mhd. gebrūch, M., »Benutzung, Gebrauch, Brauch, Gewohnheit«, s. gebrauchen

gebrauchen, V., »gebrauchen, verwenden, benutzen«, mhd. gebrūchen, V., »gebrauchen, benutzen, genießen«, ahd. gibrūhhen (810-7), gibrūchen, V., »haben, verwenden«, s. ge, brauchen

Gebrauchsanmaßung, F., »Ingebrauchnahme eines Kraftfahrzeuges oder Fahrrades gegen den Willen des Berechtigten«, 19. Jh.?, s. Gebrauch, vgl. lat. furtum usus, N., »Gebrauchsanmaßung«

Gebrauchsmuster, N., »Gestaltung einer Arbeitsgerätschaft oder eines Gebrauchsgegenstandes oder eines Teiles davon die dem Arbeitszweck oder Gebrauchszweck durch eine neue Gestaltung oder Anordnung oder Vorrichtung dienen soll«, 19. Jh. (1891), s. Gebrauch, Muster, vgl. Gerber 1895

Gebrauchsvorteil, M., »natürlicher Vorteil den der Gebrauch einer Sache oder eines Rechtes gewährt bzw. dessen Wert (z.B. erzielbarer Mietzins)«, 19. Jh.?, s. Gebrauch, Vorteil

gebrechlich, Adj., »gebrechlich (15. Jh. Thüringen), mangelhaft (1351 Trier), nachlässig (1529), strafbar (1421)«, s. ge, brechen, lich

Gebrechlichkeit, F., »Hilfsbedürftigkeit (1573 Tirol), Streit (1437 Mainz)«, s. gebrechlich, heit

Gebrechlichkeitspflegschaft, F., »(bis 31. 12. 1991) Pflegschaft über einen nicht bevormundeten Volljährigen der auf Grund körperlicher oder geistiger Gebrechen seine Angelegenheiten nicht oder teilweise nicht zu besorgen vermochte«, um 1896 (1888 Pflegschaft wegen Gebrechlichkeit), s. Gebrechlichkeit, Pflegschaft

Gebück, N., »geflochtene Hecke«, mhd. gebucke, N., »zur Bezeichnung der Waldgrenzen ineinander gebogenes oder geflochtenes Gebüsch«, zu biegen, s. ge

Gebühr, F., »Geldleistung die als Gegenleistung für eine besondere vom Einzelnen veranlaßte Inanspruchnahme der Verwaltung verlangt wird«,. »Abgabe« 1376 Breslau, »Zins« 15. Jh. Thüringen, »Gefälle« 1370 Paderborn, »Lohn« 14. Jh., »Billigkeit« 1413 Paderborn, vgl. ahd. giburī (790), F., »Geschehen, Ereignis, Geschick, Ausgang, Verlauf, Los, Gelegenheit, Zufall, Ereignis«, s. gebühren

gebühren, V., »gebühren, erheben, einheben, betragen«, mhd. gebürn, V., »heben, sich erheben, geschehen, gebühren«, ahd. giburien (E. 8. Jh.), V., »hinzukommen, geschehen, widerfahren, gebühren«, as. giburian, V., »gebühren«, germ. *gaburjan, V., »gebühren«, zu germ. *beran, V., »tragen, bringen«, idg. *bher-, V., »tragen, bringen«

Gebührenüberhebung, F., »vorsätzliche unberechtigte Erhebung von Gebühren oder anderen Vergütungen durch einen Amtsträger oder Anwalt oder sonstigen Rechtsbeistand«, 20. Jh.?, s. Gebühr, über, heben, ung

gebunden, PPP. von binden, s. binden

gebundene Verwaltung, F., »durch Bindung eingeschränkte Verwaltung«, 20. Jh.?, s. Verwaltung, gebunden

Gebundenheit, F., »Bindung«, Goethe vor 1832, s. gebunden, heit

Geburt, F., »Vorgang durch den die Leibesfrucht des Menschen - oder eines höheren Tieres - aus dem mütterlichen Körper an die Außenwelt gelangt«, mhd. geburt, F., »Geburt, Entbindung, Geborenes, Nachkommenschaft«, ahd. giburt (E. 8. Jh.), F.,

»Geburt, Erzeugung, Schöpfung, Erschaffung«, as. giburd, F., »Geburt, Herkunft«, germ. *gaburdi, *gaburdiz, M., F., »Tragen, Geburt«, zu idg. *bher-, V., »tragen, bringen«, s. ge

Geburtenbuch, N., »über die Geburten geführtes Personenstandsbuch«, s. Geburt, Buch, vgl. Geburtsbuch Badisches Landrecht 1809, Allgemeines Bürgerliches Gesetzbuch 1811 Österreich

gebürtig, Adj., »geboren, von Geburt«, mhd. geburtec, Adj., »die Geburt betreffend, angeboren, geschlechtlich«, ahd. giburtīg (11. Jh.), Adj., »zur Geburt gehörig«, Lüt. lat. natalis, Adj., »die Geburt betreffend«?

Geburtsname, M., »Name der in die Geburtsurkunde der Verlobten zur Zeit der Eheschließung einzutragen ist«, Garbe 1783 (»Vorname«), Goethe vor 1832, s. Geburt, Name

Geburtstag, M., »Geburtstag, Tag der Geburt«, s. mhd. geburttac, M., »Geburtstag«, ahd. giburtitag (9. Jh.), giburtitago (A. 9. Jh.), M., »Geburtstag«, Lüt. lat. dies natalis, dies natalicius, Bedeutung »Jahrestag des Geburtstages« 16. Jh., s. Geburt, Tag

Geburtsurkunde, F., »die Geburt eines Menschen beweisende öffentliche Urkunde«, 1688 Österreich, s. Geburt, Urkunde

Geck, M., »eitler Mensch«, mnd. geck, gek, M., »Tor (M.), Narr«, Herkunft streitig

Gedanke, M., »Gedanke«, s. mhd. gedanc, M., »Denken, Gedanke, Dank«, ahd. gidank (E. 8. Jh.), gidanc, M., »Gedanke, Gesinnung, Absicht«, as. githanko, M., »Gedanke«, westgerm. *gaþankan, *gaþankōn, M., »Gedanke«, zu denken, s. ge

Gedankenfreiheit, F., »Freiheit des Denkens«, 18. Jh. (Schiller), s. Gedanke, Freiheit

Gedinge, N., »Vertrag, Übereinkunft«, mhd. gedinge, N., »Gericht, Freigericht, Vertrag, Versprechen, Bedingung«, ahd. gidinga (8. Jh.), F., »Vereinbarung, Bedingung, Vertrag«, gidingi (10. Jh.), N., »Vereinbarung, Versammlung, Vertrag, Ding«, s. ge, Ding, dingen

Gefahr, F., »Wahrscheinlichkeit des Eintrittes eines Schadens«, mhd. gevāre, F., »Hinterlist, Betrug«, zu ahd. fāra (863-71), F., »Gefahr, Hinterhalt, Aufruhr«, germ. *fērō, F., »Nachstellung, Gefahr«, zu idg. *per- (2E), V., Sb., »versuchen, probieren, Gefahr«, zu idg. *per-, V., »durchdringen, hinübersetzen«, s. ge, nhd. Fahr bis ins 18. Jh.

Gefährde (bis ins 18. Jh.), F., »List, Betrug«, mhd. geværde, F., »Hinterlist, Betrug«, Deutschenspiegel um 1275, s. Gefahr

Gefährdeeid, M., »Gefährdeeid« 15. Jh. (1484 Nürnberg) Lüs. lat. iuramentum calumniae, N., »Gefährdeeid«, s. Gefährde, Eid

gefährden, V., »in Gefahr bringen«, spätmhd. geværden, V., »in Gefahr bringen«, 1507 Bamberg, s. Gefährde, Gefahr

Gefährdung, F., »Verhalten oder Zustand die eine Gefahr in sich bergen«, s. gefährden, ung, vgl. Weiske 1839ff., Grimm DW 1878 (Droysen 1854)

Gefährdungsdelikt, N., »Delikt zu dessen Verwirklichung die Herbeiführung einer Gefahrenlage für das im Tatbestand vorausgesetzte Schutzobjekt ausreicht«, 20. Jh.?, s. Gefährdung, Delikt

Gefährdungshaftung, F., »einseitig verpflichtendes gesetzliches Schuldverhältnis in dessen Rahmen Ersatz zu leisten ist wenn durch eine abstrakt gefährliche Betätigung oder Anlage (die als solche nicht verboten sondern rechtmäßig ist) ein Schaden entsteht«, 20. Jh.?, s. Gefährdung, Haftung

Gefahrenabwehr, F., »Tätigkeit der Polizei zur Aufrechterhaltung der öffentlichen Sicherheit und Ordnung durch die Bekämpfung von Sachlagen die bei ungehindertem Ablauf zu Beeinträchtigungen der öffentlichen Sicherheit und Ordnung führen würden«, 19. Jh.?, s. Gefahr, Abwehr

gefährlich, Adj., »gefährlich«, mhd. geværlich, Adj., »hinterlistig, verfänglich, parteiisch«, 13. Jh., s. Gefahr, lich, vgl. ahd. fārlīhho (nach 765), fārlīcho, Adv., »plötzlich«

gefahrengeneigte Tätigkeit, 20. Jh., s. Tätigkeit, Gefahr, neigen

gefährliche Körperverletzung, F., »eine Gefahr bedeutende Körperverletzung«, 19. Jh.?, s. Körperverletzung, gefährlich

Gefahrstoffverordnung, F., »Gefahrstoffe betreffende Verordnung«, 2. H. 20. Jh., s. Gefahr, Verordnung

Gefährte, M., »Fahrtgenosse, Begleiter«, mhd. geverte, M., »Reisebegleiter, Gefährte, Führer«, ahd. giferto (863-71), M., »Gefährte, Begleiter«, s. ge, Fahrt, fahren

Gefahrtragung, F., »Belastung mit dem Risiko des Unterganges des Leistungsgegenstandes«, 20. Jh.?, s. Gefahr, tragen, ung

Gefälle, N., »Gefälle, Ertrag, Abgabe«, mhd. gevelle, N., »Fall, Sturz, Tal, Glück, Schicksal, Gefälle, Abgabe, Einkunft«, ahd. gifelli (9. Jh.), N., »Eingestürztes, Trümmer, Tal«, s. ge, fallen

gefällig, Adj., »gefällig, fällig, abfällig«, mhd. gevellec, Adj., »gerne, angenehm, günstig, angemessen«, ahd. gifellīg (1000), Adj., »gelegen, geeignet, gefällig«, s. ge, fallen

Gefälligkeit, F., »Gefälligkeit« 1714 Hamburg, s. gefällig, heit

Gefälligkeitsverhältnis, N., »Verhältnis auf Grund dessen eine Person an eine andere unentgeltlich eine Leistung erbringt ohne daß sie rechtlich zu der Leistung verpflichtet sein will«, 20. Jh.?, s. Gefälligkeit, Verhältnis

gefangen, Adj., »gefangen«, s. ge, fangen, Gefangener

Gefangenenbefreiung, F., »Befreien eines Gefangenen sowie Verleiten zum Entweichen und Fördern des Entweichens«, 19. Jh.?, s. Gefangener, Befreiung

Gefangenenmeuterei, F., »Tatbestand bei dem sich mehrere Gefangene zusammenrotten und mit vereinten Kräften entweder Aufsichtspersonen nötigen oder tätlich angreifen oder gewaltsam ausbrechen oder irgendeinem Gefangenen gewaltsam zum Ausbruch verhelfen«, 19. Jh.?, s. Gefangener, Meuterei

Gefangener, M., »wem in Ausübung von Polizeigewalt oder Strafgewalt die Freiheit in gesetzlicher Form und im öffentlichen Interesse entzogen ist so daß er sich in der Gewalt einer zuständigen Behörde befindet«, Sachsenspiegel um 1225, s. gefangen

Gefangenschaft, F., »Gefangensein« 1387 Schweiz, s. gefangen, schaft

Gefängnis, N., »(bis zum 2. Strafrechtsreformgesetz vom 4. 7. 1969) eine Art der Freiheitsstrafe und das zugehörige Gebäude«, mhd. gevancnisse, gevencnisse, F., N., »Gefangenschaft, Gefangennehmung (1282 bzw. 1375 Köln)«, seit 15. Jh. (1493 Bern) »Kerker«, s. ge, fangen, nis

Gefängnisstrafe, F., »Gefängnisstrafe« 1627 Böhmen, s. Gefängnis, Strafe

Gefolge, N., »Begleitung«, 17. Jh., s. ge, folgen

Gefolgschaft, F., »(im germanischen Recht möglicherweise) eine Gruppe von um einen Adeligen gescharten jungen Kriegern« (str.), A. 19. Jh., s. Gefolge, schaft

Gefreiter, M., »der (vom einfachen Dienst) Befreite, (Freigelassener)«, 16. Jh. Lüt. lat. exemptus, PPP. von lat. eximere, V., »ausnehmen, herausnehmen«, s. ge, frei

gefügig, Adj., »fügsam, willfährig«, 15. Jh., s. ge, *fügig

Gefühl, N., »Empfindung, Fühlen«, 17. Jh. (Krämer 1678), s. ge, fühlen

gegen, Präp., Präf., »gegen, wider«, mhd. gegen, gagen, Präp., Präf., »gegen, entgegen, gegenüber«, ahd. gagan (800), gegin, Präp., Präf., »gegen, entgegen, gegenüber«, as. gegin, Präp., Präf., »gegen«, germ. *gagina, *gagna, *gegni, Präp., Präf., »gegen, wider«

Gegenbeweis, M., »zur Entkräftung eines (Haupt-) Beweises oder einer Vermutung von der Gegenseite vorgebrachter Beweis«, Lüs. lat. reprobatio, F., »Verwerfung«?, Stieler 1691, s. gegen, Beweis

Gegend, F., »Gebiet, Landschaft, Gegend«, mhd. gegende, gegenōte, F., »Gegend«, ahd. gaganōti (13. Jh.), F., »Gegenüberliegendes, Gegend, Umgegend, Gebiet«, Lüs. (afrz. contree, aus) mlat. *(regio) contrata, F., »Gegenüberliegendes«, zu lat. contra, Präp., Präf., »gegen, wider«

Gegendarstellung, F., »im Verhältnis zu der Veröffentlichung einer Tatsache andere Darstellung«, 20. Jh.?, s. gegen, Darstellung

Gegenforderung, F., »Forderung des (aufrechnenden) Schuldners, einer Forderung gegenüberstehende Forderung«, Lüt. lat. restipulatio, F., »Gegenverpflichtung«, 1599 Niederösterreich, s. gegen, Forderung

Gegenleistung, F., »Gegenleistung«, 1599 Niederösterreich, s. gegen, Leistung

Gegensatz, M., »Gegensatz«, 15. Jh. Lüt. lat. oppositio, F., »Gegensatz« (, zum PPP. oppositus von lat. opponere, V., »entgegenstellen«, zu lat. ob, Präp., »gegen«, lat. ponere, V., »setzen, stellen, legen«), s. gegen, Satz

Gegenschluß, M., »Umkehrschluß«, Lüt.

lat. argumentum e contrario, 1599 Niederösterreich, s. gegen, Schluß

gegenseitig, Adj., »auf der anderen Seite befindlich, gegenseitig, wechselseitig«, Lüt. lat. reciprocus, Adj., »zurückgehend«?, 17. Jh., Adelung 1744ff., s. gegen, Seite, ig

gegenseitiger Vertrag, M., »wechselseitige Verpflichtungen enthaltender Vertrag«, 19. Jh., s. Vertrag, gegenseitig

gegenseitiges Testament, N., »wechselseitige Verfügungen enthaltendes Testament mehrerer Personen«, 19. Jh.?, s. Testament, gegenseitig

Gegenseitigkeit, F., »wechselseitiges Gegenüberstehen zweier Personen oder Momente, (im Völkerrecht) Ausrichtung des eigenen Verhalten eines Staates auf das Verhalten eines anderen Staates in einer bestimmten Angelegenheit«, 19. Jh.?, Lüt. lat. reciprocitas, F., »Wechselseitigkeit«, s. gegenseitig, heit, vgl. Ullmann 1893

Gegenstand, M., »Ding, Angelegenheit, Objekt«, fnhd. (15. Jh.? bzw. Fischart 1579) Lüt. lat. obiectum, N., »Gegenüberliegendes, Widerstand« (, zum PPP. obiectus von lat. obicere, V., »entgegenwerfen«, zu lat. ob, Präp., »gegen«, lat. iacere, V., »werfen«,) s. gegen, Stand

gegenüber, Präp., Adv., »gegenüber«, 16. Jh. Verbindung von gegen und über, s. gegen, über

Gegenüberstellung, F., »Vorführung des Beschuldigten (allein [Einzelgegenüberstellung] oder neben anderen Personen [Wahlgegenüberstellung]) vor dem Zeugen«, 19. Jh.?, s. gegenüber, Stellung

Gegenvormund, M., »zur Kontrolle eines Vormundes bestellter Vormund«, Badisches Landrecht 1809, Lüt. frz. subrogé tuteur, M., »Gegenvormund«, s. gegen, Vormund

Gegenvorstellung, F., »Remonstration, formloser Rechtsbehelf mit dem sich eine betroffene Person an die Behörde wendet die eine Entscheidung oder sonstige Maßnahmen getroffen hat um die Änderung oder Aufhebung der Entscheidung oder Maßnahme zu erreichen«, Campe 1807 bzw. Klopstock vor 1803, Lüt. nlat. remonstratio, F., »Gegenvorstellung«, s. gegen, Vorstellung

Gegenwart, F., »Gegenwart, Anwesenheit«, Fischart 16. Jh., zu mhd. gegenwertec, Adj., »gegenwärtig«, ahd. gaganwertīg (2. Vt. 11. Jh.), Adj., »gegenwärtig, vorliegend«, zu ahd. gaganwertī (E. 8. Jh.), F., »Gegenwart«, vgl. mhd. gegenwart, ahd. gaganwart, gegenwart (9. Jh.), s. gegen, wärts, gegenwärtig

gegenwärtig, Adj., »vom Augenblick des unmittelbaren Bevorstehens bis zu einem vollständigen Abschluß (z.B. ist ein Angriff noch gegenwärtig wenn der mit der Beute flüchtende Dieb verfolgt wird)«, mhd. gegenwertec, gegenwürtec, Adj., »gegenwärtig«, ahd. gaganwertīg (2. Vt. 11. Jh.), Adj., »gegenwärtig, vorliegend«, s. gegen, wärts

Gegenzeichnung, F., »Kontrasignatur, Unterschrift einer zweiten Person nach der Unterschrift einer zu einer Handlung in erster Linie zuständigen Person«, 19. Jh. Lbi. nach frz. contresigner, V., »gegenzeichnen«?, s. gegen, Zeichnung, vgl. Grimm DW 1897

Gegner, M., »Widersacher, Feind«, A. 16. Jh. Lw. mnd. gegenēre, jegenēre (14. Jh.), M., »Gegner«, Lüs. lat. adversarius, M., »Gegner, Feind«, zu lat. adversus, Präp., Adv., »gegenüber«, zu lat. ad, Präp., Präf., »zu«, zum PPP. versus von lat. vertere, V., »wenden, kehren«

Gehalt, M., N., »Inhalt (15. Jh.), Anteil, Unterhalt (ohne Gegenleistung), Vergütung der Beamten und Angestellten«, spätmhd. gehalt, M., »Gewahrsam, Gefängnis, innerer Wert (1495 Erfurt), Anteil«, zu mhd. gehalten, V., »still halten, festhalten«, Bedeutung »Entgelt« 18. Jh., s. ge, halten

Gehaltsexekution, F., »Lohnpfändung«, 19. Jh.? Österreich, s. Gehalt, Exekution

Gehege, N., »Gehege«, mhd. gehege, N., »Einfriedung, Hag«, Kollektivbezeichnung zu Hag, s. ge, vgl. lat.-lang.? gahagium (7. Jh.), N., »eingehegtes Gebiet«

geheim, Adj., »zum Haus gehörig, geheim, nicht öffentlich«, spätmhd. (15. Jh. bzw. 1442 Danzig) geheim, Adj., »heimlich, vertraut«, s. ge, Heim

Geheimbund, N., »geheimer Bund«, A. 19. Jh., s. geheim, Bund

Geheimdienst, M., »politische Polizei«, 19. Jh., s. geheim, Dienst

geheime Wahl, F., »nicht öffentliche Stimmabgabe«, 19. Jh., s. Wahl, geheim

geheimer Rat, M., »nichtöffentlicher Berater«, 1517 bzw. 1527 Österreich, s. Rat, geheim

geheimer Vorbehalt, M., »innerer Vorbehalt«, 19. Jh., s. Vorbehalt, geheim

Geheimnis, N., »Heimlichkeit, Unerklärbares«, 16. Jh., s. geheim, nis, öffentliches Geheimnis 18. Jh.

gehen, V., »gehen«, mhd. gān, gēn, V., »gehen«, ahd. gān (E. 8. Jh.), gēn, V., »gehen, schreiten, laufen, kommen, führen«, as. gān, V., »gehen«, germ. *gēn, V., »gehen«, zu idg. *ĝhē-, *ĝhēi-, V., »leer sein, fehlen, verlassen (V.), fortgehen«, idg. *ĝhēi-, *ĝhē-, V., »gähnen, klaffen, offen stehen« für das Präteritum (ging) und das PPP. (gegangen) suppletiv ergänzt durch germ. *gangan, (red.) V., »gehen«, aus germ. *gangjan?

Gehilfe, M., »wer vorsätzlich einem anderen zu dessen vorsätzlich begangener rechtswidriger Tat Hilfe leistet oder geleistet hat«, mhd. gehelfe, M., »Helfer, Gehilfe, Hilfe«, 1451 Biberach, ahd. gihelfo (1000), M., »Gehilfe, Helfer«, Lsch. lat. particeps, M., »Teilnehmer«?, s. ge, helfen

Gehör, N., »Hören, Zuhören«, »Verhör« St. Gallen 1698, »Gehorsam« 1574 Hamburg, »Anhörung« 1495 Ostfriesland, s. ge, hören, vgl. ahd. gihōra (2. Vt. 11. Jh.), F., »Gehör, Hören«, Lüt. lat. auditus, M., »Hören, Gehör«?

gehorchen, V., »folgen, hören auf«, mhd. gehŏrchen, V., »zuhören, gehorchen«, s. ge, horchen

gehören, V., »hören, Gehör geben, gehören«, mhd. gehœren, V., »hören, anhören, gehören (14. Jh.)«, ahd. gihōren (1. H. 8. Jh.?), V., »hören, vernehmen, gehorchen«, as. gihōrian, V., »hören«, Lbd. lat. oboedire, V., »gehorchen«, s. ge, hören

gehorsam, Adj., »gehorsam«, mhd. gehōrsam, Adj., »gehorsam«, ahd. gihōrsam (1. Vt. 9. Jh.), Adj., »gehorsam, unterworfen, unterwürfig«, Lüt. lat. oboediens, Adj., »gehorsam«, s. ge, hören, sam

Gehorsam, M., »Gehorsam«, mhd. gehōrsame, gehōrsam, F., M., »Gehorsam, Arrest, Gefängnis«, ahd. gihōrsama (nach 1067), gihōrsamī (2. Vt. 11. Jh.), F., »Gehorsam«, Lüt. lat. oboedientia, F., »Gehorsam«?, s. gehorsam, seit 16. Jh. überwiegt M.

Gehorsamspflicht, F., »Pflicht einer Person die - verbindlichen - Anweisungen einer anderen Person zu befolgen«, Logau 1654, s. Gehorsam, Pflicht

Gehweg, M., »von der Fahrbahn deutlich abgegrenzter und äußerlich erkennbar für den Fußgängerverkehr bestimmter Teil einer Straße», Strnadt 1618, s. gehen, Weg

Geisel, M., F. »in Gewahrsam genommene Person die mit Freiheit oder Leben für die Erfüllung bestimmter Pflichten haftet«, »(in der Gegenwart) zur Erreichung bestimmter meist strafbarer Ziele in Gewahrsam genommene Person«, mhd. gīsel, M., N., »Kriegsgefangener, Bürge, Geisel«, ahd. gīsal (A. 9. Jh., PN), M., »Geisel, Bürge, Unterpfand«, as. gīsal, M., »Geisel«, germ. *geisala, *geisalaz, M., »Geisel«, kelt. Lw.?, (idg. *gheidhlo, Sb., »Bürgschaft, Pfand«?,) s. idg. *gheidh-, V., »begehren, gierig sein«?

Geiselnahme, F., »Entführen oder Sichbemächtigen eines anderen zu dem Zweck einen Dritten durch die Drohung mit dem Tode oder einer schweren Körperverletzung des Opfers zu einer Handlung oder Duldung oder Unterlassung zu nötigen«, 20. Jh.?, s. Geisel, nehmen

Geist, M., »Geist, Seele«, mhd. geist, M., »Geist, überirdisches Wesen«, ahd. geist (766-800), M., »Geist, Seele, Herz, Gemüt«, as. gēst, M., »Geist«, Lbd. lat. spiritus, M., »Geist«, westgerm. *gaista, *gaistaz, M., »überirdisches Wesen, Erregtsein, Geist«, zu idg. *ĝheisd-, V., »außer sich sein, Mundaufsperrung herbeiführen«, zu (idg. *ĝheis-, V., »bestürzt sein«, zu) idg. *ĝhə-, *ĝhəi-, V., »gähnen«

Geisterfahrer, M., »auf falscher Fahrspur Fahrender« (um 1975, parallel zu Geisterschiff?), s. Geist, Fahrer

geisteskrank, Adj., »geisteskrank«, 19. Jh. (Campe 1807), s. Geist, krank

Geisteskrankheit, F., »Störung der Geistestätigkeit einer Person die so hochgradig ist daß die Fähigkeit vernünftiger Willensbildung der eines Kindes unter 7 Jahren entspricht«, Schlegel um 1800, s. geisteskrank, heit, vgl. Weiske 1839ff.

Geistesschwäche, F., »Störung der Geistestätigkeit einer Person die so hochgradig ist daß die Fähigkeit vernünftiger Willensbildung nur der eines Kindes über 7 Jahren entspricht«, Klinger 1809, s. Geist, schwach, vgl. Weiske 1839ff.

geistig, Adj., »geistig, geistreich (17. Jh.), auf das Denkvermögen bezogen (18. Jh.), alkoholisch (18. Jh.)«, spätmhd. (vereinzelt) geistec, Adj., »geistig, vom Geist beseelt«, s. Geist, ig

geistiges Eigentum, N., »Herrschaft über ein Immaterialgut«, 19. Jh.?, s. geistig, Eigentum, sachlich England 1709, Frankreich 1791, 1793, Preußen 1837

geistlich, Adj., »geistlich«, mhd. geistlich, Adj., »geistlich, fromm«, ahd. geistlīh (765), Adj., »geistlich, geistig«, Lüs. lat. spiritalis, Adj., »zur Luft gehörig, geistig, geistlich«, s. Geist, lich

Geistlicher, M., »Inhaber eines höheren kirchlichen Amtes der anerkannten öffentlichrechtlichen Religionsgemeinschaften (z.B. Priester)«, 15. Jh. (1528 Österreich?), s. geistlich

geistlicher Vorbehalt, M., »kirchliche Angelegenheiten betreffender Vorbehalt«, 1555 Lüt.? lat. reservatum ecclesiasticum, N., »geistlicher Vorbehalt«, s. geistlich, Vorbehalt

Gelage, N., »Zusammengelegtes, Umlage, Gelage«, Lw. 14. Jh. westnd. geloch, N., »Tischgesellschaft«, Lbd., Lüt.? lat. collatio, F., »Zusammenbringung«, s. ge, Lage

Geld, N., »von einem Staat oder einer durch ihn ermächtigten Stelle als Wertträger beglaubigtes zum Umlauf im öffentlichen Verkehr bestimmtes Zahlungsmittel, Zahlungsmittel das kraft staatlicher Anordnung als solches angenommen werden muß«, mhd. gelt, N., M., F., »Bezahlung, Vergeltung, Einkommen, Schuldforderung, Geld«, ahd. gelt (790), N., »Entgelt, Zins, Lohn, Opfer, Gegengabe, Vermögen, Verpflichtung, Schuld, Einkommen«, as. geld, N., »Vergeltung, Lohn«, germ. *gelda, *geldam, N., »Entgelt, Vergeltung, Lohn«, zu germ. *geldan, *gelþan, V., »entgelten«, idg. *gheldh-?, V., »entgelten?« (nur germ. und slaw.), Bedeutung »geprägtes Zahlungsmittel« 14. Jh., d aus mittelhochdeutschen gebeugten Formen

Geldbetrag, M., »Geldsumme, Geldbetrag« 1753 Österreich, s. Geld, Betrag

Geldbuße, F., »für eine Ordungswidrigkeit festgesetzte Rechtsfolge«, »Geldstrafe« 1400 Böhmen, s. Geld, Buße

Geldersatz, M., »ersatzweise in Geld zu erbringende Leistung«, (für den Erschlagenen) Schlosser um 1850, s. Geld, Ersatz

Geldfälschung, F., »Nachmachen oder Verfälschen von Geld in der Absicht daß es als echt in Verkehr gebracht oder daß ein solches Inverkehrbringen ermöglicht werde, Verschaffen von falschem Geld in der Absicht daß es als echt im Verkehr gebracht oder daß ein solches Inverkehrbringen ermöglicht wird, Inverkehrbringen von falschem Geld als echt nachdem es der Betreffende entsprechend nachgemacht oder verfälscht oder sich verschafft hat«, 19. Jh.?, s. Geld, Fälschung

Geldforderung, F., »in Geld zu erfüllende Forderung (z.B. Kaufpreisforderung)«, Stieler 1691, Lüt. lat. exactio pecuniarum, F., »Geldeinforderung«, s. Geld, Forderung, vgl. Grimm DW 1897

Geldrente, F., »in Geld zu erbringende Rente«, »Geldabgabe« 1575, Wilwolt von Schaumburg 1507, s. Geld, Rente

Geldschein, M., »Geldschein«, Allgemeines Landrecht 1794 Preußen, s. Geld, Schein

Geldschuld, F., »in Geld zu erfüllende Schuld«, »Barschuld« (lat.-mhd.? geltschulda 12. Jh. Straßburg,) 1273 Neustadt/Donau, »Geldforderung« 1346, s. Geld, Schuld

Geldstrafe, F., »durch Zahlung von Geld zu bewirkende Strafe«, 15. Jh. Glarus, s. Geld, Strafe, vgl. Weiske 1839ff.

Geldstück, N., »Geldstück, ein Stück Geld« Campe 1807, s. Geld, Stück

Geldwert, M., »Geldwert, Wert des Geldes«, 14. Jh. (geldeswert), s. Geld, Wert

Geldwertsicherungsklausel, F., »Klausel zur Sicherung des Wertes des Geldes«, 20. Jh.?, s. Geldwert, Sicherung, Klausel

gelegen, Adj., »geeignet, angenehm«, mhd. gelegen, Adj., »benachbart, verwandt, geeignet«, ahd. gelegan (9. Jh.), Adj., »benachbart liegend, angrenzend«, PPP. von liegen

Gelegenheit, F., »Gelegenheit, Möglichkeit«, mhd. gelegenheit, F., »Lage (1337 Frankfurt), Stand, Beschaffenheit, Angrenzung«, (14. Jh. Wiener Neustadt), s. gelegen, heit

Gelegenheitsgesellschaft, F., »Konsortium, Gesellschaft die nur vorübergehend zur Erreichung eines einzelnen Zweckes vereinbart wird (z.B. Konsortium von Banken zur Emission einer Anleihe)«, 19. Jh., s. Gelegenheit, Gesellschaft, vgl. Thöl 1854

Gelegenheitstäter, M., »Täter der seine Straftat nur auf Grund einer besonderen

Gelegenheit begeht«, 2. H. 19. Jh.?, s. Gelegenheit, Täter

gelehrt, Adj., »gelehrt«, »geistlich« (Sachsenspiegel um 1225), »studiert« (1451), der recht gelert (1507 Bamberg), s. lehren

Geleit, N., »sichere Führung eines Reisenden durch Bewaffnete gegen Entgelt«, mhd. geleite, N., »Leitung, Führung, Begleitung, Geleit, Schutz«, Mühlhäuser Reichsrechtsbuch um 1225, s. ge, leiten

Geleitsrecht, N., »Recht des Geleits«, Adelung 1774ff., s. Geleit, Recht

Gelichter, N., »Sippschaft, Gesindel (17. Jh.)«, mhd. gelihter, gelichter, N., »Sippe, Art, Zunft« zu ahd. lehtar, M., N., »Gebärmutter, Ort an dem das Kind liegt, Lager«?

geloben, V., »versprechen, beistimmen«, mhd. geloben, V., »loben, preisen, geloben, versprechen«, ahd. gilobōn (863-71), V., »loben, preisen, verherrlichen, billigen«, s. ge, loben, Lob

Gelöbnis, N., »Versprechen«, 15. Jh. bzw. 1382 Niederlande (geloefnisse), s. geloben, nis

Gelübde, F., »Gelübde, Billigung, Vertrag«, mhd. gelübede, gelübde, F., N., »Gelöbnis, Versprechen«, ahd. gilubida (1000), F., »Übereinstimmung, Übereinkunft, Annahme, Beschluß, Festsetzung«, s. geloben

Gelte, F., »Milchgefäß«, mhd. gelte, F., »Holzgefäß, Trinkgeschirr«, ahd. gellita (A. 9. Jh.), F., »Gelte, Eimer, Kübel«, Lw. mlat. galleta, F., »Gefäß, Kübel«

gelten, V., »gelten, wert sein, gültig sein, entrichten«, mhd. gelten, V., »zurückzahlen, erstatten, vergelten, zahlen«, ahd. geltan (E. 8. Jh.), V., »entgelten, vergelten, zahlen, büßen, geben«, germ. *geldan, *gelþan, V., »entgelten, vergelten, erstatten«, idg. *gheldh-?, V., »entgelten?«(, nur germ. und slaw.)

GEMA, Gema, F., »Gesellschaft für musikalische Aufführungsrechte und mechanische Vervielfältigungsrechte, ein durch staatliche Verleihung rechtsfähiger Verein zur Wahrung der Rechte der Urheber von Musikwerken«, 1947, früher (seit 1933) STAGMA (staatlich genehmigte Gesellschaft zur Verwertung musikalischer Aufführungsrechte)

Gemächt, N., »Zeugungsglied«, mhd. gemaht, F., »Zeugungsglied«, gemehte, N., »Zeugungsglied«, ahd. gimaht (9. Jh.), F., »Glied, Genitale«, Lbd. lat. pudenda, N. Pl., »Schamteile«, s. ge, Macht

Gemahl, M., »Gemahl, Gatte«, mhd. gemahele, M., »Bräutigam, Gemahl«, ahd. gimahalo (11. Jh.), M., »Bräutigam, Gemahl«, zu germ. *maþla, Sb., »Verhandlung, Versammlung«, zu idg. *mōd-, *mād-, *məd-, V., »begegnen, herbeikommen«?, s. ge

Gemahlin, F., »Ehefrau (17. Jh.)«, fnhd. gemahelin, F., »Braut (15. Jh.), Ehefrau«, s. Gemahl, in

Gemarkung, F., »Gemarkung« 1557 Wiesloch, vgl. ahd. gimarkunga (3. Vt. 9. Jh.), F., »Nachbarschaft, Grenze«, s. ge, Mark, ung

gemein, Adj., »gemein, öffentlich, einfach (15. Jh.), nicht wertvoll, niederträchtig (19. Jh.)«, mhd. gemeine, gemein, Adj., »zusammengehörig, gemeinsam«, ahd. gimein (1. H. 8. Jh.?), gimeini, Adj., »gemein, gemeinschaftlich, öffentlich«, as. gimēni, Adj., »gemeinsam«, germ. *gamaini, *gamainiz, Adj., »gemein, allgemein«, zu idg. *moini, Adj., »gemeinsam«, s. ge, Bedeutungsverschlechterung nhd.

Gemeinde, F., »einfache unmittelbare kommunale Gebietskörperschaft mit - vom Staat abgeleiteter - Gebietshoheit zur Selbstverwaltung (z.B. Satzungsgewalt) universal überlassener örtlicher Aufgaben (Grundsatz der Allzuständigkeit im eigenen Wirkungskreis) und zur Fremdverwaltung zugewiesener Aufgaben (übertragener Wirkungskreis)«, mhd. gemeinde, F., »Anteil, Gemeinschaft, Gemeinde«, ahd. gimeinida (E. 8. Jh.), F., »Gemeinde, Gemeinschaft, Gattung, Kirche«, s. as. gimēntho, M., »Gemeinschaft«, Lüs. lat. communio, F., »Gemeinschaft«, s. gemein

Gemeindebeamter, M., »im Dienst einer Gemeinde stehender Beamte«, 1798 Österreich, s. Gemeinde, Beamter

Gemeindebetrieb, M., »wirtschaftliches Unternehmen einer Gemeinde«, 19. Jh.?, s. Gemeinde, Betrieb

Gemeindedirektor, M., »Hauptverwaltungsbeamter der Gemeinde«, 20. Jh.?, s. Gemeinde, Direktor

gemeindefrei, Adj., »außerhalb einer Gemeinde befindlich«, 20. Jh.?, s. Gemeinde, frei

gemeindefreies Gebiet, N., »außerhalb

einer Gemeinde befindliches Gebiet«, 20. Jh.?, s. Gebiet, gemeindefrei

Gemeindegericht, N., »(bis 31. 12. 1971) ein besonderes Gericht in bürgerlichen Rechtsstreitigkeiten bis zu einem Streitwert von 300,- DM in Baden-Württemberg«, 1410 Niederlande bzw. 1427 Schweiz, s. Gemeinde, Gericht

Gemeindeordnung, F., »(staatliches) die Gemeinden betreffendes Gesetz«, »Ortsstatut« 1698 Ermreuth, s. Gemeinde, Ordnung

Gemeinderat, M., »Rat einer Gemeinde, Gemeinderat« 1570 Kaiserslautern, s. Gemeinde, Rat

Gemeinderecht, N., »Gesamtheit der die Gemeinden betreffenden Regeln«, »Ortsstatut« 1567 St. Gallen, s. Gemeinde, Recht

Gemeindesteuer, F., »durch Gemeinden erhobene Steuer«, 1717 Österreich, s. Gemeinde, Steuer, vgl. Weiske 1839ff.

Gemeindeverband, M., »zusammengesetzte unmittelbare oder mittelbare Gebietskörperschaft zur Erfüllung insgesamt überlassener übergemeindlicher und bzw. oder ergänzender Aufgaben sowie allgemein oder einzeln zugewiesener Ausgleichsaufgaben (z.B. Landkreis)«, 19. Jh., s. Gemeinde, Verband, vgl. Grimm DW 1897

Gemeindeverfassung, F., »Gesamtheit der Normen welche die innere Organisation der Gemeinde regeln«, 1786 Trier (Gemeindsverfassung), s. Gemeinde, Verfassung

gemeine Gefahr, F., »allgemeine Gefahr«, s. Gefahr, gemein

Gemeineigentum, N., »Eigentum der Gemeinschaft (Gesellschaft) im Gegensatz zum Individualeigentum einer einzelnen Person«, 19. Jh.?, s. gemein, Eigentum

gemeines Recht, N., »allgemeines Recht, römisches Recht im Gegensatz zu den deutschen Partikularrechten«, 1495?, Lüs. lat. ius commune, N., »gemeines Recht«, s. Recht, gemein

gemeinfrei, Adj., »allgemein, frei«, Leu 1727 Schweiz, »gemeinfrei« 19. Jh.?, s. gemein, frei

Gemeinfreier, M., »einfacher Freier«, 19. Jh.?, s. gemein, frei

Gemeingebrauch, M., »jedermann zustehendes subjektiv-öffentliches Recht eine der Öffentlichkeit zur Verfügung stehende (gewidmete) Sache im Rahmen der bestimmungsgemäßen Nutzung ohne besondere Zulassung - und unentgeltlich - zu gebrauchen (z.B. Fahren auf einer Straße)«, 19. Jh. Lüt. nlat. communis usus, M., »allgemeiner Gebrauch«, s. gemein, Gebrauch, vgl. Gerber 1895, Mayer 1895

gemeingefährlich, Adj., »allgemein gefährlich«, s. gemein, gefährlich, vgl. Hälschner 1887, Grimm DW 1987

gemeingefährliche Mittel, N. Pl., »allgemein gefährliche Mittel«, 20. Jh.?, s. Mittel, gemeingefährlich

gemeingefährliche Vergiftung, F., »allgemein gefährliche Vergiftung«, 20. Jh.?, s. Vergiftung, gemeingefährlich

Gemeingefährlichkeit, F., »Gefährlichkeit eines Verhaltens für eine unbestimmte Vielzahl von Personen oder Sachen«, s. gemeingefährlich, heit, vgl. Hälschner 1887

Gemeinkosten, Pl., »Kosten die einem Erzeugnis oder einer Leistung nicht unmittelbar zugeordnet werden können und deshalb im Wege einer Umrechnung aufgeteilt werden (z.B. allgemeine Verwaltungskosten)«, 19. Jh.?, s. gemein, Kosten

gemeinnützig, Adj., »der Gemeinschaft nützend«, 16. Jh., aus mhd. der gemein nutz, M., »der allgemeine Nutzen«, 14. Jh., s. gemein, nützen

Gemeinnützigkeit, F., »Nützlichkeit eines Verhaltens für die Allgemeinheit«, s. gemeinnützig, heit, vgl. Grimm DW 1897

gemeinsam, Adj., »gemeinsam«, mhd. gemeinsam, Adj., »gemeinsam, gemeinschaftlich«, ahd. gimeinsam (800), Adj., »gemeinsam, umfassend, allumfassend«, Lüt. lat. communis, Adj., »gemeinsam«, s. gemein, sam

gemeinsamer Senat, M., »aus verschiedenen Senaten gebildeter gemeinschaftlicher Senat«, 19. Jh.?, s. Senat, gemeinsam

Gemeinschaft, F., »Mehrheit von Personen die durch eine Gemeinsamkeit verbunden sind (u.a. Staatsvolk), (im Schuldrecht) jede gemeinschaftliche Inhaberschaft eines einzelnen Rechtes durch mehrere für die keine besonderen gesetzlichen Regeln eingreifen«, mhd. gemeinschaft, F., »Gemeinschaft, Gemeinde, Gesamtmasse«, s. ahd. gimeinskaf (765), gimeinscaf, F., »Gemeinschaft, Verkehr«, Lüt. lat. communio, F., »Gemeinschaft«, s. gemein, schaft, vgl. Geschichtliche Grundbegriffe

gemeinschaftlich, Adj., »mehreren zustehend«, 17. Jh. (Stieler 1691), 1714 Österreich, s. Gemeinschaft, lich

gemeinschaftliches Testament, N., »von mehreren gemeinsam errichtetes Testament«, s. Testament, gemeinschaftlich, vgl. Weiske 1839ff.

Gemeinschaftsaufgaben, F. Pl., »Aufgaben einer Gemeinschaft, Aufgabe der Länder bei deren Erfüllung der Bund weil sie für die Gesamtheit bedeutsam und die Mitwirkung des Bundes zur Verbesserung der Lebensverhältnisse erforderlich ist mitwirkt«, 2. H. 20. Jh.?, s. Gemeinschaft, Aufgabe

Gemeinschaftsrecht, N., »Gesamtheit der eine Gemeinschaft betreffenden Regeln«, Lüt. lat. ius societatis, N., »Gesellschaftsrecht«?, Leu 1728 Schweiz, s. Gemeinschaft, Recht

Gemeinschaftsschule, F., »Schule an der Lehrer verschiedener Bekenntnisse Schüler verschiedener Bekenntnisse nach allgemeinen abendländischen Grundsätzen erziehen«, 20. Jh.?, s. Gemeinschaft, Schule

Gemeinschaftswert, M., »für die Gemeinschaft bestehender Wert«, 20. Jh.?, s. Gemeinschaft, Wert

Gemeinschuldner, M., »Person über deren Vermögen der Konkurs eröffnet ist«, Greneck 1752, Allgemeines Landrecht 1794 Preußen, Lüs. nlat. debitor communis, M., »Gemeinschuldner«?

Gemeinwohl, N., »das gemeine Beste«, E. 18. Jh. (vor Campe 1807) Lw. ne. common weal, N., »Gemeinwohl«, s. gemein, Wohl, älter das gemeine Gut

gemischte Schenkung, F., »mit einem anderen Vertragstyp vermischte Schenkung«, 19. Jh.?, s. Schenkung, mischen

gemischter Vertrag, M., »aus Elementen unterschiedlicher Vertragstypen zusammengesetzter Vertrag«, 19. Jh.?, s. Vertrag, mischen

Gen, N., »Erbträger«, von Johannsen 1909 gebildet aus lat. genus, N., »Geburt, Geschlecht, Art, Gattung« oder einem verwandten Wort der zugehörigen Wortfamilie

Gendarm, M., »Polizist«, A. 19. Jh. (Heuberger 1806) Lw. frz. gendarme, M., »Polizist«, Sg. der Verbindung frz. gens d'arme, M. Pl., »Männer der Waffe«, ursprünglich für Soldaten, seit 1789 auch für Polizei, dialektisch oft schandarm, aus lat. gens, F., »Geschlecht, Völkerschaft«, lat. arma, N. Pl., »Zeug, Waffen«

genehm, Adj., »angenehm«, mhd. genæme, Adj., »annehmbar, annehmlich, angenehm«, 1319 Speyer, s. ge, nehmen

genehmigen, V., »einverstanden erklären, erlauben« 18. Jh. (vor Adelung 1774ff.), Lüs. frz. agréer, V., »genehmigen«?, älter genehm halten

genehmigtes Kapital, N., »von dem zuständigen Organ bewilligtes Kapital«, 20. Jh.?, s. Kapital, genehmigen

Genehmigung, F., »Erklärung des Einverständnisses mit einem Verhalten, (im Verwaltungsrecht) Erlaubnis (z.B. Baugenehmigung), notwendige nachträgliche Billigung durch eine Aufsichtsbehörde (Satzungsgenehmigung), (im Privatrecht) nachträgliche Zustimmung zu einem Rechtsgeschäft«, 18. Jh. (Reichard 1747), älter Genehmhaltung, s. genehmigen, ung

General, M., »General«, mhd. general, M., »Oberhaupt eines Ordens«, Lw. kirchenlat. generalis (abbas), M., »Oberhaupt eines Ordens«, zu lat. generalis, Adj., »allgemein«, zu lat. genus, N., »Geschlecht, Art, Gattung«, E. 16. Jh. (Dilich 1608) unter frz. Einfluß (frz. capitaine général 14. Jh. bzw. général 15. Jh.) in das Heerwesen übernommen

Generalbundesanwalt, M., »oberster Beamte der Staatsanwaltschaft beim Bundesgerichtshof«, 2. H. 20. Jh., s. General, Bundesanwalt

Generaleinwilligung, F., »allgemeine Einwilligung«, 20. Jh.?, s. General, Einwilligung

generalis, lat., Adj., »allgemein«, zu lat. genus, N., »Geburt, Geschlecht, Art, Gattung«, zu lat. gignere, V., »erzeugen, hervorbringen«

generalisieren, V., »verallgemeinern«, 18. Jh. Lw. frz. généraliser, V., »verallgemeinern«, s. General, ieren

Generalklausel, F., »Rechtsnorm die nur einen allgemeinen Grundsatz aufstellt und die konkrete Bestimmung im Einzelfall den Gerichten überläßt«, 19. Jh.? Lüs. nlat. clausula generalis, F., »allgemeine Klausel«?, s. General, Klausel

Generalkonsens, M., »Generaleinwilligung, umfassende - Einwilligung in (bzw. Zustimmung zu) eine(r) ganze(n) Reihe von zunächst nicht individualisierten Geschäften«, 19. Jh.? Lw. nlat. consensus generalis, M., »allgemeine Zustimmung«?, s. General, Klausel

Generalprävention, F., »allgemeine Abschreckung möglicher Täter welche durch eine Strafdrohung von der Begehung einer Straftat zurückgehalten werden sollen«, 19. Jh.? Lw. nlat. praeventio generalis, F., »allgemeine Verhütung«?, s. General, Prävention

Generalsekretär, M., »Geschäftsführer einer Vereinigung (z.B. Vereinte Nationen)«, Lw. frz.?, s. General, Sekretär

Generalstreik, M., »Streik bei dem alle Arbeitnehmer eines Gebietes unabhängig von der Art ihrer Tätigkeit die Arbeit niederlegen«, 20. Jh.?, Lw. ne.?, s. General, Streik

Generalversammlung, F., »allgemeine Versammlung aller Mitglieder einer Personengemeinschaft (z.B. Generalversammlung der Vereinten Nationen)«, Hackländer 1866, s. General, Versammlung, vgl. Gerber 1895

Generalvollmacht, F., »umfassende keinen Beschränkungen unterliegende Vollmacht«, s. General, Vollmacht, vgl. Weiske 1839ff.

generell, Adj., allgemein, grundsätzlich«, E. 18. Jh., s. General, frz. Einfluß

genetisch, Adj., »die Entstehung betreffend (18. Jh.), erblich bedingt (20. Jh.)«, s. Gen

genetischer Fingerabdruck, M., »Genmuster eines Lebewesens(, erstmals Ende 1988 in Großbritannien kriminologisch angewandt), s. genetisch, Fingerabdruck

genetisches Synallagma, N., »die Entstehung betreffendes Synallagma«, 19. Jh.?, s. Synallagma, genetisch

Genfer Konventionen, F. Pl., »seit dem 22. 8. 1864 (in Genf) abgeschlossene völkerrechtliche Verträge zur Humanisierung des Kriegsrechts«, 19. Jh.?, s, Konvention

Genosse, M., »Mitglied einer Genossenschaft oder sonstigen Gemeinschaft, Mitglied einer sozialistischen Partei (um 1875)«, mhd. genōze, M., »Genosse, Gefährte«, ahd. ginōzo (1. Vt. 9. Jh.), M., »Genosse, Gefährte, Jünger, Kamerad«, neben mhd. genōz, ahd. ginōz (8. Jh.), as. ginōt, zu germ. *ganautan, *ganautōn, M., »Genosse«, zu germ. *nauta, *nautam, N., »Vieh«, zu idg. *neud-?, V., »greifen, ergreifen, nutzen«?

Genossenschaft, F., »Gesellschaft mit offener Mitgliederzahl welche die Förderung des Erwerbs oder der Wirtschaft ihrer Mitglieder mittels gemeinschaftlichen Geschäftsbetriebs bezweckt (z.B. Konsumverein)«, (nhd. älter Genoßschaft,) mhd. genozschaft, F., »Verbindung, Gesellschaft, Gemeinschaft«, ahd. ginōzskaf (765), ginōzscaft, F., »Vereinigung, Gemeinschaft, Verbindung, Gesellschaft, Kameradschaft«, Lw. lat. societas, F., »Gesellschaft«?, s. Genosse, schaft, Form Genossenschaft 17. Jh. (Stieler 1691), 18. Jh. Lbd. ne. corporation, N., »Genossenschaft«

genossenschaftlich, Adj., »eine Genossenschaft betreffend«, 19. Jh., s. Genossenschaft, lich

Genozid, N., »Völkermord«, 2. H. 20. Jh. Lw. nlat. genocidium, N., »Völkermord«, zu lat. genus, N., »Geburt, Geschlecht, Art, Gattung«, zu lat. gignere, V., »erzeugen, hervorbringen«, zu lat. caedere, V., »hauen, schlagen«

Genrecht, N., »Gesamtheit der das Erbgut von Lebewesen betreffenden Rechtsregeln«, 2. H. 20. Jh. (um 1985), s. Gen, Recht

genug, Adj., »genügend«, mhd. genuoc, Adj., »genug, hinreichend, sehr viel«, ahd. ginuog (765), ginuogi (9. Jh.?), Adj., »genügend, viel reich, genug«, as. ginōg, ginōgi, Adj., »genügend«, germ. *ganōga, *ganōgaz, Adj., »genug, genügend«, zu idg. *enek̂-, *nek̂-, V., »reichen, erreichen, erlangen«

genugtun, V., »Genüge leisten, befriedigen«, seit 15. Jh. Zusammenrückung aus mhd. genuoc tun, ahd. ginuog tuon, Lüs. lat. satisfacere, V., »Genüge leisten«, s. genug, tun

Genugtuung, F., »Befriedigung, Wiedergutmachung, Buße«, 15. Jh., Lüt. lat. satisfactio, F., »Genugtuung«, s. genugtun, ung

Genus, N., »Geschlecht, Art, Gattung«, seit 17. Jh. in deutschen Texten Lw. lat. genus, N., »Geburt, Geschlecht, Art, Gattung«, zu lat. gignere, V., »erzeugen, hervorbringen«

Genuskauf, M., »Gattungskauf«, 19. Jh.?, s. Genus, Kauf

Genuß, M., »Genuß, Nutzungsmöglichkeit«, 1616 Salzburg, mhd. genuz (13. Jh.?

bzw. 15. Jh.?), älter mhd. geniez, M., »Genießen, Benutzung, Nutznießung, Einkommen, Vorteil, Genuß« (, bis 18. Jh. Genieß), ahd. giniuz (9./10. Jh.), ginioz, M., »Ertrag, Straflosigkeit«, s. ge, Genosse

Genusschuld, F., »Gattungsschuld«, 19. Jh.?, s. Genus, Schuld

Genußmittel, N., »Genuß verschaffendes Mittel« A. 19. Jh., s. Genuß, Mittel, älter Genießmittel (18. Jh.), Genosmittel (1663)

Genußschein, M., »Wertpapier das unabhängig von einer Mitgliedschaft einen Anspruch auf einen besonderen Vermögensvorteil (Genußrecht) eingeräumt (z.B. Anteil an Reingewinn oder Liquidationserlös als Belohnung für Angestellte oder Entgelt für Überlassung von Patenten)«, 19. Jh.?, s. Genuß, Schein

Gerade, F., »(im mittelalterlichen deutschen Recht) Familienhausrat der im Wege einer Sondererbfolge an die nächste weibliche Verwandte fällt«, mhd. (mmd.) gerāde, F., »weibliches Gerät und Kleider als Erbe«, vgl. Lex Thuringorum (um 800) rhedo, Lex Burgundionum (um 500) mahalareda, ursprünglich »Schmuck«?, s. Gerät

gerade, Adj., »in unveränderter Richtung verlaufend«, mhd. gerat, gerade, Adj., »schnell, rasch, gerade«, ahd. girad (1000), giradi (vor E. 8. Jh.), Adj., »gerade, rasch«, zu idg. *kret-, V., »schütteln, sich rasch bewegen«, zu idg. *sker-, *ker-, V., »drehen, biegen, bewegen«

gerade Linie, F., »direkte Beziehung«, 19. Jh.?, s. Linie, gerade

Gerät, N., »Vorrat, Vorsorge, Gebrauchsgegenstand, Gerätschaft«, mhd. geræte, N., »Rat, Beratung, Überlegung, Hilfe, Vorrat, Fülle«, ahd. girāti (765), N., »Rat, Beratung, Geheimnis, Beschluß«, as. girādi, N., »Vorteil«, s. Rat, seit 15. Jh. Form Gerät, seit 18. Jh. auch, seit 19. Jh. nur »zu einer bestimmten Ausrüstung gehörender einzelner Gegenstand«

gerben, sw. V., »gerben«, mhd. gerwen, garwen, V., »gar machen, bereiten, gerben«, ahd. garawen (8. Jh.?), V., »bereiten, rüsten, herrichten, fertigmachen«, as. garwian, gerwian, V., »bereiten, kleiden«, germ. *garwjan, V., »bereiten, fertig machen«, zu germ. *garwa, *garwaz, Adj., »fertig, bereit«, s. idg. *gᵘher-, Adj., »heiß, warm«

Gerber, M., »Gerber«, mhd. gerwer, M., »Gerber« 1302 Lüneburg, ahd. *garawāri (11. Jh.), M., »Verfertiger, Zubereiter, Gerber?«, s. gerben

gerecht, Adj., »gerecht, recht«, mhd. gereht, Adj., »gerade (bis ins 18. Jh.), recht, tauglich, passend, gerecht«, ahd. gireht (900? bzw. 1000), Adj., »gerade, richtig, gebessert, rein, gerecht«, Lüt. lat. directus, Adj., »gerade«?, (, vgl. ahd. ungireht [8. Jh.], Adj., »unrecht, böse«)

gerechter Krieg, M., »gerechtfertigter Krieg«, Lüs. lat. bellum iustum, N., »gerechter Krieg«, vgl. Cicero (106-43 v. Chr.), De re publica III,23, s. Krieg, gerecht

gerechtfertigt, Adj., »mit Rechtfertigung versehen«, s. rechtfertigen

Gerechtigkeit, F., »zeitlos gültiges Maß richtigen Verhaltens«, mhd. gerehtecheit, F., »Gerechtigkeit, moralische Paßlichkeit, richtige fromme Lebensführung, Gerechtsame, Anspruch, Forderung, Abgabe, Vorrat«, 1. H. 12. Jh., Lüs. lat. iustitia, F., »Gerechtigkeit«, s. gerecht, ig, heit

Gerechtsame, F., »Recht«, 15. Jh., s. gerecht, sam, vereinzelt ahd. girehtsamōn (um 800), V., »rechtfertigen«

Gerhab, Gerhabe, M., »Vormund, Pfleger«, mhd. gērhabe, M., »der das Kind auf dem Schoß hält, Vormund«, s. haben

Gericht, N., »Organ das Rechtsprechung (richterliche Gewalt) auszuüben hat«, mhd. geriht, gerihte, N., »Gericht, Recht«, ahd. girihti (10. Jh.), N., »Urteil, Regel, Satzung, Ratschluß, Gericht«, Lüt. lat. correctio, F., »Berichtigung, Verbesserung«, s. ge, richten

Gericht erster Instanz der Europäischen Gemeinschaften, N., »Gericht der Europäischen Gemeinschaften das der Entlastung des Europäischen Gerichtshofes dienen soll (1989)«, s. Gericht, europäisch, Gemeinschaft

gerichtlich, Adj., Adv., »ein Gericht betreffend«, 15. Jh. (1507 Bamberg), Lüs. lat. iudicialis, iudiciarius, Adj., »gerichtlich«, s. Gericht, lich

Gerichtsassessor, M., »ältere Bezeichnung für den im Bereich der Rechtspflege tätigen Beamten des höheren Dienstes auf Probe«, Musäus 1778/9, s. Gericht, Assessor

Gerichtsbarkeit, F., »auf Verwirklichung der bestehenden Rechtsordnung gerichtete Tätigkeit des Staates (Justizhoheit des Bundes und der Länder), Tätigkeit der Gerichte bei der Rechtsanwendung im Einzelfall«, A. 16. Jh. (1520 Oberrhein), Lsch. lat. iurisdictio, F., »Rechtsprechung«?, s. Gericht, bar, heit, vgl. freiwillige Gerichtsbarkeit, ordentliche Gerichtsbarkeit

Gerichtsdiener, M., »Gerichtsdiener, Büttel«, 1519 Österreich, s. Gericht, Diener

Gerichtsferien, Pl., »für die Gerichte der ordentlichen Gerichtsbarkeit geltenden Ferien«, Henisch 1515, s. Gericht, Ferien, vgl. Ullmann 1893

Gerichtsgebrauch, M., »von einem oder mehreren Gerichten eingehaltene Übung«, 1561, s. Gericht, Gebrauch

Gerichtshandel, M., »Rechtsstreit, Klage«, 15. Jh. Straßburg, s. Gericht, Handel

Gerichtshaus, N., »Haus in dem Gericht gehalten wird«, 1396 Memmingen, s. Gericht, Haus

Gerichtshilfe, F., »Unterstützung (einer Behörde oder eines Gerichts) durch ein Gericht«, 15. Jh., s. Gericht, Hilfe

Gerichtshof, M., »ein mit mehreren Richtern besetztes Gericht (z.B. Bundesgerichtshof)«, »Hof an dem Gericht gehalten wird« 1414 Nikolsburg, »Gerichtsstätte«, s. Gericht, Hof

Gerichtskasse, F., »bei einem Gericht eingerichtete Zahlstelle (für Gerichtskosten)«, 19. Jh.?, s. Gericht, Kasse

Gerichtskosten, F. Pl., »Abgaben die der Staat für die Inanspruchnahme der Gerichte fordert«, »Aufwand für ein Gericht« 1400 Niederrhein, s. Gericht, Kosten, vgl. Planck 1839ff.

Gerichtskostenvorschuß, M., »Vorschuß auf die Gerichtskosten«, 19. Jh.?, s. Gericht, Kosten, Vorschuß

Gerichtsordnung, F., »Gerichtsverfahren« 1461 Salzburg, »Satzung über Gerichtsverfahren« 1488 Leipzig, Lüs. lat. ordo iudicii, M., »Ordnung des Gerichts«?

Gerichtsreferendar, M., »Referendar am Gericht«, 19. Jh.?, s. Gericht, Referendar

Gerichtsschreiber, M., »(bis etwa 1923/1927) Bezeichnung für die wichtigste Hilfsperson des Richters an welche seit 1909/1921 zunehmend richterliche Aufgaben übertragen worden waren«, 1381 Bern, 1412 Ingelheim, 1484 Nürnberg, s. Gericht, schreiben, vgl. Ullmann 1893, Planck 1896

Gerichtssprache, F., »vom Gericht verwandte Sprache in der das Verfahren durchgeführt wird«, Maurer 1824, s. Gericht, sprechen

Gerichtssprengel, M., »örtlicher Zuständigkeitsbereich eines Gerichts«, Badisches Landrecht 1809, Lüs. frz.?, s. Gericht, Sprengel

Gerichtsstand, M., »örtliche - teilweise auch sachliche - Zuständigkeit eines Gerichts«, 16. Jh. (1520 Bayern) Lüs. lat. constitutio iudicii, F., »Gerichtsstand«?, s. Gericht, Stand

Gerichtsstube, F., »Raum in dem Gericht gehalten wird«, 1524 Schweiz, s. Gericht, Stube

Gerichtstag, M., »Tag an dem Sitzungen des Gerichts stattfinden«, 15. Jh. Freiburg, s. Gericht, Tag, vgl. endlicher Gerichtstag Gobler 1536

Gerichtsverfahren, N., »vor und von Gerichten durchgeführtes Verfahren«, 19. Jh.?, s. Gericht, Verfahren, vgl. Grimm DW 1897

Gerichtsverfassung, F., »organisatorische Gestaltung der Rechtspflege«, Abegg 1833, Wetzell 1865, s. Gericht, Verfassung

Gerichtsverwaltung (bei der ordentlichen Gerichtsbarkeit Justizverwaltung), F., »die Gerichte betreffender Teil der Verwaltung (z.B. Beschaffung von Grundstücken)«, 1598 Krain, s. Gericht, Verwaltung

Gerichtsvollzieher, M., »mit den Zustellungen und Ladungen und Vollstreckungen zu betrauender Beamter«, 1877 (ZPO), s. Gericht, vollziehen, vgl. Ullmann 1893, Planck 1896

gering, Adj., »gering«, mhd. geringe, Adj., »leicht, behende, klein, gering«, ahd. *giringi, Adj., »gering, leicht«, zu germ. *rengja, *rengjaz, Adj., »leicht«, idg. *renghwa?, *renghu?, s. ge

geringfügig, Adj., »von geringer Bedeutung«, 16. Jh. (Henisch 1517), s. gering, *fügig

geringstes Gebot, N., »Mindestgebot«, s. gering, Gebot, vgl. Gerber 1895

Germanen, M. Pl., »in Südskandinavien (str.) und Norddeutschland am Ende der jüngeren Steinzeit (2. Jt. v. Chr.?) feststellbare Gruppe von indogermanischen Völkerstämmen«, lat. Germani Poseidonios 90 v. Chr., Deutung umstritten

Germanist, M., »Lehrer des deutschen Rechts« frühes 19. Jh. (Grimm 1828), »Kenner der deutschen Sprache« Grimm 1846, s. Germanen, nach dem Muster von Romanist gebildet

germanistisch, Adj., »das germanische Recht betreffend (1. H. 19. Jh.), die deutsche Sprache betreffend«, s. Germanist, isch

Gerüft, N., »(im mittelalterlichen Recht) durch Geschrei erfolgende Verlautbarung eines rechtswidrigen Geschehens (z.B. bei Vergewaltigung)«, mhd. geruofede, geruofte, N., »Ruf, Nachrede«, ahd. giruofti (10. Jh.), N., »Ruf, Geschrei«, giruoft (E. 8. Jh.), M., »Ruf, Ausruf, Rufen«, s. ge, rufen, die mnd. Form geruht führt nach spätmhd. Entlehnung (um 1500) zu nhd. Gerücht

gesamt, Adj., »gemeinsam, vollständig«, mhd. gesament, gesamt, Adj., »versammelt, vereinigt«, PPP. von mhd. samanen, V., »sammeln«, s. sammeln

Gesamtakt, M., »aus parallel gerichteten Willenserklärungen bestehendes Rechtsgeschäft (z.B. Beschluß der Mitglieder eines Vereins)«, 20. Jh.?, s. gesamt, Akt

Gesamtgläubiger, M. Pl., »mehrere Gläubiger die eine Leistung in der Weise zu fordern berechtigt sind daß jeder die ganze Leistung fordern kann der Schuldner aber die Leistung nur einmal zu bewirken verpflichtet ist«, 19. Jh., s. gesamt, Gläubiger

Gesamtgut, N., »bei dem Güterstand der Gütergemeinschaft das aus dem Vermögen des Mannes und dem Vermögen der Frau vor und während der Ehe gebildete gemeinschaftliche Vermögen der Ehegatten, (1580)«, s. gesamt, Gut

Gesamthand, F., »Mehrheit von Personen denen ein Sondervermögen in besonderer Art und Weise (gesamthänderisch) zusteht«, 19. Jh.?, s. gesamt, Hand, vgl. Grimm DW 1897, gesamente hant 1288, lat. communicatis manibus 1287

Gesamtheit, F., »das Gesamte«, um 1800, s. gesamt, heit

Gesamthochschule, F., »gestufte Studiengänge mit verschiedenen Abschlüssen anbietende Hochschule«, um 1975, s. gesamt, Hochschule, älter »eine mehreren Ländern gemeinsam gehörige Hochschule« Campe 1807 (Jena)

Gesamthypothek, F., »für eine Forderung an mehreren Grundstücken bestellte Hypothek«, 19. Jh., s. gesamt, Hypothek

Gesamtprokura, F., »an mehrere Personen gemeinschaftlich erteilte Prokura«, 19. Jh.?, s. gesamt, Prokura

Gesamtrechtsnachfolge, F., »Universalsukzession, Nachfolge in einen Inbegriff von Vermögensgegenständen ohne einzelne Übertragungsakte«, 19. Jh.?, s. gesamt, Rechtsnachfolge

Gesamtsache, F., »Sachgesamtheit«, Allgemeines Bürgerliches Gesetzbuch 1811 Österreich, s. gesamt, Sache

Gesamtschuld, F., »Schuld die mehrere in der Weise schulden daß jeder die ganze Leistung zu bewirken verpflichtet der Gläubiger aber die Leistung insgesamt nur einmal zu fordern berechtigt ist«, A. 19. Jh.? Lüt. nlat. obligatio in solidum (so nach Mackeldey 1814), F., »Gesamtschuld«, s. gesamt, Schuld

Gesamtschuldner, M., »Schuldner einer Gesamtschuld«, Campe 1807, s. gesamt, Schuldner

Gesamtsteuerung, F., »umfassende Einflußnahme auf einen Sachverhalt zu dessen Regelung«, 20. Jh., s. gesamt, Steuer, ung

Gesamtstrafe, F., »Strafe bei Tatmehrheit«, 19. Jh., s. gesamt, Strafe, vgl. Hälschner 1887, Ullmann 1893

Gesamtvertretung, F., »gemeinschaftliche Stellvertretung einer Person durch mehrere Vertreter (z.B. Eltern als gesetzliche Vertreter)«, 20. Jh.?, s. gesamt, Vertretung

Gesamtvollstreckung, F., »der gemeinschaftlichen Befriedigung aller Gläubiger durch Verwertung des pfändbaren Vermögens des Schuldners dienendes Verfahren in den neuen Bundesländern«, 20. Jh.?, s. gesamt, Vollstreckung

Gesamtvorsatz, M., »Vorsatz der sämtliche Teile einer Handlungsreihe als Teilstücke eines einheitlichen Geschehens so umfaßt daß die einzelnen Teilakte als unselbständige Bestandteile einer Tat erscheinen«, 20. Jh.?, s. gesamt, Vorsatz

Gesandter, M., »diplomatischer Vertreter eines Staates bei einem anderen Staat oder einer internationalen Organisation, Angehöriger der zweiten der seit dem 19.

Jh. unterschiedenen vier - jetzt drei - Rangklassen der diplomatischen Vertreter«, 16. Jh. (Brügge 1512 bzw. Luther vor 1546 für Apostel), aus spätmhd. (15. Jh.) gesandter pote, M., »gesandter Bote«, (subst.) PPP. von senden, s. senden

Geschäft, N., »einen bestimmten Zweck verfolgende Tätigkeit und zwar sowohl die einzelne evtl. an bestimmte Voraussetzungen geknüpfte Handlung (vgl. Rechtsgeschäft) als auch der Inbegriff der Tätigkeit samt den damit verbundenen Substraten (vgl. Handelsgeschäft)«, mhd. geschefte, N., »Beschäftigung, Geschäft, Angelegenheit«, zu ahd. giskafti (765), giscafti, N., »Wesen«, s. ge, schaffen, Bedeutung »Verkaufsraum» 19. Jh.

geschäftlich, Adj., »das Geschäft betreffend«, 15. Jh., s. Geschäft, lich

geschäftsähnlich, Adj., »einem Geschäft ähnlich«, 19. Jh.?, s. Geschäft, ähnlich

geschäftsähnliche Handlung, F., »einem Rechtsgeschäft ähnliche Handlung«, 19. Jh.?, s. Handlung, geschäftsähnlich

Geschäftsanteil, M., »Anteil eines Gesellschafters am Gesellschaftsvermögen«, 19. Jh., s. Geschäft, Anteil

Geschäftsbedingungen, allgemeine, F., »für eine Vielzahl von Verträgen vorformulierte Vertragsbedingungen die eine Vertragspartei (Verwender) der anderen Vertragspartei bei Abschluß eines Vertrages stellt«, 20. Jh.?, s. Geschäft, Bedingung

Geschäftsbericht, M., »periodischer Bericht über den Geschäftsverlauf und die Lage der Gesellschaft (Lagebericht)«, 20. Jh.?, s. Geschäft, Bericht

Geschäftsbesorger, M., »wer eines anderen Geschäfte besorgt«, Campe 1807, s. Geschäft, besorgen

Geschäftsbesorgung, F., »Ausführung einer Tätigkeit für einen anderen«, Badisches Landrecht 1809, Lüs. frz.?, s. Geschäft, Besorgung, Geschäftsbesorger

Geschäftsbesorgungsvertrag, M., »Dienstvertrag oder Werkvertrag der eine Geschäftsbesorgung zum Gegenstand hat«, 19. Jh.?, s. Geschäftsbesorgung, Vertrag

Geschäftsbetrieb, M., »äußerliche Organisation eines Kaufmannes mit deren Hilfe er seine Geschäfte betreibt«, 19. Jh., s. Geschäft, Betrieb

geschäftsfähig, Adj., »zu Geschäften fähig«, 1573 Niederösterreich, Goethe vor 1832, s. Geschäft, fähig

Geschäftsfähigkeit, F., »Fähigkeit mit rechtlicher Wirkung durch eigene Handlung Rechtsgeschäfte vorzunehmen«, Sturz vor 1779, im preußischen Gesetz über die Geschäftsfähigkeit Minderjähriger vom 12. 7. 1875 aufgenommen, s. geschäftsfähig, heit

Geschäftsführer, M., »tatsächlicher Leiter eines Unternehmens oder Verbandes, Organ der Gesellschaft mit beschränkter Haftung, Handelnder bei der Geschäftsführung ohne Auftrag«, Allgemeines Bürgerliches Gesetzbuch 1811 Österreich, 1823 Hamburg, Lüs. nlat. negotiorum gestor, M., »Geschäftsführer«, s. Geschäftsführung, Geschäft, Führer

Geschäftsführung, F., »Führung des Geschäfts«, Badisches Landrecht 1809, Lüs. frz.?, zu nlat. negotiorum gestio, F., »Geschäftsführung«, zu lat. negotia gesta, N. Pl., »geführte Geschäfte«, s. Geschäft, führen, ung

Geschäftsführung ohne Auftrag, F., »gesetzliches unvollkommen zweiseitiges Schuldverhältnis das dadurch entsteht daß eine Person (Geschäftsführer - ohne Auftrag -) ein Geschäft für einen anderen (Geschäftsherrn) besorgt obwohl zwischen ihnen noch kein Rechtsverhältnis (z.B. Vertrag) besteht«, Allgemeines Bürgerliches Gesetzbuch 1811 Österreich

Geschäftsgrundlage, F., »Vorstellungen und Erwartungen von dem Vorhandensein oder dem künftigen Eintritt bestimmter Umstände von denen sich die Parteien beim Abschluß eines Rechtsgeschäfts haben leiten lassen (subjektive Geschäftsgrundlage) bzw. die sonstigen objektiven Verhältnisse (objektive Geschäftsgrundlage)«, 20. Jh., s. Geschäft, Grundlage

Geschäftsguthaben, N., »Geldbetrag mit welchem ein Genosse an einer Genossenschaft tatsächlich beteiligt ist«, 19. Jh.?, s. Geschäft, Guthaben

Geschäftsherr, M., »Herr eines Geschäfts«, 1386 Klosterneuburg, s. Geschäft, Herr

Geschäftsherrnpflichtverletzung, F., »gesetzliches Schuldverhältnis auf Grund dessen der Geschäftsherr den von seinem Verrichtungsgehilfen verursachten Schaden eines Dritten zu ersetzen hat«, 2. H. 20. Jh., s. Geschäftsherr, Pflichtverletzung

Geschäftsjahr, N., »Zeitabschnitt für den der Unternehmer die (Jahres-)Bilanz aufstellt«, Keller 1856, s. Geschäft, Jahr

geschäftsmäßig, Adj., »dem Geschäftsgebrauch gemäß«, Freytag um 1880, s. Geschäft, Maß, ig

Geschäftsmäßigkeit, F., »Qualifikation einer Handlung welche voraussetzt daß der Täter bei der Tat die Absicht hat die Wiederholung gleichartiger Taten zu einem dauernden oder mindestens wiederkehrenden Bestandteil seiner Beschäftigung zu machen«, 19. Jh.?, s. geschäftsmäßig, heit

Geschäftsordnung, F., »Gesamtheit der Regeln nach denen bestimmte Personenmehrheiten bei der Durchführung ihrer Geschäfte verfahren«, »Testament« 1538 Salzburg, »Geschäftsordnung« 1819 Baden, s. Geschäft, Ordnung, aus Frankreich oder England?

Geschäftsraummiete, F., »Miete von Geschäftsraum«, 2. H. 20. Jh., s. Geschäft, Miete, Raum

Geschäftsstelle, F., »Ort der einer Organisation für den Verkehr mit ihren Mitgliedern oder Dritten dient«, 1. H. 19. Jh. (Goethe vor 1832), s. Geschäft, Stelle

Geschäftsträger, M., »Angehöriger der untersten Rangklasse der diplomatischen Vertreter«, s. Geschäft, Träger, 18. Jh. Lüt. frz. chargé d'affaires, M., »mit politischen Geschäften Beauftragter«, vgl. Worms 1499 geschefttreger für lat. syndicus, Gobler 1558 gescheft träger

Geschäftsunfähigkeit, F., »Unfähigkeit mit rechtlicher Wirkung durch eigene Handlung Rechtsgeschäfte vorzunehmen«, 19. Jh., s. Geschäft, un, Fähigkeit, Geschäftsfähigkeit

Geschäftsverteilung, F., »Verteilung der Dienstaufgaben innerhalb einer Behörde auf die verschiedenen Ämter und die verschiedenen Amtswalter«, 19. Jh.?, s. Geschäft, Verteilung, vgl. Planck 1857

Geschäftswert, M., »Wert einer Angelegenheit«, 20. Jh.?, s. Geschäft, Wert

Geschäftswille, M., »Wille mit einer Erklärung eine bestimmte Rechtsfolge herbeizuführen«, 20. Jh.?, s. Geschäft, Wille

Geschäftszeuge, M., »zu einem Geschäft hinzugezogener Zeuge«, Brunner 1865, s. Geschäft, Zeuge

geschehen, V., »sich ereignen«, mhd. geschehen, V., »geschehen«, ahd. giskehan (1000), giscehan, V., »geschehen, ergehen, erfolgen, vorkommen«, germ. *gaskehan, V., »geschehen, verlaufen«, zu idg. *skek-, V., Sb., »springen, bewegen, Bewegung«

Geschehen, N., »Entwicklungsablauf«, mhd. geschehen, s. geschehen

Geschenk, N., »Geschenk«, mhd. geschenke, N., »Eingeschänktes, Geschenk (spätmhd.)«, 1444 Ostfriesland, s. ge, schenken

Geschichte, F., »Geschichte (Kant u.a. 3. Drittel 18. Jh.)«, 17. Jh. Sg. Geschichte aus Pl. Geschichten (»denkwürdige Ereignisse«) von mhd. geschicht(e), N., »denkwürdiges Ereignis« (13. Jh.), zu mhd. geschicht, F., »Begebenheit, Ereignis«, ahd. giskiht (1000), gisciht, F., »Geschehen, Ereignis, Eintreffen, Zufall«, ti-Abstraktum, s. geschehen, vgl. Geschichtliche Grundbegriffe

geschichtlich, Adj., »Geschichte betreffend«, 17. Jh., s. Geschichte, lich

Geschlecht, N., »Geschlecht«, Lbd. lat. sexus, M., »Geschlecht«, mhd. geslahte, N., »Geschlecht, Stamm, Familie«, ahd. gislahti (1000), N., »Geschlecht, Stamm, Stammbaum«, zu germ. *gaslahta, *gaslahtaz, Adj., »geartet«, zu idg. *slak-, V., »schlagen, hämmern«, s. ge, schlagen

geschlechtlich, Adj., »das Geschlecht betreffend, sexuell«, A. 19. Jh., s. Geschlecht, lich

Geschlechtstrieb, M., »Fortpflanzungstrieb«, 18. Jh., s. Geschlecht, Trieb

Geschmack, M., »Geschmack, Geruch, Urteilsvermögen«, mhd. gesmac, gesmach, M., »Geruch, Geschmack«, ahd. gismak (2. H. 8. Jh.?), gismac, gismah, M., »Geschmack«, zu schmecken, s. ge, schmecken

Geschmackmuster, N., »ästhetisch wirkendes gewerbliches Muster (flächig, z.B. Tapetenmuster) oder Modell (räumlich z.B. Geschirr) welches durch Gesetz zugunsten des Urhebers besonders geschützt ist«, »Muster des guten Geschmacks« Bouterwek vor 1819, s. Geschmack, Muster

Geschoß, N., »Schießgegenstand, Stockwerk«, mhd. geschȏz, N., »geschossene Waffe, Stockwerk (was rasch in die Höhe kommt), Abgabe«, ahd. gisкōz (10. Jh.), N., »Geschoß, Wurfwaffe«, s. ge, schießen

Geschwader, N., »Reiterabteilung (16. Jh.), Geschwader (17. Jh.)«, zu spätmhd. swader, M., »Reiterabteilung, Flottenabteilung«, Lw. it. squadra, F., »im Viereck angeordnete Reitertruppe«, zu it. squadrare, V., »im Quadrat aufstellen«, aus vulgarlat. *exquadrare, V., »im Quadrat aufstellen«, zu lat. e, ex, Präp., Präf., »aus«, lat. quadrare, V., »viereckig machen«, zu lat. quadrus, Adj., »viereckig«, zu lat. quattuor, Num. Ord., »vier«

geschwind, Adj., »schnell«, mhd. geswinde, Adj., »schnell, ungestüm«, ahd. nur PN, zu germ. *swinþa, *swinþaz, Adj., »stark, ungestüm«, zu idg. *sĝhunt-, *sĝhuu̯ent-, Adj., »mächtig, stark«?, zu idg. *su̯ento-?, Adj., »rege, rüstig, gesund«? zu idg. *seĝh-, V., »festhalten, verfügen können«

Geschwindigkeit, F., »Schnelligkeit«, 16. Jh., s. geschwind, ig, heit

Geschwister, N. Pl., »Geschwister«, mhd. geswister, geswester, N. Pl., »Gesamtheit von Schwestern, Geschwister«, 1347 Weinheim, älter Geschwistergit, Sb., »Geschwister, Geschwisterkind« Augsburg 1256, s. ge, Schwester, vgl. ahd. giswester (863-71), F. Pl., »Schwestern«, as. giswestar, F. Pl., »Schwestern«

Geschworener, M., »wer unter Ablegung eines Schwures ein besonderes Amt (der Rechtspflege) übernommen hat (z.B. ehrenamtlicher Richter am Schwurgericht)«, »Schöffe, Beisitzer«, 1281 Brügge, »Ratsmitglied« 1324 Courtrai, mhd. gesworne, M. Pl., »die geschworen haben, die sich eidlich verpflichtet haben«, s. schwören, sachlich seit A. 19. Jh. durch Napoleon im Rheinland bzw. allgemein seit 1848 erneuert

Geselle, M., »Handwerker der die nach einer Lehrzeit abzulegende Gesellenprüfung bestanden hat«, mhd. giselle, M., »Gefährte, Freund, Geliebter, Kompagnon, Geselle«, ahd. gisello (A. 9. Jh.), M., »Saalgenosse, Geselle, Genosse, Kamerad, Gefährte, Freund«, s. ge, Saal

Gesellschaft, F., »Gruppe von Menschen, (im Privatrecht) Vereinigung mehrerer Personen (ausnahmsweise auch eine einzige Person Einmanngesellschaft) durch Rechtsgeschäft zur Erreichung eines gemeinsamen Zweckes«, mhd. geselleschaft, F., »Gesellschaft, Genossenschaft«, ahd. gisellaskaf (830), giselliscaf, F., »Gemeinschaft, Vereinigung, Freundschaft«, Lüs. lat. consociatio, F., »Vereinigung, Verbindung«, s. Geselle, schaft, vgl. Geschichtliche Grundbegriffe

Gesellschaft des bürgerlichen Rechts, F., »Grundform der nichtrechtsfähigen (Personal-) Gesellschaft«, 20. Jh., s. Gesellschaft, bürgerlich, Recht

Gesellschaft mit beschränkter Haftung, F., »rechtsfähige (Kapital-)Gesellschaft mit beschränkter Haftung der Gesellschafter«, 1892, s. Gesellschaft, beschränkt, Haftung

Gesellschafter, M., »Mitglied einer Gesellschaft das auf Grund des Gesellschaftsvertrages Rechte und Pflichten gegenüber der Gesellschaft hat«, 1484 Nürnberg, s. Gesellschaft

Gesellschafterbeschluß, M., »Beschluß der Mitglieder einer Gesellschaft«, 19. Jh.?, s. Gesellschafter, Beschluß

Gesellschaftsrecht, N., »Recht der Gesellschaften des Privatrechts«, »Mitgliedschaftsrecht einer Gesellschaft«, 1615 Bern, »das die in Gesellschaft lebenden Menschen angehende Recht«, Campe 1807, s. Gesellschaft, Recht

Gesellschaftsvermögen, N., »Vermögen der Gesellschaft«, 1742 Frankfurt, s. Gesellschaft, Vermögen

Gesellschaftsvertrag, M., »zum Zweck der Gründung einer Gesellschaft unter den Gesellschaftern abgeschlossener Vertrag«, Allgemeines Landrecht 1794 Preußen, Badisches Landrecht 1809, s. Gesellschaft, Vertrag, vgl. frz. contrat social, M., »Gesellschaftsvertrag« Rousseau 1762

Gesetz, N., »abstrakte und generelle (auf hoheitlicher Anordnung beruhende) Regelung, jeder vom Parlament im besonderen Gesetzgebungsverfahren verabschiedete Beschluß«, mhd. gisezzi, N., »Gesetz, Satzung«, Mühlhäuser Reichsrechtsbuch um 1225, älter ahd. gisezzida (765), F., »Setzung, Einrichtung, Verordnung, Stellung«, lat. beeinflußt?, s. ge, setzen, vgl. Geschichtliche Grundbegriffe

Gesetzblatt, N., »amtliches Druckwerk in dem Gesetze (und Rechtsverordnungen) zu verkünden sind (z.B. Bundesgesetzblatt)«, s. Gesetz, Blatt, vgl. 1849 Österreich Reichsgesetzblatt

Gesetzbuch, N., »Buch das gesetztes Recht enthält« 15. Jh. Ulm, »Altes Testament« Luther 1528, s. Gesetz, Buch

Gesetzentwurf, M., »Entwurf zu einem Gesetz«, Campe 1807, s. Gesetz, ent, werfen

Gesetzesanalogie, F., »an eine einzelne Bestimmung eines Gesetzes geknüpfte Analogie (z.B. Anwendung des § 463 S. 2 BGB für arglistige Vorspiegelung einer nicht vorhandenen Eigenschaft)«, s. Gesetz, Analogie, vgl. Weiske 1839ff.

Gesetzeseinheit, F., »Fall unechter Konkurrenz«, 19. Jh.?, s. Gesetz, Einheit

gesetzesfrei, Adj., »frei von Gesetzen«, 20. Jh.?, s. Gesetz, frei

gesetzesfreie Verwaltung, F., »frei von Gesetzen handelnde Verwaltung«, 20. Jh.?, s. Verwaltung, gesetzesfrei

Gesetzesinitiative, F., »Einbringung von Gesetzesvorlagen im Parlament«, 19. Jh.?, s. Gesetz, Initiative

Gesetzeskonkurrenz, F., »Gesetzeseinheit, Konkurrenz zweier Gesetze«, 19. Jh.?, s. Gesetz, Konkurrenz

Gesetzeskraft, F., »Verbindlichkeit einer Regel als Gesetz«, Campe 1807, s. Gesetz, Kraft

Gesetzeslücke, F., »Lücke eines Gesetzes«, 20. Jh.?, s. Gesetz, Lücke

Gesetzespositivismus, M., »Festhalten am (Wortlaut des) Gesetz(es) als einziger Richtschnur«, 20. Jh.?, s. Gesetz, Positivismus

Gesetzesrecht, N., »durch Gesetz geschaffenes Recht«, Windscheid um 1870, s. Gesetz, Recht

Gesetzessammlung, F., »Sammlung von Gesetzen«, s. Gesetz, Sammlung, 1780 Österreich Justizgesetzsammlung, 1790 Politische Gesetzsammlung, 1806 Preußen Gesetzsammlung

Gesetzesumgehung, F., »Anstreben eines vom Gesetz verbotenen Erfolges durch ein vom Gesetz nicht ausdrücklich verbotenes dem Zweck des Verbotsgesetzes zuwiderlaufendes Verhalten«, 19. Jh.?, s. Gesetz, Umgehung

Gesetzesvorlage, F., »Entwurf eines Gesetzes im Gesetzgebungsverfahren«, s. Gesetz, vor, Lage, vgl. Grimm DW 1897

Gesetzesvorbehalt, M., »den einzelnen Grundrechten beigegebener - oder auch u.U. sonst anzunehmender (str.) - Vorbehalt unter welchen Voraussetzungen das Grundrecht durch Gesetz eingeschränkt werden darf«, 2. H. 20. Jh.?, s. Gesetz, Vorbehalt

gesetzgebend, Adj., »Gesetze schaffend«, 18. Jh. (Greneck 1752) Lüt. mlat. legislatorius, Adj., »gesetzgeberisch«, s. gesetz, geben

gesetzgebende Gewalt, F., »Gesetze gebender Teil der Staatsgewalt«, 19. Jh.?, Lüs. frz.?, s. Gewalt, gesetzgebend

Gesetzgeber, M., »Gesetzgeber«, 14. Jh. Lüs. mlat. legislator, M., »Gesetzgeber«, vgl. lat. legislator, M., »Gesetzgeber«, s. Gesetz, geben

Gesetzgebung, F., »Verfahren der Schaffung von formellen Gesetzen«, 17. Jh. (Stieler 1691) Lüs. lat. legislatio, F., »Gesetzgebung«

Gesetzgebungsnotstand, M., »die Gesetzgebung betreffender Notstand«, um 1980?, s. Gesetzgebung, Notstand

Gesetzgebungsverfahren, N., »Verfahren der Schaffung von formellen Gesetzen«, 19. Jh.?, s. Gesetzgebung, Verfahren

Gesetzgebungszuständigkeit, F., »Zuständigkeit zum Erlaß von Gesetzen«, 19. Jh.?, s. Gesetzgebung, Zuständigkeit

gesetzlich, Adj., »dem Gesetz entsprechend«, A. 15. Jh. Lüs. lat. legalis, Adj., »gesetzlich«, s. Gesetz, lich

gesetzliche Erbfolge, F., »aus dem Gesetz sich ergebende Erbfolge«, 19. Jh., s. Erbfolge, gesetzlich

gesetzlicher Güterstand, M., »vom Gesetz festgelegter Güterstand«, 19. Jh.?, s. Güterstand, gesetzlich

gesetzlicher Richter, M., »der vom Gesetz festgelegte zuständige Richter« (1820 Hessen, 1848/9 Reich), s. Richter, gesetzlich

gesetzlicher Vertreter, M., »durch Gesetz festgelegter Vertreter«, 19. Jh.?, s. Vertreter, gesetzlich, vgl. Planck 1896

gesetzliches Erbrecht, N., »aus dem Gesetz sich ergebendes Erbrecht«, 19. Jh.?, s. Erbrecht, gesetzlich

gesetzliches Pfandrecht, N., »aus dem Gesetz sich ergebendes Pfandrecht«, 19. Jh.?, s. Pfandrecht, gesetzlich, vgl. Gerber 1895

gesetzliches Schuldverhältnis, N., »aus dem Gesetz sich ergebendes Schuldverhältnis«, 19. Jh.?, s. Schuldverhältnis, gesetzlich

gesetzliches Zahlungsmittel, N., »vom Gesetz festgelegtes Zahlungsmittel«, 20. Jh.?, s. Zahlungsmittel, gesetzlich

Gesetzlichkeitsprinzip, N., »Grundsatz daß jemand für eine Tat nur bestraft werden kann wenn die Strafbarkeit gesetzlich bestimmt war ehe die Tat begangen wurde (nullum crimen nulla poena sine lege)«, 20. Jh.?, s. gesetzlich, heit, Prinzip

gesetzmäßig, Adj., »dem Gesetz gemäß«, Fischart 1581, s. Gesetz, mäßig

Gesetzmäßigkeit, F., »Grundsatz der Ausgerichtetheit am Gesetz«, Kant E. 18. Jh., s. gesetzmäßig, heit

gesetzwidrig, Adj., »dem Gesetz widersprechend« 18. Jh. (1716 Hamburg), Lüt. lat. contra legem, »wider das Gesetz«

Gesetzwidrigkeit, F., »Widerspruch eines Verhaltens oder Zustandes zur Rechtsordnung«, 20. Jh.?, s. gesetzwidrig, heit

Gesicht, N., »Gesicht«, mhd. gesiht, F., »Sehen, Anblick, Vision, Traum, Angesicht«, ahd. gisiht (765), F., »Gesicht, Anblick, Sehen, Anschauen, Blick, Auge, Angesicht«, as. gisiht, F., »Gesicht«, s. ge, sehen, N. im 16. Jh. durchgesetzt

Gesichtspunkt, M., »Blickwinkel, Betrachtungsweise«, Dürer 16. Jh. Lüs. mlat. punctum visus, N., »Betrachtungspunkt«, E. 17. Jh. (Leibniz) Lbd. frz. point de vue, M., »Blickwinkel«, s. Gesicht, Punkt

Gesinde, N., »Gesamtheit der in einem Hauswesen beschäftigten und der Personalgewalt des Hausvaters unterstehenden Dienstboten«, mhd. gesinde, gesinne, N., »Gefolge, Dienerschaft, Kriegsleute«, ahd. gisindi (E. 8./A. 9. Jh.), N., »Begleitung, Gefolge, Gesinde, Jüngerschaft«, as. gisīthi, N., »Begleitung«, germ. *gasenþja, *gasenþjam, N., »Begleitung«, zu germ. *senþa, *senþaz, M., »Weg«, zu idg. *sent-, V., »gehen, empfinden, wahrnehmen«?

Gesindel, N., »Gesindel«, 16. Jh., fnhd. gesindlein (16. Jh.), N., »kleines Gesinde«, daraus später »Lumpenpack«, s. Gesinde

Gespons, M., F., »Ehegatte«, mhd. gespons, gespunse, M., N., »Bräutigam, Braut«, Lw. lat. sponsus, M., »Verlobter«, lat. sponsa, F., »Verlobte«, PPP. zu lat. spondere, V., »geloben, versprechen«

Gestalt, F., »Aussehen, Beschaffenheit«, mhd. gestalt, F., »Gestalt, Aussehen, Beschaffenheit«, subst. PPP. von stellen »das Gestellte« (mit Rückumlaut), s. stellen

gestalten, V., »formen, bilden«, 16. Jh. (Dasypodius 1537) Ableitung von Gestalt

Gestaltung, F., »Gestalten (N.)«, A. 16. Jh. (Dasypodius 1537) Lüs. lat. formatio, F., »Gestaltung«, s. gestalten, ung

Gestaltungsakt, M., »Handlung durch die unmittelbar eine Rechtslage gestaltet wird«, 20. Jh.?, s. Gestaltung, Akt

Gestaltungsklage, F., »Klage mit welcher der Kläger vom Gericht die Vornahme einer rechtlichen Gestaltung begehrt«, 19. Jh.?, s. Gestaltung, Klage

Gestaltungsrecht, N., »(einseitiges) Recht auf unmittelbare Rechtsänderung«, 19. Jh.?, s. Gestaltung, Recht

Gestaltungsurteil, N., »auf eine zulässige und begründete Gestaltungsklage hin ergehendes Urteil«, 19. Jh.?, s. Gestaltung, Urteil

Geständnis, N., »Zugestehen der Wahrheit einer von einer anderen Seite behaupteten Tatsache durch einen Verfahrensbeteiligten«, 17. Jh. (Carpzow 1638), Lüt. lat. confessio, F., »Eingeständnis«, s. gestehen, nis

gestatten, V., »erlauben, einwilligen«, mhd. gestaten, V., »gewähren, gestatten«, ahd. gistatōn (3. Dr. 8. Jh.), V., »stellen, legen, bleiben, sich zur Ruhe legen«, zu ahd. stata, F., »Zustand, Bestand, Gelegenheit«, mit dem idg. Suff. *tā zu der idg. Wurzel *stā-, *stə-, V., »stehen, stellen«, s. ge, stehen

Gestattung, F., »Einverständnis«, Duez 2. H. 17. Jh., s. gestatten, ung

gestehen, V., »(verstärktes) stehen, einräumen, zugestehen«, mhd. gestān, gestēn, V., »stehen, standhalten, beistehen«, ahd. gistān (A. 9. Jh.), gistēn, V., »stehen, bestehen, feststehen, stillstehen, beruhen«, Bedeutungseinengung nhd., s. ge, stehen

Gesuch, N., »schriftliche Bitte (17. Jh.), Antrag«, 16. Jh., s. ge, suchen, vgl. mhd. gesuoch, N., »Erwerb, Gewinn, Zins«, ahd. gisuoh (A. 9. Jh.), M., »Untersuchung, Gewinn, Zins«

gesund, Adj., »gesund, heil, unverletzt«, mhd. gesunt, Adj., »gesund, unverletzt, geheilt«, ahd. gisunt (765), Adj., »gesund, glücklich, gut, unversehrt«, westgerm. *gasunda, *gasundaz, Adj., »gesund«, zu idg. *sĝhunt-, *sĝhuu̯ent-, Adj., »mächtig, stark«?, idg. *su̯ento-?, Adj., »rege, rüstig, gesund«?, zu idg. *seĝh-, V., »verfügen können«?

Gesundheit, F., »ungestörter Ablauf der inneren Lebensvorgänge, Zustand der dem

Einzelnen die Ausübung der körperlichen und geistigen Funktionen ermöglicht«, mhd. gesuntheit, F., »Gesundsein«, Konrad von Würzburg (1220/30-87), Lüs. lat. sanitas, F., »Gesundheit«?, s. gesund, heit

Gesundheitsamt, N., »(staatliche) Behörde des Gesundheitswesens«, Campe 1807, s. Gesundheit, Amt, unter dem Einfluß von ne. sanitory board of health, N., »Gesundheitsamt« seit M. 19. Jh. verbreitet

Gesundheitsbeschädigung, F., »Herbeiführen oder Steigern einer körperlichen oder seelischen Krankheit«, 19. Jh., s. Gesundheit, Beschädigung, vgl. Hälschner 1887

Gesundheitszerstörung, F., »umfangmäßig weitreichende und zeitlich nicht nur vorübergehende Aufhebung wesentlicher körperlicher Funktionen«, 19. Jh.?, s. Gesundheit, Zerstörung

geteiltes Eigentum, N., »zwischen mehreren Berechtigten aufgeteiltes Eigentum«, Badisches Landrecht 1809, Lüs. frz.?

Getreide, N., »Kornertrag, Korn, Getreide«, mhd. getregede, getreide, N., »alles was getragen wird, Kleidung, Last, Bahre, Getreide, Lebensmittel«, ahd. gitregidi (12. Jh.), N., »Besitztum, Habe, Ertrag, Einkunft«, Bedeutungseinengung seit 14. Jh., s. ge, tragen

getrennt, PPP., »geschieden, gesondert«, s. trennen, seit 1. H. 16. Jh. (Mathesius) vom Verb differenziert

Getrenntleben, N., »Zustand zwischen Ehegatten bei dem zwischen ihnen keine häusliche Gemeinschaft besteht (Nichtbestehen einer häuslichen Gemeinschaft) und ein Ehegatte sie erkennbar nicht herstellen will weil er die eheliche Lebensgemeinschaft ablehnt (Trennungsabsicht)«, 20. Jh.?, s. getrennt, leben

Getto, N., »abgetrenntes Wohnviertel, Judenviertel«, 1. H. 17. Jh. (Furttenbach 1627) Lw. it. ghetto, M., »Judenviertel (Geto nuovo mit Metallgießereien) in Venedig (16. Jh.), Judenviertel« zu it. ghetto, M., »Gasse«, germanist. Lw., s. Gasse, oder zu it. gettare, V., »in Formen gießen«?, ältere Schreibweise Ghetto

Gevatter, M., »Gevatter, Mitvater, Freund«, mhd. gevatere, gevater, M., »Gevatter«, ahd. gifatero (12. Jh.), gifatera (9./10. Jh.), M., F., »Pate, Patin«, Lüs. lat. compater, M., »Mitvater, Pate«, lat. commater, F., »Mitmutter, Patin«, s. ge, Vater, seit 15. Jh. von Pate aus ursprünglicher Bedeutung verdrängt

gewahr, Adj., »gewahr, bewußt«, mhd. gewar, Adj., »beachtend, bemerkend, aufmerksam, sorgfältig«, ahd. giwar (810-17), Adj., »gewahr, achtsam, sorgsam, aufmerksam«, as. giwar, Adj., »gewahr, vorsichtig«, s. ge, wahren, zu idg. *u̯oros, Adj., »aufmerksam«

Gewähr, F., »Zusicherung«, mhd. gewer, s. gewähren, ge, wahren

gewähren, V., »leisten, erfüllen, gewähren«, mhd. gewern, V., »gewähren, zugestehen«, ahd. giwerēn (863-71), V., »erfüllen, befolgen, beachten, leisten, gewähren«, zu germ. *werēn, V., »gewähren«, idg. *u̯erə-, V., »achten«, s. ge, wahren

gewährleisten, V., »die Gewähr leisten«, 19. Jh., Zusammenrückung aus die Gewähr leisten (so noch Lessing 1754), s. gewähren, leisten

Gewährleistung, F., »gesetzliche Verpflichtung des Schuldners für die Mangelfreiheit einer Sache oder eines Werkes einzustehen«, »Sicherheitsleistung, Haftung«, Grupen 1706, s. gewährleisten, ung, gewähren, Leistung

Gewahrsam, M., »tatsächliches von einem Herrschaftswillen getragenes Herrschaftsverhältnis«, »Sicherheit« Bamberg 1507, mhd. gewarsame, F., »Aufsicht, Sicherheit«, s. gewahr, sam, vgl. 15. Jh. Gewahrsam, N., »Gefängnis«

Gewahrsamsbruch, M., »Aufhebung des Gewahrsams ohne Willen des Gewahrsamsinhabers«, 19. Jh.?, s. Gewahrsam, Bruch

Gewährschaft, F., »(im mittelalterlichen Recht) die Verpflichtung des Veräußerers einer Sache für den Fall daß ein Dritter von dem Erwerber die Sache herausverlangt an Stelle des Erwerbers dem Verlangen des Dritten entgegenzutreten oder den Kaufpreis zu erstatten und weitere Nachteile (Buße) auf sich zu nehmen«, 12. Jh. Köln (gewerskef 1159-75?), 1283 Württemberg, s. gewähren, schaft

Gewährsmann, M., »Garant« (16. Jh.), vgl. mhd. gewereman (13. Jh.), s. Gewähr, Mann

Gewalt, F., »Einsatz von Kraft zur Erreichung eines Zieles sowie die Möglichkeit hierzu, (im Strafrecht) zur Überwindung eines wirklichen oder vermuteten Widerstandes eingesetzte körperliche Kraft«, mhd. gewalt, M., F., »Gewalt, Macht, Herrschaft, Vollmacht, Menge«, ahd. giwalt (790?), M., F., »Gewalt, Macht, Herrschaft, Verfügung, Möglichkeit, Recht«, as. giwald, F., M.?, N.?, »Gewalt, Macht, Herrschaft, Reich, Besitz«, Verbalabstraktum zu walten, s. ge, germ. *waldi, *waldiz, F., »Macht, Gewalt«, germ. *walda, *waldam, N., »Macht, Gewalt«, s. walten, vgl. Geschichtliche Grundbegriffe (Macht, Gewalt)

Gewaltenteilung, F., »Aufteilung der staatlichen Hoheitsgewalt in mehrere sich gegenseitig kontrollierende und beschränkende Gewalten die von verschiedenen Personen ausgeübt werden«, 20. Jh., s. Gewalt, Teilung, vgl. sachliche Entwicklung durch Locke und Montesquieu, Iselin 1760 Gewalt ... verteilen, Justi 1761 Zerteilung der Gewalt, Pölitz 1825 Teilung der Gewalt, Mayer 1917 Trennung der Gewalten, vgl. Geschichtliche Grundbegriffe

Gewalthaber, M., »Stellvertreter, Herrscher«, 15. Jh., s. Gewalt, haben

Gewalttat, F., »Gewalttat« 1. H. 16. Jh. (1599 Niederösterreich), s. Gewalt, Tat

gewalttätig, Adj., »mit Gewalt tätig« E. 16. Jh. (1599 Niederösterreich), s. Gewalttat, ig

Gewalttätigkeit, F., »Einsatz psychischer Kraft durch aggressives positives Tun von einiger Erheblichkeit mit dem unmittelbar auf Menschen oder Sachen eingewirkt wird«, 1599 Niederösterreich, s. gewalttätig, heit

Gewaltverhältnis, N., »Verhältnis zwischen einem Träger von Gewalt und einem Gewaltunterworfenen (z.B. zwischen Staat und Einzelnem)«, 19. Jh.?, s. Gewalt, Verhältnis, vgl. Mayer 1895

Gewann, N., Gewanne, F., »Gewann, Teil der Gemarkung«, mhd. gewande, F., »Grenze, Ackergrenze, Ackerlänge«, 1305 Hessen, ahd. giwanta (1. V. 9. Jh.), F., »Wende, Wechsel«, *giwanti, N., s. ge, wenden

Gewässer, N., »jede (nicht ganz unbedeutende) Ansammlung von Wasser (16. Jh.)«, spätmhd. gewessere, N., »großes Wasser« 14. Jh., s. ge, Wasser

Gewäte, N., »Bekleidung, Ausrüstung«, mhd. gewæte, gewāte, N., »Kleidung, Rüstung«, ahd. giwāti (765), N., »Kleid, Gewand, Bekleidung, Kleidung«, as. giwādi, N.?, F.?, giwēdi, »Kleid, Gewand«, s. ge, germ. *wēdi, *wēdiz, F., »Kleid, Gewand, Schnur (F.) (1)«, zu idg. *audh-, *u̯ĕdh-, Sb., »Band, Gewebe«, vgl. *au̯- (5), V., »flechten, weben«

Gewehr, N., F., »Waffe, Gewehr, Schußwaffe, Handfeuerwaffe (18. Jh.)«, mhd. gewer, F., N., »Wehr, Verteidigung, Waffe, Grenzmauer«, 15. Jh., gewer, N., »Gewehr, Waffe, Befestigungswerk«, 14. Jh., zu ahd. giwerien (863-71), V., »sich wehren, sich hüten«, s. ge, wehren

Gewerbe, N., »erlaubte auf Dauer und Gewinnerzielung (str.) gerichtete selbständige Tätigkeit«, mhd. gewerbe, N., »Wirbel (um 1400), Gelenk, Geschäft, Tätigkeit, Anwerbung (1291 Schaffhausen)«, fnhd. (16. Jh.) Bedeutungsverengung auf »Berufstätigkeit«, (18. Jh.) »Berufszweig«, s. ge, werben

Gewerbeaufsicht, F., »staatliche Aufsicht über die Gewerbe«, 2. H. 19. Jh., s. Gewerbe, Aufsicht

Gewerbebetrieb, M., »Ausübung eines Gewerbes und die dazu erforderliche organisatorische Einheit«, Fichte 1793, s. Gewerbe, Betrieb

Gewerbefreiheit, F., »(seit 1869 gewährleistete) Freiheit der gewerblichen Betätigung«, 2. H. 18. Jh. (Schlettwein 1772), frz. bzw. ne. (freedom of trade) beeinflußt, s. Gewerbe, Freiheit

Gewerbegericht, N., »Gericht für Gewerbeangelegenheiten« Stetten um 1780 (1721 Augsburg), 1846 Preußen, s. Gewerbe, Gericht, vgl. Planck 1896

Gewerbeordnung, F., »am 21. 6. 1869 zur grundsätzlichen Regelung des Rechts der Gewerbe geschaffenes Gesetz«, 1668 Gewerb- und Kontierungsordnung, 1724 Generalgewerbs- und Zunftordnung, Stahl 1848, s. Gewerbe, Ordnung

Gewerberaummietrecht, N., »Recht der Miete von Gewerberaum«, 2. H. 20. Jh., s. Gewerbe, Raum, Miete

Gewerbepolizei, F., »Gewerbepolizei«, Stoltenberg 1788, 1800 Nürnberg

Gewerbesteuer, F., »von den Gewerbebetrieben erhobene Steuer«, 17. Jh. Österreich, s. Gewerbe, Steuer

gewerbetreibend, Adj., »ein Gewerbe betreibend«, Hugo 1819, Gewerbe treiben (15. Jh.), s. Gewerbe, treiben

Gewerbebetreibender, M., »wer ein Gewerbe ausübt«, 1848 Frankfurt, s. gewerbetreibend

gewerblich, Adj., »geschäftlich«, 1482, Jahn 1833, s. Gewerbe, lich

gewerblicher Rechtsschutz, M., »gewerbliche Rechte betreffender Schutz«, 19. Jh., s. Rechtsschutz, gewerblich

gewerbsmäßig, Adj., »wie in einem Gewerbe«, A. 19. Jh., s. Gewerbe, mäßig, vgl. Hälschner 1887

Gewerbsmäßigkeit, F., »Qualifikation einer Handlung die vorliegt wenn es einer Person darauf ankommt sich aus wiederholter Begehung einer Tat eine Einnahmequelle von einiger Dauer und einigem Umfang zu schaffen«, 2. H. 19. Jh., s. gewerbsmäßig, heit

Gewere, F., »(im mittelalterlichen deutschen Recht) (sachenrechtlicher Vorgang [Einkleidung in eine Sache lat. investitura] und das hieraus erwachsende) Verhältnis einer Person zu einer Sache (oder auch einem Recht) kraft dessen ihr Träger rechtswidrige Eingriffe abwehren und die Sache nach Wegnahme zurückfordern darf«, formelhaft wird die Gewere in der Gegenwart als Kleid des (als solchen nicht sichtbaren aber unter dem Kleid verborgenen) Rechts (z.B. Eigentum) an der Sache beschrieben, mhd. gewer, F., »förmliche Einkleidung in einen Besitz, Besitzrecht, Mundschaft, Gewere«, ahd. giwera (11. Jh.), F., »Einkleidung, Kleid, Investitur, Gewere«, ahd. giwerī (M. 10. Jh.), F., »Einkleidung, Kleid, Investitur, Gewere, Einsetzung«, as. giweri, F., »Investitur, Gewere«, Lbd. lat. investitura, F., »Einkleidung (in ein Gut)«?

Gewerke, M., »Handwerksgenosse, Bergwerksteilhaber«, mhd. gewerke, M., »Handwerksgenosse, Bergwerksteilhaber«, s. ge, Werk

Gewerkschaft, F., »Zusammenschluß von tätigen Personen zu einem bestimmten Zweck, (im Arbeitsrecht) freiwilliger Zusammenschluß von Arbeitnehmern zur Sicherung und Verbesserung der wirtschaftlichen und sozialen Lage ihrer Mitglieder insbesondere gegenüber Arbeitgebern«, 16. Jh., Kollektivbezeichnung zu Gewerke (im Bergbau), seit 18. Jh. auf andere Berufe erweitert, seit M. 19. Jh. (1868) Lbd. ne. trade union, N., »Arbeiterverband« (seit 1824), s. ge, Werk, schaft

Gewicht, N., »Gewicht, durch Wiegen ermittelte Schwere«, mhd. gewihte, gewiht, N., »Gewicht«, ahd. giwihti (A. 9. Jh.), N., »Gewicht«, as. giwihti, N., »Gewicht«, zu germ. *wehti, *wehtiz, F., »Gewicht«, s. ge, wiegen

gewillkürt, F., »durch (Partei-)Willen bewirkt (z.B. gewillkürte Erbfolge)«, 15. Jh. (Lüt. lat. voluntarius, Adj., »freiwillig«?), zu mhd. willekürn, V., »freiwillig wählen, belieben, beschließen, durch freie Zustimmung bestätigen«, s. Wille, Kür

gewillkürte Erbfolge, F., »durch Parteiwillen bewirkte Erbfolge«, 19. Jh.?, s. Erbfolge, gewillkürt

Gewinn, M., »Rohertrag einer Gütererzeugung abzüglich der aufgewandten Kosten«, mhd. gewin, M., »Gewinn, Erwerb, Vorteil, Nutzen«, ahd. giwin (765), M., »Streit, Gewinn, Vorteil, Mühe, Erwerb, Erlangung«, as. giwin, M., »Streit, Kampf«, s. ge, germ. *wenna, *wennam, N., »Mühe, Streit«, idg. *u̯en-, *u̯enə-, V., »streben, wünschen, begünstigen, lieben«, zu idg. *au̯- (7), V., »gern haben, verlangen, begünstigen«

Gewinnanteil, M., »Anteil am Gewinn«, Dahlmann 1845, s. Gewinn, Anteil

gewinnen, V., »winnen, gewinnen, siegen, erreichen«, mhd. gewinnen, V., »erwerben, gewinnen, anschaffen, überwältigen«, ahd. giwinnan (1. H. 8. Jh.?), V., »gewinnen, erwerben, verschaffen, bekommen«, germ. *gawennan, V., »durch Mühe erreichen«, zu idg. *u̯en- (1), *u̯enə-, V., »streben, wünschen, begünstigen, lieben«, zu idg. *au̯- (7), V., »gern haben, verlangen, begünstigen«

Gewinnermittlung, F., »Ermittlung eines Gewinnes«, 19. Jh.?, s. Gewinn, Ermittlung

Gewissen, N., »Überzeugungen des Einzelnen vom sittlich gesollten Verhalten«, mhd. gewizzen, F., N., »Wissen, Kenntnis, Kunde (F.), Verständnis, Bewußtsein, Gewissen«, s. ahd. giwizzanī (2. Vt. 11. Jh.), F., »Gewissen«, Lüt. lat. conscientia, F., »Unruhe, Unsicherheit, Bewußtsein«, Lüs. gr. syneídesis, F., »Gewissen«, zum PPP. giwizzan von ahd. wizzan, Prät.-Präs., »wissen«, s. ge, wissen

Gewissensfreiheit, F., »Freiheit der Gewissensbildung wie der Gewissensbetätigung«, E. 17. Jh. Lüs. frz. liberté de conscience (um 1600), F., »Gewissensfreiheit«

gewöhnen, V., »gewöhnen«, mhd. giwenen, V., »gewöhnen«, ahd. giwennen (10. Jh.), V., »gewöhnen«, as. giwennian, V., »gewöhnen«, zu germ. *wanjan, V., »gewöhnen«, zu germ. *wana, *wanaz, Adj., »gewohnt«, zu idg. *u̯en- (1), *u̯enə-, V., »streben, wünschen, begünstigen, lieben«, zu idg. *au̯- (7), V., »gern haben, verlangen, begünstigen«

Gewohnheit, F., N., »Gewohnheit«, mhd. gewonheit, F., »Gewohnheit, gewohnte Lebensweise«, ahd. giwonaheit (800), M., F., »Gewohnheit, Brauch«, as. giwonohēd, F., »Gewohnheit«, Lüs. lat. consuetudo, F., »Gewohnheit«?, zu germ. *wana, *wanaz, Adj., »gewohnt«, s. idg. *u̯en- (1), *u̯enə-, V., »streben, wünschen, begünstigen, lieben, erreichen«, s. gewöhnen, heit

gewohnheitsmäßig, Adj., »einer Gewohnheit entsprechend«, Jahn 1806?, 1836 Preußen, s. Gewohnheit, mäßig

Gewohnheitsmäßigkeit, F., »Qualifikation einer Handlung die vorliegt wenn der Täter aus einem durch Übung ausgebildeten selbständig fortwirkenden Hang tätig wird dessen Befriedigung ihm bewußt oder unbewußt ohne innere Auseinandersetzung gleichsam von der Hand geht«, 19. Jh.?, s. gewohnheitsmäßig, heit

Gewohnheitsrecht, N., »durch langdauernde Übung in der Überzeugung damit recht zu handeln von den Beteiligten geschaffenes Recht«, Lüt. mlat. ius consuetudinarium, N., »Gewohnheitsrecht«, consuetudo, F., »Gewohnheit, Gewohnheitsrecht«, Pütter 1757 (Gewohnheitsrechte), Sg. etwas jünger, s. Gewohnheit, Recht

Gewohnheitsverbrechen, N., »Gewohnheitsverbrechen«, Hälschner 1858, s. Gewohnheit, Verbrechen

gewöhnlich, Adj., »üblich, einfach«, mhd. gewonlich, Adj., »üblich, hergebracht«, ahd. *giwonalīh, zu ahd. giwon (E. 8. Jh.), Adj., »gewöhnt«, s. gewöhnen, lich

Gier, F., »Gier, Begehren, Verlangen«, mhd. gir, F., »Begehren, Verlangen, Streben«, ahd. girī (8. Jh.), F., »Gier, Begierde, Verlangen, Streben, Habsucht«, zu ahd. giri, Adj., »gierig«, as. *giri, F., »Gier«, germ. *gira, *giraz, *girja, *girjaz, Adj., »begierig, gierig«, s. idg. *ĝher-, V., »greifen, fassen«, zu idg. *ĝhē-, *ghī-, V., »gähnen, klaffen«

Gift, (M., F.,) N., »chemischer Stoff der zu Gesundheitsschäden führen kann (z.B. Arsen)«, mhd. gift, F., »Gift, Geben, Gabe, Geschenk«, ahd. gift (810-17), F., »Gabe, Geschenk, Gnade, Gift«, Lbd. lat. dos, F., »Gabe, Giftgabe«, germ. *gefti, *geftiz, F., »Gabe«, zu idg. *ghabh-, V., »nehmen, fassen«, s. geben, im Nhd. bleibt Gift mit der Bedeutung »Gabe« F. und stirbt bis auf Reste (z.B. Mitgift) aus, »Gift« wird N. (16. bis 18. Jh.)

Gilde, F., »Berufsvereinigung (z.B. Kaufmannsgilde)«, mnd. gilde, F., N., »Brüderschaft, Gesellschaft«, vgl. ae. gegilda, M., »Genosse«, an. gildi, M., »Gildebruder«, lat.-ahd. gelda (884), F., »Vereinigung, Gilde, Leistung«, lat.-ahd. geldonium? (779), N., »Vereinigung, Gilde«, zu Geld (»Abgabe einer Gesellschaft oder Brüderschaft«?)

Giralgeld, N., »Buchgeld«, 20. Jh.?, s. Giro, Geld

Giro, N., »Giro, bargeldloser Zahlungsverkehr durch Umbuchung, Umlauf, Übertragungsvermerk«, 17. Jh. Lw. it. giro, M., »Kreis, Umlauf, Geldüberweisung«, zu lat. gyrus, M., »Kreis«, Lw. gr. gyros, M., »Kreis«

Girovertrag, M., »Vertrag eines Kreditinstitutes mit einem Kunden der die bargeldlose Abwicklung von Ansprüchen oder Schulden des Kunden zum Gegenstand hat«, 20. Jh.?, s. Giro, Vertrag

Glaube, M., »Überzeugungen des Einzelnen von der Stellung des Menschen in der Welt und seiner Beziehung zu höheren Mächten und tieferen Seinsschichten«, mhd. geloube, gloube, F., M., »Glaube«, ahd. gilouba (nach 765?), giloubo (765), F., M., »Glaube, Glaubensbekenntnis«, as. gilōvo, M., »Glaube, Gesinnung«, Lbd. lat. fides (F.) (1), F., »Glaube«, s. glauben, seit spätmhd. Zeit M., seit 15. Jh. n aus den gebeugten Fällen

glauben, V., »glauben, vertrauen, meinen«, mhd. gelouben, glouben, V., »glauben, erlauben«, ahd. gilouben (765), V., »glauben, vertrauen, zustimmen«, as. gilōvian, V., »glauben«, Lbd. lat. credere, V., »glauben«?, germ. *galaubjan, V., »glauben, vertraut machen«, zu germ. *galauba, *galaubaz, Adj., »vertraut«, zu Laub als Lockmittel für das Vieh?

Glaubensfreiheit, F., »Freiheit einen eigenen Glauben zu bilden und zu äußern und dafür zu werben«, Stieler 1697, s. Glaube, Freiheit

glaubhaft, Adj., »gläubig, wahrscheinlich«, mhd. geloubehaft, Adj., »gläubig, glaubwürdig«, ahd. giloubhaft (1. Vt. 9. Jh.), Adj., »gläubig«, Lsch. lat. catholicus, Adj., »rechtgläubig«?, s. Glaube, glauben, haft

Glaubhaftmachung, F., »Begründung der überwiegenden Wahrscheinlichkeit eines bestimmten Geschehensablaufes«, 19. Jh., s. glaubhaft, machen, ung, vgl. Planck 1896

gläubig, Adj., »gläubig, vertrauend, überzeugt«, mhd. geloubec, gloubec, Adj., »glaubend, gläubig, glaubwürdig«, ahd. giloubīg (800), Adj., »gläubig, getreu«, Lbd. lat. credens, Adj., »glaubend«, lat. fidelis, Adj., »getreu, gläubig«, s. glauben, ig

Gläubiger, M., »Person die aus einem Schuldverhältnis berechtigt ist von dem Schuldner eine Leistung zu fordern«, spätmhd. geloubiger, 14. Jh. (1471 bzw. 1518) Lüt. lat. creditor, M., »Gläubiger«, s. gläubig

Gläubigeranfechtung, F., »Anfechtung einer Rechtshandlung eines Schuldners außerhalb des Konkursverfahrens durch den Gläubiger zum Zweck seiner Befriedigung«, 19. Jh., s. Gläubiger, Anfechtung

Gläubigerversammlung, F., »Versammlung der Gläubiger eines Gemeinschuldners«, 19. Jh., s. Gläubiger, Versammlung

Gläubigerverzug, M., »Annahmeverzug, Verzögerung der Erfüllung durch Fehlen eines zum Eintritt der Erfüllung notwendigen Verhaltens des Gläubigers insbesondere der Annahme der Leistung«, 19. Jh.?, s. Gläubiger, Verzug

glaubwürdig, Adj., »vertrauenswürdig«, 15. Jh., s. glauben, Würde, ig

gleich, Adj., »gleich«, mhd. gelīch, glīch, Adj., »gleich, geradlinig, eben, billig, angemessen«, ahd. gilīh (765), Adj., »gleich, ähnlich, ebenbürtig, entsprechend«, as. gilīk, Adj., »gleich«, germ. *galeika, *galeikaz, Adj., »gleiche Gestalt habend«, zu germ. *līka, *līkam, N., »Leib, Körper, Leiche«, zu idg. *lĕig- (2), *līg-?, Sb., Adj., »Gestalt, ähnlich, gleich«

gleichartig, Adj., »die gleiche Art habend«, 2. H. 17. Jh. (Francisci 1676), s. gleich, Art, ig

gleichartige Tateinheit, F., »Tateinheit von gleicher Art«, 19. Jh.?, s. Tateinheit, gleichartig

Gleichartigkeit, F., »Zugehörigkeit zweier Handlungen oder Gegenstände zur gleichen Art (z.B. Geldforderung und Geldforderung)«, Francisci 1676, s. gleichartig, heit

Gleichbehandlungsgrundsatz, M., »Grundsatz daß alle Personen rechtlich gleich zu behandeln sind«, 20. Jh.?, s. gleich, be, Handlung, Grundsatz

gleichberechtigt, Adj., »gleiche Berechtigung habend«, 1798, s. gleich, be, Recht, ig

Gleichberechtigung, F., »Grundsatz der gleichen Rechte für Männer und Frauen«, M. 19. Jh. (Hebbel 1848), verdrängt Gleichheit teilweise

gleiche Wahl, F., »Wahl mit gleichem Stimmrecht«, 19. Jh., s. Wahl, gleich

Gleichheit, F., »Gleichheit, Gleichmäßigkeit«, 13. Jh. gelīcheit, F., »Ähnlichkeit, Gleichartigkeit«, Lüs. lat. similitudo, F., »Ähnlichkeit«, s. gleich, heit, vgl. Geschichtliche Grundbegriffe

Gleichheitsgrundsatz, M., »Grundsatz daß alle Menschen vor dem Gesetz gleich sind«, 20. Jh.?, s. Gleichheit, Grundsatz

gleichzeitig, Adj., »zur gleichen Zeit«, M. 18. Jh., Lüt. lat. contemporaneus, Adj., »gleichzeitig«?, s. gleich, Zeit, ig

Gleisner, M., »Gleisner, Heuchler«, mhd. gelīchsenære, M., »Gleisner«, vgl. ahd. gilīhhisāri (2. V. 11. Jh.), gilīchisāri, M., »Gleisner, Heuchler«, Lüt. lat. simulator, M., »Heuchler«?, s. gleich

gleiten, V., »gleiten«, mhd. glīten, V., »gleiten«, ahd. *glītan, V., »gleiten«, as. glīdan, V., »gleiten«, westgerm. *gleidan, V., »gleiten«, lautmalend?

Glied, N., »Glied«, mhd. gelit, glit, N., »Glied, Gelenk, Mitglied«, ahd. gilid (1. H. 8. Jh.?), M., N., »Glied, Gelenk«, Kollektivbildung zu germ. *liþu, *liþuz, M., »Glied«, zu *lĕi- (1), V., »biegen«?, zu idg. *el-, Adj., »biegsam, gebogen«?, s. ge

Glimpf, M., »Angemessenheit, Benehmen, Ehre«, mhd. gelimpf, gelimpfe, glimpf, M., »Benehmen, Befugnis, Recht«, ahd. gilimpf (1000), M., N., »Übereinstimmung, Passen, Zusammenpassen«, s. ge, germ. *lempa, *lempam, N., »Ereignis, Angemessenheit«, zu idg. *lembh-, V., »schlaff hängen«, zu idg. *leb-, V., »schlaff hängen«

global, Adj., Präf., »global, umfassend«, 20. Jh., s. Globus

Globalzession, F., »Abtretung einer allgemein bestimmten Vielzahl von Forderungen«, 20. Jh., s. global, Zession

Globus, M., »Erdkugel«, A. 17. Jh. (Schickhart von Herrenberg 1602) Lw. lat. globus, M., »Kugel, Klumpen«

Glossator, M., »Verfasser einer Glosse (Worterklärung)«, »mittelalterlicher oberitalienischer Rechtswissenschaftler (seit etwa 1100 vor allem die römischen und kanonischen) Rechtsquellen mit Glossen versehen hat«, 16. Jh. (Luther vor 1546) Lw. mlat. glossator, M., »Glossator«, s. Glosse

Glosse, F., »ungewöhnliches erklärungsbedürftiges Wort, Erklärung eines ungewöhnlichen Wortes, Gesamtheit der Glossen zu einem bestimmten Text (z.B. zum später sog. corpus iuris civilis)«, mhd. glōse, F., »erklärende Anmerkung, Auslegung, Sinn«, A. 13. Jh. (Gottfried von Straßburg 1205-20) Lw. mlat. glosa, F., »erklärende Anmerkung, Randbemerkung«, zu lat. glossa, F., »Glosse«, Lw. gr. glō͂ssa, F., »Sprache, Zunge«, die Form Glosse im 16./17. Jh. von den Humanisten durchgesetzt

Glück N., »Glück, günstiges Geschick«, mhd. gelücke, glücke, N., »Geschick, Zufall, Glück, Beruf (14. Jh.), Lebensunterhalt« (Straßburger Alexander um 1160), mnd. gelucke, N., »Glück«, anfrk. *gilukki, N., »Beschluß«?, zu anfrk. lūkan, V., »schließen«?, Lbd. afrz. destinée, Sb., »Festsetzung, Beschluß, Bestimmung«?

Glücksspiel, N., »Spiel bei dem im wesentlichen nicht die Fähigkeiten des Spielers sondern der Zufall über Gewinn und Verlust entscheidet«, 1. H. 16. Jh. (Luther vor 1546)

Glücksvertrag, M., »Vertrag über ein Glücksspiel«, Badisches Landrecht 1809, Lüs. frz.?, s. Glück, Vertrag

GmbH, F., »Gesellschaft mit beschränkter Haftung«, 1892

Gnade, F., »Nachsicht, Milde, Gunst«, mhd. genāde, gnāde, F., »Gnade, Huld, Gunst, Unterstützung, Ruhe«, ahd. gināda (765), ginādī (12. Jh.), F., »Gnade, Barmherzigkeit, Versöhnung«, as. ginātha, F., »Gnade«, s. germ. *nēþōn, F., »Wohlwollen, Gunst«, s. ge

Gnadenakt, M., »auf Gnade (Wohlwollen und Ermessen) beruhender Akt (Gnade geht vor Recht [mhd. gnāde gēt vür daz reht] z.B. Begnadigung eines einzelnen Strafgefangenen oder allgemeine Abolition bzw. Amnestie)«, Hebbel um 1850, s. Gnade, Akt

Gnadenerweis, M., »Erweis einer Gnade«, Goethe vor 1832, s. Gnade, Erweis

Gnadenstoß, M., »Todesstoß aus Gnade« um 1700, s. Gnade, Stoß, vgl. mhd. genādenstoz, M., »Anstoß der göttlichen Gnade«

***gnat**, M., »Geborener«, s. A-, Ko-

go, M., »(mnd. Form von) Gau (i.S.v. Land)« 12./13. Jh., s. Gau

Gold, N., »Gold«, mhd. golt, N., »Gold«, ahd. gold (765), N., »Gold«, as. gold, N., »Gold«, germ. *gulþa, *gulþam, N., »Gold«, zu idg. *ĝhel- (1), *ĝhlē-, Adj., V., »gelb, grau, grün, blau, glänzen, schimmern«

golden, Adj., »golden«, mhd. guldīn, Adj., »von Gold«, ahd. guldīn (E. 8. Jh.), Adj., »golden«, as. guldīn, Adj., »golden«, germ. *gulþīna, *gulþīnaz, Adj., »golden«, s. Gold

Goldene Bulle (1356), F., »Verfassungsgrundgesetz das vor allem die Rechte der Kurfürsten regelt (u.a. Unteilbarkeit der Kurfürstentümer)«, s. golden, Bulle

gönnen, V., »gönnen, begünstigen«, mhd. gunnen, günnen, V., »gern sehen, ansehen, gönnen, vergönnen, erlauben«, ahd. giunnan (9. Jh.), Prät.-Präs., »gönnen, gestatten, gewähren«, as. giunnan, Prät.-Präs., »gönnen«, zu germ. *ann-, Prät.-Präs., »er ist gewogen«, s. ge

good will, M., »Gesamtheit der tatsächlichen Beziehungen und Verhältnisse eines Kaufmanns zu Lieferanten und Kunden«, 20. Jh. Lw. ne. good will, N., »guter Wille, good will«

Gote, F., »Patin«, mhd. gote, gotte, F., »Patenkind, Patin«, älter, Bedeutungskern »zu Gott gehörig, auf Gott bezogen«

Gott, M., »Gott«, mhd. got, M., »Gott«, ahd. got (1. H. 8. Jh.?), M., »Gott«, as. god, M., »Gott«, germ. *guda, *gudaz, M., *guda, *gudam, N., »Gott«, to-Part. Prät. zu idg. *ghau-, V., »rufen, anrufen«, oder zu idg. *ĝheu-, V., »gießen«

Gottesfriede, M., »(seit dem 10. Jh. [989 Charroux] in Südfrankreich) von der Kirche ausgehendes Friedensgebot dessen Verletzung mit kirchlichen Sanktionen verfolgt wurde«, 1261 Breslau, Zusammenrückung aus gotes friede (12. Jh.),

Lüs. lat. pax Dei, F., »Friede Gottes«, 18. Jh. verallgemeinert, s. Gott, Friede

Gottes Gnaden, »seit Karl dem Großen (um 800) eine dem Herrschertitel (lat.) beigefügte die Unabhängigkeit von anderer irdischer Gewalt anzeigende Formel«, 13. Jh. Lw. lat. Dei gratia, »von Gottes Gnaden«, Lw. gr. cháriti theú, »von Gottes Gnaden«, vgl. 1. Korinther 15,10, s. Gott, Gnade

Gotteslästerung, F., »seit 1969 straflose besonders verletzende öffentliche Kundgabe der Mißachtung des christlichen Gottes«, 15. Jh. Freiburg, Lsch. lat. blasphemia (Dei), F., »Gotteslästerung«, vgl. Novellen (Justinians) 77 c. 1, s. Gott, Lästerung

Gottesstaat, M., »von Gott geprägter Staat«, 18. Jh. (Herder vor 1803) Lüs. lat. civitas Dei (4. Jh.), F., »Reich Gottes«, s. Gott, Staat

Gottesurteil (Ordal), N., »(im mittelalterlichen wohl insofern von der christlichen Kirche beeinflußten Recht) Entscheidung über die Schuld oder Unschuld eines Beschuldigten durch ein auf (einen nämlich den christlichen) Gott zurückgeführtes äußeres Zeichen (z.B. Tragen eines glühenden Eisens)«, Möser 1770, Zusammenrückung aus gotes urteil (9. Jh.), Lüs. lat. iudicium Dei, N., »Urteil Gottes«, s. Gott, Urteil

Götze, M., »Götze, Abgott«, fnhd. götze, M., »Götze, Abgott«, mit z-Suffix zu Gott

Gouverneur, M., »Statthalter, Befehlshaber«, E. 16. Jh. bzw. 17. Jh. Lw. frz. gouverneur, M., »Statthalter, Befehlshaber«, zu frz. gouverner, V., »lenken«, aus lat. gubernare, V., »lenken«

graben, V., »graben«, mhd. graben, V., »graben, eingraben, einprägen, grübeln«, ahd. graban (790), V., »graben, schnitzen, meißeln«, as. gravan, V., »graben«, germ. *graban, V., »graben«, idg. *ghrebh- (2), V., »graben, scharren, kratzen«

Grad, M., »Maßstab zur Bestimmung der Verwandtschaft der auf die Zahl der vermittelnden Geburten abstellt«, 15. Jh. (1416 Prag) Lw. lat. gradus, M., »Schritt, Stufe, Grad (1379 Erfurt)«, zu lat. gradi, V., »schreiten«, Bedeutungsentwicklung »akademischer Grad, Temperaturschritt«, vgl. mhd. grat, M., »Stufe, Grad«, ahd. grād (1000), M., »Grad, Stufe, Rang«, Lw. lat. gradus, M., »Schritt, Stufe, Grad«

gradual, Adj., Präf., »stufenmäßig«, s. Grad

Gradualsystem, N., »System zur Bestimmung der gesetzlichen Erben das von den Graden der Nähe der Verwandtschaft ausgeht«, s. gradual, System, vgl. Eichhorn 1836, Weiske 1839ff.

graduieren, V., »einen Rang oder Grad erwerben«, E. 14. Jh.?, 15. Jh. (1414/8) Lw. (frz. graduer, V., »einen Rang erwerben«, aus) mlat. graduare, V., »einen Rang erwerben«, zu lat. gradus, M., »Schritt, Stufe, Grad«, s. Grad

Graduierter, M., »wer einen akademischen Grad erlangt oder eine Staatsprüfung erfolgreich abgeschlossen hat«, 1393 Heidelberg, s. graduieren

Graf, M., »ursprünglich königlicher Amtsträger und Richter, Angehöriger des höheren Adels«, mhd. grāve, M., »Graf«, ahd. grāfo (2. H. 8. Jh.), grāvo, M., »Graf, Vorsteher, Statthalter, Verwalter«, germ. *grefan, *greffan, M., »Verwalter, Führer«? (, oder Lw. gr. grapheús, M., »Schreiber«?)

Gral, M., »Heiligtum«, mhd. grāl, M., »Heiligtum« (Wolfram von Eschenbach um 1210), Lw. afrz. graal, M., »Heiligtum, Behälter«, aus mlat. gradualis, M., »Prunkschüssel«?, str.

Gramm, N., »Gramm«, 1. H. 19. Jh. (1868 im Norddeutschen Bund offiziell eingeführt) Lw. frz. gramme (1790 bzw. 1793), M., »Gramm«, Lw. lat. gramma, N., »eine Gewichtseinheit«, Lw. gr. grámma, N., »Schriftzeichen, eine Gewichtseinheit«, zu gr. gráphein, V., »ritzen, schreiben«

gramm, Suff., »Schrift, Geschriebenes«, s. Gramm

Grammatik, F., »Sprachlehre, Sprachbau«, 16. Jh. (Luther 1521) Lw. lat. (ars) grammatica, F., »Sprachlehre«, Lw. gr. grammatiké (techné), F., »Sprachlehre«, zu gr. grámma, N., »Schriftzeichen«, zu gr. gráphein, V., »ritzen, schreiben«, vgl. mhd. grāmatic, ahd. grammatih (1000), N., »Grammatik«

Gran, N., »Gran, ein kleines Gewicht«, 15. Jh. Lw. mlat. granum, N., »Korn, Gewicht«

Granate, F., »mit Sprengstoff gefülltes Geschoß«, um 1600 Lw. it. granata, F., »Granatapfel, mit Sprengstoff gefülltes Geschoß«, aus lat. granata, Pl. N., F., »Granatäpfel«, s. Grenadier

graph, Suff., »Schrift, Geschriebenes, Schreiber«, zu gr. gráphein, V., »ritzen, schreiben«

Gratifikation, F., »Vergütung die aus besonderem Anlaß zusätzlich zu dem Arbeitslohn gewährt wird (z.B. Weihnachtsgratifikation)«, (1514 bzw.) 19. Jh. (Schiller vor 1805) Lw. lat. gratificatio, F., »Gefälligkeit«, zum Part. Prät. Akt. von lat. gratificari, V., »sich gefällig erweisen«, zu lat. gratus, Adj., »willkommen, dankbar«, lat. facere, V., »machen, tun«

gratis, Adj., »unentgeltlich«, 16. Jh. (1558 Heidelberg) Lw. lat. gratis, Adv., »umsonst«, Abl. Pl. (gratiis) von lat. gratia, F., »Gefallen, Annehmlichkeit«, zu lat. gratus, Adj., »willkommen, dankbar«

grauen, V., »grauen«, mhd. grūwen, V., »grauen, Grausen empfinden«, ahd. grūēn (11. Jh.), V., »grauen, grausen«, germ. *grū-, V., »schaudern«, s. idg. *ghreu- (2), V., »reiben, zerreiben«, zu idg. *gher- (2), V., »reiben, streichen«

grausam, Adj., »grausam, gefühllos, entsetzlich«, mhd. grūwesam (um 1300), grūsam, Adj., »Grauen erregend«, zu grauen, s. sam

Grausamkeit, F., »Gefühllosigkeit, Unbarmherzigkeit«, 15. Jh. (1440), s. grausam, heit

gravamen, lat. N., »Beschwer«, zu lat. gravare, V., »schwer machen«, zu lat. gravis, Adj., »schwer«

Greis, M., »alter Mann, Greis«, mhd. grīse, M., »Greis«, zu mhd. grīs, Adj., »grau«, ahd.? grīs (13. Jh.), Lw. as. grīs, Adj., »grau«

Gremium, N., »Körperschaft, Personenmehrheit«, 19. Jh. Lw. lat. gremium, N., »Schoß (M.) (1), Innerstes«, Bedeutungsentwicklung »Innerstes, innere Mitglieder, Gesamtheit der Mitglieder, Körperschaft«

Grenadier, M., »Handgranatenwerfer, Grenadier«, E. 17. Jh. Lw. frz. grenadier, M., »Grenadier«, zu frz. grenade, F., »Granate«, zu it. granata, F., »Granate, Apfelsorte«, aus lat. granata, Pl. N., F., »Granatäpfel«, zu lat. malum granatum, N., »kernreicher Apfel«, zu lat. granum, N., »Korn, Kern«, s. Granate

greifen, V., »greifen«, mhd. grīfen, V., »fühlen, greifen, fassen«, ahd. grīfan (790), V., »greifen, tasten, anfassen, berühren«, as. grīpan, V., »greifen«, germ. *greipan, V., »greifen«, idg. *ghreibh-, *ghreibh- (1), V., »ergreifen, erraffen, rechen«

Grenze, F., »Trennungslinie zwischen zwei Bereichen«, mhd. (M. 13. Jh. bzw. 1262 Thorn) greniz, grenize, F., »Grenze«, slaw. Lw. (apoln. granica, F., »Grenzzeichen, Grenzlinie, Grenze«, zu akirchenslaw. grani, Sb., »Ecke«), verbreitet durch Luther, verdrängt Mark

Griff, M., »Griff«, mhd. grif, M., »Griff, Greifen, Klaue, Umfang, ahd. *grif, M., »Griff«, s. greifen

grob, Adj., »grob, rauh, dick«, mhd. grop, grob, Adj., »groß, dick, stark« (seit 2. H. 13. Jh. häufiger), ahd. girob (1000), grob, Adj., »grob, dick, grobschlächtig, tief«, germ. *gahruba, *gahrubaz, Adj., »mit Kruste, mit Schorf«, str. ob g aus ga

grobe Fahrlässigkeit, F., »erhebliche Fahrlässigkeit«, 19. Jh.?, s. Fahrlässigkeit, grob

grober Unfug, M., »erheblicher Unfug«, 19. Jh.?, s. Unfug, grob

grober Unverstand, M., »erheblicher Unverstand«, 19. Jh.?, s. Unverstand, grob

Gros, N., »Hauptmasse«, fnhd. E. 17. Jh. (Kramer) Lw. frz. gros, M., »Hauptmasse«, 16. Jh. la grosse (douzaine), F., »großes (Dutzend)«, zu frz. gros. Adj., »dick, beträchtlich«, aus lat. grossus, Adj., »dick, beträchtlich«, Bedeutung »zwölf Dutzend« aus frz. grosse douzaine, F., »Großdutzend«

Groschen, M., »Groschen, eine Münze«, spätmhd. gros, grosse, M., »Groschen«, Böhmen (um 1300 Prag), Lw. mlat. (denarius) grossus, M., »dicker (Denar geprägt seit 1266 in Tours)«

groß, Adj., »groß«, mhd. grōz, Adj., »groß, dick, ungeschickt, auffallend«, ahd. grōz (863-71, PN), Adj., »groß, stark, lang, dick«, as. grōt, Adj., »groß«, westgerm. *grauta, *grautaz, Adj., »groß, dickkörnig, grob«, s. idg. *ghreud-, V., »reiben, zerreiben«, zu idg. *gher- (2), V., »reiben, streichen«

Großbritannien, N., »ein auf dem Boden der römischen Kolonie Britannia erwachsenes Königreich«, seit der Vereinigung des schottischen und englischen Parlamentes 1707 amtliche Bezeichnung dieser Realunion, s. groß

großer Senat, M., »durch größere Mitgliederzahl gekennzeichneter Senat«, 20. Jh.?, s. Senat, groß

großdeutsch, Adj., »alle Deutschen umfassend«, 1849, s. groß, deutsch

Großhandel, M., »Handel von Zwischenhändlern mit Wiederverkäufern sowie Lieferung von Fertigwaren oder Maschinen an Produzenten«, Stieler 1691, Lüs. lat.?, s. groß, Handel

Großhundert, N., »hundertzwanzig Stück«, 17. Jh., Lw. ne. great hundred, N., »großes Hundert«?, s. groß, hundert

Großmutter, F., »Großmutter«, 14. Jh. (1350) Lüs. frz. grandmère, F., »Großmutter«?, verdrängt unspezifisch gewordenes mhd. ane, F., s. groß, Mutter

Großstadt, F., »große Stadt, Stadt mit mehr als 100000 Einwohnern«, (vereinzelt 16. Jh.,) A. 19. Jh., s. groß, Stadt

Großvater, M., »Großvater«, 14. Jh. (um 1400) Lüs. frz. grandpêre (16. Jh.), M., »Großvater«?, verdrängt unspezifisch gewordenes mhd. ane, M., s. groß, Vater

Grube, F., »Grube«, mhd. gruobe, F., »Grube, Steinbruch, Höhlung, Loch«, ahd. gruoba (765), F., »Grube, Graben (N.), Mulde, Vertiefung«, as. grōva, F., »Grube«, germ. *grōbō, F., »Grube«, s. graben

Grund, M., »Grund, Tiefe, Boden«, mhd. grunt, M., »Tiefe, Abgrund, Innerstes, Fundament, Ebene, Erde«, ahd. grunt (765), M., »Grund, Boden, Wurzel, Vertiefung, Abgrund«, as. grund, M., »Grund«, germ. *grundu, *grunduz, M., »Grund, Boden«, zu idg. *ghren-, V., »streifen, zerreiben«?, zu idg. *gher- (2), V., »reiben, streichen«

Grundabtretung, F., »Abtretung von Grund«, 19. Jh.?, s. Grund, Abtretung

Grundbesitz, M., »Bodeneigentum«, 18. Jh., s. Grund, Besitz

Grundbesitzer, M., »Bodeneigentümer«, 18. Jh., s. Grundbesitz

Grundbuch, N., »vom Grundbuchamt geführtes alle die Rechtsverhältnisse an Grundstücken betreffenden Beurkundungen aufnehmendes öffentliches Register«, »Grundstücksrechte betreffendes Buch« 1389 Wien, »amtliches Register« zunächst nur in Sachsen, seit 19. Jh. allgemein (1843 Sachsen bzw. 1872 Preußen), s. Grund, Buch

Grundbuchamt, N., »für die Führung des Grundbuchs zuständiges Amt«, 19. Jh., s. Grundbuch, Amt

Grundbuchberichtigung, F., »Berichtigung des Grundbuches«, 19. Jh.?, s. Grundbuch, Berichtigung

Grundbuchordnung, F., »das formelle Grundstücksrecht regelndes Gesetz«, »Ordnung des Grundbuchs« 1572 München, 1872 Preußen, s. Grundbuch, Ordnung

Grundbuchverfügung, F., »verfahrensrechtliche Vorschriften in Ergänzung der Grundbuchordnung enthaltende Verordnung vom 8. 8. 1935«, s. Grundbuch, Verfügung

Grunddienstbarkeit, F., »diejenige Dienstbarkeit bei der ein Grundstück zugunsten des jeweiligen Eigentümers eines anderen Grundstücks in der Weise belastet wird daß dieser das Grundstück in einzelnen Beziehungen benutzen darf oder daß auf dem Grundstück gewisse Handlungen nicht vorgenommen werden dürfen oder daß die Ausübung eines Rechts ausgeschlossen ist«, Bluemblacher 1721 Salzburg, Badisches Landrecht 1809, s. Grund, Dienstbarkeit

Gründe, M. Pl., s. Grund

Grundeigentum, N., »Eigentum an einem Grundstück«, »Grundherrschaft« 1490, »Grundeigentum« Gesenius 1803, s. Grund, Eigentum

Grunderwerbsteuer, F., »beim Erwerb (Kauf) eines Grundstücks zu entrichtende Steuer«, 19. Jh.?, s. Grund, Erwerb, Steuer

Grundgehalt, N., »Teil der Dienstbezüge eines Beamten«, »ursprünglicher Inhalt« Schleiermacher 1768-1834, s. Grund, Gehalt

Grundgesetz (GG) für die Bundesrepublik Deutschland (23. 5. 1949), N., »Verfassung«, »grundlegendes Gesetz« 1645, Lüs. lat. lex fundamentalis, F., »grundlegendes Gesetz«, s. Grund, Gesetz

Grundhandelsgewerbe, N., »im Gesetz besonders aufgezählte Tätigkeit, grundlegendes Handelsgewerbe«, 19. Jh., s. Grund, Handelsgewerbe

Grundherr, M., »Herr über Grund und Boden«, 14. Jh. (1343), Lüs. lat. dominus fundi, M., »Herr des Grundes«?, s. Grund, Herr

Grundherrschaft, F., »einem (weltlichen oder geistlichen) Grundherrn (z.B. König oder Bischof) gehörender Güterkomplex den dieser - von einem Haupthof (Fronhof bzw. Salhof) aus - mit Hilfe von abhängigen Bauern (Grundholden bzw. Hintersassen) bewirtschaftet«, »Herrschaftsrecht über Grund und Boden« 1606 Brüssel, »Inhaber der Grundherrschaft« 1551 Bayern, »Bereich der Grundherrschaft« 1484, mit der Agrarverfassungsreform des 19. Jh. beseitigt, s. Grund, Herrschaft

Grundkapital, N., »von den Aktionären der Aktiengesellschaft mindestens aufzubringendes Kapital«, »Grundkapital eines Unternehmens« Goethe vor 1832, »Kapital einer Aktiengesellschaft« 18. Jh., s. Grund, Kapital

Grundlohn, M., »auf den Kalendertag umgerechnetes Arbeitsentgelt«, 20. Jh.?, s. Grund, Lohn

Grundmandat, N., »auf einer bestimmten Stimmenzahl beruhender Abgeordnetensitz des österreichischen Wahlrechts«, 20. Jh.?, s. Grund, Mandat

Grundordnung, F., »Inbegriff der unveränderlichen Bestandteile der staatlichen Ordnung«, 20. Jh., s. Grund, Ordnung

Grundpfand, N., »an Grund und Boden bestehendes Pfand«, 1493, s. Grund, Pfand

Grundpfandrecht, N., »Pfandrecht an Grundstücken«, 19. Jh.?, s. Grundpfand, Recht

Grundrecht, N., »dem Einzelnen zustehendes verfassungsmäßig verbürgtes elementares Recht«, »Recht an oder auf Grund und Boden« 1292 Klosterneuburg, »Anrecht auf gestrandetes Gut« 1375 Bayern, »fundamentales Recht« 1361 Österreich? bzw. Valvasor 1689 bzw. Günther (1695-1723), »Grundrecht« M. 19. Jh. (Venedey 1848) allgemeiner verbreitet, nach frz. (Le Mercier de la Rivière 1770) droit fundamental, M., »Grundrecht«?, zuvor Mittermaier (1824), Wigand (1846), s. Grund, Recht, vgl. Geschichtliche Grundbegriffe

Grundrechtsfähigkeit, F., »Fähigkeit Träger von Grundrechten zu sein«, 2. H. 20. Jh., s. Grundrecht, Fähigkeit

Grundrechtsmündigkeit, F., »Fähigkeit natürlicher Personen Grundrechte selbständig geltend zu machen«, 2. H. 20. Jh., s. Grundrecht, Mündigkeit

Grundrechtsschranke, F., »durch Gesetzesvorbehalt oder durch das Grundgesetz selbst (Verfassungsvorbehalt) vorgenommene Begrenzung von Grundrechten«, 2. H. 20. Jh., s. Grundrecht, Schranke

Grundrente, F., »Ertrag den der Grund (Grundstücke) ohne Arbeitsaufwand und Kapitalaufwand des Eigentümers abwirft«, »Teil der Rente der unabhängig vom Einkommen des Bezugsberechtigten gewährt wird«, »Rente aus Grund und Boden« Cleve 1572, s. Grund, Rente

Grundruhr, F., »Grundberührung, Schiffbruch«, mhd. gruntruore, F., »Strandung eines Schiffes, gestrandetes Gut, Strandrecht« 1207 Regensburg, s. Grund, rühren

Grundsatz, M., »generelle unbestreitbare Regel«, »grundlegende Regel« Schottel 1641, »Prinzip« um 1700, »Fundament« 1672, »Grundstücksabgabe« 1756 Schwyz, s. Grund, Satz, älter grundsätzlich (vereinzelt 16. Jh.)

Grundschuld, F., »Belastung eines Grundstückes in der Weise daß an denjenigen zu dessen Gunsten die Belastung erfolgt eine bestimmte Geldsumme aus dem Grundstück zu zahlen ist«, »hypothekarische Schuld« Campe 1807, s. Grund, Schuld, vgl. Gerber 1895

Grundsteuer, F., »von Grundstücken und grundstücksgleichen Rechten zu entrichtende Steuer« Nicolai 1783f., s. Grund, Steuer

Grundstück, N., »räumlich abgegrenzter Teil der Erdoberfläche der im Bestandsverzeichnis eines Grundbuchblattes unter einer besonderen Nummer gebucht ist«, 2. H. 16. Jh. (1571 München bzw. 1572 Österreich) für (älteres gleichbedeutendes) Stück, s. Grund, Stück

Grundstückskauf, M., »Kauf eines Grundstückes«, 19. Jh.?, s. Grundstück, Kauf

Grundstücksrecht, N., »die Grundstücke betreffendes Recht«, 19. Jh.?, s. Grundstück, Recht

Grundstücksverkehr, M., »Erwerb bzw. Veräußerung von Grundstücken«, 19. Jh.?, s. Grundstück, Verkehr

gründen, V., »gründen, Grund fassen, ergründen«, mhd. gründen, V., »Grund finden, gründlich erörtern, kundgeben«, ahd. grunten (1000), V., »ergründen, erforschen, erklären, begründen«, as. grundian, V., »ergründen«, Lbd. lat. discutere, V., »erörtern«?, s. Grund

Gründung, F., »Grundlegung, Bildung einer Gesellschaft durch Abschluß eines Gesellschaftsvertrages«, E. 17. Jh. (Stieler

1691) Lüs. lat. fundatio, F., »Gründung, Grundlegung«, s. gründen, ung

Gründer, M., »Begründer«, E. 17. Jh. (Stieler 1691) Lüs. lat. fundator, M., »Gründer, Stifter«, E. 18. Jh. häufiger, s. gründen

Gründungsgesellschaft, F., »Gesellschaft für den Zweck der Gründung einer Gesellschaft«, 20. Jh., s. Gründung, Gesellschaft

Gründungsfreiheit, F., »Freiheit der Gründung«, 20. Jh., s. Gründung, Freiheit

Gründungsvertrag, M., »zum Zweck der Bildung einer Gesellschaft unter den künftigen Mitgliedern (Gründern) abgeschlossener Vertrag (Satzung bzw. Statut)«, 20. Jh., s. Gründung, Vertrag

Grundurteil, N., »Urteil in dem über den Grund des klägerischen Anspruchs vorab entschieden wird«, 19. Jh.?, s. Grund, Urteil

Grundvertrag, M., »der am 21. 12. 1972/21. 6. 1973 vereinbarte Vertrag über die Grundlagen der Beziehung zwischen der Bundesrepublik Deutschland und der Deutschen Demokratischen Republik welcher mit dem Beitritt der Deutschen Demokratischen Republik zur Bundesrepublik Deutschland zum 3. 10. 1990 seine Bedeutung verloren hat«, »grundlegender Vertrag« 1713, s. Grund, Vertrag

Grundwehrdienst, M., »Teil des Wehrdienstes eines Wehrpflichtigen welcher der grundlegenden militärischen Ausbildung dient«, 2. H. 20. Jh., s. Grund, Wehrdienst

Gruppe, F., »Mehrzahl von Menschen die durch ein Merkmal zu einer Einheit zusammengefaßt ist«, A. 18. Jh. (Marperger 1708) Lw. frz. groupe, M., »Gruppe«, Lw. it. gruppo, M., »Gruppe«, weitere Herkunft unsicher, germanist. Lw.?

Gruppenwahl, F., »Wahl bei der die Wahlberechtigten vorweg in Gruppen aufgeteilt werden und innerhalb dieser nach dem Grundsatz der Verhältniswahl wählen«, 20. Jh., s. Gruppe, Wahl

grüßen, V., »grüßen«, mhd. grüezen, V., »anreden, angreifen, züchtigen, strafen, begrüßen«, ahd. gruozen (3. Dr. 8. Jh.), V., »reizen, erregen, aufregen, ansprechen, grüßen«, as. grōtian, V., »grüßen«, westgerm. *grōtjan, V., »ansprechen, anschreien, grüßen, reden machen, weinen machen?«, zu idg. *ghred-, V., »weinen«?, zu idg. *gher- (1), V., »rasseln, lärmen, gurgeln, murren«, oder lautmalend?

Gspusi, N., »Liebschaft, Liebste, Liebste« (bay.), Verbindung von ge mit Lw. it. sposa, F., »Braut«, it. sposo, M., »Bräutigam«, aus lat. sponsa, F., »Braut«, lat. sponsus, M., »Bräutigam«, subst. PPP. von lat. spondere, V., »geloben, versprechen«

Guerilla, M., »Kleinkrieg«, 2. H. 19. Jh. Lw. span. guerilla, F., »Kleinkrieg«, zu span. guerra, F., »Krieg«, Lw. afrk. *werra, F., »Wirren, Streit«, älter Guerillakrieg (um 1820) für Freiheitskampf der Spanier gegen Napoleon

Guillotine, F., »Guillotine, Fallbeil«, E. 18. Jh. (Lichtenberg 1792) Lw. frz. guillotine, F., »Guillotine« 1789, zum PN des Befürworters bzw. Gutachters Guillotin

Gulden, M., »Goldener, Gulden«, 14. Jh., zu mhd. guldīn (pfenninc), M., »Goldpfennig (insbesondere der aus Florenz stammende seit dem 14. Jh. auch in Deutschland vor allem von rheinischen Kurfürsten geprägte Goldfloren)«, s. Gold

Gülte, F., »Gülte« (bis M. 16. Jh. belegt), mhd. gülte, F., »Schuld, Zahlung, Einkommen, Rente, Zins, Wert, Preis«, A. 13. Jh., s. gelten

gültig, Adj., »einwandfrei, einzuhalten«, mhd. gültic, Adj., »zu zahlen verpflichtet, wert«, über mhd. gülte, F., »Schuld, Zahlung, Einkommen« zu gelten, s. Gülte, ig

Gültigkeit, F., »Geltungskraft«, 15. Jh., s. gültig, heit

Gunst, F., »Gunst«, mhd. gunst, M., »Gunst«, zu ahd. gi, Präf., »ge«, ahd. unst, M., »Gunst«, zu ahd. giunnan, V., »gönnen«, s. gönnen

günstig, Adj., »günstig, vorteilhaft«, mhd. (um 1210) günstic, Adj., »wohlwollend, gewogen«, s. Gunst, ig

Günstigkeitsprinzip, N., »Grundsatz daß von mehreren auf ein Arbeitsverhältnis anwendbaren Bestimmungen jeweils die für den Arbeitnehmer günstigste gilt«, 20. Jh., s. günstig, heit, Prinzip

Günstling, M., »wer in Gunst steht«, E. 17. Jh. Lüt. it. favorito, M., »Günstling«, s. Gunst, ling

gut, Adj., »gut«, mhd. guot, Adj., »gut, tüchtig, brav, vornehm, tauglich, wertvoll«, ahd. guot (1. H. 8. Jh.?), Adj., »gut, trefflich, brauchbar, fruchtbar, tüchtig, gerecht«, as. gōd, Adj., »gut«, germ. *gōda, *gōdaz, Adj., »gut, trefflich, passend«, zu idg. *ghedh-, *ghodh-, V., »umklammern, zusammenhalten, vereinigen, passen«?, s. Gatte

Gut, N., »Gutes, Gut, Vermögen«, mhd. guot, N., »Gutes, Gut, Vermögen«, ahd. guot (765), N., »Gutes, Güte, Gut, Heil, Vermögen«, s. gut

Gutachten, N., »Beurteilung einer Frage durch eine Fachmann«, A. 16. Jh. Zusammenrückung aus etwas gut achten, s. gut, achten

Güte, F., »Güte, Tüchtigkeit, Gutmütigkeit«, mhd. güete, F., »Güte, Gutheit«, ahd. guotī (863-71), F., »Güte, Gnade, Tugend, Würde, Heil, Freude, Gerechtigkeit«, s. guot

Güterabwägung, F., »Vergleich des Wertes zweier Güter«, 20. Jh.?, s. Gut, ab, wägen, ung

Güterfernverkehr, F., »Beförderung von Gütern mit einem Kraftfahrzeug für andere über oder außerhalb der Grenze von 50 Kilometern um den Standort des Kraftfahrzeugs«, 20. Jh.?, s. Gut, fern, Verkehr

Gütergemeinschaft, M., »(vertraglicher) Güterstand bei dem grundsätzlich das gesamte Vermögen der Ehegatten das sie bei Eingehung der Ehe haben oder später erwerben kraft Gesetzes gemeinschaftliches Vermögen (Gesamtgut) wird«, (Schiller 1789 Gemeinschaft der Güter), Allgemeines Landrecht 1794 Preußen, Badisches Landrecht 1809, Lüs. lat. communio bonorum, F., »Gemeinschaft der Güter«, Haller, Herder, s. Gut, Gemeinschaft

guter Glaube, M., »Vertrauen auf Richtigkeit«, (as. Heliand um 830 mid gilōbon gōdun,) 1429 Bremen, 1454 Ostfriesland, Eberlin von Günzburg (um 1470-1533), 1563, Lüs. lat. bona fides, F., »gute Treue«, vgl. Murner 1519

Güterkraftverkehr, M., »Beförderung von Gütern durch Kraftfahrzeuge«, 20. Jh., s. Gut, Kraft, Verkehr

Güterrecht, N., »die Vermögensverhältnisse betreffendes Recht«, Thibaut 1814, Eichhorn 1823, Lüs. nlat. ius bonorum, N., »Recht der Güter«?, s. Gut, Recht

Güterrechtsregister, N., »öffentliches Register für die das vertragliche eheliche Güterrecht betreffenden Eintragungen«, um 1895?, s. Güterrecht, Register, vgl. Gerber 1895

Güterstand, M., »das Güterrecht der Eheleute betreffender Zustand der Vermögensverhältnisse«, Motive zum Bürgerlichen Gesetzbuch 1888, Lüs. nlat. status bonorum, M., »Stand der Güter«?, s. Gut, Stand

Gütertrennung, F., »Zustand der hinsichtlich der Vermögensverhältnisse der Ehegatten eintritt wenn die Ehegatten den gesetzlichen Güterstand ausschließen oder aufheben und nicht in einem Ehevertrag etwas anderes vereinbaren«, Schröder 1863, Motive zum Bürgerlichen Gesetzbuch, Lüs. nlat. separatio bonorum, F., »Trennung der Güter«?, s. Gut, trennen

gute Sitten, F. Pl., »anerkennenswerte Verhaltensweisen«, 15. Jh. (1428 Ostfriesland) Lüs. lat. boni mores, M., »gute Sitten«, vgl. Murner 1519, s. gut, Sitte

Güteverfahren, N., »Verfahren das eine einverständliche Lösung eines Konfliktes anstrebt«, 20. Jh., s. Güte, Verfahren

Güteverhandlung, F., »im Rahmen des Güteverfahrens stattfindende mündliche Verhandlung«, 20. Jh., s. Güte, Verhandlung

Gutglaubensschutz, M., »Schutz des guten Glaubens«, 20. Jh., s. guter Glaube

gutgläubig, Adj., »an die Richtigkeit glaubend« 15. Jh. (1495), s. gut, Glaube, ig

gutgläubiger Erwerb, M., »Erwerb in gutem Glauben«, 19. Jh.?, s. Erwerb, gutgläubig

Guthaben, N., »Geldforderung«, um 1800, subst. aus gut haben, s. gut, haben

Gutschein, M., »Urkunde über ein Recht, Schein über ein Guthaben«, 19. Jh., s. gut, Schein

Gutsherr, M., »Grundherr (1303 Dortmund), Gutsherr«, s. Gut, Herr

Gutsherrschaft, F., »geschlossener in Eigenwirtschaft durch Tagelöhner bewirtschafteter Großgrundbesitz Ostmitteleuropas in welchem der Eigentümer meist auch die unteren hoheitlichen Funktionen (Gerichtsbarkeit und Polizei) ausübt«, 1790, s. Gut, Herrschaft

Gymnasium, N., »Gymnasium, Oberschule«, 15. Jh. (um 1500) Lw. lat. gymnasium, N., »Ausbildungsstätte, Universität (13./14. Jh. Italien und Frankreich)«, Lw. gr. gymnásion, N., »Ausbildungsstätte, Ort an dem (nackt) Leibesübungen durchgeführt werden, Versammlungsort der Lehrer«, zu gr. gymnázesthai, V., »sich (nackt) körperlich üben«, zu gr. gymnós, Adj., »nackt«

H

Haager Kaufrechtsübereinkommen (1. 7. 1964), N., »völkerrechtliches Übereinkommen über den Abschluß und die Ausgestaltung eines internationalen Kaufs beweglicher Sachen«, s. Kauf, Recht, Übereinkommen

Haager Landkriegsordnung (HLKO), F., »auf den Haager Friedenskonferenzen von 1899/1907 geschlossenes Abkommen über die Gesetze und Gebräuche des Landkrieges«, s. Land, Krieg, Ordnung

Haar, N., »Haar«, mhd. hār, N., »Haar«, ahd. hār (765), N., »Haar, Borste, Mähne, Fell«, as. hār, N., »Haar«, germ. *hēra, *hēram, N., »Haar«, zu idg. *k̂ers- (1), Sb., V., »Borste, starren, rauh sein«?, idg. *k̂er-, Sb., V., »Borste, starren, rauh sein«

Habe, F., »Gut, Vermögen«, mhd. habe, F., »Habe, Gut, Griff«, ahd. haba (11. Jh.), F., »Griff«, s. haben

Habeas-Corpus-Act, F., »du mögest einen Körper haben-Akte, englisches Gesetz von 1679 das es verbietet daß ein englischer Untertan ohne gerichtliche Untersuchung in Haft gehalten wird«, s. lat. habere, corpus, Akte

haben, V., »haben«, mhd. haben, hān, V., »halten, festhalten, behaupten, haben«, ahd. habēn (765), haben (8./9. Jh.), V., »haben, halten, hüten, ergreifen«, as. hebbian, V., »halten, haben«, germ. *habēn, V., »halten, haben«, zu germ. *hafjan, V., »heben«, idg. *kap-, V., »zuschnappen, fassen«

Habgier, F., »übertriebenes Streben nach wirtschaftlichen Vorteilen«, Adelung 1796, s. haben, Gier, ersetzt einen Teil der früheren Bedeutung von Geiz

Habilitation, F., »Nachweis einer erhöhten wissenschaftlichen Befähigung an einer Universität«, 19. Jh., Lw. nlat. habilitatio, F., zum PPP. habilitatus von mlat. habilitare, s. habilitieren

habilitieren, V., »Lehrbefugnis erteilen, Lehrbefugnis erwerben«, 1. H. 16. Jh. bzw. 17. Jh. (Nehring 1684) Lw. mlat. habilitare, V., »fähig machen«, zu lat. habilis, Adj., »fähig, tüchtig«, zu lat. habere, V., »haben, beherrschen«

Hader, M., »Streit, Hader (M.) (1)«, 14. Jh. ostmd., von Luther (vor 1546) verbreitet, zu ahd. PN Hadu... bzw. germ. *haþu-, *haþuz, M., »Kampf«?, zu idg. *k̂at-, V., »kämpfen«

Hafen, M., »Hafen (M.) (1), Schiffshafen«, mnd. havene, haven, M., F., »Hafen (M.) (1)«, Lw. an. hǫfn, F., »Hafen (M.) (1)«, seit 15. Jh. M., seit 16. Jh. F., s. Hafner

Hafner, M., »Hafner, Töpfer«, mhd. havenære, M., »Töpfer«, ahd. hafanāri (E. 8. Jh.), havanāri, M., »Hafner, Töpfer«, zu ahd. hafan (E. 8. Jh.), havan, M., »Hafen (M.) (2), Gefäß«, s. Hafen

Haft, F., »amtliche Entziehung der Bewegungsfreiheit vor allem zum Zweck der Untersuchung oder Bestrafung (Freiheitsstrafe) und der Erzwingung einer Handlung«, mhd. haft, F., »Haft«, ahd. haft (1. H. 8. Jh.), M., N., »Band, Fessel, Gefangenschaft«, germ. *hafta, *haftam, N., »Fessel, Band«, zu germ. *hafta, *haftaz, Adj., »gefesselt, behaftet«, aus to-Ableitung zu idg. *kap-, V., »fassen«

haft, Suff., »haft«, s. Haft

Haftbefehl, M., »schriftliche Anordnung des Richters eine Person in Haft zu nehmen«, 2. H. 19. Jh. (1868 Preußen), s. Haft, Befehl, vgl. Ullmann 1893, älter Haftbrief 1436

haften, sw. V., »haften, hängen, festhalten, einstehen müssen (M. 14. Jh.)«, mhd. haften, V., »befestigt sein, festhangen, ankleben, zugehören«, ahd. haftēn (A. 9. Jh.), V., »haften, anhaften, hängen, kleben«, as. haftōn, V., »haften«, zu germ. *hafta, *haftaz, Adj., »gefesselt, behaftet«, s. Haft

Haftgrund, M., »Grund weshalb eine Person in Haft genommen werden kann«, 19. Jh.?, s. Haft, Grund

haftig, Suff., »haftig«, s. ahd. haftīg, Suff., »haftig, habend«, s. Haft, ig

Haftpflicht, F., »Verpflichtung zum Ersatz eines Schadens«, s. Haft, Pflicht, vgl. Weiske 1839ff.

Haftpflichtgesetz, N., »am 7. 6. 1871 als Reichshaftpflichtgesetz geschaffenes und seit dem 4. 1. 1978 umbenanntes Gesetz über die Haftpflicht von Betriebsunternehmern«, s. Haftpflicht, Gesetz, vgl. Gerber 1895

Haftpflichtprozeß, M., »eine Haftpflicht betreffender Zivilprozeß«, 20. Jh.?, s. Haftpflicht, Prozeß

Haftpflichtversicherung, F., »Versicherung gegen Inanspruchnahme aus einer Haftpflicht (z.B. Kraftfahrzeughaftpflichtversicherung)«, 19. Jh.?, s. Haftpflicht, Versicherung

Haftprüfung, F., »gerichtliche Prüfung ob der Haftbefehl aufzuheben oder sein Vollzug auszusetzen ist«, 19. Jh.?, s. Haft, Prüfung

Haftstrafe, F., »(bis zum 4. 8. 1953) besondere Form der Freiheitsstrafe«, 1871, s. Haft, Strafe

Haftunfähigkeit, F., »körperlich bedingte Unfähigkeit einer Person in Haft genommen und bzw. oder gehalten zu werden«, 19. Jh.?, s. Haft, Unfähigkeit

Haftung, F., »Unterworfensein des Schuldners als Person mit seinem Vermögen - nicht der Person selbst - unter den Vollstreckungszugriff des Gläubigers«, »Schuld«, »Eintreten von Schadensersatzpflicht (z.B. Verschuldenshaftung), Einstehenmüssen (14. Jh.)«, mhd. haftunge, F., »Verhaftung, Beschlagnahme, Bürgschaft, Haftgeld«, ahd. haftunga (9./10. Jh.), F., »Gefangenschaft«?, s. haften, ung

haftungsausfüllend, Adj., »die Ausfüllung der Haftung betreffend«, 2. H. 20. Jh., s. Haftung, aus, füllen

haftungsausfüllende Kausalität, F., »Haftungsausfüllung betreffende Kausalität«, 2. H. 20. Jh., s. Kausalität, haftungsausfüllend

Haftungsausschluß, M., »Ausschluß einer Haftung«, 19. Jh.?, s. Haftung, Ausschluß

haftungsbegründend, Adj., »die Begründung der Haftung betreffend«, 2. H. 20. Jh., s. Haftung, Begründung

haftungsbegründende Kausalität, F., »die Haftungsbegründung betreffende Kausalität«, 2. H. 20. Jh., s. haftungsbegründend, Kausalität

Haftungsrecht, N., »die Haftung betreffendes Recht«, 20. Jh.?, s. Haftung, Recht

Hag, M., »Hag, Gehege, Grundstück«, mhd. hac, M., N., »Wall, eingefriedetes Stück«, ahd. hag (E. 8. Jh., ON, PN), M., »Umzäunung, Wall, Damm, Schanze«, s. germ. *haga, *hagan, *hagōn, M., »Umzäunung, Gehege, Dornstrauch?«, zu idg. *kagh-, V., Sb., »fassen, Flechtwerk«?

Hagel, M., »Hagel«, mhd. hagel, M., »Hagel, Hagelschlag, Unglück, Verderben«, ahd. hagal (3. Dr. 8. Jh.), M., »Hagel, Unwetter«, as. hagał, M., »Hagel«, germ. *hagla, *haglaz, M., »Hagel«, idg. *kaghlo-?, Sb., »Stein, Kiesel«?

Hagestolz, M., »Hagestolz«, mhd. hagestalt, M., »Unverheirateter der noch keinen eigenen Hausstand gegründet hat«, ahd. hagustalt (A. 9. Jh.), M., »Junggeselle, Einsiedler, Lohnknecht«, as. hagustald, M., »junger Mann, Knecht«, germ. *hagustalda, *hagustaldaz, M., »Haghaber, Unverheirateter?, Krieger?«, zu Hag und got. staldan, V., »haben«, zu idg. *stel-, V., Adj., Sb., »stellen, steif, Ständer«

Hain, Hagen, M., »Hain, Wäldchen«, mhd. hagen, hain, M., »Dornbusch, Dorn, Verhau«, ahd. hagan (vor E. 8. Jh., ON), M., »Dornstrauch, Weißdorn«, as. hagan, M., »Dornstrauch, Dornhecke«, germ. *haga, *hagan, *hagōn, M., »Gehege, Umzäunung, Dornstrauch?«, s. Hag

halb, Adj., »halb«, mhd. halp, Adj., »halb«, ahd. halb (765), Adj., »halb«, as. half, Adj., »halb«, germ *halba, *halbaz, Adj., »gespalten, halb«, zu idg. *skel- (1), *kel-, V., »schneiden«

Halbwaise, M., F., »Kind dessen Vater oder Mutter verstorben ist und dessen anderer Elternteil noch lebt«, 19. Jh.?, s. halb, Waise

Halde, F., »Halde, Hang«, mhd. halde, F., »Abhang, Bergabhang«, ahd. halda (A. 9. Jh., ON), F., »Halde, Hang, Abhang, Anhöhe, Abgrund«, zu germ. *halþa, *halþaz, Adj., »geneigt, schräg«, s. idg. *k̑el- (2), V., »neigen«?

Halle, F., »Halle, überdeckter Raum«, mhd. halle, F., »Halle«, ahd. halla (810-17), F., »Halle, Tempel«, as. halla, F., »Halle, Saal«, germ. *hallō, F., »Halle, Saal«, zu idg. *k̑el- (1), V., »bergen, verhüllen«

Hallore, M., »Salzwerkarbeiter«, 17. Jh. Lw. lat. hallorum, Gen. Pl. (zu hallo), »Einwohner von Halle«, Lw. dt. zum ON Halle

Halm, M., »Halm, Grashalm«, mhd. halm, M., »Halm, Grashalm, Getreidehalm, Schreibrohr«, ahd. halm (790), M., »Halm, Strohhalm, Hälmchen«, as. halm, M., »Halm«, germ. *halma, *halmaz, M., »Halm, Strohhalm, Hälmchen«, idg.? *k̑oləmos, M., *k̑ələmā, F., »Halm, Schilf«, zu idg. *k̑el- (3), Sb., »Schaft, Pfeil, Halm«?, *kel- (2), V., »stechen«?

Hals, M., »Hals«, mhd. hals, M., »Hals, Koller, Gang, Öffnung, Röhre«, ahd. hals (8. Jh.?), M., »Hals, Nacken«, as. hals, M., »Hals«, germ. *halsa, *halsaz, M., »Hals«, idg. *kᵘ̯olso-, Sb., »Hals«, zu idg. *kᵘ̯el- (1), V., »drehen, sich drehen, sich bewegen«?, idg. *kel- (1), V., Adj., »ragen, hoch«?

Halsgericht, N., »Halsgericht, Gericht das ein Todesurteil verhängen kann«, mhd. halsgerichte, N., »die Befugnis über den Hals zu richten, obere Gerichtsbarkeit, Richtplatz, Hochgericht«, 1296 Erfurt, s. Hals, Gericht

Halsgerichtsordnung, F., »Strafgesetz und Strafverfahrensgesetz (z.B. Peinliche Halsgerichtsordnung Karls V. von 1532 [lat. Constitutio Criminalis Carolina])«, Reichstagsabschied 1530, s. Halsgericht, Ordnung

halten, V., »halten«, mhd. halten, halden, V., »hüten, weiden, halten, anhalten«, ahd. haltan (765?), V., »halten, bewachen, hüten, retten«, as. haldan, V., »halten«, germ. haldan, V., »halten, hüten«, zu idg. *kᵘ̯el- (1), V., »drehen, sich drehen«?, zu idg. *kel-, V., »treiben«?

Halten, N., »gewollte nicht verkehrsbedingte Unterbrechung der Fahrt«, 19. Jh.?, s. halten

Halter, M., »Halter, Inhaber«, mhd. haltære, helter, M., »Hirt, Bewahrer, Erlöser, Beobachter, Inhaber«, ahd. haltāri (1000), M., »Hüter, Erlöser, Retter, Erretter«, s. halten

Halunke, Holonke (19. Jh.), M., »Halunke, Schurke«, 16. Jh. Lw. atschech. holomek (M. 15. Jh.), M., »Bettler, Gauner, Diener, Knecht«, Bedeutungsentwicklung »Bettler, Lump, Schurke«, o zu atschech. holý, Adj., »nackt, unbehaart, bloß«?

Hamburg, N., ON., »ein Bundesland (Freie und Hansestadt Hamburg)«, 803, s. Burg

Hammel, M., »Hammel, kastrierter Schafbock«, mhd. hamel, M., »Hammel, abgehauener Stein«, ahd. hamal (1000), Adj., »verstümmelt, verschnitten, subst. Hammel«, zu germ. *hamala, *hamalaz, Adj., »verstümmelt«?, zu idg. *skem-, Adj., »verstümmelt, hornlos«?, zu idg. *k̑em- (2), Adj., »hornlos«, zu idg. *kem-, V., »zusammendrücken«?

Hammelsprung, M., »Verfahren zur Ermittlung eines Abstimmungsergebnisses bei dem die Abgeordneten den Sitzungssaal durch eine von drei mit ja oder nein oder Enthaltung gekennzeichneten Türen betreten und dabei gezählt werden«, um 1870 in Berlin, s. Hammel, Sprung

Hamster, M., »Hamster«, mhd. hamster, M., »Hamster«, ahd. hamustro (11. Jh.), M., »Kornwurm?, Hamster?«, Lw. kirchenslaw.-russ. chomestoru (11. Jh.), Sb., »Hamster«, Lw. airan. »wer niederdrückt«

hamstern, V., »Vorräte anlegen (1. H. 19. Jh.), sich Lebensnotwendiges beschaffen (um 1918)«, s. Hamster

Hamsterer, M., »wer hamstert«, 20. Jh., s. hamstern

Hand, F., »Hand«, mhd. hant, F., »Hand«, ahd. hant (E. 8. Jh.), F., »Hand, Arm, Macht, Gewalt, Herrschaft, Schutz, Seite«, as. hand, F., »Hand«, germ. *handu, *handuz, F., »Hand, Greifende?, Fangende?«

Hand, *öffentliche*, F., »Bezeichnung für die Gesamtheit der juristischen Personen des öffentlichen Rechts in ihrer Eigenschaft als Teilnehmer am allgemeinen Wirtschaftsverkehr«, 19. Jh.?, s. Hand, öffentlich

Hand wahre Hand, »(im hochmittelalterlichen deutschen Recht) Wendung die zum Ausdruck bringen soll daß der Eigentümer der einem anderen eine bewegliche Sache anvertraut diese nur von diesem (nicht dagegen von einem Dritten an welchen die Sache gelangt ist) zurückverlangen kann«, 14. Jh., s. Hand

Handel, M., »Ankauf und Verkauf von Waren (15. Jh.)«, »Gesamtheit der Tätigkeiten die den Umlauf der Güter vom Produzenten zum Konsumenten vermitteln«, mhd. handel, M., »Handel, Handlungsweise, Vorgang, Begebenheit« 1307 Trient, zu ahd. hantalōn, s. handeln

Händel, M. Pl., »Streit«, fnhd. Nebenform von Handel, welche eine eigene Bedeutung gewinnt, s. Handel

handeln, V., »machen, tun, handeln«, mhd. handeln, V., »berühren, betasten, bearbeiten«, ahd. hantalōn (1. Vt. 9. Jh.), V., »behandeln, berühren, betasten, in die Hand nehmen«, as. handlon, V., »behandeln, befühlen«, germ. *handlōn, V., »greifen, ergreifen, befühlen«, s. Hand

Handeln, N., »willensgetragenes menschliches Verhalten zur Gestaltung der Wirklichkeit (Handlung bzw. Verhalten)«, s. handeln

Handelsbilanz, F., »nach Handelsrecht darzustellende Bilanz«, 20. Jh.?, s. Handel, Bilanz

Handelsbrauch, M., »Gesamtheit der unter Kaufleuten im Handelsverkehr geltenden Gewohnheiten (nicht: Gewohnheitsrecht) und Gebräuche bzw. Verkehrssitte des Handels«, 1599 Niederösterreich

Handelsbuch, N., »vom Kaufmann geführtes Buch in dem dieser seine Handelsgeschäfte und die Lage seines Vermögens nach den Grundsätzen ordnungsmäßiger Buchführung ersichtlich zu machen verpflichtet ist«, »Buch über Geschäfte« 1460 Österreich, Badisches Landrecht 1809, s. Handel, Buch

Handelsgericht, N., »für Handelssachen zuständiges Gericht«, Lüs. nlat. iudicium commercii, N., »Handelsgericht«?, 1682 Leipzig, s. Handel, Gericht

Handelsgeschäft, N., »Geschäft (Tätigkeit) eines Kaufmannes das zum Betrieb seines Handelsgewerbes gehört«, »Betrieb«, »Unternehmen eines Kaufmanns«, »Handelsangelegenheit« 1525 Leipzig, Badisches Landrecht 1809, s. Handel, Geschäft

Handelsgesellschaft, F., »Gesellschaft die notwendig oder doch in der Regel ein Handelsgewerbe betreibt«, Frisch 1741, s. Handel, Gesellschaft

Handelsgesetzbuch (HGB), N., »das Recht des Handels regelndes Gesetz« 1897/1900, älter Allgemeines Deutsches Handelsgesetzbuch (ADHGB 1861ff.), Badisches Landrecht 1809 bzw. Mann 1809, Lüs. frz. code de commerce, M., »Handelsgesetzbuch« (1808)

Handelsgewerbe, N., »Handel betreibendes Gewerbe«, 2. H. 19. Jh., s. Handel, Gewerbe, vgl. Grimm DW 1877

Handelskammer, F., »Körperschaft des öffentlichen Rechtes zur Wahrung und Förderung der Interessen ihrer Mitglieder«, 1868 Hamburg, 1870 Preußen, s. Handel, Kammer, vgl. Koch 1864

Handelskauf, M., »Kauf der ein Handelsgeschäft ist«, 2. H. 19. Jh., s. Handel, Kauf

Handelsklasse, F., »Güteklasse für Handelswaren (nach dem Handelsklassengesetz vom 23. 11. 1972)«, s. Handel, Klasse

Handelsmakler, M., »wer gewerbsmäßig für andere ohne von ihnen vertragsmäßig ständig damit betraut zu sein den Abschluß von Kaufverträgen über Gegenstände des Handelsverkehrs gegen Provision vermittelt (nicht: Grundstücksmakler)«, 2. H. 19. Jh., s. Handel, Makler

Handelsmündigkeit, F., »unbeschränkte Geschäftsfähigkeit eines Minderjährigen für alle Rechtsgeschäfte welche der Geschäftsbetrieb eines Erwerbsgeschäftes mit sich bringt«, 20. Jh.?, s. Handel, Mündigkeit

Handelsrecht, N., »Sonderprivatrecht der Kaufleute«, Lüs. lat. ius commercii, N., »Recht des Handels«, 18. Jh. (Steinbach 1734 bzw. Martens 1797), Badisches Landrecht 1809

Handelsregister, N., »öffentliches Verzeichnis gewisser Tatsachen die für den Handelsverkehr bedeutsam sind«, 2. H. 19. Jh., s. Handel, Register

Handelsregisterverfügung, F., »die Einzelheiten der Einrichtung und Führung des Handelsregisters regelnde Verordnung vom 12. 8. 1937«, s. Handelsregister, Verfügung

Handelsrichter, M., »ehrenamtlicher Richter in Handelssachen«, 19. Jh., s. Handel, Richter, vgl. Mayer 1895, Planck 1895

Handelssache, F., »bürgerliche Rechtsstreitigkeit in der durch Klage ein besonders benannter Anspruch in Handelsangelegenheiten geltend gemacht wird (z.B. gegen einen Kaufmann aus beiderseitigen Handelsgeschäften)«, 1673 Österreich, s. Handel, Sache, vgl. Planck 1896

Handelsvertrag, M., »den Handel zwischen mindestens zwei Staaten oder sonstigen Völkerrechtssubjekten betreffende Vereinbarung«, Garve 1783, Badisches Landrecht 1809, s. Handel, Vertrag

Handelsvertreter, M., »wer als selbständiger Gewerbebetreibender ständig damit betraut ist für einen anderen Unternehmer Geschäfte zu vermitteln (Vermittlungsvertreter) oder in dessen Namen abzuschließen (Abschlußvertreter)«, 2. H. 19. Jh., s. Handel, Vertreter

handfest, Adj., »handfest«, mhd. hantveste, Adj., »in feste Hand genommen, gefangen, mit Händen gewaltig, treu am Glauben«, 12. Jh., s. Hand, fest

Handfeste, F., »Handfeste, Urkunde, Schriftstück«, mhd. hantveste, F., »Handgriff, Handhabe, schriftliche Versicherung,

Verbriefung, Urkunde«, ahd. hantfesta (12. Jh.), hantfestī (1. Vt. 9. Jh.), F., »Urkunde, Handfeste, Schriftstück«, Lüt. lat. chirographum, N., »Handschrift«, Lw. gr. cheirógraphon, N., »Handschrift«, s. Hand, fest

Handgemal, N., »Handgemal«, mhd. handgemāl, handgemahel, N., »Mal, Zeichen an der Hand, durch die Hand bewirktes Zeichen, Handzeichen, Grundstück von dem ein Schöffenbarfreier sein Handzeichen als Hauszeichen führt, freies Gut, Stammgut«, ahd. hantgimahali (925), N., »Handzeichen, Stammgut, Schutz«, daneben ahd. hantmal, as. handmahal, s. Hand, Mal

Handgeschäft, N., »Geschäft bei dem Verpflichtung und Erfüllung äußerlich ununterscheidbar zusammenfallen«, »Testament« 1474 Bayern, s. Hand, Geschäft

handhaft, Adj., »handhaft, mit starker Hand versehen, tapfer«, mhd. hanthaft, Adj., »an der Hand haftend«, ahd. hanthaft (A. 9. Jh.), Adj., »handhaft, zugehörig, verfügbar«, ahd. hanthaft wesan, Lüs. lat. mancipari, V., »mit der Hand ergriffen werden«

handhafte Tat, F., »unmittelbare Tat«, Sachsenspiegel um 1225, s. handhaft, Tat

Handkauf, M., »sofort vollzogener Barkauf bei welchem Verpflichtungsgeschäft und Erfüllungsgeschäft ununterscheidbar zusammenfallen«, »Kaufpreis« 1613 Obersachsen, »Kleinverkauf« Frisch 1741, s. Hand, Kauf

Handlanger, M., »Helfer«, 15. Jh., »einer der Handreichungen ausführt«, s. Hand, langen

Händler, M., »Händler, Warenverkäufer (um 1500)«, mhd. handeler, handler, M., »der etwas tut, Unterhändler«, 14. Jh., s. handeln

Handlung, F., »menschliches Verhalten das als vom Willen beherrschbar gedacht ist und daher objektiv zugerechnet werden kann, jedes sozialerhebliche Verhalten im Sinne einer Antwort des Menschen auf eine erkannte oder wenigstens erkennbare Situationsanforderung durch Verwirklichung einer nach seiner Freiheit zu Gebote stehenden Reaktionsmöglichkeit«, mhd. handelunge, F., »Behandlung, Aufnahme, Bewirtung, Handlung«, ahd. hantalunga (9./10. Jh.), F., »Behandlung«, Lüt. lat. tractatio, F., »Behandlung«, s. handeln, ung

Handlungsbevollmächtigter, M., »wer ohne Erteilung der Prokura zum Betrieb eines Handelsgewerbes oder zur Vornahme einer bestimmten zu einem Handelsgewerbe gehörenden Art von Geschäften oder zur Vornahme einzelner zu einem Handelsgewerbe gehöriger Geschäfte ermächtigt ist«, 2. H. 19. Jh., s. Handlung, bevollmächtigen

Handlungseinheit, F., »Handlung bei der sich ein Handlungsentschluß in einer Willensbetätigung realisiert, natürliche zu einer rechtlich-sozialen Bewertungseinheit verbundene Willensbetätigungen«, 20. Jh.?, s. Handlung, Einheit

handlungsfähig, Adj., »zum Handeln fähig«, s. Handlung, fähig, vgl. Grimm DW 1877

Handlungsfähigkeit, F., »Fähigkeit durch eigenes Handeln Rechtswirkungen herbeizuführen«, Savigny 1840ff. (System 2,316), s. handlungsfähig, heit, vgl. Planck 1896

Handlungsfreiheit, F., »Recht des Einzelnen auf freie Entfaltung seiner Persönlichkeit«, »Privileg« 1738 Österreich, s. Handlung, Freiheit

Handlungsgehilfe, M., »Arbeitnehmer der in einem Handelsgewerbe zur Leistung kaufmännischer Dienste angestellt ist (z.B. Verkäufer oder Buchhalter)«, Badisches Landrecht 1809, s. Handlung, Gehilfe, frz. beeinflußt?

Handlungshaftung, F., »Verantwortlichkeit einer Person für eine eine Störung verursachende Handlung«, 2. H. 20. Jh., s. Handlung, Haftung

Handlungslehre, F., »Lehre vom Wesen einer Handlung«, 2. H. 20. Jh., s. Handlung, Lehre

Handlungsobjekt, N., »Gegenstand einer Tat, Objekt an dem eine Tathandlung vollzogen wird (z.B. ein Mensch oder eine Sache)«, 20. Jh., s. Handlung, Objekt

Handlungsort, M., »Ort an dem der Schuldner die Erfüllungshandlung vornehmen muß«, »Handelsplatz« Bewer 1796 bzw. Möser 1798, s. Handlung, Ort

Handlungspflicht, F., »Verpflichtung eine bestimmte Handlung vorzunehmen«, 19. Jh.?, s. Handlung, Pflicht

Handlungsunrecht, N., »Rechtswidrigkeit welche aus einem Verstoß gegen ein Verhaltensgebot abgeleitet wird«, um 1960, s. Handlung, Unrecht

Handlungsvollmacht, F., »Vollmacht die ohne Prokura zu sein zum Betrieb eines Handelsgewerbes (Generalhandlungsvollmacht) oder zur Vornahme einer bestimmten zu einem Handelsgewerbe gehörigen Art von Geschäften (Arthandlungsvollmacht) oder zur Vornahme einzelner zu einem Handelsgewerbe gehöriger Geschäfte ermächtigt (Spezialhandlungsvollmacht)«, 2. H. 19. Jh.?, s. Handlung, Vollmacht

Handlungswille, M., »Wille ein äußeres Verhalten durchzuführen«, 20. Jh.?, s. Handlung, Wille

Handschelle, F., »Handschelle«, 1716 Schweiz, s. Hand, Schelle

Handschenkung, F., »Schenkung bei der Abschluß und Vollzug äußerlich ununterscheidbar zusammenfallen«, 2. H. 19. Jh.?, s. Hand, Schenkung

Handschuh, M., »Handschuh«, mhd. hantschuoch, M., »Handschuh«, ahd. hantskuoh (9. Jh.), hantscuoh, M., »Handschuh«, as. handskōh, M., »Handschuh«, Lüt. lat.-gr. chirotheca?, verdrängt älteres Wanten, s. Hand, Schuh

Handstreich, M., »Handschlag (16. Jh.)«, »Überraschungsangriff« (A. 19. Jh.), Lüs. frz. coup de main, M., »Handstreich«, zu frz. coup, M., »Schlag«, frz. main, F., »Hand«

Hand- und Spanndienst, M., »mit Handarbeit und Zugvieh geleisteter Frondienst«, Handdienst Frisch 1741, Möser 1798, s. Hand, spannen, Dienst

Handwerk, N., »selbständige Erwerbstätigkeit auf dem Gebiet der Bearbeitung und Verarbeitung von Stoffen gerichtet auf die Befriedigung individualisierter Bedürfnisse durch Arbeiten und Leistungen die ein Ergebnis der umfassenden Ausbildung und des Einsatzes der persönlichen Kräfte und Mittel des gewerblichen Unternehmers sind, Summe der in der Handwerksrolle verzeichneten eine der in der Anlage A zur Handwerksordnung genannten Tätigkeiten ausführenden Betriebe«, mhd. hantwerc, N., »Kunstwerk, Handwerk, Gewerbe, Zunft, Werk der Hände«, ahd. hantwerk (E. 10. Jh.), N., »Handarbeit, Werk der Hände, Verfertigung, Gewerbe«, Lüs. lat. opus manuum, N., »Werk der Hände«?, s. Hand, Werk, z.T. vermischt mit mhd. antwerc, N., »Belagerungsmaschine«

Handwerker, M., »in einem Handwerk tätige Person«, 14. Jh. Wien, s. Handwerk, älter ahd. handwerkman (10. Jh.)

Handwerksinnung, F., »Innung des Handwerks«, Reyscher 1772, s. Handwerk, Innung

Handwerkskammer, F., »Körperschaft des öffentlichen Rechts deren Mitglieder die selbständigen Handwerker und Inhaber handwerksähnlicher Betriebe sowie die Gesellen und Lehrlinge (Auszubildende) dieser Gewerbetreibenden in einem bestimmten Bezirk sind«, 20. Jh.?, s. Handwerk, Kammer

Handwerksordnung (HandwO), F., »das Recht des Handwerks regelndes Gesetz«, »Ordnung des Handwerks« Schwanser 1571, »Statuten der Handwerker« Stieler 1691, s. Handwerk, Ordnung

Handwerksrolle, F., »das von den Handwerkskammern geführte öffentliche Verzeichnis in das die selbständigen Handwerker des Bezirkes mit dem von ihnen betriebenen Handwerk einzutragen sind«, »Handwerksordnung« 1577 Düren, s. Handwerk, Rolle

Hang, M., »Abhang, Hang«, mhd. hanc, M., »Hang, Hangen«, zu ahd. hāhan, V., »hängen«

hängen, (hahen,) V., »hängen«, mhd. hāhen, V., »hängen, aufhängen, hangen«, ahd. hāhan (E. 8. Jh.), V., »hängen, kreuzigen, aufhängen«, as. hāhan, V., »hängen«, germ. *hanhan, V., »hängen«, idg. *k̑onk-, V., »schwanken, hängen, schweben«, im Präsens nach den aus grammatischem Wechsel gebildeten Präteritalformen (hing bzw. gehangen) ausgeglichen und mit dem alten Zustandsverb hangen »hängen«, mhd. hangen, ahd. hangēn (E. 8. Jh.) vermischt, im 19. Jh. intransitiver Gebrauch dem starken Verb hängen, transitiver Gebrauch dem schwachen Verb hängen zugeordnet

hängig, Adj., »hangend« 15. Jh. (Diefenbach)?, Lüt. lat pendulus, Adj., »hangend«

Hängigkeit, F., »Anhängigkeit«, s. hängig, heit, Rechts-

Hanse, F., »Hanse«, mhd. hanse, hans, F., »kaufmännische Vereinigung, Kaufmannsgilde«, mnd. hanse, F., »Handelsgesellschaft« (1358 düdesche hense als Städtebund), ahd. hansa (830), F., »Schar (F.) (1), Trupp«, germ. *hansō, F., »Schar (F.) (1)«, zu idg. *kom-, Präp., Präf., »neben, bei, mit, entlang«?, idg. *kend-, *skend-,

V., »abspalten«?, oder zu Hand?, idg. *kontsā?

hänseln, V., »necken, zum Narren halten (bei der Aufnahme in die Hanse?)«, 17. Jh., s. Hanse

Hansestadt, F., »Stadt (des ehemaligen Städtebundes) der Hanse«, 14. Jh., s. Hanse, Stadt

Harde, F., »Verwaltungsbezirk« ndd., mnd. harde, herde, N., »Harde«, Lw. an. herađ, N., »Bezirk«

Hardware, F., »Geräte der elektronischen Datenverarbeitung (z.B. Computer oder Drucker)«, 2. H. 20. Jh. Lw. ne. hardware, N., »Geräte der elektronischen Datenverarbeitung«, zu ne. hard, Adj., »hart, fest«, ne. ware, N., »Erzeugnis, Ware«

Harem, M., »Harem, Frauenabteilung eines orientalischen Wohnhauses, Gesamtheit der Frauen eines Mannes«, 18. Jh. (Meißner 1782) Lw. türk. harem, Sb., »Harem«, Lw. arab. harām, Sb., »geheiligter verbotener Ort«, subst. aus arab. harām, Adj., »unerlaubt, geheiligt«

Hare-Niemeyersches Sitzverteilungsverfahren, N., »Verfahren der Verteilung der Sitze (Mandate) eines Parlamentes oder eines sonstigen Gremiums bei dem die Zahl der zu vergebenden Sitze mit den auf eine Liste abgegebenen Stimmen vervielfacht und dann durch die Gesamtzahl aller für die Sitzverteilung maßgeblichen Stimmen geteilt wird«, 2. H. 20. Jh., s. Sitz, Verteilung, Verfahren

Häresie, F., »dem kirchlichen Dogma widersprechende Irrlehre (Ketzerei)«, mhd. heresie, eresie, F., »Häresie«, Lw. lat. haeresis, F., »Ketzerei«, Lw. gr. haíresis, F., »Wahl, Überzeugung«, zu gr. haireĩn, V., »nehmen, überreden«

Harm, M., »Harm, Leid, Kummer«, mhd. harm, M., »Leid, Schmerz«, ahd. harm (765), M., »Leid, Schmerz, Kummer, Unglück, Beleidigung«, as. harm, M., N., »Kummer«, germ. *harma, *harmaz, M., »Harm, Schande?, Schmach?, Schmerz?«, idg. *k̂ormo-, *pk̂ormo-, Sb., »Qual, Schmerz, Schmach«, zu idg. *pek̂- (2), V., »raufen, rupfen«?

harmlos, Adj., »ungefährlich«, M. 18. Jh. Lw. ne. harmless, Adj., »unschädlich«?, s. Harm, los

Haschisch, N., »Haschisch«, 19. Jh. (1869) Lw. arab. hasīs, Sb., »Kraut, Gras, indischer Hanf, Haschisch, ein Rauschgift«

Haß, M., »Haß«, mhd. haz, M., »Kummer, Haß«, ahd. haz (8./9. Jh.), M., »Haß, Feindschaft«, as. heti, N., »Haß, Feindschaft«, germ. *hati, *hatiz, *hatas, N., »Haß«, idg. *k̂ād-, Sb., »Kummer, Haß«?, idg. *k̂ədos-, Sb., »Haß, Trauer«?

Haufe, Haufen, M., »Haufe«, mhd. hūfe, houfe, M., »Haufe«, vgl. mhd. houf, M., »Haufe«, ahd. hūfo (765), M., »Haufe, Menge, Gesamtheit, Aufhäufung«, vgl. ahd. houf (E. 8. Jh.), M., »Haufe«, as. hōp, M., »Haufe«, germ. *hūpan, *hūpōn, M., »Haufe«, vgl. germ. *haupa, *haupaz, M., »Haufe«, zu idg. *keub-, V., Sb., »biegen, Biegung«?, zu idg. *keu- (2), V., Sb., »biegen, Biegung«?, seit dem Fnhd. n im Nominativ aus gebeugten Formen

häufen, V., »häufen«, mhd. hūfen, hoūfen, V., »häufen«, ahd. hūfōn (790), V., »häufen, sammeln«, s. ahd. houfōn (9. Jh.), s. Haufe

Häufung, F., »Häufung, Anhäufung«, 1287 Worms (haufunge), Gobler 1536 heuffung der klagen, Lüs. lat. cumulatio, F., »Vermehrung«?, s. häufen, ung

Haupt, N., »Haupt, Kopf«, mhd. houbet, houbt, houpt, N., »Haupt, Kopf, Spitze, Anfang, Beginn«, ahd. houbit (765), M., »Haupt, Kopf, Spitze, Anfang«, as. hōvid, N., »Haupt«, germ. *haubida, *haubidam, *haubiþa, *haubiþam, N., »Haupt, Kopf« zu idg. *kap-, V., »fassen«

Hauptantrag, M., »der in erster Linie gestellte Antrag einer Antragshäufung«, 19. Jh.?, s. Haupt, Antrag

Hauptforderung, F., »hauptsächliche Forderung, Forderung (des Gläubigers) gegen die der Schuldner aufrechnet«, 1577 Lüneburg, s. Haupt, Forderung

Hauptintervention, F., »Klage eines Dritten der die Sache oder das Recht worüber zwischen anderen Personen ein Rechtsstreit abhängig geworden ist ganz oder teilweise für sich in Anspruch nimmt«, A. 19. Jh.? Lüt. lat. interventio principalis, F., »Hauptintervention«, s. Haupt, Intervention, vgl. Planck 1896

Häuptling, M., »Anführer (1360 Bremen), Oberhaupt (17. Jh.)«, »Stammesführer eines Naturvolkes (seit Cooper nach 1825)«, s. Haupt, ling, vgl. lat. capitaneus, Adj.,

»durch Größe hervorstechend«, vgl. afries. hāvdling, M., »friesischer Adliger«

Hauptmangel, M., »schwerer Fehler bestimmter Tiere beim Viehkauf (z.B. Rotz)«, 1660 Kaiserslautern, s. Haupt, Mangel

Hauptmann, M., »Hauptmann«, mhd. houbetman, M., »Hauptmann«, ahd. houbitman (790), M., »Hauptmann, Führer, Statthalter«, Lüt. lat. capitaneus, Adj., »durch Größe hervorstechend«, zu lat. caput, N., »Haupt, Kopf«, s. Haupt, Mann, M. 19. Jh. (1842) in Preußen als Ersatzwort für Kapitän (frz. capitaine) verwendet

Hauptpflicht, F., »im Verhältnis zu anderen Pflichten (Nebenpflichten) besonders wichtige Pflicht (z.B. Übereignungspflicht im Verhältnis zur Verpackungspflicht beim Kauf)«, Klinger 1786, s. Haupt, Pflicht

Hauptsache, F., »von der streiteinleitenden Partei vor allem begehrte Rechtsfolge (z.B. Streitgegenstand)«, »Kapitalverbrechen« 14. Jh., »Streitpunkt« 14. Jh. Bayreuth, »Hauptsache« Allgemeines Landrecht 1794 Preußen, mhd. houbetsache, F., »wesentlicher Teil eines Rechtsstreits«, Lüt. lat. causa capitalis, F. »Hauptangelegenheit«?, s. Haupt, Sache

Hauptsacheklage, F., »Bezeichnung der Klage im Verhältnis zum Antrag auf vorläufigen Rechtsschutz durch Arrest oder einstweilige Verfügung«, 20. Jh., s. Hauptsache, Klage

hauptsächlich, Adj., Adv., »wesentlich«, 16. Jh., s. Hauptsache, lich

Hauptsatzung, F., »Satzung einer Gemeinde in der die Grundzüge der kommunalen Selbstverwaltung festgelegt sind«, 20. Jh.?, s. Haupt, Satzung

Hauptstadt, F., »Regierungssitz«, mhd. houbetstat, F., »vornehmste Stadt, Hauptstadt«, ahd. houbitstat (10. Jh.), F., Hauptstadt«, as. hōvidstedi, F., »Hauptstadt«, Lüt. lat. metropolis?, s. Haupt, Stadt

Hauptstrafe, F., »Strafe die als solche allein verhängt werden kann (Freiheitsstrafe oder Geldstrafe)«, »schwere Strafe« 16. Jh., s. Haupt, Strafe

Haupttermin, M., »zur Erledigung des Rechtsstreits dienender umfassend vorbereiteter Termin«, 19. Jh.?, s. Haupt, Termin

Hauptverfahren, N., »Teil des Verfahrens in dem vor dem Gericht über die Anklage verhandelt wird«, s. Haupt, Verfahren, vgl. Weiske 1839ff., Planck 1857

Hauptverhandlung, F., »Verhandlung in der das Gericht über Schuld und Strafe eines Angeklagten entscheidet«, 19. Jh., s. Haupt, Verhandlung, vgl. Planck 1857

Hauptversammlung, F., »Versammlung der Aktionäre einer Aktiengesellschaft (oder Kommanditgesellschaft auf Aktien)«, »wichtige Versammlung« 1668 Niederlande, s. Haupt, Versammlung

Hauptversammlungsbeschluß, M., »Beschluß der Hauptversammlung«, 20. Jh., s. Hauptversammlung, Beschluß

Haus, N., »Haus«, mhd. hūs, hous, N., »Haus, Wohnung, Haushaltung, Rathaus, Schloß, Hütte«, ahd. hūs (765), N., »Haus, Gebäude, Wohnung, Tempel, Familie, Geschlecht«, as. hūs, N., »Haus«, germ. *hūsa, *hūsam, N., »Haus«, zu idg. *skeus-, V., »bedecken, umhüllen«, zu idg. *skeu- (2), *keu-, V., »bedecken, umhüllen«

Hausdurchsuchung, F., »Durchsuchung eines Hauses«, 19. Jh.?, s. Haus, Durchsuchung

Hausfrau, F., »das Hauswesen besorgende Frau«, mhd. hūsvrouwe, F., »Herrin des Hauses«, s. Haus, Frau

Hausfriede, M., »Recht innerhalb der eigenen Wohnung und des umfriedeten Lebensbereiches ungestört zu sein«, um 1200 Friesland, mhd. hūsvride, M., »Hausfriede, Schutz und Sicherheit im eigenen Haus«, s. Haus, Friede

Hausfriedensbruch, M., »widerrechtliches Eindringen in die Wohnung oder die Geschäftsräume oder das befriedete Besitztum eines anderen oder in abgeschlossene zum öffentlichen Dienst oder Verkehr bestimmte Räume bzw. unbefugtes Verweilen darin sowie Ausbleiben des Entfernens auf eine Aufforderung des Berechtigten hin«, 1354 Göttingen husvrede brake, 1583 Lüneburg haussfriedbruch, s. Hausfriede, Bruch

Hausgehilfe, M., »Arbeitnehmer der im Haushalt hauswirtschaftliche Dienste leistet (z.B. Wirtschafterin)«, 19. Jh.?, s. Haus, Gehilfe

Hausgemeinschaft, F., »Gemeinschaft der im Haushalt lebenden Personen«, 19. Jh.?, s. Haus, Gemeinschaft

Hausgesetz, N., »Hausvertrag, Rechtsnormen die adlige Familien kraft Autonomie für sich gesetzt haben (z.B. Ausschluß der

Töchter von der Erbfolge)«, 1766 Bayern, Reyscher 1780, 1809 Preußen, s. Haus, Gesetz

Haushalt, M., »der Erfüllung der öffentlichen Aufgaben dienende Einkünfte und Ausgaben einer juristischen Person des öffentlichen Rechts«, »häusliche Wohngemeinschaft und Verbrauchsgemeinschaft«, 15. Jh. (1496 Arnstadt), Löhney 1679, 20. Jh. Ersatzwort für Budget, s. Haus, halten

Haushälterin, F., »den Haushalt führende Angestellte«, 16. Jh., s. Haushalt, er, in, älter Haushälter (15. Jh.)

Haushaltsgesetz, N., »den Haushalt feststellendes formelles Gesetz«, 19. Jh.?, s. Haushalt, Gesetz

Haushaltsgrundsatz, M., »für eine geordnete Führung eines Haushalts allgemein anerkannte Regel«, 20. Jh., s. Haushalt, Grundsatz

Haushaltsplan, M., »vor Beginn einer Rechnungsperiode aufgestellte Übersicht über die der Erfüllung der öffentlichen Aufgaben dienenden voraussichtlichen Einkünfte und Ausgaben«, Pertz 1856, s. Haushalt, Plan

Haushaltsrecht, N., »Gesamtheit der den Haushalt betreffenden Regeln«, 20. Jh.?, s. Haushalt, Recht

Haushaltsvorlage, F., »Vorlage für ein Haushaltsgesetz«, 20. Jh.?, s. Haushalt, Vorlage

hausieren, V., »haushalten, schlimm hausen, (zuletzt) von Haus zu Haus feilbieten« 15. Jh. Nürnberg, zu Haus, ieren

Hausierer, M., »wer von Haus zu Haus feilbietet« (1527 Unterfranken), s. hausieren

Hausmeier, M., »Inhaber eines königlichen Hofamtes, Hausmeier (Stumpf 1586), Bauer (1563 Zürich)«, Lüs. lat. maior domus, M., »Größerer des Hauses«, s. Haus, Meier

Hausrat, M., »Gegenstände die tatsächlich der Bewirtschaftung eines Haushalts dienen (z.B. Wohnungseinrichtung)«, mhd. hūsrāt, M., »Hausrat«, 1361 Baden/Aargau, s. Haus, Rat

Hausratsteilung, F., »Aufteilung des Hausrats anläßlich einer Scheidung der Ehegatten«, 20. Jh.?, s. Hausrat, Teilung

Hausratsverordnung, F., »die Hausratsteilung betreffende Verordnung«, 1944, s. Hausrat, Verordnung

Hausrecht, N., »Recht über die Benutzung eines Raumes zu bestimmen«, Stieler 1691, »Recht am Haus« 1341 Utrecht, »Abgabe von einem Haus« 1476 Oberösterreich, s. Haus, Recht

Hausse, F., »Steigen des Wertes der Wertpapiere«, 19. Jh. (Heyse 1835) Lw. frz. hausse, F., »Steigen, Erhöhen«, zu frz. hausser, V., »erhöhen«, aus lat. altus, Adj., »hoch«

Haussuchung, F., »Durchsuchung eines Hauses«, 14./15. Jh. bzw. Stieler 1691, mhd. hūssuochunge, F., »Hausfriedensbruch«, 1162 Anhalt, s. Haus, suchen, ung

Haustüre, F., »Haustüre«, mhd. hūstüre, F., »Haustor, Haustüre«, 1365 München, s. Haus, Tür

Haustürgeschäft, N., »vor allem an der Haustüre oder dem Arbeitsplatz eines Kunden oder bei einer Freizeitveranstaltung oder in Verkehrsmitteln oder im Bereich öffentlich zugänglicher Verkehrswege abgeschlossenes auf eine entgeltliche Leistung gerichtetes Geschäft (Kauf) bei welchem der Kunde typischerweise unvorbereitet getroffen wird«, 1986, s. Haustüre, Geschäft

Hausverbot, N., »Verbot eines Trägers eines Hausrechts gegenüber einem Dritten sich in dem betreffenden Raum aufzuhalten«, 20. Jh.?, s. Haus, Verbot

Haut, F., »Haut, Fell, Leder«, mhd. hūt, hout, F., »Haut, Fell«, ahd. hūt (9. Jh.?), F., »Haut, Fell, Schale (F.) (2)«, as. hūd, F., »Haut«, germ. *hūdi, *hūdiz, F., »Haut«, s. idg. *skeut-, V., Sb., »bedecken, umhüllen, Haut«, zu idg. *skeu- (2), *skū-, *keu-, V., »bedecken, verhüllen«

Haverei, F., »Einbuße an Schiff oder Ladung während einer Seereise«, s. Haverie

Haverie, F., »Unfall, Beschädigung«, E. 16. Jh. (1603 Hamburg) Lw. nnl. averij (1551), nnd. Haverye, F., »Unfall, Beschädigung«, Lw. frz. avarie, F., »Unfall, Beschädigung«, Lw. it. avaria (um 1300), F., »Unfall, Beschädigung«, zu arab. 'awarīya, Sb., »beschädigte Güter«, zu arab. 'awār, Sb., »Schaden, Fehlerhaftigkeit«, h unter dem Einfluß von Hafen vorangefügt?

Hebamme, F., »Hebamme«, mhd. hebeamme, hefamme, M., »Hebamme«, ahd. hefiana (A. 9. Jh.), hevamma, F., »Hebamme«, s. heben, der zweite Wortteil (ahd.) ana bzw. Ahne ist mit Amme vermischt

heben, V., »heben, aufheben«, mhd. heven, heben, V., »heben, erheben, anfangen«, ahd. heffen (765), heven, V., »heben, aufheben, nehmen, setzen«, germ. *hafjan, V., »heben«, idg. *kap-, V., »fassen«, b aus Angleichung an die durch grammatikalischen Wechsel b aufweisenden Präteritalformen (hob bzw. gehoben)

Hebesatz, M., »Prozentsatz mit dem der Steuermeßbetrag der Gewerbesteuer und Grundsteuer zur Berechnung der Steuerschuld zu vervielfältigen ist«, 20. Jh., s. heben, Satz

Heer, N., »zu Land kämpfender Teil der Streitkräfte«, mhd. her, N., »Heer, Kriegsheer, Menge, Schar (F.) (1), Volk«, ahd. heri (1. H. 8. Jh.?), N., M., »Heer, Menge, Schar (F.) (1)«, as. heri, M., F., »Heer«, germ. *harja, *harjaz, M., »Heer«, idg. *korios, *koros, *koiros, M., »Heer, Krieg«

Heerbann, M., »königliches Aufgebot der Heerfolge«, mhd. herban, M., »Heerbann, Aufgebot der waffenfähigen Freien zum Kriegsdienst«, ahd. heriban (9. Jh.), M., »Aufgebot, Aufgebot zur Heeresfolge«, s. Heer, Bann, vgl. mlat. haribannus (um 665)

Heergewäte, N., »Hergewäte, Ausrüstung als Krieger die in einer Sondererbfolge an den nächsten männlichen Verwandten vererbt wird«, 1118 Westfalen, s. Heer, Gewäte

Hegemonie, F., »Vorherrschaft«, 19. Jh. (Wieland 1804 bzw. Pfizer 1831) Lw. gr. hegemonía, F., »Vorherrschaft, Vormachtstellung«, zu gr. hegemón, M., »Führer«, zu gr. hegeĩsthai, V., »vorangehen, anführen«, seit etwa 1830 auch auf deutsche Verhältnisse bezogen

hegen, V., »hegen, pflegen«, mhd. hegen, V., »mit einem Hag umgeben, umzäunen, hegen, pflegen, bewahren«, Sachsenspiegel um 1225, ahd. *heggen, V., s. Hag

Hegung, F., »Hegung«, »Hegung des Gerichts« 14. Jh. Iglau, s. hegen, ung

hehlen, V., »hehlen, verborgen halten«, mhd. heln, V., »geheimhalten, verstecken, verbergen«, ahd. helan (nach 765?), V., »verhehlen, verheimlichen, verbergen«, as. helan, V., »verheimlichen«, germ. *helan, V., »verhehlen, verbergen, verstecken«, idg. *k̑el- (4), *kel-, V., »verbergen, verhüllen«

Hehler, M., »wer eine Sache die ein anderer gestohlen oder sonst durch eine gegen fremdes Vermögen gerichtete rechtswidrige (nicht: schuldhafte) Tat erlangt hat ankauft oder sonst sich oder einem Dritten verschafft oder absetzt oder absetzen hilft um sich oder einen Dritten zu bereichern«, mhd. helære, M., »Hehler«, Hugo von Trimberg 1300, s. hehlen

Hehlerei, F., » Tat des Hehlers«, 1. H. 19. Jh. (Abegg 1836), s. Hehler

hehr, Adj., »hehr, herausragend, groß, erhaben«, mhd. hēr, hēre, Adj., »hoch, vornehm, erhaben«, ahd. hēr (1. H. 8. Jh.?), Adj., »alt, ehrwürdig, von hohem Rang, groß«, germ. *haira, *hairaz, Adj., »grau, alt, hehr?«, zu idg. *k̑ei- (2), *k̑i- Adj., »grau, dunkel«, im 18. Jh. als veraltet betrachtet aber danach neu belebt

Heide, M., »Heide (M.), Nichtchrist«, mhd. heiden, M., »Heide (M.), Sarazene«, ahd. heidan (E. 8. Jh.), M., »Heide (M.), Barbar«, as. *hēthan, M., »Heide (M.)«, germ. (got.) *haiþna, *haiþnaz, M., Adj., »Heide, heidnisch«, singularisiertes Lw. gr. éthne, N. Pl., »Völker«?, zu idg. *kaito-, Sb., »Wald, Wildnis«?, nhd. Form Heide 14. Jh. mmd.

heil, Adj., »heil, unversehrt, unverletzt, ganz, gesund«, mhd. heil, Adj., »gesund, heil«, ahd. heil (790?), Adj., »heil, gesund, ganz, vollkommen, unversehrt, errettet«, as. hēl, Adj., »heil«, germ. *haila, *hailaz, Adj., »heil, ganz, gesund«, idg. *kailo-, Adj., »heil, unversehrt«?, zu idg. *kai- (1), Adj., Adv., »allein«

heilen, V., »heilen, heil machen, heil werden«, mhd. heilen, V., »heilen, erretten, gesund machen, gesund werden«, ahd. heilen (E. 8. Jh.), V., »heilen, erlösen, retten, trösten, heiligen, wiederherstellen«, (daneben ahd. heilēn (1000), V., »heil werden«,) as. hēlian, V., »heilen«, germ. *hailjan, V., »heil machen«, s. heil

heilig, Adj., »heilig«, mhd. heilec, heilic, Adj., »heilig«, ahd. heilag (766-800), heilīg, Adj., »heilig, geweiht, fromm, heilbringend«, as. hēlag, Adj., »heilig«, Lbd. lat. sanctus, Adj., »heilig«, germ. *hailaga, *hailagaz, Adj., »mit Heil versehen, heilvoll«, s. heil, ig

Heilige Allianz, F., »am 26. 9. 1815 zwischen dem Zaren von Rußland und dem Kaiser von Österreich und dem König von Preußen abgeschlossene Bündnisvereinbarung welcher später fast alle christlichen Mächte Europas beitraten«, s. heilig, Allianz

Heiliges Römisches Reich (deutscher Nation), N., »amtliche stückweise entstandene Bezeichnung des ersten deutschen Reiches (1034 Romanum Imperium bzw. 1157 Sacrum Imperium bzw. 1254 Sacrum Romanum Imperium bzw. 1442 heiliges römisches Reich und insonderheit deutsche Lande bzw. 1471 heiliges römisches Reich und würdige deutsche Nation bzw. 1486 heiliges Reich und deutsche Nation bzw. Römisches Reich deutscher Nation bzw. 15. Jh. heiliges römisches Reich deutscher und welscher Nation)«, s. heilig, römisch, Reich

Heiliger Stuhl, M., »Apostolischer Stuhl, Bezeichnung des Papstes als Völkerrechtssubjekt«, Lüs. lat. sancta sedes, F., »heiliger Stuhl«, s. heilig. Stuhl

Heilanstalt, N., »Krankenhaus für die Behandlung seelisch Kranker«, 19. Jh., s. Heil, Pflege, Anstalt, vgl. Grimm DW 1877 Heil- und Pflegeanstalt

Heilkunde, F., »Lehre von der Feststellung oder Heilung oder Linderung von Krankheiten oder Leiden oder Körperschäden von Menschen«, 18. Jh. Lüt. lat. ars medendi, F., »Kunst des Heilens«, vgl. Grimm DW 1877

Heilung, F., »Gesundmachen oder Gesundwerden, Beseitigung von Folgen eines Mangels«, mhd. heilunge, F., »Heilung, Heilbehandlung«, ahd. heilunga (830), F., »Heilung«, Lüs. lat. sanatio, F., »Heilung«, s. heilen, ung

Heim, N., »Heim«, Heime, F., »Heimat«, mhd. heim, N., »Haus, Heim«, heime, F., »Heimat«, ahd. heima (E. 10./A. 11. Jh.), F., »Heim, Heimat, Wohnsitz«, as. hēm, N., »Heim, Heimat«, germ. *haima, *haimaz, M., »Heim, Dorf, Welt«, idg. *k̑þoimo-, Sb., »Wohnung, Siedlung«, zu idg. *k̑þei-, V., »wohnen«?, zu idg. *k̑ei- (1), V., Sb., Adj., »liegen, Lager, vertraut«

Heimarbeit, F., »gewerbliche Arbeit die der Beschäftigte in seiner eigenen Wohnung oder Betriebsstätte gegen Entgelt im Auftrag von Gewerbetreibenden oder Zwischenmeistern leistet wobei er die Verwertung seiner Arbeitsergebnisse und damit den kaufmännischen Gewinn und das Risiko seinen Auftraggebern überläßt«, 19. Jh.?, s. Heim, Arbeit, Heimarbeiter

Heimarbeiter, M., »wer Heimarbeit leistet«, Fromm 1854ff. Nürnberg, s. Heim, Arbeiter

Heimat, F., »geographischer Bereich aus dem jemand stammt und in dem er zu Hause ist«, mhd. heimōte, heimuote, heimot, F., N., »Heimat«, ahd. heimoti (1000), heimodi, N., »Heimat, Vaterland, Stammsitz?«, s. Heim, s. germ. *oþala, M., »Erbgut«?, a seit 15. Jh.

heimatlos, Adj., »ohne Heimat«, 1751 Aargau, s. Heimat, los

heimatloser Ausländer, M., »Ausländer ohne Heimat«, 20. Jh., s. heimatlos, Ausländer

Heimatvertriebener, M., »aus seiner (ostdeutschen) Heimat vertriebener Deutscher bzw. dessen Angehöriger«, nach 1945, s. Heimat, Vertriebener

Heimfall, M., »Anfall von Gütern« 1518 Buchhorn, s. Heim, Fall

Heimfallsrecht, N., »Recht auf Rückfall eines Gegenstandes an einen ursprünglich Berechtigten«, 1819 Wien, s. Heimfall, Recht

Heimgesetz, N., »Heime betreffende Angelegenheiten regelndes Gesetz«, 20. Jh., s. Heim, Gesetz

heimlich, Adj., »einheimisch (älter), heimlich«, mhd. heimlich, Adj., »einheimisch, vertraut, vertraulich, geheim«, ahd. heimlīh (2. Vt. 11. Jh.), Adj., »einheimisch, heimatlich, vertraut, häuslich«, s. Heim, lich

Heimstätte, F., »vom Bund oder Ländern oder Gemeinden oder Gemeindeverbänden als Heimstätte zu Eigentum ausgegebenes (Familien-)Grundstück«, 1920, s. Heim, Stätte

Heimsuchung, F., »Schädigung, Versuchung«, mhd. heimsuochunge, F., »Hausüberfall, Hausfriedensbruch«, s. Heim, suchen, ung

Heimtücke, F., »Hinterhältigkeit«, E. 18. Jh. (Klopstock 1724-1803), älter heimliche tücke, s. heimtückisch, Heim, Tücke

heimtückisch, Adj., »die Arglosigkeit und Wehrlosigkeit seines Opfers ausnützend«, 2. H. 16. Jh. (Fischart 1575), s. Heimtücke, isch, A. 16. Jh. heimlich oder offenlich redlich oder tückisch

Heirat, F., »Eheschließung, Vermählung«, mhd. hīrāt, M., F., »Vermählung«, ahd. hīrāt (11. Jh.), M., »Heirat, Ehe, Vermählung«, älter »Hausstand?, Hausrat?«, zu germ. *heiwa, *heiwōn, Sb., »Hausgemeinschaft, Familie«, zu idg. *k̑ei-, V., »liegen«, und zu Rat (?), s. Heim

heiraten, V., »die Ehe schließen«, mhd. hīrāten, V., »die Ehe schließen«, s. Heirat, verdrängt älteres ahd. hīwen (765), V., »heiraten«

Heiratsbuch, N., »Buch zur Eintragung von Heiraten«, 19. Jh.?, s. Heirat, Buch

Heiratserlaubnis, F., »Einwilligung einer dritten Person in eine Eheschließung«, 19. Jh.?, s. Heirat, Erlaubnis

Heiratsurkunde, F., »öffentliche Urkunde welche eine Eheschließung beweist«, Badisches Landrecht 1809, Lüs. frz.?, s. Heirat, Urkunde

Heiratsvermittlung, F., »Ehevermittlung«, 19. Jh.?, s. Heirat, Vermittlung

heischen, eischen, V., »heischen, begehren, bitten, fordern«, mhd. eischen, V., »forschen, fragen, fordern«, ahd. eiskōn (765), eiscōn, V., »verlangen, fordern, fragen, heischen«, as. ēskon, V., »heischen, fordern, fragen«, westgerm. *aiskōn, V., »fragen, fordern«, idg. *aissko-, V., »wünschen, begehren«, zu idg. *ais-, V., »suchen, bitten«, h unter dem Einfluß von heißen vorangefügt

heißen, V., »heißen, befehlen, rufen«, mhd. heizen, V., »heißen, befehlen, sagen, nennen, verheißen, geloben«, ahd. heizan (1. H. 8. Jh.?), V., »nennen, rufen, heißen, befehlen«, as. hētan, V., »heißen«, germ. *haitan, V., »heißen, rufen«, idg. *keid-, »bewegen, befehlen?, heißen?«, zu idg. *kēi-, V., »sich bewegen«

heit, Suff., »heit«, mhd. heit, Suff., »heit«, ahd. heit (765), M., F., »Person, Persönlichkeit, Gestalt, Geschlecht, geistlicher Stand«, as. hēd, M., »Stand«, germ. *haidu, *haiduz, M., »Erscheinung, Art«, zu idg. *skaid-, Adj., »hell, leuchtend«, zu idg. *skai-, Adj., »hell, leuchtend«, die Nebenformen keit und igkeit sind aus falscher Ablösung von Adjektiven auf ig entstanden

heizen, V., »heizen«, mhd. heizen, V., »erhitzen, heizen, heiß machen (, heiß werden)«, ahd. heizēn (10. Jh.), V., »heiß sein, heiß werden, glühen, lodern, erglühen«, (neben heizen (10. Jh.), V., »anzünden«,) germ. *haitjan, V., »heizen, heiß machen«, zu idg. *kait-, Sb., Adj., »Hitze, heiß«, zu idg. *kăi- (3), Sb., »Hitze«

Heizkostenverordnung, F., »Verordnung über Heizkosten«, um 1990, s. heizen, Kosten, Verordnung

Hektar, M., »Hektar, hundert Ar«, 19. Jh. (1868 amtlich eingeführt) Lw. frz. hectare, F., »Hektar«, aus gr. hekatón, Num. Kard., »hundert«, frz. are, F., »Ar, ein Flächenmaß«, zu lat. area, F., »Platz, Fläche«, s. hekto, Ar

hekto, Präf., »hundert, vielfach«, über das Französische aus gr. hekatón, Num. Kard., »hundert«

helfen, V., »helfen«, mhd. helfen, V., »helfen, nützen, fördern«, ahd. helfan (765), V., »helfen, beistehen, unterstützen, nützen«, as. helpan, V., »helfen«, germ. *helpan, V., »helfen«, idg. *k̑elb-, V., »helfen«?, zu idg. *k̑el- (2), V., »neigen, lehnen«?

Heller, M., »Heller«, mhd. heller (15. Jh.), hallære, Haller (pfenninc), M., »Heller« (der in Schwäbisch Hall seit 1208 geprägte Pfennig)

hemmen, V., »hemmen, hindern«, mhd. hamen, hemmen (mmd.), V., »hemmen, hindern, aufhalten«, s. ahd. gihemmen (12. Jh.), V., »demütigen«, zu germ. *ham-, V., »drücken, hemmen«?, zu idg. *kem-, V., »zusammendrücken«

Hemmung, F., »Behinderung«, 17. Jh. (Stieler 1691), s. hemmen, ung

henken, V., »henken, einen Menschen an den Galgen hängen«, mhd. henken, V., »hängen, henken«, ahd. henken (1000), V., »hängen, aufhängen, henken, kreuzigen«, germ. *hangjan, V., »hängen«, obd. Form zu dem zu ahd. hāhan gebildeten schwachen jan-Verb hengen (790?), V., »gehorchen«

Henker, M., »Henker«, mhd. henker, M., »Henker«, 1276 Augsburg, A. 15. Jh., obd., mhd. hāhære, hāher, s. henken

Henkersmahlzeit, F., »Abschiedsmahl (vor der Hinrichtung)«, 17. Jh., älter Henkersmahl (16. Jh.), s. Henker, Mahl, Zeit

her, Adv., Präf., »her«, mhd. her, Adv., Präf., »her, hierher, bisher«, ahd. hera (1. H. 8. Jh.), Adv., Präf., »her, hierher«, mit einem Suffix der Richtung zum Pronominalstamm *hi-, Pron., »dieser«, idg. *k̑ei-, *k̑i-, Pron., »dieser«

Heranwachsender, M., »wer zur Zeit der Tat achtzehn aber noch nicht einundzwanzig Jahre alt ist«, 20. Jh., s. heran, wachsen

Herausgabe, F., »Hingabe eines Gegenstandes - oder auch einer Person z.B. Kind - an einen anderen, Übertragung des unmittelbaren Besitzes an den Berechtigten«, Liscow 1739, Lüs. lat. editio, F., »Gebären, Herausgabe«, s. her, aus, Gabe

Herausgabeanspruch, M., »Anspruch auf die Herausgabe eines Gegenstandes oder einer Person«, 19. Jh.?, s. Herausgabe, Anspruch

Herausgeber, M., »wer eine Druckschrift veröffentlicht ohne (alleiniger) Urheber zu sein«, Hederich 1729, Lüs. lat. editor, M., »Erzeuger«, s. her, aus, geben

Herberge, F., »Unterkunft, Herberge«, mhd. herberge, F., »Heerlager, Feldlager, Beherbergung«, ahd. heriberga (A. 9. Jh.), F., »Herberge, Feldlager, Lager, Wohnung«, s. Heer, bergen

Herbst, M., »Herbst«, mhd. herbest, herbst, M., »Herbst, Ernte«, ahd. herbist (2. H. 8. Jh.), M., »Herbst, Erntezeit«, as. hervist, M., »Herbst«, germ. *harbista, *harbistaz, M., »Herbst, Ernte«, idg. *skerp-, V., »schneiden«?, zu idg. *skerə-, *ker-, V., »schneiden«?, idg. *karp-, V., »ernten«

Herd, M., »Herd, Boden«, mhd. hert, M., »Erdreich, Boden, Herd, Haus, Wohnung«, ahd. herd (A. 9. Jh.), M., »Herd, Ofen, Boden, Staub«, as. herth, M., »Herd«, westgerm. *herþa, *herþaz, M., »Herd, Feuerstätte«, zu idg. *ker- (3), V., »brennen, glühen, heizen«

Herde, F., »Herde«, mhd. hert, F., »Herde«, ahd. herta (1000), F., »Herde, Schar (F.) (1)«, germ. *herdō, F., »Herde«, idg. *kerdhā, F., »Reihenfolge, Reihe, Herde«, nhd. d unter nd. Einfluß

hereditas, lat., F., »Erbschaft«, s. heres

heres, lat., M., »Erbe (M.)«

hergebracht, Adj., »überliefert«, 1261 herbracht, Luther vor 1546, s. her, bringen

hergebrachter Grundsatz, M., »überlieferte Grundvorstellung«, 19. Jh.?, s. Grundsatz, hergebracht

Herkommen, N., »hergebrachte Sitte oder Gewohnheit«, 1300 Oberösterreich, s. her, kommen

Hermeneutik, F., »Lehre von der Auslegung«, 20. Jh.?, Lw. gr. hermeneutiké (techné), F., »(Kunst der) Deutung«, zu gr. hermeneúein, V., »auslegen, denken«

Heroin, N., »Heroin«, E. 19. Jh. (Dreser 1898), zu gr. heróios, Adj., »heldenhaft, stark«, zu gr. héros, M., »Held, Heros«

Herold, M., »Herold, Verkünder«, spätmhd. heralt, heralde, M., »Herold«, 14. Jh. Lw. afrz. héraut, M., »Herold« (E. 12. Jh.), Lw. afrk. *heriwald, M., »Heerwalter«?, oder zu got. hazjan, V., »loben, preisen«?

Herr, M., »Herr, Gebieter«, mhd. herre, hērre, M., »Gebieter, Herr, Patron, Gemahl«, ahd. hērro (1. H. 8. Jh.?), hērōro, hēriro, M., »Älterer, Herr, Prior, Herrscher«, as. hērro, M., »Herr«, 8. Jh. Lüs. lat. senior, M., »Älterer, Herr«, subst. Komparativ von hehr

Herrenchiemseer Verfassungskonvent, M., »von der Konferenz der Ministerpräsidenten der Länder bestellter Ausschuß von Sachverständigen zur Vorbereitung eines Grundgesetzes für die Bundesrepublik Deutschland«, 1949?, s. Herr, Verfassung, Konvent

herrenlos, Adj., »eigentümerlos«, 14. Jh., s. Herr, los

Herrschaft, F., »Macht oder Gewalt eines Herren über eine Person oder einen Gegenstand«, mhd. hērschaft, F., »Herrenwürde, Herrenmacht, Herrlichkeit, Herrschaft«, ahd. hērskaft (A. 9. Jh.), hērscaf, F., »Würde, Gewalt, Amt, Herrschaft«, as. hērskepi, F., »Herrschaft«, Lbd. lat., s. Herr, schaft, vgl. Geschichtliche Grundbegriffe

Herrschaftsrecht, N., »Recht das eine Herrschaft über - eine Person oder - einen Gegenstand begründet (absolutes Recht)«, »Leistung an einen Herrn« 1441 Freiburg, s. Herrschaft, Recht

Herrschaftsvertrag, M., »Vertrag durch den die Herrschaft einer Person über andere begründet wird, Unterwerfungsvertrag, Gesellschaftsvertrag«, 19. Jh.?, s. Herrschaft, Vertrag

herrschen, V., »herrschen«, mhd. herschen, hersen, V., »herrschen, beherrschen, bewältigen«, ahd. herisōn (10. Jh.), V., »herrschen, regieren«, Lbd. lat. dominari, V., »herrschen«, germ. *hairisōn, V., »Macht haben, vermögen«?, s. Herr, hehr

herrschende Lehre, F., »vorherrschende Lehransicht«, s. herrschen, Lehre

herrschende Meinung, F., »vorherrschende Meinung«, Lüt. lat. communis opinio, F., »allgemeine Meinung«, Alciat (1492-1550), Goethe vor 1832, s. herrschen, Meinung

Herrscher, M., »Herrscher, Gebieter«, mhd. herscher, M., »Herrscher«, ahd. herisāri (11. Jh.), M., »Herrscher«, Lüs. lat. imperator, M., »Imperator, Gebieter«, s. herrschen, Herr, hehr

herstellen, V., »anfertigen, hinstellen«, (16. Jh.) s. her, stellen

Herstellung, F., »Anfertigung, Ausführung«, Campe 1808, s. herstellen, ung

Herstellungsklage, F., »Klage zur Herstellung der ehelichen Lebensgemeinschaft«, 19. Jh.?, s. Herstellung, Klage

Herstellungstheorie, F., »Theorie zur Wandlung die diese als vollzogen ansieht sobald sie der Berechtigte einseitig erklärt hat«, 20. Jh.?, s. Herstellung, Theorie

Herz, N., »Herz«, mhd. herze, herz, N., »Herz, Sitz der Seele«, ahd. herza (765), N., »Herz, Gemüt, Sinn«, as. herta, N., »Herz«, germ. *hertan, *hertōn, N., »Herz«, idg. *k̑ered-, *k̑erd-, N., »Herz«, zu idg. *skerə-, *ker-, V., »springen«?

Herzog, M., »Heeresführer oder Stammesführer, (später) der Fürst eines größeren Gebietes«, mhd. herzoge, M., »Herzog«, ahd. herizogo (E. 8. Jh.), M., »Herzog«, as. heritogo, M., »Herzog«, germ. *harjatugōn, M., »Heerführer«, Lüs. gr. stratelátes, M., »Heerführer«?, zu gr. stratós, M., »Heer«, gr. elaúnein, V., »ziehen«

Herzogtum, N., »Herzogswürde, Herrschaftsgebiet eines Herzogs«, mhd. herzogentuom, N., »Herzogtum«, s. Herzog, tum

Hessen, N., »1945 aus Teilen des Volksstaates Hessen (Großherzogtum Hessen-Darmstadt) und Preußens (Provinz Hessen-Nassau) entstandenes Bundesland«, zum PN Hessi 738, zum PN Chatti?, zu Hut?

hetzen, V., »hetzen, verfolgen«, mhd. hetzen, V., »hetzen, jagen, antreiben«, zu westgerm. *hatjan, V., »verfolgen, hetzen«?, s. Haß?

heucheln, V., »heucheln«, 16. Jh. (Luther vor 1546), aus dem Nd. (mnd. hüchelen 16. Jh.), zu germ. *hiwja, *hiwjam, N., »Aussehen, Form, Farbe«?, zu mhd. hūchen, V., »kauern, sich ducken«?

Heuer, F., »Arbeitslohn eines Besatzungsmitgliedes eines Seeschiffes«, mhd. hūr, F., »Miete«, aus dem Nd. (mnd. hūre, F., »Pacht, Miete«, as. hūria, F., Pacht, Miete«), (mlat. huria 949,) zu germ. *hūrjan, V., »lohnen«?, Herkunft ungeklärt

Heuervertrag, M., »zwischen einem Besatzungsmitglied eines Seeschiffes und dem Reeder unter Mitwirkung des Seemannsamtes geschlossener Arbeitsvertrag«, 19. Jh.?, s. Heuer, Vertrag

Hexe, F., »zauberkundige Frau mit magisch-schädigenden Kräften«, mhd. hecse, hesse, F., »Hexe«, ahd. hāzus (10. Jh.), hāzissa, hagzussa, F., »Unholdin, Furie, Hexe«, westgerm. *hagatusjō, *hagatusi, F., »Hexe«, zu Hag?, zu idg. *kagh-, V., Sb., »fassen, Flechtwerk, Hürde«, idg. *dhu̯es-, Sb., »Geist«?, zu idg. *dheu-, V., »streben, wirbeln«, also »Zaungeist?«, seit etwa 1430 werden die Hexen bis zur Aufklärung des 18. Jh. systematisch verfolgt

hexen, V., »zaubern, übernatürliche Wirkungen herbeiführen«, 16. Jh., s. Hexe

Hexenkessel, M., »Unruheherd«, 19. Jh., s. Hexe, Kessel

Hexenprozeß, M., »Prozeß gegen eine Hexe«, 17. Jh. (1641) Lüt. nlat. processus contra sagas, M., »Prozeß gegen Hexen«, s. Hexe, Prozeß

Hexerei, F., »Zauberkunst, übernatürliche Wirkung«, 15. Jh., s. Hexe, er, ei

Hierarchie, F., »stufenmäßig aufgebaute auf Überordnung und Unterordnung beruhende Ordnung (z.B. Beamtenhierarchie in der Verwaltung)«, im 17. Jh. in deutschen Texten (Seckendorff 1685), (Sperander 1727) Lw. kirchenlat. hierarchia, F., »innerlich bestimmte Rangordnung (der Priester bzw. der Engel)«, Lw. gr. hierarchía, F., »Herrschaft des Priesters, heilige Rangordnung« (Pseudo-Dionysios Areopagita E. 5. Jh.), zu gr. hiereús, M., »Priester«, zu gr. hierós, Adj., »heilig«, gr. árchein, V., »herrschen«, vgl. Geschichtliche Grundbegriffe

hierarchisch, Adj., »den Priesterstand und seine Rangordnung betreffend, nach Rängen gegliedert«, 19. Jh. Lw. mlat. hierarchicus, Adj., »die Rangordnung (der Priester bzw. Engel) betreffend«, s. Hierarchie

Hilfe, F., »Hilfe, Unterstützung«, mhd. helfe, hülfe, F., »Hilfe, Beistand, Abgabe, Steuer (F.)«, ahd. helfa (765), hilfa, F.,

»Hilfe, Beistand, Schutz«, as. helpa, F., »Hilfe«, germ. *helpō, F., »Hilfe«, zu idg. *k̂elp-, V., »helfen«, zu idg. *k̂elb-, V., »helfen«?, zu idg. *kel- (2), V., »neigen, lehnen«?, s. helfen, unter dem Einfluß Luthers breiten sich zeitweise Formen mit ü aus

Hilfeleisten, N., »das Erbringen eines Tatbeitrages der die Haupttat ermöglicht oder erleichtert oder die vom Täter begangene Rechtsgutsverletzung verstärkt«, 20. Jh.?, s. Hilfe, leisten

Hilfeleistung, F., »Erbringung von Unterstützung«, 16. Jh., s. Hilfe, Leistung, vgl. Hilfsleistung 1570 (hülfleistung)

hilflos, Adj., »auch nur vorübergehend - nicht ohne fremde Hilfe sein bzw. sich nicht ohne fremde Hilfe aus einer Notlage befreien könnend«, mhd. helfelōs, helflōs, Adj., »hilflos«, ahd. helfalōs (1000), Adj., »hilflos, machtlos«, s. Hilfe, los

Hilflosigkeit, F., »Ratlosigkeit, Verlassenheit«, 18. Jh., s. hilflos, ig, heit

Hilfsantrag, M., »Antrag den der Kläger neben einem Hauptantrag für den Fall stellt daß er mit einem Hauptantrag nicht durchdringt«, 19. Jh.?, s. Hilfe, Antrag

Hilfsbeamter, M., »Angehöriger einer durch Rechtsverordnung oder Gesetz besonders zu Hilfsbeamten bestimmten Beamtengruppe oder Angestelltengruppe«, 19. Jh.?, s. Hilfe, Beamter

Hilfsbegründung, F., »Begründung eines Antrages die nur neben einer hauptsächlichen Begründung angeführt wird«, 20. Jh.?, s. Hilfe, Begründung

hin, Adv., Präf., »hin«, mhd. hine, hin, Adv., Präf., »hin, fort«, ahd. hina (765), hinna, Adv., Präf., »hin, weg, von hier«, zu germ. *hi-, Pron., »dieser«, idg. *k̂ei-, *k̂i-, Pron., »dieser«

hindern, V., »hindern«, mhd. hindern, V., »zurücktreiben, hindern«, ahd. hintaren (10. Jh.), V., »herabsetzen, erniedrigen, hemmen, unterschlagen«, germ. *hindarōn, V., »hindern, hemmen«, s. hinter

hinken, V., »hinken«, mhd. hinken, V., »hinken, lahm sein«, ahd. hinkan (E. 8. Jh.), hincan, V., »hinken, fehlgehen«, germ. *henkōn, *henkan?, V., »krumm sein, hinken«, zu idg. *skeng-, *keng-, V., Adj., »hinken, schief, schräg«

hinkend, Adj., »hinkend«, Part. Präs. von hinken, s. hinken

hinkendes Inhaberpapier, N., »ein dem Inhaberpapier ähnliches Wertpapier«, 19. Jh., s. Inhaberpapier, hinkend, vgl. Gerber 1895

hinrichten, V., »richten, Urteil vollstrekken«, fnhd. (15. Jh.) hinrichten, V., »zugrunde richten (Luther vor 1546), das Todesurteil vollstrecken (1514 Köln)«, s. hin (i.S.v. »nieder«), richten

Hinrichtung, F., »Hinrichtung, Vollstrekkung eines Todesurteils«, 16. Jh., s. hinrichten, ung

hinter, Präp., Präf., »hinter«, mhd. hinder, hinter, Präp., Präf., »hinter«, ahd. hintar (1. Vt. 9. Jh.), Präp., Präf., »hinter, bei, zurück«, germ. *hendar, *hendara, *hendaran, Präp., »hinter«, Akk. N. eines alten Komparativs auf idg. *-tero zu einem Pronomen aus den Stämmen *k-, *-en-?, Schreibweise mit d bis ins 18. Jh., s. hindern

hinterblieben, Adj., »nach dem Tode zurückgeblieben«, Badisches Landrecht 1809, s. hinter, bleiben

Hinterbliebener, M., »naher Angehöriger eines Verstorbenen«, Steinbach 1734, Adelung 1775, 1819 Württemberg, s. hinterblieben

hinterlegen, V., »hinterlegen«, 1505 Kassel, Lbd. lat. deponere, V., »hinterlegen«?, s. hinter, legen

Hinterlegung, F., »im Rahmen eines Schuldverhältnisses erfolgende Übergabe einer hinterlegungsfähigen Sache durch den Schuldner an die öffentliche Hinterlegungsstelle«, »Niederlegung an einem sicheren Ort« 1542, Lbd. lat. depositum, N., »Hinterlegung«?, s. hinterlegen, ung

Hinterlist, F., »planmäßige Täuschung unter Verdeckung der wahren Absicht«, mhd. hinterlist, F., »Hinterlist« 1381, s. hinter, List

hinterlistig, Adj., »heimtückisch, unaufrichtig«, mhd. hinderlistec, Adj., »hinterlistig, nachstellend«, ahd. hintarlistīg (12. Jh.), Adj., »hinterlistig«, s. Hinterlist, ig

Hintersasse, M., »Hintersasse, Abhängiger«, mhd. hindersæze, hindersezze, M., »Hintersasse, der hinter jemandem in dessen Schutz sitzt«, 13. Jh., s. hinter, Sasse, sitzen

hinterziehen, V., »hinterziehen«, mhd. hinderziehen, V., »hinter einem ziehen, einem in den Rükken fallen«, »verweigern« 1356, s. hinter, ziehen

Hirn, N., »Hirn«, mhd. hirne, hirn, N., »Hirn, Gehirn, Verstand, Schädel«, ahd. hirni (2. H. 8. Jh.), hirn (12. Jh.), N., »Hirn, Gehirn«, germ. *hersnja, *hersnjam, N., »Hirn«, zu germ. *hersōn, M., »Schädel«, zu idg. *k̑er- (1), *k̑erə-, Sb., »Oberstes, Kopf, Horn, Gipfel«

Hirt, M., »Hirte«, mhd. hirte, hirt, M., »Hirte«, ahd. hirti (E. 8. Jh.), hirt, M., »Hirte, Hüter, Wächter«, as. hirdi, M., »Hirte«, germ. *herdja, *herdija, *herdjaz, M., »Hirte«, zu idg. *kerdhā, F., »Reihenfolge, Reihe, Herde«, s. Herde

Hirtenbrief, M., »zur Verbreitung bestimmte Stellungnahme eines Bischofs oder einer Bischofskonferenz zu kirchlichen aber auch weltlichen Fragen«, Adelung 1775, Lüs. lat. epistola pastoralis, F., »Hirtenbrief«, s. Hirt, Brief

Historie, F., »Geschichte«, mhd. histōrje, F., »Geschichte, Erzählung«, 13. Jh. Lw. lat. historia, F., »Kunde (F.), Erzählung, Geschichte«, Lw. gr. historía, F., »Nachforschen, Wissen, Kunde (F.), Geschichte«, zu gr. hístor, M., »Kundiger, Zeuge«, zu gr. historeĩn, V., »sich erkundigen«, im 18. Jh. durch Geschichte ersetzt

historisch, Adj., »geschichtlich«, 16. Jh. (vgl. Goethe vor 1832 bzw. Savigny 1802) Lw. lat. historicus, Adj., »geschichtlich«, Lw. gr. historikós, Adj., »geschichtlich«, s. Historie

historische Rechtsschule, F., »von Savigny (1814/5) begründete geschichtliche Rechtswissenschaft«, 19. Jh., s. historisch, Rechtsschule

hoch, Adj., »hoch«, mhd. hōch, hō, Adj., »hoch, groß, stark, laut, vornehm, stolz«, ahd. hōh (765), Adj., »hoch, erhaben, ehrwürdig, groß, laut«, Lbd. lat. altus, Adj., »hoch, erhaben, ehrwürdig«, as. hōh, Adj., »hoch«, germ. *hauha, *hauhaz, Adj., »hoch«, zu idg. *k̑ouko-, Adj., »groß, stark«?, zu idg. *keu-, *keu̯ə-, V., Sb., »biegen, Wölbung«?

Hochachtung, F., »hohe Achtung, Wertschätzung«, 16. Jh., s. hoch, Achtung

hochachtungsvoll, Adj., »voll Wertschätzung«, 19. Jh., s. Hochachtung, voll

hochdeutsch, Adj., »süddeutsch, durch die sog. zweite Lautverschiebung gekennzeichnetes deutsch, nicht mundartlich«, Gegensatz zu niederdeutsch (deutsch des tiefer gelegenen Landes), 2. H. 15. Jh., s. hoch, deutsch

Hochgericht, N., »Hochgericht, hohes Gericht«, mhd. hōchgerihte, N., »peinliches Gericht, Richtstätte«, 1256, s. hoch, Gericht

Hochgerichtsbarkeit, F., »Gerichtsbarkeit über besonders schwere Verbrechen«, 1807 Baden, s. Hochgericht, bar, heit

Hochschulassistent, M., »Person die hauptberuflich wissenschaftlich oder künstlerisch an einer Hochschule tätig ist und die Aufgabe hat in Forschung und Lehre für eine Habilitation erforderliche oder gleichwertige Leistungen zu erbringen«, 2. H. 20. Jh., s. Hochschule, Assistent

Hochschuldozent, M., »in der Regel auf 6 Jahre beamteter Hochschullehrer der nicht Professor ist«, 20. Jh., s. Hochschule, Dozent

Hochschule, F., »Körperschaft des öffentlichen Rechts deren Aufgaben in Forschung und Lehre bestehen«, 15. Jh. (1400 Heidelberg) (hoenschule), Zusammenrückung aus hohe Schule (»Universität«), s. hoch, Schule

Hochschulgrad, M., »durch eine Hochschule verliehener Grad«, 20. Jh., s. Hochschule, Grad

Hochschulrahmengesetz, N., »Rahmengesetz des Bundes vom 26. 1. 1976 welches das Recht der Hochschulen regelt«, s. Hochschule, Rahmengesetz

Hochstapler, M., »Betrüger«, 18. Jh. (1728 Schwaben) aus dem Rotwelschen, zu rotw. stapeln, V., »betteln, von Ort zu Ort gehen«, rotw. Stappler, M., »Bettler« 15. Jh.

Höchstbetragshypothek, F., »durch einen Höchstbetrag gekennzeichnete Hypothek«, 19. Jh.?, s. höchste, Betrag, Hypothek

höchste, Adj. Superl., »höchste«, s. hoch

Hochstift, N., »Domkapitel« 1437 Straßburg, s. hoch, Stift

hochstiftisch, Adj., »ein Hochstift betreffend« 1354 Bayern, s. Hochstift, isch

höchstpersönlich, Adj., »ausschließlich an einen individuellen Berechtigten gebunden«, Hugo 1826, s. höchste, persönlich

Höchstpreis, M., »durch eine Höchstgrenze festgelegter Preis, höchster von mehreren möglichen Preisen«, s. höchste, Preis, 1824 Baden höchstpreislich

Höchstzahlverfahren, N., »auf eine höchste Zahl abstellendes Verfahren (der Zuteilung von Parlamentssitzen)«, 2. H. 20. Jh., s. höchste, Zahl, Verfahren

Hochverrat, M., »Unternehmen der Beeinträchtigung des Bestandes der Bundesrepublik Deutschland (oder eines Landes) oder der Änderung der auf dem Grundgesetz der Bundesrepublik Deutschland beruhenden verfassungsmäßigen Ordnung mit Gewalt oder durch Drohung mit Gewalt«, E. 17. Jh. (1703 bzw. Steinbach 1734), (Lsch. lat. perduellio, F., »feindselige Handlung, Hochverrat«?), Lüt. ne. high treason, N., »Hochverrat«, s. hoch, Verrat

Hochverräter, M., »Hochverräter« 18. Jh. (Klopstock), s. Hochverrat

Hochzeit, F., »Fest, Hochzeit, Heirat«, mhd. hōhzīt, (hōhgezīt,) F., »hohes Fest, Hochzeit«, ahd.? hōhzit (13. Jh.), F., »hohes Fest«, älter diu hōha gizīt, F., »die hohe Zeit«, (as. hōhgitīd, F., »hohes Fest«,) s. hoch, Zeit, die weitere Bedeutung bleibt bis ins 17. Jh. erhalten

Hoden, Hode, M., F., »Hode«, mhd. hōde, M., »Hode«, ahd. hōdo (1. Vt. 9. Jh.), M., »Hode«, germ. *huþan, *huþōn, M., »Hode«, zu idg. *skeu-, *skū-, *keu-, V., »bedecken, verhüllen«, n im Nominativ aus gebeugten Formen

Hof, M., »zu einem Haus unmittelbar gehöriger Platz, landwirtschaftlicher Betrieb, engerer Lebensbereich und Wirtschaftsbereich eines Adligen bzw. Fürsten oder Königs«, Lbd. frz. cour, M., »Fürstenhof«, mhd. hof, M., »Hof, Arena«, ahd. hof (A. 9. Jh., ON), M., »Hof, Vorhof«, as. hof, M., »Hof«, germ. *hufa, M., N., »Hof, Gehöft«, zu idg. *keup-, V., Sb., »biegen, wölben, Biegung, Wölbung«?, zu idg. *keu- (2), V., Sb., »biegen, Biegung«?

Hofamt, N., »Amt der Verwaltung eines fürstlichen oder königlichen Hofes (z.B. Truchseß)«, »grundherrliches Amt« 1346 Klosterneuburg, »Amt an einem Hof« 1300 Xanten, s. Hof, Amt

Höfegesetz, N., »Gesetz betreffend die Erbfolge an Bauernhöfen«, 1874 Hannover, s. Hof, Gesetz

Höfeordnung, F., »Ordnung des landwirtschaftlichen Erbrechts«, 1947 britische Besatzungszone, s. Hof, Ordnung

Höferecht, N., »für bestimmte landwirtschaftliche Betriebe geltendes Sonderrecht (Bundesrecht) das in der ehemaligen britischen Besatzungszone in der Höfeordnung geregelt ist«, s. Hof, Recht, vgl. Weiske 1839ff., sachlich seit Mitte 19. Jh.

hoffen, V., »erwarten, ersehnen, hoffen«, mhd. hoffen, V., »hoffen«, mnd. hopen, V., »hoffen«, zu westgerm. *hupōn, V., »hoffen«, zu idg. *keu-, V., »biegen, bücken«?, verdrängt ahd. dingen

Hofgericht, »am fürstlichen oder königlichen Hof befindliches (Ober-)Gericht«, mhd. hovegerihte, N., »Hofgericht, Reichshofgericht, Gerätschaften für den Hof«, »Gericht für einen herrschaftlichen Hof« 1326 Nassau, »Gericht am Königshof« 1333, »Hofgericht (zu Rottweil)« 1371, »Hofgericht (zu Zürich)« 1383, »Landgericht (Nürnberg)« 1348, s. Hof, Gericht

Hofrat, M., »oberstes Verwaltungsorgan und Rechtsprechungsorgan eines Fürsten«, 1497 Reich, 1507 Bamberg, 1591 Bayern, s. Hof, Rat

Hoheit, F., »Hoheit«, mhd. hōchheit, hōcheit, F., »Hoheit, Erhabenheit«, als Titel seit dem 17. Jh., s. hoch, heit

hoheitlich, Adj., »kraft staatlicher Hoheitsgewalt, in öffentlichrechtlicher Handlungsform«, s. Hoheit, lich, vgl. Grimm DW 1877

Hoheitsakt, M., »von einem Träger von Hoheitsgewalt in deren Wahrnehmung vorgenommene Handlung (z.B. Verwaltungsakt oder Urteil)«, 19. Jh.?, s. Hoheit, Akt

Hoheitsgewalt, F., »Befugnis des Staates einseitig rechtlich verbindliche Anordnungen zu erlassen«, 19. Jh.?, s. Hoheit, Gewalt

Hoheitsrecht, N., »dem Staat (Bund und Ländern) zur Ausübung der Hoheitsgewalt zustehendes Recht«, »Recht eine Hoheit auszuüben« 1662 Bern, s. Hoheit, Recht, vgl. Weiske 1839ff.

Hoheitszeichen, N., »Hoheitsgewalt des Staates verkörpernder Gegenstand (z.B. Flagge)«, 1807 Baden, s. Hoheit, Zeichen

höhere Gewalt, F., »vom Menschen nicht abwendbare Gewalt«, vor 19. Jh.? z.T. Lüs. lat. vis maior, F., »höhere Gewalt«, vgl. Digesten 4,9,3,1 (BGHZ 100,188 »ein von außen kommendes keinen betrieblichen Zusammenhang aufweisendes auch durch die äußerste vernünftigerweise zu erwartende Sorgfalt nicht abwendbares Ereignis«), s. Gewalt, hoch

Hohn, M., »Hohn, Spott, Schmach«, mhd. hōn, M., »Hohn, Schmach«, s. ahd. hōna (863-71), F., »Hohn, Spott«, zu germ. *hauni, *hauniz, Adj., »niedrig, verachtet«, zu idg. *keu-, V., »biegen, krümmen«?, idg. *kau-, V., Sb., »erniedrigen, demütigen, Schande, Scham«?

Höker, M., »Kleinhändler«, nd., 1276 Augsburg (hucker), zu mhd. hucke, F., »Verkaufsladen des Kleinhändlers, Hucke«

hökern, V., »verkaufen«, 16. Jh., s. Höker

Holding, F., »Beteiligungsgesellschaft«, Abkürzung für Holdinggesellschaft, um 1980 Lw. ne. holding, N., »Halten, Besitz«, zu ne. hold, V., »halten«, s. halten

Holdinggesellschaft, F., »Gesellschaft die nicht selbst erzeugt sondern nur als Dachgesellschaft - eines Konzernes - die Geschäftsanteile oder Aktien anderer Gesellschaften verwaltet«, 2. H. 20. Jh., s. Holding, Gesellschaft

holen, V., »herbeischaffen, holen«, mhd. holn, holen, haln, V., »rufen, herbeibringen, holen«, ahd. halōn (765), holōn, V., »holen, rufen, nehmen«, as. halon, V., »holen, ziehen, bringen«, germ. *halōn, *hulōn, V., »rufen, holen«, idg. *klā-, *kalə-, *kel- (6), V., »rufen, schreien, lärmen, klingen«?

Hölle, F., »Hölle«, mhd. helle, F., »Hölle, Unterwelt«, ahd. hella (790?), F., »Hölle, Unterwelt«, as. hellia, F., »Hölle«, Lbd. lat. infernum, germ. *haljō, F., »Unterwelt, Totenwelt«, zu idg. *k̑el- (4), V., »bergen, verhüllen«

holographisch, Adj., »eigenhändig«, 19. Jh. lat. holographus, Adj., »(ganz) eigenhändig geschrieben«, zu gr. hólos, Adj., »ganz«, gr. gráphein, V., »schreiben«

holographisches Testament, N., »eigenhändiges Testament«, 19. Jh.?, s. holographisch, Testament

Holschuld, F., »Schuld bei welcher der Handlungsort des Schuldners (und Erfolgsort) der Ort des Wohnsitzes des Schuldners ist«, 19. Jh., s. holen, Schuld

Holz, N., »Holz«, mhd. holz, N., »Holz, Wald, Gehölz«, ahd. holz (1. H. 8. Jh., ON), N., »Holz, Wald, Gehölz, Baum«, as. holt, N., »Holz«, germ. *hulta, *hultam, N., »Holz«, zu idg. *keləd-, V., »schlagen, hauen«, zu idg. *kel- (3), V., »schlagen, hauen«

homo, Präf., »gleich«, zu gr. homós, Adj., »gemeinsam«

homosexuell, Adj., »gleichgeschlechtlich«, E. 19. Jh., zu gr. homós, Adj., »gemeinsam«, lat. sexualis, Adj., »geschlechtlich«

Homosexualität, F., »Gleichgeschlechtlichkeit, die sexuelle Beziehung zu einer Person desselben Geschlechts«, E. 19. Jh., s. homo, sexuell

Honorar, N., »Vergütung für höhere Dienste (z.B. Arzt)«, 18. Jh. (Bürger 1775) Lw. lat. honorarium, M., »Ehrengeschenk«, zu lat. honorarius, Adj., »ehrend«, zu lat. honor, M., »Ehre«

Honorarordnung für Architekten und Ingenieure, F., »die Vergütungsregelung für Architekten und Ingenieure betreffendes Gesetz«, 20. Jh., s. Honorar, Ordnung

Honorarprofessor, M., »ehrenhalber mit dem Titel Professor ausgezeichnete Person«, 2. H. 19. Jh. (Heyse 1873) Lw. lat. (professor) honorarius, M., »Honorarprofessor« (Nehring 1684), s. Honorar, Professor

Honoratior, M., »Angesehener«, E. 18. Jh. (1790) Lw. lat. honoratior, Adj. Komp., »angesehener«, zum PPP. honoratus von lat. honorare, V., »ehren«, zu lat. honor, M., »Ehre«

honoris causa, lat., (h.c.,) »ehrenhalber«, z.B. Ehrendoktor, Honorarprofessor

horchen, V., »horchen, hören«, mhd. hŏrchen, V., »hören, horchen«, 11. Jh., nördliches, mit einem intensivierenden k-Suffix zu hören gebildetes Wort, verdrängt losen

hören, V., »hören«, mhd. hœren, V., »hören«, ahd. hōren (E. 8. Jh.), V., »hören«, as. hōrian, V., »hören«, Lbd. lat. oboedire?, germ. *hauzjan, V., »hören«, zu idg. *skeu-, *keu-, V., »wahrnehmen«?

Hörensagen, N., »Hören der Erzählung eines anderen«, um 1330 Straßburg (hörsagen), s. hören, sagen, vgl. Ullmann 1893

hörig, Adj., »hörig, gehörig«, mhd. hœrec, Adj., »hörend, folgsam, hörig, leibeigen«, 14. Jh. (um 1200 Friesland), s. ahd. gihorīg (E. 8. Jh.), Adj., »gehorsam«, s. hören, ig

Höriger, M., »(im mittelalterlichen und neuzeitlichen deutschen Recht) eine grundherrschaftlich abhängige dem Grundherren in gewisser Weise gehörige Person«, 18. Jh.?, s. hörig

Hörigkeit, F., »Zugehörigkeit (1540), Hörigkeit (1362 Coesfeld)«, s. hörig, heit, vgl. Möser, Kindlinger, sachlich wurde die Hörigkeit im 19. Jh. durch die Bauernbefreiung beseitigt

Horizont, M., »Gesichtskreis, scheinbare Berührungslinie von Himmel und Erde, Horizont«, 16. Jh. bzw. 17. Jh. (Schwenter 1636) Lw. lat. horizon, M., »Horizont«, Lw. gr. horízon (kyklos), adj. Part. Präs. (zu Sb.), »Grenzlinie«, zu gr. horízein, V., »begrenzen«, zu gr. hóros, M., »Grenze«

horizontal, Adj., »waagrecht, horizontal« 16. Jh. (Böckler 1665) Lw. nlat. horizontalis, Adj., »horizontal«, s. Horizont

horizontaler Finanzausgleich, M., »horizontal ausgerichteter Finanzausgleich«, 20. Jh., s. Finanzausgleich, horizontal

Hospital, N., »Krankenhaus«, mhd. hospital, N., »Krankenhaus, Spital«, zu ahd. hospitalhūs (10. Jh.), N., »Armenhaus, Spital«, z.T. Lw. lat. hospitalium, N., »Gastzimmer«, zu lat. hospitalis, Adj., »gastfreundlich«, zu lat. hospes, M., »Gastfreund, Gastgeber«, verkürzt Spital

Hospitant, M., »Gast«, Campe 1813, zum Part. Präs. hospitans von lat. hospitari, V., »als Gast einkehren«, zu lat. hospes, M., »Fremder, Gast, Gastfreund«

House of Commons, ne., N., »Unterhaus«

House of Lords, ne., N., »Oberhaus«

Hufe, Hube, F., »Hufe, ein Landmaß«, mhd. huobe, F., »Hufe, ein Stück Land von gewissem Maß«, ahd. huoba (2. H. 8. Jh., ON), huobi (13. Jh.), F., »Hufe, Gut, Zinsgut, Bauernhof«, as. hōva, F., »Hufe«, zu idg. *kāp-, *kəp-, Sb., »Stück Land«?

Huhn, N., »Huhn«, mhd. huon, N., »Huhn«, ahd. huon (863-71, PN), N., »Huhn, Hühnchen«, as. hōn, N., »Huhn«, germ. *hona, *honam, N., »Huhn«, zu idg. *kan-, V., »tönen, singen, klingen«

Huld, F., »Huld, Gunst«, mhd. hulde, F., »Geneigtheit, Freundlichkeit, Wohlwollen, Huld«, ahd. hulda (11./12. Jh.), huldi (1. H. 8. Jh.?), F., »Huld, Gunst, Wohlwollen, Gnade, Freundschaft, Nachsicht«, Lbd. lat. gratia, F., »Gunst, Gnade«, as. huldi, F., »Huld«, zu germ. *hulþa, *hulþaz, Adj., »zugeneigt, gnädig, treu, hold«, zu idg. *kel- (2), V., »neigen«, einsilbige Form 15. Jh. obd.

huldigen, V., »verehren, anhängen«, spätmhd. huldigen, V., »geneigt machen«, s. Huld, ig

Huldigung, F., »Verehrung, Ehrerbietung«, 15. Jh., s. huldigen, ung

humieren, s. ex-

Hund, M., »Hund«, mhd. hunt, M., »Hund«, ahd. hunt (E. 8. Jh.), M., »Hund«, as. hund, N., »Hund«, germ. *hunda, *hundaz, M., »Hund«, zu idg. *k̂uon-, k̂un-, M., »Hund«

hundert, Num. Kard., »hundert«, mhd. hundert, Num. Kard., »hundert«, zu ahd. *hunt (9. Jh.), Num. Kard., »hundert«, zu germ. *hunda-, Num. Kard., »hundert«, germ. *raþa, Sb., »Zahl«, idg. *k̂m̥ntóm, Num. Kard., »hundert«, zu idg. *dék̂m̥, Num. Kard., »zehn«?

Hundertschaft, F., »(im frühmittelalterlichen deutschen Recht vielleicht) Untergliederung des Volkes (str.), Formationseinheit der Bereitschaftspolizei und des Bundesgrenzschutzes«, 19. Jh.? Lsch. lat. centuria, F., »Hundertschaft«?, s. hundert, schaft

Hundsfott, M., »Schuft«, 16. Jh., s. Hund, »Stinkendes«

Hure, F., »Prostituierte, Dirne, Hure«, mhd. huore, F., »Hure«, ahd. huora (2. H. 8. Jh.), F., »Hure, Dirne, Ehebrecherin«, Lbd. lat. meretrix, germ. *hōrōn, F., »Hure, Liebhaberin«, zu idg. *kāro-, Adj., »begehrlich, lieb«, zu idg. *kā-, V., »gern haben, begehren, lieben«

Hurensohn, M., »Hurensohn«, mhd. huorensun, M., »Hurensohn (Schimpfwort)«, ahd. huorūnsunu (12. Jh.), M., »Hurensohn«, Lüs. lat. filius meretricis, M., »Hurensohn«?

Husar, M., »Husar, Reiter«, 15. Jh. (»berittener ungarischer Soldat«) bzw. 16. Jh. Lw. ungar. huszár, M., »Lanzenreiter, Zwanzigste«, zu ungar. husz, Num. Kard., »zwanzig«?, oder Lw. kroat. husār, gusār, M., »Seeräuber, Korsar«, Lw. mlat. cursarius, M., »Seeräuber«, zu lat. cursus, M., »Lauf, Fahrt, Weg, Gang«, zum PPP. cursus von lat. currere, V., »laufen, rennen, eilen«?

Hut, M., »Hut (M.)«, mhd. huot, M., »Hut (M.), Mütze, Helm«, ahd. huot (790), M., »Hut (M.), Haube«, as. hōd, M., »Hut (M.)«, germ. *hōda, *hōdaz, M., »Obhut, Schutz«, zu idg. *kadh-, V., »hüten, bedecken«, s. hüten

Hut, F., »Hut (F.)«, mhd. huote, huot, F., »Bewachung, Behütung, Fürsorge, Wache«, ahd. huota (1000), F., »Hut (F.), Wache«, s. Hut (M.)

hüten, V., »hüten«, mhd. hüeten, V., »achthaben, achtgeben, schauen, wachen«, ahd. huoten (863-71), V., »hüten, bewahren, beachten, beobachten, behüten, bewachen«, as. hōdian, V., »hüten«, germ. *hōd-, V., »hüten, bedecken«, idg. *kadh-, V., »hüten, bedecken«, s. Hut

Hüter, M., »Hüter«, mhd. hüetære, hüeter, M., »Behüter, Wächter, Aufseher, Hirte«, ahd. huotāri (1000), M., »Hüter, Wächter, Schutzgeist«, Lsch. lat. custos, M., »Wächter«?, s. hüten

Hymne, F., »Hymne, feierliches Musikstück«, 18. Jh. Lw. lat. hymnus, M., »feierliches Musikstück, Hymnus«, Lw. gr. hýmnos, M., »Hymnus«, älter ahd. immin (830), M., »Hymnus«, imno (765), M., »Hymnus«

hyper, Präf., »über«, Lw. gr. hýper, hypér, Präp., Präf., »über«

Hyperocha, F., »Überschuß bei Pfandverwertung«, 19. Jh.? Lw. gr., s. hyper

hypo, Präf., »unter«, Lw. gr. hýpo, hypó, Präp., Präf., »unter«

Hypothek, F., »Belastung eines Grundstückes (oder Miteigentumsanteils an einem Grundstück) in der Weise daß an denjenigen (Hypothekengläubiger) zu dessen Gunsten die Belastung erfolgt bzw. besteht eine bestimmte Geldsumme zur Befriedigung wegen einer ihm zustehenden Forderung (gegen einen Schuldner der mit dem Eigentümer des sichernden Grundstückes nicht identisch zu sein braucht) aus dem Grundstück zu zahlen ist«, (1509 Frankfurt noch lat. hypotheca,) 16. Jh. (Schwartzenbach 1580) Lw. lat. hypotheca, F., »Pfand, Unterpfand, Hypothek«, Lw. gr. hypothéke, F., »Unterpfand, Unterlage, Untergestell«, zu gr. hypotithénai, V., »verpfänden, darunterstellen«, zu gr. hypo, Präp., Präf., »unter«, gr. tithénai, V., »setzen, stellen, legen«

Hypothekenbank, F., »Bank deren Geschäftsbetrieb darauf gerichtet ist durch Hypotheken gesicherte Darlehen zu gewähren und auf Grund der erworbenen Hypotheken Schuldverschreibungen (Hypothekenpfandbriefe) auszugeben«, 19. Jh. (1834 Bayern), s. Hypothek, Bank

Hypothekenbrief, M., »über eine Hypothek (bei der die Erteilung eines Hypothekenbriefes nicht ausgeschlossen ist) vom Grundbuchamt ausgestellte öffentliche Urkunde«, s. Hypothek, Brief, vgl. Weiske 1839ff.

Hypothekenordnung, F., »Ordnung betreffend die Hypotheken« Preußen 1722, s. Hypothek, Ordnung

Hypothekenpfandbrief, M., »durch Hypotheken gesicherte Schuldverschreibung«, 19. Jh., s. Hypothek, Pfandbrief

Hypothekenübernahme, F., »Übernahme einer hypothekarisch gesicherten Schuld«, 19. Jh.?, s. Hypothek, Übernahme

Hypothese, F., »Annahme, Vermutung«, 18. Jh. Lw. mlat. hypothesis, F., »Annahme, Unterstellung«, Lw. gr. hypóthesis, F., »Annahme, Unterstellung«, zu gr. hýpo, Präp., Präf., »unter«, gr. thésis, F., »Setzung, Stellung, Legung«, zu gr. tithénai, V., »setzen, stellen, legen«

I

ideal, Adj., »gedacht, vorbildlich«, 17. Jh. Lw. spätlat. (5. Jh.) idealis, Adj., »vorbildlich, geistig seiend (William von Ockham vor 1347)«, zu lat. idea, F., »Erscheinung, Gestalt, Beschaffenheit, Art, Form«, Lw. gr. idéa, F., »Vorstellung, Meinung, Aussehen«, s. Idee

Ideal, N., »Vorstellung, vollkommenes Muster«, 18. Jh. (Mendelsohn 1760), s. ideal

Idealkonkurrenz, F., »Tateinheit«, 19. Jh.?, s. Ideal, Konkurrenz, vgl. Planck 1857 ideales Zusammentreffen mehrerer Verbrechen

Idealverein, M., »Verein dessen Zweck nicht auf einen wirtschaftlichen Geschäftsbetrieb gerichtet ist«, 19. Jh.?, s. Ideal, Verein

Idee, F., »Vorstellung, Gedanke«, 17. Jh. (Seckendorff 1685) Lw. frz. idée, F., »Vorstellung (Descartes 1642?)«, aus lat. idea, F., »Erscheinung, Gestalt, Beschaffenheit, Form«, Lw. gr. idéa, F., »Vorstellung, Meinung, Aussehen«, zu gr. ideȋn, V., »erblicken, erkennen«, zu gr. eidénai, V., »wissen, verstehen, gesinnt sein«

ideell, Adj., »gedankenhaft, unkörperlich, nichtvermögensmäßig«, um 1800 (Schelling 1800) Neubildung für ideal nach dem Vorbild real/reel (17. Jh.)

identisch, Adj., »identisch« 18. Jh. (Lessing 1767), Lw. nlat. identicus, Adj., »gleich«, s. Identität

Identität, F., »Gleichheit«, 18. Jh. Lw. spätlat. identitas, F., »Gleichheit«, zu lat. idem, Pron., »derselbe«, zu lat. is, Pron., »er, der«, vgl. Weiske 1839ff.

Identitätstheorie, F., »Theorie die davon ausgeht daß die Bundesrepublik mit dem Deutschen Reich identisch sei und daher auf dem Gebiet des ehemaligen Deutschen Reiches von 1949 bis 1990 nur ein einziges völkerrechtliches Rechtssubjekt vorhanden gewesen sei«, nach 1945, s. Identität, Theorie

Ideologie, F., »Gesamtheit der einer bestimmten Gruppe zugeordneten Denkweisen und Wertvorstellungen (Ideen) (str.)«, 19. Jh. Lw. frz. idéologie (Destutt de Tracy 1796), F., »Ideenlehre«, zu gr. idéa, F., »Vorstellung, Meinung, Ansehen«, gr. lógos, M., »Wort, Kunde (F.), Wissenschaft, Vernunft«, durch Napoleon abwertende Bedeutung, vgl. Geschichtliche Grundbegriffe

Idiot, M., »Nichtkenner, Ungebildeter, Stümper (18. Jh.), Schwachsinniger, Idiot«, 16. Jh. (Begardi 1539) »ungelehrter ungebildeter Mensch« Lw. lat. idiota, idiotes, M., »Ungebildeter, Stümper«, Lw. gr. idiótes, M., »Einzelperson, Nichtkenner«, zu gr. ídios, Adj., »eigen, eigentümlich, privat«, Bedeutung »Schwachsinniger« 19. Jh. Lbd. ne. idiot, M., »Schwachsinniger (seit 1300)«

Idiotie, F., »Schwachsinn, Dummheit«, 19. Jh., s. Idiot, ie

ie, Suff., »ie«, Lw. lat. ia, Suff., »ie«, Lw. gr. ía, Suff., »ie«

ieren, Suff., roman. Lw., spätmhd. halbieren älteste bezeugte Anwendung auf einen volkssprachigen Stamm

ig, Suff., »ig«, mhd. ic, ec, Suff., »ig«, ahd. īg, ag, Suff., »ig«, germ. Stammauslaut (oft durch i ersetzt) und *ga, Suff., »ig«, idg. »ko«, Suff.

igkeit, Suff., s. ig, heit

ik, Suff., »ik«, Lw. romanische Sprachen, Lw. lat. ica, Suff., »ik«, Lw. gr. ike, Suff., »ik«

illegal, Adj., »ungesetzlich«, Lw. (mlat. illegalis, Adj., »ungesetzlich, rechtswidrig«,) frz. illégal, Adj., »ungesetzlich«, zu lat. in, il, Partik., »un«, lat. legalis, Adj., »gesetzlich«, s. legal

Illegalität, F., »Gesetzwidrigkeit (18. Jh.), Untergrundtätigkeit (A. 20. Jh.)«, s. illegal, tät

illegitim, Adj., »ungesetzlich, unehelich«, 18. Jh. (Kuppermann 1792 bzw. Schiller 1796) Lw. lat. illegitimus, Adj., »ungesetzlich«, zu lat. in, il, Partik., »un«, lat. legitimus, Adj., »gesetzlich«, s. legitim

immanent, Adj., »immanent, innewohnend«, 18. Jh. (Kant) Lw. spätlat. immanens (, frz. immanent), Part. Präs. von lat. immanere, V., »bei etwas bleiben«, zu lat. in, im, Präp., Präf., »in«, lat. manere, V., »bleiben«

immanente Grundrechtsschranke, F., »einem Grundrecht selbst anhaftende Einschränkung«, 2. H. 20. Jh., s. immanent, Grundrecht, Schranke

immaterial, Adj., »unkörperlich«, 19. Jh.?, (Berkeley 1685-1753 Immaterialismus,) zu lat. in, im, Partik., Präf., »un«, lat. materia, F., »Stoff«, zu lat. mater, F., »Mutter«

Immaterialgut, N., »unkörperliches geistiges Gut (Idee)«, 20. Jh.?, s. immaterial, Gut

Immaterialgüterrecht, N., »Recht der Immaterialgüter«, 19. Jh.?, s. Immaterialgut, Recht

immateriell, Adj., »unkörperlich«, Lw. frz. immatériel, Adj., »unkörperlich«, s. immaterial

immaterieller Schaden, M., »Nichtvermögensschaden«, 19. Jh., s. Schaden, immateriell

Immatrikulation, F., »Einschreibung«, 18. Jh., s. immatrikulieren, vgl. Weiske 1839ff., 1736 Göttingen Immatrikulationsgebühr

immatrikulieren, V., »einschreiben«, Lw. 16. Jh. (1558 Heidelberg) mlat. immatriculare, V., »einverleiben (1138 Lausanne), einschreiben (1452 Erfurt)«, zu lat. in, im, Präp., Präf., »in«, lat. matricula, F., »Verzeichnis«, s. Matrikel

immediat, Adj., »unmittelbar, reichsunmittelbar«, 17. Jh. (1635 Immediatstift) Lw. lat. immediatus, Adj., »unvermittelt«, zu lat. in, im, Präp., Präf., »in«, lat. medius, Adj., »mittlere«

Immission, F., »Zuführung (nicht: Abhaltung) unwägbarer Stoffe (z.B. Gase)«, »Einweisung« 18. Jh.? Lw. lat. immissio, F., »Hineinlassen«, zu lat. in, im, Präp., Präf., »in«, PPP. missus von lat. mittere, V., »gehen lassen, senden«, vgl. Weiske 1839ff., Bedeutung »Immission« um 1980

Immissionsschutz, M., »Schutz vor schädlichen Immissionen« um 1980, s. Immission, Schutz

immobil, Adj., »unbeweglich«, Lw. lat. immobilis, Adj., »unbeweglich«, zu lat. in, im, Partik., Präf., »un«, lat. mobilis, Adj., »beweglich«, zu lat. movere, V., »bewegen«, vgl. Weiske 1839ff.

immun, Adj., »frei, unempfindlich (19. Jh.), unempfänglich«, 18. Jh. Lw. lat. immunis, Adj., »frei von Abgaben, frei von Diensten, unberührt, rein«, zu lat. in, im, Partik., Präf., »un«, lat. munus, N., »Verrichtung, Abgabe«

Immunität, F., »Schutz des Abgeordneten vor bestimmten Maßnahmen die sich gegen sein Verhalten außerhalb des Parlaments richten«, »Freiheit einer Grundherrschaft von königlicher Gewalt«, »Unempfindlichkeit (19. Jh.)«, 18. Jh. Lw. lat. immunitas, F., »Freisein (von Steuern)«, s. immun, vgl. Weiske 1839ff.

imperativ, Adj., »befehlend« 19. Jh.?, zu fnhd. imperativ, M., »Befehlsform«, vereinzelt 15. Jh. bzw. allgemein 17. Jh. Lw. lat. imperativus (modus), M., »Befehlsform«, zum PPP. imperatus von lat. imperare, V., »befehlen«, zu lat. in, im, Präp., Präf., »in«, lat. parare, V., »bereiten, rüsten«, seit etwa 1750 ohne lat. Endung

imperatives Mandat, N., »befehlendes Mandat«, 19. Jh., s. Mandat, imperativ

Imperialismus, M., »Imperialismus«, 19. Jh. (Frantz 1862) (»Säbelherrschaft«), zu spätlat. imperialis, Adj., »die Staatsgewalt betreffend«, zu lat. imperium, N., »Befehl«, s. imperativ, vgl. Geschichtliche Grundbegriffe

imperium, lat., N., »Befehl, Macht, Reich«, zu lat. in, im, Präp., Präf., »in«, lat. parare, V., »bereiten, rüsten«

Imperium, N., »Weltmacht, Weltreich«, 16. Jh., s. imperium

impfen, V., »impfen«, mhd. impfeten, inpfeten, impfen, V., »impfen, pfropfen«, ahd. impfōn (2. H. 12. Jh.), impitōn (9./10. Jh.), V., »pfropfen, pflanzen«, Lw. (vulgarlat. *impare, V., aus *impodare, V., aus) lat. imputare, V., »propfen«, Lw. gr. emphyteúein, V., »einpflanzen, aufpfropfen«, zu gr. en, em, Präp., Präf., »in, ein«, gr. phyteúein, V., »pflanzen«, im 18. Jh. auf medizinische Impfungen des Menschen verwendet

Impfschaden, M., »durch eine Impfung verursachter über das übliche Ausmaß einer Impfreaktion hinausgehender Gesundheitsschaden«, 19. Jh.?, s. impfen, Schaden

Impfschein, M., »Zeugnis über eine Impfung«, 1874, s. impfen, Schein

Impfung, F., »Pfropfung, Veredelung«, ahd. impfunga (12. Jh.), F., »Pfropfung«, s. impfen, ung

Impfzwang, M., »(durch Gesetz) angeordneter Zwang zur Impfung«, 20. Jh., s. impfen, Zwang

Import, M., »Einfuhr«, 18. Jh. (Schlözer 1782) Lw. ne. import, N., »Einfuhr«, zu ne. import, V., »einführen«, Lw. lat. importare, V., »hineintragen, einführen«, zu lat. in, im, Präp., Präf., »ein«, lat. portare, V., »tragen, befördern«

importieren, V., »einführen«, vereinzelt 17. Jh. (Mengering 1642) Lw. lat. importare, V., »hineintragen, einführen«, allgemein E. 18. Jh. Lw. ne. import, V., »einführen«, s. Import

Importeur, M., »Einfuhrkaufmann«, 19. Jh. Lw. frz. importeur, M., »Einfuhrkaufmann«, s. Import

Impressum, N., »für Druckwerke gesetzlich vorgeschriebene Benennung des Druckers und Verlegers bei Zeitschriften und Zeitungen auch des verantwortlichen Redakteurs«, Reichspressegesetz 1874, A. 19. Jh. »Gedrucktes«, aus dem PPP. impressus von lat. imprimere, V., »hineindrücken«, zu lat. in, im, Präp., Präf., »in«, lat. premere, V., »drücken«, sachlich um 1500 mit der Schaffung von Titelblättern entwickelt

Impugnationsklage, F., »Vollstreckungsbekämpfungsklage«, 19. Jh.?, zum PPP. impugnatus von lat. impugnare, V., »bekämpfen«, s. Klage

Imputation, F., »Zurechnung« (Pufendorf 1632-94), 18. Jh. (Steltzer 1753) Lw. lat. imputatio, F., »Anrechnung«, zum PPP. imputatus von lat. imputare, V., »anrechnen«, zu lat. in, im, Präp., Präf., »in«, lat. putare, V., »putzen, reinigen, rechnen«

in, Präp., Präf., »in«, mhd. in, Präp., Präf., »in, an, auf, bei«, ahd. in (1. H. 8. Jh.), Präp., Präf., »in, an, auf, hinein, zu, bei, unter«, as. in, Präp., Präf., »in«, germ. in, en, Präp., Präf., »in«, idg. *en (1), *eni, Präp., »in«

in, Präf., »in, un«, Lw. lat. in, Präp., Präf., Partik., »in, un«, Varianten sind durch Assimilation il, im, ir

in, Suff., »in«, mhd. īn, inne, Suff., »in«, ahd. in, inna, Suff., »in«, aus älteren movierenden i-Suffixen (ī/jō, i, jō)

Inauguration, F., »feierliche Einsetzung«, Lw. lat. inauguratio, F., »feierliche Einsetzung, Weihe«, zum PPP. inauguratus von lat. inaugurare, V., »einen Priester einsetzen, weihen«, zu lat. in, Präp., Präf., »in«, lat. augurare, V., »den Vogelflug beobachten, vorhersagen«, zu lat. augur, M., »Augur, Vogeldeuter«, zu lat. avis, F., »Vogel«?

Inauguraldissertation, F., »Anfangserörterung, Dissertation«, E. 18. Jh. (Michaelis 1776) Lw. lat. inauguralis dissertatio, F., »Anfangserörterung«, nlat. inauguralis, Adj., »beginnend«, zu lat. inaugurare, V., »Augurien anstellen, einweihen«, zu lat. in, Präp., Präf., »in«, lat. augur, M., »Vogeldeuter«, zu lat. avis, F., »Vogel«?

Inbegriff, M., »Mehrheit von unter einheitlicher Bezeichnung zusammengefaßten Gegenständen welche als Gesamtheit wirtschaftliche Bedeutung hat (z.B. Nachlaß)«, Steinbach 1734? bzw. 1763 Franken, Lüt. lat. comprehensio, F., »Zusammenfassen, Begriff«, Inbegriff von Sachen Allgemeines Bürgerliches Gesetzbuch 1811 Österreich, s. in, Begriff

Inbesitznahme, F., »Besitzergreifung«, s. in, Besitz, nehmen

Indemnität, F., »Straflosigkeit«, »Befreiung der Abgeordneten von der gerichtlichen oder dienstlichen Verfolgung wegen einer Abstimmung oder Äußerung im Parlament (1698 Bill of Rights in Engand)«, 18. Jh.? Lw. frz. indemnité, F., »Entschädigung, Indemnität«, aus lat. indemnitas, F., »Schadloshaltung«, zu lat. indemnis, Adj., »schadlos«, zu lat. in, Partik., Präf., »un«, damnum, N., »Einbuße, Schaden«, zu lat. dare, V., »geben«

Index, M., »(im 16. Jh. geschaffenes) Verzeichnis der Bücher welche die Kirchenmitglieder (bis 1966) ohne Erlaubnis nicht lesen durften (Index librorum prohibitorum)«, Lw. lat. index, M., »Register, Verzeichnis«, zu lat. indicare, V., »anzeigen, entdecken, bekanntmachen«, zu lat. indicere, V., »ansagen, bekanntmachen«, zu lat. in, Präp., Präf., »in«, zu lat. dicere, V., »sagen, sprechen«, auf den Index setzen (Eckstein 1876), sachlich von Papst Paul IV. 1559 eingeführt

Indigenat, N., »Zugehörigkeit zu einem Gemeinwesen«, 2. H. 18. Jh.? Lw. frz. indigénat, M., »Indigenat, Heimatrecht«, (lat. beeinflußte Aussprache,) zu lat. indigena, M., »Eingeborener«, zu lat. indu, Präp., »in«, lat. gignere, V., »zeugen«

Indikation, F., »Hinweis«, 19. Jh. Lw. lat. indicatio, F., »Anzeige«, zum PPP. indicatus von lat. indicare, V., »anzeigen, entdecken, bekanntmachen«, zu lat. indicere, V., »ansagen, bekanntmachen«, zu lat. in, Präp., Präf., »in«, lat. dicere, V., »sagen, sprechen«

indirekt, Adj., »mittelbar«, (zunächst im 16. Jh. mit lateinischer Endung adverbiell indirecte [z.B. Gobler 1536], im 18. Jh. auch attributiv) Lw. spätlat. indirectus, Adj., »mittelbar«, zu lat. in, Partik., Präf., »un«, lat. directus, Adj., »gerade«

indirekte Stellvertretung, F., »mittelbare Stellvertretung«, 19. Jh.?, s. Stellvertretung, indirekt

indirekte Steuer, F., »mittelbare Steuer«, 19. Jh.?, s. Steuer, indirekt

indirekter Verbotsirrtum, M., »mittelbarer Verbotsirrtum«, 20. Jh., s. Verbotsirrtum, indirekt

indirekter Vorsatz, M., »mittelbarer Vorsatz«, 19. Jh.?, s. Vorsatz, indirekt

individual, Adj., »einzeln«, A. 18. Jh. (Schiller 1795 bzw. Individualhebung 1713 Preußen) Lw. mlat. individualis, Adj., »unteilbar«, zu lat. individuum, N., »Unteilbares, Atom«, s. Individuum

Individualarbeitsrecht, N., »das einzelne Arbeitsverhältnis betreffendes Arbeitsrecht«, 20. Jh., s. individual, Arbeitsrecht

Individualrechtsgut, N., »Rechtsgut eines Einzelnen (z.B. Leben) im Gegensatz zum Rechtsgut einer Gemeinschaft oder der Allgemeinheit«, 20. Jh., s. individual, Rechtsgut

Individuum, N., »Individuum, Einzelwesen«, 16. Jh. (Bütner 1574) Lw. (im 18. Jh. dt. Endungen) zu lat. individuum, N.,

»Unteilbares, Atom, Einzelding (mlat.)«, zu lat. individuus, Adj., »unteilbar«, Lüt. gr. átomos, Adj., »unteilbar«, zu lat. in, Präf., »un«, lat. dividere, V., »teilen«, s. Division

Indiz, N., »Tatsache aus deren Vorhandensein auf eine andere Tatsache geschlossen werden kann«, 19. Jh. (Pfister 1814 Indizien) Lw. lat. indicium, N., »Anzeichen, Anzeige«, zu (lat. index, indicare, indicere,) lat. in, Präp., Präf., »in«, lat. dicere, V., »sagen, sprechen«, s. Index

Indizienbeweis, M., »Beweis auf Grund von Tatsachen die nicht unmittelbar den zu beweisenden Vorgang beweisen wohl aber mittelbar auf diesen schließen lassen (z.B. Spuren der Bekleidung des Täters unter den Fingernägeln des Opfers)«, 19. Jh. (Lindau 1887), s. Indiz, Beweis, vgl. Planck 1896

indogermanisch, Adj., »indogermanisch, indoeuropäisch«, Klaproth 1823, aus indisch und germanisch gebildet

Indossament, N., »Erklärung (z.B. für mich an X gez. Y) durch die eine Person (Indossant) die Rechte aus einem Orderpapier auf eine andere Person (Indossatar) überträgt«, Lw. mlat. (13. Jh.) indorsamentum, N., »Vermerk auf der Rückseite«, im 17. Jh. in Frankreich geübt, zu lat. dorso, Adv., »auf dem Rücken«, vgl. Allgemeine Deutsche Wechselordnung 1848

in dubio pro reo, lat., »im Zweifel für den Angeklagten«, in dieser Form zuerst bei Stübel 1811 belegt, Vorläufer im gelehrten Strafprozeßrecht des Spätmittelalters, Aegidius (,Gandinus) und in den Digesten (D. 48,19,5 Trajan), vgl. Digesten 44,7,47 bzw. 42,1,38 pr. (Paulus) bzw. 50,17,125 (Gaius)

Industrie, F., »Wirtschaftszweig, Wirtschaft, gewerbliche Gewinnung und Verarbeitung von Rohstoffen«, 18. Jh. (1754) Lw. frz. industrie, F., »Fleiß, Geschäftigkeit«, aus lat. industria, F., »Fleiß, Eifer«, zu lat. industrius, Adj., »beharrlich, betriebsam, geschäftig«, zu lat. in, Präp., Präf., »in«, lat. struere, V., »schichten, bereiten«, Bedeutungsentwicklung »Fleiß, Gewerbefleiß (frz.), Produktion (frz.), Produktionsstätte (frz.), Gesamtheit der Produktionsstätte (ne. Adam Smith?) 1776 übernommen in der Übersetzung durch J. F. Schiller)«, vgl. Geschichtliche Grundbegriffe

Industrie- und Handelskammer, F., »Körperschaft des öffentlichen Rechts deren zwangsweise Mitglieder alle Gewerbetreibenden des betreffenden Bezirkes sind«, 19. Jh.?, s. Industrie, Handel, Kammer

Industrieverbandsprinzip, N., »Gliederung der Organisationen der Arbeitgeber und Arbeitnehmer nach Wirtschaftsbereichen (z.B. Einzelgewerkschaften)«, 20. Jh., s. Industrie, Verband, Prinzip

industriell, Adj., »die Industrie betreffend«, 1. H. 19. Jh. (Pückler 1831) Lw. frz. industriel, Adj., »industriell« (Saint Simons 1821), s. Industrie

industrielle Revolution, F., »durch wissenschaftlich-technischen Fortschritt bewirkter Übergang von der Agrargesellschaft zur Industriegesellschaft (seit 1760 in Großbritannien und seit 1850 im Deutschen Bund)«, 19. Jh., Lw. ne. industrial revolution, N., »industrielle Revolution« (Toynbee), s. industriell, Revolution

Infallibilität, F., »Unfehlbarkeit«, 2. H. 19. Jh.?, Lw. frz. infaillibilité, F., »Unfehlbarkeit«, zu mlat. infallibilis, Adj., »unfehlbar«, zu lat. in, Partik., Präf., »un«, lat. fallere, V., »ausgleiten machen«

infam, Adj., »ehrlos, schlecht«, E. 17. Jh. (Stieler 1691) Lw. lat. infamis, Adj., »berüchtigt«, zu lat. in, Partik., Präf., »un«, lat. fama, F., »Ruf«, zu lat. fari, V., »sprechen«

Infamie, F., »mit gewissen Handlungen (z.B. Schauspielerei Wucher) verbundene Rechtsfolge des Verlustes der bürgerlichen Ehre, Niederträchtigkeit«, 17. Jh.? Lw. lat. infamia, F., »übler Ruf«, 18. Jh. Lbd. frz. infamie, F., »Niederträchtigkeit«, s. infam, vgl. Digesten 3,2,1

Infanterie, F., »Nahkampftruppe, Fußtruppe«, 17. Jh. (Wallhausen 1616) Lw. it. infanteria (um 1400), F., »Nahkampftruppe, Fußtruppe« (, span. infanteria, F., »Nahkampftruppe, Fußtruppe«, frz. infanterie, F., »Nahkampftruppe, Fußtruppe«), zu it. infante, M., »Fußsoldat«, zu lat. infans, M., F., »Kind, Knabe«, zu lat. in, Partik., Präf., »un«, Part. Präs. von lat. fari, V., »sprechen«

in flagranti, Adv., »auf frischer Tat«, 17. Jh. (Abele 1657) Lw. lat. in flagranti (crimine deprehensus), Adv., »im gerade ausgeführten (lodernden Verbrechen ertappt)«, vgl. Codex (Justinians) 9,13,1,pr.

Inflation, F., »Inflation, Preissteigerung durch Aufblähung des Geldumlaufes«, 19. Jh. Lw. ne. inflation, N., »Aufblähung, Vermehrung des Geldumlaufes«, zu lat. inflatio, F., »Sichaufblasen, Anschwellen«, zum PPP. inflatus von lat. inflare, V., »hineinblasen«, zu lat. in, Präp., Präf., »in«, lat. flare, V., »blasen«

Informant, M., »Gewährsmann«, 20. Jh., zum Part. Präs. informans von lat. informare, s. informieren

Information, F., »Nachricht«, 15. Jh. (Luther vor 1546) Lw. lat. informatio, F., »Bildung«, zum PPP. informatus von lat. informare, V., »eine Gestalt geben«, zu lat. in, Präp., Präf., »in«, lat. formare, V., »formen, bilden«, lat. forma, F., »Form, Gestalt, Figur«

Informationsfreiheit, F., »Freiheit der Beschaffung von Informationen«, 2. H. 20. Jh., s. Information, Freiheit

Informationssystem, F., »systematisch mit Hilfe der Methoden der Datenverarbeitung geschaffene Sammlung von Informationen (z.B. das Juristische Informationssystem JURIS)«, um 1970, s. Information, System

informieren, V., »unterrichten, in Kenntnis setzen«, 14. Jh. Lw. lat. informare, V., »Gestalt geben, bilden, unterrichten, in Kenntnis setzen«, zu lat. in, Präp., Präf., »in«, lat. formare, V., »formen, gestalten, bilden«, zu lat. forma, F., »Form, Gestalt, Figur«

in fraudem legis, lat., »unter Umgehung des Gesetzes«

ing, Suff., »ing«, mhd. inc, Suff., »ing«, ahd. ing, Suff., »ing«, aus ko-Suffix vollstufiger n-Stämme, erweiterte Form ling

Ingerenz, F., »vorausgehendes gefahrbegründendes Verhalten (z.B. Verursachen eines Verkehrsunfalles)«, zum Part. Präs. ingerens von lat. ingerere, V., »hineintragen«, zu lat. in, Präp., Präf., »in«, lat. gerere, V., »tragen«

Inhaber, M., »wer einen Gegenstand unmittelbar in seiner Verfügungsgewalt hat, wer rein tatsächlich in der Lage ist dem Schuldner das Papier zur Einlösung vorzulegen (z.B. Gläubiger einer Forderung bzw. Besitzer eines Wertpapiers)«, mhd. inhaber, M., »Inhaber«, 14. Jh. (1376 Pettau), Lüt. lat. detentor, M., »der etwas zurückbehält«?, s. in, inne, haben

Inhaberaktie, F., »auf den Inhaber lautende Aktie«, 19. Jh., s. Inhaber, Aktie

Inhaberanteilsschein, N., »ein von einer Kapitalanlagegesellschaft ausgegebenes Inhaberpapier«, 20. Jh., s. Inhaber, Anteil, Schein

Inhaberklausel, F., »Klausel die bewirkt daß der Wertpapierschuldner an den - berechtigten - Inhaber des Wertpapiers zu leisten hat (z.B. an X oder Überbringer bei Inhaberscheck)«, A. 19. Jh.?, s. Inhaber, Klausel

Inhaberpapier, N., »Wertpapier bei dem das verbriefte Recht grundsätzlich von jedem Inhaber geltend gemacht werden kann (z.B. Aktie)«, 19. Jh., s. Inhaber, Papier, vgl. Weiske 1839ff., Thöl 1847 Papier auf Inhaber (au porteur)

Inhaberscheck, M. »der auf den Inhaber (bzw. Überbringer) ausgefertigte (in der Gegenwart übliche) Scheck«, 19. Jh.?, s. Inhaber, Scheck

Inhaberschuldverschreibung, F., »Urkunde in welcher der Aussteller dem Inhaber der Urkunde eine Leistung verspricht (z.B. Industrieanleihe)«, E. 19. Jh.?, s. Inhaber, Schuldverschreibung

Inhaberzeichen, N., »Zeichen in dem ein Gläubiger nicht bezeichnet ist und das von dem Aussteller unter Umständen ausgegeben wird aus welchen sich ergibt daß er dem Inhaber zu einer Leistung verpflichtet sein will (z.B. Fahrkarte)«, E. 19. Jh.?, s. Inhaber, Zeichen

inhaftieren, V., »in Haft nehmen«, 18. Jh., s. in, Haft, ieren

Inhalt, M., »Inhalt«, mhd. innehalt, inhalt, M., »Inhalt«, 15. Jh. (1440), 1404 Friesland, s. in, inne, halten, älter inhaltunge, innehaltunge

Inhaltsfreiheit, F., »Freiheit den Inhalt eines Rechtsgeschäfts festzulegen«, 19. Jh.?, s. Inhalt, Freiheit

Inhaltsirrtum, M., »Irrtum über den Inhalt einer Erklärung«, 19. Jh.?, s. Inhalt, Irrtum

Inhaltskontrolle, F., »(gerichtliche) Überprüfung des Inhaltes einer Bestimmung oder Vereinbarung (auf ihre Übereinstimmung mit höherrangigem Recht)«, 20. Jh., s. Inhalt, Kontrolle

Initiative, F., »Anstoß, Vorschlag«, E. 18. Jh. (Wieland 1799) Lw. frz. initiative (législative), F., »Vorschlag (für Gesetze)«, mfrz. initiative, F., »Anregen, Beginnen«, (zu frz. initier, V., »einführen, einweihen, anfangen«, zum PPP. initiatus von lat. initiare, V., »einführen, anfangen«,) zu lat. initium, N., »Anfang, Ursprung, Eingang«, zum PPP. initus von lat. inire, V., »hineingehen, anfangen«, zu lat. in, Präp., Präf., »in«, lat. ire, V., »gehen«

Initiativrecht, N., »Recht zur Gesetzesinitiative«, s. Initiative, Recht, vgl. Weiske 1839ff.

in iure cessio, lat., F., »Übergang in der Entscheidungsstätte, (im römischen Recht) eine auf ein Scheinverfahren vor dem Magistrat gestützte Übertragung der Gewalt an einem Gegenstand«, s. ius, cessio

iniuria, lat., F., »Unrecht«, s. Injurie

Injurie, F., »Beleidigung«, 16. Jh. (Luther/ Emser 1521) Lw. lat. iniuria, F., »Unrecht«, zu lat. iniurius, Adj., »ungerecht«, zu lat. in, Partik., Präf., »un«, lat. ius, N., »Recht«

Inkassomandat, N., »Einziehungsermächtigung«, 20. Jh.?, s. Kasse, Mandat

Inkassozession, F., »lediglich zum Zweck der Einziehung der Forderung erfolgende Abtretung«, 20. Jh.?, s. Kasse, Zession

inkognito, Adv., »unter anderem Namen, unerkannt«, 17. Jh. (Birken 1669) Lw. it. incognito, Adj., »unerkannt«, aus lat. incognitus, Adj., »unbekannt, nicht erkannt«, zu lat. in, Partik., Präf., »un«, PPP. cognitus von lat. cognoscere, V., »erkennen, bemerken«, zu lat. cum, cog, Präp., Präf., »zusammen, mit«, lat. noscere, V., »kennenlernen«

inkompatibel, Adj., »unvereinbar«, E. 18. Jh.? Lw. frz. incompatible, Adj., »unvereinbar«, zu lat. in, Partik., Präf., »un«, lat. compati, V., »zugleich leiden« zu lat. cum, com, Präp., Präf., »zusammen, mit«, lat. pati, V., »dulden«, lat. bilis, Suff., »fähig, bar«

Inkompatibilität, F., »Unvereinbarkeit (der gleichzeitigen Bekleidung mehrerer bestimmter öffentlicher Ämter durch dieselbe Person)«, s. inkompatibel, (sachlich seit dem 11. Jh. Institut des Kirchenrechts,) vgl. Weiske 1839ff.

Inkorporation, F., »Einverleibung, Eingliederung, Eingemeindung«, Lw. lat. incorporatio, F., »Verkörperung, Einverleibung«, zum PPP. incorporatus von lat. incorporare, V., »einverleiben«, s. inkorporieren, vgl. Weiske 1839ff., incorporacienbriff (1400)

inkorporieren, V., »einverleiben«, 14. Jh. Lw. lat. incorporare, V., »einverleiben«, zu lat. in, Präp., Präf., »in«, lat. corpus, N., »Körper, Leib«

Inkrafttreten, N., »Gültigwerden«, 19. Jh.?, s. in, Kraft, treten

Inland, N., »Gebiet innerhalb der Grenzen eines Staates«, Stieler 1691, Badisches Landrecht 1809, älter mhd. inlende, N., »Heimat, Vaterland, Herberge, Quartier«, ahd. inlenti (11. Jh.), N., »Heimat, heimisches Land«, s. in, Land

inne, Adv., Präf., »inne«, mhd. inne, Adv., Präp., Präf., »inne, inwendig, innerhalb«, ahd. inna (A. 9. Jh.), Präp., Präf., »inne, innerhalb«, as. inna, Präp., Präf., »inne«, germ. *innē, Adv., »innerhalb«, s. germ. *enn-, Adv., »hinein«, *en, Präp., »in«, zu idg. *en (1), Präp., »in«

Innehabung, F., »tatsächliches Herrschaftsverhältnis einer Person über eine Sache oder ein Recht«, 15. Jh. (1482 Fürstenberg) Lüt. lat. detentio, F., »Innehabung«

innen, Adv., Präp., »innen«, mhd. innen, Adv., »innen«, ahd. innan (E. 8. Jh.), innana (765), Adv., »innen, in, im Inneren«, germ. *innanē, Adv., »innen, innerhalb«, s. in

Innenbereich, M., »im räumlichen Geltungsbereich eines qualifizierten Bebauungsplan liegender (beplanter Innenbereich) oder einen im Zusammenhang bebauten Ortsteil bildender (unbeplanter Innenbereich) Teil eines Gemeindegebietes«, um 1960?, s. innen, Bereich

Innengesellschaft, F., »im Innenverhältnis der Gesellschafter zueinander bestehende Gesellschaft«, 20. Jh.?, s. innen, Gesellschaft

Innentendenz, F., »innerliche Zielsetzung des Täters (Absicht)«, 20. Jh., s. innen Tendenz

Innenverhältnis, N., »allein die unmittelbar beteiligten Personen betreffendes Verhältnis«, 19. Jh.?, s. innen, Verhältnis

Innenvollmacht, F., »dem Bevollmächtigten gegenüber erklärte Vollmacht«, 19. Jh.?, s. innen, Vollmacht

inner, Adj., »innere«, mhd. inner, Adj., »innere, inwendig, tief im Inneren liegend«, ahd. innaro (A. 9. Jh.), Adj., »innere, tiefere«, s. in

innere Verwaltung, F., »das Staatsgebiet

(im Gegensatz zum Ausland) betreffende Verwaltung«, 19. Jh.?, s. Verwaltung, inner

Innung, F., »freiwilliger Zusammenschluß selbständiger Gewerbetreibender desselben Gewerbes eines bestimmten Bezirks zur Förderung der gemeinsamen gewerblichen Interessen«, 1869 allgemein verbreitet, mhd. innunge, F., »Aufnahme, Verbindung, Innung (spätmhd.), Zunft, Inneres«, 1157 Magdeburg, zu ahd. innōn (1000), V., »aufnehmen, vereinigen«, zu inne, in, ung

in petto, Adv., »im Sinne«, 18. Jh. (Philippi 1743) Lw. it. in petto, Adv., »in der Brust«, aus lat. in, Präp., Präf., »in«, lat. pectus, N., »Brust«(, der Papst hatte den Namen eines neuen Kardinals zunächst in petto)

inquirieren, V., »nachforschen, untersuchen, verhören«, A. 16. Jh. (Tengler 1510) Lw. lat. inquirere, V., »untersuchen, erkunden, suchen«, s. Inquisition

Inquisition, F., »geistliches Gericht zur Verfolgung der Ketzer das sich zur Wahrheitsermittlung der Folter bedient«, 16. Jh. (1529) Lw. lat. inquisitio, F., »Untersuchung« (seit 13. Jh. in lateinischen Texten für die Untersuchung der Rechtgläubigkeit durch die katholische Kirche,) zum PPP. inquisitus von lat. inquirere, V., »untersuchen, erkunden, suchen«, zu lat. in, Präp., Präf., »in«, lat. quaerere, V., »suchen, fragen«

Inquisitionsmaxime, F., »Grundsatz daß das Gericht von sich aus die materielle Wahrheit erforscht«, s. Inquisition, Maxime, vgl. Weiske 1839ff.

Inquisitionsprozeß, M., »von der amtlichen Verfolgung und Untersuchung gekennzeichneter Strafprozeß«, s. Inquisition, Prozeß, vgl. Weiske 1839ff.

Inquisitor, M., »Vertreter der Inquisition«, 16. Jh. Lw. lat. inquisitor, M., »Forscher, Aufspürer«, s. Inquisition

Insasse, M., »Insasse, Bewohner«, spätmhd. ĭnsaeze, M., »eingesessener Einwohner, Mietwohner«, 1469 St. Gallen, zu ahd. *sāzo, M., »Sitzer«, s. in, sitzen

Insemination, F., »Einsäen, Besamung«, Lw. nlat. inseminatio, F., »Einsäen«, zum PPP. inseminatus von lat. inseminare, V., »einsäen«, zu lat. in, Präp., Präf., »in«, lat. seminare, V., »säen«, zu lat. semen, N., »Samen«

Insichgeschäft, N., »Geschäft zwischen zwei Parteien bei dem auf jeder Seite (infolge Vertretung) dieselbe Person steht«, 20. Jh., s. in, sich, Geschäft

Insichprozeß, M., »Prozeß bei dem auf beiden Seiten dieselbe Person steht«, 20. Jh., s. in, sich, Prozeß

Insider, M., »eine Person welche auf Grund ihrer Stellung Kenntnisse über die Ziele eines Unternehmens hat«, 2. H. 20. Jh. Lw. ne. insider, M., »Eingeweihter«, zu ne. inside, Adv., »innen, innerhalb«, zu ne. in, Präp., Präf., »in«, ne. side, N., »Seite«, Suff. er

Insiegel, N., s. Siegel

Insignien, F. Pl., »Kennzeichen von Würde oder Macht«, 16. Jh. (Franck 1538) Lw. lat. insignia, F., »Abzeichen«, zu lat. insignis, Adj., »gekennzeichnet«, zu lat. in, Präp., Präf., »in«, lat. signum, N., »Zeichen, Abzeichen«, zu lat. secare, V., »schneiden«

Insinuation, F., »Bekanntgabe, Vorlage, Zustellung«, Lw. lat. insinuatio, F., »Eingang, Mitteilung«, zum PPP. insinuatus von lat. insinuare, s. insinuieren, vgl. Weiske 1839ff.

insinuieren, V., »einreichen, anbringen, mitteilen«, 16. Jh. (Gobler 1536) Lw. lat. insinuare, V., »in den Busen stecken«, zu lat. in, Präp., Präf., »in«, lat. sinus, N., »bauschige Rundung, Busen«

insolvent, Adj., »zahlungsunfähig«, (16. Jh. nnl. insolvent, mfrz. insolvent,) 17. Jh. (Schurtz 1695) Lw. it. insolvente, Adj., »zahlungsunfähig«, zu lat. in, Partik., Präf., »un«, lat. solvens, Part. Präs. von lat. solvere, V., »lösen, zahlen«, zu lat. se, Präp., Präf., »ohne«, lat. luere, V., »lösen«

Insolvenz, F., »Zahlungsunfähigkeit«, A. 18. Jh., Lw. nlat. insolventia, F., »Zahlungsunfähigkeit«, s. insolvent

Insolvenzausfallgeld, N., »Konkursausfallgeld«, um 1980 Österreich, s. Insolvenz, Ausfall, Geld

Insolvenzrecht, N., »Recht der Zahlungsunfähigkeit«, 20. Jh., s. Insolvenz, Recht

Inspekteur, M., »Kontrolleur, Prüfer«, 19. Jh. Lw. frz. inspecteur, M., »Kontrolleur, Prüfer«, aus lat. inspector, M., »Beschauer, Untersuchungsbeamter (für Steuerfestsetzungen)«, s. Inspektion

Inspektion, F., »Besichtigung, Kontrolle«, 16. Jh. Lw. lat. inspectio, F., »Hineinsehen, Untersuchung«, zum PPP. inspectus von lat. inspicere, V., »untersuchen, begutachten«, s. inspizieren

Inspektor, M., »Kontrolleur, Prüfer, Inspektor«, 16. Jh. Lw. lat. inspector, M., »Beschauer, Untersuchungsbeamter (für Steuerfestsetzungen)«, s. Inspektion

inspizieren, V., »untersuchen, begutachten«, 18. Jh. Lw. lat. inspicere, V., »untersuchen, begutachten«, zu lat. in, Präp., Präf., »in«, lat. *specere, V., »sehen«

Installateur, M., »Einrichter technischer Anlagen«, 20. Jh. Lw. frz. installateur, M., »Installateur«, zum PPP. installatus von mlat. installare, V., »in ein kirchliches Amt einsetzen«, zu lat. in, Präp., Präf., »ein«, lat. stallum, N., »Chorstuhl«, Lw. aus dem Germanistischen (germ. *stalla, *stallaz, M., »Standort, Stelle, Stall«)

Instanz, F., »zuständige Stelle«, spätmhd. instancie, F., »zuständige Stelle«, 14. Jh. Lw. mlat. instantia, F., »zuständige Stelle«, zu lat. instantia, F., »Gegenwart, Heftigkeit, Bitten, Drängen, Nähe, gerichtliche Verfolgung«, zum Part. Präs. instans von lat. instare, V., »verfolgen, bevorstehen«, zu lat. in, Präp., Präf., »in«, lat. stare, V., »stehen«, Bedeutungsentwicklung »Verfolgung, verfolgende Dienststelle«

Instanzentbindung, F., »im mittelalterlichen Italien entwickelte seit 1648 (Brunnemann) rezipierte vorläufige Beendigung eines Verfahrens aus Mangel an Beweisen mit der jederzeitigen Möglichkeit des Neubeginns«, s. Instanz, Entbindung

Instanzenweg, M., »vorgeschriebener Gang durch die zuständigen Stellen«, 19. Jh.?, s. Instanz, Weg

Instanzenzug, M., »Instanzenzug«, 1809 Baden, Lüt. frz.?, s. Instanz, Zug

Institut, N., »als relative Einheit zu begreifende Anzahl von Rechtssätzen zur Bewältigung eines Sachproblems (z.B. Institut der Stellvertretung), der Wissenschaft dienende rechtlich meist unselbständige Einheit von persönlichen und sachlichen Mitteln (z.B. Institut für Arbeitsrecht)«, 16. Jh. vereinzelt »Ordnung, Regel«, 18. Jh. (Moritz 1785) »Erziehungsinstitut« Lw. lat. institutum, N., »Einrichtung«, PPP. N. von lat. instituere, V., »hinstellen, aufstellen, einrichten«, zu lat. in, Präp., Präf., »in«, lat. statuere, V., »stellen, errichten«, zu lat. sistere, V., »stellen, errichten«, zu lat. stare, V., »stehen, sich befinden«

Institution, F., »Anordnung, Unterweisung (16. Jh.), Einsetzung, Einweisung, Einrichtung«, 16. Jh. Lw. lat. institutio, F., »Einrichtung, Anweisung, Unterricht«, zum PPP. institutus von lat. instituere, V., »hinstellen, aufstellen, einrichten«, s. Institut

institutionell, Adj., »die Institution betreffend«, 20. Jh.?, s. Institution

institutionelle Garantie, F., »einrichtungsmäßige Garantie«, 2. H. 20. Jh., s. institutionell, Garantie

Institutionen, F. Pl., »Bezeichnung für (römische) Einführungslehrbücher des römischen Rechts (bis in die Gegenwart)«, zu lat. institutio, F., »Einrichtung«, s. Institution

Institutsgarantie, F., »Garantie des Instituts«, 2. H. 20. Jh., s. Institut, Garantie

instrumenta sceleris, lat., N. Pl., »Verbrechenswerkzeuge«

Insubordination, F., »Nichtunterordnung, Ungehorsam«, Lw. frz. insubordination, F., »Unbotmäßigkeit«, zu lat. in, Partik., Präf., »un«, lat. sub, Präp., Präf., »unter«, lat. ordinatio, F., »Aufstellung«, zum PPP. ordinatus von lat. ordinare, V., »aufstellen«, zu lat. ordo, M., »Reihe«

Intabulation, F., »Bucheintragung«, 18. Jh.? (Allgemeines Bürgerliches Gesetzbuch 1811 Österreich) Lw. nlat. intabulatio, F., »Bucheintragung«, zu lat. in, Präp., Präf., »in«, lat. tabula, F., »Tafel«

Integration, F., »Vereinheitlichung, Zusammenschluß«, 19. Jh. Lw. lat. integratio, F., »Wiederherstellung«, zum PPP. integratus von lat. integrare, V., »wiederherstellen«, zu lat. integer, Adj., »unversehrt, unberührt«, zu lat. in, Partik., Präf., »un«, lat. tangere, V., »berühren«

Integrationslehre, F., »von Rudolf Smend begründete Lehre vom Wesen des Staates«, A. 20. Jh., s. Integration, Lehre

integrieren, V., »eingliedern, zusammenfügen«, 18. Jh. Lw. lat. integrare, V., »wiederherstellen«, zu lat. integer, Adj., »unversehrt, unberührt«, zu lat. in, Präf., »un«, lat. tangere, V., »berühren«

Integrität, F., »Unversehrtheit«, 19. Jh. (um 1800) Lw. lat. integritas, F., »Unversehrtheit«, s. integrieren

Integritätsinteresse, N., »Interesse an der Integrität«, 20. Jh.?, s. Integrität, Interesse

inter, Präf., »unter, zwischen«, Lw. lat. inter, Präp., Präf., »unter, zwischen«

***intendent**, zu lat. intendens, Part. Präs. von lat. intendere, V., »hinstrecken«, zu lat. in, Präp., Präf., »in«, lat. tendere, V., »spannen«

Interaktion, F., »Zwischenhandlung, Zwischenbeziehung«, zu lat. inter, Präp., Präf., »zwischen«, lat. actio, F., »Handlung«, zum PPP. actus von lat. agere, V., »treiben, handeln«

Interesse, N., »Umfang eines zu ersetzenden Schadens, Gewinnsucht (17. Jh.), Aufmerksamkeit (18. Jh.)«, 15. Jh.? (Friedensberg 1597) Lw. lat. interesse, V., »dazwischensein, Anteil nehmen«, 13. Jh. subst. »ein aus einer bestimmten schadensersatzpflichtigen Handlung entstandener Schaden, Zinsen«, zu lat. inter, Präp., Präf., »zwischen«, lat. esse, V., »sein (V.)«, Besold 1699 (angehender Schad und aufhörender Nutz), Sperander 1728, vgl. Geschichtliche Grundbegriffe

interessant, Adj., »anziehend, anregend«, 18. Jh. (Friedrich der Große 1740) Lw. frz. intéressant, zu(m Part. Präs. von) lat. interesse, V., »dazwischen sein, Anteil nehmen«, zu lat. inter, Präp., Präf., »unter, zwischen«, lat. esse, V., »sein (V.)«

Interessenjurisprudenz, F., »methodische Richtung in der Rechtswissenschaft die davon ausgeht daß wegen der Lückenhaftigkeit der Rechtsordnung der Richter sein Urteil nicht logisch ableiten kann sondern als wertende Entscheidung eines Konfliktes abgeben muß«, 2. H. 19. Jh.?, s. Interesse, Jurisprudenz

Interessenkollision, F., »Zusammentreffen zweier widerstreitender Interessen«, 19. Jh.?, s. Interesse, Kollision

Interessentheorie, F., »ältere Theorie zur Abgrenzung von öffentlichem Recht und Privatrecht«, 19. Jh.?, s. Interesse, Theorie

Interim, N., »Übergang«, 20. Jh., aus interimistisch (Campe 1801), Adj., »zwischenzeitlich«, 18. Jh., zu lat. interim, Adv., »unterdessen«, zu lat. inter, Präp., Präf., »zwischen, unter« (, Interimswerk schon 1656, Interimswesen 1630)

Interimsschein, M., »Zwischenschein«, »vorläufiger Wechsel«, 1768, s. Interim, Schein

interlokal, Adj., »zwischenörtlich« (z.B. [bis 3. 10. 1990] zwischen Bundesrepublik Deutschland und Deutscher Demokratischer Republik), s. inter, lokal

Interlokut, N., »Zwischenbescheid«, vor 19. Jh.?, zu lat. interlocutio, F., »Dazwischenreden, Zwischenspruch, Zwischenbescheid«, zum Part. Prät. Akt. interlocutus von lat. interloqui, V., »dazwischenreden«, zu lat. inter, Präp., Präf., »zwischen«, lat. loqui, V., »sprechen, reden«

international, Adj., »zwischenstaatlich«, 1. H. 19. Jh. (Schäffner 1841 bzw. Kiesewetter 1843) Lw. ne. international (Bentham 1789 international law, N., »Völkerrecht«), zu lat. inter, Präp., Präf., »zwischen«, lat. natio, F., »Geborenwerden, Volk«, zum Part. Prät. Akt. natus von lat. nasci, V., »geboren werden«, vgl. Geschichtliche Grundbegriffe

Internationale Handelskammer, F., »1919 erfolgter privater Zusammenschluß von Unternehmen und Unternehmensverbänden mit Sitz in Paris«, s. international, Handelskammer

internationale Organisation, F., »zwischenstaatliche Organisation«, 19. Jh., s. international, Organisation

Internationaler Gerichtshof, M., »richterliches Hauptorgan der Vereinten Nationen«, 20. Jh., s. international, Gerichtshof

internationaler Rechtsverkehr, M., »zwischenstaatlicher über den einzelnen Staat hinausreichender Rechtsverkehr«, 2. H. 20. Jh., s. international, Recht, Verkehr

internationale Zuständigkeit, F., »Zuständigkeit nach zwischenstaatlichem Recht«, 20. Jh., s. international, Zuständigkeit

internationales Einheitskaufrecht, N., »internationales Recht für Kaufverträge«, 2. H. 20. Jh., s. international, Einheit, Kaufrecht

Internationales Privatrecht, N., »Kollisionsrecht, Verweisungsrecht, Gesamtheit der Rechtsätze die festlegen welche von mehreren möglichen nationalen (Privat-)Rechtsordnungen in einem Kollisionsfall zur Anwendung kommt (z.B. Deutscher heiratet Französin in Amerika), im internationalen Rechtsverkehr geltendes nationales Privatrecht«, Schäffner 1841, s. international, Privatrecht

internationales Recht, N., »das im internationalen Rechtsverkehr geltende Recht«, s. international, Recht, vgl. Bentham 1789 ne. international law, N., »Völkerrecht«, Weiske 1839ff.

internieren, V., »in seiner Freiheit beschränken, in einem Lager isolieren«, 2.

H. 19. Jh. Lw. frz. interner, V., »in das Landesinnere verweisen«, zu frz. interne, Adj., »innerlich«, aus lat. internus, Adj., »inwendig, innere«, zu lat. intra, Adv., »innen«, zu lat. in, Präp. Präf., »in«

Internierung, F., »Freiheitsbeschränkung«, 19. Jh., s. internieren, ung

Internuntius, lat., M., »niederer päpstlicher Gesandter«, 19. Jh.? Lw. lat. internuntius, M., »Zwischenträger«, zu lat. inter, Präp., Präf., »zwischen«, lat. nuntius, M., »Verkündiger, Bote«

Interpellation, F., »Unterbrechung, Anfrage«, M. 19. Jh. (Raumer 1849) Lw. frz. interpellation, F., »Aufforderung sich über etwas zu erklären«, zum PPP. interpellatus von lat. interpellare, V., »in die Rede fallen«, zu lat. inter, Präp., Präf., »zwischen«, lat. *pellare, V., »rufen«?, zu lat. pellere, V., »stoßen, schlagen«, vgl. Weiske 1839ff.

Interpellationsrecht, N., »Recht des Parlamentes die Regierung um Auskunft über bestimmte Angelegenheiten zu ersuchen«, 20. Jh.?, s. Interpellation, Recht

Interpolation, F., »- oft verfälschende - Einschaltung von Wörtern oder Sätzen in den ursprünglichen Wortlaut eines Textes insbesondere im Rahmen der die Schriften der klassischen Juristen verwertenden Gesetzgebungstätigkeit Justinians«, A. 20. Jh.?, zum PPP. interpolatus von lat. interpolare, V., »entstellen, verfälschen«, zu lat. interpolis, Adj., »neugestaltet«, zu lat. inter, Präp., Präf., »zwischen, unter«, lat. polire, V., »reiben, glätten«

Interpretation, F., »Auslegung«, 16. Jh. Lw. lat. interpretatio, F., »Erklärung, Auslegung«, s. interpretieren

interpretieren, V., »deuten, auslegen«, mhd. interpretieren, V., »deuten, auslegen«, 16. Jh. Lw. lat. interpretari, V., »deuten, auslegen«, zu lat. interpres, M., »Erklärer, Vermittler«, s. inter, Präp., Präf., »zwischen, unter«

Interregnum, N., »Zeit zwischen dem Ende der einen und dem Beginn einer anderen Herrschaft (z.B. die Zeit zwischen 1254 und 1273)«, 18. Jh. Lw. lat. interregnum, N., »Zwischenregierung«, zu lat. inter, Präp., Präf., »zwischen«, lat. regnum, N., »Königsgewalt«, zu lat. rex, M., »König«

Intervenient, M., »wer sich einmischt«, 19. Jh., aus dem Part. Präs. interveniens von lat. intervenire, s. intervenieren

intervenieren, V., »einschreiten, vermitteln«, 17. Jh. Lw. frz. intervenir, V., »einschreiten, vermitteln, aus lat. intervenire, V., »dazwischenkommen«, zu lat. inter, Präp., Präf., »zwischen«, lat. venire, V., »kommen«

Intervention, F., «Dazwischentreten, Eingreifen«, 17. Jh. (Leibniz 1670) »Vermittlung« Lw. frz. intervention, F., »Vermittlung«, aus lat. interventio, F., »Dazwischenkunft«, zum PPP. interventus von lat. intervenire, V., »dazwischenkommen«, s. intervenieren

Interventionsklage, F., »Drittwiderspruchsklage« 1656 Brandenburg, s. Intervention, Klage

Interzession, F., »Dazwischentreten, Eintreten eines Dritten für die Schuld des Schuldners (z.B. Schuldmitübernahme)«, 19. Jh.? Lw. lat. intercessio, F., »Dazwischenkunft«, zum PPP. intercessus von lat. intercedere, V., »dazwischengehen«, zu lat. inter, Präp., Präf., »zwischen«, lat. cedere, V., »gehen«

Intestaterbfolge, F., »beim Fehlen eines Testamentes oder einer sonstigen Verfügung von Todes wegen eintretende (gesetzliche) Erbfolge«, Gabcken 1780, zu lat. intestatus, Adj., »testamentslos, untestiert«, zu lat. in, Partik., Präf., »un«, zum Part. Prät. Akt. testatus von lat. testari, V., »bezeugen, ein Testament machen«, zu lat. testis, M., »Zeuge«, zu lat. tertius, Num. Ord., »dritte«, s. Erbfolge

intim, Adj., »vertraut, verborgen, geheim«, 18. Jh. (Fleischer 1731) Lw. lat. intimus, Adj. Superl., »innerste«, zu lat. intra, Adv., »innen«

Intimität, F., »Vertraulichkeit«, 19. Jh. Lw. frz. intimité, F., »Vertraulichkeit«, zu lat. intimus, Adj. Superl., »innerste«, s. intim

Intimsphäre, F., »letzter innerster Bereich menschlicher Freiheit«, 2. H. 20. Jh., s. intim, Sphäre

Invalide, M., »Unfähiger, Beschädigter«, A. 18. Jh. (1722) Lw. frz. invalide, M., »Invalide, aus Altersgründen oder Krankheitsgründen nicht mehr dienstfähiger Soldat«, zu frz. invalide, Adj., »kraftlos«, aus lat. invalidus, Adj., »kraftlos«, zu lat. in, Präf., »un«, lat. validus, Adj., »kräftig, stark«, zu lat. valere, V., »kräftig sein«

Invalidenversicherung, F., »Rentenversicherung«, E. 19. Jh., s. Invalide, Versicherung

Invalidität, F., »Arbeitsunfähigkeit«, 19. Jh. Lw. frz. invalidité, F., »Arbeitsunfähigkeit», s. Invalide

Inventar, N., »Gesamtheit von Gegenständen die zum Betrieb eines Unternehmens bestimmt sind (totes und lebendes Inventar), genaues Verzeichnis der Vermögensgegenstände und Schulden mit Angabe ihres Wertes«, 15. Jh. (1465 bzw. 1499 Worms inventari) Lw. lat. inventarium, N., »Gesamtheit der Erwerbsgegenstände«, zum PPP. inventus von lat. invenire, V., »bekommen, erwerben, finden«, zu lat. in, Präp., Präf., »in«, lat. venire, V., »kommen«

Inventur, F., »Vorgang der Errichtung des Inventars (insbesondere im Handelsrecht)«, 16. Jh.? (Schurtz 1695 bzw. Inventurrecht 1662) Lw. mlat. inventura, F., »Bestandsaufnahme«, zum Part. Fut. inventurus bzw. zum PPP. inventus von lat. invenire, V., »bekommen, erwerben, finden«, s. Inventar

investieren, V., »in ein Amt einsetzen«, spätmhd. investieren, V., »feierlich einsetzen«, 14. Jh. Lw. lat. investire, V., »bekleiden«, zu lat. in, Präp., Präf., »in«, lat. vestire, V., »kleiden«, zu lat. vestis, F., »Kleid«, 19. Jh. Lbd. it. investire, V., »Kapital anlegen«

Investition, F., »Verwendung von Kapital zur Anschaffung von Wirtschaftsgütern«, 19. Jh., zum PPP. investitus von lat. investire, V., »bekleiden«, Bedeutungsentwicklung »Einkleidung, für die Einkleidung erforderliche Mittel, Anlage dieser Mittel«

Investitur, F., »Einkleidung, Übertragung eines Gegenstandes (insbesondere eines Lehens) durch eine formale vielfach symbolische Handlung durch welche der Investierte die Gewere erlangt«, spätmhd. investitur (14. Jh.), F., »Einkleidung, Einsetzung«, (17. Jh. [Investiturschreiben 1621]?) Lw. mlat. (824) investitura, F., »Einkleidung«, zum Part. Fut. investiturus bzw. zum PPP. investitus von lat. investire, V., »bekleiden«, s. Investition

Investiturstreit, M., »Streit um die Zuständigkeit zur Übertragung geistlicher Ämter (1059/75-1122)«, 19. Jh.?, s. Investitur, Streit

Investment, N., »Kapitalanlage«, 2. H. 20. Jh. Lw. ne. investment, N., »Kapitalanlage«, s. Investition

Investmentgesellschaft, F., »Gesellschaft für Investment«, 2. H. 20. Jh., s. Investment, Gesellschaft

invitatio ad offerendum, lat., F., »Aufforderung zur Abgabe eines Antrages, Einladung zum Antrag (Angebot)«, zum PPP. invitatus von lat. invitare, V., »einladen«

Inzest, M., »Blutschande«, (gelehrt um 1700 bzw.) 19. Jh. Lw. lat. incestum, N., »Blutschande«, zu lat. incestus, Adj., »unrein, sündhaft, blutschänderisch«, zu lat. in, Präf., »un«, lat. castus, Adj., »rein, unschuldig, anständig«, zu lat. carere, V., »frei sein von, sich enthalten«, vgl. Weiske 1839ff.

inzident, Adj., »beiläufig«, zum Part. Präs. incidens von lat. incidere, V., »hineinfallen«, zu lat. in, Präp., Präf., »in«, lat. cadere, V., »fallen«

Inzidentkontrolle, F., »Prüfung einer Rechtsfrage im Rahmen eines nicht unmittelbar hierauf gerichteten Verfahrens«, 19. Jh.?, s. inzident, Kontrolle

ion, Suff., »ion«, Lw. lat. io, Suff., »ion«

ipso iure, lat., Adv., »schon durch das Recht selbst«, s. ius

irrevisibel, Adv., »nicht durch Revision überprüfbar«, zu lat. in, Partik., Präf., »un«, lat. re, Präp., Präf., »zurück«, lat. visibilis, lat. »sichtbar«, zum PPP. visus von lat. videre, V., »sehen«, lat. bilis, Suff., »bar, fähig«

irre, Adj., »irre, irrend, gestört, im Wahn (17. Jh.)«, mhd. irri, erre, Adj., »verirrt, frei, untreu, uneinig, ketzerisch«, ahd. irri (1. H. 8. Jh.), Adj., »umherschweifend, wandernd, irrend, unwissend, verirrt, zügellos«, as. irri, Adj., »zornig«, germ. *erzja, *erzjaz, Adj., »irrend, verirrt, irrig, zornig?«, zu idg. *ers-, Adj., »männlich«?, zu idg. *erəs-, *rē̆s-, V., »fließen, erregt sein«?, zu idg. *er-, *or-, V., »sich bewegen, sich erregen«

Irrenanstalt, F., »Anstalt für Geistesgestörte«, 19. Jh., s. Irrer, Anstalt

Irrenhaus, N., »Anstalt für Geistesgestörte«, 18. Jh., s. Irrer, Haus

Irrer, M., »Geistesgestörter«, 19. Jh., s. irre

Irrtum, M., »unbewußte Unkenntnis vom wirklichen Sachverhalt, Auseinanderfallen von Vorstellung eines Handelnden und der Wirklichkeit«, mhd. irretuom, M., »Irrung, Hindernis, Schaden, Irrtum, Ketzerei, Streit«, ahd. irrituom (810-17), M., N., »Irrtum, Irrlehre, Irrgang«, Lüt. lat. error, M., »Irrtum«?, s. irre, tum

ISBN (Internationale Standard-Buchnummer, seit 1972)

isch, Suff., »isch«, mhd. isch, esch, Suff., »isch«, ahd. isk, isc, Suff., »isch«, as. isk, Suff., »isch«, germ. *iska, *iskaz, Suff., »isch«

ismus, Suff., »ismus«, Lw. latin. Formen von gr. ismos, asmos, Suff., »ismus«, zu gr. Verben auf ízein, ázein

ist, Suff., »ist«, zu lat. ista, Suff., »ist«, gr. istes, Suff., »ist«

Italien, N., »Italien«, Lw. lat. Italia, F., »Italien«

itio in partes, lat., F., »Vorgehen in Teilen, Trennung nach (konfessionellen) Parteien (des Reichstages)«, seit 1529 geübt, 1648 gesetzlich anerkannt, zum PPP. itus von lat. ire, V., »gehen«

iudex, lat. M., »Richter«, zu lat. ius, N., »Recht«, lat. dicere, V., »sagen«

iudex ad quem, lat., M., »Richter zu dem (die Anfechtung der Entscheidung geht)«, s. iudex

iudex a quo, lat., M., »Richter von dem (die anzufechtende Entscheidung kommt)«, s. iudex

iudex inhabilis, lat., M., »ausgeschlossener Richter«, s. iudex

iudex suspectus, lat., M., »wegen Befangenheit abgelehnter Richter«, s. iudex

iudicium, lat., N., »Gericht, Urteil«, s. iudex

iudicium parium, lat., N., »Pairsgericht, Gericht der Standesgenossen z.B. in der Magna Charta«, 1215 England, vgl. Sachsenspiegel um 1225

iura, lat., N. Pl., »Rechte«, s. ius

iura novit curia, lat., »das Recht bzw. die Rechtsregeln kennt das Gericht«, vgl. Stoelzel 1910

ius, lat., N., »Recht, Gericht«, nach Seebold (wie Ehe) zu idg. *ai̯eu, Sb., »Herkommen, Überlieferung, Sitte, Recht«, zu idg. *ai̯eu-, V., »lenken, verbinden«?, zu idg. *ei-, V., »gehen«?

ius ad rem, mlat., N., »Recht auf die Sache«, 13. Jh., s. ius, res

ius civile, lat., N., »Zivilrecht, Recht der römischen Bürger im Gegensatz zu dem auch für Nichtrömer geltenden römischen Recht (ius gentium bzw. ius honorarium bzw. ius praetorium), Stadtrecht«, s. ius, civilis

ius cogens, lat., N., »zwingendes Recht«

ius dispositivum, lat., N., »nachgiebiges Recht«

ius divinum, lat., N., »göttliches Recht«

ius evocandi, mlat., N., »Evokationsrecht«, 13. Jh.?, s. ius, lat. evocare, V., »herausrufen«, zu lat. e, ex, Präp., Präf., »aus«, lat. vocare, V., »rufen«, zu lat. vox, F., »Stimme«

ius gentium, lat., N., »Fremdenrecht, Völkerrecht«

ius honorarium, lat., N., »Amtsrecht«

ius humanum, lat., N., »menschliches Recht«

ius praetorium, lat., N., »Prätorenrecht«, s. ius honorarium

ius privatum, lat., N., »Recht des Einzelnen, Privatrecht«

ius primae noctis, lat., N., »Recht der ersten Nacht«, vgl. 1538 Hirslanden, 1543 Muri

ius publicum, lat., N., »Recht des Staates, öffentliches Recht«

ius sanguinis, nlat., N., »Recht des Blutes, Grundsatz daß das Kind die Staatsangehörigkeit seiner Eltern (Vater bzw. Mutter) erlangt«

ius soli, nlat., N., »Recht des Bodens, Grundsatz daß das Kind die Staatsangehörigkeit des Geburtsortes erlangt«

ius utrumque, mlat., N., »beide Rechte«, 12. Jh. (Summula de indebito), erster Lehrer sowohl des römischen wie auch des kanonischen Rechts war Bazianus (1197)

iustitia, lat., F., »Gerechtigkeit«, zu lat. iustus, Adj., »gerecht«, zu lat. ius, N., »Recht«

iustitium, lat., N., »Stillstand der Rechtspflege«, zu lat. ius, N., »Recht«, lat. sistere, V., »stellen«, zu lat. stare, V., »stehen«

iustum pretium, lat., N., »gerechter Preis«

IWF (Internationaler Währungsfonds mit Sitz in Washington)

J

ja, Partik., »ja«, mhd. jā̆, Interj., »ja, fürwahr«, ahd. jā (E. 8. Jh.), Interj., Adv., Konj., Partik., »ja, fürwahr, wahrlich«, as. jā, Interj., »ja«, germ. *ja, Adv., Konj., »ja, und«

Jagd, F., »Erlegen und Fangen jagdbarer Tiere nach dem Regeln des Jagdrechts«, mhd. jaget, jeit, N., F., »Jagd«, ahd. jagōd (E. 10. Jh.), M., »Jagd, Jagen«, s. jagen

Jagdausübung, F., »Ausübung der Jagd«, 1827 Baden, s. Jagd, Ausübung

Jagdausübungsrecht, N., »Recht der Jagdausübung«, 20. Jh.?, s. Jagdausübung, Recht

jagdbar, Adj., »als Jagdbeute geeignet«, 17. Jh., s. Jagd, bar

Jagdbezirk, M., »zu einer Einheit zusammengeschlossener Bezirk in dem die Jagd ausgeübt werden darf«, 1554 Mecklenburg, s. Jagd, Bezirk

Jagdgenossenschaft, F., »von den Eigentümern der Grundstücke die zu einem Jagdbezirk gehören gebildete Genossenschaft«, s. Jagd, Genossenschaft, vgl. Grimm DW 1877

Jagdpacht, F., »die Ausübung des Jagdrechts betreffende Pacht«, 1775 Preußen, s. Jagd, Pacht

Jagdrecht, N., »Gesamtheit der die Jagd betreffenden Regeln, ausschließliche Befugnis auf einem bestimmten Gebiet wildlebende Tiere die dem Jagdrecht unterliegen zu hegen und auf sie die Jagd auszuüben und sie sich anzueigenen«, »Anspruch auf Anteil am Erjagten«, 1494 Österreich, s. Jagd, Recht

Jagdschein, M., »von der unteren Verwaltungsbehörde - auf höchstens 3 Jahre - ausgestellte Urkunde über die Jagdausübungsberechtigung«, 1798 Baden, s. Jagd, Schein

Jagdwilderei, F., »Nachstellen oder Zueignen oder Fangen oder Erlegen von Wild unter Verletzung fremden Jagdrechts sowie Zueignen oder Zerstören oder Beschädigen einer dem Jagdrecht unterliegenden Sache«, 19. Jh.?, s. Jagd, Wilderei

jagen, V., »jagen«, mhd. jagen, V., »verfolgen, jagen, treiben«, ahd. jagōn (nach 765?), jagēn (1000), V., »jagen, treiben, verfolgen, in die Flucht schlagen, verjagen, verfolgen«, germ. *jagōn, V., »jagen«?, idg. *i̯agh-, V., »begehren, jagen«?

Jagen, N., »Jagdrevier«, 18. Jh., s. jagen

Jäger, M., »Jäger«, mhd. jegere, jeger, M., »Jäger«, ahd. jagāri (790), M., »Jäger«, s. jagen

Jahr, N., »Jahr«, mhd. jār, N., »Jahr«, ahd. jār (765), N., »Jahr«, as. gēr, jār, N., »Jahr«, germ. *jēra, *jēram, N., »Jahr«, idg. *i̯ēro-, *i̯ōro-, Sb., »Sommer?, Frühling?, Jahr?«, zu idg. *i̯ē-, *i̯ō-, *ei-, V., »gehen«?, zu idg. *e- (3), Pron., »der, er«?

Jahresbilanz, F., »nach Ablauf eines (Geschäfts-) Jahres erstellte Bilanz«, 19. Jh., s. Jahr, Bilanz

jähren, V., »jähren«, mhd. jāren, jæren, V., »zu Jahren kommen, mündig werden, alt werden, alt machen, aufhalten, hinhalten«, »volljährig werden« Sachsenspiegel um 1225, s. Jahr

jährig, Adj., »jährig, jährlich«, mhd. jārec, jæric, Adj., »ein Jahr alt, jährlich, großjährig«, ahd. jārīg (A. 9. Jh.), Adj., »einjährig«, s. Jahr, ig

Jahr und Tag, Sb., »eine Frist die meist 1 Jahr 6 Wochen und 3 Tage umfaßt«, Lüs. lat. annus et dies (769-75), »Jahr und Tag«?, s. Jahr, Tag

Joint venture, N., »meist zeitlich begrenzte vertragliche Beteiligung an einem Unternehmen oder Projekt durch Kapital oder Produktionsmittel und bzw. oder Beratung unter Mitübernahme des Verwirklichungsrisikos«, um 1980 Lw. ne. joint venture, N., »vereinigtes Unternehmen«, zu ne. joint, Adj., »verbunden«, PPP. von ne. join, V., »verbinden«, ne. venture, N., »Wagnis«, zum Part. Fut. venturus bzw. PPP. ventus von lat. venire, V., »kommen«

Jude, M., »Angehöriger der von Abraham abgeleiteten Nachkommenschaft bzw. Nachfahre der Bewohner des Landes Juda bzw. Angehöriger der Religionsgemeinschaft Judentum«, mhd. jude, M., »Jude«, ahd. judeo (830), judo, M., »Jude«, as. judeo, M., »Jude«, Lw. lat. Iudaeus, M., »Judäer, Jude«, zum hebr. PN Juda (vierter Sohn Jakobs)

Judikat, N., »Urteil«, 18. Jh.? Lw. lat. iudicatum, N., »Erkenntnis, Urteil«, zum PPP. iudicatus von lat. iudicare, V., »urteilen«, zu lat. ius, N., »Recht«, lat. dicere, V., »sagen«

Judikation, F., »Beurteilung«, Lw. lat. iudicatio, F., »Untersuchung«, zum PPP. iudicatus von lat. iudicare, s. Judikat

Judikative, F., »rechtsprechende Gewalt«, 19. Jh.?, zu Judikat

Judikatur, F., »Rechtsprechung«, 17. Jh.? Lw. frz. judicature, F., »Richteramt«, zum Part. Fut. iudicaturus bzw. PPP. iudicatus von lat. iudicare, V., »urteilen«, s. Judikat

Judist, M., »Wucherer«, Hugo von Trimberg um 1300, s. Jude, ist

Judiz, N., »Urteil, Urteilsvermögen«, 16. Jh.? Lw. lat. iudicium, N., »Urteil«, zu lat. iudicare, V., »urteilen«, s. Judikat

Jugend, F., »Jugend«, mhd. jugent, F., »Jugend, Knaben, junge Leute«, ahd. jugund (E. 8. Jh.), F., »Jugend, Mannbarkeit, Jünglingsalter«, westgerm. *jugunþi, *jugunþiz, F., »Jugend«, idg. *i̯uu̯ent-, Adj., Sb., »jung, Jugend«, zu idg. *i̯ūn-, Adj., »jung«, zu idg. *i̯eu- (3), Adj., »jung«

Jugendamt, N., »für die (Jugendwohlfahrt bzw.) Jugendhilfe zuständige bei kreisfreien Städten und Landkreisen eingerichtete Behörde«, Reichsjugendwohlfahrtsgesetz 1922, s. Jugend, Amt

Jugendarbeit, F., »Arbeit in der Jugend«, (Lessing 1729-81), s. Jugend, Arbeit

Jugendarbeitsschutz, M., »besonderer gesetzlicher Arbeitsschutz der Jugendlichen«, 20. Jh., s. Jugend, Arbeitsschutz

Jugendarrest, M., »kurzfristiger Freiheitsentzug mit zugleich sühnendem und erzieherischem Charakter«, A. 20. Jh.?, s. Jugend, Arrest

jugendgefährdend, Adj., »die Jugend gefährdend«, 20. Jh., s. Jugend, gefährden

jugendgefährdende Schriften, F. Pl., »Schriften deren Inhalt die Erziehung von Jugendlichen gefährdet«, 20. Jh., s. Schrift, jugendgefährdend

Jugendgericht, N., »über Verfehlungen Jugendlicher entscheidendes Gericht«, 19. Jh., s. Jugend, Gericht, sachlich seit E. 18. Jh. vorbereitet

Jugendgerichtsgesetz, N., »das Jugendgericht betreffendes Gesetz (1923)«, s. Jugendgericht, Gesetz

Jugendgerichtshilfe, F., »von den Jugendämtern im Zusammenwirken mit den Vereinigungen für Jugendhilfe von den Jugendgerichten für das Gericht und den jugendlichen Beschuldigten ausgeübte Hilfe«, 20. Jh., s. Jugend, Gerichtshilfe

Jugendhilfe, F., »Erziehungshilfe für Jugendliche welche die in der Familie begonnene Erziehung unterstützen und ergänzen bzw. bei deren Fehlen ersetzen soll«, 20. Jh., s. Jugend, Hilfe

jugendlich, Adj., »jugendlich«, mhd. jugentlich, Adj., »jugendlich«, ahd. jugundlīh (863-71), Adj., »jugendlich«, Lüs. lat. iuvenilis, Adj., »jugendlich«?, s. Jugend, lich

Jugendlicher, M., »wer zur Zeit der Tat 14 aber noch nicht 18 Jahre alt ist, jugendfrischer Greis (Posener 1909)«, 19. Jh., s. jugendlich

Jugendkriminalität, F., »Kriminalität Jugendlicher und Heranwachsender«, 20. Jh., s. Jugend, Kriminalität

Jugendrecht, N., »besonderes für Jugendliche geltendes Recht«, 20. Jh., s. Jugend, Recht

Jugendrichter, M., »Richter am Jugendgericht«, 1923, s. Jugend, Richter

Jugendschutz, M., »besonderer öffentlicher Schutz von Kindern und Jugendlichen«, 20. Jh., s. Jugend, Schutz

Jugendstrafe, F., »freiheitsentziehende Strafe des Jugendstrafrechts in einer Jugendstrafanstalt«, 20. Jh., s. Jugend, Strafe

Jugendstrafrecht, N., »bei Straftaten Jugendlicher - und Heranwachsender - anzuwendendes Recht«, 20. Jh., s. Jugend, Strafrecht

Jugendvertretung, F., »besondere Personalvertretung jugendlicher Beschäftigter«, 2. H. 20. Jh., s. Jugend, Vertretung

Jugendweihe, F., »Weihe Jugendlicher (in freireligiösen Gemeinden), Jugendweihe«, E. 19. Jh., s. Jugend, Weihe

Jugendwohlfahrt, F., »leibliche und seelische und gesellschaftliche Tüchtigkeit eines Kindes oder Jugendlichen«, Reichsjugendwohlfahrtsgesetz 1922, s. Jugend, Wohlfahrt

jung, Adj., »jung«, mhd. junc, Adj., »jung, vergnügt«, ahd. jung (E. 8. Jh.), Adj., »jung, neu, jungfräulich«, as. jung, Adj., »jung«, germ. *junga, *jungaz, Adj., »jung«, idg. *i̯un-, Adj., »jung«, zu idg. *i̯eu- (3), Adj., »jung«

Jünger, M., »Jünger, Schüler«, mhd. junger, M., »Jünger, Schüler, Lehrling, Novize, Jüngling«, ahd. jungiro (790), M., »Jünger, Schüler, Apostel«, Lüs. lat. iunior, M., »Jüngerer, Jünger, Untergebener«, s. jung

Jungfer, F., »junge Frau, Jungfer«, 14. Jh. Niederrhein (juncfer), Verkürzung (auf Grund Betonung auf dem ersten Wort) aus juncvrouwe, F., »junge Herrin«

Jungfernrede, F., »erste öffentlicher Rede eines Parlamentsmitgliedes«, A. 19. Jh. Lüs. ne. maidenspeech, N., »Jungfernrede«, zu ne. maid, F., »Mädchen«, ne. speech, N., »Rede«, s. Mädchen, sprechen

Jungfrau, F., »Jungfrau«, mhd. juncvrouwe, F., »junge Herrin, Edelfräulein, Jungfrau«, ahd. jungfrouwa (1000), F., »Jungfrau«, Lbd. lat. virgo, F., »Jungfrau«?, s. jung, Frau

Junggeselle, M., »junger Geselle, Unverheirateter«, 15. Jh., Zusammenrückung aus der junge Geselle, s. jung, Geselle

Jüngling, M., »Jüngling«, mhd. iungelinc, M., »Jüngling, Knabe, Kind«, ahd. jungiling (1000), M., »Jüngling«, as. jungling, M., »Jüngling«, germ. *jungilinga, *jungilingaz, M., »Jüngling«, s. jung, ling

jüngster Reichsabschied, M., »der letzte Reichsabschied des seit dem (1654) permanent tagenden Reichstages des heiligen Römischen Reiches deutscher Nationen«, s. jung, Reichsabschied

Junker, M., »junger adeliger Sohn, Junker«, mhd. junchěrre, M., »junger Herr, junger Adliger, Junker, Novize«, Zusammenrückung aus jung herre, 15. Jh. Verkürzung (auf Grund der Betonung auf dem ersten Wort), s. jung, Herr

Junkertum, N., »Gesamtheit der Ritterschaft«, 19. Jh., s. Junker, tum

Junktim, N., »Junktim, vertragliche Verknüpfung«, 20. Jh. subst. Lw. lat. iunctim, Adv., »zusammen«, zu lat. iunctus, PPP. »verknüpft«, zu lat. iungere, V., »verbinden«

Junktimklausel, F., »Vorschrift nach der eine Enteignung nur dann rechtmäßig ist wenn das sie regelnde Gesetz zugleich (iunctim) Art und Ausmaß der zu gewährenden Entschädigung regelt«, 20. Jh., s. Junktim, Klausel

Junta, F., »Regierungsbehörde, Junta«, um 1800 Lw. span. junta, F., »Vereinigung, Rat«, zu span. junto, Adj., »vereinigt«, aus lat. iunctus, Adj., »verknüpft«, PPP. von lat. iungere, V., »verbinden«

Jura, N. Pl., »Rechtswissenschaft«, 17. Jh. (Mengering 1642) Lw. lat. iura, N. Pl., »Rechte«, zu lat. ius, N., »Recht«

juridisch, Adj., »rechtswissenschaftlich«, s. ius

JURIS, N., »juristisches Informationssystem auf der Grundlage der automatisierten Datenverarbeitung«, um 1960, s. ius

Jurisdiktion, F., »Rechtsprechung«, 16. Jh. (Gobler 1536) Lw. lat. iurisdictio, F., »Rechtsprechung, Gerichtsbarkeit«, zu lat. ius, N., »Recht«, PPP. dictus von lat. dicere, V., »sagen, sprechen«

Jurisprudenz, F., »Rechtswissenschaft«, 18. Jh. (Callenbach 1715) Lw. lat. iurisprudentia, F., »Jurisprudenz, Rechtswissenschaft«, zu lat. ius, N., »Recht«, lat. prudentia, F., »Klugheit«, zu lat. prudens, Adj., »klug«, (Part. Präs.) zu lat. providere, V., »vorsehen, voraussehen«, zu lat. pro, Präp., Präf., »vor«, lat. videre, V., »sehen«

Jurist, M., »planmäßig rechtswissenschaftlich ausgebildeter Rechtskundiger«, mhd. juriste, M., »Rechtsgelehrter«, Hugo von Trimberg 1300, Lw. mlat. iurista, M., »Rechtsgelehrter«, zu lat. ius, N., »Recht«

Juristentag, M., »Versammlung von Juristen«, s. Deutscher Juristentag, Jurist, Tag

Juristerei, F., »Tätigkeit von Juristen«, 16. Jh. (Fuchsberger 1534), seit 18. Jh. oft abwertend, s. Jurist

juristisch, Adj., »rechtlich, rechtswissenschaftlich«, 15. Jh., s. Jurist, isch, vgl. Weiske 1839ff.

juristische Ausbildung, F., »Ausbildung in der Jurisprudenz«, 19. Jh.?, s. juristisch, Ausbildung

juristische Person, F., »durch die Rechtsordnung geschaffene Person«, 19. Jh., s. juristisch, Person, vgl. Wetzell 1865, Zitelmann 1873 (, Koch 1864 noch moralische Person)

Jury, F., »Jury (19. Jh.), Geschworene, Entscheidungsgremium«, A. 18. Jh. (für englische Verhältnisse) bzw. A. 19. Jh. (Campe 1813) (Coßmann 1829 »Geschworenengericht«) Lw. ne. jury, N., »Jury«, bzw. frz. jury (E. 17. Jh. für englische Verhältnisse bzw. 1790), Sb., »Schwurgericht«, aus afrz. juré, M., »Geschworener«, (anglonormann. juree, M. Pl., »Versammlung der Geschworenen« 13. Jh.,) (zu afrz. jurer, V., »schwören«,) aus PPP.

iuratus von lat. iurare, V., »schwören«, zu lat. ius, N., »Recht«

Jus, N., »Rechtswissenschaft«, 18. Jh., s. ius, Jura

Justitiar, M., »angestellter oder beamteter Rechtsberater einer Behörde oder eines Verbandes oder eines Unternehmens«, 19. Jh. Lw. nlat. iustitiarius, Adj., »die Gerechtigkeit betreffend«, s. Justiz

Justiz, F., »Rechtspflege (vielfach nur der ordentlichen Gerichtsbarkeit)«, 16. Jh. (Mengering 1642) Lw. lat. iustitia, F., »Gerechtigkeit, Recht«, zu lat. iustus, Adj., »gerecht«, zu lat. ius, N., »Recht«

Justizausbildung, F., »Ausbildung in der Justiz«, 19. Jh.?, s. Justiz, Ausbildung

Justizbeitreibungsordnung, F., »Einziehung der Ansprüche der Justizbehörden regelndes Gesetz vom 11. 3. 1937«, s. Justiz, Beitreibung

Justizgebäude, N., »Gerichtsgebäude«, Krünitz 1747, s. Justiz, Gebäude

Justizgesetz, N., »die Justiz betreffendes Gesetz«, Berg 1802, s. Justiz, Gesetz, Gegensatz Polizeigesetz, politisches Gesetz

Justizgewährungsanspruch, M., »Anspruch auf Behandlung einer Angelegenheit durch ein Gericht«, 2. H. 20. Jh., s. Justiz, gewähren, ung, Anspruch

justiziabel, Adj., »gerichtlich entscheidbar«, Lw. frz. justiciable, Adj., »dem Gerichtszwang unterworfen«, zu frz. justice, F., »Justiz, Gerechtigkeit«, aus lat. iustitia, F., »Gerechtigkeit«, s. Justiz

Justizmord, M., »Mord durch die Justiz, fehlerhaftes Todesurteil«, 18. Jh. (Schlözer 1782), s. Justiz, Mord

Justizrat, M., »juristisch gelehrter Regierungsratgeber, (in Preußen zeitweise) Rechtsanwalt«, Seckendorff 1656 (Justitienrath), s. Justiz, Rat

Justizprüfungsamt, N., »für die organisatorische Durchführung juristischer Prüfungen zuständige Landesbehörde«, 19. Jh.?, s. Justiz, Prüfung, Amt

Justizverwaltung, F., »Gerichtsverwaltung«, 1740 Preußen, s. Justiz, Verwaltung

Justizverwaltungsakt, M., »Verwaltungsakt der Justizverwaltung«, 2. H. 20. Jh., s. Justiz, Verwaltungsakt

Justizvollzugsanstalt, F., »staatliche Einrichtung in welcher die Freiheitsstrafen einschließlich der Jugendstrafe und die freiheitsentziehenden Maßregeln der Besserung und Sicherung sowie die Untersuchungshaft vollzogen werden«, 20. Jh.?, s. Justiz, Vollzug, Anstalt

Justizwachtmeister, M., »Beamter des einfachen Dienstes bei Gericht«, E. 19. Jh.?, s. Justiz, Wachtmeister

K

Kabale, F., »Intrige«, (»Überlieferung, jüdische Geheimlehre« 16. Jh. [Fischart],) 17. oder 18. Jh. Lw. frz. cabale, F., »jüdische Geheimlehre, heimlich abgesprochene Praktiken, Kabale«, Lw. hebr. qabbālāh, Sb., »Überlieferung, Geheimlehre, Kabale«

Kabel, F., »Anteil, Los«, zu mnd. kavelen, V., »verlosen«, zu germ. *kabla, *kablaz, Sb., »Holzstück, Rute, Zweig«?

Kabinett, N., »Zimmer (16. Jh.), Arbeitszimmer eines Fürsten (17. Jh.), Kabinett, Regierung (18. Jh.)«, seit 16. Jh. (Eyzinger 1591) (mehrfach) Lw. frz. cabinet, N., »Nebenzimmer, Kammer, Arbeitszimmer des Fürsten«, zu frz. cabine, F., »Raum«, zu afrz. cabane, F., »Hütte«?, Lw. kelt. capanna, F., »Hütte«?

Kabinettsjustiz, F., »unmittelbare Entscheidung eines Rechtsstreits durch Machtspruch des Kabinetts bzw. des Fürsten unter Umgehung der Gerichtsbarkeit«, E. 18. Jh. (Moser 1784), s. Kabinett, Justiz, vgl. Weiske 1839ff.

Kabinettsvorlage, F., »der Regierung meist von einem Minister zur Beratung und Beschlußfassung (schriftlich) unterbreitete Angelegenheit (insbesondere der Entwurf eines Gesetzes oder einer Rechtsverordnung)«, s. Kabinett, Vorlage

Kadett, M., »Kadett, Offiziersanwärter«, 18. Jh. (Trichter 1742) Lw. frz. cadet, M., »Offiziersanwärter, gaskognischer Offizier, nachgeborener Sohn«, zu agascogn. capdet, M., »Haupt, Hauptmann«, (über aprov. capdel, Sb., »Haupt«, lat. capitellum, N., »der kleine Kopf«,) zu lat. caput, N., »Haupt«

Kadi, M., »islamischer Richter«, 16. Jh.? (Cadi) Lw. arab. qadi, M., »Richter«

Kaduzierung, F., »Verlust des Gesellschaftsanteiles und der geleisteten Beiträge eines Aktionärs oder Gesellschafters einer Gesellschaft mit beschränkter Haftung der seine Einlage nicht rechtzeitig voll geleistet hat durch Erklärung seitens der Gesellschaft nach fruchtlosem Ablauf einer gesetzten Nachfrist«, zu kaduk, Adj., »hinfällig, unbrauchbar«, 17. Jh. (Mengering 1761) Lw. lat. caducus, Adj., »hinfällig«, zu lat. cadere, V., »fallen«, s. ieren, ung

Kaiser, M., »Träger der höchsten weltlichen Würde«, mhd. keiser, M., »Kaiser«, ahd. keisur (E. 8. Jh.), keisar, M., »Kaiser«, as. kēsur, M., »Kaiser«, germ. kaisar, M., »Kaiser, Herrscher«, vor 100 Lw. lat. caesar, M., »Herrscher«, zum PN Caesar, (nach Plinius) zum PPP. caesus von lat. caedere, V., »hauen, fällen, ausschneiden«

kaiserlich, Adj., »kaiserlich, herrlich, prächtig«, mhd. keiserlich, Adj., »kaiserlich, herrlich, stattlich, vollkommen«, ahd. keisurlīh (nach 765?), Adj., »herrlich, erhaben, kaiserlich«, as. kēsurlīk, Adj., »kaiserlich«, Lüs. lat. imperialis, Adj., »kaiserlich«, s. Kaiser, lich

Kaiserliche Botschaft, F., »am 17. 11. 1881 von Kaiser Wilhelm I. abgegebene Ankündigung welche die Grundlage der anschließenden Gesetzgebung im Bereich der Sozialversicherung wurde«, s. kaiserlich, Botschaft

Kaiserrecht, N., »tatsächlich oder angeblich vom Kaiser ausgehendes Recht«, mhd. keiserreht, N., »vom Kaiser ausfließendes oder bestätigtes Recht, Rechtsbuch in dem vom Kaiser ausfließendes oder bestätigtes Recht steht«, Schwabenspiegel um 1275, s. Kaiser, Recht

Kaiserreich, N., »Kaiserreich«, mhd. keiserrīche, N., »Kaiserreich«, um 1230 Sachsen, Lüt. lat. imperium, N., »Befehl«

Kalender, M., »Verzeichnis der Tage und Wochen und Monate eines Jahres«, 15. Jh. mlat. kalendarius, M., »Kalender«, zu lat. calendarium, N., »Schuldbuch, Kalender (10. Jh. kirchenlat.)«, zu lat. calendae, F. Pl., »Monatsanfang«, Gerundivum zu lat. calare, V., »ausrufen«?

Kalkul, M., »Berechnung«, 17. Jh. Lw. lat. calculus, M., »Steinchen, Rechenstein, Berechnung«, s. Kalkül

Kalkül, M., N., »Berechnung, Zeichensystem, Problemlösungsmethode«, 20. Jh.? Lw. frz. calcule, aus lat. calculus, M., »Steinchen, Rechenstein, Berechnung«, zu lat. calx, F., »Kalk, Stein, Kalkstein, Spielstein«, s. kalkulieren, Kalkul

Kalkulation, F., »Berechnung«, 16. Jh. Lw. lat. calculatio, F., »Berechnung«, zum PPP. calculatus von spätlat. calculare, V., »berechnen«, s. kalkulieren

Kalkulationsirrtum, M., »Irrtum über die Grundlagen der Berechnung der Höhe eines Preises (Erklärung: 10 kg kosten 10 DM richtigc Kalkulation: 10 kg kosten den zehnfachen Preis eines Kilogrammpreises von 2 DM«), 19. Jh.?, s. Kalkulation, Irrtum

kalkulieren, V., »berechnen, überlegen (V.)«, 16. Jh. Lw. spätlat. calculare, V., »berechnen«, zu lat. calculus, M., »Steinchen, Rechenstein, Berechnung«, zu lat. calx, F., »Kalk, Stein, Kalkstein, Spielstein«

Kalumnieneid, M., »Eid nicht wider besser Wissen Klage zu erheben, Gefährdeeid«, 1682 Livland, Lüs. lat. iuramentum calumniae, N., »Gefährdeeid«, 1186 sacramentum calumniae, s. Eid

Kameltreiber, M., »Kameltreiber«, Stieler 1691, Lüt. lat. camelarius, M., »Kameltreiber«, s. treiben

Kameralistik, F., »literarische Tätigkeit von Richtern am Reichskammergericht, Kameralwissenschaft«, 19. Jh.?, s. Kammer, ist, ik

Kameralwissenschaft, F., »Wissenschaft von den wirtschaftlichen Verhältnissen und Aufgaben des Staates (Finanzwissenschaft und Polizeiwissenschaft)«, 1745, s. Kameralistik, Kammer, Wissenschaft

Kammer, F., »fürstliche Behörde zur Verwaltung der Einnahmen, Volksvertretung (18. Jh.) (z.B. Zweikammersystem), berufsständische Körperschaft (z.B. Handwerkskammer oder Rechtsanwaltskammer), kollegialer Spruchkörper eines Gerichts (z.B. Strafkammer oder Kammer für Baulandsachen oder Kammer für Handelssachen«, mhd. kamere, F., »Kammer, fürstliches Vermögen (13. Jh.), Staatskasse (15. Jh.)«, ahd. kamara (nach 765?), F., »Kammer, Zimmer, Gemach, Zelle, Hof«, as. kamara, F., »Kammer«, Lw. lat. camera, F., »gewölbte Decke, Wölbung, Zimmer mit gewölbter Decke«, Lw. gr. kamára, F., »Gewölbe, gewölbte Kammer«(, zu lat. camurus, Adj., »gekrümmt«?)

Kammerdiener, M., »Diener eines Fürsten«, 16. Jh., s. Kammer, Diener

Kämmerer, M., »Kämmerer, Vorsteher der Schatzkammer, Vorsteher und Verwalter der Kammereinkünfte«, mhd. kamerære, M., »Kämmerer, Schatzmeister«, ahd. kamarāri (765), M., »Kämmerer, Schatzmeister, Kammerdiener«, Lw. spätlat. camerarius, M., »Kämmerer«, s. Kammer

Kammerfrau, F., »Dienerin einer Fürstin«, 15. Jh., s. Kammer, Frau

Kammergericht, N., »Gericht der königlichen Kammer (1415-1480), Gericht des Reichskämmerers (Markgraf von Brandenburg) für die Mark Brandenburg (14. Jh. des kemerers kamere bzw. 1392 kammerrecht bzw. 1460 Kammergericht) dessen Nachfolger in der Gegenwart das Kammergericht als Oberlandesgericht Berlin (bis 3. 10. 1990 Westberlin) ist«, mhd. kamergerihte, N., »oberstes Gericht«, 1425 kamer- und hofgericht, s. Kammer, Gericht

Kamp, M., N., »Grasplatz«, spätmhd. Lw. (mnd. camp, N., »Feld«, as. kamp, N., »Feld«,) lat. campus, M., »Feld«

Kampf, M., »Kampf«, mhd. kampf, M., N., »Einzelkampf, Zweikampf, Kampf, Turnier, Kampfspiel«, ahd. kampf (11. Jh., Komposita wie kampfheit älter), M., »Kampf«, germ. *kampa, Sb., »Feld, Kamp, Kampf«, Lw. lat. campus, M., »Feld«

Kanaille, F., »Schuft«, 17. Jh. Lw. frz. canaille, F., »Schuft«, Lw. it. canaglia, F., »Hundepack, Schuft«, zu it. cane, M., »Hund«, aus lat. canis, M., »Hund«

Kanal, M., »Wasserlauf, Weg, Sendefrequenz«, 15. Jh. Lw. it. canale, M., »Röhre, Rinne, Wasserlauf«, zu lat. canalis, M., F., »Röhre, Rinne, Wasserlauf«, zu lat. canalis, Adj., »rohrförmig«, zu lat. canna, F., »Rohr, Schilf«, Lw. gr. kánna, F., »Rohr«, Lw. aus dem Semitischen (babyl.-assyr. qanū, Sb., »Rohr«, sumer.akkad. gin, Sb., »Rohr«)

Kandidat, M., »Bewerber, Kandidat«, 16. Jh. (1580 Heidelberg) Lw. lat. candidatus, M., »Bewerber«, subst. PPP. von lat. candidare, V., »weiß kleiden«, zu lat. candidus, Adj., »weiß«, zu lat. candere, V., »glänzen, schimmern«

Kandidatur, M., »Bewerbung (um ein Amt)«, 19. Jh. Lw. frz. candidature, F., »Bewerbung (um ein Amt)«, s. Kandidat

kandidieren, V., »sich (um ein Amt) bewerben«, 19. Jh., s. Kandidat, ieren

Kannkaufmann, M., »Inhaber eines landwirtschaftlichen oder forstwirtschaftlichen Unternehmens das nach Art und Umfang einen in kaufmännischer Weise eingerichteten Geschäftsbetrieb erfordert«, 20. Jh.?, s. können, Kaufmann

Kanon, M., »Regel, Vorschrift«, (ahd. kanon [1. H. 9. Jh.], M., »Kanon, Regel, Rechtsvorschrift«,) Lw. lat. canon, M., »Regel, Vorschrift«, Lw. gr. kanón, M., »Stange, Richtscheit, Regel«, zu gr. kánna, F., »Rohr«, Lw. aus dem Semitischen, s. Kanal

Kanone, F., »Geschütz«, E. 16. Jh. (Ryff 1558) Lw. frz. canon, M., »große Röhre«, it. canone, M., »große Röhre«, aus lat. canna, F., »Rohr«, s. Kanon

kanonisch, Adj., »kanonisch«, z.T. 16. Jh. Lw. lat. canonicus, Adj., »regelmäßig«, s. isch

kanonisches Recht, N., »Recht der (katholischen) Kirche«, 17. Jh. Lüs. spätlat. ius canonicum, N., »kanonisches Recht«, s. kanonisch, Recht

kanonisches Zinsverbot, N., »Verbot von Zinsen durch die Kirche«, s. kanonisch, Zinsverbot

Kanton, M., »Bundesstaat, Kanton, Aushebungskreis für Rekruten (18. Jh. Preußen)«, vereinzelt 15. Jh. »Landesteil« (Eyzinger 1586) Lw. frz. canton, M., »Ekke, Landstrich, Bezirk«, (für Schweiz) Lw. it. cantone, M., »Ecke, Landstrich, Bezirk«, zu it. canto, M., »Ecke«, zu lat. cantus, M., »eiserner Radreifen«?, Lw. aus dem Gallischen (vgl. kymr. cant, Sb., »eiserner Reifen, Rand, Ecke«,) seit 1798 im technischen Sinn in der Schweiz benutzt

Kanzel, F., »Kanzel«, mhd. kanzel, F., »Kanzel«, ahd. kanzella (E. 8. Jh.), F., »Gitter, Kanzel«, Lw. spätlat. cancella, F., »Gitter, Schranke«, aus lat. cancelli, M. Pl., »Schranken«, zu lat. carcer, M., »Schranke, Kerker«

Kanzlei, F., »Kanzlei, Schreibstube«, mhd. kanzelie (14. Jh.), kenzelie, kanzellerie, F., »Kanzlei«, Lw. mlat. cancellaria, F., »Amt des Kanzlers (Liber censuum 1172), Behörde des Kanzlers (Rom 1192)«, zu lat. cancelli, M. Pl., »Schranken«, s. Kanzel

Kanzler, M., »Angehöriger oder Leiter einer Kanzlei (mit Schranken umgebener Schreibort bzw. Schreibstube), leitender Beamter der (Universitäts-) Verwaltung«, mhd. kanzelære, kanzler, M., »Kanzler,

Leiter einer Kanzlei«, ahd. kanzellāri (10. Jh.), kanzilāri, M., »Notar, Kanzlist, Schreiber«, Lw. spätlat. cancellarius (4. Jh.), M., »Türsteher, Kanzleidirektor«, zu lat. cancelli, M. Pl., »Schranken«, s. Kanzel

Kapelle, F., »Kapelle«, mhd. kappelle, kappel, F., »Kapelle«, ahd. kapella (9. Jh.), F., »Kapelle, Gotteshaus«, Lw. mlat. cappella, capella, F., »kleiner Mantel, Gebäude in welchem ein Umhang des heiligen Martin als Reliquie aufbewahrt wurde« (nach 660), zu mlat. cappa, F., »Mantel mit Kapuze«

Kaperei, F., »Aufbringung feindlicher Schiffe durch bewaffnete staatlich dazu ermächtigte Privatschiffe«, M. 17. Jh. Niederlande, Nehring 1710, zu neufries. kapia, V., »wegnehmen«, älter »kaufen«, zu kaper (um 1600), M., »Seeräuber, Freibeuter«?

kapern, V., »aufbringen, erobern«, 17. Jh. (1678 Nürnberg), zu kaper, M., »Seeräuber, Freibeuter, Freubeuterschiff«, Lw. nnl. kaper, M., »Seeräuber?, Freibeuter, Freibeuterschiff«, zu nnl. kāp, M., »Kauf, Seeraub«?, s. Kaperei

kapital, Adj., »groß, schwer«, 17. Jh. Lw. lat. capitalis, Adj., »den Kopf betreffend, das Leben betreffend«, s. Kapital

Kapital, N., »verzinsliche Geldsumme, (volkswirtschaftlich) ertragbringendes Vermögen, (betriebswirtschaftlich) Gesamtheit der in ein Unternehmen eingebrachten Mittel«, A. 16. Jh. (Schweicker 1549 Nürnberg) Lw. it. capitale, N., »Vermögen, Vermögen im Sinne der Kopfzahl des Viehbestandes«, zu lat. capitalis, Adj., »den Kopf bzw. das Leben betreffend«, zu lat. caput, N., »Haupt, Kopf«, vgl. Geschichtliche Grundbegriffe

Kapitalanlage, F., »Anlage von Kapital«, 20. Jh., s. Kapital, Anlage

Kapitalanlagegesellschaft, F., »Aktiengesellschaft oder Gesellschaft mit beschränkter Haftung deren Geschäftsbetrieb darauf eingerichtet ist eingelegtes Geld in eigenem Namen für Rechnung der Einleger nach dem Prinzip der Risikomischung in Wertpapieren anzulegen und über die hieraus sich ergebenden Rechte der Einleger Urkunden (Zertifikate bzw. Anteilscheine) auszustellen«, um 1970, s. Kapitalanlage, Gesellschaft

Kapitalanteil, M., »auf einen bestimmten Geldbetrag lautender Anteil eines Gesellschafters an einer offenen Handelsgesellschaft oder einer Kommanditgesellschaft«, 1817, Pöhls 1828, s. Kapital, Anteil

Kapitalertrag, M., »Ertrag von Kapital«, 19. Jh.?, s. Ertrag, Kapital

Kapitalertragsteuer, F., »die Einkünfte aus Kapitalvermögen (Aktien bzw. bestimmte verzinsliche Wertpapiere) erfassende Einkommensteuer bzw. Körperschaftsteuer«, 20. Jh., s. Kapitalertrag, Steuer

Kapitalgesellschaft, F., »Gesellschaft bei der die reine Kapitalbeteiligung im Vordergrund steht und es nicht wesentlich auf die Persönlichkeit des einzelnen Gesellschafters ankommt«, 20. Jh.?, s. Kapital, Gesellschaft

Kapitalismus, M., »Reichtum (18. Jh.)«, »Wirtschaftsordnung auf der Basis des Liberalismus und der Anerkennung des Privateigentums in der der Einzelne für sich im Wettbewerb mit anderen rational den größtmöglichen Gewinn anstrebt«, M. 19. Jh. (Richard 1842, Blanc 1850 frz. capitalisme, 1854 England, Rodbertus 1859 Jena), s. Kapital, ismus, vgl. Geschichtliche Grundbegriffe

Kapitalist, M., »Geldbesitzer (17. Jh.), Unternehmer (18. Jh.), Kapitalist«, 1673, s. Kapital, ist

kapitalistisch, Adj., »Kapital betreffend, Kapitalismus betreffend«, 19. Jh., s. Kapitalist, isch

Kapitalverbrechen, N., »Hauptverbrechen«, Rädlein 1711 bzw. Jäger 1834, s. Kapital, Verbrechen, adjektivische Verbindungen seit 17. Jh., Lüs. lat. capitale facinus, N., »mit der Todesstrafe bedrohtes Verbrechen«, s. Kapital, Verbrechen

Kapitalverkehr, M., »Verkehr von Kapital«, 1783, s. Kapital, Verkehr

Kapitalverkehrsfreiheit, F., »Freiheit des Kapitalverkehrs, eine der Freiheiten der Europäischen Gemeinschaften«, um 1960?, s. Kapital, Verkehr, Freiheit

Kapitalverkehrsteuer, F., »den Verkehr von Kapital erfassende Steuer«, 20. Jh., s. Kapitalverkehr, Steuer

Kapitän, M., »Kapitän, Kommandant, Führer«, mhd. kapitān, M., »Anführer, Hauptmann«, 13. Jh. Lw. afrz. capitaine, M., »Führer«, zu spätlat. capitaneus, Adj., »durch Größe hervorragend«, zu lat. caput, N., »Haupt, Anführer, Kopf«, 15. Jh. Lbd. »Schiffsführer« aus dem Italienischen

Kapitel, N., »Kapitel (16. Jh.), Abschnitt (16. Jh.)«, mhd. kapitel, N., »Versammlung, Konvent«, Lw. spätlat. capitulum, N., »Abschnitt, Ableitung, Hauptinhalt«, zu lat. caput, N., »Haupt, Kopf«

Kapitular, N., »(im frühmittelalterlichen deutschen Recht) in Kapitel eingeteilte Anordnung des Königs«, Tröltsch 1775, Lw. lat. capitulare, N., »Kapitular«, s. Kapitel

Kapitulation, F., »in Kapitel eingeteilter Vertrag, (militärische) Vereinbarung der Übergabe der eigenen Truppen oder sonstigen militärischen Mittel«, 16. Jh. (Kirchhof 1602) Lw. frz. capitulation, F., »Kapitulation«, zum PPP. capitulatus von mlat. capitulare, V., »Punkt für Punkt festlegen, verhandeln«, s. Kapitel

kapitulieren, V., »verhandeln, übereinkommen (16. Jh.), nachgeben, aufgeben (18. Jh.)«, 16. Jh. Lw. mlat. capitulare, V., »Punkt für Punkt festlegen, verhandeln«, 18. Jh. Lbd. frz. capituler, V., »nachgeben, aufgeben«, zu lat. caput, N., »Haupt, Kopf, Hauptpunkt«

Kaplan, M., »Geistlicher, Hilfsgeistlicher«, mhd. kappellān, kaplān, M., »Kaplan«, Lw. mlat. cappellanus, M., »Geistlicher einer Kapelle«, zu mlat. cappella, capella, F., »Kapelle«, zu mlat. cappa, F., »Mantel mit Kapuze«, s. Kapelle

Karabiner, M., »Karabiner, Gewehr«, 17. Jh. Lw. frz. carabine, Sb., »Reiterflinte, kleine Armbrust«, zu frz. carabin, M., »Reiter«, zu frz. escarabin, M., »Leichenträger«?, zu frz. scarabée, M., »Käfer«?

Karat, N., »Karat, eine Gewichtseinheit«, 16. Jh. Lw. frz. carat, M., »Karat«, Lw. gr. kerátion, N., »Hörnchen, Samen des Johannisbrotbaumes«, zu gr. kéras, N., »Horn«

Kardinal, M., »(im katholischen Kirchenrecht) der vom Papst ernannte höchste kirchliche Würdenträger nach dem Papst«, mhd. kardenal (Reinmar von Zweter um 1250), kardinal, M., »Kardinal«, Lw. lat. (episcopus) cardinalis (um 500 diaconi cardinales), M., »wichtigster (Bischof)«, (»Titel von bestimmten Priestern [E. 10. Jh.] und von bestimmten Diakonen [E. 11. Jh.] und danach von Bischöfen«,) zu lat. cardo, M., »Drehding, Türangel, Hauptpunkt«

Karenz, F., «Enthaltsamkeit, Verzicht«, nhd. (18. Jh.? oder A. 19. Jh.) Lw. lat. carentia, F., »Entbehrung, Freisein«, zum Part. Präs. carens von lat. carere, V., »frei sein, entbehren«

Karenzentschädigung, F., »Entschädigung die der Arbeitgeber nach Beendigung des Arbeitsverhältnisses für die Dauer eines vereinbarten Wettbewerbsverbotes an den Arbeitnehmer kraft Rechtsgeschäfts zahlen muß«, 20. Jh.?, s. Karenz, Entschädigung

Karenzzeit, F., »Zeitraum innerhalb dessen sich der Arbeitnehmer nach Beendigung des Arbeitsverhältnisses vereinbarungsgemäß des Wettbewerbes enthalten muß«, 20. Jh.?, s. Karenz, Zeit, Karenzjahr 1787

Karner, M., »Karner, Beinhaus, Fleischkammer«, (bay.), mhd. karnære, karner, gerner, M., »Karrner, Beinhaus«, 13. Jh. (Wien 1304) Lw. lat. carnarium, N., »Fleischkammer«, zu lat. caro, F., »Fleisch«

Karte, F., »Karte«, spätmhd. karte, F., »Stück Papier oder Pergament, Urkunde«, 14. Jh. (1321 Saarbrücken) Lw. frz. carte, F., »steifes Blatt«, zu lat. charta, F., »Urkunde«, Lw. gr. chártes, M., »Papier, Papierblatt«

Kartei, F., »Sammlung von Karten«, E. 19. Jh., s. Karte

Kartell, N., »Abrede selbständiger Unternehmer zwecks bestimmten gemeinsamen Verhaltens am Markt«, 17. Jh. (Frischlin 1598 »Festsetzung von Kampfregeln beim Turnier« bzw. Martin 1628) Lw. frz. cartel, M., »Schriftstück, Vereinbarung«, Lw. it. cartello, M., »Vereinigung, Verband«, zu it. carta, F., »Urkunde«, aus lat. charta, F., »Urkunde«, Lw. gr. chártes, M., »Papier, Papierblatt«

Kartellbehörde, F., »für die Überwachung der Kartelle zuständige Behörde«, 2. H. 20. Jh., s. Kartell, Behörde

Kartellrecht, N., »Gesamtheit der Rechtsnormen die dem Schutz der Entscheidungsfreiheit auf wirtschaftlichem Gebiet - insbesondere gegenüber Kartellen - dienen«, 20. Jh., s. Kartell, Recht

Kartellverordnung, F., »Verordnung betreffend Kartelle«, 1923, s. Kartell, Verordnung

Karzer, M., N., »Kerker, Gefängnis (der Universität)«, (14. Jh.) Lw. lat. carcer, M., »Kerker«, Lucae 1711, s. Kerker

Käse, M., »Käse«, mhd. kæse, M., »Käse«, ahd. kāsi (E. 8. Jh.), M., »Käse«, as. kēsi, M., »Käse«, germ. *kāsjus, M., »Käse«, Lw. lat. caseus, M., »Käse«, zu idg. *i̯u-, V., »mengen, mischen, rühren«, die Germanen kannten ursprünglich nur Quark (Weichkäse, s. an. ostr)

Kaserne, F., »Kaserne«, E. 17. Jh. Lw. frz. caserne, F., »Kaserne, Wachraum für vier Soldaten«, zu spätlat. quaderna, F., »Einheit von vier«, zu lat. quaterna, F., »Vierheit«, zu lat. quaterni, Pron., »je vier«, zu lat. quater, Adv., »viermal«, zu lat. quattuor, Num. Kard., »vier«

Kasko, M., »Schiffsrumpf, Schiff, Fahrzeug«, 1. H. 18. Jh. (Bohn 1732) Lw. span. casco, M., »abgebrochenes Stück, Schiffsrumpf, Schiff«, zu span. cascar, V., »zerbrechen«, aus vulgarlat. quassicare, V., »zerbrechen«, zu lat. quassare, V., »schütteln, erschüttern, zerschmettern«, zu lat. quassus, PPP., »zerbrochen« zu lat. quatere, V., »zerschlagen (V.), zerstoßen, schütteln«, als F. in der Gegenwart Abkürzung für Kaskoversicherung

Kaskoversicherung, F., »freiwillige Versicherung gegen Schäden an Beförderungsmitteln des Versicherten«, 20. Jh., s. Kasko, Versicherung, vgl. Allgemeines Landrecht 1794 Preußen

Kassation, F., »Vernichtung, Aufhebung eines Urteils (nach 1800)«, M. 17. Jh. (1656 Nassau) Lw. mlat. cassatio, F., »Aufhebung eines Urteils, Abschaffung«, zum PPP. cassatus von lat. cassare, V., »zunichte machen«, zu lat. cassus, Adj., »leer, nichtig«, zu lat. carere, V., »entbehren«

kassatorisch, Adj., »vernichtend«, 19. Jh., s. Kassation, or, isch

Kasse, F., »Kasse, Geldbehältnis«, (E. 12. Jh. »Behältnis«,) A. 16. Jh. Lw. it. cassa, F., »Behältnis, Kasse«, aus lat. capsa, F., »Behältnis, Kapsel, Kasten«, zu lat. capere, V., »fassen, greifen«, E. 18. Jh. Kasse (Thomasius 1688 Casse)

Kasse gegen Faktura, F., »Klausel nach welcher der Schuldner schon gegen Empfang der Rechnung (das Entgelt) zu leisten hat ohne daß die ihm geschuldete Ware auch nur abgesandt zu sein braucht«, 19. Jh.?, s. Kasse, Faktura

Kasse gegen Verladungsdokumente, F., »Klausel nach welcher der Schuldner gegen Empfang der Verladepapiere (das Entgelt) zu leisten hat«, 19. Jh.?, s. Kasse, ver, Ladung, Dokument

Kassenarzt, M., »für die Behandlung der Mitglieder der gesetzlichen Krankenkassen und ihrer Angehörigen zugelassener Arzt«, 20. Jh.?, s. Krankenkasse, Arzt

Kassier, M., »Geldeinnehmer, Kassenverwalter«, 2. H. 15. Jh. Lw. it. cassiere, M., »Geldeinnehmer, Kassenverwalter«, s. Kasse, 17. Jh. Kassierer, aus kassieren gebildet

kassieren, V. (1), »Geld einnehmen«, 17. Jh., älter einkassieren (16. Jh.), Lw. it. incassare, V., »in ein Behältnis tun«, s. Kasse

kassieren, V. (2), »für nichtig erklären, aufheben«, mhd. kassieren, V., »verzichten, aufheben«, Lw. spätlat. cassare, V., »zunichte machen, für ungültig erklären«, zu lat. cassus, Adj., »leer, nichtig«, zu lat. carere, V., »entbehren«, s. Kassation

Kassiber, M., »heimlich übermitteltes Schreiben von Häftlingen?«, 19. Jh. Kasife, Kassiwer, M., »Brief«, aus hebr. k^ethīvā, Sb., »Geschriebenes«

Kaste, F., »Stand, Rasse«, 18. Jh. Lw. frz. caste, F., »Kaste«, Lw. portug. casta, F., »Rasse, Abkunft«, zu lat. castus, Adj., »rein« (in Bezug auf die Iberer im Gegensatz zu den Mauren?)

kastrieren, V., »jemandem die Keimdrüsen entfernen«, 16. Jh. (Dilich 1598) Lw. lat. castrare, V., »verschneiden, kastrieren«

Kastration, F., »Entfernen der Keimdrüsen«, A. 19. Jh. Lw. lat. castratio, F., »Entfernen der Keimdrüsen«, zum PPP. castratus von lat. castrare, V., »verschneiden, kastrieren«, s. kastrieren

Kasuistik, F., »Rechtsprechung in Einzelfällen, Lehre von Einzelfällen«, s. Kasus

Kasus, M., »Fall«, um 1400 (für die Grammatik) bzw. 16. Jh. (Ehrenhold 1640) Lw. lat. casus, M., »Fall«, zum PPP. von lat. cadere, V., »fallen«

kata, Präf., »gegen«, Lw. gr. káta, katà, Präp., Präf., »herab, gegen, gemäß«

Kataster, M., N., »Verzeichnis von Personen oder Gegenständen insbesondere Verzeichnis der Grundstücke eines Bezirkes mit genauen Angaben über die tatsächlichen Verhältnisse des Grundstückes«, 18. Jh. (Scotti 1767) Lw. it. catasto, M., »Steuerregister, Zinsregister«, 1185 Venedig catastico, zu gr. katá stoĩchon, Adv.,

»nach der Reihe«?, zu mlat. capitastrum?, sachlich 1822 im Rheinland eingeführt

Katasteramt, N., »Kataster führendes Amt, Vermessungsamt«, 19. Jh., s. Kataster, Amt

Katastrophe, F., »Unglück«, A. 17. Jh. (Röslin 1605) Lw. lat. catastropha, F., »Unglück«, Lw. gr. katastrophé, F., »Unglück, Umkehr, Wendung«, zu gr. katastréphein, V., »umkehren«, zu gr. katá, Präp., Präf., »gegen«, gr. stréphein, V., »wenden«

katholisch, Adj., »katholisch«, 16. Jh. (Gutmar 1592) Lw. kirchenlat. catholicus, Adj., »katholisch, allgemein«, Lw. gr. katholikós, Adj., »allgemein, rechtgläubig (2. Jh.)«, zu gr. kathólu, Adv., »im ganzen, im allgemeinen«, zu gr. katá, Präp., Präf., »gegen«, gr. hólos, Adj., »ganz«

Kauf, M., »gegenseitiger grundsätzlich formloser Vertrag durch den sich der eine Teil (Verkäufer) zur endgültigen Übertragung eines Gegenstandes und der andere Teil (Käufer) sich zur Zahlung des vereinbarten Kaufpreises verpflichtet«, mhd. kouf, M., »Handel, Tausch, Geschäft, Erwerb«, ahd. kouf (E. 8. Jh.), M., »Kauf, Geschäft, Handel, Tausch«, as. kōp, M., »Kauf, Handel«, frühe Rückbildung zu germ. *kaupōn, V., »handeln, kaufen«, s. kaufen

kaufen, V., »kaufen, gegen Geld erwerben«, mhd. koufen, keufen, V., »handeln, kaufen«, ahd. koufen (765), koufōn (830), V., »kaufen, handeln, erwerben, verkaufen«, as. kōpian, kōpon, V., »kaufen, handeln«, germ. kaupōn, V., »handeln, kaufen«, Lw. lat. cauponari, V., »handeln, schachern«, zu lat. caupo, M., »Schankwirt, Grenzhändler«

Käufer, M., »Käufer«, mhd. koufer, M., »der kauft oder verkauft«, ahd. koufāri (1. Vt. 9. Jh.), M., »Händler, Kleinhändler, Kaufmann«, Lüs. lat. negotiator, M., »Händler«, s. kaufen

Kaufmann, M., »wer ein Handelsgewerbe betreibt«, mhd. koufman, M., »Kaufmann, wer kauft und verkauft, Käufer, Verkäufer«, ahd. koufman (A. 9. Jh.), M., »Kaufmann, Händler«, s. Kauf, kaufen, Mann

kaufmännisch, Adj., »einen Kaufmann betreffend«, Fischart 1546-90, Lüs. lat. mercatorius, Adj., »kaufmännisch«, s. Kaufmann, isch

kaufmännisches Bestätigungsschreiben, N., »Bestätigungsschreiben eines Kaufmanns«, 20. Jh., s. kaufmännisch, Bestätigungsschreiben

Kaufmannsgericht, N., »Gericht in kaufmännischen Angelegenheiten«, Estor 1758, s. Kaufmann, Gericht

Kaufpreis, M., »Preis beim Kauf«, 1556 Leiden (kooprijs), 1608 Bayern, s. Kauf, Preis

Kaufrecht, N., »Gesamtheit der den Kauf betreffenden Rechtssätze«, mhd. koufreht, N., »Recht zum Wiederkauf, durch Kauf erworbenes Recht«, 1295 Steiermark, s. Kauf, Recht

Kaufschein, N., »Einkaufsausweis welcher vom Einzelhändler an Letztverbraucher zum direkten Kauf beim Hersteller ausgegeben wird«, »Niederschrift eines Kaufvertrages« 1688 Braunschweig, s. Kauf, Schein

Kaufvertrag, M., »zwischen Verkäufer und Käufer über den Kauf eines Gegenstandes oder eines Inbegriffes von Gegenständen abgeschlossener gegenseitiger Vertrag«, 1574 Mitteldeutschland, s. Kauf, Vertrag, (Mackeldey 1814, Eichhorn 1836 Kaufcontract)

kausal, Adj., »ursächlich«, um 1800 (causal bzw. E. 19. Jh. kausal) Lw. spätlat. causalis, Adj., »ursächlich«, zu lat. causa, F., »Ursache, Grund«

kausale Handlungslehre, F., »auf die Kausalität abstellende Handlungslehre«, um 1950, s. kausal, Handlungslehre

Kausalgeschäft, N., «das einem anderen Geschäft ursächlich zugrundeliegende Geschäft«, 19. Jh.?, s. kausal, Geschäft

Kausalität, F., »(rechtlich beachtliche) Ursächlichkeit eines Ereignisses für einen Erfolg«, E. 18. Jh. Lw. mlat. causalitas, F., »Ursächlichkeit«, s. kausal, vgl. Weiske 1839ff.

Kausalzusammenhang, F., »Ursächlichkeit«, M. 19. Jh., s. kausal, Zusammenhang

Kautel, F., »Vorbehalt, Sicherheitsmaßnahme«, 16. Jh. (Franck 1538) Lw. lat. cautela, F., »Behutsamkeit, Vorsicht«, zu lat. cautus, Adj., »vorsichtig, behutsam«, PPP. von lat. cavere, V., »sich hüten, sich vorsehen«

Kautelarjurisprudenz, F., »der vorsorglichen Verhütung von Rechtsstreitigkeiten durch vorherige Sicherung dienende juristische Tätigkeit (z.B. Beratung bei Gestaltung einer Willenserklärung)«, 19. Jh.?, s. Kautel, Jurisprudenz, Lw. mlat. iurisprudentia cautelaris?, vgl. Weiske 1839ff.

Kaution, F., »Sicherheitsleistung«, 1. H. 16. Jh. (Constitutio Criminalis Carolina 1532) Lw. (caution) lat. cautio, F., »Bürgschaft, Behutsamkeit, Vorsicht«, aus alat. cavitio, F., »Bürgschaft, Vorsicht, Behutsamkeit«, zum PPP. cautus von lat. cavere, V., »sich hüten, sich vorsehen«, E. 19. Jh. Kaution

Kavallerie, F., »Reiterei«, um 1600 (Dilich 1608) Lw. frz. cavalerie (M. 16. Jh.), F., »Reiterei«, zu frz. cavalier, M., »Reiter«, Lw. it. cavaliere, M., »Reiter«, zu it. cavallo, M., »Pferd«, aus lat. caballus, M., »Pferd«

Kebse, F., »Kebse, Nebenfrau«, mhd. kebes, kebse, F., »Kebsweib, Konkubinat«, ahd. kebis (9. Jh.), kebisa (1000), F., »Kebse, Konkubine, Dirne«, as. kevis, F., »Kebse«, westgerm. *kabisō, *kabisjō, *kavisjō, F., »Nebenfrau«, Lbd. lat. concubina?, meretrix?, zu lat. cavea, F., »Höhle, Bett«?, zu idg. *ghabh-?, V., »fassen, nehmen«?, vom 15. bis zum 18. Jh. ungebräuchlich

Kebsweib, N., »Kebsweib, Nebenfrau«, mhd. kebeswīp, N., »Kebsweib«, ahd. kebiswīb (12. Jh.), N., »Kebse, Kebsfrau, Kebsweib«, s. Kebse, Weib

Kegel, M., »Kegel«, mhd. kegel, M., »Knüppel, Stock, Eiszapfen, uneheliches Kind (14. Jh.) (hierher?), Kegel«, ahd. kegil (A. 9. Jh.), M., »Pflock, Pfahl, Keil, Nagel«, germ. *kagila, *kagilaz, M., »Pflock, Pfahl, Kegel«, zu idg. *gegh-, *gogh-, Sb., »Ast, Pfahl, Busch«?, Kind und Kegel (15. Jh.)

Kehr, **Kehre**, F., »Kehr«, mhd. kēre, kēr, F., »Umkehren, Richtung, Bekehrung, Wiedererstattung«, ahd. kēra (10./11. Jh.), (daneben kēr [1000], M.,) »Krümmung, Biegung, Wendung«, s. kehren

kehren, V., »kehren (V.) (1), wenden«, mhd. kēren, V., »kehren (V.) (1), wenden, umkehren«, ahd. kēren (E. 8. Jh.), V., »kehren (V.) (1), wenden, lenken, drehen«, as. kērian, V., »kehren (V.) (1)«, germ. *kar-, *karr-, V., »wenden, kehren (V.) (1)«?, zu idg. *gei-, V., »drehen, biegen«?, idg. *ĝeu̯e-, V., »fördern?, eilen?«

kein, Pron., »kein, irgendein«, mhd. kein (2. H. 11. Jh.), nehein, dehein, Pron., »kein, irgendein«, ahd. dehein (9. Jh.?), Pron., »irgendein (, kein)«, ahd. nihein, Pron., »kein (, irgendein)«, (Verneinung) zu ein, ahd. dehein übernimmt nach Schwund der ursprünglichen Verneinung durch ni selbst die verneinende Bedeutung »kein« und macht nihein entbehrlich (str.), aus deh wird durch Verkürzung k

Keinmanngesellschaft, F., »Gesellschaft bei der alle Gesellschafter entfallen und alle Gesellschaftsanteile auf die Gesellschaft übergehen«, um 1985?, s. ein, Mann, Gesellschaft

keit, Suff., s. heit

Keller, M., »Keller«, mhd. keller, kelre, M., »Keller, Kaufladen«, ahd. kellări (vor 790?), M., »Keller, Speicher, Vorratskammer«, as. kellari, M., »Keller«, germ. *kellar-, M., »Keller«?, Lw. lat. cellarium, N., »Vorratsraum«, zu lat. cella, F., »Kammer«

Kelloggpakt, M., »am 27. 8. 1928 von mehreren Staaten unterzeichneter Vertrag über die Ächtung des Krieges«, zum PN Kellog, s. Pakt

kennen, V., »kennen«, mhd. kennen, V., »kennen, erkennen«, ahd. *kennen, V., »kennen«, as. *kennian, V., »kennen«, germ. *kannjan, V., »kennen machen, kennen lernen«, s. können

Kennenmüssen, N., »auf Fahrlässigkeit beruhende Unkenntnis«, 19. Jh., s. kennen, müssen

Kerker, M., »Kerker, Gefängnis«, mhd. karkære, kerkære, kerker, M., »Kerker«, ahd. karkări (E. 8. Jh.), M., »Kerker, Gefängnis«, as. karkari, M., »Kerker«, germ. *karkari, M., »Kerker«, Lw. lat. carcer, M., »Kerker«, s. Karzer

Kerl, M., »Kerl«, mhd. kerle, M., »Mann«, Lw. mnd. kerle, M., »freier Mann«, vgl. ahd. karl (nach 765?), karal, M., »Mann, Ehemann, Gatte«, germ. *karila, *karilaz, M., »Mann, Greis, Kerl«?, zu idg. *ger-, V., »reiben, morsch werden, reif werden, altern«?, zu idg. *ĝerə-, Adj., »alt«?

Kette, F., »Kette«, mhd. ketene, keten, F., »Kette, Fessel«, ahd. ketina (810-17), ketinna, F., »Kette, Fessel, Band«, germ. *kadena, *katena, F., »Kette«?, Lw. vulgarlat. *cadena, F., »Kette«, zu lat. catena, F., »Kette«

Kettenarbeitsverhältnis, N., »auf mehreren unmittelbar aneinander angeschlossenen zeitlich befristeten Arbeitsverträgen zwischen demselben Arbeitgeber und demselben Arbeitnehmer beruhendes Arbeitsverhältnis«, um 1960, s. Kette, Arbeitsverhältnis

Ketzer, M., »(im katholischen Kirchenrecht) jeder bewußte Leugner eines kirchlichen Grundsatzes«, mhd. ketzer, M., »Ketzer« (A. 13. Jh.), zu mlat. Cathari, M. Pl., »Katharer (eine Sekte der Manichäer)«, Lw. zu gr. katharós, Adj., »rein«

Ketzerei, F., »Ketzerei, Häresie«, mhd. ketzerīe, F., »Ketzerei, Zauberei«, s. Ketzer

keusch, Adj., »keusch, rein«, mhd. kiusche, kiusch, Adj., »keusch«, ahd. kūski (765), kūsci, Adj., »keusch, tugendhaft, ehrbar, sittsam«, as. *kūski, Adj., »keusch«, germ. *kūskeis, Adj., »keusch«?, Lw. lat. conscius, Adj., »bewußt, beherrscht, tugendhaft«

kidnappen, V., »entführen«, 20. Jh. Lw. ne. kidnap, V., »entführen«, zu ne. kid, M., F., »Kind«, ne. nap, V., »ergreifen«

***kiesen**, V., »kiesen, versuchen, erforschen, wählen«, mhd. kiesen, V., »kiesen, prüfen, versuchen, wählen«, ahd. kiosan (765), V., »wählen, kiesen, prüfen, beurteilen«, as. kiosan, V., »erproben, wählen«, germ. *keusan, V., »erproben, wählen«, idg. *ĝeus-, V., »kosten (V.) (1), genießen, schmecken, ausprobieren«, s. küren

killen, V., »töten«, 20. Jh. Lw. ne. kill, V., »töten«

Killer, M., »gedungener Mörder«, 20. Jh. Lw. ne. killer, M., »gedungener Mörder«, s. killen

kilo, Präf., »tausend«, Lw. gr. chílioi, Num. Kard., »tausend«

Kilogramm, N., »Kilogramm«, 19. Jh. Lw. frz. kilogramme (1795), M., »Kilogramm«, s. kilo, Gramm

Kilometer, M., »Kilometer«, 19. Jh. Lw. frz. kilomètre (1795), M., »Kilometer«, s. kilo, Meter

Kind, N., »Abkömmling ersten Grades, Mensch zwischen der Geburt und der Vollendung des 14. Lebensjahres (öfter auch darüber hinaus)«, mhd. kint, N., »Kind, Knabe, Mädchen«, ahd. kind (1. H. 8. Jh.?), N., »Kind, Sohn, Knabe«, as. kind, N., »Kind«, germ. *kinþa, *kinþam, N., »Kind«, to-Partizipialadjektiv zu idg. *ĝhenə-, *ĝen- (1), V., »erzeugen, gebären«

Kindererziehung, F., »körperliche und geistige und seelische Formung eines Kindes«, s. Kind, Kindererziehung, Lüs. lat. educatio liberorum, F., »Erziehung von Kindern«, vgl. Grimm DW 1873, Gesetz über die religiöse Kindererziehung 1921

Kindergeld, N., »staatliche Leistung an Personen mit Kindern (evtl. auch Enkel) zur Verminderung ihrer Belastung«, »Vermögen von Kindern« 1440 Brandenburg, »Zuwendung an einen Soldaten für dessen Kind«, 1809 Preußen, s. Kind, Geld

Kinderhilfe, F., »Erziehungshilfe für Kinder«, 1993?, s. Kind, Hilfe

Kindesannahme, F., »Annahme eines Kindes«, 19. Jh.?, s. Kind, Annahme

Kindesentziehung, F., »Entziehung einer Person unter 18. Jahren gegenüber Eltern oder Vormund oder Pfleger durch List oder Drohung oder Gewalt«, 20. Jh.?, s. Kind, Entziehung

Kindeskind, N., »Kind eines Kindes«, Mühlhäuser Reichsrechtsbuch um 1225, s. Kind

Kindeskindskind, N., »Kind eines Kindeskindes«, 1594 Mark, s. Kind

Kindeskindskindskind, N., »Kind eines Kindeskindskindes«, 1594 Mark, s. Kind

Kindesraub, M., »Raub eines Kindes«, s. Kind, Raub, vgl. Hälschner 1887

Kindestötung, F., »Tötung eines nichtehelichen Kindes durch die Mutter in oder gleich (d.h. binnen weniger Stunden) nach der Geburt«, 1871, Lüs. lat. infanticidium, N., »Kindestötung«?, älter Kindermord (18. Jh.), s. Kind, Tötung

Kindschaft, F., »Kindschaftsverhältnis« 1549, »Mehrheit von Kindern« (Luther vor 1546), s. Kind, schaft

Kindschaftssache, F., »Rechtsstreitigkeit welche bestimmte familienrechtliche Fragen (die Feststellung des Bestehens oder Nichtbestehens eines Eltern-Kind-Verhältnisses zwischen den Parteien bzw. die Anfechtung der Ehelichkeit eines Kindes bzw. die Anfechtung der Anerkennung der Vaterschaft oder die Feststellung des Bestehens oder Nichtbestehens der elterlichen Gewalt der einen Partei über die andere) zum Gegenstand hat«, 19. Jh.?, s. Kindschaft, Sache

Kiosk, M., »Kiosk, Verkaufsstelle«, 18. Jh. (Goethe 1787) Lw. frz. kiosque, M., »Gartenpavillon«, Lw. it. chiosco, M., »Gartenpavillon«, Lw. türk. kösk, kyösk, Sb., »Gartenhäuschen«, Lw. pers. gōse, Sb., »Winkel, Ecke«

Kirche, F., »in eigenen Verfassungsformen geordnete im christlichen Bekenntnis vereinigte Gemeinde und Glaubensgemeinschaft«, mhd. kirche, F., »Kirche«, ahd. kirihha (765), kiricha, kilihha (1000), F., »Kirche, Tempel, Gotteshaus«, as. kirika, kerika, F., »Kirche«, germ. *kirika, F., »Kirche«?, Lw. vulgargr.-lat. *kyriké, F., »Kirche«, zu gr. kyriaké (basilika), F., »Kirche«, zu gr. kyriakós, Adj., »zum Herrn gehörig«, zu gr. kýrios, M., »Herr«

Kirchenbuch, N., »- seit dem 16. Jh. - vom jeweiligen Pfarrer der Ortskirche geführtes Register der Taufen und Todesfälle«, 1539 Pommern (kerkbōk), s. Kirche, Buch, sachlich seit 14. Jh. in Italien und Südfrankreich, in Deutschland Surgant 1490

Kirchenbuße, F., »von der Kirche verhängte Buße«, Stieler 1691, s. Kirche, Buße

Kirchengemeinde, F., »(im Kirchenrecht) unterste Stufe der kirchlichen Territorialgliederung«, Stieler 1691, 1701 Niedersimmental, Lüs. lat. communio ecclesiae, F., »Gemeinde der Kirche«?, s. Kirche, Gemeinde

Kirchenrecht, N., »Gesamtheit der Rechtsnormen die entweder das Leben innerhalb der Kirchen ordnen (inneres Kirchenrecht bzw. katholisch kanonisches Recht) oder das Verhältnis des Staates zur Religion und zu den Religionsgemeinschaften regeln (äußeres Kirchenrecht bzw. Staatskirchenrecht)«, s. mhd. kirchrecht, N., »wozu man der Kirche verpflichtet ist, Sakramente«, 1354 kerkenrecht, »Anspruch der Kirche« 12. Jh., s. Kirche, Recht

Kirchenstaat, M., »Staatsgebiet unter päpstlicher Oberhoheit in Italien«, Rädlein 1711, »Kirchenwesen einer Kirche« 1699 (Gotha), s. Kirche, Staat, Vatikan

Kirchensteuer, F., »durch die öffentlichrechtlichen Religionsgesellschaften erhobene Steuer«, »Beitrag in der Kirche«, 1412 Hohenberg bzw. Rädlein 1711, s. Kirche, Steuer

Kirchenvertrag, M., »Vertrag des Staates mit der (evangelischen) Kirche«, 20. Jh.?, s. Kirche, Vertrag

Kirchenverwaltung, F., »Verwaltung der inneren Angelegenheiten der Kirchen durch deren Organe«, 1540 Pommern, s. Kirche, Verwaltung,

Kirchenzehnt, M., »Abgabe des Zehnten an die Kirche« 1324 Köln, s. Kirche, Zehnt

Kirchhof, M., »Kirchhof, (später) Friedhof«, mhd. kirchhof, M., »Kirchhof«, s. Kirche, Hof

kirchlich, Adj., »die Kirche betreffend«, mhd. kirchlich, Adj., »kirchlich«, ahd. kirihlīh (790), Adj., »kirchlich, christlich«, Lüs. lat. ecclesiasticus, Adj., »kirchlich«, s. Kirche, lich

Kirchspiel, N., »Kirchspiel, Kirchenbezirk«, mhd. kirchspil, kirchspel, N., »Kirchspiel, Gemeinde, Gebiet in dem ein Pfarrer predigen darf?«, 13. Jh. rhein. Nordwesten, zu mhd. spel, N., »Erzählung, Gerede«, s. Kirche, Spiel (in Beispiel)

Kirchweih, F., »Kirchweih«, mhd. kirchwīhe, F., »Kirchweih, Kirchweihfest«, ahd. kirihwīha (12. Jh.), kirihwīhī (1. Vt. 9. Jh.), F., »Kirchweihe«, Lüs. lat. dedicatio ecclesiae, F., »Kirchenweihe«, s. Kirche

Kirmes, F., »Kirmes«, mhd. kirchmesse, kirmesse, F., »Kirmes«, aus *kirchwīhmesse, F., »Kirchweihmesse«, s. Kirchweih, Messe

Kittchen, N., »Gefängnis (19. Jh.)«, 18. Jh. rotw., aus fnhd. keiche, F., »Gefängnis« und rotw. Kitt, Kitte, Sb., »Haus, Gefängnis«, zu Kate?

Klafter, M., N., »Klafter, ausgespannte Arme«, mhd. klāfter, F., »Maß der ausgebreiteten Arme«, ahd. klāftra (9. Jh.), F., »Klafter, Elle, Armspanne«, germ. *klēftrō, F., »Klafter«?, zu idg. *glĕbh-, V., »zusammenballen«?, zu idg. *gel- (1), V., Sb., »ballen, sich ballen, Ball, Kugeliges«

Klage, F., »Begehren des Klägers an das Gericht auf Rechtsschutz gegenüber dem Beklagten«, mhd. klage, F., »Ärger, Schmerz, Klage, Totenklage«, ahd. klaga (9. Jh.), F., »Klage, Jammer, Klagen«, Lbd. lat. querela, F., »Klage«, as. klaga, F., »Klage«, germ. *klagō, F., »Klagen, Wehklage, Jammer«, zu idg. *galgh-, *galagh-, *glagh-, V., »schreien«, zu idg. *gal-, V., »rufen, schreien«, rechtliche Bedeutung erst seit dem Frühmittelalter? unter lat. bzw. kirchlichen Einfluß?

Klageänderung, F., »Änderung der Klage durch Änderung des Streitgegenstandes (Stellung eines anderen Klageantrages bzw.

Stützung auf einen anderen Lebenssachverhalt)«, 19. Jh., s. Klage, Änderung, vgl. Planck 1896

Klageantrag, M., »vom Kläger zu stellender bestimmter Antrag auf eine Entscheidung des Gerichts«, 19. Jh., s. Klage, Antrag, vgl. Planck 1896

Klageart, F., »besondere Art des Begehrens des Klägers«, 19. Jh.?, s. Klage, Art

Klagebefugnis, F., »(behauptete) Berechtigung des Klägers zur Klage«, 19. Jh.?, s. Klage, Befugnis

Klagebegehren, N., »(im Verwaltungsprozeßrecht) prozessualer Anspruch des Klägers«, 20. Jh., s. Klage, Begehren

Klagebegründung, F., »Angabe des Grundes des erhobenen Anspruches«, 19. Jh.?, s. Klage, Begründung

Klageerhebung, F., »(im Zivilprozeßrecht) Einreichung der Klageschrift des Klägers und Zustellung einer Abschrift an den Beklagten von Amts wegen, (in anderen Verfahrensarten) Einreichung der Klageschrift oder Klagvortrag zur Niederschrift des Urkundsbeamten der Geschäftsstelle«, 19. Jh., s. Klage, Erhebung, vgl. Planck 1896

Klageerwiderung, F., »Antwort des Beklagten auf die Klage«, 19. Jh.?, s. Klage, er, wider, ung

Klageerzwingung, F., »Erzwingung der Klage«, 19. Jh., s. Klage, Erzwingung

Klageerzwingungsverfahren, N., »Verfahren durch welches der Verletzte die Staatsanwaltschaft zur Erhebung der Anklage zwingen kann«, 19. Jh.?, s. Klageerzwingung, Verfahren

klagen, V., »klagen«, mhd. klagen, V., »sich klagend gebärden, beklagen, betrauern, klagen«, ahd. klagēn (863-71), klagōn (790), V., »klagen, jammern, bejammern, beweinen, betrauern, sich beklagen«, as. klagon, V., »klagen«, s. Klage

Klagenhäufung, F., »Verbindung mehrerer Ansprüche (objektive Klagenhäufung bzw. Anspruchshäufung) gegen denselben Beklagten oder desselben Anspruchs für mehrere Kläger oder gegen mehrere Beklagte (subjektive Klagenhäufung)«, Lüs. lat. cumulatio actionum, F., »Häufung von Klagen«, vgl. Weiske 1839ff., Grimm DW 1873

Kläger, M., »Person die vom Gericht Rechtsschutz begehrt«, mhd. klager, kleger, M., »Klagender, Trauernder, Kläger«, ahd. klagāri (10. Jh.), M., »Kläger, Klagender«, Lbd. lat. exactor, M., »Eintreiber«?

Klagerücknahme, F., »Widerruf des Begehrens von Rechtsschutz in diesem Prozeß durch den Kläger«, s. Klage, Rücknahme, vgl. Planck 1896 Klagzurücknahme

Klageschrift, F., »Schriftsatz des Klägers in dem er die Klage erhebt«, 1472 Hildesheim, s. Klage, Schrift

Klammer, F., »Klammer«, mhd. klamere, klamer, klammer, F., »Klammer«, zu ahd. klam (11. Jh.), M., »Klemme«, germ. *klammjan, V., »zusammendrücken«, germ. *klemman, V., »zusammendrücken, klemmen«, zu idg. *glem-, Sb., »Klumpen«, zu idg. *gel- (1), V., Sb., »ballen, sich ballen, Ball, Kugeliges«

klammern, V., »klammern«, 16. Jh., s. Klammer, älter mhd. klamben, V., »fest zusammenfügen«

klar, Adj., »klar, durchsichtig«, mhd. klār, clār, Adj., »hell, lauter, rein, glänzend, schön, herrlich, deutlich«, 12. Jh. Niederrhein, (vgl. ahd. klār [11. Jh.], N., »Alaun«,) Lw. lat. clarus, Adj., »klar, hell«, zu lat. calare, V., »ausrufen«

klären, V., »klar machen, klären«, mhd. klæren, V., »klar machen, verklären, erklären, eröffnen, verkünden«, (daneben mhd. klāren, V., »klar sein, klar werden«,) s. klar

Kläranlage, F., »Anlage zur Reinigung der Abwässer«, 20. Jh., s. klären, Anlage

Klasse, F., »Klasse, Gruppe«, E. 16. Jh. (Naß 1581) Lw. lat. classis, F., »Herbeirufung, Ladung, Aufgebot, Menge, Abteilung, Gruppe««, 18. Jh. Lbd. ne. class, N., »Schicht

Klassenjustiz, F., »nach Klassen unterscheidende im Dienst einer (herrschenden) Klasse stehende Rechtspflege«, Liebknecht 1907, s. Klasse, Justiz

Klassenkampf, F., »Auseinandersetzung zwischen einer herrschenden und einer beherrschten Klasse einer Gesellschaft«, 19. Jh. (Marx 1847), s. Klasse, Kampf

klauen, V., »stehlen«, 19. Jh.?, A. 20. Jh. nmd., älter?, zu Klaue, F., »Klaue, Hand«

klave, s. En-, Ex-, Kon-

Klausel, F., »einzelne Bestimmung im Rahmen einer umfassenden Festlegung auf

den verschiedensten Rechtsgebieten (z.B. Generalklausel)«, 14. Jh. (Klausul bis 18. Jh.) Lw. lat. clausula, F., »Schlußsatz«, zu lat. clausus, PPP., »geschlossen«, zu lat. claudere, V., »schließen«, zu lat. clavus, M., »Nagel, Pflock«

Klausur, F., »Klausur, Abgeschlossenheit, in Abgeschlossenheit verfaßte Prüfungsarbeit (19. Jh.)«, spätmhd. clausure, F., »Verschluß an Büchern«, Lw. spätlat. clausura, F., »Einschließung«, zu lat. clausura, F., »Verschluß«, zu lat. clausurus, Part. Fut., bzw. clausus, PPP. von lat. claudere, V., »schließen«, zu lat. clavus, M., »Nagel, Pflock«

klein, Adj., »klein«, mhd. klein, Adj., »rein, niedlich, zierlich, fein, hübsch«, ahd. klein (8./9. Jh.), kleini (790), Adj., »klein, fein, zart, schlank, schlau, klug, listig, kostbar«, as. klēni, Adj., »zierlich, fein«, westgerm. *klaini, *klainiz, *klainja, *klainjaz, Adj., »glänzend, fein, zierlich«, zu idg. *glei-, V., »schmieren, kleben«?, idg. *gel- (1), V., Sb., »ballen, sich ballen, Ball, Kugeliges«?

Kleingartengesetz, N., »Gesetz betreffend Kleingärten«, 20. Jh., s. klein, Garten, Gesetz

Kleinod, N., »Kleinod, Kostbarkeit«, mhd. kleinōt, kleinœte, kleinœde, N., »Kleinod, Kostbarkeit«, zu ahd. klein, kleini, Adj., »klein, fein, zart«, ahd. ōdi, Suff., »Gut«?, s. Allod

Kleinstaat, M., »kleiner Staat«, A. 19. Jh. (Jahn 1814), s. klein, Staat

Klempner, M., »Flaschner, Blechschmied, Klempner«, nd., im 18. Jh. aus älterem klemperer (17. Jh.), M., »Klempner«, zu mnd. klempen, V., »hämmern, zusammenfügen«, vgl. obd. Klamperer (16. Jh.), mhd. klamben, klampfern, V., »fest zusammenfügen, verklammern«, vgl. Klammer

Kleptomane, M., »zwanghaft stehlende Person«, 2. H. 19. Jh., s. Kleptomanie

Kleptomanie, F., »zwanghafter Trieb zum Diebstahl«, 19. Jh., zu gr. kléptein, V., »stehlen«, gr. manía, F., »Raserei«, s. Manie

klerikal, Adj., »geistlich, kirchlich«, 1. H. 19. Jh. Lw. kirchenlat. clericalis, Adj., »priesterlich«, s. Klerus

Kleriker, M., »katholischer Geistlicher«, 19. Jh. Lw. kirchenlat. clericus, Adj., M., »geistlich, Geistlicher«, zu lat. clerus, M., »Geistlichkeit«, s. Klerus

Klerus, M., »(im katholischen Kirchenrecht) geistlicher Stand im Gegensatz vor allem zu den Laien«, um 1700 Lw. kirchenlat. clerus, M., »Geistlichkeit«, 3. Jh. Lw. gr. kléros, M., »Los, Erbteil, Stand der Auserwählten, Geistlichkeit«

Klient, M., »Klient, Kunde (M.)«, M. 16. Jh. Lw. lat. cliens, cluens, M., »Höriger, Schützling, Klient«, subst. Part. Präs. zu altlat. cluere, V., »hören«, Lw. gr. klýein, V., »hören«

Klientel, F., »Gesamtheit der Klienten«, 18. Jh. Lw. lat. clientela, F., »Schutzverhältnis, Gesamtheit der Schützlinge«, s. Klient

Klinik, F., »Klinik, Krankenhaus«, A. 19. Jh. (um 1800) Lw. lat. clinice, F., »Heilkunst, Krankenhaus«, Lw. gr. kliniké (téchne), F., »heilende (Kunst für bettlägrige Kranke)«, zu gr. klíne, F., »Bett, Krankenbett«, zu gr. klínein, V., »neigen, lehnen, beugen«

Kloster, F., »geschlossene Ordensangehörigen als gemeinsame Wohnung und Gebetsstätte und Arbeitsstätte dienende Anlage«, mhd. klōster, N., »Kloster«, ahd. klōstar (10. Jh.), N., »Kloster, Klause, Verschluß«, Lw. mlat. clostrum, claustrum (6. Jh.), N., »Abgeschlossenes«, zu lat. claustrum, N., »Riegel, Verschluß, Sperre«, zum PPP. clausus von lat. claudere, V., »schließen«

klusion, s. Kon-, Prä-

Klub, M., »Klub«, M. 18. Jh. (Ramler 1750) Lw. ne. club, N., »Klub, Männergesellschaft, Keule (als Einladungsmittel?)«

Knappe, M., »Edelknabe, Bergknappe (14. Jh.)«, (mhd. knabe, M., »Knabe, Jüngling, Junggeselle, Kerl, Bursche«,) mhd. knappe, M., »Knabe, Schüler, Knappe«, 12. Jh. Exodus, (ahd. knabo [12. Jh.], M., »Bursche, Junge, Knabe«,) ahd. knappo (13. Jh.), M., »Bursche, Junge, Knabe«, germ. *knaba, *knaban, *knabba, *knabban, *knabbōn, M., »Knorren, Knabe«?, zu idg. *gnebh-, V., Adj., »drücken, knapp«?, zu idg. *gen-, V., Sb., »zusammendrücken, ballen, Geballtes, Zusammengedrücktes«?, die Bedeutungsdifferenzierung zwischen Knabe und Knappe ist nicht ursprünglich

Knappschaft, F., »Zusammenschluß der Bergleute zur Sicherung gegen Unglücksfälle«, mhd. knappeschaft, F., »Art und Weise oder Treiben von Knappen«, »Junggesellenstand« (A. 13. Jh.), »Vereinigung von Bergleuten« 1539 Annaberg (knabschaft), s. Knappe, schaft

Knast, M., »Gefängnis (A. 19. Jh.)«, zu westjidd. knass, Sb., »Geldstrafe, Gefängnis«, zu hebr. qenas, Sb., »Geldstrafe«, zu hebr. qānas, V., »strafen«

Knebel, M., »Knebel«, mhd. knebel, M., »Knebel, Knöchel«, ahd. knebil (11. Jh.), M., »Querholz, Kummet«, as. knevil, M., »Kummet«, germ. *knabila, *knabilaz, M., »Querholz, Knebel«, zu idg. *gnebh-, V., Adj., »drücken, knapp«?, zu idg. *gen-, V., Sb., »zusammendrücken, ballen, Geballtes, Zusammengedrücktes«?

knebeln, V., »mit einem Knebel versehen, fesseln«, 1570, s. Knebel

Knebelung, F., »Knebeln«, Stieler 1691, s. knebeln, ung

Knebelungsvertrag, M., »Vertrag durch den die wirtschaftliche Bewegungsfreiheit einer Person ganz oder zu einem wesentlichen Teil beseitigt wird«, 20. Jh.?, s. Knebelung, Vertrag

Knecht, M., »Knecht, Knabe, Schüler«, mhd. kneht, M., »Knabe, Jüngling, Junggeselle, Kerl, Bursche«, ahd. kneht (nach 765?), M., »Knabe, Junge, Jüngling, Jünger, Kind, Diener, Knecht«, as. *kneht, M., »Diener, Knecht«, westgerm. *knehta, *knehtaz, M., »Jüngling, Knecht?«, zu idg. *ĝen-, *ĝenə-, *ĝno-, V., »kennen, erkennen«?

Knechtschaft, F., »Unfreiheit«, 16. Jh., s. Knecht, schaft

know-how, N., »unternehmerisch-technisches Wissen«, 20. Jh. Lw. ne. know-how, N., »Wissen«, zu ne. know, V., »wissen«, ne. how, Adj., »wie«

Knüppel, M., »kurzer Stock«, mnd. knüppel, M., »Prügel«, obd. knüpfel, M., »Knüttel«, 15. Jh., aus Knopf

ko, Präf., »mit«, Nebenform von kon, s. kon

Koadjutor, M., »Weihbischof, Hilfsbischof, Titularbischof«, 14. Jh.? (1346) Lw. lat. coadiutor, M., »Mitgehilfe«, zu lat. cum, co, Präp., Präf., »mit«, lat. adiutor, M., »Helfer«, zum PPP. adiutus von lat. adiuvare, zu lat. ad, Präp., Präf., »zu«, lat. iuvare, V., »unterstützen«

koalieren, V., »sich vereinigen«, 19. Jh., zu lat. cum, co, Präp., Präf., »mit«, lat. alere, V., »nähren, ernähren«

Koalition, F., »Zusammenschluß mehrerer im Parlament vertretener Parteien zu einer Regierung«, »freiwillige und überbetriebliche Vereinigung von Arbeitnehmern oder Arbeitgebern zur Wahrung oder Förderung ihrer Interessen bei der Gestaltung der Arbeitsbedingungen und Wirtschaftsbedingungen«, E. 18. Jh. (Lichtenberg 1794) Lw. frz. coalition, F., »Vereinigung«, Lw. ne. coalition, F., »Vereinigung«, aus mlat. coalitio, F., »klösterliche Vereinigung«, zu spätlat. coalitus, M., »Vereinigung«, zum PPP. coalitus von lat. coalescere, V., »sich vereinigen«, zu lat. cum, con, Präp., Präf., »mit«, lat. alere, V., »nähren, ernähren«

Koalitionsfreiheit, F., »Recht zur Wahrung und Förderung der Arbeitsbedingungen und Wirtschaftsbedingungen Vereinigungen zu bilden«, 19. Jh., s. Koalition, Freiheit

Köbler, M., »Häusler«, 1502 Bayreuth (Oberpfalz und Franken), zu mhd. kobel, M., »enges schlechtes Haus«

Koch, M., »Koch«, mhd. koch, M., »Koch«, ahd. koh (9. Jh.), M., »Koch«, as. kok, M., »Koch«, germ. *kok-, M., »Koch«, Lw. spätlat. coco, M., »Koch«, zu lat. coquus, (Nebenform cocus,) M., »Koch«, zu lat. coquere, V., »kochen«

Kodex, M., »Kodex, Gesetzbuch«, 18. Jh. Lw. lat. codex, M., »Buch, Gesetzbuch, Urkunde, Block, Stamm«, zu lat. cudere, V., »schlagen, klopfen, stampfen«, s. codex

Kodifikation, F., »grundsätzlich erschöpfend gedachte Zusammenfassung des gesamten Stoffes eines oder mehrerer Rechtsgebiete in einem einheitlichen Gesetz (z.B. Preußisches Allgemeines Landrecht oder Code civil oder Allgemeines Bürgerliches Gesetzbuch [Österreichs] oder Bürgerliches Gesetzbuch)«, 19. Jh. Lw. ne. codification, F., »Kodifikation« Bentham 1815, zu lat. codex, M., »Gesetzbuch«, zum PPP. factus, *ficatus von lat. facere, V., »machen, tun«

kodifizieren, V., »ein Gesetzbuch herstellen«, 19. Jh., s. Kodifikation

Kognat, M., »- durch Abstammung von denselben Eltern oder Voreltern verbundener - Blutsverwandter«, Lw. lat. cognatus, Adj., M., »verwandt, Verwandter«, zu lat. cum, cog, Präp., Präf., »mit«, zum Part. Prät. Akt. natus von lat. nasci, V., »geboren werden«, s. Agnat

Kognition, F., »Denken, Gedanken«, Lw. lat. cognitio, F., »Erkennen, Kenntnis«, zum PPP. cognitus von lat. cognoscere, V., »erkennen«, zu lat. cum, co, Präp., Präf., »mit«, lat. gnoscere, noscere, V., »erkennen«, vgl. Weiske 1839ff.

Kognitionsverfahren, N., »(im römischen Recht) einheitliches vor einem beamteten Richter durchgeführtes Verfahren das seit der Zeitenwende das ältere Formularverfahren ablöst (cognitio)«, 19. Jh.?, s. Kognition, Verfahren

Koitus, M., »sexuelle Vereinigung«, 17. Jh. Lw. lat. coitus, M., »Zusammengehen«, zum PPP. coitus von lat. coire, V., »zusammengehen«, zu lat. cum, co, Präp., Präf., »mit«, lat. ire, V., »gehen«

Kokain, N., »Kokain«, zu Koka (E. 16. Jh. coca), F., »Kokastrauch«, Lw. span. coca, F., »Kokastrauch«, ketschua. cuca, coca, Sb., »Kokastrauch«

Kolchose, F., »Kolchose, Landwirtschaftskollektiv«, 20. Jh. (um 1930) Lw. russ. kolchóz, M., »Kolchose«, aus russ. kol(lektivnoe) choz(jajstvo), N., »Kollektivwirtschaft«, F. aus Pl.?

Kollation, F., »Vergleich (mehrerer Handschriften), Ausgleich (der Vorempfänge einzelner Miterben)« Hedio 1531 Lw. lat. collatio, F., »Zusammenbringen, Vergleichen«, zu lat. cum, con, Präp., Präf., »mit«, PPP. (latus) von lat. ferre, V., »tragen, bringen«

Kolleg, N., »Vorlesung«, 19. Jh., aus Kollegium (17. Jh.)

Kollege, M., »Mitarbeiter, Kollege«, 16. Jh. (Mathesius 1563) Lw. lat. collega, M., »Amtsgenosse«, zu lat. cum, col, Präp., Präf., »mit«, lat. legare, V., »als Gesandter senden, ernennen«, zu lat. lex, F., »Gesetzesvorschlag, Gesetz, Vorschrift«

kollegial, Adj., »Mitarbeiter betreffend«, (in Zusammensetzungen) 17. Jh. (Dannhauer 1643) Lw. lat. collegialis, Adj., »kollegialisch«, s. Kollege

Kollegium, N., »Gruppe von Personen mit gleichartiger Stellung und Tätigkeit, Zusammenkunft«, (16. bzw.) 17. Jh. Lw. lat. collegium, N., »Amtsgenossenschaft«, s. Kollege

Kollegialbehörde, F., »aus mehreren gleichberechtigten Mitgliedern bestehende meist durch Stimmenmehrheit beschließende Behörde (z.B. Kreisausschuß)«, 19. Jh.?, s. kollegial, Behörde, (sachlich seit E. 15. Jh.)

Kollegialgericht, N., »aus mehreren Mitgliedern bestehendes durch Abstimmung entscheidendes Gericht (z.B. Kammer)«, 19. Jh.?, s. kollegial, Gericht

Kollegialorgan, N., »aus mehreren Mitgliedern bestehendes Organ«, 19. Jh.?, s. kollegial, Organ

kollektiv, Adj., »gemeinschaftlich«, 18. Jh. Lw. (frz. collectif, Adj., »gemeinschaftlich,) lat. collectivus, Adj., »angesammelt«, zum PPP. collectus von lat. colligere, V., »zusammenlesen«, zu lat. cum, col, Präp., Präf., »mit«, lat. legere, V., »sammeln, lesen«

Kollektiv, N., »Gruppe, Arbeitsgemeinschaft (nach 1945)«, 1. H. 19. Jh. Lw. zu lat. collectivus, Adj., »angesammelt«, s. kollektiv

Kollektivarbeitsrecht, N., »Gesamtheit der Rechtssätze die sich auf die einheitliche Gestaltung von Arbeitsbedingungen und deren Voraussetzungen beziehen«, 20. Jh., s. kollektiv, Arbeitsrecht

Kollektivbeleidigung, F., »Beleidigung einer Personenmehrheit«, 20. Jh., s. kollektiv, Beleidigung

Kollektiveigentum, N., »Gruppeneigentum«, 20. Jh.?, s. kollektiv, Eigentum

Kollektivschuld, F., »Gruppenschuld«, 20. Jh., s. kollektiv, Schuld

Kollektivvertrag, M., »Tarifvertrag«, 20. Jh.? Österreich, s. kollektiv, Vertrag

Kollision, F., »Zusammenstoß«, E. 16. Jh. (Privatus 1598) Lw. lat. collisio, F., »Zusammenstoß«, zum PPP. collisus von lat. collidere, V., »zusammenstoßen«, zu lat. cum, con, Präp., Präf., »mit«, lat. laedere, V., »verletzen«

Kollisionsnorm, F., »(im internationalen Privatrecht) der Rechtssatz der den Anwendungsbereich der deutschen Rechtsordnung festlegt (einseitige Kollisionsnorm) oder den maßgeblichen Anknüpfungspunkt (z.B. Staatsangehörigkeit) für die Frage welche von mehreren Rechtsordnungen anzuwenden ist bestimmt (zweiseitig vollkommene Kollisionsnorm)«, 20. Jh.?, s. Kollision, Norm

Kollisionsrecht, N., »Recht der Kollision verschiedener Rechtsordnungen«, 20. Jh., s. Kollision, Recht

Kollusion, F., »unerlaubtes Zusammenwirken mehrerer Personen zum Nachteil eines Dritten«, Lw. lat. collusio, F., »geheimes Einverständnis«, zum PPP. collusus von lat. colludere, V., »mitspielen«, zu lat. cum, col, Präp., Präf., »mit«, lat. ludere, V., »spielen«

Kolonie, F., »Kolonie«, E. 16. Jh. (Quad 1598) Lw. lat. colonia, F., »auswärtige Länderei«, zu lat. colonus, M., »Siedler, Ansiedler, Bebauer«, zu lat. colere, V., »bebauen, pflegen«, zu lat. collum, N., »Hals«

kom, Präf., Nebenform von kon, s. kon

Komitien, s. comitia

kommandieren, V., »befehlen«, E. 17. (um 1600) Jh. Lw. frz. commander, V., »befehlen«, aus spätlat. commandare, V., »befehlen«, zu lat. commendare, V., »anvertrauen, übergeben«, zu lat. cum, com, Präp., Präf., »mit«, lat. mandare, V., »anvertrauen, übergeben, beauftragen«, zu lat. manus, F., »Hand«, lat. dare, V., »geben«

Kommandeur, M., »Befehlshaber«, E. 17. Jh. (um 1600) Lw. frz. commandeur, M., »Befehlshaber«, s. kommandieren

Kommanditgesellschaft, F., »Gesellschaft deren Zweck auf den Betrieb eines Handelsgewerbes unter gemeinschaftlicher Firma gerichtet ist und bei der bei mindestens einem Gesellschafter die Haftung gegenüber den Gesellschaftsgläubigern auf den Betrag einer bestimmten Vermögenseinlage beschränkt (Kommanditist) sowie bei mindestens einem anderen - der auch eine juristische Person sein kann (z.B. GmbH bei der GmbH & Co. KG) - unbeschränkt ist (Komplementär)«, 1844 (Frey), für älteres Gemeinschaft en commandite (1676 Savary) oder Commandite (Ludovici 1753), vertraute Gesellschaft (Badisches Landrecht 1809) Lüt. frz. sociéte en commandite, F., »Kommanditgesellschaft«), s. kommandieren, vgl. Weiske 1839ff., Thöl 1847, Thöl 1854 (Commanditengesellschaft)

Kommanditist, M., »Gesellschafter einer Kommanditgesellschaft dessen Haftung gegenüber den Gesellschaftsgläubigern auf den Betrag einer bestimmten Vermögenseinlage beschränkt ist«, s. Kommanditgesellschaft, vgl. Eichhorn 1836, Weiske 1839ff.

kommen, V., »kommen«, mhd. quemen, komen, V., »kommen«, ahd. kweman (8. Jh.?), queman, V., »kommen, gelangen, gehen, ankommen«, as. kuman, V., »kommen«, germ. *kweman, V., »kommen«, idg. *gʷā-, *gʷem-, V., »kommen, gehen, geboren werden«

Kommentar, M., »Erklärung, Erläuterungsschrift«, 18. Jh. (Schönaich 1754 bzw. Plural Commentarien Franck 1538) Lw. lat. commentarius, M., »Kommentar«, s. kommentieren

Kommentator, M., »Verfasser eines Kommentars«, 16. Jh. Lw. spätlat. commentator, M., »Erfinder, Urheber, Erklärer, Ausleger«, s. Kommentar

kommentieren, V., »erläutern«, 17. Jh. (Nehring 1684) Lw. lat. commentari, V., »erläutern«, zu lat. comminisci, V., »ersinnen, sich besinnen«, zu lat. cum, com, Präp., Präf., »mit«, lat. mens, F., »Sinn«

Kommerz, M., N., »Handelsverkehr«, 16. Jh. Lw. lat. commercium, N., »Warenverkehr«, zu lat. cum, com, Präp., Präf., »mit«, lat. merx, F., »Ware«

kommerzialisieren, V., »öffentliche Schulden in privatwirtschaftliche umwandeln, (ideelle Werte) in materielle Werte umwandeln«, 20. Jh. Lw. frz. commercialiser, s. kommerziell

kommerziell, Adj., »kaufmännisch«, A. 19. Jh., zu Kommerz

Kommilitone, M., »Mitstudent«, 16. Jh. Lw. lat. commilito, M., »Mitsoldat«, zu lat. cum, com, Präp., Präf., »mit«, lat. milito, M., »Kämpfer, Streiter«, zu lat. militari, V., »kämpfen«, zu lat. miles, M., »Kämpfer, Krieger«

Kommiß, s. Fidei-

Kommissar, M., »Beauftragter der notfalls zur Verwirklichung von Aufsichtsbefugnissen eingesetzt werden kann, Amtsbezeichnung«, 15. Jh. (1427 Fritzlar) (meist commissari) Lw. mlat. commissarius, M., »Beauftragter, Stellvertreter«, von Bodin 1576 als frz. commissaire von frz. officier (Beamter) abgegrenzt, s. Kommission

Kommissariat, N., »Amt eines Kommissars, Behörde«, 16. Jh. nlat. commissariatus, M., »Amt eines Kommisars«, s. Kommissar

kommissarisch, Adj., »beauftragt, vertretungsweise«, 19. Jh., s. Richter, beauftragt, Richter, ersucht

Kommission, F., »Verbindung, Ausschuß, Auftrag«, »schuldrechtliches Handelsgeschäft bei dem es eine Person (Kommissionär) übernimmt - gegen Entgelt - Waren oder Wertpapiere für Rechnung eines anderen (des Kommittenten) in eigenem Namen zu kaufen oder zu verkaufen«, 15. Jh. (Hermann von Sachsenheim um 1450) Lw. lat. commissio, F., »Vereinigung, Verbindung«, zum PPP. commissus von lat. committere, V., »zusammenbringen, anvertrauen«, zu lat. cum, com, Präp., Präf., »mit«, lat. mittere, V., »senden, schicken«, seit 16. Jh. kaufmännische Verwendung, Lbd. it. commissione, F., »Kommission«, (Statuten 1588/9 Genua,) vgl. 1756 Bayern, Code de commerce 1808 Frankreich, ADHGB 1861

Kommission der Europäischen Gemeinschaft, F., »aus (1994) 17 Mitgliedern bestehendes Hauptorgan der Europäischen Gemeinschaften welche das ordnungsgemäße Funktionieren und die Entwicklung des gemeinsamen Marktes zu gewährleisten hat«, 2. H. 20. Jh., s. Kommission, Europäische Gemeinschaft

Kommissionär, M., »wer es gewerbsmäßig übernimmt Waren oder Wertpapiere für Rechnung eines anderen im eigenen Namen zu kaufen oder zu verkaufen«, 17. Jh. Lw. frz. comissionaire, M., »Geschäftsbevollmächtigter, Geschäftsvermittler«, aus mlat. commissionarius, M., »Beauftragter«, s. Kommission

Kommittent, M., »wer einen Kommissionär mit einer Kommission betraut«, Lw. lat. committens, (subst.) Part. Präs. von lat. committere, V., »zusammenbringen, anvertrauen«, s. Kommission

***Kömmling**, M., »Kömmling«, mhd. komelinc, kumelinc, M., »Ankömmling«, ahd. kwemaling (1000), quemaling, M., »Ankömmling, Fremdling«, Lüt. lat. advena, M., »Ankömmling, Fremdling«, s. Ab-, kommen, ling

Kommorient, M., »Mitversterbender«, 19. Jh.? Lw. lat. commoriens, Part. Präs., »mitversterbend«, zu lat. commori, V., »mitsterben«, zu lat. cum, com, Präp., Präf., »mit«, lat. mori, V., »sterben«

Kommorientenvermutung, F., »bei Unklarheit über die Reihenfolge des Versterbens mehrerer Personen eintretende Vermutung daß sie gleichzeitig verstorben sind«, s. Kommorient, Vermutung, vgl. Weiske 1839ff.

kommunal, Adj., »gemeindlich«, 18. Jh.? bzw. 19. Jh. Lw. frz. communal, Adj., »gemeindlich«?, aus lat. communis, Adj., »gewöhnlich, gemeinsam«, zu lat. cum, com, Präp., Präf., »mit«, lat. munus, N., »Leistung, Aufgabe«, vgl. Weiske 1839ff.

Kommunalaufsicht, F., »Aufsicht des Staates über die Gemeinden in ihrem eigenen Wirkungskreis«, 20. Jh.?, s. kommunal, Aufsicht

Kommunalrecht, N., »Gesamtheit der die Gemeinden und Gemeindeverbände betreffenden Rechtssätze«, 19. Jh.?, s. kommunal, Recht

Kommunalverfassung, F., »Summe der die Grundordnung der Gemeinden und Gemeindeverbände betreffenden Rechtssätze«, (Stein, Frhr. v., communal Verfassung), s. kommunal, Verfassung

Kommunalverfassungsklage, F., »Klage gegen eine organisatorische Entscheidung eines kommunalen Organs im Rahmen der kommunalen Verfassung die kein Verwaltungsakt ist«, 2. H. 20. Jh., s. kommunal, Verfassungsklage

Kommunalverwaltung, F., »Verwaltung der Gemeinden und Gemeindeverbände«, 19. Jh.?, s. kommunal, Verwaltung

Kommunalwahl, F., »Wahl eines Organs einer Kommune durch deren Mitglieder«, 20. Jh.?, s. kommunal, Wahl

Kommune, F., »Gemeinschaft, Gemeinde«, mhd. commune, commun, F., N., »Gemeinde«, 13. Jh. (um 1300 daz komūn) Lw. afrz. commune, F., »Gemeinde«, aus mlat. communia, Sb., »Gemeinde«, zu lat. communis, Adj., »gewöhnlich, gemeinsam«, zu lat. cum, com, Präp., Präf., »mit«, lat. munus, N., »Leistung, Aufgabe, Verrichtung«

Kommunikation, F., »sprachliche Verständigung, Unterhaltung«, 16. Jh. »Mitteilung«, (20. Jh. »Informationsaustausch«,) Lw. lat. communicatio, F., »Mitteilung«, zum PPP. communicatus von lat. communicare, V., »gemeinschaftlich machen«, zu lat. communis, Adj., »gemeinsam«

Kommunismus, M., »eine Wirtschaftsordnung und Gesellschaftsordnung in der alle Gegenstände allen Menschen entsprechend ihren Bedürfnissen gemeinsam zustehen und alle Menschen gesellschaftlich gleichgestellt sind«, 19. Jh. (Weitling 1841), Lw. frz. communisme, M., »Kommunismus (1840)« bzw. ne. communism, N., »Kommunismus (Barmby 1848 [1840]), s. Kommunist, Kommune, vgl. Geschichtliche Grundbegriffe

Kommunist, M., »wer Kommunismus will«, Heine 1841 Lw. frz. communiste, M., »Berechtigter an Gemeinweide (Mirabeau 18. Jh.), Kommunist (Lamennais 1834 bzw. Cabet 1840)« (, bzw. ne. communist, M., »Kommunist« [1843 bzw. Adj. communist 1841])

kommunistisch, Adj., »den Kommunismus betreffend« Weitling 1842, (Lw.? neben) frz. communiste (1840), ne. communist (1841), s. Kommunist, isch

Kommunistisches Manifest, N., »das von Marx und Engels erarbeitete 1848 veröffentlichte Dokument das die politisch-ideologische Grundlage der kommunistischen Partei bildet«, s. kommunistisch, Manifest

Kompagnie, F., »Gesellschaft«, mhd. kompanie, F., »Gesellschaft«, Wolfram von Eschenbach 1210 (kumpānīe) Lw. frz. compagnie, F., »Gesellschaft«, seit 14. Jh. für Kaufleute, seit 16. Jh. (companey) für eine Abteilung Soldaten (Eyzinger 1581), s. Kompagnon

Kompagnon, M., »Gesellschafter, Begleiter«, 16. Jh. (Scheit 1551 bzw. Schurtz 1672) bzw. vereinzelt mhd. kompānjun, M., »Geselle, Genosse« Lw. frz. compagnon, M., »Geselle, Genosse«, zu spätlat. companio (6. Jh.), M., »Geselle, Genosse«, zu lat. compaginare, V., »sich vereinigen«, zu lat. compages, F., »Verbindung«, oder zu lat. panis, M., »Brot«

Kompendium, N., »Abriß, Kurzlehrbuch«, 16. Jh. Lw. lat. compendium, N., »Abkürzung, Ersparnis«, zu lat. compendere, V., »abwägen«, zu lat. cum, com, Präp., Präf., »mit«, lat. pendere, V., »wägen, beurteilen«

Kompensation, F., »Ausgleich«, 16. Jh.? bzw. 17. Jh. (1583 Siebenbürgen bzw. Dannhauer 1842) Lw. lat. compensatio, F., »Ausgleichung«, zum PPP. compensatus von lat. compensare, V., »auswiegen, abwägen«, s. kompensieren

kompensieren, V., »ausgleichen«, 16. Jh. (1521 Windsheim bzw. Gobler 1536) Lw. lat. compensare, V., »auswiegen, abwägen«, zu lat. cum, com Präp., Präf., »mit«, lat. pensare, V., »abwägen«, zum PPP. pensus von lat. pendere, V., »wägen, beurteilen«

kompetent, Adj., zuständig, vor 18. Jh.? Lw. lat. competens, Adj., »zuständig«, (vgl. Boltz 1731,) Part. Präs. von lat. competere, V., »zusammentreffen, gemeinsam anstreben«, zu lat. cum, com, Präp., Präf., »mit«, lat. petere, V., »begehren, erstreben«, Bedeutungsentwicklung »anstrebend, zuständig für das Angestrebte«

Kompetenz, F., »Zuständigkeit«, 15. Jh. (1477 Niederrhein competentie) Lw. lat. competentia, F., »Zusammentreffen«, Bedeutung »Einkünfte eines geistlichen Amtes«, 17. Jh. »Wettbewerb«, 18. Jh. »richterliche Befugnis«, daraus »Zuständigkeit (19. Jh.)«, s. kompetent

Kompetenzkompetenz, F., »Zuständigkeit über eine (Änderung der) Zuständigkeit zu entscheiden«, 19. Jh.?, s. Kompetenz

Kompetenzkonflikt, M., »Streit über die Zuständigkeit«, 19. Jh., s. Kompetenz, Konflikt, vgl. Koch 1864

Kompilation, F., »Anhäufung«, 16. Jh. (Fischart 1575) Lw. lat. compilatio, F., »Plünderung«, zum PPP. compilatus vom lat. compilare, V., »plündern, enthaaren«, s. kompilieren

kompilieren, V., »zusammenstellen«, 17. Jh. (Tentzel 1689) Lw. lat. compilare, V., »plündern, enthaaren«, zu lat. cum, com, Präp., Präf., »mit«, lat. pilare, V., »plündern, enthaaren«, zu lat. pilus, M., »Haar«?

Komplementär, M., »unbeschränkt persönlich haftender Gesellschafter einer Kommanditgesellschaft oder Kommanditgesellschaft auf Aktien«, 19. Jh. (Thöl 1847 Complementar) Lw. frz. complémentaire, Adj., »ergänzend«, zu frz. complément, N., »Ergänzung«, aus lat. complementum, N., »Ergänzung«, zu lat. complere, V., »ausfüllen, vollenden«, zu lat. cum, com, Präp., Präf., »mit«, lat. plere, V., »füllen«, zu lat. plenus, Adj., »voll«, vgl. Eichhorn 1836 complementarius

komplex, Adj., »zusammenhängend, vielschichtig«, 18. Jh. Lw. lat. complexus, Adj., »umfassend«, Part. Prät. Akt. von lat. complecti, V., »umschlingen«, zu lat. cum, com, Präp., Präf., »mit«, lat. plectere, V., »flechten«

Komplex, M., »Verbindung«, 19. Jh. (Goethe 1809) Lw. lat. complexus, M., »Umfassen«, zum Part. Prät. Akt. complexus von lat. complecti, V., »umschlingen«

Komplize, M., »Verbündeter«, (16. Jh. nnl.,) 17. Jh. (1600 Österreich) Lw. (frz. complice, M., F., »Verbündeter«,) aus spätlat. complex, M., F., »Verbündeter«, zu lat. cum, com, Präp., Präf., »mit«, lat. plectere, V., »flechten«

Komplott, N., »Verschwörung«, 17. Jh.? (Ettner 1715) Lw. frz. complot, M., »Anhäufung, Verschwörung«, zu frz. *compeloter, V., »zusammenknäueln«?, zu afrz. con, Präp., Präf., »mit«, afrz. pelote, F., »Kugel«, aus lat. cum, com, Präp., Präf., »mit«, lat. pila, F., »Ball«, zu lat. pilus, M., »Haar«

komponieren, V., »zusammenstellen«, 16. Jh. (um 1500) Lw. lat. componere, V., »zusammenstellen«, zu lat. cum, com, Präp., Präf., »mit«, lat. ponere, V., »setzen, stellen, legen«, zu altlat. po, Präp., Präf., »ab, weg«, lat. sinere, V., »lassen«

Komposition, F., »Zusammensetzung«, A. 16. Jh. (Virdung 1511) Lw. lat. compositio, F., »Zusammenstellung«, seit 17. Jh. (1663 Braunschweig) »Übereinkunft, Vergleich«, seit 18. Jh. (Hellfeld 1755) »Buße, Wergeld«, zum PPP. compositus von lat. componere, V., »zusammenstellen«, s. komponieren

Kompositionssystem, N., »(im altrömischen und germanischen und frühmittelalterlichen Recht) System welches Unrecht durch Bußleistung (Wergeld bzw. Buße) ausgleicht«, s. Komposition, System, vgl. Weiske 1839ff.

Kompromiß, M., »Übereinkunft«, A. 14. Jh. (1324 Westfalen) (zunächst neutrales seit 16. Jh. maskulines) Lw. lat. compromissum, N., »Übereinkunft zweier streitender Parteien, Kompromiß«, zum PPP. compromissus von lat. compromittere, V., »sich gegenseitig versprechen«, zu lat. cum, com, Präp., Präf., »mit«, lat. promittere, V., »versprechen«, zu lat. pro, Präp., Präf., »für, vor«, lat. mittere, V., »gehen lassen, senden«

kon, Präf., »kon, mit«, Lw. lat. cum, con, Präp., Präf., »mit«, vgl. ko, kog, kol, kom, kor, welche durch Assimilation im Lat. entstanden

Kondiktion, F., »Anspruch aus ungerechtfertigter Bereicherung«, 16. Jh. (1571 Leipzig bzw. Wittenberg) Lw. lat. condictio, F., »Ankündigung, Kündigung, Zurückforderung«, zum PPP. condictus von lat. condicere, V., »verabreden«, zu lat. cum, con, Präp., Präf., »mit«, lat. dicere, V., »sagen, sprechen«

Kondition, F., »Bedingung«, 15. Jh. (»Beschaffenheit«) bzw. 16. Jh. (Luther 1543) Lw. lat. condicio, F., »Bedingung«, zu lat. condicere, V., »bestimmen«, zu lat. cum, con, Präp., Präf., »mit«, lat. dicere, V., »sprechen, sagen«, älter condicie (1369 Niederrhein)

kondizieren, V., »zurückverlangen«, 16. Jh. (1571 Leipzig bzw. Wittenberg) Lw. lat. condicere, V., »verabreden«, s. Kondiktion

Kondominat, N., »Gemeinschaftsgewalt, gemeinsame Ausübung der Hoheitsgewalt durch mehrere Hoheitsträger auf einem ihnen gehörigen Gebiet (z.B. Preußen und Österreich in Schleswig-Holstein 1864-66)«, zu mlat. condominus (13. Jh.), M., »Mitherr«, zu lat. cum, con, Präp., Präf., »mit«, lat. dominus, M., »Herr«, vgl. Weiske 1839ff.

Kondominium, N., »Gemeinschaftsgewalt«, s. Kondominat, vgl. Weiske 1839ff.

Konfession, F., »Bekenntnis«, 14. Jh. (Heinrich von Neustadt um 1300) bzw. 16. Jh. (1530 Augsburg bzw. Sleidanus 1557) Lw. lat. confessio, F., »Eingeständnis, Bekenntnis«, zum Part. Prät. Akt. confessus von lat. confiteri, V., »eingestehen, bekennen«, zu lat. cum, con, Präp., Präf., »mit«, lat. fateri, V., »bekennen«, zum Part. Prät. Akt. von lat. fari, V., »sprechen«

konfirmieren, V., »konfirmieren, bestätigen (als Kirchenmitglied der evangelischen Kirchen) (Bucer 1539)«, mhd. confirmiren, V., »bestätigen, festsetzen, einsetzen«, Lw. lat. confirmare, V., »befestigen, bestätigen«, zu lat. cum, con, Präp., Präf., »mit«, lat. firmare, V., »festmachen«, zu lat. firmus, Adj., »fest«

Konfirmation, F., »Einsegnung (Bucer 1540), Bestätigung«, 15. Jh. Lw. lat. confirmatio, F., »Befestigung, Bestätigung«, zum PPP. confirmatus von lat. confirmare, V., »befestigen, bestätigen«, s. konfirmieren

Konfiskation, F., »Beschlagnahme, Einziehung, Enteignung«, M. 16. Jh. Lw. lat. confiscatio, F., »Einziehung«, zum PPP.

confiscatus von lat. confiscare, V., »in der Kasse aufheben, einziehen«, zu lat. cum, con, Präp., Präf., »mit«, lat. fiscare, V., »haushalten, verwalten«, zu lat. fiscus, M., »Korb, Kasse«

konfiszieren, V., »einziehen, verstaatlichen«, A. 16. Jh. (1507) Lw. lat. confiscare, V., »in der Kasse aufheben, einziehen«, s. Konfiskation

Konflikt, M., »Zusammenstoß«, 18. Jh. (Schiller 1795) Lw. lat. conflictus, M., »Zusammenschlagen, Zusammenstoß«, zu lat. cum, con, Präp., Präf., »mit«, lat. flictus, M., »Zusammenschlagen«, zum PPP. flictus von lat. fligere, V., »schlagen«

Konföderation, F., »Staatenbund«, M. 16. Jh. (Federmann 1557) Lw. spätlat. confoederatio, F., »Bündnis«, zum PPP. confoederatus von lat. confoederare, V., »verbinden, vereinigen«, zu lat. cum, con, Präp., Präf., »mit«, lat. foederare, V., »trauen, vertrauen«, zu lat. foedus, N., »Bündnis«

konform, Adj., »übereinstimmend«, M. 16. Jh. (Federmann 1557) Lw. spätlat. conformis, Adj., »gleichförmig«, zu lat. cum, con, Präp., Präf., »mit«, lat. forma, F., »Form, Figur, Gestalt«, zu lat. ferire, V., »schlagen«?

Konfusion, F., »Verwirrung, Vereinigung des Schuldners und Gläubigers (bzw. ihrer Rechtsstellung) in einer Person (z.B. der Schuldner wird Erbe des Gläubigers)«, (vereinzelt) 15. Jh. (Reichstag 1453) Lw. lat. confusio, F., »Zusammengießung«, zum PPP. confusus von lat. confundere, V., »zusammengießen«, zu lat. cum, con, Präp., Präf., »mit«, zum PPP. fusus von lat. fundere, V., »gießen«

Kongregation, F., »Vereinigung«, 18. Jh.? Lw. lat. congregatio, F., »Sich zusammenherden, Versammlung«, zum PPP. congregatus von lat. congregare, V., »zu einer Herde zusammenscharen«, zu lat. cum, con, Präp., Präf., »mit«, lat. gregare, V., »zu einer Herde scharen«, zu lat. grex, F., »Herde«, vgl. Weiske 1839ff.

König, M., »Anführer des Volkes, König«, mhd. künic, künec, M., »König«, ahd. kuning (1. H. 8. Jh.?), kunig, M., »König, Herrscher«, as. kuning, M., »König«, germ. *kuninga, *kuningaz, *kununga, *kunungaz, M., »König, Herrscher, Mann von Familie, edler Mann«, zu germ *kunja, *kunjam, N., »Geschlecht«, zu idg. *ĝen- (1), V., »erzeugen«

Königsbann, M., »Berechtigung des Königs Gebote und Verbote unter Androhung von Nachteilen für den Fall der Nichtbeachtung auszusprechen«, zusammengerückt aus Königs Bann (Sachsenspiegel um 1225? bzw. 1258 Westfalen), s. König, Bann

königsfrei, Adj., »dem König unterworfen frei« Mayer 1953, s. König, frei

Konklave, N., »Konklave«, 15. Jh. (Reichstag 1439) Lw. it. conclave, N., »Konklave«, aus lat. conclave, N., »verschließbarer Raum«, zu lat. cum, con, Präp., Präf., »mit«, lat. clavis, F., »Kloben, Schlüssel«

konkludent, Adj., »schlüssig«, Lw. lat. concludens, Part. Präs. von lat. concludere, V., »verschließen, schließen«, zu lat. cum, con, Präp., Präf., »mit«, lat. claudere, V., »schließen«

konkludentes Handeln, N., »schlüssiges Handeln«, 19. Jh.?, s. Handeln, konkludent

Konklusion, F., »Schluß, Folgerung«, 15. Jh. (1474 Würzburg) Lw. lat. conclusio, F., »Abschließung, Einschließen«, zum PPP. conclusus von lat. concludere, V., »verschließen, versperren, abschließen«, zu lat. cum, con, Präp., Präf., »mit«, lat. claudere, cludere, V., »schließen, sperren«

Konkordat, N., »(im katholischen Kirchenrecht) völkerrechtlicher Vertrag zwischen dem Heiligen Stuhl und einem Staat zur Regelung einer kirchenpolitischen Angelegenheit«, Lw. mlat. concordatum (15. Jh.), N., »Vertrag, Übereinkunft, Konkordat«, zum PPP. concordatus von lat. concordare, V., »übereinstimmen«, zu lat. concors, Adj., »einträchtig«, zu lat. cum, con, Präf., Präp., »mit«, lat. cor, N., »Herz«, vgl. Weiske 1839ff.

konkret, Adj., »greifbar, anschaulich«, 18. Jh. (Winckelmann 1766) Lw. lat. concretus, Adj., »greifbar, anschaulich«, PPP. von lat. concrescere, V., »sich verdichten, sich bilden«, zu lat. cum, con, Präp., Präf., »mit«, lat. crescere, V., »wachsen, hervorkommen«, zu lat. creare, V., »schaffen«

konkrete Normenkontrolle, F., »Normenkontrolle im Einzelfall«, 2. H. 20. Jh., s. Normenkontrolle, konkret

konkretes Gefährdungsdelikt, N., »eine konkrete Gefährdung erfassendes Delikt«, 20. Jh., s. Gefährdungsdelikt, konkret

Konkretisierung, F., »Konzentration, Verdichtung, Umwandlung einer Gattungsschuld in eine Stückschuld«, 19. Jh.?, s. konkret, ieren, ung

Konkubinat, älter M., dann N., »auf längere Zeit abgestellte außereheliche Geschlechtsgemeinschaft«, 17. Jh. (Meyfart 1636) Lw. lat. concubinatus, M., »Konkubinat«, s. Konkubine

Konkubine, F., »Konkubine, Geliebte«, um 1700 bzw. 16. Jh. (Murner 1520) Lw. lat. concubina, F., »Konkubine«, zu lat. concubinus, M., »Beischläfer«, zu lat. concubare, V., »zusammenliegen«, zu lat. cum, con, Präp., Präf., »mit«, lat. cubare, V., »schlafen, liegen«

Konkurrent, M., »Mitbewerber«, 2. H. 18. Jh. (Sinapius 1783) Lw. lat. concurrens, subst. Part. Präs. von lat. concurrere, V., »zusammenlaufen«, zu lat. cum, con, Präp., Präf., »mit«, lat. currere, V., »laufen«

Konkurrentenklage, F., »Klage gegen die Gewährung einer Subvention an einen Konkurrenten durch die der Kläger geltend macht durch hoheitliches Handeln in seiner Wettbewerbsstellung und damit seinen Rechten verletzt zu sein«, 2. H. 20. Jh., s. Konkurrent, Klage

Konkurrenz, F., »Wettbewerb«, 2. H. 17. Jh.? bzw. 18. Jh. (Möser 1776) Lw. (allen Gläubigern die Concurrenz zugestanden), s. Konkurrent, konkurrieren

konkurrieren, V., »zusammentreffen, wetteifern (18. Jh.)«, M. 16. Jh. (Sleidan 1557) Lw. lat. concurrere, V., »zusammenlaufen, zusammenrennen, zusammentreffen«, zu lat. cum, con, Präf., Präp., »mit«, lat. currere, V., »laufen«, 18. Jh. Lbd. lat. concurrere, V., »wetteifern«

konkurrierend, Part. Präs., »zusammentreffend«, s. konkurrieren

konkurrierende Bundesgesetzgebung, F., »neben einer Landesgesetzgebung mögliche Bundesgesetzgebung«, 2. H. 20. Jh., s. konkurrierend, Bundesgesetzgebung

Konkurs, M., (bis 1999) »Verfahren zur gleichzeitigen und gleichmäßigen Befriedigung aller Gläubiger eines Schuldners aus dessen Vermögen«, 16. Jh. (Roth 1571) Lw. lat. concursus, M., »Zusammenlauf«, seit 17. Jh. (1670 Gotha bzw. Picander 1726) Lw. lat. concursus (creditorum), M., »Zusammenlauf (der Gläubiger), Konkurs«, s. konkurrieren

Konkursanfechtung, F., »vom Konkursverwalter durchzuführende Anfechtung bestimmter die Gläubiger benachteiligender Handlungen des späteren Gemeinschuldners«, 19. Jh.?, s. Konkurs, Anfechtung

Konkursausfallgeld, N., »Leistung auf welche diejenigen Arbeitnehmer die infolge eines Konkurses oder Abweisung eines Antrages auf Konkurseröffnung ihren Arbeitslohn der 3 letzten Monate nicht erhalten Anspruch haben«, um 1980, s. Konkurs, Ausfall, Geld

Konkursforderung, F., »im Konkurs angemeldete Forderung«, 19. Jh., s. Konkurs, Forderung

Konkursgrund, M., »Grund für die Eröffnung des Konkurses (z.B. Zahlungsunfähigkeit)«, 19. Jh.?, s. Konkurs, Grund

Konkursmasse, F., »gesamtes der Zwangsvollstreckung unterliegendes Vermögen eines Gemeinschuldners welches ihm zur Zeit der Eröffnung des Verfahrens gehört«, Coßmann 1829, s. Konkurs, Masse

Konkursstraftat, F., »im Zusammenhang mit einem Konkurs begangene Straftat (z.B. Bankrott)«, 20. Jh.?, s. Konkurs, Straftat

Konkursverfahren, N., »im Konkursfall durchzuführendes Verfahren«, 19. Jh., s. Konkurs, Verfahren, vgl. Planck 1896

Konkursverwalter, M., »vom Konkursgericht ernannter Verwalter des Vermögens des Gemeinschuldners im Konkurs«, 19. Jh., s. Konkurs, Verwalter, vgl. Koch 1864

können, Prät.-Präs., »können, vermögen, wissen«, fnhd. kunnen, künnen, Prät.-Präs., »können, wissen, künden«, mhd. kunnen, künnen, Prät.-Präs., »wissen, kennen, verstehen«, ahd. kunnan (1. H. 8. Jh.), Prät.-Präs., »beherrschen, verstehen, wissen, können, vermögen, kennen, Bescheid wissen«, as. kunnan, Prät.-Präs., »können«, germ. *kunnan, Prät.-Präs., »verstehen, kennen, können, vermögen«, idg. *ĝenə-, *ĝno-, V., »erkennen, kennen, wissen«

Konnexion, F., »Verbindung«, 18. Jh. (Michaelis 1793) Lw. frz. connexion, F., »Verbindung«, aus lat. conexio, F., »Verbindung«, zum PPP. conexus von lat. conectere, V., »verbinden«, zu lat. cum, con, Präp., Präf., »mit«, lat. nectere, V., »binden, knüpfen«

Konnexität, F., »technische Bezeichnung dafür daß ein Anspruch und ein Ge-

genanspruch auf demselben rechtlichen Verhältnis beruhen«, Lw. frz. connexité, F., »Zusammenhang«, s. Konnexion, vgl. Weiske 1839ff.

Konnivenz, F., »Verleitung eines Untergebenen zu einer rechtswidrigen Tat im Amt durch einen Vorgesetzten oder Geschehenlassen einer rechtswidrigen Straftat im Amt durch einen Vorgesetzten«, Lw. lat. coniventia, F., »Nachsicht«, zum Part. Präs. conivens von lat. conivere, V., »sich schließen«, zu lat. cum, con, Präp., Präf., »mit«, lat. nictare, V., »zwinkern«, vgl. Weiske 1839ff.

Konnossement, N., »Seefrachtbrief den der Verfrachter (Reeder) dem Ablader (Absender) ausstellt und in dem der Verfrachter die Annahme der Güter anerkennt und sich zur Auslieferung an den Inhaber der Urkunde verpflichtet«, 16. Jh. (1545) Lw. (it. conoscimento bzw. frz. cognoscement, aus) lat. cognoscentia, F., »Frachtbrief, Kenntnis«, zum Part. Präs. cognoscens von lat. cognoscere, V., »kennenlernen«, zu lat. cum, cog, Präp., Präf., »mit«, lat. noscere, V., »inne werden, kennenlernen«

Konnotation, F., »Nebenbedeutung«, zu lat. cum, con, Präp., Präf., »mit«, lat. notatio, F., »Bezeichnung«, zum PPP. notatus von lat. notare, V., »bezeichnen, kennzeichnen«

Konsekration, F., »Weihe«, Lw. lat. consecratio, F., »Weihe«, zum PPP. consecratus von lat. consecrare, V., »weihen«, zu lat. cum, con, Präp., Präf., »mit«, lat. sacer, Adj., »heilig«

Konrektor, M., »Mitrektor, Stellvertreter des Rektors«, 16. Jh. (1596 Braunschweig), s. kon, Rektor

Konsens, F., »Übereinstimmung, Zustimmung«, 16. Jh. (Frey 1512 bzw. Gobler 1536) Lw. lat. consensus, M., »Übereinstimmung«, subst. PPP. (consensus) von lat. consentire, V., »übereinstimmen«, zu lat. cum, con, Präp., Präf., »mit«, lat. sentire, V., »fühlen, empfinden, wahrnehmen«, älter consensbrief 1411 Frankfurt

Konsensprinzip, N., »(im Sachenrecht) Grundsatz daß die Eintragungsbewilligung des durch eine Eintragung in das Grundbuch Belasteten die Grundlage der Eintragung bildet ohne daß auf den materiellen Konsens im Rahmen der zugrundeliegenden Rechtsgeschäfte abgestellt wird«, 20. Jh.?, s. Konsens, Prinzip

konsensual, Adj., »übereinstimmend, einen Konsens betreffend«, s. Konsens

Konsensualvertrag, M., »Vertrag der auf der bloßen Willensübereinstimmung der Vertragsparteien beruht«, 19. Jh.?, s. konsensual, Vertrag

konservativ, Adj., »bewahrend«, 19. Jh. (Laube 1836) Lw. ne. conservative, Adj., »bewahrend« (Croker 1830 für Parteien), Lw. mlat. conservativus, Adj., »bewahrend«, zum PPP. conservatus von lat. conservare, V., »erhalten, bewahren«, s. konservieren, vgl. Geschichtliche Grundbegriffe

konservieren, V., »erhalten, bewahren«, 16. Jh. Lw. lat. conservare, V., »erhalten, bewahren«, zu lat. cum, con, Präp., Präf., »mit«, lat. servare, V., »erretten, erhalten, bewahren«

Konsiliator, M., »spätmittelalterlicher oberitalienischer Jurist der auf Grund des römischen Rechts praktische Gutachten verfaßte (Kommentator bzw. früher Postglossator)«, 20. Jh. Lw. lat. consiliator, M., »Berater«, s. Konsilium

Konsiliensammlung, F., »Gutachtensammlung«, 20. Jh.?, s. Konsilium, Sammlung

Konsilium, N., »Beratung, Beratergruppe«, Lw. lat. consilium, N., »Rat«, zu lat. consulere, V., »beraten, überlegen (V.)«, s. Konsul

Konsistorim, N., »Vollversammlung der Kardinäle (unter Vorsitz des Papstes), territoriale Kirchenbehörde«, 16. Jh. (1538 bzw. 1539 Wittenberg/Sachsen) Lw. lat. consistorium, N., »Versammlung der Kardinäle, Versammlungsort«, zu lat. consistere, V., »sich hinstellen«, zu lat. cum, con, Präp., Präf., »mit«, lat. sistere, V., »stellen«, zu lat. stare, V., »stehen«

Konskription, F., »Zusammenschreibung (zwecks Heranziehung zum Kriegsdienst)«, Lw. lat. conscriptio, F., »Verfassen«, zum PPP. conscriptus von lat. conscribere, V., »verzeichnen«, zu lat. cum, con, Präp., Präf., »mit«, lat. scribere, V., »schreiben«

Konsolidation, F., »Erlöschen eines beschränkten dinglichen Rechts beim Zusammenfallen der Stellung als Eigentümer und als Inhaber eines beschränkten dinglichen Rechts«, 16. Jh. (Roth 1571) Lw. lat. consolidatio, F., »Feststellung des Eigentums«, zum PPP. consolidatus von lat. consolidare, V., »festigen«, s. konsolidieren

konsolidieren, V., »festigen, sichern«, 16. Jh. (Roth 1571) Lw. (frz. consolider, V., »festigen«, aus) lat. consolidare, V., »festigen«, zu lat. cum, con, Präp., Präf., »mit«, lat. solidare, V., »festigen«, zu lat. solidus, Adj., »dicht, stark«

Konsorte, M., »Genosse«, 16. Jh. bzw. 18. Jh. Lw. lat. consors, M., »Genosse«, (1366 Bayern consorcier bzw. 1583 konsort,) relativ früh auch negative Bedeutung (Genosse einer Straftat), s. Konsortium

Konsortium, N., »Gelegenheitsgesellschaft zur Erledigung vorübergehender konkreter Einzelaufgaben (z.B. Bankenkonsortium zur Ausgabe einer Anleihe)«, 17. Jh. Lw. lat. consortium, N., »Mitgenossenschaft, Teilhaberschaft«, zu lat. consors, M., F., »Teilhaber, Mitgenosse«, zu lat. cum, con, Präp., Präf., »mit«, lat. sors, F., »Los, Anteil«, zu lat. serere, V., »fügen, reihen«

konspirieren, V., »sich verschwören«, 16. Jh. (Franck 1538) Lw. lat. conspirare, V., »sich verschwören«, zu lat. cum, con, Präp., Präf., »mit«, lat. spirare, V., »blasen, wehen, atmen«

Konspiration, F., »Verschwörung«, 16. Jh.? (Brant 1509) Lw. lat. conspiratio, F., »Verschwörung«, zum PPP. conspiratus von lat. conspirare, V., »sich verschwören«, s. konspirieren

Konstabler, M., »Soldat gehobenen Ranges«, (mhd. constabel [um 1281 Magdeburg], M., »Anführer, Befehlshaber«,) 17. Jh. Lw. mlat. constabularius, conestabularius, M., »Heerführer, Befehlshaber zur Lagerbewachung oder Festungsbewachung«, aus lat. comes stabuli, M., »Stallbefehlshaber«, zu lat. comes, M., »Begleiter«, lat. stabulum, N., »Stall, Pferdestall«

Konstitution, M., »Zusammensetzung, Festsetzung, Gesetz, Verfassung«, mhd. constitucion, F., »Verordnung«, 14. Jh. (1364 Trier) »Gesetz« bzw. 16. Jh. »Verfassung« Lw. lat. constitutio, F., »Verfassung« (Malherbe)?, 17. Jh. Lw. frz. constitution, F., »Verfassung«, aus lat. constitutio, F., »Verfassung, Einrichtung«, zum PPP. constitutus von lat. constituere, V., »hinstellen, hinsetzen, festsetzen«, zu lat. cum, con, Präp., Präf., »mit«, lat. statuere, V., »hinstellen, festsetzen«, zu lat. sistere, V., »stehen machen, stellen«, zu lat. stare, V., »stehen«

Konstitutionalismus, M., »Staatsform bei der das Staatsoberhaupt durch eine (formelle) Verfassung in seinen Rechten beschränkt ist (z.B. konstitutionelle Monarchie im Gegensatz zur absoluten Monarchie)«, 19. Jh.?, s. Konstitution

konstitutionell, Adj., »die Verfassung betreffend«, E. 18. Jh. Lw. frz. constitutionel, Adj., »die Verfassung betreffend«, s. Konstitution

konstitutiv, Adj., »begründend«, 19. Jh.? Lw. frz. constitutif, Adj., »begründend«, s. Konstitution

konstruieren, V., »gestalten, herstellen«, 16. Jh. Lw. lat. construere, V., »gestalten, herstellen«, zu lat. cum, con, Präp., Präf., »mit«, lat. struere, V., »schichten, häufen, aufbauen«

konstruktiv, Adj., »aufbauend«, 19. Jh., zu lat. constructio, F., »Zusammenschichtung«, zum PPP. constructus von lat. construere, V., »zusammenschichten«, zu lat. cum, con, Präp., Präf., »mit«, lat. struere, V., »übereinanderschichten«

konstruktives Mißtrauensvotum, N., »eine konstruktive Gestaltung umfassendes Mißtrauensvotum« (um 1950), s. konstruktiv, Mißtrauen, Votum

Konsul, M., »- nicht mit der Stellung als Gesandter versehener - Vertreter eines Staates in einem anderen Staat, Höchstmagistrat der römischen Republik«, (1268 Aragonien, Rieter 1460, 1479?, Rauwolff 1581) Lw. lat. consul, M., »Berater des Volkes, (römischer) Konsul (als höchste Magistratsperson)«, zu lat. consulere, V., »beraten«, Bedeutung »Vertreter eines Gemeinwesens im Ausland« nachrömisch im Mittelmeerraum

Konsulat, N., »Auslandsvertretung eines Staates«, Lw. lat. consulatus, M., »Amt und Würde eines Konsuls«, s. consul

Konsulent, M., »Berater, Rechtsbeistand«, Nehring 1684, zum Part. Präs. consulens von lat. consulere, V., »beraten«

konsult, N., s. Senats-

Konsum, M., »Verbrauch«, 19. Jh., älter Consumo, M., »Verbrauch«, 18. Jh. Lw. it. consumo, M., »Verbrauch«, zu lat. consumere, V., »verbrauchen«, zu lat. cum, con, Präp., Präf., »mit«, lat. sumere, V., »nehmen«, zu lat. sub, Präp., Präf., »unter«, lat. emere, V., »nehmen«

Konsument, M., »Verbraucher«, M. 17. Jh.

(Thomasius 1688) Lw. lat. consumens, Part. Präs. von lat. consumere, s. konsumieren

Konsumentenschutz, M., »Verbraucherschutz«, 2. H. 20. Jh. Österreich, s. Konsument, Schutz

Konsumgenossenschaft, F., »Verbrauchergemeinschaft«, 19. Jh., s. Konsum, Genossenschaft

konsumieren, V., »verzehren, verbrauchen«, 16. Jh. Lw. lat. consumere, V., »verbrauchen«, s. Konsum

Konsumtion, F., »Fall der Gesetzeseinheit«, 17. Jh. (Krafft 1683) Lw. lat. consumtio, F., »Verbrauch«, zum PPP. consumptus von lat. consumere, s. konsumieren, im 19. Jh. im allgemeinen Sprachgebrauch von Konsum verdrängt

Konsumverein, M., »Konsumverein« (Bürkli 1851), s. Konsum, Verein

Kontakt, M., »Berührung zweier Personen oder Gegenstände«, 17. Jh. (Lebenwaldt 1681) Lw. lat. contactus, M., »Berührung, Verbindung«, subst. PPP. von lat. contingere, V., »berühren«, zu lat. cum, con, Präp., Präf., »mit«, lat. tangere, V., »berühren«

Kontaktsperre, F., »Unterbrechung jedweder Verbindung von Gefangenen und Außenwelt«, (seit 1977), s. Kontakt, Sperre

Konterbande, F., »Schleichhandel, Schmuggelware (19. Jh.)«, 15. Jh. (Keller 1489) Lw. it. contrabando, M., »gegen die Bekanntmachung, Schmuggel«, in frz. Form contrebande, zu mlat. contra bannum, Adv., »gegen den Bann«, s. Bann

Konterrevolution, F., »Gegenrevolution«, A. 19. Jh. Lw. frz. contre-révolution, F., »Gegenrevolution«, 1790, zu lat. contra, Präp., Präf., »gegen«, s. Revolution

Konto, N., »Konto, Guthaben zur Verrechnung«, 15. Jh. (um 1500) Lw. it. conto, M., »Rechnung«, zu spätlat. computus, M., »Berechnung«, zu lat. computare, V., »zusammenrechnen, berechnen«, zu lat. cum, con, Präp., Präf., »mit«, lat. putare, V., »rechnen, berechnen, reinigen«, zu lat. putus, Adj., »rein«, Bedeutungsentwicklung »Rechnung, Berechnung, Guthaben«

Kontokorrent, M., »laufende Rechnung, Geschäftsverbindung mit einem Kaufmann (z.B. Bank) bei der die aus der Verbindung entspringenden beiderseitigen Ansprüche und Leistungen nebst Zinsen in Rechnung gestellt und in regelmäßigen Zeitabschnitten durch Verrechnung und Feststellung des für den einen oder anderen Teil sich ergebenden Überschusses (Saldo) ausgeglichen werden«, Coßmann 1829 conto courant, M., »fortlaufende Rechnung«, Kontokurrent um 1880, s. Konto, korrent über it. zu lat. currens, Part. Präs. von lat. currere, V., »laufen«

Kontokorrentvorbehalt, M., »Eigentumsvorbehalt der den Erwerb des Eigentums davon abhängig macht daß der Käufer alle oder einen bestimmten Teil der gesamten aus der Geschäftsverbindung stammenden Forderungen beglichen hat«, 2. H. 20. Jh.?, s. Kontokorrent, Vorbehalt

kontra, Präf., »wider, gegen«, Lw. lat. contra, Präp., Präf., »gegen«, zu lat. cum, con, Präp., Präf., »mit«

Kontradiktion, F., »Widerspruch«, Lw. lat. contradictio, F., »Widerspruch«, zum PPP. contradictus von lat. contradicere, V., »widersprechen«, zu lat. contra, Präp., Präf., »wider, gegen«, lat. dicere, V., »sprechen, sagen«

kontrahieren, V., »zusammenziehen«, 16. Jh. (1521 Windsheim) Lw. lat. contrahere, V., »zusammenziehen, zusammenbringen, eine Verbindung eingehen, eine Verbindung abschließen«, zu lat. cum, con, Präp., Präf., »mit«, lat. trahere, V., »ziehen«

Kontrahierungszwang, M., »Abschlußzwang«, 20. Jh., s. kontrahieren, ung, Zwang

Kontrakt, M., »Kontrakt, Vertrag«, 15. Jh. (1465 Sachsen bzw. Riederer 1493) Lw. mlat. contractus, M., »Vertrag«, subst. PPP. von lat. contrahere, V., »zusammenziehen«, s. kontrahieren

Kontratabularersitzung, F., »Ersitzung des Eigentums an einem Grundstück durch den nichteingetragenen Eigenbesitzer entgegen der Eintragung (contra tabulas)«, 19. Jh.?, s. kontra, Tafel, Ersitzung

Kontribution, F., »Beitrag, Unterstützungszahlung«, 16. Jh. (1566? Bamberg bzw. 1572 Mecklenburg bzw. Schweinichen 1590) Lw. lat. contributio, F., »Beitrag«, zum PPP. contributus von lat. contribuere, V., »zuteilen«, zu lat. cum, con, Präp., Präf., »mit«, lat. tribuere, V., »zuteilen, gewähren«, zu lat. tribus, M., »Volk, Bezirk«

Kontrolle, F., »Überwachung, Aufsicht, Herrschaft«, 18. Jh. (Lessing 1767) Lw. frz.

contrôle, M., »Überwachung, Aufsicht, Herrschaft«, aus mfrz. contre-rôle, M., »Gegenrolle, Gegenregister (zwecks Überwachung)«, zu lat. contra, Präp., Präf., »wider, gegen«, mlat. rotulus, M., »Rädchen, Rolle«, zu lat. rota, F., »Rad, Scheibe«

Kontrolleur, M., »Gegenrechner, Aufseher«, 16. Jh. (1527 contralör) bzw. 18. Jh. (Sperander 1727) Lw. frz. controlleur, M., »Aufseher«, s. Kontrolle

kontrollieren, V., »prüfen, beaufsichtigen«, 16. Jh. (Albertinus 1598) Lw. frz. contrôler, V., »prüfen, beaufsichtigen«, s. Kontrolle

Kontrollrat (alliierter), M., »im Nachkriegsdeutschland vom 5. 6. 1945 bis 20. 3. 1948 tätiges oberstes aus den vier Befehlshabern der Besatzungszonen gebildete Kontrollorgan der Besatzungsmächte«, 1945, s. Kontrolle, Rat

kontumazial, Adj., »ungehorsam«, zu lat. contumacia, F., »Trotz, Ungehorsam«, zu lat. contumax, Adj., »trotzig«, zu lat. cum, con, Präp., Präf., »mit«, lat. tumere, V., »geschwollen sein«

Kontumazialverfahren, N., »Ungehorsamsverfahren, Abwesenheitsverfahren, Versäumnisverfahren«, s. kontumazial, Verfahren, vgl. Weiske 1839ff.

Konvaleszenz, F., »nachträgliches Wirksamwerden eines nicht oder nicht voll wirksamen Geschäftes (z.B. Heilung oder Bestätigung eines nichtigen Geschäfts)«, vor 19. Jh.? Lw. lat. convalescentia, F., »Genesung«, zum Part. Präs. convalescens von lat. convalescere, V., »erstarken«, zu lat. cum, con, Präp., Präf., »mit«, lat. valere, V., »stark sein«

Konvent, M., »Zusammenkunft, Vereinigung«, mhd. convent, M., »Konvent, geistliche Gesellschaft in einem Kloster«, 13. Jh. (1244 Deutscher Orden) Lw. lat. conventus, M., »Zusammenkunft, Konvent«, subst. PPP. von lat. convenire, V., »zusammenkommen, sich verbinden«, zu lat. cum, con, Präp., Präf., »mit«, lat. venire, V., »kommen, gehen«

Konvention, F., »Übereinkunft, Sitte«, 16. Jh. (1520 Freiburg »Vertrag«) bzw. 17. Jh. (Rohr 1718) Lw. frz. convention, F., »Übereinkunft, Vertrag«, aus lat. conventio, F., »Zusammenkunft, Übereinkunft«, zum PPP. conventus von lat. convenire, V., »zusammenkommen, sich verbinden«, zu lat. cum, con, Präp., Präf., »mit«, lat. venire, V., »kommen, gehen«

Konvention zum Schutz der Menschenrechte, F., »internationale Vereinbarung über den Schutz von Menschenrechten«, 2. H. 20. Jh., s. Konvention, Schutz, Menschenrecht

konventional, Adj., »einen Vertrag betreffend«, s. Konvention, Konventionalrecht 1698 Tübingen

Konventionalscheidung, F., »Ehescheidung auf Grund vertraglicher Übereinkunft«, 20. Jh.?, s. konventional, Scheidung

Konventionalstrafe, F., »Vertragsstrafe«, 18. Jh. (Michaelis 1776), s. Konvent, Konvention, Strafe, Konventionsstrafe

Konventionsstrafe, F., »Vertragsstrafe«, 18. Jh. (Rohr 1727), s. Konvention, Strafe

Konversion, F., »Umwendung, Umdeutung«, Lw. lat. conversio, F., »Umwendung, Umdeutung, Übertritt«, zum PPP. conversus von lat. convertere, V., »umkehren«, zu lat., cum, con, Präp., Präf., »mit«, lat. vertere, V., »wenden, drehen«, vgl. Weiske 1839ff.

Konvertibilität, F., »Umtauschbarkeit«, zu lat. convertibilis, Adj., »veränderlich«, s. Konversion

Konzentration, F., »(im Schuldrecht) Vorgang der die Umwandlung einer Gattungsschuld in eine Stückschuld bewirkt, (im Wirtschaftsrecht) Vereinigung von mehreren kleineren Unternehmen zu wenigeren größeren Unternehmen, (im Verwaltungsrecht) Zusammenfassung von Zuständigkeiten in einer Verwaltungsbehörde, (im Verfahrensrecht) Beschränkung einer Streitsache auf möglichst einen Verhandlungstermin«, 17. Jh. (Ettner 1597) Lw. frz. concentration, F., »Verdichtung«, s. konzentrieren, zum lat. PPP.?

Konzentrationslager, N., »Internierungslager im Burenkrieg (A. 20. Jh.), Vernichtungslager für politische Gegner«, A. 20. Jh. Lw. ne. concentration camp, N., »Internierungslager«, s. Konzentration, Lager

konzentrieren, V., »zusammendrängen, sammeln«, 17. Jh. (Lebenwaldt 1680 bzw. Thomasius 1692) Lw. frz. concentrer, V., »auf einen Punkt zusammenbringen, zusammendrängen«, zu frz. con, Präp., Präf., »mit«, frz. centre, M., »Mittelpunkt, Zentrum«, aus lat. cum, con, Präp., Präf., »mit«, lat. centrum, N., »Mitte, Mittelpunkt«, Lw. gr. kéntron, N., »Stachel, Mittelpunkt«, zu gr. kenteīn, V., »stechen«

Konzern, M., »unter Wahrung der rechtlichen Selbständigkeit erfolgende Zusammenfassung eines herrschenden und eines oder mehrerer abhängiger Unternehmen (Unterordnungskonzern) oder mehrerer rechtlich selbständiger nicht von einander abhängiger Unternehmen (Gleichordnungskonzern) unter einheitlicher Leitung«, A. 20. Jh. Lw. ne. concern, N., »Interesse, Unternehmen«, zu ne. concern, V., »betreffen, angehen«, Lw. frz. concerner, V., »betreffen, angehen«, aus lat. concernere, V., »betreffen, angehen«, zu lat. cum, con, Präp., Präf., »mit«, lat. cernere, V., »sichten, scheiden«

Konzernvorbehalt, M., »Eigentumsvorbehalt der den Erwerb des Eigentums davon abhängig macht daß der Käufer alle Forderungen des Konzerns des Vorbehaltseigentümers beglichen hat«, 2. H. 20. Jh., s. Konzern, Vorbehalt

Konzernrecht, N., »Recht der Konzerne«, 20. Jh., s. Konzern, Recht

Konzession, F., »Zugeständnis, Genehmigung«, 16. Jh. (1571 bzw. Carolus 1609) Lw. lat. concessio, F., »Zugeständnis, Bewilligung«, zum PPP. concessus von lat. concedere, V., »beiseite treten, zugestehen«, zu lat. cum, con, Präp., Präf., »mit«, lat. cedere, V., »gehen, treten«

Konzessionssystem, N., »im 19. Jh. geltendes System das die Entstehung einer juristischen Person von einer staatlichen Verleihung (Genehmigung) abhängig macht«, 19. Jh., s. Konzession, System

Konzil, F., »(im katholischen Kirchenrecht) kollegiales nichtständiges Organ zur Behandlung kirchlicher Angelegenheiten (Bischofsversammlung)«, mhd. concilium, concilje (13. Jh.), concili (15. Jh.), N., »Kirchenversammlung«, Lw. lat. concilium, N., »Versammlung«, zu lat. cum, con, Präp., Präf., »mit«, vielleicht zu lat. calare, V., »rufen«, zu lat. clarus, Adj., »laut, hell«

Kopf, M., »Kopf, Trinkgefäß«, mhd. kopf, koph, M., »Trinkgefäß, Becher, Kopf, Hirnschale, Schröpfkopf«, ahd. kopf (790), kuph, M., »Becher, Schale (F.) (1), Schöpfgefäß, Kopf«, germ. *kupa, kuppa, F., »Kufe, Bottich, Becher«, Lw. lat. cupa, cuppa, F., »Becher«, zu idg. *gēu-, *gū-, V., »biegen, krümmen, wölben«, verdrängt älteres Haupt

Kopie, F., »Nachbildung, Ablichtung«, 2. H. 14. Jh. (1380) Lw. lat. copia, F., »Menge, Fülle, Vorrat, Mittel«, zu lat. cum, co, Präp., Präf., »mit«, lat. ops, F., »Macht, Kraft, Vermögen«

kopieren, V., »abschreiben, ablichten«, 14. Jh.? Lw. mlat. copiare, V., »vervielfältigen, abschreiben«, s. Kopie

Kopieren, N., »Ablichten«, s. kopieren

Körper, M., »Körper«, mhd. korper, körper, körpel (fnhd.?), M., »Körper, Leichnam«, 13. Jh. Lw. lat. corpus, (Gen. corporis,) N., »Leib, Körper, Substanz, Gesamtheit«, verdrängt das ältere Wort (nhd. Leiche,) mhd. līch, F., »Leib, Körper, Aussehen« aus seiner Hauptbedeutung, Umlaut aus lat. Endung i oder Suffix il?

körperlich, Adj., »körperlich«, 16. Jh. (1599 Niederösterreich), s. Körper, lich

körperliche Mißbehandlung, F., »am Körper erfolgende Mißhandlung«, 19. Jh.?, s. körperlich, Mißhandlung

Körperschaft, F., »mitgliedschaftlich verfaßte vom Wechsel der Mitglieder unabhängige Personenvereinigung, mitgliedschaftlich verfaßter unabhängig vom Wechsel der Mitglieder bestehender mit Hoheitsgewalt ausgestatteter Verwaltungsträger«, A. 19. Jh. (Campe 1807) bzw. Badisches Landrecht 1809, Lüs. frz. corporation, F., »Körperschaft, Innung«, aus lat. corporatio, F., »Leiblichkeit«, zum PPP. corporatus von lat. corporare, V., »zum Körper machen«, zu lat. corpus, N., »Körper«, s. Körper, schaft

körperschaftlich, Adj., »eine Körperschaft betreffend«, M. 19. Jh.?, s. Körperschaft, lich

Körperschaftsteuer, F., »Einkommensteuer der Körperschaften und gleichgestellten juristischen Personen«, 20. Jh.?, s. Körperschaft, Steuer

Körperverletzung, F., »Eingriff in die körperliche Unversehrtheit, körperliche Mißhandlung oder Gesundheitsbeschädigung«, A. 19. Jh.?, s. Körper, Verletzung, vgl. Weiske 1839ff., Grimm DW 1873

Korporal, M., »Unteroffizier«, A. 17. Jh. (um 1600) Lw. frz. corporal, caporal, M., »Unteroffizier«, Lw. it. caporale, M., »Unteroffizier«, zu it. capo, M., »Kopf, Haupt«, aus lat. caput, N., »Kopf, Haupt«

Korporation, F., »Körperschaft«, E. 18. Jh. Lw. frz. corporation, F., »Körperschaft, Verbindung«, Lw. ne. corporation, N., »Körperschaft, Verbindung«, Lw. lat. corporatio, F., »Körperlichkeit«, zum PPP. corporatus von lat. corporare, V., »zum Körper machen«, zu lat. corpus, N., »Leib, Körper, Substanz, Gesamtheit«, E. 19. Jh. Bedeutung »Studentenverbindung«

Korpus, N., »Korpus, Sammlung«, 17. Jh. Lw. lat. corpus, N., »Leib, Körper, Substanz, Gesamtheit«

korrekt, Adj., »richtig«, 16. Jh. (Paracelsus 1570 im Druckwesen) Lw. lat. correctus, Adj., »gebessert«, PPP. von lat. corrigere, V., »gerade richten«, zu lat. cum, cor, Präp., Präf., »mit«, lat. regere, V., »gerade richten, leiten«

korrent, s. Konto-

korrespektiv, Adj., »wechselbezüglich«, 19. Jh., zu lat. cum, cor, Präp., Präf., »mit«, zum PPP. respectus von lat. respicere, V., »zurücksehen«

korrespektives Testament, N., »wechselbezügliches Testament«, 19. Jh., s. korrespektiv, Testament

Korrespondenz, F., »Briefwechsel«, 17. Jh. (Hainhofer 1610) Lw. frz. correspondance, F., »Briefwechsel«, aus mlat. correspondentia, F., »Briefwechsel«, zu lat. cum, cor, Präp., Präf., »mit«, lat. respondere, V., »antworten, versichern, übereinstimmen«, zu lat. re, Präp., Präf., »zurück«, lat. spondere, V., »geloben«, vgl. Korrespondenzkreis Reichstag 1582

Korrespondenzgeheimnis, N., »Tatsache und Inhalt von Briefen und Ferngesprächen und Fernschreiben und Telegrammen und allen Postsendungen schützende Geheimhaltungspflicht«, 20. Jh., s. Korrespondenz, Geheimnis

korrupt, Adj., »bestechlich, verdorben«, 15. Jh. Lw. lat. corruptus, Adj., »bestechlich, verdorben«, PPP. von lat. corrumpere, V., »verderben, verführen, vernichten«, zu lat. cum, cor, Präp., Präf., »mit«, lat. rumpere, V., »brechen, zerbrechen«

Kost, F., s. Kosten

kostbar, Adj., »wertvoll«, mhd. kostebære, kostbære, Adj., »kostbar«, Lüt. lat. pretiosus, Adj., »wertvoll«?, s. Kosten, bar

Kostbarkeit, F., »kleine Sache von großem Wert«, fnhd. Lüs. lat. pretiositas, F., »Kostbarkeit«, s. kostbar, heit

kosten, V., »kosten (V.) (2), als Preis haben«, mhd. kosten, V., »Aufwand machen, ausgeben, zu stehen kommen, kosten (V.) (2)«, Lw. afrz. coster, couster, V., »kosten (V.) (2)«, aus mlat. costare, V., »kosten (V.) (2)«, zu lat. constare, V., »feststehen, bekannt sein, zu stehen kommen«, zu lat. cum, con, Präp., Präf., »mit«, lat. stare, V., »stehen«

Kosten, F. Pl., »diejenigen Werte welche für die Beschaffung oder Herstellung eines Gutes aufgewendet werden«, mhd. koste, kost, F., M., »Wert, Preis, Geldmittel, Aufwand«, ahd. kosta (12. Jh.), F., »Wert«, Lw. mlat. *costus, M., *costa, F., »Aufwand«, zu lat. constare, V., »feststehen, bekannt sein, zu stehen kommen«, zu lat. cum, con, Präp., Präf., »mit«, lat. stare, V., »stehen«

Kostendeckung, F., »Deckung von Aufwand durch Einkünfte«, 20. Jh.?, s. Kosten, Deckung

Kostenentscheidung, F., »von Amts wegen zu treffende Entscheidung über die Tragung gerichtlicher Kosten«, 19. Jh., s. Kosten, Entscheidung, vgl. Planck 1896

Kostenfestsetzung, F., »auf Antrag des Berechtigten erfolgende förmliche Festlegung der ihm tatsächlich vom Gegner zu erstattenden Kosten«, 19. Jh., s. Kosten, Festsetzung

Kostenfestsetzungsbeschluß, M., »durch den Urkundsbeamten der Geschäftsstelle getroffene Entscheidung über die Höhe der einer Partei zu erstattenden Kosten«, 19. Jh., s. Kostenfestsetzung, Beschluß, vgl. Planck 1896

Kostenordnung, F., »die Kosten der freiwilligen Gerichtsbarkeit regelndes Gesetz«, »Ordnung zulässiger Kosten« 1564 Danzig (für Gastmahle) bzw. Logau 1654, s. Kosten, Ordnung

Kostenrechnung, F., »dem zur Tragung der Kosten Verurteilten von der Geschäftsstelle erteilte Aufstellung über die von ihm zu zahlenden Gerichtskosten«, 19. Jh.?, s. Kosten, Rechnung

Kraft, F., »Kraft, Macht, Fähigkeit«, mhd. kraft, F., »Kraft, Gewalt, Menge, Fülle«, ahd. kraft (765), M., »Kraft, Macht, Gewalt, Vermögen, Tugend, Fähigkeit«, as. kraft, kraht, M., F., »Kraft«, germ. *krafti, *kraftiz, F., »Macht, Kraft«, zu idg. *grep-, Sb., »Haken, Kraft«, zu idg. *ger- (3), V., »drehen, winden«

Kraftfahrt, F., »Fahrt mit einem Kraftfahrzeug«, 19. Jh.?, s. Kraft, Fahrt

Kraftfahrtbundesamt, N., »oberste Bundesbehörde für den Straßenverkehr mit Sitz in Flensburg«, 2. H. 20. Jh., s. Kraftfahrt, Bundesamt

Kraftfahrzeug, N., »Landfahrzeug das durch Maschinenkraft bewegt wird ohne an Bahngleise gebunden zu sein«, 19. Jh.?, s. Kraft, Fahrzeug

Kraftfahrzeugbrief, M., »(auf Grund einer allgemeinen Betriebserlaubnis für Typen) vom Fahrzeughersteller ausgefüllte Urkunde in der ein bestimmtes Kraftfahrzeug beschrieben und weiter bescheinigt wird daß das Fahrzeug den geltenden Bestimmungen entspricht«, 20. Jh., s. Kraftfahrzeug, Brief

Kraftfahrzeughalter, M., »wer das Kraftfahrzeug für eigene Rechnung in Gebrauch hat und die Verfügungsgewalt die ein solcher Gebrauch voraussetzt über das Kraftfahrzeug hat«, 20. Jh., s. Kraftfahrzeug, Halter

Kraftfahrzeugschein, M., »Urkunde über die behördliche Zulassung des einzelnen Kraftfahrzeuges zum Betrieb auf öffentlichen Wegen und Plätzen«, 20. Jh., s. Kraftfahrzeug, Schein

Kraftfahrzeugsteuer, F., »für das Halten eines Kraftfahrzeuges zum Verkehr auf öffentlichen Straßen erhobene Steuer«, 20. Jh., s. Kraftfahrzeug, Steuer

Kraftfahrzeugversicherung, F., »Kraftfahrzeuge betreffende Privatversicherung«, 20. Jh., s. Kraftfahrzeug, Versicherung

kraft Gesetzes, Adv., »auf Grund eines Gesetzes«, zu lat. ex lege, Adv., »kraft Gesetzes«, vgl. Badisches Landrecht 1809

Kraftverkehr, M., »Verkehr mit Kraftfahrzeugen«, 20. Jh.?, s. Kraft, Verkehr

Kraftverkehrsordnung, F., »Ordnung für den Kraftverkehr«, 20. Jh., s. Kraftverkehr, Ordnung

Kram, M., »Zeug«, mhd. krām, M., »ausgespanntes Tuch, Zelt«, ahd. krām (12. Jh.), M., »Bude, Laden, Zelt«, zu germ. *skerma, Sb., »Fell, Schirm, Schild«?, zu idg. *sker- (4), V., »schneiden«?

Krämer, Kramer, M., »Händler, Verkäufer in einer Marktbude«, mhd. krāmære, kræmer, kramer, M., »Krämer, Handelsmann«, ahd. krāmāri (11. Jh.), M., »Händler, Kramer«, s. Kram

krank, Adj., »schwach, krank«, mhd. kranc, Adj., »kraftlos, leibesschwach, schmal, schlank, krank«, ahd. krank (12. Jh.), kranc, Adj., »schwach, gering«, germ. *kranga, *krangaz, *kranka, *krankaz, Adj., »schwach, hinfällig«?, zu idg. *ger- (3), V., »drehen, winden«?, ersetzt das ältere Wort siech

Krankengeld, N., »von den gesetzlichen Krankenkassen auf Grund der Krankenversicherung an den erkrankten Arbeitnehmer gewährte Geldleistung zur Deckung des Verdienstausfalls«, 1512 Ungarn (dess krankgelcz wegen), 1683 Hamburg kranckengeldt, s. krank, Geld

Krankenhaus, N., »Einrichtung in welcher durch ärztliche und pflegerische Hilfeleistung Krankheiten oder Leiden oder Körperschäden festgestellt oder geheilt oder gelindert werden sollen und in der die zu versorgenden Personen untergebracht und verpflegt werden können«, fnhd.? krankhūs, N., »Spital«, Goethe vor 1832 (Krankenhaus), s. krank, Haus

Krankenkasse, F., »Träger sozialer Krankenversicherung«, »Gemeinschaftskasse zur Unterstützung in Krankheitsfällen« (1846), s. krank, Kasse

Krankenschein, M., »von einer Krankenversicherung einem Versicherten zur Vorlage beim Kassenarzt ausgestellte Bescheinigung über den Anspruch auf Krankenhilfe«, 19. Jh.?, s. krank, Schein

Krankenversicherung, F., »Versicherung gegen (die Kosten einer) Krankheit«, 19. Jh., s. krank, Versicherung

Krankheit, F., »regelwidriger Körperzustand oder Geisteszustand der ärztlicher Behandlung bedarf (oder bzw. und Arbeitsunfähigkeit zur Folge hat)«, mhd. krancheit, krankheit, F., »Schwäche, Schwachheit, Geringheit, Dürftigkeit, Not, Krankheit (14. Jh.)«, s. krank, heit

Kranz, M., »Kranz«, mhd. kranz, M., »Kranz«, ahd. kranz (11. Jh.), M., »Kranz, Krone«, germ. *kranta, *krantaz, M., »Kranz«?, zu idg. *grend-, Sb., »Bündel, Korb«?, zu idg. *ger- (3), V., »drehen, winden«

Kranzgeld, N., »Anspruch einer unbescholtenen Verlobten die ihrem Verlobten die Beiwohnung gestattet hat auf eine billige Entschädigung in Geld wegen des Schadens der nicht Vermögensschaden ist«, s. Kranz, Geld, vgl. Weiske 1839ff.

kratie, s. Aristo-, Büro-, Demo-, Pluto-

Kreation, F., »Schöpfung«, 19. Jh.? Lw. frz. creation, F., »Schöpfung«, aus lat. creatio, F., »Erschaffen«, zum PPP. creatus von lat. creare, V., »schaffen«

Kreationstheorie, F., »Theorie über die Entstehung der Verpflichtung (im Wertpapierrecht)«, 19. Jh. (vgl. Gerber 1895) Creationstheorie, s. Kreation, Theorie

Kredit, M., »zeitweise Überlassung von eigenen Mitteln an einen anderen zur wirtschaftlichen Verwertung (z.B. Darlehen)«, 2. H. 15. Jh. (1477) Lw. it. credito, M., »Leihwürdigkeit«, aus lat. creditum, N., »Anvertrautes«, PPP. von lat. credere, V., »glauben, vertrauen«

Kreditauftrag, M., »Beauftragung einer anderen Person im eigenen Namen und auf eigene Rechnung einem Dritten Kredit zu geben«, s. Kredit, Auftrag, vgl. Weiske 1839ff., Thöl 1847

Kreditbetrug, M., »falsche Angabe wirtschaftlicher Verhältnisse gegenüber einem anderen Unternehmen anläßlich der Gewährung oder Belassung oder Veränderung der Bedingungen eines Kredits für ein Unternehmen«, 19. Jh., s. Kredit, Betrug

Kreditbrief, M., »besondere Form der Anweisung bei welcher der Aussteller (Anweisende) eine andere Person (Anweisungsempfänger) ermächtigt bei dem Angewiesenen für Rechnung des Anweisenden unter Vorzeigung des Briefes Geldbeträge bis zu einem Höchstbetrag zu erheben (z.B. Reisekreditbrief)«, 17. Jh. (Savary 1673) Lüs. frz. lettre de crédit, F., »briefliche Anweisung auf eine Geldsumme«

Kreditgeber, M., »Person die in Ausübung ihrer gewerblichen oder beruflichen Tätigkeit einen Kredit gewährt«, 20. Jh.?, s. Kredit, geben

Kreditinstitut, N., »Unternehmen das Bankgeschäfte in einem Umfang betreibt der einen in kaufmännischer Weise eingerichteten Geschäftsbetrieb erfordert (ausgenommen aber z.B. Bundesbank)«, 19. Jh.?, s. Kredit, Institut

Kreditiv, N., »Beglaubigungsschreiben«, (1578 Schwaben,) um 1700 (Lünig 1719) aus Kreditivschreiben gekürzt, zu mlat. creditivus, Adj., »Glauben erweckend«, zum PPP. creditus von lat. credere, V., »glauben, vertrauen«

Kreditkarte, F., »von einem Aussteller ausgestellte Urkunde welche den Inhaber berechtigt bei bestimmten (angeschlossenen) Personen eine Leistung ohne sofortige Gegenleistung in Anspruch zu nehmen«, um 1960 Lüs. bzw. Lw. ne. credit card, N., »Kreditkarte«, s. Kredit, Karte

Kreditkauf, M., »Kauf bei dem der Kaufpreis als Kredit belassen wird«, 19. Jh., s. Kredit, Kauf

Kreditsicherung, F., »Sicherung eines Kredites durch Rechtsgeschäft (z.B. Bürgschaft)«, 20. Jh.?, s. Kredit, Sicherung

Kreditvermittlung, F., »Vermittlung von Kredit«, 20. Jh.?, s. Kredit, Vermittlung

Kreditvermittlungsvertrag, M., »Vertrag nach dem ein Kreditvermittler es unternimmt einem Verbraucher gegen Entgelt einen Kredit zu vermitteln oder ihm die Gelegenheit zum Abschluß eines Kreditvertrages nachzuweisen«, 2. H. 20. Jh. s. Kreditvermittlung, Vertrag

Kreditvertrag, M., »Vertrag durch den ein Kreditgeber einem Verbraucher einen entgeltlichen Kredit in Form eines Darlehens oder eines Zahlungsaufschubs oder einer sonstigen Finanzierungshilfe gewährt oder zu gewähren verspricht«, 20. Jh., s. Kredit, Vertrag

Kreditwesen, N., »Kreditwesen«, 20. Jh.?, s. Kredit, Wesen

Kreditwucher, M., »den Kredit betreffendes Wuchergeschäft«, 20. Jh., s. Kredit, Wucher

Kreis, M., »Gebietskörperschaft die eine Mehrzahl von Gemeinden zur Erledigung gemeinsamer Aufgaben (z.B. öffentliche Sicherheit und Ordnung) in der Form der Selbstverwaltung zusammenfaßt (wobei das Verhältnis von Kreis und Gemeinden im einzelnen umstritten ist)«, mhd. kreiz, M., »Kreislinie, Umkreis, Gebiet«, ahd. kreiz (12. Jh.), M., »Kreis, Umkreis, Einritzung«, germ. *kraita, *kraitaz, *kraitja, *kraitjaz, M., »Kreis«, s. idg. *gred-, *grod-, V., »kratzen«?

Kreisausschuß, M., »kollegiales Verwaltungsorgan des Kreises«, 1644 Brandenburg »Ausschuß bei einem Kreis insbesondere für die Landwehr«, Preußen »Ausschuß des Kreistages für die Zeit zwischen den Kreistagen«, s. Kreis, Ausschuß

kreisfrei, Adj., »keinem Kreis gehörig«, 19. Jh.?, s. Kreis, frei

Kreisgericht, N., »in den Gebieten der ehemaligen Deutschen Demokratischen Republik (bis 1993) bestehendes Eingangsgericht für alle Rechtsstreitigkeiten«, »Gericht in einem Kreis« 1795, s. Kreis, Gericht, vgl. Österreich

Kreisordnung, F., »(staatliches) Kreise betreffendes Landesgesetz, Ordnung von Angelegenheiten eines Kreises«, 1554 Schwaben, s. Kreis, Ordnung

Kreistag, M., »Verwaltungsorgan des Kreises«, 1542, s. Kreis, Tag

Kreisverfassung, F., »Gesamtheit der Normen welche die innere Organisation des Kreises regeln«, 1569 Schwaben bzw. Faber 1698 bzw. 20. Jh., s. Kreis, Verfassung

Krempel, M., »Ware, Zeug, Trödlerkram«, mhd. grempel, M., »Trödlerkram«?, zu mhd. grempeler, M., »Kleinhändler«, zu mhd. grempeln, V., »handeln, trödeln«, Lw. it. comprare, V., »kaufen«, aus lat. comparare, V., »verschaffen (V.)«, zu lat. cum, com, Präp., Präf., »mit«, lat. parare, V., »bereiten«

Kretschmar, M., »Schankwirt«, 14. Jh. Lw. böhm. krčmář, M., »Schankwirt«

Kreuz, N., »Kreuz«, mhd. kriuze, kriuce, kriuz, N., »Kreuz«, ahd. krūzi (790?), N., »Kreuz«, as. krūci, N., »Kreuz«, Lw. lat. crux, N., »Kreuz«

Kreuzer, M., »Kreuzer, eine Münze«, mhd. kriuzære, kriuzer, M., »Kreuzer«, zuerst im 13. Jh. in Tirol geschlagene Münze mit einem Kreuz im Gepräge, s. Kreuz

Kreuzverhör, N., »Vernehmung der von der Staatsanwaltschaft und dem Angeklagten benannten Zeugen und Sachverständigen durch den Staatsanwalt und den Verteidiger (statt durch den Vorsitzenden des Gerichts)«, 19. Jh. Lw. ne. cross-examination, N., »Kreuzverhör«, vgl. Grimm DW 1873, Ullmann 1893

Krida, F., »Konkurs, Konkurserklärung, Versteigerung, Herbeiführung der Zahlungsfähigkeit, Vereitelung der Befriedigung eines Gläubigers«, 16. Jh. (Walther 1552) Österreich Lw. it. grida, F., »öffentlicher Ausruf«, aus mlat. (13. Jh.) crida, F., »öffentlicher Ausruf«, germanist. Lw. (vgl. ne. cry)

Krieg, M., »Austragung von Streitigkeiten zwischen Staaten mit Gewalt (str.)«, mhd. kriec, M., »Krieg«, ahd. krieg (9./10. Jh.), krēg, M., »Anstrengung, Beharrlichkeit, Hartnäckigkeit«, germ. *kreiga, *kreigaz, M., »Streit«?, zu idg. *gu̯eri-?, Adj., »schwer«, idg. *gu̯er- (2), Adj., »schwer«?, vgl. Geschichtliche Grundbegriffe

Kriegsdienst, M., »tätige Mitwirkung an einem Krieg durch Leistung einer kriegerischen Handlung«, »Waffendienst« Reichsabschied 1569, s. Krieg, Dienst

Kriegstdienstverweigerung, F., »aus Gewissensgründen folgende Verweigerung des Kriegsdienstes mit der Waffe schlechthin«, 20. Jh., s. Kriegsdienst, Verweigerung

Kriegserklärung, F., »Erklärung des Krieges«, 18. Jh., s. Krieg, Erklärung

Kriegsgefangener, M., »während eines Krieges in die Hände des Kriegsgegners geratener Soldat«, 17. Jh. (Reichsabschied 1635), s. Krieg, Gefangener

Kriegsgericht, N., »besonderes Gericht für Soldaten bzw. später für Straftaten der Soldaten insbesondere während eines Krieges«, 1547 Frankfurt, s. Krieg, Gericht

Kriegsrecht, N., »Gesamtheit der in einem Krieg zwischen den beteiligten Staaten und gegenüber neutralen Staaten geltenden Rechtssätze sowie im innerstaatlichen Recht Gesamtheit der während eines Krieges geltenden besonderen innerstaatlichen Rechtssätze (z.B. Zwangswirtschaft)«, 1499 Schweiz bzw. 1468 Österreich?, Lüs. nlat. ius belli, N., »Kriegsrecht«?, s. Krieg, Recht

Kriegswaffe, F., »im Krieg verwendbare Waffe«, 20. Jh.?, s. Krieg, Waffe

Kriegswaffenkontrollgesetz, N., »Gesetz betreffend die Kontrolle von Kriegswaffen«, 1961, s. Kriegswaffe, Kontrolle, Gesetz

kriminal, Adj., »verbrecherisch«, E. 17. Jh. (Leibniz 1699) Lw. lat. criminalis, Adj., »verbrecherisch«, s. kriminell, älter in Zusammensetzungen (1569 Lübeck criminalhändel)

Kriminalistik, F., »Lehre von der Aufklärung und Verhinderung des Verbrechens«, 19. Jh.?, s. kriminal, ist, ik

Kriminalität, F., »Begehung von Straftaten (Straffälligkeit)«, 19. Jh. Lw. frz. criminalité, F., »Straffälligkeit«, aus mlat. criminalitas, s. kriminal

Kriminalpolizei, F., »Abteilung der (Vollzugs-) Polizei welche für die Bekämpfung von Straftaten (Aufklärung begangener Straftaten bzw. u.U. Verhütung drohender

Straftaten) zuständig ist«, 1. H. 19. Jh. s. kriminal, Polizei, vgl. Weiske 1839ff.

Kriminalprozeß, M., »Strafprozeß«, z.T. Lw. lat. actio criminalis, F., »Kriminalklage«, 1. H. 17. Jh. (Schupp 1659), s. kriminal, Prozeß

Kriminalsache, F., »Strafsache«, Lüs. lat. causa criminalis, F., »Kriminalangelegenheit«, 2. H. 16. Jh. (Quad 1598), s. kriminal, Sache

Kriminalstatistik, F., »zahlenmäßige Übersicht über die bekanntgewordenen Straftaten und die ermittelten Täter und die verurteilten Täter«, 20. Jh., s. kriminal, Statistik

kriminell, Adj., »verbrecherisch«, E. 18. Jh. (Goethe 1796) Lw. frz. criminel, Adj., »verbrecherisch«, aus lat. criminalis, Adj., »verbrecherisch«, zu lat. crimen, N., »Beschuldigung, Vergehen, Verbrechen«

Kriminologie, F., »geordnete Gesamtheit des Erfahrungswissens über das Verbrechen und über den Rechtsbrecher und über die negativ soziale Auffälligkeit und über die Kontrolle dieses Verhaltens«, 19. Jh.?, zu lat. crimen, N., »Beschuldigung, Vergehen, Verbrechen«, zu gr. lógos, M., »Sagen (N.), Kunde (F.), Rede, Wort«

Kronanwalt, M., »Vertreter der Krone«, Badisches Landrecht 1809, Lüt. frz.?, s. Krone, Anwalt

Krone, F., »Sinnbild der Würde und Macht des Kaisers oder Königs oder sonstigen Fürsten«, mhd. krōne, krōn, F., »Kranz«, ahd. korōna (E. 8. Jh.), krōna, F., »Krone, Kranz«, (schon germ.?) Lw. lat. corona, F., »Kranz, Krone«, Lw. gr. koróne, F., »(ursprünglich Krähe,) Bogenende, Türgriff, Kranz«

Krönung, F., »Aufsetzen der Krone«, mhd. krœnunge, F., »Krönung«, E. 13. Jh. Braunschweig, Lüt. lat. coronatio, F., »Krönung«, s. Krone, ung

Kronzeuge, M., »(im angloamerikanischen Strafverfahrensrecht) Zeuge des Staates (bzw. der Krone im Verfahren der Krone) gegen den Angeklagten«, 19. Jh. Lw. ne. king's evidence, M., »Kronzeuge«, s. Krone, Zeuge

KSZE (Konferenz für Sicherheit und Zusammenarbeit in Europa)

Kujon, M., »Schuft«, E. 16. Jh. (1567 Zimmer) Lw. frz. coion, couillon, M., »Feigling, Memme, Schuft«, Lw. it. coglione, M., »Feigling, Memme, Schuft, Entmannter«, aus vulgarlat. coleo, M., »Hoden, Entmannter«, zu spätlat. culio, M., »Hoden«, zu lat. coleus, M., »Hoden, Hodensack«, veraltet

kujonieren, V., »jemanden einen Schuft heißen, jemanden schlecht behandeln«, 1. H. 17. Jh. Lw. frz. coionner, V., »einen Feigling nennen«, s. Kujon, ieren

Küfer, M., »Küfer«, südd., mhd. küefer, M., »Küfer«, zu ahd. kuofa (9. Jh.), F., »Kufe (F.) (2), Gefäß, Tonne, Bottich«, germ. *kupa, *kuppa, F., »Kufe (F.) (2), Bottich, Becher«, Lw. lat. cupa, copa, cuppa, F., »Kufe (F.) (2), Tonne«

Kulpa, s. culpa

Kulpakompensation, F., »Berücksichtigung des Mitverschuldens im Wege einer Aufrechnung die zum Verlust des Ersatzanspruches führt«, Lw. mlat. compensatio culpae, F., »Kulpakompensation«, zu lat. compensatio, F., »Ausgleichung«, zum PPP. compensatus von lat. compensare, V., »gegeneinander abwägen«, zu lat. cum, com, Präp., Präf., »mit«, lat. pensare, V., »wägen«, zu lat. pendere, V., »hangen«, lat. culpa, F., »Verschulden, Verschuldung, Schuld«

Kultur, F., »Gesamtheit der Lebensäußerungen eines Volkes insbesondere Gesamtheit der Bestrebungen nach Verfeinerung der menschlichen Persönlichkeit unter Zurückdrängung ihrer Triebnatur«, E. 17. Jh. Lw. lat. cultura, F., »Gesamtheit der geistigen und künstlerischen Leistungen«, zum Part. Fut. culturus bzw. PPP. cultus von lat. colere, V., »bebauen, pflegen«

Kulturhoheit, F., »Zuständigkeit in kulturellen Angelegenheiten (z.B. Schule)«, 20. Jh., s. Kultur, Hoheit

Kulturkampf, M., »Kampf zwischen dem (preußischen) Staat und der katholischen Kirche um die Säkularisierung von Staat und Gesellschaft (1871-87)«, 1840 Freiburger Zeitschrift für Theologie IV,176, s. Kultur, Kampf

Kulturverwaltung, F., »Verwaltung der Kultur«, 20. Jh., s. Kultur, Verwaltung

Kulturverwaltungsrecht, N., »unter Anerkennung freiheitlich-autonomer Eigengesetzlichkeiten vom Staat erlassene verbindliche Ordnung für die Bereiche Bildung und Wissenschaft und Kunst«, 20. Jh., s. Kulturverwaltung, Recht

Kummer, M., »Arrest«, mhd. kumber, kummer, M., »Schutt (1331 Frauenfeld), Unrat, Belastung, Bedrängnis, Mühsal, Not, Kummer, Beschlagnahme (1292), Verhaftung«, Lw. galloroman. comboros, Sb., »Zusammengetragenes«, später Lbd. afrz. encombrier, Sb., »Beschwerde, Unglück«

Kumpan, M., »Genosse, Mittäter«, mhd. kompān, kumpān, M., »Geselle, Genosse«, M. 13. Jh. (1250 Meier Helmbrecht) Lw. afrz. compain, M., »Geselle, Genosse«, zu mlat. compania, F., »Gemeinschaft«, zu lat. compaginare, V., »sicher vereinigen«, zu lat. compages, F., »Verbindung«, nach and. Ansicht zu mlat. companio, M., »Brotgenosse«, zu lat. cum, com, Präp., Präf., »mit«, lat. panis, M., »Brot«, 16.-18. Jh. selten

Kumulation, F., »Anhäufung«, s. kumulativ

Kumulationsprinzip, N., »Grundsatz daß mehrere Strafen nebeneinander (kumulativ) ausgesprochen werden«, s. kumulieren, Prinzip, vgl. Weiske 1839ff.

kumulativ, Adj., »zusätzlich, aufhäufend«, 17. Jh. Lw., zu lat. cumulatus, Adj., »gehäuft«, PPP. von lat. cumulare, V., »häufen«, zu lat. cumulus, M., »Haufen«, zu lat. culmen, N., »Spitze«

kumulative Kausalität, F., »aufhäufende Ursächlichkeit«, 20. Jh.?, s. Kausalität, kumulativ

kumulative Schuldübernahme, F., »Schuldmitübernahme«, 20. Jh.?, s. Schuldübernahme, kumulativ

kumulieren, V., »häufen, anhäufen«, Lw. lat. cumulare, V., »häufen, anhäufen«, zu lat. cumulus, M., »Haufen«

kund, Adj., »kund, bekannt«, mhd. kunt, Adj., »bekannt, kund«, ahd. kund (1. H. 8. Jh.), Adj., »kund, bekannt, offenbar, vertraut«, as. kūth, Adj., »kund«, germ. *kunþa, *kunþaz, Adj., »bekannt«, to-Partizip zu idg. *ĝen- (1), *ĝenə-, *ĝnō-, V., »erkennen, kennen«?

Kunde, F., »Kenntnis, Wissen«, mhd. künde, kunde, F., »Kunde (F.), Kenntnis, Bekanntschaft, Zeichen, Beweis«, ahd. *kundi, F., »Kunde (F.)«, s. kund

Kunde, M., »Bekannter, Kunde (M.)«, mhd. kunde, M., »Bekannter, Einheimischer«, ahd. kundo (863-71), M., »Bekannter, Freund, Vertrauter«, s. kund

künden, V., »künden, kund tun«, mhd. künden, kunden, V., »kund machen, verkündigen, anzeigen, zeigen«, ahd. kunden (765), kundōn (1000), V., »künden, verkünden«, s. kund

kundig, Adj., »kundig, bekannt«, mhd. kündec, kündig, Adj., »bekannt, kund«, ahd. *kundīg, Adj., »kundig, wissend«, s. kund, ig

kündigen, V., »kundig machen, mitteilen, kündigen (19. Jh.)«, mhd. kündigen, V., »verkündigen, kund tun«, Sachsenspiegel um 1225, Mühlhäuser Reichsrechtsbuch um 1225, s. kundig

Kündigung, F., »einseitige auf die Beendigung eines Schuldverhältnisses (Dauerschuldverhältnisses) gerichtete Willenserklärung (18. Jh.)«, »Lösung eines Rechtsverhältnisses«, 1328 Hildesheim, »Nachricht (15. Jh.)«, s. kündigen, ung

Kündigungsschutz, M., »gesetzlicher Schutz gegen die Kündigung«, 19. Jh.?, s. Kündigung, Schutz

kunft, s. Aus-, Ein-, Zusammen-

Kunkel, F., »Kunkel, Spinnrocken«, mhd. kunkel, F., »Kunkel«, ahd. konakla (10. Jh.), konacla, kunkla, kunkula, F., »Kunkel, Spinnrocken«, germ. *konukl-, F., »Rocken, Spinnrocken, kegelförmiger Spinnstab«?, Lw. lat. conus, M., »Kegel«, lat. colus, M., »Spinnrocken«

Kunkelmage, F., »Kunkelmage, weiblicher Verwandter«, s. Kunkel, Mage

Kunst, F., »bestimmtes Können und im besonderen an ästhetischen Werten ausgerichtete Gestaltung gleich welcher Form (z.B. Dichtung)«, mhd. kunst, F., »Wissen, Kenntnis, Weisheit, Kunstfertigkeit, Geschicklichkeit, Kunst«, ahd. kunst (1. H. 9. Jh.), F., »Kenntnis, Wissen, Vermögen, Fähigkeit, Verständnis, Kunst«, as. kunst, kūst, F., »Weisheit, Können«, germ. *kunsti, *kunstiz, F., »Wissen, Kennen, Kenntnis, Erkenntnis«, ti-Abstraktum, zu idg. *ĝen-, *ĝenə-, *ĝnō-, V., »erkennen, kennen«, Bedeutungseinengung seit 18. Jh. verstärkt

Kunstfehler, M., »Verstoß gegen die anerkannten Regeln einer Kunst oder Wissenschaft insbesondere der medizinischen Wissenschaft«, s. Kunst, Fehler, vgl. Weiske 1839ff.

Kunstfreiheit, F., »Freiheit des künstlerischen Schaffens sowie Möglichkeit Geschaffenes in den Kommunikationsvorgang einzubringen«, »Freiheit wie die Kunst sie gibt« 1846, s. Kunst, Freiheit

Künstler, M., »Verfasser von Kunst«, 15.? oder 16. Jh. Lüt. lat. artifex, M., »Kunstmeister«, s. Kunst

Kunstverwaltungsrecht, N., »Recht der Kunstverwaltung«, 20. Jh., s. Kunst, Verwaltung, Recht

Kupon, M., »Wertpapier (Inhaberpapier) das zur Entgegennahme von Zinsen und Dividenden legitimiert«, (Coupon, M., »Gutschein«,) 18. Jh. Lw. frz. coupon, M., »abgeschnittener Zettel«, zu frz. couper, V., »schneiden«

kuppeln, V., »kuppeln, verbinden«, mhd. kuppeln, kupelen, koppeln, V., »verbinden«, 14. Jh. (1353 Straßburg) (über das Französische?) Lw. lat. copulare, V., »verbinden«, Bedeutungsdifferenzierungen jünger

Kuppelei, F., »(bis 1973) Straftatbestand der Förderung sexueller Handlung zwischen anderen«, 1435 Schweiz, s. kuppeln, ei

Kuppler, M., »Kuppler«, mhd. kuppelære, kuppeler, M., »Kuppler«, 1353 Straßburg, s. kuppeln, er

Kür, F., »Wahl«, mhd. kür, küre, F., »Prüfung, Überlegung, Wahl, Bestimmung«, ahd. kuri (9. Jh.), F., »Wahl, Beratung«, westgerm. *kuzi, kuziz, M., N., »Wahl«, zu germ. *keusan, V., »wählen«, s. kiesen

Kuratel, F., »Pflegschaft, Vormundschaft«, E. 16. Jh. (1618 Würzburg bzw. Michaelis 1770) Lw. mlat. curatela, F., »Pflegschaft«, (aus lat. curatio und lat. tutela?,) zu lat. cura, F., »Sorge, Aufmerksamkeit, Fürsorge«

Kurator, M., »Pfleger, Leiter der staatlichen Verwaltung einer Universität«, »Pfleger, Vertreter Vormund«, 15. Jh. (Reichsabschied 1512) Lw. lat. curator, M., »Fürsorger, Besorger«, zum PPP. curatus von lat. curare, V., »sich angelegen sein lassen«, zu lat. cura, F., »Sorge«

Kuratorium, N., »Aufsichtsgremium«, A. 18. Jh. zu lat. curatorius, Adj., »zum curator gehörig«, s. Kurator

Kurfürst, M., »Fürst dem (aus bisher nicht eindeutig gesicherten Gründen) das Recht zusteht bei der Wahl (Kur) des Königs mitzuwirken«, 1298, s. kiesen, Fürst, älter M. 13. Jh. vürsten an der kür, E. 13. Jh. des kores vursten

Kurie, M., »(im römischen Recht) Untergliederung der Volksversammlung (comitia curiata), (im katholischen Kirchenrecht) zentrale Verwaltungsbehörde des Papstes die aus mehreren Kardinalskongregationen bzw. Ämtern und Gerichtshöfen (darunter die Rota Romana) besteht«, 19. Jh.? (Görres 1819) Lw. mlat. curia, F., »Kurie, päpstlicher Hof«, zu lat. curia, F., »Amtsgebäude, Versammlungsort, Abteilung der römischen Volksversammlung«, aus lat. coviria, zu lat. cum, co, Präp., Präf., »mit«, lat. vir, M., »Mann«, vgl. Weiske 1839ff.

Kurier, M., »Bote, Eilbote«, 16. Jh. (Dilbaum 1597) Lw. frz. courrier, M., »Bote, Eilbote«, Lw. it. corriere, M., »Bote, Eilbote«, zu it. correre, V., »laufen, eilen«, aus lat. currere, V., »eilen, laufen, rennen«

Kurs, M., »Preis eines Wertpapieres oder einer anderen börsenfähigen Ware an der Börse«, 15. Jh. Lw. lat. cursus, M., »Lauf, Gang«, Lbd. »Wertstand« 16. Jh. it. corso, M., »Lauf, Verlauf, Preis«, Lbd. »Kursus« 16. Jh. frz. cours, M., »Lauf, Ausfahrt, Fahrtroute«, Lbd. »Lehrgang« 17. Jh. lat. cursus, zum PPP. cursus von lat. currere, V., »laufen, rennen, eilen«

Kurtisane, F., »Geliebte eines Adligen«, M. 16. Jh. (Malthesius 1566) Lw. frz. courtisane, F., »Kurtisane«, Lw. it. cortigiana, F., »Kurtisane«, zu it. cortigiano, M., »Höfling«, zu it. corte, M., »Hof«, aus lat. cohors, cors, F., »Hof, Gehege«, zu cum, co, Präp., Präf., »mit«, lat. hortus, M., »Garten«

kurz, Adj., »kurz«, mhd. kurz, Adj., »kurz«, ahd. kurz (810-17), kurt, Adj., »kurz«, as. kurt, Adj., »kurz«, germ. *kurta, *kurtaz, Adj., »kurz«?, Lw. lat. curtus, Adj., »kurz«, zu idg. *sker-, *ker-, V., »schneiden«

Kurzarbeit, F., »aus betrieblichen Gründen zeitmäßig verkürzte Arbeit«, 20. Jh., s. kurz, Arbeit

Kurzarrest, M., »Arrest bis zu 6 Tagen«, 20. Jh., s. kurz, Arrest

Küste, F., »Küste«, 17. Jh. (über südnnl. küste) Lw. frz. coste, côte, F., »Rippe, Seite, Küste«, aus lat. costa, F., »Rippe«

Küstengewässer, N. Pl., »an die Küste eines Staates angrenzende Teile des offenen Meeres (bis zu einer bestimmten Entfernung von 3 oder 12 oder 200 Seemeilen)«, 20. Jh.?, s. Küste, Gewässer

Küster, M., »Küster, Mesner«, mhd. kuster, guster, M., »Aufseher, Küster«, ahd. kustor (9. Jh.), M., »Küster«, Lw. afrz. coustre, M., »Wächter, Aufseher«, aus mlat. custor, M., »Aufseher, Wächter«, zu lat. custos, M., »Aufseher, Wächter«

Kux, M., »(bis 1980) ein auf einen Bruchteil (z.B. ein Hundertstel) lautender Anteil an einer bergrechtlichen Gewerkschaft«, 15. Jh. (1476 Freiberg) kukus, Herkunft unklar, slaw.?, zu nhd. gucken?

L

Laden, M., »Verkaufsstand, Geschäft«, mhd. lade, laden, M., »Brett, Bohle, Laden«, zu ahd. latto (10. Jh.)., M., »Latte, Balken«?

laden (1), V., »aufladen, einfüllen, laden (V.) (1), beladen, packen«, mhd. laden, V., »laden (V.) (1), aufladen, beladen, belasten«, ahd. ladan, V., »laden (V.) (1), beladen, belasten«, as. hladan, V., »laden (V.) (1)«, germ. *hlaþan, *hladan, V., »laden (V.) (1), beladen«, zu idg. *klāt-, *klădh-, *klā-, V., »breit hinlegen«?

laden (2), V., »laden (V.) (2), zum Kommen auffordern«, mhd. laden, V., »laden (V.) (2), auffordern, berufen«, ahd. ladōn (765), V., »laden (V.) (2), einladen, rufen, berufen, aufrufen, anrufen, herbeirufen«, as. ladoian, lathian, V., »laden (V.) (2)«, germ. *laþōn, V., »laden (V.) (2), einladen, berufen«, zu idg. *lēi- (1), V., »wollen«?

Ladenangestellter, M., »wer von einem Kaufmann in einem Laden oder einem offenen Warenlager angestellt ist, wer mit Wissen und Wollen des Inhabers eines Ladens mit bestimmten Verrichtungen (z.B. Verkauf oder Empfangnahme) beschäftigt ist«, 20. Jh.?, s. Laden, Angestellter

Ladenschluß, M., »tägliche Schließung der Verkaufsstellen für Waren«, 19. Jh.?, s. Laden, Schluß

Ladeschein, M., »Urkunde die der Frachtführer über die Annahme des Gutes und die Verpflichtung zur Auslieferung an den Inhaber des Ladenscheines ausstellt«, Hayme 1738, s. laden (2), Schein

Ladung, F., »Aufforderung vor einer Behörde oder einem Gericht zu einem bestimmten Zeitpunkt zu erscheinen«, mhd. ladunge, F., »Ladung (F.) (2), Einladung, Vorladung, Zitation«, ahd. ladunga (nach 765?), F., »Ladung (F.) (2), Einladung, Ruf, Anruf, Kirche«, Lbd. lat. vocatio, F., »Rufen, Einladung, Vorladung«?, s. laden (V.) (2), ung

lädieren, V., »verletzen«, 16. Jh. Lw. lat. laedere, V., »verletzen, beleidigen«

laesio enormis, lat., F., »erhebliches Mißverhältnis zwischen Leistung (Wert) und Gegenleistung (Preis)«, lat. laesio, F., »Verletzung«, zum PPP. laesus von lat. laedere, V., »verletzen«, lat. enormis, Adj., »unregelmäßig, unverhältnismäßig groß«, zu lat. e, ex, Präp., Präf., »aus«, lat. norma, F., »Winkelmaß, Richtschnur, Regel«

Lager, N., »Lager«, mhd. leger, N., »Lager, Krankenlager, Belagerung«, ahd. legar (863-71), N., »Lager, Lagerstatt, Liegen, Wildlager«, as. legar, N., »Lager, Krankheit«, germ. *legra, *legram, N., »Lager«, zu idg. *legh-, V., »sich legen, liegen«, Wechsel von e zu a seit dem 14. Jh., durch Luther durchgesetzt

Lagergeschäft, N., »zwischen Lagerhalter und Einlagerer geschlossener entgeltlicher Verwahrungsvertrag über lagerfähige Güter«, 19. Jh.?, s. Lager, Geschäft

Lagerhalter, M., »wer gewerbsmäßig die Lagerung und Aufbewahrung von Gütern übernimmt«, 19. Jh.?, s. Lager, Halter

Lagerschein, M., »Urkunde des Lagerhalters über seine Herausgabepflicht«, s. Lager, Schein, vgl. Grimm DW 1885

Lagervertrag, M., »Vertrag über das Lagergeschäft«, 19. Jh., s. Lager, Vertrag

lahm, Adj., »lahm«, mhd. lam, Adj., »gliederschwach, lahm«, ahd. lam (2. Jh. 8. Jh.), Adj., »lahm, gelähmt, verkrüppelt, gebrechlich, abgestumpft«, as. lam, Adj., »lahm«, germ. *lama, *lamaz, Adj., »lahm«, zu idg. *lem- (1), V., Adj., »zerbrechen, zerbrochen, weich«

Laie, M., »Nichtfachmann, (im Kirchenrecht) einfacher Gläubiger im Gegensatz zum Kleriker (Klerus)«, mhd. leie, leige, M., »Nichtgeistlicher, Laie, Ungelehrter (14. Jh.)«, ahd. leigo (nach 1067), M.,

»Laie«, über westroman. Formen (*laigu, *laiju) Lw. lat. laicus, M., »Nichtgeistlicher, Laie«, zu gr. laikós, Adj., »zum Volk gehörig«, zu gr. laós, M., »Volk«, a seit E. 17. Jh.

Laienrichter, M., »nicht gelehrter Richter, ehrenamtlicher Richter (z.B. [seit 19. Jh.] Schöffe)«, »Richter im weltlichen Gericht« 1346 Magdeburg, s. Laie, Richter

Land, N., »Gliedstaat des Bundesstaates«, »Land, Erde, Gebiet«, mhd. lant, N., »Land, Erde, Gebiet, Heimat«, ahd. lant (1. H. 8. Jh.), N., »Land, Erde, Gegend, Feld, Ufer«, as. land, N., »Land«, germ. *landa, *landam, N., »Land, Talsenke«, idg. *lendh- (3), Sb., »Land, Heide (F.), Steppe«? zu idg. *lem-, V., »brechen«?

Landesarbeitsgericht, N., »in Arbeitssachen in zweiter Instanz zuständiges Gericht der Arbeitsgerichtsbarkeit«, 20. Jh., s. Land, Arbeitsgericht

Landesgesetz, N., »vom Landesparlament entsprechend dem in der Landesverfassung vorgesehenen Gesetzgebungsverfahren geschaffenes Gesetz«, »in einem Land geltendes Gesetz« 1410 Neustift, s. Land, Gesetz

Landesgesetzgebung, F., »Gesetzgebung eines Landes im Gegensatz zur Gesetzgebung des Bundes«, 19. Jh.?, s. Land, Gesetzgebung

Landeshauptmann, M., »Leiter der Landesverwaltung«, 1498 Schlesien, Salzburg, 1505 Tirol, s. Land, Hauptmann

Landesherr, M., »Herr eines Landes«, 1. H. 13. Jh. Friesland, älter ahd. lanthēriro (1000), lanthērro, M., »Herr, Fürst«, Lüt. lat. princeps, M., »Fürst«?, s. Land, Herr

Landesherrschaft, F., »Herrschaft in einem Land«, 1649 Schleswig-Holstein, älter landherrschaft (1512/3 Brügge), s. Land, Herrschaft

Landeskirche, F., »(im evangelischen Kirchenrecht) Kirche eines Landes oder Landesteils (früheren Landes wie z.B. Kurhessen-Waldeck)«, 1785, s. Land, Kirche, älter Landkirche, F., »Kirche auf dem Land« (1461)

Landesordnung, F., »Ordnung eines Landes (als Rechtsquelle)«, 1492 Aargau, älter lanndordnung 1489 Meran, s. Land, Ordnung

Landesplanung, F., »überörtliche zusammenfassende Raumplanung im Gebiet eines Landes«, 2. H. 20. Jh., s. Land, Planung

Landesrecht, N., »besonderes Recht eines einzelnen Landes im Gegensatz zum Bundesrecht«, Tieck (A. 19. Jh.), älter Landrecht

Landesregierung, F., »Regierung eines Landes«, 16. Jh. (1537), s. Land, Regierung

Landessozialgericht, N., »in Sozialrechtsstreitigkeiten in zweiter Instanz zuständiges Gericht der Sozialgerichtsbarkeit«, 2. H. 20. Jh., s. Land, Sozialgericht

Landesstrafe, F., »im Lande übliche Strafe«, 1560 Siebenbürgen, »das Land treffende Strafe«, 1566 Hessen, s. Land, Strafe

Landesstrafrecht, N., »Strafrecht eine Landes«, 2. H. 19. Jh.?, s. Land, Strafrecht

Landesverfassung, F., »Verfassung eine Landes (der Bundesrepublik Deutschland)«, »Zustand eines Landes« 1670 Württemberg bzw. 1676 Schlesien, s. Land, Verfassung

Landesverrat, M., »Verrat des Landes, Staatsschutzdelikt«, 18. Jh., s. Land, Verrat, vgl. Weiske 1839ff.

Landesverräter, M., »Landesverräter«, 14. Jh. lantzverrater, 1656 Österreich landsverräther, s. Landesverrat

Landesverwaltung, F., »Verwaltung durch Landesbehörden«, »Verwaltung eines Landes«, 1571 Freiburg, Fischer 1785, Eminghaus 1792, s. Land, Verwaltung

Landeszentralbank, F., »Hauptverwaltungsbehörde der Deutschen Bundesbank in einem Bundesland«, 2. H. 20. Jh.?, s. Landes, zentral, Bank

Landfriede, M., »in der Nachfolge der Gottesfrieden zur Verhütung von Unrecht erlassenes Friedensgebot«, 1256 Österreich, s. Land, Friede

Landfriedensbruch, M., »Straftat gegen die öffentliche Ordnung«, »Verstoß gegen den Landfrieden«, Reichsabschied 1530, s. Landfriede, Bruch

Landgericht, N., »zwischen Amtsgericht und Oberlandesgericht stehendes Gericht der ordentlichen Gerichtsbarkeit«, 1877/9, »Gericht in welchem Landrecht gesprochen wird«, 1208 Oberösterreich, ab Mitte 18. Jh. auch Landesgericht, vgl. Planck 1896

Landjäger, M., »Feldschütz, Polizist«, südwestd., »Jäger in einem Land« Frisch 1741, s. Land, Jäger

Landkreis, M., »Landkreis«, 1532 Sachsen, s. Land, Kreis

Landpacht, F., »(durch den Landpachtvertrag erfolgende) Verpachtung eines Grundstückes mit den seiner Bewirtschaftung dienenden Wohnbebäuden oder Wirtschaftsgebäuden oder eines Grundstückes ohne solche Gebäude überwiegend zur Landwirtschaft«, »Entgelt für Landnutzung«, 1318/9 Seeland, s. Land, Pacht

Landrat, M., »in den meisten Ländern ein Verwaltungsorgan mit Doppelfunktion, Hauptverwaltungsbeamter der Gebietskörperschaft (Selbstverwaltungskörperschaft) Kreis und Leiter der unteren staatlichen Verwaltungsbehörde«, »Landesbeamter«, 1498, 1. H. 16. Jh. Braunschweig bzw. 1552 Mecklenburg, »Ausschuß im Land« 1519 Schwyz, s. Land, Rat

Landratsamt, N., »Amt des Landrates, Verwaltungsbehörde des Landkreises«, 19. Jh. Preußen, vgl. Grimm DW 1885

Landrecht, N., »im hochmittelalterlichen und spätmittelalterlichen sowie frühneuzeitlichen deutschen Recht) für die Bewohner eines Landes geltendes allgemeines Recht im Gegensatz vor allem zum Stadtrecht oder Lehnsrecht (z.B. Sachsenspiegel Landrecht um 1225)«, mhd. lantreht, N., »Landrecht«, ahd. lantreht (10. Jh.), N., »Recht, Landrecht?, Landesrecht?, Gesetz des Landes?«, as. landreht, N., »Recht«, Heliand um 830 Sachsen, Lüt. lat. lex, F., »Gesetz«, s. Land, Recht

Landschaft, F., »genossenschaftlich organisiertes Bodenkreditinstitut«, »Landkomplex, zusammenhängender Landstrich«, mhd. lantschaft, F., »Landschaft, Land«, ahd. lantskaf (765), lantscaf, lantskaft (1000), F., »Landschaft, Land, Gebiet, Bezirk, Gegend«, Lbd. lat. provincia, F., »Geschäftskreis, Provinz«?, as. landskepi, F., »Landschaft«, »Zusammenschluß der Landstände« 1328 Salzburg, s. Land, schaft

Landschaftsverband, M., »gebietskörperschaftlicher aus benachbarten Landkreisen und kreisfreien Städten zusammengesetzter höherer Kommunalverband (z.B. Straßenwesen)«, 20. Jh.? Nordrhein-Westfalen, s. Landschaft, Verband

Landsknecht, M., »Söldner aus kaiserlichen Landen (im Gegensatz zum Söldner aus dem Ausland)«, 15. Jh. (1417 Preußen), s. Land, Knecht

Landstände, M. Pl., »Vertreter von gewissen Bevölkerungsgruppen die zusammen mit dem Landesherrn die Herrschaft über das Land ausüben«, 1537 Sachsen bzw. 1539 Meißen, s. Land, Stand

Landstörzer, M., »Landstreicher«, zu mhd. sterzer, M., »Vagabund, betrügerischer Bettler«, zu mhd. sterzen, V., »steif emporragen, stelzen«, s. Land, starren?

Landstraße, F., »über Land führende Straße«, Hartmann von Aue um 1200, s. Land, Straße

Landstreicher, M., »Vagabund«, 15. Jh., s. Land, streichen

Landsturm, M., »Landsturm, Aufgebot«, 17. Jh. südd., s. Land, Sturm

Landtafel, F., »Verzeichnis von Urkundeninhalten über (landständische) Grundstücke«, (13. Jh.?) bzw. 1368 Mähren, s. Land, Tafel

Landtag, M., »Volksvertretung eines Landes«, »Versammlung des Landes an einem bestimmten Tag«, mhd. lanttac, M., »Versammlung zum Landgericht«, 1238 Aargau, s. Land, Tag

Landwehr, F., »Landwehr, Landesverteidigung«, mhd. lantwer, F., »Landesverteidigung, Verteidiger des Landes, Befestigung an der Landesgrenze«, ahd. lantwerī (847), F., »Landwehr, Landesverteidigung «, s. Land, Wehr

Landwirt, M., »Wirt auf dem Land« 17. Jh. (Frisch 1741), »Landwirt« Goethe vor 1832?, s. Land, Wirt

Landwirtschaft, F., »Nutzung des Bodens zur Erzeugung pflanzlicher und tierischer Rohstoffe«, 18. Jh. (Frisch 1741), Lsch. lat. oeconomia, F., »Ökonomie«

Landwirtschaftskammer, F., »berufsständische Vereinigung der Inhaber landwirtschaftlicher Betriebe auf landesrechtlicher Grundlage«, 19. Jh.?, s. Landwirtschaft, Kammer

Landwirtschaftsrecht, N., »Gesamtheit der besonderen die Landwirtschaft betreffenden Regeln (z.B. im Erbrecht)«, 20. Jh., s. Landwirtschaft, Recht

lang, Adj., »lang«, mhd. lanc (1), Adj., »lang,«, ahd. lang (vor E. 8. Jh.), Adj., »lang, ausführlich, umständlich, lang dauernd, schwer, groß«, as. lang, Adj., »lang«, germ. *langa, *langaz, Adj., »lang«, idg. *dhlonghos, *longhos, Adj., »lang«, zu idg. *del-, Adj., »lang«

langen, V., »langen«, mhd. langen, V., »reichen«, ahd. langēn (863-71), V., »verlangen«, *langōn, V., »langen«, s. germ. *langōn, V., »lang werden, verlangen«?, zu idg. *legʷh-, *lengʷh-, Adj., V., »leicht, flink, sich bewegen«

Langfinger, M., »Dieb«, 17. Jh., s. lang, Finger

Lanze, F., »Spieß«, mhd. lance (12. Jh.), F., »Spieß«, Lw. afrz. lance, F., »Spieß«, aus lat. lancea, F., »Lanze, Spieß«

Lärm, M., »lautes störendes Geräusch«, fnhd. lerman, larman, Sb.?, Interj.?, »zu den Waffen, Ruf zu den Waffen«, E. 15. Jh. (1493) (unter Wegfall des unbetonten Anlautes) Lw. frz. alarme, alerme, Sb., »Ruf zu den Waffen«, s. it. alle arme, Interj., »Ruf zu den Waffen«, vgl. Alarm

lassen, V., »lassen«, mhd. lāzen, V., »unterlassen, lösen, entlassen, loslassen«, ahd. lāzan (1. H. 8. Jh.?), V., »lassen, zulassen, kommen lassen, verlassen (V.)«, as. lātan, V., »lassen«, germ. *lētan, V., »lassen«, idg. *lēid-, V., »lassen, nachlassen«?, zu idg. *lēi- (3), V., »lassen, nachlassen«

lässig, Adj., »lässig«, spätmhd. læzic, lazzic, Adj., »lässig, nachlässig«, um 1500, s. lassen, ig

Last, F., »Beschwernis, Leistungspflicht, (im Schuldrecht) Leistung die aus einer Sache selbst zu entrichten ist und dadurch deren Nutzwert mindert«, mhd. last, M., F., »Last, Menge, Masse, Fülle«, ahd. last (830), F., »Last, Bedrückung«, westgerm. *hlasti, *hlastiz, F., »Last«, ti-Abstraktum zu germ. hlaþan, idg. *klāsto, Sb., »Deckstein, Last«?, s. idg. *klā-, V., »hinlegen, darauflegen«?

Lastenausgleich, M., »genereller Ausgleich der Schäden und Verluste die sich infolge der Vertreibungen und Zerstörungen der Kriegszeit und Nachkriegszeit ergeben haben oder in der sowjetischen Besatzungszone Deutschlands oder im Sowjetsektor Berlins entstanden sind«, um 1950, s. Last, Ausgleich

Lastenblatt, N., »Lasten verzeichnendes Grundbuchblatt«, 19. Jh.?, s. Last, Blatt

lastenfrei, Adj., »frei von Lasten«, s. Last, frei, vgl. Grimm DW 1854

Laster, N., »Laster, Verbrechen, Schandtat«, mhd. laster, N., »Schmähung, Schmach, Schimpf, Schande, Fehler, Makel«, ahd. lastar (E. 8. Jh.), N., »Sünde, Tadel, Schmähung, Lästerung, Makel«, as. lastar, N., »Sünde, Schuld, Lästerung, Spott«, Lbd. lat. blasphemia, F., »Lästerung«?, lat. macula, F., »Makel«?, westgerm. *lahstra, *lahstram, N. »Schmähung, Fehler, Laster«, Ableitung zu einem später untergegangenen starken Verb, zu idg. *lek- (1)?, *lok-?, V., »tadeln, schmähen«? (nur kelt. und germ.)

Lästermaul, N., »wer lästert«, 16. Jh., s. lästern, Maul

lästern, V., »lästern, verletzen, für untüchtig erklären, tadeln«, mhd. lästern, lestern, V., »beschimpfen«, ahd. lastarōn (nach 765), V., »lästern, tadeln, schmähen, rügen«, as. lastron, V., »lästern«, Lbd. lat. blasphemare, V., »lästern«, s. Laster

Lästerung, F., »Lästerung, Lästern, Schmähen«, mhd. lesterunge, F., »Lästerung, Schimpfen«, ahd. lastarunga (1. Vt. 9. Jh.), F., »Lästerung, Beschwerde, Klage, Schmähung«, s. lästern, ung

Lastschrift, F., »im Rahmen eines Girovertrags erfolgende Belastung eines Kontos eines Kunden einer Bank«, um 1970?, s. Last, Schrift

Lastschriftverfahren, N., »Leistung durch Lastschrift«, um 1970?, s. Lastschrift, Verfahren

lateral, Adj., »seitig«, Lw. lat. lateralis, Adj., »die Seite betreffend«, zu lat. latus, N., »Seite«, s. bi-, multi-

Laub, N., »Laub, Blatt«, mhd. loup, N., »Laub«, ahd. loub (2. H. 8. Jh.), N., »Blatt, Laub, Laubwerk«, as. lōf, N., »Laub«, germ. *lauba, *laubam, N., »Blatt«, zu idg. *leubh-, V., »schälen, abbrechen, beschädigen«?, zu idg. *leu- (2), V., »schneiden, trennen, lösen«

Laube, F., »Laube, Vorbau, Sommerhäuschen«, mhd. loube, F., »Laube, Vorhalle, Kornboden, Galerie«, ahd. louba (9. Jh.), F., »Laube, Bühne, Vorhalle, Laubhütte«, as. lōvia, F., »Laube«, germ. *laubjōn, F., »Laubwerk«?, s. Laub

***lauben**, V., »lauben«, s. Laub

laudatio auctoris, lat., F., »Urheberbenennung«

Lauf, M., »Lauf«, mhd. louf, M., »Lauf, Umlauf, Weg, Gang«, ahd. louf (863-71), M., »Lauf, Rennen, Laufen«, germ. *hlaupa, *hlaupaz, M., »Lauf«, s. laufen

Laufbahn, F., »Zusammenfassung aller Ämter derselben Fachrichtung die eine gleiche Vorbildung und Ausbildung voraussetzen (z.B. auswärtiger Dienst)« 18. Jh., »Bahn in der gelaufen wird« 17. Jh.? (Frisch 1741), s. Lauf, Bahn

laufen, V., »laufen«, mhd. loufen, V., »laufen«, ahd. loufan (nach 765?), V., »laufen, eilen, rennen, gehen, fließen«, as. *hlōpan, V., »laufen«, germ. *hlaupan, V., »laufen«, zu idg. *ku̯elp- (1), *ku̯elb-, V., »stolpern, traben«?, zu idg. *kel-, V., »treiben«?

Laufpaß, M., »Ausweis rechtmäßiger Entlassung eines Soldaten« 1739 Hessen, »Passierschein« 1754 Schweiz, »den Laufpaß geben« E. 18. Jh., s. Lauf, Paß

lauter, Adj., »lauter, klar, rein«, mhd. lūter, liuter, Adj., »hell, rein, klar, lauter«, ahd. lūttar (765), Adj., »lauter, hell, klar, vornehm, schlicht, rein, aufrichtig«, as. hluttar, Adj., »lauter, rein«, germ. *hlūtra, *hlūtraz, Adj., »lauter, rein, klar«, s. idg. *k̑leud-, V., »spülen, reinigen«, idg. *k̑leū- (2), *k̑lū-, V., »spülen, reinigen«

leasen, V., »leasen, mietkaufen, mieten«, um 1980 Lw. ne. lease, V., »mietkaufen, lassen«, zu lat. laxare, V., »lösen«, zu lat. laxus, Adj., »schlaff, lose«

Leasing, N., »Vertrag bei dem sich der Leasinggeber zur Überlassung von Besitz und Nutzung an einer Sache und der Leasingnehmer zur Zahlung eines Entgelts verpflichtet«, um 1980 Lw. ne. leasing, N., »Leasing«, s. leasen

leben, V., »leben«, mhd. leben, V., »leben, erleben«, ahd. lebēn (vor 790?), V., »leben, wohnen, überleben«, as. libbian, V., »leben«, germ. *libēn, V., »leben, übrig sein«, zu idg. *leip- (1), V., »kleben, beschmieren«, zu idg. *lei- (3), V., Adj., »glätten, streichen, gleiten, schleimig, klebrig«

Leben, N., »Dasein (eines Menschen)«, mhd. leben, N., »Leben, Lebensweise, Stand, Orden«, ahd. lebēn (1000), N., »Leben, Umgang«, Lbd. lat. vita, F., »Leben«?, s. leben

Lebensalter, N., »Alter eines Menschen«, Platen 1. H. 19. Jh., s. Leben, Alter

Lebenserfahrung, F., »Erfahrung die der Mensch im Laufe seines Lebens im Umgang mit seinen Mitmenschen macht«, 1846 Augsburg reiche Lebenserfahrung, s. Leben, Erfahrung

Lebensgefahr, F., »Gefahr für das Leben«, 1573 Niederösterreich, s. Leben, Gefahr

Lebensgemeinschaft, eheliche, F., »der gesamte Inhalt des persönlichen Verhältnisses der Ehegatten zueinander«, 19. Jh., s. Leben, Gemeinschaft

Lebensgemeinschaft, nichteheliche, F., »eheähnliches Zusammenleben zweier Personen verschiedenen Geschlechts welche nicht die Ehe geschlossen haben«, s. Lebensgemeinschaft, nichtehelich

lebenslang, Adj., »das Leben lang«, Stieler 1691, s. Leben, lang

lebenslänglich, Adj., Adv., »das Leben lang«, Goethe vor 1832, s. lebenslang, lich

Lebensmittel, N., »Stoff der dazu bestimmt ist vom Menschen zur Ernährung oder zum Genuß verzehrt zu werden«, Stieler 1691, Lüt. lat. victualia, N., »Lebensmittel«?, s. Leben, Mittel

Lebensrisiko, N., »Gefahr die das menschliche Leben als solches mit sich bringt«, 20. Jh., s. Leben, Risiko

Lebensstrafe, F., »Todesstrafe«, 1563 Schwaben, s. Leben, Strafe

Lebensversicherung, F., »Versicherung des Lebens einer Person«, »Zusicherung des Lebens« 1. H. 15. Jh. Schweiz, »Lebensversicherung« um 1810, s. Leben, Versicherung

ledig, Adj., »ledig, los«, mhd. ledec, ledic, Adj., »ledig, frei, ungehindert«, Herkunft unklar, zu Glied?

legal, Adj., »gesetzlich, gesetzmäßig, rechtlich«, 17. Jh. (Wächtler 1709) Lw. lat. legalis, Adj., »gesetzlich, gesetzmäßig, rechtlich«, zu lat. lex, F., »Gesetzesvorschlag, Gesetz«, zu lat. legere, V., »lesen«

Legaldefinition, F., »vom Gesetzgeber in ein Gesetz eingefügte Bestimmung des Inhaltes eines Begriffes mit dem der Gesetzgeber diesen Begriff verbunden wissen will (z.B. Kaufmann im Sinne dieses Gesetzbuchen ist wer ein Handelsgewerbe betreibt)«, 19. Jh.?, s. legal, Definition

Legalenteignung, F., »durch ein Gesetz erfolgende Enteignung«, 19. Jh.?, s. legal, Enteignung

Legalisation, F., »Beglaubigung bestimmter Urkunden«, 19. Jh.? Lw. frz. légalisation, F., »Bestätigung«, zu frz. légaliser,

V., »bestätigen«, zu lat. legalis, s. legal, vgl. Weiske 1839ff.

legalisieren, V., »bestätigen«, 18. Jh. Lw. frz. légaliser, V., »bestätigen«, zu lat. legalis, s. legal

Legalität, F., »Gesetzmäßigkeit, Übereinstimmung eines Verhaltens mit den Anforderungen der Rechtsordnung«, 18. Jh. Lw. frz. légalité, F., »Gesetzmäßigkeit«, zu lat. legalis, s. legal, vgl. Weiske 1839ff., Geschichtliche Grundbegriffe

Legalitätsprinzip, N., »Gesetzmäßigkeitsgrundsatz, Prinzip daß die Staatsanwaltschaft soweit nicht gesetzlich ein anderes bestimmt ist verpflichtet ist wegen aller verfolgbaren Straftaten einzuschreiten sofern zureichende tatsächliche Anhaltspunkte für eine solche Straftat vorliegen«, s. Legalität, Prinzip, vgl. Weiske 1839ff., Ullmann 1893

Legalservitut, F., »gesetzliche Eigentumsbeschränkung«, s. legal, Servitut

Legalzession, F., »Gesetzesabtretung, Übergang einer Forderung kraft Gesetzes«, 19. Jh.? Lw. lat. cessio legalis, F., »Übergang durch Gesetz«?, s. legal, Zession

Legat, M., »Legat (M.), Gesandter«, mhd. legāt, legāte, M., »päpstlicher Gesandter, päpstlicher Bote«, 13. Jh. (1265 Elsaß) Lw. lat. legatus, M., »Gesandter, Statthalter«, zum PPP. legatus von lat. legare, V., »als Gesandten senden, hinterlassen«

Legat, N., »Legat (N.), Zuwendung durch Vermächtnis«, 15. Jh. (1494 Ostfriesland bzw. 1521 Windsheim) Lw. lat. legatum, N., »Legat, Vermächtnis, Zuwendung durch Vermächtnis«, zum PPP. legatus von lat. legare, V., »als Gesandten senden, hinterlassen«

Legation, F., »Gesandtschaft«, 16. Jh. (Eberlin 1521 bzw. 1560 Basel) Lw. mlat. legatio, F., »Gesandtschaft«, zum PPP. legatus von lat. legare, V., »als Gesandten senden, hinterlassen«

Legationsrat, M., »Legationsrat«, 1662 bzw. Schubart 1774, s. Legation, Rat

Legationssekretär, M., »Legationssekretär«, 1673, s. Legation, Sekretär

legatum, lat., N., »Legat, Vermächtnis«, s. Legat (N.)

legen, V., »legen«, mhd. legen, V. »legen, liegen machen«, ahd. leggen (8. Jh.?), V., »legen, setzen, stellen«, as. leggian, V., »legen«, germ. *lagjan, V., »legen«, idg. *legh-, V., »sich legen, liegen«

Legion, F., »Legion, eine römische Heereseinheit«, 14. Jh. vereinzelt (leyo) bzw. A. 16. Jh. (Murner 1512) Lw. lat. legio, F. »Legion«, zu lat. legere, V., »sammeln, aussuchen, wählen«

legis actio, lat., F., »Vorgehen aus Recht, Legisaktion«, »(im älteren römischen Recht) Art und Weise wie in feierlichen Spruchformen ein Recht verfolgt werden kann«, Lw. lat. legis actio, F., »Legisaktion«, s. lat. lex, F., »Gesetzesvorschlag, Gesetz«, lat. actio, F., »Klaganspruch«

legislativ, Adj., »gesetzgebend, gesetzgeberisch«, A. 19. Jh. Lw. frz. législatif (A. 18. Jh.), Adj., »gesetzgebend«, zu lat. lex, F. »Gesetzesvorschlag, Gesetz«, s. Legislatur

Legislative, F., »Gesetzgebung, gesetzgebende Gewalt«, A. 19. Jh., s. legislativ, Legislatur

Legislatur, F., »Gesetzgebungsversammlung«, 19. Jh. (1801 Campe) Lw. ne. legislature, N., »Legislatur« (1676), zu ne. legislator, M., »Gesetzgeber«, ne. legislation, N., »Gesetzgebung« (A. 17. Jh.), zu frz. législateur, M., »Gesetzgeber«, frz. législation, F., »Gesetzgebung«, zu lat. lex, F., »Gesetzesvorschlag, Gesetz«, zum PPP. latum von lat. ferre, V., »tragen, bringen«

Legislaturperiode, F., »Gesetzgebungsperiode, Wahlperiode für welche die gesetzgebende Körperschaft gewählt wird«, 19. Jh.?, s. Legislatur, Periode

legitim, Adj., »gesetzlich, gesetzmäßig«, vor 18. Jh. Lw. lat. legitimus, Adj., »gesetzlich«, zu lat. lex, F., »Gesetzesvorschlag, Gesetz«

Legitima, F., »gesetzlicher Erbteil, Pflichtteil«, 1520 Freiburg bzw. Roth 1571, zu lat. legitimus, Adj., »gesetzlich«, s. legitim

Legitimation, F., »Rechtfertigung, Nachweis«, »Nachweis der Berechtigung eines Verhaltens oder Zustandes«, »(im Familienrecht) Verschaffung der Stellung eines ehelichen Kindes für ein nichteheliches Kind«, »Ehelichkeitserklärung« Perneder 1548, 16. Jh. Lw. lat. legitimatio, F., »Ehelichkeitserklärung«, im 12. Jh. aus dem römischen Recht (sachlich seit Konstantin 324-37) in das Kirchenrecht rezipiert, 17. Jh. Lw. frz. légitimation, F., »Ausweis, Beglaubigung, Anerkennung eines unehelichen Kindes«, zu lat. legitimus, Adj., »gesetzlich«, s. legitim

Legitimationspapier, N., »Urkunde bei deren Vorlage der Schuldner ohne Prüfung der Berechtigung (grundsätzlich) mit befreiender Wirkung an den Vorlegenden leisten kann (z.B. Sparbuch)«, 19. Jh., s. Legitimation, Papier, vgl. Gerber 1895

legitimieren, V., »ein uneheliches Kind anerkennen (Perneder 1548 bzw. Roth 1571), durch eine Beglaubigung ausweisen (Sattler 1610)«, Lw. mlat. legitimare, V., »legitimieren«, zu lat. legitimus, Adj., »gesetzlich, gesetzmäßig«, s. legitim

Legitimierung, F., »Rechtfertigung«, s. legitimieren, ung, vgl. Weiske 1839ff.

Legitimität, F., »Gesetzmäßigkeit, Rechtmäßigkeit, Rechtfertigung des Staates durch inhaltliche Werte, Übereinstimmung eines Verhaltens oder Zustandes mit einer behaupteten Wertordnung«, A. 19. Jh. (Gentz 1815 bzw. Petri 1828) Lw. frz. legitimité (1814?), F., »Gesetzmäßigkeit«, zu lat. legitimus, Adj., »gesetzlich«, s. legitim, vgl. Weiske 1839ff., Geschichtliche Grundbegriffe

Lehen, Lehn, N., »Gut das eine Person (Lehnsherr) gegen Dienste und Treue einer anderen Person (Lehnsmann) - ursprünglich nur auf Zeit - zur Nutzung überläßt«, mhd. lēhen, lēn, N., »Lehen, geliehenes Gut«, ahd. lēhan (E. 8. Jh.), lēn, N., »Leihe, Anleihe, Lehen, Darlehen«, as. lēhan, N., »Lehen«, Lbd. lat. beneficium, N., »Wohltat«?, germ. *laihwna, *laihwnam, *laihna, *laihnam, N., »Geliehenes«, zu idg. *leiku̯-, V., »übriglassen«

Lehnsherr, M., »Lehnsherr«, mhd. lēhenherr, M., »Lehnsherr« 1251 Konstanz, s. Lehen, Herr

Lehnsmann, M., »Lehnsmann«, mhd. lēhenman, M., »Lehnsmann«, 13. Jh. lēnman, 1278 Preußen (lēhenman) (, 11./12. Jh. lechenleuthen), s. Lehen, Mann

lehnen, V., »lehnen«, mhd. leinen, V., »lehnen, ablehnen«, mhd. lenen, linen, V., »lehnen, sich stützen«, ahd. linēn (765), V., »anlehnen, lehnen«, ahd. leinen (1000), V., »lehnen«, germ. *hlinōn, V., »lehnen«, germ. *hlainjan, V., »lehnen«, zu idg. *k̂lei-, V., »neigen, lehnen«, zu idg. *kel-, V., »neigen«

Lehnsrecht, N., »Gesamtheit der das Lehen betreffenden Rechtsregeln, Berechtigung zu einem Lehen«, mhd. lehenreht, N., »Lehnrecht, Recht Lehen zu besitzen«, Gottfried von Straßburg um 1210, Sachsenspiegel um 1225, s. Lehen, Recht

Lehrbeauftragter, M., »im Hauptamt außerhalb der Universität tätige Person die zur Ergänzung des Lehrangebots für eine besondere Lehrveranstaltung an der Universität eine besondere Beauftragung (Dienstvertrag) erhalten hat«, 20. Jh.?, s. Lehre, beauftragt, Auftrag

Lehre, F., »Gesamtheit der von der Wissenschaft zu Rechtsfragen vorgetragenen Ansichten sowie deren Vermittlung«, mhd. lēre, F., »Lehre, Anleitung, Unterweisung«, ahd. lēra (765), lērī (11./12. Jh.), F., »Lehre, Belehrung, Unterricht«, as. lēra, F., »Lehre«, Lbd. lat. disciplina, F., »Lehre, Unterricht«, germ. *laizō, F., »Lehre«, s. idg. *leis-, Sb., »Spur, Furche, Geleise«?, s. lehren

lehren, V., »lehren«, mhd. lēren, V., »zurechtweisen, unterweisen, lehren«, ahd. lēren (765), V., »lehren, erklären, zeigen, belehren«, as. lērian, V., »lehren«, Lbd. lat. docere, V., »lehren, unterrichten«, germ. *laizjan, V., »lehren«, zu idg. *leis-, Sb., »Spur, Furche, Geleise«?

Lehrer, M., »Lehrer«, mhd. lērære, lērer, M., »Lehrer«, ahd. lērāri (nach 765?), M., »Lehrer«, Lüt. lat. doctor, M., »Lehrer, Lehrmeister«, s. lehren

Lehrfreiheit, F., »Freiheit die wissenschaftlich gewonnenen Einsichten und Überzeugungen frei zu verbreiten«, Savigny 1832, s. Lehre, Freiheit

Lehrling, M., »(bis etwa 1980) wer eine praktische Berufsausbildung durchläuft«, mnd.? leirlinc (A. 14. Jh. Köln), M., »Lehrling«, Stieler 1691, s. Lehre, ling

Lehrstuhl, M., »planmäßige Stelle eines Professors«, mhd. lērstuol, M., »Lehrstuhl«, 14./15. Jh.? (vgl. Diefenbach) Lüt. lat. cathedra, F., »Stuhl, Lehrstuhl«, s. Lehre, Stuhl

Leib, M., »Leib, Leben, Person, Körper«, mhd. līp, līb, M., »Leben, Leib, Körper«, ahd. līb (765), M., »Leben, Lebensunterhalt, Leib, Lebenswandel«, as. līf, M., »Leben, Leib«, germ. *leiba, *leibam, N., »Leben, Leib«, zu idg. *leip- (1), V., »kleben, beschmieren«, zu idg. *lei- (3), V., Adj., »glätten, streichen, gleiten, klebrig, schleimig«

leibeigen, Adj., »leibeigen, mit dem Leib jemandem gehörig«, spätmhd. līpeigen, Adj., »leibeigen« 1338 Schweiz, Zusammenrückung aus »mit dem lībe eigen«, s. Leib, eigen

Leibeigenschaft, F., »(im neuzeitlichen deutschen Recht) meist durch Überlassung von Bodennutzung und damit verbundener grundherrlicher Bindung erreichte persönliche Abhängigkeit eines Menschen von einem anderen«, 2. H. 14. Jh. Glarus, s. leibeigen, schaft

Leibesfrucht, F., »Kind im Mutterleib von der Zeugung bis zur Vollendung der Geburt«, 1564 Lüneburg, Lüs. lat. fructus ventris, M., »Frucht des Leibes« (Psalm 127,3, Lukas 1,42)

Leibesstrafe, F., »Strafe am Körper«, 1386 Österreich, Lüs. mlat. poena corporis, F., »Strafe am Körper«?, s. Leib, Strafe

Leibgedinge, N., »Vertrag in dem eine Person sich zur Leistung von Unterhalt auf Lebenszeit gegenüber einer Person verpflichtet«, mhd. līpgedinge, N., »Leibgedinge, Versprechen auf lebzeitlichen Unterhalt«, 1160 Bayern, s. Leib, Gedinge

Leibrente, F., »einheitlich nutzbares Recht - eingeräumt auf die Lebenszeit des Berechtigten oder eines anderen Menschen - dessen Erträge (Nutzungen) aus regelmäßig wiederkehrenden gleichmäßigen Leistungen von Geld oder anderen vertretbaren Sachen bestehen«, 1270 Hamburg, s. Leib, Rente

Leibzucht, F., »Lebensunterhalt«, mhd. līpzuht, F., »Lebensunterhalt (vor allem der Witwe) (1170/83 Köln)«, Lüt. lat. victualia, N., »Lebensmittel«?, hauptsächlich in Norddeutschland gebräuchlich, s. Leib, Zucht

Leiche, F., »Körper eines gestorbenen oder tot geborenen Menschen«, mhd. līch, F., »Leib, Körper, Aussehen, Leiche, Begräbnis«, ahd. līh (765), F., N., »Leib, Körper, Fleisch, Leichnam, Gestalt«, as. līk, N., »Leib, Leichnam, Körper«, germ. *līka, *līkam, N., »Leib, Körper, Leiche«, idg. *lĕig- (2),*līg-?, Sb., Adj., »Gestalt, ähnlich, gleich«, auslautendes e seit dem 16. Jh.

Leichenfledderei, F., »Beraubung eines Toten«, zu Leiche und zu rotw. fleddern, V., »waschen?, bestehlen«

Leichnam, M., »Leichnam, Leiche«, mhd. līchnam, līchnāme, M., »Leib, Körper, Leichnam, Körperschaft«, ahd. līhnamo (1000), M., »Körper, Leichnam«, ahd. līhhamo (E. 8. Jh.), M., »Leib, Körper, Fleisch, Gestalt, Leichnam«, as. līkhamo, M., »Leib, Leichnam, Körper«, germ. *līkahaman, *līkahamōn, M., »Leib, Körper, Leibeshülle, Leichnam«, zu idg. *lĕig- (2), līg-, Sb., Adj., »Gestalt, ähnlich, gleich«, germ. *haman, *hamōn, M., »Körperbedeckung«, zu idg. *k̑em, V., »bedecken, verhüllen«, das seit dem Ahd. (11. Jh. Bayern) auftretende n rührt aus einer Variante (līkanhamo) mit n-stämmigem līh-, »Leich-«

Leichenöffnung, F., »Öffnung einer Leiche«, Schiller vor 1804, s. Leiche, Öffnung

Leichenschau, F., »Betrachtung einer Leiche«, 19. Jh.?, s. Leiche, Schau, vgl. Ullmann 1893

leicht, Adj., »leicht«, mhd. līht, līhte, Adj., »leicht, erleichtert, leichtfertig, unbeständig, gering, geringfügig«, ahd. līht (1000, PN), Adj., »leicht«, līhti (765), Adj., »leicht, gering, leichtsinnig, lind, mühelos«, as. *līht, Adj., »leicht«, germ. *līhta, *līhtaz, *līhtja, *līhtjaz, *lenhta-, Adj., »leicht«, zu idg. *leg^{u̯}h-, *leng^{u̯}ho-, Adj., V., »leicht, flink, sich bewegen«

leichtfertig, Adj., »leichtfertig, unbedacht, unachtsam (1487)«, mhd. līhtvertec, Adj., »leichtfertig (14. Jh. in Bezug auf Frauen), fein, schwächlich«, s. leicht, fahren, Fahrt, ig

Leichtfertigkeit, F., »erhöhter Grad von Fahrlässigkeit der objektiv der groben Fahrlässigkeit des Privatrechts - Außerachtlassung der Sorgfalt in ungewöhnlich hohem Maße - entspricht subjektiv aber die persönlichen Fähigkeiten und Kenntnisse des Täters zugrunde legt«, mhd. līhtvertecheit, F., »Leichtfertigkeit« 1443 Steiermark (in Bezug auf Sittlichkeit), 1528 »Leichtsinn«, s. leichtfertig, heit

Leid, N., »Leid, Schmerz, Trauer, Kränklichkeit«, mhd. leit, N., »Leiden, Böses, Betrübnis, Schmerz, Krankheit«, ahd. leid (9. Jh.), N., »Leid, Unglück, Schmerz, Leiden, Betrübnis, Böses«, as. lēth, N., »Leid, Böses, Sünde«, zu germ. *laiþa, *laiþaz, Adj., »leid, widerwärtig, feindlich, betrüblich«, zu idg. *leit- (1), V., »verabscheuen, freveln«

Leihe, F., »unvollkommen zweiseitig verpflichtender Vertrag in dem sich der eine

Teil (Verleiher) verpflichtet dem anderen Teil (Entleiher) den Gebrauch der Sache auf Zeit unentgeltlich zu gestatten«, 1504 Hessen, s. leihen

leihen, V., »leihen, wechselseitig geben, wechselseitig nehmen«, mhd. līhen, V., »leihen, auf Borg geben, als Lehen geben, verleihen«, ahd. līhan (790), V., »leihen, verleihen, geben, hergeben«, as. līhan, V., »leihen«, germ. *leihwan, V., »leihen, überlassen«, idg. *leikᵘ-, V., »lassen, übriglassen«

***Leiher**, M., »Leiher«, mhd. līher, M., »Darleher, Borger, Verleiher des Bergbaurechts«, ahd. *līhāri, M., »Leiher«, s. leihen

Leihezwang, M., »Zwang zur Verleihung bzw. Verlehnung eines Gutes«, Brunner 1897?, s. Leihe, Zwang

Leihkauf, M., s. Leitkauf

lein, Suff., »lein«, mhd. elīn, Suff., »lein«, ahd. ilī, ilīn, Suff., »lein«, ursprünglich nur hochdeutsche Kombination der Deminutivsuffixe -il, -ī(n) bzw. des Suffixes īn mit l-Auslaut, seit dem Fnhd. durch das nördliche Suff. -chen verdrängt

Leist, Leisten, M., »Gestalt, Leisten«, mhd. leist, M., »Weg, Spur, Form«, ahd. leist (11. Jh.), M., »Form, Spur, Leisten«, germ. *laista, *laisti, *laistiz, M., »Spur, Leisten, Fuß?«, zu idg. *leis-, Sb., »Spur, Furche, Geleise«, (e)n im Nominativ aus gebeugten Formen

leisten, V., »leisten«, mhd. leisten, V., »ein Versprechen erfüllen, ein Gebot befolgen und ausführen«, ahd. leisten (A. 9. Jh.), V., »leisten, beweisen, erfüllen, erstatten, erzeugen, einhalten«, as. lēstian, V., »leisten, erfüllen, tun, befolgen«, germ. *laistjan, V., »nachgehen, folgen«, zu idg. *leis-, Sb., »Spur, Furche, Geleise«

Leistung, F., »Gegenstand einer Schuldverpflichtung (z.B. Zahlung bzw. tatsächliche Handlung)«, spätmhd. leistunge, F., »Einlager«, 1285 Württemberg, »Verbannung« 1337, »Erbringung einer Handlung« 1338 Kampen, s. leisten, ung

Leistungsgefahr, F., »Gefahr bei Untergang des Leistungsgegenstandes die Leistung (noch) erbringen zu müssen«, 20. Jh.?, s. Leistung, Gefahr

Leistungsinhalt, M., »Inhalt der vom Schuldner zu bewirkenden Leistung«, 20. Jh.?, s. Leistung, Inhalt

Leistungsklage, F., »auf eine Leistung des Beklagten (z.B. Tun) gerichtete Klage«, 19. Jh.?, s. Leistung, Klage, vgl. Planck 1896

Leistungskondiktion, F., »Bereicherungsanspruch der sich darauf gründet daß der Bereicherungsschuldner den Vermögensvorteil (etwas) durch eine Leistung des Bereicherungsgläubigers erlangt hat«, 2. H. 20. Jh., s. Leistung, Kondiktion

Leistungskontrolle, F., »Überprüfung einer Leistung«, 20. Jh.?, s. Leistung, Kontrolle

Leistungsort, M., »Ort an dem der Schuldner die Leistung zu bewirken hat«, 19. Jh., s. Leistung, Ort

Leistungsschutz, F., »Schutz (bestimmter) (geistiger) Leistung«, 20. Jh.?, s. Leistung, Schutz

Leistungsschutzrecht, N., »dem Urheberrecht verwandtes Immaterialgüterrecht an solchen geistigen Leistungen welche in der Entdeckung bzw. Verwirklichung bzw. Verwertung oder Auslegung eines Werkes bestehen«, 20. Jh., s. Leistung, Schutzrecht

Leistungsstörung, F., »Störung der Leistung«, 2. H. 20. Jh.?, s. Leistung, Störung

Leistungsurteil, N., »auf eine zulässige und begründete Leistungsklage hin ergehendes Urteil«, 20. Jh.?, s. Leistung, Urteil

Leistungsverwaltung, F., »öffentliche Verwaltung welche die Interessenverfolgung der Mitglieder des Gemeinwesens durch gewährende Tätigkeit unmittelbar fördert (z.B. Daseinsvorsorge)«, 20. Jh., s. Leistung, Verwaltung

Leistungsverweigerung, F., »Verweigerung der Leistungshandlung durch den Schuldner«, 20. Jh.?, s. Leistung, Verweigerung.

Leistungsverzug, M., »Verzug mit einer Leistung«, 19. Jh.? Österreich, s. Leistung, Verzug

Leistungsverweigerungsrecht, N., »Recht des Schuldners die Bewirkung seiner Leistung trotz seiner Leistungsverpflichtung zu verweigern«, 20. Jh.?, s. Leistungsverweigerung, Recht

Leistungswettbewerb, M., »positiver in der Förderung der Absatztätigkeit des eigenen Unternehmens durch die eigene tüchtige Leistung (z.B. Kundendienst) bestehender Wettbewerb«, 20. Jh., s. Leistung, Wettbewerb

Leistungswucher, M., »eine Leistung betreffender Wucher«, 20. Jh., s. Leistung, Wucher

Leistungszeit, F., »Zeit zu der die Leistung(shandlung) des Schuldners zu erbringen ist«, 19. Jh., s. Leistung, Zeit

leiten, V., »leiten, führen«, mhd. leiten, V., »leiten, führen, sich richten nach«, ahd. leiten (765), *leitōn, V., »leiten, lenken, führen, geleiten, ausführen, hinführen, bringen, tragen, heiraten«, as. lēdian, V., »leiten«, germ. *laidjan, *leidjan, V., »gehen machen, leiten, führen«, kausativ zu germ. *leiþan, V., »gehen, weggehen«, zu idg. *leit- (2), V., »gehen, fortgehen, sterben«, zu idg. *lei- (3), V., Adj., »glätten, gleiten, streichen, schmierig, schleimig«?

leitend, Part. Präs., »leitend, führend«, s. leiten

leitender Angestellter, M., »führender Angestellter«, um 1970?, s. Angestellter, leitend

Leiter, M., »Leiter (M.), Führer«, mhd. leitære, leiter, M., »Leiter (M.), Führer, Verführer«, ahd. leitāri (8. Jh.), M., »Leiter (M.), Führer, Anführer«, s. leiten

***Leitkauf**, M., »Leistung zu gemeinsamem Umtrunk beim Kauf, Gelöbnistrunk beim Kaufabschluß«, bay., mhd. lītkouf, M., »Gelöbnistrunk beim Abschluß eines Handels, Leitkauf«, 1160 Steiermark, zu ahd. līd (8. Jh.), M., N., »Trank, Getränk, Obstwein, Wein«, germ. *līþu, *leiþu, N., »Obstwein«, s. Kauf

Leitsatz, M., »aus dem Inhalt einer Entscheidung eines Gerichtes entnommener deren wesentlichen Kern enthaltender Satz«, 20. Jh.?, s. leiten, Satz

Lektor, M., »Lektor«, 15. Jh. Lw. lat. lector, M., »Leser«, zum PPP. lectus von lat. legere, V., »lesen«, Bedeutungsentwicklung »Vorleser, Lehrer, Fremdsprachenlehrer (18. Jh.), Verlagsgutachter«

lenken, V., »lenken«, mhd. lenken, V., »biegen, wenden, richten«, ahd. *lenken, V., zu ahd. lanka (E. 8. Jh.), F., »Flanke, Seite«

lernen, V., »lernen«, mhd. lernen, V., »lernen, kennenlernen«, ahd. lernēn (830), V., »lernen, erkennen, erforschen, erfragen«, as. līnon, lirnon, V., »lernen«, westgerm. *liznōn, V., »lernen«, zu idg. *leis-, Sb., »Spur, Furche, Geleise«

lesbisch, Adj., »homosexuelle Frauen betreffend«, 19. Jh., zum ON Lesbos, s. isch

Lesbierin, F., »homosexuelle Frau«, 19. Jh., s. lesbisch

lesen, V., »lesen«, mhd. lesen, V., »sammeln, aufheben, lesen«, ahd. lesan (765), V., »lesen, vorlesen, durchmustern, erwählen, sammeln«, as. lesan, V., »lesen, auflesen«, germ. *lesan, V., »sammeln, auflesen«, Lbd. lat. legere, V., »lesen«?, idg. *les-?, V., »sammeln, auflesen«

Lesung, F., »Vorlesen (15. Jh.), Beratung eines Gesetzesentwurfes im Parlament«, Norddeutscher Reichstag 1867 Lbd. ne. reading, N., »Lesung«, 15. Jh. bzw. 17. Jh. (Stieler 1691) Lw. lat. lectio bzw. lectura, F., »Lesung«, s. lesen, ung

***letzen**, V., »hemmen?, hindern?«, mhd. letzen, V., »hemmen, aufhalten, hindern«, ahd. lezzen (1. H. 8. Jh.), V., »hemmen, aufhalten, hindern, verlangsamen, beunruhigen«, as. lettian, V., »ablassen, hemmen«, germ. *latjan, V., »laß machen, müde machen«, zu idg. *lēid-, V., »lassen, nachlassen«, zu idg. *lei- (3), V., »lassen, nachlassen«, s. ver-

letzt, Adj., »letzte«, mhd. lest, lezzist, Adj., »letzte«, ahd. lezzisto (830), Adj., »letzte«, zu ahd. laz, Adj., »matt, säumig«, as. *letisto, lazto, lasto, Adj., »letzte«, zu germ. *lata, *lataz, Adj., »laß, faul, träge, lässig«, zu idg. *lēid-, V., »lassen, nachlassen«, zu idg. *lēi- (3), V., »lassen, nachlassen«

letzter Wille, M., »(im Testament geäußerter) letzter Wille«, 15. Jh. (1484 Nürnberg), Lüs. mlat. voluntas ultima, F., »letzter Wille«?, s. letzt, Wille

letztes Wort, N., »Stellungnahme eines Angeklagten am Ende der Hauptverhandlung«, Planck 1857, s. letzt, Wort

letztwillig, Adj., »auf den letzten Willen bezüglich«, 15./16. Jh., s. letzte, Wille, ig

letztwillige Verfügung, F., »den letzten Willen enthaltende Verfügung«, 19. Jh., s. letztwillig, Verfügung

leugnen, V., »verneinen, leugnen«, mhd. lougenen, lougen, V., »leugnen, verneinen, widerrufen«, ahd. lougnen (E. 8. Jh.), louganen, V., »leugnen, verneinen, verleugnen, anfechten«, as. lōgnian, V., »leugnen«, germ. *laugnjan, *lougnjan, V., »leugnen, verneinen«, zu idg. *leugh- (1), V., »lügen«

Leumund, M., »Leumund, Ruf«, mhd. liumunt, M., »Ruf, Ruhm, Meinung, Sinn,

Nachrede«, ahd. liumunt (765), M., F., »Ruf, Gerücht, Leumund, Ruf«, germ. *hleumunda, *hleumundaz, M., »Leumund«, zu germ. *hleumōn, M., »Gehör, zu Hörendes«, idg. *k̂leumen, N., »Gehör, Ruf, Leumund«, zu idg. *k̂lū-, *k̂leu-, V., Sb., »hören, Ruhm«, zu idg. *k̂el-, V., Sb., »hören, Ruhm«, to-Erweiterung eines men-Suffixes

Leumundszeugnis, N., »Zeugnis über den Leumund«, 19. Jh., s. Leumund, Zeugnis, vgl. Ullmann 1893

Leute, Pl., »Leute, Menschen«, mhd. liute, Pl., »Leute«, ahd. liut (765), M., F., N., Pl., »Leute, Menschen, Volk«, as. liud, M., »Volk«, liudi, M. Pl., »Volk, Leute, Menschen«, germ. *leudi, *leudiz, M., »Mann, Pl. Volk, Menschen«, zu idg. *leudh- (1), V., »wachsen, hochkommen«?

Leutnant, M., »Leutnant«, A. 16. Jh. (Murner 1522) Lw. frz. lieutenant (14. Jh.), M., »Leutnant, Stellvertreter, Statthalter«, aus mfrz. lieu tenant zu tenir le lieu, »den Ort halten, vertreten«, zu mfrz. lieu, M., »Ort«, aus lat. locus, M., »Ort«, mfrz. tenir, V., »halten«, aus lat. tenere, V., »halten«

lex, F., Pl. leges, »Gesetzesvorschlag, Gesetz, u. U. Klausel, Recht«, zu lat. legere, V., »lesen«

lex Aquilia, lat., F., »aquilisches Gesetz 286 v. Chr., römisches Volksgesetz das die Ersatzleistungen für Sachbeschädigungen neu regelt und damit einen Grundpfeiler für die gesamte folgende Entwicklung des Schadenersatzrechts bildet«, zum PN Aquilius, s. lat. lex

lex commissoria, lat., F., »Verwirkungsklausel«, s. lat. lex, lat. commissorius, Adj., »eine Verwirkung enthaltend«, s. Kommission

lex fori, lat., F., »Gesetz des Gerichts, Recht des Gerichtsorts«, »möglicherweise anzuwendende Rechtsordnung des Entscheidungsortes«, s. lat. lex, s. lat. forum

lex generalis, lat., F., »allgemeines Gesetz«, lat. lex, lat. generalis, Adj., »zum Geschlecht gehörig, allgemein«, s. General

Lexikon, N., »Wörterbuch, Lexikon«, 17. Jh. Lw. gr. lexikón (biblíon), N., »Wörter(buch)«, zu gr. lexis, F., »Wort«, zu gr. légein, V., »lesen, sammeln, sprechen«

lex imperfecta, lat., F., »unvollkommenes Gesetz«, »Gesetz das für die Erfüllung seines Tatbestandes keine Rechtsfolge (z.B. Strafe) vorsieht (z.B. früher Fahren ohne Anlegen des Sicherheitsgurtes)«, s. lat. lex, lat. imperfectus, Adj., »unvollendet«, zu lat. in, im, Partik., Präf., »un«, lat. PPP. perfectus von lat. perficere, V., »fertigmachen«, zu lat. per, Präp., Präf., »durch«, lat. facere, V., »machen, tun«

lex mercatoria, lat., F., »kaufmännisches Recht«, »(im römischen Recht) Gesamtheit der zum römischen ius gentium zählenden Handelsbräuche, Gesamtheit der aus völkerrechtlichen Gesetzen bzw. Ordnungen internationaler Organisationen bzw. Vertragspraktiken bzw. Urteilen und allgemeinen Rechtsgrundsätzen abgeleiteten Sätze zur Entscheidung internationaler Wirtschaftsstreitigkeiten«, s. lat. lex, lat. mercatorius, Adj., »kaufmännisch«, zu lat. mercator, M., »Handelsmann«, zum Part. Prät. Akt. mercatus von lat. mercari, V., »handeln«, zu lat. merx, F., »Ware«

lex posterior, lat., F., »späteres Gesetz«, s. lat. lex, lat. posterior, Adj. Komp., »spätere«, zu lat. post, Präp., Präf., »nach«

lex posterior derogat legi priori, lat. »das spätere Gesetz geht dem früheren Gesetz vor«, vgl. Digesten 1,4,4, (Modestin um 235)

lex prior, lat., F., »früheres Gesetz«

lex rei sitae, lat., F., »Gesetz der belegenen Sache«, »möglicherweise anzuwendende Rechtsordnung des Ortes an dem sich eine Sache (z.B. Grundstück) befindet«

lex Salica, lat., F., »salisches Recht« (507-511 n. Chr.), »lateinisch aufgezeichnetes Stammesrecht der salischen Franken«

lex specialis, lat., F., »besonderes Gesetz«, s. lat. lex, lat. specialis, Adj., »besondere«, s. Spezies

lex specialis derogat legi generali, lat., »das spezielle Gesetz geht dem allgemeinen Gesetz vor«, vgl. Liber sextus 5,13,34 (Bonifaz VIII. 1294-1303), Digesten 50,17,80 (Papinian 150-212)

liber, lat., M., »Bast, Buch«

liber, lat., M., »Freier, freier Mann«

liberal, Adj., »freigebig«, 16. Jh. (Zimmerische Chronik 1564/6) Lw. lat. liberalis, Adj., »freiheitlich, edel, freigebig«, E. 18. Jh. (Zimmermann 1784 bzw. Lassaulx 1803) Lbd. frz. libéral, Adj., »freiheitlich, vorurteilslos, liberal (1799?)«, aus lat.

liberalis, Adj., »die Freiheit betreffend«, zu lat. liber, Adj., »frei, selbständig, zwanglos«

Liberaler, M., »Anhänger einer liberalen Richtung« Görres 1819, s. liberal

Liberalismus, M., »im 18. Jh. ausgebildete Staatslehre bzw. Wirtschaftslehre und Gesellschaftslehre die sich von der freien Entfaltung des Einzelnen die bestmögliche Entwicklung der Gesellschaft erhofft«, 1819? Lw. frz. libéralisme, M., »Liberalismus«, Metternich 1819 Ultraliberalismus, 1820 Liberalismus, Görres 1822/3, s. liberal, ismus, vgl. Geschichtliche Grundbegriffe

liber extra, M., »Teil des corpus iuris canonici«, s. lat. liber, M., »Buch«, lat. extra, Adv., Präp., Präf., »außerhalb«, zu lat. e, ex, Präp., Präf., »aus«

liber sextus, M., »Teil des corpus iuris canonici«, s. lat. liber, M., »Buch«, lat. sextus, Num. Ord., »sechste«, zu lat. sex, Num. Kard., »sechs«

Libralgeschäft, N., »(im älteren römischen Recht) mit Erz und Waage (per aes et libram) vor 5 Zeugen und einem Waagehalter von einer Person (Erwerber) - in Gegenwart des Veräußerers - vorgenommenes Geschäft (z.B. Ergreifung einer handgreifbaren Sache einer anderen Person und Zuwägung des realen Gegenwertes in Erz)«, zu lat. libra, *lithra, F., »Waage«, s. Geschäft

licentia, lat., F., »Erlaubnis, (früher auch) Lehrberechtigung«, zum Part. Präs. licens von lat. licere, V., »erlaubt sein«

lich, Suff., »lich«, mhd. lich, Suff., »lich«, ahd. līh, Suff., »lich«, as. līk, Suff., »lich«, zu germ. *leika, *leikam, *līka, *līkam, N., »Leib, Körper, Gestalt«, zu idg. *līg-?, *lĕig- (2), Sb., Adj., »Gestalt, ähnlich, gleich«

Lidlohn, M., »Entgeltanspruch für Dienstleistungen«, mhd. litlōn, lidlōn, M., »Lidlohn«, zu mlat. litus, M., »Lite, Höriger«?, zu ahd. *lit, M., »Weggang«?, zu ahd. līdan, V., »weggehen«, deswegen »Weglohn«?, s. Lohn

lieb, Adj., »lieb, geschätzt«, mhd. liep, liup, Adj., »lieb, angenehm, erfreulich«, ahd. liob (1. H. 8. Jh.), liub, Adj., »lieb, teuer, angenehm, anmutig, geliebt, wohlgefällig«, as. liof, Adj., »lieb, wert, freundlich«, germ. *leuba, *leubaz, Adj., »lieb«, idg. *leubh-, V., Adj., »gern haben, begehren, lieb«

Liebhaber, M., »Liebhaber«, mhd. liephaber, M., »Liebender, Freund, Anhänger«, 15. Jh. (1403 Preußen), Lüt. lat. amator, M., »Liebhaber«, s. lieb, haben

Liebhaberinteresse, N., »rein persönlicher Erinnerungswert oder Gefühlswert des Geschädigten gegenüber der beschädigten Sache der vom Schädiger grundsätzlich nicht ersetzt zu werden braucht«, 19. Jh.?, s. Liebhaber, Interesse, Affektionsinteresse

Liechtenstein, ON, E. 13. Jh., zu mhd. licht, Adj. »licht, weiß«, nhd. Stein, M., »Stein, Fels«

Lieferant, M., »wer liefert«, 17. Jh., s. liefern

liefern, V., »bringen, liefern«, (1299 Friedberg), Lw. mnd. leveren (nach 1230?), levereren, V., »senden, liefern«, mnl. leveren, levren, lieveren, V., »senden, liefern«, Lw. afrz. livrer, V., »befreien, entledigen«, aus lat. liberare, V., »frei machen, befreien, fortschicken (mlat.)«, zu lat. liber, Adj., »frei, selbständig, zwanglos«

Lieferschein, M., »Begleitpapier einer Ware eines Lieferanten das nach Unterzeichnung durch den Empfänger zur Beweisurkunde über den Empfang wird«, Goethe vor 1832, s. liefern, Schein

Lieferung, F., »Senden einer Ware, gelieferte Ware«, A. 16. Jh., s. liefern, ung

liegen, V., »liegen«, mhd. ligen, V., »liegen«, ahd. liggen (E. 8. Jh.), ligen, V., »liegen, sich befinden, vorkommen«, as. liggian, V., »liegen«, germ. *legjan, V., »liegen«, idg. *legh-, V., »sich legen, liegen«

liegend, Adj., »liegend«, liegendes Gut (Mühlhäuser Reichsrechtsbuch um 1225), s. legen

Liegenschaft, F., »unbewegliche Sache«, (1322, 1601/1708, 1776), s. liegen, schaft

***lieren**, V., s. ver-

Liga, F., »Bündnis«, 15. Jh. (Zimmerische Chronik 1564/6) Lw. span. liga, F., »Bündnis«, zu span. ligar, V., »binden, verbinden, vereinigen«, aus lat. ligare, V., »binden«

limitieren, V., »begrenzen, einschränken«, A. 17. Jh. (Sattler 1610) Lw. (frz. limiter, V., »abgrenzen, bestimmen«, aus) lat. limitare, V., »abgrenzen, festsetzen, bestimmen«, zu lat. limes, M. »Querweg, Rain, Grenze«, zu lat. limus, Adj., »schief«

limitiert, Adj., »begrenzt«, s. limitieren

limitierte Akzessorietät, F., »begrenzte Akzessorietät«, 19. Jh.?, s. limitiert, Akzessorietät

ling, Suff., »ling«, s. ing

Linguist, M., »Sprachforscher, Sprachwissenschaftler«, E. 16. Jh. (Helber 1593), zunächst selten, zu lat. lingua, F., »Zunge, Sprache«

Linguistik, F., »Wissenschaft von der Sprache und ihren allgemeinen Erscheinungen«, 18. Jh. (Denis 1778), s. Linguist, ik

Linie, F., »Verbindung zweier Punkte«, mhd. linie, F., »Linie«, ahd. linia (11. Jh.), linna, F., »Linie, Strich, Grenzlinie«, Lw. lat. linea, F., »Leine, Schnur, Linie«, zu lat. linum, N., »Flachs, Faden, Schnur«, Bedeutung »Abstammungsfolge« um 1300? bzw. im 16. Jh.?

Lippe, F., »Lippe, Rand der Mundöffnung«, 16. Jh. Lw. mnd. lippe, F., »Lippe«, zu germ. *lepjan, *lepjōn, M., F., »Lippe«, zu idg. *lĕb-, *lŏb-, *lăb-, V., »schlapp herabhängen«, verdrängt mhd. lefse, ahd. lefs (Umbildung eines alten s-Stammes zur gleichen Wurzel)

Liquidation, F., »Abwicklung der Rechtsverhältnisse einer aufgelösten Gesellschaft«, 16. Jh. (Reichskammergericht 1555) »Ausführung, Abwicklung« Lw. spätlat. liquidatio, F., »Richtigmachung«, A. 17. Jh. (1603) »Klarlegung (der Rechnung)« Lw. frz. liquidation, F., »Klarlegung«, Lw. it. liquidazione, F. »Aufstellung und Erledigung der Passiva«, aus mlat. bzw. spätlat. liquidatio, F., »Richtigmachung, Verzeichnis«, zum PPP. liquidatus von spätlat. *liquidare, V., zu lat. liquidus, Adj., »flüssig, fließend«, zu lat. liquere, V., »flüssig sein«, »Ermordung« 20. Jh.

liquide, Adj., »flüssig, zahlungsfähig«, nnl. 16. Jh. (1544), 17. Jh. (Sperander 1728) Lw. lat. liquidus, Adj., »flüssig, fließend«, zu lat. liquere, V., »flüssig sein«

liquidieren, V., »flüssig machen, klarstellen (um 1600), auflösen, hinrichten (20. Jh.)«, 16. Jh. (1501 Zeitz) Lw. it. liquidare, V., »eine Rechnung aufstellen«, aus spätlat. liquidare, V., »flüssig machen«, zu lat. liquidus, Adj., »flüssig«, zu lat. liquere, V., »flüssig sein«, Bedeutung »ein Geschäft auflösen« 19. Jh. (Keller 1856)

List, F., »Kunst, Weisheit« »geflissentliches und schlaues Verbergen der verfolgten Absicht (z.B. durch Täuschung)«, mhd. list, F., »Weisheit, Klugheit, Schlauheit, Wissenschaft, Kunst, Lehre«, ahd. list (E. 8. Jh.), M., F., »Kenntnis, Wissen, Kunst, List, Wissenschaft, Handwerk«, as. list, F., »Kunst, Klugheit, Verschlagenheit«, germ. *listi, *listiz, F., »Kunst, List«, zu idg. *leis-, Sb., »Spur, Furche, Geleise«?

Liste, F., »Liste«, 16. Jh. (1544 Österreich bzw. Dilbaum 1597) Lw. (lista bis E. 18. Jh. bzw. neuer Sg. A. 17. Jh.) it. lista, F., »List«, Lw. ahd. līsta (10. Jh.), F., »Leiste, Rand, Saum, Borte«, zu germ. *listōn, F., »Leiste«, zu idg. *leis-, Sb., »Spur, Furche, Geleise«?, idg. *leizd-, Sb., »Rand, Saum, Leiste«?

Listenwahl, F., »Wahl über Listen«, 20. Jh.?, s. Liste, Wahl

listig, Adj., »listig«, mhd. listic, listec, Adj., »weise, klug, schlau«, ahd. listīg (765), Adj., »schlau, klug, gescheit«, as. *listig, Adj., »klug«, s. List, ig

Liter, M., »Liter«, 19. Jh. (1868 amtlich eingeführt) Lw. frz. litre, M., »Liter«, zu mfrz. litron, Sb., »ein Hohlmaß«, aus (vereinzeltem) mlat. litra, F., »Pfund«, zu lat. libra, *lithra, Lw. gr. lítra, F., »Pfund«, Lw. aus weiterer Sprache

litis contestatio, F., »Streitbefestigung«, »(im römischen Prozeßrecht) Einsetzung des Streites durch den Gerichtsmagistrat womit sich die Parteien gegenüber dem Magistrat dem künftigen Spruch des Geschworenenrichters unterwerfen und ein zweiter Streit ausgeschlossen ist«, zu lat. lis, F., »Streit« lat. contestatio, F., »Anrufung zum Zeugen«

litis denuntiatio, lat., F., »Streitverkündung«, zu lat. lis, F., »Streit«, zum PPP. denuntiatus von lat. denuntiare, V., »ankündigen«

Litisdenunziation, F., »Streitverkündung«, 17. Jh. (1622) Lw. lat. litis denuntiatio, s. litis denuntiatio

Litiskontestation, F., »Kriegsbefestigung, Streiteinlassung«, 16. Jh. (1521 Windsheim) Lw. lat. litis contestatio, s. litis contestatio

Litispendenz, F., »Rechtshängigkeit«, 16. Jh. (1504 Niederlande) Lw. nlat. litis pendentia, F., »Streithängigkeit«, zu lat. lis,

F., »Streit«, zum Pl. N. des Part. Präs. pendens von lat. pendere, V., »hängen«

Litteralvertrag, M., »(im römischen Recht) Vertrag bei dem die Obligation nur auf Grund eines Schriftaktes entsteht«, vor 19. Jh.?, s. lat. litteralis, Adj., »zum Schreiben gehörig«, zu lat. littera, F., »Buchstabe«, s. Vertrag

Lizentiat, M., »Lizentiat, Inhaber des akademischen Grades der Vorlesungsberechtigung«, 15. Jh. (um 1418 Konstanz) Lw. lat. licentiatus, M., »Lizentiat«, PPP. von lat. *licentiare, V., »erlauben«, zu lat. licentia, F., »Erlaubnis«, zum Part. Präs. licens von lat. licere, V., »erlaubt sein«

Lizenz, F., »Erlaubnis, von einem Berechtigten einem Dritten erteilte Erlaubnis ein Recht wirtschaftlich zu nutzen (z.B. Patent)«, E. 15. Jh. (Füetrer 1478/91 lizenze) Lw. lat. licentia, F., »Erlaubnis«, zum Part. Präs. licens von lat. licere, V., »erlaubt sein«, »Gebühr für Ausfuhrerlaubnis« licent 1591 Flandern

lizensieren, V., »eine Erlaubnis erteilen«, 20. Jh., s. Lizenz, ieren

lobby, F., »Wandelhalle, Interessenvertretung«, Lw. ne. lobby, N., »Wandelhalle, Interessengruppe«, Lw. mlat. laubia, F., »Halle, Laube«, Lw. afrk. *laubja, F., »Häuschen, Laube«, s. Laube

loben, V., »loben«, mhd. loben, »loben, preisen, lobpreisen«, ahd. lobēn (E. 8. Jh.), lobōn (765), V., »loben, preisen, verherrlichen, empfehlen«, as. lovon, V., »loben, preisen«, germ. lubōn, V., »loben, geloben«?, zu idg. *leubh-, V., Adj., »gern haben, begehren, lieb«

locatio, lat., F., »Stellung, Anordnung, Verdingung, Vermietung«, zum PPP. locatus von lat. locare, V., »stellen, legen, setzen, vermieten«, zu lat. locus, M., »Ort«

locatio conductio operarum, lat., F., »Hinstellung bzw. Mitführung von Werken«, »(im römischen Recht) Dienstvertrag«, s. locatio, operae

locatio conductio operis, lat., F., »Hinstellung bzw. Mitführung eines Werkes«, »(im römischen Recht) Werkvertrag«, s. locatio, opus

locatio conductio rei, lat., F., »Hinstellung bzw. Mitführung einer Sache«, »(im römischen Recht) Mietvertrag«, s. locatio, res

logie, F., Suff., »Kunde (F.)«, zu gr. lógos, M., »Sagen (N.), Kunde (F.), Rede, Wort«, zu gr. légein, V., »sagen, sprechen«

Logik, F., »Fähigkeit richtig zu denken, Lehre von den formalen Beziehungen zwischen Denkinhalten deren Beachtung im tatsächlichen Denkvorgang für dessen Richtigkeit entscheidend ist«, mhd. lōica, lōic, lōike, F., »Logik, Klugheit, Schlauheit«, 16. Jh. (Fries 1532) Lw. lat. logica, F., »Logik«, Lw. gr. logiké (téchne), F., »Dialektik(-kunst)«, zu gr. logikós, Adj., »die Vernunft betreffend«, zu gr. lógos, M., »Sagen (N.), Kunde (F.), Wort, Vernunft«, zu gr. légein, V., »sagen, sprechen«

Lohn, M., »Entgelt des Arbeitnehmers für seine Arbeit«, mhd. lōn, M., N., »Lohn, Belohnung, Vergeltung, Frachtgut«, ahd. lōn (765), M., N., »Lohn, Preis, Entgelt, Nutzen, Gewinn«, as. lōn, N., »Lohn«, germ. *launa, *launam, N., »Lohn, Beute«, zu idg. *lāu-, V., »erbeuten, genießen«

Lohnfortzahlung, F., »Fortzahlung des Lohnes trotz Verhinderung des Arbeitnehmers an der Arbeitsleistung«, M. 20. Jh., s. Lohn, fort, Zahlung

Lohnhandwerk, N., »gegen Lohn auf Bestellung anfertigendes Handwerk«, Jacobsson 1781-95, s. Lohn, Handwerk

Lohnhandwerker, M., »Handwerker der fremde Waren verarbeitet und bearbeitet (z.B. Färber)«, Brosenius 1806, s. Lohnhandwerk

Lohnpfändung, F., »Pfändung von Arbeitseinkommen«, 2. H. 19. Jh.?, s. Lohn, Pfändung

Lohnsteuer, F., »Steuer von Einkünften aus nichtselbständiger Arbeit«, 19. Jh.?, s. Lohn, Steuer, sachliche Ansätze 1764 Württemberg, 1808 Preußen

lokal, Adj., »örtlich«, 18. Jh. (Möser 1775) Lw. frz. local, Adj., »örtlich«, aus spätlat. localis, Adj., »örtlich«, zu lat. locus, M., »Ort, Platz, Stelle«

Lokaltermin, M., »Ortstermin, an einem anderen Ort als der Gerichtsstelle abgehaltener Termin (z.B. zwecks Augenscheins)«, 19. Jh.?, s. lokal, Termin

Lokation, F., »Vermietung« 1553 Heidelberg, Lw. lat. locatio, F., »Hinstellung«, s. locatio

Lokusprinzip, F., »Ortsgrundsatz«, 19. Jh.?, zu lat. locus, M., »Ort, Platz, Stelle«, s. Prinzip

lokut, s. Inter-

Lombard, M., »lombardische (Beleihung)«, 1477 Amsterdam (lombaerdt) Lw. mlat. Langobardus, M., »Langobarde«, Lw. ahd. Langbart (nach 765?), M., »Langobarde«?, zu ahd. lang (vor E. 8. Jh.), Adj., »lang«, ahd. bart, M., »Bart«, Bedeutungsentwicklung »Langobarde, Bewohner der Lombardei, Italiener (in Frankreich und den Niederlanden), Geldwechsler, Leihhaus, Leihbank (Justi 1758 bzw. Müller 1787), Lombard«

Lombardkredit, M., »Darlehen (Kredit) das durch Pfandrechte oder Sicherungsübereignung beweglicher Sachen - insbesondere von Wertpapieren - gesichert ist«, 19. Jh.?, s. Lombard, Kredit

London, N., ne. London (ON), 61 n. Chr. Londinium

Londoner Deklaration, F., »von keinem Beteiligten ratifizierte aber gleichwohl gewohnheitsrechtlich geltende Zusammenfassung der allgemein anerkannten Regeln des Völkerrechts über verschiedene Fragen des Seekriegsrechtes durch die Londoner Konferenz der Seemächte im Jahre 1909«, s. London, Deklaration

Londoner Schuldenabkommen, N., »am 27. 2. 1953 vereinbartes mit Gesetz vom 24. 8. 1953 von der Bundesrepublik Deutschland angenommenes und am 16. 9. 1953 in Kraft getretenes Abkommen über die vor dem 8. 5. 1953 entstandenen bzw. festgestellten oder fälligen deutschen Auslandsschulden gegenüber ursprünglich 18 anderen Staaten in Höhe von 14450 Mill. DM«, s. London, Schuld, Abkommen

longa manu traditio, lat., F., »Übergabe langer Hand«, »Übereignung bei welcher der Erwerber nicht im Besitz der Sache ist«, zu lat. longus, Adj., »lang«, lat. manus, F., »Hand«, lat. traditio, F., »Übergabe«

los, Adj., Suff., »los, gelöst, frei«, mhd. lōs, Adj., »frei, ledig, befreit«, ahd. lōs (1. H. 8. Jh.?), Adj., »böse, leichtfertig, listig, zuchtlos, ledig, frei«, as. lōs, Adj., »los«, germ. *lausa, *lausaz, Adj., »los, frei«, zu idg. *leu- (2), V., »lösen, schneiden, trennen«?

Los, N., »Urkunde über eine auf einen Lotterievertrag (Spielvertrag) gegründete Gewinnchance«, mhd. lōz, N., M., »Los, Werfen des Loses, Auslosung, Verlosung, gerichtliche Teilung, Recht, Schicksal«, ahd. lōz (nach 765?), M., N., »Los, Schicksal, Anteil, Spruch, Stand«, as. hlōt, M., »Los«, germ. *hlauti, *hlautiz, M., »Los, Teil«, *hlauta, *hlautaz, M., »Los, Erbschaft«, zu germ. *hleutan, V., »losen«, zu idg. *klēu-, V., Sb., »hemmen, verschließen, haken, Haken«?

löschen, V., »löschen«, mhd. leschen, V., »aufhören zu brennen, aufhören zu brennen machen, löschen«, ahd. *leskan, *lescan, V., »löschen«, lesken (765), lescen, V., »auslöschen, beruhigen, vernichten«, as. leskan, V., »löschen«, germ. *laskjan, V., »löschen«?, zu idg. *legh-, V., »legen, sich legen, liegen«

Löschung, F., »Beurkundung daß ein in ein öffentliches Register eingetragenes Recht aufgehoben wird«, »Schuldtilgung« 1451 Bürgel, »Durststillung« Maaler 1561, »Brandlöschung« 1670 Hessen, »Streichung in einem Verzeichnis« 1778 Preußen, s. löschen, ung

Löschungsanspruch, M., »Anspruch einer Person auf Löschung«, 19. Jh., s. Löschung, Anspruch

Löschungsbewilligung, F., »Bewilligung eines Betroffenen zur Löschung eines Rechts an einem Grundstück im Grundbuch«, 19. Jh., s. Löschung, Bewilligung

Löschungvormerkung, F., »Vormerkung zur Sicherung des durch Vertrag zwischen Eigentümer und Berechtigtem geschaffenen Anspruchs einer Person (nachrangiger Hypothekengläubiger) gegen den Eigentümer auf Löschung der Hypothek für den Fall daß diese sich mit dem Eigentum in einer Person vereinigt«, 19. Jh.?, s. Löschung, Vormerkung

lösen, V., »lösen, los machen«, mhd. lœsen, lōsen, V., »los machen, lösen, befreien«, ahd. lōsen (E. 8. Jh.), V., »lösen, erlösen, auflösen, losbinden«, as. lōsian, V., »lösen«, germ. lausjan, V., »lösen«, zu idg. *leu- (2), V., »lösen, schneiden, trennen«

Lösegeld, N., »Lösegeld« 1344 Clarenberg, s. lösen, Geld

Lotse, M., »Lotse, Schiffsführer für bestimmte Fahrstrecken«, nach M. 17. Jh. gekürzt aus Lootsmann, M., »Lotse«, vor M. 17. Jh. Lw. mnd. lōtsman, F., »Lotse«, Lw. me. lodisman, M., »Steuermann«, zu ae. lad, Sb., »Weg, Reise«, ae. man, M., »Mann«

Lotterie, F., »in Form von Lotterieverträgen betriebenes Spiel«, 16. Jh. (loteria

Longueil 1513 bzw. 1518 Niederlande bzw. 1550 Köln) Lw. nnl. loterij, F., »Lotterie, Losspiel«, zu nnl. lot, N., »Los«, afrk. *hlōt, N., »Los«, vgl. as. hlōt, N., »Los«, s. Los

Lotto, N., »Lotto, ein Glücksspiel«, A. 18. Jh. (Amaranthes 1715) Lw. it. lotto, M., »Glücksspiel«, Lw. zu frz. lot, M., »Los«, Lw. afrk. *hlōt, N., »Los«, s. Los

loyal, Adj., »treu, redlich, richtig«, E. 18. Jh. Lw. frz. loyal, Adj., »gesetzmäßig«, zu afrz. loial, leial, Adj., »gesetzmäßig«, aus lat. legalis, Adj., »gesetzlich, gesetzmäßig«, zu lat. lex, F., »Gesetzesvorschlag, Gesetz«

lucidum intervallum, lat., N., »lichter Zwischenraum«, »Zeitraum in dem ein Geistesgestörter zurechnungsfähig ist«, s. lat. lucidus, Adj., »licht«, zu lat. lux, F., »Licht«, lat. intervallum, N., »Zwischenraum«, zu lat. inter, Präp., Präf., »zwischen«, lat. vallum, N., »Verschanzung«, zu lat. vallus, M., »Pfahl«

Lücke, F., »Stelle an der etwas fehlt«, »ein bei nachträglicher objektiver Betrachtung vom Gesetz (str.) nicht erfaßter Regelungsbereich«, mhd. lücke, lucke, F., »Lücke«, ahd. lukka (863-71), lucka, F., »Lücke, Zwischenraum, Öffnung«, germ. *lukkjōn, *lukkja, F., »Lücke«, zu idg. *leug- (1), V., »biegen«, umgelautete Form durch Luther verbreitet

lucrum cessans, lat., N., »entgehender Gewinn«, s. lat. lucrum, N., »Gewinn«, cessans Part. Präs. von lat. cessare, V., »weichen (V.) (1)«, zu lat. cedere, V., »gehen«

Luft, F., »Luft«, mhd. luft, M., F., »Luft, Luftzug, Wind, Luftraum, Duft«, ahd. luft (765), M., F., »Luft, Himmel«, as. luft, M., F., »Luft«, germ. *luftu, *luftuz, M., »Luft«, zu idg. *leup-, V., »schälen, beschädigen, abbrechen«?

Luftrecht, N., »Gesamtheit der die Luft und den Luftraum betreffenden Rechtssätze«, 19. Jh., s. Luft, Recht

lügen, V., »lügen«, mhd. liegen, liugen, V., »lügen, belügen, betrügen, erlügen«, ahd. liogan (765), V., »lügen, täuschen, die Unwahrheit sagen«, as. liogan, V., »lügen«, germ. *leugan, V., »lügen«, idg. *leugh- (1), V., »lügen«, »ü« im 17. Jh. wohl zur Differenzierung gegenüber liegen aufgenommen

Lügendetektor, M., »Gerät das die Schwankungen etwa der Atmung oder des Blutdruckes bei Erregungszuständen aufzeichnet«, 20. Jh. Lw. ne. lie detector, N., »Lügendetektor«, zu ne. lie, N., »Lüge«, ne. detector, M., »Entdecker«, zu ne. detect, V., »entdecken«, Lw. zum PPP. detectus von lat. detegere, V., »aufdecken«

Lügner, M., »Lügner«, mhd. lügenære, lügener, M., »Lügner«, ahd. luginâri (9. Jh.), M., »Lügner«, s. lügen

Lümmel, M., »Lümmel«, 16. Jh., zu mhd. lüemen, V., »erschlaffen«, zu mhd. lüeme, Adj., »schlaff, matt«, s. lahm

Lump, M., »Lump, Schurke«, zu nhd. Lumpen, M., »Lumpen«, fnhd. lumpe, M., »Lumpe«, zu mhd. lampen, V., »schlaff herunterhängen«

Lumperei, F., »Betrügerei«, 16. Jh., s. Lump, er, ei

Lust, F., M., »Lust, Begierde«, mhd. lust, M., F., »Wohlgefallen, Freude, Vergnügen, Verlangen, Begierde, Gelüsten«, ahd. lust (790), M., F., »Lust, Begierde, Freude, Anlockung«, as. lust, F., »Lust«, germ. *lustu, *lustuz, M., »Lust«, *lusti, *lustiz, F., »Lust«, zu idg. *leus-, V., »schneiden, lösen, trennen verlieren«?, zu idg. *leu- (2), V., »lösen, schneiden, trennen«?

Lustmord, M., »Tötung eines Menschen zur Befriedigung des Geschlechtstriebs«, 1880 »Mord aus Wollust«, s. Mord, Lust

luxuria, lat., F., »Verschwendung«, zu lat. luxus, M., »Fruchtbarkeit, Geilheit«

Luxus, M., »Pracht, Fülle, Luxus«, 16. Jh. (Friedensberg 1597) Lw. lat. luxus, M., »Fruchtbarkeit, Pracht, Fülle«

lynchen, V., »töten, lynchen«, 19. Jh. Lw. ne. lynch (1835), V., »töten, lynchen«, zu einem Personennamen Lynch (18. Jh. Virginia?)

Lynchjustiz, F., »rechtswidrige Bestrafung (Hinrichtung) einer Person ohne rechtmäßiges Verfahren insbesondere durch eine aufgebrachte Volksmenge«, M. 19. Jh. (Hermann 1851) Lüs. ne. lynch-law, N., »Lynchjustiz«?, s. Lynch, Justiz

Lyzeum, N., »Lyzeum, höhere Mädchenschule«, 16. Jh. Lw. lat. Lyceum, Lycium, N., »Gymnasium, Lyzeum«, Lw. gr. Lýkeion, N., »die bei einem Tempel des Apollon Lýkeios gelegene Lehrstätte des Aristoteles«, Bedeutungsentwicklung »Universität, höhere Schule (17./18. Jh.), Mädchengymnasium (19. Jh.)«, entweder zu gr. lýkos, M., »Wolf« oder zum ON Lykia

M

Maat, M., »Marineunteroffizier, Maat«, 18. Jh. Lw. nnd. māt, M., »Kamerad«, mnd. mate, M., »Kamerad«, zu ahd. gimazzo (A. 9. Jh.), M., »Tischgenosse«, zu germ. *mati, *matiz, F., »Speise«

machen, V., »machen, tun, ausführen«, mhd. machen, V., »hervorbringen, erschaffen, erzeugen, machen, bewirken«, ahd. mahhōn (765), machōn, V., »machen, tun, schaffen, herstellen, bewirken«, as. makon, V., »machen«, westgerm. *makōn, V., »machen«, idg. *maĝ-, V., »kneten, drücken, streichen, machen«

Machenschaft, F., »Machenschaft, Handlungsweise«, 18. Jh. Schweiz »Vergleich, Vertrag«, später Bedeutungsverschlechterung, s. machen, schaft

Macht, F., »Kraft, Macht«, mhd. maht, F., »Vermögen, Kraft, Körperkraft, Anstrengung, Gewalt, Vollmacht«, ahd. maht (765), F., »Macht, Kraft, Stärke, Vermögen, Fähigkeit, Gewalt«, as. maht, F., »Macht«, germ. *mahti, *mahtiz, F., »Macht, Kraft«, Verbalabstraktum auf ti zu germ. *mag-, Prät.-Präs., »er kann«, zu idg. *magh-, V., »vermögen, können, helfen«, vgl. Geschichtliche Grundbegriffe

Machtpyramide, F., »(im Verfassungsrecht) Art den Staat graphisch darzustellen wobei auf einer breiten Staatsbasis (Staatsvolk) ein schmalerer Staatsunterbau und auf diesem an der Spitze der Pyramide die Staatsführung steht«, 20. Jh.?, s. Macht, Pyramide

Mädchen, N., »Mädchen«, M. 17. Jh. aus Mägdchen, s. Magd, chen, vgl. mnd. mēgedeken (15. Jh.), onmd. Medichen (A. 16. Jh.)

Mafia, F., »Mafia«, 20. Jh. Lw. it. mafia, maffia, F., »Überheblichkeit, Anmaßung, Mafia«

Mafioso, M., »Angehöriger der Mafia«, E. 20. Jh. Lw. it. mafioso, M., »Angehöriger der Mafia«, s. Mafia

Magazin, N., »Zeughaus, Warenlager«, 16. Jh. (Meder 1558) Lw. it. magazzino, M., »Magazin, Vorratslager«, 14. Jh. Lw. arab. mahzan, Sb., »Warenniederlage« (Pl. mahāzin)

Magd, F., »Magd, Dienerin, Mädchen, Jungfrau«, mhd. maget, magt, F., »Jungfrau, Dienerin, Magd«, ahd. magad (790?), F., »Mädchen, Jungfrau, Magd«, as. magath, F., »Magd«, germ. *magaþi, *magaþiz, F., »Mädchen, Jungfrau, Magd«, idg. *maghoti-, F., »Weiblichkeit«?, zu idg. *magho-, Sb., »junge Weiblichkeit«?, zu idg. *magh-, V., »vermögen, können, helfen«?, zu idg. *mā-, Sb., »Mutter, Brust«?

Mage, M., »Mage, Verwandter«, 19. Jh. (Wagner), aus mhd. māc, M., »Mage, blutsverwandte Person in der Seitenlinie«, ahd. māg (A. 9. Jh.), M., »Mage, Verwandter«, as. māg, M., »Mage, Verwandter«, germ. *mēga-, *mēgaz, M., »Verwandter, Mage«, zu idg. *magh-, V., »vermögen, können, helfen«?

Magie, F., »Magie, Zauberkunst«, 16. Jh. (Fischart [Bodinus] 1586) Lw. lat. magia, F., »Magie, Zauberkunst«, Lw. gr. mageía, F., »Magie, Zauberkunst«, zu gr. mageýein, V., »zaubern«, zu gr. mágos, M., »Zauberer«, Lw. apers. magus, M., »Mitglied der ausgebildeten Priesterklasse«

Magier, M., »Zauberer«, E. 18. Jh. Lw. lat. magi, M. Pl., zu lat. magus, M., »Zauberer«, Lw. gr. mágos, M., »Zauberer«, Lw. apers. magus, M., »Mitglied der ausgebildeten Priesterklasse«

magisch, Adj., »magisch, zauberhaft«, 16. Jh. (Paracelsus 1536) Lw. lat. magicus, Adj., »magisch«, Lw. gr. magikós, Adj., »magisch«, s. Magie

magister, lat., M., »(im mittelalterlichen und ausländischen teilweise aber auch im geltenden deutschen Recht) akademischer Grad (vgl. z.B. master of arts [M.A.])«, A. 15. Jh. Lw. lat. magister, M., »Lehrer«, vom 15. bis zum 17. Jh. »Universitätslehrer«, zu lat. magnus, Adj., »groß«

Magistrat, M., »Amt, Behörde, Amtsinhaber«, 15. Jh. (Worms 1499) Lw. lat. magistratus, M., »Amt, Würde, Obrigkeit«, zu lat. magister, M., »Schulvorsteher, Lehrer«, s. magister

Magistratsverfassung, F., »(dualistische) Gemeindeverfassung mit einem Magistrat«, 19. Jh.?, s. Magistrat, Verfassung

Magna Charta libertatum, lat., F., »große Urkunde der Freiheiten« (15. 6. 1215), (in der englischen Rechtsgeschichte) eine Urkunde in welcher der König unmittelbar dem hohen Adel Rechte zusicherte die mittelbar auch den Bürgern und Bauern zugute kamen«, zu lat. magnus, Adj., »groß«, lat. charta, s. Karte

magna cum laude, lat., »mit großem Lob«, s. lat. magnus, Adj., »groß«, lat. laus, F., »Lob«

Magnifizenz, F., »Großartigkeit«, 16. Jh. (Sachs 1559) (für Anreden eines Rektors) Lw. lat. magnificentia, F., »Großartigkeit«, zu lat. magnus, Adj., »groß«, zum Part. Präs. faciens, ficiens von lat. facere, V., »machen, tun«

Mahl, N., »Essen, Mahl (N.) (1)«, mhd. māl, N., »Zeitpunkt«, ahd. māl (1000), N., »Zeitpunkt, Zeit«, germ. *mēla, *mēlam, N., »Zeitpunkt«, zu idg. *mē-, V., »messen«?, s. mal, h seit 17. Jh.

***Mahl**, N., »Versprechen, Verhandlung«, zu ahd. mahal (765), N., »Gericht, Gerichtsstätte, Versammlung, Gerichtsversammlung, Vertrag«, germ. *mahla, *mahlam, N., »Versammlung, Rede«, zu idg. *mād-?, V., »begegnen, kommen«

mahlen, V., »mahlen, zerreiben«, mhd. maln, malen, V., »mahlen«, ahd. malan (830, PN), V., »mahlen, reiben, zerstoßen, zerstampfen«, as. malan, V., »mahlen«, germ. *malan, V., »mahlen«, idg. *mel- (1), V., »schlagen, zermalmen, zerreiben, mahlen«, im 17. Jh. schwache Präteritalform

***mählen**, V., s. ver-

Mahnantrag, M., »auf einen Mahnbescheid gerichteter Antrag im Mahnverfahren«, 1. 7. 1977, s. mahnen, Antrag

Mahnbescheid, M., »im Mahnverfahren auf Antrag ergehende gerichtliche Entscheidung die eine Aufforderung zur Erfüllung eines Anspruchs enthält«, 1. 7. 1977, ersetzt Zahlungsbefehl, s. mahnen, Bescheid

mahnen, V., »mahnen«, mhd. manen, V., »erinnern, ermahnen, auffordern, antreiben«, ahd. manōn (765), V., »mahnen, auffordern, ermahnen, erinnern«, as. manon, V., »mahnen, treiben«, westgerm. *manōn, V., »mahnen«, idg. *men- (3), V., »denken, erinnern«

Mahnung, F., »einseitige empfangsbedürftige Erklärung des Gläubigers mit der er den Schuldner dringlich zur sofortigen - ausnahmsweise zur fristgebundenen - Leistung auffordert«, mhd. manunge, F., »Mahnung, Ermahnung, Aufforderung, Erinnerung«, ahd. manunga (800), F., »Mahnung, Ermahnung, Eingebung, Erinnerung, Aufforderung, Verhaltensmaßregel«, as. manunga, F., »Mahnung«, Lüs.?, Lbd. lat. monitio, F., »Ermahnung«, s. mahnen, ung, vgl. Allgemeines Landrecht I 16 §65 1794 Preußen

Mahnverfahren, N., »besondere Prozeßart in der für eine bestimmte Art von voraussichtlich unstreitigen Ansprüchen (auf Zahlung einer bestimmten Geldsumme) ohne Verhandlung dem Gläubiger eines Anspruchs ein rechtskräftiger vollstreckbarer Titel verschafft werden kann«, 1877?, s. mahnen, Verfahren, vgl. Planck 1896

Mähre, F., »Stute (16. Jh.), Pferd (16.-18. Jh.), Mähre«, mhd. merhe, F., »Stute, Mähre, Hure«, ahd. meriha (9. Jh., ON), F., »Stute«, as. meriha, F., »Stute«, germ. *marhi, *marhjōn, F., »Stute«, zu germ. *marha, *marhaz, M., »Pferd, Roß«, idg. *markos?, M., »Pferd«?, idg. *markī-, F., »Stute«?, gegen E. 17. Jh. Bedeutungsverschlechterung

Majestät, F., »Erhabenheit, Majestät«, mhd. majestāt, F., »Majestät«, 13. Jh. (Lamprecht von Regensburg [1250 für göttliche Wesen bzw. 14. Jh. für weltliche Gewalt] bzw. 1364 urkundlich als Titel des Kaisers bezeugt) Lw. lat. maiestas, F., »Erhabenheit«, zu lat. maius, Komp. N. von lat. magnus, Adj., »groß«

Majestätsbeleidigung, F., »Majestätsbeleidigung« 16. Jh. (1559 Mittelrhein bzw. Frisch 1741) Lüt. lat. crimen laesae maiestatis, N., »Verbrechen der beleidigten Majestät«, s. Majestät, Beleidigung

Majestätsverbrechen, N., »Majestätsverbrechen«, 18. Jh. (Müller 1791) Lüt. lat. crimen laesae maiestatis, N., »Verbrechen der verletzten Majestät«, s. Majestät, Verbrechen

Major, M., »Major«, E. 16. Jh. (Henricpetri 1577) Lw. span. mayor, M., »Größerer, Major«, zu lat. maior, Adj., »größere«, Komp. von lat. magnus, Adj., »groß«, verdrängt Oberstallmeister

Majorat, N., »Vorrecht des Ältesten in der Erbfolge, Stammgut mit Vorrecht des Ältesten in der Erbfolge«, 17. Jh. (Seckendorff 1665) Lw. mlat. maioratus, M.,

»Majorat«, zu lat. maior, Adj., »größere«, Komp. von lat. magnus, Adj., »groß«

majorenn, Adj., »volljährig, mündig«, 17. Jh. (1708/1652 bzw. Frisch 1741) Lw. mlat. maiorennis, Adj., »volljährig, mündig«, zu lat. maior, Adj., »größere«, Komp. von lat. magnus, Adj., »groß«, zu lat. annus, M., »Jahr«

Majorität, F., »Mehrheit«, E. 18. Jh. (Wieland 1790) Lw. frz. majorité, F., »Mehrheit«, Lw. ne. majority, N., »Mündigkeit, Mehrheit (17. Jh.)«, Lw. frz. majorité, F., »Mündigkeit«, aus lat. maioritas, F., »größerer Teil, Mündigkeit (mlat.)«, zu lat. maior, Adj., »größere«, Komp. von lat. magnus, Adj., »groß«

makeln, V., »Geschäfte machen«, 17. Jh. Lw. nnl. makelen, aus mnl. maken, V., »machen«?, zu Makler, um 1500 Übergang von a zu ä/e

Makler, M., »wer gegen Entgelt eine Gelegenheit zum Abschluß eines Vertrages nachweist oder einen Vertrag vermittelt«, 17. Jh. Lw. nd. Makler, Mekler, M., »Makler, Geschäftevermittler«, mnd. makelare (um 1250), M., »Vermittler«, zu mnl. maken, V., »machen«?, s. machen, verdrängt Unterkäufel, Unterkaufer

Maklervertrag, M., »Vertrag bei dem sich der Auftraggeber unter der Voraussetzung des Zustandekommens eines Vertrages verpflichtet dem Makler für den Nachweis der Abschlußgelegenheit oder für die Vertragsvermittlung eine Vergütung (Maklerlohn) zu entrichten«, 19. Jh.?, s. Makler, Vertrag

Mal, N., »Fleck, Zeichen, Mal«, mhd. māl, N., »Zeichen, Merkmal, Fleck, Mal«, ahd. māl, N., »Punkt, Fleck, Mal«, as. *māl, N., »Zeichen, Bild«, germ. *mēla, *mēlam, N., »Mal, Zeichen«, zu idg. *mel- (6), Adj., Sb., V., »dunkel, schmutzig, Schmutz, beschmutzen«?, zu idg. *mai-, V., »beflecken, beschmutzen«?

mal, Suff., »mal, fach«, s. Mahl

mala fides, lat., F., »böser Glaube«, zu lat. malus, Adj., »böse, schlecht«, lat. fides, F., »Treue«

Malefiz, N., »Verbrechen, Übeltat, Missetat«, 14. Jh. (1304 Tirol) Lw. lat. maleficium, N., »Verbrechen, Übeltat, Missetat«, zu lat. male, Adv., »übel«, zu lat. malus, Adj., »übel, böse, schlecht«, zu lat. facere, V., »machen, tun«

Malefizordnung, F., »Strafordnung«, 1526 Tirol, s. Malefiz, Ordnung

Malter, M., N., »Malter, ein Hohlmaß«, mhd. malter, malder, N., »Malter, ein Getreidemaß, Mahllohn«, ahd. maltar (11. Jh.), N., »Malter, ein Hohlmaß«, as. maldar, M., N., »Malter«, germ. *maldra, *maldraz, M., »Mahlmaß, Malter«?, tro-Ableitung zu idg. *mel- (1), V., »schlagen, zermalmen, mahlen«

mancipatio, lat., F., »Manzipation, Handgreifung, (im römischen Recht) für zahlreiche Geschäfte (z.B. Übertragung einer Sache) ein wichtiger Formalakt bei dem eine Person (Erwerber) eine handgreifbare Sache (res mancipi) einer anderen Person (Veräußerer) vor 5 Zeugen und einem Waagehalter unter Zuwägenlassen des realen Gegenwertes in Erz ergreift«, zu lat. manus, F., »Hand«, lat. capere, V., »nehmen, fassen«

Mandant, M., »Auftraggeber eines Rechtsanwalts«, 19. Jh. Lw. (frz. mandant, M., »Auftraggeber«?, aus) lat. mandans, subst. Part. Präs., »Anvertrauender«, zu lat. mandare, V., »übergeben, anvertrauen«, s. Mandat

Mandat, N., »Beauftragung«, 14. Jh. (1358 Kempten bzw. 1368) Lw. lat. mandatum, N., »Auftrag, Bevollmächtigung, Befehl«, subst. PPP. von lat. mandare, V., »übergeben, anvertrauen«, zu lat. manus, F., »Hand«, lat. dare, V., »geben«

Mandatar, M., »Bevollmächtigter, Sachwalter«, 16. Jh. (Roth 1571) Lw. lat. mandatarius, M., »Beauftragter, Advokat« (LVis 2,2,4 (7. Jh.?) bzw. 847), s. Mandat

Mandatsverfahren, N., »(im Zivilprozeßrecht) Mahnverfahren, (im Strafprozeßrecht) Strafverfügungsverfahren«, 19. Jh.? Österreich, s. Mandat, Verfahren

mandatum, lat., N., »Auftrag«, s. Mandat

Mangel, M., »(im Schuldrecht) beim Kauf Fehler eines Gegenstandes oder Fehlen einer zugesicherten Eigenschaft oder Fehlen der Freiheit des Gegenstandes von Rechten Dritter«, mhd. mangel, F., »Mangel, Gebrechen«, (12. Jh.? bzw. 1280 Regensburg), »rechtlich bedeutsames Fehlen« 1437 Fürstenberg, s. mangeln

mangeln, V., »fehlen, entbehren, ermangeln«, mhd. mangelen, mangeln, V., »entbehren, vermissen, Mangel haben«, ahd. mangolōn (863-71), V., »ermangeln, entbehren«, zu germ. *mangjan, V., »entbehren, mangeln«?, zu idg. *men- (4), V., Adj., »verkleinern, vereinzelt, klein«?, oder Lw. spätlat. mancare, V., »verstümmeln, fehlen«?

Mangelfolgeschaden, M., »Schaden der infolge des Mangels einer Leistung des Schuldners an Rechtsgütern des Gläubigers entsteht (z.B. wegen des mangelhaften Viehfutters des Lieferanten gehen die Schweine des Käufers ein)«, 2. H. 20. Jh.?, s. Mangel, Folge, Schaden

Mangelrüge, F., »formfreie Anzeige eines Mangels nach seiner Art und seinem Umfang die erkennen läßt daß der Anzeigende von den aus dem Mangel hervorgehenden Rechten Gebrauch machen will«, 19. Jh.?, s. Mangel, Rüge

Mangelschaden, M., »Schaden der dem Betroffenen in Gestalt der mangelhaften Sache selbst entsteht (z.B. das gelieferte Viehfutter hat wegen des Mangels einen geringeren Wert)«, 2. H. 20. Jh.?, s. Mangel, Schaden

Manie, F., »Besessenheit«, 16. Jh. bzw. »Sucht« 18. Jh. (1785) Lw. lat. mania, F., »Wut«, Lw. gr. manía, F., »Raserei, Wahnsinn, Wut, Tollheit«, zu gr. maínesthai, V., »rasend machen«, zu idg. *men-, V., »denken, erinnern«

Manifest, N., »Programm, Manifest«, 17. Jh. (1528/1704? bzw. 1648 Kemnitz) Lw. mlat. manifestum, N., »Manifest«, subst. N. von lat. manifestus, Adj., »offenbar, augenscheinlich, handgreiflich«, zu lat. manus, F., »Hand«, lat. *festus, Adj. »gestoßen«, zu lat. *fendere, V., »stoßen«?

Mann, M., »Mann«, mhd. man, M., »Mensch, Mann, Ehemann, Sohn, Dienstmann, Diener, Lehnsmann«, ahd. man (765), M., »Mann, Mensch, Krieger, Knecht, Diener, Dienstmann, Kriegsmann«, as. man, M., »Mann, Mensch«, germ. *manna, *mannaz, M., »Mann, Mensch«, *manōn, M., »Mann, Mensch«, idg. *manus, *monus, M., »Mann, Mensch«, zu idg. *men- (3), V., »denken«?, zur Ablautsform *gman-ōn von germ. *guman, *gumōn, M., »Mann, Mensch« unter Aufgabe von anlautendem g?

Mantel, M., »Mantel«, mhd. mantel, mandel, M., »Mantel«, ahd. mantal (11. Jh.), mantel, M., »Mantel, Überwurf«, germ. *mantil-?, Sb., »Mantel«?, Lw. lat. mantellus, mantellum, mantelum, *mantulum, M., N., »Hülle, Decke«, zu lat. mantum, mantus, N., M., »kurzer Mantel«, kelt. Lw.?

Manteltarif, M., »Rahmentarif«, 20. Jh.?, s. Mantel, Tarif

Manteltarifvertrag, M., »grundlegender auf längere Zeit berechneter Tarifvertrag in dem diejenigen Arbeitsbedingungen geregelt werden die nicht ständiger Änderung unterliegen (z.B. Arbeitszeit)«, 20. Jh.?, s. Manteltarif, Vertrag

Manuduktionspflicht, F., »amtliche Unterstützungspflicht gegenüber Parteien«, 19. Jh.? Österreich, s. Pflicht

Manufaktur, F., »Manufaktur, gewerblicher Betrieb mit Handarbeit«, 17. Jh. (Schupp 1663) Lw. frz. manufacture (1549), F., »Manufaktur«, (aus mlat. *manufactura, F., »Handarbeit, Manufaktur«, zu) lat. manus, F., »Hand«, lat. factura, zum Part. Fut. facturus bzw. PPP. factus von lat. facere, V., »machen, tun«

Manzipation, F., »Handgreifung«, 19. Jh. Lw. ?, s. mancipatio

Marburg, N., ON., »Marburg«, 12. Jh., s. Mähre, Burg

Marburger Programm (1882), N., »Reformprogramm Franz von Liszts das eine Differenzierung der Spezialprävention nach Tätertypen vorsieht (Gelegenheitstäter und verbesserliche Hangtäter und unverbesserliche Hangtäter)«, s. Marburg, Programm

mare liberum, lat., N., »freies Meer« s. lat. mare, N., »Meer«, lat. liber, Adj., »frei«

Marine, F., »Seeschiffe, Seestreitkräfte«, 17. Jh. (Leibniz 1670 bzw. Stieler 1697) Lw. frz. marine, F., »Seeschiffe, Seestreitkräfte«, zu afrz. marin, Adj., »die See betreffend«, aus lat. marinus, Adj., »die See betreffend«, zu lat. mare, N., »Meer, See (F.)«

Mark, F., »Grenzgebiet, Mark (F.) (1)«, mhd. marke, F., »Mark (F.) (1), Markgrafschaft, Grenze, Grenzland, Gau, Bezirk, Gebiet«, ahd. marka (vor 743), marca, F., »Grenze, Ende, Mark (F.) (1), Land, Gebiet, Bestimmung«, as. marka, F., »Grenze, Gebiet«, germ. *mark, *markō, F., »Mark (F.) (1), Grenzgebiet, durch Zeichen erkennbare Grenze«, idg. *mereĝ-, Sb., »Rand, Grenze, Grenzgebiet«, von Grenze verdrängt

Mark, F., »Mark (F.) (2), Münze«, mhd.

marc, F., »Mark (F.) (2), halbes Pfund Silber, halbes Pfund Gold«, ahd.? mark (12. Jh), marc, F., »Mark (F.) (2), Geldmünze, halbes Pfund Silber, halbes Pfund Gold«, zu germ. *marka, *markam, N., »Zeichen, Grenzzeichen«, idg. *mereĝ-, Sb., »Rand, Grenze, Grenzgebiet«, s. Mark, Marke

Marke, F., »Marke, Zeichen, Handelszeichen, Warenzeichen«, 17. Jh. (1642? bzw. 1681?, Wachtler 1709 marque bzw. Rohr 1728) Lw. frz. marque, F., »Marke, Merkmal, Zeichen«?, Lw. germ. *marka, *markam, N., »Zeichen, Grenzzeichen«, s. Mark

Markenartikel, M., »durch eine Herstellermarke gekennzeichneter Gegenstand«, 19. Jh.?, s. Marke, Artikel

Markenrecht, N., »Gesamtheit der Marken betreffenden Rechtsnormen«, 20. Jh.? Österreich, s. Marke, Recht

Markenware, F., »Erzeugnis dessen Lieferung in gleichbleibender oder verbesserter Güte von dem preisempfehlenden Unternehmen gewährleistet wird und das mit einem seine Herkunft kennzeichnenden Merkmal (z.B. Bildzeichen) versehen ist (z.B. bestimmte Lebensmittel)«, 19. Jh.?, s. Marke, Ware

Marketender, M., »Marketender, Händler, Feldwirt, eine Truppe begleitender Händler«, 16. Jh. (Reißner 1568) Lw. it. mercatante, M., »Marketender«, zu it. mercato, M., »Handel, Markt«, aus lat. mercatus, M., »Handel, Markt«, zum Part. Prät. Akt. von lat. mercari, V., »handeln«, zu lat. merx, F., »Ware«

Marketenderin, F., »Feldwirtin«, 18. Jh., s. Marketender, in

Markgenosse, M., »Berechtigter an einer gemeinsamen Mark (F.) (1)«, 1303 Westfalen marckgenothe, 1358 Niederrhein markgenoize, s. Mark, Genosse

Markgenossenschaft, F., »Genossenschaft der an der Allmende Nutzungsberechtigten«, vgl. Weiske 1839ff., fehlt Grimm DRW 1885

Markgraf, M., »Markgraf«, mhd. marcgrāve, M., »Markgraf«, ahd. markgrāvo (11./12. Jh.), markgrāfio (13. Jh.), M., »Markgraf«, s. Mark, Graf

Markt, M., »zu bestimmter Zeit und an bestimmtem Ort abgehaltene Veranstaltung zum Zweck des Verkaufes und Kaufes von Waren (z.B. Wochenmarkt), Ort an dem Waren verkauft werden«, mhd. market, M., »Markt, Marktplatz, Marktflecken, Handelsware, Marktpreis«, ahd. markāt (765), marcāt, M., »Markt, Marktplatz«, as. markāt, M., »Markt«, germ. *merkāt-, Sb., »Markt«?, Lw. vulgarlat. marcatus, M., »Markt«, zu lat. mercatus, M., »Kauf, Marktgeschäft, Markt«, zum Part. Prät. Akt. mercatus von lat. mercari, V., »Handel treiben«, zu lat. merx, F., »Ware«

Marktordnung, F., »Beeinflussung des gesamtwirtschaftlichen Marktes eines bestimmten Gebietes durch regelnde Maßnahmen des Staates zur Erreichung bestimmter (wirtschafts-)politischer Ziele«, »Ordnung für einen Markt« 1544 Marburg, Chomel 1750/9, s. Markt, Ordnung

Marktpreis, M., »Durchschnittspreis der sich unabhängig von besonderen zufälligen Umständen der Preisbildung aus der Vergleichung einer größeren Anzahl an diesem Ort zur maßgeblichen Zeit geschlossener Kaufverträge für Waren der betreffenden Beschaffenheit ergibt«, 1556 Leiden, 1710 Hannover, s. Markt, Preis

Marktrecht, N., »Gesamtheit der einen Markt betreffenden Rechtssätze, (im mittelalterlichen und neuzeitlichen deutschen Recht) durch Privileg gewährtes Recht einen Markt abzuhalten«, »Besitzrecht« 1097 Baden?, »Marktabgabe« 1195 Passau, s. Markt, Recht

Marktwirtschaft, F., »Wirtschaftsform in der die wirtschaftlich relevanten Entscheidungen über Produktion und Investition und Distribution und Konsum dezentralisiert und den individuellen Wirtschaftssubjekten überlassen sind«, s. Markt, Wirtschaft

Marodeur, M., »Plünderer, plündernder Nachzügler«, 18. Jh. (Sperander 1727) Lw. frz. marodeur (17. Jh.), M., »Plünderer«, zu frz. marauder, V., »plündern«, zu frz. maraud, M., »Bettler, Lump«, zu idg. *mormor-, V., Sb., »murmeln, Gemurmel«?

Marschall, M., »Marschall«, mhd. marschalc, M., »Pferdeknecht, Marschall«, ahd. marahskalk (10. Jh.), marhscalc, M., »Pferdeknecht, Pferdeverwalter«, s. Mähre, Schalk, Lautform durch das frz., aus dem Afrk. stammende maréchal mitbestimmt, s. a. Konstabler

Marter, F., »Marter, Pein«, mhd. martere, F., »Blutzeugnis, Passion, Qual, Pein, Verfolgung, Folter, Kruzifix«, ahd. martira (790), martara, F., »Marter, Leiden, Martyrium, Märtyrertum«, Lw. lat. martyrium, N., »Blutzeugnis, Martyrium«, Lw. gr. martýrion, N., »Blutzeugnis, Martyrium«, zu gr. mártyr, M., »Zeuge«, zu idg. *mer-, V., »erinnern«

März, M., »März«, mhd. merze, M., »März«, ahd. merzo (E. 8. Jh.), M., »März«, Lw. lat. (mensem) Martium, F. (Akk.), »(Monat) des (Kriegsgottes) Mars«, ä Mitte. 18. Jh., s. ausmerzen?

Maschine, F., »Maschine«, 17. Jh. (Schildknecht 1652) Lw. frz. machine, F., »Maschine«, aus lat. machina, F., »Maschine, Gerät, Belagerungsvorrichtung«, Lw. gr. mechané, F., »Gerät, Werkzeug, Vorrichtung, Mittel«, zu gr. mechos, N., »Mittel, Hilfsmittel«

Masochismus, M., »durch Duldung von Mißhandlungen durch den Partner hervorgerufene geschlechtliche Erregung«, Krafft-Ebing 1886, zum PN Sacher-Masoch

Maß, N., »Maß, Meßeinheit«, spätmhd. māz, N., »Maß, Maßeinheit«, aus mhd. māze, F., »Maß« und mhd. mez, N., »Maß«, s. messen

Massaker, N., »Massaker, Abschlachtung, Blutbad«, 17. Jh. (1664) Lw. frz. massacre, M., »Massaker, Schlächterei«, zu afrz. machacrer, macecrer, V., »hinschlachten«, zu afrz. *machecol, subst. Interj., M., »schlag den Hals, Schlächter«?, zu frühgalloroman. *matteucculare, V., »erschlagen«?, zu vulgarlat. matteuca, F., »Schlegel«, Lw. lat. mateola, F., »Schlegel«?

Masse, F., »Masse, Menge«, mhd. masse, F., »Masse, Metallklumpen, ungestalteter Stoff«, ahd. massa (9./10. Jh.), F., »Masse, Klumpen«, Lw. lat. massa, F., »Teig, Klumpen, Menge«, Lw. gr. maza, F., »Brotteig, Klumpen«, zu gr. mássein, V., »kneten«

Massekosten, F. Pl., »gerichtliche Kosten für das gemeinschaftliche Verfahren und die Ausgaben für die Verwaltung und Verwertung und Verteilung der Masse sowie die dem Gemeinschuldner und dessen Familie bewilligte Unterstützung«, 19. Jh.?, s. Masse, Kosten

Masseschulden, F. Pl., »Ansprüche aus Geschäften oder Handlungen des Konkursverwalters und Ansprüche aus zweiseitigen Verträgen deren Erfüllung zur Konkursmasse verlangt wird oder für die Zeit nach der Eröffnung des Verfahrens erfolgen muß und bestimmte arbeitsrechtliche Ansprüche (z.B. Lidlohn) und Ansprüche aus ungerechtfertigter Bereicherung der Masse«, 19. Jh.?, s. Masse, Schuld

Masseverwalter, M., »Konkursverwalter«, 19. Jh.? Österreich, s. Masse, Verwalter

mäßig, Suff., »mäßig«, mhd. mæzec, Suff., »mäßig«, ahd. māzīg (2. Vt. 11. Jh.), Adj., »mäßig, Maß haltend«, aus ahd. māzi, Suff., »mäßig«, aus ahd. māz, N., »Maß« und Suff. ja, s. ig

Mäßigungsrecht, N., »Recht des Richters Vertragsstrafen herabzusetzen«, 19. Jh.? Österreich, s. mäßig, ung, Recht

Maßnahme, F., »Regelung, Anordnung, (im Strafrecht) Maßregel der Besserung und Sicherung, Verfahrensart«, Immermann 1838/9, älter Maßnehmung (Wieland), s. Maß, Nahme, nehmen

Maßnahmerecht, N., »Recht das nicht eine unbestimmte Vielzahl von Fällen betrifft sondern - offen oder verdeckt - nur einen oder einige Fälle, (im Strafrecht) die strafrechtlichen Maßnahmen betreffendes Recht«, 19. Jh.?, s. Maßnahme, Recht

Maßregel (der Besserung und Sicherung), F., »(insbesondere im Strafrecht) staatliche Maßnahme (die dem Schutz der Allgemeinheit und des Täters gegen eine Gefahr des Rückfalls dient)«, »Festsetzung des Maßes«, 18. Jh. (Goethe vor 1832), s. Maß, Regel

Material, N., »Stoff, Werkstoff«, 15. Jh. (1474) Pl. materialien bzw. 18. Jh. (Hippel 1778 Materiale bzw. Goethe 1786) Lw. spätlat. materialia, N. Pl. bzw. materiale, N., »Rohstoff, Material«, zu spätlat. materialis, Adj. »stofflich«, zu lat. materia, F., »Stoff, Gegenstand«, zu lat. mater, F., »Mutter, Ursprung, Quelle«

Materialismus, M., »Richtung die das gesamte Weltgeschehen vom Stofflichen (Materiellen) nicht vom Geistigen (Ideellen) her zu erklären versucht«, M. 18. Jh. (Zedler 1739 bzw. Hippel 1794) Lw. (ne. materialism (Locke), N., »Materialismus« bzw.) frz. matérialisme, M., »Materialismus«, s. Material, ismus, vgl. Geschichtliche Grundbegriffe

Materie, F., »Stoff, Körper, Gegenstand, Materie«, mhd. materje, materge, F.,

»Stoff, Körper, Gegenstand, Materie«, (Klarissenregel) 13. Jh. Lw. lat. materia, F., »Bauholz, Stoff, Gegenstand«, zu lat. mater, F., »Mutter, Ursprung, Quelle«, vgl. lat. materiarius, Adj., »den Stoff betreffend« (Tertullian 2. Jh. n. Chr.)

materiell, Adj., »stofflich, körperlich, gegenständlich, inhaltlich«, E. 18. Jh. (Knigge 1788) Lw. frz. matériel, Adj., »stofflich, körperlich«, aus lat. materialis, Adj., »stofflich«, zu lat. materia, F., »Stoff, Gegenstand«, zu lat. mater, F., »Mutter, Ursprung, Quelle«

materielle Rechtskraft, F., »Maßgeblichkeit des Inhalts einer Entscheidung«, 19. Jh., s. Rechtskraft, materiell

materielle Verfassung, F., »inhaltliche Grundordnung, sachlicher Zustand«, s. Verfassung, materiell

materieller Schaden, M., »Vermögensschaden«, s. Schaden, materiell

materielles Recht, N., »inhaltliches Recht«, 19. Jh., s. Recht, materiell

Mätresse, F., »geliebte Frau, Soldatenliebchen (um 1630), Geliebte eines Fürsten (um 1700)«, A. 17. Jh. (Mengering 1633) Lw. frz. maîtresse, F., »Gebieterin, Meisterin, geliebte Frau (15. Jh.), Mätresse (E. 17. Jh.)«, zu frz. maître, M., »Gebieter, Herr, Meister«, aus lat. magister, M., »Vorgesetzter, Lehrmeister«, s. magister

Matriarchat, N., »Mutterrecht«, 19. Jh., zu lat. mater, F., »Mutter«, Patriarchat nachgebildet, s. Mutterrecht

Matrikel, F., »Verzeichnis«, 15. Jh.? (1535 Pommern bzw. Frischlin 1591) (matrikul) Lw. lat. matricula, F., »Verzeichnis«, zu lat. matrix, F., »Stammutter, Gebärmutter« zu lat. mater, F., »Mutter«, (Matrikel als Verzeichnis der über dieselbe Mutter Zusammengehörigen,) sachlich gibt es seit dem 3. Jh. Nachweise für kirchliche Namenslisten

Matrose, M., »Matrose, Seemann«, 17. Jh. (um 1600) Lw. nnl. matroos, N., »Matrose«, Lw. frz. matelots, M. Pl., »Seeleute«, Lw. mnl. mattenot, M., »Mattengenosse«?, nnl. mātghenōt, M., »Tischgenosse«?

Matura, F., »Reifeprüfung«, 20. Jh. Österreich, Schweiz, aus nlat. Pl. examina matura, N. Pl., »Reifeprüfungen«?, zu lat. maturus, Adj., »reif«

Mauer, F., »Mauer«, mhd. mūre, mūr, F., »Mauer«, ahd. mūra (nach 765?), F., »Mauer«, as. mūra, F., »Mauer«, germ. mūra, F., »Mauer«, Lw. lat. murus, M., »Mauer«, F. in Analogie zu Wand

Maul, N., »Maul«, mhd. mūle, F., mūle, mūl, N., »Maul«, ahd. mūla (10. Jh.), F., »Maul«, germ. *mūla, *mūlam, N., »Maul, Mund«, zu idg. *mŭ-, V., Sb., »murmeln, Mund, Maul«

Maulaffe, M., »mit offenem Mund gaffender Mensch«, 15. Jh., s. Maul, Affe

Maulschelle, F., »(schallender) Schlag aufs Maul«, 16. Jh., s. Maul, Schelle, F. (2)

Maurer, M., »wer ein Mauerwerk errichtet«, mhd. mūrære, mūrer, M., »Maurer«, ahd. mūrāri (E. 8. Jh.), M., »Maurer«, Lw. lat. murarius, M., »Maurer«, s. Mauer

Maut, F., »Zoll« (bay./österreichisch), mhd. (bay.) maut, F., »Maut«, (Biterolf 1257/9 maute), ahd. *mūta, F., »Maut, Zoll«, lat.-ahd.? muta, F., »Zoll, Abgabe« (837), germ. *mōta, F., »Abgabe, Entschädigung, Zuteilung?, Gewährung?«, s. müssen?, s. messen?

Maxime, F., »Grundsatz«, 16. Jh. (Zwingli maxima bzw. Leibniz 1670 maxim) Lw. lat. (propositio) maxima, F., »höchste (Vorstellung), größter (Satz)«, zu lat. maximus, Adj. Superl., »größte«, zu lat. magnus, Adj., »groß«

Mecklenburg-Vorpommern, N., ON., »(seit 3. 10. 1990) Land der Bundesrepublik Deutschland«, 995 Michelenburg, zu ahd. mihhil (765), michil, Adj., »groß«, as. mikil, Adj., »groß«, s. Burg, slaw. pomorje, Sb., »Land am Meer« (um 1000)

mediat, Adj., »mittelbar«, Lw. frz. médiat, Adj., »mittelbar, abhängig«, zu mlat. mediatus, Adj., »gemittelt«, PPP. von spätlat. mediare, V., »teilen«, zu lat. medius, Adj., »mittel, mittlere«

mediatisieren, V., »mittelbar machen, der Landeshoheit unterwerfen«, 1803, s. mediat, zum kirchlichen Sprachgebrauch lat. immediate subiectus, Adj., »unmittelbar (Rom) untertane (exemte Klöster und Besitztümer)«

Mediatisierung, F., »Mittelbarmachung, Beseitigung der Reichsunmittelbarkeit kleinerer Herrschaften (Entzug der Landeshoheit) durch die Landesfürsten (insbesondere 1803 und 1806)«, s. mediatisieren, ung, vgl. Weiske 1839ff.

Medienrecht, N., »Recht der Medien«, 2. H. 20. Jh., s. Medium, Recht

Medium, N., »vermittelndes Element«, 17. Jh. (Hirsch 1662) Lw. lat. medium, N., »Vermittler, Mittel«, zu lat. medius, Adj., »mittel, mittlere«, Bedeutung »Kommunikationsmittel« 2. H. 20. Jh.

Medizin, F., »Heilkunde, Heilmittel«, 13. Jh.? bzw. 15. Jh. Lw. lat. (ars) medicina, F., »Heilkunde«, zu lat. medicus, M., »Arzt«, zu lat. mederi, V., »heilen«, vgl. lat. metiri, V., »messen«

Meer, N., »Meer, See (F.)«, mhd. mer, N., »Meer«, ahd. meri (1. Vt. 9. Jh.), M., N., »Meer, See (F.)«, as. meri, F., »Meer«, germ. *marja, *marjam, N., *marja, *marjaz, M., *marīn, F., »Meer«, idg. *mōri, Sb., »Meer, See«, zu idg. *mer-, V., »glänzen«?

mehr, Adj. Komp., »mehr«, mhd. mēr, Adj. Komp., »mehr«, ahd. mēr (765), Adj. Komp., »mehr, größer, besser, weiter, stärker, schneller, zahlreicher, ferner, lieber«, as. mēro, Adj., »mehr«, germ. *maizōn, Adj. Komp., »mehr«, zu idg. *mēies, *məi̯es, *məis, Adj. Komp., »größer, mehr«, zu idg. *mē- (4), Adj., »groß, ansehnlich«

Mehrheit, F., »größerer von zwei Teilen einer Personengesamtheit«, Kramer 1719 nach nnl. meerderheit, »größere Zahl von Stimmen einer Abstimmung«, sachlich entscheidet (in der Rechtsgeschichte) seit dem Spätmittelalter (14. Jh.) die Mehrheit bei Fragen in denen keine einheitliche Meinung besteht (1179 bei Papstwahl), unterschieden werden dabei vor allem die absolute Mehrheit (Mehrheit der insgesamt Abstimmungsberechtigten) und die relative Mehrheit (Mehrheit der tatsächlich abgegebenen Stimmen) sowie die einfache Mehrheit und die qualifizierte Mehrheit (z.B. Kramer 1719 Zweidrittelmehrheit), vgl. ahd. mērheit (1000), F., »Mehrsein, Vorrang«, Lüt. lat. magis, Adv., »mehr«, zu lat. magnus, Adj., »groß«, Lüt. mlat. maioritas, F., »Vermehrung, Volljährigkeit, Überlegenheit«?, 1734 Aargau, s. mehr, heit, vgl. Geschichtliche Grundbegriffe

Mehrheitswahl, F., »Wahl nach dem Grundsatz der Mehrheit«, 19. Jh.?, s. Mehrheit, Wahl

Mehrheitswahlrecht, N., »Art des Wahlrechts bei der die Bevölkerung in Wahlkreise eingeteilt wird und deren Zahl den zu vergebenden Parlamentssitzen entspricht«, 19. Jh.?, s. Mehrheitswahl, Recht

Mehrstaater, M., »Person welche die Staatsangehörigkeit mehrerer Staaten hat«, 20. Jh., s. mehr, Staat

mehrstufig, Adj., »aus mehreren Stufen bestehend«, 20. Jh., s. mehr, Stufe, ig

mehrstufiger Verwaltungsakt, M., »aus mehreren Stufen bestehender Verwaltungsakt«, 2. H. 20. Jh., s. Verwaltungsakt, mehrstufig

Mehrtäterschaft, M., »Täterschaft mehrerer«, 20. Jh.?, s. mehr, Täterschaft

Mehrwert, F., »um ein mehr veränderter Wert«, s. mehr, Wert, vgl. Grimm DW 1885

Mehrwertsteuer, F., »Steuer von der Wertschöpfung eines Unternehmens (Nettoumsatzsteuer)«, um 1975, s. Mehrwert, Steuer

meiden, V., »meiden, vermeiden«, mhd. mīden, V., »meiden, verlassen (V.), unterlassen, sich enthalten«, ahd. mīdan (790), V., »meiden, scheuen, ausweichen, verbergen, vermeiden«, as. mīthan, V., »meiden«, westgerm. *meiþan, V., »meiden«, zu idg. *meit- (2), V., »wechseln, tauschen«, zu idg. *mei- (2), V., Adj., Sb., »wechseln, tauschen, täuschen, gemeinsam, Leistung«

Meier, M., »Meier«, mhd. meier, meiger, M., »Meier, Oberbauer, Amtmann, Haushälter«, ahd. meior (1. Vt. 9. Jh.), meiur, meiger, M., »Meier, Verwalter, Vogt«, as. meier, M., »Meier, Verwalter«, germ. *meiur, M., »Meier, Verwalter«?, Lw. lat. maior, Adj., »größere«, zu lat. magnus, Adj., »groß«

Meile, F., »Meile«, mhd. mīle, mīl, F., »Meile«, ahd. mīla (800), F., »Meile«, germ. *mīlja, F., »Meile«, Lw. lat. (mille bzw. mehrere) milia (passuum), N. Pl., »(mehrere) tausend (Schritte)«

Meineid, M., »vorsätzliches falsches Schwören des Täters vor Gericht oder einer anderen zur Abnahme von Eiden zuständigen Stelle«, mhd. meineit, M., »Meineid«, ahd. meineid (830), M., »Meineid, Falscheid«, as. mēnēth, M., »Meineid«, germ. *mainaiþa, *mainaiþaz, M., »Meineid«, zum subst. Neutrum von germ. *maina, *mainaz, Adj., »falsch, gemein, mein, unrein«, germ. *aiþa, *aiþaz, M., »Eid«, zu idg. *mei- (2), V., Adj., Sb., »wechseln, tauschen, täuschen, gemeinsam, Leistung«

meineidig, Adj., »falsch schwörend«, mhd.

meineidec, Adj., »falsch schwörend«, s. Meineid, ig

meinen, V., »im Sinne haben, fühlen, glauben, meinen« mhd. meinen, V., »sinnen, denken, nachdenken, bedenken«, ahd. meinen (790), V., »meinen, bedeuten, bezwecken, bezeichnen, im Sinne haben, mitteilen, sprechen«, as. mēnian, V., »meinen«, westgerm. *mainjan, V., »gesinnt sein, meinen, erwähnen«, zu idg. *meino-, »Absicht, Meinung«?, zu idg. *mei- (2), V., Adj., Sb., »wechseln, tauschen, täuschen, gemeinsam, Leistung«?

Meinung, F., »Auffassung, Ansicht, Urteil«, mhd. meinunge, F., »Sinn, Bedeutung, Gedanke, Gesinnung, Meinung, Absicht«, ahd. meinunga (1000), F., »Ursache, Grund, Beweggrund«, Lsch. lat. causa, F., »Ursache, Grund, Beweggrund«?, s. meinen, ung

Meinungsfreiheit, F., »Freiheit jeder Person ihre Meinung in Wort und Schrift und Bild zu äußern und zu verbreiten und sich aus allgemein zugänglichen Quellen ungehindert zu unterrichten«, 19. Jh.?, s. Meinung, Freiheit

meist, Adj. Superl., »meiste«, mhd. meist, Adj. Superl., »meiste«, ahd. meisto (765), Adj. Superl., »meiste, größte, höchste, reichste, wichtigste, vornehmste, häufigste«, as. mēst, Adj., »meiste«, germ. *maista, Adj. Superl., »meiste, größte«, zu idg. *mēi̯es, *məi̯es, *məis, Adj., »größer, mehr«, zu idg. *mē- (4), Adj., »groß, ansehnlich«

Meister, M., »wer die Meisterprüfung bestanden hat«, mhd. meister, M., »Lehrer, Magister, Gelehrter«, ahd. meistar (765), M., »Meister, Lehrer, Herr, Werkmeister«, as. mēstar, M., »Meister, Lehrer«, Lw. lat. magister, M., »Meister, Vorstand, Anführer«, s. magister

Meisterprüfung, F., »Prüfung zum Meister«, 19. Jh.?, s. Meister, Prüfung, vgl. Meisterprobe 1547 Hamburg

Meisterstück, N., »hervorragende Arbeit (bei der Meisterprüfung)«, 16. Jh., s. Meister, Stück

Meistgebot, N., »höchstes Gebot welches im Versteigerungstermin abgegeben wird«, Winckelmann vor 1768?, s. meist, Gebot

melden, V., »melden«, mhd. melden, V., »angeben, verraten, zeigen, ankündigen, nennen«, ahd. meldēn (790), meldōn (830), V., »anzeigen, verraten, anklagen, verleumden, offenbaren«, as. meldon, V., »melden«, germ. *melþōn, V., »angeben, verraten«?, idg. *meldh- (1), V., »bitten, beten, sprechen«?

Meldepflicht, F., »Pflicht (einen Umstand) insbesondere einen Wohnungswechsel bei der zuständigen Verwaltungsbehörde anzuzeigen«, 19. Jh.?, s. melden, Pflicht, sachlich 1842 Preußen

Meldewesen, N., »Gesamtheit der Angelegenheiten der Meldepflicht«, 1882, s. melden, Wesen

Memorandum, N., »Stellungnahme (19. Jh.)«, um 1800 Lw. ne. memorandum, N., »Erinnerungsnotiz«, Lw. lat. memorandum, N., »Zuerinnerndes«, subst. Gerundivum von lat. memorare, V., »erinnern«, zu lat. memor, Adj., »eingedenk«

Menge, F., »Menge«, mhd. menige, F., »Menge«, ahd. managī (765), managīn, menigī, F., »Menge, Fülle, Vielheit, Schar (F.) (1), Anzahl«, as. menigi, F., »Menge«, zu germ. *managa, *managaz, Adj., »manch, viel«, idg. *menegh-, Adj., V., »reichlich, viel, geben«

Mensa, F., »Speisesaal (für Studenten)«, 19. Jh. verkürzt aus nlat. mensa academica, F., »Universitätsmittagstisch«, zu lat. mensa, F., »Tisch«, s. akademisch

Mensch, M., »Mensch«, mhd. mensche, mensch, M., N., »Mensch, menschliches Geschlecht«, ahd. mennisko (2. H. 8. Jh.), mennisco, M., »Mensch«, as. mennisko, M., »Mensch«, zu germ. *manniska, *manniskaz, Adj., »menschlich«, zu idg. *manus, *monus, M., »Mann, Mensch«?, zu idg. *men- (3), V., »denken«, zur Ablautsform *gman-ōn von germ. *guman, *gumōn, M., »Mann, Mensch« unter Aufgabe von anlautendem g?, 18. Jh. abwertend Mensch (N.)

Menschenhandel, M., »Sexualdelikt bei dem der Täter seines Vermögensvorteils wegen einen anderen in Kenntnis einer Zwangslage zur Prostitution (oder anderen sexuellen Handlungen) zwingt«, Lsch. lat. plagium, N., »Menschendiebstahl«, Stieler 1691, s. Mensch, Handel

Menschenraub, M., »Straftat gegen die persönliche Freiheit bei der sich der Täter eines Menschen durch List oder Drohung oder Gewalt bemächtigt um ihn in hilfloser Lage auszusetzen oder in auswärtige

Kriegsdienste oder Schiffsdienste zu bringen«, Lsch. lat. plagium, N., »Menschendiebstahl«, Stieler 1683

Menschenrecht, N., »dem Menschen als solches (gegenüber dem Staat) zustehendes angeborenes (unveräußerliches unantastbares) Recht (vor allem die Rechte auf Leben und Freiheit und Eigentum)«, »für Menschen geltendes Recht« Schnüffis 1698, »ein dem Menschen als solches zustehendes angeborenes Recht« Heinl 1792, Fichte 1796, Kant 1797, Blumauer vor 1798, Lüs. frz. droits de l'homme, M. Pl., »Menschenrechte« 1789, »Recht gegenüber dem Staat« (seit 1777), s. Mensch, Recht

Menschenwürde, F., »innerer und zugleich sozialer Wertanspruch und Achtungsanspruch der dem Menschen um seinetwillen zukommt«, Schiller Don Carlos (1787), Schlosser (1776-1861), Blumauer vor 1798, s. Mensch, Würde

Mensur, F., »Maß«, M. 15. Jh. Lw. lat. mensura, F., »Messung, Maß«, zum Part. Fut. mensurus bzw. Part. Präs. mensus von lat. metiri, V., »messen«, A. 19. Jh. »studentischer Zweikampf«

mental, Adj., »geistig, verstandesmäßig«, E. 18./A. 19. Jh. (Campe 1801) Lw. mlat. mentalis, Adj., »geistig«, 20. Jh. Lw. ne. mental, Adj., »geistig, verstandesmäßig«, Lw. mlat. mentalis, Adj., »geistig«, zu lat. mens, F., »Sinn, Verstand, Geist, Denkart«

Mentalreservation, F., »geheimer Vorbehalt«, 19. Jh. Lw. lat. reservatio mentalis, F., »geheimer Vorbehalt«, s. mental, Reservation

merkantil, Adj., »kaufmännisch, den Handel betreffend«, M. 19. Jh. (Feuchtersleben 1840), aus älterem merkantilisch, Adj., »kaufmännisch«, 17. Jh. Lw. frz. mercantile, Adj., »kaufmännisch«, Lw. it. mercantile, Adj., »kaufmännisch«, zu it. mercante, M., »Kaufmann«, zum Part. Präs. mercans von lat. mercari, V., »Handel treiben«, zu lat. merx, F., »Ware«

merkantiler Minderwert, M., »der kaufmännische Minderwert einer Sache«, 2. H. 20. Jh., s. merkantil, Minderwert

Merkantilismus, M., »wirtschaftspolitisches System des 16.-18. Jh.s in dem der Staat zur Füllung der Staatskasse erstmals aktive Wirtschaftspolitik treibt (Förderung der gewerblichen Tätigkeit)«, 19. Jh. Lw. frz. mercantilisme, M., »Merkantilsystem«, s. merkantil, ismus

Merkantilsystem, N., »Merkantilismus«, um 1800 Lw. ne. mercantile system, N., »Merkantilsystem« (Smith 1776), s. merkantil, System

merken, V., »merken, kennzeichnen, wahrnehmen, im Gedächtnis behalten«, mhd. merken, V., »achtgeben, beobachten, beachten, wahrnehmen«, ahd. merken (11. Jh.), V., »bestimmen, wahrnehmen, verstehen, merken, festsetzen, besuchen«, as. merkian, V., »verbinden«, germ. *markjan, V., »merken, kennzeichnen, wahrnehmen«, s. Mark

Merkmal, N., »Zeichen an dem man etwas erkennen kann«, 17. Jh. (1614 Hansegebiet bzw. Sandrup 1618 bzw. Steinbach 1734), s. merken, Mal

Mesner, M., »Mesner, Küster, Kirchendiener«, mhd. messenære, mesnære, mesner, M., »Mesner, Küster«, ahd. mesināri (9. Jh.), M., »Mesner, Küster«, Lw. mlat. mansionarius, M., »Aufseher des Gotteshauses«, zu spätlat. (5. Jh.) mansionarius, Adj., »zum Nachtlager gehörig, zum Aufenthaltsort gehörig«, zu lat. mansio, F., »Aufenthaltsort, Nachtlager«, zum PPP. mansus von lat. manere, V., »bleiben, verweilen«, Schwund des n schon ahd.

Messe, F., »Markt von wirtschaftlich großer Bedeutung (z.B. Frankfurter Buchmesse)« mhd. messe, F., »Messe, Jahrmarkt (1290? oder 14. Jh.?)«, ahd. missa (9. Jh.), F., »Messe, Feiertag«, as. missa, F., »Messe Feiertag«, Lw. spätlat. (4. Jh.) missa, F., »Gottesdienst, kirchliches Fest, Jahrmarkt«, PPP. F., von lat. mittere, V., »schicken, senden« (aus ite missa est, »gehet es ist entlassen«)

messen, V., »messen«, mhd. mezzen, V., »messen, abmessen, ausmessen, zielen«, ahd. mezzan (vor 790?), V., »messen, wiegen, schätzen, zählen, vergleichen, zumessen, abmessen, abwiegen, abschließen«, as. metan, V., »messen«, germ. *metan, V., »messen«, idg. *med-, V., »ermessen, bedacht sein«?, idg. *mēt-, V., »messen«?, idg. *mē- (3), V., »messen«?

Messer, N., »Messer (N.)«, mhd. mezzer, N., »Messer (N.)«, ahd. mezzisahs, mezzirahs, mezzeres, M., »Messer (N.)«, as. mezas- (in mezaskōp), N., »Messer (N.)«, westgerm. *matizsahsa, *matizsahsaz, M., »Speiseschwert«, aus *matiz »Speise«, *sahsaz »Schwert«, zu idg. *sĕk-, V., »schneiden«

meta, Suff., »meta«, Lw. gr. metá, méta, Präp., Präf., »zwischen, nach, hinter«

Methode, F., »planmäßiges Verfahren zur Erreichung eines bestimmten Zieles, Art und Weise zu forschen um bestimmte Erkenntnisse zu gewinnen«, 17. Jh. (Thomasius 1687) Lw. spätlat. methodus, M., »Methode«, Lw. gr. méthodos, M., »Methode, Nachgehen«, zu gr. metá, méta, Präp., Präf., »zwischen, nach, hinter«, gr. hodós, M., »Weg«

Methodenlehre, F., »Methodologie, Lehre von den planmäßigen (wissenschaftlichen) Verfahren«, 19. Jh.?, s. Methode, Lehre

Methodik, F., »Wissenschaft von der Verfahrensweise«, 19. Jh., zu gr. methodíkos, Adj., »nach bestimmten Regeln verfahrend«, s. Methode, ik

methodisch, Adj., »planmäßig, systematisch«, 18. Jh., Lw. lat. methodicus, Adj., »nach bestimmten Regeln verfahrend«, s. Methode, isch

Methodologie, F., »Methodenlehre«, um 1800, s. Methode, logie, vgl. Pütter 1767

Metze, F., »ein Kornmaß«, mhd. metze, mezze, M., »Metze, ein kleineres Hohlmaß«, ahd. mezza (10. Jh.), mezzo (11. Jh.), F., M., »ein Trockenmaß«, germ. *metjan, *metjōn, M., »Metze, ein Maß«, zu idg. *med- (1), V., »messen, bedacht sein«?, idg. *mēt-, V., »messen«?, idg. *mē- (3), V., »messen«

Metze, F., »Dirne«, 15. Jh., zu einem PN (Mechthild?, ahd. Matza [11. Jh.]), zu Magd/Mädchen?

metzeln, V., »metzeln, schlachten, morden (16. Jh.)«, 15. Jh. Lw. lat. macellare, V., »töten«, zu lat. macellarius, M., »Fleischer, Fleischwarenhändler«

Metzger, M., »Metzger«, mhd. metzjære, metzjer, metziger, M., »Metzger«, zu metzeln? und zu lat. macellare, V., »töten«?, Lw. spätlat, mattiarius, M., »Wurstersteller«?, zu lat. mattea, F., »Fleischgericht, Wurst«, Lw. gr. mattýe, mattée, F., »Gericht aus gehacktem Fleisch«?

Meuchelmord, M., »hinterhältiger Mord«, 16. Jh., s. Meuchler, Mord

Meuchelmörder, M., »hinterhältiger Mörder«, 16. Jh., s. Meuchler, Mörder

Meuchler, M., »Meuchler«, mhd. miucheler, mūcheler, M., »Meuchler«, ahd. mūhhilāri (12. Jh.), mūchilāri, M., »Meuchelmörder«, zu ahd. muhhōn (nach 765?), muchōn, V., »wegelagern, räubern«, germ. *mūk-, V., »sicher verbergen, auflauern«, zu idg. *smeugh-, Adj., V., »schlüpfrig, schlüpfen«, idg. *meugh- (2), Adj., V., »schlüpfrig, schlüpfen«, idg. *meug- (2), Adj., V., Sb., »schlüpfrig, schleimig, gleiten, schlüpfen, Schleim«, idg. *meug-, V., »heimlich und tückisch lauern«?

Meuterei, F., »Vereinigung mehrerer Personen zu Ungehorsam oder Empörung gegenüber Vorgesetzten«, mnl. muiterie 1350, (Diefenbach) 1512, Teuerdank 1517, zu mhd. meuten, V., »sich empören«, Lw. frz. meute, F., »Bewegung«, afrz. muete, F., »Aufruhr, Aufstand«, aus spätlat. movita, F., »Bewegung«, zum PPP. motus, *movitus von lat. movere, V., »bewegen«, s. er, ei

meutern, V., »meutern«, 18. Jh., aus Meuterei, älter meuten

Miete, F., »gegenseitiger Vertrag in dem sich der eine Teil (Vermieter) verpflichtet dem anderen Teil (Mieter) den Gebrauch der vermieteten Sache (Sachteil bzw. Sachgesamtheit) während der Mietzeit zu gewähren und der Mieter sich verpflichtet den vereinbarten Mietzins zu bezahlen«, mhd. miete, miet, F., »Lohn, Belohnung, Vergeltung, Begabung, Beschenkung, Bestechung«, ahd. mieta (765), F., »Lohn, Entgelt, Geschenk, Bestechung«, as. mēda, F., »Lohn«, germ. *mizdō, F., »Lohn, Entgelt«, idg. *mizdhós, *mizdhā, Sb., »Lohn, Sold«, zu idg. *mei̯os-, Sb., »Tausch«, idg. *dhē-, V., »setzen«, d.h. »Tauschsetzung«

Miete, (F.) (2), F., »Schober, Grube«, 18. Jh. Lw. aus dem Nd., mnl. mite, F., »Schober«, frühes Lw. lat. meta, F., »Schober«

mieten, V., »mieten«, mhd. mieten, V., »lohnen, belohnen, begaben, beschenken, mieten, erkaufen«, ahd. mieten (A. 9. Jh.), mietōn, V., »dingen, lohnen, mieten, Geld geben, pachten«, as. mēdon, V., »mieten, pachten«, s. Miete

Mieter, M., »wer eine Sache mietet«, »Mietling« um 1200, »Mieter« Sachsenspiegelglosse nach 1325, s. Miete

Mietkauf, M., »Mietvertrag der dem Mieter das Recht einräumt, innerhalb einer bestimmten Frist die - meist neue - Mietsache zu einem vorher bestimmten Preis zu kaufen wobei die bis dahin gezahlte Miete ganz oder teilweise auf den

Kaufpreis angerechnet wird«, 20. Jh.?, s. Miete, Kauf

Mietrecht, N., »Recht der Miete«, 19. Jh.?, s. Miete, Recht

Mietshaus, N., »gemietetes Haus (16. Jh.), Haus dessen Wohnanlagen vermietet werden (18. Jh.)«, s. Miete, Haus

Mietskaserne, F., »großes Mietshaus«, 1871? Berlin, s. Miete, Kaserne, älter Wohnkaserne 1856, kasernenartige Häuser, Heine 1831

Mietvertrag, M., »Vertrag über Miete«, s. Miete, Vertrag, vgl. Weiske 1839ff.

Mietwucher, M., »wucherische Miete«, 20. Jh.?, s. Miete, Wucher

Mietzins, M., »vom Mieter bei der Miete für die Gebrauchsgewährung zu entrichtendes Entgelt«, 1554 Schlesien, Stieler 1691, s. Miete, Zins

mild, Adj., »mild, freigebig, reichlich, gütig«, mhd. milte, milde, Adj., »freundlich, liebreich, gütig, wohltätig, freigebig, barmherzig«, ahd. milti (2. H. 8. Jh.), Adj., »barmherzig, mild, sanftmütig, gnädig, freigebig, gelind, wohltätig«, as. mildi, Adj., »freundlich, freigebig«, germ. *meldja, *meldjaz, Adj., »mild«, zu idg. *meldh-?, V., »schlagen, mahlen, zermalmen«, zu idg. *mel- (1), V., »schlagen, mahlen, zermalmen«

mildern, V., »lindern, milder machen«, 15. Jh., s. mild

Milderungsgrund, M., »Grund für eine Milderung (einer Bestrafung)«, 19. Jh.?, s. mildern, ung, Grund

Milieu, N., »Umgebung«, 19. Jh. »Mitte« Lw. frz. milieu, M., »Mitte«, zu afrz. mi, Adj., »halb, mittel«, aus lat. medius, Adj., »mittel«, afrz. lieu, M., »Ort«, aus lat. locus, M., »Ort«, seit 1830 politisches Schlagwort, um 1830 »Lebenskreis«

Militär, N., »bewaffnete Streitkräfte«, 2. H. 18. Jh. (Schiller 1784) Lw. frz. militaire, M., »hoher Offizier«, zu frz. militaire, Adj., »den Krieg betreffend, die Soldaten betreffend«, aus lat. militaris, Adj., »soldatisch«, zu lat. miles, M., »Soldat«, aus dem frz. Plural wurde nhd. ein Kollektivbegriff

Militärverordnung, F., »von einem Organ einer Streitkraft erlassene oder diese betreffende Verordnung«, 20. Jh.?, s. Militär, Verordnung

Miliz, F., »Bürgerwehr, Miliz«, 17. Jh. (Francisci 1663) Lw. lat. militia, F., »Kriegsdienst, Soldaten«, zu lat. miles, M., »Soldat«

milli, Präf., »tausendstel«, 19. Jh. Lw. frz. milli (1795), Suff., »tausendstel«, aus lat. milli, zu lat. mille, Num. Kard., »tausend«

Million, F., »Million«, 15. Jh. Lw. it. millione, M., »Großtausend«, zu it. mille, Num. Kard., »tausend«, aus lat. mille, Num. Kard., »tausend«, s. milli

Milliarde, F., »1000 Millionen«, 18. Jh. Lw. frz. milliard, M., »1000 Millionen«, zu mfrz. milliart, M., »1000 Millionen«, zu mfrz. million, M., »Million«, Lw. it. millione, M., »Großtausend«, s. Million

minder, Adj. Komp., »mindere«, mhd. minre, Adj. Komp., »mindere, kleinere, geringere«, ahd. minniro (nach 765?), Adj. Komp., »mindere, kleinere, geringere, wenigere, jüngere«, as. minnera, Adj. Komp., »mindere«, germ. *minnizan, *minnizōn, Adj. Komp., »wenigere, mindere, kleinere«, zu idg. *minu-, Adj., »klein«, zu idg. *mei- (5), V., »mindern, verkleinern«

Minderheit, F., »kleine Anzahl, kleine Gruppe«, um 1800, s. minder, heit, analog zu Mehrheit gebildet für Minorität, s. minder, heit, vgl. ahd. minnirheit (1000), F., »Wenigersein«, Lüt. lat. minus, Adv., »weniger«?

minderjährig, Adj., »nicht volljährig«, Lüs. mlat. minorennis, Adj., »minderjährig«, 18. Jh. (Nehring 1710), s. minder, jährig

Minderjährigkeit, F., »Zeitraum von der Geburt eines Menschen bis zur Vollendung des 18. Lebensjahres«, Lüs. mlat. minorennitas, F., »Minderjährigkeit«, Nehring 1710, s. minderjährig, heit

Minderkaufmann, M., »Person die zwar ein Handelsgewerbe nach § 1 II HGB betreibt ([Muß]kaufmann) deren Gewerbebetrieb aber nach Art oder Umfang einen in kaufmännischer Weise eingerichteten Geschäftsbetrieb nicht erfordert«, 19. Jh., s. minder, Kaufmann

mindern, V., »mindern, verringern«, mhd. minnern, minren, V., »vermindern, verringern, schmähen«, ahd. minnirōn (790), V., »mindern, vermindern, verringern, verkleinern, kleiner werden, klein machen, geringer machen«, Lüs. lat. minorare, V., »kleiner machen«?, s. minder

Minderung, F., »Herabsetzung des an sich vereinbarten Kaufpreises auf einen wirklich geschuldeten Kaufpreis«, mhd. minnerunge, F., »Verminderung, Schmälerung«, ahd. minnirunga (10. Jh.), F., »Verminderung, Verlust«, Lüs. lat. minoratio, F., »Verminderung«?, s. mindern, ung

Minderwert, M., »geringerer Wert«, s. minder, Wert, vgl. Grimm DW 1885

mindest, Adj. Superl., »mindest«, 9. Jh., s. minder

Mindestgebot, N., »Gebot das in der Zwangsvollstreckung im ersten Versteigerungstermin mindestens erreicht werden muß«, 19. Jh.?, s. mindest, Gebot

Mindestkapital, N., »mindestens notwendiges Kapital«, 19. Jh.?, s. mindest, Kapital

Mindestreserve, F., »Mindestguthaben das ein Kreditinstitut bei der Bundesbank haben muß«, 2. H. 20. Jh.?, s. mindest, Reserve

minima non curat praetor, lat., »sehr kleine Angelegenheiten besorgt der Gerichtsmagistrat nicht«, vgl. Digesten 4,1,4 (Callistrat 3. Jh.), Cicero, De natura deorum (45 v. Chr.) 3 § 86

Minister, M., »Mitglied einer Regierung, Leiter einer obersten Behörde der Verwaltung (Ministerium)«, 15. Jh. (»Gehilfe bzw. Diener«) Lw. lat. minister, M., »Gehilfe, Diener«, tero-Ableitung zu lat. minor, Adj. Komp., »kleinere, geringere«, 17. Jh. (Leibniz 1670) Lbd. frz. ministre, M., »Staatsdiener, Regierungsmitglied« (17. Jh.), aus lat. minister, M., »Gehilfe, Diener«

ministerial, Adj., »ministerial«, E. 18. Jh. (Petri 1828) Lw. spätlat. ministerialis, Adj., »zum Dienst des Kaisers gehörig«, s. Minister

Ministerialblatt, N., »von einem oder mehreren Ministerien unterhaltenes Publikationsorgan für amtliche Nachrichten und Veröffentlichungen des Ministeriums«, 20. Jh.?, s. ministerial, Blatt

ministeriell, Adj., »von einem Minister ausgehend«, 18. Jh. Lw. frz. ministériel, Adj., »von einem Minister ausgehend«, aus spätlat. ministerialis, Adj., »verpflichtet«, s. Minister

Ministerium, N., »oberste Behörde der Verwaltung«, 16. Jh. Lw. lat. ministerium, N., »Dienst, Amt, Dienerschaft«, 18. Jh. (Schubart 1774) Lbd. frz. ministère, M., »Dienst, Verwaltung, Amt, Ministerium«, Form latinisiert nach lat. ministerium

Ministerpräsident, M., »Leiter der Regierung (Bundeskanzler bzw. Premierminister)«, 19. Jh.?, s. Minister, Präsident

minorenn, Adj., »minderjährig«, 16. Jh. (?) Lw. mlat. minorennis, Adj., »minderjährig«, zu lat. minor, Adj. Komp., »mindere«, lat. annus, M., »Jahr«

Minorennität, F., »Minderjährigkeit«, 17. Jh. (Nehring 1694) Lw. mlat. minorennitas, F., »Minderjährigkeit«, zu lat. minor, Adj. Komp., »geringere«, lat. annus, M., »Jahr«, s. minorenn, tät

Minorität, F., »Minderheit«, E. 18. Jh. (1765 bzw. Girtanner 1792) Lw. frz. minorité, F., »Minderheit«, Lw. ne. minority, N., »Minderjährigkeit, Unmündigkeit, Minderheit«, Lw. mfrz. minorité, F., »Minderjährigkeit, Unmündigkeit«, aus mlat. minoritas, F., »Minderjährigkeit«, zu lat. minor, Adj. Komp., »geringere, mindere«

Minute, F., »Minute, 60. Teil einer Stunde, 60 Sekunden«, A. 15. Jh. Lw. spätlat. minuta (d.h. pars minuta prima »kleinster Teil erster Ordnung einer durch 60 teilbaren (Größe«,) PPP. F. von lat. minuere, V., »kleiner machen«, zu lat. minus, Adj. Komp. N., »weniger«

mischen, V., »mischen«, mhd. mischen, V., »mischen, mengen«, ahd. misken (800), miscen, V., »mischen, vermischen, mengen«, germ. *miskan, *miskjan, V., »mischen«, Lw. lat. miscere, V., »mischen«, zu idg. *meiĝ-?, *meik̂-, V., »mischen, mengen«, verdrängt mengen

Mischehe, F., »Ehe zwischen Angehörigen verschiedener Konfessionen«, 19. Jh.?, s. mischen, Ehe, vgl. Grimm DW 1885

miß, Suff., »miß«, mhd. misse, Suff., »miß«, ahd. missa, missi, Suff., »miß«, as. mis, Suff., »miß«, germ. *missa, Suff., »miß«, zu germ. *missa, *missaz, *missja, *missjaz, Adj., »vertauscht, wechselseitig«, zu idg. *meit- (2), V., »wechseln, tauschen«

mißbilligen, V., »tadeln«, 17. Jh., s. miß, billig

Mißbrauch, M., »vernünftigen allgemein anerkannten Regeln widersprechender Gebrauch eines Gegenstandes«, spätmhd. missebrûch, M., »Handlung gegen den guten Brauch, Mißbrauch«, 16. Jh.? Lüt. lat. abusus, M., »Verbrauch«, s. miß, Brauch

Mißbrauchstatbestand, M., »Mißbrauch der durch Gesetz oder behördlichen Auftrag oder Rechtsgeschäft eingeräumten Befugnis über fremdes Vermögen zu verfügen oder einen andern zu verpflichten«, 19. Jh.?, s. Mißbrauch, Tatbestand

Mißgeburt, F., »mißgebildetes Neugeborenes«, 16. Jh., s. miß, Geburt

Mißhandlung, F., »üble unangemessene Behandlung durch die das körperliche Wohlbefinden nicht nur unerheblich beeinträchtigt wird (z.B. Ohrfeige)«, fnhd. »Sünde« (vgl. Diefenbach), »üble Behandlung«, s. miß, Handlung

missen, V., »missen«, mhd. missen, V., »missen«, zu germ. *missjan, V., »missen«?, zu idg. *meit- (2), V., »wechseln, tauschen«

Missetat, F., »Verbrechen, Sünde«, mhd. missetāt, F., »Vergehen, Fehltritt, Missetat«, ahd. missitāt (765), F., »Missetat, Fehler, Vergehen, Sünde«, anfrk. misdād, F., »Missetat«, Lbd. lat. peccatum, N., »Sünde«, s. miß, Tat

missio canonica, lat., F., »kirchliche Sendung, Lehrbefugnis«, zu lat. missio, F., »Sendung«, zum PPP. missus von lat. mittere, V., »gehen lassen«, s. canonicus

mißtrauen, V., »nicht vertrauen«, mhd. missetrūwen, V., »mißtrauen«, ahd. missitrūēn (9. Jh.), missitrūwēn, V., »mißtrauen, zweifeln, argwöhnen«, Lüt. lat. diffidere, V., »mißtrauen«?, s. miß, trauen

Mißtrauen, N., »Mißtrauen«, spätmhd. missetrūwen, N., »Mißtrauen«, Lüt. lat. diffidentia, F., »Mangel an Vertrauen«?, subst. mißtrauen

Mißtrauensvotum, N., »Aussprechen des Mißtrauens durch die Parlamentsmehrheit gegenüber dem Regierungsführer in Form einer Abstimmungsniederlage«, 20. Jh.?, s. Mißtrauen, Votum

Mißverständnis, F., »falsches Verständnis«, Lüt. lat. dissensio, F., »Nichtübereinstimmen«?, s. miß, Verständnis

mit, Adv., Präp., Präf., »mit«, mhd. mite, mit, Adv., Präp., Präf., »mit«, ahd. miti (1. H. 8. Jh.), Adv., Präp., Präf., »mit, bei, zu, dabei, dazu«, as. midi, mid, mith, Adv., Präp., Präf., »mit«, germ. *med, *medi, Adv., Präp., »mit«, idg. *medhi-, Präp., »mit«, zu idg. *me- (2), Adv., »mitten«

Mitarbeit, F., »Mitwirkung bei einer Tätigkeit«, Goethe (vor 1806), s. mit, Arbeit

Mitbesitz, M., »gemeinsame tatsächliche Gewalt mehrerer Personen über eine Sache in der Weise daß jeder die ganze Sache - beschränkt durch den gleichen Besitz der übrigen - besitzt«, Lüs. mlat. compossessio, F., »Mitbesitz«, s. mit, Besitz, vgl. Grimm DW 1885

Mitbesitzer, M., »Mitbesitzer«, Lüs. lat. compossessor, M., »Mitbesitzer«, 19. Jh.?, s. Mitbesitz

Mitbestimmung, F., »Teilhabe an und Einflußnahme auf eine Entscheidung, (im Arbeitsrecht) Beteiligung der Arbeitnehmer an Willensbildungsvorgängen in der Wirtschaft«, 20. Jh.?, s. mit, Bestimmung

mitbestraft, Adj., »bereits mit einer Strafe belegt«, 20. Jh., s. mit, be, strafen

mitbestrafte Nachtat, F., »in der Strafe miterfaßte Nachtat«, 20. Jh., s. mitbestraft, Nachtat

Mitbürge, M., »gemeinsamer Bürge«, Lüs. lat. confideiussor, M., »Mitbürge«, Maaler 1561, s. mit, Bürge

Mitbürgschaft, F., »Bürgschaft mehrerer für dieselbe Verbindlichkeit eines Hauptschuldners«, 19. Jh.?, s. Mitbürge, mit, Bürgschaft

Miteigentum, N., »Eigentum mehrerer Personen an einer Sache«, Lüs. spätlat. condominium, N., »Miteigentum«?, s. mit, Eigentum, vgl. Weiske 1839ff.

Miterbe, M., »Erbe der nur zusammen mit mindestens einer weiteren Person Erbe geworden ist«, mhd. miterbe, M., »Miterbe«, 15. Jh.?, Lüs. lat. coheres, M., »Miterbe«?, s. mit, Erbe

Miterbengemeinschaft, F., »Gemeinschaft der Miterben«, 19. Jh.?, s. Miterbe, Gemeinschaft

Mitgift, F., »Vermögen das einem Ehegatten von einem Dritten in die Ehe mitgegeben wird«, spätmhd. bzw. fnhd. mitegift, F., »Mitgift« (Schottel 1612-76), mnd. medegift, F., »Mitgift, Mitgabe«, s. mit, Gift

Mitglied, N., »Angehöriger einer Personengesamtheit (z.B. Gesellschaft)«, 16. Jh. (Luther vor 1546), s. mit, Glied

Mitgliedschaft, F., »Rechtsverhältnis einer Person zu einer Personengesamtheit«, 19. Jh.?, s. Mitglied, schaft, vgl. Grimm DW 1885

Mittag, M., »Mitte eines Tages, Zeitpunkt des höchsten Sonnenstandes«, mhd. mittetac, M., »Mittag«, ahd. mittitag (9./10. Jh.), M., »Mittag«, Lüs. lat. meridies, M., »Mittag«, s. Mitte, Tag

Mittäter, M., »wer eine Straftat gemeinschaftlich begeht«, 19. Jh.?, Lüt. lat. correi, M. Pl. »Mitschuldige«?, s. mit, Täter, vgl. Hälschner 1887

Mittäterschaft, F., »gemeinsame Täterschaft«, 19. Jh., s. Mittäter, mit, Täterschaft, vgl. Hälschner 1887

Mitte, F., »Mitte«, mhd. mitte, F., »Mitte«, ahd. mittī (1000), mitti (863-71), F., N., »Mitte«, as. middia, middi, N., F., »Mitte«, germ. *medjōn, F., »Mitte«, zu germ. *medja, *medjaz, Adj., »mittel, mittlere«, zu idg. *medhi̯os, Adj., »mittlere«, zu idg. *medhi-, Adj., »mittlere«

Mittel, N., »Mitte, Mittel, Hilfsmittel«, mhd. mittel, N., »Mitte, Mittel, Vermittlung«, subst. aus mhd. mittel, Adj., »mittlere«, ahd. mittil (A. 9. Jh.), Adj., »mittlere«, as. *middil, Adj., »mittlere«, germ. *medlja, *medljaz, Adj., »mittlere«, zu idg. *medhi̯os, Adj., »mittlere«, zu idg. *medhi-, Adj., »mittlere«

Mittelalter, N., »Zeit zwischen Antike und Neuzeit (ca. 500-1500 n. Chr.)«, »mittleres Lebensalter« Scriver 1684, »mittleres Zeitalter« Lüs. lat. medium aevum (M. 18. Jh.), N., »mittleres Zeitalter« Campe 1809, sachlich vgl. Cellarius (1634-1707), Historia tripartita

mitteln, V., »mitteln«, mhd. mitteln, V., »in die Mitte stellen, vermitteln, ein Mittel sein«, ahd. *mittilōn, V., »mitteln«, Lüs. lat. mediare, V., »mitten von einander teilen«?, s. Mittel

mittelbar, Adj., »durch Mittel oder Zwischenglieder bewirkt«, Hederich 1628, Lüt. lat. mediatus, Adj., »vermittelt«?, s. Mittel, bar

mittelbare Falschbeurkundung, F., »durch einen anderen bewirkte Falschbeurkundung«, 20. Jh.?, s. mittelbar, Falschbeurkundung

mittelbare Staatsverwaltung, F., »durch eine andere Körperschaft erfolgende Staatsverwaltung«, 20. Jh.?, s. mittelbar, Staatsverwaltung

mittelbare Stellvertretung, F., »nicht erkennbare Stellvertretung«, 19. Jh., s. mittelbar, Stellvertretung

mittelbarer Besitz, M., »durch einen anderen vermittelter Besitz«, 19. Jh., s. mittelbar, Besitz

mittelbarer Schaden, F., »nur mittelbar eintretender Schaden«, 20. Jh., s. mittelbar, Schaden

mittelbarer Täter, M., »durch einen anderen als Mittel handelnder Täter«, 19. Jh., s. mittelbar, Täter

mittelbarer Zwang, M., »nicht unmittelbar wirkender Zwang«, 20. Jh., s. mittelbar, Zwang

Mittelbehörde, F., »zwischen oberer und unterer Verwaltungsbehörde stehende (höhere) Verwaltungsbehörde (z.B. Bezirksregierung oder Regierungspräsident)«, 20. Jh.?, s. Mittel, Behörde

Mitternacht, F., »Mitternacht«, mhd. mittenaht, mitternaht, mittnaht, F., »Mitternacht«, 14. Jh., aus ze mitter naht, »zur mittleren Nacht«, ahd. zi mitteru naht, s. Mitte, Nacht

Mittwoch, M., »Mittwoch«, mhd. mittewoche, F., M., »Mittwoch«, ahd. mittiwehha (1000), mittiwecha, F., »Mittwoch«, Lüt. lat. media hebdomas, F., »halbe Woche«, Lw. gr. hebdomás, Num. Kard., »sieben (Num. Kard.)«

Mitvermächtnis, N., »Vermächtnis das mehreren denselben Gegenstand vermacht«, 19. Jh.?, s. mit, Vermächtnis, vgl. lat. collegatarius, M., »der auch ein Vermächtnis erhalten hat«

Mitverschulden, N., »Außerachtlassen derjenigen Sorgfalt in eigenen Angelegenheiten durch den Beschädigten welche ein ordentlicher und verständiger Mensch zur Vermeidung eigenen Schadens anzuwenden pflegt (z.B. im Versicherungsrecht Motorradfahren ohne Sturzhelm)«, 20. Jh.?, s. mit, Verschulden

Mitwirkung, F., »zu einer Wirkung beitragende Handlung«, Lüs. lat. cooperatio, F., »Mitwirkung«, Steinbach 1734, s. mit, Wirkung

mitwirkungsbedürftig, Adj., »der Mitwirkung eines anderen bedürftig«, 2. H. 20. Jh.?, s. Mitwirkung, be, dürfen

mitwirkungsbedürftiger Verwaltungsakt, M., »der Mitwirkung eines anderen bedürfender Verwaltungsakt«, 2. H. 20. Jh.?, s. mitwirkungsbedürftig, Verwaltungsakt

Mitwirkungspflicht, N., »Verpflichtung jeder Partei eines Schuldverhältnisses die Voraussetzungen die für die erfolgreiche Durchführung des Schuldverhältnisses erforderlich sind zu schaffen (z.B. Beschaffung einer behördlichen Genehmigung)«, 20. Jh.?, s. Mitwirkung, Pflicht

Möbel, N., »Möbel«, (15./16. Jh. Moselgebiet »bewegliche Habe« bzw.) 17. Jh. (1688) Lw. frz. meuble, M., »Möbel, Hausgerät, bewegliches Gut«, zu afrz. meuble, mueble, Adj., »beweglich«, aus lat. mobilis, Adj., »beweglich«, zu lat. movere, V., »bewegen«, 18. Jh. Möbeln, 19. Jh. Möbel

mobil, Adj., »beweglich«, »marschfertig (Justi 1758)«, M. 18. Jh. Lw. frz. bzw. mfrz. mobile (14. Jh.), Adj., »beweglich«, aus lat. mobilis, Adj., »beweglich«, s. Möbel

Mobiliar, N., »bewegliche Habe«, E. 18. Jh., Lw. frz. mobilier, Sb., »bewegliche Habe«, zu frz. mobilier, Adj., »beweglich«, s. Mobilien

Mobiliarzwangsvollstreckung, F., »Zwangsvollstreckung in das bewegliche Vermögen«, E. 19. Jh.?, s. mobil, Zwangsvollstreckung

Mobilien, N. Pl., »bewegliche Sachen«, 2. H. 17. Jh. Lw. nlat. mobilia, N. Pl., »bewegliche Sachen«, zu mlat. bona mobilia, N. Pl., »bewegliche Güter«, s. mobil, vgl. Weiske 1839ff.

modus, lat., M., »Maß, Art, Weise«, im gemeinen Recht »Erwerbsart (z.B. lat. traditio d.h. Übergabe)«

mogeln, V., »schwindeln«, 18. Jh., Herkunft unklar, s. Meuchler?

mögen, Prät.-Präs., »mögen, können, wollen, dürfen«, mhd. mügen, mugen, Prät.-Präs., V., »vermögen, gelten«, ahd. mugan (765), magan, Prät.-Präs., »können, vermögen, mögen, müssen, sollen, dürfen, mächtig sein«, as. mugan, Prät.-Präs. »können, vermögen«, germ. *mugan, Prät.-Präs., »können, vermögen« (,*mag, »er kann, er vermag«), idg. *magh-, V., »können, vermögen, helfen«?

möglich, Adj., »möglich«, mhd. mügelich, müglich, Adj., »was geschehen kann, was geschehen sollte, was recht und billig ist, geziemend, gehörig, vermögend«, Lüs. lat. possibilis, Adj., »möglich«?, s. mögen, lich

Möglichkeit, F., »Möglichkeit«, mhd. mügelicheit, F., »Vermögen, Gelegenheit«, s. möglich, heit

Monarch, M., »Monarch, Alleinherrscher, gekrönter Herrscher«, 16. Jh. (Alberus 1540 monarcha) Lw. mlat. monarcha, M., »Alleinherrscher«, Lw. gr. monárches, mónarchos, M., »Alleinherrscher«, zu gr. mónos, Adj., »allein, einzig«, gr. árchein, V., »herrschen«

Monarchie, F., »Staatsform bei der eine einzelne Person als Träger der Staatsgewalt an der Spitze des Staates steht«, (vereinzelt mhd. monarchie, F., »Alleinherrschaft«,) Lw. 16. Jh. spätlat. monarchia, F., »Monarchie«, Lw. gr. monarchía, F., »Alleinherrschaft«, s. Monarch, vgl. Geschichtliche Grundbegriffe

monarchisch, Adj., »einem Monarchen eigen, die Monarchie betreffend«, 18. Jh. (Ludewig 1716) Lw. lat. monarchicus, Adj., »monarchisch«, s. Monarch, isch

monarchisches Prinzip, N., »den Monarchen als alleinigen Träger der Staatsgewalt betrachtendes Prinzip«, 19. Jh. (Görres 1819), s. monarchisch, Prinzip

Monat, M., »Monat«, mhd. mānōt, M., N., »Monat«, ahd. mānōd (765), M., »Monat«, as. mānuth, M., »Monat«, germ. *mēnōþ, M., »Monat«, idg. *mēnōt, Sb., »Monat, Mond«, zu idg. *mē- (3), V., »messen«

Mönch, M., »Mönch«, mhd. münech, münich, munich, M., »Mönch, Wallach«, ahd. munih (765), M., »Mönch«, germ. *munik, M., »Mönch«?, Lw. vulgarlat. monicus, M., »Mönch«, zu lat. monachus, M., »Mönch«, Lw. gr. monachós, M., »Einsiedler«, zu gr. mónos, Adj., »einzig, allein«

Mond, M., »Mond«, mhd. māne, mān, mōne, mōn, M., F., »Mond, Monat«, ahd. māno (765), »Mond«, as. māno, M., »Mond«, germ. *mēnan, M., »Mond«, zu idg. *mē-, V., »messen«

Monismus, M., »Einheitslehre, (im Völkerrecht) Einheit von Völkerrecht und innerstaatlichem Recht«, Wolff (1679-1745), zu gr. mónos, Adj., »einzig, allein«, s. ismus

mono, Präf., »allein«, Lw. gr. mónos, Adj., »allein, einzig«

Monogamie, F., »Ehe eines Mannes mit einer Frau«, 18. Jh. (Roth 1791 bzw. Kant 1798) Lw. frz. monogamie, F., »Einehe«, zu lat. monogamia, F., »Einehe«, Lw. gr. monogamía, F., »Einehe«, zu gr. mónos, Adj., »einzig, allein«, gr. gameĩn, V., »heiraten«

Monokratie, F., »Alleinherrschaft (z.B. Monarchie oder Diktatur)«, 19. Jh. Lw.?, s. mono, vgl. Demokratie

Monopol, N., »Marktform bei welcher Angebot oder Nachfrage in einer Person vereinigt sind«, (15. Jh. monopolium bzw. monopolion,) 16. Jh. (Rasch 1590 monopolio) Lw. lat. monopolium, N., »Alleinrecht«, Lw. gr. monopólion, N., »Alleinverkauf«, zu gr. mónos, Adj., »allein, einzig«, zu gr. poleīn, V., »verkaufen«, Form Monopol 18. Jh.

Montag, M., »Montag«, mhd. māntac, M., »Montag«, ahd. manitag (1000), M., »Montag«, Lüs. lat. dies lunae, F., »Tag des Mondes«, Lüs. gr. heméra selénes, F., »Tag des Mondes«, s. Mond, Tag

montan, Adj., »bergbaulich, berglich«, 10. Jh. Lw. lat. montanus, Adj., »auf Bergen befindlich«, zu lat. mons, M., »Berg«

Montanunion, F., »Europäische Gemeinschaft für Kohle und Stahl (1951/2)«, s. montan, Union

mora, lat., F., »Verzug«

Moral, F., »sittliche Nutzanwendung (16. Jh.), Sittenkunde (17. Jh.), Gesamtheit der Sitten, sittliches Verhalten«, 16. Jh. (Alberus 1550 morale) Lw. frz. morale, F., »Moral«, zu lat. moralis, Adj., »die Sitten betreffend, sittlich«, zu lat. mos, M., »Sitte, Brauch«, Fem. Sg. Moral Thomasius 1720

moralisch, Adj., »sittlich«, 16. Jh., Lw. lat. moralis, Adj., »die Sitten betreffend«, s. Moral, isch

Moratorium, N., »Zahlungsaufschub, Stundung«, zu lat. moratorius, Adj., »säumend«, zum Part. Prät. Akt. moratus von lat. morari, V., »säumen, in Verzug sein«, zu lat. mora, F., »Verzug, Verzögerung«

Mord, M., »Tat eines Mörders, (im mittelalterlichen deutschen Recht) verheimlichte Tötung«, mhd. mort, N., M., »Mord«, ahd. mord (9. Jh.), M., N., »Mord, Totschlag, Tod«, as. morth, M., N.?, »Mord, Tötung«, germ. *murþa, *murþaz, M., *murþa, *murþam, N., »Mord«, zu idg. *mer- (4), V., »sterben«

Mörder, M., »wer aus Mordlust oder zur Befriedigung des Geschlechtstriebs oder aus Habgier oder sonst aus niedrigen Beweggründen oder heimtückisch oder grausam oder mit gemeingefährlichen Mitteln oder um eine andere Straftat zu ermöglichen oder zu verdecken einen Menschen vorsätzlich tötet«, mhd. mordære, morder, M., »Mörder, Verbrecher, Missetäter«, ahd. murdiro (790), M., »Mörder, Räuber«?, s. Mord

Mordlust, F., »Lust an der Tötung als solcher«, Wieland 1780 bzw. Gotter 1788, s. Mord, Lust

morganatisch, Adj., »morganatisch, zur linken Hand«, 19. Jh.?, zu Morgengabe, s. isch

Morgen, M., »Morgen«, mhd. morgen, M., »Morgen«, ahd. morgan (8. Jh.), M., »Morgen«, as. morgan, M., »Morgen«, germ. *murgana, *murganaz, *murgna, M., »Morgen«, zu idg. *merək-, *merk-, V., »flimmern, funkeln, sich verdunkeln«, zu idg. *mer- (2), V., »flimmern, funkeln«

Morgengabe, F., »(im mittelalterlichen deutschen Recht) Gabe des Mannes an die Ehefrau am Morgen nach der Hochzeit«, mhd. morgengābe, F., »Morgengabe«, ahd. morgangeba (11. Jh.), F., »Morgengabe«, lat.-ahd. Belege (z.B. morganaticum) um 500, s. Morgen, Gabe

Morphium, N., »Betäubungsmittel aus Mohn«, Sertürner 1806, zu gr. Morpheús, PN des Traumgottes, zu gr. morphé, F., »Gestalt, Form, Anmut«, Endung aus Opium

mos, lat., M., »Sitte, Brauch, Gewohnheitsrecht«

Motiv, N., »Beweggrund für ein Verhalten einer Person«, 16. Jh. (1565) Lw. mlat. motivum, N., »Beweggrund, Antrieb«, zu spätlat. motivus, Adj., »zur Bewegung geeignet, beweglich«, zum PPP. motus von lat. movere, V., »bewegen«

Motivirrtum, M., »den Beweggrund betreffender Irrtum (z.B. A kauft Trauerkleidung weil er irrtümlich annimmt B sei gestorben), 20. Jh.?, s. Motiv, Irrtum

Motor, M., »Antriebsmaschine«, M. 19. Jh. Lw. lat. motor, M., »Beweger«, zum PPP. motus von lat. movere, V., »bewegen«

Mufti, M., »Mufti, türkischer Oberpriester und Oberrichter«, E. 17. Jh. (Abraham a Santa Clara 1686) Lw. frz. mufti, M., »Mufti«, Lw. arab. mufti, M., »Rechtsprecher, Gesetzesausleger«

Mühle, F., »Mühle, Mahlstelle«, mhd. mül, müle, F., »Mühle«, ahd. mulīn (9. Jh., ON), F., »Mühle, Mühlstein«, as. muli, F., »Mühle«, germ. *muli-, F., »Mühle«, Lw. lat. molina, F., »Mühle«, zu lat. mola, F., »Mühle«

Muhme, F., »Tante, Muhme«, mhd. muome, F., »Mutterschwester, weibliche Verwandte«, ahd. muoma (A. 9. Jh.), F., »Muhme, Tante, Schwester der Mutter«, zu germ. *mōmōn, F., »Mutter«, idg. *mămā, *mămma, F., »Mutter«

mulier taceat in ecclesia, lat., »die Frau schweige in der Kirche«, 1. Kor. 13,34

Müll, M., »Müll, trockener Abfall«, 18. Jh. nhd., urspr. nordd., zu mhd. müllen, müln, V., »zerreiben«, ahd. mullen (1. Vt. 9. Jh.), V., »plagen, zermalmen, zerstören, zerdrücken«, germ. *muljan, V., »mahlen, zermalmen«, idg. *mel- (1), V., »schlagen, zermalmen, mahlen«, vgl. ahd. mulli (11./12. Jh.), N., »Müll, Schutt«, nhd. mulle, mul, N., »Staub«, nnd. Mull, M., »lockere Erde«

Müllabfuhr, F., »Abfuhr des Mülls«, 20. Jh., s. Müll, ab, fahren

Müller, M., »Müller«, mhd. mülnære, M., »Müller«, ahd. mulināri (11./12. Jh.), M., »Müller«, as. mulineri, M., »Müller«, Lw. lat. molinarius, M., »Müller«, zu lat. molina, F., »Mühle«, zu lat. mola, F., »Mühle«

multi, Präf., »viel«, 19. Jh. Lw. lat. multus, Adj., »viel«

multilateral, Adj., »mehrseitig, vielseitig«, 20. Jh.?, zu lat. multilaterus, Adj., »vielseitig«, zu lat. multus, Adj., »viel«, lat. latus, N., »Seite«

multinational, Adj., »mehrere Staaten betreffend«, 20. Jh.?, zu lat. multus, Adj., »viel«, lat. natio, F., »Geborenwerden, Geburt, Volk«

Mumme, F., »Maske«, 16. Jh., nd. 15. Jh., Lw. afrz. momon, Sb., »Maske«, Lw. span. momo, M., »Grimasse«, Lallwort?

München, ON, (1157/8), »bei den Mönchen«, zu mhd. münech, M., »Mönch«, s. Mönch

Münchener Abkommen, N., »am 29. 9. 1938 in München zwischen Deutschland und Großbritannien und Italien und Frankreich abgeschlossenes und am 30. 9. 1938 unterzeichnetes Abkommen über die Abtretung des überwiegend von Deutschen bewohnten Gebietes Böhmens (28643 qkm mit 3,63 Mill. Einwohner d.h. 20% der Fläche bzw. 25% der Bevölkerung der Tschechoslowakei) an das Deutsche Reich«, s. München, Abkommen

Mund, M., »Mund«, mhd. munt, M., »Mund«, ahd. mund (765), M., »Mund, Maul, Rede, Beredsamkeit«, as. mūth, M., »Mund«, germ. *munda, *mundaz, M., »Mund«, zu idg. *ment- (2), V., Sb., »kauen, Gebiß, Mund«

Mund, F., »Schutz«, mhd. munt, M., F., »Schutz, Bevormundung, Einwilligung, Erlaubnis«, ahd. munt (863-71, E. 8. Jh.?), F., »Schutz, Hand?«, as. mund, F., »Schutz«, germ. *mundō, F., »Hand, Schutz«, germ. *mundi, *mundiz, F., daneben germ. *munda-, M., »Schutz, Hand«, idg. *mər, *mn̥tós, Sb. (r/n-Stamm), »Hand«

Mündel, N., M., F., »unter Vormundschaft stehende Person«, urspr. mmd. mundelin (14. Jh. Rotenburg), seit 16. Jh. hd., spätmhd. mündel, N., »Mündel« (im 18. Jh. geläufig), zu Mund, F., »Schutz«

Mündelgeld, N., »zum Vermögen des Mündel gehörendes Geld«, Frisch 1741, s. Mündel, Geld

mündelsicher, Adj., »so sicher wie dies bei einem Mündel notwendig ist« (um 1900), s. Mündel, sicher

mündig, Adj., »volljährig«, mhd. mündec, Adj., »mündig« (16. Jh.?), älter mnd. mundich, s. Mund, F., »Schutz«, ig

Mündigkeit, F., »Volljährigkeit«, Stieler 1691, s. mündig, heit

mündlich, Adj., »durch Sprechen gekennzeichnet«, Luther vor 1546, s. Mund (M.), lich, 15. Jh. Adv. muntlichen

Mündlichkeit, F., »Mündlichkeit«, 19. Jh.?, s. mündlich, heit, vgl. Planck 1857

Mündlichkeitsprinzip, N., »Grundsatz daß die Verhandlung vor dem Gericht bei persönlicher Anwesenheit der Beteiligten durch mündlichen Vortrag durchgeführt wird und grundsätzlich nur das mündlich Verhandelte der Entscheidung zugrundegelegt wird«, 20. Jh.?, s. Mündlichkeit, Prinzip

Mundraub, M., »Diebstahl oder Unterschlagung von Nahrungsmitteln und Genußmitteln in geringer Menge oder unbedeutendem Wert«, 18. Jh. (Campe 1801ff.), s. Mund (M.), Raub

mundtot, Adj., »unfähig Rechtshandlungen auszuführen«, 17. Jh., s. Mund (F.), tot

Munition, F., »Kriegsbedarf, Schießbedarf, Sprengladung, Geschoß«, 16. Jh. (1525) Lw. mfrz. munition (de guerre), F., »Kriegsmaterial, Schießbedarf«, aus lat. munitio, F., »Befestigung«, zum PPP. munitus von lat. munire, V., »befestigen«, zu lat. moene, N., (Pl. moenia,) »Mauer, Befestigung«

Münster, N., »Münster, Klosterkirche, Stiftskirche, Dom«, mhd. münster (13. Jh.), munster (bis 15. Jh.), N., »Klosterkirche (13. Jh.), Stiftskirche, Dom, Münster, Kloster«, ahd. munistri (nach 765?), munistiuri, M., N., »Kloster«, germ. *munistri, M., »Kloster«?, Lw. lat. monasterium, N., »Kloster«, Lw. gr. monastérion, N., »Eremitei, Einsiedelei, Kloster (6. Jh.?)«, zu gr. monázein, V., »vereinzeln, absondern«, zu gr. mónos, Adj., »allein, einzeln«, früh von Kloster aus der ursprünglichen Bedeutung verdrängt

munt, ahd., F., »personenrechtliche Hausgewalt des Hausvaters über Kinder und Frau und Gesinde«, s. Mund (F.), vgl. Vormundschaft

Münzdelikt, N., »Münzen betreffende mit Strafe bedrohte Handlung«, s. Münze, Delikt, vgl. Weiske 1839ff., Ullmann 1893 Münzverbrechen

Münze, F., »nach Zusammensetzung und Gewicht genau bestimmtes in Metall geprägtes Geldstück«, mhd. münze, F., »Münze«, ahd. muniza (790), munizza, muniz (830), F., M., »Münze, Geldstück«, as. munita, F., »Münze«, westgerm. *munita, F., »Münze«, frühes Lw. lat. moneta, F., »Münze« (, die römische Münzprägungswerkstätte befand sich im Tempel der Iuno Moneta d.h. einer Sondergöttin einer etruskischen gens Moneta)

Muskete, F., »Muskete«, 16. Jh. (Fischart 1575) Lw. (span. mosquete, M., frz. mousquet, M.,) it. moschetto, M., »Muskete, Sperber«, zu it. mosca, F., »Fliege«, aus lat. musca, F., »Fliege«, Lw. gr. myisca, F., »Fliege«, zu gr. myĩa, F., »Fliege«

müssen, Prät.-Präs., »müssen, geziemen«, mhd. müezen, Prät.-Präs., »sollen, mögen, können, dürfen, vermögen«, ahd. muozan (1. H. 8. Jh.?), Prät.-Präs., »können, dürfen, mögen, müssen«, as. mōtan, Prät.-Präs., »dürfen, vermögen«, germ. *mōtan, Prät.-Präs., »Raum haben, können, dürfen, vermögen«, (*mōt-, »er kann, er findet die Möglichkeit«,) zu idg. *med-, V., »messen«?

Mußkaufmann, M., »Kaufmann der ein Grundhandelsgewerbe betreibt«, 20. Jh.?, s. müssen, Kaufmann

Muster, N., »Muster, Vorlage«, 15. Jh. muster, munstre, N., »Muster«, Lw. it. mostra, F., »Muster, Probestück«, aus vulgarlat. mostra, F., »Muster Zeichen, Schaustellung«, zu vulgarlat. mostrare, V., »zeigen«, zu lat. monstrare, V., »zeigen«

mustern, V., »herrichten, prüfen, besichtigen«, 15. Jh., zu Muster

Musterung, F., »Untersuchung«, 15. Jh., Maaler 1561, s. mustern, ung

Mut, M., »Mut«, mhd. muot, M., »Sinn, Seele, Geist, Gemüt, Stimmung, Gesinnung, Mut, Hoffnung, Vermutung«, ahd. muot (765), M., N., »Mut, Gemüt, Herz, Seele, Sinn, Geist, Verstand, Gesinnung«, as. mōd, M., N., »Gemüt, Sinn, Mut«, germ. *mōþa, *mōþaz, *mōda, *mōdaz, M., »Sinn, Mut, Zorn«, zu idg. *mē- (5), *mō-, V., Sb., »streben, wollen (V.), sich bemühen, Mut«?

muten, V., »begehren, verlangen, nachsuchen, muten«, mhd. muoten, V., »etwas haben wollen, begehren, verlangen«, ahd. muoten (810-7), muotōn (1000), V., »ermahnen, verlangen«, as. *mōdian, mōdon, V., »begehren«, s. Mut

mutmaßen, V., »mutmaßen, vermuten«, spätmhd. muotmāzen, V., »abschätzen«, zu mhd. muotmāze, F., »Abschätzung, Teilung nach Angemessenheit«, s. Mut, Maß

mutmaßlich, Adj., »vermutlich«, 18. Jh. (Steinbach 1734), s. Mut, Maß, lich

mutmaßliche Einwilligung, F., »vermutliche Einwilligung«, 19. Jh.?, s. Einwilligung, mutmaßlich

Mutt, N., M., »Scheffel«, mhd. mütte, mutte, müt, mut, N., M., »Scheffel«, ahd. mutti (765), N., »Scheffel«, as. muddi, N., »Scheffel«, germ. *mudjuz, Sb., »Scheffel«, Lw. lat. modius, M., »Scheffel«

Mutter, F., »Mutter«, mhd. muoter, F., »Mutter, Urheberin, Anstifterin, Gebärmutter, Bachbett«, ahd. muoter (1. H. 8. Jh.), F., »Mutter, Mutterschoß«, as. mōdar, F., »Mutter«, germ. *mōder, F., »Mutter«, idg. *mātēr, F., »Mutter«, zu idg. *ma- (3), F., »Mutter«, Lallwort

Mutterrecht, N., »Matriarchat, Familienform bei der die mütterlichen Verwandten bevorrechtigt sind«, Bachofen 1861 (1856 Weiberrecht), zum Fremdwort Matriarchat gebildet?

Mutterschaft, F., »Zustand als Mutter«, Logau 1654, s. Mutter, schaft

Mutterschaftsurlaub, M., »(bis 1985) Urlaub der Mutter bis zu dem Tag an dem das Kind 6 Monate alt wurde«, 20. Jh.?, s. Mutterschaft, Urlaub

Mutterschutz, M., »besonderer Schutz der erwerbstätigen werdenden Mutter«, s. Mutter, Schutz, sachlich seit 1878, 1942 Mutterschutzgesetz

Mutung, F., »Begehren, (im Bergrecht bis 1980) an das Oberbergamt zu richtender Antrag auf Verleihung des Bergwerkeigentums in einem bestimmten Feld«, mhd. muotunge, F., »Begehren, Ansuchen um Messung und Verleihung eines Berges oder Lehen«, s. muten, ung

mutuum, lat., N., »Darlehen«, zu lat. mutuus, Adj., »geborgt«, zu lat. mutare, V., »bewegen«, zu lat. movere, V., »bewegen«

N

nach, Adv., Präp., Präf., »nach«, mhd. nāch, Adv., Präp., Präf., »nach«, ahd. nāh (765), Adv., Präp., Präf., »nahe, bei, neben, zu, hinter, nach«, germ. *nēhwō, Adv., »nahe«, zu germ. *nēhwa, *nēhwaz, Adj., »nahe«, zu idg. *enek̂-, *nek̂-, V., »reichen, erreichen, erlangen«?, zu idg. *nē, *nō, Präp., »an, hin, hinan«?

Nachbar, M., »Person die unmittelbar neben einer anderen Person wohnt oder Grundeigentum hat«, mhd. nāchbūre, nāchbūr, M., »der in der Nähe wohnende, Anwohner, Nachbar«, zu ahd. nāhgibūr (nach 765?), nāhgibūro (E. 8. Jh.), M., »Nachbar«, as. nāhbūr, M., »Nachbar«, westgerm. *nēhwagabūr, *nēhwagabūrōn, M., »einer der nahe ein Haus hat, einer der nahe wohnt«, s. nach, (ge,) Bauer

Nachbarklage, F., »(im Verwaltungsrecht) Klage des Nachbarn (evtl. vorbeugend schon) gegen einen (drohenden) Verwaltungsakt insbesondere der Baugenehmigungsbehörde (Baugenehmigung)«, 20. Jh., s. Nachbar, Klage

Nachbarrecht, N., »Gesamtheit der für die Eigentümer von benachbarten Grundstücken im Verhältnis zueinander geltenden Rechtssätze«, Stieler 1691, s. Nachbar, Recht

nachbessern, V., »nachträglich verbessern«, Gotthelf um 1850, s. nach, besser

Nachbesserung, F., »kostenlose nachträgliche Beseitigung des Mangels einer Leistung des Schuldners durch diesen«, s. nachbessern, ung, vgl. Grimm DW 1889

Nachbürge, M., »Nachbürge«, Scherz/Oberlin 1781-4, s. nach, Bürge

Nachbürgschaft, F., »Bürgschaft bei welcher der (Nach-)Bürge dem Gläubiger dafür bürgt daß der Schuldner einer Bürgschaft (Vorbürge oder Hauptbürge) seine Bürgschaftsschuld gegenüber dem Gläubiger erfüllt«, s. Nachbürge, schaft, vgl. Weiske 1839ff.

Nacheid, M., »nach Abgabe einer Erklärung geleisteter Eid«, 19. Jh., s. nach, Eid, vgl. Planck 1896

Nacherbe, M., »in der Weise eingesetzter Erbe daß dieser erst - zu einem bestimmten späteren Zeitpunkt (Nacherbfall) - Erbe wird nachdem zunächst ein anderer Erbe (Vorerbe) geworden ist«, mhd. nacherbe, M., »nachfolgender Erbe«, 14. Jh., s. nach, Erbe

Nachfolge, F., »Nachfolge«, mhd. nachvolge, F., »Nachfolge«, s. nach, Folge

Nachfrist, F., »Frist welche der Gläubiger bei einer Leistungsstörung dem Schuldner zur Bewirkung der Leistung unter der Drohung der späteren Ablehnung setzen kann«, Stieler 1691, s. nach, Frist

nachgiebig, Adj., »nicht widerstehend, fügsam«, 18. Jh. (Goethe vor 1832), s. nach, geben, ig

nachgiebiges Recht, N., »dispositives Recht«, 19. Jh.?, s. nachgiebig, Recht

Nachlaß, M., »Vermögen des Erblassers im Zeitpunkt des Erbfalles«, Goethe vor 1832, »Nachlassen« 16. Jh., »Unterlassung, Zulassung, Nachlassung (Stieler 1691)«, »Hinterlassenschaft« 18. Jh., s. nach, lassen

Nachlaßgericht, N., »Amtsgericht im Bereich der für die Nachlaßsachen bestehenden freiwilligen Gerichtsbarkeit«, 19. Jh., s. Nachlaß, Gericht

Nachlaßkonkurs, M., »Konkurs über einen - als solchen nicht rechtsfähigen - Nachlaß«, 19. Jh., s. Nachlaß, Konkurs

Nachlaßpfleger, M., »Pfleger der erforderlichenfalls bis zur Annahme der Erbschaft zur Sicherung des Nachlasses bestellt werden kann«, 19. Jh., s. Nachlaß, Pfleger

Nachlaßpflegschaft, F., »Pflegschaft für Nachlaß«, 19. Jh., s. Nachlaß, Pflegschaft

Nachlaßrecht, N., »Gesamtheit der einen Nachlaß betreffenden Rechtssätze«, 19. Jh.?, s. Nachlaß, Recht

Nachlaßverbindlichkeit, F., »Verbindlichkeit für die der Erbe beim Erbfall zu haften hat«, 19. Jh., s. Nachlaß, Verbindlichkeit

Nachlaßverwaltung, F., »vom Nachlaßgericht auf Antrag angeordnete Nachlaßpflegschaft zum Zweck der Befriedigung der Nachlaßgläubiger«, 19. Jh., s. Nachlaß, Verwaltung

Nachlieferung, F., »Lieferung einer mangelfreien statt der bereits gelieferten mangelhaften Sache«, 19. Jh., s. nach, Lieferung

Nachnahme, F., »nachträgliche Einhebung von Geld durch einen Boten«, 1. H. 19. Jh., im Postwesen 1870 (für frz. remboursement), s. nach, Nahme

Nachname, M., »Nachname«, mhd. nachnāme, M., »Beiname«, s. nach, Name

Nachrede, F., »Behauptung oder Verbreitung einer Tatsache in Bezug auf einen anderen«, mhd. nāchrede, F., »üble Nachrede, Verleumdung, Duplik, Nachwort«, s. nach, Rede

Nachricht, F., »Mitteilung, aktuelle Meldung (20. Jh.)«, 17. Jh. (um 1600) aus fnhd. 16. Jh. nachrichtung, F., »Unterweisung, Belehrung, Mitteilung«, Lbd. lat. instructio, F., »Unterweisung, Belehrung, Mitteilung«, s. nach, richten

Nachrichter, M., »Henker«, mhd. nāchrichter, M., »Scharfrichter, Henker, Scherge«, »der nach dem Richter tätig wird«, s. nach, Richter

nachschieben, V., »hinterher schieben, nachrücken (1450)«, mhd. nāch schieben, V., »hinterher schieben«, s. nach, schieben

Nachschieben, N., »nachträgliches unterstützendes Verhalten«, 20. Jh.?, s. nachschieben

Nachschuß, M., »nachträgliche über den vereinbarten Gesellschaftsbeitrag hinaus zu bewirkende Leistung«, »Schuß hinterher, Nachzahlung«, Stieler 1691, s. nach, Schuß

Nachsichtwechsel, M., »eine bestimmte Zeit nach Sicht (Vorlegung) fälliger Wechsel«, 19. Jh., s. nach, Sicht, Wechsel

Nachtat, F., »in Bezug auf eine andere Tat nachfolgende - und damit an sich von dieser getrennte - Tat«, 20. Jh.?, s. nach, Tat

nachstellen, sw. V., »nachstellen, verfolgen«, 16. Jh., zu mhd. stellen, V., »Fallen stellen, auflauern«, s. nach, stellen

Nacht, F., »Nacht«, mhd. naht, F., »Nacht, Abend«, ahd. naht (8. Jh.?), F., »Nacht, Abend«, as. naht, F., »Nacht«, germ. *naht-, *nahti, *nahtiz, F., »Nacht«, idg. *nokt-, *nekᵘt, *nokᵘts, F., »Nacht, Abend, Dämmerung«

Nachtdiebstahl, M., »während der Nacht ausgeführter Diebstahl«, Aler 1727, s. Nacht, Diebstahl

Nachteil, M., »Nachteil«, 15. Jh.? bzw. 16. Jh. (Dasypodius 1537) Lw.? mnd. nadeel, M., »Nachteil« (15. Jh.), Lüt. lat. posterior pars, F., »hinterer Teil«?, s. nach, Teil

Nachtrag, M., »Ergänzung«, 18. Jh. (Steinbach 1737), s. nach, tragen

nachträglich, Adj., »nachholend«, Chamisso 1872, s. nach, tragen, lich, vgl. Planck 1896

nachträgliche Unmöglichkeit, F., »nach Entstehung eines Schuldverhältnisses eintretende Unmöglichkeit«, 19. Jh., s. Unmöglichkeit, nachträglich

Nachtragsanklage, F., »Anklage des Staatsanwaltes wegen weiterer Straftaten eines Angeklagten nach Eröffnung des Hauptverfahrens«, 19. Jh., s. Nachtrag, Anklage

Nachtragshaushalt, M., »zur Deckung unvorhergesehener Ausgaben u.U. nachträglich zu beschließender Haushalt«, 19. Jh.?, s. Nachtrag, Haushalt

Nachvermächtnis, N., »Vermächtnis bei dem der Erblasser den vermachten Gegenstand von einem nach dem Anfall des Vermächtnisses eintretenden bestimmten Zeitpunkt oder Ereignis an einem Dritten zugewandt hat«, 19. Jh., s. nach, Vermächtnis

Nachversicherung, F., »nachträgliche Versicherung eines Risikos«, 20. Jh.?, s. nach, Versicherung

Nachwahl, F., »nachträglich vorzunehmende Wahl«, s. nach, Wahl, vgl. Grimm DW 1889

nah, nahe, Adj., »nah, nahe«, mhd. nāch, Adj., »nah, nahe«, ahd. nāh (765), Adj., »nah, nahe, benachbart«, as. nāh, Adj., »nah, nahe«, germ. *nēhwa, *nēhwaz, Adj., »nah, nahe«, zu idg. *enek̑-, *nek̑-, V., »reichen, erreichen, erlangen«?, zu idg. *nē, *nō, Präp., »an, hin, hinan«?

näher, Adj. Komp., s. nah

Näherrecht, N., »Retraktrecht, Anrecht bestimmter nahestehender Personen (z.B. Verwandter) auf ein Gut für den Fall der Vererbung oder Veräußerung«, Stieler 1691, s. näher, Recht

Nahme, F., »Nehmen, Genommenes«, mhd. nāme, F., »gewaltsames Nehmen, Raub, Beraubung«, ahd. nāma (E. 8. Jh.), F., »Ergreifung, Beschlagnahme, Beute«, germ. *nēmō, F., »Nehmen«, zu idg. *nem- (1), V., »zuteilen, rechnen, nehmen, anordnen, zählen«

nähren, V., »nähren, füttern, genesen machen«, mhd. nerren, nern, V., »heilen, nähren, ernähren«, ahd. nerien (E. 8. Jh.), nerren, V., »nähren, füttern, retten, erlösen, heilen, ernähren«, as. nerian, V., »nähren«, germ. *nazjan, V., »heilen, retten, überstehen machen«, idg. *nes-, V., »sich vereinigen, geborgen sein«

Name, M., »Bezeichnung einer einzelnen Person oder eines einzelnen Gegenstandes zum Zweck der Heraushebung aus einer Gattung bzw. der Unterscheidung von anderen Personen und Gegenständen«, mhd. name, M., »Name, Benennung, Geschlecht«, ahd. namo (8. Jh.?), M., »Name, Wort, Bezeichnung, Bedeutung, Nomen«, as. namo, M., »Name«, germ. *naman, *namōn, M., »Name«, zu idg. *enomn̥-, *nōmn̥-, Sb., »Name«?

Namensaktie, F., »auf den Namen des Berechtigten lautende Aktie«, 19. Jh., s. Name, Aktie

Namensänderung, F. »Änderung des Namens«, Lüt. lat. impositio nominis, F., »Beilegung eines Namens«, Stieler 1691, s. Name, Änderung

Namensehe, F., »zum Zweck des Namenserwerbs geschlossene Ehe«, 20. Jh., s. Name, Ehe

Namenspapier, N., »Wertpapier bei dem aus dem Papier grundsätzlich nur die in dem Papier selbst namentlich benannte Person berechtigt ist (z.B. Sparkassenbuch)«, 19. Jh., s. Name, Papier, vgl. Thöl 1847 (Papier auf Inhaber), Grimm DW 1889 (Namenpapier)

Namensrecht, N., »Recht des Namens«, 19. Jh., s. Name, Recht

Narbe, F., »Narbe«, mhd. narwe, nare, nar, F., »Narbe«, ahd. narawa (9./10. Jh.), narwa, F., »Schlinge, Öse, Narbe«, germ. *narwō, F., »Verengung, Verschnürung, Schrumpfung, Narbe«, zu westgerm. *narwa, *narwaz, Adj., »eng«, zu idg. *sner- (2), V., »drehen, winden, schnüren, schrumpfen«?, zu idg. *snē-, *snēi-, V., Sb., »drehen, weben, spinnen, nähen, Faden«?

Narr, M., »Narr, Tor (M.)«, mhd. narre, M., »Narr, Tor (M.)«, ahd. narro (765), M., »Narr, Tor (M.)«, Lw. lat. nario?

nasciturus, M., »Entstehender, Leibesfrucht«, subst. Part. Fut. zu lat. nasci, V., »geboren werden«

nasciturus pro iam nato habetur, lat., »der Entstehende wird wie der schon Geborene behandelt«, vgl. Digesten 50, 16,231 (Paulus 160-224)

Nase, F., »Nase«, mhd. nase, F., »Nase«, ahd. nasa (2. H. 8. Jh.), F., »Nase«, as. *nasa, F., »Nase«, germ. *nasō, F., »Nase«, idg. *nas-, Sb., »Nase, Nasenloch«, zu idg. *an-, *anə-, V., »atmen, hauchen«?

Nation, F., »Volk (14. Jh.), Stamm, in einem Land Geborene, durch die Einheit von Sprache und Kultur bzw. durch die Gleichheit der politischen Entwicklung zusammengeschlossene Gesamtheit von Menschen«, E. 14. Jh. (um 1400) Lw. lat. natio, F., »Geborenwerden, Geburt, Geschlecht, Völkerschaft, Volk«, häufiger im 16. Jh. (vgl. frz. nation bzw. it. nazione), zum Part. Prät. Akt. natus von lat. nasci, V., »geboren werden«, zu lat. genus, N., »Geschlecht, Art, Gattung«, die polit. Bedeutung tritt besonders seit dem 18. Jh. hervor

national, Adj., »einem Volk eigentümlich«, (1. H. 16. Jh. Nationalversammlung,) Roth 1571, zu nlat. nationalis, Adj., »einem Volk eigentümlich«, zu lat. natio, F., »Geborenwerden, Geburt, Geschlecht, Völkerschaft, Volk«, 2. H. 18. Jh. Lw. bzw. Lbd. frz. national, Adj., »staatlich«

Nationalbewußtsein, N., »Nationalbewußtsein«, Röse 1884, s. national, Bewußtsein

Nationaleigentum, N., »Nationaleigentum«, 1812, s. national, Eigentum

Nationaleinheit, F., »Nationaleinheit«, Goethe 1821

Nationalfarbe, F., »Nationalfarbe«, 1789, s. national, Farbe

Nationalgefühl, N., »Nationalgefühl«, Herder 1784, s. national, Gefühl

Nationalgeist, M., »Nationalgeist«, 1714 spiritus nationalis, Chamberlain 1761, Moser 1763 (Lüs. frz. ésprit de la nation?), Kant 1764, s. national, Geist

Nationalhymne, F., »Nationalhymne«, M. 19. Jh. Lüs. frz. hymne nationale, F., »Nationalhymne« 1793, s. national, Hymne

Nationalismus, M., »nationales Denken, Nationalismus«, (M. 18. Jh. vom Gedankenkreis der studentischen Landsmannschaften ausgehend,) M. 19. Jh. Lbd. frz. nationalisme, M., »Nationalismus, ausschließliche Bevorzugung der eigenen Nation«, s. national, ismus

Nationalität, F., »natürliche Beschaffenheit eines Volkes, Staatsangehörigkeit«, E. 18. Jh. Lw. frz. nationalité, F., »natürliche Beschaffenheit eines Volkes, Volkseigenheit, Staatsangehörigkeit«, s. national, tät

Nationalkonvent, M., »Volksvertretung«, Wieland 1792 in Bezug auf die Volksvertretung in der frz. Revolution (21. 9. 1792 - 26. 10. 1795), s. national, Konvent

nationalliberal, Adj., »nationalliberal«, 1866, s. national, liberal

nationalsozial, Adj., »nationalsozial«, 1896 als Bezeichnung einer von Naumann begründeten Arbeiterpartei auf christlicher Grundlage und monarchischem, nationalem Boden verwendet

Nationalsozialismus, M., »politische Bewegung die unter Adolf Hitler von 1933 bis 1945 in Deutschland die Macht ausübte«, 1920, s. national, Sozialismus

nationalsozialistisch, Adj., »nationalsozialistisch«, »Bezeichnung einer seit 1920 wirkenden sozialistischen antisemitischen Mittelstandspartei« (1925), s. national, sozialistisch

Nationalrat, M., »Parlament, nationales Gesetzgebungsgremium«, 19. Jh., Lw.?, s. national, Rat

Nationalstaat, M., »Staat der die Einheit der Nation und die Abgrenzung gegenüber anderen Nationen besonders betont (z.B. Frankreich)«, 2. H. 19. Jh. (Du Bois-Reymond 1871), s. national, Staat

Nationalsymbol, N., »Symbol einer Nation«, 19. Jh.?, s. national, Symbol

Nationalversammlung, F., »die Nation vertretende Versammlung«, Moser 1761, für die französische Nationalversammlung (1789-1792) Wieland 1789, s. national, Versammlung, älter Reichsabschiede 1. H. 16. Jh.

NATO (North Atlantic Treaty Organization, Nordatlantische Bündnisorganisation, vom 4. 4. 1949)

Natur, F., »ohne menschliches Zutun entstandene Welt und hinter ihr stehende Kraft sowie deren Wesen«, mhd. natūre, F., »Natur, angeborene Art, Beschaffenheit«, ahd. natūra (863-71), F., »Natur, Wesen«, Lw. lat. natura, F., »Geburt, Beschaffenheit, Natur«, zum Part. Prät. Akt. natus von lat. nasci, V., »geboren werden«, zu lat. genus, N., »Geschlecht, Art, Gattung«, vgl. Geschichtliche Grundbegriffe

Natur der Sache, F., »Wesen einer Sache«, sachlich vereinzelte Berufung auf lat. natura rerum, F., »Natur der Dinge«, schon bei den römischen Juristen (Digesten 50,17,188,1), dann bei Montesquieu (1748) frz. nature des choses, F., »Natur der Dinge«, Pütter 1774, Runde 1791, s. Natur, Sache, vgl. Weiske 1839ff.

natural, Adj., »natürlich, in Natur«, 17. Jh.?, Lw. lat. naturalis, Adj., »geburtlich, natürlich, außerehelich«, s. Natur

Naturalherstellung, F., »Herstellung des Zustandes der bestehen würde wenn der zum Ersatz eines Schadens verpflichtende Umstand nicht eingetreten wäre«, 19. Jh.?, s. natural, Herstellung

naturalisieren, V., »einbürgern«, 17. Jh. (Schottel 1663) Lw. frz. naturaliser, V., »einbürgern«, zu lat. naturalis, Adj., »geburtlich, natürlich, außerehelich«, s. Natur

Naturalisation, F., »Einbürgerung«, E. 17. Jh. (1699) Lw. frz. naturalisation (14. Jh.), F., »Einbürgerung«, s. naturalisieren

Naturallohn, M., »Lohn der nicht Geldlohn ist (z.B. Überlassen eines Autos)«, 20. Jh.?, s. natural, Lohn

Naturalobligation, F., »natürliche Verbindlichkeit, unvollkommene Verbindlichkeit auf deren Erfüllung nicht geklagt werden kann bei der aber auch das Geleistete nicht mehr als ungerechtfertigte Bereicherung zurückverlangt werden kann (z.B. Ehemaklerlohn)«, 19. Jh.? Lw. lat. naturalis obligatio, F., »Naturalobligation«, s. natural, Obligation, vgl. Weiske 1839ff., Wetzell 1865, Planck 1896

Naturalrestitution, F., »Naturalherstellung«, 19. Jh. Lw. mlat. naturalis restitutio,

F., »Wiederherstellung in Natur«, s. natural, Restitution

Naturalwirtschaft, F., »geldlose Wirtschaft in welcher der Güterverkehr nur im Wege des Tausches stattfinden kann«, 19. Jh.?, s. natural, Wirtschaft

natürlich, Adj., »naturgemäß, der Natur entsprechend«, mhd. natürlich, natūrlich, natiurlich, Adj., »natürlich«, ahd. natūrlīh (1000), Adj., »natürlich, naturgemäß, angeboren, von der Natur gegeben, wirklich«, Lüs. lat. naturalis, Adj., »geburtlich, natürlich, außerehelich«?, s. Natur, lich

Naturrecht, F., »Gesamtheit der der Natur innewohnenden zeitlos gültigen vernunftnotwendigen Rechtssätze die über den vom Menschen gesetzten Rechtssätzen (positives Recht) stehen«, Hayme 1738, Lüs. lat. ius naturae, N., »Naturrecht«, s. Natur, Recht, vgl. Geschichtliche Grundbegriffe

Naturschutz, M., »Gesamtheit der Maßnahmen zur Erhaltung und Gestaltung und Pflege der natürlichen Umwelt des Menschen«, 20. Jh.?, s. Natur, Schutz

neben, Adv., Präp., »neben«, mhd. eneben, neben, Adv., Präp., Präf., »neben«, ahd. in eban, »in gleicher Weise«, as. an evan, »in gleicher Weise«, s. in, eben

Nebenamt, N., »ein neben einem Hauptamt ausgeführtes Amt«, Stieler 1691, Lüt. lat. munus secundarium, N., »Zweitamt«

Nebenbestimmung, F., »zu einer Hauptbestimmung hinzutretende zusätzliche Bestimmung«, Allgemeines Bürgerliches Gesetzbuch 1811 Österreich, s. neben, Bestimmung, vgl. Weiske 1839ff.

Nebenfolge, F., »nebensächliche Rechtsfolge«, 20. Jh.?, s. neben, Folge

Nebenintervention, F., »Streithilfe, Beteiligung eines Dritten im eigenen Namen an einem zwischen zwei anderen Personen anhängigen Rechtsstreit zum Zweck der Unterstützung einer Partei«, Lüt. nlat. interventio accessoria, F., »Nebenintervention«?, vgl. Planck 1896, s. neben, Intervention

Nebenklage, F., »Klage eines Verletzten neben der öffentlichen Klage der Staatsanwaltschaft«, Stieler 1691, s. neben, Klage, vgl. Ullmann 1893

Nebenpflicht, F., »neben einer Hauptpflicht bestehende zweitrangige Pflicht«, 20. Jh.?, s. neben, Pflicht

Nebenstrafe, F., »zu einer Hauptstrafe hinzutretende zusätzliche Strafe«, Stieler 1691, Lüt. lat. poena adiecta, F., »angefügte Strafe«, s. neben, Strafe

Nebenstrafrecht, N., »außerhalb des Strafgesetzbuches und anderen hauptsächlich auf strafrechtliche Regelung zielenden Gesetzen geregeltes Strafrecht«, 20. Jh.?, s. Nebenstrafe, Recht

Nebentäter, M., »wer ohne bewußtes oder gewolltes Zusammenwirken mit einem Täter Bedingungen setzt die zusammen oder auch für sich allein den Erfolg herbeizuführen geeignet sind«, 20. Jh.?, s. neben, Täter

Nebentätigkeit, F., »außerhalb der Berufstätigkeit liegende Tätigkeit eines Beamten«, 20. Jh.?, s. neben, Tätigkeit

Nebenverdienst, M., »zusätzlicher Verdienst«, 20. Jh.?, s. neben, Verdienst

ne bis in idem, lat., »nicht zweimal wegen derselben Tat«, sachlich bereits im älteren römischen Prozeßrecht als Grundsatz anerkannt, aber erst von der jüngeren gemeinrechtlichen Prozeßrechtswissenschaft formuliert

ne (eat iudex) ultra petita, lat., »nicht (gehe der Richter) über das Begehrte hinaus«, sachlich schon in der Antike (Demosthenes) vorhanden und im 9. Jh. von der Kirche und in der frühen Neuzeit von der deutschen gemeinrechtlichen Wissenschaft übernommen

Neffe, M., »Neffe«, mhd. neve, M., »Neffe, Schwestersohn, Mutterbruder«, ahd. nefo (1. Vt. 9. Jh.), M., »Enkel (M.) (1), Verwandter, Nachkomme, Vetter, Neffe«, as. nevo, M., »Neffe«, germ. *nefan, *nefōn, *nefōd, M., »Nachkomme, Verwandter, Enkel (M.) (1), Neffe«, idg. *nepōt-, M., »Abkömmling, Enkel (M.) (1), Neffe«

negativ, Adj., »verneinend«, M. 18. Jh. (Wichmann 1769) Lw. lat. negativus, Adj., »verneinend«, zum PPP. negatus von lat. negare, V., »nein sagen, verneinen«, s. negatorisch

Negativattest, N., »Unbedenklichkeitsbescheinigung«, 20. Jh.?, s. negativ, Attest

negative Koalitionsfreiheit, F., »Freiheit nicht zu koalieren«, 20. Jh., s. negativ, Koalitionsfreiheit

negative Publizität, F., »Öffentlichkeit einer Nichteintragung«, 20. Jh.?, s. negativ, Publizität

negatives Interesse, N., »Interesse am Nichteintreten«, 19. Jh., s. negativ, Interesse

negatives Schuldanerkenntnis, N., »verneinendes Schuldanerkenntnis«, 20. Jh.?, s. negativ, Schuldanerkenntnis

negatives Tatbestandsmerkmal, N., »aus etwas Fehlendem bestehendes Tatbestandsmerkmal«, 20. Jh., s. negativ, Tatbestandsmerkmal

Negativtestament, N., »Testament durch das der Erblasser einen Verwandten oder den Ehegatten von der gesetzlichen Erbfolge ausschließt ohne einen Erben einzusetzen«, 20. Jh., s. negativ, Testament

negatorisch, Adj., »verneinend«, Lw. lat. negatorius, Adj., »verneinend«, zu lat. negator, M., »Leugner«, zum PPP. negatus von lat. negare, V., »nein sagen, verneinen«, zu lat. ne, Adv., Partik., »nicht«, lat. ait, V., »er sagt«

negatorischer Anspruch, M., »verneinender Anspruch«, 19. Jh., Lüs. lat. actio negatoria, F., »verneinender Klaganspruch«, s. negatorisch, Anspruch

neglegentia, lat., F., »Nachlässigkeit«, zum Part. Präs. neglegens von lat. neglegere, V., »vernachlässigen«, zu lat. nec, neque, Partik., »und nicht«, zu lat. ne, Adv., Partik., »nicht«, lat. que, Partik., »und«, lat. legere, V., »lesen«

negotium, lat., N., »Geschäft«

negotium claudicans, mlat., N., »schwebend unwirksames Geschäft«, 18. Jh.?

negotiorum gestio, lat., F., »Geschäftsführung (ohne Auftrag)«, zu lat. negotium, N., »Geschäft«, zu lat. nec, neque, Partik., »und nicht«, zu lat. ne, Adv., Partik., »nicht«, lat. que, Partik., »und«, lat. otium, N., »Muße«, lat. gestio, F., »Verhalten, Führung«, zum PPP. gestus von lat. gerere, V., »tragen«

nehmen, V., »nehmen, ergreifen, an sich reißen«, mhd. nemen, V., »fassen, ergreifen, sich aneignen«, ahd. neman (765), V., »nehmen, wegnehmen, ergreifen, fassen, wegreißen, hinwegnehmen, beseitigen, holen«, as. niman, V., »nehmen«, germ. neman, V., »nehmen«, idg. *nem- (1), V., »zuteilen, rechnen, nehmen, anordnen, zählen«?

Nehmer, M., »Entgegennehmender«, mhd. nemer, M., »Nehmer«, ahd. nemāri (10. Jh.), M., »Nehmer, Räuber«, Lüt. lat. captator, M., »Greifender«, s. nehmen, für den Wechsel vgl. Coßmann 1829

neigen, V., »neigen«, mhd. nīgen, V., »sich neigen«, mhd. neigen, V., »neigen machen, beugen«, ahd. nīgan (E. 8. Jh.), V., »sich neigen vor, niederbücken«, ahd. neigen (E. 8. Jh.), V., »neigen, abwenden, beugen«, as. hnīgan, V., »neigen«, as. hnēgian, V., »neigen«, germ. *hneigwan, hnaigwjan, V., »neigen«, idg. *kneigᵘ̯h-, V., »neigen, sich biegen«?, zu idg. *ken- (1)?, V., »drücken, kneifen, knicken«?

Neigung, F., »Streben in eine bestimmte Richtung«, mhd. neigunge, F., »Zuneigung, Gelüsten, Zustimmung«, Lüt. lat. inclinatio, F., »Sichneigen«?, s. neigen, ung

nein, Adv., Part., »nein«, mhd. nein, Adv., Partik., »nein«, ahd. nein (830), Partik., Adv., Interj., »nein, nicht, keineswegs«, as. nēn, Adv., Partik., »nein«, aus ni ein, »nicht ein«

nemo plus iuris transferre potest quam ipse habet, lat., »niemand kann mehr an Recht übertragen als er selbst hat«, vgl. Digesten 50,17,54 (Ulpian 170-228) u.ö.

nemo pro parte testatus pro parte intestatus decedere potest, lat., »niemand kann teilweise mit Testament teilweise ohne Testament sterben«, (nur) im römischen Recht geltender erbrechtlicher Grundsatz

Nennbetrag, M., »Sollbetrag des Wertes eines Gegenstandes (z.B. Grundkapital)«, 19. Jh.?, s. nennen, Betrag

nennen, V., »nennen, benennen«, mhd. nemnen, nennen, V., »nennen, festsetzen, bestimmen, ausrufen, bekanntmachen«, ahd. nemnen (765), nemmen, nennen, V., »nennen, sagen, bezeichnen, rufen, heißen«, as. nemnian, V., »nennen«, germ. *namnjan, V., »nennen, heißen, benennen, bezeichnen«, zu idg. *enomn̥-, *nōmn̥-, Sb., »Name«

Nennkapital, N., »Grundkapital«, 19. Jh.?, s. nennen, Kapital

neppen, V., »neppen, betrügen«, 19. Jh., zu rotw. Nepper, M., »Betrüger«, rotw. Neppsore, F., »Betrugsware«, zu rotw. Neppe, F., »Dirne«?, zu hebr. naop, V., »ehebrechen«

netto, Adv., »rein, abzugslos«, E. 15. Jh. (neto) Lw. it. (peso) netto, »rein(es Gewicht nach Abzug aller abzuziehenden Verpackung)«, aus lat. nitidus, Adj.,

»blank, schmuck, schön aussehend«, zu lat. nitere, V., »glänzen«, M. 16. Jh. netto

netto Kasse, »Vertragsklausel nach welcher der vereinbarte Preis ohne Abzug (z.B. Skonto) zu bezahlen ist«, 20. Jh.?, s. netto, Kasse

neu, Adj., »neu«, mhd. niuwe, Adj., »neu«, ahd. niuwi (765), Adj., »neu, jung, frisch«, as. niuwi, Adj., »neu«, germ. *newja, *newjaz, *niwja, *niwjaz, Adj., »neu«, idg. *neu̯i̯os, *neu̯os, Adj., »neu«, zu idg. *nu, Adv., »jetzt«?

Neuhegelianismus, M., »die Gedankengänge Hegels erneuernde Philosophie«, 1. H. 20. Jh., s. neu

Neukantianismus, M., »die Gedankengänge Kants erneuernde Philosophie«, 1. H. 20. Jh., s. neu

neutral, Adj., »neutral, unparteiisch, sächlich«, 15. Jh. (bzw. M. 16. Jh.) Lw. mlat. neutralis, Adj., »unparteiisch«, zu spätlat. neutralis, Adj., »unparteiisch, sächlich«, zu lat. neuter, Pron., »keiner von beiden«, zu lat. ne, Adv., »nicht«, lat. uter, Pron., »jeder«

Neutralität, F., »Unparteilichkeit, Nichtbeteiligung eines Staates an einer kriegerischen Auseinandersetzung«, 15. Jh. (1446) Lw. mlat. neutralitas, F., »Unparteilichkeit«, s. neutral, vgl. Geschichtliche Grundbegriffe, sachlich Engelhusen 1394

Neuzeit, F., »von etwa 1500 bis zur Gegenwart reichende Geschichtsperiode«, Freiligrath 1870, s. neu, Zeit

Nexus, M., »Verbindung, Zusammensetzung«, Lw. lat. nexus, M., »Verbindung, Zusammensetzung«, zum PPP. nexus von lat. nectere, V., »anknüpfen, binden«

nicht, Pron., Adv., »nicht«, mhd. niht, Pron., Adv., »nicht irgendetwas, nicht, nein«, ahd. niowiht (8. Jh.?), Pron., Adv., st. N., »nicht, nichts, Nichts«, as. neowiht, Pron., Adv., »nicht«, aus germ. *ne aiwin wihtes, »nicht je eines Wesens«, verdrängt die ältere einfache Verneinung ne, ni

nichtberechtigt, Adj., »nicht berechtigt«, Hugo vor 1826?, s. nicht, berechtigen

Nichtberechtigter, M., »Person der das Recht (bzw. die Verfügungsmacht) zu dem von ihr geübten Verhalten fehlt«, 19. Jh., s. nichtberechtigt

Nichte, F., »Nichte«, mnd. nichte, F., »Nichte«, (verdrängt mhd. nifte), ahd. nifta (12. Jh.), F., »Nichte, Geschwisterkind, Enkelin, Verwandte«, ahd. niftila (9./10. Jh.), F., »Nichte, Mutterschwester, Geschwisterkind, Enkelin, Verwandte«, germ. *nefti, *neftiz, F., »Nachkomme, Verwandte, Nichte«, idg. *neptī-, *neptiə-, F., »Enkelin, Nichte?«, zu idg. *nepōt-, »Abkömmling, Enkel, Neffe?«

Nichtehe, F., »die auf einen völlig wirkungslosen Eheschließungsversuch gegründete Verbindung von Mann und Frau (z.B. bei Fehlen des Eheschließungswillens)«, 19. Jh., s. nicht, Ehe

nichtehelich, Adj., »nicht ehelich«, 1896 nicht ehelich, 1940, ersetzt 1969 das ältere unehelich

nichteheliche Lebensgemeinschaft, F., »ohne Eheschließung ausgeübte Lebensgemeinschaft eines Mannes und einer Frau«, um 1980, s. nichtehelich, Lebensgemeinschaft

Nichterfüllung, F., »Ausbleiben der Erfüllung«, Schiller vor 1805, Badisches Landrecht 1809, Allgemeines Bürgerliches Gesetzbuch 1811 Österreich, s. nicht, Erfüllung

Nichterfüllungsschaden, M., »der durch Nichterfüllung eintretende Schaden«, 20. Jh.?, s. Nichterfüllung, Schaden

nichtig, Adj., »nichtig, ungültig«, 1479 Nürnberg, Lüt. lat. nullus, Adj., »kein«?, s. nicht, ig

Nichtigkeit, F., »völlige Unwirksamkeit einer - an erheblichen nicht billigenswerten Mängeln leidenden - Handlung«, mhd. nihtecheit, nihtekeit, F., »Nichtigkeit, nichts«, Seuse (1295-1366) Lüs. lat. nullitas, F., »Nichtigkeit«, s. nichtig, heit

Nichtigkeitsbeschwerde, F., »Nichtigkeit behauptende Beschwerde gegen gerichtliche Entscheidungen«, s. Nichtigkeit, Beschwerde, vgl. Planck 1857, Planck 1896

Nichtigkeitsklage, F., »Klage mit der die Wiederaufnahme eines rechtskräftig abgeschlossenen Verfahrens angestrebt werden kann«, Lüs. lat. querela nullitatis, F., »Klage der Nichtigkeit«, Zedler 1732ff., s. Nichtigkeit, Klage, sachlich im 12. Jh. in Italien entwickelt, vgl. (Koch 1864 Nullitätsklage,) Planck 1896

Nichtleistung, F., »Nichtleistung«, 20. Jh., s. nicht, Leistung

Nichtleistungskondiktion, F., »Bereicherungsanspruch der sich darauf gründet daß der Bereicherungsschuldner den Vermögensvorteil (etwas) - nicht durch Leistung des Bereicherungsgläubigers sondern - in sonstiger Weise auf Kosten des Bereicherungsgläubigers erlangt hat«, 2. H. 20. Jh., s. Nichtleistung, Kondiktion

nichtrechtsfähig, Adj., »nicht rechtsfähig«, 19. Jh., s. nicht, rechtsfähig

nichtrechtsfähiger Verein, M., »Verein der nicht die Rechtsfähigkeit hat«, 19. Jh., s. nichtrechtsfähig, Verein

nichts, Pron., »nichts«, spätmhd. Gen. zu nicht, der in Akk. umgedeutet wurde, bis 18. Jh. nichtes

Nichtsnutz, M., »Taugenichts«, 15. Jh., s. nütze, nichts

Nichturteil, N., »scheinbares Urteil bei dem schon der äußere Tatbestand eines Urteils fehlt (z.B. Fehlen der Verkündung)«, 20. Jh., s. nicht, Urteil

Nichtvermögensschaden, M., »immaterieller Schaden, Schaden welcher an Gütern einer Person welche nicht zu ihrem Vermögen gehören eintritt«, 2. H. 20. Jh., s. nicht, Vermögensschaden

Nichtzulassung, F., »fehlende Zulassung«, 20. Jh.?, s. nicht, Zulassung

Nichtzulassungsbeschwerde, F., »Beschwerde gegen die Nichtzulassung eines Rechtsmittels das nur auf Grund besonderer Zulassung eingelegt werden kann«, 2. H. 20. Jh., s. Nichtzulassung, Beschwerde

nieder, Adv., Präf., »nieder«, mhd. nider, Adv., Präf., »hinab, hinunter, herunter, nieder«, ahd. nidar (E. 8. Jh.), Präp., Adv., Präf., »unter, nieder, abwärts, unten, herunter, herab«, as. nithar, Adv., Präp., Präf., »nieder«, germ. *niþra, Adv., »nieder«, zu idg. *ni-, *nei-, Präp., Adj., »in, nieder«, zu *en- (1), Präp., »in«

niederlassen, V., »niederlassen, niedergehen machen, herunter lassen, niedersinken«, mhd. niderlāzen, V., »herablassen, senken«, ahd. nidarlāzan (9. Jh.), V., »niederlassen, versenken, sinken lassen, nach unten wenden, hinablassen, herablassen«, s. nieder, lassen

Niederlassung, F., »Begründung eines festen (Wohn-)Sitzes, Sitz«, »Hinunterlassen« Roth 1571, »Ansiedeln« Stieler 1691, s. niederlassen, ung

Niederlassungsfreiheit, F., »Freiheit jedes Deutschen sich an jedem Ort innerhalb des Bundesgebietes niederzulassen, (innerhalb der Europäischen Gemeinschaft) Aufnahme und Ausübung selbständiger Erwerbstätigkeiten sowie Gründung und Leitung von Unternehmen nach den im Aufnahmestaat für die eigenen Angehörigen geltenden Recht«, 2. H. 20. Jh.?, s. Niederlassung, Freiheit

Niedersachsen, N., »(am 1. 11. 1946) aus Teilen Preußens (Hannover) und Oldenburg und Braunschweig und Schaumburg-Lippe erwachsenes Land der Bundesrepublik«, 1354, s. nieder, Sachsen

niedrig, Adj., »nieder«, 16. Jh., »innerlich nicht auf Hohes gerichtet« Schiller vor 1805, s. nieder, ig

niedriger Beweggrund, M., »nicht anerkennenswerter Beweggrund«, 19. Jh., s. niedrig, Beweggrund

niederschreiben, V., »hinschreiben«, Stieler 1691, s. nieder, schreiben

Niederschrift, F., »Aufzeichnung, Beurkundung, Protokoll«, Riehl vor 1871, s. nieder, Schrift

Nießbrauch, M., »Belastung einer Sache in der Weise daß derjenige zu dessen Gunsten die Belastung erfolgt berechtigt ist die Nutzungen (z.B. Mietzinsen) der Sache zu ziehen«, 16. Jh. (Gobler 1551) bzw. 17. Jh. (Hayme 1738) Lüt. lat. ususfructus, M., »Nießbrauch«, zu Brauch, nießen

nießen, V., »genießen«, mhd. niezen, V., »gebrauchen, benutzen, genießen«, ahd. niozan (765), V., »nutzen, genießen, gebrauchen, verbrauchen«, as. niotan, V., »nießen, benutzen, sich erfreuen«, germ. *neutan, V., »einfangen, nutzen, genießen«, idg. *neud-?, V., »greifen, ergreifen, nutzen«?

Nikotin, N., »giftiges Alkaloid der Tabakpflanze«, 19. Jh. Lw. frz. nicotine, Sb., »Nikotin«, zu frz. nicotiane, F., »Tabakpflanze«, zum PN des Gesandten Nicot, der 1560 die Tabakpflanze von Portugal nach Frankreich sandte

N.N., lat., nomen nescio, »den Namen weiß ich nicht«, bzw. lat. nomen nominandum, »der noch zu nennende Name«, bzw. lat. Numerius Negidius, M., »der abstrakte Beklagte des römischen Formularprozesses«

nis, Suff., »nis«, mhd. nüsse, nisse, F., N., »nis«, ahd. nissa, F., nissi, N., »nis«, as. nissi, nussi, F., »nis«, germ. *tu-Abstrakta zu at-Verben

nomie, s. Auto-, Gastro-, Öko-

non liquet, lat., »es ist nicht klar«, »Zustand daß weder für noch gegen einen Umstand Beweis erbracht ist«, 2. H. 18. Jh. (Lessing 1768) Lw. lat. non liquet, »es ist nicht klar«, zu lat. non, Part., »nicht«, lat. liquere, V., »flüssig sein, klar sein«

Nonne, F., »Nonne«, mhd. nunne, nonne, F., »Nonne«, ahd. nunna (9./10. Jh.), F., »Nonne«, Lw. kirchenlat. nonna, F., »Nonne«, zu spätlat. nonna, F., »Amme, Kinderwarterin, ehrwürdige Mutter«, Lallwort

Nord, M., »Norden«, mhd. nort, N., »Norden«, (s. mhd. norden, N., »Norden«,) ahd. nord (1000), N., M., »Norden, Nordwind«, as. north, M., »Norden«, westgerm. *nurþa, *nurþaz, *nurþra, *nurþraz, Sb., »Norden«, zu idg. *ner-, Adj., »unten, links«

norddeutsch, Adj., »den Norden Deutschlands (nördlich des Mains bzw. der Mittelgebirge) betreffend«, Leibniz vor 1716, s. nord, deutsch

Norddeutscher Bund, M., »1866 an Stelle des aufgelösten Deutschen Bundes tretender Bundesstaat 22 norddeutscher Staaten«, s. norddeutsch, Bund

Nordrhein, M., ON., »um den nördlichen Rhein gelegenes Gebiet (etwa zwischen Bonn und Aachen)«, um 1945, s. Norden

Nordrhein-Westfalen, N., ON., »(am 23. 8. 1946) aus Teilen Preußens erwachsenes Land der Bundesrepublik«, s. Nordrhein, Westfalen

Norm, F., »Regel, Vorschrift, Richtlinie nach der etwas geschehen soll, rechtliche Sollensanforderung«, mhd. norme, F., »Regel, Vorbild, Norm«, (Frauenlob Ende 13. Jh.,) Lw. lat. norma, F., »Richtschnur, Regel«, seit dem 17. Jh. häufiger

Normadressat, M., »Adressat der Norm«, 20. Jh., s. Adressat, Norm

normal, Adj., »der Norm entsprechend, gewöhnlich«, A. 18. Jh. Lw. spätlat. normalis, Adj., »der Vorschrift entsprechend«, zu lat. normalis, Adj., »nach dem Winkelmaß gemacht«

normativ, Adj., »normorientiert, wertend, die Norm betreffend«, 19. Jh.? Lw. frz. normatif, Adj., »die Norm betreffend«, zum PPP. normatus von lat. normare, V., »mit dem Winkelmaß abmessen«, s. Norm

Normativbestimmung, F., »durch eine Norm aufgestellte oder wie eine Norm wirkende Bestimmung«, 19. Jh., s. normativ, Bestimmung, vgl. Gerber 1895

normatives Tatbestandsmerkmal, N., »normorientiertes wertendes Tatbestandsmerkmal«, 20. Jh., s. normativ, Tatbestandsmerkmal

Normenkollision, F., »Widerspruch zweier Normen«, 20. Jh., s. Norm, Kollision

Normenkontrolle, F., »Überprüfung einer Rechtsnorm durch ein Gericht dahin ob sie mit einer im Rang über ihr stehenden Rechtsnorm vereinbar ist«, 2. H. 20. Jh.?, s. Norm, Kontrolle

Normenkontrollverfahren, N., »Verfahren der Normenkontrolle«, 2. H. 20. Jh., s. Normenkontrolle, Verfahren

Not, F., »Not«, mhd. nōt, F., M., »Reibung, Drangsal, Mühe, Not«, ahd. nōt (765), M., F., »Zwang, Gewalt, Bedürfnis, Not, Notwendigkeit«, as. nōd, F., »Not«, germ. *naudi, *naudiz, F., »Not, Zwang, Bedrängnis«, idg. *nəuti-, Sb., »Not, Zwang, Ermüdung«, zu idg. *nau-, Sb., V., »Tod, Leiche, abquälen, zusammensinken«?, idg. *neu- (2), V., »bewegen, stoßen, rücken, nicken, winken«

Notar, M., »vom Staat zur Wahrnehmung bestimmter Rechtspflegeaufgaben bestelltes unabhängiges Organ der Rechtspflege«, 15. Jh. (1484 Nürnberg notari) Lw. lat. notarius, zusätzlich mhd. noder, notære, notarje, M., »Notar, Schreiber«, ahd. notāri (10. Jh.), M., »Notar, Schreiber«, Lw. lat. notarius, M., »Geschwindschreiber, Schreiber, Sekretär, durch kaiserliche Gewalt bestellter (öffentlicher) Schreiber«, zu lat. notarius, Adj., »zum Schreiben gehörig«, zu lat. notare, V., »kennzeichnen, anmerken«, zu lat. nota, F., »Kennzeichen, Merkmal, Zeichen, Schrift, Brief«, zum PPP. notus von lat. noscere, V., »kennenlernen«

Notariat, N., »Amt und Amtsraum eines Notars«, »Amt eines Notars, Gesamtheit der Notare«, 16. Jh. bzw. Stieler 1691, Lw. (frz. notariat, M., »Notariat«, aus) mlat. notariatus, M., »Notariat«, s. Notar

notariell, Adj., »durch einen Notar«, 19. Jh. Lw. frz. notarial, Adj., »den Notar betreffend«, s. Notar, vgl. Gerber 1895

Note, F., »Zeichen, förmliche schriftliche Mitteilung welche ein Staat einem anderen auf diplomatischem Weg macht, Bewertung einer Leistung in Schule und Universität«, mhd. note, F., »musikalische Note«, Lw. frz. note, F., »musikalische Note«?, ahd. nōta (nach 765?), F., »Zeichen, Note, Punkt«, Lw. lat. nota, F., »Kennzeichen, Merkmal, Zeichen, Schrift, Brief«, zum PPP. notus von lat. noscere, V., »kennenlernen«, »Geldschein« 19. Jh. verkürzt aus Banknote

Notenbank, F., »Bank welche Banknoten ausgeben darf«, 19. Jh.?, s. Note, Bank

Noterbe, M., »Erbe der nur den Pflichtteil erhält«, mhd. nōterbe, M., »Erbe der nur den Pflichtteil erhält«, s. Not, Erbe (M.)

Noterbrecht, N., »Erbrecht eines Enterbten«, s. Not, Erbrecht, vgl. Weiske 1839ff.

Notfrist, F., »gesetzliche Frist die durch Parteivereinbarung nicht verkürzt werden kann und deren Lauf auch durch die Gerichtsferien nicht gehemmt ist (z.B. Frist zur Einlegung von Berufung und Revision«, s. Not, Frist, vgl. Weiske 1839ff.

Nothilfe, F., »Abwehr eines gegenwärtigen rechtswidrigen Angriffs auf einen anderen«, 19. Jh., s. Not, Hilfe

Notifikation, F., »Benachrichtigung, Ankündigung, (im Völkerrecht) Mitteilung eines Völkerrechtssubjektes an ein oder mehrere Völkerrechtssubjekte über eine völkerrechtserhebliche Tatsache oder Situation die in seine Zuständigkeit fällt oder von ihm herbeigeführt oder abgeändert oder aufgehoben worden ist oder werden soll«, Stieler 1695, s. notifizieren

notifizieren, V., »bekannt machen, kund tun«, M. 16. Jh. (1535) Lw. spätlat. notificare, V., »bekannt machen, kund tun«, zu lat. notus, Adj., »bekannt«, PPP. von lat. noscere, V., »kennenlernen«, zu lat. facere, V., »machen, tun«

nötig, Adj., »in Not drängend, dringlich«, mhd. nōtec, nōtic, nœtic, Adj., »bedrängt, dürftig, drängend, bedrängend«, ahd. nōtag (A. 9. Jh.), Adj., »gezwungen, genötigt, dringlich, dürftig, bezwungen«, s. Not, ig

nötigen, V., »nötigen«, mhd. nōtegen, V., »nötigen, notzüchtigen, vergewaltigen«, ahd. nōtagōn (1000), V., »zwingen, nötigen, Gewalt antun, etwas notwendig machen«, s. nötig

Nötigung, F., »Nötigung, Zwingen eines anderen mit Gewalt oder durch Drohung mit einem empfindlichen Übel zu einer nicht gewollten Handlung oder Duldung oder Unterlassung«, »Inbewegungsetzung« Maaler 1561, ahd. nōtagunga (1000), F., »Zwang, Notwendigkeit, Nötigung«, Lüs. lat. necessitas, F., »Notwendigkeit«, s. nötigen, ung

Nötigungsnotstand, M., »durch Nötigung bewirkter Notstand«, 2. H. 20. Jh., s. Nötigung, Notstand

notorisch, Adj., »offenkundig, nicht beweisbedürftig«, M. 17. Jh. aus notori, 15./17. Jh. Lw. spätlat. notorius, Adj., »anzeigend«, zum PPP. notus von lat. noscere, V., »kennenlernen«

Notstand, M., »Zustand gegenwärtiger Gefahr für rechtlich geschützte Interessen dessen Abwendung nur auf Kosten fremder Interessen möglich ist«, »Zustand der Not« 17. Jh. (Stieler 1691), s. Not, Stand

Notstandsexzeß, M., »Überschreitung des Notstandsrechtes«, 20. Jh.?, s. Notstand, Exzeß

Notstandslage, F., »Lage des Notstandes«, 20. Jh.?, s. Notstand, Lage

Notstandsverfassung, F., »Gesamtheit der für einen allgemeinen Notstand des Staates (z.B. Verteidigungsfall) geltenden Regeln der Verfassung«, um 1968, s. Notstand, Verfassung

Nottestament, N., »in besonderen Gefahrensituationen in vereinfachter Form zu errichtendes öffentliches Testament«, Motive des Bürgerlichen Gesetzbuches 1888, s. Not, Testament

Notverordnung, F., »- in der Gegenwart unzulässige - Verordnung mit Gesetzeskraft«, 19. Jh., s. Not, Verordnung

Notvorstand, M., »in dringenden Fällen vom Registergericht bestellter Vorstand eines Vereines«, 20. Jh., s. Not, Vorstand

Notweg, M., »Verpflichtung eines Eigentümers eines Grundstückes die Benutzung seines Grundstückes zum Durchgehen bzw. Durchfahren und Durchleiten durch den Eigentümer eines anderen Grundstückes dem - ohne Zutun seines Eigentümers - die zur ordnungsmäßigen Benutzung notwendige Verbindung mit einem öffentlichen Weg fehlt gegen Entschädigung zu dulden«, vor 1758, vgl. Grimm, Haltaus, ahd. nōtweg (9./10. Jh.), M., »Durchgang, Durchlaß«, s. Not, Weg

Notwehr, F., »Verteidigung welche erforderlich ist (objektive Erforderlichkeit) um (subjektiver Verteidigungswille) einen gegenwärtigen rechtswidrigen Angriff von sich oder einem anderen abzuwenden«, mhd. nōtwer, F., »Notwehr, Abwehr von Gewalt, notwendige Verteidigung«, Schwabenspiegel um 1275, s. Not, Wehr

Notwehrexzess, M., »Notwehrüberschreitung«, 19. Jh.?. s. Notwehr, Exzess

Notwehrprovokation, F., »beabsichtigte Herbeiführung einer Notwehrlage«, 20. Jh., s. Notwehr, Provokation

Notwehrüberschreitung, F., »Überschreiten der Verteidigung welche erforderlich ist um einen gegenwärtigen rechtswidrigen Angriff von sich oder einem Dritten abzuwehren«, 20. Jh., s. Notwehr, Überschreitung

notwendig, Adj., »nötig«, 1. H. 16. Jh. Südwestdeutschland, Dasypodius 1537, s. Not, wendig

notwendige Streitgenossenschaft, F., »unumgängliche Streitgenossenschaft«, 19. Jh., s. notwendig, Streitgenossenschaft

notwendige Verwendung, F., »erforderliche Verwendung«, 19. Jh.?, s. notwendig, Verwendung

notwendiger Verteidiger, M., »Pflichtverteidiger«, 20. Jh.?, s. notwendig, Verteidiger

Notzucht, F., »Notzucht, Vergewaltigung«, 16. Jh. (1507 Bamberg) aus mhd. nōtzühten, V., »notzüchtigen, vergewaltigen«, s. Not, ziehen, verdrängt das ältere mhd. notnumft, F., »Nehmen mit Gewalt, Notzucht, Vergewaltigung«, vgl. ahd. nōtzogōn (E. 10. Jh.), V., »vergewaltigen, entjungfern«, mhd. nōtzogen, V., »notzüchtigen, gewalttätig behandeln«, nhd. notzogen, V., »notzüchtigen«

Novation, F., »Schuldumschaffung«, 16. Jh. (1509 Frankfurt) Lw. lat. novatio, F., »Erneuerung, Schuldumschaffung«, zum PPP. novatus von lat. novare, V., »neu machen«, zu lat. novus, Adj., »neu«

Novelle, F., »neues (Gesetz), Abänderung oder Ergänzung eines Gesetzes in Einzelfragen«, A. 18. Jh. Lw. lat. novellae (constitutiones), F. Pl., »Novellen, Nachtragsgesetze«, zu lat. novus, Adj., »neu«

Novize, M., »Novize, Neuling«, spätmhd. novize, M., »Novize«, Lw. mlat. novicius, M., »Novize«, zu lat. novicius, Adj., »neu, jung, erfahren, erst neu hinzugekommen«, zu lat. novus, Adj., »neu«

noxal, Adj., »schädlich«, Lw. lat. noxalis, Adj., »den Schaden betreffend«, zu lat. noxa, F., »Schaden«, zu lat. nocere, V., »schaden«, zu lat. necare, V., »töten«

Noxalhaftung, F., »(im römischen Recht) Haftung eines Gewalthabers für den von einer gewaltunterworfenen Person oder Sache verursachten Schaden die durch Preisgabe der schädigenden Person oder Sache (noxae datio) abgewandt werden kann«, s. noxal, Haftung, vgl. Weiske 1839ff.

NSDAP (Nationalsozialistische Deutsche Arbeiterpartei), 1920, s. nationalsozialistisch, deutsch, Arbeiter, Partei

nullum crimen nulla poena sine lege, lat., »kein Verbrechen keine Strafe ohne Gesetz«, nulla poena sine lege Feuerbach 1801, vgl. Digesten 50,16,131 §1,2,2 (Ulpian 170-228)

null, Adj., »nicht vorhanden«, 1. H. 16. Jh. (1522) Lw. lat. nullus, Adj., »kein«

Nullität, F., »Nichtigkeit, Ungültigkeit«, E. 15. Jh. Lw. mlat. nullitas (, nullitatem, Akk.), F., »Nichtigkeit, Ungültigkeit«, zu lat. nullus, Adj., »kein«

Numeration, F., »Zählung«, Lw. 16. Jh. (Roth 1571) lat. numeratio, F., »Zählung«, zum PPP. numeratus von lat. numerare, V., »zählen«, zu lat. numerus, M., »Zahlzeichen«

numerus clausus, lat., M., »beschränkte Zahl, zahlenmäßige Beschränkung z.B. einer Zulassung zu einem Amt oder einem Studium«, 20. Jh., zu lat. numerus, M., »Zahlzeichen«, zum PPP. clausus von lat. claudere, V., »schließen«

Nummer, F., »Nummer, Zahl«, M. 16. Jh. (Kramer 1693) Lw. it. numero, M., »Zahl, Zahlzeichen, Nummer«, aus lat. numerus, M., »Zahl, Anzahl, Zahlzeichen«

Nuntius, M., »Bote, päpstlicher Botschafter«, (16. Jh. bzw.) 18. Jh. (Wächter 1709) Lw. lat. nuntius, M., »Bote, Verkünder, Melder«, erste päpstliche Nuntiatur 1500 in Venedig

nur, Adv., »nur«, mhd. ne wære, »wäre es nicht«, s. ahd. ni, Part., »nicht«, ahd. sīn, V., »sein (V.)«

Nürnberg, ON., »Nürnberg, Felsberg«, 1050, s. Berg

Nürnberger Gesetze, N. Pl., »auf Anordnung Adolf Hitlers am 15. 9. 1935 einstimmig verabschiedete Gesetze«, s. Nürnberg, Gesetz

Nürnberger Prozesse, M. Pl., »zwischen 1945 und 1949 in Nürnberg von einem internationalen Militärgerichtshof bzw. amerikanischen Militärgerichten gegen Anhänger des Nationalsozialismus wegen Kriegsverbrechen durchgeführte Strafverfahren«, s. Nürnberg, Prozeß

Nurnotar, M., »der (in einigen Bundesländern vorgesehene) Notar im Hauptamt«, 20. Jh.?, s. nur, Notar

Nutte, F., »junges Mädchen (18. Jh.), Dirne, Prostituierte«, 1. H. 19. Jh. Berlin, zu Nut, F., »Rinne, Herausgekratztes«?, mhd. nuot, F., »Fuge (F.) (1)«, ahd. nuot (A. 9. Jh., ON), F., »Nut, Spalt, Ausschnitt, Fuge (F.) (1)«, zu ahd. nuoen (E. 8. Jh.), V., »glätten, fügen, hobeln«, germ. *hnōjan, V., »glätten, fügen«, idg. ken- (2), V., »kratzen, schaben, reiben«

nütze, obd. nutz, Adj., »nütze, Nutzen bringend, nützlich«, mhd. nütze, Adj., »nützlich, nütze, nutzbringend«, ahd. nuzzi (863-71), Adj., »nütze, nützlich, dienlich, brauchbar«, as. nutti, Adj., »nützlich, brauchbar«, westgerm. *nutja, *nutjaz, germ. *nuti-, *nutiz, Adj., »nützlich, nütze, brauchbar«, zu idg. »neud-, V., »greifen, ergreifen, nutzen«, s. nießen

nützen, nutzen, V., »nutzen, nützen, genießen, Nutzen ziehen, gebrauchen«, mhd. nutzen, V., »gebrauchen, benützen«, ahd. nuzzen (E. 8. Jh.), nuzzōn (863-71), V., »nutzen, bebauen, genießen, verbringen«, germ. *nutjan, V., »ergreifen, nützen, nutzen«, idg. *neud-, V., »greifen, ergreifen, nutzen«

Nutzen, M., »Nutzen«, nhd. (neben Nutz, M., »Nutzen«) erweitert aus mhd. nuz, nutz, M., »Gebrauch, Genuß, Nutzen, Vorteil, Ertrag, Einkommen«, ahd. nuz (nach 765?), M., »Nutzen, Heil, Benutzung, Gebrauch, Ertrag«, germ. *nuti, M., »Nutzen«, s. nütze, nützen

nützlich, Adj., »vorteilhaft«, mhd. nützelich, Adj., »nützlich, angenehm«, ahd. nuzzilīh (10. Jh.), Adj., »nützlich«, Lüs. lat. utilis, Adj., »zuträglich, brauchbar, nützlich«?, s. nütze, lich

nützliche Verwendung, F., »vorteilhafte Aufwendung«, s. nützlich, Verwendung, vgl. Koch 1864

Nutznießung, F., »Nutzung, Nutzungsrecht«, 18. Jh., s. Nutzen, nießen, ung

Nutzung, F., »Frucht einer Sache oder eines Rechtes sowie Vorteil welchen der Gebrauch der Sache oder des Rechtes gewährt«, mhd. nützunge, nutzunge, F., »Benutzung (Tauler 14. Jh.), Nutznießung, Nutzen«, s. nützen, ung

Nutzungsänderung, F., »Veränderung der Benutzungsart«, 20. Jh.?, s. Nutzung, Änderung

Nutzungsentschädigung, F., »Entschädigung für eine Benutzung«, 2. H. 20. Jh., s. Nutzung, Beschädigung

Nutzungspfand), F., »Antichrese, Pfandrecht das in der Weise bestellt ist daß der Pfandgläubiger zur Ziehung der Nutzungen des Pfandes berechtigt sein soll«, 19. Jh., s. Nutzung, Pfand, vgl. Gerber 1895

O

ob, Präp., Adv., Präf., »oberhalb«, mhd. obe, ob, Präp., Adv., Präf., »oben, oberhalb, über, auf«, ahd. oba (765), Präp., Adv., Präf., »auf, über, an, oben, oberhalb«, germ. *uba, Präp., »über, unter«, zu idg. *upo, *upə, Adv., Präp., »unten, hinauf, über«

ob, Präf., »gegen, entgegen«, Lw. lat. ob, Präp., Präf., »gegen, nach«

Obacht, F., »Aufmerksamkeit«, südd., A. 17. Jh., s. ob, achten, Acht

Obdach, N., »Obdach, Unterkunft«, mhd. obedach, N., »Obdach«, ahd. obadah (10. Jh.), N., »Obdach, Dach, Schutz«, s. ob, Dach

obdachlos, Adj., »unterkunftslos«, Hartmann vor 1872, s. Obdach, los

Obdachlosenasyl, N., »Asyl für Obdachlose (E. 19. Jh.)«, 20. Jh., s. obdachlos, Asyl

Obdachlosigkeit, F., »Fehlen einer Unterkunft«, 19. Jh.?, s. obdachlos, ig, heit

Obduktion, F., »Verhüllung, Leichenöffnung, Leichenschau«, A. 18. Jh. (Woyt 1709) Lw. lat. obductio, F., »Verhüllen, Bedecken«, zum PPP. obductus von lat. obducere, V., »überziehen, verschließen, verhehlen«, zu lat. ob, Präp., Präf., »gegen, nach«, lat. ducere, V., »ziehen«

ober, Adj., »obere«, mhd. ober, Adj., »obere«, ahd. obaro (2. H. 8. Jh.), Adj.,

»höhere, obere, übergeordnet«, Komparativ zu ob

Oberbundesanwalt, M., »am Bundesverwaltungsgericht bestellter an die Weisungen der Bundesregierung gebundener Vertreter des öffentlichen Interesses«, 2. H. 20. Jh., s. ober, Bundesanwalt

Oberbürgermeister, M., »Inhaber des oder eines leitenden Amtes einer kreisfreien Stadt oder einer großen kreisangehörigen Stadt«, Hermes 1776, s. ober, Bürgermeister

Obereigentum, N., »(im gemeinen Recht) Rechtsstellung des Obereigentümers (z.B. Lehnsherrn) eines im geteilten Eigentum stehenden Gegenstandes (z.B. Lehen)«, Lüt. lat. dominium directum, N., »Obereigentum«, Schottel 1663, s. ober, Eigentum

Oberfinanzdirektion (OFD), F., »zwischen Finanzministerium und Finanzamt stehende Behörde der Finanzverwaltung«, 19. Jh.?, s. ober, Finanz, Direktion

Oberhof, M., »(in der mittelalterlichen Rechtsgeschichte) Gericht als Auskunftsstelle für andere Gerichte und Privatpersonen«, »oberer Gerichtshof« 1507, Constitutio Criminalis Carolina 1532 »Haupthof«, s. ober, Hof, vgl. Harpprecht 1732

Oberjustizkasse, F., »bei den Oberlandesgerichten bestehende Oberkasse der Justizverwaltung«, 19. Jh.?, s. ober, Justiz, Kasse

Oberkreisdirektor, M., »Inhaber des oder eines leitenden Amtes in Kreisen (mancher Bundesländer)«, 20. Jh.?, s. ober, Kreis, Direktor

Oberlandesgericht (OLG), N., »zwischen Bundesgerichtshof und Landgerichten stehendes Gericht der ordentlichen Gerichtsbarkeit«, 1808 Preußen (bis 1849), 1877, s. ober, Land, Gericht, älter Oberlandgericht, N., »oberstes Landgericht«, Kleist vor 1811, vgl. Planck 1896

oberst, Adj. Superl., »oberste, höchste«, s. ober

Oberst, Obrist, M., »Vorgesetzter (15. Jh.), Oberster (16. Jh.)«, Superlativ von ob

Oberstadtdirektor, M., »Inhaber des oder eines leitenden Amtes in kreisfreien Städten (mancher Bundesländer)«, 20. Jh.?, s. ober, Stadt, Direktor

oberste Justizstelle, F., »Höchstgericht« 1749 Österreich, s. oberste, Justiz, Stelle

oberstes Bundesgericht, N., »höchstes Bundesgericht«, 2. H. 20. Jh.?, s. oberste, Bund, Gericht

Oberverwaltungsgericht (OVG), N., »zwischen Verwaltungsgericht und Bundesverwaltungsgericht stehendes Gericht der Verwaltungsgerichtsbarkeit«, (in Baden-Württemberg und Bayern und Hessen Verwaltungsgerichtshof,) 19. Jh.?, s. ober, Verwaltungsgericht

Obhut, F., »Schutz, Fürsorge«, Stieler 1691, s. ob, Hut (F.)

Obhutspflicht, F., »Verpflichtung Rechtsgüter einer anderen Person zu überwachen und vor Schäden zu bewahren«, 20. Jh.?, s. Obhut, Pflicht

obiter dictum, lat., M., »beiläufig (im Rahmen einer auf ein anderes Ziel gerichteten Entscheidung) bemerkt«, zu lat. obiter, Adv., »darüber hin«, zu lat. ob, Präp., »gegen, nach«, zum PPP. dictus von lat. dicere, V., »sprechen, sagen«

Objekt, N., »Objekt, Gegenstand«, spätmhd. object, N., »Gegenstand«, 14. Jh. Lw. mlat. obiectum, N., »das (den Sinnen) Hingesetzte«, subst. PPP. von lat. obicere, V., »hinsetzen, vorsetzen, entgegenwerfen«, zu lat. ob, Präp., Präf., »gegen, nach«, lat. iacere, V., »werfen«

objektiv, Adj., »gegenständlich, sachlich, unabhängig, tatsächlich«, 2. H. 18. Jh. Lw. mlat. obiectivus, Adj., »(von den Subjekten unbeeinflußt) gegeben, hingesetzt«, zum PPP. obiectus von lat. obicere, V., »hinsetzen, vorsetzen, entgegenwerfen«, zu lat. ob, Präp., Präf., »gegen, nach«, lat. iacere, V., »werfen«, im 18. Jh. außerhalb der philosophischen Fachsprache

objektive Bedingung der Strafbarkeit, F., »von Täter unabhängige Bedingung der Strafbarkeit«, 20. Jh.?, s. objektiv, Bedingung, Strafbarkeit

objektive Unmöglichkeit, F., »für jedermann bestehende Unmöglichkeit«, 19. Jh.?, s. objektiv, Unmöglichkeit

objektives Recht, N., »Rechtsordnung«, 19. Jh., s. objektiv, Recht

objektives Tatbestandsmerkmal, N., »äußeres Tatbestandsmerkmal«, 19. Jh.?, s. objektiv, Tatbestandsmerkmal

objektives Verfahren, N., »unabhängig von einem Subjekt durchgeführtes Verfahren«, 20. Jh.?, s. objektiv, Verfahren

obliegen, V., »obliegen, Anliegen sein«, mhd. obeligen, V., »oben liegen, obliegen«, zu ahd. oba, Präp., Adv., Präf., »auf, über, an, oben, oberhalb«, ahd. liggen, V., »liegen«, 16. Jh. Lbd. lat. incumbere, V., »anliegen, Anliegen sein«

Obliegenheit, F., »Rechtsgebot im eigenen Interesse (z.B. Meldung einer gefahrerhöhenden Veränderung im Versicherungsrecht)«, Stieler 1691, s. obliegen, heit

obligat, Adj., »verpflichtet, verbunden, erforderlich«, 16. Jh. (Ens 1636) Lw. lat. obligatus, Adj., »verpflichtet, verbunden, erforderlich«, PPP. von lat. obligare, V., »verbinden, binden, verpflichten«, zu lat. ob, Präp., Präf., »gegen, nach«, lat. ligare, V., »binden«

obligatio, lat., F., »Verbindlichkeit, Schuld«, s. Obligation

Obligation, F., »Schuld, Verbindlichkeit«, 16. Jh. (1509 Frankfurt bzw. Tucher 1507-17, mnd. obligācie, mnl. obligacie A. 15. Jh.) Lw. lat. obligatio, F., »Verbundensein, Verpflichtung«, zum PPP. obligatus von lat. obligare, V., »verbinden, binden, verpflichten«, zu lat. ob, Präp., Präf., »gegen, nach«, lat. ligare, V., »binden«

obligatorisch, Adj., »verbindlich, ein Schuldverhältnis betreffend«, 18. Jh. (Faucher 1877 bzw. Planck 1896), Lw. lat. obligatorius, Adj., »verbindend«, s. Obligation, isch

obligo, lat., »Verpflichtung«, s. Obligation

Obrigkeit, F., »Höherstehen, Herrschaft, Obrigkeit«, mhd. (14. Jh.) oberecheit, (daneben spätmhd. oberkeit,) F., »herrschaftliche Gewalt, Obrigkeit«, s. ober, ig, heit, vgl. mnd. overicheit, F., »Macht, Oberherrschaft, Behörde«

Observanz, F., »Beobachtung, örtlich begrenztes Gewohnheitsrecht«, spätmhd. (?) (1668) observanz, observantz, observancie, F., »Herkommen, Brauch, Ordensregel«, Lw. lat. observantia, F., »Beobachtung, Befolgung, Gottesdienst«, zum Part. Präs. observans von lat. observare, V., »beobachten, beachten«, zu lat. ob, Präp., Präf., »gegen, nach«, lat. servare, V., »erhalten, bewahren«

occupatio, lat., F., »Aneignung«, zum PPP. occupatus von lat. occupare, V., »einnehmen«, zu lat. ob, oc, Präp., Präf., »gegen, nach«, lat. capere, V., »nehmen, fassen«

Ochlokratie, gr., »Herrschaft des Pöbels«, zu gr. óchlos, M., »Belästigung, Haufe«, s. kratie

Ochse, M., »Ochse«, mhd. ochse, M., »Ochse«, ahd. ohso (E. 8. Jh.), M., »Ochse«, as. ohso, M., »Ochse«, germ *uhsan, M., »Stier«, idg. *ukᵘsen-, M., »Stier«, zu idg, *u̯egᵘ-, Adj., V., »feucht, netzen«

Oder-Neiße-Gebiet, N. Pl., »die östlich der Oder und Lausitzer Neiße liegenden am 31. 12. 1937 zum Staatsgebiet des Deutschen Reiches gehörenden Gebiete (24,3% der Fläche bzw. 13,8% der Bevölkerung)«, 1945, s. Gebiet

OECD (Organisation for Ecomomic Cooperation and Development, Organisation für wirtschaftliche Zusammenarbeit und Entwicklung, Abkommen vom 14. 12. 1960)

offen, Adj., »offen, nicht verhüllt«, mhd. offen, Adj., »offen, geöffnet, nicht geschlossen«, ahd. offan (765), Adj., »offen, offenbar, hell, deutlich, öffentlich, klar«, as. opan, Adj., »offen«, germ. *upena, *upenaz, *upana, *opana, Adj., »offen«, mit n-Suffix aus germ. *ūp, *ūpp, Präp., Adv., »auf«, idg. *upo, Adv., Präf., »unten, hinauf, über«

offenbar, Adj., »offenbar, offen«, mhd. offenbære, Adj., »offenbar, deutlich sichtbar«, ahd. offanbāri (10./11. Jh.), offanbār (2. Vt. 11. Jh.), Adj., »offenbar, öffentlich, ersichtlich, klar, geoffenbart«, Lbd. lat. manifestus, Adj., »handgreiflich«?, lat. evidens, Adj., »augenscheinlich«?, s. offen, bar

Offenbarung, F., »Offenbarung«, mhd. offenbārunge, F., »Offenbarung, Aufdekkung, Enthüllung«, Lsch. lat. revelatio, F., »Enthüllung«, s. offenbar, ung

Offenbarungseid, M., »Offenbarungseid«, Martin 1800, Lüs. spätlat. iuramentum manifestationis N., »Offenbarungseid«?, s. Offenbarung, Eid

offene Handelsgesellschaft, F., »Handelsgesellschaft mit unbeschränkter Haftung aller Gesellschafter«, (Badisches Landrecht 1809, [offene Gesellschaft] Thöl 1847, Lüs. frz.?, vgl.) Allgemeines Deutsches Handelsgesetzbuch 1861, Gerber 1895, s. offen, Handelsgesellschaft

öffentlich, Adj., »für einen nach Zahl und Individualität unbestimmten Kreis oder für einen nicht durch persönliche Beziehungen innerlich verbundenen größeren bestimmten Kreis von Personen wahrnehmbar«, mhd. offenlīch, Adj., »offenbar, unverhohlen, öffentlich«, (Übergangslaut t seit etwa 1300,) ahd. offanlīh (800), Adj., »öffentlich, sichtbar«, as. *opanlīk, Adj., »öffentlich«, Lbd. lat. publicus, Adj., »öffentlich«, s. offen, lich

öffentliche Aufgabe, F., »Aufgabe der Allgemeinheit«, 19. Jh.?, s. Aufgabe, öffentlich

öffentliche Beglaubigung, F., »besonders gesicherte Beglaubigung«, 19. Jh.?, s. Beglaubigung, öffentlich

öffentliche Hand, F., »Staat«, s. Hand, öffentlich

öffentliche Klage, F., »Anklage durch den Staat«, s. Klage, öffentlich

öffentliche Last, F., »öffentlichrechtliche Last«, 19. Jh., s. Last, öffentlich

öffentliche Meinung, F., »allgemeine Meinung«, 19. Jh.?, s. Meinung, öffentlich

öffentliche Sache, F., »Staatseigentum«, s. Sache, öffentlich

öffentliche Sicherheit und Ordnung, F., »Sicherheit und Ordnung der Allgemeinheit«, s. Sicherheit, Ordnung, öffentlich, vgl. Badisches Landrecht 1809

öffentliche Urkunde, F., »in bestimmter öffentlicher Weise hergestellte Urkunde«, s. Urkunde, öffentlich, vgl. Badisches Landrecht 1809

öffentliche Versteigerung, F., »allgemein zugängliche Versteigerung«, 19. Jh., s. Versteigerung, öffentlich

öffentliche Zustellung, F., »in der Öffentlichkeit erfolgende Zustellung«, 19. Jh., s. Zustellung, öffentlich

öffentlicher Belang, M., »Interesse der Allgemeinheit«, s. Belang, öffentlich

öffentlicher Dienst, M., »Staatsdienst«, 19. Jh.?, s. Dienst, öffentlich

öffentlicher Glaube, M., »Vertrauen der Allgemeinheit«, 19. Jh. Lüs. lat. fides publica, F., »öffentlicher Glaube«, vgl. Gerber 1895, s. Glaube, öffentlich

öffentliches Gut, N., »dem Gemeingebrauch dienendes Gut«, 19. Jh.? Lüs. lat. bonum publicum, N., »öffentliches Gut«

öffentliches Interesse, N., »Interesse der Allgemeinheit«, 19. Jh., s. Interesse, öffentlich

öffentliches Recht, N., »öffentliches Recht«, um 1790 (Kant 1797), Lüs. lat. ius publicum, N., »öffentliches Recht«, s. öffentlich, Recht

öffentliches Testament, N., »in der Öffentlichkeit errichtetes Testament«, s. Testament, öffentlich

öffentliches Wohl, N., »Nutzen der Allgemeinheit«, s. Wohl, öffentlich

Öffentlichkeit, F., »nach Zahl und Individualität unbestimmter Personenkreis, Zugänglichkeit von Vorgängen für einen nach Zahl und Individualität unbestimmten Personenkreis«, 2. H. 18. Jh. (Sonnenfels 1765? bzw. Adelung 1777 bzw. Schwan 1784) Ersatzwort für Publizität, s. öffentlich, heit, vgl. Planck 1857, Geschichtliche Grundbegriffe

öffentlich-rechtliche Streitigkeit, F., »das öffentliche Recht betreffende Streitigkeit«, 20. Jh., s. öffentliches Recht, Streitigkeit

öffentlich-rechtliche Verwahrung, F., »Verwahrung nach öffentlichem Recht«, s. öffentliches Recht, Verwahrung

öffentlich-rechtlicher Vertrag, M., »Vertrag des öffentlichen Rechts«, 20. Jh.?, s. öffentliches Recht, Vertrag

offerieren, V., »anbieten«, A. 16. Jh. (Schaidenraißer 1538) Lw. lat. offerre, V., »anbieten«, zu lat. ob, of, Präp., Präf., »gegen, nach«, lat. ferre, V., »tragen, bringen«

Offerte, F., »Antrag«, M. 17. Jh. (Moscherosch 1642) Lw. frz. offerte, F., »Anerbieten, Angebot«, PPP. F. von frz. offrir, V., »anbieten«, aus lat. offerre, V., »anbieten«, zu lat. ob, of, Präp., Präf., »gegen, nach«, lat. ferre, V., »tragen, bringen«

officium, lat., N., »Pflicht, Dienst, Amt«, zu lat. officere, V., »entgegentreten«, zu lat. ob, Präp., Präf., »gegen, nach«, lat. facere, V., »machen, tun«

Offizial, M., »(im katholischen Kirchenrecht) (vereinzelt seit dem späten 12. Jh. erscheinender) Vorsitzender der bischöflichen Gerichtsbehörde«, E. 13. Jh.? (Bayern 1345) bzw. 16. Jh. (Kirchhof 1563) Lw. mlat. officialis, M., »Beamteter«, zu lat. officialis, Adj., »zum Amt gehörig, zum Dienst gehörig«, zu lat. officium, N., »Pflicht, Amt, Dienst«, zu lat. opus, N., »Werk, Mühe«, lat. facere, V., »machen, tun«, 15. Jh. (1488) allgemein (»Beamter«)

Offizialat, N., »(im katholischen Kirchenrecht) bischöfliche Gerichtsbarkeit«, s. Offizial, vgl. Weiske 1839ff.

Offizialmaxime, F., »Amtsprinzip, Amtsbetrieb«, 19. Jh.?, s. Offizial, Maxime

Offizialverfahren, N., »Amtsverfahren«, 19. Jh.?, s. Offizial, Verfahren

Offizialverteidigung, F., »Amtsverteidigung, Pflichtverteidigung«, 19. Jh.?, s. Offizial, Verteidigung

offiziell, Adj., »amtlich«, E. 18. Jh. (Goethe 1792) Lw. frz. officiel, Adj., »amtlich«, Lw. ne. official, Adj., »amtlich«, aus lat. officialis, Adj., »zum Amt gehörig«, zu lat. officium, N., »Pflicht, Amt, Dienst«, zu lat. opus, N., »Werk, Mühe«, zu lat. facere, V., »machen, tun«

Offizier, M., »Offizier«, 15. Jh. (1488) (allgemein) (»Beamter«) bzw. 16. Jh. (Schweinichen 1579) (militärisch) Lw. frz. officier, M., »Offizier«, aus mlat. officiarius, M., »Inhaber eines Amtes«, zu lat. officium, N., »Pflicht, Amt, Dienst«, zu lat. opus, N., »Werk, Mühe«, lat. facere, V., »machen, tun«

offiziös, Adj., »halbamtlich«, (offizios E. 17. Jh. bzw. offiziös 18. Jh. Lw. frz. officieux, Adj., »dienstbeflissen«, aus lat. officiosus, Adj., »gefällig, dienstfertig, dienstbeflissen«,) 19. Jh. Lbd. frz. officieux, Adj., »halbamtlich«, s. offiziell

öffnen, V., »öffnen, offen machen«, mhd. offenen, V., »öffnen, eröffnen, kundtun«, ahd. offanōn (765), V., »eröffnen, offenbaren, enthüllen, öffnen, kundtun, bekanntmachen, zeigen«, as. opanon, V., »öffnen«, Lbd. lat. manifestare, V., »offenbaren«?, s. offen

Oheim, Ohm, M., »Oheim, Onkel, Mutterbruder, Neffe, Vetter«, mhd. œheim, ōheim, (œheime, ōheime,) M., »Oheim, Mutterbruder, Schwestersohn«, ahd. ōheim (A. 9. Jh.), »Oheim, Onkel, Mutterbruder«, westgerm. *awahaima, *awahaimaz, M., »Oheim, der im Haus des Großvaters Lebende (Mutterbruder)«, s. Heim

Ohm, N., M., »Ohm, ein Flüßigkeitsmaß«, mhd. āme, ōme, M., F., N., »Ohm«, Lw. spätlat. ama, F., »Gefäß, Weinmaß«, zu lat. hama, ama, F., »Feuereimer«, Lw. gr. áme, F., »Eimer«

Ohr, N., »Ohr«, mhd. ōre, ōr, N., »Ohr«, ahd. ōra (E. 8. Jh.), N., »Ohr«, as. ōra, N., »Ohr«, germ. *auzan, *auzōn, N., »Ohr«, idg. *ōus- (2), *aus-, Sb., »Ohr«

Ohrfeige, F., »Ohrfeige, Ohrschlag«, E. 15. Jh. (ōrfīge), s. Ohr, Feige i.S.v. »Klumpen, Schwellung«?

ohrfeigen, V., »eine Ohrfeige versetzen«, A. 19. Jh., s. Ohrfeige

okkupieren, V., »besetzen, in Besitz nehmen«, A. 16. Jh. (um 1500) Lw. lat. occupare, V., »besetzen, in Besitz nehmen«, zu lat. ob, oc, Präp., Präf., »gegen, nach«, lat. capere, V., »nehmen, fassen, ergreifen«

Okkupation, F., »Besetzung«, 16. Jh. Lw. lat. occupatio, F., »Besetzung«, zum PPP. occupatus von lat. occupare, V., »besetzen, in Besitz nehmen«, s. okkupieren

Ökologie, F., »Umweltkunde«, 19. Jh. (Haeckel 1869), zu gr. oĩkos, M., »Haus, Wohnung, Wirtschaft«, gr. lógos, M., »Wort, Sprache«, s. logie

Ökonomie, F., »Haushaltung, Wirtschaftlichkeit«, 1. H. 16. Jh. (Fuchsberger 1534) Lw. lat. oeconomia, F., »Einrichtung des Hauswesens«, Lw. gr. oikonomía, F., »Haushaltung, Verwaltung«, zu gr. oĩkos, M., »Haus, Wohnung, Wirtschaft«, gr. némein, V., »teilen, verteilen, zuteilen, bebauen«

Oktroi, M., »Verleihung durch Urkunde, Bewilligung, Bevorrechtigung«, 17. Jh. (1672) Lw. frz. octroi, F., »Bewilligung, Bevorrechtigung, Zoll, Steuer (F.)«, zu afrz. otroier, V., »gewähren«, aus mlat. *auctorizare, V., »bestätigen«, zu lat. auctorare, V., »bestätigen«, zu lat. auctor, M., »Urheber, Gewährsmann«, zum PPP. auctus von lat. augere, V., »wachsen machen«

Oktroisystem, N., »im frühneuzeitlichen Recht herrschende Praxis der Verleihung von Hoheitsrechten und der Regelung der Verfassung einer Gesellschaft durch staatliche Urkunde«, 19. Jh.?, sachlich wird das Oktroisystem im 19. Jh. durch das Konzessionssystem abgelöst, s. Oktroi, System

oktroyieren, V., »gewähren«, A. 17. Jh. (Hulsius 1629) Lw. frz. octroyer, V., »gewähren«, afrz. otroiier, V., »gewähren«, aus mlat. *auctorizare, V., »bestätigen«, zu lat. auctorare, V., »bestätigen«, zu lat. auctor, M., »Urheber, Gewährsmann«, s. Oktroi, um 1848 »aufnötigen, aufdrängen«

oktroyiert, Adj., »aufgezwungen«, M. 19. Jh.? (um 1848), s. Oktroi, oktroyieren

Ökumene, F., »Ökumene, Siedlungsraum, Gesamtheit (der Christen)«, 19. Jh. Lw. lat. oecumene, F., »bewohnte Erde«, Lw. gr. oikouméne (gé), F., »bewohnte (Erde)«, zu gr. oikeĩn, V., »wohnen«, zu gr. oĩkos, M., »Haus, Wohnung, Wirtschaft«

ökumenisch, Adj., »ökumenisch«, um 1800, s. Ökumene, isch

Ökumenischer Rat der Kirchen, M., »1948 gegründeter Zusammenschluß nahezu aller christlichen Kirchen der Welt - mit Ausnahme der katholischen Kirche - zum Zweck der Zusammenarbeit und der Annäherung in Glaubensfragen«, s. ökumenisch, Rat, Kirche

Oligarchie, F., »Herrschaft weniger«, (16. Jh. bzw. gebräuchlich) 18. Jh. (Zedler 1740) Lw. gr. oligarchía, F., »Herrschaft weniger«, zu gr. olígos, Adj., »wenig«, gr. árchein, Adj., »herrschen«

Oligokratie, F., »Staatsform in welcher der Staatswille durch eine aus dem Staatsvolk herausgehobene Gruppe von wenigen Personen (z.B. Adel) gebildet wird«, 18. Jh.?, s. Oligarchie, Aristokratie

Oligopol, N., »Wirtschaftsform welche von wenigen Personen beherrscht wird«, 19. Jh.?, s. Oligarchie, Monopol

Oma, F., »Großmutter«, 19. Jh., kindersprachliche Vereinfachung von Großmama

Ombudsmann, M., »vor allem in skandinavischen Ländern eine vom Parlament beauftragte Person welche als Verfassungsorgan den Einzelnen gegen staatlich-behördliche Rechtsverletzungen schützen soll«, 2. H. 20. Jh. Lw. schwed. ombudsman, Norwegen um 1280 umbods man, s. Amt, Mann

omni modo facturus, lat., M., »in jedem Fall tun werdender, zu einer Tat fest entschlossene Person«, zum PPP. factus von lat. facere, V., »machen, tun«

Onkel, M., »Onkel«, A. 18. Jh. (um 1700) Lw. frz. oncle, M., »Onkel«, aus lat. avunculus, M., »Oheim«, zu lat. avus, M., »Großvater«, ersetzt die differenzierten Bezeichnungen Oheim (Mutterbruder) und Vetter (Vaterbruder), Schreibweise Onkel E. 18. Jh.

Onomasiologie, F., »Wissenschaft von den Bezeichnungen eines Gegenstandes oder Begriffes«, 2. H. 20. Jh., zu gr. onomázein, V., »Wörter bilden, nennen«, zu gr. ónoma, N., »Name«

Opa, M., »Großvater«, 19. Jh. kindersprachliche Vereinfachung von Großpapa

Operation, F., »Verrichtung, insbesondere mit gewaltsamer Gewebedurchtrennung verbundene blutiger ärztlicher Eingriff«, 1. H. 16. Jh. (Paracelsus 1536 operatio bzw. Roth 1571) Lw. lat. operatio, F., »Arbeit, Verrichtung«, zu lat. opus, N., »Werk, Mühe«, zu lat. ops, F., »Vermögen, Reichtum«, schon früh eingeschränkt auf die Verrichtung (»schwerer ärztlicher Eingriff«) des Wundarztes

operieren, V., »handeln, wirken, einen ärztlichen Eingriff vornehmen (A. 18. Jh.)«, 1. H. 16. Jh. (Sachs 1548) Lw. lat. operari, V., »verrichten, arbeiten«, s. Operation

Opfer, N., »Darbietung einer Gabe, Erduldung eines Übels, Verletzter«, mhd. opfer, opher, N., »Opfer«, ahd. opfar (765), ophar, N., Opfer, Opfergabe, Dienst«, as. opper, N., »Opfer«, s. opfern

Opferentschädigung, F., »Entschädigung einer Person welche durch einen vorsätzlichen tätlichen Angriff auf sie oder einen Dritten oder durch dessen rechtmäßige Abwehr einen Gesundheitsschaden erleidet durch die Allgemeinheit«, 1985, s. Opfer, Entschädigung

Opfergrenze, F., »Grenze jenseits derer der Betroffene ein Übel nicht mehr ohne Ausgleich zu dulden braucht«, 20. Jh., s. Opfer, Grenze

opfern, V., »opfern«, mhd. opfern, V., »opfern«, ahd. opfarōn (765), opharōn, V., Lw. lat. operari, V., »verrichten, arbeiten«, zu lat. opus, N., »Werk, Mühe«, zu lat. ops, F., »Vermögen, Reichtum«, beeinflußt von lat. offerre? und lat. officium?, (daneben ahd. offarōn [A. 9. Jh.] Lw. aus lat. offerre)

opponieren, V., »Einwendungen machen«, 15. Jh. Lw. lat. opponere, V., »entgegenstellen, entgegensetzen«, zu lat. ob, op, Präp., Präf., »gegen, nach«, lat. ponere, V., »setzen, stellen, legen«

opportun, Adj., »passend, günstig«, 17. Jh.? bzw. 1. H. 18. Jh. Lw. lat. opportunus, Adj., »zur Fahrt bequem«, zu lat. ob, op, Präp., Präf., »gegen, nach«, lat. portus, M., »Hafen (M.) (1)«, zu lat. porta, F., »Tor (N.)«

Opportunist, M., »wer sich anpaßt«, M. 19. Jh., s. opportun, ist

Opportunität, F., »Gelegenheit, Vorteil, Schicklichkeit«, 17. Jh. (Sattler 1607) Lw. lat. opportunitas, F., »Gelegenheit, Vorteil, Nutzen«, s. opportun

Opportunitätsprinzip, N., »Zweckmäßigkeitsgrundsatz«, (im öffentlichen Recht)

Grundsatz des staatlichen Handelns nach der Zweckmäßigkeit«, 19. Jh., s. Opportunität, Prinzip, vgl. Ullmann 1893

Opposition, F., »Summe derjenigen politischen Kräfte die nicht an der Regierung beteiligt sind«, 16. Jh. (1546 bzw. Roth 1571) Lw. lat. oppositio, F., »Gegensatz, Gegenpartei, Widerstand«, zum PPP. oppositus von lat. opponere, V., »entgegenstellen, entgegensetzen«, vgl. Geschichtliche Grundbegriffe

oppositionell, Adj., »gegensätzlich, gegnerisch«, 19. Jh. Lw. ne. oppositional, Adj., »gegensätzlich, gegnerisch«, s. Opposition

Oppositionsklage, F., »Vollstreckungsgegenklage«, 19. Jh.? Österreich?, s. Opposition, Klage

Oppositionspartei, F., »Oppositionspartei«, Sturz 1768 (in Bezug auf England), s. Opposition, Partei

Option, F., »Recht durch einseitige (Willens-)Erklärung einen Status zu erlangen (z.B. Staatsangehörigkeit) oder einen Vertrag zustande zu bringen«, 19. Jh.? Lw. lat. optio, F., »freier Wille, freie Wahl, Belieben«, zu lat. optare, V., »wünschen«

or, Suff., »or, er«, Lw. lat. or, Suff., »or, er«

Ordal, N., »Gottesurteil«, 19. Jh. neugebildet aus ae. ordāl, N., »Urteil (Gottes« nach fränkischem Vorbild?), Lw. ahd. urteili, N., »Urteil«, s. Urteil

Orden, M., »Orden, Mönchsgemeinschaft, Ehrenzeichen (17. Jh.)«, mhd. orden, M., »Regel, Ordnung, Reihenfolge, Orden«, (ahd. ordina (1000), F., »Ordnung, Reihenfolge, Reihe«,) Lw. lat. ordo, M., »Reihe, Ordnung, ursprünglich das angezettelte Gewebe beim Weben«

ordentlich, Adj., »ordentlich«, mhd. ordenlich, Adj., »der Ordnung gemäß, der Reihe gemäß«, ahd. *ordinlīh, Adj., »ordentlich, geordnet«, z.T. Lw. lat. ordo, M., »Reihe, Ordnung«, Lüt. lat. ordinatus, Adj., »geordnet«, s. Orden, lich, Übergangslaut t seit dem 16. Jh.

ordentliche Gerichtsbarkeit, F., »allgemeine Gerichtsbarkeit, Gerichtsbarkeit in Zivilsachen und Strafsachen«, Lüs. lat. iurisdictio ordinaria, F., »ordentliche Gerichtsbarkeit«?, s. ordentlich, Gerichtsbarkeit

ordentliche Kündigung, F., »im vorgesehenen Verfahren erfolgende Kündigung«, 20. Jh.?, s. Kündigung, ordentlich

ordentlicher Rechtsweg, M., »Rechtsweg der ordentlichen Gerichtsbarkeit«, 19. Jh.?, s. Rechtsweg, ordentlich

Order, F., »Befehl, Verfügung«, M. 17. Jh. (Schorer von Memmingen 1644) Lw. frz. ordre, M., »Befehl, Auftrag«, aus lat. ordo, M., »Reihe, Ordnung«

Orderklausel, F., »Bestimmung (des Ausstellers) durch welche ein Wertpapier die Eigenschaft als Orderpapier erhält (positive Orderklausel z.B. oder an Order) oder verliert (negative Orderklausel z.B. nicht an Order)«, 2. H. 19. Jh.?, s. Order, Klausel

ordern, V., »bestellen«, 20. Jh. Lw. ne. order, V., »bestellen«, s. Order

Orderpapier, N., »Wertpapier das zwar eine bestimmte namentlich bezeichnete Person als berechtigt benennt aber den Aussteller auch verpflichtet an eine vom Benannten durch Indossament als Gläubiger bezeichnete Person zu leisten«, M. 19. Jh. (Thöl 1847 Ordrepapier) Lw. frz.?, s. Order, Papier, vgl. Weiske 1839ff.

ordinär, Adj., »gewöhnlich (E. 17. Jh.), unfein (E. 18. Jh.)«, E. 17. Jh. (Tentzel 1689) Lw. frz. ordinaire, Adj., »gewöhnlich, durchschnittlich, unfein«, aus lat. ordinarius, Adj., »ordentlich, gewöhnlich«, zu lat. ordo, M., »Reihe, Ordnung«

Ordinarius, M., »ordentlicher (Professor)«, 1. H. 16. Jh. (Paracelsus)? Lw. nlat. ordinarius (professor), M., »ordentlicher Professor«, zu lat. ordo, M., »Reihe, Ordnung«

ordnen, V., »ordnen, in Reihenfolge stellen, ordentlich besorgen, anordnen«, mhd. ordenen, V., »ordnen, einrichten«, ahd. ordinōn (830), V., »ordnen, einteilen, anordnen, ordnungsgemäß erfüllen, einreihen«, Lw. lat. ordinare, V., »ordnen«, s. Orden

Ordnung, F., »geregelter Zustand, Ordnung, Geordnetes, Ordnen«, mhd. ordenunge, F., »Ordnung, Regel, Anordnung«, ahd. ordinunga (1000), F., »Ordnung, Einteilung, Reihe«, z.T. Lw. lat. ordo, M., »Reihe, Ordnung«, Lüt. lat. ordinatio, F., »Aufstellung, Anordnung«

Ordnungsbehörde, F., »meist die Behörde deren Aufgabe die Wahrung und Sicherung der öffentlichen Ordnung und Sicherheit ist (z.B. Bauordnungsbehörde)«, 2. H. 20. Jh., s. Ordnung, Behörde

Ordnungsgeld, N., »bei Verstößen gegen verfahrensrechtliche Vorschriften vielfach angedrohte Geldleistung«, 2. H. 20. Jh., s. Ordnung, Geld

ordnungsgemäß, Adj., »der Ordnung entsprechend«, Goethe um 1800, s. Ordnung, gemäß

ordnungsgemäße Buchführung, F., »sachgemäße Führung von Geschäftsbüchern«, 19. Jh.?, s. ordnungsgemäß, Buchführung

Ordnungshaft, F., »bei Verstößen gegen verfahrensrechtliche Vorschriften vielfach angedrohte Freiheitsentziehung«, 19. Jh.?, s. Ordnung, Haft

Ordnungsmittel, N., »der Aufrechterhaltung der Ordnung und der Durchführung von Verfahren durch Ahndung oder durch Erzwingung eines Verhaltens dienende Maßnahme die insbesondere zur Ahndung ungebührlichen Verhaltens vor Gericht angeordnet werden kann«, 20. Jh.?, s. Ordnung, Mittel

Ordnungsrecht, N., »Gesamtheit der die öffentliche Ordnung betreffenden Rechtssätze«, 2. H. 20. Jh., »Recht der Reihenfolge bei Klagen« (Mainz 1755), Lüt. lat. beneficium ordinis, F., »Anspruch auf die Reihenfolge«?, s. Ordnung, Recht

Ordnungsstrafe, F., »Disziplinarstrafe«, 19. Jh., vgl. Koch 1864, Mayer 1895, Ullmann 1893

ordnungswidrig, Adj., »der Ordnung zuwiderlaufend«, Schiller vor 1805, Campe 1801ff., s. Ordnung, widrig

Ordnungswidrigkeit, F., »rechtswidrige und vorwerfbare Handlung die den Tatbestand eines Gesetzes verwirklicht das die Ahndung mit einer Geldbuße zuläßt«, 19. Jh.?, s. ordnungswidrig, heit, vgl. Mayer 1895

Ordonnanz, F., »Befehl, Vorschrift, Anordnung, Offiziersanwärter, Ordonnanz«, M. 16. Jh. (Maaler 1561) Lw. frz. ordonnance, F., »Befehl, Vorschrift, Anordnung, Überbringer des Befehls (17. Jh.)«, zu frz. ordonner, V., »anordnen«, aus lat. ordinare, V., »bestimmen, verordnen, ordnen«, zu lat. ordo, M., »Reihe, Ordnung«

ordre public, M., »Gesamtheit wesentlicher Grundsätze des (deutschen) Rechts insbesondere der Grundrechte«, 19. Jh. Lw. frz. ordre public, M., »öffentliche Ordnung«, Code civil 1803, zu frz. ordre, M., »Ordnung«, aus lat. ordo, M., »Reihe«, frz. public, Adj., »öffentlich«, aus lat. publicus, Adj., »das Volk betreffend, öffentlich«

Organ, N., »Gerät, Werkzeug (16. Jh.), Person oder Personenmehrheit durch die eine Personengesamtheit (z.B. Staat oder Verein) handelt (20. Jh.)«, »Teil des Körpers mit bestimmter Aufgabe (M. 18. Jh.)«, 16. Jh. (Möller 1585 organa) Lw. lat. organum, N., »Werkzeug, Instrument«, Lw. gr. órganon, N., »Werkzeug, Instrument«, zu gr. érgon, N., »Werk«, vgl. Geschichtliche Grundbegriffe

Organhaftung, F., »Haftung des Organs«, 20. Jh.?, s. Organ, Haftung

Organisation, F., »Einrichtung (2. H. 17. Jh.), Gestaltung der Möglichkeit sachgemäßen Handelns, Zusammenschluß von Personen (20. Jh.)«, 17. Jh. (Lebenwaldt 1681) Lw. frz. organisation, F., »Einrichtung, Gestaltung«, s. Organ

Organisationsakt, M., »Maßnahme zur Organisation der Verwaltung«, 2. H. 20. Jh., s. Organisation, Akt

Organisationsklausel, F., »Klausel eines Tarifvertrages die den Arbeitgeber bei der Beschäftigung von Arbeitnehmern binden soll«, 2. H. 20. Jh., s. Organisation, Klausel

Organisationsmangel, M., »Mangel in der Gestaltung der Möglichkeit sachgemäßen Handelns«, 2. H. 20. Jh., s. Organisation, Mangel

organisieren, V., »regeln, einrichten, schaffen«, 18. Jh. (Riedel 1767) Lw. frz. organiser, V., »regeln, einrichten, schaffen«, zu frz. organe, N., »Werkzeug, Organ«, aus lat. organum, N., »Werkzeug, Instrument«, Lw. gr. órganon, N., »Werkzeug, Instrument«, s. Organ

organisierter Streik, M., »planmäßig ausgeführter Streik«, 20. Jh.?, s. organisieren, Streik

Organismus, M., »Organismus, Gefüge, Lebewesen«, 18. Jh. (Zedler 1740) Lw. frz. organisme, M., »Organismus, Gefüge, Lebewesen«, s. organisieren, Organ

Organleihe, F., »Betrauung eines Organes einer anderen juristischen Person des öffentlichen Rechtes mit einer staatlichen Aufgabe«, um 1990, s. Organ, Leihe

Organschaft, F., »Stellung und Tätigkeit als Organ«, »finanzielle und wirtschaftliche und organisatorische Eingliederung eines rechtlich selbständigen Unternehmens (Organes) in ein anderes Unternehmen (Organträger) in der Art daß jenes keinen eigenen Willen hat«, 2. H. 20. Jh., s. Organ, schaft

Organstreit, M., »Rechtsstreitigkeit an der Organe oder Organteile desselben Staates oder derselben Körperschaft oder Anstalt beteiligt sind und die den Umfang der jeweiligen Rechte und Pflichten betrifft«, 2. H. 20. Jh., s. Organ, Streit

original, Adj., »ursprünglich«, M. 18. Jh. Lw. lat. originalis, Adj., »ursprünglich«, s. Original

Original, N., »Original, Urschrift«, M. 14. Jh. Lw. lat. originale (exemplar), N., »ursprüngliches (Exemplar)«, zu lat. originalis, Adj., »ursprünglich«, zu lat. origo, F., »Ursprung«, zu lat. oriri, V., »sich erheben, entstehen, entspringen«

originär, Adj., »ursprünglich«, 19. Jh.? Lw. frz. originaire, F., »ursprünglich«, aus lat. originarius, Adj., »ursprünglich«, zu lat. origo, F., »Ursprung«, zu lat. oriri, V., »anfangen«

originärer Eigentumserwerb, M., »ursprünglicher Eigentumserwerb«, 19. Jh.?, s. originär, Eigentumserwerb

Ornat, M., N., »Ornat, Amtstracht, Schmuck«, mhd. ornāt, M., »Amtstracht«, 14. Jh. Lw. lat. ornatus, M., »Ausrüstung, Kleidung, Schmuck«, zum PPP. ornatus von lat. ornare, V., »schmücken«

Ort, M., N., »räumlich besonders herausgehobener Platz«, mhd. ort, N., M., »Ende, Ecke, Spitze«, ahd. ort (1. H. 8. Jh.?), M., N., »Spitze, Ecke, Ende, Endpunkt, Rand«, as. ord, M., »Spitze«, germ. *uzda, *uzdaz, M., »Spitze«, zu idg. *u̯es- (4), V., »stechen«?, idg. *dhē- (2), V., »setzen, stellen, legen«

ortho, Präf., »ortho, richtig«, Lw. gr. orthós, Adj., »gerade, aufrecht«

orthodox, Adj., »rechtgläubig«, 16. Jh. (Nuß 1581 orthodoxisch) bzw. 18. Jh. (Günther 1722) Lw. lat. orthodoxus, Adj., »rechtgläubig«, zu gr. orthós, Adj., »gerade, aufrecht«, gr. dóxa, F., »Meinung, Glaube«

örtlich, Adj., »einen Ort betreffend«, 18. Jh. (Aler 1727) Lüs. lat. localis, Adj., »örtlich«, s. Ort, lich

örtliche Zuständigkeit, F., »den Ort betreffende Zuständigkeit«, 19. Jh.?, s. örtlich, Zuständigkeit

Ortsbeirat, M., »örtlicher Beirat«, 20. Jh., s. Ort, Beirat

Ortsgericht, N., »besonderes örtliches Gericht der freiwilligen Gerichtsbarkeit in Hessen (Gesetz v. 2. 4. 1980)«, s. Ort, Gericht

Ortskrankenkasse, F., »örtliche Krankenkasse, ein Träger der Krankenversicherung«, E. 19. Jh.?, s. Ort, Krankenkasse

Ortszuschlag, M., »Zuschlag zum Grundgehalt der die örtlichen Unterschiede in den Lebenshaltungskosten ausgleichen soll«, 20. Jh., s. Ort, Zuschlag

Osten, M., »Osten«, mhd. ōsten, (spätmhd. auch ōst,) M., N., »Osten«, ahd. ōstan (1000), M., N., »Osten«, zu germ. *austano, Adv., »von Osten«, zu idg. *au̯es-, *ău̯s-, V., »leuchten«

Ostern, F., »Ostern«, mhd. ōster, F., ōstern, F. Pl., »Ostern, Osterfest, Frühling«, ahd. ōstara (800), F., ōstarūn (E. 8. Jh.), F. Pl., »Ostern, Osterfest, Osterlamm«, in unklarem Zusammenhang mit Osten, Lbd. lat. albae (paschalis) »Ostern« (5. Jh.)? (, alba, F., »Morgenlicht, Morgenröte«?)

Österreich, N., »aus dem südöstlichen Teil des Herzogtums Bayern erwachsener seit 1806 vom Deutschen Reich verselbständigter jedoch bis 1866 den übrigen deutschen Staaten im Deutschen Bund verbündeter und 1919 von nichtdeutschen Staaten Europas gegen seinen Willen vom Anschluß an Deutschland ferngehaltener Staat«, 996 Ostarrīhhi, N., »Ostland«, s. Osten, Reich

Ostverträge, M. Pl., »zwischen 1970 und 1974 von der Bundesrepublik Deutschland und der Sowjetunion u.a. geschlossene Verträge«, um 1970, s. Ost, Vertrag

Ostzone, F., »östliche Zone Deutschlands«, 1945, s. Osten, Zone

P

Pacht, F., »gegenseitiger Vertrag in dem sich der eine Teil (Verpächter) verpflichtet dem anderen Teil (Pächter) den Gebrauch des gepachteten Gegenstandes und den Genuß der Früchte soweit sie nach den Regeln einer ordnungsgemäßen Wirtschaft als Ertrag anzusehen sind während der Pachtzeit zu gestatten und der andere Teil sich verpflichtet den vereinbarten Pachtzins zu zahlen«, mhd. pacht (mmd.), pachten (mmd.), packt (mmd.), F., »Vertrag, Steuer (F.), Zins«, zu mhd. pfahte, phahte, phaht, phāt, F., »Vertrag, Steuer (F.), Zins«, zu ahd. pfāht (867), phāht, M., »Vertrag, Recht, Abgabe«, germ. *pakt-, Sb., »Vertrag«, Lw. lat. pacta, (als femininer Sg. aufgefaßter N. Pl. von pactum,) »Vertrag, Steuer (F.)«, PPP. von lat. pangere, V., »befestigen, einschlagen«, Pfacht erlischt hochsprachlich im 18. Jh. zugunsten des aus westmd. Mundarten stammenden Pacht

pachten, V., »pachten«, 15. Jh. westmmd. (bzw. Stieler 1691), daneben mhd. pfahten, V., »in Gesetzesform bringen, gesetzlich oder vertraglich bestimmen, ermessen, ergründen«, Lw. mlat. pactare, V., »bestimmen«, zu lat. pactum, N., »Vertrag, Steuer (F.)«, s. Pacht

Pächter, M., »Pächter«, Stieler 1691 (Pachter) bzw. E. 18. Jh., s. Pacht

Pachtkredit, M., »Darlehen (Kredit) das durch ein Pfandrecht am landwirtschaftlichen Inventar gesichert ist«, 19. Jh.?, s. Pacht, Kredit

Pachtzins, M., »Zins für Pacht«, 17. Jh., s. Pacht, Zins

pacta sunt servanda, lat., »Verträge sind zu halten«, vgl. Dekretalen 1,35,1 Summarium (Gregor IX. 1227-34), Digesten 2,14,7, §7 (Ulpian 170-228)

pactum de non cedendo, lat., »Vertragsversprechen (des Gläubigers die Forderung) nicht abzutreten«, s. Pacht, Zession

pactum de non petendo, lat., »Vertragsversprechen (des Gläubigers die Leistung) nicht zu verlangen«, s. Pacht

Page, M., »Page, junger Diener, junger Adliger«, A. 17. Jh. (Kirchhof 1602) Lw. frz. page, M., »Edelknabe«, Lw. it. paggio, M., »junger Diener, Edelknabe«, Lw. gr. paidíon, N., »Knäblein, kleiner Diener«?

Pair, M., »Pair, bevorrechtigter Adliger«, 18. Jh. (Wächtler 1709) Lw. frz. pair, Adj., »gleich, ebenbürtig«, zu lat. par, Adj., »gleich«

Pairsschub, M., »Ernennung mehrerer zu bevorrechtigten Adligen um die Mehrheitsverhältnisse in einer Kammer zu ändern«, seit 1862 Lüt. nach ne. Vorbild

Pakt, M., »Bündnis, Vertrag«, M. 15. Jh. (1445 Augsburg) Lw. lat. pactum, N., »Vertrag, Steuer (F.)«, PPP. von lat. pangere, V., »befestigen, einschlagen«

Paladin, M., »Palastritter«, 18. Jh. Lw. frz. paladin, M., »Palastritter«, Lw. it. paladino, M., »Palastritter«, aus lat. palatinus, M., »Hügel auf welchem das Haus des Augustus stand«, zu lat. palatium, N., »Palast(, Hügel Palatium in Rom)«, s. Palast

Palast, M., »Palast«, mhd. palas, M., N., »Palast«, Lw. afrz. palais, N., »Palast«, aus lat. palatium, N., »Palast«, zu lat. Palatinus, M., »Hügel auf welchem in Rom das Haus des Augustus stand«, das auslautende t ist seit dem 13. Jh. angewachsen, s. Pfalz

pan, Präf., »pan, gesamt«, Lw. gr. pān, Adj., N. Sg., »all, jeder, ganz«

panaschieren, V., »(bei der Verhältniswahl) zusammenstellen von Kandidaten verschiedener Parteien durch den Wähler auf seinem Stimmzettel«, 2. H. 20. Jh.? Lw. frz. panacher, V., »einen bunten Federbusch machen«, zu lat. penna, F., »Feder«

Pandekten, F. Pl., »durch Justinian (530/3) zu einem Gesetzeswerk zusammengestellte Auszüge aus den Schriften der klassischen römischen Juristen (etwa von Christi Geburt bis 235 n. Chr.)«, 16. Jh. (Luther/Emser 1521 bzw. Serranus 1540 pandecta bzw. Jablonski 1721 Pandekten) Lw. lat. pandectes, pandecta (liber), F., »Pandekten«, Lw. gr. pandéktes, Adj., »alles in sich aufnehmend«, zu gr. pān, Adj. N. Sg., »all, jeder, ganz«, gr. déchesthai, V., »in Empfang nehmen, aufnehmen«, s.a. Digesten

Pandektensystem, N., »aus den römischen Rechtsquellen gewonnene Einteilung des privatrechtlichen Rechtsstoffes nach Personen und Sachen und Rechten die noch dem Bürgerlichen Gesetzbuch (welches das Personenrecht zu einem allgemeinen Teil umgestaltet und Familienrecht und Erbrecht verselbständigt) zugrundeliegt«, 20. Jh., s. Pandekten, System

Pandektistik, F., »auf den Pandekten aufbauende (romanistische) Rechtswissenschaft des 19. Jh.«, 20. Jh., s. Pandekten

Panzer, M., »Panzer«, mhd. pancier, N., »Panzer, Rüstung für den Leib«, Lw. afrz. panciere, Sb., »Rüstung für den Leib«, zu afrz. pance, F., »Wanst, Bauch, Bansen«, aus lat. pantex, F., »Wanst«

Papa, M., »Papa«, 2. H. 17. Jh. (1670) Lw.? frz. papa (1552), M., »Papa«, Lallwort der Kindersprache

Papier, N., »Papier«, spätmhd. papier, N., »Papier«, (über frz. papier?) Lw. lat. papyrum, N., »Papyrus, Papier (12. Jh.)«, zu lat. papyrus, F., »Papyrus, aus Papyrus hergestelltes Beschreibmaterial«, Lw. gr. pápyros, M., F., »Papyrus«

Papiergeld, N., »aus Papier bestehendes Geld«, A. 18. Jh. Lüs. ne. paper-money (1691), N., »Papiergeld«, frz. papier-monnaie (1727), F., »Papiergeld«, Allgemeines Bürgerliches Gesetzbuch 1811 Österreich, s. Papier, Geld

Papst, M., »(im katholischen Kirchenrecht) Träger der obersten Gewalt der Kirche«, mhd. bābes, bābest, bābst, M., »Papst«, ahd. bābes (1000), M., »Papst«, Lw. spätlat. (gräzisierendes) pāpes, M., »Vater«, zu lat. papa, M., »Vater«, auslautendes t nachträglich angewachsen, p im Nhd. unter erneutem Einfluß von lat. papa eingedrungen, sachlich ist die Anrede papa seit dem 9. Jh. auf den Papst beschränkt

para, Präf., »bei, entlang, halb«, Lw. gr. pará, Präp., Präf., »bei, neben«

Paragraph, M., »Paragraph, Abschnitt«, mhd. paragraf, M., »Zeichen, Buchstabe«, Lw. spätlat. paragraphus, F., »Trennzeichen«, Lw. gr. parágraphos, F., »Linie, Anfangslinie, Schlußlinie«, zu gr. paragráphein, V., »danebenschreiben«, zu gr. pará, Präp., Präf., »bei, entlang, halb«, gr. gráphein, V., »schreiben«, in lat. Formgebung bis ins 18. Jh., Abkürzung § aus c, cc (capitulum capituli) entwickelt? (str.)

Paraphe, F., (neben Paraph, M.,) »abgekürzter Namenszug unter Schriftstücken«, E. 18. Jh. Lw. frz. parafe (15. Jh.), paraphe, Sb., »Namenszug, Stempel mit Namenszug«, (»vorläufige Unterschrift der Unterhändler völkerrechtlicher Verträge vor Genehmigung durch die Volksvertretung«,) zu spätlat. paragraphus, M., »Trennzeichen«, völkerrechtliche Bedeutung A. 20. Jh.?

Paraphierung, F., »vorläufige Einigung über den Abschluß eines völkerrechtlichen Vertrages«, 1855, völkerrechtliche Bedeutung A. 20. Jh.?, s. Paraphe, ieren, ung

Parentel, F., »zu einer Ordnung zusammengefaßte Gruppe von Verwandten die von einem gemeinschaftlichen Vorfahren abstammen«, E. 18. Jh. (Majer 1798) Lw. lat. parentela, F., »Verwandtschaft«, zu lat. parentes, Pl., »Eltern«, Part. Präs. (parens) von lat. parere, V., »gebären«, vgl. Weiske 1839ff.

parentela, lat., F., »Verwandtschaft, Gesamtheit der Abkömmlinge eines Stammvaters«, s. Parentel

Parität, F., »Gleichheit, Gleichsetzung, Gleichstellung«, Lw. 17. Jh. (1785?) lat. paritas, F., »Gleichheit«, zu lat. par, Adj., »gleich«, seit dem 17. Jh. meist auf die christlichen Konfessionen bezogen

paritätisch, Adj., »gleichgestellt, zahlenmäßig gleich«, 18. Jh., s. Parität, isch

Park, M., »Gehege (15. Jh.), Park (18. Jh.)«, Lw. frz. bzw. afrz. parc, M., »Park«, aus mlat. parricus, M., »Gehege«, s. Pferch

parken, V., »parken, ein Fahrzeug abstellen«, 20. Jh. (um 1920) Lw. ne. park, V., »ein Fahrzeug abstellen«, zu ne. park, N., »Park, Grünanlage, Abstellplatz«, Lw. frz. parc, M., »Park«, aus mlat. parricus, M., »Gehege«, s. Pferch

Parken, N., »Verlassen eines Fahrzeuges im öffentlichen Straßenverkehr und länger als 3 Minuten dauerndes Halten«, s. parken

Parkplatz, M., »Platz zum Parken«, um 1920, s. parken, Platz

Parlament, N., »Volksvertretung, zur Gesetzgebung berufenes Organ«, 2. H. 13. Jh. (Hugo von Trimberg um 1300) »Unterredung« Lw. frz. parlement (11. Jh., Chante de Roland um 1100), M., »Unterredung, Versammlung, Gerichtsversammlung (13. Jh.)«, zu afrz. parler, V., »sprechen«, aus spätlat. paraulare, V., »sprechen«, zu (afrz. parole, F., »Wort«, aus) spätlat. parabole, F., »Wort, Gerede«, zu lat. parabole, F., »Gleichnis«, im 15. Jh. selten, im 17. Jh. Lw. ne. parliament, N., »Ständevertretung«, sachliche Frühformen des Parlamentes finden sich in England seit 1100 (bzw. verfestigt 1295), in Italien und Spanien um 1150 und in Frankreich seit dem 14. Jh., vgl. Geschichtliche Grundbegriffe

Parlamentarier, M., »Anhänger des Parlaments (E. 18. Jh.), Abgeordneter (2. H. 19. Jh.)«, E. 18. Jh. Lw. ne. parliamentarian, M., »Anhänger des Parlamentes« (17. Jh.), s. Parlament

parlamentarisch, Adj., »einem Parlament angehörig, von einem Parlament ausgehend«, (E. 18. Jh.? bzw.) 1840, Bildung nach ne. parliamentary, Adj., »parlamentarisch« (1626), frz. parlementaire, Adj., »parlamentarisch« (1780), s. Parlamentarier, isch

Parlamentarischer Rat, M., »von den Landtagen der westlichen Besatzungszonen Deutschlands gewählte Versammlung von 65 Abgeordneten zur Beratung des Grundgesetzes (1948)«, s. parlamentarisch, Rat

Parlamentarismus, M., »Regierungsform in der die Regierung vom Parlament abhängig ist«, M. 19. Jh. (1855) (für ne. constitutional government, »konstitutionelle Monarchie«), s. Parlament, vgl. Geschichtliche Grundbegriffe, frz. parlementarisme 1852

Partei, F., »(im Verfassungsrecht) Vereinigung von Bürgern die dauernd oder für längere Zeit für den Bereich des Bundes oder eines Landes auf die politische Willensbildung Einfluß nehmen und an der Vertretung des Volkes im Bundestag oder einem Landtag teilnehmen wollen wenn sie nach dem Gesamtbild der Verhältnisse eine ausreichende Gewähr für die Ernsthaftigkeit dieser Zielsetzung bieten, (im Zivilprozeß) von wem und gegen wen Rechtsschutz begehrt wird, wer tatsächlich klagt oder verklagt ist, (im Privatrecht) Gläubiger oder Schuldner eines Schuldverhältnisses«, mhd. partie, F., »Abteilung, Partei, Prozeßpartei« (um 1400 Ingelheim), Lw. afrz. partie, F., »Teil, Gebiet, Abteilung, Seite, Gruppe«, subst. PPP. von afrz. partir, V., »teilen, abteilen«, aus lat. partire, partiri, V., »teilen«, zu lat. pars, F., »Teil«, 1784 werden Whigs und Tories (in England) als Parteien bezeichnet (, in England selbst als parties bereits um 1680), vgl. Geschichtliche Grundbegriffe

Parteiänderung, F., »Änderung einer Partei während eines Prozesses«, 19. Jh., s. Partei, Änderung

Parteiantrag, M., »von einer Partei im Rechtsstreit gestellter Antrag«, 19. Jh., s. Partei, Antrag

Parteibetrieb, M., »Dispositionsmaxime, Verfahrensgrundsatz nach dem die Einleitung und Fortführung eines Prozesses nur auf Grund von Prozeßhandlungen der Parteien erfolgt (z.B. grundsätzlich im Zivilprozeß)«, 19. Jh., s. Partei, Betrieb, vgl. Planck 1896

Parteienfinanzierung, F., »Beschaffung von Mitteln zur Durchführung der Aufgaben der politischen Parteien«, 2. H. 20. Jh., s. Partei, Finanzierung

Parteienstaat, M., »durch politische Parteien bestimmter Staat«, 2. H. 20. Jh., s. Partei, Staat

Parteifähigkeit, F., »Fähigkeit in einem Rechtsstreit Partei zu sein«, 2. H. 19. Jh., s. Partei, Fähigkeit, vgl. Planck 1896

Parteigenosse, M., »Mitglied einer politischen Partei«, A. 19. Jh., s. Partei, Genosse

Parteiherrschaft, F., »Grundsatz der Verfügungsgewalt der Parteien eines Rechtsstreits über den Streitgegenstand«, 20. Jh., s. Partei, Herrschaft

Parteiprozeß, M., »Rechtsstreit den die Partei selbst oder durch jede prozeßfähige Person als Bevollmächtigten führen kann«, politisch 1851, s. Partei, Prozeß

Parteivereinbarung, F., »Vertrag«, 19. Jh., s. Partei, Vereinbarung, vgl. Planck 1896

Parteivernehmung, F., »Vernehmung einer Partei eines Rechtsstreits über den Streitgegenstand«, 19. Jh.?, s. Partei, Vernehmung

Parteiverrat, M., »Prävarikation, pflichtwidrige Tätigkeit eines Anwaltes oder anderen Rechtsbeistandes für beide Parteien ein und derselben Rechtssache«, 19. Jh.?, s. Partei, Verrat

partiarisch, Adj., »anteilig«, 19. Jh.? Lw. lat. partiarius, Adj., »zu Teilen gehend«, zu lat. pars, F., »Teil«

partiarisches Darlehen, N., »Beteiligungsdarlehen«, 19. Jh.?, s. partiarisch, Darlehen

partiarisches Verhältnis, N., »Beteiligungsverhältnis«, 20. Jh.?, s. partiarisch, Verhältnis

partiell, Adj., »teilweise«, 18. Jh. (1793) Lw. frz. partiell, Adj., »teilweise«, aus spätlat. partialis, Adj., »teilweise«, zu lat. pars, F., »Teil«

Partikel, N., »Teilchen«, F., »unflektierbares Wort«, M. 15. Jh. (Fuchsberger 1534) Lw. lat. particula, F., »Teilchen«, zu lat. pars, F., »Teil«

partikular, Adj., »einen Teil betreffend«, 16. Jh. (Roth 1571) Lw. spätlat. particularis, Adj., »einen Teil betreffend«, s. Partikel, vgl. Geschichtliche Grundbegriffe

Partikularrecht, N., »in einzelnen Gebieten eines einheitlichen staatsrechtlichen oder völkerrechtlichen Gebildes besonders geltendes Recht (z.B. im ersten Deutschen Reich oder in der Gegenwart im Bereich des Verwaltungsrechts)«, 19. Jh.?, Lüs. lat. ius particulare, N., »partikulares Recht«, s. partikular, Recht, vgl. Eichhorn 1836

Partner, M., »Partner«, 19. Jh. (Goethe 1814 bzw. häufiger 2. H. 19. Jh.) Lw. ne. partner, M., »Teilhaber, Partner«, zu me. parcener, N., »Teilhaber«, Lw. afrz. parconier, M., »Teilhaber«, aus spätlat. partionarius, M., »Teilhaber«, zu lat. partitio, F., »Teilung«, zum Part. Prät. partitus von lat. partire, partiri, V., »teilen«, zu lat. pars, F., »Teil«

Parzelle, F., »kleines Stück Land«, um 1800 Lw. frz. parcelle, F., »Teilchen, Grundstück«, aus vulgarlat. *particella, F., »Teilchen«, zu lat. particula, F., »Teilchen«, zu lat. pars, F., »Teil«

parzellieren, V., »(Land) in Stücke teilen«, um 1800 Lw. frz. parceller, V., »(Land) in Stücke teilen«, zu frz. parcelle, F., »Teilchen, Grundstück«, s. Parzelle

Pascha, M., »Pascha«, 18. Jh. Lw. türk. paša, M., »Oberherr«, Lw. pers. pādisāh, M., »Oberkönig«

paschen, V., »schmuggeln«, Lw. rotw. passen (1755), baaschen (1820), V., »kaufen (18. Jh.)«, zu zigeunersprachl. pāš, F., »Teil«?

Paß, M., »für den Ausweis einer Person bei der Einreise und Ausreise und dem Aufenthalt im Ausland grundsätzlich erforderliche öffentliche Urkunde«, A. 16. Jh. (bzw. 17. Jh.), gekürzt aus (paßbrif [15. Jh.] bzw.) paßport (15. Jh. [1498]), M., »Paß, Paßport«, Lw. frz. passeport, M., »Mitgeführtes, Durchreiseerlaubnis«, zu frz. pas, M., »Schritt, Gang«, aus lat. passus, M., »Schritt, Gang«, und zu frz. porter, V., »tragen« (str.), aus lat. portare, V., »tragen«, oder zu frz. port, M., »Hafen (M.) (1)«, aus lat. portus, M., »Hafen (M.) (1), Mündung«

passiv, Adj., »untätig, ablehnend«, 18. Jh. (Laukhard 1796) Lw. lat. passivus, Adj., »empfindsam, leidensfähig«, zum Part. Prät. Akt. passus von lat. pati, V., »dulden, erdulden«

Passiva, N. Pl., »diejenigen Vermögensteile eines Unternehmens die auf der Passivseite der Bilanz ausgewiesen werden«, A. 18. Jh. (1710), dt. Form Passiven E. 19. Jh. (1872), s. passiv

passives Wahlrecht, N., »das Recht gewählt zu werden«, 19. Jh., s. passiv, Wahlrecht

Passivlegitimation, F., »Beklagtenbefugnis, passive Sachbefugnis (z.B. des Käufers beim Kaufpreisanspruch)«, 19. Jh.?, s. passiv, Legitimation

Passivvertretung, F., »Vertretung auf der Seite eines Erklärungsempfängers«, 20. Jh., s. passiv, Vertretung

Pastor, M., »Pastor, Geistlicher«, mhd. pastor, M., »Pfarrer«, 14. Jh. (1315) Lw. mlat. pastor, M., »Seelenhirte, Pastor«, zu lat. pastor, M., »Hirte«, zum Part. Prät. pastus von lat. pascere, pasci, V., »weiden, fressen (lassen)«

Pate, M., »Pate«, mhd. bate, pate, M., »Pate«, ursprünglich nordd. Lw. lat. pater (spiritualis), M., »Vater (im geistigen Sinn), Pate«, Abfall des r

Patenschaft, F., »Mitverantwortung«, 16. Jh.? (Luther vor 1546 pattschaft), s. Pate, schaft

Patent, N., »amtliche Mitteilung (2. H. 16. Jh.), (vor allem in der Rechtsgeschichte) Urkunde über eine Rechtshandlung durch die öffentlich ein Recht verliehen wird«, (seit dem 19. Jh.) »einem Erfinder vom Staat ausschließlich erteiltes zeitlich - auf 20 Jahre - begrenztes Recht eine Erfindung gewerbsmäßig zu benutzen«, 2. H. 16. Jh. (1574) Lw. mlat. (litterae) patentes, F. Pl., »offener (Brief)« bzw. 17. Jh. Lw. frz. patente, F., »Bestallungsbrief, Gewerbeschein«, verkürzt aus frz. lettre patente, F., »offener Brief«, aus lat. (litterae) patentes, F., »offener (Brief)«, zu lat. patens, Part. Präs., »offenstehend, offen«, zu lat. patere, V., »offenstehen, offen sein«

Patentamt, N., »für die Erteilung von Patenten zuständige obere Bundesbehörde (in München)«, 19. Jh., s. Patent, Amt

Patentanwalt, M., »berufsmäßiger Berater in Patentangelegenheiten«, 19. Jh.?, s. Patent, Anwalt

Patentgericht, N., »Gericht in Patentangelegenheiten«, 20. Jh.?, s. Bundespatentgericht, Patent, Gericht

patentieren, V., »mit Patent versehen«, E. 18. Jh. (1790), s. Patent, ieren

Patentrecht, N., »ein Patent betreffendes Recht«, vor 1900, s. Patent, Recht

Pater, M., »Pater, Klostergeistlicher«, 1. H. 16. Jh. Lw. mlat. pater (monasterius), M., »Ordensgeistlicher«, zu lat. pater, M., »Vater« (als Anrede zunächst nur für einen Abt, später für alle Geistlichen eines Klosters)

pater familias, lat., M., »Hausvater«, zu lat. pater, M., »Vater«, lat. familia, F., »Familie«

Patient, M., »Patient, Kranker«, 1. H. 16. Jh. (Begardi 1539) Substantivierung zu lat. patiens, Adj., »duldend, leidend«, Part. Präs. von lat. pati, V., »dulden, erdulden«

Patin, F., »Taufzeugin, Patin«, 17. Jh., s. Pate

Patriarch, M., »Patriarch, Bischof«, mhd. patriarche, patriarke, patriark, M., »Patriarch, Kirchenoberhaupt«, Lw. kirchenlat. patriarcha, M., »Patriarch, Bischof«, Lw. gr. patriárches, M., »Kirchenoberhaupt, Stammvater«, zu gr. patriá, F., »Volk, Abstammung«, zu gr. patér, M., »Vater, Stammvater«, zu gr. árchein, V., »herrschen«

patriarchalisch, Adj., »wie ein Patriarch, ehrwürdig (18. Jh.), vaterrechtlich (19. Jh.)«, s. Patriarch, isch

Patriarchat, N., M., »Amtsbereich eines Patriarchen (16. Jh.), Vaterrecht (19. Jh.)«, Lw. mlat. patriarchatus, M., »Amtsbereich eines Patriarchen«, s. Patriarch

Patrimonialgericht, N., »Patrimonialgericht«, 1813, zu lat. patrimonialis, Adj., »zum Erbgut gehörig«, s. Patrimonium, Gericht

Patrimonialgerichtsbarkeit, F., »Gutsherrngerichtsbarkeit (bis 27. 1. 1877)«, Allgemeines Landrecht 1794 Preußen, s. Patrimonialgericht, bar, heit

Patrimonium, N., »Erbgut, Erbvermögen«, 15. Jh. (1511) Lw. lat. patrimonium, N., »Erbgut, Erbvermögen«, zu lat. pater, M., »Vater«

Patristik, F., »Literatur der Kirchenväter«, 19. Jh.?, zu lat. pater, M., »Vater«

Patrizier, M., »Angehöriger der römischen sowie der mittelalterlich-städtischen Oberschicht«, fnhd. (Golius 1579 patricius) bzw. 18. Jh. (Patrizier) Lw. lat. patricii, M. Pl., »Patrizier (Roms)«, zu lat. patricius, Adj., »zum Stand der (römischen) patres gehörig«, zu lat. pater, M., »Vater«

Patron, M., »Schutzherr«, mhd. patrōn (13. Jh.), paterōn, patrōne, M., »Schutzherr«, Lw. lat. patronus, M., »Schutzherr, Verteidiger«, zu lat. pater, M., »Vater«

Patronat, N., »Gesamtheit der Rechte und Pflichten des Schutzherrn einer meist auf dessen Grund und Boden gebauten (Eigen-)Kirche in Bezug auf diese (z.B. Besetzungsvorschlagsrecht)«, 18. Jh. (1703) Lw. lat. (ius) patronatus, N., »Patronat«, zu lat. patronus, M., »Schutzherr, Verteidiger«, zu lat. pater, M., »Vater«, s. Patron

Patrone, F., »Patrone, Metallhülse und Inhalt eines Geschosses«, M. 16. Jh. (Boltz 1549) Lw. frz. patron, M., »Form, Muster, Modell«, aus lat. patronus, M., »Schutzherr«, zu lat. pater, M., »Vater«, Bedeutungsentwicklung »Schutz, Hülle, Form, Form samt Inhalt«

Pauperismus, M., »Massenarmut«, um 1835 Lw. ne. pauperism (1815), N., »Massenarmut«, zu lat. pauper, Adj., »arm, armselig«, s. ismus

Pazifismus, M., »Friedensliebe«, um 1900 Lw. frz. pacifisme (19. Jh.), M., »Friedensliebe«, zu frz. pacifique, Adj., »friedliebend«, aus lat. pacificus, Adj., »friedliebend«, zu lat. pax, F., »Friede«, lat. facere, V., »machen, tun«, s. ismus

peculium, lat., N., »Sondergut, besonderes Gut mit welchem ein Gewaltunterworfener (z.B. Haussohn) faktisch wirtschaften kann«, zu lat. pecus, N., »Vieh«

Pein, F., »Pein, Qual«, mhd. pīne, pīn, F., pīn, M., »Strafe, Leibesstrafe, Qual, Pein«, ahd. pīna (nach 765?), F., »Schmerz, Qual, Pein, Not«, as. pīna, F., »Pein, Qual«, germ. *pīna?, F., »Pein, Qual, Strafe«?, Lw. spätlat. pena, F., »Höllenstrafe«, lat. poena, F., »Buße, Strafe«, Lw. gr. poiné, F., »Buße, Strafe«

peinlich, Adj., »schmerzlich, Strafen betreffend«, mhd. pīnlich, Adj., »strafwürdig, straffällig, peinlich, schmerzlich, grausam«, s. Pein, lich

Peinliche Gerichtsordnung Karls V., 1532, s. peinlich, Gerichtsordnung

Peitsche, F., »Peitsche«, spätmhd. pītsche, F., »Peitsche«, 14. Jh. (obd. picze) ostmmd. (pytcze) Lw. westslaw. Mundart, zu akirchenslaw. biči, Sb., »Geißel«, zu akirchenslaw. biti, V., »schlagen«

Pension, F., »Ruhestandsgeld, Unterkunft«,

A. 15. Jh. (1404) Lw. frz. pension, F., »Besoldung, Gehalt«, aus lat. pensio, F., »Wägen, Zahlen, Zahlung«, zum PPP. pensus von lat. pendere, V., »wägen«, seit 18. Jh. auch »Unterkunft«

pensionieren, V., »mit einem Ehrensold ausstatten, in den Ruhestand versetzen (18. Jh.)«, Lw. frz. pensionner, V., »mit einem Ehrensold ausstatten«, s. Pension

per, Präf., »durch, ganz«, Lw. lat. per, Präp., Präf., »durch«

Peregriner, M., »Fremder«, 19. Jh.? Lw. lat. peregrinus, M., »Fremder«, zu lat. peregre, Adv., »außerhalb der Stadt«, zu lat. per, Präp., Präf., »durch«, lat. ager, M., »Acker«, vgl. Weiske 1839ff.

peremptorisch, lat., Adj., »zerstörend«, 19. Jh. Lw. lat. peremptorius, Adj., »tötend, peremptorisch«, zum PPP. peremtus von lat. perimere, V., »gänzlich wegnehmen«, zu lat. per, Präp., Präf., »durch«, lat. emere, V., »nehmen«

peremptorische Einrede, F., »zerstörende Einrede«, 19. Jh.?, s. peremptorisch, Einrede

Periode, F., »Zeitabschnitt«, 2. H. 15. Jh. (in lat. Form Wedel um 1600) bzw. 2. H. 17. Jh. (Laurenberg 1652 bzw. Winckelmann 1764) mlat. periodus, M., »Gliedersatz«, Lw. gr. períodos, M., »Herumgehen«, zu gr. perí, Präp., Präf., »um«, gr. hodós, M., »Weg«

Perklusionsrecht, N., »Zurückbehaltungsrecht des Vermieters«, 19. Jh.? Österreich, s. Recht

perpetuatio fori, lat., F., »Fortdauer (der Zuständigkeit) des Gerichts (bei - der Rechtshängigkeit nachfolgenden - Veränderungen«, zu lat. perpetuare, V., »fortdauern«, zu lat. perpetuus, Adj., »aneinanderhängend«, zu lat. per, Präp., Präf., »durch«, lat. petere, V., »greifen, begehren, verlangen, fordern«

Person, F., »wer Träger von Rechten und Pflichten sein kann (Rechtssubjekt), Mensch (natürliche Person), rechtlich geregelte soziale Organisation (Zusammenfassung von Personen oder Sachen) der die geltende Rechtsordnung eine eigene Rechtsfähigkeit zuerkennt so daß sie unabhängig von ihrem Mitgliederbestand selbst Träger von Rechten und Pflichten ist (juristische bzw. früher moralische oder juridische Person)«, mhd. persōne, persōn, F., »Person, Gestalt, Ansehen«, Lw. lat. persona, F., »Maske, Rolle, Person«, sachlich entstand der juristische Begriff der Person in der systematischen Jurisprudenz des 16. Jh.s (Althusius, Dicaeologica 1,4 Persona est homo, iuris commercium habens), vgl. Allgemeines Landrecht 1794 Preußen (Der Mensch wird, in so fern er gewisse Rechte in der bürgerlichen Gesellschaft genießt, eine Person genannt), s. persona

persona, lat., F., »Person«, zu lat. *perzonare, V., »verkleiden«, zu lat. per, Präp., Präf., »durch«, gr. zóne, F., »Gürtel«

persona non grata bzw. persona ingrata, F., »unerwünschte Person«, s. persona, lat. ingratus, Adj., »unangenehm« zu lat. in, Partik., Präf., »un«, lat. gratus, Adj., »angenehm«

personal, Adj., »eine Person betreffend«, 18. Jh. Lw. lat. personalis, Adj., »persönlich«, zu lat. persona, F., »Person«

Personal, N., »Gesamtheit der Beschäftigten«, E. 18. Jh. Lw. mlat. personale, N., »zusammengehörige Personen gleicher Stellung«, zu lat. personalis, Adj., »persönlich«, s. personal

Personalakte, F., »über eine Person insbesondere einen Beamten angelegte Akte«, 20. Jh.?, s. personal, Akte

Personalausweis, M., »zum Ausweis einer Person bestimmte öffentliche Urkunde«, 20. Jh.?, s. personal, Ausweis

Personalfirma, F., »auf einen Personennamen lautende Firma«, 20. Jh.?, s. Personal, Firma

Personalfolium, N., »Personenblatt, das über mehrere Grundstücke desselben Eigentümers (deren Grundbücher von demselben Grundbuchamt geführt werden) geführte gemeinschaftliche Grundbuchblatt«, s. personal, Folium, vgl. Weiske 1839ff.

Personalgesellschaft, F., »Gesellschaft bei der die persönliche Beteiligung im Vordergrund steht und es nicht entscheidend auf die Kapitalbeteiligung ankommt«, 19. Jh.?, s. personal, Gesellschaft

Personalhoheit, F., »Hoheitsgewalt des Staates über seine Staatsangehörigen und Befugnis des Dienstherrn (Staat) sich seine Bediensteten im Rahmen der Gesetze nach freiem Ermessen auszuwählen bzw. sie einzustellen bzw. zu befördern und zu entlassen«, 20. Jh.?, s. personal, Hoheit

Personalien, N. Pl., »Angaben zur Person«, E. 17. Jh., zu mlat. personalia, N. Pl., »persönliche Dinge«, s. personal

Personalinformationssystem, N., »mit Hilfe der elektronischen Datenverarbeitung aufgebautes System von Daten über persönliche Verhältnisse oder Eigenschaften oder Verhaltensweisen von Arbeitnehmern«, um 1980, s. personal, Informationssystem

Personalität, F., »Persönlichkeit«, Lw. frz. personnalité, F., »Persönlichkeit«, zu lat. personalis, Adj., »persönlich«, s. personal

Personalitätsprinzip, N., »Grundsatz die rechtlichen Verhältnisse nicht nach einem Ort (Territorialitätsprinzip) sondern nach einer Person zu bestimmen«, 19. Jh., s. Personalität, Prinzip, vgl. Gerber 1895

Personalkörperschaft, F., »Körperschaft des öffentlichen Rechts bei der die Zugehörigkeit von einem persönlichen Tatbestand abhängt (z.B. Ärztekammer)«, 20. Jh., s. personal, Körperschaft

Personalkredit, M., »Darlehen (Kredit) das (nur) durch die Person des Darlehensnehmers oder Bürgen oder Mitschuldners gesichert ist«, 20. Jh.?, s. personal, Kredit

Personalrat, M., »geschäftsführendes Organ im Rahmen der Personalvertretung«, 2. H. 20. Jh., s. personal, Rat

Personalstatut, N., »(im internationalen Privatrecht) eine Person als solche betreffende Angelegenheiten (z.B. Abstammung)«, 19. Jh., s. personal, Statut, vgl. Eichhorn 1836

Personalunion, F., »Verbindung zweier Staaten durch die Person desselben Staatsoberhauptes (z.B. England und Hannover 1714-1837)«, Jordan 1831, Lw. spätlat. personalis unio, F., »Personalunion« (Pütter 1776)

Personalversammlung, F., »(im öffentlichen Dienst) Versammlung aller Bediensteten der Dienststelle«, 20. Jh., s. personal, Versammlung

Personalvertretung, F., »Vertretung der Beamten und Angestellten und Arbeiter des öffentlichen Dienstes«, 20. Jh., s. personal, Vertretung

Personenbeförderung, F., »Beförderung von Personen«, 20. Jh., s. Person, Beförderung

Personenbeförderungsrecht, N., »Gesamtheit der die Personenbeförderung betreffenden Rechtsregeln«, um 1980?, s. Personenbeförderung, Recht

Personenrecht, N., »Gesamtheit der Rechtssätze welche die Personen des Rechtslebens betreffen«, 17. Jh. (Stieler 1691) Lw. lat. ius personarum, N., »Recht der Personen«, sachlich entstammt die schon bei Gaius (161) sichtbare und vermutlich bereits von Quintus Mucius Scaevola (140-82 v. Chr.) verwendete Unterscheidung von personae (Personen) und res (Sachen) der griechischen Philosophie

Personenschaden, M., »an natürlichen Personen entstehender Schaden«, 19. Jh.?, s. Person, Schaden

Personensorge, F., »Recht und Pflicht der Eltern oder anderer Berechtigter für die Person eines Kindes zu sorgen«, Kipp 1928, Bürgerliches Gesetzbuch 1980

Personenstand, M., »familienrechtlich auf Abstammung oder Rechtsakt beruhendes Verhältnis einer Person zu einer anderen«, 1875, »Personalbestand« 1847, s. Person, Stand

Personenstandsbuch, N., »(seit 13. 11. 1937) vom Standesbeamten über den Personenstand geführtes öffentliches Register«, 20. Jh.?, s. Personenstand, Buch

Personenstandsfälschung, F., »Fälschung des Personenstandes«, 20. Jh.?, s. Personenstand, Fälschung, vgl. Hälschner 1887 Veränderung des Personenstands

Personenvereinigung, F., »Verbindung mehrerer Personen zu einer Einheit«, 19. Jh.?, s. Person, Vereinigung

Personenversicherung, F., »Versicherung bei der nach dem Eintritt des Versicherungsfalls der vereinbarte Betrag an Kapital oder Rente zu zahlen oder die sonst vereinbarte Leistung zu bewirken ist (z.B. Lebensversicherung)«, 20. Jh.?, s. Person, Versicherung

persönlich, Adj., »persönlich«, mhd. persönlich, persœnlich, Adj., »persönlich«, 15. Jh. (1484 Nürnberg) Lüs. lat. personalis, Adj., »persönlich«, s. Person

persönliche Haftung, F., »Haftung als Person mit dem ganzen Vermögen«, 19. Jh.?, s. persönlich, Haftung

persönlicher Strafaufhebungsgrund, M., »nur für die betreffende Person wirkender Strafaufhebungsgrund«, 20. Jh.?, s. persönlich, Strafaufhebungsgrund

persönliches Erscheinen, N., »Erscheinen

in Person«, 19. Jh., s. persönlich, Erscheinen, vgl. Planck 1896

Persönlichkeit, F., »ausgeprägte Individualität eines Menschen«, spätmhd. persönlicheit (A. 13. Jh. Herbert von Fritzlar um 1200?), F., »Persönlichkeit«, Lüs. lat. personalitas, F., »Persönlichkeit«, s. persönlich, heit

Persönlichkeitsrecht, N., »Recht jedes einzelnen Menschen auf Achtung seiner Würde und seines Eigenwertes als individuelle Persönlichkeit«, 2. H. 19. Jh.?, s. Persönlichkeit, Recht, sachlich wurde ein allgemeines Persönlichkeitsrecht 1954 vom deutschen Bundesgerichtshof (BGHZ 13, 334ff.) anerkannt

pervers, Adj., »abartig«, 16. Jh. Lw. (frz. pervers, Adj., »schlecht«,) lat. perversus, Adj., »verkehrt, schlecht«, PPP. von lat. pervertere, V., »umkehren, verderben«, zu lat. per, Präp., Präf., »durch«, lat. vertere, V., »wenden, drehen«

Petition, F., »Fordern oder Erwarten einer bestimmten Handlung der zuständigen Stelle bzw. der Volksvertretung durch den Einzelnen«. spätmhd./fnhd. (14. Jh. peticion bzw. 1541) Lw. lat. petitio, F., »Streben, Bitten, Bewerbung, Anspruch, Klage«, zum PPP. petitus von lat. petere, V., »greifen, begehren, verlangen, fordern«, Petition verdrängt um 1800 Supplikation

Petition of Rights, N., »englisches Verfassungsgrundgesetz (1628) das Steuern von der Zustimmung des Parlamentes und Verhaftung von gesetzlichen Voraussetzungen abhängig macht«, s. Petition, Recht

Petitionsausschuß, M., »für die Entgegennahme und Behandlung einer Petition zuständiger Ausschuß des Parlaments«, 1975, s. Petition, Ausschuß

Petitionsrecht, N., »jedermann zustehendes Recht sich einzeln oder in Gemeinschaft mit anderen schriftlich mit Bitten oder Beschwerden an die zuständigen Stellen und an die Volksvertretung zu wenden«, 1818 Bayern bzw. Buchholz 1821, s. Petition, Recht, vgl. Weiske 1839ff.

petitio principii, lat., F., »Beanspruchen eines (unbeweisbaren) Grundsatzes (für eine Beweisführung)«, Zedler 1741, zu lat. petitio, F., »Streben, Bitten«, s. Petition, und zu lat. principium, N., »Anfang«, s. Prinzip

petitorisch, Adj., »petitorisch, zum Anspruch aus Eigentum gehörig«, 19. Jh.? Lw. lat. petitorius, Adj., »zum Anhalten (um ein Amt) gehörig«, zu lat. petitor, M., »Bewerber«, zum PPP. petitus von lat. petere, V., »greifen, begehren, verlangen, fordern«

petitorischer Anspruch, M., »auf das Eigentum gegründeter Anspruch«, 19. Jh.?, s. petitorisch, Anspruch

Petschaft, N., »Siegelstempel«, mhd. petschat (um 1300 bzw. 14. Jh. Prager Kanzlei) Lw. slowen. pecát, Sb., »Siegel, Stempel«, zu aslaw. pesti, V., »braten, rösten«, frühe Angleichung an schaft

Pfaffe, M., »Pfaffe, Geistlicher«, mhd. pfaffe, phaffe, M., »Geistlicher, Weltgeistlicher, Priester«, ahd. pfaffo (9./10. Jh.), phaffo, M., »Pfaffe, Priester, Geistlicher, Pfarrer«, vorahd. Lw. lat. papa, M., »Vater, Kleriker«, Lw. gr. papas, M., »Kleriker«, seit 16. Jh. abschätzig gebraucht

Pfahl, M., »Pfahl«, mhd. pfāl, phāl, M., »Pfahl«, ahd. pfāl (10. Jh.), phāl, M., »Pfahl, Pflock«, as. pal, M., »Pfahl«, frühes Lw. lat. palus, M., »Pfahl«, (als pakselos*) zu lat. pangere, V., »befestigen«

Pfahlbürger, M., »Pfahlbürger, vor der Stadt wohnender (Bürger)«, mhd. pfālburger (13. Jh., 1231/2), phālburger, M., »Pfahlbürger, Bürger der außerhalb der Stadtmauern wohnt«, s. Pfahl, Bürger

Pfalz, F., »Pfalz«, mhd. pfalenze, phalenze, F., »Pfalz, Wohnung eines Fürsten«, ahd. pfalinza (nach 765?), phalinza, F., »Pfalz, Palast, Hof, Haus, Tempel«, germ. *palant-, Sb., »Palatin, Pfalz, Burg«, Lw. spätlat. palantia, N. Pl., »Palast«, zu lat. palatium, N., »Palast«, zu lat. Palatinus, M., »Hügel auf welchem in Rom das Haus des Augustus stand«, s. Palast

Pfalzgraf, M., »Pfalzgraf«, mhd. pfalenzgrāve, M., »Pfalzgraf«, ahd. pfalinzgrāfo (1000), pfalinzgrāfio (9. Jh.), M., »Pfalzgraf, Vorsteher der königlichen Pfalz«, s. Pfalz, Graf

Pfand, N., »der Sicherung eines Anspruchs dienende (bewegliche) Sache bzw. an ihr bestehendes Recht«, mhd. pfant, phant, N., »Pfand, Unterpfand, Bürgschaft«, ahd. pfant (2. H. 8. Jh.), phant, N., »Pfand«, as. pand, N., »Pfand«, germ. *pant-, Sb., »Pfand«, Lw. lat. pannus, M., »Tuch, Fahne«?, Lw. lat. pondus, N., »Gewicht«?

Pfandbrief, M., »Hypothekenpfandbrief, festverzinsliche unkündbare Schuldverschreibung eines Kreditinstitutes (Pfandbriefanstalt) durch deren Ausgabe dieses sich Mittel verschafft die es unter hypothekarischer Sicherung als Darlehen ausgibt«, 1769 Preußen?, mhd. pfantbrief, M., »Verpfändungsurkunde«, 1423, s. Pfand, Brief

pfänden, V., »als Pfand nehmen lassen«, mhd. pfenden, phenden, V., »einem ein Pfand abnehmen, einen pfänden, einen auspfänden, einen einer Sache berauben oder von einer Sache befreien«, ahd. pfantōn (9./10. Jh.), phantōn, V., »verpfänden«, s. Pfand

Pfandgläubiger, M., »Inhaber eines Pfandrechtes an einer (beweglichen) Sache«, Nürnberg 1479 pfandglaubiger, M., »Pfandherr«, Lüt. lat. creditor hypothecarius, M., »Hypothekengläubiger«, s. Pfand, Gläubiger

Pfandkehr, F., »Wegnahme einer eigenen beweglichen Sache (oder einer fremden beweglichen Sache zugunsten des Eigentümers derselben) vom Nutznießer oder Pfandgläubiger oder demjenigen welchem an der Sache ein Gebrauchsrecht oder Zurückbehaltungsrecht zusteht in rechtswidriger Absicht«, Hayme 1738, Frisch 1741, s. Pfand, Kehr

Pfandrecht, N., »zur Sicherung einer Forderung (z.B. Rückzahlung eines Darlehens) bestimmtes dingliches Recht an einem fremden Gegenstand kraft dessen der Gläubiger berechtigt ist sich aus dem belasteten Gegenstand (vorzugsweise) zu befriedigen«, mhd. pfantreht, phantreht, N., »Befugnis zu pfänden, Befugnis ein Pfandgeld zu begehren, Gebühr des Pfandhalters«, s. Pfand, Recht

Pfandreife, F., »Zeitpunkt der Fälligkeit der gesicherten Forderung«, 19. Jh.?, s. Pfand, Reife

Pfandsiegel, N., »Marke die der Gerichtsvollzieher bei der Beschlagnahme (Pfändung) zu deren Kenntlichmachung an der betroffenen Sache anbringt«, 19. Jh.?, s. Pfand, Siegel

Pfändung, F., »grundsätzlich dem Staat vorbehaltene Beschlagnahme eines Gegenstandes zwecks Sicherung oder Befriedigung eines Gläubigers wegen einer Geldforderung«, mhd. pfandunge, phandunge, pfendunge, F., »Pfändung, Verpfändung, Pfand«, 1478 Österreich, s. pfänden, ung

Pfändungsbeschluß, M., »Beschluß des Vollstreckungsgerichts der die Pfändung einer Forderung oder eines sonstigen Rechts beinhaltet«, 19. Jh., s. Pfändung, Beschluß, vgl. Planck 1896

Pfändungsschutz, M., »aus sozialen Gründen geschaffener gänzlicher oder teilweiser Schutz eines Schuldners vor Pfändung«, 19. Jh., s. Pfändung, Schutz

Pfarre, F., »Pfarre, Pfarrei«, mhd. pfarre, pharre, F., »Pfarre, Pfarrkirche«, ahd. pfarra (2. H. 8. Jh.), pharra, F., »Pfarre, Sprengel, Parochie«, Lw. spätlat. parrochia, paroecia, F., »Sprengel, Parochie«?, Lw. gr. paroikía, F., »Nachbarschaft, Gemeinde«, zu gr. pároikos, M., »Nachbar«, zu gr. pará, Präp., Präf., »bei, entlang, halb«, gr. oĩkos, M., »Haus, Wohnung, Wirtschaft«, Einfluß von lat. parricus, M., »Gehege«?

Pfarrer, M., »Pfarrer«, mhd. pfarrære (12. Jh.), pharrære, pfarrer, M., »Pfarrer«, s. Pfarre

Pfennig, M., »Pfennig«, mhd. pfenninc, phenninc, M., »Münze, Pfennig«, ahd. pfending (765), phending, pfenning, M., »Pfennig, Denar, Münze, Silbermünze«, as. penning, M., »Pfenning«, zu germ. *pand-, *pant-?, Sb., »Pfand«?, Lw. lat. pannus, M., »Tuch, Fahne«?, Lw. lat. pondus, N., »Gewicht«?

Pferch, M., »Pferch«, mhd. pherrich, pferrich, M., »Einfriedung«, ahd. pfarrih (9. Jh.), pharrih, pferrih, M., »Pferch, Gehege, Hürde«, Lw. mlat. parricus, M., »Gehege«, zu iber. *parra, F., »Spalier«?

Pfingsten, F. Pl., »Pfingsten«, mhd. pfingeste, phingeste, F., »Pfingsten« (Dat. Pl. zu einem Nom. Sg. erstarrt), (ahd. fimfkusti [800], F. Pl., »Pfingsten«,) as. pinkoston, F. Pl., »Pfingsten«, (z.T.) Lw. gr. pentekosté (heméra), F., »(fünfzigster [Tag],) Pfingsten«

Pfinztag, M., »Donnerstag« (südostd.), mhd. pfinztac, phinztac, M., »Donnerstag«, Lw. bzw. Lüs. gr. pémpte heméra, F., »fünfter Tag«

Pfister, M., »Bäcker« (obd.), mhd. pfister, phister, M., »Bäcker«, ahd. pfistur (9. Jh.), phistur, M., »Bäcker«, germ. *pister, M., »Bäcker«?, Lw. lat. pistor, M., »Bäcker«

Pflanze, F., »Pflanze«, mhd. pflanze, phlanze, F., »Pflanze«, ahd. pflanza (9./10. Jh.), phlanza, F., »Pflanze, Schößling«, germ. *planta, F., »Pflanze«, Lw. lat. planta, F., »Setzling, Sohle«, zu lat. plantare, V., »die Erde um den Setzling mit der Sohle festtreten«

Pflanzenschutz, M., »Schutz von Pflanzen vor Schadorganismen und anderen schädlichen Einwirkungen«, Pflanzenschutzgesetz vom 25. 9. 1986, s. Pflanze, Schutz

Pflege, F., »Pflege, Fürsorge«, mhd. phlege, F., »liebende Besorgung, Fürsorge, Obhut, Vormundschaft, Pflege«, s. pflegen

Pflegekind, N., »(bis 31. 12. 1990) Minderjähriger unter 16 Jahren der sich dauernd oder nur für einen Teil des Tages (jedoch regelmäßig außerhalb des Elternhauses) in Familienpflege befindet«, »unter Vormundschaft stehendes Kind« 1479 Nürnberg, s. Pflege, Kind

pflegen, V., »pflegen«, mhd. pflegen, phlegen, V., »pflegen, behüten, beschützen«, ahd. pflegan (765), phlegan, V., »sorgen, zu tun haben mit, Verantwortung tragen für, leiten, einstehen«, as. plegan, V., »verantwortlich sein, einstehen für«, westgerm. *plegan, V., »einstehen für«

Pfleger, M., »Pfleger«, mhd. phlegære, M., »Aufseher, Vormund, Verwalter, Oberer«, ahd. pflegāri (1000), phlegāri, M., »Hüter, Beschützer, Präfekt«, Lüs. lat. curator, M., »Fürsorger, Besorger«?, s. pflegen

pfleghaft, Adj., »pflichthaft«, mnd. pleghaft, Adj., »pflichthaft«, 1214 Walkenried bzw. 1219 Volkerode bzw. Sachsenspiegel um 1225, s. Pflicht, haft

Pflegling, M., »Pflegling«, 1637 Hessen, s. Pflege, ling, 1957 im Bürgerlichen Gesetzbuch verwendet, durch Betreuungsgesetz eingeengt

Pflegschaft, F., »durch das Vormundschaftsgericht zu begründendes Fürsorgeverhältnis einer Person (Pfleger) für eine andere (Pflegebefohlener) zur Besorgung einer besonderen Angelegenheit«, »Verwaltung« 1370 Oberösterreich, Maaler 1561, Lbd. lat. tutela, F., »Fürsorge«, s. Pflege, schaft

Pflicht, F., »Anforderung eines bestimmten Verhaltens«, mhd. pfliht, phliht, pflihte, F., »freundliche Fürsorge, Pflege, Obhut, Aufsicht, Gemeinschaft, Teil, Dienst, Sitte, Art, Recht«, ahd. pfliht (1000), phliht, F., »Fürsorge, Sorgfalt, Obhut, Gebot, Pflege«, westgerm. *plehti, *plehtiz, F., »Sorgfalt, Pflege«, s. pflegen

Pflichtenkollision, F., »Herantreten mehrerer rechtlich begründeter Handlungspflichten an eine Person in der Weise daß diese die eine nur auf Kosten der anderen erfüllen kann also zur Erfüllung der einen die andere notwendigerweise verletzen muß«, 20. Jh., s. Pflicht, Kollision

Pflichtenverhältnis, N., »Pflichten begründendes Verhältnis«, 20. Jh.?, s. Pflicht, Verhältnis

Pflichtexemplar, N., »auf Grund einer gesetzlichen oder sonstigen Verpflichtung (unentgeltlich) abzulieferndes Exemplar einer Druckschrift (z.B. Pflichtexemplar für die Deutsche Bibliothek in Frankfurt)«, s. Pflicht, Exemplar, vgl. Grimm DW 1889

Pflichtteilsberechtigter, M., »Person der ein Anspruch auf einen Pflichtteil zusteht«, s. Pflichtteil, Berechtigter, vgl. Weiske 1839ff.

Pflichtteilsergänzungsanspruch, M., »Anspruch des Pflichtteilsberechtigten gegen den Erben auf Ergänzung des Pflichtteils der sich ergibt wenn der Erblasser innerhalb der letzten 10 Jahre vor dem Erbfall einem Dritten eine Schenkung gemacht hat«, 20. Jh., s. Pflichtteil, Ergänzung, Anspruch

Pflichtteilsrestanspruch, M., »Anspruch des Pflichtteilsberechtigten dem ein Erbteil hinterlassen ist der geringer als die Hälfte des gesetzlichen Erbteils ist gegen die Miterben auf den Wert des an der Hälfte fehlenden Teiles«, 20. Jh., s. Pflichtteil, Rest, Anspruch

Pflichtteil, M., »unentziehbare Mindestbeteiligung naher Angehöriger am Nachlaß eines Erblassers«, mhd. phlihtteil, M., N., »Anteil, Gemeinschaft«, 14. Jh. Meran, s. Pflicht, Teil, Lüt. lat. pars legitima, F., »Pflichtteil«

Pflichtverletzung, F., »Verletzung einer Pflicht«, Kant vor 1804, s. Pflicht, Verletzung

Pflichtversicherung, F., »durch Rechtssatz zur Pflicht erhobene Versicherung gegen ein Risiko«, 20. Jh.?, s. Pflicht, Versicherung

Pflichtverteidiger, M., »Verteidiger der einem Angeschuldigten der noch keinen Verteidiger hat im Fall der notwendigen Verteidigung vom Vorsitzenden des zuständigen Gerichts bestellt wird«, 19. Jh., s. Pflicht, Verteidiger

Pförtner, M., »Pförtner«, mhd. pfortenære

(12. Jh.), phortenære, pfortener, M., »Pförtner, Türhüter«, Lw. mlat. portenarius, M., »Türhüter«, zu lat. porta, F., »Tor (N.), Pforte, Durchgang«, im 18. Jh. zeitweise von Portier verdrängt

Pfründe, F., »Pfründe, Unterhalt, Einkünfte«, mhd. pfruonde, phruonde, pfrüende, F., »Nahrung, Unterhalt«, ahd. pfruonta (A. 9. Jh.), phruonta, F., »Lebensmittel, Nahrung, Aufwand, Getreideversorgung, Vorrat, Lebensunterhalt«, Lw. mlat. provenda, F., »was einem Geistlichen zum Unterhalt zusteht«, zu lat. praebenda, Sb., »Darzureichendes«, Gerundivum von lat. praebere, V., »darreichen«, bzw. lat. providere, V., »vorsehen, versorgen«, zu lat. prae, Präp., Präf., »vor«, zu lat. pro, Präp., Präf., »vor, für«, zu lat. videre, V., »sehen«

Pfund, N., »Pfund«, mhd. pfunt, phunt, N., »Pfund, ein Gewicht«, ahd. pfunt (E. 8. Jh.), phunt, N., »Pfund, Gewicht«, as. pund, N., »Pfund«, germ. *pund-, Sb., »Pfund, Gewicht«?, Lw. mlat. pondo, Sb., »Pfund« (indeklinable erstarrte Ablativform eines o-Stammes *pondus, M., »Gewicht«), zu lat. pondus, N., »Gewicht, Gewicht bei der Waage, Pfund«, zu lat. pendere, V., »wägen«

Philosophie, F., »Philosophie«, mhd. philosophīe, filosofī, F., »Philosophie«, Lw. lat. philosophia, F., »Philosophie«, Lw. gr. philosophía, F., »Liebe zur Weisheit, Weltweisheit, Wissenschaft«, zu gr. phílos, M., »Freund«, gr. sophía, F., »Geschicklichkeit, Erfahrung«

Pirat, M., »Pirat, Seeräuber«, 15. Jh. (Niclas von Wyle 1478) Lw. it. pirata, M., »Pirat« bzw. afrz. pirate, M., »Pirat«, aus lat. pirata, M., »Pirat«, Lw. gr. peiratḗs, M., »Pirat«, zu gr. peirãn, V., »wagen, unternehmen«, zu gr. peira, F., »Wagnis, Versuch«

Piraterie, F., »Seeräuberei«, 1. H. 19. Jh. Lw. frz. piraterie, F., »Seeräuberei«, zu afrz. pirate, M., »Pirat«, s. Pirat

Pistole, F., »Pistole«, 15. Jh. (1421 pisschullen) Lw. atschech. pištala, F., »Pfeife, Rohr, Faustfeuerwaffe«, zu atschech. pīscati, V., »pfeifen«, zu atschech. pípati, V., »piepen«

plädieren, V., »beantragen, befürworten, sich einsetzen für«, 18. Jh. (Sperander 1727 bzw. Richter 1738) Lw. frz. plaider (12. Jh.), V., »beantragen, befürworten, einen Rechtsstreit führen«, zu frz. plaid, »Streit, Streitfall, Gerichtshof«, bzw. afrz. plait, N., »Rechtsspruch, Verhandlung, Streit«, aus lat. placitum, N., »Willensmeinung, Übereinkommen«, zu lat. placitus, Adj., »gefällig«, PPP. von lat. placere, V., »gefallen, gefällig sein«

Plädoyer, N., »zusammenfassender Vortrag eines Rechtsanwalts oder Staatsanwalts in der gerichtlichen Verhandlung insbesondere Schlußvortrag im Strafprozeß«, E.? 18. Jh. (Zedler M. 18. Jh. bzw. Sonnenfels 1785) Lw. frz. plaidoyer, N., »Befürwortung, Verteidigungsrede«, subst. Infinitiv, s. plädieren

Plagiat, N., »bewußte Verletzung eines Urheberrechts durch Nachbildung unter dem Anschein der erstmaligen Schöpfung eines Werkes«, M. 18. Jh. (Miltonübersetzung 1754) Lw. frz. plagiat (M. 18. Jh.), M., »Fälschung, rechtswidrige Nachahmung«, zu lat. plagiarius, M., »Menschendieb, Seelenverkäufer«, zu spätlat. plagium, N., »Menschendiebstahl, Seelenverkauf«, zu gr. plágios, Adj., »unredlich, hinterlistig, versteckt«, vgl. Weiske 1839ff.

Plakette, F., »kleine meist geprägte Platte«, A. 20. Jh. Lw. frz. plaquette (16. Jh.), F., »kleine Platte«, zu mfrz. plaque, F., »Platte«, zu mfrz. plaquer, V., »auflegen, anbringen«, Lw. mnl. placken, V., »klecksen, sudeln, beschmieren, schlagen«, zu mnl. placke, Sb., »Fleck, Klecks, Lappen, Fetzen«

Plan, M., »Grundriß (A. 18. Jh.), Vorhaben (2. H. 18. Jh.), Entwurf«, A. 18. Jh. Lw. frz. plan, M., »Plan, Grundriß, Vorhaben«, zu frz. planter, V., »aufrichten, herstellen«, aus lat. plantare, V., »pflanzen«

planen, V., »einen Plan machen«, 18. Jh., s. Plan

Planfeststellung, F., »verbindliche durch Verwaltungsakt vollzogene gestaltende Feststellung eines durchzuführenden Vorhabens (z.B. Straßenbau)«, 2. H. 20. Jh.?, s. Plan, Feststellung

Planfeststellungsbeschluß, M., »Beschluß der Planfeststellung«, 2. H. 20. Jh., s. Planfeststellung, Beschluß

Plangewährleistungsanspruch, M., »Anspruch auf künftige Einhaltung eines ordnungsgemäß zustandekommenden Plans (z.B. Bebauungsplan)«, um 1980, s. Plan, Gewährleistung, Anspruch

Planstelle, F., »im Haushaltsplan enthaltene Stelle eines Bediensteten des öffentlichen Rechts«, 20. Jh.?, s. Plan, Stelle

Planung, F., »Vorbereitung eines Vorhabens (Plans) oder Aufstellung eines Zieles (z.B. Landesplanung)«, s. planen, ung

Planwirtschaft, F., »nach einem staatlichen Gesamtwirtschaftsplan ablaufende Wirtschaft«, 20. Jh., s. Plan, Wirtschaft

Platz, M., »Platz«, mhd. plaz, blaz, M., »freier Raum, Platz, Tanz, Spiel«, Lw. frz. place, F., »Platz«, lat. platea, F., »Platz«, Lw. gr. plateĩa, F., »breiter Weg, Straße, freie Fläche (in der Stadt)«, zu gr. platýs, Adj., »flach, breit«, M. in Anlehnung an Markt?, Ort?

Platzgeschäft, N., »an einem gemeinsamen Ort (Gemeinde) zwischen Gläubiger und Schuldner abgewickeltes Geschäft«, 20. Jh.?, s. Platz, Geschäft

Plebejer, M., »Angehöriger der römischen Unterschicht«, 19. Jh. (Becker 1801ff. bzw. Picard 1826) Lw. lat. plebeius, Adj., »zum römischen Volk (plebs) gehörig«, zu lat. plebs, F., »Volk (im Gegensatz zu den Patriziern)«

Plebiszit, N., »Volksbeschluß, Volksentscheid«, Lw. (15. Jh. in deutschen Texten lat. plebis scitum,) 19. Jh. (Riehl 1861) (frz. plébiscite (14. Jh.), N., »Volksbeschluß«, aus) lat. plebiscitum, N., »Volksbeschluß«, zu lat. plebs, F., »Volk (im Gegensatz zu den Patriziern)«, zum PPP. N. scitum von lat. sciscere, V., »beschließen«, zu lat. scire, V., »wissen«

plebiszitär, Adj., »plebiszitär«, 19. Jh.? Lw. frz. plébiscitaire, Adj., »auf Volksbeschluß bezüglich«, s. Plebiszit

plebiszitäre Demokratie, F., »vom Volksentscheid abhängige Demokratie«, 20. Jh.?, s. plebiszitär, Demokratie

Pleite, F., »Pleite, Bankrott«, M. 19. Jh. (Berlin) Lw. rotw. (, 18. Jh. rotw. Blede machen, V., »entfliehen, durchgehen«), aus westjidd. pleite, Sb., »Bankrott«, aus hebr. pelētā(h), Sb., »Rettung, Entrinnen, Rest, Überbleibsel, Bankrott«

Pleitegeier, M., »Pleitegeier, Pfändungssiegel«, 2. H. 19. Jh. z.T. Lw. westjidd. Pleitegeier, M., »Pleitegeher« (vgl. Jablonski 1721), s. Pleite

plenar, Suff., »voll«, 19. Jh. Lw. spätlat. plenarius, Adj., »angefüllt, vollständig«, zu lat. plenus, Adj., »voll«

Plenum, N., »Vollversammlung«, 19. Jh. (Prokesch/Osten 1850) Lw. ne. plenum, N., »Vollversammlung«, z.T. Lw. lat. plenum (consilium), N., »vollzählig(e Versammlung)«, zu lat. plenus, Adj., »voll«

Plombe, F., »Plombe, Bleifüllung, Füllung, Bleiverschluß« (Sonnenfels 1765), 2. H. 18. Jh. aus plombieren, V., »(mit Blei) verschließen«, 18. Jh. (Pfaff 1756) Lw. frz. plomber, V., »mit Blei ausgießen, mit Blei siegeln«, zu frz. plomb, M., »Blei (N.)«, aus lat. plumbum, N., »Blei«

plötzlich, Adj., »sehr schnell, unerwartet«, (um 1320 unplozlich) zu mhd. blaz, plaz, Sb., »klatschender Schlag«, s. lich

Plunder, M., »Plunder, Zeug, Hausrat«, spätmhd. (14. Jh.) blunder, plunder, M., N., »Hausgerät, Kleider, Wäsche, Bettzeug«, älter mnd.? (»Raub«), Herkunft unklar

Plünderer, M., »wer in Notzeiten mit Gewalt wegnimmt«, zu mhd. plundære, M., »Plünderer«, s. plündern

plündern, V., »plündern, wegnehmen«, mhd. plundern (14. Jh.), V., »Plunder nehmen, plündern«, älter mnd. plunderen, plondern, s. Plunder

Plünderung, F., »Plünderung«, M. 17. Jh., s. plündern, ung

Plural, M., »Mehrzahl«, M. 17. Jh. (Plural Numerus A. 17. Jh.) Lw. lat. pluralis (numerus), M., »mehrfach(e Zahl)«, zu lat. plus, Adj. Komp., »mehr«

Pluralismus, M., »Gemeinsinn, Lehre die eine Vielheit von Elementen oder Grundsätzen annimmt, Lehre daß in der Gesellschaft eine Vielzahl von Machtgruppen und Interessengruppen miteinander konkurrieren dürfen und sollen«, Kant E. 18. Jh. bzw. Campe 1801, s. Plural

plus, Konj., Präp., Adv., »und, zu, mehr«, E. 15. Jh. Lw. lat. plus, Adj. Komp., »mehr«

Plutokratie, F., »Herrschaft der Reichen«, M. 19. Jh. (Frantz 1862) Lw. frz. plutocratie, F., »Herrschaft des Reichtums und der Reichen«, Lw. gr. plutokratía, F., »Herrschaft des Reichtums und der Reichen«, zu gr. plutos, M., »Reichtum, Überfluß«, gr. krateĩn, V., »stark sein, besitzen«

Pogrom, M., N., »mit Plünderungen und Morden verbundene Judenverfolgung«, A. 20. Jh. Lw. russ. pogróm, M., »Donnerwetter, Unwetter, Verwüstung, Judenverfolgung«

Police, F., »Versicherungsschein«, A. 17. Jh. (1611) Lw. frz. police, F., »Bescheinigung, Schein, Vertrag«, (it. polizza, F., »Versicherungsschein«,) zu aprov. polissia, F., »Bescheinigung, Schein«?, (14. Jh.?) aus mlat. apodixa, F., »Nachweis, Bestätigung«, zu lat. apodixis, F., »unumstößliche Beweisführung«, Lw. gr. apódeixis, F., »Nachweis, Darlegung«, zu gr. apodeiknýnai, V., »vorzeigen, beweisen«, zu gr. apó, Präp., Präf., »ab, weg«, gr. deiknýnai, V., »zeigen, beweisen«, Zeugnisse des 16. Jh. Lw. it. polizza

Polier, M., »Bauführer, Vorarbeiter«, mhd. parlier, M., »Sprecher, Wortführer«, (parlierer 14. Jh.) zu mhd. parlieren, V., »sprechen«, Lw. afrz. parler, V., »sprechen«, aus spätlat. *paraulare, V., »sprechen«, zu mlat. parabole, F., »Wort, Spruch«, aus lat. parabole, F., »Gleichnis«, o im 19. Jh. aus polieren eingedrungen

Politik, F., »Politik«, M. 17. Jh. (vgl. Jablonski 1721) Lw. frz. politique, F., »Staatskunst, Staatslehre«, aus mlat. politica, politice, F., »Staatskunst«, Lw. gr. politikà, N. Pl., »Staatsgeschäfte, Staatsangelegenheiten«, bzw. politiké (téchne), F., »bürgerlich(e Kunst)«, zu gr. politikós, Adj., »bürgerlich, staatlich«, zu gr. polítes, M., »Bürger«, zu gr. pólis, F., »Stadt, Bürgerschaft, Staat«, vgl. Geschichtliche Grundbegriffe

politisch, Adj., »politisch, allgemeine Angelegenheiten einer Gemeinschaft betreffend (M. 16. Jh.), geschickt (17. Jh.)«, M. 16. Jh. Lw. frz. politique, Adj., »politisch«, aus lat. politicus, Adj., »politisch, zum Staat gehörig«, Lw. gr. politikós, Adj., »die Polis betreffend, bürgerlich, staatlich«, zu gr. polítes, M., »Bürger, Staatsbürger«, zu gr. pólis, F., »Stadt, Bürgerschaft, Staat«, s. Politik

politische Verdächtigung, F., »politische Umstände betreffende Verdächtigung«, 20. Jh., s. politisch, Verdächtigung

Polizei, F., »im materiellen (klassischen) Sinn Gesamtheit der auf Abwehr von Gefahren und Beseitigung von Störungen der öffentlichen Sicherheit und Ordnung gerichteten Staatstätigkeiten (z.B. auch Baupolizei), im institutionellen Sinn nur Gesamtheit der durch die im Vollzugsdienst beschäftigten Dienstkräfte ausgeführten Staatstätigkeiten«, fnhd. policey, pollicei, pollizey, F., »Zustand guter Ordnung des Gemeinwesens, auf Herstellung oder Erhaltung des Zustandes guter Ordnung des Gemeinwesens gerichteter Rechtssatz«, 15. Jh. (1464) (über die burgundische Kanzlei) Lw. mlat. policia, F., »Staatsverwaltung«, zu spätlat. politia, F., »Staatsverwaltung«, zu lat. politia, F., »Staatsverfassung«, Lw. gr. politeía, F., »Staatsverwaltung, Gemeinwesen«, zu gr. polítes, M., »Bürger, Staatsbürger«, zu gr. pólis, F., »Stadt, Bürgerschaft, Staat«, im 18. Jh. entwickelt sich die Bedeutung »Polizeibehörde und deren Mitglieder«, vgl. Geschichtliche Grundbegriffe

polizeilich, Adj., »die Polizei betreffend«, 19. Jh. (Börne vor 1837), s. Polizei, lich

polizeiliche Generalklausel, F., »die Tätigkeit der Polizei rechtfertigende Generalklausel«, 19. Jh., s. polizeilich, Generalklausel

Polizeiordnung, F., »in der früheren Neuzeit zur guten Polizei erlassene Anordnung des Landesherren«, 1530 Reich (Ordnung guter Polizei) bzw. Fischart 1591, Lüs. lat. ordinatio politiae, F., »Ordnung des Staates«

Polizeipflichtigkeit, F., »Pflichtigkeit gegenüber Polizei«, 20. Jh.?, s. Polizei, Pflicht, ig, heit

Polizeirecht, N., »Gesamtheit der die Aufgaben und Befugnisse und Organisation der Polizei betreffenden Rechtssätze«, Berg 1799, s. Polizei, Recht

Polizeistaat, M., »absoluter Staat des 17. und 18. Jh.s der sich umfassend um die gute Ordnung des Gemeinwesens kümmert und sehr viele Angelegenheiten des Einzelnen durch die Behörden überwachen und regeln läßt, ein von den Kräften der Polizei im institutionellen Sinn vollständig beherrschter autoritärer Staat«, »vollkommener Staat«, Medicus um 1865, s. Polizei, Staat

Polizeistunde, F., »Zeitpunkt zu dem grundsätzlich Gaststätten geschlossen werden müssen«, Auerbach vor 1882, s. Polizei, Stunde

Polizeiverwaltung, F., »Polizeiverwaltung«, 1850 Preußen

Polizeiverfügung, F., »Verfügung durch Polizei«, 19. Jh., s. Polizei, Verfügung

Polizeiverordnung, F., »Verordnung durch

Polizei«, Goethe vor 1832, Heine, s. Polizei, Verordnung

Polizeiverwaltungsgesetz, preußisches (PrPVG) (1. 6. 1931), N., »preußisches Landesgesetz welches das Polizeirecht auf der Grundlage der verwaltungsrechtlichen Rechtsprechung grundlegend regelte«, s. Polizei, Verwaltung, Gesetz

Polizeivollzugsdienst, M., »Ausführung der Aufgaben der Polizeibehörden«, 2. H. 20. Jh., s. Polizei, Vollzug, Dienst

Polizist, M., »Angehöriger der Polizei«, 19. Jh., s. Polizei, ist

Polygamie, F., »Mehrehe, Vielehe«, M. 16. Jh. (Sarcerius 1559) Lw. gr. polygamía, F., »öftere Heirat«, zu gr. polýgamos, Adj., »oft und viel verheiratet«, zu gr. poly(s), Adj., »viel«, gr. gámos, M., »Hochzeit, Ehe, Beischlaf«, zu gr. gameĩn, V., »heiraten«

Pontifikat, N., »Amt hoher Geistlicher«, 15. Jh. Lw. lat. pontificatus, M., »Amt hoher Geistlicher«, zu lat. pontifex, M., »Brückenbauer, Oberpriester«, zu lat. pons, F., »Brücke«, lat. facere, V., »machen, tun«

popular, Adj., »allgemein«, E. 18. Jh. (Lichtenberg vor 1799) Lw. lat. popularis, Adj., »zum selben Volk gehörig, volkstümlich«, zu lat. populus, M., »Volk«

Popularklage, F., »Klage durch jedermann ohne Rücksicht auf seine konkrete Sachbefugnis oder Betroffenheit«, 19. Jh. (Opet 1894) Lüs. lat. popularis actio, F., »Volksklage«, s. popular, Klage

Pornographie, F., »Pornographie, unanständige Darstellung sexueller Verhaltensweisen«, E. 19. Jh. Lw. frz. pornographie, F., »Abhandlung über die Prostitution, Darstellung von Obszönitäten, Pornographie«, zu frz. pornographe (Retif de la Bretonne 1769), M., »Verfasser erotischer Schriften, Verfasser von Büchern über Huren«, Lw. gr. pornográphos, Adj., »von Huren schreibend«, zu gr. pórne, F., »Hure«, gr. gráphos, M., »Schreiber«, zu gr. gráphein, V., »schreiben«

pornographisch, Adj., »ausschließlich oder überwiegend auf die Erregung eines sexuellen Reizes bei dem Betrachter abzielend und dabei die im Einklang mit allgemeinen gesellschaftlichen Wertvorstellungen gezogenen Grenzen des sexuellen Anstandes eindeutig überschreitend«, 2. H. 20. Jh., s. Pornographie, isch

Porto, N., »Porto, Versandgebühr für Postsachen«, 1. H. 17. Jh. (1630) Lw. it. porto, M., »Tragen, Versandgebühr für Postsachen«, zu it. portare, V., »tragen«, aus lat. portare, V., »tragen«, verdrängt älteres Briefgeld (16. Jh.) bzw. Postgeld (um 1600)

POS (point of sale), N., »Zahlungsverfahren bei dem der Kunde an der Terminalkasse des Handelsunternehmens oder Dienstleistungsunternehmens elektronisch gesteuert mittels einer von einem Kreditinstitut ausgegebenen Codekarte bezahlt«, um 1985 Lw. ne.

positiv, Adj., »zustimmend, bejahend«, A. 18. Jh. (um 1700) Lw. frz. positif, Adj., »festgesetzt, feststehend«, aus spätlat. positivus, Adj., »festgesetzt, feststehend«, zum PPP. positus von lat. ponere, V., »setzen, stellen, legen«

positive Forderungsverletzung, F., »feststehende Verletzung einer Forderung«, 1. H. 20. Jh., s. positiv, Forderungsverletzung

positives Interesse, N., »bejahendes Interesse«, 20. Jh.?, s. positiv, Interesse

positives Recht, N., »festgesetztes Recht«, 19. Jh.?, s. positiv, Recht

Positivismus, M., »Denkweise des 19. Jh.s die nur in dem unmittelbar Wahrgenommenen eine sichere Grundlage des Erkennens sieht, Beschränkung auf ein hierarchisches angeblich vernunftmäßig zu gewinnendes System von rein juristischen von der gesellschaftlichen Wirklichkeit gelösten Begriffen (Begriffsjurisprudenz)«, (Laukhard 1792,) im 19. Jh. verbreitet unter dem Einfluß von Comtes Cours de philosophie positive (1830-42), Lw. frz. positivisme, M., »positive Philosophie«, zu lat. positivus, Adj., »festgesetzt, feststehend«, s. positiv, ismus

possessio, lat., F., »Besitz«, zum PPP. possessus von lat. possidere, V., »besitzen«, zu lat. potis, Adj., »vermögend, mächtig«, lat. sedere, V., »sitzen«

possessorisch, Adj., »den Besitz betreffend«, 19. Jh.?, Lw. lat. possessorius, Adj., »den Besitz betreffend«, zu lat. possessor, M., »Besitzer«, zu lat. possessio, F., »Besitz«, s. isch

possessorischer Anspruch, M., »auf den Besitz bezogener Anspruch«, 19. Jh.?, s. possessorisch, Anspruch

post, Präf., »nach«, Lw. lat. post, Präp., Adv., Präf., »nach, hinter«

Post, F., »Post«, 16. Jh. Lw. it. posta, F., »festgelegter Ort (für den Pferdewechsel)«, aus lat. posita (mansio), F., »festgelegt(er Aufenthaltsort)«, PPP. F. von lat. ponere, V., »setzen, stellen, legen«

Postamt, N., »Amt der Post«, 17. Jh., s. Post, Amt

Postanweisung, F., »Geldanweisung mittels Post«, 19. Jh., s. Post, Anweisung

Postgeheimnis, N., »Geheimhaltungspflicht die alle von der Post in ihren verschiedenen Dienstleistungssparten (Beförderung von Sachen und Personen oder Geldwesen) erlangten Kenntnisse schützt«, s. Post, Geheimnis, vgl. Grimm DW 1889

Postglossator, M., »(in der Rechtsgeschichte) ältere Bezeichnung für die den Glossatoren zeitlich folgenden Gelehrten des (römischen) Rechts«, zu lat. post, Präp., Präf., »nach«, lat. glossator, M., »Glossenverfertiger«, s. Glossator, vgl. Weiske 1839ff.

Postkarte, F., »Karte für Mitteilungen zum Versand durch die Post«, Herrmann 1869 bzw. 1875 amtlich, älter Feldpostkarte 1870/1

postlagernd, Adj., »bei der Post bis zur Abholung lagernd«, 19. Jh., s. Post, Lager

Postscheck, M., »Scheck bei welchem der Bezogene die Bundespost ist«, 20. Jh., s. Post, Scheck

Postulation, F., »Verlangen, Fordern«, s. postulieren

Postulationsfähigkeit, F., »Fähigkeit in eigener Person wirksam mit Gegner und Gericht im Prozeß zu verhandeln bzw. Prozeßhandlungen die rechtserhebliche Erscheinungsform zu geben«, E. 19. Jh.?, s. Postulation, Fähigkeit

postulieren, V., »verlangen, fordern«, A. 15. Jh. Lw. lat. postulare, V., »verlangen, fordern«, zu lat. poscere, V., »haben, wollen (V.), verlangen, fordern«

potent, Adj., »stark, mächtig, potent«, E. 18. Jh. (Kortum 1799) Lw. lat. potens, Adj., »mächtig«, Part. Präs. von lat. *potere, V., »mächtig sein«, zu lat. posse, V., »können«, zu lat. potis, Adj., »mächtig, vermögend«

potentiell, Adj., »möglich, potentiell«, M. 19. Jh. (Petri 1865) Lw. frz. potentiel, Adj., »in der Befähigung vorhanden«, zu lat. potentia, F., »Vermögen, Kraft«, zu lat. potens, Adj., »mächtig, vermögend«, Part. Präs. von lat. *potere, V., »mächtig sein«, zu lat. posse, V., »können«, zu lat. potis, Adj., »mächtig, vermögend«, s. potent

potentielles Unrechtsbewußtsein, N., »mögliches Unrechtsbewußtsein«, 20. Jh., s. potentiell, Unrechtsbewußtsein

Potsdamer Abkommen, N., »eine Reihe von zwischen dem 17. 7. und 2. 8. 1943 von Großbritannien und den USA und der UdSSR abgeschlossenen Vereinbarungen über die Folgerung aus der militärischen Niederwerfung Deutschlands«, s. Abkommen

prä, Präf., »vor«, Lw. lat. prae, Präp., Präf., »vor«

Präambel, F., »(bei Staatsverträgen und Gesetzen) dem Text vorangestellter Vorspruch der zwar grundsätzlich vor allem politische Programmsätze enthält aber doch auch zur Auslegung des Textes verwandt werden kann«, 15. Jh. Lw. mlat. praeambulum, N., »Vorspruch«, zu spätlat. praeambulus, Adj., »vorangehend«, zu lat. prae, Präp., Präf., »voran«, lat. ambulare, V., »gehen«

Präfekt, M., »hoher Verwaltungsbeamter, Präfekt«, 18. Jh. Lw. lat. praefectus, M., »Vorsteher, Präfekt«, subst. PPP. von lat. praeficere, V., »vorsetzen«, zu lat. prae, Präp., Präf., »vor«, lat. facere, V., »machen, tun«

praescriptio, lat., F., »Vorschrift, Einrede (der langen Zeit bzw. Verjährung)«, zum PPP. praescriptus von lat. praescribere, V., »voranschreiben«, zu lat. prae, Präp., Präf., »vor«, lat. scribere, V., »schreiben«

praesumptio, lat., F., »Vermutung«, zum PPP. praesumptus von lat. praesumere, V., »vorher nehmen«, zu lat. prae, Präp., Präf., »vorher«, lat. sumere, V., »nehmen«

praeter legem, lat., »neben dem Gesetz, ohne Übereinstimmung aber auch ohne Widerspruch zu dem Gesetz«, zu lat. lex, F., »Gesetzesvorschlag, Gesetz«

Präjudiz, N., »Vorentscheidung, vorausgegangene Entscheidung, ein früheres Urteil in derselben Rechtsfrage«, 17. Jh. (Carolus 1614) Lw. lat. praeiudicium, N., »Vorentscheidung«, zu lat. prae, Präp., Präf., »voran«, lat. iudicium, N., »Urteil«, zu lat. iudicare, V., »urteilen, richten«, zu lat. iudex, M., »Richter«

Präklusion, F., »Ausschluß, Verlust einer

Rechtsstellung unter bestimmten Voraussetzungen insbesondere nach Ablauf einer Frist (Präklusivfrist)«, Lw. lat. praeclusio, F., »Verschließung«, zum PPP. praeclusus von lat. praecludere, V., »verschließen«, zu lat. prae, Präp., Präf., »voran«, lat. claudere, V., »schließen«, vgl. Weiske 1839ff.

Praktik, F., »Verfahrensweise«, 15. Jh. Lw. mlat. practica, F., »Verfahrensweise«, zu spätlat. practice, F., »Verfahrensweise«, Lw. gr. praktiké (téchne), F., »(Wissen um) praktisches Tun«, zu gr. praktikós, Adj., »tätig, wirksam«, zu gr. prássein, V., »tun, vollbringen«

Praktikant, M., »wer im Rahmen einer theoretischen Ausbildung in einem besonderen Ausbildungsverhältnis praktische Erfahrung erwerben will«, 16. Jh. »wer unsaubere Praktiken betreibt« (Fischart 1591) Lw. mlat. practicans, M., »Ausübender«, subst. Part. Präs. von mlat. practicare (13. Jh.), V., »ausüben«, s. Praktik

praktisch, Adj., »die Praxis betreffend«, 16. Jh. Lw. spätlat. practicus, Adj., »tätig«, Lw. gr. praktikós, Adj., »tätig«, s. Praktik, isch

Prälat, M., »im (katholischen) Kirchenrecht hoher kirchlicher Amtsträger der kraft seines Amtes Leitungsgewalt hat oder wegen seines Amtes oder seiner Mitgliedschaft in einem Kollegium den Titel Prälat ehrenhalber führt«, mhd. prēlāte, prēlāt, M., »hoher kirchlicher Amtsträger, Prälat«, Lw. mlat. praelatus, M., »Vorgesetzter, Prälat«, subst. PPP. von lat. praeferre, V., »vortragen, vorziehen«, zu lat. prae, Präp., Präf., »voran«, lat. ferre, V., »tragen, bringen«

Prälegat, N., »Vorausvermächtnis«, Lw. mlat. praelegatum, N., »Vorausvermächtnis«, subst. PPP. N. von lat. praelegare, V., »vorausvermachen«, zu lat. prae, Präp., Präf., »voraus«, lat. legare, V., »als Gesandten senden, hinterlassen«

Prämie, F., »zusätzlich zu Lohn oder Gehalt gewährtes Entgelt für einen bestimmten vom Arbeitnehmer oder Dienstverpflichteten beeinflußten Erfolg (z.B. Treueprämie wegen Betriebszugehörigkeit), Leistung des Staates bei Vorliegen bestimmter gewünschter Ergebnisse (z.B. Sparprämie), vereinbarte Gegenleistung des Versicherungsnehmers für den Versicherungsschutz«, 16. Jh. (Alberus 1550 premium bzw. Golius 1579) Lw. lat. praemia, (als Sg. angesehenes) N. Pl., »zusätzliche Vergütung«, zu lat. praemium, N., »Belohnung«, zu lat. prae, Präp., Präf., »voran«, lat. emere, V., »nehmen, kaufen«, für Versicherungen 1657 bzw. 1662 belegt

Pranger, M., »Halseisen mit dem im Mittelalter und in früher Neuzeit ein Übeltäter an einen Schandpfahl gefesselt und öffentlich zur Schau gestellt wird«, fnhd. pfranger, M., »Pranger«, mhd. ([2. H. 13. Jh.? bzw.] 14. Jh.) pranger, branger, M., »Pranger«, (14. Jh. Leubschitz), mnd. (14. Jh. Magdeburg prenger,) pranger, M., »Pranger«, zu mnd. prangen, V., »drücken, klemmen« (, zu idg. *bronk-, V., »einschließen, einengen«)

Prärogative, F., »Vorrecht (des absoluten Monarchen z.B. Sanktion der Gesetze)«, um 1550 (prorogatif) bzw. Rathgeb 1592 Lw. lat. praerogativus, Adj., »vor anderen um seine Meinung gefragt«, zum PPP. praerogatus von lat. praerogare, V., »vorher fragen«, zu lat. prae, Präp., Präf., »vor«, lat. rogare, V., »fragen«

Präses, M., »Vorsitzender«, (16. Jh.? bzw.) 17. Jh. (Platter 1612) Lw. lat. praeses, M., »Vorsitzender«, zu lat. prae, Präp., Präf., »vor«, lat. sedere, V., »sitzen«

Präsident, M., »Vorsitzender, Organ einer Personengesamtheit (z.B. Staat)«, 16. Jh. (Roth 1571) Lw. frz. président, M., »Vorsitzender«, aus dem subst. Part. Praes. (praesidens) von lat. praesidere, V., »vorsitzen, leiten, befehligen«, zu lat. prae, Präp., Präf., »voran«, lat. sedere, V., »sitzen«

präsidial, Adj., »den Vorsitz betreffend«, 19. Jh.? Lw. frz. présidial, Adj., »zur Zuständigkeit eines Vorsitzes gehörig«, aus lat. praesidialis, Adj., »den Statthalter betreffend«, s. Präsidium

Präsidialdemokratie, F., »Form der Demokratie in welcher der Staatspräsident die vollziehende Gewalt ausübt und vom Volk gewählt wird und dem Parlament nicht verantwortlich ist (z.B. USA)«, 20. Jh., s. präsidial, Demokratie

Präsidialrat, M., »bei einem Gericht bestehende Vertretung der Richter für die Beteiligung bei der Ernennung von Richtern«, 20. Jh., s. präsidial, Rat

Präsidium, N., »Kollegium der Vorsitzenden, vielfach kollegiales Leitungsorgan einer Personengesamtheit (z.B. eines Gerichts), Amtsgebäude eines Präsidenten«, 19. Jh. Lw. lat. praesidium, N., »Vorsitz, Schutz«, zu lat. praeses, M., »Vorsitzender«, zu lat. prae, Präp., Präf., »voran«, lat. sedere, V., »sitzen«

Präsumption, F., »Annahme, Voraussetzung«, 16. Jh. (Fischart 1581) Lw. lat. praesumptio, F., »Vermutung«, zum PPP. praesumptus von lat. praesumere, V., »vorausnehmen, vermuten«, zu lat. prae, Präp., Präf., »voran«, lat. sumere, V., »nehmen«

Prätendent, M., »Anwärter«, 2. H. 17. Jh. (1684) Lw. frz. prétendant, M., »Bewerber, Anwärter«, subst. Part. Präs. zu frz. prétendre (15. Jh.), V., »beanspruchen«, aus lat. praetendere, V., »vorschützen, vorwerfen«, zu lat. prae, Präp., Präf., »voran«, lat. tendere, V., »spannen«

Prätendentenstreit, M., »Streit um die Gläubigerschaft an einer Forderung«, 19. Jh., s. Prätendend, Streit, Hauptintervention

Prätor, M., »(im älteren römischen Recht) wichtigster Gerichtsmagistrat vor dem im Legisaktionenverfahren und im Formularverfahren der Rechtsstreit beginnt«, Lw. lat. praetor, praeitor, M., »Prätor«, zum PPP. praeitus von lat. praeire, V., »vorangehen«, zu lat. prae, Präp., Präf., »voran«, lat. ire, V., »gehen«

Prävarikation, F., »Parteiverrat«, 18. Jh. (Wächtler 1709) Lw. lat. praevaricatio, F., »Parteiverrat«, zum PPP. praevaricatus von lat. praevaricare, V., »übertreten«, zu lat. prae, Präp., Präf., »vor«, lat. varicare, V., »grätschen«, zu lat. varicus, Adj., »grätschend«, zu lat. varus, Adj., »krummbeinig, auseinandergebogen«

Prävention, F., »Vorbeugung gegen künftige Kriminalität«, Lw. mlat. praeventio, F., »Falle«, zum PPP. praeventus von lat. praevenire, V., »zuvorkommen«, zu lat. prae, Präp., Präf., »vor«, lat. venire, V., »kommen«, vgl. Weiske 1839ff.

präventiv, Adj., »vorbeugend«, 2. H. 19. Jh. Lw. frz. préventif, Adj., »vorbeugend«, s. Prävention

präventives Verbot, N., »vorbeugendes Verbot«, 19. Jh.?, s. präventiv, Verbot

Praxis, F., »Tätigkeit, Verfahren (16. bzw. 17. Jh.), Erfahrung (18. Jh.), Tätigkeitsbereich (20. Jh.)«, 16. Jh. Lw. lat. praxis, F., »Verfahren«, Lw. gr. prãxis, F., »Verfahren, Handeln«, zu gr. prássein, V., »tun, vollbringen«

Präzedenz, F., »Vortritt, Vorrang, Vorzug, Präzedenz«, 1. H. 18. Jh. Lw. lat. praecedentia, F., »Vorwärtsgehen«, zum Part. Präs. praecedens von lat. praecedere V., »vorhergehen«, zu lat. prae, Präp., Präf., »voran«, lat. cedere, V., »gehen, treten«

Präzedenzfall, M., »vorangehender Fall, früheres Geschehen das sich wegen des allgemeinen Gleichheitssatzes durch die Art seiner Behandlung auf ein späteres Geschehen auswirken kann«, 19. Jh., s. Präzedenz, Fall

precarium, lat., N., »Bittleihe«, als Prekarium noch Allgemeines Bürgerliches Gesetzbuch 1811 Österreich

Preis, M., »Gegenwert für die Erlangung einer Leistung insbesondere für den Verkauf einer Ware«, mhd. prīs, M., »Lob, Ruhm, Wert, Preis, Herrlichkeit«, 12. Jh. Lw. afrz. pris, M., »Lob, Ruhm, Wert, Preis«, aus lat. pretium, N., »Kaufpreis«, (15. Jh. mnd. bzw.) 17. Jh. allgemein Lbd. (mnl. bzw. frz.) »Kaufpreis«

Preisausschreiben, N., »Auslobung bei der ein oder mehrere Preisrichter entscheiden ob eine Leistung der Auslobung entspricht und welcher Bewerber den Preis erhalten soll«, 19. Jh., s. Preis, aus, schreiben

Preisbindung, F., »vertragliche Bindung der Verkäufer bestimmter Waren an einheitliche Festpreise«, 20. Jh., s. Preis, Bindung

Preisempfehlung, F., »Empfehlung eines Preises«, 20. Jh.?, s. Preis, Empfehlung

preisgeben, V., »aufgeben«, E. 16. Jh./A. 17. Jh. Lüs. frz. donner (en) prise, V., »zur Beute (Prise) geben«, s. Prise, geben

Preisgefahr, F., »bei gegenseitigen Verträgen Gefahr bei Untergang des Leistungsgegenstandes den Anspruch auf die Gegenleistung (Kaufpreis) zu verlieren«, 20. Jh.?, s. Preis, Gefahr

Preistreiberei, F., »vorsätzliches oder leichtfertiges Fordern bzw. Versprechen bzw. Vereinbaren bzw. Annehmen oder Gewähren von unangemessen hohen Entgelten für Gegenstände oder Leistungen des lebenswichtigen Bedarfs«, 20. Jh., s. Preis, treiben

Premierminister, M., »Ministerpräsident«, Burnetübersetzung 1688, (in England premier minister seit 1636 bzw. Kurzform premier 1726,) Lw. frz. premier, Num.

Ord. »erste«, aus lat. primarius, Adj., »einer der ersten, ansehnlich«, zu lat. primus, Num. Ord., »erste«, s. Minister

Presse, F., »Gerät zum Ausdrücken von Flüssigkeiten, Druckmaschine (A. 16. Jh.), zur Verbreitung geeignete und bestimmte Druckerzeugnisse (M. 18. Jh.), Zeitungswesen (M. 19. Jh.)«, mhd. presse, pfresse, F., »Presse, Weinpresse, gedrängter Haufe, Gedränge«, ahd. pfressa (2. Vt. 11. Jh.), phressa, pressa, F., »Bedrängnis, Bedrükkung, Drangsal, Kelter, Presse, Weinpresse«, Lw. mlat. pressa, F., »Presse, Kelter«, subst. PPP. F. von lat. premere, V., »drücken, pressen«, Lbd. »Buchdruckerpresse, Gesamtheit von Druckschriften« frz. presse, F., »Buchdruckerpresse, Gesamtheit der Druckschriften«, aus mlat. pressa, F., »Presse, Kelter«, vgl. Geschichtliche Grundbegriffe

Pressedelikt, N., »mit Strafe bedrohte Handlung des Pressewesens (z.B. Verbreitung beschlagnahmter Druckwerke)«, 19. Jh., s. Presse, Delikt, vgl. Grimm DW 1889 (Preßdelikt)

Pressefreiheit, F., »Freiheit der Verbreitung von Meinungen und Nachrichten und Mitteilungen und sonstigem Gedankengut durch Druckerzeugnisse«, Zimmermann 1794/5 bzw. Bode 1774 (Übersetzung aus dem Neuenglischen) (Preßfreiheit), s. Presse, Freiheit, älter Freiheit der Presse (1757 bzw. Moser 1772), Form Pressefreiheit 20. Jh.

pressen, V., »pressen, drücken«, mhd. pressen, V., »pressen«, ahd. pressōn (nach 765?), V., »pressen, keltern, drücken, auspressen, niederdrücken« Lw. lat. pressare, V., »drücken, pressen«, zum PPP. pressus von lat. premere, V., »drücken, pressen«

Presserecht, N., »Gesamtheit der die Presse betreffenden Rechtssätze«, 20. Jh., s. Presse, Recht

pretium, lat., N., »Preis«, s. iustum pretium, Preis

Preußen, N., »aus der Markgrafschaft Brandenburg erwachsener erst im 16./17. Jahrhundert um Gebiete zwischen Weichsel und Memel (Preußen) erweiterter Gliedstaat bzw. Mitglied des Heiligen Römischen Reiches deutscher Nation bzw. des Deutschen Bundes bzw. des zweiten Deutschen Reiches bzw. der Weimarer Republik«, (am 25. 2. 1947 wurde Preußen als Staat aufgelöst, Teile seines Gebietes gehören nunmehr zu Hessen, Niedersachsen, Brandenburg, Bremen, [Bayern,] Mecklenburg-Vorpommern, Nordrhein-Westfalen, Sachsen-Anhalt und Schleswig-Holstein sowie zu Polen und der Sowjetunion,) zu dem im 10. Jh. erscheinenden PN der baltischen Pruzzen

preußisch, Adj., »Preußen betreffend«, s. Preußen, isch

preußisches allgemeines Landrecht, N., »für Preußen geschaffene vernunftrechtliche Kodifikation«, 1794, s. Allgemeines Landrecht, preußisch

preußisches Polizeiverwaltungsgesetz, 1931, s. Polizeiverwaltungsgesetz, preußisch

Priester, M., »Priester, Geistlicher«, mhd. priester, M., »Priester«, ahd. priestar (E. 9. Jh.), M., »Priester«, as. prēster, M., »Priester«, germ. *prēst-, M., »Priester«?, Lw. galloroman. prestre, M., »Priester«?, aus lat. presbyter, M., »Priester«, Lw. gr. presbýteros, M., »der ältere«, zu gr. présbys, Adj., »alt«, vgl. ahd. priest (9. Jh.)

prima, Adj. F., s. prima-facie-Beweis

prima-facie-Beweis, M., »Beweis des ersten Anscheins«, zu lat. primus, Num. Ord., »erste«, lat. facies, F., »Gemächt, Beschaffenheit, Aussehen, Gericht«, zu lat. facere, V., »machen, tun«

Primat, M., »Vorrang, geistliche Oberaufsicht«, 16. Jh. Lw. mlat. primatus, M., »Vorrecht, Vorrang«, zu lat. primus, Num. Ord., »erste«

Primogenitur, F., »Erstgeburt, Alleinerbfolge«, 17. Jh. (Neumayr 1620) Lw. mlat. primogenitura, F., »Erstgeburtsrecht, Erstgeburtsnachfolge, zu lat. primo genitus, Adj., »erstgeboren«, zu lat. primus, Num. Ord., »erste«, zum Part. Fut. geniturus bzw. PPP. genitus von lat. gignere, V., »gebären«

Prinz, M., »Fürstensohn (17. Jh.), Prinz, Fürst«, mhd. prinze, M., »Fürst, Statthalter«, 13. Jh. Lw. frz. prince, M., »Fürst«, aus lat. princeps, M., »Erster, Vornehmster«, (als primocaps*) zu lat. primus, Num. Ord., »erste«, lat. capere, V., »fassen, ergreifen«

Prinzessin, F., »weibliches nichtregierendes Mitglied eines Fürstenhauses, Fürstentochter«, A. 17. Jh. aus Prinzesse (15. Jh. Niederrhein), Lw. afrz. princesse, F., »Fürstin, Fürstentochter«, zu frz. prince, M., »Fürst«, s. Prinz, in

Prinzip, N., »Prinzip, Grundsatz«, 1. H. 18. Jh. Lw. lat. principium, N., »Grund, Ursprung, Anfang«, zu lat. princeps, M., »Erster, Vornehmster«, zu lat. primus, Num. Ord., »erste«, lat. capere, V., »fassen, ergreifen«, s. Prinz

Prinzipal, M., »Inhaber des Handelsgeschäfts«, 16. Jh. Lw. lat. principalis, Adj., »erste«, zu lat. princeps, Adj., »erste«, zu lat. primus, Num. Ord., »erste«, lat. capere, V., »nehmen, fassen«, vgl. Weiske 1839ff.

Prinzipat, M., »Bezeichnung der Staatsform für die Zeit von Augustus bis Diokletian«, Lw. lat. principatus, M., »erste Stelle«, zu lat. princeps, s. Prinzipal

prinzipiell, Adj., »grundsätzlich«, 19. Jh., französisierende Neubildung nach lat. principalis, Adj., »erste«, s. Prinzip

Prior, M., »Oberer, Klostervorsteher«, mhd. prīor, M., »Prior, Aufseher«, Lw. lat. prior, Adj. Komp., »frühere«

Priorität, F., »Vorrangstellung«, E. 17. Jh.? bzw. 18. Jh.? Lw. frz. priorité, F., »Vorrangstellung«, aus mlat. prioritas, F., »Vorrangstellung«, zu lat. prior, Adj. Komp., »frühere«

Prioritätsprinzip, N., »Grundsatz daß zwischen mehreren Umständen eine (zeitliche) Rangfolge besteht«, 19. Jh.?, s. Priorität, Prinzip

prior tempore potior iure bzw. **qui prior est tempore potior est iure**, lat., »(je) früher in der Zeit (desto) stärker im Recht«, s. Prioritätsprinzip, vgl. liber sextus 5,13,54 (Bonifaz VIII. 1294-1303), Codex Justinians 8,17,3 a.E. (Caracalla 211-7)

Prise, F., »weggenommenes Gut, kleine Menge (A. 18. Jh.)«, 1. H. 15. Jh. bzw. A. 16. Jh. (1511) bzw. 18. Jh. Lw. frz. prise, F., »(von einem Freibeuter) genommenes (Schiff), Beute«, 18. Jh. »kleiner Griff«, subst. PPP. F. von frz. prendre, V., »nehmen, ergreifen«, aus lat. prehendere, V., »ergreifen, nehmen«

privat, Adj., »privat, persönlich, nicht allgemein«, 16. Jh. Lw. lat. privatus, Adj., »abgesondert, privat«, PPP. von lat. privare, V., »absondern, rauben«, zu lat. privus, Adj., »eigentümlich, für sich bestehend«

Privatautonomie, F., »Eigenverantwortlichkeit, Grundsatz daß der Einzelne berechtigt ist seine Lebensverhältnisse im Rahmen der Rechtsordnung eigenverantwortlich zu gestalten«, 19. Jh.? Lw. lat. autonomia privata, F., »Hausgesetzgebungsfreiheit« (Gallade 1769), s. privat, Autonomie

Privatdozent, M., »Universitätslehrer der auf Grund der Habilitation die Befugnis erlangt hat eigenverantwortlich Lehrveranstaltungen abzuhalten«, M. 18. Jh., s. privat, Dozent

Privateigentum, N., »persönliches Eigentum«, E. 18. Jh., s. privat, Eigentum

Privatfürstenrecht, N., »Privatrecht der Fürsten«, Mayer 1783, Lüs. lat. ius principum privatum (Neumann 1751ff.), N., »Privatrecht der Fürsten«, s. privat, Fürst, Recht

privatisieren, V., »privat vom eigenen Vermögen leben (17. Jh.), in privates Eigentum umwandeln«, 20. Jh., s. privat, ieren

Privatisierung, F., »Umwandlung von Gemeineigentum in Eigentum einzelner Personen des Privatrechts«, 20. Jh., s. privatisieren, ung

privativ, Adj., »befreiend« Lw. lat. privativus, Adj., »eine Beraubung anzeigend«, zum PPP. privatus von lat. privare, V., »absondern, rauben«, s. privat

privative Schuldübernahme, F., »befreiende Schuldübernahme«, 19. Jh.?, s. Schuldübernahme, privativ

Privatklage, F., »Verfolgung einer Straftat durch den Verletzten oder Antragsberechtigten ohne vorgängige Anrufung der Staatsanwaltschaft«, (sachlich Überrest des Akkusationsprozesses bzw. der Selbsthilfe des Verletzten,) 19. Jh., s. privat, Klage, vgl. Ullmann 1893

Privatkläger, M., »privater Kläger im Strafprozeß«, 19. Jh., s. privat, Kläger, vgl. Ullmann 1893

Privatrecht, N., »Gesamtheit aller Rechtssätze bei denen Berechtigter oder Verpflichteter nicht ausschließlich ein Träger hoheitlicher Gewalt in seiner Eigenschaft als solcher ist«, 18. Jh.? (Kant 1797) Lüs. lat. ius privatum, N., »den Einzelnen betreffendes Recht, Privatrecht«, s. privat, Recht

Privatschule, F., »Schule deren Träger keine juristische Person des öffentlichen Rechts ist«, 19. Jh.?, s. privat, Schule

Privatstrafe, F., »privat verhängte Strafe«, 19. Jh., s. privat, Strafe, vgl. Gerber 1895

Privatstraße, F., »Straße die nicht dem öffentlichen Verkehr gewidmet ist«, 19. Jh.?, s. privat, Straße

Privaturkunde, F., »von einer Privatperson ausgestellte Urkunde«, 19. Jh.?, s. privat, Urkunde

Privatversicherungsrecht, N., »Gesamtheit der Rechtsverhältnisse die ein Versicherungsverhältnis (Versicherungsvertrag) zwischen einem Versicherer und Versicherten betreffen«, E. 19. Jh.?, s. privat, Versicherungsrecht

Privileg, N., »einem oder mehreren Einzelnen im Gegensatz zur Allgemeinheit eingeräumtes Vorrecht«, mhd. prīvilēgie, prīvileige, prīvileie, N., »Privileg, Freibrief«, 13. Jh. Lw. lat. privilegium, N., »Vorrecht, Sonderrecht«, zu lat. privus, Adj., »eigentümlich, für sich bestehend«, lat. lex, F., »Gesetzesvorschlag, Gesetz«, zu lat. legere, V., »lesen«, Form Privileg im 19. Jh. durchgesetzt

privilegieren, V., »bevorrechten«, 14. Jh. (um 1400) Lw. mlat. privilegiare, V., »ein Privileg erteilen«, s. Privileg, daneben mhd. prīvilegen, V., »als Vorrecht übertragen« (13. Jh.)

privilegierte Straftat, F., »bevorzugt zu beurteilende Straftat«, 20. Jh.?, s. privilegieren, Straftat

privilegium maius, lat., N., »größere Urkunde, um 1358 erfolgte Fälschung Herzog Rudolfs IV. von Österreich zwecks Annäherung an die den Kurfürsten in der Goldenen Bulle Kaiser Karls IV. 1356 zugestandenen Vorrechte«, s. Privileg

privilegium minus, lat., N., »kleinere Urkunde, 1156 erfolgte Erhebung Österreichs zum Herzogtum unter Verselbständigung vom Stammesherzogtum Bayern«, s. Privileg

pro, Präf., »pro, vor, für«, Lw. lat. pro, Präp., Präf., »vor, für«

probation, N., »Bewährung«, 20. Jh. Lw.? ne. probation, N., »Bewährung«, aus lat. probatio, F., »Prüfung«, zum PPP. probatus von lat. probare, V., »prüfen«, s. Probe

Probe, F., »Prüfung, Probe«, 1. H. 15. Jh. Lw. spätlat. proba, F., »Prüfung, Versuch«, zu lat. probare, V., »prüfen«, zu lat. probus, Adj., »probehaltig, gut«, zu lat. pro, Präp., Präf., »vor«

procurator, lat., M., »Geschäftsführer, Verwalter, Prozeßvertreter«, zum PPP. procuratus von lat. procurare, V., »Sorge tragen«, zu lat. pro, Präp., Präf., »vor«, lat. curare, V., »sich angelegen sein lassen«, zu lat. cura, F., »Sorge«

prodigus, lat., M., »Verschwender«, zu lat. prodigere, V., »hervortreiben«, zu lat. pro, prod, Präp., Präf., »vor«, lat. agere, V., »in Bewegung setzen«

producta sceleris, lat., N. Pl., »Verbrechenserzeugnisse, Gegenstände die durch eine vorsätzliche Straftat hervorgebracht worden sind«, PPP. Pl. von lat. producere, V., »vorwärts führen«, s. Produkt, lat. scelus, N., »Verbrechen«

Produkt, N., »jede bewegliche Sache (ausgenommen bestimmte landwirtschaftliche Erzeugnisse und Jagderzeugnisse) und Elektrizität«, (E. 15. Jh. »Ergebnis« bzw.) 18. Jh. (Leisewitz 1776) Lw. lat. producta, N. Pl., »vorzüglichere Dinge«, zum PPP. productus von lat. producere, V., »vorwärts führen, vorziehen«, zu lat. pro, Präp., Präf., »vor«, lat. ducere, V., »ziehen«

Produkthaftung, F., »ab 1. 1. 1990 geltende durch eine EG-Richtlinie veranlaßte Gefährdungshaftung des Herstellers eines Produktes«, um 1990, s. Produkt, Haftung

Produktpiraterie, F., »widerrechtliche Ausnutzung der in einem fremden Produkt enthaltenen geistigen Leistung«, um 1990, s. Produkt, Piraterie

Produzent, M., »(gewerblicher) Hersteller einer Ware«, 16. Jh. (1559) bzw. A. 19. Jh. (Goethe) Lw. lat. producens, Part. Präs. von lat. producere, V., »vorwärts führen, vorziehen«, s. produzieren

Produzentenhaftung, F., »Haftung des Herstellers aus unerlaubter Handlung (mit Verschuldensvermutung)«, um 1970, s. Produzent, Haftung

Produzentenleasing, N., »Produzentenleasing«, s. Leasing, Produzent

produzieren, V., »herstellen, hervorbringen«, »herausführen« 2. H. 16. Jh. (Roth 1571) bzw. 17. Jh. Lw. lat. producere, V., »vorführen, herstellen, hervorbringen«, zu lat. pro, Präp., Präf., »vor«, lat. ducere, V., »ziehen«

Professor, M., »Bekenner, Amtsbezeichnung der Lehrer an wissenschaftlichen Hochschulen (wobei nach BVerfGE Bd.

64, 323 bei der Amtsbezeichnung zwischen Professoren an wissenschaftlichen Hochschulen und Professoren an sonstigen Hochschulen unterschieden werden muß)«, 16. Jh. Lw. lat. professor, M., »Lehrer, Universitätslehrer (um 1400)«, zum Part. Prät. Akt. professus von lat. profiteri, V., »öffentlich lehren, öffentlich erklären«, zu lat. pro, Präp., Präf., »vor«, lat. fateri, V., »bekennen, gestehen, kund tun«, zu lat. fari, V., »reden, sprechen«

Professur, F., »Lehramt eines Hochschullehrers«, 17. Jh., s. Professor

Profos, **Profoß**, M., »Feldrichter, Stockmeister«, A. 16. Jh. (1504) Lw. mnd. provost, M., »Feldrichter«, Lw. afrz. prēvost, M., »Vorgesetzter, Zuchtmeister«, aus lat. praepositus, M., »Vorgesetzter«, subst. PPP. von lat. praeponere, V., »vorsetzen«, zu lat. prae, Präp., Präf., »vor«, lat. ponere, V., »setzen, legen, stellen«

Prognose, F., »Vorhersage«, 18. Jh. Lw. gr. prógnosis, F., »Vorherwissen, Vorhersage«, zu gr. progignóskein, V., »vorher erkennen«, zu gr. pró, Präp., Präf., »vor«, gr. gignóskein, V., »erkennen«, zu gr. gnõsis, F., »Erkenntnis«

Programm, N., »Programm, erklärte Zielsetzung«, 18. Jh. (Programma um 1700 bzw. Programm um 1800 bzw. Pfeffel vor 1809) Lw. frz. programme, N., »Programm«, aus lat. programma, N., »schriftliche Bekanntmachung«, Lw. gr. prográmma, N., »öffentlicher Anschlag«, zu gr. prográphein, V., »vorher schreiben«, zu gr. pró, Adv., Präp., Präf., »vor«, gr. gráphein, V., »schreiben«

Progression, F., »Fortschreiten, eine Art der Besteuerung bei der die zu zahlende Steuer mit steigender Höhe der Bemessungsgrundlage nicht nur entsprechend (linear) sondern darüber hinaus (progressiv) zunimmt (z.B. Einkommensteuer)«, 18. Jh. Lw. frz. progression, F., »Fortschreiten«, bzw. 15. Jh., 1483 Lw. lat. progressio, F., »Fortschreiten«, s. progressiv

progressiv, Adj., »fortschrittlich«, 2. H. 18. Jh. Lw. frz. progressif, Adj., »fortschrittlich, progressiv«, zum Part. Prät. Akt. progressus von lat. progredi, V., »fortschreiten«, zu lat. pro, Präp., Präf., »vor«, lat. gradi, V., »schreiten, gehen«, für politische Stimmungen M. 19. Jh. Lbd. ne. progressive, Adj., »fortschrittlich«, Lw. frz. progressif, Adj., »fortschrittlich«

Prokura, F., »vom Inhaber eines Handelsgeschäfts oder seinem gesetzlichen Vertreter erteilte besondere Vertretungsmacht«, A. 17. Jh. (um 1600 bzw. 1621) Lw. it. procura, F., »Prokura, Geschäftsvollmacht«, zu it. procurare, V., »Sorge tragen, vorsorgen«, aus lat. procurare, V., »Sorge tragen, vorsorgen«, zu lat. pro, Präp., Präf., »vor«, lat. curare, V., »sorgen, sich angelegen sein lassen«, zu lat. cura, F., »Sorge, Vorsorge«

Prokurator, M., »Bevollmächtigter, Geschäftsträger, Stellvertreter, Sachwalter, Vormund«, 14. Jh. (1301) Lw. lat. procurator, M., »Verwalter, Stellvertreter, Geschäftsführer, Anwalt, Aufseher«, zum PPP. procuratus von lat. procurare, V., »Sorge tragen, vorsorgen«, zu lat. pro, Präp., Präf., »vor«, lat. curare, V., »sorgen, sich angelegen sein lassen«, zu lat. cura, F., »Sorge, Vorsorge« (, sofern in der Rezeption der Prokurator vom Advokaten getrennt wird ist dessen Aufgabe die formgerechte Vornahme aller prozessualen Handlungen vor Gericht im Gegensatz zur rechtlichen Beratung der Partei, schon nach 1521 ist diese Trennung vor dem Reichskammergericht aber nicht mehr verbindlich)

Prokurist, M., »Person der Prokura erteilt worden ist«, 18. Jh. (Hartmann 1784), s. Prokura, ist, vgl. Weiske 1839ff.

Prolet, M., »Mensch ohne Umgangsformen«, E. 19. Jh., aus Proletarier

Proletarier, M., »besitzloser Lohnarbeiter«, A. 19. Jh. Lw. (frz. prolétaire, M., »besitzloser Lohnarbeiter«, aus) lat. proletarius, Adj., »die Nachkommenschaft betreffend, der untersten Volksklasse angehörig«, zu lat. proles, F., »Sprößling, Nachkomme«, zu lat. pro, Präp., Präf., »vor, für«, lat. alere, V., »nähren, aufziehen«

Prolongation, F., »Verlängerung (der Laufzeit), Stundung«, Sperander 1727, zum PPP. prolongatus von lat. prolongare, V., »verlängern«, s. prolongieren

prolongieren, V., »verlängern, stunden«, E. 16. Jh. (Rathgeb 1592) Lw. lat. prolongare, V., »verlängern«, zu lat. pro, Präp., Präf., »vor«, lat. longus, Adj., »lang«

Promotion, F., »Verleihung des Doktorgrades durch eine dazu berechtigte Hochschule«, 17. Jh. Lw. spätlat. promotio, F., »Beförderung (zu Ehrenstellen)«, zum PPP.

promotus von lat. promovere, V., »vorwärts bewegen«, s. promovieren

Promotionsverfahren, N., »Promotionsverfahren«, 19. Jh.?, s. Promotion, Verfahren

promovieren, V., »vorwärts bringen (15. Jh.), die Doktorwürde verleihen, die Doktorwürde erwerben (16. Jh.)«, Lw. lat. promovere, V., »vorwärts bewegen«, zu lat. pro, Präp., Präf., »vor«, lat. movere, V., »bewegen«, s. Promotion

Promulgation, F., »Verkündung (eines Gesetzes)«, 18. Jh. (Sperander 1727) Lw. lat. promulgatio, F., »Bekanntmachung, Verkündigung«, zum PPP. promulgatus von lat. promulgare, V., »bekanntmachen, verkündigen«, zu lat. pro, Präp., Präf., »vor«, zu lat. provulgare bzw. promere

proper, Adj., »eigen«, (spätmhd. proper, Adj., »eigen«,) A. 17. Jh. bzw. 18. Jh. (Ludwig 1706) Lw. frz. propre, Adj., »eigen«, zu lat. proprius, Adj., »eigen«, zu lat. pro, Präp., Präf., »vor«, lat. patrius, Adj., »väterlich«, zu lat. pater, M., »Vater«

Properhändler, M., »Eigenhändler, im eigenen Namen und für eigene Rechnung tätiger Händler«, 19. Jh.?, s. proper, Händler

Proportion, F., »Verhältnis (E. 15. Jh.), Verhältnisgleichung (E. 17. Jh.)«, Lw. lat. proportio, F., »Verhältnis«, zu lat. pro, Präp., Präf., »vor«, lat. portio, F., »Teil, Anteil«, zu lat. pars, F., »Teil, Anteil«

proportional, Adj., »verhältnismäßig«, 16. Jh. (Xylander 1562) Lw. lat. proportionalis, Adj., »verhältnismäßig«, zu lat. proportio, F., »Verhältnis«, s. Proportion

Proporz, M., »Verhältnis (insbesondere der Zahl der Angehörigen einer gesellschaftlichen Gruppe und der Zahl ihrer Vertreter in einem Entscheidungsgremium)«, E. 19. Jh. verkürzt aus Proportionalwahl, s. proportional

proprietas, lat., F., »Eigentum«, s. proper

Propst, M., »Probst«, mhd. brobest, probest, M., »Probst«, ahd. probist (765), probost, provost, M., »Vorsteher, Probst, Vorgesetzter, Statthalter«, Lw. mlat. propositus, M., »Vorgesetzter«, zu lat. praepositus, M., »Vorgesetzter«, subst. PPP. von lat. praeponere, V., »vorsetzen«, zu lat. prae, Präp., Präf., »vor«, lat. ponere, V., »setzen, stellen, legen«, das zweite p durch Adelung durchgesetzt

Propstei, F., »Würde eines Propstes, Amt eines Propstes, Bezirk eines Propstes«, mhd. brobestīe, F., »Propstei«, s. Propst, ei

Prorektor, M., »Stellvertreter des Rektors«, Lw. mlat. prorector (1397 Heidelberg), Anwendung auf Schulen allgemein um 1800, s. pro, Rektor

prorogatio fori, lat., F., »Gerichtsstandsvereinbarung«, zu lat. prorogatio, F., »Verlängerung«, s. forum, zum PPP. prorogatus von lat. prorogare, V., »beim Volk anfragen (ob verlängert werden soll)«, zu lat. pro, Präp., Präf., »vor«, lat. rogare, V., »fragen, bitten«

Prorogation, F. »Gerichtsstandvereinbarung«, 19. Jh.?, s. prorogatio

prostituieren, V., »bloßstellen, beschämen, sich gewerbsmäßig preisgeben (A. 18. Jh.)«, 2. H. 16. Jh. (Mundus 1619) Lw. lat. prostituere, V., »vorn hinstellen, für sexuelle Handlungen öffentlich preisgeben«, zu lat. pro, Präp., Präf., »vor«, lat. statuere, V., »hinstellen«, zu lat. sistere, V., »stellen, hinstellen«, zu lat. stare, V., »stehen«, A. 18. Jh. Lbd. frz. prostituer (13./14. Jh.)

Prostituierte, F., »Dirne«, M. 19. Jh. (Kiesewetter 1863), zu prostituieren, vgl. lat. prostituta, F., »Dirne«

Prostitution, F., »(im Strafrecht) Vornehmen oder Vornehmenlassen von sexuellen Handlungen an oder vor oder von wechselnden Partnern oder Zuschauern (str.) während einer gewissen nicht unbedingt längeren Dauer gegen Entgelt das auch einem anderen zufließen kann«, 18. Jh. (Thomasius 1701) Lw. frz. prostitution, F., »Prostitution«, aus spätlat. prostitutio, F., »öffentliches Sichpreisgeben, Entehrung«, zum PPP. prostitus von lat. prostituere, V., »vorn hinstellen, für sexuelle Handlungen öffentlich preisgeben«, zu lat. pro, Präp., Präf., »für«, lat. statuere, V., »hinstellen«, zu lat. sistere, V., »stellen, hinstellen«, zu lat. stare, V., »stehen«

protegieren, V., »fördern, begünstigen«, 2. H. 16. Jh. (Lw. frz. protéger, V., »fördern, begünstigen«, aus) lat. protegere, V., »beschützen, (vorn) bedecken«, zu lat. pro, Präp., Präf., »vor«, lat. tegere, V., »decken, bedecken«

Protektorat, N., »Schutzgebiet, zugunsten eines Protektorstaates in seiner Handungsfähigkeit (z.B. Außenpolitik) eingeschränkter Staat, zwischen einem schützenden Staat und einem beschützten Staat bestehendes Schutzverhältnis (z.B. Indien - Bhutan bzw. Frankreich - Monaco)«, 1. H. 19. Jh. (Freytag vor 1895) (Lw. frz. protectorat, M., »Schutzherrschaft«?,) s. protegieren

Protest, M., »Einspruch, öffentliche Beurkundung der Verweigerung der Annahme oder Zahlung bei Vorlegung bestimmter Wertpapiere«, 16. Jh. (für Wechsel) bzw. 18. Jh. (Rädlein 1711) Lw. it. protesto, M., »Protest«, zu it. protestare, V., »Verwahrung einlegen«, (frz. protest, M., »Protest«,) s. protestieren

Protestant, M., »Protestant, (gegen die kaiserliche Religionspolitik des 16. Jahrhunderts im Heiligen Römischen Reich deutscher Nation) Protestierender«, 1. H. 16. Jh. (nach 1529) Lw. lat. protestans, Part. Präs., »protestierend«, zu lat. protestari, V., »öffentlich dartun, öffentlich bezeugen«, s. protestieren

protestieren, V., »Einspruch erheben, Mißfallen kundtun«, spätmhd. protestieren, V., »Einspruch einlegen«, 15. Jh. Lw. frz. protester, V., »Einspruch erheben, Mißfallen kundtun, erklären«, (bzw. [für Wechsel] it. protestare, V., »Verwahrung einlegen, erklären«,) aus lat. protestari, V., »öffentlich dartun, öffentlich bezeugen«, zu lat. pro, Präp., Präf., »vor«, lat. testari, V., »bezeugen«, zu lat. testis, M., »Zeuge«

protestatio facto contraria (non valet), lat., »dem (eigenen) Verhalten zuwiderlaufende Verwahrung (hat keine Bedeutung)«, vgl. Glosse Protestetur zu Liber sextus 1,6,25 (Bonifaz VIII. 1294-1303)

proto, Präf., »erste«, Lw. gr. protos, Adj., »erste«

Protokoll, N., »- durch Unterschrift oder Genehmigung als richtig anerkannte - Niederschrift über eine Verhandlung«, 15. Jh. (Gobler 1536) Lw. mlat. protocollum, N., »Niederschrift«, Lw. mgr. protókollon, N., »vorgeleimtes Blatt, Protokoll«, zu gr. protos, Adj., »erste«, gr. kollan, V., »leimen«, zu gr. kólla, F., »Leim«

Protokollant, M., »wer protokolliert«, 19. Jh., zu protokollieren, latinisierend

protokollieren, V., »beurkunden, ein Protokoll anfertigen«, M. 16. Jh. Lw. mlat. protocollare, V., »beurkunden, ein Protokoll anfertigen«, s. Protokoll

Provinz, F., »Provinz, eine Verwaltungseinheit«, mhd. provincie, F., »Verwaltungsbezirk«, 14. Jh. Lw. lat. provincia, F., »Geschäftskreis, Aufgabe, Auftrag«

Provision, F., »Vergütung für eine Tätigkeit die in einem bestimmten Prozentsatz des Wertes des vermittelten (Vermittlungsprovision) oder abgeschlossenen (Abschlußprovision) Geschäftes bemessen wird«, M. 16. Jh. (1549) Lw. it. provisione, provigione, F., »Umsatzbeteiligung, Vermittlungsgebühr«, aus lat. provisio, F., »Vorsorge, Vorkehrung«, zum PPP. provisus von lat. providere, V., »Vorsorge tragen, im voraus besorgen«, zu lat. pro, Präp., Präf., »vor«, lat. videre, V., »sehen«, Bedeutungsentwicklung »Vorsorge, Unterhalt, Bezahlung, Bezahlung im kaufmännischen Verkehr«, älter mhd. provisie, F., »Verleihung eines Kirchenamtes«

Provokateur, M., »Aufwiegler«, 1. H. 19. Jh. Lw. frz. provocateur, M., »Aufwiegler«, aus lat. provocator, M., »Herausforderer«, s. Provokation

Provokation, F., »Herausforderung«, M. 16. Jh. bzw. 17. Jh. (Lassenius 1661) Lw. lat. provocatio, F., »Herausforderung«, zum PPP. provocatus von lat. provocare, V., »herausrufen, reizen«, zu lat. pro, Präp., Präf., »vor«, lat. vocare, V., »rufen«, zu lat. vox, F., »Stimme«

provozieren, V., »herausfordern«, 1. H. 16. Jh. (Paracelsus 1562) Lw. nlat. provocare, V., »herausrufen, reizen«, zu lat. pro, Präp., Präf., »vor«, lat. vocare, V., »rufen«, zu lat. vox, F., »Stimme«

Prozedur, F., »Vorgang, Verfahren«, 1. H. 17. Jh. (Mengering 1638) Lw. nlat. procedura, F., »Vorgang, Verfahren«(, dazu frz. procédure [E. 12. Jh.],), zu lat. procedere, V., »vorwärtsgehen, vorrücken, vortreten«, zu lat. pro, Präp., Präf., »vor«, lat. cedere, V., »gehen, treten«

Prozent, N., »Prozent, Hundertstel«, 15. Jh. (1460 per cento) Lw. it. per cento, »pro Hundert«, A. 16. Jh. pro cento, zu lat. pro, Präp., Präf., »vor, für«, lat. centum, N., »hundert«, im Bürgerlichen Gesetzbuch verdeutscht (vom Hundert) nach einem Vorschlag von 1888, abgekürzte Schreibweise % aus pc° bzw. p%

Prozeß, M., »rechtlich geordneter von Lage zu Lage sich entwickelnder Vorgang zur Gewinnung einer richterlichen Entscheidung über ein behauptetes materielles

Rechtsverhältnis«, mhd. process, M., »Erlaß, gerichtliche Entscheidung«, 14. Jh. Lw. mlat. processus, M., »Rechtshandlung, gerichtliches Vorgehen, Vorgehen«, zu lat. processus, M., »Fortgang, Fortschreiten«, subst. PPP. von lat. procedere, V., »vorwärtsgehen, vorrücken, vortreten«, zu lat. pro, Präp., Präf., »vor«, lat. cedere, V., »gehen, treten«

Prozeßagent, M., »Rechtsbeistand der auf Grund besonderer Gestattung durch die Justizverwaltung (Präsident des Amtgerichts oder Landgerichts) die Besorgung fremder Rechtsangelegenheiten vor Gericht gewerbsmäßig betreibt«, 19. Jh., s. Prozeß, Agent

Prozeßbetrug, M., »Betrug bei dem ein Richter durch falsche Behauptungen des Täters zu einer Entscheidung veranlaßt wird die das Vermögen des Prozeßgegners schädigt«, 19. Jh.?, s. Prozeß, Betrug

Prozeßbevollmächtigter, M., »Person der Prozeßvollmacht erteilt ist«, 19. Jh., s. Prozeß, bevollmächtigen, vgl. Planck 1896

Prozeßfähigkeit, F., »Fähigkeit vor Gericht zu stehen, Fähigkeit Prozeßhandlungen selbst oder durch einen Prozeßbevollmächtigten wirksam vorzunehmen oder entgegenzunehmen«, 19. Jh., s. Prozeß, Fähigkeit, vgl. Ullmann 1893, Planck 1896

Prozeßführung, F., »Führung des Prozesses«, 19. Jh., s. Führung, Prozeß

Prozeßführungsbefugnis, F., »Befugnis einen Prozeß als die richtige Partei im eigenen Namen zu führen«, 19. Jh.?, s. Prozeß, führen, Befugnis

Prozeßgebühr, F., »Gebühr des zum Prozeßbevollmächtigten bestellten Rechtsanwalts für das Betreiben des Geschäfts einschließlich der Information«, 19. Jh.?, s. Prozeß, Gebühr

Prozeßgericht, N., »Gericht vor dem der betreffende Prozeß durchgeführt wird«, 19. Jh., s. Prozeß, Gericht, vgl. Ullmann 1893, Planck 1896

Prozeßhandlung, F., »prozeßgestaltende Beteiligung der Partei und der Streitgehilfen bzw. ihrer Vertreter (im weiteren Sinn auch des Gerichts str.) an einem Verfahren«, 19. Jh., s. Prozeß, Handlung, vgl. Planck 1896

Prozeßhandlungsvoraussetzung, F., »Voraussetzung für eine Prozeßhandlung«, 20. Jh., s. Prozeßhandlung, Voraussetzung

Prozeßhindernis, N., »Hindernis für einen Prozeß«, 19. Jh.?, s. Prozeß, Hindernis

prozessieren, V., »einen Prozeß führen«, A. 18. Jh., s. Prozeß, ieren

Prozeßkosten, F. Pl., »Kosten eines Gerichtsverfahrens«, Stieler 1691, s. Prozeß, Kosten

Prozeßkostenhilfe, F., »finanzielle Unterstützung einer Partei die nach ihren persönlichen und wirtschaftlichen Verhältnissen die Kosten der Führung eines Prozesses nicht bzw. nur zum Teil oder nur in Raten aufbringen kann«, um 1980, s. Prozeßkosten, Hilfe

Prozeßkostenvorschuß, M., »Vorschuß zur Bestreitung von Prozeßkosten«, 20. Jh.?, s. Prozeßkosten, Vorschuß

Prozeßordnung, F., »Prozeßgesetz«, Leibniz vor 1716, s. Prozeß, Ordnung

Prozeßrecht, N., »Recht des Prozesses«, 19. Jh.?, s. Prozeß, Recht, vgl. Planck 1896

Prozeßstandschaft, F., »Befugnis im eigenen Namen einen Prozeß über ein fremdes Recht (Fehlen der Sachbefugnis) zu führen«, 20. Jh.?, s. Prozeß, Stand, schaft

Prozeßtaktik, F., »taktisches Verhalten eines Beteiligten im Prozeß«, 20. Jh., s. Prozeß, Taktik

Prozeßtrennung, F., »Maßnahme richterlicher Prozeßleitung zur Aufteilung eines Prozesses in mehrere selbständige Prozesse zum Zweck der Verfahrensvereinfachung«, 20. Jh.?, s. Prozeß, Trennung

Prozeßurteil, N., »auf dem Fehlen einer Prozeßvoraussetzung (oder Rechtsweg-)voraussetzung beruhendes Urteil (z.B. Abweisung)«, 19. Jh., s. Prozeß, Urteil

Prozeßvergleich, M., »Vergleich vor einem Gericht im Rahmen eines Verfahrens«, 19. Jh., s. Prozeß, Vergleich, vgl. Planck 1896

Prozeßverschleppung, F., »gewollte Verzögerung eines Rechtsstreits durch verspätetes Vorbringen von Behauptungen und Beweismitteln«, 20. Jh.?, s. Prozeß, Verschleppung, vgl. Planck 1896 Verschleppung des Prozesses

Prozeßvollmacht, F., »zur Vertretung in allen einen Rechtsstreit betreffenden Prozeßhandlungen ermächtigende Vollmacht«, 19. Jh.?, s. Prozeß, Vollmacht, vgl. Weiske 1839ff.

Prozeßvoraussetzung, F., »Voraussetzung die vorliegen muß damit ein Sachurteil ergehen kann«, 19. Jh.?, s. Prozeß, Voraussetzung, vgl. Ullmann 1893

prüfen, V., »prüfen, erproben«, mhd. prüeven, brüeven, pruoven, V., »nachdenken, erwägen, prüfen, erkennen, beweisen, erweisen, berechnen, erproben, bewirken«, 12. Jh. (Millstätter Genesis) (oder wegen der Diphtongierung früher) Lw. afrz. prover, V., »prüfen, erproben«, aus lat. probare, V., »prüfen, erproben«, s. Probe

Prüfer, M., »Prüfer«, mhd. prüever, M., »Prüfer, Untersucher, Merker, Aufpasser«, s. prüfen

Prüfling, M., »wer geprüft wird«, 19. Jh., s. prüfen, ling

Prüfung, F., »Examen, Verfahren das mit einer Prüfungsentscheidung abgeschlossen wird«, mhd. (13. Jh.) prüevunge, F., »Prüfung, Bewährung, Beweisführung, Ausrüstung«, s. prüfen, ung

Prüfungsordnung, F., »Ordnung einer Prüfung, Satzung einer Hochschule (für Universitätsprüfungen wie z.B. Promotion) oder staatliches Gesetz bzw. staatliche Rechtsverordnung (für staatliche Prüfungen wie z.B. die erste juristische Staatsprüfung) welche die für eine bestimmte Prüfung geltenden Rechtsnormen festlegt«, 19. Jh., s. Prüfung, Ordnung, vgl. Grimm DW 1889

Prügel, M., »Prügel, Schläge (A. 18. Jh.)«, spätmhd. brügel, M., »Prügel, Knüttel«, zu ahd. *brugilōn, V., aus gibrugilōn (10. Jh.), V., »überbrücken, mit Prügeln (?) abdecken, verbergen«, zu germ. *bruga-, Sb., »Stämmchen, Prügel«, zu idg. *bhru- (2), Sb., »Balken, Prügel, Brücke«

Prügelknabe, M., »Prügelknabe«, »der an der Stelle eines Prinzen geschlagene nichtadlige Erziehungsgefährte«, 19. Jh., s. Prügel, Knabe

prügeln, V., »mit einem Prügel schlagen«, 16. Jh., s. Prügel

pseudo, Präf., »unecht, vorgetäuscht«, Lw. gr. pseudo, Präf., »Lügen«, zu gr. pseúdein, V., »täuschen«

Pseudonym, N., »Deckname«, 17. Jh. (pseudonymus) bzw. A. 19. Jh. Lw. frz. pseudonyme, M., »Schriftsteller der unter einem anderen Namen schreibt«, zu gr. pseúdein, V., »täuschen«, gr. ónoma, N., »Name«

Psyche, F., »Seele, Gemüt«, (M. 17. Jh. bzw.) A. 19. Jh. (Brun 1806) Lw. gr. psyché, F., »Hauch, Seele, Gemüt«, zu gr. psycheȋn, V., »hauchen, atmen, blasen, leben«

Psychiatrie, F., »Psychiatrie, Seelenheilkunde«, A. 19. Jh. (1808), zu gr. psyché, F., »Hauch, Seele, Gemüt«, gr. iatrós, M., »Arzt«

psychisch, Adj., »seelisch«, um 1800, s. Psyche, isch

Psychologie, F., »Psychologie, Seelenlehre«, 16. Jh. (Melanchthon bzw. Goclenius 1590 bzw. weiter verbreitet M. 18. Jh.), zu gr. psyché, F., »Hauch, Seele, Gemüt«, gr. lógos, M., »Wort, Kunde (F.), Wissenschaft, Vernunft«, zu gr. légein, V., »sagen«, s. logie

Psychopath, M., »Psychopath, krankhaft verhaltensgestörter Mensch«, 20. Jh., s. Psychopathie

Psychopathie, F., »Psychopathie, geistige Störung«, Krafft-Ebing 1886, zu gr. psyché, F., »Hauch, Seele, Gemüt«, gr. páthos, N., »Leid, Leiden«

psychopathisch, Adj., »seelenkrank«, E. 19. Jh., s. Psychopathie, isch

Psychose, F., »seelische Störung, Geisteskrankheit«, M. 19. Jh. (1852) Umdeutung von gr. psýchosis, F., »Seele, Beseelung, Belebung«

Psychotherapie, M., »Psychotherapie, ärztliche Behandlung von geistig-seelischen Störungen«, E. 19. Jh. (Bahr 1893), zu gr. psyché, F., »Hauch, Seele, Gemüt«, gr. therapeúein, V., »dienen, ehren, pflegen, heilen«, zu gr. therapeía, F., »Dienst, Heilung«, zu gr. therápon, M., »Diener, Gefährte«

publik, Adj., »öffentlich, allgemein bekannt«, 17. Jh. (um 1700) Lw. frz. public, Adj., »öffentlich, allgemein bekannt«, aus lat. publicus, Adj., »öffentlich, allgemein bekannt«, zu lat. populus, M., »Volk, Gemeinde«

Publikum, N., »Öffentlichkeit«, A. (bzw. E.) 18. Jh. (Goethe) Lw. mlat. publicum (vulgus) N., »öffentlich(es Volk)«, s. publik

Publikumsgesellschaft, F., »Gesellschaft bei welcher eine Vielzahl von nicht miteinander besonders verbundenen Personen (Publikum) jeweils kleine Gesellschaftsanteile hält«, 20. Jh.?, s. Publikum, Gesellschaft

Publizität, F., »Offenkundigkeit, die mit einer jedermann erkennbaren Eintragung in ein öffentliches Register verbundene Rechtswirkung«, 18. Jh.? (vgl. Coßmann 1829) Lw. frz. publicité, F., »Offenkundigkeit«, s. publik

Publizitätsprinzip, N., »Grundsatz daß alle Veränderungen der (sachenrechtlichen) Rechtslage grundsätzlich offensichtlich werden müssen«, s. Publizität, Prinzip, vgl. Weiske 1839ff.

Puff, N., »Stoß, Brettspiel, Spielhaus, Bordell (18. Jh.)«, 15. Jh., zu puff, Interj., »puff«, lautnachahmend

pumpen, V., »borgen, leihen«, 18. Jh.? Lw. rotw. pumpen (17. Jh.), V., »stechen«, Lbd. rotw. stechen, V., »stechen, geben, schenken«

Punktation, F., »schriftliche Festlegung des wesentlichen Vertragsinhaltes«, Lw. mlat., Allgemeines Bürgerliches Gesetzbuch 1811 Österreich

putativ, Adj., »vermeintlich«, A. 19. Jh. (Petri 1823) Lw. spätlat. putativus, Adj., »vermeintlich«, zum PPP. putatus von lat. putare, V., »rechnen, berechnen, putzen, reinigen«, zu lat. putus, Adj., »rein, gereinigt«

Putativnotwehr, F., »Abwehr eines vermeintlichen vom Handelnden nur angenommenen in Wirklichkeit aber nicht bestehenden Angriffs«, E. 19. Jh.?, s. putativ, Notwehr

Putativnotstand, M., »Abwehr eines vermeintlichen vom Handelnden nur angenommenen in Wirklichkeit aber nicht bestehenden Zustandes gegenwärtiger Gefahr für rechtlich geschützte Interessen«, E. 19. Jh.?, s. putativ, Notstand

Putsch, M., (ursprünglich schweizerisch) »Stoß (1431 Zürich), Zusammenprall«, um 1839 Bezeichnung für einen (Züricher) »Volksaufstand«

putschen, V., »einen Putsch machen«, M. 19. Jh., s. Putsch

Pyramide, F., »Pyramide«, E. 15. Jh. (Brant 1494) Lw. lat. pyramis, F., Pyramide«, Lw. gr. pyramís, F., »Pyramide«, Lw. ägypt. mr, Sb., »Pyramide«, (pi-mar, »die Pyramide« [, durch Metathese piram])

Q

quaestio, lat., F., »Suchen, Befragung, Vernehmung, (in der römischen Rechtsgeschichte) aus gewählten Geschworenen bestehender auf Dauer eingesetzter und für bestimmte Arten von Verbrechen zuständiger Strafgerichtshof unter dem Vorsitz eines Prätors (150 v. Chr.-200 n. Chr.), (im Mittelalter) einzelne (Untersuchung einer) Rechtsfrage«, zum PPP. quaestus von lat. quaerere, V., »suchen«

Qualifikation, F., »Eignung, Befähigung, (im Strafrecht) ein im Verhältnis zu einem Grundtatbestand gesteigerter Straftatbestand (z.B. Mord im Verhältnis zu Totschlag)«, E. 16. Jh. (1595) Lw. mlat. qualificatio, F., »Eignung«, zu lat. qualis, Adj., »wie beschaffen«, zu (einem PPP. ficatus von lat. *ficare, zu) lat. facere, V., »machen, tun«

qualifiziert, Adj., »geeignet, befähigt, tauglich«, 16. Jh. (Fuchsberger 1534) Lw. (qualifizieren) mlat. qualificare, V., »als geeignet erweisen«, zu lat. qualis, Adj., »geeignet, befähigt, tauglich«, lat. facere, V., »machen, tun«

qualifizierte Mehrheit, F., »besonders bestimmte Mehrheit«, 19. Jh.?, s. Mehrheit, qualifiziert

qualifizierte Straftat, F., »besonders bestimmte Straftat«, 19. Jh.?, s. Straftat, qualifiziert

qualifizierter Versuch, M., »besonders bestimmter Versuch«, 19. Jh.?, s. Versuch, qualifiziert

quasi, Partik., Präf., »gewissermaßen«, 1. H. 17. Jh. (Zinkgref 1628) Lw. lat. quasi, Adj., »gleichwie«, zu lat. quam, Pron., »wie«, zu lat. qui, Pron., »welcher, was für ein«, lat. si, Konj., »wenn«

Quasidelikt, N., »(im römischen Recht) den Delikten ähnliches schuldrechtliches Institut (z.B. Klageanspruch wegen Hinauswerfens oder Ausgießens von Gegenständen aus einem Haus auf die Straße)«, 1750 quasidelicta, s. quasi, Delikt

Quasikontrakt, M., »(im römischen Recht) den Verträgen ähnliches schuldrechtliches Institut (z.B. Geschäftsführung ohne Auftrag oder Gemeinschaft oder ungeschuldete

Leistung oder Vermächtnis)«, Meier 1748, s. quasi, Kontrakt

quasinegatorisch, Adj., »verneinungsähnlich«, 20. Jh.?, s. quasi, negatorisch

Quasisteuer, F., »wie eine Steuer wirkende nicht als solche ausgewiesene Abgabe oder sonstige Leistung«, um 1980, s. quasi, Steuer

Quästur, F., »(im römischen Recht) höchstes Amt der Finanzverwaltung, (im Verwaltungsrecht) vielfach Universitätskasse«, 16. Jh. (Roth 1571) Lw. lat. quaestura, F., »Amt und Würde des Quästors«, zum Part. Fut. quaesturus von lat. quaerere, V., »suchen«

Quelle, F., »Quelle«, mhd. quelle, F., »Quelle«, ahd. *kwella?, F., »Quelle«, as. kwella, F., »Quelle«, s. quellen

quellen, V., »quellen«, mhd. quellen, V., »quellen, anschwellen«, ahd. *kwellan?, *quellan?, V., »quellen«, as. kwellan, quellan, V., »quellen«

Quellensteuer, F., »durch Steuerabzug an der Quelle erhobene Steuer (z.B. Lohnsteuer)«, um 1970?, s. Quelle, Steuer

Querulant, M., »Querulant, Nörgler«, A. 18. Jh. (Callenbach 1714), zu lat. querulus, Adj., »sich beklagend«, s. querulieren

Querulanz, F., »Belasten bzw. Belästigen von Behörden und Gerichten durch dauernde meist unbegründete Anträge«, Hartmann 1891, s. Querulant

querulieren, V., »sich beklagen, lamentieren«, 16. Jh. Lw. mlat. querulari, V., »vor Gericht klagen«, zu spätlat. querulare, V., »wehklagen«, zu lat. querulus, Adj., »sich beklagend«, zu lat. queri, V., »klagen, wehklagen«, seit 2. H. 19. Jh. häufiger

quitt, Adj., »quitt, erledigt, frei«, mhd. quīt, Adj., »los, ledig, frei«, 13. Jh. Lw. afrz. quite, Adj., »los, ledig, frei«, aus mlat. quietus, quitius, Adj., »los, ledig, frei«, zu lat. quietus, Adj., »ruhig«, zu lat. quies, F., »Ruhe«

quittieren, V., »bestätigen, eine Bestätigung erteilen, heimzahlen«, 14./15. Jh. Lw. afrz. quiter, V., »frei machen, verlassen (V.)«, aus lat. quietare, V., »beruhigen«, zu lat. quietus, Adj., »ruhig«, zu lat. quies, F., »Ruhe«

Quittung, F., »schriftliches Empfangsbekenntnis«, 14./15. Jh., zu mhd. quĭten, V., »quitt machen, frei machen«, s. quitt, ung

Quorum, N., »Bezeichnung für diejenige Zahl von Angehörigen einer Personenmehrheit welche bei einer Abstimmung mindestens anwesend sein oder an ihr teilnehmen müssen«, Sanders 1871, Lw. lat. quorum, Gen. Pl. des Pron. (qui), »von denen«, zu lat. qui, Pron., »welcher, was für ein«

Quote, F., »Anteil«, 15. Jh. (quott) bzw. E. 16. Jh. (1598) Lw. mlat. quota (pars), quotum, F., N., »der wievielte Teil«, E. 17. Jh. Lw. it. quota, F., »Anteil«, zu lat. quot, Pron., »wie viel«

Quotenvorrecht, N., »Recht des Versicherungsnehmers dessen Schaden durch die Versicherungsleistung nicht völlig gedeckt ist einen sonstigen Schadensersatzanspruch gegen Dritte vorrangig zur vollen Deckung seines Schadens zu beanspruchen (Differenztheorie)«, 2. H. 20. Jh., s. Quote, Vorrecht

quotieren, V., »quotieren, zählen«, Xylander 1562, s. Quote, ieren

Quotierung, F., »Festlegung von Quoten«, 20. Jh.?, s. quotieren, ung

R

Rabatt, M., »Abschlag, meist prozentualer Nachlaß von einem Preis (z. B., Mengenrabatt«, M. 17. Jh. (Harsdörffer 1655) Lw. it. rabatto, M., »Nachlaß, Abschlag«, zu älterem it. rabattere, V., »abschlagen, einen Nachlaß gewähren«, zu vulgarlat. *reabbattuere, V., »abschlagen«, zu lat. re, Präf., Präp., »zurück«, lat. a, ab, Präp., Präf., »von, ab«, lat. battuere, V., »schlagen«

Rabbi, M., »Rabbi«, ahd. rabbi (830), M., »Rabbi«, Lw. lat. rabbi, M., »Rabbi«, Lw. gr. rabbi, M., »Lehrer«, Lw. hebr. rabbi, M., »mein Lehrer«

Rache, F., »Rache, Vergeltung«, mhd. rāche, rāch, F., »Vergeltung, Rache, Strafe«, ahd. rāhha (E. 8. Jh.), rācha, F., »Rache, Strafe, Vergeltung«, as. wrāka, F., »Rache«, westgerm. *wrēkō, F., »Rache, Verfolgung«, zu idg. *u̯reg-, V., »stoßen, puffen, drängen, treiben, verfolgen«

rächen, V., »rächen, vergelten«, mhd. rechen, V., »rächen«, ahd. rehhan (863-71), rechan, V., »rächen, vergelten, strafen, wiedergutmachen«, as. rekan, V., »rächen«, germ. *wrekan, V., »treiben, verfolgen, rächen«, idg. *u̯reg-, V., »stoßen, puffen, drängen, treiben, verfolgen«

Rachinburge, M., »Rechenbürge?, Ratbürge?«, 19. Jh., zu lat.-altwestfrk. rachineburgius (A. 6. Jh. Frankenreich), zu Bürge?

Racker, M., »Schlingel, (älter) Abdecker, Schinder, Henker«, 15. Jh. Lw. mnd. rakker, racher, M., »Abdecker, Totengräber«

Rad, N., »Rad«, mhd. rat, N., »Rad«, ahd. rad (765), N., »Rad«, as. rath, N., »Rad«, germ. *raþa, *raþam, N., »Rad«, idg. *roto-, Sb., »Rad, Wagen«, zu idg. *ret-, V., »laufen, rollen«

Radar, M., N., »Radar«, 20. Jh. (vor 1939) Lw. ne. radar, N., »Radar«, Abkürzung für radio detecting and ranging

Rädelsführer, M., »Scharführer, wer geistig oder körperlich eine führende Rolle in einer Gruppe von Personen einnimmt«, Schweinichen vor 1616, älter Rädleinsführer (1521 rädlein fürer bzw. radlfürer 1525), zu Rädlein in der Bedeutung »die in Form eines Rades aufgestellten Landsknechte, zusammengerotteter Haufe, Zusammenrottung«, s. Rad, Führer

rädern, V., »mit dem Rad hinrichten«, mhd. rederen, V., »rädern«, 15. Jh., s. Rad, sachlich bei Gregor von Tours am E. d. 6. Jh.s erwähnt, unklar ob bei den Römern bekannt

radikal, Adj., »gründlich, gänzlich«, 16. Jh. Lw. mlat. radicalis, Adj., »an die Wurzel gehend, gründlich«, zu lat. radix, F., »Wurzel«

Radikalismus, M., »grundsätzliche Haltung, rücksichtsloses Vorgehen«, 1. H. 19. Jh., s. radikal, ismus

Radizierung, F., »Verdinglichung«, Brunner 1901, zu lat. radix, F., »Wurzel«

Rahmen, M., »Rahmen, Stütze, Gestell, Umfassung«, mhd. rame, ram, M., rame, reme, rem, F., »Stütze, Gestell, Rahmen«, vgl. ahd. rama (12. Jh.?), F., »Säule, Stütze, Gestell«, ahd. ram (A. 13. Jh.), M., F., »stützendes Gestell«, germ. *ramō, F., »Stütze, Rahmen«?, zu idg. *rem-, V., »ruhen, stützen, sich stützen«?

Rahmengesetzgebung, F., »Gesetzgebung des Bundes auf Grund der Rahmenkompetenz«, 2. H. 20. Jh., s. Rahmen, Gesetzgebung

Rahmenkompetenz, F., »Zuständigkeit des Bundes in bestimmten Angelegenheiten zum Erlaß von Rahmenvorschriften«, 2. H. 20. Jh., s. Rahmen, Kompetenz

Rahmenrecht, N., »umfassendes Recht dessen konkreter Schutzbereich im Einzelfall ermittelt werden muß (z.B. allgemeines Persönlichkeitsrecht)«, 2. H. 20. Jh., s. Rahmen, Recht

Rahmenvorschrift, F., »Rechtssatz der nur gewisse Grundzüge der rechtlichen Regelung enthält im übrigen aber die inhaltliche Gestaltung offenläßt«, 2. H. 20. Jh., s. Rahmen, Vorschrift

Rain, M., »Rain«, mhd. rein, M., »Rain, Meeresufer, Untiefe«, ahd. rein (863-71, ON), M., »Schutzwehr, Ackergrenze«, germ. *rainō, F., »Rain«?, idg. *roino-?, Sb., »Weg, Rain, Hügel«?, zu idg. *rei- (1), V., »ritzen, reißen, schneiden«?, s. Flurbereinigung?

Rakete, F., »Rakete«, M. 16. Jh. (Fronsperger 1557 roget neben A. 16. Jh. rogettlzeug) Lw. it. roccetto, M., »Spule, ein Feuerwerk«, zu it. rocca, F., »Spinnstab«, Lw. ahd. rok, roc, rokko, rocko, M., »Rocken, Spinnrocken«, zu germ. *rukka-

randalieren, V., »randalieren, stören«, 1. H. 19. Jh., zu Rand, Sb., »(Lauf,) Lärm, Tumult«, zum V. rinnen?

Rang, M., »bestimmte Stufe innerhalb einer Ordnung (z.B. von Sachenrechten)«, 17. Jh. Lw. frz. rang, M., »Kreis, Reihe«, Lw. ahd. ring, M., »Ring«?, sachenrechtliche Bedeutung 19. Jh.?, vgl. Weiske 1839ff.

Rangänderung, F., »von der gesetzlichen Bestimmung des Ranges eines Rechtes abweichende rechtsgeschäftliche Veränderung des Rangverhältnisses mehrerer Rechte«, 19. Jh., s. Rang, Änderung

Rangordnung, F., »Ordnung nach dem Rang«, z.B. für Pfandgläubiger Mackeldey 1814, für Rechte Gerber 1895

Rangverhältnis, N., »auf einen Rang abstellendes Verhältnis«, 19. Jh., s. Rang, Verhältnis

Rangvorbehalt, M., »Vorbehalt der Befugnis des Eigentümers eines Grundstückes ein Recht entgegen dem Lokusprinzip mit dem Rang vor einem - bereits in das Grundbuch eingetragenen - Recht eintragen zu lassen«, 19. Jh., s. Rang, Vorbehalt

Rank, M., (Pl. Ränke,) »List, Kniff«, mhd. ranc, M., »List, Kniff, Krümmung?«, zu germ. *wrankjan, V., »renken«, zu idg. *u̯er-, V., »drehen«

Ränkeschmied, M., »Intrigant«, um 1800, s. Rank, Schmied

Rappen, M., »Rappen, eine Münze«, E. 14. Jh. (Kolmar rappen), (zu Rappoltstein? oder zur Verspottung des Adlers auf der Münze als Raben?)

Rapport, M., »dienstliche Mitteilung«, A. 17. Jh. Lw. frz. rapport, M., »Bericht, Meldung«, zu frz. rapporter, V., »melden, berichten«, aus mlat. *rapportare, V., »zurückbringen«, zu lat. re, Präf., »zurück«, lat. ad, ap, Präp., Präf., »zu«, lat. portare, V., »bringen«

Räson, F., »Vernunft, Verstand, Einsicht«, 1. H. 17. Jh. Lw. frz. raison, F., »Vernunft, Verstand, Grund, Rechtfertigung, Rede (afrz.)«, aus lat. ratio, F., »Rechnung, Denken, Vernunft«, zum Part. Prät. Akt. ratus von lat. reri, V., »ordnen, meinen, schätzen«

Rasse, F., »durch kennzeichnende gleiche Merkmale abgrenzbare Art einer Lebewesengattung«, vereinzelt 16. Jh. (Riederer 1581 razza) bzw. 2. H. 18. Jh. Lw. frz. race (13. Jh.?), F., »Geschlecht, Stamm, Gattung, Sorte, Art«, zu lat. ratio, F., »Rechnung, Denken, Vernunft«?, zu arab. ras, Sb., »Kopf, Ursprung«?, zu lat. radix, F., »Wurzel«?, vgl. Geschichtliche Grundbegriffe

Rassenschande, F., »Schande für eine Rasse, Straftatbestand der Nürnberger Gesetze (1935)«, s. Rasse, Schande

rassisch, Adj., »die Rasse betreffend«, 1922, s. Rasse, isch

Rassismus, N., »in Anfängen im 17./18. Jh. erkennbare politische Lehre von dem Vorhandensein und der Bewertung menschlicher Rassen«, 20. Jh. (1926), s. Rasse, ismus

rassistisch, Adj., »im Sinne des Rassismus«, 1966, s. Rassismus, isch

Raster, N., »Raster, Gitternetz«, 19. Jh. Lw. lat. rastrum, N., »Karst, Hacke, Rechen«, zum PPP. rasus von lat. radere, V., »schaben, kratzen«

Rasterfandung, F., »mit Hilfe der elektronischen Datenverarbeitung nach bestimmten Kriterien (Rastern) erfolgende systematische Fahndung nach Straftätern«, um 1980, s. Raster, Fahndung

Rat, N., »Rat, Ratschlag, Bezeichnung für ein Organ einer Personenmehrheit, Amtstitel, Vorrat«, mhd. rāt, M., »Rat, Ratschlag, Lehre, Beratung, beratende Versammlung, Entschluß, Hilfe«, ahd. rāt (765), M., »Rat, Ratschluß, Ratschlag, Plan, Beschluß, Rettung, Vorrat«, as. rād, M., »Rat«, westgerm. *rēdi, *rēdiz, M., »Rat, Vorrat«, zu germ. *rēdan, V., »raten«, zu idg. *rēdh-, *rədh-, V., »bereiten, zurechtmachen, geraten, überlegen (V.)«, zu idg. *rē- (1), V., »berechnen, zählen«, zu idg. *ar- (1), V., »fügen, passen«

Rat der Volksbeauftragten, M., »aus Volksbeauftragten zusammengesetzter Rat«, 1918, s. Rat, Volk, Beauftragter

Rate, F., »Anteil, Teilbetrag einer Leistung«, A. 16. Jh. in lat. Form (rata) Lw. (m)lat. rata (pars), F., »berechnet(er Teil)«, Part. Prät. Akt. F. von lat. reri, V., »ordnen, meinen, schätzen«, A. 19. Jh. dt. Form, 20. Jh. (Bücher 1921) »Teilzahlung«, M. 20. Jh. »in Prozenten ausgedrücktes Verhältnis einer Größe zu einer anderen«

Ratengeschäft, N., »Abzahlungsgeschäft«, 19. Jh.?, s. Rate, Geschäft

Räterepublik, F., »auf dem im ausgehenden 19. Jh. entstandenen Rätesystem aufgebaute Republik«, 20. Jh., s. Rat, Republik

Raterteilung, F., »Äußerung einer Empfehlung«, 20. Jh., s. Rat, Erteilung

Rathaus, N., »Rathaus«, mhd. rāthūs, N., »Rathaus«, 14. Jh., s. Rat, Haus

Rathauspartei, F., »Gruppe von Personen die sich in ihrer politischen Tätigkeit auf örtliche Ziele der kommunalen Ebene beschränkt«, 2. H. 20. Jh., s. Rathaus, Partei

Ratifikation, F., »(im Völkerrecht) Billigung des von den Unterhändlern ausgehandelten Vertragsentwurfs durch dasjenige staatliche Organ das von der Verfassung zum Abschluß eines solchen Vertrags ermächtigt ist, Formalakt des Staatsoberhaupts das durch Unterzeichnung der Ratifikationsurkunde den Bindungswillen des Staates formal abschließend dokumentiert«, M. 16. Jh. (Perneder 1544) Lw. mlat. ratificatio, F., »Genehmigung, Bestätigung«, im 19. Jh. Bedeutungseinengung auf völkerrechtliche Verträge, seit A. 20. Jh. gegenüber Ratifizierung zurückweichend, s. ratifizieren

ratifizieren, V., »billigen, bekräftigen, ratifizieren«, E. 15. Jh. (1486) Lw. mlat. ratificare, V., »billigen, genehmigen, bestätigen«, zu lat. ratus, Adj., »gültig, rechtskräftig, berechnet«, Part. Prät. Akt. von lat. reri, V., »ordnen, meinen, schätzen«, zu lat. facere, V., »machen, tun«, seit dem 17. Jh. auf Friedensverträge und danach auf völkerrechtliche Verträge eingeengt

ratio, lat., F., »Rechnung, Denken, Vernunft«, zum Part. Prät. Akt. ratus von lat. reri, V., »ordnen, meinen, schätzen«

ratio legis, lat., F., »Sinn des Gesetzes«, s. ratio, lex, vgl. Weiske 1839ff.

ratio scripta, lat., F., »geschriebener Sinn, in Schriftform gefaßte Vernunft«, s. ratio, schreiben

Ratte, F., M., »Ratte«, mhd. ratte, F., »Ratte«, ahd. ratta (1. H. 9. Jh.), F., »Ratte«, as. ratta, F., »Ratte«, germ. *rattō, F., »Ratte«, zu idg. *rēd- (2), V., »scharren, schaben, kratzen, nagen«

Raub, M., »Wegnahme einer fremden beweglichen Sache mit Gewalt gegen eine Person oder unter Anwendung von Drohungen mit gegenwärtiger Gefahr für Leib und Leben in der Absicht sich dieselbe rechtswidrig zuzueignen«, mhd. roub, roup, M., »Raub, Beute, Plünderung«, ahd. roub (765?), M., »Raub, Beute«, as. rōf, M., »Raub«, westgerm. *rauba, *raubaz, M., »Raub, Abgerissenes«, zu idg. *reup-, V., »reißen, brechen«, zu idg. *reu- (2), V., »reißen, graben, wühlen, raffen«

Raubehe, F., »durch Raub vollzogene Ehe«, Dargun 1883, s. Raub, Ehe

rauben, V., »rauben, erbeuten«, mhd. rouben, V., »rauben, berauben«, ahd. roubōn (863-71), V., »rauben, berauben, plündern«, as. rōvon, V., »rauben«, germ. *raubōn, V., »rauben, abreißen«, idg. *reup-, V., »reißen, brechen«, zu idg. *reu- (2), V., »reißen, graben, wühlen, raffen«

Räuber, M., »Räuber«, mhd. roubære, M., »Räuber«, ahd. roubāri (2. Vt. 11. Jh.), M., »Räuber«, Lüs. lat. raptor, M., »Räuber«?, s. Raub, rauben

räuberisch, Adj., »einen Räuber betreffend«, um 1600 bzw. Stieler 1691, s. Räuber, isch, älter raubisch, Adj., »den Raub betreffend« (Luther vor 1546 reubisch), s. Räuber

räuberische Erpressung, F., »mit den Mitteln des Räubers erfolgende Erpressung«, 20. Jh.?, s. räuberisch, Erpressung

räuberischer Diebstahl, M., »mit den Mitteln des Räubers erfolgender Diebstahl«, 20. Jh.?, s. räuberisch, Diebstahl

Raubmord, M., »in Tateinheit mit einem Raub begangener Mord oder Totschlag«, Campe 1801ff., s. Raub, Mord

Raubritter, M., »Raub treibender Ritter«, 19. Jh. (Schlosser 1817-24), s. Raub, Ritter

raufen, V., »raufen«, mhd. roufen, V., »raufen, zücken, ausreißen«, ahd. roufen (E. 8. Jh.), V., »raufen, rupfen, zausen, zerzausen, ausreißen«, as. *rōpian, V., »raufen«, germ. *raupjan, V., »raufen, rupfen«, zu idg. *reup-, V., »reißen, brechen«, zu idg. *reu- (2), V., »reißen, graben, wühlen, raffen«

Raufhandel, M., »Schlägerei«, Albertini vor 1602, s. raufen, Handel

Raum, M., »Raum«, mhd. rūm, M., »Raum«, ahd. rūm (10. Jh.), M., »Raum«, as. rūm, M., »Raum«, germ. *rūma, *rūmaz, M., *rūma, *rūmam, N., »Raum, Platz«, zu idg. *reu̯ə-, V., »öffnen«

Raumordnung, F., »zusammenfassende überörtliche Ordnung des Raumes auf Grund von vorgegebenen oder erst zu entwickelnden Leitvorstellungen«, 2. H. 20. Jh.?, s. Raum, Ordnung

Raumplanung, F., »zusammenfassende und überörtliche Planung des Raumes zum Zweck der Raumordnung«, 2. H. 20. Jh., s. Raum, Planung

Rausch, M., »durch den Genuß von Rauschmitteln (z.B. Alkohol) hervorgerufener und die psychischen Fähigkeiten durch Vergiftung beeinträchtigender Zustand«, mhd. rūsch, M., »rauschende Bewegung, Anlauf, Angriff«, 16. Jh. »Trunkenheit«, 18. Jh. »seelische Trunkenheit«, zu mhd. rūschen, riuschen, V., »rauschen, brausen, prasseln«, lautnachahmend?

Rauschgift, N., »einen Rausch bewirkendes Mittel«, um 1920, s. Rausch, Gift

Rauschtat, F., »im Rausch begangene rechtswidrige Tat wegen welcher der Täter deswegen nicht bestraft werden kann weil er infolge des Rausches schuldunfähig war oder weil dies nicht auszuschließen ist«, 20. Jh., s. Rausch, Tat

Razzia, F., »Razzia, Streifzug, Raubzug, Fahndungsaktion«, M. 19. Jh. (Decker

1844) Lw. frz. razzia, F., »Streifzug, Beutezug«, Lw. alger. ghaziya, Sb., »Kriegszug, Beutezug«, arab. ghazwa, gāziya, Sb., »Kriegszug, Beutezug«

re, Präf., »zurück, wieder«, Lw. lat. re, (unablösbare) Präp., Präf., »zurück, wieder«

Reaktion, F., »Gegenwirkung«, M. 18. Jh. (Basedow 1764) Lw. mlat. reactio, F., »Rückwirkung«, zum PPP. reactus von spätlat. reagere, V., »zurücktreiben, entgegenwirken (mlat.)«, zu lat. re, Präp., Präf., »zurück, wieder«, zum PPP. actus von lat. agere, V., »treiben, führen, leiten, tun«, Bedeutungsentwicklung »entgegengerichtete Bewegung, Widerstand, politischer Kampf gegen Fortschritt (E. 18. Jh.), Veränderung als Antwort auf Veränderung«, vgl. Geschichtliche Grundbegriffe

reaktionär, Adj., »rückschrittlich«, 1. H. 19. Jh. Lw. frz. réactionnaire (um 1790), Adj., »fortschrittsfeindlich«, s. Reaktion

Reaktionär, M., »Anhänger der Reaktion«, M. 19. Jh. Lw. frz. réactionnaire, M., »Anhänger der Reaktion«, s. reaktionär

Reaktionszeit, F., »zwischen einem äußeren Reiz und der daraufhin erfolgenden Reaktion eines Menschen (oder sonstigen Lebewesens) verstreichende Zeit«, 20. Jh.?, s. Reaktion, Zeit

real, Adj., »sachlich, wirklich«, M. 17. Jh. (1654) Lw. spätlat. realis, Adj., »wirklich, wesentlich (mlat.)«, zu lat. res, F., »Sache, Ding, Wesen«, älter Kompositum Realwerk (A. 17. Jh.)

Realakt, M., »Tathandlung, auf einen tatsächlichen Erfolg gerichtete Willensbetätigung die kraft Gesetzes eine Rechtsfolge hervorbringt (z.B. Besitzaufgabe)«, 19. Jh., s. real, Akt, vgl. Weiske 1839ff.

Realfolium, N., »für jedes Grundstück im Grundbuch eingerichtete besondere Stelle (Grundbuchblatt)«, s. real, Folium, vgl. Weiske 1839ff.

Realgemeinde, F., »auf einem sachenrechtlichen Verhältnis ihrer Mitglieder aufbauende Gemeinde (z.B. Markgenossenschaft) bei welcher z.B. die jeweiligen Eigentümer bestimmter Grundstücke Gemeindeglieder sind«, 19. Jh., s. real, Gemeinde, vgl. Gerber 1895

Realinjurie, F., »Beleidigung durch tatsächliches Handeln«, 1712, Lw. nlat. iniuria realis (Harpprecht 1603), F., »tatsächliche Beleidigung«, s. real, Injurie

Realkonkurrenz, F., »Tatmehrheit«, s. real, Konkurrenz, vgl. Planck 1857 reales Zusammentreffen mehrerer Verbrechen

Realkontrakt, M., »Realvertrag«, s. real, Kontrakt, vgl. Weiske 1839ff., lat. re contrahi (Gaius 161)

Realkörperschaft, F., »an der Berechtigung an Sachen anknüpfende Körperschaft (z.B. Jagdgenossenschaft)«, 19. Jh., s. real, Körperschaft

Realkredit, M., »durch Sachen gesicherter Kredit (z.B. Bodenkredit)«, 19. Jh.?, s. real, Kredit

Reallast, F., »dingliche Belastung eines Grundstücks mit aus dem Grundstück zu entrichtenden wiederkehrenden Leistungen (z.B. Verköstigung)«, Lüs. mlat. onus reale, N., »auf der Sache haftende Belastung«, vgl. Weiske 1839ff.

Realrecht, N., »mit (dem Eigentum an) einer Sache verbundenes Recht (z.B. subjektiv-dingliche Reallast)«, 19. Jh.?, s. real, Recht, vgl. Coßmann 1829, Weiske 1839ff.

Realteilung, F., »tatsächliche Aufteilung einer Sache auf ihre Eigentümer«, 19. Jh.? Lüs. nlat. divisio realis, F., »Realteilung«, s. real, Teilung

Realunion, F., »verfassungsmäßig festgelegte Vereinigung zweier selbständiger Staaten unter einheitlichem Staatsoberhaupt und mit gemeinschaftlichen Einrichtungen bzw. Organen (z.B. Österreich-Ungarn 1867-1918)«, 2. H. 19. Jh. (Lustkandl 1870), s. Personalunion

Realvertrag, M., »(im römischen Recht) durch Hingabe einer Sache entstehender Vertrag (z.B. Darlehen)«, s. real, Vertrag, Realkontrakt, vgl. Weiske 1839ff.

Rebell, M., »Rebell, Aufständischer«, 16. Jh. (Luther 1540) Lw. frz. rébelle, M., F., »Rebell«, zu frz. rébeller, V., »sich auflehnen«, aus lat. rebellare, V., »sich auflehnen, den Krieg erneuern«, zu lat. re, Präp., Präf., »zurück, wieder«, lat. bellum, N., »Krieg«

Rebellion, F., »Aufruhr, Empörung«, M. 16. Jh. Lw. afrz. rebellion, F., »Aufruhr, Empörung«, aus lat. rebellio, F., »Aufruhr, Empörung«, s. Rebell

Rechenschaft, F., »Rechnungslegung, Verantwortung«, 14. Jh. rechinschaft, F., »Rechnungslegung«, s. rechnen, schaft

Rechenschaftslegungspflicht, F., »Verpflichtung über das vermögensmäßige Ergebnis einer Tätigkeit eine Abrechnung vorzulegen«, 20. Jh., s. Rechenschaft, legen, Pflicht

rechnen, V., »rechnen, zusammenrechnen, schätzen«, mhd. rechenen, V., »zählen, rechnen«, ahd. rehhanōn (1000), rechanōn, V., »ordnen, bereiten, lenken« westgerm. *rekanōn, V., »ordnen, rechnen«, zu germ. *rekna, *reknaz, Adj., »gerichtet, geordnet«, zu idg. *reĝ- (1), V., Adj., Sb., »richten, lenken, strecken, recken, gerade, Richtung, Linie«

Rechnung, F., »Handlung und Ergebnis des Rechnens, Rechnung«, mhd. rechenunge, rechnunge, F., »Rechnung, Berechnung, Abrechnung, Rechenschaft«, ahd. rehhanunga (1000), rechanunga, rehhanungī, F., »Ordnung, Einteilung, Einrichtung«, lat. beeinflußt?, s. rechnen, ung

Rechnungshof, M., »Staatsorgan sowohl des Bundes wie der Länder das die Rechnung sowie die Wirtschaftlichkeit und Ordnungsmäßigkeit der Haushaltsführung und Wirtschaftsführung überprüft«, Sybel vor 1895, s. Rechnung, Hof

recht, Adj., »recht«, mhd. reht, Adj., »gerade, recht, gerecht«, ahd. reht (765), Adj., »recht, gerecht, richtig, gerade, gut, wahr, berechtigt, einfach, wirklich, zutreffend«, as. reht, Adj., »recht, gerecht, richtig, wahr, gut, gerade, eben«, germ. *rehta, *rehtaz, Adj., »recht, gerade«, to-Partizip zu idg. *reĝ-, Adj., V., Sb., »gerade, richten, lenken, strecken, recken, Richtung, Linie«

Recht, N., »zentraler Begriff der Rechtswissenschaft der so komplex ist daß er sich nicht mehr sinnvoll einheitlich bestimmen läßt«. Objektives Recht, N., »Sollensordnung welche die Verhaltensweisen von einzelnen Menschen und gesamten Gesellschaften zueinander regelt, jeweilige Summe aller geltenden - soziologisch gesehen: aller tatsächlich befolgten - Rechtsnormen«. Subjektives Recht, N., »von der Rechtsordnung - d.h. dem objektiven Recht - einem Rechtssubjekt verliehener rechtlicher Herrschaftsbereich gegenüber anderen Rechtssubjekten oder Rechtsobjekten, individuelle Befugnis, einzelne Recht (z.B. Eigentum an einer Sache oder Anspruch gegenüber einer Person)«. (Um 1500 werden v.a. unterschieden gemein recht, geschriben recht, hangend recht, keiserlich recht, natürlich und göttlich recht, päpstlich und keiserlich recht, weltlich recht.) Mhd. reht, N., »was recht und geziemend ist, Gesamtheit der rechtlichen Verhältnisse jemandes, was man zu fordern und zu leisten hat, Recht und Pflicht, Anspruch und Schuld, Gesamtheit der gesetzlichen Bestimmungen, Recht, Rechtsbuch, Gericht, Rechtsverfahren, gerichtliche Verhandlung, Prozeß, Urteil, Urteilsspruch, Hinrichtung, Reinigungseid«, ahd. reht (1. H. 8. Jh.?), N., »Recht, Gerechtigkeit, Gebot, Pflicht, Rechtssache, Gesetz, rechter Glaube, Wahrheit, Gerechtes, Rechtsspruch«, as. reht, N., »Recht, Gesetz, Gerechtigkeit, Pflicht, Nutzen«, Lbd. lat. aequitas, iudicium, iustitia, sententia, germ. subst. *rehta, *rehtaz, Adj., »recht, gerade«, germ. *rehtu, *rehtuz, M., »Recht«, to-Partizip zu idg. *reĝ- (1), Adj., Sb., V., »gerade, richten, lenken, strecken, recken, Richtung, Linie«

rechtfertigen, V., »rechtfertigen«, mhd. rehtvertigen, V., »ausfertigen, übergeben, rechtfertigen, von Schuld befreien, vor Gericht vertreten, verteidigen, vor Gericht ziehen, gerichtlich behandeln, bestrafen, hinrichten«, s. recht, fertig

Rechtfertigung, F., »Erklärung eines Verhaltens als richtiges - insbesondere der Rechtsordnung entsprechendes - Verhalten«, mhd. rehtvertigunge, F., »Zurechtmachung, Instandsetzung, Gutheißung, gerichtliche Verhandlung und Entscheidung, rechtliche Einkünfte«, s. rechtfertigen, ung

Rechtfertigungselement, N., »einzelnes Element eines Rechtfertigungsgrundes«, 20. Jh., s. Rechtfertigung, Element

Rechtfertigungsgrund, M., »Umstand der einem an sich rechtswidrigen Verhalten ausnahmsweise die Rechtswidrigkeit nimmt (Unrechtsausschließungsgrund)«, Kant 1798, s. Rechtfertigung, Grund

rechtlich, Adj., »rechtlich, dem Recht gemäß«, mhd. rehtlich, Adj., »recht, richtig«, ahd. rehtlīh (765), Adj., »gerecht, recht, richtig, rechtsfähig, durch die Regel vorgeschrieben, rechtgläubig«, Lbd. lat. canonicus, legitimus, regularis, s. recht, lich

rechtliches Gehör, N., »rechtmäßige Anhörung eines Betroffenen«, s. rechtlich, Gehör, vgl. lat. audiatur et altera pars, »es werde auch der andere Teil gehört«,

(Seneca 4 v. Chr.-65 n. Chr.), rechtlich gehört werden müssen (Tengler 1536)

rechtlos, Adj., »rechtlos, schutzlos«, mhd. rehtelōs, Adj., »ohne Recht, wem sein Recht vom Gericht verweigert wird«, (Sachsenspiegel um 1225,) Schwabenspiegel um 1275

Rechtlosigkeit, F., »Fehlen von Rechten«, Adelung 1774ff., s. rechtlos, ig, heit, vgl. Weiske 1839ff.

rechtmäßig, Adj., »dem Recht entsprechend«, Maaler 1561, Lüt. lat. iustus, Adj., »recht«?, s. Recht, mäßig

Rechtmäßigkeit, F., »Maßstab zur Bewertung eines Verhaltens oder Zustandes der sich an deren Übereinstimmung mit der Rechtsordnung orientiert«, Maaler 1591, Lüt. lat. temperies, F., »rechte Einteilung«?, s. rechtmäßig, heit

Rechtsakt, M., »jedes auf Recht beruhende - rechtlich relevante - menschliche Verhalten«, 20. Jh., s. Recht, Akt

Rechtsakte der Europäischen Gemeinschaften, M. Pl., »von den Europäischen Gemeinschaften gesetzte Rechtsakte (Verordnung bzw. Richtlinie bzw. Entscheidung bzw. Empfehlung und Stellungnahme sowie evtl. nicht näher bezeichnete Rechtsakte)«, s. Rechtsakt

Rechtsaltertum, N., »altes Recht«, Grupen 1746 bzw. Grimm 1828, Lüt. lat. antiquitas iuris (18. Jh.), F., »altes Recht«

Rechtsanalogie, F., »an verschiedene rechtliche Bestimmungen anknüpfende Analogie (z.B. quasinegatorischer Anspruch)«, 19. Jh. Lüs. lat. analogia iuris, F., »Rechtsanalogie«, s. Recht, Analogie, vgl. Weiske 1839ff.

Rechtsanspruch, M., »vom Recht gewährter Anspruch«, Zachariä 1848, s. Recht, Anspruch

Rechtsanwalt, M., »unabhängiger fachmännischer Berater und Vertreter in allen Rechtsangelegenheiten«, 1804, s. Recht, Anwalt, vgl. Planck 1857

Rechtsanwaltsgehilfe, M., »Gehilfe eines Rechtsanwalts welcher die drei Jahre dauernde Ausbildung zum Rechtsanwaltsgehilfen erfolgreich durchlaufen hat«, 20. Jh.?, s. Rechtsanwalt, Gehilfe

Rechtsanwendung, F., »Bewertung eines tatsächlichen Geschehens an Hand der rechtlichen Sollensordnung«, 20. Jh.?, s. Recht, Anwendung

Rechtsarchäologie, F., »Wissenschaft von den Gegenständen des älteren Rechts (z.B. Folterwerkzeuge)«, Amira 1890, s. Recht, Archäologie

Rechtsaufsicht, F., »Aufsicht des Staates über die Rechtmäßigkeit einer Verwaltungstätigkeit«, 20. Jh.?, s. Recht, Aufsicht

Rechtsausübung, F., »Verwirklichung eines subjektiven Rechts«, 20. Jh.?, s. Recht, Ausübung

Rechtsbegriff, M., »im Recht zur Kennzeichnung der Sollenanforderungen verwandter Begriff«, Kleist vor 1811, s. Recht, Begriff

Rechtsbehelf, M., »(im Verfahrensrecht) verfahrensrechtliches Mittel zur Verwirklichung eines Rechts bzw. im engeren Sinn nur ein Mittel nach Beginn eines förmlichen Verfahrens«, Allgemeines Bürgerliches Gesetzbuch 1811 Österreich, Thümmel vor 1819, s. Recht, Behelf

Rechtsbehelfsbelehrung, F., »Belehrung durch eine Behörde oder ein Gericht über die gegen ein Verhalten möglichen Rechtsbehelfe«, 2. H. 20. Jh., s. Rechtsbehelf, Belehrung

Rechtsbeistand, M., »Person die ohne Rechtsanwalt zu sein geschäftsmäßig die Besorgung fremder Rechtsangelegenheiten betreibt«, 19. Jh., s. Recht, Beistand, vgl. Koch 1864, Grimm DW 1893, Planck 1896

Rechtsberater, M., »Berater in Rechtsangelegenheiten«, s. Recht, Berater, vgl. Coßmann 1829, Dernburg 1884

Rechtsberatung, F., »Beratung von Personen in Rechtsangelegenheiten«, 20. Jh.?, s. Recht, Beratung

Rechtsbereinigung, M., »Versuch eine geschichtlich gewachsene und unübersichtlich gewordene Gesamtheit von Rechtsregeln durch Vereinheitlichung und evtl. auch Vereinfachung wieder übersichtlich und einsichtig zu machen«, 2. H. 20. Jh., s. Recht, Bereinigung

Rechtsbeschwerde, F., »Beschwerde die sich auf die Verletzung des Rechts (nicht auf die falsche Ermittlung von Tatsachen) gründet«, 19. Jh., s. Recht, Beschwerde

Rechtsbesitz, M., »Besitz eines Rechts«, 19. Jh., s. Recht, Besitz, vgl. Gerber 1895

Rechtsbeugung, F., »mindestens bedingt vorsätzliche falsche Anwendung oder Nichtanwendung von Recht durch einen Richter bzw. einen anderen Amtsträger oder einen Schiedsrichter bei der Leitung oder Entscheidung einer Rechtssache zugunsten oder zum Nachteil einer Partei«, 1839 Württemberg, s. Recht, Beugung, sachlich vgl. Martin 1825

Rechtsblindheit, F., »zeitweise bedeutsame Bezeichnung für das Nichterkennen der Unrechtmäßigkeit eines rechtswidrigen Verhaltens«, 2. H. 20. Jh., s. Recht, blind, heit

Rechtsbuch, N., »umfassende Aufzeichnung des geltenden Rechts durch eine Privatperson (z.B. Sachsenspiegel Eike von Repgows 1221/4), vgl. mhd. rehtbuoch, N., »Recht enthaltendes Buch«, mnd. rehtbōk (Berlin 1397) 1488 Schwaben, Keisersberg 1517, s. Recht, Buch

Rechtsdenkmal, N., »Zeugnis über ein Element des Rechts (z.B. Handschrift eines Rechtstextes)«, 20. Jh., s. Recht, Denkmal

Rechtsdogmatik, F., »wissenschaftliche Behandlung und Darstellung des geltenden Rechts«, 20. Jh., s. Recht, Dogmatik

Rechtseinheit, F., »Einheitlichkeit des Rechts (19. Jh.), Einheit der Rechtsordnung (20. Jh.)«, s. Recht, Einheit

Rechtsentscheid, M., »(im Mietrecht) Entscheidung des zuständigen Oberlandesgerichtes auf Veranlassung eines ihm untergeordneten Landgerichtes wenn dieses in einer Rechtsfrage betreffend ein Mietverhältnis über Wohnraum von einer Entscheidung des Bundesgerichtshofes oder eines Oberlandesgerichtes abweichen will oder die Entscheidung von grundsätzlicher Bedeutung ist«, um 1980, s. Recht, Entscheid

Rechtserwerb, M., »Erwerb eines einzelnen Rechtes (ursprünglich [originär] oder abgeleitet [derivativ])«, 19. Jh., s. Recht, Erwerb, vgl. Weiske 1839ff.

rechtsfähig, Adj., »fähig Träger von Rechten zu sein«, Savigny 1840, s. Recht, fähig

rechtsfähiger Verein, M., »Verein der die Rechtsfähigkeit erworben hat«, 19. Jh., s. rechtsfähig, Verein

Rechtsfähigkeit, F., »Fähigkeit (einer Person) Träger von Rechten und Pflichten zu sein (z.B. Eigentümer einer Sache)«, Thibaut 1803, Badisches Landrecht 1809, ab 1810 häufiger, Mackeldey 1814, Savigny 1840, s. rechtsfähig, heit, vgl. Weiske 1839ff.

Rechtsfolge, F., »durch eine Rechtsnorm für einen abstrakten Tatbestand vorgeschriebene (abstrakte) Folge«, Badisches Landrecht 1809, Lüt. frz., s. Recht, Folge

Rechtsfolgenirrtum, M., »regelmäßig unbeachtlicher Irrtum über die Rechtsfolgen eines Verhaltens«, 2. H. 20. Jh.?, s. Rechtsfolge, Irrtum

Rechtsfolgenverweisung, F., »Verweisung auf die Rechtsfolgen einer anderen Vorschrift«, 2. H. 20. Jh.?, s. Rechtsfolge, Verweisung

Rechtsfolgewille, M., »die Rechtsfolge umfassender Wille«, 20. Jh.?, s. Rechtsfolge, Wille

Rechtsfortbildung, F., »- infolge der Veränderung gesellschaftlicher und wirtschaftlicher Verhältnisse notwendig werdende - Weiterentwicklung des Rechts«, 2. H. 20. Jh., s. Recht, fort, Bildung

Rechtsgang, M., »(in der germanischen und fränkischen Zeit) an einen Unrechtserfolg anschließendes Verfahren«, 1583, Lüt. lat. processus iuris, M., »Gang des Rechts«, s. Recht

Rechtsgesamtheit, F., »Inbegriff von Rechten«, 20. Jh., s. Recht, gesamt, heit

Rechtsgeschäft, N., »auf dem Parteiwillen aufbauender Gesamttatbestand der einen mit einer Willenserklärung angestrebten Rechtserfolg herbeiführt«, A. 19. Jh. (Hugo 1805) Lüs. lat. negotium iuridicum, N., »Rechtsgeschäft«?, s. Recht, Geschäft, vgl. Weiske 1839ff.

rechtsgeschäftsähnlich, Adj., »einem Rechtsgeschäft ähnlich«, 20. Jh.?, s. Rechtsgeschäft, ähnlich

rechtsgeschäftsähnliche Handlung, F., »einem Rechtsgeschäft ähnliche Handlung«, 20. Jh., s. rechtsgeschäftsähnlich, Handlung

Rechtsgeschichte, F., »Lehre von vergangenen rechtlichen Sollensordnungen«, Eichhorn 1808, Lüs. lat. historia iuris (Rivallius 1515), s. Recht, Geschichte, vgl. Grimm DW 1893

Rechtsgrund, M., »von der Rechtsordnung gewährte oder geforderte Grundlage für ein Recht (z.B. Kaufvertrag oder Schenkungsvertrag für eine Übereignung)«, Zinkgref 1626, Weber 1805, s. Recht, Grund, vgl. Weiske 1839ff.

rechtsgrundlos, Adj., »ohne Rechtsgrund«, s. Rechtsgrund, los, vgl. Reichsgericht um 1880, Grimm DW 1893

Rechtsgrundsatz, M., »besonders wichtiger grundlegender Rechtssatz«, 19. Jh., s. Grundsatz, Recht, vgl. Koch 1864, Grimm DW 1893

Rechtsgrundverweisung, F., »Verweisung auf die Voraussetzungen und die Rechtsfolgen einer anderen Vorschrift«, 2. H. 20. Jh., s. Rechtsgrund, Verweisung

Rechtsgut, N., »rechtlich anerkanntes Interesse des Einzelnen oder der Allgemeinheit das wegen seiner besonderen Bedeutung Rechtsschutz genießt (z.B. Leben)«, 19. Jh., s. Recht, Gut

Rechtshandlung, F., »im weiteren Sinn jedes rechtlich bedeutsame menschliche Verhalten an das die Rechtsordnung eine Rechtsfolge knüpft, in einem engeren Sinn jedes menschliche Verhalten das nicht Rechtsgeschäft ist«, Freytag, 2. H. 19. Jh., s. Recht, Handlung

rechtshängig, Adj., »bei Gericht anhängig«, Lüt. lat. lis pendens, F., »hängender Rechtsstreit«, 1578, s. Recht, hängig

Rechtshängigkeit, F., »Schweben einer Streitsache in einem Urteilsverfahren«, Stieler 1691, Lüt. mlat. litispendentia, F., »Anhängigkeit einer Streitsache bei Gericht«, s. Recht, hängig, heit

Rechtsinformatik, F., »Wissenschaft von der Anwendung der Informatik auf das Recht«, um 1960, s. Recht, Informatik

Rechtshilfe, F., »Hilfe welche von Gerichten und von Verwaltungsbehörden gegenüber Gerichten im Hinblick auf eine Tätigkeit der Rechtspflege geleistet werden kann«, Gesetz von 1869, s. Recht, Hilfe, vgl. Weiske 1839ff., Planck 1896

Rechtsinstitut, N., »zur allgemeinverbindlichen Regelung eines Sachproblems geschaffene Summe von Rechtssätzen (z.B. Eigentum)«, 19. Jh.?, s. Recht, Institut

Rechtsirrtum, M., »Irrtum über die bestehende Rechtslage insbesondere über ein rechtliches Verbot«, Savigny 1840, Lüs. lat. error iuris, M., »Irrtum über das Recht«, vgl. Mascardus 1588, Weiske 1839ff.

Rechtskraft, F., »Verbindlichkeit einer Entscheidung, (formell) Unanfechtbarkeit einer Entscheidung, (materiell) Maßgeblichkeit des Inhalts einer Entscheidung«, Lüt.?, Frisch 1741, s. Recht, Kraft, vgl. Weiske 1839ff.

rechtskräftig, Adj., »Rechtskraft habend«, Steinbach 1734, s. Rechtskraft, ig

Rechtslexikon, N., »lexikalische Zusammenfassung der rechtswissenschaftlichen Erkenntnisse«, 2. H. 20. Jh.?, s. Recht

Rechtslinguistik, F., »Wissenschaft von der Anwendung der Linguistik auf das Recht«, um 1980, s. Recht, Linguistik

Rechtslogik, F., »Wissenschaft von der Anwendung der Logik auf das Recht«, um 1980, s. Recht, Logik

Rechtsmangel, M., »Nichterfüllung der Verpflichtung einen Gegenstand frei von Rechten Dritter zu verschaffen«, 19. Jh., s. Recht, Mangel

Rechtsmedizin, F., »Bezeichnung für den Grenzbereich zwischen Medizin und Rechtswissenschaft (z.B. forensische Pathologie)«, um 1980?, s. Recht, Medizin

Rechtsmethodologie, F., »Lehre von den planmäßigen (Denk-)Verfahren der Rechtswissenschaft (Anwendung eines abstrakten Rechtssatzes auf einen konkreten Sachverhalt im Wege der Subsumtion)«, um 1980?, s. Recht, Methodologie

Rechtsmißbrauch, M., »unberechtigte Ausübung eines an sich bestehenden Rechts«, 19. Jh., s. Recht, Mißbrauch

Rechtsmittel, N., »Mittel mit dem eine Partei eine ihr ungünstige Entscheidung vor Rechtskraft im Wege der Nachprüfung durch ein höheres Gericht zu beseitigen bezweckt«, Stieler 1691, Lüt. lat. remedium iuris, N., »Hilfsmittel des Rechts«, s. Recht, Mittel

Rechtsmittelbelehrung, F., »Belehrung durch (eine Behörde oder) ein Gericht über die gegen eine Entscheidung möglichen Rechtsmittel«, 2. H. 20. Jh., s. Rechtsmittel, Belehrung

Rechtsmittelverzicht, M., »nach Erlaß einer Entscheidung erklärter Verzicht auf Überprüfung einer Entscheidung durch ein dafür zuständiges Gericht«, 20. Jh., s. Rechtsmittel, Verzicht

Rechtsnachfolge, F., »Nachfolge einer Person nach einer anderen in Bezug auf ein Recht«, 19. Jh., s. Recht, Nachfolge, vgl. Planck 1896

Rechtsnachteil, M., »rechtlicher Nachteil«, 1844, s. Recht, Nachteil

Rechtsnorm, F., »einzelne rechtliche Sollensanforderung«, 19. Jh., Lüs. nlat. norma iuris, F., »Regel des Rechts«?, s. Recht, Norm, vgl. Planck 1896

Rechtsobjekt, N., »Gegenstand auf welchen sich ein Recht beziehen kann (z.B. Sache)«, 19. Jh.?, s. Recht, Objekt

Rechtsordnung, F., »Gesamtheit der Rechtsnormen einer Rechtsgemeinschaft«, Stieler 1691, Lüs. lat. ordo iuris, M., »rechtliche Ordnung«, s. Recht, Ordnung

Rechtspflege, F., »Ausübung der Gerichtsbarkeit durch die dazu berufenen Organe«, Adelung 1774ff., s. Recht, Pflege

Rechtspfleger, M., »Beamter des gehobenen Dienstes dem bestimmte Aufgaben der Rechtspflege übertragen worden sind«, 20. Jh., s. Rechtspflege

Rechtspflicht, F., »vom Recht auferlegte Pflicht«, Stieler 1691, Kant, s. Recht, Pflicht

Rechtsphilosophie, F., »Lehre von den Grundfragen und Grundwerten des Rechts«, 19. Jh., s. Recht, Philosophie

Rechtspolitik, F., »den gesellschaftlichen Teilbereich Recht betreffendes (staatliches) Handeln«, 20. Jh., s. Recht, Politik

Rechtspositivismus, M., »Positivismus im Recht«, 20. Jh., s. Recht, Positivismus

Rechtspraxis, F., »praktische Anwendung des Rechts im Alltagsleben«, 20. Jh., s. Recht, Praxis

Rechtsprechung, F., »Entscheidung konkreter Rechtsfragen durch die dafür zuständige Stelle«, Hederich 1736, Lüs. lat. iurisdictio, F., »Rechtsprechung«, s. Recht, sprechen

Rechtsquelle, F., »Ursprungsort eines Rechtssatzes«, 18. Jh.? (Allgemeines Bürgerliches Gesetzbuch 1811 Österreich) Lüs. lat. fons iuris, F., »Quelle des Rechts«, s. Recht, Quelle, vgl. Weiske 1839ff.

Rechtsreferendar, M., »wer die erste juristische Staatsprüfung bestanden hat«, 2. H. 20. Jh., s. Recht, Referendar

Rechtsreflex, M., »lediglich tatsächliche (keine eigene Rechtsqualität implizierende) Auswirkung einer rechtlichen Regelung«, 20. Jh., s. Recht, Reflex

Rechtsregel, F., »rechtliche Vorschrift«, 19. Jh. Lüs. lat. regula iuris, F., »Rechtsregel«, s. Recht, Regel

Rechtssatz, M., »Parteibegehren (Reichskammergerichtsordnung 1555), Gerichtsausspruch (Maaler 1561), Rechtsbestimmung«, s. Recht, Satz

Rechtsschein, M., »äußerlicher Anschein des Bestehens eines in Wirklichkeit nicht bestehenden Rechtes«, 20. Jh., s. Recht, Schein

Rechtsschöpfung, F., »Schöpfung eines bisher nicht vorhandenen Rechtssatzes«, 2. H. 20. Jh., s. Recht, Schöpfung

Rechtsschule, F., »Lehrstätte oder Geistesrichtung innerhalb der Rechtswissenschaft«, Hugo 1830, Lüs. nlat. schola iuris, F., »Rechtsschule«?, s. Recht, Schule

Rechtsschutz, M., »durch die Rechtsordnung gewährleisteter Schutz der Rechtsgüter«, Stieler 1691, s. Recht, Schutz

Rechtsschutzbedürfnis, N., »berechtigtes Interesse einer Person an Rechtsschutz in den dafür vorgesehenen Verfahren«, 20. Jh., s. Rechtsschutz, Bedürfnis

Rechtsschutzversicherung, F., »Privatversicherung für den gerichtlichen Streitfall«, 2. H. 20. Jh., s. Rechtsschutz, Versicherung

Rechtssicherheit, F., »Beständigkeit der für ein Verhalten eintretenden Rechtsfolgen«, 2. H. 19. Jh.?, Lüs. nlat. securitas iuris, F., »rechtliche Sicherheit«, s. Recht, Sicherheit

Rechtssoziologie, F., »Lehre von der sozialen Wirklichkeit des Rechts«, 20. Jh., s. Recht, Soziologie

Rechtssprache, F., »besondere Fachsprache der Juristen«, Stieler 1691, Lüt. lat. termini iuridici, M. Pl., »Rechtswörter«, s. Recht, Sprache

Rechtssprichwort, N., »einen rechtlichen Tatbestand erfassendes Sprichwort (z.B. Aller guten Dinge sind drei)«, 19. Jh., Lüt. lat. regula iuris, F., »Rechtsregel«, s. Recht, Sprichwort, vgl. Weiske 1839ff.

Rechtsstaat, M., »bewußt auf die Verwirklichung von Recht ausgerichteter Staat«, Placidus 1798 (Rechtsstaatslehre) bzw. Müller 1809, s. Recht, Staat

Rechtsstaatsprinzip, N., »(im Verfassungsrecht) Grundsatz daß die gesamte Staatsgewalt an das vom Volk oder seinen Organen gesetzte Recht gebunden ist«, 20. Jh., s. Rechtsstaat, Prinzip

Rechtsstreit, M., »Streit mehrerer Beteiligter über ein Rechtsverhältnis vor einer entscheidungsbefugten Stelle«, 1520 Bayern, Lüs. lat. lis iuris, F., »rechtlicher Streit«?, s. Recht, Streit, vgl. Planck 1896

Rechtsstreitigkeit, F., »Angelegenheit deren rechtliche Beurteilung umstritten ist«, Martin 1800, s. Rechtsstreit, ig, heit

Rechtssubjekt, M., »Träger von Rechten und Pflichten«, 19. Jh., s. Recht, Subjekt

Rechtssymbol, N., »Handlung oder Gegenstand die ein Rechtsgeschäft oder ein Rechtsverhältnis versinnbildlichen«, 20. Jh.?, s. Recht, Symbol

Rechtssystem, N., »Gesamtheit von Rechtseinrichtungen in systematischer Ordnung«, 19. Jh., s. Recht, System

Rechtstag, M., »(in der Rechtsgeschichte) Gerichtstag«, s. mhd. rehttac, M., »Rechtstag, Gerichtstag« Lüs. mlat. dies iuridicus, M., »Rechtstag«?, s. Recht, Tag, vgl. Weiske 1839ff., Endlicher Rechtstag (Constitutio Criminalis Carolina 1532), M., »Gerichtstag an welchem das durch Inquisition vorbereitete öffentliche Verfahren formal durchgeführt wird«

Rechtstatsachenforschung, F., »Beschäftigung mit den konkreten Verhältnissen der Rechtswirklichkeit (z.B. Erforschung der Zahl der Abtreibungen oder der Dauer von Prozessen)«, 2. H. 20. Jh., s. Recht, Tatsache, Forschung

Rechtstheorie, F., »Beschäftigung mit den allgemeinen Fragen des Rechts insbesondere mit seiner logischen Struktur«, 2. H. 20. Jh., s. Recht, Theorie

Rechtsübergang, M., »Übergang eines Rechtes«, 20. Jh., s. Recht, Übergang

Rechtsübertragung, F., »Übertragung eines Rechtes«, 20. Jh., s. Recht, Übertragung

Rechtsunsicherheit, F., »rechtliche Unsicherheit«, Savigny 1815, s. Recht, Sicherheit

Rechtsvergleichung, F., »vergleichende Betrachtung verschiedener Rechtsordnungen insbesondere räumlich verschiedener gleichzeitig geltender Rechtsordnungen«, E. 19. Jh. (1894 bzw. Rabel 1924), s. Recht, Vergleich

Rechtsverhältnis, N., »alle Beziehungen einer Person zu einer anderen oder zu einer Sache die als Rechtsfolgen aus einem konkreten Tatbestand erfließen«, Savigny 1840, s. Recht, Verhältnis

Rechtsverkehr, M., »rechtlicher Verkehr«, Badisches Landrecht 1809, Lüt. frz., Savigny 1840, s. Recht, Verkehr

Rechtsverletzung, F., »Verletzung eines Rechts«, 19. Jh., vgl. Grimm DW 1893

Rechtsvermutung, F., »rechtliche Vermutung«, Lüt. lat. praesumtio iuris, F., »Rechtsvermutung«, s. Recht, Vermutung, vgl. Martin 1800, Badisches Landrecht 1809

Rechtsverordnung, F., »im Rang unter dem formellen Gesetz stehende von einer zuständigen Verwaltungsbehörde auf Grund einer Rechtssetzungsermächtigung erlassene abstrakte und generelle Regelung«, 19. Jh., s. Recht, Verordnung

Rechtsverweigerung, F., »Verweigerung des Rechts, Verweigerung eines rechtlichen Verfahrens«, 19. Jh., s. Recht, Verweigerung

Rechtsvorgänger, M., »rechtlich der Vorgänger«, Windscheid um 1867, Lüs. nlat. antecessor iuris, M., »rechtlicher Vorgänger«, s. Recht, vor, gehen

Rechtsweg, M., »gesetzlich eröffnetes Verfahren in dem die staatliche Gerichtsbarkeit Rechtsschutz gewährt«, Lohenstein 1690, s. Recht, Weg, vgl. Planck 1896

Rechtsweggarantie, F., »Möglichkeit jedes Einzelnen zum Schutz vor Eingriffen der öffentlichen Gewalt in seine Rechtssphäre die Entscheidung eines Gerichts herbeizuführen«, 2. H. 20. Jh., s. Rechtsweg, Garantie

Rechtswegzulässigkeit, F., »Zulässigkeit des Rechtsweges«, s. Rechtsweg, Zulässigkeit

rechtswidrig, Adj., »dem Recht widersprechend«, 19. Jh., s. Recht, widrig, vgl. Hälschner 1887, Grimm DW 1893

Rechtswidrigkeit, F., »Widerspruch zur Rechtsordnung«, 19. Jh., s. rechtswidrig, heit, vgl. Grimm DW 1893

Rechtswidrigkeitszusammenhang, M., »in Bezug auf die Rechtswidrigkeit bestehender Zusammenhang«, 2. H. 20. Jh., s. Rechtswidrigkeit, zusammen, Hang

Rechtswissenschaft, F., »die rechtliche Sollensordnung betreffende Wissenschaft«, E. 18. Jh. (Adelung 1774ff.), Lüt. lat. iurisprudentia, F., »Jurisprudenz«, s. Recht, Wissenschaft

Rechtswohltat, F., »vom Recht vorgesehene günstige Möglichkeit«, 19. Jh. Lüs. lat. beneficium iuris, N., »Rechtswohltat«, s. Recht, wohl, Tat

Rechtszug, M., »jeweils einem bestimmten Gericht zugeordneter Verfahrensabschnitt eines Rechtsstreits«, um 1875, s. Recht, Zug

Recke, M., »Recke, Held, Riese«, 18. Jh. (Wieland 1777), aus mhd. recke, reke, M., »Verfolgter, Verbannter, Fremdling, Krieger, Held«, ahd. rekko (1. H. 8. Jh.?), recko, M., »Verbannter, Flüchtling, Fremdling, Vertriebenener, Recke«, as. wrekkio, M., »Fremdling«, germ. *wrakjan, *wrakjōn, M., »Verbannter, Verfolgter, Vertriebener, Recke«, zu germ. *wrekan, V., »treiben, verfolgen, rächen«, idg. *u̯reg-, V., »stoßen, puffen, drängen, treiben, verfolgen«

recken, V., »recken, strecken«, mhd. rekken, rechen, V., »erheben, ausstrecken, erregen«, ahd. rekken (nach 765?), recken, V., »recken, strecken, ausdehnen, ausbreiten, erklären«, as. rekkian, V., »erzählen, auseinandersetzen, darlegen, erklären«, germ. *rakjan, V., »recken, strecken, ausdehnen«, Kausativum (»gerade machen«) zu idg. *reĝ- (1), Adj., V., Sb., »gerade, richten, lenken, strecken, recken, Richtung, Linie«

Rede, F., »Rede«, mhd. rede, F., »Rede, Rechenschaft, Sprache, Erzählung«, ahd. reda (E. 8. Jh.), redia, redī (1. Vt. 9. Jh.), F., »Rede, Wort, Meinung, Ansicht, Verstand, Redekunst, Bericht, Lehre«, germ. *raþjōn, F., »Rede, Rechenschaft«, zu idg. *rōdh-, V., »zurechtmachen, bereiten, geraten, überlegen (V.)«, zu idg. *ar- (1), V., »fügen, passen«

Rediskontierung, F., »Rediskontierung«, 20. Jh., s. re, Diskont, ieren, ung

redlich, Adj., »redlich, treu, ehrlich«, mhd. redelich, redlich, Adj., »redend, beredt, vernünftig, verständig, rechtschaffen«, ahd. redilih (1000), Adj., »vernünftig, vernunftgemäß, rednerisch, gut gesprochen«, Lüs. lat. rationabilis, Adj., »vernünftig«

Reduktion (teleologische), F., »Einschränkung einer scheinbar für einen weiteren Tatbestand(sbereich) angeordneten Rechtsfolge auf einen (gerechterweise) allein zu erfassenden Tatbestand(sbereich) (z.B. Einschränkung des § 181 BGB)«, M. 16. Jh. (Perneder 1544) bzw. späteres 18. Jh. Lw. lat. reductio, F., »Zurückführung, Wiedereinsetzung«, zum PPP. reductus von lat. reducere, V., »zurückführen, zurückziehen«, zu lat. re, Präp., Präf., »zurück, wieder«, lat. ducere, V., »ziehen, führen«

Reede, F., »Reede, Ankerplatz«, A. 17. Jh. Lw. nnd. reede, F., (zu mnd. berēden, bereiden, V., »bereiten« d.h.) »Ort an welchem Schiffe bereit gemacht werden zur Ausfahrt«

Reeder, M., »Eigentümer eines ihm zum Erwerb durch die Seefahrt dienenden Schiffes (Schiffseigner)«, A. 17. Jh. Lw. mnd. rēder, reeder, M., »Ausrüster eines Schiffes«, 15. Jh. Hamburg, s. Reede

Reederei, F., »Verbindung mehrerer Reeder«, M. 18. Jh. (Frisch 1741), s. Reeder, ei

Referat, N., »Bericht (um 1700), Amt, Stellung eines Berichterstatters (19. Jh.), Arbeitsgebiet (M. 20. Jh.)«, Subst. aus lat. (Aktenvermerk) referat, 3. P. Sg. Präs. Konj., »er möge berichten«, zu lat. referre, V., »berichten«, s. referieren

Referendar, M., »Berichterstatter, im Vorbereitungsdienst für die höhere Laufbahn des Beamtenrechts stehender Anwärter«, E. 15. Jh. (Stolle um 1485) bzw. 18. Jh. (Hederich 1743 bzw. 1748 Preußen) Lw. lat. referendarius, M., »Berichterstatter, Gesandter« (vgl. Codex Justinians 1,50,2 427), zum Gerundivum referendus von lat. referre, V., »zurücktragen, wiederbringen, vortragen«, zu lat. re, Präp., Präf., »wieder, zurück«, lat. ferre, V., »tragen, bringen«, Coßmann 1829 »Vortragführer«

Referendum, N., »zu Berichtendes, Volksentscheid«, 17. Jh. (Bürster 1647) Lw. lat. referendum, N., »das zu Berichtende«, subst. Gerundivum von lat. referre, V., »zurücktragen, wiederbringen, vortragen«, s. referieren

Referent, M., »Erzähler, Berichterstatter (M. 17. Jh.), Sachbearbeiter (um 1700), Redner (20. Jh.)«, Lw. lat. referens, subst. Part. Präs. von lat. referre, V., »berichten«, s. referieren

referieren, V., »zurückbringen (15. Jh.), sich beziehen (16./17. Jh.), berichten, vortragen«, (1. H. 16. Jh.) Lw. lat. referre, V., »zurücktragen, berichten«, zu lat. re, Präp., Präf., »zurück, wieder«, lat. ferre, V., »tragen, bringen«

Reflex, M., »Reflex, Widerschein«, 2. H. 18. Jh. (Goethe 1780) Lw. frz. réflexe, M., »Widerschein, reflektierte Erscheinung, unwillkürliche Reaktion«, als spätlat. reflexus, M., »zurückbeugen«, zu lat. reflexus, Adj., »zurückgebeugt«, PPP. von lat. reflectere, V., »zurückbeugen«, zu lat. re, Präp., Präf., »zurück, wieder«, lat. flectere, V., »beugen«

Reflexrecht, N., »als Reflex entstehendes Recht«, 20. Jh.?, s. Reflex, Recht

Reform, F., »Reform«, A. 18. Jh. (Wahrmund 1700) Lw. frz. réforme, F., »Wiederherstellung, Neugestaltung«, zu frz. réformer, V., »wiederherstellen, umgestalten, neugestalten, verbessern«, aus lat. reformare, V., »umgestalten, umbilden, wiederherstellen«, zu lat. re, Präp., Präf., »zurück, wieder«, lat. formare, V., »gestalten, bilden, formen«, zu lat. forma, F., »Form, Gestalt«, vgl. Geschichtliche Grundbegriffe

reformatio in peius, lat., F., »Zurückbildung in das Schlechtere, Abänderung einer gerichtlichen Entscheidung in einer höheren Instanz zum Nachteil des Angeklagten oder des Anfechtenden«, s. Reformation, vgl. Weiske 1839ff.

Reformation, F., »Zurückbildung eines gegenwärtigen (schlechten) in einen ursprünglichen (einwandfreien) Zustand, Erneuerung (der Kirche durch Luther) (1. H. 16. Jh.)«, A. 15. Jh. (Rappoltstein 1401 [nach inhalt der künigl.] reformacye[n] bzw. 1479/84 Nürnberg) Lw. lat. reformatio, F., »Umgestaltung, Verbesserung, Neugestaltung, Erneuerung, Zurückgabe, Wiederzustellen«, zum PPP. reformatus von lat. reformare, V., »umgestalten, umbilden, wiederherstellen«, zu lat. re, Präp., Präf., »zurück, wieder«, lat. formare, V., »gestalten, bilden, formen«, zu lat. forma, F., »Form, Gestalt«, vgl. Geschichtliche Grundbegriffe

reformieren, V., »neugestalten, verbessern«, mhd. reformieren, V., »erneuern, neugestalten«, 14. Jh.? bzw. A. 15. Jh. (1417 der paest die heilige Kirche sulle reformeren) Lw. lat. reformare, V., »umgestalten, umbilden, wiederherstellen«, s. Reform

reformiert, Adj., »(in Sinne Zwinglis und Calvins) neugestaltet« (um 1600), s. reformieren

Regal, N., »(im mittelalterlichen und neuzeitlichen deutschen Recht) dem König zustehendes Recht (z.B. Bergregal) das später meist auf die Landesfürsten und damit auf die einzelnen Länder übergegangen ist«, späteres 15. Jh. (1469-71 regalia bzw. 1470 regalien) Lw. mlat. regale, (Pl. regalia [1158 Reichstag von Roncaglia],) N., »königlich(es Recht)«, zu lat. regalis, Adj., »königlich«, zu lat. rex, M., »König«, zu lat. regere, V., »gerade richten, lenken, leiten«

Regel, F., »Regel, Richtschnur, Vorschrift, Gewohnheit«, mhd. regele, regel, F., »Regel, Ordensregel«, ahd. regula (800), F., »Regel«, germ. *regul-, Sb., »Regel, Riegel, Richtholz«?, Lw. lat. regula, F., »Maßstab, Richtschnur, Regel«, zu lat. regere, V., »gerade richten, lenken, leiten«

Regelbedarf, M., »regelmäßiger Bedarf«, 1967, s. Regel, Bedarf

Regelbeispiel, N., »in einer Rechtsnorm als kennzeichnendes Beispiel für ein durchschnittliches besonderes Verhalten angeführtes Beispiel«, um 1980, s. Regel, Beispiel

regeln, V., »in eine bestimmte Ordnung bringen«, (A. 16. Jh. geregelt bzw.) 2. H. 18. Jh., zu Regel

Regelstrafe, F., »im Gesetz in Form eines Strafrahmens angegebene Strafe die verhängt werden soll wenn keine besonderen Umstände vorliegen die eine Anpassung der Strafe an den besonders gelagerten Einzelfall erfordern (z.B. bei Raub Freiheitsstrafe nicht unter einem Jahr)«, 2. H. 20. Jh., s. Regel, Strafe

Regelung, F., »Festlegung von Rechtsfolgen«, 19. Jh., s. Regel, ung

Regelunterhalt, M., »zum Unterhalt eines Kindes das sich in der Pflege der Mutter befindet bei einfacher Lebenshaltung im Regelfall erforderlicher Unterhaltsbedarf eines nichtehelichen Kindes«, 1967, s. Regel, Unterhalt

regen, V., »bewegen«, mhd. regen, V., »aufrichten, bewegen, erregen«, zu mhd. regen, st. V., »sich erheben, emporragen, steif gestreckt sein«, verwandt mit Wörtern wie Rahe, Reck?, Ruck

Regent, M., »Herrscher, Fürst, Vertreter eines Monarchen«, E. 16. Jh. Lw. lat. regens, M., »Fürst«, subst. Part. Präs. von lat. regere, V., »gerade richten, lenken, leiten«

Regie, F., »Regie, Leitung«, 2. H. 18. Jh. (1766) Lw. frz. régie, F., »Leitung«, subst. PPP. F. von frz. régir, V., »leiten, führen, verwalten«, aus lat. regere, V., »gerade richten, lenken, leiten«

Regiebetrieb, M., »Wirtschaftsbetrieb einer Körperschaft des öffentlichen Rechts der von ihr als öffentlichrechtliches Unternehmen durch Beamte oder sonstige eigene Bedienstete verwaltet wird«, 20. Jh.?, s. Regie, Betrieb

regieren, V., »herrschen, regieren«, mhd. regieren (13. Jh.), V., »regieren, herrschen, beherrschen«, um 1300 Lw. afrz. regir, V., »regieren, herrschen, beherrschen«, aus lat. regere, V., »gerade richten, lenken, leiten«

Regierung, F., »kollegial gebildetes Verfassungsorgan dem die Staatsleitung obliegt, (im Verwaltungsrecht) Mittelbehörde (höhere Verwaltungsbehörde) der Landesverwaltung«, »Regierung« M. 15. Jh. (1460 Wetterau), s. regieren, ung, vgl. Geschichtliche Grundbegriffe

Regierungsbezirk, M., »örtlicher Zuständigkeitsbereich der Mittelbehörden der meisten Länder«, 19. Jh. Preußen, s. Regierung, Bezirk

Regierungspräsident, M., »Leiter der mittleren Verwaltungsbehörde (Bezirks-)Regierung«, 19. Jh. Preußen, s. Regierung, Präsident

Regierungsrat, M., »Regierungsbehörde«, »Mitglied der Regierungsbehörde (Frisch 1741)«, s. Regierung, Rat

Regime, N., M., »Lenkung, Leitung, Regierung, Regierungssystem (A. 20. Jh.)«, E. 18. Jh. (Elise von Türkcheim 1798) Lw. frz. régime, N., »Lenkung, Leitung, Regierung«, aus lat. regimen, N., »Lenkung, Leitung, Regierung«, zu lat. regere, V., »gerade richten, lenken, leiten«

Regiment, N., »Leitung, Regiment, Heeresteil (1. H. 16. Jh.)«, A. 15. Jh. (1406-76) Lw. spätlat. regimentum, N., »Ordnung, Leitung, Herrschaft, Oberbefehl«, zu lat. regere, V., »gerade richten, lenken, leiten«, seit 19. Jh. hauptsächlich »Heeresteil«

Region, F., »Gebiet, Gegend, Region«, 2. H. 15. Jh. (Niclas von Wyle 1478) Lw. lat. regio, F., »Richtung, Gegend, Bereich, Gebiet«, zu lat. regere, V., »gerade richten, leiten«

regional, Adj., »auf ein Gebiet bezogen«, E. 19. Jh., s. Region, vgl. spätlat. regionalis, Adj., »zu einer Landschaft gehörig«

Register, N., »amtlich über bestimmte rechtlich bedeutsame Verhältnisse geführtes Verzeichnis (z.B. Handelsregister)«, spätmhd. register, N., »Verzeichnis, Register, Protokoll«, 14. Jh. (1366 Enns amptregister) Lw. spätlat. registrum, N., »Verzeichnis zur Eintragung von Bestimmungen, Regestenbuch«, aus spätlat. regesta, N. Pl., »Katalog, Verzeichnis«, subst. Part. Prät. Akt. von lat. regerere, V., »zurücktragen, eintragen, einschreiben«, zu lat. re, Präp., Präf., »zurück, wieder«, lat. gerere, V., »tragen, betragen, ausführen«

Registratur, F., »Eintragen in ein Register, Aktenschrank, Aktenraum«, M. 16. Jh., latinisiert zu registrieren

registrieren, V., »in ein Verzeichnis eintragen«, 1. H. 15. Jh. Lw. spätlat. registrare, V., »eintragen«, s. Register

Regreß, M., »Rückgriff eines zunächst zu einer Leistung Verpflichteten auf einen weiteren vielfach nur im Innenverhältnis zur Erbringung der Leistung Verpflichteten«, A. 16. Jh. (um 1520) Lw. lat. regressus, M., »Rückgriff, Zurückgehen, Ersatzanspruch (spätlat.)«, subst. PPP. von lat. regredi, V., »zurückgehen«, zu lat. re, Präp., Präf., »zurück, wieder«, lat. gradi, V., »schreiten«, 1. H. 18. Jh. »Schadloshaltung, Schadensersatz«

Regulation, F., »(in der Rechtsgeschichte) Ausgleichung der im Zuge der Veränderung der Agrarverfassung zu Beginn des 19. Jh.s geänderten Eigentumsverhältnisse an Grundstücken (z.B. durch Geldleistungen der Bauern als Abfindung an die früheren Grundherren)«, späteres 19. Jh., zum PPP. regulatus von mlat. regulare, V., »regeln, gestalten«, s. regulieren

regulieren, V., »regeln, gestalten«, mhd. regulieren, V., »regeln, gestalten, nach einer Regel ausführen«, um 1300 Lw. spätlat. regulare, V., »regeln, gestalten«, zu lat. regula, F., »Maßstab, Regel, Grundsatz«, zu lat. regere, V., »gerade richten, lenken, leiten«

Regulierung, F., »Ordnung, Regelung, Einstellung, Ausgleichung, Ausgleich«, um 1800, s. regulieren, ung

Rehabilitation, F., »Wiedereinsetzung, Wiederherstellung der Ehre, Wiederherstellung der Gesundheit«, E. 18. Jh. (Haller 1821) Lw. frz. réhabilitation, F., »Wiedereinsetzung«, aus mlat. rehabilitatio, F., »Wiedereinsetzung«, zum PPP. rehabilitatus von lat. rehabilitare, V., »wiederherstellen, wieder tauglich machen«, zu lat. re, Präp., Präf., »zurück, wieder«, lat. habilis, Adj., »handlich, tauglich, fähig«, zu lat. habere, V., »haben, beherrschen«

Reibach, **Rebbach**, M., »unverhältnismäßig großer Gewinn«, 19. Jh. Lw. aus dem

Rotwelschen (19. Jh.), aus westjidd. rebach, reibach, M., »Gewinn«, aus hebr. räwah, M., »Verdienst, Gewinn«, vgl. Rebbes, M., »Gewinn« (17. Jh.), rotw. rabbes, Sb., »Zins«, jidd. ribbis, Sb., »Zins«

Reich, N., »Land, Gebiet, Staat«, mhd. rīche, rīch, N., »Herrschaft, beherrschtes Land, Reich, Regierung, König, Reichswappen«, ahd. rīhhi (1. H. 8. Jh.), rīchi, N., »Herrschaft, Macht, Gewalt, Reich, Land, Welt, Gegend, Erde, Herrscher«, as. rīki, N., »Reich, Herrschaft, Gewalt, Volk«, germ. *rīkja, *rīkjam, *reikja, *reikjam, N., »Reich, Herrschaft«, Lw. kelt. *rīgjo-, *rīgjom, N., »Reich«?, idg. *rēĝi̯om-, Sb., »Herrschaft«, zu idg. *rēĝ-, M., »König«, s. idg. *reĝ- (1), V., Adj., Sb., »richten, lenken, strecken, recken, gerade, Richtung, Linie«, vgl. Geschichtliche Grundbegriffe

reichen, V., »reichen, sich erstrecken, ausbreiten«, mhd. reichen, V., »erreichen, erlangen, holen, nach etwas langen, reichen«, ahd. reihhen (1000, PN), reichen, V., »reichen, sich erstrecken, ergreifen, ausdehnen«, westgerm. *reikjan, V., »reichen, ausstrecken«, zu idg. *reĝ- (1), V., Adj., Sb., »richten, lenken, strecken, rekken, gerade, Richtung, Linie«?, idg. *reik-?, *rēiĝ-?, V., Sb., »sich recken, wackeln, Stange, Latte«?, zu idg. *rei- (5), V., »stützen«

Reichsabschied, M., »Zusammenfassung der Beschlüsse des Reichstages anläßlich seines Auseinandertretens (1654 jüngster d.h. letzter Reichsabschied)«, 1613 Nürnberg, s. Reich, Abschied

Reichsacht, F., »für das ganze Reich geltende Acht«, Schiller vor 1804, s. Reich, Acht

Reichsdeputationshauptschluß, M., »Endergebnis der Beratung einer Reichsdeputation, Beschluß des letzten Ausschusses des Deutschen Reiches von 1803 in dem zur Ausgleichung der Gebietsverluste deutscher Fürsten an Frankreich die geistlichen Fürstentümer säkularisiert und die weltlichen kleineren reichsunmittelbaren Herrschaften mediatisiert wurden«, s. Reich, Deputation, Haupt, Schluß

Reichsdeutscher, M., »(zwischen 1918 und 1945) innerhalb der Grenzen des Deutschen Reiches lebender Deutsche im Gegensatz zum Auslandsdeutschen und Volksdeutschen«, 1. H. 20. Jh., s. Reich, deutsch

Reichsgericht, N., »am 1. 10. 1879 in Leipzig eingerichtetes bis 1945 tätiges höchstes Gericht des Deutschen Reiches«, »Gericht des Reiches« 1509 Frankfurt bzw. Moser 2. H. 18. Jh., s. Reich, Gericht

Reichsgesetz, N., »vom Reich erlassenes Gesetz«, Schiller vor 1804, s. Reich, Gesetz

Reichsgesetzblatt (**RGBl**), N., »Gesetzblatt eines Reiches, Gesetzblatt des Deutschen Reiches (1871-1945)«, 19. Jh., s. Reich, Gesetzblatt

Reichshaftpflichtgesetz, N., »vor allem die Gefährdungshaftung für Personenschäden beim Betrieb einer Eisenbahn anordnendes Gesetz (1871)«, s. Reich, Haftpflicht, Gesetz

Reichshofrat, M., »von 1498 bis 1806 neben dem Reichskammergericht stehendes (Ober-)Gericht (des Kaisers) in Wien«, 17. Jh., s. Reich, Hof, Rat

Reichsjustizgesetze, N. Pl., »am 1. 10. 1879 in Kraft getretene Verfahrensgesetze des Deutschen Reiches«, 20. Jh.?, s. Reich, Justiz, Gesetz

Reichskammergericht, N., »von 1495 bis 1806 tätiges oberstes Gericht (der Stände) des Deutschen Reiches das zuletzt in Wetzlar amtierte«, 1495 Reichskammergericht, s. Reich, Kammergericht

Reichskanzler, M., »Kanzler des Reiches«, 17. Jh., s. Reich, Kanzler

Reichskonkordat, N., »(1933) zwischen dem Deutschen Reich und dem Heiligen Stuhl geschlossener völkerrechtlicher Vertrag über Angelegenheiten der katholischen Kirche (z.B. Rechtsstellung des Klerus)«, 20. Jh., s. Reich, Konkordat

Reichskreis, M., »Kreis des Reiches«, Moser 1773, sachlich seit 1500, s. Reich, Kreis

Reichsoberhandelsgericht, N., »von 1871 bis 1879 bestehendes oberstes Reichsgericht in Handelssachen«, s. Reich, Ober, Handel, Gericht, Bundesoberhandelsgericht

Reichspräsident, M., »Staatsoberhaupt des Deutschen Reiches von 1919 bis 1934«, 20. Jh., s. Reich, Präsident

Reichsrat, M., »bei der Gesetzgebung mitwirkendes Kollegialorgan des (zweiten) Deutschen Reiches (Weimarer Republik

1919-34)«, mhd. rīches rat, M., »beratende Versammlung des Kaisers«, 1521 Worms, s. Reich, Rat

Reichsrecht, N., »vom Reich geschaffenes Recht, im Reich geltendes Recht«, (1330 Kaiserslautern richsrecht,) sonst rīches recht, 1564 reichs- und lehenrecht, s. Reich, Recht, vgl. Weiske 1839ff., für das römische Reich Mitteis 1891

Reichsregierung, F., »Regierung des Deutschen Reiches (1871-1945), »Regierung eines Reiches« Zincgref 1626, s. Regierung, Reich

Reichsstadt, F., »dem Reich (Kaiser) unmittelbar unterstehende Stadt«, s. mhd. rīchstat, F., »Reichsstadt«, s. Reich, Stadt

Reichsstand, M., »Reichsstand«, 15. Jh.? bzw. Zimmerische Chronik 1564, s. Reich, Stand

Reichsstatthalter, M., »seit 7. 4. 1933 vom Reichspräsidenten oder von Adolf Hitler ernannter ständiger Vertreter des Reichskanzlers in einem Land des Deutschen Reiches welcher die Aufsicht über die jeweilige Landesregierung führte«, s. Reich, Statthalter

Reichstag, M., »die Gesamtheit des Volkes repräsentierendes bei der Gesetzgebung mitwirkendes Kollegialorgan des Deutschen Reiches«, 1495 (Worms) bzw. 1512 Köln, s. Reich, Tag

Reichsverfassung, F., »Grundordnung des Deutschen Reiches«, Möser um 1780 bzw. Goethe vor 1832, s. Reich, Verfassung

Reichsversicherungsamt, N., »oberste Behörde des Sozialversicherungswesens von 1884 bis 1945«, E. 19. Jh., s. Reich, Versicherung, Amt

Reichsversicherungsordnung (**RVO**), F., »Krankenversicherung und Unfallversicherung und (Arbeiter-)Rentenversicherung zusammenfassend regelndes Gesetz vom 19. 7. 1911 welches durch das Sozialgesetzbuch abgelöst wird«, A. 20. Jh., s. Reich, Versicherung, Ordnung

Reichsverweser, M., »stellvertretendes Oberhaupt des Reichs«, um 1800, s. Reich, ver, Wesen

reif, Adj., »reif«, mhd. rīfe, Adj., »reif«, ahd. rīfi (765), Adj., »reif«, as. rīpi, Adj., »reif«, westgerm. *reipja, *reipjaz, Adj., »reif«, zu westgerm. *reipan, V., »ernten«, zu idg. *reib-, V., »reißen, ernten«?, zu idg. *rei- (1), V., »reißen, ritzen, schneiden«

Reife, F., »Zustand abgeschlossener Entwicklung«, 16. Jh.?, (mhd.?,) ahd. rīfī (800), F., »Reife«, Lüt. lat. maturitas, F., »Reife«?, s. reif

Reifeprüfung, F., »Prüfung der Reife, Abschlußprüfung des Gymnasiums«, 20. Jh.?, s. Reife, Prüfung

rein, Adj., »rein«, mhd. reine, Adj., »rein, klar, lauter«, ahd. reini (8. Jh.?), Adj., »rein, sauber, lauter, klar, keusch, makellos, heilig, unschuldig«, as. hrēni, Adj., »rein«, Lbd. lat. castus?, iustus?, pudicus?, germ. *hreini, *hreiniz, *hreinja, *hreinjaz, *hraini, *hrainiz, *hrainja, *hrainjaz, Adj., »rein, gesiebt, gesäubert, sauber«, zu idg. *skrĕi-, *krĕi-, V., »schneiden, scheiden«, zu idg. *sker- (4), *ker-, V., »schneiden«

Reine Rechtslehre, F., »von Hans Kelsen (1881-1973) begründete Rechtstheorie welche sich unter Ablehnung jeder transzendentalen Rechtsidee um eine wertfreie allgemeine Rechtsmethode hauptsächlich formal-technischer Art auf der Grundlage einer (hypothetischen) Grundnorm bemüht«, 1. H. 20. Jh., s. rein, Recht, Lehre

reinigen, V., »reinigen«, mhd. reinegen, reinigen, V., »reinigen«, s. mhd. reinec, reinic, Adj., »rein«, s. rein, ig

Reinigung, F., »Reinigung«, Fries 1532, mhd. reinegunge, reinigunge, F., »Säuberung«, Lüs. lat. purgatio, F., »Reinigung«, s. reinigen, ung

Reinigungseid, M., »Eid um sich vom Unrechtsvorwurf zu reinigen«, Stieler 1691, Lüt. lat. purgatorium (iuramentum), N., »Reinigungseid«, s. Reinigung, Eid

Reise, F., »Marsch, Reise«, mhd. reise, F., »Aufbruch, Reise, Zug«, ahd. reisa (863-71), F., »Zug, Aufbruch, Einzug, Reisen (N.)«, germ. *raisō, *reisō, F., »Aufbruch«, zu idg. *rei-, V., »sich erheben«, zu idg. *er- (3), V., »sich bewegen, erregen, wachsen«

Reisegewerbe, N., »Anbieten oder Bestellen von Waren und gewerblichen Leistungen sowie Darbieten von Schaustellungen in eigener Person außerhalb der Räume einer eigenen gewerblichen Niederlassung oder ohne eine solche«, 19. Jh.?, s. Reise, Gewerbe

Reisekosten, F. Pl., »Kosten einer Reise«, Stieler 1691, Lüt. lat. sumptus itineris, M., »Reiseaufwendungen«, s. Reise, Kosten

Reisekostenrecht, N., »Gesamtheit der die Reisekosten (vor allem einer im Auftrag eines Dienstherrn reisenden Person) betreffenden Rechtssätze«, 2. H. 20. Jh.?, s. Reisekosten, Recht

Reiserecht, V., »Gesamtheit der (Erholungs-)Reisen betreffenden Rechtssätze«, 2. H. 20. Jh., s. Reise, Recht

Reisescheck, M., »den Bedürfnissen einer Reise angepaßte Art des Schecks«, 20. Jh., Lüt. ne. traveller's cheque, N., »Reisescheck«, s. Reise, Scheck

Reiseversicherung, F., »Reisekosten betreffende Privatversicherung«, 2. H. 20. Jh., s. Reise, Versicherung

Reisevertrag, M., »Vertrag durch den sich ein Reiseveranstalter verpflichtet gegen Entgelt einem Reisenden eine Gesamtheit von Reiseleistungen zu erbringen«, 2. H. 20. Jh., s. Reise, Vertrag

Reisiger, M., »berittener Krieger, Landsknecht«, spätmhd. reiseger, M., »Krieger, Reiter«, zu mhd. reisec, Adj., »auf Reise befindlich, gerüstet«, s. Reise, ig

rei vindicatio, lat., F., »Herausgabe der Sache, romanistische Bezeichnung für den Herausgabeanspruch des Eigentümers gegen den nichtberechtigten Besitzer«, s. lat. res, lat. vindicatio

Rekrut, M., »Rekrut, Soldat in der Grundausbildung«, A. 17. Jh. (1638) Lw. frz. recrute (1592), recreue (1550), F., »Nachwuchs, Ergänzung«, PPP. von frz. recroître, V., »nachwachsen«, aus lat. recrescere, V., »nachwachsen«, zu lat. re, Präp., Präf., »zurück, wieder«, lat. crescere, V., »wachsen«, zu lat. creare, V., »schaffen«, t (im Frz.) unter nnl. Einfluß?

Rektapapier, N., »Namenspapier«, 19. Jh. (Thöl 1847), s. Rektor, Papier, vgl. Gerber 1895

Rektor, M., »(nebenamtlicher) Leiter einer (Schule oder) Universität«, spätmhd. rector, M., »Leiter einer Lateinschule«, E. 14. Jh. (1386 bzw. 1395) Lw. mlat. rector, M., »Vorsteher, Leiter«, zu lat. rector, M., »Führer, Lenker, Leiter, Beherrscher, Erzieher«, zum PPP. rectus von lat. regere, V., »gerade richten, lenken, leiten«

Rektorat, N., »Amt eines Rektors, Würde eines Rektors«, A. 16. Jh. (1538 Straßburg) Lw. mlat. rectoratus, M., »Amt eines Rektors, Würde eines Rektors«, »Amtswohnung eines Rektors« 18./19. Jh., »Amtszimmer, Behörde des Rektors« 20. Jh., s. Rektor

Rekurs, M., »Zurückgehen, Zuflucht, Berufung, Beschwerde«, A. 17. Jh. (1618) Lw. frz. recours, M., »Rückgang, Zuflucht, Hilfe, Berufung, Beschwerde«, aus mlat recursus, M., »Rückgang, Zuflucht, Hilfe«, zum PPP. recursus von lat. recurrere, V., »zurückkommen, die Zuflucht nehmen zu«, zu lat. re, Präp., Präf., »zurück, wieder«, lat. currere, V., »laufen«, »Rechtsmittel« seit M. d. 18. Jh. (Pütter 1769)

Relation, F., »Bericht, Beziehung, schriftliche Arbeit in der Ausbildung als juristischer Referendar«, 13. Jh. (1297 Augsburg) bzw. A. 16. Jh. (Reichskammergerichtsordnung 1500 bzw. 1519-30) Lw. lat. relatio, F., »Zurücktragen, Zurückschieben eines Vorwurfes oder Eides, Bericht, Erzählung, Beziehung«, zum PPP. relatus von lat. referre, V., »wiederbringen, zurücktragen, vortragen, berichten«, zu lat. re, Präp., Präf., »zurück, wieder«, lat. ferre, V., »tragen, bringen«

relativ, Adj., »verhältnismäßig, bedingt«, M. 18. Jh. (Wieland 1757) Lw. frz. relatif, Adj., »auf etwas bezüglich, bedingt«, aus mlat. relativus, Adj., »sich beziehend auf, bezüglich«, zum PPP. relatus von lat. referre, V., »wiederbringen, zurücktragen, vortragen, berichten«, zu lat. re, Präp., Präf., »zurück, wieder«, lat. ferre, V., »tragen, bringen«

relative Fahruntüchtigkeit, F., »verhältnismäßige Fahruntüchtigkeit«, 20. Jh., s. Fahruntüchtigkeit, relativ,

relative Mehrheit, F., »verhältnismäßige Mehrheit«, 19. Jh.?, s. Mehrheit, relativ

relative Straftheorie, F., »bedingte Straftheorie«, 19. Jh.?, s. Straftheorie, relativ

relative Unwirksamkeit, F., »verhältnismäßige Unwirksamkeit«, 19. Jh.?, s. Unwirksamkeit, relativ

relatives Recht, N., »verhältnismäßiges Recht«, 19. Jh., s. Recht, relativ

Relegation, F., »Ausschluß, disziplinarischer Ausschluß eines Studenten vom Studium«, M. 16. Jh. (Roth 1571) Lw. lat. relegatio, F., »Ausschließung, Verweisung, Verbannung«, zum PPP. relegatus von lat. relegare, V., »fortschicken, entfernen, verweisen, verbannen«, zu lat. re, Präp., Präf., »zurück, wieder«, lat. legare, V., »absenden, entsenden«

relevant, Adj., »bedeutsam, erheblich«, E. 17. Jh. (1689) Lw. mlat. relevans, Adj.,

»berechtigt, beweiskräftig«, Part. Präs. von lat. relevare, V., »aufheben, erleichtern«, zu lat. re, Präp., Präf., »zurück, wieder«, lat. levare, V., »aufheben«, zu lat. levis, Adj., »leicht«, M. 20. Jh. häufiger

Relevanz, F., »Belang, Erheblichkeit, Bedeutsamkeit«, 19. Jh., M. 20. Jh. häufiger, zu relevant

Relevanztheorie, F., »vereinzelt vertretene Theorie zur Kausalität eines Verhaltens für einen Erfolg«, 20. Jh.?, s. Relevanz, Theorie

Religion, F., »Ergriffenwerden von Göttlichen«, A. 16. Jh. (Gengenbach um 1515) Lw. (frz. religion, F., »Glaubenslehre«?, aus) lat. religio, F., »gewissenhafte Beachtung (des Heiligen), fromme Scheu, Gottesfurcht, Sorgfalt«), vielleicht zu lat. *religere, V., »noch einmal achten«, zu lat. re, Präp., Präf., »zurück, wieder«, lat. *legere, V., »achten«, zu lat. legere, V., »sammeln, auflesen«?

Religionsfreiheit, F., »Freiheit der Religion(sausübung)«, 19. Jh., s. Religion, Freiheit, vgl. Grimm DW 1893

Religionsgesellschaft, F., »Vereinigung von Angehörigen derselben oder mehrerer verwandter Glaubensbekenntnisse zu gemeinsamer Ausübung der Religion«, E. 18. Jh. bzw. Allgemeines Landrecht 1794 Preußen, s. Religion, Gesellschaft, vgl. Grimm DW 1893

Religionsunterricht, M., »schulische Erziehung in einem religiösen Bekenntnis«, 19. Jh., s. Religion, Unterricht, vgl. Grimm DW 1893

Remittent, M., »Nehmer, Person an die auf Grund eines Wechsels die Geldsumme ausgezahlt werden soll«, 18. Jh. Lw. (zu) lat. remittens, Part. Präs. von lat. remittere, V., »zurückgehen lassen«, zu lat. re, Präp., Präf., »zurück, wieder«, lat. mittere, V., »gehen lassen, senden«, vgl. Coßmann 1829, Weiske 1839ff.

Remonstration, F., »Gegenvorstellung«, 18. Jh.? Lw. mlat. remonstratio, F., »Gegenhinweis«, zum PPP. remonstratus von mlat. remonstrare, V., »wieder hinweisen«, zu lat. re, Präp., Präf., »zurück, wieder«, lat. monstrare, V., »zeigen«, vgl. Weiske 1839ff.

Remonstrationspflicht, F., »Pflicht des Beamten bei Bedenken gegen die Rechtmäßigkeit einer dienstlichen Anordnung unverzüglich seinen Vorgesetzten und evtl. dessen Vorgesetzten hierauf aufmerksam zu machen«, 19. Jh.?, s. Remonstration, Pflicht

remuneratorisch, Adj., »belohnend« Lw. mlat. remuneratorius, Adj., »vergeltend«, zu lat. remunerator, M., »Vergelter«, zum Part. Prät. Akt. remuneratus von lat. remunerari, V., »vergelten«, zu lat. re, Präp., Präf., »wieder, zurück«, zu lat. munerare, V., »schenken«, zu lat. munus, N., »Leistung«

remuneratorische Schenkung, F., »belohnende Schenkung«, 19. Jh., s. Schenkung, remuneratorisch, vgl. Weiske 1839ff.

Rendite, F., »Einkommen, Ertrag«, um 1930 Lw. it. rendita, F., »Ertrag«, PPP. F., von it. rendere, V., »zurückerstatten, bezahlen«, aus mlat. rendere, V., »zurückgeben, erstatten«, s. Rente

Reno (Abkürzung für Rechtsanwalt und Notar)

Rente, F., »Einkommen welches auf Vermögen (Bodenrente) bzw. Versicherungsansprüchen oder Versorgungsansprüchen beruht«, mhd. rente, rent, F., »Einkünfte, Ertrag, Vorteil, Gewinn, Einrichtung, Art«, 14. Jh. (1340) Lw. afrz. rente, F., »Einkünfte, Ertrag«, subst. PPP. F. von afrz. rendre, V., »zurückgeben, erstatten«, aus mlat. rendere, V., »zurückgeben, erstatten«, zu lat. reddere, V., »zurückgeben, erstatten«, zu lat. re, red, Präp., Präf., »zurück, wieder«, lat. dare, V., »geben«

Rentenkauf, M., »Kauf einer Rente«, 19. Jh.?, s. Rente, Kauf, vgl. Grimm DW 1893

Rentenschuld, F., »Grundschuld die in der Weise bestellt ist daß in regelmäßig wiederkehrenden Terminen eine bestimmte Geldsumme aus dem Grundstück zu zahlen ist«, 19. Jh., s. Rente, Schuld, vgl. Gerber 1895

Rentenversicherung, F., »Versicherung die gegen eine (meist laufende) Prämie von einem bestimmten Ereignis an bis zum Tode regelmäßige Zahlungen leistet«, E. 19. Jh., s. Rente, Versicherung, vgl. Grimm DW 1893

Rentner, M., »wer eine Rente bezieht, wer von einer Rente lebt«, E. 15. Jh., s. Rente

renvoi, M., »Rückverweisung«, 19. Jh.?, Lw. frz. renvoi, M., »Zurückverweisung«

Reparation, F., »Wiederherstellung, (Kriegsschäden-)Wiedergutmachung«, späteres 16. Jh. (1577) Lw. lat. reparatio, F., »Ausbesserung, Instandsetzung, Wiederherstellung, Erneuerung«, zum PPP. reparatus von lat. reparare, V., »wiederherstellung, wiederinstandsetzen«, s. reparieren, seit etwa 1920 (1922) Lbd. frz. réparation, F., »Kriegsentschädigung, Wiedergutmachungsleistung«

Reparatur, F., »Ausbesserung«, A. 18. Jh. Lw. mlat. reparatura, F., »Wiederherstellung«, zum Part. Fut. reparaturus von lat. reparare, V., »wiederherstellen, wiederinstandsetzen«, s. reparieren

reparieren, V., »ausbessern, wiederherstellen«, A. 16. Jh. Lw. lat. reparare, V., »wiederherstellen, wiederinstandsetzen«, zu lat. re, Präp., Präf., »wieder, zurück«, lat. parare, V., »bereiten, einrichten«

Repertorium, N., »Repertorium, Verzeichnis«, A. 17. Jh. (1618 repertoria) bzw. 18. Jh. (1735) Lw. lat. repertorium, N., »Verzeichnis, Fundort«, zum PPP. repertus von lat. reperire, V., »wiederfinden, vorfinden«

repetieren, V., »wiederholen, durch Wiederholung lernen«, mhd. repeteren, V., »erneuern, zurückgreifen«, spätes 15. Jh. (1481) Lw. lat. repetere, V., »von neuem verlangen, zurückfordern, wiederholen«, zu lat. re, Präp., Präf., »zurück, wieder«, lat. petere, V., »langen, greifen, verlangen, streben«

Repetitor, M., »Repetitor, wiederholender Lehrer, Pauker«, E. 18. Jh. (1783 repetitor juris), s. repetieren

Repetitorium, N., »Repetitorium, Wiederholungsunterricht«, E. 18. Jh. (Laukhard 1792), zu Repetitor

Replik, F., »Entgegnung, Erwiderung des Klägers auf ein (bis zum 19. Jh. meist die Zuständigkeit betreffendes) Verteidigungsvorbringen des Beklagten«, A. 16. Jh. (Luther/Emser 1521) Lw. mlat. replica, F., »Zurückfalten, Wiederholung«, zu lat. replicatio, F., »Zurückfalten, Wiederholung«, zum PPP. replicatus von lat. replicare, V., »zurückfalten, zurückschlagen, wiederholen, dagegen einwenden«, zu lat. re, Präp., Präf., »zurück, wieder«, lat. plicare, V., »falten, zusammenfalten«, Bedeutung »Einwand, Gegenrede, Widerspruch« M. 16. Jh. (1565)

Repräsentation, F., »Vergegenwärtigung, Verkörperung einer Gesamtheit durch Vertreter«, späteres 18. Jh. (1772 bzw. Sturz 1779) Lw. (frz. représentation, F., »Darstellung, Abbildung«, aus) lat. repraesentatio, F., »Darstellung, Abbildung«, zum PPP. repraesentatus von lat. repraesentare, V., »vergegenwärtigen, vertreten, darstellen«, s. repräsentieren, vgl. Geschichtliche Grundbegriffe

Repräsentationsprinzip, N., »(im Erbrecht) Grundsatz daß der mit dem Erblasser am nächsten verwandte Angehörige eines jeden Stammes während seiner Lebenszeit die weiteren Angehörigen des Stammes (z.B. der Sohn seine Kinder) von der Erbfolge ausschließt«, 19. Jh.?, s. Repräsentation, Prinzip

Repräsentationsrecht, N., »Recht der Repräsentation«, Mackeldey 1814, s. Repräsentation, Recht

repräsentativ, Adj., »stellvertretend, ansehnlich (20. Jh.)«, E. 18. Jh. (1798) Lw. frz. représentatif, Adj., »vorstellend, typisch, stellvertretend«, aus mlat. repraesentativus, Adj., »vorstellend, typisch, stellvertretend«, zum PPP. repraesentatus von lat. repraesentare, V., »vergegenwärtigen, vertreten, darstellen«, s. Repräsentation

repräsentative Demokratie, F., »stellvertretende Demokratie«, 19. Jh.?, s. Demokratie, repräsentativ

repräsentieren, V., »vertreten, darstellen«, 2. H. 16. Jh. Lw. lat. repraesentare, V., »vergegenwärtigen, darstellen«, zu lat. re, Präp., Präf., »zurück, wieder«, lat. praesentare, V., »gegenwärtig machen, zeigen«, zu lat. praesens, Adj., »gegenwärtig«, zu lat. praes, Adj., »da, bei der Hand«, zu lat. prae, Präp., Präf., »vor«, lat. esse, V., »sein (V.)«

Repressalie, F., »Vergeltungsmaßnahme, Beantwortung einer Rechtsverletzung mit einer gleichartigen angemessenen auf die Wiederherstellung eines (völkerrechtsgemäßen) Zustandes gerichteten Maßnahme«, A. 16. Jh. (Brant 1509) Lw. mlat. reprensalia, represalia, F., »Rücknahmerecht, Recht etwas Geraubtes zurückzurauben«, (vgl. Bartolus 1354 tractatus represaliarum,) zum PPP. reprehensus, reprensus von lat. reprehendere, reprendere, V., »fassen, packen, festhalten«, zu lat. re, Präp., Präf., »zurück, wieder«, lat. prehendere, prendere, V., »fassen, anfassen, ergreifen«, ss unter dem Einfluß von pressen bzw. erpressen bzw. Repression

Repression, F., »Unterdrückung«, M. 19. Jh. (Bacherer 1840) Lw. frz. répression, F., »Unterdrückung«, aus mlat. repressio, F., »Zurückdrängen, Rückzug, Tadel«, zum PPP. repressus von lat. reprimere, V., »zurückdrängen, aufhalten, einschränken«, zu lat. re, Präp., Präf., »zurück, wieder«, lat. premere, V., »drängen, drücken«

repressiv, Adj., »zurückdrängend, unterdrückend«, früheres 19. Jh. (1834) Lw. frz. répressif, Adj., »zurückdrängend, unterdrückend«, aus dem PPP. repressus von lat. reprimere, V., »zurückdrängen, aufhalten, einschränken«, zu lat. re, Präp., Präf., »zurück, wieder«, lat. premere, V., »drängen, drücken«

repressives Verbot, N., »unterdrückendes Verbot«, 20. Jh.?, s. Verbot, repressiv

Reprivatisierung, F., »erneute Privatisierung«, 2. H. 20. Jh., s. re, Privatisierung

Republik, F., »Gemeinwesen, Freistaat (M. 18. Jh.), Staatsform bei der ein gewähltes Staatsoberhaupt an der Spitze des Staates steht«, 2. H. 16. Jh. (1578 Respublic) bzw. 17. Jh. (Dannbauer 1643 Republic) Lw. lat. res publica, F., »Gemeinwesen, Staat, Staatsverwaltung«, (bzw. [seit 17. Jh.] frz. république, F., »Gemeinwesen, Staat«,) zu lat. res, F., »Sache«, lat. publicus, Adj., »öffentlich«, zu lat. populus, M., »Volk«, vgl. Geschichtliche Grundbegriffe

Republikaner, M., »Bürger einer Republik, Befürworter einer Republik«, E. 18. Jh. (älter Republicain A. 18. Jh.) Lw. frz. républicain, M., »Republikaner«, s. Republik

republikanisch, Adj., »die Republik betreffend, für die Republik eintretend«, M. 18. Jh., s. Republikaner, isch

Requisition, F., »Ersuchen, Rechtshilfeersuchen (A. 18. Jh.), Betreibung«, späteres 15. Jh. (1478) Lw. lat. requisitio, F., »Untersuchung«, zum PPP. requisitus von lat. requirere, V., »fordern, verlangen, suchen, nachforschen«, zu lat. re, Präp., Präf., »zurück, wieder«, lat. quaerere, V., »suchen, forschen, fragen«

res, lat., F., »Sache«

reservatio, spätlat., F., »Erhaltung, Bewahrung, Vorbehalt«, s. Reservation

reservatio mentalis, lat., F., »geistiger Vorbehalt«, vgl. C. 26 X de spons. et matri. 4,1 (Innozenz III. 1212), Savigny 1840

Reservation, F., »Vorbehalt«, A. 16. Jh. (1520) bzw. häufiger 18. Jh. Lw. spätlat. reservatio, F., »Erhaltung, Bewahrung«, zum PPP. reservatus von lat. reservare, V., »aufsparen«, zu lat. re, Präp., Präf., »zurück, wieder«, lat. servare, V., »erretten«

Reserve, F., »Ersatz«, A. 17. Jh. (Wallhausen 1616) Lw. frz. réserve, F., »Ersatz«, zu frz. réserver, V., »zurückbehalten«, aus lat. reservare, V., »aufsparen«, s. Reservation

Reservist, M., »Angehöriger der Reserve«, 2. H. 19. Jh., Lw. frz. réserviste, M., »Angehöriger der Reserve«, zu frz. réserve, F., »Ersatz«, s. Reserve

res extra commercium, lat., »Sache außerhalb des (Rechts)handels, (im römischen Recht) nicht verkehrsfähige nicht veräußerliche und nicht im Eigentum einer Person stehende Sache (z.B. Tempel)«, s. res, extra, commercium

Residenz, F., »Wohnsitz (eines Fürsten)«, spätmhd. residencie (F., »Wohnsitz«, 15. Jh., bzw.) früheres 16. Jh. (Haarer 1525) Lw. mlat. residentia, F., »Wohnsitz«, zum Part. Präs. residens von lat. residere, V., »sitzen, verweilen«, zu lat. re, Präp., Präf., »zurück, wieder«, lat. sedere, V., »sitzen«

Residenzpflicht, F., »Verpflichtung an einem Dienstort zu wohnen«, 19. Jh.?, s. Residenz, Pflicht

resolut, Adj., »bestimmt, entschlossen«, Lw. 17. Jh. frz. résolu, Adj., »bestimmt, entschlossen«, aus lat. resolutus, Adj., »ungebunden, ausgelassen«, PPP. zu lat. resolvere, V., »auflösen«, zu lat. re, Präp., Präf., »zurück, wieder«, lat. solvere, V., »lösen«

resolutiv, Adj., »auflösend«, späteres 19. Jh. (Auerbach 1861), zu resolut, Adj., »bestimmt, entschlossen«

Resolutivbedingung, F., »auflösende Bedingung«, 19. Jh.? Lüs. nlat. condicio resolutiva, F., »auflösende Bedingung«, s. resolutiv, Bedingung

Resozialisierung, F., »Wiedereingliederung des Täters in die Gesellschaft im Rahmen des Strafvollzugs«, E. 19. Jh.?, zu lat. re, Präp., Präf., »zurück, wieder«, lat. socius, M., »Genosse«, s. sozial, ung

res publica, lat., F., »öffentliche Sache, Gemeinwesen, Staat«, s. res, publicus, Republik

Ressort, N., »Geschäftsbereich, Amtsbereich einer Behörde«, 2. H. 16. Jh. (1576) vereinzelt bzw. A. 19. Jh. häufig Lw. frz. ressort, M., »Zuflucht, Zuständigkeit, Geschäftsbereich«, zu frz. ressortir, V., »hervorgehen, angehören«, zu frz. re, Präp., Präf., »zurück, wieder«, frz. sortir, V., »erlangen«?, aus lat. sortiri, V., »durch Los erlangen«, zu lat. sors, F., »Los«, oder zu vulgarlat. *resurctus, resurrectus, PPP., »wieder aufgestanden«, zu lat. resurgere, V., »wieder aufstehen«

Rest, M., »Rest, Rückstand, Überrest«, 15. Jh. (um 1400 obd.) Lw. frz. reste, N., »Rückstand«?, (oder it. resto, M., »Überrest«?,) aus mlat. restum, N., »Rest«, zu lat. restare, V., »zurückbleiben«, zu lat. re, Präp., Präf., »zurück, wieder«, lat. stare, V., »stehen«

restitutio in integrum, lat., F., »Wiedereinsetzung in den vorigen Stand«, s. Restitution

Restitution, F., »Wiederherstellung«, 16. Jh.? Lw. lat. restitutio, F., »Wiederherstellung«, zum PPP. restitutus von lat. restituere, V., »wiederherstellen«, zu lat. re, Präp., Präf., »zurück, wieder«, lat. statuere, V., »hinstellen«, zu lat. sistere, V., »stehen machen«, zu lat. stare, V., »stehen«, vgl. Weiske 1839ff.

Restitutionsklage, F., »auf Wiederaufnahme eines rechtskräftig abgeschlossenen Verfahrens gerichtete Klage«, 1877, s. Restitution, Klage, vgl. Planck 1896

Restkaufpreishypothek, F., »zur Sicherung des Anspruchs des Verkäufers eines Grundstücks auf den Rest eines nicht vollständig bezahlten Kaufpreises bestellte Hypothek«, 20. Jh.?, s. Rest, Kaufpreis, Hypothek

restriktiv, Adj., »einschränkend«, A. 19. Jh. (Campe 1813), zum PPP. restrictus von lat. restringere, V., »zurückziehen, beschränken«, zu lat. re, Präp., Präf., »zurück, wieder«, lat. stringere, V., »straff anziehen, streifen«

Retention, F., »Zurückhalten, Zurückbehaltung«, vor 19. Jh.? Lw. lat. retentio, F., »Zurückhalten, Zurückbehaltung«, zum PPP. retentus von lat. retendere, V., »zurückhalten«, zu lat. re, Präp., Präf., »zurück, wieder«, lat. tendere, V., »spannen, ausdehnen, ausstrecken«

Retentionsrecht, N., »Zurückbehaltungsrecht«, 19. Jh., s. Retention, Recht

Retorsion, F., »Wiedervergeltung, Erwiderung einer unfreundlichen oder rechtswidrigen Handlung durch eine ähnliche Handlung«, 18. Jh.? (Allgemeines Bürgerliches Gesetzbuch 1811 Österreich bzw. Coßmann 1829) Lw. mlat. retorsio, F., »Zurückdrehung«, zum PPP. retortus, retorsus von lat. retorquere, V., »zurückdrehen«, zu lat. re, Präp., Präf., »zurück, wieder«, lat. torquere, V., »drehen«

Retraktrecht, N., »Näherrecht«, z.T. Lw. lat. retractus, M., »Zurückziehen«, zum PPP. retractus von lat. retrahere, V., »zurückziehen«, zu lat. re, Präp., Präf., »zurück, wieder«, lat. trahere, V., »ziehen«, vgl. Eichhorn 1836

Reue, F., »Bedauern über eine rechtswidrige oder unangemessene Handlung und Bereitschaft zur Änderung«, mhd. riuwe, F., »Betrübnis, Reue, Schmerz, Kummer, Trauer, Leid«, ahd. riuwa (E. 8. Jh.), riuwi (863-71), F., »Schmerz, Reue, Buße, Leid, Trauer, Unglück, Klage«, Lbd. lat. paenitentia, F., »Reue«, westgerm. *hrewwō, *hreuwō, F., »Schmerz, Betrübnis, Reue«, zu germ. *hrewwan, *hreuwan, V., »betrüben, schmerzen«, zu idg. *kreu-? (3), V., »stoßen, schlagen, brechen«?

Reuegeld, N., »vereinbarte Geldleistung von deren Bewirkung die Wirksamkeit eines Rücktritts abhängig gemacht sein kann«, Lüt. lat. multa paenitentialis, F., »Reustrafe«, s. Reue, Geld, vgl. Allgemeines Bürgerliches Gesetzbuch 1811 Österreich, Weiske 1839ff., Grimm DW 1893

Revier, N., »Bereich, Gebiet«, mhd. riviere, rivier, F., »Gegend, Bezirk«, Lw. mndl. riviere, M., »Ufergegend«, E. 12. Jh. Lw. afrz. riviere, M., »Flußufer, Ufergrund«, aus vulgarlat. *riparia, F., »das am Ufer Befindliche«, zu lat. riparius, Adj., »am Ufer befindlich«, zu lat. ripa, F., »Ufer«, M. 18. Jh. »Bereich für Leichtkranke«, 20. Jh. »Polizeidienststelle«

revisibel, Adj., »einer Revision zugänglich«, 19. Jh.?, Lw. mlat. revisibilis, Adj., »wieder durchschaubar«?, s. Revision

Revision, F., »Überprüfung, Rechtsmittel zur Nachprüfung eines Urteils in rechtlicher - nicht tatsächlicher - Hinsicht«, E. 16. Jh. (Müller 1583) Lw. mlat. revisio, F., »prüfende Wiederdurchsicht«, zu mlat. revisus, Adj., »überprüft«, PPP. von mlat. revidere, V., »überprüfen«, zu lat. revidere, V., »wieder hinsehen«, zu lat. re,

Präp., Präf., »wieder, zurück«, lat. videre, V., »sehen«, seit frühem 18. Jh. (1716 Württemberg) »Rechtsmittel«

Revisionsgrund, M., »Grund einer Revision«, s. Revision, Grund, vgl. Weiske 1839ff.

Revolution, F., »(Umlauf,) Umwälzung, plötzliche Erschütterung oder grundlegende Umgestaltung eines bestehenden (gesellschaftlichen) Zustandes, Revolution (E. 18. Jh.)«, 2. H. 15. Jh. (Engel 1483 revoluce [»Umlauf, Umdrehung«], vgl. Kopernikus 1543 De revolutionibus orbium coelestium,) Lw. spätlat. revolutio, F., »Umdrehung, Wiederkehr«, zum PPP. revolutus von lat. revolvere, V., »zurückwälzen«, zu lat. re, Präp., Präf., »zurück, wieder«, lat. volvere, V., »wälzen«, 17. Jh. Lbd. frz. révolution, F., »Wandel, Veränderung, Aufruhr, Staatsstreich, Revolution (17. Jh.)«, Lbd. it. rivoluzione, F., »Aufruhr, Staatsstreich (13. Jh.)«, vgl. Geschichtliche Grundbegriffe

Revolver, M., »Pistole mit drehbarem Magazin«, 2. H. 19. Jh. Lw. ne. (amerik.) revolver, M., »Revolver«, zu ne. revolve, V., »sich drehen«, aus lat. revolvere, V., »zurückrollen, zurückwälzen«, zu lat. re, Präf., »zurück«, lat. volvere, V., »wälzen«

Rezeption, F., »Aufnahme, Übernahme eines Moments in eine neue Umgebung, Aufnahme des römischen (und kanonischen) Rechts in Deutschland im Laufe des Mittelalters und der Neuzeit«, späteres 16. Jh. (Roth 1571) Lw. mlat. receptio, F., »Aufnahme«, zum PPP. receptus von lat. recipere, V., »aufnehmen«, zu lat. re, Präp., Präf., »wieder, zurück«, lat. capere, V., »nehmen, fassen, ergreifen«, M. 19. Jh. (Gaupp 1844) »Aufnahme von Kulturgut insbesondere des römischen Rechts«

Rezeß, M., »Rückschritt, Vergleich«, Lw. lat. recessus, M., »Rückzug«, subst. PPP. von lat. recedere, V., »zurückweichen, zurückgehen«, zu lat. re, Präp., Präf., »zurück, wieder«, lat. cedere, V., »gehen, treten«

reziprok, Adj., »gegenseitig«, E. 16. Jh. (Wasserleiter 1590) Lw. (frz. réciproque, Adj., »gegenseitig, auf demselben Weg zurückkehrend«, aus) lat. reciprocus, Adj., »auf demselben Weg zurückkehrend«, zu lat. *recus, *procus

reziprokes Testament, N., »gegenseitiges Testament«, 19. Jh.?, s. Testament, reziprok

Rhein, vorkelt., M., ON., »Rhein«, ahd. Rīn, M., ON., »Rhein«, zu einer Wurzel *ri-, V., »gehen, fließen«?

Rheinland, N., ON., »Land am Rhein«, Adelung 1774ff., s. Rhein, Land

Rheinland-Pfalz, N., ON., »1946 aus Teilen Preußens und Bayerns und des Volksstaates Hessen gebildetes Land der Bundesrepublik«, s. Rheinland, Pfalz

Rhetorik, F., »Redekunst«, mhd. rhetorica, F., »Redekunst«, (1237 rhetoricam,) 15. Jh. Lw. gr. rhetoriké (téchne), F., »rednerisch(e Kunst)«, zu gr. rhétor, M., »Redner«, zu gr. eírein, V., »sagen, sprechen«

Richtbeil, N., »Beil für die Hinrichtung«, 17. Jh., s. richten, Beil

richten, V., »richten, gerade machen, aufrichten, lenken«, mhd. rihten, V., »gerade machen, richten«, ahd. rihten (1. H. 8. Jh.?), V., »gerade machen, lenken, ordnen, ausrichten, richten, beraten, Recht verschaffen, zurechtweisen«, as. rihtian, V., »richten, errichten, lenken, regieren«, Lbd. lat. corrigere?, dirigere?, iudicare?, iustificare?, germ. *rehtjan, V., »gerade machen, richten, recht machen«, zu idg. *reĝ- (1), V., Adj., Sb., »richten, lenken, recken, strecken, gerade, Richtung, Linie«

Richter, M., »zur Entscheidung von Rechtsstreitigkeiten berufenes Organ der Rechtspflege«, mhd. rihtære, M., »Lenker, Ordner, Oberherr, Richter, Scharfrichter, Pedell«, ahd. rihtāri (765), »Richter, Lenker, Herrscher, Herr, Weltenherrscher, Leiter (M.)«, Lüs. lat. rector, M., »Leiter, Führer«, zu richten, sachlich bis in die frühe Neuzeit nur der Leiter der Verhandlung, nicht auch der Urteiler

Richteramt, N., »Amt eines Richters«, Sachs 16. Jh., s. Richter, Amt

Richteramtsbefähigung, F., »Befähigung zum (Berufs-)Richter ernannt zu werden«, 20. Jh., s. Richteramt, Befähigung

Richterbrief, M., »(in der Zeit des Nationalsozialismus) regelmäßiger Rundbrief des Justizministers an die Richterschaft über nationalsozialistische Entscheidungsvorstellungen«, um 1933, s. Richter, Brief

Richterprivileg, N., »besondere Beschränkung der Haftung aus Amtspflichtverletzung bei Richtern«, A. 20. Jh., s. Richter, Privileg

Richterrecht, N., »durch den Richter durch Rechtsfortbildung geschaffenes Recht«, 2. H. 20. Jh., s. Richter, Recht

richterlich, Adj., »den Richter betreffend«, 16. Jh., s. Richter, lich

richtig, Adj., »richtig«, mhd. rihtic, Adj., »gerade, richtig, gut, rechtschaffen«, ahd. rihtīg (1000), Adj., »richtig, gerade«, s. richten, ig

Richtlinie, F., »Grundsatz oder Anweisung für ein bestimmtes Verhalten«, 20. Jh., s. richten, Linie

Richtstätte, F., »Stätte der Hinrichtung«, 19. Jh., älter Richtstatt (16. Jh.) bzw. Gerichtstätte (15. Jh.), s. richten, Stätte

Rigorosum, N., »mündliche Prüfung im Rahmen des Promotionsverfahrens«, A. 18. Jh. (Amaranthes 1710), (zu rigoros, E. 16. Jh. [Eyzinger 1592]) Lw. mlat. rigorosus, Adj., »streng, hart«, zu lat. rigor, M., »Steifheit, Starrheit, Härte, Strenge«, zu lat. rigere, V., »starr sein, steif sein«

Ring, M., »Ring, kreisförmiges Gebilde«, mhd. ring, M., »Ring«, ahd. ring (1. H. 8. Jh.?), M., »Ring, Versammlung, Kreis, Kranz, Kreisbahn, Erdkreis, Panzerring, Kreisförmiges«, as. hring, M., »Ring«, germ. *hringa, *hringaz, *hrenga, *hrengaz, M., »Ring, Kreis, Rundung«, zu idg. *skrengh-, *krengh-, V., »drehen, biegen«, zu idg. *sker- (3), *ker-, V., »drehen, biegen«

rinnen, V., »rinnen, fließen«, mhd. rinnen, V., »rinnen, fließen«, ahd. rinnan (765), V., »rinnen, fließen, laufen«, as. rinnan, V., »rinnen«, germ. *rennan, V., »rinnen, laufen«, zu idg. *er- (3), V., »sich bewegen, erregen, wachsen«?, s. blutrünstig

Risiko, N., »Wagnis, Gefahr«, A. 16. Jh. (1507 obd.) Lw. it. risico, risco, N., »Gefahr, Wagnis«, aus vulgarlat. *resecum, N., »Felsklippe, Gefahr«, zu lat. resecare, V., »abschneiden«, zu lat. re, Präp., Präf., »zurück«, lat. secare, V., »schneiden«

rite, lat., Adv., »ordnungsgemäß, ausreichend«, Lw. lat. rite, Adv., »nach rechtem Gebrauch« zu lat. ritus, M., »Weise, Gebrauch«

Ritter, M., »Ritter«, mhd. rītære, rīter, riter, ritter, M., »Reiter, Kämpfer zu Pferd, Ritter«, 2. H. 12. Jh. (um 1170) Lw. mnl. riddere, reddere, M., »Reiter, Ritter«, Lüs. frz. chevalier, M., »Reiter, Ritter«, zu reiten (mnl. rīden)

Ritterakademie, F., »Adelsschule«, Volckamer 1714 (1701 Erlangen), s. Ritter, Akademie

Rittergut, N., »einem Adeligen übertragenes Landgut (um 1500), aristokratischer Großgrundbesitz (19. Jh.)«, s. Ritter, Gut

Ritterschlag, M., »symbolischer Schlag mit dem Schwert zum Zeichen der Aufnahme in den Stand der Ritter«, spätmhd. ritterslac, M., »Ritterschlag«, s. Ritter, Schlag

rotulus, lat., M., »Rädlein, Rädchen«, zu lat. rota, F., »Rad«

Robe, F., »Robe, Frauenoberkleid, Amtstracht des Richters und Staatsanwaltes und Rechtsanwaltes (Sperander 1728)«, (16. Jh. [Lichtenstein 1589] bzw.) A. 18. Jh. (1695 bzw. 1706) Lw. frz. robe, F., »Robe«, afrz. robe, F., »Raub, Beute, Habe, Gewand«, Lw. afrk. rauba, F., »Gewand (eines Besiegten), (erbeutetes Kleid,) Beute, Raub«, s. Raub, sachlich Amtstracht im 18. Jh. eingeführt

Rolle, F., »Rolle«, mhd. (15. Jh.) rolle, rulle, F., »Verzeichnis, Liste, Aufgerolltes«, Lw. frz. rôle, M., »Rolle«, aus lat. rotulus, M., »Rädlein, Rädchen«, zu lat. rota, F., »Rad«

römisch, Adj., »römisch, Römer betreffend, Rom betreffend«, mhd. rœmesch, Adj., »römisch«, ahd. rumisk (800), rumisc, Adj., »römisch«, germ. *rūmiska, *rūmiskaz, Adj., »römisch«, Lw. lat. Romanus, Adj., »römisch, Rom betreffend«, zu lat. Roma, F., »Rom«, s. isch

römisches Recht, N., »Römer betreffendes Recht, von Römern geschaffenes Recht«, s. Recht, römisch

rota Romana, sacra rota Romana, lat., F., »römisches Rad, (im katholischen Kirchenrecht) bedeutendster Gerichtshof der päpstlichen Gerichtsbarkeit zur Entscheidung kirchlicher Rechtsstreitigkeiten«, im 14. Jh. in Avignon nach dem im Fußboden eingelegten Radmuster benannt, 13.-19. Jh., 1908 wiederbelebt

Rotte, F., »Rotte, Schar (F.) (1)«, mhd. rotte, rot, F., »Rotte, Schar (F.) (1)«, Lw. afrz. rote, F., »Schar (F.) (1)«, aus mlat. rupta, rutta, F., »Abteilung«, zum PPP. ruptus von lat. rumpere, V., »brechen«

Rubrum, N., »- früher mit roter Tinte geschriebener - Urteilskopf der vor allem die Bezeichnung der Parteien und des Gerichts enthält«, s. lat. ruber, Adj., »rot«, vgl. Weiske 1839ff.

rück, Präf., »zurück«, s. zurück

Rückbürge, M., »Rückbürge«, Adelung 1774 ff., s. rück, Bürge

Rückbürgschaft, F., »Bürgschaft bei welcher der (Rück-)Bürge dem Gläubiger einer Bürgschaftsrückgriffsschuld (einer vorgelagerten Bürgschaft) dafür bürgt daß der Schuldner (der ersten Bürgschaft) diesem gegenüber seine Rückgriffsschuld erfüllt«, s. rück, Bürgschaft, vgl. Weiske 1839ff.

rücken, V., »rücken, bewegen«, mhd. rukken, V., »drängen, fortbewegen, rücken«, ahd. rukken (1000), rucken, V., »bewegen, entfernen, fortbewegen, steigen« as. *rukkian, V., »bewegen«, zu germ. *rukk-, V., »bewegen«, zu idg. *rek- (1), V., Sb., »ragen, Stange, Latte«

Rücken, M., »Rücken«, mhd. rucke, M., »Rücken, Rückhalt, Schutz«, ahd. ruggi (765), rukki, rucki, M., »Rücken«, as. hruggi, M., »Rücken«, germ. *hrugja, Sb., »Rücken«, zu idg. *skreuk-, *kreuk-, V., »drehen, biegen«?, zu idg. *sker- (3), *ker-, V., drehen, biegen«?

Rückfall, M., »Zurückfallen, Zurückfallen eines Gutes (E. 17. Jh.), Begehung einer vorsätzlichen Straftat die im Höchstmaß mit mindestens einem Jahr Freiheitsstrafe bedroht ist durch einen Täter der schon mindestens zweimal im räumlichen Geltungsbereich des Strafgesetzbuches wegen einer vorsätzlichen Straftat zu einer Strafe verurteilt worden ist und wegen dieser Taten mindestens drei Monate Freiheitsstrafe verbüßt hat«, »Zurückfallen« M. 18. Jh. (Zedler), Lüs. (frz. récidive, F., »Rückfall«, bzw.) lat. recidiva, F., »Rückfall«, zu lat. recidivus, Adj., »zurückfallend«, zu lat. re, Präp., Präf., »zurück, wieder«, lat. cadere, V., »fallen«, zuerst für Krankheiten, später für Straftäter, Lbd. frz. récidive, M., »Rückfall« (Code pénal 1810), s. rück, Fall

rückfällig, Adj., »rückfällig, zurückfallend«, 17. Jh., s. Rückfall, ig

Rückgewähr, F., »Rückgabe«, 19. Jh.?, s. rück, gewähren, vgl. Planck 1896

Rückgewähranspruch, M., »Anspruch auf Rückgewähr einer erbrachten Leistung«, 20. Jh.?, s. Rückgewähr, Anspruch

Rückgewährschuldverhältnis, N., »auf die Rückgewähr von Leistungen ausgerichtetes Schuldverhältnis«, 2. H. 20. Jh., s. Rückgewähr, Schuldverhältnis

Rückgriff, M., »Zurückgreifen«, Badisches Landrecht 1809, Lüs. frz., Gervinus um 1860, s. rück, Griff

Rücklage, F., »Reserve, Überschuß des tatsächlich eingesetzten Eigenkapitals über das nominell als solches festgesetzte Eigenkapital«, 20. Jh.?, s. rück, Lage

Rücknahme, F., »nachträgliche Zurücknahme einer Handlung durch eine Gegenhandlung«, Campe 1801ff., Badisches Landrecht 1809, Lüs. frz., s. rück, Nahme

Rückstellung, F., »vorsorgliche Aufnahme eines Geldbetrages unter die Passiva der Bilanz zum Zweck der Ausgleichung drohender Verluste oder notwendiger Aufwendungen oder ungewisser Verbindlichkeiten«, 20. Jh.?, s. rück, Stellung

Rücktritt, M., »vom Handelnden ausgehende nachträgliche Zurücknahme einer Handlung durch ein entgegengesetztes Verhalten«, »Zurücktreten«, Campe 1801ff., Allgemeines Bürgerliches Gesetzbuch 1811 Österreich, Lüs. lat. regressus, M., »Rückkehr, Rücktritt«?, vgl. Hälschner 1887

Rücktrittsrecht, N., »subjektives Recht auf Rücktritt«, 19. Jh., s. Rücktritt, Recht, vgl. Gerber 1895

Rückversicherung, F., »Versicherung eines Versicherers gegen die Inanspruchnahme durch Versicherungsnehmer«, 19. Jh., s. rück, Versicherung, vgl. Grimm DW 1893

Rückverweisung, F., »(im internationalen Privatrecht) Verweisung des Rechts eines fremden Staates (dessen Gesetze durch deutsches Recht für maßgebend erklärt worden sind das aber seine Sachnorm nicht angewandt haben will) auf ein deutsches Gesetz«, 19. Jh. Lüt. frz. renvoi, M., »Rückverweisung«, s. rück, Verweisung, Badisches Landrecht 1809

Rückwirkung, F., »Zurückwirkung eines Ereignisses auf die vor dem Zeitpunkt seines Geschehens liegende Zeit«, Goethe vor 1832, s. rück, Wirkung

Rückwirkungsverbot, N., »Verbot der Rückwirkung«, 20. Jh.?, s. Rückwirkung, Verbot

rufen, V., »rufen, schreien«, mhd. ruofen, V., »rufen, schreien«, ahd. ruofan (E. 8. Jh.), V., »rufen, schreien, ausrufen, anrufen, sprechen, sagen, beten«, as. hrōpan,

V., »rufen«, germ. *hrōpan, V., »rufen«, zu idg. *ker- (1), V., »krächzen, krähen«?, s. Beruf

Rüge, F., »tadelnder Hinweis, (im Verwaltungsrecht) disziplinarische Maßnahme, (im Verfahrensrecht) Behauptung einer Verletzung des Gesetzes«, mhd. rüege, F., »gerichtliche Anklage, Anzeige, Tadel, Rüge, Gerichtsbarkeit, Gerichtsbezirk«, germ. *wrōgi, *wrōgiz, *wrōgjō, F., »Anklage, Tadel«, zu idg. *u̯rok-, Sb., »Rede«?, zu idg. *u̯er- (6), V., »sagen, sprechen«?

rügen, V., »rügen, beschuldigen, tadeln«, mhd. rüegen, ruogen, V., »melden, mitteilen, sagen, tadeln, anklagen«, ahd. ruogen (765), V., »rügen, beschuldigen, anklagen«, as. *wrōgian, V., »anklagen, beschuldigen«, germ. *wrōgjan, V., »schelten, anklagen, streiten«, zu idg. *u̯rok-, Sb., »Rede«?, zu idg. *u̯er- (6), V., »sagen, sprechen«?

Rügepflicht, F., »(beim Handelskauf) zur Erhaltung der Mängelrechte erforderliche Obliegenheit zur Anzeige der Fehler einer Ware«, 19. Jh.?, s. Rüge, Pflicht, vgl. Planck 1896

Ruhe, F., »Ruhe«, mhd. ruowe, F., »Ruhe«, ahd. ruowa (E. 8. Jh.), rōa, F., »Ruhe«, germ. *rōwō, F., »Ruhe«, idg. *rōu̯ā, F., »Ruhe«, zu idg. *rē-, V., »ruhen«, *erə- (2), V., »ruhen«

Ruhegehalt, N., »dem Beamten im Fall des Eintritts in den Ruhestand zu zahlendes Gehalt«, Campe 1801ff., s. Ruhe, Gehalt

ruhen, V., »ruhen«, mhd. ruowen, V., »ruhen«, ahd. ruowēn, V., »ruhen«, s. Ruhe

ruhend, Adj., »sich nicht verändernd«, s. ruhen, vgl. ruhender Nachlaß (Österreich)

Ruhen des Verfahrens, N., »besonderer Fall der Aussetzung des Verfahrens«, 19. Jh., s. ruhen, Verfahren, vgl. Planck 1896

Ruhestand, M., »Stellung eines (auf Lebenszeit berufenen) Beamten (bzw. Arbeitnehmers) nach Beendigung des aktiven Dienstes«, »Stand der Ruhe« Kant vor 1804, s. Ruhe, Stand

Ruhestandsverhältnis, N., »Dauerschuldverhältnis zwischen Arbeitgeber und Arbeitnehmer das nach Beendigung des Arbeitsverhältnisses wegen Arbeitsunfähigkeit oder Erreichens einer Altergrenze an die Stelle des Arbeitsverhältnisses tritt«, 20. Jh., s. Ruhestand, Verhältnis

Ruhestörung, F., »vermeidbare zu mindestens einer erheblichen Belästigung geeignete Erregung von Lärm«, E. 19. Jh.?, s. Ruhe, Störung, vgl. Koch 1864

rühren, V., »rühren«, mhd. ruoren, V., »rühren, berühren«, ahd. ruoren (765), V., »rühren, berühren, bewegen«, as. hrōrian, V., »rühren«, germ. *hrōzian, V., »rühren, bewegen«, zu idg. *k̑erə-, V., »mischen, rühren«

rund, Adj., »rund«, mhd. runt, Adj., »rund, geschickt, gewandt«, Lw. frz. ronde, Adj., »rund«, aus vulgarlat. *retundus, Adj., »rund«, zu lat. rotundus, Adj., »rund«, zu lat. rota, F., »Rad«

Rundfunk, M., »Verbreitung von Darbietungen in Ton oder Bild durch elektromagnetische Wellen«, um 1920, s. rund, Funk

Rundfunkfreiheit, F., »grundgesetzlich gewährleistete Freiheit der Berichterstattung durch den Rundfunk«, 2. H. 20. Jh., s. Rundfunk, Freiheit

Rune, F., »Rune, germanisches Schriftzeichen«, 17. Jh. wiederbelebt aus anord. rūn, Sb., »Rune«, ae. rūn, Sb., »Rune«, zu mhd. rūne, F., rūn, M., F., »Geheimnis, geheime Beratung, Geflüster«, ahd. rūna (765), F., »Raunen, Geheimnis, Geflüster«, germ. *rūnō, F., »Raunen, Beratung, Geheimnis, Rune«?, zu idg. *reu- (1), *rū̆-, V., »brüllen, brummen, murren«?

Rüpel, M., »Rüpel, Grobian«, 16. Jh., verkürzt aus PN Rupprecht

rüsten, V., »rüsten«, mhd. rüsten, rusten, V., »Anstalt treffen, ein Gerüst machen, bereiten«, ahd. rusten (765), V., »rüsten, schützen, schmücken, zurechtmachen, ordnen, ausrüsten, zieren«, germ. *hrustjan, V., »rüsten, ausrüsten, schmücken«, zu germ. *hreudan, V., »bedecken, schmükken«, zu idg. *krāu-, *krəu-, V., »häufen, zudecken, verbergen«

Rüstung, F., »Gerät (16. Jh.), Rüsten, Bewaffnung«, s. rüsten, ung, vgl. ahd. rustunga (1000), F., »Einrichtung«

Rute, F., »Rute, Gerte, Stab, Zweig«, mhd. ruote, F., »Stab, Stange, Gerte, Rute«, ahd. ruota (765), F., »Rute, Stab, Latte, Meßlatte, Stange«, as. rōda, F., »Rute, Stange, Galgen«, germ. *rōdō, *rōdōn, F., »Rute, Stange, Balken«, idg. *rēt-, *rət-, *rōt-, Sb., »Stange, Stamm«

***rütten**, V., »rütten, rütteln«, mhd. rütten, V., »rütten, rütteln«, s. zer-, Herkunft ungewiß, zu roden?

russisch, Adj., »russisch«, zu ahd. Rūzon (12. Jh.), M. Pl., »Russen«

S

Saal, M., »Saal«, mhd. sal, M., N., »Saal, Haus, Halle«, ahd. sal (10./11. Jh., ON), M., N., »Saal, Haus, Vorsaal«, as. seli, M., »Saal, Gebäude, Haus, Scheune«, germ. *sali, *saliz, M., *sala-, *salam, N., »Saal, Haus, Halle«, idg. *sel- (1)?, Sb., »Wohnung, Saal, Haus«?

Saarland, N., »(seit 1957) vor allem aus dem seit 1815 zu Preußen gehörenden Saargebiet erwachsenes von 1918 bis 1935 und von 1945 bis 1. 1. 1957 von Deutschland faktisch bzw. rechtlich verselbständigtes Land der Bundesrepublik«, zum ON Saar, s. Land

Saat, F., »Saat«, mhd. sāt, F., »Säen, Aussaat, Samenkorn«, ahd. sāt (M. 8. Jh.), F., »Saat, Saatfeld, Säen«, as. sād, F., »Saat«, germ. *sēdi, *sēdiz, F., »Saat«, idg. *sētis, Sb., »Säen«, s. idg. *sei- (2), *səi-, V., Sb., »senden, werfen, fallen lassen, säen, säumen, Ruhe, Kraft«, idg. *sē-, V., »säen«

Säbel, M., »Säbel«, 15. Jh. (sabel) (über poln. szabla) Lw. ungar. szablya, Sb., »Säbel«, zu ungar. szabni, V., »schneiden«?, oder ungar. Lw. aus dem Serbokroat.?

sabotieren, V., »vereiteln, hintertreiben«, 20. Jh. (um 1920) Lw. frz. saboter, V., »schludern, pfuschen, infragestellen, vereiteln, hintertreiben«, zu frz. sabot, M., »Holzschuh, Huf, Fußbeschlag«, zu afrz. cabot, Sb., »Kreisel«, ältere Zusammenhänge verwickelt, daneben eine ältere Entlehnung »necken, foppen« 1. H. 19. Jh. (1838)

Sabotage, F., »mutwillige Sachbeschädigung, Sabotage«, A. 20. Jh. (1912) Lw. frz. sabotage, F., »mutwillige Sachbeschädigung (A. 20. Jh.)«, s. sabotieren

Sachbefugnis, F., »Sachlegitimation, Zuständigkeit in Bezug auf ein geltend gemachtes Recht«, 20. Jh.?, s. Sache, Befugnis

Sachbeschädigung, F., »rechtswidriges Beschädigen oder Zerstören einer fremden Sache«, 19. Jh., s. Sache, Beschädigung, vgl. Hälschner 1887, Ullmann 1893

Sachbearbeiter, M., »Bearbeiter einer Angelegenheit«, 20. Jh., s. Sache, Bearbeiter

Sache, F., »körperlicher Gegenstand, Sache, Angelegenheit, Gegenstand«, mhd. sache, F., »Ursache, Grund, Streit, Sache«, ahd. sahha (765), sacha, F., »Sache, Ding, Ursache, Zustand, Besitz, Lage, Grund, Begründung, Rechtssache, Schuld«, as. saka, F., »Streit, Gericht, Schuld, Sache«, germ. *sakō, F., »Gerichtssache, Rechtshandel, Streit, Ursache«, zu idg. *sāg-, V., »suchen, nachspüren«

Sacheinlage, F., »durch Leistung einer Sache erfolgende Einlage«, 19. Jh., s. Sache, Einlage

Sachenrecht, N., »Recht der Sachen«, Allgemeines Bürgerliches Gesetzbuch 1811 Österreich, Campe 1801ff., s. Sache, Recht, vgl. Coßmann 1829, Weiske 1839ff.

Sachfirma, F., »aus dem sachlichen Gegenstand des Unternehmens gebildeter Name des Kaufmanns unter dem er sein Handelsgewerbe betreibt (z.B. Gothaer Allgemeine Versicherung AG)«, 19. Jh., s. Sache, Firma

Sachgesamtheit, F., »Vielheit von einzelnen Sachen die durch einen gemeinsamen Zweck miteinander verbunden erscheinen und in der Regel im Verkehr mit einem einheitlichen Namen belegt werden (z.B. Herde)«, Lüt. nlat. universitas rerum, F., »Gesamtheit der Sachen«?, s. Sache, Gesamtheit, vgl. Coßmann 1829, Weiske 1839ff.

Sachinbegriff, M., »Inbegriff von Sachen«, 19. Jh.?, s. Sache, in, Begriff

Sachkunde, F., »fachmännische Kenntnisse auf einem besonderen Gebiet«, 19. Jh., s. Sache, Kunde (F.), vgl. Planck 1896

Sachlegitimation, F., »Sachbefugnis«, 19. Jh., s. Sache, Legitimation, vgl. Planck 1896

sachlich, Adj., »gegenständlich, auf die Sache bezogen«, (vereinzelt um 1400 bzw. allgemein) 18. Jh. (Campe 1801ff.), s. Sache, lich

sachliche Zuständigkeit, F., »den Sachinhalt betreffende Zuständigkeit«, s. Zuständigkeit, sachlich, vgl. Planck 1896

Sachmangel, M., »nicht unerheblicher Fehler einer Sache (oder Fehlen einer zugesicherten Eigenschaft der Sache) im Zeitpunkt in dem die Gefahr (auf den Käufer) übergeht«, vor 1900, s. Sache, Mangel

Sachs, M., »Sachs, Schwert«, mhd. sahs, N., »langes Messer, kurzes Schwert«, ahd. sahs (A. 9. Jh.), N., »Messer, Schwert, Degen«, as. sahs, N., »Messer, Schwert«, germ. *sahsa, *sahsam, N., »Sachs, Messer«, zu idg. *sĕk- (2), V., »schneiden«

Sachsen, N., ON., »(seit 3. 10. 1990) Land der Bundesrepublik Deutschland«, zum um 150 n. Chr. erwähnten PN Sachsen, s. Sachs

Sachsen-Anhalt, N., ON., »(seit 3. 10. 1990) Land der Bundesrepublik Deutschland«, s. Sachsen, Anhalt (um 1050 errichtete Burg)

Sachsenspiegel, M., »Rechtsbuch Eike von Repgows (1221-4) das auf Grund verschiedener u.a. auch gelehrter Quellen das hochmittelalterliche ostfälische Recht zusammenfaßt«, zu mnd. spegel der sassen, M., »Spiegel der Sachsen«, vor 1483 bzw. Luther vor 1546, s. Sachsen, Spiegel

Sachurteil, N., »Urteil das in der Sache selbst entscheidet«, 19. Jh.?, s. Sache, Urteil

Sachverhalt, M., »konkretes tatsächliches Geschehen«, Lüt. lat. status rerum, M., »Stand der Dinge«?, s. Sache, Verhalt, vgl. Grimm DW 1893, Ullmann 1893

Sachversicherung, F., »Sachen betreffende Privatversicherung«, 19. Jh.?, s. Sache, Versicherung

Sachverstand, M., »Sachkunde, Sachverständnis«, Campe 1801ff., s. Sache, Verstand

sachverständig, Adj., »sachkundig«, 18. Jh.?, s. Sachverstand, ig

Sachverständiger, M., »Person die auf einem bestimmten Gebiet besonderes Wissen (Sachkunde) hat, (ersetzbare) Hilfsperson des Gerichts die diesem auf Grund ihres Fachwissens fehlende Kenntnisse insbesondere abstrakte Erfahrungssätze sowie aus diesen zu ziehende Schlüsse vermittelt«, Allgemeines Bürgerliches Gesetzbuch 1811 Österreich, Schiller vor 1804, s. sachverständig, vgl. Weiske 1839ff.

Sachwalter, M., »Verwalter einer Angelegenheit«, Lüt. lat. curator, M., »Pfleger«?, s. Sache, Walter, vgl. Allgemeines Bürgerliches Gesetzbuch 1811 Österreich

Sachwucher, M., »Sachen betreffender Wucher«, 19. Jh., s. Sache, Wucher, vgl. Gerber 1895

Sachzusammenhang, M., »auf der sachlichen Nähe zweier Gegenstände beruhender sinnvoller Zusammenhang zwischen ihnen«, 19. Jh., s. Sache, Zusammenhang

Sack, M., »Sack«, mhd. sac, M., N., »Sack, Tasche«, ahd. sakk (E. 8. Jh.), sac, M., »Sack, Geldsack, Beutel«, as. sak, sakk, M., »Sack«, germ. *sakk, *sakku, M., »Sack«, Lw. lat. saccus, M., »Sack«, Lw. gr. sákkos, M., »Sack«, Lw. assyr. sakku, Sb., »Sack, Bußergewand«

Säckel, M., »Säckel, kleiner Sack, Tasche, Beutel«, mhd. seckel, M., »Säckel, Geldbeutel«, ahd. sekkil (E. 8. Jh.), seckil, M., N., »Säckel, Beutel, Geldbeutel, Säckchen«, as. sekkil, M., »Säckel«, germ. *sakkel-, Sb., »Säckel, Geldbeutel«, Lw. lat. sacellus, M., »Säckchen, Beutel«, zu lat. saccus, M., »Sack«

Sackgasse, F., »Straße die keinen Ausgang hat«, A. 18. Jh., älter Sack (17. Jh.), s. Sack, Gasse,

Sadismus, M., »Sadismus«, E. 19. Jh. (Krafft-Ebing bzw. Bahr 1893) Lw. frz. sadisme, M., »Sadismus«, zum PN des Marquis de Sade (1740-1814)

sagen, V., »sagen«, mhd. sagen, V., »sagen, erzählen, nennen«, ahd. sagēn (1. H. 8. Jh.?), V., »sagen, aussagen, sprechen, erzählen, verkünden«, as. seggian, V., »sagen«, germ. *sagjan?, *sagēn, V., »sagen«, idg. *sekᵤ̯- (2), V., »wittern, spüren, bemerken, sehen, zeigen, sagen«?

Sakrament, N., »(im katholischen Kirchenrecht) von Christus eingesetztes äußeres Zeichen das die heiligmachende Gnade verleiht oder vermehrt (z.B. Taufe)«, mhd. sakerment, sacrament, N., »Sakrament«, 13. Jh. Lw. kirchenlat. sacramentum, N., »Zeichen für etwas Heiliges, Geheimnis, Eid«, zu lat. sacrare, V., »weihen«, zu lat. sacer, Adj., »heilig, geweiht«

Sakrileg, N., »Tempelraub, Entweihung«, M. 16. Jh. (Hedio 1545) Lw. lat. sacrilegium, N., »Tempelraub, Religionsschändung«, zu lat. sacer, Adj., »heilig, geweiht«, lat. lex, F., »Gesetzesvorschlag, Gesetz«

Säkularisation, F., »Überführung des Vermögens geistlicher Berechtigter in weltliche Trägerschaft (z. B. durch Karl Martell)«, M. 17. Jh. (1646 bzw. 1761) Lw. frz. sécularisation, F., »Verstaatlichung, (19. Jh.), Verweltlichung«, zu frz. séculariser, V., »verstaatlichen«, s. säkularisieren, sachlich seit 1742 im Reich erwogen und 1803 durchgeführt, vgl. Geschichtliche Grundbegriffe

säkularisieren, V., »verweltlichen, verstaatlichen«, 17. Jh. Lw. frz. séculariser, V., »verstaatlichen«, zu lat. saecularius, Adj., »weltlich«, zu lat. saeculum, N., »Welt, Zeit«

sal, Suff., »sal«, aus idg. *slo, *sla, M., F., Suffix aus idg. s-Endung und lo-Suffix

sala, F., »(im mittelalterlichen deutschen Recht) Übertragung einer Sache insbesondere eines Grundstücks (vgl. engl. sale)«, ahd. sala (M. 10. Jh.), F., »Übertragung, Hingabe, Übertragenes«, Lbd. lat. traditio, F., »Übergabe«?, germ. *salō, F., »Übergabe« zu germ. *saljan, V., »übergeben, nehmen machen, opfern«, idg. *sel- (3), V., »nehmen, ergreifen«

Salbuch, N., »Übergabebuch, Urkundenbuch«, mhd. salbuoch, N., »Buch über Grundstücke und Einkünfte«, s. sala, Buch, sachlich seit 9./10. Jh. bei Klöstern und seit 12./13. Jh. bei weltlichen Grundherren geführt

saldieren, V., »den Saldo ermitteln«, 16. Jh. Lw. it. saldare, V., »festmachen, zusammenfügen, ausgleichen«, s. Saldo

Saldo, M., »Vergleich der Aktivposten mit den Passivposten«, A. 17. Jh. (Gutmar 1603) Lw. it. saldo, M., »fester Bestandteil (bei der Kontoführung), Zahlungsrest, Überschuß, Differenzbetrag«, zu it. saldare, V., »festmachen, zusammenfügen, ausgleichen«, zu it. saldo, Adj., »fest«, aus lat. solidus, Adj., »fest«

Saldotheorie, F., »Theorie zur Berechnung der herauszugebenden Leistung bei ungerechtfertigter Bereicherung«, 2. H. 20. Jh., s. Saldo, Theorie

Salz, N., »Salz«, mhd. salz, N., »Salz«, ahd. salz (8. Jh.?), N., »Salz«, as. salt, N., »Salz«, germ. *salta, *saltam, N., »Salz«, idg. *sald, N., »Salz«, zu idg. *sal- (1), *səl-, N., »Bodensatz, Salz«, zu idg. *sē-, *sə-, V., »sich setzen, heraussträufeln«?, zu idg. *sal-, Adj., »schmutziggrau«?

sam, Suff., »sam«, mhd. sam, Suff., »sam«, ahd. sam, Suff., »sam«, germ. *sama, Adj., »von gleicher Beschaffenheit, derselbe«, idg. *somòs, *samòs, Adj., »eben, gleich, derselbe«, zu idg. *sem- (2), Num. Kard., Adv., Präp., »eins, ein, zusammen, samt«

sammeln, V., »sammeln«, mhd. samenen, samelen (14. Jh.), V., »sammeln, vereinigen«, ahd. samanōn (E. 8. Jh.), V., »sammeln, häufen, vereinigen, versammeln, anhäufen«, as. samnon, V., »sammeln«, germ. *samnōn, *samanōn, V., »sammeln«, zu germ. *sama, Adj., »von gleicher Beschaffenheit, derselbe«, idg. *somòs, samòs, Adj., »eben, gleich, derselbe«, zu idg. *sem- (2), Num. Kard., Adv., Präp., »eins, ein, zusammen, samt«

Sammelwerk, N., »aus Beiträgen verschiedener Urheber zusammengesetztes von einem Herausgeber geordnetes Werk«, Campe 1801ff., s. sammeln, Werk

Sammlung, F., »unentgeltliche Gewinnung von Beiträgen Dritter zu einem bestimmten Zweck«, »Zusammenführung«, 1492, mhd. samenunge, samnunge, F., »Sammlung, Vereinigung, Zusammenkunft«, ahd. samanunga (765), F., »Versammlung, Gemeinschaft, Schar (F.) (1)«, Lbd. lat.?, s. sammeln, ung

Samstag, M., »Samstag« (südd. und westmd.), mhd. sameztac, M., »Samstag«, ahd. sambaztag (830), M., »Samstag, Sabbat«, germ. *sambatdaga, *sambatdagaz, M., »Samstag, Sabbat«, E. 5. Jh. (?), z. T. Lw. lat. sabbatum, N., »Sabbat«, Lw. vulgargr. *sámbaton, N., »Sabbat«, zu gr. sábbaton, N., »Sabbat», Lw. hebr. šabbāṯ, Sb. »Ruhetag«

samt, Adv., Präp. Präf., »zusammen«, mhd. sament, samet, samt, sant, Adv., Präp., »beisammen, zusammen, zugleich, samt, mit«, ahd. samant (8. Jh.), Adv., Präp., »zusammen, mit, bei«, zu germ. *samaþa, Adv., »zusammen«

Samtgemeinde, F., »(in Niedersachsen) möglicher Sonderfall einer Gemeinde«, 20. Jh., s. samt, Gemeinde

Sanktion, F., »Gesetzesbefehl (16. Jh.), Zwangsmaßnahme, Rechtsfolge, Bestätigung (18. Jh.)«, 16. Jh. (Roth 1571) bzw. 18. Jh. (1713) Lw. lat. sanctio, F., »Vorbehalt, geschärfte Verordnung«, zum PPP. sanctus von lat. sancire, V., »verbieten, bekräftigen, festsetzen, heiligen«, zu lat. sacer, Adj., »heilig«

sanktionieren, V., »gutheißen, bestrafen«, E. 18. Jh. (Laukhard 1796) Lw. frz. sanctionner, V., »gutheißen, bestrafen«, zu frz. sanction, F., »Bekräftigung«, aus lat. sanctio, F., »Vorbehalt, geschärfte Verordnung«, s. Sanktion

Sasse, M., »Ansässiger«, mhd. sāze, sæze, M., »Sitzender, Sasse«, ahd. *sāzo, ahd., M., »Sasse, Sitzender«, zu sitzen

Satan, M., »Satan«, mhd. satanās, M., »Satan«, ahd. satanās (830), M., »Satan, Teufel«, germ. *satan, M., »Satan, Teufel«, Lw. kirchenlat. satan, satanas, M., »Satan«, Lw. gr. satā̆n, satanā̆s, M., »Satan«, Lw. hebr. satān, M., »Widersacher, Feind, Satan«, zu hebr. satan, V., »nachstellen, verfolgen«

Satisfaktion, F., »Genugtuung«, M. 16. Jh. (Mathesius 1559) Lw. lat. satisfactio, F., »Genugtung«, zu lat. satis, Adv., »genug«, zum PPP. factus von lat. facere, V., »machen, tun«

Sattel, Satel, F., »Sattel (F.), ein Getreidemaß«, mhd. sātele, M., N., F., »ein Ackermaß«, ahd. sātila (785), F., »Sattel (F.), Maß, Getreidemaß«, Lw. mlat. satellum, N., »ein Maß«, zu lat. satum, N., »ein Maß«, Lw. gr. sáton, N., »ein Mehlmaß«, Lw. aram. sata, Sb., »ein Maß«

Satz, M., »Satz«, mhd. saz, M., »Bestimmung, Lage, Vertrag«, ahd. saz (10. Jh.), M., »Bestimmung?, Satz?«, zu germ. *sitjan, V., »sitzen«, idg. *sed- (A), V., »sitzen«

Satzung, F., »(gemeinsame) Festsetzung, als Rechtsgeschäft zustandegekommener Vertrag der Gründer eines Vereins der die Grundlage seiner Verfassung bildet, eventuell genehmigungsbedürftige Rechtsvorschrift die von in den Staat eingeordneten juristischen Personen des öffentlichen Rechts (z. B. Gemeinde) im Rahmen der ihnen gesetzlich verliehenen Autonomie (Satzungsrecht) erlassen wurde«, mhd. satzunge, F., »Satzung, Festsetzung, Klostersatzung, gesetzliche Bestimmung, Vertrag, Testament, Verhaftung, Übergabe eines Pfandes, Pfand«, s. setzen, ung

Satzungsrecht, N., »durch Satzung geschaffenes Recht, Recht zur Schaffung einer Satzung (Satzungsgewalt)«, »gesetzes Recht« Campe 1801ff., s. Satzung, Recht, vgl. mhd. satzunge recht, N., »Pfandrecht«

Sau, F., »Sau«, mhd. sū, F., »Sau«, ahd. sū (A. 9. Jh.), F., »Sau«, as. sū, F., »Sau«, germ. *sū-, F., »Sau«, idg. *sū̆s, Sb., »Schwein, Sau«, zu idg. *seu- (2), V., »gebären«?, oder Schallwort

saudumm, Adj., »sehr dumm«, 19. Jh., s. Sau, dumm

Sauerei, F., »Unsauberkeit, Schlamperei, Gemeinheit«, 17. Jh., s. Sau, er, ei

säumen, V., »nicht kommen, säumen, säumig sein«, mhd. sūmen, soumen, V., »aufhalten, verzögern«, ahd. sūmen (A. 9. Jh.), V., »nachgeben«, germ. *sūman, V., »säumen, zögern«, zu idg. *seu-, V., »lassen«?

Säumnis, F., N., »Nichterscheinen oder Nichtverhandeln einer Partei trotz ordnungsgemäßer Ladung zu einem zur notwendigen Verhandlung bestimmten Termin, Zögerung, Verzug, Hindernis«, mhd. sūmnisse, F., »Aufhaltung, Hinhaltung, Hinderung, Säumnis, Zögerung«, s. säumen, nis

Saustall, M., »Schweinestall (15. Jh.), Unordnung (16. Jh.)«, s. Sau, Stall

Schachen, M., »Schachen, Waldstück«, mhd. schache, M., »einzeln stehendes Waldstück, Vorsaum eines Waldes«, ahd. skahho (9. Jh., ON), scacho, M., »Vorgebirge, Bergvorsprung, Landzunge«, germ. *skakan, M., »Landspitze«?, zu idg. *skeg-, V., Sb., »springen, bewegen, eilen, schütteln, Bewegung?«, n im Nominativ aus gebeugten Formen

Schächer, M., »Schächer, Räuber, Verbrecher«, mhd. schachāēre, M., »Schächer, Räuber«, ahd. skāhhāri (830), scāchāri, M., »Schächer, Räuber«, zu westgerm. *skēka, *skēkaz, M., »Raub«, zu idg. *skek-, *skeg-, V., Sb., »springen, bewegen, schütteln, Bewegung«?

schachern, V., »schachern, handeln«, 17. Jh. Lw. rotw., aus westjidd. sachern, V., »Handel treiben«, zu hebr. sḥr, V., »Handel treiben«

Schachtel, F., »Behälter, Frau (16. Jh.)«, 15. Jh. Lw. it scatola, F., »Dose«, aus mlat. castulum, N., »Behältnis«, Lw. lang. *kasto, M., »Kasten«, ch im Bay. eingeschoben

Schaden, Schade, M., »unfreiwillige (Ausnahme: freiwillige schadensverhütende Maßnahmen) Einbuße an rechtlich geschützten Gütern auf Grund eines bestimmten Ereignisses«, mhd. schade, M., »Schaden, Schädigung, Verlust«, ahd. skado (765), scado, M., »Schade, Schaden, Übel, Nachteil, Verderben, Strafe, Schädiger, Räuber«, as. skatho, M., »Schaden«, germ. *skadan, *skaþōn, M., »Schaden, Schädiger«, zu idg. *skēt-, V., »schädigen, schaden«?, n im Nominativ aus gebeugten Formen

Schadensersatz, M., »Ausgleich eines eingetretenen Schadens«, E. 18. Jh. (Campe 1801ff. bzw. Allgemeines Bürgerliches Gesetzbuch 1811 Österreich), s. Schaden, Ersatz

Schadensersatzanspruch, M., »auf Schadensersatz gerichteter Anspruch«, 19. Jh., s. Schadensersatz, Anspruch, vgl. Planck 1857

Schadensversicherung, F., »auf die Dekkung eines Schadens gerichtete private Versicherung (z. B. Haftpflicht)«, 19. Jh., s. Schaden, Versicherung

schädlich, Adj., »schädlich«, mhd. schedelich, Adj., »Schaden bringend, schädlich«, ahd. *skadalīh?, *scadalīh, Adj., »schädlich, schuldig«, s. Schaden, lich

schaffen, V., »schaffen, erschaffen, bewirken, schöpfen, formen, bilden«, mhd. schaffen, V., »erschaffen, schaffen, ordnen«, vgl. mhd. schepfen, V., »schöpfen«, ahd. skaffōn (765), scaffōn, V., »schaffen, bilden, bewirken, festsetzen«, vgl. ahd. skepfen (765), scepfen, V., »schöpfen, schaffen, bewirken«, germ. *skapōn, V., »schaffen, ordnen«, idg. *skăp-, V., »schneiden, spalten«?

Schäffler, M., »Schäffler, Böttcher« (bay.), mhd. scheffelære, scheffeler, M., »Schäffler, Faßbinder«, zu ahd. skaf (12. Jh.), scaf, N., »Gefäß, Faß, Schaff, Bütte, Waagschale, Geschirr«, germ. *skapa, *skapam, N., »Gefäß, Schaff, Scheffel«, zu idg. *skăp-, V., »schneiden, spalten«

Schaffer, M., »Schaffer«, mhd. schaffære, M., »Schöpfer, Bildner, Anordner«, ahd. skaffāri (1000), scaffāri, M., »Schaffer, Schöpfer, Anordner, Aufseher, Verwalter«, Lüs. lat. fictor, M., »Bildner«?, s. schaffen

Schaffner, M., »Schaffner, Aufseher bei Bahn und Post (19. Jh.)«, mhd. schaffenære, schaffener, M., »Anordner, Aufseher, Verwalter«, s. schaffen, Schaffer

Schafott, N., »Schafott, Hinrichtungsgerüst«, M. 17. Jh. (Lauremberg 1652) Lw. nnl. schavot, N., »Schaugerüst, Blutgerüst, Tribüne«, mnl. schavot, scavot, N., »Schaugerüst, Blutgerüst«, Lw. afrz. chafaud, chafaut, N., »Schaugerüst, Blutgerüst«, aus spätlat. *catafalcium, *catafalicum, N., »Gerüst«, zu gr. káta, katà, Adv., Präp., Präf., »von, herab«, lat. fala, F., »hohes Gerüst, Gerüst«

schaft, Suff., »schaft«, mhd. schaft, Suff., »schaft«, ahd. skaf, skaft, scaf, scaft, F., »Schöpfung, Gestalt« as. skap, skaft, Suff., »schaft«, germ. *skapi, *skapiz, M. F., »Beschaffenheit, Ordnung«, zu idg. *skăp-, V., »schneiden, spalten«?

Schah, M., »Schah, Kaiser (von Persien)«, Lw. pers. sāh, M., »König, Schah«

Schalk, M., »Schalk, Diener«, mhd. schalc, M., »Leibeigener, Knecht, Diener«, ahd. skalk (nach 765?), scalc, M., »Knecht, Diener, Jünger«, as. skalk, M., Knecht«, germ. *skalka, *skalkaz, M., »Springer, Knecht, Diener«, zu idg. *skel- (1), V., »schneiden«?, zu idg. *kal-, Sb., »Fels, Stein«?

schalten, F., »umgehen, wirtschaften, einen Hebel betätigen«, mhd. schalten, V., »mit der Stange fortstoßen, vertreiben, trennen«, ahd. skaltan (830), scaltan, V., »stoßen, schieben, bewegen«, as. skaldan, V., »stoßen«, germ. *skaldan, V., »stoßen, schieben«, idg. *skel- (1), *kel-, V., »schneiden«?, idg. *kel- (5), V., »treiben, antreiben«?

Schalter, M., »Lenker (17./19. Jh.), Gerät zum Schalten (15. Jh.), Verschluß einer Öffnung (18. Jh.), Ort wo Publikum bedient wird (20. Jh.)«, s. schalten, vgl. ahd. *skaltāri, *scaltāri

Schande, F., »Schande, Unehre, Schimpf«, mhd. schande, F., »Laster, Schande, Schamteile«, ahd. skanta (765), scanta, F., »Schande, Schändung, Schmach, Unehre«, germ. *skandō, *skamdō, F., »Schande«, zu idg. *k̑em- (3), V., »bedecken, verhüllen«?

Schändung, F., »sexueller Mißbrauch einer zum Widerstand unfähigen weiblichen Person«, mhd. schendunge, F., »Schändung«, s. Schande, ung

Schank, M., »Ausschank«, mhd. schanc, M., »Schenkgefäß, Gefäß aus welchem eingeschenkt wird, Geschenk (15. Jh.)«, s. schenken

Schanker, M., »Schanker«, 18. Jh. Lw. frz. chancre, F., »Krebsgeschwür«, aus vulgarlat. cancrus, M., »Krebs, Krebsgeschwür«, zu lat. cancer, M., »Krebs, Krebsgeschwür«

Schanze, F., »Schanze, Wehrbau«, mhd.

schanze, F., »Reiserbündel, Schutzbefestigung, Schanze, Schranke«, it. Lw.?

Schar, F. (1), »Schar, Menge, Abteilung, Trupp, Haufen«, mhd. schar, F., »Schritt, Ernte, Schar (F.) (1)«, ahd. skara (9. Jh.), scara, F., »Schar (F.) (1), Trupp, Heerschar, Heer, Schanzwerk«, as. skara, F., »Anteil«, germ. *skarō, F., »Schar (F.) (1), Teil, Scheren«, zu idg. *sker- (4), V., »schneiden«, zu idg. *sĕk- (2), V., »schneiden«

scharf, Adj., »scharf, schneidend«, mhd. scharpf, Adj., »schneidend, scharf, rauh, eifrig, stark«, ahd. skarpf (1. H. 8. Jh.?), sarf, Adj. »scharf, rauh, hart, streng, grausam, heftig«, as. skarp, Adj. »scharf«, germ. *skarpa, *skarpaz, Adj., »eingeschrumpft, rauh, scharf«, zu idg. *skerbh-, V., »schneiden«, zu idg. *sker- (4), V., »schneiden«?

Scharfrichter, M., »Scharfrichter«, 14. Jh. (nordwestd. [mnd.] scharprichter), Bedeutungsentwicklung »Richter der Todesurteile verhängen kann, Henker (16. Jh.)«, s. scharf, Richter

Scharte, F., »Scharte«, mhd. scharte, F., »Scharte, Stück, Trumm, Teil«, ahd. *skarti?, *scarti, F., »Scharte«, zu germ. *skarđa, *skarđaz, Adj., »zerhauen, beschädigt, schartig«, zu idg. *sker- (4), V., »schneiden«, zu idg. *sĕk- (2), V., »schneiden«

Scharteke, F., »wertloses altes Buch, Frau (19. Jh.)«, aus mnd. scharteke, F., »Schriftstück, altes Buch«, zu mnd. scharte, F., »Schriftstück, altes Buch«, Lw. lat. charta, F., »Papyrusblatt, Brief, Urkunde«?, s. Charta

Scharwerk, N., »Scharwerk, Frondienst«, 14. Jh., s. Schar, F., »Schar (F.) (1)«, Werk

Schatz, M., »(bewegliche) Sache die so lange verborgen (d.h. nicht ohne weiteres sinnlich wahrnehmbar) gelegen hat daß der Eigentümer nicht mehr zu ermitteln ist«, mhd. schaz, schatz, M., »Schatz«, ahd. skaz (765), scaz, M., »Schatz, Geld, Reichtum, Münze, Geldsumme«, as. skat, skatt, M., »Schatz«, germ. *skatta, *skattaz, M., »Vieh, Münze, Schatz«, Lw.?, zu idg. *skēt-, *skət-, V., »springen, hüpfen, quellen«?

Schau, F., »Schau«, mhd. schouwe, schowe, schou, F., »Schauen, Blick«, ahd. *skouwa?, *scouwa?, F., »Schauen, Sehen«, zu germ. *skawwōn, V., »schauen«, idg. *keus-, V., »achten, schauen, fühlen, merken», zu idg. *keu- (1), V., »achten, schauen, hören, fühlen, merken«

Scheck, M., »der Erleichterung des Zahlungsverkehrs dienende bestimmte Anweisung auf ein Bankguthaben«, 19. Jh. (1836 Courtin) Lw. ne. cheque, N., »Scheck, (Zeichen für) Überprüfung (der Richtigkeit), Schach?«

Scheckkarte, F., »von Banken ausgegebene Urkunde in der diese dem Schecknehmer die Zahlung des Scheckbetrages bis zu einer bestimmten Höhe unter gewissen formellen Voraussetzungen zusagen«, 20. Jh., s. Scheck, Karte

Scheffel, M., »Scheffel, ein Hohlmaß«, mhd. scheffel, M., »Scheffel, ein Getreidemaß«, ahd. skeffil (E. 8. Jh.), sceffil, M., »Scheffel«, as. skepil, M., »Scheffel«, zu germ. *skapa, *skapam, N., »Gefäß, Schaff, Scheffel«, zu idg. *skăp-, *skăbh-, V., »schneiden, spalten«?

Scheich, M., »Scheich, unangenehmer Kerl (20. Jh.)«, 17. Jh. (1654 Olearius) bzw. 19. Jh. Lw. arab. šaiḫ, M., »Greis, Ältester, Oberhaupt«, zu arab. saha, Adj., »weiß, alt«

Scheide, F., »Hülle, Grenze, Scheide«, mhd. scheide, F., »Schwertscheide, Trennung, Abschied«, ahd. skeida (2. H. 8. Jh.), sceida, F., »Scheide, Trennung?, Span, Splitter, Grenze«, as. skētha, F., »Scheide«, germ. *skaiþjō, *skaiþō, F., »Scheide«, zu idg. *skĕit-, V., »schneiden, scheiden, trennen«, zu idg. *skĕi-, V., »schneiden, scheiden, trennen«, zu idg. *sĕk- (2), V., »schneiden«, 16. Jh. Lbd. lat. vagina, F., »Scheide«

Scheidemünze, F., (»Münze mit der feine Unterschiede gemacht werden können«,) »Münze aus unedlem Metall deren Metallwert unter ihrem Nennwert liegt die aber kraft Gesetzes in mengenmäßig eingeschränktem Umfang als Zahlungsmittel angenommen werden muß«, 17. Jh., s. scheiden, Münze

scheiden, V., »scheiden, trennen«, mhd. scheiden, V., »scheiden, absondern, fortgehen«, ahd. skeidan (765), sceidan, V., »scheiden, trennen, teilen«, as. skēthan, skēdan, V., »scheiden«, germ. *skaidan, V., »scheiden«, zu idg. *skĕit-, V., »schneiden, scheiden, trennen«, zu idg. *skĕi-, V.,

»schneiden, scheiden, trennen«, zu idg. *sĕk- (2), V., »schneiden«

Scheidung, F., »Scheidung, Trennung«, mhd. scheidunge, F., »Scheidung, Trennung, Ehescheidung«, ahd. skeidunga (9. Jh.), sceidunga, F., »Scheidung, Spaltung, Trennung, Einteilung, Ehescheidung«, s. scheiden, ung

Schein, M., »äußerer Eindruck des Vorhandenseins eines in Wirklichkeit nicht oder nicht in dieser Weise vorhandenen Umstandes«, mhd. schīn, M., »Strahl, Glanz, Gestalt« ahd. skīn (863-71), scīn, M., »Strahl, Sonnenstrahl«, as. skīn, M., »Licht, Glanz, Schein«, s. scheinen

Scheinbestandteil, M., »scheinbarer Bestandteil«, 20. Jh.?, s. Schein, Bestandteil

Scheinehe, F., »scheinbare Ehe«, Stieler 1691, Lüt. lat. nuptiae simulatae, F. Pl., »vorgetäuschte Ehe«, vgl. 19. Jh. Putativehe

scheinen, V., »scheinen, leuchten, strahlen«, mhd. schīnen, V., »strahlen, glänzen, leuchten«, ahd. skīnan (765), scīnan, V., »scheinen, glänzen, leuchten, strahlen«, as. skīnan, V., »scheinen«, germ. *skeinan, V., »scheinen«, zu idg. *ski-, *skāi-, *sk̑āi-, V., Sb., »schimmern, Schatten«

Scheinerbe, M., »nur scheinbar Erbe gewordene Person«, 20. Jh.?, s. Schein, Erbe, vgl. 19. Jh. Putativerbe

Scheingeschäft, N., »einverständliche Abgabe einer empfangsbedürftigen Willenserklärung zum Schein«, s. Schein, Geschäft, vgl. Weiske 1839ff.

Scheinkaufmann, M., »Person die nicht Kaufmann ist deren Firma aber im Handelsregister eingetragen ist«, 20. Jh.?, s. Schein, Kaufmann

Scheintod, M., »Zustand in dem scheinbar alle Lebensäußerungen aufgehört haben«, 19. Jh., s. Schein, Tod

Scheinurteil, N., »scheinbares Urteil«, 20. Jh.?, s. Schein, Urteil

Scheinvollmacht, F., »scheinbare Vollmacht«, 20. Jh.?, s. Schein, Vollmacht

Scheit, N., »Scheit«, mhd. schīt, N., »Scheit«, ahd.? skīt (12. Jh.), schīt, N., »Scheit, Scheitholz« germ. *skīda, *skīdam, N., »Scheit, Schindel«, zu idg. *sk̑ĕit-, V., »scheiden, scheiden, trennen«, zu idg. *skĕi-, V., »scheiden, scheiden, trennen«, zu idg. *sĕk- (2), V., »schneiden«

scheitern, V., »brechen, scheitern«, 17. Jh., aus »zu Scheitern werden«, zerscheitern (Luther vor 1546), s. Scheit

Scheitern einer Ehe, N., »Nichtgelingen einer ehelichen Lebensgemeinschaft«, 2. H. 20. Jh., s. scheitern, Ehe

Schelle, F., »ringförmige Fessel«, A. 17. Jh., zu idg. *skel-, *kel-, V., »schneiden«

Schelle, F. (2), »Schlag ins Gesicht, Ohrfeige«, 18. Jh., aus Maulschelle (16. Jh.)

schellen, V., »schallen machen«, mhd. schellen, V., »schallen machen, mit Schall treffen, zerschmettern«, ahd. skellen (1000), scellen, V., »schallen machen«, germ. *skalljan, V., »skallen machen«, zu idg. *skel-, (V.), »schallen, klingen«, zu idg. *kel- (6), V., »rufen, schreien«

Schelte, F., »Schelte, Tadel«, mhd. schelte, F., »Schmähung, Tadel«, ahd. skelta (1. Vt. 9. Jh.), scelta, F., »Schelte, Lästerung, Schmähung«, s. schelten

schelten, V., »schelten, schmähen, tadeln«, mhd. schelten, V., »schelten, schmähen, tadeln«, ahd. skeltan (765), sceltan, V., »schelten, schmähen, tadeln, beschimpfen, herabsetzen, verdammen«, as. skeldan, V., »schelten«, germ. *skeldan, V., »schelten«, zu idg. *skel-, V., »schallen, klingen«?, zu idg. *kel- (6), V., »rufen, schreien, lärmen, klingen«?

schenken, V., »schenken«, 1520 Freiburg, mhd. schenken, V., »einschenken, zu trinken geben«, ahd. skenken (9. Jh.), scenken, V., »einschenken, zu trinken geben, mischen«, as. skenkian, V., »einschenken«, westgerm. *skankjan, V., »einschenken«, zu germ. *skanka, *skankaz, Adj., »schräg«, idg. *skeng-, V., Adj., »hinken, schräg, schief«, Bedeutung »schenken« aus »bei Festen Getränke einschenken und (weitere Gaben ohne Entgelt) geben«

Schenker, M., »Wirt, Einschenker« 15. Jh.?, »Geber« Stieler 1691, s. schenken

Schenkung, F., »Vertrag durch den sich der eine Teil (Schenker) verpflichtet den anderen Teil (Beschenkten) durch eine Zuwendung aus seinem Vermögen zu bereichern«, mhd. schenkunge (14. Jh.), F., »Einschenken, Ausschenken, Tränken, Gabe, Geschenk«, s. schenken, ung

Schenkungsteuer, F., »Steuer auf den Vermögensübergang infolge Schenkung«, 20. Jh.?, s. Schenkung, Steuer

Scherbe, F., »Stück, Bruchstück«, mhd. schirbe, scherbe, M., F., schirben, F., »Stück zerschlagenes Geschirr«, ahd. skirbī (9. Jh.), scirbī, F., »Scherbe, Topf«, germ. *skerbja, Sb., »Scherbe«, zu idg. *sker- (4), V., »schneiden«

Scherbengericht, N., »Scherbengericht«, um 1800 Lüt. gr. ostrakismós, M., »Verurteilung durch Scherben (auf die der Name eines zu Verbannenden geschrieben werden konnte«, zu gr. óstrakon, N., »Scherbe, Tongefäß«, s. Scherbe, Gericht

scheren, V., »scheren (V.) (1), kahl schneiden«, mhd. schern, V., »schneiden, abschneiden, scheren (V.) (1)«, ahd. skeran (8. Jh.?), sceran, V., »scheren (V.) (1), schneiden, abschneiden«, germ. *skeran, V., »scheren, (V.) (1)«, idg. *sker- (4), V., »schneiden«, zu idg. *sek-, V., »schneiden«, zu idg. *sĕk- (2), »schneiden«

Scherf, M., »Scherf«, mhd. scherf, N., »Scherf, Scherflein«, ahd. skerf (12. Jh.), scerpf, N., »Scherflein, Münze, Scherf«, zu germ. *skarbōn, V., »schaben, kratzen, schneiden«, idg. *skerp-, V., »schneiden«, zu idg. *sker- (4), V., »schneiden«, zu idg. *sĕk- (2), V., »schneiden«

Scherflein, N., »Scherflein, kleine Münze«, 16. Jh., s. Scherf, lein

Scherge, M., »Scherge, Henker, Büttel«, mhd. scherge, scherje, M., »Gerichtsdiener (13. Jh.), Gerichtsbote, Büttel, Scherge«, ahd. skerio (nach 765, PN), scerio, skario, M., »Vorsteher, Verwalter«, zu Schar, F., »Schar (F.) (1), Menge, Abteilung«

Scherz, M., »Scherz, Spaß«, spätmhd. scherz, M., »Scherz, Vergnügen, Spiel«, zu mhd. scherzen, V., »fröhlich springen, hüpfen, sich vergnügen«, zu ahd. skerōn (A. 9. Jh.), scerōn, V., »jauchzen, ruhen, sich ausruhen, rasten, ausgelassen sein, mutwillig sein«, germ. *sker-, V., »hüpfen, springen«, idg. *sker- (2), V., »bewegen, schwingen, springen«

Scherzerklärung, F., »nicht ernstlich gemeinte Willenserklärung die in der subjektiven Erwartung abgegeben wird der Mangel der Ernstlichkeit werde nicht verkannt«, 20. Jh., s. Scherz, Erklärung

Schicht, F., »Schicht«, mhd. schiht, F., »Ereignis?, Begebenheit?, Ordnung, Reihe, Arbeitszeit«, 14. Jh.(, zu idg. *skĕi-, V., »schneiden, scheiden, trennen«?)

Schichtarbeit, F., »nach Schicht bezahlte Arbeit, in Schichten auszuführende Arbeit«, 19. Jh., s. Schicht, Arbeit

schicken, V., »schicken, senden«, mhd. schicken, V., »bereiten, ordnen«, 12. Jh., mnd.?, zu geschehen

Schicksal, N., »Geschick, Schicksal«, 16. Jh. Lw. mnd. schicksel, N., »Schicksal«, zu schicken, s. sal

Schickschuld, F., »Schuld bei welcher der Ort der Leistungshandlung derjenige des Wohnsitzes des Schuldner ist dieser aber zur Vornahme der Absendung an einen davon verschiedenen Erfolgsort an dem der Leistungserfolg eintreten soll (meist Ort des Wohnsitzes des Gläubigers) verpflichtet ist (z. B. Geldschuld)«, 19. Jh.?, s. schicken, Schuld

Schickse, F., »Frau, Mädchen, Flittchen«, 18. Jh. Lw. rotw., aus jidd. schickzo, F., »nichtjüdisches Mädchen«, zu jidd. schekez, M., »nichtjüdischer Mann, Greuel«, aus hebr. šeqes, Sb., »Unwürdiges, Abscheuliches«

schieben, V., »schieben«, mhd. schieben, V., »schieben, stoßen, jemanden heimlich begünstigen«, ahd. skioban (790), scioban, V., »schieben, stoßen«, germ. *skeuban, V., »schieben«

Schieber, M., »Schieber, Geschäftemacher (E. 19. Jh.)« 17. Jh., s. schieben, er

Schiebung, F., »Schieben (17. Jh.), unlauteres Geschäft (um 1800)«, s. schieben, ung

Schied, M., »Schied, Entscheidung«, mhd. schit, schīet, M., »Scheidung, Entscheidung, Unterscheidung«, zu ahd. skidōn (9./10. Jh.), scidōn, V., »scheiden, teilen, trennen«, s. scheiden

Schiedsgericht, N., »(ein Dritter oder) mehrere Dritte die außerhalb staatlicher Gerichtsbarkeit über eine Streitigkeit entscheiden«, Dahlmann 1845, s. Schied, Gericht, vgl. Weiske 1839ff., Statut der Kaufmannschaft von Berlin 1820

Schiedsgutachter, M., »Person die auf Grund einer Vereinbarung zweier Parteien bestimmte Tatsachen verbindlich festlegen soll (z.B. Preis)«, 20. Jh., s. Schied, Gutachten

Schiedsmann, M., »(in mehreren ehemals zu Preußen gehörenden Ländern) die Person vor welcher der für eine Privatklage erforderliche Sühneversuch stattzufinden hat«, mhd. schidemann, (Pl. schidliute,) M., »Schiedsmann«, s. Schied, Mann

Schiedsrichter, M., »Mitglied eines Schiedsgerichts«, A. 16. Jh., älter scheidesrichter, älter mhd. schideman, s. Schiedsmann, Schied, Richter

Schiedsvertrag, M., »schriftliche (nicht nötig bei Vollkaufleuten) Vereinbarung daß die Entscheidung eines Rechtsstreits durch einen oder mehrere Schiedsrichter erfolgen soll (Schiedsklausel)«, 20. Jh.?, s. Schied, Vertrag

schießen, V., »schießen, sich schnell fortbewegen, hervorspringen, fortschnellen«, mhd. schiezen, V., »schießen, hetzen«, ahd. skiozan (1. H. 8. Jh.), sciozan, V., »schießen, schleudern, treffen«, as. skiotan, V., »schießen«, germ. *skeutan, V., »schießen«, idg. *skeud- (2), V., »werfen, schießen, hetzen, eilen«, zu idg. *skĕu- (5), V., »werfen, schießen, hetzen«?

Schiff, N., »größeres Wasserfahrzeug«, mhd. schif, N., »Schiff«, ahd. skif (765), scif, N., »Schiff, Floß, Gefäß«, as. skip, N., »Schiff«, germ. *skipa, *skipam, N., »Schiff, Einbaum, Gefäß«, zu idg. *skĕib-, V., Sb., »schneiden, scheiden, trennen«?, zu idg. *skĕi-, V., »schneiden, scheiden, trennen«, zu idg. *sĕk- (2), V., »schneiden«

Schiffahrt, F., »Fahrt mit dem Schiff, Schiffswesen«, mhd. schifvart, F., »Schiffahrt, Schiffsladung«, ahd. skiffart (9. Jh.), F., »Schiffahrt«, Lüt. lat. navigatio, F., »Schiffahrt«?, s. Schiff, Fahrt

Schiffahrtsgericht, N., »für Binnenschiffahrtssachen in erster Instanz zuständiges (Amts-)Gericht (z.B. Rheinschiffahrtsgericht)«, 19. Jh.?, s. Schiffahrt, Gericht

Schikane, F., »Schikane, Böswilligkeit«, 17. Jh. (1675) Lw. frz. chicane, M., »Schikane, Rechtsverdrehung«, zu frz. chicaner, V., »böswillig Schwierigkeiten bereiten, das Recht verdrehen«, zu einer Expressivwurzel *tsik-, Adj., »klein«?

Schikaneverbot, N., »Verbot derjenigen Ausübung eines Rechts die nur den Zweck haben kann einem anderen Schaden zuzufügen«, 19. Jh.? (Chicane, Verbot), s. Schikane, Verbot

schikanieren, V., »verfälschen, willkürlich schlecht behandeln, ärgern«, 16. Jh. Lw. mfrz. chicaner, V., »jemanden mit aufgebauschten Kleinigkeiten ärgern«, s. Schikane

Schilling, M., »Schilling«, mhd. schillinc, M. »Schilling«, ahd. skilling (E. 8. Jh.), scilling, M., »Schilling«, as. skilling, M., Schilling«, germ. *skillinga, *skillingaz, M., »Schilling«, zu Schild?

Schimpf, M., »Schimpf, Spott, Scherz«, mhd. schimpf, M., »Scherz, Spiel«, ahd. skimpf (11. Jh), scimpf, M., »Scherz, Spiel, Spaß, Streich«, s. schimpfen

schimpfen, V., »schimpfen, scherzen, spielen, tadeln, entehren«, mhd. schimpfen, V., »scherzen, spielen, verspotten«, ahd. skimpfen (830), scimpfen, V., »verhöhnen, verlachen, necken, spotten«, germ. *skemp-, V., »hüpfen, scherzen, spotten«?, zu idg. *skamb-, V., »krümmen, biegen«?

schinden, V., »schinden, die Haut abziehen, quälen, plagen«, mhd. schinten, V., »enthäuten, mißhandeln«, ahd. skinten (9. Jh.), scinten, V., »schinden, enthäuten, abziehen«, as. *skindan, V., »schinden«, germ. *skenþjan, V., »enthäuten, schinden«, idg. *skend-, *sken-?, V., Sb., »abspalten, Haut, Schuppen (F. Pl.), Rinde«, zu idg. *sĕk- (2), V., »schneiden«

Schinder, M., »Rindenschäler, Peiniger, Straßenräuber, Abdecker, Henker«, 15. Jh., s. schinden

Schirm, M., »Schirm, Schutz, Mauer, Verteidigung«, mhd. schirm, M., »Schild, Schutz, Schirm«, ahd. skirm (A. 9. Jh.), scirm, M., »Schirm, Schutz«, germ. *skermi, *skermiz, M., »Fell, Schirm, Schild«, zu idg. *sker- (4), V., »schneiden«, zu idg. *sĕk- (2), V., »schneiden«

Schisma, N., »Schisma, Glaubenspaltung«, um 1400 Lw. mlat. schisma, N., »Glaubenspaltung«, Lw. gr. schisma, N., »Zwiespalt, Uneinigkeit«, zu gr. schízein, V., »spalten, zersplittern«

Schizophrenie, F. »Bewußtseinsspaltung«, 20. Jh. (Bleuer 1908 bzw. 1923), zu gr. schízein, V., »spalten, zersplittern«, gr. phrén, F., »Zwerchfell, Brust, Herz, Geist, Gemüt, Verstand«

schlafen, V., »schlafen«, mhd. slāfen, V., »schlafen«, ahd. slāfan (8. Jh.?), V., »schlafen«, as. slāpan, V., »schlafen«, germ. *slēpan, V., »schlafen«, zu idg. *lăb-, *slăb-, *lĕb-, *lŏb-, V., »schlaff hängen«

Schlagbaum, M., »Schlagbaum, Grenzschranke«, A. 16. Jh., s. schlagen, Baum

schlagen, V., »schlagen«, mhd. slahen, V., »schlagen, erschlagen, töten«, ahd. slahan (765), V., »schlagen, erschlagen, töten, schlachten, einschlagen«, as. slahan, V.,

»schlagen«, germ. slahan, V., »schlagen, einschlagen«, idg. *slak-, V., »schlagen, hämmern«?, nhd. g durch Verallgemeinerung des grammatischen Wechsels aus den präteritalen Formen (schlug bzw. geschlagen)

Schläger, M., »Schläger«, mhd. slaher, M., »Schläger, Wollschläger«, (ahd. *slagāri?, M., »Schläger«,) ahd. slahāri (11. Jh.), M., »Schläger«, s. schlagen

Schlägerei, F., »tätlicher Streit zwischen mindestens drei Personen einschließlich eines Angegriffenen«. 15. Jh.? bzw. Stieler 1691, s. Schläger, ei

Schlampe, F., »Schlampe, unordentliche Frau«, 17. Jh. zu schlampen, V., »schlaff hängen, nachlässig sein«, (15. Jh.), nasalierte Form zur Wurzel idg. *lĕb-, *lŏb-, *lăb-, *slāb-, V., »schlaff herabhängen«

Schlawiner, M., »Gauner, Schlingel«, zum PN Slawonier, Slowene

schlecht, Adj., »schlecht«, mhd. sleht, Adj., »eben, gerade, platt«, ahd. sleht (765), sliht, Adj., »glatt, eben, einfach, schlicht, freundlich, gütig«, as. sliht, Adj. »geschmückt«, germ. *slihta, *slihtaz, Adj., »schlicht, glatt«, to-Partizip zu idg. *sleig-, Adj., V., »schleimig, gleiten, glätten, streichen«, zu idg. *sel- (5), V., »schleichen, kriechen«, Bedeutungsentwicklung »einfach, minderwertig«

Schlechterfüllung, F., »Fehlen ordnungsgemäßer Erfüllung«, 20. Jh.?, s. schlecht, Erfüllung

Schlechtleistung, F., »Verletzung der Leistungspflicht durch pflichtwidrig ungenügende Leistungshandlung«, 20. Jh., s. schlecht, Leistung

schleppen, V., »schleppen, schleifen«, mhd. slepen, V., »schleppen«, Lw. mnd. slepen, V., »schleppen«, mnd. Form von schleifen

Schleswig-Holstein, N., »lange Zeit mit Dänemark verbundenes von 1866 bis 1946 zu Preußen gehöriges Land der Bundesrepublik«, Schleswig zu an. vig, Sb., »Bucht«?, as. wik, M., »Ort, Siedlung«, um 800 holtsaten, M. Pl., »im Wald Angesessene«, s. Holz, Sasse

schleunig, Adj., »schleunig«, mhd. sliunec, sliunic, Adj., »schleunig«, zu ahd. *sliumi, Adj., »schleunig«, (unter Dissimilation) zu germ. *sneumja, *sneumjaz, Adj., »eilig, rasch«, zu idg. *snā-, *sneu-, V., Sb., »fließen, Feuchtigkeit«?, zu idg. *snĕu-, *nĕu-, *snū-, *nū-, V., »drehen«?

schlicht, Adj., »schlicht, einfach, kunstlos, bloß (17. Jh.)«, (daneben schlecht, Adj., »[einfach,] schlecht«,) mhd. sleht, Adj., »in gerader Fläche oder Linie, eben, gerade, glatt, schlicht, einfach«, ahd. sleht (765), sliht, Adj., »glatt, eben, einfach, schlicht, freundlich, ruhig«, as. sliht, Adj., »geschmückt«, germ. *slihta, *slihtaz, Adj. »glatt, eben«, zu idg. *sleig-, Adj., V., »schleimig, gleiten, glätten, streichen«, zu idg. *sel- (5), V., »schleichen, kriechen«

schlichten, V., »schlichten, gerade machen, durch Bearbeitung glätten«, mhd. slihten, V., »schlichten, glätten«, ahd. slihten (765), V., »glätten, feilen, schmeicheln, beruhigen«, zu germ. *slihta, *slihtaz, Adj., »schlicht, glatt«, zu idg. *sleig-, Adj., V., »schleimig, gleiten, glätten, streichen«, zu idg. *sel- (5), V., »schleichen, kriechen«

Schlichtung, F., »Verfahren zur Ausgleichung der Interessen zwischen Tarifvertragsparteien«, Stieler 1691, Lüs. lat. aequatio, F., »Gleichmachen«?, s. schlichten, schlicht, ung

schließen, V., »schließen«, mhd. sliezen, V., »schließen, verschließen«, ahd. sliozan (790?), V., »schließen, verschließen«, germ. *sleutan, V., »schließen, einen Riegel geben?«, zu idg. *sklēu-?, *klēu-?, Sb., V., »Haken, haken, hemmen, verschließen»?, zu idg. *skel- (4), V., Adj., Sb., »biegen, anlehnen, krumm, Gelenk, Biegung?«

Schlingel, M., »Faulpelz, Nichtsnutz, Schlingel«, 16. Jh. (aus mnd. slüngel [15. Jh.]?), zu schlingen (i.S.v. »müßig schlendern«)

Schloß, N., »Schloß«, mhd. sloz, N., »Schloß, Riegel, Band, Burg (13. Jh.)«, ahd. slōz (765), N., »Schloß, Riegel, Umschließung, Schluß, Schlußfolgerung, Beschluß«, germ. *sluta, *slutam, N., »Schloß, Riegel«, s. schließen

Schlosser, M., »Schlosser«, mhd. slozzer, M., »Schlosser« (13. Jh.), s. Schloß

Schlot, M., »Schlot, Esse, Kamin, Rauchfang«, mhd. slāt, slōt, M., »Schlot, Kamin, Ofenloch«, ahd. slāt (12. Jh.), M., »Kamin, Ofenloch, Schlot, Rauchfang, Röhre?«, verbreitet in Ostfranken und Südthüringen und Oberpfalz, o seit 15. Jh. durchgesetzt

Schlotfeger, M., »Kaminkehrer«, 15. Jh., s. Schlot

Schlucker, M., »armer Mensch«, fnhd. (16. Jh.) »Schlemmer«, zu schlucken

Schluß, M., »Schluß«, spätmhd. sluz, M., »Schluß, Knoten«, Suchenwirt vor 1395, s. schließen

Schlüssel, M., »Schlüssel«, mhd. slüzzel, M., »Schlüssel«, ahd. sluzzil (E. 8. Jh.), M., »Schlüssel«, as. slutil, M., »Schlüssel«, germ. *slutila, *slutilaz, M., »Schlüssel, krummer Haken zum Heben eines Riegels«, s. schließen

Schlüsselgewalt, F., »früher nur der Frau bzw. jetzt jedem nicht getrennt lebenden Ehegatten zustehende Berechtigung Geschäfte zur angemessenen Deckung des Lebensbedarfs der Familie (z.B. Kauf von Lebensmitteln und Hausrat) mit Wirkung auch für den anderen Ehegatten zu besorgen«, um 1850 Lüs. kirchenlat. potestas clavium, F., »Gewalt der Schlüssel«?, s. Schlüssel, Gewalt, vgl. Matthäus 16,18

schlüssig, Adj., »entschlossen, schlüssig, folgerichtig«, 16. Jh., s. Schluß, ig

schlüssiges Handeln, N., »eine Willenserklärung ausdrückendes Handeln«, s. Handeln, schlüssig

Schlüssigkeit, F., »Folgerichtigkeit einer Klage oder eines sonstigen Begehrens«, Stieler 1691, s. schlüssig, heit, vgl. Planck 1896

Schlußvortrag, M., »Vortrag des Staatsanwalts und des Angeklagten nach dem Schluß der Beweisaufnahme«, 19. Jh., s. Schluß, Vortrag, vgl. Planck 1857

schmecken, V., »schmecken«, mhd. smecken, V., »schmecken, kosten (V.) (1), versuchen«, ahd. smekken (10. Jh.), smecken, V., »schmecken, kosten (V.) (1)), erkennen«, zu germ. *smakka, *smakkaz, M., »Geschmack«, zu idg. *smegh-, V., »schmecken«?

schmelzen, V., »schmelzen«, ahd. smelzan (765), V., »schmelzen, flüssig machen, liebkosend beschwichtigen«, as. smeltan, V., »schmelzen«, germ. *smeltan, V., »schmelzen«, germ. *smeltan, V., »zerfließen, schmelzen«, zu idg. *meld-, V., »schlagen, mahlen, zermalmen, weich«?, zu idg. *smel-, V., »schlagen, mahlen, zermalmen«, zu idg. *sem-, V., »gießen«

Schmerz, M., »Schmerz«, mhd. smerze, M., F., »Schmerz«, ahd. smerza (863-71), F., »Schmerz«, zu germ. *smertan, V., »schmerzen«, zu idg. *mer- (5), V., »reiben, packen, rauben«?, zu idg. *smel- (1), V., »brennen, schwelen«?

Schmerzensgeld, N., »Entschädigung in Geld die wegen des Schadens verlangt werden kann der nicht Vermögensschaden ist«, Stieler 1691 (Schmerzensgeld), Lüt. nlat. pretium pro doloribus, N., »Geld für Schmerzen«, s. Schmerz, Geld

Schmied, M., »Schmied«, mhd. smit, M., »Metallarbeiter, Schmied«, ahd. smid (E. 8. Jh.), M., Schmied«, as. smith, M., »Schmied«, germ. *smiþa, smiþaz, *smiþan, *smiþōn, M., »Schmied, Bearbeiter«, zu idg. *smēi- (2), V., »schnitzen, hauen«?

Schmiere, F., »Bewachung«, 18. Jh. rotw., Lw. westjidd. schmiere, F., »Bewachung«, aus hebr. š^e^mirā(h), Sb., »Bewachung«

schmieren, V., »schmieren, salben, bestechen«, mhd. smirwen, smirn, V., »schmieren, salben, bestechen (14. Jh.)«, ahd. smirwen (1000), V., »schmieren, beschmieren, fetten, fett machen«, germ. *smerwjan, V., »schmieren«, zu idg. *smeru-, Sb., »Schmer, Fett«

Schmu, M., »Schmu, Unkorrektheit, Betrug«, Lw. rotw., zu westjidd. schmues, Sb. Pl., »Gerede, Gerücht«?, hebr. š^e^mū^c^ōt, Sb. Pl., »Gerede, Gerücht«

Schmuggel, M., »Schleichhandel«, 19. Jh., s. schmuggeln

schmuggeln, V., »schmuggeln«, A. 18. Jh. Lw. nnd., Lw. nnl. smokkelen, V., »schmuggeln«, 17. Jh.?, zu schmiegen i.S.v. »schleichen«

Schmuggler, M., »wer schmuggelt«, 18. Jh., s. schmuggeln

Schmutz, M., »Schmutz, Unrat, Dreck«, mhd. smuz, M., »Schmutz«, 15. Jh., zu Wörtern für Feuchtigkeit wie Moder gehörig?

Schnalle, F., »Schnalle, Dirne, Hure«, mhd. snalle, F., »Schnalle, Schuhschnalle, Mund, altes geschwätziges Weib, Wassersuppe«, zu schnell

Schnapphahn, M., »Wegelagerer«, 15. Jh., zu mhd. snap, M., »Schnappen, Straßenraub, Geschwätz«

Schnat, Schnate, F., »Grenze«, nnd., mnd. snāt, M., »Grenze, Grenzlinie«

Schnatte, F., »Wunde, Wundmal«, mhd. snate, snatte, F., »Strieme, Wundmal«, zu germ. *snadwō, Sb., »Schnitt, Wunde«?, zu idg. *snadh-?, V., »schneiden, schnitzen«

Schneider, M., »Schneider«, mhd. snīdære, snīder, M., »Schneider«, zu ahd. snīdan (A. 9. Jh.), V., »schneiden, mähen, fällen, behauen, beschneiden, einschneiden«, as. snīthan, V., »schneiden«, germ. *sneiþan, V., »schneiden«, idg. *sneit-, V., »schneiden«?

schnell, Adj., »schnell, rasch«, mhd. snel, Adj., »schnell, rasch, behende«, ahd. snel (790), Adj., »behende, tapfer, schnell, lebhaft, munter, flink, hitzig«, as. snel, Adj., »rasch, kühn«, germ. *snella, *snellaz, Adj., »tatkräftig, mutig, rasch, schnell, behende, schneidig«

Schnepfe, F., »Schnepfe, Dirne«, mhd. snepfe, M., »Schnepfe«, ahd. snepfa (9./10. Jh., ON, PN), snepha, F., »Schnepfe«, as. sneppa, F., »Schnepfe«, zu germ. *snippan, *snippōn, M., »Schnepfe«, Benennung nach dem Schnabel?

Schnippchen, N., »Schnellen der Finger«, A. 17. Jh., zu schnappen

schnorren, schnurren, V., »betteln«, im 18. Jh. verbreitetes Gaunerwort

Schnorrer, M., »Bettler«, 18. Jh., s. schnorren, er

Schnur, F., »Schnur (F.) (2), Schwiegertochter«, mhd. snur, snuor, F., »Schnur (F.) (2), Sohnes Frau«, ahd. snora (1000), snura, F., »Schnur (F.) (2), Schwiegertochter«, germ. *snuzō, F., »Schnur (F.) (2), Schwiegertochter«

Schock, N., »Schock, 60 Stück«, mhd. schoc, N., »Schock, 60 Stück«, as. skok (1100), skokk, N., »Schock, 60 Stück«, zu mhd. schoc, M. »Haufe, Büschel, Schopf«?

Scholle, F., »Scholle, Klumpen von Erde, Eisklumpen«, mhd. scholle, F., »Scholle«, ahd. skolla (11./12. Jh.), scolla, F., »Scholle, Stück, Erdscholle, Erdklumpen«, skollo (9. Jh.), scollo, M., »Scholle, Stück, Erdscholle, Erdklumpen«, germ. *skullan, *skullōn, M., F., »Scholle, Erdscholle«, zu idg. *skel- (1), V., »schneiden«

Schöffe, M., »der ehrenamtliche Richter«, mhd. scheffe, M., »Urteiler, Schöffe«, ahd. skepfo (790?), M., »Schöpfer, Schöffe, Urteiler«, s. schaffen

Schöffengericht, N., »das bei den Amtsgerichten für die Verhandlung und Entscheidung der zu deren Zuständigkeit gehörenden Strafsachen für die nicht der Strafrichter zuständig ist gebildete Gericht«, Campe 1801ff., s. Schöffe, Gericht

schön, Adj., »schön, glänzend, hell, durch Aussehen Wohlgefallen erregend«, mhd. schœne, Adj., »schön, herrlich«, ahd. skōni (790), scōni, Adj., »schön, herrlich, glänzend, gut, lieblich, festlich«, as. skōni, Adj., »schön«, germ. *skauni, *skauniz, Adj., »schön, ansehnlich«, zu idg. *keus-, V., »achten, schauen, hören, fühlen, merken«, zu idg. *keu- (1), V., »achten, schauen, hören, fühlen, merken«

schonen, V., »schonen, Rücksicht nehmen auf«, mhd. schōnen, V., »schonen, Rücksicht nehmen auf«, ahd. skōnen (E. 8. Jh.), scōnen, V., »verschönen, schmücken«, s. schön

Schoner, M., »Schoner, zweimastiges Schiff«, 18. Jh. Lw. nnl. schooner, schoener, M., »Schoner«, Lw. ne. (amerik.) schooner, M., »Schoner«, zu ne. scoon, V., »Steine über das Wasser gleiten lassen«

Schönheit, F., »Schönheit«, mhd. schœnheit, schōnheit, F., »Schönheit, Herrlichkeit, Pracht«, Lüs. lat. pulchritas, F., »Schönheit«, s. schön, heit

Schönheitsreparatur, F., »ästhetischen Gesichtspunkten entsprechende Bearbeitung einer abgenützten Mietsache«, 20. Jh., s. Schönheit, Reparatur

Schonzeit, F., »Zeit der Schonung (für Wild vor der Jagd)«, 18. Jh., s. schonen, Zeit

Schöpfung, F., »Schöpfung, Schaffen«, mhd. schepfunge, F., »Schöpfung, Geschöpf«, s. schöpfen, ung

schöpfen, V., »schöpfen«, s. schaffen

Schoppen, M., »Schoppen, ein Getränkemaß«, 16. Jh.? oder 17. Jh. Lw. frz. chopine, F., »ein Getränkemaß«, Lw. mnd. schope, F., »Schöpfer, Schöpfkelle«, s. schöpfen

Schornstein, M., »Schornstein, Kamin«, mhd. schorstein, schornstein, M., »Schornstein«, ahd.? skorstein (13. Jh.), scorenstein, M., »Schornstein, Kamin«, s. germ. *skurōn, Sb., »Stütze«?, zur idg. Wurzel *sker- (4), V., »schneiden«, s. Stein

Schornsteinfeger, M., »Kaminkehrer«, 17. Jh., s. Schornstein

Schoß, M. (1), »Schoß (M.) (1)«, mhd. schōz, M., N., »Schoß (M.) (1)«, ahd. skōz (12. Jh.), scōz, M., »Schoß (M.) (1)«, zu germ. *skauta, *skautaz, *skautam, M., N., F., »Zipfel, Keil, Ecke, Schoß (M.) (1)«, zu idg. *skeud- (2), V., »werfen, schießen, hetzen, eilen«?, zu idg. *skeu-?, V., »werfen, schießen, stoßen«?

Schoß, M. (2), »Steuer (F.), Abgabe«, mhd. schoz, M., »Geldabgabe, Steuer (F.)«, zu schießen V., »einschießen, zuschießen«

Schranke, F., »Schranke«, mhd. schranke, M., F., »Absperrung, Gitter«, s. schränken

schränken, V., »schränken, sperren«, mhd. schrenken, V., »verschränken, flechten«, ahd. skrenken (863-71), screnken, V., »fangen, überlisten, ausspreizen, schränken«, westgerm. *skrankjan, V., »quer setzen, beschränken, verschränken, ein Bein stellen«, zu idg. *skrenk-, V., »drehen, biegen«? zu idg. *sker- (3), V., »drehen, biegen«?

Schranne, F., »Verkaufsstand«, südd., mhd. schranne, F., »Bank, Tisch, Fleischbank, Gerichtsbank«, ahd. skranna (800), scranna, F., »Tisch, Bank«, zu Schranke?

schrecken, V., »schrecken, erschrecken«, mhd. schrecken, V., »springen, hüpfen«, ahd. skrekken (1000), screcken, V., »stürzen, antreiben, anspornen, hüpfen«, germ. *skrakkjan, V., »schrecken«, zu idg. *skreg-, *skrē-, V., »bewegen, schwingen, springen«, zu idg. *sker- (2), V., »bewegen, schwingen, springen«

schreiben, V., »schreiben«, mhd. schrīben, V., »schreiben, beschreiben«, ahd. skrīban (nach 765?), scrīban, V., »schreiben, beschreiben, schreiben von, aufschreiben«, as. skrīvan, V., »schreiben«, germ. *skreiban?, V., »schreiben«, Lw., Lbd.? lat. scribere, V., »ritzen, kratzen, schreiben«

Schreibtisch, M., »Schreibtisch, Tisch zum Schreiben«, 1410 Frankfurt, s. schreiben, Tisch

Schreibtischtäter, M., »vom Schreibtisch aus handelnder Straftäter (Schreibtischmörder)«, 2. H. 19. Jh., s. Schreibtisch, Täter

Schrein, M., N., »Schrein, Behälter, Schrank«, mhd. skrīn, N., M., »Schrein, Archivschrank«, ahd. skrīn (13. Jh.), scrīn, M., N., skrīni (10. Jh.), scrīni, M., N. »Schrein, Truhe, Behälter (für Wertsachen)«, germ. *skrīna, *skrīnja, Sb., »Schrein«?, Lw. lat. scrinium, N., »Behältnis«

Schreiner, M., »Schreiner, Tischler«, mhd. schrīnære, schrīner, M., »Schreiner«, s. Schrein

Schreinsbuch, N., »Schreinsbuch«, Gengler 1882, s. Schrein, Buch

schreiten, V., »schreiten, abgemessen gehen«, mhd. schrīten, V., »schreiten«, ahd. skrītan (1. H. 8. Jh.?), scrītan, V., »schreiten«, as. skrīdan, V., »schreiten«, germ. *skrīdan, *skreiþan, V., »schreiten«, idg. *skreit-, V., »drehen, biegen«, zu idg. *sker- (3), V., »drehen, biegen«

Schrift, F., »Gesamtheit der Zeichen die zur Wiedergabe einer Sprache benutzt werden, mit Hilfe von Schriftzeichen geschaffenes Werk«, mhd. schrift, F., »Schrift«, ahd. skrift (E. 8. Jh.), scrift, F., »Schrift, Zeichen, Aufzeichnung, Buchstabe«, germ. *skrifti, *skriftiz, F., »Schrift«, s. schreiben

Schriftform, F., »schriftliche Form«, 19. Jh.?, s. Schrift, Form, vgl. Gerber 1895

schriftlich, Adj., »schriftlich, geschrieben«, mhd. schriftlich, Adj., »geschrieben«, s. Schrift, lich

schriftliches Verfahren, N., »in Schriftform ausgeführtes Verfahren«, 19. Jh., Verfahren, schriftlich, vgl. Planck 1896

Schriftlichkeit, F., »in Schrift Gefaßtsein«, 19. Jh.?, s. schriftlich, heit, vgl. Weiske 1839ff.

Schriftsatz, M., »schriftliche Erklärung, Drucksatz, schriftliche Erklärung im Rechtsstreit«, 19. Jh., s. Schrift, Satz, vgl. Grimm DW 1899, Planck 1896

Schriftwerk, N., »in einer Schrift niedergelegtes geistiges Erzeugnis«, 19. Jh. (1841), s. Schrift, Werk

Schrot, M., »Schrot, abgeschnittenes Stück«, mhd. schrōt, M., »Schnitt, abgeschnittenes Stück«, ahd. skrōt (1000), scrōt, M., »Schnitt, abgeschnittenes Reis«, germ. *skrauda, *skraudaz, M., »Schnitt, Stück«, zu idg. *skreu-, V., »schneiden«, zu idg. *sker- (4), V., »schneiden«, zu idg. *sĕ̄k- (2), V., »schneiden«

Schuft, M., »verarmter Adliger (17. Jh.), heruntergekommener Mensch (18. Jh.), Schurke (um 1800)«, aus mnd. schūvūt, M., »Uhu«, lautnachahmend

Schuld, F., »Bewertung eines Verhaltens als vorwerfbar (Verschulden), Vorwerfbarkeit, Schuld, Verpflichtung (z.B. Gattungsschuld), Zahlungsverpflichtung, Vergehen, Ursache«, mhd. schult, F., »Strafe, Anklage, Vergehen«, ahd. skuld (765), sculd, F., »Schuld, Sünde, Missetat, Vergehen, Verbrechen, Geschuldetes, Pflicht, Verdienst, Veranlassung, Grund, Anklage«, as. skuld,

F., »Schuld, Abgabe«. germ. *skuldi, *skuldiz, F., »Schuld«, zu germ. *skulan, V., »sollen«, zu idg. *skel- (2), V., »schuldig sein, schulden, sollen«

Schuldanerkenntnis, N., »einseitig verpflichtender Vertrag in dem der eine Teil (Schuldner) anerkennt dem anderen Teil (Gläubiger) eine Leistung als abstrakte Verbindlichkeit zu schulden«, 19. Jh., s. Schuld, Anerkenntnis

Schuldausschließungsgrund, M., »besonderer Grund der ein Verschulden ausschließt (z. B. Schuldunfähigkeit)«, 19. Jh., s. Schuld, Ausschließung, Grund

Schuldbeitritt, M., »zusätzliche Schuldübernahme«, 20. Jh., s. Schuld, Beitritt

Schuldfähigkeit, F., »Fähigkeit eines Menschen schuldhaft zu handeln«, 20. Jh.?, s. Schuld, Fähigkeit

Schuldform, F., »Art des Verschuldens«, 20. Jh.?, s. Schuld, Form

Schuldhaft, F., »Haft wegen einer Schuld«, 19. Jh.? (Savigny bzw. Brunner 1892), s. Schuld, Haft

schuldig, Adj., »schuldig, Schuld habend«, mhd. schuldec, schuldic, Adj., »schuldig, verpflichtet, ursächlich«, ahd. skuldīg (765), sculdīg, Adj., »schuldig, verpflichtet, zugehörig, geeignet«, as. skuldig, Adj., »schuldig«, s. Schuld, ig

Schuldiger, M., »Schuldner, Gläubiger«, seit 1600 nur noch im Bibelwortschatz, mhd. schuldigære, schuldiger, M., »Ankläger, Beschuldiger, Angeklagter, Schuldner, Gläubiger«, Lüt. lat. debitor, M., »Schuldner«?, s. schuldig, er

Schuldinterlokut, N., »Zwischenurteil über die Schuld das vom Urteil über die Straffrage getrennt ist«, 2. H. 20. Jh., s. Schuld, Interlokut

Schuldknecht, M., »Schuldknecht«, 19. Jh. (Savigny bzw. Niebuhr), s. Schuld, Knecht

Schuldmerkmal, N., »einzelnes Merkmal im Bereich der Schuld«, 20. Jh., s. Schuld, Merkmal

Schuldmitübernahme, F., »zusätzliche Schuldübernahme«, 20. Jh.?, s. Schuld, mit, Übernahme

Schuldner, M., »aus einem Schuldverhältnis zu einer Leistung Verpflichteter (z.B. Käufer)«, mhd. schuldenære, schuldner, M., »Schuldner, Gläubiger«, 15. Jh.?, s. schulden, er

Schuldnerverzeichnis, N., »vom Vollstreckungsgericht geführtes auf Antrag von jedermann einsehbares Verzeichnis aller Personen welche eine eidesstattliche Versicherung abgegeben haben oder gegen die wegen grundloser Verweigerung einer Versicherung Haft angeordnet wurde«, 19. Jh.?, s. Schuldner, Verzeichnis

Schuldnerverzug, M., »Verzug des Schuldners«, 19. Jh.?, s. Schuldner, Verzug

Schuldrecht, N., »Recht gegen einen Schuldner, Schuldverhältnis«, Fronsperger 1578, »Recht der Schuldverhältnisse« Savigny, älter, s. Schuld, Recht

Schuldschein, M., »die Verpflichtung entweder begründende oder nur bestätigende vom Schuldner zwecks Sicherung des Beweises über das Bestehen der Schuld für den Gläubiger ausgestellte Urkunde« Musäus 1782ff., s. Schuld, Schein

Schuldtheorie, F., »Theorie die im Unrechtsbewußtsein ein vom (Tatbestands-)Vorsatz getrenntes selbständiges Element der Schuld sieht«, 2. H. 20. Jh.?, s. Schuld, Theorie

Schuldübernahme, F., »vertragsweise Übernahme einer bestehenden Schuld durch einen neuen Schuldner«, Stieler 1691, Lüt. lat. aeris alieni susceptio, F., »Schuldübernahme«, s. Schuld, Übernahme

Schuldumschaffung, F., »Verbindung der vertraglichen Aufhebung eines Schuldverhältnisses mit der Begründung eines neuen Schuldverhältnisses in der Weise daß das neue an die Stelle des alten treten soll«, 19. Jh.?, Lsch. lat. novatio, F., »Schuldumschaffung, Novation«, s. Schuld, um, schaffen, ung

Schuldunfähigkeit, F., »Fehlen der Schuldfähigkeit«, 19. Jh.?, s. Schuld, un, Fähigkeit

Schuldverhältnis, N., »Rechtsverhältnis zwischen mindestens zwei Personen auf Grund dessen mindestens die eine Person der anderen etwas schuldet«, Savigny 1840, Lsch. lat. obligatio, F., »Verbindlichkeit«?, s. Schuld, Verhältnis

Schuldverschreibung, F., »Schuldverschreibung«, (Kramer vor 1719? bzw.) Stieler 1691, Lüt. it. assignatione d'un credito?

Schuldversprechen, N., »einseitig verpflichtender Vertrag in dem der eine Teil (Schuldner) dem anderen Teil (Gläubiger) eine Leistung als abstrakte Verbindlichkeit verspricht«, 19. Jh.?, s. Schuld, Versprechen

Schule, F., »Einrichtung zur Förderung der geistig-sozialen Entwicklung von Menschen insbesondere von Kindern«, mhd. schuole, F., »Schule«, ahd. skuola (800), scuola, F., »Schule« 6. Jh.?, as. skōla, F., »Schule«, germ. *skōla, F., »Schule«, Lw. lat. schola, F., »Muße, Untersuchung, Unterredung, Kollegium«, Lw. gr. scholé, F., »Muße, Lehrveranstaltung, Ort der Lehrveranstaltung«

Schüler, M., »Schüler«, mhd. schuolære, M., »Schüler«, ahd. skuolāri (863-71), scuolāri, M., »Schüler, Jünger«, s. Schule

Schulgewalt, F., »Gewalt des Staates und seiner Schulorgane über die Schüler«, 19. Jh. ?, s. Schule, Gewalt

Schulpflicht, F., »öffentlichrechtliche Verpflichtung zum Besuch einer Schule (vom 6. bis 17./18. Lebensjahr)«, 19. Jh., s. Schule, Pflicht, vgl. Grimm DW 1899

Schulter, F., »Schulter«, mhd. schulter, F., »Schulter, Schulterblatt«, ahd. skultira (E. 8. Jh.), scultira, F., »Schulter«, westgerm. *skuldrjō, *skuldrō, F., »Schulter«, idg. *skl̥dhrā, F., »Schulterblatt«, zu idg. *skel- (1), V., »schneiden«?

Schultheiß, M., »Schultheiß, Ortsvorsteher«, mhd. schultheize, M., »Schultheiß, Richter«, ahd. skuldheizo (2. H. 8. Jh.), sculdheizo, M., »Schultheiß, Verwalter, Vorsteher, Richter, Strafrichter«, lang. skuldhais (643), s. Schuld, heißen

Schulze, M., »Schultheiß, Schuldheischer, Inhaber eines örtlichen niederen Amtes der Verwaltung und Gerichtsbarkeit«, fnhd., s. Schultheiß

Schulzwang, M., »Zwang zum Schulbesuch«, Kant (vor 1804), Goethe, s. Schul, Zwang

Schuman-Plan, M., »am 9. 5. 1950 vom damaligen Außenminister Frankreichs vorgeschlagener Plan die Kohleindustrie und Stahlindustrie Frankreichs und Deutschland und anderer europäischer Länder zusammenzulegen und einer gemeinsamen Höheren Behörde zu unterstellen«, s. Plan

schummeln, V., »handeln, schummeln, betrügen«, 18. Jh., aus dem Jüdischen?

Schund, M., »Abfall beim Schinden, Unrat, Kot, Schund«, 16. Jh., s. schinden

Schupo, M., »Schutzpolizist«, 20. Jh.?, s. Schutz, Polizist

schürfen, V., »schürfen, ritzen, aufschneiden, graben«, mhd. schürpfen, schürfen, V., »aufschneiden, ausweiden, anschlagen«, ahd. skurpfen (9. Jh.), scurpfen, V., »ausweiden, zerfleischen, aufschneiden, schlagen, herausschlagen«, germ. *skurpjan, V., »schürfen, anschlagen«, zu idg. *skerbh-, V., »schneiden«, zu idg. *sker- (4), V., »schneiden«, zu idg. *sĕ̌k- (2), V., »schneiden«

schurigeln, V., »quälen«, A. 17. Jh., zu schürgen, V., »stoßen«?

Schurke, M., »ehrloser Mensch«, E. 16. Jh., älter?, zu schürgen, V., »stoßen«?

Schuster, M., »Schuster«, mhd. schuohsūtære, schuohsūter, M., »Schuhflicker, Schuster« zu Schuh, z. T. Lw. lat. sutor, M., »Flickschuster«, zum PPP. sutus von lat. suere, V., »nähen«, Form schūster 15. Jh.

Schute, F., »Schiff«, nnd., mnl. schute, F., »Schute«

Schutt, M., »Anschwemmung, Aufschüttung, Abfall (17. Jh.), Schutt«, 15. Jh., zu schütten

schütten, V., »schütten«, mhd. schütten, V., »schwingen, schütteln, zerbrechen, erschüttern«, as. skuddian, V., »schütteln, erschüttern«, germ. *skudjan, V., »schütteln, bewegen«?, zu idg. *skŭ̄t-, V., »schütteln, rütteln«?, zu idg. *ku̯et-, V., »schütteln«?

Schutz, M., »Schutz«, mhd. schuz, M., »Umdämmung, Aufstauung des Wassers, Schutz, Schirm«, s. schützen, Schutz und Schirm (16. Jh.)

Schutzbereich, M., »Bezirk welcher einem besonderen Schutz unterliegt, Gebiet in welchem zum Schutz und zur Erhaltung der Wirksamkeit von Verteidigungsanlagen die Benutzung von Grundstücken auf Grund besonderer Anordnung der zuständigen Behörde beschränkt ist, sachlicher bzw. persönlicher Bereich zu dessen Schutz der betreffene Rechtssatz geschaffen worden ist so daß ein außerhalb des Schutzbereiches liegender Sachverhalt von der Rechtsfolge der betreffenden Norm nicht mehr erfaßt wird«, 20. Jh.?, s. Schutz, Bereich

Schütze, M., »Schütze«, mhd. schütze, M., »Wächter, Büchsenschütze«, ahd. skuzzo (1000, PN), scuzzo, M., »Schütze, Bogenschütze«, westgerm. *skutan, *skutjan, *skutjōn, M., »Schütze«, zu schießen

schützen, V., »schützen, schirmen, sichern«, mhd. schützen, V., »dämmen, stauen, hindern«, zu schießen?

Schutzgesetz, N., »jede materielle Rechtsnorm die nicht lediglich die Allgemeinheit sondern mindestens auch einen oder mehrere Einzelne schützt«, 19. Jh.?, s. Schutz, Gesetz

Schutzmann, M., »Beschützer (Stieler 1691)«, »Schutz genießender Mann (Möser 2. H. 18. Jh.«, »Polizist« 19. Jh., s. Schutz, Mann

Schutzpflicht, F., »Verhaltenspflicht zum Schutz eines bestimmten Rechtsgutes«, 19. Jh., s. Schutz, Pflicht, vgl. Grimm DW 1899

Schutzschrift, F., »dem Schutz von Rechten dienende Schrift«, »Verteidigungsschrift« Campe 1801ff., Lüt. lat. apologia, F., »Verteidigungsschrift«, s. Schutz, Schrift

Schutzzweck, M., »Ziel zu dessen Schutz ein Rechtssatz aufgestellt worden ist«, 2. H. 20. Jh.?, s. Schutz, Zweck

Schwabe, M., »Schwabe«, mhd. swābe, swāp, M., »Schwabe«, ahd. swābo (863-71), swāb (9. Jh.), M., »Schwabe, Schwab«, germ. *swēbo, M., »Suebe«, zu germ. *swēsa, *swēsaz, Adj., »eigen, vertraut«?, zu idg. *seu̯e-, *su̯e-, Adv., Pron., Adj., »abseits, getrennt, für sich, sein (Pron.), eigen, sich«

Schwabenspiegel, M., »neuzeitliche Bezeichnung für ein um 1275 in Augsburg auf der Grundlage des Deutschenspiegels - und damit letztlich des Sachsenspiegels - entstandenes Rechtsbuch (Kaiserrecht) das in Oberdeutschland sehr weite Verbreitung erfahren hat«, Goldast 1609, s. Schwabe, Spiegel

schwach, Adj., »schwach, kraftlos«, mhd. swach, Adj., »schlecht, gering, unedel, niedrig, armselig, kraftlos, schwach«, zu schwanken, schwingen

Schwachkopf, M., »dummer Kerl«, um 1800, s. schwach, Kopf

Schwachsinn, M., »Mangel an Verstand (18. Jh.), Unsinn«, s. schwach, Sinn

Schwadron, F., »kleinste Einheit der Kavallerie«, 17. Jh. (Carolus 1609) Lw. it. squadrone, F., »Viereck, Schwadron«, zu it. squadra, F., »Viereck«, zu it. squadrare, V., »viereckig machen«, aus vulgarlat. *exquadrare, V., »viereckig machen«, zu lat. e, ex, Präp., Präf., »aus«, lat. quadrare, V., »viereckig machen« zu lat. quadrum, N., »Viereck«, zu lat. quattuor, Num. Kard., »vier«

Schwager, M., »angeheirateter männlicher Verwandter (bis 18. Jh.), Schwager, Ehemann der Schwester«, mhd. swāger, M., »Schwager, Schwiegervater, Schwiegersohn«, ahd. swāgur (E. 8./A. 9. Jh.), M., »Verwandter des Schwiegervaters, Schwiegervater, Schwiegersohn, Schwager«, germ. *swēgra, *swēgraz, M., »Schwager«?, idg. *su̯ékuro-, *su̯ék̂uro-, M., »Vater des Ehemannes«?

Schwägerin, F., »Ehefrau des Bruders, Schwester des Ehemannes oder der Ehefrau«, fnhd. swægerinne (15. Jh.), F., »Schwägerin«, s. Schwager, in

Schwägerschaft, F., »Verhältnis der Verwandten eines Ehegatten zu dem anderen Ehegatten (z.B. Schwiegereltern)«, 1783, spätmhd. swagerschaft, F., »Schwägerschaft, Verwandtschaft«, Lüs. mlat. generitas, F., »Schwiegerschaft«, s. Schwager, schaft

Schwäher, M., »Schwiegervater«, mhd. sweher, M., »Schwiegervater«, ahd. swehur (830), swer, M., »Schwäher, Schwiegervater«, germ. *swehura, *swehuraz, M., »Schwäher, Schwiegervater«, idg. *su̯ékuros, M., »Schwiegervater, Vater des Ehemannes«

Schwaige, F., »Schwaige, Viehhof«, mhd. sweige, sweig, F., »Rinderherde, Viehhof«, ahd. sweiga (E. 8. Jh.), sweig, F., »Weide (F.) (2), Weideplatz, Schwaige, Herde, Rinderherde«, as. swēga, F., »Herde«, germ. *swaigō, F., »Schwaige, Herde, Stall«, zu idg. *su̯eik-?, V., »biegen, drehen, schwingen«?, zu idg. *su̯ēi-, V., »biegen, drehen, schwingen«

schwanger, Adj., »schwanger«, mhd. swanger, Adj., »schwanger«, ahd. swangar (E. 8./A. 9. Jh.), Adj., »schwanger«, westgerm. *swangra, *swangraz, Adj., »schwer, schwerfällig, schwanger«, zu idg. *su̯enk-, Adj., »schwer, schwanger«?

Schwangerschaft, F., »von der Befruchtung bis zur Geburt eines Kindes reichender Zeitabschnitt im Leben einer Frau«, 17. Jh. (Mauriceau 1681), Lüs. lat. graviditas, F., »Schwangerschaft«, s. schwanger, schaft

schwarz, Adj., »schwarz«, mhd. swarz, Adj., »schwarz«, ahd. swarz (765), Adj., »schwarz«, as. swart, Adj., »schwarz«, germ. *swarta, *swartaz, Adj., »schwarz«, idg. *su̯ordos, Adj., »schwarz, schmutzig«?

Schwarzarbeit, F., »ohne die gesetzlich vorgeschriebene Anmeldung bei der zuständigen Behörde ausgeführte Arbeit«, 20. Jh., s. schwarz, Arbeit

Schwarzkauf, M., »Kauf eines Grundstükkes zu einem im Vergleich zum beurkundeten Preis höheren tatsächlichen Preis zwecks Steuereinsparung und Gebühreneinsparung«, 20. Jh., s. schwarz, Kauf

Schwarzmarkt, M., »heimlicher Markt, heimlicher Handel mit rationierten Waren«, um 1923?, s. schwarz, Markt

schweben, V., »schweben, leicht und ohne Berührung über eine Fläche gleiten«, mhd. sweben, V., »schweben«, ahd. swebēn (765), V., »branden, wogen, schweben, schwimmen«, westgerm. *swibēn?, V., »schweben, sich schwingen«, idg. *su̯eib-?, V., »biegen, drehen, schwingen, schweifen«, zu idg. *suĕ-, *su̯ĕi-, V., »biegen, drehen, schwingen«

schwebend, Adj., »in der Schwebe befindlich«, Part. Präs. von schweben

schwebende Unwirksamkeit, F., »noch nicht endgültig eingetretene Unwirksamkeit«, 19. Jh., s. schwebend, Unwirksamkeit

schweigen, V., »schweigen, nicht reden«, mhd. swīgen, V., »schweigen, verstummen«, ahd. swīgēn (765), V., »schweigen, verschweigen, stumm sein, sich fügen«, as. swīgon, V., »schweigen«, westgerm. *swīgēn, V., »schweigen«, zu idg. *su̯i-, V., »schwinden, schweigen«?

Schweigen, N., »Unterlassen einer Willensäußerung«, mhd. swīgen, N., »Schweigen«, s. schweigen

Schweigepflicht, F., »Verpflichtung, Kenntnisse oder Mitteilungen nicht weiterzugeben«, 19. Jh.?, s. schweigen, Pflicht

Schwein, N., »Schwein«, mhd. swīn, N., »Schwein«, ahd. swīn (765), N., »Schwein«, as. swīn, N., »Schwein«, germ. *swīna, *swīnam, N., »Schwein«, idg. *suu̯īno-, Adj., Sb., »schweinern, Schwein«, zu idg. *seu- (2), V., »gebären«, oder Schallwort?

Schweinerei, F., »Unreinlichkeit, Anstößiges«, 17. Jh., s. Schwein, er, ei

Schweinehund, M., »Hund der Schweine jagt (18. Jh.), unreinlicher Mensch, gemeiner Kerl (19. Jh.)«, s. Schwein, Hund

Schweinigel, M., »Art Igel« 17. Jh., »unanständiger Mensch«, s. Schwein

Schweiz, F., »aus der Reichsunmittelbarkeit der Leute von Uri und Schwyz im Zusammenschluß mit weiteren ehemals den Grafen von Habsburg unterstehenden Gebieten seit 1291 allmählich erwachsener 1648 aus dem Deutschen Reich verselbständigter Staat«, 972 Suittes, ON., »Schwyz«

schwenden, V., »schwinden machen, verrichten«, mhd. swenten, V., »ausroden, zunichtemachen, vertilgen, verbrauchen«, ahd. swenten (863-71), V., »schwenden, fällen, vernichten, sich verzehren«, germ. *swandjan, V., »schwenden, roden«?, zu idg. *su̯endh-, V., »schwinden«?, zu idg. *su̯i-, V., »zischen, pfeifen«, idg. *u̯endh- (2), V., »schwinden«

schwer, Adj., »schwer, schwierig«, mhd. swære, Adj., »schmerzlich, beschwerlich, schwer«, ahd. swāri (800), Adj., »schwer, beschwerlich, gefährlich, groß, ernst, wichtig, streng«, as. swār, Adj., »schwer«, germ. *swēra, *swēraz, *swērja, *swērjaz, Adj., »schwer, gewichtig, ansehnlich«, idg. *su̯ēro-, Adj., »schwer«?, zu idg. *u̯er- (1), V., Adj., Sb., »binden, reihen, aufhängen, schwer, Schnur (F.) (1), Strick«?

Schwerbehinderter, M., »wer infolge körperlicher geistiger oder seelischer Behinderung nicht nur vorübergehend um mindestens 50% in seiner Erwerbsfähigkeit gemindert ist«, 20. Jh.?, s. schwer, Behinderter

Schwerbeschädigter, M., »wer infolge einer gesundheitlichen Schädigung nicht nur vorübergehend um mindestens 50% in seiner Erwerbsfähigkeit gemindert ist«, 20. Jh., s. schwer, beschädigen

Schwere, F., »Schwere«, mhd. swære, F., »Schwere, Schmerz«, ahd. swārī (765), F., »Schwere, Last, Gewicht«, s. schwer

schwere Brandstiftung, F., »überdurchschnittlich gefährliche Brandstiftung«, 19. Jh.?, s. Brandstiftung, schwer

Schwere der Schuld, F., »Bedeutsamkeit der Schuld«, 20. Jh.?, s. Schwere, Schuld

schwere Körperverletzung, F., »überdurchschnittlich gefährliche Körperverletzung«, 19. Jh.?, s. Körperverletzung, schwer

Schwert, N., »Schwert, Hiebwaffe, Stichwaffe«, mhd. swert, N., »Schwert«, ahd.

swert (1. H. 8. Jh.), N., »Schwert«, as. swerd, N., »Schwert«, germ. *swerda, *swerdam, N., »Schwert«, zu idg. *su̯er- (4), V., »schneiden, stechen, schwären, eitern«?

Schwertfeger, M., »Waffenschmied, Schwerthersteller«, mhd. swertveger, M., »Schwertfeger«, s. Schwert, fegen

Schwertmage, M., »Verwandter von väterlicher Seite«, mhd. swertmāc, swertmāge, M., »Verwandter von väterlicher Seite«, späteres 12. Jh. (vor 1170) bzw. Magdeburger Fragen 14. Jh., s. Schwert, Mage

Schwester, F., »Schwester«, mhd. swester, F., »Schwester«, ahd. swester (1. H. 8. Jh.?), soster, F., »Schwester«, as. swestar, F., »Schwester«, germ. *swester-, *swestera, F., »Schwester«, idg. *su̯esor-, F., »Schwester«, zu idg. *seu̯e-, *su̯e-, Adv., Pron., Adj., »abseits, getrennt, für sich, sein (Pron.), eigen, sich«?

Schwieger, F., »Schwieger, Schwiegermutter, Mutter der Gattin«, mhd. swiger, F., »Schwiegermutter«, ahd. swigar (830), F., »Schwieger, Schwiegermutter«, germ. *swegrō, *swegru-, *swegruz, F., »Schwieger, Schwiegermutter«, idg. *su̯ek̑rū-, F., »Schwiegermutter«, zu idg. *su̯ékuro-, *su̯ék̑uro-, M., »Vater des Ehemannes«

Schwiegereltern, F., »Eltern der Ehefrau, Eltern des Ehemannes«, 18. Jh., s. Schwieger, Eltern

Schwiegermutter, F., »Mutter der Ehefrau, Mutter des Ehemannes«, 16. Jh., verdeutlicht und verdrängt (18. Jh.) Schwieger

Schwiegersohn, M., »Ehemann der Tochter«, 16. Jh., s. Schwieger, Sohn

Schwiegertochter, F., »Ehefrau des Sohnes«, 17. Jh., s. Schwieger, Tochter«

Schwiegervater, M., »Vater der Ehefrau, Vater des Ehemannes«, 16. Jh., s. Schwieger, Vater

schwindeln, V., »schwindeln, betrügen (18. Jh.)«, mhd. swindeln, V., »schwindeln«, ahd. swintilōn (E. 8. Jh.), V., »ohnmächtig werden«, Iterativ zu schwinden

Schwippschwager, M., »Ehemann der Schwägerin«, um 1900, s. Schwager, zu schwippen, V., »schwanken«

schwören, V., »schwören, eidlich bekräftigen«, mhd. swern, V., »schwören, versichern«, ahd. swerien (790), swerren, V., »schwören, versprechen, eidlich versprechen, sich verschwören«, as. swerian, V., »schwören«, germ. *swarjan, V., »reden, schwören«, idg. *su̯er- (1), V., »sprechen, reden«?, zu idg. *u̯er-, V., »sprechen«?

schwul, Adj., »homosexuell (um 1900)«, 17. Jh. Lw. nnd. swūl, Adj., »schwül«, zu schwelen, ü in schwül 18. Jh. unter dem Einfluß von kühl?

Schwur, F., »Schwur, Eid«, mhd. swuor, M., »Eid, Schwur, Fluch«, zu schwören

Schwurgericht, N., »mit drei Richtern einschließlich des Vorsitzenden und zwei Schöffen besetzte Strafkammer bei Strafsachen (z.B. Mord oder Totschlag und zahlreichen anderen Straftaten mit Todesfolge)«, »(im älteren und ausländischen Recht) mit 3 Richtern und 12 Geschworenen besetztes Gericht bei dem die Geschworenen über die Schuldfrage entscheiden«, s. Schwur, Gericht, vgl. Weiske (1839ff)., 1856, Planck 1857, sachlich 1798 (Geschworenengericht) im linksrheinischen Gebiet nach dem Vorbild Frankreichs eingeführt, 1924 der Sache nach abgeschafft

scire leges non est verba earum tenere sed vim ac potestatem, lat., »die Gesetze kennen heißt nicht ihren Wortlaut zu beherrschen sondern ihren Sinn und ihre Tragweite«, Digesten 1,3,17, Celsus (70-140)

Sechter, M., »Hohlmaß, Melkeimer«, mhd. sehter, M., »ein Trockenmaß«, ahd. sehtāri (9. Jh.), M., »Sechter, Gefäß«, Lw. lat. sextarius, M., »Sechstel«, zu lat. sextus, Num. Ord., »sechste«, zu lat. sex, Num. Kard., »sechs«

secundum legem, lat., »entsprechend dem Gesetz«, zu lex, F., »Gesetzesvorschlag, Gesetz«

SED (Sozialistische Einheitspartei Deutschlands), F., »1946 durch Zusammenschluß von Kommunistischer und Sozialdemokratischer Partei entstandene Einheitspartei der sowjetischen Besatzungszone bzw. Deutschen Demokratischen Republik welche sich 1989 in Partei des demokratischen Sozialismus umbenannte«, s. sozialistisch, Einheit, Partei, Deutschland

See, M., »See«, mhd. sē, M., »See, Landsee, Meer«, ahd. sēo (8. Jh.), M., »See, Meer, Teich, Wasser, Gewässer«, as. sēo, M., »See«, germ. *saiwa, *saiwaz, M., »See«?, zu idg. *seiku̯-, V., »gießen, seihen, rinnen, tröpfeln«?, zu idg. *sei-, V.,

Adj., »tröpfeln, rinnen, feucht«?, seit dem 16. Jh. Bedeutungsdifferenzierung See, M., »See«, See, F., »Meer«

Seele, F., »Seele«, mhd. sēle, F., »Seele«, ahd. sēla (765), F., »Seele, Herz, Geist, Leben«, as. sēola, F., »Seele«, Lbd. lat. anima, F., »Seele«, germ. *saiwalō, F., »Seele«, zu See?

Seelgerät, N., »Stiftung zum Heil der Seele«, mhd. sēlgeræte, N., »was man zum Heil seiner Seele einer geistlichen Anstalt für Seelenmessen vermacht, eine letztwillige Schenkung, Testament«, 1264, s. Seele, Gerät

Seemann, M., »Matrose«, 17. Jh., älter mnl. seeman, M., »Seemann«, s. See, Mann

Seerecht, N., »Inbegriff der die See und die Seeschiffahrt betreffenden Rechtssätze«, Adelung 1774ff., s. See, Recht

sehen, V., »sehen«, mhd. sehen, V., »sehen, erblicken«, ahd. sehan (765), V., »sehen, blicken, schauen, betrachten, wahrnehmen, beachten, erblicken, achten, scheinen«, as. sehan, V., »sehen«, germ. *sehwan, V., »sehen«, zu idg. *sekᵘ̯- (1), V., »folgen«?

Seidel, N., »Bierglas, Seidel«, mhd. sīdel, N., »Seidel«, 13. Jh. Lw. lat. situla, F., »Eimer«

sein, V., »sein (V.)«, mhd. sīn, V., »sein (V.)«, ahd. sīn (1. H. 8. Jh.?), V., »sein (V.)«, zu germ. *es-, V., »sein (V.)«, idg. *es-, *s-, V., »sein (V.)«, aus der 3. Person Plural und dem Optativ entwickelter Infinitiv, der sonst durch wesan ausgedrückt wird, daneben idg. *bheu-, *bheu̯ə-, *bhū-, V., »wachsen, gedeihen, werden, sein (V.)«, und idg. *u̯es-, V., »verweilen, wohnen, übernachten«, s. bauen, Wesen

Seite, F., »Seite«, mhd. sīte, F., »Seite«, ahd. sīta (E. 8. Jh.), F., »Seite, Hüfte«, as. sīda, F., »Seite«, germ. *seidōn, *sīdōn, F., »Seite, Rand, Flanke, Strand«, zu idg. *sēi- (2), V., Sb., »senden, werfen, fallen lassen, säen, säumen, Ruhe, Kraft«

Seitenlinie, F., »auf die Seite gerichtete Linie«, 1499 Worms, Kramer 1702, Lüt. lat. linea collateralis, F., »seitliche Linie«, s. Seite, Linie

Seitensprung, M., »Sprung zur Seite« 18. Jh., »Eheverfehlung« (19. Jh.), s. Seite, Sprung

Sekretär, M., »Schreibkraft«, früheres 15. Jh. (1450) Lw. mlat. secretarius, M., »Geheimschreiber, Schreibkraft«, zu lat. secretus, Adj., »geheim, abgesondert, besonders, getrennt«, PPP. von lat. secernere, V., »absondern, ausscheiden, trennen«, zu lat. se, Präp., »ohne, besonders«, lat. cernere, V., »sichten, scheiden«

Sekretärin, F., »Sekretärin«, A. 20. Jh., s. Sekretär, in

Sekte, F., »Sekte, Glaubensgemeinschaft«, mhd. secte, F., »Sekte«, Lw. lat. secta, F., »Sekte, unterscheidende Verhaltensweise«, subst. PPP. F. von lat. secare, V., »schneiden, abtrennen«

Sektion, F., »Aufschneidung, Abschnitt (E. 16. Jh.), Abteilung, Sektion«, E. 16. Jh. (Helber 1593) bzw. A. 18. Jh. (1711) Lw. lat. sectio, F., »Zerschneiden, Schnitt«, zum PPP. sectus von lat. secare, V., »schneiden, abtrennen«

Sektor, M., »Bereich, Abschnitt«, späteres 16. Jh. (Xylander 1562) Lw. lat. sector, M., »Zerschneider, Abschnitt«, zum PPP. sectus von lat. secare, V., »schneiden, abtrennen«

Sekunde, F., »Sekunde, sechzigster Teil einer Minute«, 2. H. 15. Jh. (Anglicus 1477) Lw. lat. (pars minuta) secunda, F., »zweiter (Unterteil)«, zu lat. secundus, Adj., »folgend, zweite«, zu lat. sequi, V., »folgen«, zuerst N. (1519), dann F.

selb, Pron., »selb, selber, selbst«, mhd. selp, Pron., »selb, selbst«, ahd. selb (8. Jh.?), Pron., »selb, selber, selbst«, as. self, Pron., »selb, selbst«, germ. *selba-, Pron., »selbst«, zu idg. *selo-, Pron., »selbst«?, zu idg. *se-, Adv., Pron., »abseits, getrennt, für sich, sich«?

selbst, Pron., um t erweiterter adverbialer Genitiv von selb, s. selb

selbständig, Adj., »unabhängig« 16. Jh. (Frisch 1741), vgl. mnd. sulfstandich, mhd. selpstende, s. selb, ständig

Selbständiger, M., »wer im wesentlichen frei seine Tätigkeit gestalten und seine Arbeitszeit bestimmen kann (persönliche Freiheit z.B. bei Tankstellenpächter)«, 19. Jh.?, s. selbständig

Selbstauflösung, F., »selbst herbeigeführte Auflösung«, Zachariä 1848, s. selbst, Auflösung

Selbstauflösungsrecht, N., »Recht eines Verbandes oder einer sonstigen Personenmehrheit sich durch eigene Entscheidung aufzulösen«, 20. Jh.?, s. Selbstauflösung, Recht

Selbstbelieferung, F., »Selbst-beliefert-werden«, 20. Jh., s. selbst, be, Lieferung

Selbstbelieferungsklausel, F., »Klausel daß ein Kauf bei dem der Verkäufer sich die zu leistende Sache erst selbst beschaffen muß unter der Bedingung abgeschlossen wird daß ihm die Beschaffung gelingt«, 20. Jh., s. Selbstbelieferung, Klausel

Selbstbestimmung, F., »Bestimmung durch sich selbst«, E. 18. Jh. (Goethe bzw. Schiller vor 1805), s. selbst, Bestimmung

Selbstbestimmungsrecht, N., »Recht des Einzelnen und der Gruppen auf freigewählte und eigenverantwortliche Gestaltung der eigenen Angelegenheiten, (im Völkerrecht) Anspruch jedes Volkes auf freie Entscheidung hinsichtlich eines Zusammenschlusses zu einem selbständigen Staat der auch dazu führt daß eine Einverleibung eines Staates oder Staatsteiles nur mit Zustimmung der betroffenen Bevölkerung zulässig ist«, 20. Jh.?, s. Selbstbestimmung, Recht

Selbstbindung, F., »Bindung durch eigenes Handeln«, 20. Jh.?, s. selbst, Bindung

Selbsteintritt, M., »Eintritt einer Person die ein Geschäft nur vermitteln oder ausführen soll als Partei dieses Geschäfts«, 20. Jh., s. selbst, Eintritt

Selbsthilfe, F., »Durchsetzung oder Sicherung eines Anspruchs durch eigenes Handeln«, Adelung 1774ff. bzw. Mackeldey 1814, s. selbst, Hilfe

Selbsthilferecht, N., »Recht einen Anspruch durch eigenes Handeln durchzusetzen oder zu sichern«, 19. Jh., s. Selbsthilfe, Recht

Selbsthilfeverkauf, M., »Verkauf geschuldeter beweglicher - hinterlegungsunfähiger oder verderblicher - Sachen für Rechnung des Gläubigers durch öffentliche Versteigerung«, 19. Jh., s. Selbsthilfe, Verkauf, vgl. Gerber 1895

Selbstkontrahieren, N., »Abschluß eines Rechtsgeschäfts mit sich selbst«, 19. Jh., s. selbst, Kontrakt

Selbstmord, M., »gewaltsame Vernichtung des eigenen Lebens«, Harsdörfer M. 17. Jh. Nürnberg Lüt. lat. suicidium, N., »Selbstmord«?, s. selbst, Mord

Selbstmörder, M., »wer sich selbst tötet«, E. 16. Jh., aus sein selbs mörder (Luther 1527)?, s. selbst, Mörder

Selbstorganschaft, F., »Geschäftsführung durch einen oder mehrere oder alle Gesellschafter selbst«, 20. Jh., s. selbst, Organschaft

Selbstschuldner, M., »selbst als Schuldner«, mhd. selpschuldener, M., »Selbstschuldner«, 1365, s. selbst, Schuldner

selbstschuldnerisch, Adj., »selbstschuldnerisch«, 19. Jh., s. Selbstschuldner, isch

selbstschuldnerische Bürgschaft, F., »Bürgschaft für welche der Bürge selbst Schuldner ist«, s. Bürgschaft, selbstschuldnerisch, vgl. Weiske 1839ff.

Selbstverteidigung, F., »rechtmäßige Abwehr eines rechtswidrigen Angriffs (Notwehr) oder einer drohenden Gefahr (Notstand)«, Campe 1807ff., s. selbst, Verteidigung

Selbstverwaltung, F., »eigenverantwortliche Wahrnehmung überlassener oder zugewiesener eigener öffentlicher Aufgaben durch unterstaatliche Träger öffentlicher Verwaltung«, A. 19. Jh. (Schlettwein 1778) (in Bezug auf Krongut) Lüt. ne. selfgovernment, N., »Selbstverwaltung«, sachlich Stein 1808 Preußen, s. selbst, Verwaltung

Selbstverwaltungskörperschaft, F., »Körperschaft der das Recht zur Selbstverwaltung zugestanden worden ist«, 20. Jh.?, s. Selbstverwaltung, Körperschaft

Semantik, F., »Teildisziplin der Sprachwissenschaft welche die Bedeutung von Wörtern und Sätzen und Texten erforscht«, E. 19. Jh. oder A. 20. Jh. (1910) Lw. frz. semantique, F., »Bedeutungslehre« (Bréal 1883), zu gr. semantikós, Adj., »bezeichnend«, zu gr. semaínein, V., »bezeichnen«, zu gr. sema, N., »Zeichen, Merkmal«

Semasiologie, F., »vom Wort ausgehende und dessen Bedeutung (gegebenenfalls in Kontexten) ermittelnde Teildisziplin der Semantik und damit der Sprachwissenschaft«, Reisig 1839, zu gr. semasía, F., »Bezeichnung«, zu gr. sema, N., »Zeichen, Merkmal«, gr. lógos, M., »Sagen, Rede, Wort«, s. logie

Semester, N., »Semester, Halbjahr«, (16. Jh.? bzw.) 2. H. 18. Jh. (Michaelis 1773) Lw. lat. semestre (tempus), N., »Semester«, zu mlat. semestris, semenstris, Adj.,

»sechsmonatig«, zu lat. sex, Num. Kard., »sechs«, lat. mensis, M., »Monat«

Seminar, N., »Seminar, Lehrveranstaltung, Institut«, A. 16. Jh.? (1524 Ingolstadt) Lw. lat. seminarium, N., »Pflanzschule, Baumschule«, zu lat. seminarius, Adj., »den Samen betreffend«, zu lat. semen, N., »Same, Setzling«, zu lat. serere, V., »säen, pflanzen, hervorbringen«

semperfrei, Adj., »reichsunmittelbar«, mhd. sempervrī, Adj., »reichsunmittelbar«, aus sentbære vrī, Adj., »sendbar frei«, zu mhd. sent, M., »Versammlung, Landtag, Reichstag«, Lw. lat. synodus, M., »Zusammenkunft«, Lw. gr. sýnodos, M., »Zusammenkunft«, zu gr. sýn, Präp., Präf., »mit, zusammen«, gr. hodós, M., »Weg«, s. Sendgericht

Senat, M., »Rat der Alten, (im römischen Recht der Republik) der Beratung (ursprünglich des Königs dann) der Magistrate dienendes Verfassungsorgan, (im gegenwärtigen Verfassungsrecht) höchstes Regierungsorgan der Stadtstaaten, zweite Kammer der Volksvertretung des Landes Bayern, (im Verwaltungsrecht) neben dem Präsidenten (Rektor) stehendes Leitungsorgan der Universität, (im Verfahrensrecht) kollegialer Spruchkörper eines oberen Gerichts (z.B. Bundesverfassungsgericht)«, mhd. senāt, M., »Senat«, 13. Jh. Lw. lat. senatus, M., »Rat der Alten, Senat, Magistrat, Staatsrat«, zu lat. senex, M., »Alter (M.), Greis«, zu lat. senex, Adj., »alt, bejahrt«

Senator, M., »Mitglied eines Senats«, mhd. senātōr, M., »Mitglied eines Senats«, Lw. lat. senator, M., »Mitglied des Senats«, s. Senat

Senatskonsult, M., »(im römischen Recht) Ratschlag des Senats der teilweise gesetzesgleiche Kraft hat«, Lw. lat. senatus consultum, N., »Senatsbeschluß«, zu lat. senatus, M., »Senat«, lat. consultum, PPP. von lat. consulere, V., »zu Rate gehen«, s. Konsul, vgl. Weiske 1839ff.

senden, V., »senden«, mhd. senden, V., »schicken, senden«, ahd. senten (E. 8. Jh.), V., »senden, schicken, bringen, aussenden, geben, werfen, schütten, legen, tun«, as. sendian, V., »senden«, germ. *sandjan, V., »senden«, Kausativum zu germ. *senþnan, V., »sich begeben«, zu idg. *sent-, V., »gehen, empfinden, wahrnehmen«

Sendgericht, N., »(im mittelalterlichen Kirchenrecht) kirchliches Gericht des Bischofs bzw. später des Archidiakons oder Pfarrers über Verstöße von Laien gegen kirchliche Gesetze«, mhd. sentgerichte, N., »Sendgericht, Synodalgericht«, zu ahd. senod (nach 765?), M., »Versammlung, Synode, Gerichtsversammlung«, Lw. lat. synodus, M., »Zusammenkunft«, Lw. gr. sýnodos, M., »Zusammenkunft«, zu gr. sýn, Präp., Präf., »zusammen, mit«, gr. hódos, M., »Weg«

Seneschall, M., »Seneschall«, mhd. seneschalt, M., »Seneschall«, Lw. frz. sénéchal, M., »Seneschall«, mlat. senescalcus (658), seniscalcus (692), M., »Seneschall, Altknecht«, Lw. westfränk. *seniskalk, *seniscalc, *siniskalk, M., »Altknecht«, zu germ. *sen-, Adj., »alt«, idg. *seno-, Adj., »alt«, zu idg. *es-, V., »sein (V.)«?, s. Schalk, 1127/91 in Frankreich am Königshof beseitigt

Senn, M., »Senn, Alpenhirt«, obd., zu mhd. senne, M., »Hirte, Senne«, ahd. senno (11. Jh.), M., »Senn, Senne, Hirte«, germ. *san-, M., »Senn, Senner«, kelt. *sanion, M., »Melker«?

sententia, lat., F., »Urteil«, zum Part. Präs. von lat. sentire, V., »fühlen, empfinden, wahrnehmen«

Sequestration, F., »Absonderung, Verwaltung, Zwangsverwaltung, abgesonderte Verwaltung eines Gegenstandes«, E. 18. Jh. (Campe 1807ff.) Lw. lat. sequestratio, F., »Niederlegung des streitigen Gegenstandes, Trennung«, zum PPP. sequestratus von lat. sequestrare, V., »beim Sequester niederlegen, absondern«, über lat. sequester, Adj., »vermittelnd«, zu lat. sequi, V., »folgen«

Sergeant, M., »Unteroffizier«, mhd. sarjant, serjant, M., »Diener, Knappe, Knecht«, um 1200 Lw. afrz. serjant, sergeant, M., »Diener, Knecht, Verwalter«, zum Part. Präs. von afrz. servir, V., »dienen«, aus lat. servire, V., »dienen«, zu lat. servus, M., »Diener, Knecht, Sklave«, zu lat. servare, V., »bewahren, beobachten, beachten«

servitus, lat., F., »Dienstbarkeit, Knechtschaft, Servitut«, zu lat. servus

Servitut, F., »Dienstbarkeit, Grunddienstbarkeit«, 18. Jh. (Adelung 1774ff.) Lw. lat. servitus

servus, lat., M., »Sklave, Knecht, Diener, Unfreier«

Session, F., »Sitzung, Sitzungsperiode«, M. 16. Jh. Lw. lat. sessio, F., »Sitzung«, zum PPP. sessus von lat. sedere, V., »sitzen«

Sester, Sechster, M., »Sester«, mhd. sehster, M., »Sester«, ahd. sehstāri (863-71), M., »Sester, ein Maß«, Lw. lat. sextarius, M., »Sechstel«, zu lat. sextus, Num. Ord., »sechste«, zu lat. sex, Num. Kard., »sechs«

setzen, V., »setzen, sitzen machen«, mhd. setzen, V., »setzen, stellen, legen«, ahd. sezzen (765), V., »setzen, stellen, legen, anbringen, ansetzen, vorsetzen«, as. settian, V., »setzen«, germ. *satjan, V., »sitzen machen, setzen«, zu idg. *sed- (A), V., »sitzen«

Seuche, F., »Seuche, Krankheit«, mhd. siuche, F., »Krankheit, Seuche«, ahd. siuhhī (800), siuchīn, F., »Krankheit«, Abstraktum zu siech

Sex, M., »Sex, Geschlechtsverkehr«, 20. Jh. (1936 bzw. 1954) Lw. ne. sex, N., »Geschlecht, Sex«, Lw. frz. sexe, M., »Geschlecht, Sex«, aus lat. sexus, M., »Geschlecht«, zu lat. secare, V., »schneiden, scheiden, trennen«

sexual, Adj., »geschlechtlich«, E. 18. Jh. (Forster 1787) Lw. spätlat. sexualis, Adj., »geschlechtlich«, s. Sex

Sexualdelikt, N., »Straftat gegen die sexuelle Selbstbestimmung«, 20. Jh.?, s. sexual, Delikt

sexuell, Adj., »geschlechtlich«, E. 18. Jh. (1783) Lw. frz. sexuel, Adj., »geschlechtlich«, aus spätlat. sexualis, Adj., »geschlechtlich«, s. Sex

sexuelle Handlung, F., »geschlechtliche Handlung«, 20. Jh.?, s. Handlung, sexuell

sich, Pron., »sich«, mhd. sich, Pron., »sich«, ahd. sih (1. H. 8. Jh.?), Pron., »sich«, as. sik?, Pron., »sich«, germ. *sek, *seke, Pron., »sich«, aus Akk. von idg. *se-, Adv., Pron., »abseits, getrennt, für sich, sich«

sicher, Adj., »sicher«, mhd. sicher, Adj., »sorgenfrei, sorglos, unbesorgt«, ahd. sihhur (800), sichur, Adj., »sicher, sorglos, furchtlos, unbesorgt, sorgenfrei, gefahrlos«, as. sikur, sikor, Adj., »sicher«, germ. *sikur-, Adj., »frei, sicher«, Lw. lat. securus, Adj., »sorgenfrei, schuldfrei, sicher«, zu lat. se, Präp., »ohne, besonders«, lat. cura, F., »Sorge«

Sicherheit, F., »Gesichertsein vor Beeinträchtigungen, Unversehrtheit, Bestand und Funktionieren, unbeeinträchtigte Wirkung«, mhd. sicherheit, F., »Sicherheit, Sorglosigkeit, Unbesorgtheit«, ahd. sihhurheit (863-71), sichurheit, F., »Sicherheit, Rettung, Selbstgewißheit, Sorgenfreiheit, Gefahrlosigkeit«, Lüs. lat. securitas?, F., »Sicherheit«, s. sicher, heit, vgl. Geschichtliche Grundbegriffe

Sicherheitsleistung, F., »Kaution, (in bestimmten Fällen) zur Sicherung eines Verhaltens zu erbringende Leistung«, Badisches Landrecht 1809, Lüs. frz., zu lat. cautio, F., »Sicherheitsleistung«?, s. Sicherheit, Leistung, vgl. Weiske 1839ff., Planck 1896

Sicherheitsrat, M., »aus Vertretern von 15 Staaten bestehendes die Hauptverantwortung für die Wahrung des Weltfriedens tragendes Organ der Vereinten Nationen«, um 1945 Lüs. ne. security council, N., »Sicherheitsrat«, s. Sicherheit, Rat

sichern V., »sichern, sicher machen«, mhd. sichern, V., »sicherstellen, geloben«, ahd. sihhurōn (8. Jh.), sichurōn, V., »entschuldigen, sicherstellen«, s. sicher

Sicherstellung, F., »Sicherung von Gegenständen für bestimmte Zwecke«, E. 18. Jh. (Schiller vor 1804), Allgemeines Bürgerliches Gesetzbuch 1811 Österreich, s. sicher, Stellung, vgl. Weiske 1839ff.

Sicherung, F., »Sicherung, Sicherstellung«, mhd. sicherunge, F., »Sicherung, Sicherstellung«, s. sicher, ung

Sicherungsabrede, F., »Abrede einer Sicherung«, 2. H. 20. Jh., s. Sicherung, ab, Rede

Sicherungsabtretung, F., »fiduziarische Zession, zur Sicherung des Erwerbers vorgenommene Abtretung einer Forderung an ihn«, 20. Jh.?, s. Sicherung, Abtretung

Sicherungsbetrug, M., »Handlung die nur die aus der Vortat gewonnenen Vorteile sichern und verwerten soll und keinen weiteren andersartigen Schaden verursacht«, 20. Jh., s. Sicherung, Betrug

Sicherungseigentum, N., »zur Sicherung geschaffenes Eigentum«, 20. Jh., s. Sicherung, Eigentum

Sicherungsgeschäft, N., »zur Sicherung eines Anspruchs durchgeführtes Rechtsgeschäft (z.B. Sicherungsabtretung)«, 20. Jh., s. Sicherung, Geschäft

Sicherungsgrundschuld, F., »- gesetzlich nicht geregelte - zur Sicherung einer Forderung bestellte Grundschuld«, 20. Jh.?, s. Sicherung, Grundschuld

Sicherungshypothek, F., »Hypothek bei der - vereinbarungsgemäß - das Recht des Gläubigers aus der Hypothek sich nur nach der Forderung bestimmt und der Gläubiger sich zum Beweis der Forderung nicht auf die Eintragung berufen kann«, 19. Jh., s. Sicherung, Hypothek, vgl. Gerber 1895

Sicherungsübereignung, F., »zur Sicherung des Erwerbers vorgenommene Übertragung des Eigentums an einer beweglichen Sache an diesen«, 20. Jh., s. Sicherung, Übereignung

Sicherungsverfahren, N., »besondere Verfahrensart die der selbständigen Anordnung von Maßregeln der Besserung und Sicherung dient«, 20. Jh., s. Sicherung, Verfahren

Sicherungsvertrag, M., »zu einem Sicherungsgeschäft verpflichtender Vertrag«, 20. Jh.?, s. Sicherung, Vertrag

Sicherungsverwahrung, F., »Entzug der Freiheit zum Zweck der Sicherung der Allgemeinheit gegen besonders gefährliche Täter«, 20. Jh., s. Sicherung, Verwahrung

Sicht, F., »Sicht, Sehweise«, mhd. siht, F., »Sehen, Ansehen, Anblick, Vision, Gesicht«, ahd. siht (1. Vt. 9. Jh.), F., »Sicht, Sehen, Anblick«, s. sehen

siech, Adj., »andauernd krank, siech«, mhd. siech, Adj., »krank, siech, aussätzig«, ahd. sioh (765), Adj., »siech, krank, schwach, ohnmächtig«, as. siok, Adj., »siech, krank«, germ. *seuka, *seukaz, Adj., »siech, krank«, idg. *seug-, Adj., »bekümmert, traurig, krank, siech«?

Sieg, M., »Sieg«, mhd. sige, sic, M., »Sieg«, ahd. sigu (E. 8. Jh.), M., »Sieg, Leistung«, as. *sigi, M., »Sieg«, germ. *segu, *seguz, M., *segeza, *segezam, N., »Sieg«, idg. *seĝh-, V., Sb., »halten, überwältigen, Sieg«

Siegel, N., »Siegel«, mhd. sigel, M., »Siegel«, Lw. lat. sigillum, N., »Siegel«, zu lat. signum, N., »Zeichen«, daneben nhd. Insiegel, N., »Siegel, Zeichen«, mhd. insigele, insigel, N., »Siegel, Zeichen«, ahd. insigili (10. Jh.), N., »Siegel«, Lw. aus lat. sigillum, N., »Siegel«, lat. insigne, N., »Kennzeichen«, zu lat. secare, V., »schneiden«

Simmer, N., M.?, s. Sumber

Simpel, M., »Simpel, Schwachkopf«, 17. Jh., obd., zu spätmhd. simple, Adj., »einfach, einfältig«, um 1350 Lw. frz. simple, Adj., »einfach, einfältig«, aus lat. simplex, Adj., »einfach«, zu lat. similis, Adj., »ähnlich«

simultan, Adj., »gleichzeitig«, Lw. zu lat. simul, Adv., »gleichzeitig«, zu lat. similis, Adj., »ähnlich«

Simultanhypothek, F., »Gesamthypothek an mehreren Grundstücken«, 19. Jh. Lw. nlat.?, Österreich

sine tempore, lat., Adv., »ohne (zusätzliche) Zeit d.h. genau zur angegebenen Zeit«

Singular, M., »Einzahl«, 2. H. 17. Jh. bzw. 18. Jh. Lw. lat. singularis (numerus), M., »einzelne Zahl)«, zu lat. singularis, Adj., »einzeln, vereinzelt«, zu lat. singulus, Adj., »einzeln, einzig, allein«

Singularsukzession, F., »Sonderrechtsnachfolge«, Lw. lat. successio singularis, F., »Singularsukzession«, s. Singular, Sukzession, vgl. Weiske 1839ff.

Sippe, F., »(im germanischen und frühmittelalterlichen deutschen Recht) um einen Stammvater gruppierter Familienverband«, mhd. sippe, F., »Blutsverwandtschaft, Verwandtschaftsgrad«, ahd. sippa (E. 8. Jh.), sibba, F., »Friede, Verwandtschaft, Blutsverwandtschaft, Sippe, Bündnis«, as. sibbia, F., »Sippe«, germ. *sebjō, F., »Sippe, Verwandtschaft«, zu idg. *su̯ebho-, Adj., »eigen, eigenartig«, zu idg. *se-, *seu̯e-, Adv., Pron., »abseits, getrennt, für sich, sich«

Sippenhaft, F., »in Anlehnung an den Begriff der Sippe erfolgende Anwendung von Maßnahmen gegenüber Angehörigen oder sonstigen Nahepersonen eines Bekämpften oder Verfolgten welche im Rechtsstaat unzulässig ist«, 20. Jh., s. Sippe, Haft

sistieren, V., »sich stellen, erscheinen (M. 17. Jh.), unterbrechen (E. 18. Jh.), festnehmen (A. 19. Jh. bzw. Börne 1832)«, Lw. lat. sistere, V., »einhalten, hemmen, hinstellen, sich einstellen«, zu lat. stare, V., »stehen«

Sistierung, F., »vorläufige Festnahme, Festhalten«, früheres 18. Jh. (1737), s. sistieren, ung

Sitte, F., »in der Gesellschaft geübter

Brauch, gefestigte nicht erzwingbare und keine Organisation voraussetzende Verhaltensnorm«, mhd. site, M., »Volksart, Volksbrauch, Gewohnheit«, ahd. situ (765), M., »Sitte, Brauch, Gewohnheit, Weise, Gebrauch«, as. sidu, M., »Sitte, Brauch, Art«, germ. *sedu, *seduz, M., »Sitte, Brauch«, zu idg. *su̯ē̆dh-, Sb., »Eigenart, Gewohnheit, Sitte«, zu idg. *se-, *seu̯e-, Adv., Pron., »abseits, getrennt, für sich, sich«?, seit 14. Jh. F., vgl. Geschichtliche Grundbegriffe

Sittengesetz, N., »Summe derjenigen sittlichen Normen welche die Allgemeinheit als richtig anerkennt und als für ein Zusammenleben sittlicher Wesen verbindlich betrachtet«, Stieler 1691, Lüt. lat. lex moralis, F., »sittliches Gesetz«, s. Sitte, Gesetz

sittenwidrig, Adj., »den Sitten zuwiderlaufend«, E. 18. Jh. (Campe 1801ff.) Lüt. lat. contra mores, »gegen die (guten) Sitten«, s. Sitte, widrig

Sittenwidrigkeit, F., »Verstoß gegen die guten Sitten«, Badisches Landrecht 1809, s. sittenwidrig, heit

sittlich, Adj., »sittlich, sittsam, der Sitte gemäß, moralisch (15. Jh.), anständig«, mhd. sitelich, Adj., »dem Brauch gemäß, ruhig, milde, bescheiden (Adj.), anständig«, ahd. situlīh (790), Adj., »anständig, sittsam, sittlich, abgewogen, reiflich, moralisch, ethisch«, Lbd. lat. ethicus, Adj., »ethisch«?, lat. moralis, Adj., »moralisch«?, s. Sitte, lich

Sittlichkeit, F., »Gesamtheit der inneren auf die Gesinnung bezogenen Verhaltensnormen«, A. 16. Jh. Lüs. lat. moralitas, F., »Beziehung auf den Charakter, Moralität«, s. sittlich, heit, sachlich seit 18. Jh. Beziehung auf sexuelles Verhalten

Sittlichkeitsdelikt, N., »Sexualdelikt, Straftat gegen die sexuelle Selbstbestimmung«, 19. Jh.?, s. Sittlichkeit, Delikt

Sitz, M., »Sitzen, Sitzplatz«, mhd. siz, M., »Sitzen, Sitz, Wohnsitz«, hd., s. sitzen

sitzen, V., »sitzen«, mhd. sitzen, V., »sitzen, wohnen«, ahd. sizzen (1. H. 8. Jh.?), V., »sitzen, thronen, sich befinden, wohnen, bleiben, vorkommen, verweilen«, as. sittian, V., »sitzen«, germ. setjan, V., »sitzen«, idg. *sed- (A), V., »sitzen, sich setzen«, zu idg. *es-, V., »sitzen«

Sitzung, F., »Zusammenkunft bei der die Teilnehmer etwas besprechen oder beraten«, 15. Jh. Lüs. lat. sessio, F., »Sitzen, Sitzung«, s. sitzen, ung

Sitzungsperiode, F., »Tagungsperiode«, 19. Jh.?, s. Sitzung, Periode, vgl. Ullmann 1893

Sitzungspolizei, F., »Ordnung während einer Sitzung«, 19. Jh.?, s. Sitzung, Polizei, vgl. Planck 1857

Sitzverteilung, F., »Aufteilung der Mandate (Sitze) der Abgeordneten eines Parlamentes oder der Mitglieder eines anderen Gremiums«, 19. Jh.?, s. Sitz, Verteilung

Sklave, M., »Sklave, Leibeigener«, spätmhd. sklafe, slave, M., »Sklave«, spätes 13. Jh. (um 1275) Lw. mlat. sclavus (817), scylavus, M., »Sklave, Beute«, zu gr. skyleuein, skylãn, V., »erbeuten«?, zu gr. skȳ̃lon, N., »Beute«?, beeinflußt von mgr. sklabenoi, M. Pl., »Sklaven«?

Skonto, M., »Abzug, Nachlaß (Rabatt) auf den Kaufpreis bei sofortiger Zahlung«, Lw. it. sconto, M., »Preisnachlaß«, aus lat. absonditum, N., »Weggeschafftes«, subst. PPP. von lat. abscondere, V., »wegschaffen, verschwinden lassen, verbergen«, zu lat. a, ab, abs, Präp., Präf., »ab, von, weg«, lat. condere, V., »zusammenfügen, gründen«

Skript, N., »Skript, Schriftstück, Drehbuch«, früheres 20. Jh. (1937) Lw. ne. script, N., »Drehbuch«, zum PPP. scriptus von lat. scribere, V., »schreiben«

Skriptum, N., »Skriptum, Mitschrift, Drehbuch«, M. 16. Jh. (1543) Lw. lat. scriptum, N., »Geschriebenes, Schrift«, subst. PPP. N. von lat. scribere, V., »schreiben«

Smog, M., »Smog, Dunst aus Abgasen«, 20. Jh. Lw. ne. smog, N., »Smog«, aus ne. smoke, N., »Rauch«, ne. fog, N., »Dunst, Nebel«

so, Adv., »so«, mhd. sō, Adv., »so«, ahd. sō (765), Adv., »so«, as. sō, Adv., »so«, germ. *swē, Adv., »so«, zu idg. *su̯e-, Partikel, »so, wie«, zu idg. *se-, *seu̯e-, Adv., Pron., »abseits, getrennt, für sich, sich«

societas, lat., F., »Gesellschaft«, zu lat. socius, M., »Genosse«

societas leonina, lat., F., »Gesellschaft mit bloßer Verlustbeteiligung«, zu lat. leoninus, Adj., »den Löwen betreffend«, s. societas, (sachlich in der Fabel eine Gesellschaft von Kuh, Ziege, Schaf und Löwe zur

Futterbeschaffung, wobei Kuh, Ziege und Schaf am Ertrag nicht beteiligt wurden)

Sodomie, F., »Unzucht von Menschen mit lebenden Tieren«, 16. Jh. (Kettenbach 1523) Lw. lat. sodomia, F., »Sodomie, Unzucht mit Tieren«, zum biblischen ON Sodom (1. Mose 19), sachlich seit dem 1. Strafrechtsreformgesetz 1969 nicht mehr unter Strafe gestellt

sofort, Adv., »so schnell wie nach den Umständen möglich«, 16. Jh. zusammengerückt aus so (und) fort, »alsbald«, s. so, fort

sofortig, Adj., »sofort stattfindend«, 19. Jh. (1851), s. sofort, ig

sofortige Beschwerde, F., »sofort erforderliche Beschwerde«, 19. Jh., s. Beschwerde, sofortig, vgl. Ullmann 1893, Planck 1896

soft, Adj., »weich, sanft«, 2. H. 20. Jh. Lw. ne. soft, Adj., »weich, sanft«

soft law, N., »Bezeichnung für empfehlende Beschlüsse internationaler Organisationen und nichtbindende Erklärungen internationaler Staatengruppen«, um 1980 Lw. ne. soft law, N., »empfehlendes Recht«, zu ne. soft, Adj., »weich«, ne. law, N., »Recht, Gesetz«

Software, F., »Computerprogramme (d.h. vollständige Anweisungen zur Lösung eines bestimmten Problemes durch elektronische Rechner) und sonstiges Datenverarbeitungswissen«, um 1960 Lw. ne. (amerik.) soft ware, N., »Computerprogramm«, s. ne. soft, Adj., »weich«, ne. ware, N., »Ware«

Sohn, M., »Sohn, männliches Kind«, mhd. sun, M., »Sohn«, ahd. sunu (1. H. 8. Jh.?), sun, M., »Sohn«, as. sunu, M., »Sohn«, germ. *sunu, *sunuz, M., »Sohn«, idg. *sūnus, *su̯ənus, M., »Geborener, Sohn«, zu idg. *seu- (2), *sŭ-, *seu̯ə-, V., »gebären«

Solawechsel, M., »eigener Wechsel, Wechsel von dem nur eine (lat. sola) Ausfertigung besteht bzw. in dem sich der Aussteller selbst zur Zahlung der Wechselsumme verpflichtet«, 19. Jh., s. Wechsel, s. lat. solus, Adj., »allein, einzig«, vgl. Eichhorn 1836

Sold, M., »Sold, militärische Entlöhnung«, mhd. solt, M., »Sold, Lohn für geleistete Dienste (12. Jh.), Gabe, Unterstützung«, (um 1150) Lw. afrz. solde, solt, sou, M., »Münze, Entlohnung«, it. soldo, M., »Münze, Entlohnung«, zu lat. (nummus) solidus, M., »Gold(münze)«, 324 von Kaiser Konstantin eingeführt, zu lat. solidus, Adj., »gediegen, echt«

Soldat, M., »wer auf Grund der Wehrpflicht oder freiwilliger Verpflichtung in einem Wehrdienstverhältnis steht«, A. 16. Jh. (Heinrich 1521) Lw. it. soldato, M., »Besoldeter, Krieger, Soldat«, subst. PPP. von it. soldare, V., »in Sold nehmen«, s. Sold

Soldatenmeuterei, F., »Gehorsamsverweigerung bzw. Bedrohung oder Nötigung oder tätlicher Angriff gegenüber einem Vorgesetzten durch mehrere sich zusammenrottende Soldaten«, 20. Jh.?, s. Soldat, Meuterei

Söldner, M., »Söldner, entlohnter Krieger«, mhd. soldenære, soldner, M., »Söldner«, s. Sold, er

Solidarhaftung, F., »Gesamtschuldnerschaft«, 19. Jh. Lüt. nlat.?, s. solidarisch, Haftung

solidarisch, Adj., »solidarisch, gemeinschaftlich«, 19. Jh. (1810) Lw. frz. solidaire, Adj., »solidarisch, gemeinschaftlich«, zu lat. in solido, Adv., »im ganzen«, zu lat. solidus, Adj., »ganz, völlig, vollständig«

Solidarität, F., »Zusammengehörigkeit«, E. 18. Jh. (1798) bzw. 1. H. 19. Jh. (Courtin 1836) Lw. frz. solidarité (E. 17. Jh.), F., »Zusammengehörigkeit«, zu frz. solidaire, Adj., »solidarisch«, zu lat. in solido, Adv., »im ganzen«, zu lat. solidus, Adj., »ganz, völlig, vollständig«

Solidaritätsbeitrag, M., »Leistung eines Beitrages auf Grund einer tatsächlichen oder erwarteten Solidarität«, um 1980, s. Solidarität, Beitrag

Soll, N., subst. 3. Pers. Sg., »Schulden (N.) (16. Jh.), Gebot, Pflicht, Zwang (17. Jh. [Stieler 1691]), Schuld« Jacobsson 1781ff., s. sollen

sollen, Prät.-Präs., »sollen«, mhd. soln, suln, Prät.-Präs., »sollen, verpflichtet sein«, ahd. skulan (1. H. 8. Jh.?), sculan, sulen, Prät.-Präs., »sollen, müssen, gebühren, dürfen, wollen (V.), werden, schuldig sein, verdanken«, as. skulan, Prät.-Präs., »sollen, müssen, werden«, germ. *skulan, Prät.-Präs., »sollen«, idg. *skel- (2), V., »schuldig sein, schulden, sollen«, mhd./nhd. Anlaut durch Konsonantenvereinfachung

Sollkaufmann, M., »wer ein handwerkliches oder sonstiges gewerbliches Unternehmen betreibt dessen Gewerbebetrieb nicht schon nach § 1 II HGB als Handelsgewerbe gilt das jedoch nach Art und Umfang einen in kaufmännischer Weise eingerichteten Gewerbebetrieb erfordert«, A. 20. Jh.?, s. sollen, Kaufmann

Söllner, M., »Söllner«, mhd. seldener, M., »Bewohner eines Hauses, Häusler, Mietsmann, Taglöhner«, zu ahd. selida (765), F., »Haus, Hütte, Wohnung«, germ. *saliþwō, F., »Haus, Wohnung«, zu idg. *sel- (1)?, Sb., »Wohnung, Haus, Saal«

Sollvorschrift, F., »Bestimmung welche ein Verhalten zwar gebietet aber nicht zwingend vorschreibt«, 20. Jh.?, s. sollen, Vorschrift

solvent, Adj., »zahlungsfähig«, A. 19. Jh. (Campe 1807ff.) Lw. lat. solvens, Part. Präs. von lat. solvere, V., »lösen, befreien, zahlen«, verdrängt älteres solvendo (1658)

Sommer, M., »Sommer«, mhd. sumer, M., »Sommer«, ahd. sumar, M., »Sommer«, as. sumar, M., »Sommer«, germ. *sumera, *sumara, M., »Sommer«, idg. *semer-, Sb., »Sommer«, zu idg. *sem- (3), Sb., »Sommer«

sonder, Adj., »sonder, abgesondert«, mhd. sunder, Adj., »abgesondert, einsam, besonder«, ahd. suntar (9./10. Jh.), Adj., »entfernt, entlegen, abgesondert«, germ. *sundara, *sundaraz, *sundra, *sundraz, Adj., »abgesondert, abseitig«, zu idg. *seni-, *sn̥ter, Präp., Adv., Konj., »für sich, abgesondert«

Sonderausgabe, F., »besondere Ausgabe die auf Antrag des Steuerpflichtigen bei der Ermittlung der Einkommensteuer vom Gesamtbetrag der Einkünfte in unbeschränkter (z.B. Kirchensteuer) oder beschränkter (z.B. Beiträge für Bausparkassen) abgezogen wird«, 20. Jh., s. sonder, Ausgabe

Sonderbehörde, F., »nicht in die allgemeine Verwaltung eingegliederte Behörde (z.B. Bahnpolizei)«, 20. Jh., s. sonder, Behörde

Sonderdelikt, N., »mit Strafe bedrohte Handlung bei der die im gesetzlichen Tatbestand umschriebene Eigenschaft des Handlungssubjekts den Täterkreis begrenzt (z.B. Amtsträger) so daß sie nicht von jedermann begangen werden kann«, 20. Jh., s. sonder, Delikt

Sondererbfolge, F., »Nachfolge in Einzelgegenstände der Erbschaft«, 20. Jh.?, s. sonder, Erbfolge

Sondergericht, N., »besonderes Gericht«, Stieler 1691, Lüs. lat. iudicium privatum, N., »gesondertes Gericht«, s. sonder, Gericht, vgl. Ullmann 1893

Sondergut, N., »Gegenstand der nicht durch Rechtsgeschäft übertragen werden kann (z.B. nicht abtretbare Forderungen)«, E. 18. Jh.?, Badisches Landrecht 1809, s. mhd. sunderguot, N., »eigenes Vermögen«, Lsch. lat. peculium, N., »Vermögen, Sondergut«

sondern (V.), V., »sondern (V.), trennen, absondern«, mhd. sundern, V., »sondern (V.), absondern, trennen, unterscheiden«, ahd. suntarōn (2. H. 8. Jh.), V., »sondern (V.), trennen, aussondern, teilen, absondern«, germ. *sundrōn, V., »sondern (V.)«, zu idg. *seni-, *sn̥ter-, Präp., Adv., Konj., »für sich, abgesondert«

Sondernutzung, F., »Gebrauch einer öffentlichen Sache über den Gemeingebrauch hinaus (z.B. Abstellen eines Lastkraftwagens mit einer darauf befestigten Werbetafel auf einer öffentlichen Straße)«, »besondere Nutzung« Stieler 1691, s. sonder, Nutzung

Sonderopfer, N., »nur einer Person oder einer Gruppe von Personen besonders nicht dagegen allen in gleicher Weise abverlangte Einbuße an Rechtsgütern«, 20. Jh., s. sonder, Opfer

Sonderrecht, N., »besonderes Recht, Vorrecht«, 19. Jh., Lüt. lat. privilegium, N., »Vorrecht«?, s. sonder, Recht

Sonderrechtsnachfolge, F., »Einzelrechtsnachfolge, besondere Nachfolge in ein einzelnes Recht«, 20. Jh., s. sonder, Rechtsnachfolge

Sonderrechtstheorie, F., »Theorie des Sonderrechts«, 2. H. 20. Jh.?, s. Sonderrecht, Theorie

Sonderrechtsverhältnis, N., »Verhältnis des besonderen Rechts«, um 1980?, s. sonder, Rechtsverhältnis

Sonderverbindung, F., »über das übliche Maß hinausgehendes Verwaltungsrechtsverhältnis zwischen Verwaltung und Bürger«, 2. H. 20. Jh., s. sonder, Verbindung

Sondervermögen, N., »Teil des Vermögens einer oder mehrerer Personen dem durch die Rechtsordnung eine Sonderstellung eingeräumt ist ohne daß ihm als solchem Rechtsfähigkeit verliehen worden ist (z.B. Gesamthandsvermögen der Gesellschaft)«, 20. Jh.?, s. sonder, Vermögen

Sonderverordnung, F., »Verwaltungsvorschrift die innerhalb besonderer Gewaltverhältnisse (besonderer Rechtsverhältnisse) ergeht (z.B. Prüfungsordnung)«, 2. H. 20. Jh., s. sonder, Verordnung

Sondervotum, N., »besondere von einer Gesamtentschließung eines Gremiums abweichende Ansicht eines einzelnen Mitglieds«, 20. Jh., s. sonder, Votum

Sonnabend, M., »Samstag«, nordd., md., mhd. sunnenābent, M., »Sonnabend«, ahd. sunnūnāband (863-71), M., »Sonnabend«, Lüt. lat. vesper sabbati (8. Jh.)?, M., »Vorabend des Feiertages«, s. Sonne, Abend

Sonne, F., »Sonne«, mhd. sunne, F., M., »Sonne«, ahd. sunna (765), F., »Sonne«, as. sunna, F., »Sonne«, germ. *sunnō, F., »Sonne«, zu idg. *su̯en-, *sun-, Sb., »Sonne«

Sonntag, M., »Sonntag«, mhd. sunnentac, M., »Sonntag«, ahd. sunnūntag (863-71), M., »Sonntag«, as. sunnondag, M., »Sonntag«, 4. Jh. Lüs. lat. dies solis, M., »Sonnentag«?, Lw. gr. heméra helíou, F., »Tag der Sonne«, Lbd. lat. dies dominicus, F., »Gottestag«, s. Sonne, Tag

sonst, Adv., »sonst«, mhd. sunst, sust, Adv., »sonst«, ahd. sus (1. H. 8. Jh.), Adv., »so«, as. sus, Adv., »so«, t nachträglich angefügt, n im 14. Jh. eingefügt, Bedeutungsentwicklung syntaktisch aus elliptischen Drohungen erklärbar

sonstig, Adj., »übrig, ander«, 18. Jh. (Adelung 1774ff.) (obd.), s. sonst, ig

sonstiges Recht, N., »anderes Recht«, 19. Jh.?, s. Recht, sonstig

Sore, F., »Diebsgut«, Lw. rotw. (17. Jh.), aus westjidd. sechore, Sb., »Ware«, aus hebr. sehōrā(h), Sb., »Ware«

Sorge, F., »bedrückendes Gefühl der Unruhe und Angst und daraus folgende Mühe für das Wohlergehen«, mhd. sorge, F., »Sorge, Besorgnis, Kummer«, ahd. sworga (765), sorga, F., »Sorge, Besorgnis, Sorgfalt, Aufmerksamkeit, Mühe, Unruhe«, as. sorga, F., »Sorge«, germ. *swurgō, *surgō, F., »Sorge«, zu idg. *su̯ergh-, V., »sorgen, sich kümmern, krank sein«, Sorge für die Person Allgemeines Landrecht 1794 Preußen, Sorge für das Vermögen Allgemeines Landrecht 1794 Preußen

sorgen, V., »sorgen, in Sorge sein, Sorge tragen«, mhd. sorgen, V., »besorgt sein, bekümmert sein«, ahd. sworgēn (765), sorgēn, sworgōn (863-71), sorgōn, V., »sorgen, sich kümmern, sich ängstigen, in Sorge sein, bemüht sein«, germ. *swurgēn, *surgēn, V., »sorgen«, idg. *su̯ergh-, V., »sorgen, sich kümmern, krank sein«

Sorgerecht, N., »Recht von Vater und Mutter kraft der elterlichen Sorge für die Person und das Vermögen des Kindes zu sorgen«, 2. H. 20. Jh.?, s. Sorge, Recht

Sorgfalt, F., »Genauigkeit, Gewissenhaftigkeit«, 17. Jh. (Stieler 1691), zu mhd. sorcveltic, sorcveldic, Adj., »sorgfältig«, s. sorgen, Sorge, fältig

Sorgfaltspflicht, F., »Verpflichtung die aus einem konkreten Verhalten oder Geschehen erwachsende Gefahr für ein geschütztes Rechtsgut zu erkennen und sich darauf richtig einzustellen also die gefährliche Handlung entweder zu unterlassen oder sie zumindest nur unter ausreichenden Sicherheitsvorkehrungen vorzunehmen«, 20. Jh., s. Sorgfalt, Pflicht

Sorte, F., »Sorte, Art«, 14. Jh. (1381)? Lw. mnl./frz. bzw. obd./it., zu lat. sors, F., »Los«, zu lat. serere, V., »fügen, reihen, knüpfen«

Sortenschutz, M., »dem Patent ähnlicher Schutz der Erfindung neuer Sorten von Pflanzen«, 20. Jh., s. Sorte, Schutz

souverän, Adj., »unabhängig, unumschränkt, sicher, überlegen (Adj.)«, M. 17. Jh. (Harsdörfer 1643) Lw. frz. souverain (12. Jh.), Adj., »unabhängig, unumschränkt, sicher, überlegen (Adj.)«, zu vulgarlat. superanus, Adj., »darüber befindlich, übergeordnet«, zu lat. superus, Adj., »oben befindlich«, zu lat. super, Präp., Präf., »über«

Souverän, M., »Herrscher«, 17. Jh., s. souverän

Souveränität, F., »höchste allumfassende und unbeschränkte Staatsgewalt«, A. 17. Jh. (1609) Lw. frz. souveraineté, F., »Oberherrschaft, Herrschaftsrecht (13. Jh.)«, Bodin 1566 suverenitas, F., »höchste Gewalt«, zu frz. souverain, Adj., »unabhängig«, s. souverän, vgl. Geschichtliche Grundbegriffe

sowjet, M., russ., »Rat«

sowjetisch, Adj., »die Sowjetunion betreffend«, nach 1920, s. sowjet, isch

Sowjetische Besatzungszone, F., »1945 von der Sowjetunion als Besatzungsmacht besetzter mittlerer Teil Deutschlands«, s. sowjetisch, Besatzungszone

Sowjetunion, F., »seit der Oktoberrevolution (7. 11.) 1917 der Bolschewisten aus dem früheren Rußland gebildeter Staatenbund von 15 Unionsrepubliken welcher von der Kommunistischen Partei beherrscht wurde«, 1991 benannte sich die Sowjetunion um in Union der souveränen Sowjetrepubliken, am 25. 12. 1991 endete die Sowjetunion und an ihre Stelle trat die losere Gemeinschaft souveräner Staaten (GUS), wobei Rechtsnachfolger der Sowjetunion überwiegend Rußland wurde, s. sowjet, Union

sozial, Adj., »gesellschaftlich, die Allgemeinheit betreffend«, E. 18. Jh. (Schlözer 1793) bzw. A. 19. Jh. Lw. frz. social, F., »gesellig, die Gesellschaft betreffend«, aus lat. socialis, Adj., »gesellig, die Gesellschaft betreffend«, zu lat. socius, Adj., »teilnehmend, zugesellt«

Sozialadäquanz, F., »gesellschaftliche Üblichkeit und Anerkanntheit«, 20. Jh., s. sozial, Adäquanz

Sozialbindung, F., »Beschränkung zum Wohl der Allgemeinheit«, 2. H. 20. Jh.?, s. sozial, Bindung

soziale Frage, F., »soziale Problematik«, E. 19. Jh.?, s. Frage, sozial

soziale Handlungslehre, F., »Art der Handlungslehre«, 2. H. 20. Jh., s. Handlungslehre, sozial

soziale Indikation, F., »soziale Anzeigung«, um 1980, s. Indikation, sozial

sozialer Wohnungsbau, M., »auf sozialen Regeln beruhender Wohnungsbau«, um 1950, s. Wohnungsbau, sozial

Sozialethik, F., »Lehre von den sittlichen Verhaltensnormen die in einzelnen menschlichen Gruppen gelten«, 20. Jh., s. sozial, Ethik

Sozialgericht, N., »Gericht der ersten Instanz der Sozialgerichtsbarkeit«, 2. H. 20. Jh., s. sozial, Gericht

Sozialgesetz, N., »die Gesellschaft betreffendes Gesetz«, E. 18. Jh., Lw. lat.?, s. sozial, Gesetz

Sozialgesetzbuch, N., »Gesetzbuch für Sozialrecht«, um 1980, s. sozial, Gesetzbuch

Sozialgesetzgebung, F., »Gesetzgebung in sozialen Angelegenheiten«, 20. Jh.?, sozial, Gesetzgebung

Sozialhilfe, F., »Hilfe des Staates für den bedürftigen Bürger«, 2. H. 20. Jh., s. sozial, Hilfe

sozialisieren, V., »vergesellschaften«, M. 19. Jh. (Stein 1842) Lw. frz. socialiser, V., »zusammenschließen, vergesellschaften«, s. sozial, ieren, »verstaatlichen« (A. 20. Jh.)

Sozialisierung, F., »Vergesellschaftung, Überführung von Gütern in Gemeineigentum oder andere Formen der Gemeinwirtschaft welche die Interessen der Allgemeinheit stärker berücksichtigen«, »Verstaatlichung«, 19. Jh.?, Windelband 1909, s. sozialisieren, ung

Sozialismus, M., »im 19. Jh. ausgebildete Staatslehre und Gesellschaftslehre die sich statt am individuellen Wohl der Einzelperson am Gesamtwohl der Allgemeinheit orientiert«, 1. H. 19. Jh. (1839) Lw. ne. socialism, frz. socialisme, 1794?, s. sozial, ismus, vgl. Geschichtliche Grundbegriffe

Sozialist, M., »Vertreter der Lehre der Entstehung des Staates aus dem menschlichen Geselligkeitstrieb«, E. 18. Jh. (Hufeland 1790), seit 1840 »Vertreter der Lehre von der Notwendigkeit gesellschaftlicher Reformen im Sinne der Gleichheit«, Lbd. ne. socialist (1822), M., »Anhänger Owens (1827), Vertreter von sozialistischen Ideen außerhalb Englands«, s. sozial, ist

Sozialistengesetz, N., »unter Bismark 1878 erlassenes und 1890 aufgehobenes Ausnahmegesetz gegen die gemeingefährlichen Bestrebungen der Sozialdemokratie«, E. 19. Jh., s. Sozialist, Gesetz

sozialistisch, Adj., »die Naturrechtslehre betreffend (1802), den Sozielismus betreffend (1839)«, s. Sozialist, isch

Sozialleistung, F., »Leistung die ein Leistungsträger auf Grund sozialrechtlicher Vorschriften einer Privatperson gewährt«, 20. Jh., s. sozial, Leistung

Sozialleistungsanspruch, M., »gerichtlich durchsetzbarer subjektiv-öffentlicher Anspruch (Recht) des Einzelnen auf eine Sozialleistung«, 2. H. 20. Jh., s. Sozialleistung, Anspruch

Sozialleistungsquote, F., »statistisches Verhältnis der Summe aller Sozialleistungen zum Bruttosozialprodukt eines jeden Jahres«, 2. H. 20. Jh., s. Sozialleistung, Quote

Sozialpartner, M., »Bezeichnung für die Tarifvertragsparteien«, 20. Jh., s. sozial, Partner

Sozialpartnerschaft, F., »Zusammenarbeit von Arbeitgebern und Arbeitnehmern (in Österreich)«, 2. H. 20. Jh.?, s. Sozialpartner, schaft

Sozialpflichtigkeit, F., »Verpflichtung des Staates zu Hilfeleistungen in Notlagen«, 2. H. 20. Jh., s. sozial, Pflicht, ig, heit

Sozialplan, M., »Einigung zwischen Unternehmer und Betriebsrat über einen möglichen Ausgleich oder eine mögliche Milderung von wirtschaftlichen Nachteilen für Arbeitnehmer bei Betriebsänderungen«, um 1970, s. sozial, Plan

Sozialrecht, N., »Recht des Ausgleichs individueller Güterdifferenzen durch Leistungen eines Trägers öffentlicher Verwaltung«, 2. H. 20. Jh., s. sozial, Recht, vgl. Gierke 1896 deutsches Recht ist soziales Recht

Sozialrente, F., »aus der Sozialversicherung entspringende Rente«, 2. H. 20. Jh., s. sozial, Rente

Sozialschädlichkeit, F., »Schädlichkeit eines Verhaltens für das gesellschaftliche Zusammenleben«, 2. H. 20. Jh., s. sozial, schädlich, heit

Sozialstaat, M., »Staat der eine Mitverantwortung für die Ausgleichung sozialer Gegensätze innerhalb des Staatsvolkes übernimmt«, 2. H. 20. Jh., s. sozial, Staat

Sozialstaatsprinzip, N., »Grundsatz einen Staat als Sozialstaat zu gestalten«, 2. H. 20. Jh., s. Sozialstaat, Prinzip

sozialtherapeutische Anstalt, F., »Anstalt in welcher sozialtherapeutische Maßnahmen durchgeführt werden«, 2. H. 20. Jh., s. sozial, therapeutisch, Anstalt

Sozialunion, F., »soziale Einheit«, 1991, s. sozial, Union

Sozialversicherung, F., »im Grundsatz auf dem Leistungsprinzip und dem Gegenleistungsprinzip aufgebaute durch die Kaiserliche Botschaft vom 17. 11. 1881 eingeleitete Einrichtung welche auf die gemeinsame Deckung eines möglichen in seiner Gesamtheit schätzbaren Bedarfs durch Verteilung auf eine organisierte Vielheit abzielt«, E. 19. Jh.?, s. sozial, Versicherung

Sozialversicherungsanspruch, M., »gerichtlich durchsetzbares subjektives öffentliches Recht eines Berechtigten der Sozialversicherung auf eine Versicherungsleistung«, 20. Jh., s. Sozialversicherung, Anspruch

Sozialversicherungsbeitrag, M., »(in der Sozialversicherung) Vorsorge des Verpflichteten zur Deckung des Gesamtbedarfs der Versicherung«, 20. Jh., s. sozial, Versicherungsbeitrag

Sozialversicherungsträger, M., »Träger einer Sozialversicherung«, 20. Jh., s. Sozialversicherung, Träger

Sozialverwaltungsrecht, N., »Sozialrecht als Teil des Verwaltungsrechts«, 20. Jh., s. sozial, Verwaltung, Recht

Sozietät, F., »Gesellschaft (des bürgerlichen Rechts z.B. Anwaltssozietät)«, E. 16. Jh. (Hansonius 1588) Lw. frz. société, F., »Gesellschaft, Gemeinschaft«, aus lat. societas, F., »Gesellschaft, Gemeinschaft«, zu lat. socius, M., »Genosse, Gefährte«

Soziologie, F., »Gesellschaftslehre«, 2. H. 19. Jh. (Schäffle 1875) Lw. frz. sociologie, F., »Gesellschaftslehre« (Comte 1830), zu lat. socius, M., »Genosse, Gefährte«, gr. lógos, M., »Rede, Wort«, vgl. Geschichtliche Grundbegriffe

Sozius, lat., F., »Sozius, Gesellschafter«, A. 17. Jh. (Hollonius 1605) Lw. lat. socius, M., »Genosse, Gefährte«, Bedeutungsentwicklung »Begleiter eines Geistlichen, Hilfslehrer, Geselle, Gefährte, Freund, Teilhaber (E. 17. Jh.)«

Spange, F., »Spange«, mhd. spange, F., »Spange, Beschlag, Balken«, ahd. spanga (9. Jh.), F., »Spange, Spannbalken, Verschluß, Beschlag«, germ. *spangō, F., »Spange«, zu idg. *spei- (2), *spē-, V., »ziehen, spannen«?

spannen, V., »spannen, ausspannen«, mhd. spannen, V., »spannen«, ahd. spannan (863-71), V., »spannen, fesseln, ausdehnen, strecken«, as. spannan, V., »spannen«, germ. *spannan, V., »spannen«, idg. *spend-, V., »ziehen, spannen, spinnen«, idg. *spen- (1), V., »ziehen, spannen, spinnen«

sparen, V., »sparen«, mhd. sparn, V., »sparen, schonen, erhalten«, ahd. sparēn (M. 9. Jh.), V., »sparen, schonen, erhalten, aufschieben, aufsparen, hinhalten«, as. sparon, V., »sparen«, germ. *sparēn, V., »bewahren, behalten, schonen, sparen«, zu idg. *spəro-, Adj., »ergiebig«?, zu idg.

*spēi- (3), V., »sich dehnen, gedeihen, gelingen«?

Sparbuch, N., »Urkunde über eine Darlehensforderung eines Sparers gegenüber einem Kreditinstitut (Sparkasse)«, Auerbach M. 19. Jh., s. sparen, Buch

Sparer, M., »wer spart (16. Jh.), Inhaber eines Sparkontos«, s. sparen

Sparkasse, F., »Kreditinstitut das Spardarlehen annimmt und verwaltet sowie andere Bankgeschäfte betreibt«, E. 18. Jh.?, s. sparen, Kasse, sachlich 1778 Hamburg

specialis, lat., Adj., »besondere, Sonder-«

species, lat., F., »Stück«

spedieren, V., »ausführen, abfertigen, versenden«, A. 17. Jh. (Kiechel um 1600) Lw. it. spedire, V., »ausführen, abfertigen, versenden«, aus lat. expedire, V., »losmachen, befreien, rüsten«, zu lat. ex, Präp., Präf., »aus«, lat. pes, F., »Fuß«

Spediteur, M., »Kaufmann der es gewerbsmäßig übernimmt Güterversendungen durch Frachtführer oder durch Verfrachter von Seeschiffen für Rechnung eines anderen (des Versenders) in eigenem Namen zu besorgen«, A. 18. Jh. (Hübner 1712), zu spedieren, verdrängt das im 17. Jh. entstandene speditore

Spedition, F., »Handelsgeschäft des Spediteurs«, 2. H. 17. Jh. (1672) Lw. it. spedizione, F., »Versendung, Beförderung«, aus lat. expeditio, F., »Abfertigung, Erledigung«, s. spedieren

Speer, M., »Speer«, mhd. sper, N., M., »Speer«, ahd. sper (765), N., »Speer, Lanze, Wurfspieß«, as. sper, N., »Speer«, germ. *speru, *sperru, N., »Speer«, idg. *sper- (1), Sb., V., »Sparren, Stange, Speer, stützen, stemmen, sich sperren«, M. seit 15. Jh. bzw. 17. Jh.

Spekulant, M., »Betrachter, Forscher, Unternehmer (E. 18. Jh.)«, A. 17. Jh. (Albertinus 1615), latinisiert nach dem Part. Präs. von lat. speculari, s. spekulieren

spekulieren, V., »mutmaßen, zu erlangen hoffen, spekulieren«, mhd. speculieren, V., »sinnen«, E. 13. Jh. (Seuse 1295/1366) Lw. lat. speculari, V., »spähen, beobachten, erforschen«, zu alat. specere, V., »sehen«

Spekulation, F., »Ausschauhalten, riskante Unternehmung (18. Jh.)«, mhd. speculācie, F., »Ausschauhalten«, A. 14. Jh. Lw. spätlat. speculatio, F., »Betrachtung«, zum Part. Prät. Akt. speculatus von lat. speculari, V., »spähen, beobachten, forschen«

spenden, V., »spenden, geben«, mhd. spenden, V., »als Geschenk austeilen, Almosen geben«, ahd. spentōn (800), V., »spenden, austeilen, geben, schenken, hingeben, verteilen, auszahlen, ausgeben, aufwenden«, Lw. lat. expendere, V., »abwägen, ausgeben«, zu lat. e, ex, Präp., Präf., »aus«, lat. pendere, V., »wägen, schätzen, zahlen«

Spengler, M., »Spengler«, westmd. und südd., mhd. spengeler, M., »Blechschmied, Spengler«, zu Spange

sperren, V., »sperren«, mhd. sperren, spirren, V., »mit Sparren versehen, einschließen, verschließen, sperren«, ahd. *sperren, V., »sperren«

Sperrstunde, F., »Stunde der Sperre (der Stadttore)«, 19. Jh., s. sperren, Stunde, vgl. Grimm DW 1899

Sperrzeit, F., »Zeit der Sperre (der Stadttore)«, Kramer 1702, s. sperren, Zeit

Spesen, F. Pl., »Aufwand, Spesen«, A. 17. Jh. (Kiechel um 1600) Lw. it. spese, F. Pl., »Ausgaben, Aufwand«, zu it. spesa, F., »Ausgabe«, aus mlat. expensa (pecunia), F., »ausgegebenes (Geld)«, zu lat. ex, Präp., Präf., »aus«, zum PPP. pensus von lat. pendere, V., »wägen, schätzen, zahlen«

spezial, Adj., »besonder«, E. 15. Jh. (1490 spectial) Lw. lat. specialis, Adj., »besonder«, zu lat. species, F., »Vorstellung, Begriff, Erscheinung, Anblick, Ansehen«, zu alat. specere, V., »sehen«

Spezialhandlungsvollmacht, F., »zu einzelnen zu einem Handelsgewerbe gehörigen Geschäften ermächtigende Handlungsvollmacht«, 19. Jh.?, s. spezial, Handlungsvollmacht

Spezialität, F., »Besonderheit, Fall der Gesetzeseinheit der vorliegt wenn eine (spezielle) Strafvorschrift begriffsnotwendig alle Merkmale einer anderen (allgemeinen) erfüllt und darüber hinaus noch ein weiteres Merkmal enthält (z.B. Raub im Verhältnis zu Diebstahl und Nötigung)«, A. 17. Jh. (1602) Lw. mlat. specialitas, F., »besondere Beschaffenheit«, zu lat. specialis, Adj., »besonder«, s. spezial

Spezialitätsprinzip, N., »Grundsatz daß dingliche Rechte nur an einzelnen Sachen nicht dagegen an Sachgesamtheiten oder noch nicht individualisierten Sachen bestehen können«, 19. Jh.?, s. Spezialität, Prinzip, vgl. Gerber 1895

Spezialprävention, F., »Vorbeugung gegen die künftige Kriminalität (vor allem Rückfall einer bestimmten Person«, 20. Jh.?, s. spezial, Prävention

speziell, Adj., »besonder«, A. 18. Jh. (Rohr 1718) französisierende Umbildung von spezial

spezielles Schuldmerkmal, N., »besonderes Schuldmerkmal«, s. speziell, Schuldmerkmal

Spezies, F., »Art, Stück«, 14. Jh. (Boner vor 1359) Lw. (über it. spezie, F., »Gewürz, Trank«,) lat. species, F., »Vorstellung, Begriff, Erscheinung, Anblick, Aussehen, Art, Stück«, zu alat. specere, V., »sehen«

Speziesschuld, F., »Schuld, Stückschuld«, 19. Jh., s. Spezies, Schuld

Spezifikation, F., »nähere Bestimmung einer zunächst nur allgemein bestimmten Leistung, (im Sachenrecht) Verarbeitung eines Stoffes zu einer neuen Sache«, M. 16. Jh. (Perneder 1544) Lw. mlat. specificatio, F., »Aufzählung, Verzeichnis«, zu lat. species, F., »Vorstellung, Begriff, Erscheinung, Anblick, Aussehen, Art, Stück«, zum Part. Prät. (*ficatus,) factus von lat. facere, V., »machen, tun«

Spezifikationskauf, M., »Kauf einer beweglichen Sache bei welchem dem Käufer die nähere Bestimmung über Form oder Maß oder ähnliche Verhältnisse vorbehalten ist«, 19. Jh.?, s. Spezifikation, Kauf

Sphäre, F., (M.,) »Sphäre, Kugel, Himmelskörper, Kreis«, mhd. spēre, F., »Sphäre«, ahd. spēra (1000), F., »Sphäre, Himmelskugel«, Lw. mlat. spera, F., »Kugel«, zu lat. sphaera, F., »Kugel«, Lw. gr. sphaĩra, F., »Kugel«

Sphärentheorie, F., »Theorie nach der im Fall des Fehlens von Verschulden die Nachteile derjenige zu tragen hat zu dessen Sphäre ein dafür ursächlicher Umstand zu rechnen ist«, 20. Jh., s. Sphäre, Theorie

Spiegel, M., »Spiegel«, mhd. spiegel, M., »Spiegel«, ahd. spiegal (E. 8. Jh.), M., »Spiegel«, germ. *spiegel, Sb., »Spiegel«?, Lw. spätlat. spegulum, N., »Spiegel«, zu lat. speculum, N., »Spiegel«, zu alat. specere, V., »sehen«, als lat. Bezeichnung für Texte bei Pseudo-Augustinus und öfter im 12. Jh.

spiegelnde Strafe, F., »die Tat wiederspiegelnde Strafe«, Brunner 1892?, vgl. 1781 Österreich erspiegelnde Strafe

Spiel, N., »Tätigkeit die allein aus Freude an ihr selbst und ohne praktische Zielsetzung geschieht, (im Schuldrecht) Vertrag bei dem sich die Parteien eine Leistung unter entgegengesetzten Bedingungen versprechen um sich zu unterhalten und bzw. oder Gewinn zu erzielen«, mhd. spil, N., »Spiel, Tanz, Zeitvertreib, Scherz, Unterhaltung, Vergnügen«, ahd. spil (863-71, PN), N., »Spiel, Scherz, Musik, Schauspiel, Schau, Instrumentenspiel«, as. spil, N., »Spiel, Bewegung, Musik«, westgerm. *spila, *spilam, N., »Spiel, Tanz?«

spielen, V., »spielen«, mhd. spilen, V., »sich vergnügen, spielen«, ahd. spilēn (1000), spilōn (E. 8. Jh.), V., »spielen, kämpfen, sich bewegen, sich tummeln, hüpfen, ausgelassen sein«, as. spilon, V., »sich bewegen, tanzen«, germ. *spilōn, V., »sich bewegen, tanzen, spielen«

Spieß, M. (2), »Spieß«, mhd. spiez, M., »Spieß«, ahd. spioz, M., »Spieß«, as. spiot, M., »Spieß«, germ. *speuta, *speutaz, Sb., »Spieß, Speer«, zu idg. *speud-, V., »drükken, eilen«?

Spieß, M. (3), »Feldwebel«, um 1900 (nach dem Offiziersdegen?, aus [lat.] ospis, [hospes], M., »Wirt«?)

Spießbürger, M., »mit einem Spieß bewaffneter Bürger«, 17. Jh. (vor 1640), s. Spieß, Bürger

Spießgeselle, M., »Waffengefährte« (16. Jh.), ab M. 18. Jh. abwertend »Kumpan, Mittäter«, zu Spieß, M., »Spieß, Speer«, s. Geselle

Spießrute, F., »Spießrute, spitze Rute«, 16. Jh., zu Spieß, M., »Spitze, Bratspieß«, zu Rute

Spindel, F., »Spindel«, mhd. spinele, F., »Spindel«, ahd. spinnila (9. Jh.), F., »Spindel«, spinnil (12. Jh.), F., »Spindel«, as. spinnila, F., »Spindel«, westgerm. *spennilō, F., »Spindel«, zu idg. *spend-, V., »spinnen, spannen, ziehen«, zu idg. *spen- (1), »ziehen, spannen, spinnen«

Spindelmage, M., »Verwandter von weiblicher Seite«, mhd. spinnelmāc, spilmāc, M., »Verwandter von weiblicher Seite«, s. Spindel, Mage

Spion, M., »Spion, Kundschafter«, 2. H. 16. Jh. bzw. A. 17. Jh. (Kiechel um 1600)

Lw. it. spione, M., »Spion«, zu it. spia, F., »Späher«, Lw. zu got. *spaiha, M., »Späher, Spion«?

Spionage, F., »Auskundschaften von Geheimnissen«, 1. H. 18. Jh. Lw. frz. espionnage, M., »Auskundschaften von Geheimnissen«, zu afrz. espion, M., »Kundschafter«, zu afrz. espiier, V., »auskundschaften«, zu ahd. spehōn, V., »spähen«, s. Spion

spionieren, V., »auskundschaften«, E. 17. Jh. Lw. frz. espionner, V., »auskundschaften«, zu afrz. espion, M., »Kundschafter«, s. Spion

Spiritus, M., »Spiritus, Weingeist, (vergällter) Alkohol«, M. 16. Jh. (Mithobius 1652) Lw. lat. spiritus, M., »Hauch, Atem, Geist«, zum PPP. spiratus? von) lat. spirare, V., »blasen, wehen«

Spital, N., »Spital, Krankenhaus«, mhd. spitāl, N., »Spital, Pflegehaus, Krankenhaus«, aus mhd. hospitāl, zu ahd. *hospitāl, (hospitālhūs [10. Jh.],) N., »Armenhaus, Spital«, Lw. lat. hospitalium, N., »Gastzimmer«, zu lat. hospitalis, Adj., »gastfreundlich«, zu lat. hospes, M., »Gastfreund«, sachlich entstehen Domspitäler im 9. Jh. u.a. in Köln bzw. Mainz bzw. Bamberg usw.

spitz, Adj., »spitz«, mhd. spitze, Adj., »spitz, spitzig«, ahd. spizzi (A. 9. Jh.), Adj., »spitz, zugespitzt«, germ. *spitja, *spitjaz, Adj., »spitz«, zu idg. *spĕi-, *spĭ-, Adj., Sb., »spitzig«

Spitzbube, M., »Spitzbube, Schlingel«, 16. Jh., zu spitz, Bube

Spitzel, M., »Agent, Polizeiagent«, 19. Jh. (österreichisch), zu rotw. Spitz, M., »Polizeiagent«, aus mhd. spitzen, V., »lauern, erwarten«

Splitter, M., »Splitter«, 13. Jh. bzw. 15. Jh. Lw. mnd. splittere, M., »Splitter«, zu germ. *spleitan, V., »spalten, spleißen«

Splitterrichter, M., »kleinlicher Beurteiler«, Luther zu Matth. 7,3, s. Splitter, Richter

Splitting, F., »Aufspaltung, Art der Berechnung der Einkommensteuer der Ehegatten bei der die Einkommen beider Ehegatten zusammengerechnet und dann halbiert werden und die davon berechnete Steuerschuld verdoppelt wird«, 20. Jh., zu ne. split, V., »spalten«, zu germ. *spleitan, V., »spalten, spleißen«

sponsio, lat., F., »Gelöbnis«, zum PPP. sponsus von lat. spondere, V., »geloben«

Sponsor, M., »Sponsor, Gönner, Geldgeber«, späteres 20. Jh. Lw. ne. sponsor, M., »Bürge, Gönner, Geldgeber«, Lw. lat. sponsor, M., »Bürge«, zum PPP. sponsus von lat. spondere, V., »geloben, versprechen«

Sponsoring, N., »Tätigkeit als Sponsor«, um 1985 Lw. ne. sponsoring, s. Sponsor

Sport, M., »körperliche Tätigkeit die um ihrer selbst willen zur Stärkung der Gesundheit oder aus Interesse am körperlichen Wettkampf ausgeübt wird«, 1. H. 19. Jh. (Pückler 1828) Lw. ne. sport, N., »Sport«, aus ne. disport, N., »Vergnügen«, aus mfrz. desporter, V., »sich vergnügen«, aus mlat. deportare, V., »sich betragen, sich vergnügen«, zu lat. de, Präp., Präf., »von«, lat. portare, V., »tragen«

Sporteln, F. Pl., »dem beteiligten Amtsträger zufließende Verwaltungsgebühr«, 15. Jh. (sportul) Lw. lat. sportula, F., »Körblein, Speisekörblein, Mahlzeit, Geldgeschenk«, zu lat. sporta, F., »Korb«, zu gr. spyrís, F., »Korb«

Sprache, F., »Sprache«, mhd. sprāche, F., »Sprache, Ausspruch, Gespräch, Beratung, Gericht«, ahd. sprāhha (765), sprācha, F., »Sprache, Sprechen, Rede, Aussage, Unterredung, Ausspruch, Erzählung, Disputation, Beratung, Gerede«, as. sprāka, F., »Sprache, Rede, Unterredung«, germ. *sprēko, *sprēkjō, F., »Sprache«, s. idg. *sprēg-, V., »zucken, schnellen, streuen, sprengen, spritzen«, vgl. idg. *sper- (5), V., »zucken, stoßen, zappeln, schnellen«, idg. *per- (1), V., »sprühen, spritzen, prusten, schnauben«

sprechen, V., »sprechen«, mhd. sprechen, V., »sprechen, sagen, reden«, ahd. sprehhan (765), sprechan, spehhan, V., »sprechen, reden, sagen, äußern, meinen, antworten, verkündigen«, as. sprekan, V., »sprechen«, westgerm. *sprekan, V., »sprechen«, zu idg. *sprēg-, V., »zucken, schnellen, streuen, sprengen, spritzen«?, zu idg. *sper- (5), V., »zucken, stoßen, zappeln, schnellen«?, zu idg. *per- (1), V., »sprühen, spritzen, prusten, schnauben«?

Sprecher, M., »Sprecher«, mhd. sprechære, M., »Sprecher, Schwätzer«, ahd. sprehhāri (12. Jh.), sprechāri, M., »Sprecher, Redner, Prediger«, s. sprechen

Sprecherausschuß, M., »Interessenvertretung der leitenden Angestellten in allen

Betrieben mit mehr als 10 leitenden Angestellten gegenüber dem Arbeitgeber«, 2. H. 20. Jh., s. Sprecher, Ausschuß

Sprengel, M., »Sprengel, Gebiet, Diözese (15. Jh.)«, mhd. sprengel, M., »Büschel, Weihwedel, Weihwassersprengel«, zu ahd. sprengen (800), V., »ausstreuen, springen machen, sprengen, träufeln, überstreuen«, Bedeutung aus »(Gebiet so weit der Weihwasser)sprengel (reicht)« entwickelt

sprengen, V., »sprengen«, mhd. sprengen, V., »sprengen, spritzen, streuen«, ahd. sprengen (800), V., »ausstreuen, springen machen, sprengen, träufeln, überstreuen«, germ. *sprangjan, V., »springen machen, sprengen«, zu idg. *sperĝh-, *sprenĝh-, V., »bewegen, eilen, springen«, zu idg. *sper- (5), V., »zucken, stoßen, zappeln, schnellen«, zu idg. *per- (1), V., »sprühen, spritzen, prusten, schnauben«

Sprichwort, N., »Sprichwort, satzförmige Redensart«, mhd. (13. Jh.) sprichwort, N., »geläufiges Wort, sprichwörtliche Redensart, Sprichwort, Rätsel«, zu sprechen, Wort

springen, V., »springen«, mhd. springen, V., »springen, laufen«, ahd. springan (2. H. 8. Jh.), V., »springen, sprudeln, fließen«, as. springan, V., »springen«, germ. *sprengan, V., »springen«, idg. *sperĝh-, *sprenĝh-, V., »bewegen, eilen, springen«, zu idg. *sper- (5), V., »zucken, stoßen, zappeln, schnellen«, zu idg. *per- (1), V., »sprühen, spritzen, prusten, schnauben«

Spruch, M., »Spruch, Ausspruch«, mhd. spruch, M., »was gesprochen wird, Wort, Rede, Spruch, Ausspruch, Anspruch«, zu sprechen

Spruchkörper, N., »Gericht«, 20. Jh.?, s. Spruch, Körper

Spruchrichter, M., »erkennender Richter«, A. 20. Jh.?, s. Spruch, Richter

Spruchrichterprivileg, N., »Privileg der Richter«, A. 20. Jh.?, s. Spruchrichter, Privileg

Sprung, M., »Sprung«, mhd. sprunc, M., »Sprung, Hervorsprießen, Ursprung«, zu springen

Sprungrevision, F., »unter freiwilliger einverständlicher Übergehung der Berufungsinstanz gegen die im ersten Rechtszug erlassenen Endurteile der Landgerichte - im Strafprozeß auch der Amtsgerichte - unmittelbar eingelegte Revision«, 19. Jh.?, s. Sprung, Revision

Spur, F., »Spur«, mhd. spür, spur, N., F., »Spur«, ahd.? spur (14. Jh.), spor (8. Jh.), N., »Spur«, germ. *spura, *spuram, N., »Spur, Tritt«, zu idg. *sper- (5), V., »zukken, stoßen, zappeln, schnellen«, zu idg. *per- (1), V., »sprühen, spritzen, prusten, schnauben«, F. im 16. Jh. durchgesetzt

spüren, V., »spüren, eine Spur suchen und finden«, mhd. spürn, V., »aufsuchen, spüren«, ahd. spurien (E. 8. Jh.), spurren, V., »aufspüren, aufsuchen, auskundschaften«, germ. *spurjan, V., »verfolgen, spüren, erfahren (V.)«, s. Spur

Staat, M., »auf Dauer berechnete Zusammenfassung einer Anzahl von Menschen (Staatsvolk) auf einem bestimmten Teil der Erdoberfläche (Staatsgebiet) unter Regelung aller für deren gemeinschaftliches Leben notwendigen Belange durch einen innerhalb der Gemeinschaft obersten Willensträger (Staatsgewalt) (Drei-Elemente-Lehre) falls sich die von diesem Willensträger aufgestellte Ordnung tatsächlich durchgesetzt hat und keinem völkerrechtswidrigen Zweck dient«, 15. Jh. (14. Jh. mnd. stāt, M., »Lage, Stand, Stellung«,) Lw. lat. status, M., »Stand«, zum Part. Prät. status von lat. stare, V., »stehen«, Bedeutungsentwicklung »Stand, Rang, Zustand«, Lehnbedeutung »Staat« aus frz. état, M., »Staat«, aus lat. status, nicht vor der Mitte des 17. Jh. steht Staat für lat. res publica, Mitte 18. Jh. erscheint der moderne Staatsbegriff, vgl. Geschichtliche Grundbegriffe

Staatenbund, F., »Konföderation, Zusammenschluß von Staaten die ihre volle Souveränität behalten«, Lüt. lat. confoederatio, F., »Bündnis«?, Campe 1807, »Verbindung mehrerer Personen oder Staaten in einem Bund«, s. Staat, Bund

staatenlos, Adj., »ohne Staatsangehörigkeit«, 20. Jh.?, s. Staat, los

Staatenlosigkeit, F., »Fehlen einer Staatsangehörigkeit«, 20. Jh., s. staatenlos, ig, heit

Staatennachfolge, F., »vollständiger Übergang der territorialen Souveränität und Gebietshoheit von einem ursprünglichen Inhaber auf einen Nachfolger der nunmehr auf diesem Gebiet eigene Souveränität und Hoheit ausübt (z.B. Deutsches Reich und Bundesrepublik Deutschland)«, 2. H. 20. Jh.?, s. Staat, Nachfolge

Staatenstaat, M., »Staatenverbindung bei der ein Staat als Oberstaat bestimmte Staaten als Unterstaaten derart beherrscht daß sie ihm insbesondere zu Heerfolge und Geldleistungen verpflichtet sind (z.B. Osmanisches Reich und seine Unterstaaten)«, Jahn vor 1852 (Deutschland um 1840), s. Staat

staatsangehörig, Adj., »einem Staat angehörig«, Auerbach um 1850, s. Staat, Angehöriger

Staatsangehörigkeit, F., »Mitgliedschaft einer Person in einem Staat«, um 1800, s. Staat, Angehöriger, heit, vgl. Weiske 1839ff., sachlich finden sich entsprechende Rechtsregeln im Reich erst seit 1800 nach dem Vorbild Frankreichs (1791)

Staatsanwalt, M., »Vertreter des Staates (in der Strafanklage)«, M. 19. Jh., Lüt. frz., sachlich 1810 Frankreich, 1831 Baden (öffentlicher Ankläger für Pressedelikte), 1841 Hannover, 1846 Berlin, s. Staat, Anwalt

Staatsanwaltschaft, F., »zur Strafverfolgung berufene Behörde«, M. 19. Jh., Lüt. frz., s. Staat, Anwaltschaft, vgl. Weiske 1839ff., Planck 1857

Staatsaufsicht, F., »Aufsicht des Staates über die juristischen Personen des öffentlichen Rechts soweit diese öffentliche Verwaltungsaufgaben wahrnehmen«, 19. Jh.?, s. Staat, Aufsicht

Staatsbürger, M., »Bürger des Staates«, 1681, zwischen 1770 und 1789 allgemein verbreitet, 1794 Preußen, s. Staat, Bürger

Staatsform, F., »besondere Art der formalen Organisation eines Staates«, 19. Jh.?, s. Staat, Form

Staatsgebiet, N., »einem Staat zugehöriger bestimmter Teil der Erdoberfläche«, 19. Jh., s. Staat, Gebiet, vgl. Weiske 1839ff.

Staatsgeheimnis, N., »Tatsachen oder Gegenstände oder Erkenntnisse die nur einem begrenzten Personenkreis zugänglich sind und vor einer fremden Macht geheimgehalten werden müssen um die Gefahr eines schweren Nachteils für die äußere Sicherheit der Bundesrepublik Deutschland abzuwenden«, Kramer 1702, Lüs. it. secreto di stato, Sb., »Staatsgeheimnis«?, s. Staat, Geheimnis

Staatsgerichtshof, M., »Bezeichnung für (obere) Verfassungsgerichte (der Länder)«, »Gericht zum Schutz der Verfassung« 1819 Württemberg, 1831 Sachsen, s. Staat, Gerichtshof, vgl. Weiske 1839ff.

Staatsgewalt, F., »den Staat kennzeichnende oberste Herrschaftsgewalt (Hoheitsgewalt)«, Campe 1807ff., s. Staat, Gewalt, vgl. Weiske 1839ff.

Staatshaftung, F., »Haftung des Staates für Schäden«, 20. Jh., s. Staat, Haftung

Staatskasse, F., »vom Staat eingerichtete Zahlstelle (z.B. Gerichtskasse)«, Campe 1807ff., s. Staat, Kasse, vgl. Weiske 1839ff.

Staatskirche, F., »vom Staat mit besonderen Vorrechten ausgestattete und ihm zugleich in ihren wichtigen Entscheidungen unterworfene Kirchengemeinschaft«, Brieger 1880, s. Staat, Kirche

Staatskirchenrecht, N., »Recht welches das Verhältnis zwischen Staat und Kirche (Religionsgemeinschaft) betrifft«, 19. Jh., s. Staatskirche, Recht

Staatskommissar, M., »vom Staat (Regierung) an Stelle des an sich zuständigen aber zu ordnungsgemäßer Aufgabenwahrnehmung nicht fähigen oder nicht willigen Organes eingesetzter Beauftragter«, 20. Jh.?, s. Staat, Kommissar

Staatslehre, F., »(seit dem Ende des 18. Jh. entstehender) Wissenschaftszweig der sich mit dem Wesen des Staates als solchem befaßt«, Frisch 1741, Lüt. nlat. politica, F., »Staatslehre«?, s. Staat, Lehre

Staatsmann, M., »bedeutender Politiker eines Staates«, 2. H. 17. Jh. frz. homme d'Etat, M., »Mann des Staates«, s. Staat, Mann

Staatsnotstand, M., »Notstand des Staates«, 19. Jh., s. Staat, Notstand

Staatsoberhaupt, N., »an der Spitze eines Staates stehendes Organ«, Kant vor 1804, Campe 1807ff., Allgemeines Bürgerliches Gesetzbuch 1811 Österreich, s. Staat, ober, Haupt

Staatspartei, F., »in einem Staat allein zugelassene bzw. ihn tatsächlich allein beherrschende Partei«, 20. Jh., Staat, Partei

Staatspräsident, M., »Präsident des Staates, (in Republiken vielfach) Staatsoberhaupt«, 20. Jh.?, s. Staat, Präsident

Staatsprüfung, F., »vom Staat vorgeschriebene und durchgeführte Prüfung«, »Prüfung des Staates durch den Regenten, Prüfung zur Erlangung eines Amtes im Staat«, Krünitz 1773ff., s. Staat, Prüfung

Staatsräson, F., »Staatsklugheit«, Lw. it. ragione di stato, F., »Staatsräson« Guicciardini A. 16. Jh., Moser 1764, s. Staat

Staatsrecht, N., »den Staat im allgemeinen betreffendes Recht«, Stieler 1691, Lüs. lat. ius rei publicae, N., »Recht des Staates«, s. Staat, Recht, verwissenschaftlicht erst im 19. Jh. (Gerber bzw. Laband)

Staatsreligion, F., »in einem Staat allein zugelassene bzw. ihn tatsächlich allein beherrschende Religion«, Krünitz 1773ff., s. Staat, Religion

Staatssekretär, M., »hoher Amtsträger des Staates«, Campe 1807ff., s. Staat, Sekretär

Staatssymbol, N., »einen Staat verkörperndes Zeichen (z.B. Fahne)«, 20. Jh., s. Staat, Symbol

Staatsvertrag, M., »zwischen mindestens zwei Staaten geschlossener völkerrechtlicher Vertrag, von mehreren Ländern eines Staates geschlossener Vertrag«, Krünitz 1773ff., s. Staat, Vertrag, vgl. Weiske 1839ff.

Staatsverwaltung, F., »Ausführung der Aufgaben des Staates«, »Verwaltung eines Staats« Stieler 1691, s. Staat, Verwaltung

Staatsvolk, N., »Gesamtheit derjenigen Personen die sich auf dem Gebiet eines bestimmten Staates befinden und die allein schon infolge dieser Tatsache dessen Staatsgewalt unterstehen«, Riehl 19. Jh., s. Staat, Volk

Staatszweck, M., »Grund der Bildung des Staates sowie seiner Ausgestaltung in besonderer Art und Weise«, M. 19. Jh., s. Staat, Zweck

Stab, M., »Stab«, mhd. stap, M., »Stab, Stock«, ahd. stab (E. 8. Jh.), M., »Stab, Stock, Keule«, as. staf, M., »Stab«, germ. *staba, *stabaz, *stabi, *stabiz, M., »Stab«, zu idg. *stebh-, V., »stützen, stampfen, schützen, staunen«, zu idg. *stā-, V., »stehen, stellen«

stabil, Adj., »stabil, fest, solide«, 18. Jh. Lw. lat. stabilis, Adj., »fest, standhaft«, zu lat. stare, V., »stehen«

Stabreim, M., »Stabreim, Alliteration«, 19. Jh. für Alliteration (16. Jh.), zu anord. stafr, M., »Buchstabe«, s. Stab (?), Alliteration

Stadt, F., »(in der Rechtsgeschichte) größere gewerblich akzentuierte befestigte Siedlung mit besonderem Stadtrecht«, mhd. stat, F., »Ort, Stelle, Stätte, Ortschaft, Stadt (um 1200)«, ahd. stat (765), F., »Stätte, Stelle, Ort, Platz, Raum, Wohnstätte, (antike) Stadt?, Gegend, Topos«, as. stedi, M., F., »Stätte, Ort«, germ. *stadi, *stadiz, F., M., »Stehen, Statt, Stätte«, zu idg. *stădho-, F., »Stand«, zu idg. *stā-, V., »stehen, stellen«

Stadtbuch, N., »Stadtbuch«, mhd. statbuoch, N., »Rechtsbuch einer Stadt, von einer Stadt für wichtige Aufzeichnungen geführtes Buch«, s. Stadt, Buch, vgl. lat. liber civitatis, M., »Stadtbuch« 1277 Lübeck

Stadtdirektor, M., »(in einzelnen Ländern) leitender Verwaltungsbeamter einer Stadt der ihre laufenden Geschäfte führt«, A. 19. Jh., s. Stadt, Direktor, vgl. Weiske 1839ff.

Städtebauförderungsrecht, N., »ursprünglich im besonderen Städtebauförderungsgesetz vom 27. 7. 1971 geregeltes Recht der städtebaulichen Sanierungsmaßnahmen und Entwicklungsmaßnahmen«, s. Stadt, Bau, Förderung, Recht

Stadtkreis, M., »städtischer Kreis«, 19. Jh., s. Stadt, Kreis, vgl. Grimm DW 1899

Stadtluft macht frei, »(für das mittelalterliche deutsche Recht) der Grundsatz daß unfreie Personen durch den unangefochtenen Aufenthalt während eines Jahres in einer Stadt Freiheit erlangen«, Eisenhart Luft macht eigen bzw. Gaupp 1851 Luft macht frei

Stadtrat, M., »Gemeindevertretung der Städte sowie deren Mitglied«, mhd. statrāt, M., »Ratsversammlung einer Stadt«, »einzelnes Ratsmitglied« Stieler 1691, s. Stadt, Rat

Stadtrecht, N., »besonderes Recht einer Stadt«, mhd. statreht, N., »Stadtrecht, Bürgerrecht, Abgabe oder Leistung eines Bürgers für die Stadt«, 13. Jh., älter burgrecht, (Lüs.) lat. ius civile, N., »Stadtrecht« (um 1100)

Stadtstaat, M., »im wesentlichen aus einer Stadt bestehender Staat (z.B. Hamburg)«, 19. Jh., s. Stadt, Staat, vgl. Grimm DW 1899

stahl, M., s. Dieb-, stehlen

Stall, M., »Stall«, mhd. stal, M., »Stall, Stand, Stehort«, ahd. stal (nach 765?, ON), »Stallung, Stelle, Stätte, Stellvertretung, Stand«, germ. *stalla, *stallaz, M., »Standort, Stelle, Stand, Stall?«, zu idg. *stel-,

V., Adj., Sb., »stellen, stehend, unbeweglich, steif, Ständer, Pfosten, Stamm, Stiel, Stengel«, zu stehen?

Stamm, M., »Stamm, Abkömmlinge eines Abkömmlings«, mhd. stam, M., »Stamm«, ahd. stam (E. 8. Jh., ON), M., »Stamm«, as. stamn, M., »Stamm«, westgerm. *stamna, *stamnaz, M., »Stamm«, idg. *stombhos, M., »Pfosten, Stamm, Busch«, zu idg. *stebh-, V., »stützen, stampfen, schimpfen, staunen«, zu stehen?

Stammeinlage, F., »(bei der Gesellschaft mit beschränkter Haftung) Teil des Stammkapitals der Gesellschaft der von einem einzelnen Gesellschafter übernommen wird«, E. 19. Jh., s. Stamm, Einlage

stammen, V., »stammen, abstammen«, mhd. stammen, V., »abstammen«, s. Stamm

stammeln, V., »stammeln, stottern«, mhd. stamelen, stamlen, V., »stammeln«, ahd. stamalōn (9. Jh.), V., »stammeln, stottern«, zu ahd. stamal (A. 11. Jh.), V., »stammelnd«, zu ahd. stam (9. Jh.), Adj., »stammelnd«, germ. *stama, *stamaz, Adj., »stammelnd«, zu idg. *stem-?, V., »stoßen, stottern, stammeln, hemmen«

Stammesrecht, N., »(in der Rechtsgeschichte) Recht der einzelnen germanisch-deutschen Völkerschaft (z.B. Lex Salica bzw. Lex Baiwariorum)«, 19. Jh., s. Stamm, Recht

Stammkapital, N., »auf einen bestimmten Nennbetrag festgesetztes Eigenkapital einer Gesellschaft mit beschränkter Haftung«, E. 19. Jh., s. Stamm, Kapital

stampfen, V., »stampfen«, mhd. stampfen, V., »stampfen, zerstoßen«, ahd. stampfōn (1000), stamphōn, V., »stampfen, zerstampfen, zerstoßen«, germ. stampōn, V., »stampfen«, idg. *stebh-, *stembh-, V., »stützen, stampfen, schimpfen, staunen«?

Stand, M., »Stehen, Stellung, Zustand«, mhd. stant, M., »Stand, Sitz, Stätte, Bestand, Zustand, Lebensweise, Amt, Würde«, ahd. *stant, M., »Stand«, Verbalabstraktum zum Präsensstamm von germ. *standan, V., »stehen«, zu idg. *stā-, V., »stehen, stellen«, vgl. Geschichtliche Grundbegriffe

Standesamt, N., »Amt zur Beurkundung von Veränderungen des Personenstandes«, 1875, nach frz. Vorbild zunächst linksrheinisch eingeführt, s. Stand, Amt

Standesbeamter, M., »kommunaler Beamter der vor allem die staatlichen Aufgaben der Eheschließung und Führung der Personenstandsbücher ausführt«, Reichspersonenstandsgesetz 1875, älter Beamter des bürgerlichen Standes Badisches Landrecht 1809, Lüs. frz. officier civil, M., »Standesbeamter« 1787/92 Frankreich, s. Stand, Beamter

Standesrecht, N., »besonderes Recht eines bestimmten Berufsstandes (z.B. der Rechtsanwälte)«, 19. Jh., s. Stand, Recht

ständig, Adj., »bleibend, dauernd«, 17. Jh., zu Stand, ig, s. stehen

Standgericht, N., »im Stehen gehaltenes Gericht, Standgericht«, 16. Jh., s. Stand, Gericht

Standrecht, N., »im Ausnahmezustand oder Kriegszustand geltendes Recht zur Erhaltung der Ordnung in bestimmten Fällen in einem abgekürzten Verfahren (u.a. sogar im Stehen) zu entscheiden und zu vollstrecken«, 16. Jh., s. Stand, Recht

Stapel, M., »Stapel«, 17. Jh. Lw. nnd. stapel, M., »Stapel«, mnd. stapel, M., »Stapel«, zu germ. *stapula, *stapulaz, M., »Stamm, Pfosten, Haufe«, zu Stab

***stätigen**, V., zu mhd. stætec, stætic, Adj., »fest, beständig«, ahd. stātīg (2. H. 8. Jh.), Adj., »stet, beständig, fest, standhaft«, zu germ. *standan, V., »stehen« oder zu stehen

Station, F., »Haltestelle, Aufenthaltsort, Ausbildungsabschnitt des Rechtsreferendars, Arbeitsabschnitt bei der Relation«, fnhd. (14./15 Jh.) (statziān, mhd.?) Lw. lat. statio, F., »Haltestelle, Aufenthaltsort«, zum PPP. status von lat. stare, V., »stehen«

Statistik, F., »zahlenmäßige Zusammenfassung bestimmter Sachverhalte«, 2. H. 17. Jh. (Riemer 1679) Lw. frz. statistique, F., »Staatswissenschaft, Wissenschaft«, bzw. nlat. statistica, F., »Staatslehre«, zu lat. status, M., »Stand, Zustand«, zum PPP. status von lat. stare, V., »stehen«

Statt, F., »Statt«, mhd. stat, F., »Ort, Stelle, Stätte, Ortschaft, Stadt (um 1200)«, ahd. stat (765), F., »Stätte, Stelle, Ort, Platz, Raum, Wohnstätte, (antike) Stadt?, Gegend, Topos«, as. stedi, M., F., »Stätte, Ort«, germ. *stadi, *stadiz, F., M., »Stehen, Statt, Stätte«, zu idg. *stādho-, F., »Stand«, zu idg. *stā-, V., »stehen, stellen«

Stätte, F., »Stelle«, mhd. stete, F., »Stätte, Platz«, s. Statt, aus den flektierten Formen von Statt verselbständigt

***statten**, V., mhd. *staten, V., »an seinen Ort bringen, verwenden, ersetzen, zufügen, zugeben«, zu mhd. stat bzw. state, stat, F., »Gelegenheit, Lage«

statthaft, Adj., »statthaft, erlaubt«, mhd. stathaft, statehaft, Adj., »in der Lage etwas zu tun, gerüstet, angesehen, wohlhabend, gewaltig«, zu mhd. state, stat, F., »Gelegenheit, Lage«, ahd. *statahaft?, Adj., »beständig«

Statthaftigkeit, F., »allgemeine Zulässigkeit«, Thümmel 1800, s. statthaft, ig, heit, vgl. Weiske 1839ff.

Statthalter, M., »Stellvertreter, Statthalter«, 15. Jh. Lüs. lat. locum tenens, M., »Platz haltend«, s. Statt, halten

statuieren, V., »aufstellen, festsetzen«, Lw. lat. statuere, V., »hinstellen, festsetzen«, zu lat. sistere V., »hinstellen, hinbringen«, zu lat. stare, V., »stehen«

status, lat., M., »Stand, (nach der zum Zweck der besseren Erklärung des Verhältnisses zwischen Staat und Einzelnen verfaßten Statuslehre von G. Jellinek) Stellung des Einzelnen zum Staat«, zum PPP. status von lat. stare, V., »stehen«, s. Status

Status, M., »Zustand«, A. 16. Jh. (Murner 1520) Lw. lat. status, M., »Stand, Zustand«, zum PPP. status von lat. stare, V., »stehen«, im 20. Jh. wiederbelebt

Statusprozeß, M., »Prozeß in Kindschaftssachen«, 20. Jh.?, s. status, Prozeß

status quo, lat., M., »Zustand in dem (sich eine Angelegenheit derzeit befindet)«, A. 19. Jh., s. status

status quo ante, nlat., M., »Zustand in dem (sich eine Angelegenheit) vorher (befunden hat)«, 18. Jh., s. status

Statut, N., »Satz, Gesetz, (im internationalen Privatrecht) anwendbare Rechtsordnung«, mhd. statut (1340/7), N., »Statut«, 14. Jh. Lw. lat. statutum, N., »Gesetztes, Statut«, PPP. von lat. statuere, V., »hinstellen, festsetzen«, s. statuieren

Statutenkollision, F., »Widerspruch der Rechtssätze verschiedener Rechtsordnungen«, Bluntschli 1867, s. Statut, Kollision

Statutentheorie, F., »(von den spätmittelalterlichen Juristen entwickelte) Theorie zum Verhältnis von gemeinem Recht und lokalen Statuten«, 20. Jh., s. Statut, Theorie

Stau, M., »Hemmung, Stillstand«, 18. Jh. Lw. mnd. stouw, M., »Stauung, Stauwerk«, s. stauen

stauen, V., »stauen«, 17. Jh. Lw. (nnd. zu) mnd. stouwen, V., »stauen«, zu ahd. stouwen (10./11. Jh.), V., »anklagen, schelten«, ahd. stouwōn (A. 9. Jh.), V., »anklagen, tadeln«, germ. *stowōn, V., »stauen«, idg. *stāu-, V., »stehen, stellen«, zu idg. *stā-, V., »stehen, stellen«

Staupe, F., »Staupe, Züchtigung durch Ruten an einem Pfahl«, mnd. stūpe, F., »Staupe«, vor 1300 Lw. polab. staup, Sb., »Altar, Opferpfosten«?

stäupen, V., »mit Ruten schlagen, auspeitschen«, 16. Jh. Lw. mnd. stūpen, V., »mit Ruten schlagen, auspeitschen«, s. Staupe

stechen, V., »stechen«, mhd. stechen, V., »stechen«, ahd. stehhan (E. 8. Jh.), stechan, V., »stechen, erstechen, durchbohren, stecken, stoßen«, as. stekan, V., »stechen«, westgerm. *stekan, V., »stechen«, germ. *stikan, V., »stechen«, idg. *steig-, V., Adj., »stechen, spitz«?, idg. *stegh-, V., Adj., Sb., »stechen, spitz«?

Steckbrief, M., »schriftlich an alle Behörden ergehendes Ersuchen eine flüchtige oder sich verbergende Person festzunehmen und sie der ersuchenden Behörde zu übergeben«, 16. Jh. (1555 Mainz), zu stecken, Brief, vielleicht wegen des Steckens einer Ladung des flüchtigen Geladenen an einen Ort?

stecken, V., »stecken«, mhd. stecken, V., »stecken, weilen, festhaften«, ahd. stekken (800), stecken, stekkēn (1000), V., »stekken, befestigen, anstekken«, germ. *stakjan, V., »stecken« zu idg. *stegh-, V., Adj., Sb., »stechen, spitz«?, idg. *steig-, V., Adj., »stechen, spitz«?

Stegreif, M., »Steigbügel«, mhd. stegereif, M., »Stegreif, Aufsteigbügel«, ahd. stegareif (11. Jh.), stiegereif, M., »Stegreif, Steigbügel«, zu ahd. stegōn (1000), V., »steigen«, zu steigen, sachlich wurde der Steigbügel seit dem 8. Jh. von Byzanz aus verbreitet

stehen, V., »stehen«, mhd. stān, stēn, V., »stehen«, ahd. stān (E. 8. Jh.), stēn, V., »stehen, bestehen, bleiben, sein (V.), liegen, sich befinden«, as. stān, V., »stehen«, germ. *stē-, V., »stehen«, (neben germ. *standan, V., »stehen«,) idg. *stā-, V., »stehen, stellen«

stehlen, V., »stehlen«, mhd. steln, stelen, V., »stehlen«, ahd. stelan (E. 8. Jh.), V., »stehlen, rauben, wegnehmen, entwenden«, as. stelan, V., »stehlen«, germ. *stelan, V., »stehlen«, zu idg. *ster-? (3), V., »rauben, stehlen«?, idg. *tel- (1), V., »heben, wagen, tragen, dulden«?

Steige, F., »zwanzig Stück«, zu as. stīga, F., (urspr.) »Leiter (F.)«?, s. Stiege

steigen, V., »steigen«, mhd. stīgen, V., »steigen, besteigen, ersteigen«, ahd. stīgan (2. H. 8. Jh.), V., »steigen, hinaufsteigen, hinabsteigen, herabsteigen«, as. stīgan, V., »steigen«, germ. *steigan, V., »steigen«, idg. *steigh-, V., »schreiten, steigen«

Steiger, M., »wer steigt, Kletterer, aufsichtsführender Bergmann (16. Jh.)«, spätmhd. stīger, M., »wer steigt«, s. steigen, er

steigern, V., »steigern, den Preis steigen machen«, spätmhd. steigern, V., »(den Preis) erhöhen«, mbay. 14. Jh., zu ahd. *steigen, V., »steigen machen, erhöhen«, zu ahd. stīgan, s. steigen

Stein-Hardenbergische Reformen, F. Pl., »(unter den Staatsministern Freiherr vom Stein und Fürst Hardenberg 1807 begonnene und 1812 abgeschlossene) Reformen in Preußen (Bauernbefreiung usw.)«, s. Reform

Stein, M., »Stein, Fels«, mhd. stein, M., »Stein, Fels«, ahd. stein (765), M., »Stein, Fels, Steinblock«, as. stēn, M., »Stein«, germ. *staina, *stainaz, M., »Stein«, zu idg. *stāi-, V., »verdichten, drängen, stopfen, gerinnen, stocken«

Steinmetz, M., »Steinmetz«, mhd. steinmetze, M., »Steinmetz«, ahd. steinmezzo (10./11. Jh.), M., »Steinhauer, Steinmetz«, Lüt. lat. lapicida, M., »Steinhauer«?, zu Stein, z.T. Lw. galloroman. *matsjo, M., »Macher«, Lw. germ. *makjan, *makjōn, *makan, *makōn, M., »Macher«?, zu germ. *mattjan, M., »Haue, Metze, Meißel«?, zu idg. *mat- (2), Sb., »Hacke, Schlegel«?

Stelle, F., »Stelle, Platz, Ort«, 16. Jh., rückgebildet aus stellen

stellen, V., »stellen«, mhd. stellen, V., »an eine Stelle bringen, feststellen«, ahd. stellen (nach 765?), V., »stellen, errichten, setzen, hinführen«, as. stellian, V., »hinstellen«, germ. *stalljan, V., »stellen«?, idg. *stel- (3), V., Adj., Sb., »stellen, stehend, unbeweglich, steif, Ständer, Pfosten, Stamm, Stiel, Stengel«

Stellmacher, M., »Gestellmacher, Stellmacher«, spätmhd. (ostmmd.) stellemacher, M., »Stellmacher«, s. stellen, machen

Stellung, F., »Stellung«, mhd. stellung (14. Jh.), stallunge, F., »Stellung«, s. stellen, ung

stellvertreten, V., »die Stelle vertreten«, Zusammenrückung 2. H. 18. Jh., s. Stelle, vertreten, Stellvertreter

stellvertretend, Adj., »die Stelle vertretend«, 2. H. 18. Jh.?, Part. Präs. von stellvertreten

stellvertretendes commodum, N., »der aus einem Verlust stellvertretend entstandene Vorteil«, 19. Jh.?, s. commodum, stellvertretend

Stellvertreter, M., »Stellvertreter«, 17. Jh. (1695), Lüt. lat. vicarius, M., »Stellvertreter«, s. Stelle, Vertreter

Stellvertretung, F., »rechtsgeschäftliches Handeln einer Person (Vertreter) im Namen einer anderen Person (Vertretener) (in fremdem Namen) für diese (für fremde Rechnung)«, Krünitz 1773ff., s. stellvertreten, ung, vgl. Weiske 1839ff.

Stempel, M., »Stempel«, 17. Jh. Lw. nnd. stempel, M., »Stempel«, zu mnd. stempel, stempe, M., »Stampfer«, vgl. mhd. (13. Jh.) stempfel, M., »Stempfel, Stößel, Münzstempel«, zu stampfen, s. el

Stenz, M., »Geck, Zuhälter«, zu rotw. stenzen, V., »schlagen«?

Ster, M., »Ster, Festmeter, ein Raummaß«, 18. Jh. Lw. frz. stère, M., »ein Raummaß«, zu gr. stereós, Adj., »fest, räumlich«

Sterbebuch, N., »Register von Sterbefällen«, 19. Jh., s. sterben, Buch

Sterbehilfe, F., »Hilfe beim Sterben«, 19. Jh. Lsch. für Euthanasie, s. sterben, Hilfe

sterben, V., »sterben«, mhd. sterben, V., »sterben«, ahd. sterban (830), V., »sterben«, as. stervan, V., »sterben«, westgerm. *sterban, V., »steif werden, sterben«, idg. *sterbh-, Adj., V., Sb., »starr, steif, straff, stolpern, fallen, stolzieren, Stengel«, zu idg. *ster- (1), Adj., Sb., V., »starr, steif, Stengel, starren, stolpern, fallen, stolzieren«

steril, Adj., »steril, keimfrei, unfruchtbar«, A. 18. Jh. (Rohr 1718) Lw. frz. stérile,

Adj., »unfruchtbar«, aus lat. sterilis, Adj., »unfruchtbar«

Sterilisation, F., »Unfruchtbarmachung«, früheres 20. Jh. (1933) (Lw. frz. stérilisation, F., »Unfruchtbarmachung«?), s. steril

sterilisieren, V., »unfruchtbar machen«, E. 19. Jh., s. steril, ieren, vgl. mfrz. stériliser (15. Jh.), V., »unfruchtbar machen«, fnhd. sterilisieren (Paracelsus 1. H. 16. Jh.), V., »unfruchtbar machen«

Sterling, M., »Sterling, eine Münze«, mhd. sterling, M., »Sterling, eine Münze«, Lw. mfrz. esterlin, Sb., »Sterling«, (mlat. sterlingus,) zu lat. stater, M., »Stater, ein Gewicht, eine Münze«, Lw. gr. statér, M., »Stater«, awestfrk. Suff. ling

Steuer, F., »einmalige oder laufende Geldleistungen die nicht eine Gegenleistung für eine besondere Leistung darstellen und von einem öffentlichrechtlichen Gemeinwesen zur Erzielung von Einkünften allen auferlegt werden bei denen der Tatbestand zutrifft an den das Gesetz die Leistungspflicht knüpft«, mhd. stiure, stiur, F., »Stütze, Steuerruder, Unterstützung, Hilfe, Gabe, Spende, Gebühr, Beitrag, Abgabe, Steuer (F.)«, ahd. stiura (765), F., »Steuer (N.), Steuerruder, Stütze, Lenkung, Hilfe, Abgabe«, as. *stiuria, F., »Unterstützung, Gabe«, zu germ. *steurjan, V., »steuern, stützen«, zu idg. *steu-, Adj., »fest, dick, breit«?, zu idg. *stā-, V., »stehen, stellen«?, daneben (gleicher Herkunft) Steuer, N., »Steuerruder«, zu mnd. stūre, as. stior

Steuerberater, M., »Fachmann in Steuerangelegenheiten der steuerliche Beratungsdienste leistet«, 20. Jh., s. Steuer, beraten

Steuerbescheid, M., »Verwaltungsakt durch den die Steuer festgesetzt wird«, 1. H. 20. Jh.?, s. Steuer, Bescheid

Steuerbevollmächtigter, M., »dem Steuerberater weitgehend gleichgestellter berufsmäßiger Helfer in Steuersachen«, 20. Jh., s. Steuer, Bevollmächtigung

Steuerbilanz, F., »vom Steuerrecht bestimmte Bilanz«, 20. Jh., s. Steuer, Bilanz

Steuererklärung, F., »Erklärung der steuerlichen Verhältnisse eines Steuerpflichtigen für eine bestimmte Steuer und einen bestimmten Zeitraum oder einen bestimmten steuerauslösenden Sachverhalt«, E. 19. Jh.?, s. Steuer, Erklärung

Steuerfandung, F., »auf die Aufdeckung von Steuerhinterziehungen gerichtete Maßnahme der Finanzverwaltung«, 20. Jh., s. Steuer, Fahndung

steuerfrei, Adj., »von Steuern frei«, 14. Jh. (1346 Wetzlar), s. Steuer, frei

Steuergeheimnis, N., »Geheimhaltungspflicht des Steuerbeamten oder amtlich zugezogenen Sachverständigen hinsichtlich des ihm amtlich bekanntgewordenen Wissens über Verhältnisse eines Steuerpflichtigen«, 20. Jh., s. Steuer, Geheimnis

Steuerhehlerei, F., »Ankaufen oder Verschaffen oder Absetzen von Erzeugnissen oder Waren hinsichtlich deren Verbrauchsteuer oder Zoll hinterzogen worden oder Bannbruch begangen worden ist in der Absicht sich oder einen Dritten zu bereichern«, 20. Jh., s. Steuer, Hehlerei

Steuerhinterziehung, F., »Erschleichen ungerechtfertigter Steuervorteile oder Bewirken der Verkürzung von Steuereinnahmen zum eigenen Vorteil oder zum Vorteil eines Dritten«, Reichsstempelgesetz 1906, s. Steuer, hinterziehen, ung

Steuerhoheit, F., »Recht des Staates oder anderer öffentlichrechtlicher Körperschaften zur Festsetzung und Eintreibung von Steuern«, um 1900, s. Steuer, Hoheit

Steuerpflicht, F., »Verpflichtung bei Vorliegen der gesetzlich festgelegten Sachverhalte Steuern zu zahlen«, Valvasor 1689 Krain, Haller 1816, 1906, s. Steuer, Pflicht

steuerpflichtig, Adj., »unterstützungspflichtig, abgabenpflichtig, steuerpflichtig«, 1493, s. Steuer, Pflicht, ig

Steuerpflichtiger, M., »zu einer Steuer Verpflichteter«, 20. Jh.?, s. Steuer, Pflicht

Steuerrecht, N., »Gesamtheit der die Steuern betreffenden Rechtssätze«, »Besteuerungsrecht«, 19. Jh., »Steuerrecht« 19. Jh.?, s. Steuer, Recht

Steuerstrafrecht, N., »steuerliche Verhältnisse betreffendes Strafrecht«, 20. Jh., s. Steuer, Strafrecht

Steuerung, F., »Steuerung, Führung, Lenkung«, mhd. stiurunge, F., »Stütze, Steuer, Abgabe«, s. Steuer, ung

Steuerungsfähigkeit, F., »Fähigkeit nach einer Einsicht in das Unrecht einer Tat zu handeln«, 2. H. 20. Jh., s. Steuerung, Fähigkeit

Steuerverbund, M., »gemeinsame Berechtigung verschiedener Gebietskörperschaften an einem Steueraufkommen (z.B. Einkommensteuer)«, 2. H. 20. Jh., s. Steuer, ver, Bund

Steward, M., »Betreuer, Steward«, A. 18. Jh. (Sperander 1728) Lw. ne. steward, M. »Betreuer«, ae. stigeweard, M., »Hauswart«, zu ae. stig, N., »Stall, Verschlag«, ae. weard, M., »Hüter, Wart«

stibitzen, V., »stehlen«, 18. Jh., aus älterem stitzen, Herkunft ungeklärt

Stich, M., »Stich«, mhd. stich, M., »Stich, Knoten, Punkt«, ahd. stih (9./10. Jh.), M., »Stich, Stoß«, as. stiki, M., F., »Stich«, germ. *stiki, *stikiz, M., »Stich«, zu idg. *steig-, V., »Adj., »stecken, spitz«, zu idg. *stei-, Adj., »spitzig«?, idg. *stegh-, *stengh-, V., Adj., Sb., »stechen, spitz, steif, Stange, Halm?«?

Stichtag, M., »entscheidender Tag, festgelegter Tag«, 18. Jh., s. Stich, Tag

Stichwahl, F., »Entscheidungswahl«, 19. Jh., s. Stich, Wahl

stief, Präf., »Stief«, mhd. stief, Präf., »Stief«, ahd. stiof, Präf., »Stief«, germ. *steupa, *steupaz, Adj., »gestutzt, Stief«, zu idg. *steup-, V., Sb., »stoßen, schlagen, Stock, Stumpf«, zu idg. *steu- (1), V., »stoßen, schlagen«?

Stiefbruder, M., »Stiefbruder«, mhd. stiefbruoder, M., »Stiefbruder«, s. stief, Bruder

Stiefkind, N., »Kind eines Ehegatten in Bezug auf den anderen Ehegatten«, mhd. stiefkint, N., »Stiefkind«, ahd. stiofkind (1000), N., »Stiefkind«, s. stief, Kind

Stiefmutter, F., »Stiefmutter«, mhd. stiefmuoter, F., »Stiefmutter«, ahd. stiofmuoter (2. H. 8. Jh.), F., »Stiefmutter«, s. stief, Mutter

Stiefschwester, F., »Stiefschwester«, mhd. stiefswester, F., »Stiefschwester«, s. stief, Schwester

Stiefsohn, M., »Stiefsohn«, mhd. stiefsun, M., »Stiefsohn«, ahd. stiofsunu (9. Jh.), M., »Stiefsohn«, s. stief, Sohn

Stieftochter, F., »Stieftochter«, mhd. stieftohter, F., »Stieftochter«, ahd. stioftohter (11. Jh.), F., »Stieftochter«, s. stief, Tochter

Stiefvater, M., »Stiefvater«, mhd. stiefvater, M., »Stiefvater«, ahd. stioffater (9. Jh.), M., »Stiefvater«, s. stief, Vater

Stiege, F. (2), »zwanzig Stück«, 16. Jh. Lw. mnd. stīge, F., »zwanzig Stück«, as. stīga, F., »zwanzig Stück, (urspr.) Leiter (F.)?«, zu steigen?, s. Steige

Stift, N., »Stift, Kollegium von kanonisch lebenden Klerikern an einer Kirche«, mhd. stift, F., M., N., »Stiftung, Gründung, Bau, Einrichtung«, zu stiften

stiften, V., »stiften, begründen, gründen, errichten«, mhd. stiften, V., »gründen, bauen, bestiften«, ahd. stiften (9. Jh.), stihten, V., »gründen, stiften, begründen, errichten, befördern«, germ. *stiftjan, V., »einrichten, bauen, stiften«?, zu idg. *stĕibh-, *stĭp-, Sb., Adj., »Stange, Stecken, steif«?

Stifter, M., »Gründer, Stifter«, mhd. stifter, M., »Stifter, Gründer, Urheber, Belehner«, s. stiften, er

Stiftung, F., »Widmung von Vermögen zu einem bestimmten Zweck durch Rechtsgeschäft«, mhd. stiftunge, F., »Stiftung, Gründung, Bestiftung, Belehnung«, ahd. stiftunga (10. Jh.), F., »Kunstgriff, Zurüstung«, s. stiften, ung

still, Adj., »still«, mhd. stille, Adj., »still, heimlich, ruhig, schweigend«, ahd. stilli (765), Adj., »still, ruhig, gelassen, unveränderlich, unerwähnt, mild«, as. stilli, Adj., »still«, westgerm. *stellja, *stelljaz, Adj., »still«, zu idg. *stel- (3), V., Adj., Sb., »stellen, stehend, unbeweglich, steif, Ständer, Pfosten, Stamm, Stiel, Stengel«, zu idg. *tel- (3), V., »still sein«

Stille Gesellschaft, F., »Beteiligung an einem Geschäft ohne aktive Mitwirkung«, Thöl 1847 »Kommanditgesellschaft« (!), s. still, Gesellschaft, vgl. Weiske 1839ff., Lüs. frz.?, vgl. Badisches Landrecht 1809 unbenannte Gesellschaft

stillschweigen, V., »still sein, nicht reden«, 16. Jh.?, Zusammenrückung aus mhd. stille swīgen, s. still, schweigen

stillschweigend, Adj., »unausgesprochen«, mhd. stilleswīgende, Adj., »stillschweigend«, seit dem 16. Jh. häufiger, s. stillschweigen

Stillstand, M., »Zustand ohne Bewegung oder Fortschritt« 16. Jh., s. still, Stand

Stillstand der Rechtspflege, M., »Aufhören der Tätigkeit der Gerichte durch Krieg oder andere Ereignisse«, 19. Jh.?, Lsch. lat. iusitium, N., »Stillstand der Gerichte«, s. Stillstand, Rechtspflege

Stillstand des Verfahrens, M., »Aufhören der Tätigkeit des Gerichts in einem konkreten Verfahren«, 20. Jh.?, s. Stillstand, Verfahren

Stimme, F., »Stimme, Ton (M.) (2), Fähigkeit zu reden, Wahlstimme«, mhd. stimme, F., »Stimme, Ton (M.) (2), Ruf«, ahd. stimma (765), stimna, F., »Stimme, Laut, Klang, Rede, Wort, Rufen«, as. stemnia, F., »Stimme«, germ. *stemnō, F., »Stimme«, zu idg. *stemnā, F., »Mund, Stimme«?, zu idg. *stem-, V., »schneiden«?

stimmen, V., »rufen, zusammenstimmen«, mhd. stimmen, V., »eine Stimme hören lassen, rufen, mit einer Stimme versehen, gleichstimmend machen, nennen, festsetzen, abschätzen«, ahd. *stimmen, V., zu Stimme, die Bedeutung »eine Stimme abgeben« ist jung

Stimmenmehrheit, F., »Mehrheit abgegebener Stimmen«, 18. Jh., s. Stimme, Mehrheit

Stimmrecht, N., »Recht an einer Abstimmung einer Personenmehrheit teilzunehmen«, 18. Jh. (Musäus 1778), s. stimmen, Recht

Stipendium, N., »Stipendium, Geldunterstützung«, A. 16. Jh. (1500 Wismar) »Gehalt eines Universitätslehrers« Lw. lat. stipendium, N., »Unterstützung, Tribut«, zu lat. stips, F., »Beitrag, Gabe, Spende, Gebühr«, zu lat. stipare, V., »füllen, stopfen«, lat. pendere, V., »zahlen, wägen«

stipulatio, lat., F., »Gelöbnis, (im römischen Recht) ein aus einer formelhaften Frage des Gläubigers (spondesne? gelobst du?) und der bejahenden Antwort des Schuldners (spondeo ich gelobe) bestehender abstrakter Vertrag (Verbalkontrakt)«, s. stipulieren

Stipulation, F., »Stipulation, Vereinbarung«, 16. Jh. (Roth 1571 bzw. Chomel 1750) Lw. lat. stipulatio, F., »Anfrage um förmliche Angelobung«, zum Part. Prät. Akt. stipulatus von lat. stipulari, V., »sich förmlich angeloben lassen«, s. stipulieren

stipulieren, V., »vereinbaren, sich zusagen lassen«, 16. Jh. (Roth 1571 bzw. Chomel 1750) Lw. lat. stipulari, V., »sich förmlich angeloben lassen« zu lat. stipula, F., »Halm«, zu lat. stipare, V., »füllen, stopfen«

Stock, M., »Stock«, mhd. stoc, M., »Stock, Knüttel, Holzklotz«, ahd. stok (2. H. 8. Jh., ON), stoc, M., »Stock, Stumpf, Block um die Füße der Gefangenen«, as. stokk, stok, M., »Stock«, germ. *stukka, *stukkaz, M., »Abgeschlagenes, Stock, Stumpf«, zu idg. *steug-, V., »stoßen, schlagen«, zu idg. *steu- (1), V., »stoßen, schlagen«

Stocker, M., »Gefangenenwärter«, mhd. stocker, M., »Gefangenenwärter«, s. Stock, er

Stockwerk, N., »auf dem gemauerten Fundament des Hauses ruhendes Ständerwerk, Stockwerk«, 16. Jh. s. Stock, Werk

Stör, F., »Arbeit von Handwerkern im Haus von Kunden«, 16. Jh., zu stören?

stören, V., »stören, ärgern«, mhd. stœren, V., »vernichten, zerstreuen, hindern, stören«, ahd. stōren (1000), V., »zerstören, vernichten«, as. *stōrian, V., »stören«?, *germ. *staurjan, V., »stören«?, zu idg. *tu̯er- (1), *tur-, V., »drehen, quirlen, wirbeln, bewegen«?

Störenfried, M., »Störer, Störenfried«, 16. Jh. aus störe den Frieden

Störer, M., »auf wessen Willensbetätigung eine Störung mindestens adäquat mittelbar zurückgeht«, mhd. stœrære, M., »Störer«, 1312, s. stören

Störung, F., »(im Sachenrecht) Beeinträchtigung des Eigentums einer Person in anderer Weise als durch Entziehung oder Vorenthaltung des Besitzes, (im Verwaltungsrecht) Beeinträchtigung der öffentlichen Sicherheit und Ordnung«, mhd. stœrunge, F., »Störung, Zerstörung, Vertreibung, Absetzung«, s. stören, ung

stornieren, V., »rückgängig machen«, 18. Jh. (Krünitz 1773ff.) Lw. it. stornare, V., »rückgängig machen«, aus spätlat. *extornare, V., »ausdrehen«, zu lat. e, ex, Präp., Präf., »aus«, lat. tornare, V., »drehen, drechseln«, Lw. gr. torneúein, V., »drehen, drechseln«

Storno, N., »Rückgängigmachung eines Geschäftes insbesondere einer irrtümlichen Gutschrift durch ein Kreditinstitut«, 18. Jh. Lw. it. storno, M., »Rückgängigmachung«, s. stornieren

stoßen, V., »stoßen, mit Anprall treffen«, mhd. stōzen, V., »stoßend berühren, stoßend bewegen, forttreiben«, ahd. stōzan (E. 8. Jh.), V., »stoßen, treiben, abbringen, vertiefen, stecken, stellen, in Unruhe sein, schlagen, forttreiben«, as. stōtan, V., »stoßen«, germ. *stautan, V., »stoßen«, idg. *steud-, V., »stoßen, schlagen«, zu idg. *steu-, V., »stoßen, schlagen«

stottern, V., »stottern, stammeln«, 15. Jh.,

Intensivbildung zu mnd. stōten, V., »stoßen«, 16. Jh. (Luther vor 1546) nhd.

Strafantrag, M., »zur Verfolgung bestimmter Straftaten erforderliche oder mögliche Erklärung einer von der Staatsanwaltschaft verschiedenen Person bei der zuständigen Behörde daß sie die Strafverfolgung wünsche«, 2. H. 19. Jh. (Fontane bzw. Bismarck), s. Straf, Antrag, vgl. Hälschner 1887, Ullmann 1893

Strafanzeige, F., »Mitteilung des Verdachts einer Straftat bei der zuständigen Behörde mit der Anregung zu prüfen ob sie zu verfolgen ist«, 19. Jh., s. Strafe, Anzeige

Strafarrest, M., »eine Freiheitsstrafe(, für Soldaten zwischen 2 Wochen und 6 Monaten)«, 2. H. 20. Jh., s. Straf, Arrest

Strafaufhebung, F., »Aufhebung von Strafe«, 2. H. 20. Jh.?, s. Strafe, Aufhebung

Strafaufhebungsgrund, M., »Umstand der erst nach Begehung einer Straftat eintritt und die bereits verwirklichte Strafbarkeit in der Person des Täters rückwirkend wieder beseitigt (z.B. Rücktritt vom Versuch)«, 2. H. 20. Jh.?, s. Strafaufhebung, Grund

Strafaufschub, M., »Aufschub der Vollstreckung einer Freiheitsstrafe«, 19. Jh., s. Strafe, aufschieben

Strafausschließung, F., »Ausschluß von Strafe«, 19. Jh.?, s. Strafe, Ausschließung

Strafausschließungsgrund, M., »schon zur Tatzeit vorhandener Umstand der trotz an sich eingetretener Verwirklichung eines Straftatbestandes in der Person des Täters ausnahmsweise die Strafbarkeit ausschließt«, 19. Jh., s. Strafausschließung, Grund

Strafaussetzung, F., »Aussetzung der Vollstreckung einer Freiheitsstrafe«, 20. Jh., s. Strafe, Aussetzung

strafbar, Adj., »bestrafbar«, 15. Jh. (Eychmann 1483), s. Strafe, bar

Strafbarkeit, F., »Bestrafbarkeit, Qualifikation eines Verhaltens durch Sanktion mit einer Strafe«, 18. Jh.?, s. strafbar, heit, vgl. Weiske 1839ff.

Strafbarkeitsirrtum, M., »(im weiteren Sinn) Irrtum über ein Merkmal einer Straftat, (im engeren Sinn) Irrtum über persönliche Strafausschließungsgründe und Strafaufhebungsgründe«, 20. Jh., s. Strafbarkeit, Irrtum

strafbedroht, Adj., »mit Strafe bedroht«, 20. Jh., s. Strafe, bedrohen

strafbedrohte Handlung, F., »mit einer Strafe bedrohte Handlung«, 20. Jh.?, s. Handlung, strafbedroht

Strafbefehl, M., »amtsgerichtliche Verfügung die auf Antrag der Staatsanwaltschaft ohne Hauptverhandlung ergeht und in der höchstens Geldstrafe verhängt werden kann«, »Anordnung einer Strafe«, Möser 2. H. 18. Jh., s. Strafe, Befehl, vgl. Ullmann 1843

Strafe, M., »Ausgleich einer mit Strafe bedrohten Rechtsverletzung durch Auferlegung eines der Schwere von Unrecht und Schuld angemessenen Übels (Rechtsfolge) das eine öffentliche Mißbilligung der Tat ausdrückt«, mhd. strāfe, F., »Schelte, Tadel, Strafe, Züchtigung«, nach 1200, Herkunft unklar

strafen, V., »strafen«, mhd. strāfen, V., »zurechtweisen, schelten, bestrafen, züchtigen«, um 1200, Herkunft unklar, verdrängt ahd. refsen, V., »schelten, tadeln, schlagen, strafen«

Straferkenntnis, N., »Verwaltungsstrafverfahrensbescheid«, 19. Jh.?, Österreich, s. Straf, Erkenntnis

Strafgedinge, N., »Strafversprechen«, 19. Jh., s. Strafe, Gedinge

Strafgericht, N., »für das Strafverfahren zuständiges Gericht der ordentlichen Gerichtsbarkeit«, »Strafe« Laienspiegel 1518, »Gericht in Strafsachen« 1627 Österreich, s. Strafe, Gericht

Strafgesetz, N., »eine Strafe als Rechtsfolge anordnende Rechtsnorm«, 17. Jh. (Harsdörfer 1656 bzw. Butschly 1659), s. Strafe, Gesetz

Strafgesetzbuch, N., »die wesentlichen Materien des Strafrechts regelndes Gesetz vom 15. 5. 1871«, »Sammlung von Strafvorschriften« Krünitz 1773 ff., s. Strafe, Gesetzbuch

Strafkammer, F., »Abteilung des Landgerichts welche in Strafsachen tätig wird«, 19. Jh. (1877/9) Lüs. frz. chambre pénale, F., »Strafkammer«?, s. Strafe, Kammer, vgl. Ullmann 1893

Sträfling, M., »zwecks Strafvollzuges in Haft genommener Mensch«, A. 18. Jh., s. Strafe, ling

Strafmaß, N., »Umfang der Strafe«, Dannhawer 1657, s. Strafe, Maß

Strafmaßberufung, F., »auf die Strafzumessung beschränkte Anfechtung eines Strafurteils mit dem Rechtsmittel der Berufung«, 20. Jh., s. Strafmaß, Berufung

Strafmaßrevision, F., »auf die Strafzumessung beschränkte Anfechtung eines Strafurteils mit dem Rechtsmittel der Revision«, 20. Jh., s. Strafmaß, Revision

Strafmilderung, F., »Milderung der Strafe«, 19. Jh., s. Strafe, Milderung, vgl. Hälschner 1887

Strafmilderungsgrund, M., »Grund für die Milderung der Strafe«, 19. Jh., s. Strafmilderung, Grund, vgl. Weiske 1839ff.

strafmündig, Adj., »altermäßig bestrafbar«, 19. Jh., s. Strafe, mündig

Strafmündigkeit, F., »altersbedingte und geistesbedingte Straffähigkeit«, Estor 1767, s. strafmündig, heit

Strafprozeß, M., »gerichtliches Verfahren in welchem über das Vorliegen einer Straftat verhandelt wird«, 19. Jh., Lüs. nlat. processus criminalis, M., »Strafprozeß«?, s. Strafe, Prozeß, vgl. Weiske 1839ff.

Strafprozeßordnung, F., »das Strafverfahren ordnendes Gesetz«, 1877/9, s. Strafprozeß, Ordnung

Strafrahmen, M., »in der abstrakten Strafnorm durch eine Obergrenze und eine Untergrenze abgesteckter Bereich in welchem sich im konkreten Einzelfall die Strafzumessung halten muß«, 19. Jh., s. Strafe, Rahmen

Strafrecht, N., »Inbegriff der Rechtsnormen in denen auf die Voraussetzung Straftat die Rechtsfolgen Strafe und bzw. oder Maßregel der Besserung und Sicherung angedroht sind«, »Recht zu strafen« 16. Jh.? (Luther vor 1546), »Strafrecht« 19. Jh., s. Strafe, Recht

Strafregister, N., »Register für Strafen«, Stieler 1691, Lsch. lat. cerites tabulae, s. Strafe, Register

Strafrichter, M., »in Strafsachen tätiger Einzelrichter«, 17. Jh. (Harsdörfer 1656ff.), Lüs. lat. iudex criminalis, M., »Strafrichter«?, »Strafe verhängender Richter«, s. Strafe, Richter

Strafsache, F., »Verfahren welches eine Strafe als Folge eines Verhaltens zum Ziel hat«, »Strafangelegenheit« Harsdörfer 1656ff., Lüs. lat. causa criminalis, F., »Strafsache«, vgl. Ullmann 1893

Strafschärfung, F., »Erhöhung der Strafe«, Francisci 1686, Lüs. nlat. asperatio poenae, F., »Strafschärfung«, s. Strafe, Schärfung

Strafschärfungsgrund, M., »Grund der Strafschärfung«, Krünitz 1773, s. Strafschärfung, Grund

Strafsenat, M., »Abteilung des Oberlandesgerichts und des Reichsgerichts bzw. Bundesgerichtshofs welche in Strafsachen entscheidet«, 1877/9, s. Strafe, Senat, vgl. Ullmann 1893

Straftat, F., »Delikt, durch Gesetz mit Strafe als Rechtsfolge bedrohtes menschliches Verhalten«, 1866, s. Strafe, Tat

Straftäter, M., »Täter einer Straftat«, 19. Jh., s. Straftat

Straftheorie, F., »Theorie vom Zweck der Strafe (Strafzweck)«, Heine vor 1856, s. Strafe, Theorie, vgl. Hälschner 1887 Strafrechtstheorie

Straftilgung, F., »Entfernung einer Eintragung über eine Verurteilung (vor allem nach Ablauf einer bestimmten Frist)«, 2. H. 20. Jh., s. Strafe, Tilgung

Strafurteil, N., »im Strafprozeß ergehendes Urteil«, Harsdörfer 1656ff., Lüs. nlat. sententia criminalis, F., »Strafurteil«, s. Strafe, Urteil

Strafvereitelung, F., »absichtliche oder wissentliche gänzliche oder teilweise Vereitelung der Bestrafung (oder Unterwerfung unter eine Maßnahme) eines anderen oder der Vollstreckung der gegen einen anderen verhängten Strafe (oder Maßnahme)«, 20. Jh.?, s. Strafe, Vereitelung

Strafverfahren, N., »zur Verhängung einer Strafe erforderliches staatliches Verfahren«, 19. Jh., Lüs. nlat. processus criminalis, M., »Strafverfahren«, s. Strafe, Verfahren, vgl. Weiske 1839ff., Planck 1857

Strafverfolgung, F., »Verfolgung einer Straftat«, E. 19. Jh., s. Strafe, Verfolgung, vgl. Hälschner 1887, Ullmann 1893

Strafverfügung, F., »eine Strafe betreffende Verfügung«, 19. Jh.? Österreich, s. Strafe, Verfügung

Strafversprechen, N., »Versprechen einer meist in Geld bestehenden Leistung für einen bestimmten Fall«, 19. Jh., s. Strafe, Versprechen

Strafverteidiger, M., »Rechtsanwalt im Strafprozeß«, 19. Jh.?, s. Strafe, Verteidiger

Strafvollstreckung, F., »Durchsetzung einer rechtskräftigen Entscheidung über eine Strafe«, 19. Jh., s. Strafe, Vollstreckung, vgl. Hälschner 1887, Ullmann 1893

Strafvollzug, M., »Vollstreckung der Freiheitsstrafe sowie der freiheitsentziehenden Maßregeln der Besserung und Sicherung«, 19. Jh., s. Strafe, Vollzug, vgl. Weiske 1839ff.

Strafvorschrift, F., »eine Strafe als Rechtsfolge anordnende Rechtsnorm«, 19. Jh., s. Strafe, Vorschrift

Strafzumessung, F., »Festsetzung der Strafe durch das Gericht im Einzelfall«, 19. Jh., s. Strafe, Zumessung, vgl. Weiske 1839ff.

Strafzweck, M., »Ziel der Bestrafung«, Krünitz 1773, s. Strafe, Zweck

Strand, M., »Strand, Grenze zwischen Wasser und Land«, mhd. strant, M., »Strand, Küste«, E. 13. Jh. Lw. mnd. strant, M., »Strand, Küste«, Lw. ae. strand, N., »Strand, Küste«, Lw. an.?, s-Anlautvariante zu Rand?, zu idg. *ster-, V., »ausbreiten, streuen«?

Strang, M., »Strang, dickes gedrehtes Seil«, mhd. stranc, M., »Strang, Strick, Seil«, ahd. strang, M., »Strang, Strick, Schnur (F.) (1), Seil«, germ. *stranga, *strangaz, *strangi, *strangiz, M., »Strang«, zu idg. *strenk-, *streng-, Adj., Sb., V., »straff, beengt, Strang, drehen, zusammenziehen«?, zu idg. *ster- (1), Adj., V., Sb., »starr, steif, stolpern, fallen, starren, stolzieren, Stengel«?

Strangulation, F., »Erwürgen, Erhängen«, 16. Jh. Lw. lat. strangulatio, F., »Erwürgen, Erhängen«, zum PPP. strangulatus von lat. strangulare, V., »erdrosseln, erhängen«, s. strangulieren

strangulieren, V., »erdrosseln, erhängen«, M. 16. Jh. (Creutznacher 1547) Lw. lat. strangulare, V., »erdrosseln, erhängen«, Lw. gr. strangalún, V., »erdrosseln, erhängen«, zu gr. strangále, F., »Strang, Strick«

Straße, F., »planmäßig angelegter Verkehrsweg«, mhd. strâze, F., »Straße«, ahd. strâza (2. H. 8. Jh., ON), F., »Weg, Bahn, Straße«, as. strâta, F., »Straße«, germ. *strâta, F., »Weg, Straße«, Lw. lat. (via) strâta, F., »ausgebreiteter (Weg)«, zum PPP. stratus von lat. sternere, V., »ausbreiten, hinstreuen, glätten«

Straßenbau, F., »Bau einer Straße«, 1767 Anhalt, s. Straße, Bau

Straßenbaubehörde, F., »zuständiges Verwaltungsorgan der Straßenbaulastträger«, 2. H. 20. Jh., s. Straßenbau, Behörde

Straßenbaulast, F., »Verpflichtung des Straßenbaulastträgers zur Herstellung und Unterhaltung und Erweiterung und Verbesserung der besonders bezeichneten Straßen in einem bestimmten Gebiet im Rahmen der finanziellen und administrativen Leistungsfähigkeit«, 2. H. 20. Jh., s. Straßenbau, Last

Straßenbaulastträger, M., »Träger der Straßenbaulast«, 2. H. 20. Jh., s. Straßenbaulast, Träger

Straßenrecht, N., »Gesamtheit der die Straßen und Wege und Plätze betreffenden Rechtssätze«, Hayme 1738 Lüt. nlat. ius viarum publicarum, N., »Recht der öffentlichen Straßen«, s. Straße, Recht

Straßenverkehr, M., »Benutzung der jedermann oder bestimmten Gruppen dauernd oder vorübergehend offenstehenden Straßen«, E. 19. Jh. (Lueger 1894), s. Straße, Verkehr

Straßenverkehrsbehörde, F., »zur Ausführung der Straßenverkehrsordnung zuständige Verwaltungsbehörde«, 20. Jh., s. Straßenverkehr, Behörde

Straßenverkehrsordnung, F., »Ordnung des Straßenverkehrs«, 1949, s. Straßenverkehr, Ordnung

Straßenverkehrsrecht, N., »Recht des Straßenverkehrs«, 20. Jh., s. Straßenverkehr, Recht

strecken, V., »strecken«, mhd. strecken, V., »gerade machen, ausdehnen, strecken«, ahd. strekken (E. 8. Jh.), strecken, V., »ausstrecken, hinstrecken, sich erstrecken«, germ. *strakkjan, V., »strecken«, zu idg. *streg-, Adj., V., Sb., »starr, steif, stolpern, fallen, stolzieren, Stengel«, zu idg. *ster- (1), Adj., V., Sb., »starr, steif, starren, stolpern, fallen, stolzieren, Stengel«

Streich, M., »Streich«, mhd. strîch, streich, M., »Hieb«, 17. Jh. Lbd. frz. coupe, M., »Handstreich, Bubenstück«, s. streichen

streichen, V., »streichen«, mhd. strîchen, V., »streichen, glätten, ordnen«, ahd. strîhhan (E. 8. Jh.), strîchan, V., »bestreichen, schleifen«, germ. *streikan, *streikwan, *strīkan, V., »streichen, streifen«, zu idg. *streig-, Sb., V., »Strich, streichen«?, zu idg. *ster- (4), V., Sb., »streifen, Strich, Strähne, Strahl, Streifen«

Streicher, M., »Landstreicher (16. Jh.), Maler (17. Jh.), Spieler eines Saiteninstrumentes (1. H. 20. Jh.)«, mhd. strīcher, M., »Streicher«, s. streichen, er

streifen, V., »streifen«, mhd. streifen, V., »streifen, gleiten, ziehen, marschieren, abhäuten«

Streik, M., »gemeinsam und planmäßig durchgeführte auf ein bestimmtes Ziel gerichtete Arbeitseinstellung einer verhältnismäßig großen Zahl von Arbeitnehmern«, M. 19. Jh. (Kohl 1844) Lw. ne. strike, N., »Streik (1810), Ausstand«, zu ne. strike, V., »schlagen, die Arbeit einstellen, streiken (1768)«, zu ae. strīcan, V., »schlagen«, Bedeutungsentwicklung über ne. strike sail, V., »Segel einschlagen«, Schreibweise Strike bis etwa 1890

streiken, V., »streiken«, M. 19. Jh. (1865 striken) Lw. ne. strike, V., »schlagen, die Arbeit einstellen, streiken (1768)«, s. Streik

Streikrecht, N., »Recht zu streiken, Recht des Streiks«, 2. H. 20. Jh., s. Streik, Recht

Streit, M., »Streit«, mhd. strīt, M., »Streit, Widerstand«, ahd. strīt (765), V., »Streit, Zwietracht, Empörung, Auseinandersetzung, gerichtliche Auseinandersetzung, Aufruhr«, as. strīd, M., »Streit«, germ. *streida, *streidaz, M., *streida, *streidam, N., »Streit«, zu idg. *strĕi-, Adj., »starr, steif«

streiten, V., »streiten, kämpfen«, mhd. strīten, V., »streiten, kämpfen«, ahd. strītan (765), V., »streiten, kämpfen, widerstreiten, einwenden«, germ. *streidan, V., »streiten, schreiten?, spreizen?«, s. Streit

Streitgegenstand, M., »prozessualer Anspruch, Begehren des Klägers an das Gericht um Entscheidung, an den Beklagten gerichtete Rechtsbehauptung«, 19. Jh.?, Lüs. nlat. obiectum litis, N., »Gegenstand des Streits«, s. Streit, Gegenstand, vgl. Planck 1896

Streitgenosse, M., »Streitgenosse«, mhd. strītgenōz, strītgenōze, M., »Mitkämpfer«, Lüt. lat. commilito, M., »Mitkämpfer«, Lüt. lat. litis consors, M., »Streitgenosse« 19. Jh., s. Streit, Genosse

Streitgenossenschaft, F., »Auftreten mehrerer Parteien oder Beteiligter auf einer Seite eines Rechtsstreits«, 1849 Nassau, Lüt. nlat. litis consortium, N., »Streitgenossenschaft«, s. Streitgenosse, schaft

streitig, Adj., »streitig, uneins, umstritten«, mhd. strītec, Adj., »streithaft, kampflustig, streitsüchtig«, ahd. strītīg (1000), Adj., »streitig, streitend, streitsüchtig, gerichtlich«, s. Streit, ig

streitige Gerichtsbarkeit, F., »für Streitfälle zuständige Gerichtsbarkeit«, 19. Jh., s. Gerichtsbarkeit, streitig

Streitigkeit, F., »Rechtsstreit«, »Eigensinn« Boltz 1539, »Uneinigkeit« 17. Jh., s. streitig, heit

Streitverkündung, F., »förmliche Benachrichtigung eines Dritten von einem anhängigen Rechtsstreit durch eine Partei«, Zivilprozeßordnung 1877/9, Lüs. lat. litis denuntiatio, F., »Streitverkündung«, s. Streit, Verkündung, Hauptintervention

Streitwert, M., »in Geld bemessener Wert des Streitgegenstandes«, Zivilprozeßordnung 1877/9, Lüs. nlat. pretium litis, N., »Wert des Streites«, s. Streit, Wert

streng, V., »streng«, mhd. strenge, Adj., »stark, gewaltig, tapfer, hart, schwierig«, ahd. strengi (765), Adj., »stark, mächtig, groß, drückend, kräftig«, as. strang, Adj., »stark«, germ. *strangja, *strangjaz, *stranga, *strangaz, Adj., »stark«, zu idg. *strenk-, *streng-, Adj., Sb., V., »straff, beengt, Strang, drehen, zusammenziehen«, zu idg. *ster- (1), Adj., Sb., V., »starr, steif, Stengel, stolpern, fallen, stolzieren«

Strengbeweis, M., »Beweis der zum Ziel hat in dem Beweisverfahren und mit den Beweismitteln die volle Überzeugung des Gerichts herbeizuführen«, 19. Jh.?, s. streng, Beweis

strenge Schuldtheorie, F., »nur auf die Schuld abstellende Theorie«, 2. H. 20. Jh., s. Schuldtheorie, streng

streuen, V., »streuen, ausbreiten, verteilen, auswerfen«, mhd. strewen, V., »streuen, niederstrecken, ausbreiten«, ahd. strewen (800), V., »streuen, bestreuen, ausbreiten, niederstrecken«, as. streuwjan, V., »streuen«, germ. *straujan, V., »streuen«, zu idg. *streu-, *steru-, V., »breiten, streuen«, zu idg. *ster- (5), V., »breiten, streuen«

streunen, V., »streunen, umherstreifen«, mhd. striunen, V., »neugierig oder verdächtig nach etwas forschen«, ahd. striunen (nach 765?), V., »streunen, sich beunruhigen«, as. striunian, V., »schmücken«, westgerm. *streunjan, V., »ausstatten, gewinnen«?, zu idg. *ster- (5), *streu-, V., »breiten, streuen«?

Streuner, M., »Herumtreiber«, 16. Jh., s. streunen, er

Strich, M., »Strich, Linie, Zeichen«, mhd. strich, M., »Strich, Linie, Richtung, Weg«, ahd. strih (10. Jh.), M., »Strich, Linie, Federzeichen, Erdstrich, Einschnitt«, Abstraktum zu streichen

Strick, M., »Strick, Leine, Schlinge, Knoten«, mhd. stric, M., »Band, Strick, Fessel«, ahd. strik (765), stric, M., »Strick, Fallstrick, Schlinge«, germ. *strikki-, *strikiz, M., »Strick«, s. stricken

stricken, V., »stricken, eine Schlinge knüpfen, einen Knoten knüpfen«, mhd. stricken, V., »zusammenfügen, verknüpfen, stricken, flechten, binden«, ahd. strikken (1000), stricken, V., »flechten, zusammenschnüren, verstricken«, germ. *strikkjan, V., »verknüpfen«?, idg. *strĕig- (2), V., Adj., Sb., »drehen, steif, straff, Strick«?, zu idg. *ster- (1), Adj., Sb., V., »starr, steif, Stengel, starren, fallen, stolpern, stolzieren«?

Stroh, N., »Stroh«, mhd. strō, N., »Stroh«, ahd. strō (vor 790?), strou, N., »Stroh«, germ. *strawa, *strawam, N., »Stroh«, zu streuen

Strohmann, M., »von einem wirklichen Geschäftsmann vorgeschobene Person welche nach außen im eigenen Namen auftritt im Innenverhältnis aber den Weisungen des wirklichen Geschäftsherrn unterworfen ist«, »Mann aus Stroh« 1381, Lüs. mlat. vir stramineus, M., »Mann aus Stroh«?, s. Stroh, Mann, Bedeutung »Strohmann« 19. Jh.

Strolch, M., »Lump, Gauner«, A. 17. Jh. Lw. it. (lombard.) strolegh, strolch, M., »Strolch«, zu it. astrologo, M., »Astrologe, Scharlatan«?, zu strollen, V., »umherstreifen«?

Strom, M., »Strom, Strömung, Fluß, elektrischer Strom«, mhd. stroum, strōm, M., »Strömen, Strömung, Lichtströmung, Streif«, ahd. stroum (765), strōm, M., »Fluß, Strom, Flußbett, stürzendes Wasser«, as. strōm, M., »Strom, Fluß«, germ. *strauma, *straumaz, M., »Strom«, zu idg. *sreumen, Sb., »Fluß«, zu idg. *sreu-, V., »fließen«, zu idg. *ser- (1), V., »strömen, sich bewegen«, nhd. o auf Grund regionaler Monophthongierung

Stromer, M., »Vagabund«, Lw. rotw. stromer, M., »Halsabschneider« (14. Jh.)

Stromentwendung, F., »Entwendung von Strom«, 20. Jh., s. Strom, Entwendung

Stübchen, N., »Stübchen, ein Flüssigkeitsmaß«, mhd. stübechīn, N., »Stübchen, Quart, Kanne«, zu mhd. stübich, stubich, M., »Packfaß«, Lw. mlat. *stupa, *stopa, F., »Packfaß«

Stube, F., »Stube«, mhd. stube, F., »Stube, heizbares Gemach, kleines Wohnhaus«, ahd. stuba (9. Jh. bzw. 7. Jh.?), F., »heizbares Gemach, Badezimmer«, germ. *stubō, F., »Raum, Stube, Ofen«, Lw. mlat. *stufa, F., »Raum, geheizter Raum«, zu mlat. extufare, V., »ausdünsten«, zu lat. *tufus, M., »Dampf«, Lw. gr. typhos,, M., »Dampf, Qualm«, oder zu lat. aestuare, V., »heizen«?

Stüber, M., »Scheidemünze«, 15. Jh. Lw. mnl. stuyver, M., »Stüber«, zu mnd. stuver, M., »Stüber«, zu mnd. stūf, Adj., »stumpf, abgehackt«?

Stück, N., »Stück, Teil, Fragment«, mhd. stücke, stück, stucke, N., »Teil, Stück, Abschnitt, Ding«, ahd. stukki (765), stucki, N., »Stück, Teil, Abstand, Brocken, Stückchen«, as. stukki, N., »Stück«, germ. *stukkja, *stukkjam, N., »Stück«, zu idg. *steug-, V., »stoßen, schlagen«, zu idg. *steu- (1), V., »stoßen, schlagen«

Stückschuld, F., »auf einen nach besonderen individuellen Merkmalen bestimmten Leistungsgegenstand gerichtete Schuld«, E. 19. Jh., s. Stück, Schuld

Student, M., »Mitglied einer Hochschule«, mhd. studente, M., »Schüler, Student«, 14. Jh. (um 1340) Lw. mlat. studens, M., »Schüler, Student«, Part. Präs. von lat. studere, V., »sich um etwas bemühen, sich anstrengen, sich befleißigen«

Studentenausschuß, allgemeiner (AStA), M., »geschäftsführendes Kollegialorgan der Studentenschaft einer Universität, Studentenausschuß«, Raumer 1866, s. Student, Ausschuß

Studentenschaft, F., »Gesamtheit der Studenten« Laukhard 1792 (Halle?), »Gesamtheit der Studenten einer Hochschule«, »Studentsein« 19. Jh., s. Student, schaft

Studentenwerk, N., »Organisation zur sozialen und wirtschaftlichen und kulturellen und gesundheitlichen Betreuung der Studenten«, 20. Jh.?, s. Student, Werk

Studienordnung, F., »von der Hochschule auf der Grundlage der Prüfungsordnung erlassene Regelung der Ausgestaltung eines konkreten Studiums eines Faches«, »Regelung des Studiums« Savigny 1814 Österreich, s. Studium, Ordnung

studieren, V., »lernen, studieren, untersuchen«, mhd. studieren, V., »studieren«, (A.?) 13. Jh. Lw. (mlat. studiari?, zu) lat. studere, V., »sich um etwas bemühen, sich anstrengen, sich befleißigen«

Studium, N., »durch wissenschaftliche Vermittlung von Kenntnissen und Fähigkeiten erfolgende Ausbildung der Studenten an Hochschulen«, mhd. studium, N., »geistliche Schule, Lateinschule, Universität«, A. 14. Jh. (Johann von Würzburg 1314) Lw. mlat. studium, N., »geistliche Schule, Lateinschule, Universität«, zu lat. studium, N., »Streben, Eifer, Drang, wissenschaftliche Beschäftigung«, zu lat. studere, V., »sich um etwas bemühen, sich anstrengen, sich befleißigen«, 15. Jh. Lbd. lat. studium, N., »Studieren, Lernen, Forschen«

Stufe, F., »Stufe«, mhd. stuofe, F., »Stufe«, ahd. stuofa (1000, ON), F., »Stufe, Treppe«, as. stōpo, M., »Tritt, Spur«, zu germ. *stōpō, F., *stōpan, Sb., »Stufe, Spur«, zu idg. *stebh-, V., »stützen, stampfen, schimpfen, staunen«, zu idg. *stā-, *stə-, V., »stehen, stellen«?

Stufenklage, F., »in Stufen erfolgende Klage (Rechnungslegung - Leistung)«, 19. Jh.?, s. Stufe, Klage

Stufentheorie, F., »Theorie des Bundesverfassungsgerichts zur Berufsfreiheit«, 2. H. 20. Jh., s. Stufe, Theorie

Stuhl, M., »Stuhl, Sitz, Thron«, mhd. stuol, M., »Stuhl, Sitz«, ahd. stuol (2. H. 8. Jh.), M., »Stuhl, Sitz, Thron, Bank«, as. *stōl, M., »Stuhl«, germ. *stōla, *stōlaz, M., »Stuhl«, idg. *stālo-, Sb., »Gestell«?, zu idg. *stā-, *stə-, V., »stehen, stellen«

stumm, Adj., »stumm«, mhd. stum, stump, Adj., »stumm«, ahd. stum (E. 8. Jh.), stumb, Adj., »stumm«, as. stum, Adj., »stumm«, germ. *stumma, *stummaz, Adj., »stumm, gehemmt, dumm?«, zu idg. *stem-?, V., »stoßen, stottern, stammeln, hemmen«

Stunde, F., »Stunde«, mhd. stunde, stunt, F., »Zeitabschnitt, Zeitpunkt, Zeit, Mal, Frist, Stunde«, ahd. stunta (E. 8. Jh.), F., »Zeit, Zeitabschnitt, Zeitpunkt, Mal, Stunde«, as. stunda, F., »Zeit, Weile, Stunde«, germ. *stundō, F., »Zeitabschnitt, Zeitpunkt, Mal, Stunde«, zu stehen?

stunden, V., »stunden, Zahlungsaufschub gewähren«, 17. Jh., zu Stunde »(Aufschub eines) Zeitabschnitt(es)«, älter (1381) mnd.

Stundung, F., »Hinausschiebung der Fälligkeit einer Forderung« 17. Jh., mhd. stundunge, F., »Zeitlichkeit, Stundenteilung (Meister Eckhart um 1300), Verlegung (1471 Schaffhausen)«, »Aufschub (mnd. 15. Jh. Lübeck)«, s. Stunde, stunden, ung

Sturm, M., »Sturm«, mhd. sturm, M., »Sturm, Lärm, Unruhe«, ahd. sturm (790), storm, M., »Sturm, Unwetter, Aufruhr, Kampf, Getümmel«, as. storm, M., »Sturm«, germ. *storma, *stormaz, *sturma, *sturmaz, M., »Sturm, Unwetter«, zu idg. *tu̯er- (1), *tur-, V., »drehen, quirlen, wirbeln, bewegen«

stützen, V., »stützen«, mhd. *stützen, V., »stützen«, ahd. *stuzzen, V., »stützen«, zu germ. *stud-, V., »stehen, stützen«, s. stehen

sub, Präf., »unter«, Lw. lat. sub, Präp., Präf., »unter«

subaltern, Adj., »untergeordnet, unselbständig, untertänig«, A. 17. Jh. (Meteren 1614) Lw. spätlat. subalternus, Adj., »untergeordnet«, zu lat. sub, Präp., Präf., »unter«, lat. alternus, Adj., »abwechselnd«, zu lat. alter, Adj., »andere«

Subhastation, F., »Zwangsversteigerung«, 18. Jh. (Wächtler 1703) Lw. lat. subhastatio, F., »Versteigerung«, zum PPP. subhastatus von lat. subhastare, V., »öffentlich versteigern«, zu lat. sub, Präp., Präf., »unter«, lat. hasta, F., »Stange, Stab, Spieß« (, als Zeichen des Versteigerungsorts)

Subjekt, N., »Gegenstand, Begriff, Person (M. 17. Jh.)«, 1. H. 16. Jh. (Fuchsberger 1534) Lw. lat. subiectum, N., »Gegenstand, Begriff«, subst. PPP. subiectus von lat. subicere, V., »unterlegen, unterstellen, darreichen«, zu lat. sub, Präp., Präf., »unter«, lat. iacere, V., »werfen«

Subjektion, F., »Unterwerfung, Unterordnung«, Lw. lat. subiectio, F., »Legen unter, Hinlegen, Unterwerfung«, zum PPP. subiectus von lat. subicere, V., »unterlegen, unterstellen, darreichen«, s. Subjekt

Subjektionstheorie, F., »Theorie zur

Abgrenzung von öffentlichem und privatem Recht«, 19. Jh., s. Subjektion, Theorie

subjektiv, Adj., »von persönlichen Wertungen bestimmt, auf eine Einzelperson bezogen, innerlich«, späteres 18. Jh. (Kinderling 1765), zu lat. subiectivus, Adj., »zum Subjekt gehörig, auf das handelnde Subjekt bezogen, im Subjekt begründet«, s. Subjekt

subjektive Unmöglichkeit, F., »auf den Schuldner bezogene Unmöglichkeit«, 19. Jh.?, s. Unmöglichkeit, subjektiv

subjektiver Tatbestand, M., »auf die Vorstellung von Menschen bezogener Tatbestand«, 19. Jh.?, s. Tatbestand, subjektiv

subjektives öffentliches Recht, N., »Anspruch des öffentlichen Rechts«, 19. Jh.?, s. Recht, subjektiv

subjektives Recht, N., »Recht eines Einzelnen«, sachliche Ansätze bei Glück 1797 bzw. Savigny 1840, s. Recht, subjektiv

subjektives Rechtfertigungselement, N., »ein Subjekt betreffendes Rechtfertigungselement«, 20. Jh., s. Rechtfertigungselement, subjektiv

subjektives Tatbestandsmerkmal, N., »ein Subjekt betreffendes Tatbestandsmerkmal«, 20. Jh., s. Tatbestandsmerkmal, subjektiv

subjektives Unrechtselement, N., »ein Subjekt betreffendes Unrechtselement«, 2. H. 20. Jh., s. Unrechtselement, subjektiv

subjektlos, Adj., »ohne Inhaber bestehend(es Recht)«, 20. Jh., s. Subjekt, los

Subjektstheorie, F., »auf das Subjekt abstellende Theorie zur Unterscheidung von öffentlichem und privatem Recht«, 20. Jh.?, s. Subjekt, Theorie

Subordination, F., »Rangfolge, Abhängigkeit, Unterwürfigkeit«, 2. H. 17. Jh. (1670) Lw. (frz. subordination [17. Jh.] bzw.) lat. sub, Präp., Präf., »unter«, lat. ordinatio, F., »Aufstellung, Anordnung«, zum PPP. ordinatus von lat. ordinare, V., »ordnen, reihen«

Subordinationstheorie, F., »Theorie von der Subordination«, 19. Jh.?, s. Subordination, Theorie

subsidiär, Adj., »ersatzweise, subsidiär«, früheres 19. Jh. (Koch-Sternfeld 1826) Lw. (frz. subsidiaire, Adj., »ersatzweise«, zu) lat. subsidiarius, Adj., »zur Aushilfe dienend«, zu lat. subsidium, N., (»Unterlage, Hilfe, Beistand«), s. Subsidien

Subsidiarität, F., »Ersatzmäßigkeit, Nachrangigkeit, Fall der Gesetzeseinheit, Subsidiarität«, M. 20. Jh. (Röpke 1946), s. subsidiär, sachlich entwickelt durch die neuere katholische Soziallehre (1931)

Subsidien, N. Pl., »Hilfsmittel, Hilfsgelder«, M. 17. Jh. (Chemnitz 1653) Lw. lat. subsidia, N. Pl., »Hilfsmittel«, zu lat. subsidium, N., »(Unterlage,) Hilfe, Beistand«, zu lat. sub, Präp., Präf., »unter«, lat. sedere, V., »sitzen«

Subskription, F., »Unterzeichnung, Bestellung einer erst herzustellenden Ware (M. 18. Jh.)«, M. 16. Jh. (1561) Lw. lat. subscriptio, F., »Unterzeichnung, Unterschrift, Beglaubigung, Eintragung«, zum PPP. subscriptus von lat. subscribere, V., »unterzeichnen, unterschreiben«, zu lat. sub, Präp., Präf., »unter«, lat. scribere, V., »schreiben«

Substitut, M., »Ersatzperson des Schuldners«, früheres 14. Jh. (1337 Frankfurt) Lw. lat. substitutus, M., »an die Stelle eines anderen Gesetzter«, PPP. von lat. substituere, V., »unterstellen, ersetzen«, zu lat. sub, Präp., Präf., »unter«, lat. statuere, V., »hinstellen, aufstellen«, zu lat. sistere, V., »stellen«, zu lat. stare, V., »stehen«

Substitution, F., »Ersatzberufung, Einsetzung, Ernennung, Stellvertretung«, M. 16. Jh. (Perneder 1544) bzw. 18. Jh. (1716 Württemberg), Lw. lat. substitutio, F., »Ergänzung, Ersatzerbeneinsetzung«, s. Substitut

Substitutionsrecht, N., »Eintrittsrecht«, 19. Jh.?, s. Substitution, Recht

subsumieren, V., »unter einen Oberbegriff nehmen, subsumieren« E. 18. Jh. (Goethe 1797), zu lat. sub, Präp., Präf., »unter«, lat. sumere, V., »nehmen«

Subsumtion, F., »vergleichende Zuordnung eines konkreten Sachverhalts zu eine(m Tatbestand einer) abstrakte(n) Norm«, spätes 18. Jh. (Basedow 1777 bzw. Schmalz 1794), zu lat. sub, Präp., Präf., »unter«, lat. sumptio, F., »Nehmen«, s. subsumieren

Subsumtionsirrtum, M., »Irrtum über die rechtliche Einordnung eines Sachverhaltes (z.B. der Täter sieht eine Urkunde fälschlich nicht als Urkunde an)«, 19. Jh.?, s. Subsumtion, Irrtum, vgl. Hälschner 1887

Subvention, F., »vermögenswerte Zuwendung durch eine juristische Person des öffentlichen Rechtes an einen privaten

Unternehmer zu einem öffentlichen Zweck ohne marktmäßige Gegenleistung«, 1. H. 18. Jh. (Sperander 1728) Lw. lat. subventio, F., »Hilfeleistung, Beistand, Unterstützung«, zum PPP. subventus von lat. subvenire, V., »zu Hilfe kommen, beistehen«, zu lat. sub, Präp., Präf., »unter«, lat. venire, V., »kommen«, geläufig seit M. 19. Jh.

Subventionsbetrug, M., »verselbständigter Sondertatbestand des Betruges zum Zweck der Erlangung einer Subvention«, 2. H. 20. Jh., s. Subvention, Betrug

subversiv, Adj., »umstürzlerisch«, M. 19. Jh. (Steub 1843) Lw. ne. subversive, Adj., »umstürzlerisch«, zum PPP. subversus von lat. subvertere, V., »umkehren, umstürzen«, zu lat. sub, Präp., Präf., »unter«, lat. vertere, V., »drehen, wenden, kehren«

suchen, V., »suchen«, mhd. suochen, V., »suchen, erforschen«, ahd. suohhen (8. Jh.?), suochen, V., »suchen forschen, fragen, erlangen, verlangen, begehren«, as. sōkian, V., »suchen«, germ. *sōkjan, V., »suchen, streiten?«, idg. *sāg-, V., »suchen, nachspüren«

Sucht, F., »Sucht, Krankheit, Leidenschaft, Begierde, Abhängigkeit von einem Rauschmittel (z.B. Alkohol) dem der Betroffene aus eigener Kraft nicht mehr widerstehen kann«, mhd. suht, F., »Sucht, Krankheit, Pest«, ahd. suht (765), F., »Sucht, Krankheit, Seuche, Pest«, as. suht, F., »Krankheit«, germ. *suhti, *suhtiz, F., »Krankheit«, ti-Abstraktum zu idg. *seug-, Adj., »bekümmert, traurig, krank, siech«

Süden, M., »Süden«, 15. Jh. Lw. mnl. süd, M., »Süden«, 12. Jh. Lw. mnd. sud, M., »Süden«, zu (ahd. sund [1000, ON], M., N., »Süden«,) germ. *sunþa, *sunþaz, M., »Süden«, zu idg. *su̯en-, *sun-, Sb., »Sonne«

Suffragan, M., »Bischof im Verhältnis zum Erzbischof«, spätmhd. Lw. mlat. suffraganeus, M., »Suffragan«, zu lat. suffragium, N., »Stimme, Abstimmung, Votum«, zu lat. sub, suf, Präp., Präf., »unter«, lat. fragor, M., »Zerbrechen, Krachen, Beifall, Gerücht«

Suffragette, F., »Frauenrechtlerin, Suffragette«, 20. Jh. (Brieger-Wasservogel 1911) Lw. frz. suffragette, F., »Wahlrechtskämpferin, Frauenrechtlerin«, zu ne. suffrage, N., »Wahlstimme«, Lw. lat. suffragium, N., »Stimme, Abstimmung, Votum«, zu lat. sub, suf, Präp., Präf., »unter«, lat. fragor, M., »Zerbrechen, Krachen, Beifall, Gerücht«?

Sühne, F., »Ausgleich für ein rechtswidriges Verhalten«, mhd. suone, F., »Urteil, Sühne, Versöhnung«, ahd. suona (nach 765?), F., »Sühne, Versöhnung, Urteil, Entscheidung, Gericht«, as. sōna, F., »Sühne, Gericht«, Lbd. lat. iudicium, N., »Urteil«, germ. *sōnō, *swōnō?, F., »Beschwichtigung, Sühne, Versöhnung, Urteil?«

sui heredes, lat., M. Pl., »seine Erben, (im römischen Recht) die Angehörigen der Hausgemeinschaft als Erben«

Sujet, N., »Gegenstand, Person (19./20. Jh.)«, 1. H. 18. Jh. (Bertram 1728) Lw. frz. sujet, M., »Gegenstand«, aus lat. subiectum, N., »Gegenstand, Begriff«, s. Subjekt

sujet mixte, M., »gemischtes Subjekt, Mehrstaater«, 1903 Preuß. Jahrbücher 114 (1903), 256, s. Sujet

Sukzession, F., »Erbfolge, Nachfolge, Abfolge (E. 18. Jh.)«, früheres 16. Jh. (Hedio 1531) Lw. lat. successio, F., »Aufeinanderfolge, Nachfolge (im Amt oder Erbe), Fortgang, Erfolg«, zum PPP. successus von lat. succedere, V., »(von unten hervorgehen,) folgen, nachfolgen«, zu lat. sub, suc, Präp., Präf., »unten«, lat. cedere, V., »gehen«

sukzessiv, Adj., »allmählich, nach und nach erfolgend«, 2. H. 15. Jh. (1462 successive) bzw. E. 16. Jh. (Friedensberg 1597) Lw. spätlat. *successivus, Adj., »allmählich«, zum PPP. successus von lat. succedere, V., »(von unten hervorgehen,) folgen, nachfolgen«, s. Sukzession

Sukzessivlieferungsvertrag, M., »Vertrag bei dem die Lieferung einer Warenmenge in einzelnen Teillieferungen (auf Abruf) zu erfolgen hat (z.B. Bierlieferungsvertrag)«, 20. Jh., s. sukzessiv, Lieferung, Vertrag

Sultan, M., »(islamischer) Herrscher«, 1. H. 16. Jh. Lw. (frz. sultan, M., »Herrscher«, Lw.) arab. sultān, M., »Herrschaft, Herrscher«, älter mhd. soldān, M., »Herrscher«, Lw. it. soldano, Lw. arab. sultān

summa cum laude, lat., »mit höchstem Lob (eine Note des Promotionsverfahrens)«, zu lat. summus, Adj., »höchste«, lat. laus, F., »Lob«

summarisch, Adj., »zusammenfassend«, 1. H. 16. Jh. Lw. spätlat. summarius, Adj.,

»zusammenfassend, kurz«, zu lat. summarium, N., »der kurze Inhalt«, zu lat. summa, F., »das Oberste«, s. Summe, sachlich bemüht sich der summarische Prozeß auf der Grundlage der Clementina Saepe V. 11,2 (1306) um eine Prozeßbeschleunigung

Sumber, M., »Sumber, Korb, ein Getreidemaß«, mhd. sumber, M., N., »Geflecht, Korb, ein Getreidemaß«, ahd. sumbar (11. Jh.), M., N., sumbarī (10. Jh.), F., »Korb, geflochtener Korb, Gefäß«, Herkunft unbekannt

Summe, F., »Summe, Gesamtzahl«, mhd. summe, F., »Summe, Inbegriff, Gesamtzahl, Betrag, Menge, Geldbetrag (M. 14. Jh.)«, E. 13. Jh. (Konrad von Würzburg 1275) Lw. lat. summa, F., »das Oberste, Gesamtzahl«, zu lat. summus, Adj. Superl., »oberste«, Bedeutung »oberste Zahl (beim Zusammenzählen von unten nach oben)«

Summeninteresse, F., »auf die Summe gerichtetes Interesse«, 20. Jh.?, s. Summe, Interesse

Sünde, F., »Sünde«, mhd. sunte, F., »Sünde«, ahd. sunta (765), F., »Sünde, Vergehen, Laster, Schuld, Schandtat«, as. sundia, F., »Sünde«, germ. *sundi, *sundjō, F., »(Gewesensein,) Sünde«, Lbd. lat. peccatum, N., »Sünde«, zu germ. *sanþ-, *sund-, Part. Präs., »seiend«, idg. *sent-, *sont-, *sn̥t-, (V.,) Adj., »seiend, wahr«, zu idg. *es-, V., »sein (V.)«, Bedeutungsentwicklung »Seiendes, Wahres, Widerspruch, Verneinung, Böses, Vergehen gegen Gottes Gebot«?

Sündenbock, F., »Sünder (17. Jh.), Sündenbock, Strafstellvertreter«, 18. Jh. (nach 3. Mose 16,12ff., wonach Aaron einen mit den Sünden Israels beladenen Bock in die Wüste jagt)

Sünder, M., »wer eine Sünde begeht«, mhd. sündære, M., »Sünder«, ahd. suntāri (2. Vt. 11. Jh.), M., »Sünder«, Lüs. lat. peccator, M., »Sünder«, s. Sünde, er

super, Präf., »über«, Lw. lat. super, Adv., Präp., Präf., »oben, über«

Superädifikat, N., »Überbau«, 19. Jh.? Lw. mlat. superaedificatum, N., »Überbau«, subst. PPP. von lat. superaedificare, V., »überbauen«, zu lat. super, Präp., Präf., »über«, lat. aedes, F., »Gebäude«, lat. facere, V., »machen, tun«

superficies, lat., F., »Oberfläche«, zu lat. super, Präp., Präf., »über«, lat. facies, F., »Gemächt, Beschaffenheit«, zu lat. facere, V., »machen, tun«

superficies solo cedit, lat. »(das Recht in Bezug auf) die Oberfläche weicht dem (Recht am) Boden«, vgl. Gaius, Institutionen 2 §73 am Ende

Superintendent, M., »(im evangelischen Kirchenrecht teilweise) Bezeichnung für einen Dekan«, 16. Jh. (1542 Schlesien) Lw. spätlat. superintendens, subst. Part. Präs., »Aufseher«, zu lat. superintendere, V., »Aufsicht haben«, zu lat. super, Adv., Präp., Präf., »oben, über«, lat. intendere, V., »hinstrecken«, zu lat. in, Präp., Präf., »in«, lat. tendere, V., »spannen«

Supplik, F., »Bittschrift, Gesuch«, 18. Jh. (Wächtler 1803) Lw. frz. supplique, F., »Bittschrift«, s. Supplikant

Supplikant, M., »Bittsteller«, 16. Jh. Lw. lat. supplicans, subst. Adj., »Bittstellender«, zu lat. supplicare, V., »auf Knien bitten«, zu lat. supplex, Adj., »demütig bittend«, zu lat. sub, sup, Präp., Präf., »unter«, lat. placare, V., »versöhnen, beruhigen, beschwichtigen«, zu lat. placere, V., »gefallen, gefällig sein«

Supplikation, F., »Supplikation«, 15. Jh. (1462 Schlesien) Lw. lat. supplicatio, F., »Dankfest«, zum PPP. supplicatus von lat. supplicare, V., »auf Knien bitten«, s. Supplikant, sachlich 1600 im Reich als Rechtsmittel gegen Endurteile territorialer Obergerichte eingeführt, seit M. 18. Jh. z.T. durch Revision ersetzt

supra, Präf., »über«, Lw. lat. supra, Adv., Präp., Präf., »über, oberhalb«, zu lat. superus, Adj., »oben, befindlich«, zu lat. super, Adv., Präp., Präf., »oben, über«

supranational, Adj., »überstaatlich«, s. lat. supra, national

Surrogat, N., »Ersatz«, A. 16. Jh. (Gessler 1511) bzw. M. 18. Jh. (Ammann 1630) Lw. subst. PPP. N. (surrogatum) von lat. surrogare, V., »jemand an die Stelle eines anderen wählen lassen«, zu lat. sub, sur, Präp., Präf., »unter«, lat. rogare, V., »holen, fragen«, zu lat. regere, V., »lenken, leiten«

Surrogation, F., »Ersetzung eines Gegenstandes eines Vermögens durch einen Ersatzgegenstand (Surrogat)«, späteres 16. Jh. (Zorn 1570) Lw. lat. surrogatio, F., »Nachwahl«, zum PPP. surrogatus von lat. surrogare, V., »jemanden an die Stelle eines anderen wählen lassen«, s. Surrogat

suspekt, Adj., »verdächtig«, M. 16. Jh. (Schöpper 1550) Lw. lat. suspectus, Adj., »verdächtig, anrüchig, beargwöhnt, vermutet«, PPP. von lat. suspicere, V., »(aufwärts sehen), beargwöhnen, vermuten«, zu lat. sub, sus, Präp., Präf., »unter«, alat. specere, V., »sehen«

suspendieren, V., »vom Dienst vorübergehend beurlauben«, 2. H. 15. Jh. (1460 Lübeck) Lw. lat. suspendere, V., »in der Schwebe halten, aufheben, aufhängen«, zu lat. sub, sus, Präp., Präf., »unter«, lat. pendere, V., »hängen lassen, wägen, abwägen«

suspensiv, Adj., »aufschiebend«, E. 17. Jh. (Stieler 1695), zum PPP. suspensus von lat. suspendere, s. suspendieren

Suspensivbedingung, F., »aufschiebende Bedingung«, Lüs. nlat. conditio suspensiva, F., »aufschiebende Bedingung«, s. suspensiv, Bedingung

Suspensiveffekt, M., »Hinausschieben der formellen Rechtskraft einer Entscheidung«, 18. Jh.? (Coßmann 1829) Lw. mlat. effectus suspensivus, M., »Suspensiveffekt«, s. suspensiv, Effekt, vgl. Weiske 1839ff.

Suzeranität, F., »Schutzherrschaft, lose Staatenverbindung zwischen einem Oberstaat und einen Vasallenstaat (z.B. Osmanisches Reich - Serbien)«, Lw. frz., vgl. Souveränität, Weiske 1839ff.

Syllogismus, M., »einfach deduktiver Schluß aus zwei Urteilen (Prämissen) (z.B. Der Mensch ist sterblich Sokrates ist ein Mensch folglich ist Sokrates sterblich)«, 18. Jh. (Wachtler 1703) Lw. gr. syllogismós, M., »Schluß«, (16. Jh. syllogisiren Wicelius 1534,) zu gr. sýn, sýl, Präp., Präf., »mit, zusammen«, gr. lógos, M., »Sagen (N.), Rede, Kunde (F.), Wort«, in der Rechtsanwendung bildet die Rechtsnorm den Obersatz, der (Vergleich des Tatbestandes der Rechtsnorm mit dem) Sachverhalt den Untersatz und die logische Verknüpfung beider Sätze den Schlußsatz

Symbol, N., »Sinnbild, Zeichen«, M. 15. Jh.? (um 1450 bzw. Luther 1528) Lw. lat. symbolum, N., »Sinnbild, Zeichen«, Lw. gr. sýmbolon, N., »Erkennungszeichen (z.B. ein in zwei Teile zerbrochener Ring), Sinnbild, Zeichen«, zu gr. symbállein, V., »zusammenbringen, zusammenwerfen«, zu gr. sýn, sým, Präp., Präf., »zusammen, mit«, gr. bállein, V., »treffen, werfen«

syn, Präf., »mit«, Lw. gr. sýn, Präp., Präf., »zusammen, mit«

Synallagma, N., »Übereinkunft, gegenseitige Abhängigkeit der Vertragsleistungen«, E. 19. Jh.? Lw. zu gr. sýn, Präp., Präf., »zusammen, mit«, gr. allágion, N., »Tausch«, gr. allagé, F., »Tausch«

Syndikat, N., »Kartell mit gemeinsamer Einkaufsorganisation oder Verkaufsorganisation«, 2. H. 19. Jh. Lw. ne. syndicate, N., »Kartell«, Lw. frz. syndicat, M., »Rechtsbeistand, Kartell«, aus mlat. syndicatus, M., »Amt eines Bevollmächtigten«, spätlat. syndicus, M., »Rechtsbeistand«, Lw. gr. sýndikos, M., »Rechtsbeistand«, s. Syndikus, vgl. mnd. sindicat, N., »Amt eines Syndicus« (1457 Lübeck)

Syndikus, M., »Geschäftsführer einer Gesellschaft (19. Jh.), Rechtsberater eines Unternehmens«, seit 16. Jh. (Roth 1571) hd. Lw. spätlat. syndicus, M., »Rechtsbeistand«, Lw. gr. sýndikos, M., »Rechtsbeistand«, zu gr. sýn, Präp., Präf., »zusammen, mit«, gr. deiknýnai, V., »zeigen, vorzeigen«, älter sindicus, M., »Rechtsbeistand« 13. Jh. Norddeutschland mnd. (1463 Lübeck sindic)

Syndikusanwalt, M., »Rechtsanwalt der zugleich auf Grund eines Dienstvertrags gegen festes Entgelt als ständiger Berater eines Unternehmers tätig ist«, 20. Jh.?, s. Syndikus, Anwalt

Synode, F., »Konzil, (im Kirchenrecht) kirchliche Versammlung«, (nach der schon für das 8. Jh. bezeugten Übernahme in ahd. senod, M., »Versammlung«,) (15. Jh. synodus bzw.) M. 18. Jh. (Büsching 1768) (im Genus formal französisierendes) Lw. lat. synodus, M., »Versammlung«, Lw. gr. sýnodos, M., »Versammlung«, zu gr. sýn, Präp., Präf., »zusammen, mit«, gr. hodós, M., »Weg, Gang«

synodal, Adj., »die Synode betreffend«, M. 18. Jh. Lw. spätlat. synodalis, Adj., »die Synode betreffend«, s. Synode

Syphilis, F., »Syphilis«, von dem Veroneser Arzt und Dichter Fracastoro in dem Titel eines lateinischen 1530 gedruckten Lehrgedichts über einen geschlechtskranken Hirten Syphilus (um 1520) als Krankheitsbezeichnung geschaffen

System, N., »Gefüge, Form, Schema, System«, M. 16. Jh. (Rivius 1548 sistemata) bzw. A. 18. Jh. (systemate) bzw. M.

18. Jh. (Lambert 1782) Lw. lat. systema, N., »Gefüge, System«, Lw. gr. sýstema, N., »Gefüge, System«, zu gr. synistánai, V., »zusammenstellen«, zu gr. sýn, Präp., Präf., »zusammen, mit«, gr. histánai, V., »stellen«, vgl. Geschichtliche Grundbegriffe

Systematik, F., »methodischer Aufbau, systematische Aufstellung«, E. 18. Jh. (Dalberg 1791), zu spätlat. systematicus, Adj., »geordnet, ganzheitlich«, Lw. gr. systematikós, Adj., »ganzheitlich«, s. systematisch

systematisch, Adj., »planvoll, systematisch«, A. 18. Jh. (1704) Lw. lat. systematicus, Adj., »planvoll, geordnet«, Lw. gr. systematikós, Adj., »ganzheitlich, zu einem Ganzen verbunden, geordnet, in das Lehrgebäude einer Kunst oder Wissenschaft gebracht«, s. System, isch

systematische Auslegung, F., »ganzheitliche Auslegung«, 19. Jh.?, s. Auslegung, systematisch

T

Tabu, N., »Verbot, Tabu«, A. 19. Jh. (Chamisso 1815-18) Lw. (frz. tabou, M., »Verbot«,) ne. tabu, taboo (Cook 1777), N., »Verbot«, Lw. polynes. tabu, tapu, Adj., »gekennzeichnet, kräftig, unberührbar, heilig«

Tabular, Präf., »zur tabula gehörig«, 19. Jh.?, Lw. lat. tabularis, Adj., »zur Tafel gehörig«, s. Tafel

Tabularersitzung, F., »Buchersitzung«, 19. Jh., s. Tabular, Ersitzung

Tabularverschweigung, F., »Buchversitzung«, 19. Jh., s. Tabular, Verschweigung

Tafel, F., »Tafel«, mhd. tavele, tavel, F., »Tafel«, ahd. tafala (E. 8. Jh.), tavala, F., »Tafel, Schreibtafel, Spielbrett«, as. tāfla, tāfal, F., »Tafel, Würfelbrett«, Lw. roman. tavola, F., »Tafel, Brett«, zu lat. tabula, F., »Brett«, älter ahd. zabal (1. Vt. 9. Jh.), N., »Brett, Brettspiel«

Tag, M., »Tag«, mhd. tac, tag, M., »Tag, Tageszeit«, ahd. tag (8. Jh.?), M., »Tag, Zeit«, as. dag, M., »Tag«, germ. *daga, *dagaz, M., »Tag (zwischen Sonnenaufgang und Sonnenuntergang)«, zu idg. *dhegᵘh-, V., »brennen«, vgl. idg. *ăĝher-, *ăĝhes-, Sb., »Tag«?

Tagegeld, N., »Vergütung für einen Tag«, E. 18. Jh. (Wieland), s. Tag, Geld

Tagelohn, M., »nach Tagen berechneter Lohn«, mhd. tagelōn, M., »Tagelohn«, ahd. tagalōn (830), N., »Tagelohn«, Lsch. lat. denarius diurnus, M., »täglicher Lohn«, s. Tag, Lohn

Tagelöhner, M., »wer im Tagelohn arbeitet«, 15. Jh., s. Tagelohn

tagen, V., »tagen, Tag werden, eine Tagung halten«, mhd. tagen, V., »Tag werden, zu Tage kommen, Gericht halten, verhandeln, einen Tag anberaumen«, ahd. tagēn (10. Jh.), V., »tagen, Tag werden«, s. Tag, Bedeutung »eine Tagung halten« 14. Jh. alemann.?

Tagesordnung, F., »Tagesordnung«, E. 18. Jh. Lüs. frz. ordre du jour, M., »Tagesordnung«, Lw. ne. order of the day, N., »Tagesordnung«, s. Tag, Ordnung

Tagessatz, M., »Betrag den der Täter durchschnittlich an einem Tag als Nettoeinkommen hat oder haben könnte (mindestens 2 und höchstens 10000 DM)«, 2. H. 20. Jh. (um 1965) Lsch. nach skandinavischem Vorbild, s. Tag, Satz

täglich, Adj., »täglich, jeden Tag«, mhd. tagelich, Adj., »täglich«, ahd. tagalīh (765), Adj., »täglich«, aus ahd. allero tago giwelīh, s. Tag, lich

Tagsatzung, F., »auf einen Tag für eine Angelegenheit anberaumte Zusammenkunft, Versammlung«, 15. Jh. (1487), s. Tag, Satzung

Tagung, F., »Tagwerden (veraltet), Versammlung (15. Jh.)«, s. tagen, ung

Tagwerk, Tagewerk, N., »Tagwerk, ein Flächenmaß (so viel wie man an einem Tag bearbeiten kann [bay.])«, mhd. tagewerc, N., »Tagwerk, Arbeit um Taglohn, Arbeit eines Tages, ein Flächenmaß«, ahd. tagawerk (12. Jh.), N., »Tagwerk, tägliche Arbeit um Lohn«, as. dagwerk, N., »Tagwerk«, s. Tag, Werk

Taktik, F., »Planung (1. H. 18. Jh.), planmäßiges Vorgehen (2. H. 18. Jh.), Taktik«, 1. H. 18. Jh. (Jacobsson 1781ff.) Lw. frz. tactique, F., »Taktik, Verfahren«, (aus mlat. tactica, F., »Taktik, Aufstellungslehre«,) Lw. gr. taktiké (téchne), F., »Ordnungslehre«, zu gr. taktikós, Adj., »die Aufstellung (eines Heeres) betreffend«, zu gr. taktós, Adj., »festgesetzt, bestimmt, angeordnet«, zu gr. tássein, V., »stellen, ordnen«

Talar, M., »Amtstracht von Geistlichen bzw. Professoren«, 16. Jh. Lw. mlat. talare, N., »knöchellanges Gewand«, zu lat. talaris, Adj., »die Knöchel betreffend«, zu lat. talus, M., »Knöchel, Ferse, Sprungbein«

Taler, M., »Taler, eine Münze«, im 16. Jh. aus Joachimsthaler (Münze) gekürzt, für eine seit 1518 in Sankt Joachimsthal im Erzgebirge geprägte Münze

Talion, F., »dasselbe, Vergeltung einer Rechtsverletzung durch ein gleichartiges Übel (Auge um Auge)«, 19. Jh.? Lw. lat. talio (XII-Tafelgesetz 451/0 v. Chr.), F., »Wiedervergeltung«, zu lat. talis, Pron., »so beschaffen«, zum lat. Pronominalstamm *to

Talon, M., »Kehlleiste (M. 18. Jh.), Erneuerungsschein (1. H. 19. Jh.)«, Lw. frz. talon, M., »Gesims, Rest, Kartenrest, Kontrollabschnitt«, aus vulgarlat. *talo, M., »Ferse«, zu lat. talus, M., »Knöchel, Ferse, Sprungbein«, vgl. Gerber 1895

Tante, F., »Tante«, 18. Jh. (um 1700) Lw. frz. tante, F., »Tante«, kindersprachlich zu afrz. ante, F., »Tante«, aus mlat. amita, F., »Vaterschwester, Mutterschwester«, zu lat. amita, F., »Vaterschwester«, aus Lallwort, verdrängt Base und Muhme

Tantieme, F., »Gewinnbeteiligung«, A. 19. Jh. (Courtin 1836) Lw. frz. tantième, M., »Gewinnbeteiligung«, zu frz. tantième, Adj., »soundsovielte«, zu frz. tant, Adj., »so groß, so viel«, aus lat. tantus, Adj., »soviel«, zu lat. tam, Adv., »so«

Tara, F., »Verpackungsgewicht«, E. 14. Jh. (um 1400) Lw. it. tara, F., »Abzug für Verpackung«, Lw. arab. ṭarḥ, Sb., »Abzug«, zu arab. ṭaraḥa, V., »entfernen, wegwerfen«

Tarif, M., »einheitlicher Preis, einheitliche Bedingung für Leistungen bestimmter Art«, A. 16. Jh. (1514 driffas bzw. 1517 tarifa) Lw. it. tariffa, F., »Preis, Gebühr«, 17. Jh. Lw. frz. tarif, M., »Preis, Gebühr«, Lw. arab. taᶜrīf, Sb., »Bekanntmachung (der Gebühren)«, zu arab. ᶜarrafa, V., »bekannt machen«

Tarifausschlußklausel, F., »Klausel eines Tarifvertrages die es dem Arbeitgeber verbietet den anders oder nicht organisierten Arbeitnehmern bestimmte tarifliche Vergünstigungen zu gewähren«, 2. H. 20. Jh., s. Tarif, Ausschluß, Klausel

Tarifautonomie, F., »Freiheit der Sozialpartner die Tarife für die Arbeitsleistungen durch vertragliche Verhandlung zu bestimmen«, 2. H. 20. Jh.?, s. Tarif, Autonomie

Tariffähigkeit, F., »Fähigkeit einen Tarifvertrag als Vertragspartei abzuschließen«, 2. H. 20. Jh., s. Tarif, Fähigkeit

Tarifgebundenheit, F., »Unterwerfung unter die Normen des Tarifvertrages«, 2. H. 20. Jh., s. Tarif, binden, heit

tariflich, Adj., »den Tarif betreffend«, 20. Jh., s. Tarif, lich

Tarifpartner, M., »Partner für Tarifvertrag«, 2. H. 20. Jh., s. Tarif, Partner

Tarifrecht, N., »Gesamtheit der Tarife bzw. Tarifverträge betreffenden Rechtssätze«, 2. H. 20. Jh., s. Tarif, Recht

Tarifvertrag, M., »schriftlicher Vertrag zwischen einem Arbeitgeber(verband) und einer Gewerkschaft zur Regelung von arbeitsrechtlichen Fragen (z.B. Arbeitsbedingungen)«, 19. Jh., s. Tarif, Vertrag

Tasche, F., »Tasche, beutelförmiger Tragbehälter«, mhd. tasche, F., »Tasche, Leib, Eingeweide«, ahd. taska (9. Jh.), tasca, F., »Tasche, Quersack, Reisetäschchen«, as. dasga, F., »Tasche«, germ. *taskō, *taskōn, F., »Tasche«, Lw. lat. taska, F., »Tasche«?, zu idg. *dhəskā, F., »Tasche«?, zu idg. *dhē- (2), V., »setzen, stellen, legen«?

Taschengeld, N., »Taschengeld«, E. 18. Jh. (Schiller vor 1804), s. Tasche, Geld

Taschengeldparagraph, M., »Paragraph betreffend Taschengeld«, 19. Jh.?, s. Taschengeld, Paragraph

Tat, F., »menschliches Verhalten (als Anknüpfungspunkt für Schadensersatzpflichten und Strafen)«, mhd. tāt, F., »Tat, Handlung, Werk«, ahd. tāt (765), F., »Tat, Handlung, Geschehen, Ereignis, Begebenheit«, as. dād, F., »Tat«, germ. *dēdi, *dēdiz, F., »Tat«, zu idg. *dhē- (2), V., »setzen, stellen, legen«

tät, Suff., »tät«, Lw. (frz. té, Suff., »tät«, zu) lat. tas, (Akk. tatem) Suff., »tät«

Tatbestand, M., »Summe der Voraussetzungen für eine Rechtsfolge, (im Strafrecht) Tatbestand der mit Strafe bedrohten Handlung, (im Verfahrensrecht) gedrängte Darstellung des Sachstandes und Streitstandes eines Verfahrens - also eines Sachverhaltes -«, A. 19. Jh. (Schlosser

1815 ff.), s. Tat, Bestand, vgl. Weiske 1839ff., Planck 1896

Tatbestandsirrtum, M., »Irrtum des Täters bei Begehung einer Tat über einen Umstand der zum gesetzlichen Tatbestand gehört (z.B. A glaubt irrtümlich die Sache die er an sich nimmt sei seine eigene)«, 20. Jh.?, s. Tatbestand, Irrtum

Tatbestandsmerkmal, N., »einzelnes zur Bildung eines Tatbestandes im Sinne der Summe der Voraussetzungen einer Rechtsfolge verwandtes begriffliches Element«, 20. Jh.?, s. Tatbestand, Merkmal

Tateinheit, F., »Idealkonkurrenz, Fall der echten Konkurrenz«, 20. Jh.?, s. Tat, Einheit

Tatentschluß, M., »Verwirklichung des gesamten subjektiven Tatbestandes (Vorsatz und sonstige subjektive Tatbestandsmerkmale)«, 20. Jh., s. Tat, Entschluß

Täter, M., »Handelnder, wer eine Straftat selbst oder durch einen anderen begeht«, mhd. tæter, M., »Täter«, 15. Jh., älter in Zusammensetzungen, dort Lüs. lat. factor, M., »Verfertiger«, s. Tat

Täterschaft, F., »Handeln als Täter«, 1. H. 19. Jh. (Richter 1846), s. Täter, schaft, vgl. Weiske 1839ff.

Täterschaftsrecht, N., »Form des Strafrechts welche die Strafe an die Gefährlichkeit des Täters (und damit nicht an sein Verhalten knüpft)«, 2. H. 20. Jh., s. Täterschaft, Recht

Täterschaftstheorie, F., »Theorie der Bestimmung des Täters in Abgrenzung zum Werkzeug und Teilnehmer«, 2. H. 20. Jh., s. Täterschaft, Theorie

Tatfrage, F., »Tun betreffende Frage«, 19. Jh. (Wächter 1846), Lüs. lat. quaestio facti, F., »Tatfrage«, s. Tat, Frage

Tathandlung, F., »zur Tat gewordene Handlung«, 17. Jh. (Reinhard 1618), s. Tat, Handlung

Tatherrschaft, F., »vom Vorsatz umfaßte Beherrschung des tatbestandsmäßigen Geschehensablaufs«, 2. H. 20. Jh., s. Tat, Herrschaft

tätig, Adj., »tätig«, 16. Jh., mhd. *tætic, Adj., »tätig«, ahd. *tātīg, Adj., »tätig, tuend«, as. *dādig, Adj., »tätig«, Lüs. lat. *ficiosus, Adj., »tätig, tuend«, s. Tat, ig

tätige Reue, F., »in einem Handeln zum Ausdruck kommende Reue«, 19. Jh.?, s. tätig, Reue

Tätigkeit, F., »aktives Verhalten«, Stieler 1691, s. tätig, heit

Tätigkeitsdelikt, N., »Straftatbestand zu dessen Erfüllung allein ein Tätigwerden genügt (z.B. falsche uneidliche Aussage)«, 20. Jh., s. Tätigkeit, Delikt

Tatinterlokut, N., »Zwischenurteil über die Tat und deren Zurechnung«, 2. H. 20. Jh., s. Tat, Interlokut

Tatmehrheit, F., »Realkonkurrenz, Fall der echten Konkurrenz«, 20. Jh., s. Tat, Mehrheit

Tatort, M., »Ort an dem ein Täter handelt oder trotz Rechtspflicht zu handeln nicht handelt oder an dem der Taterfolg eintritt oder nach der Vorstellung des Täters eintreten sollte«, 19. Jh. (Moltke 1855ff. Wien), Lüs. lat. locus facti, M., »Ort der Tat«?, s. Tat, Ort

Tatsache, F., »Gegebenheit, (im Strafrecht - im Rahmen der üblen Nachrede -) etwas Geschehendes oder Bestehendes das in die Wirklichkeit getreten und daher dem Beweis zugänglich ist«, 18. Jh. (Spalding 1756) Lüs. ne. matter of fact, N., »Tatsache«, Lüs. lat. res facti, F., »Tatsache«, vgl. ahd. tātsahha (10./11. Jh.), tātsacha, F., »Geschichte«, s. Tat, Sache

Tatsachenirrtum, M., »Irrtum über einen Tatumstand«, 19. Jh.?, s. Tatsache, Irrtum

Tatstrafrecht, N., »Form des Strafrechts welche die Strafe an die verbotene Handlung des Täters anknüpft«, 2. H. 20. Jh., s. Tat, Strafrecht

Tatumstand, M., »Umstand der Tat«, 19. Jh. (Immermann 1838/9) Lüs. lat. modus facti, M., »Art der Tat«?, s. Tat, Umstand

Tatumstandsirrtum, M., »Irrtum über einen Tatumstand«, 20. Jh., s. Tatumstand, Irrtum

Tatverdacht, M., »Vermutung daß eine bestimmte Person etwas Bestimmtes getan hat«, 20. Jh.?, s. Tat, Verdacht

taub, Adj., »taub, gehörlos, betäubt«, mhd. toup, Adj., »taub, nicht hörend, stumpfsinnig«, ahd. toub (830), Adj., »taub, stumpf, empfindungslos, unsinnig«, as. *dōf, Adj., »taub«, germ. *dauba, *daubaz, Adj., »taub, betäubt«, zu idg. *dheubh-, V., Adj., »stieben, rauchen, verdunkelt«, zu idg. *dheu- (4), V., Sb., »stieben, wirbeln, wehen, stinken, schütteln, Dampf, Hauch, Rauch«

taubstumm, Adj., »taubstumm«, 2. H. 18. Jh. (Lichtwer vor 1783), s. taub, stumm

Taubstummheit, F., »Stummheit als Folge angeborener oder früh eingetretener Taubheit«, 19. Jh. (1845), s. taubstumm, heit

Taufe, F., »Akt der Begründung der kirchlichen Mitgliedschaft in der christlichen Kirche«, mhd. toufe, touf, F., »Taufe«, (neben touf, M., »Untertauchung, Tiefe, Taufe«,) ahd. toufa (1000), toufī (765), F., »Taufe«, (neben touf [863-71], M., »Taufe«,) as. dōpi, F., »Taufe«, Lüs. lat. baptismus?, s. taufen

taufen, V., »taufen«, mhd. toufen, V., »untertauchen, taufen«, ahd. toufen (E. 8. Jh.), V., »taufen«, as. dōpian, V., »taufen«, germ. *daupjan, V., »tauchen, taufen«, Lbd. lat. baptizare, V., »taufen«?, zu gr. baptízein, V., »taufen«, (ablautendes Faktitivum) zu idg. *dheub-, Adj., »tief, hohl«

Täufling, M., »wer getauft wird«, 16. Jh., s. Taufe, ling

taugen, V., (Prät.-Präs.), »taugen, geeignet sein«, mhd. tugen, tügen, Prät.-Präs., »tüchtig sein, förderlich sein, nützen«, ahd. tugan (1. H. 8. Jh.?), Prät.-Präs., »taugen, nützen, sich eignen, reichen, zukommen, fähig sein«, as. dugan, Prät.-Präs., »taugen, nützen«, germ. *dugan, Prät.-Präs., »taugen«, idg. *dheugh-, V., »berühren, drükken, melken, spenden«

Taugenichts, M., »Nichtsnutz« (1691), älter mnd. dögenicht, s. taugen, nicht

tauglich, Adj., »tauglich, tüchtig, brauchbar«, mhd. tugelich, Adj., »tauglich, tüchtig, brauchbar«, ahd. tugilīh (E. 9. Jh.), Adj., »tugendhaft«, lat. beeinflußt?, s. taugen, lich

Tausch, M., »gegenseitiger Vertrag in dem sich beide Seiten zur Hingabe eines bestimmten Gegenstandes gegen Hingabe eines jeweils anderen bestimmten Gegenstand verpflichten wobei keiner der Gegenstände ein Kaufpreis ist«, 16. Jh. mhd. tūsch, M., »Spaß, Gespött, Schelmerei, Täuschung (Taschenspielerkunststück), Betrug, Tausch (M. 15. Jh.? in tūschbrief)«, s. tauschen

tauschen, V., »tauschen« 16. Jh., mhd. tūschen, tiuschen, V., »Spaß treiben mit, tauschen?«, Bedeutung »tauschen« vermutlich älter als die erst nhd. klar abgetrennte Bedeutung »täuschen«, aus dem nd. Bereich, im übrigen Herkunft unklar, das ältere Wort für »tauschen« ist wechseln

täuschen, V., »täuschen«, mhd. tuschen, tiuschen, V., »Spaß treiben mit, tauschen«, aus dem nd. Bereich, im übrigen Herkunft unklar

Täuschung, F., »zur Irreführung bestimmtes und damit der Einwirkung auf die Vorstellung eines anderen dienendes Gesamtverhalten«, 15. Jh.?, s. täuschen, ung

tausend, Num. Kard., »tausend«, mhd. tūsent, Num. Kard., »tausend«, ahd. dūsunt (nach 765?), Num. Kard., »tausend«, germ. *þūsundi, Num. Kard., »(Schwellendes, Großhundert?,) tausend«, Partizip oder Zusammensetzung zu idg. *tĕu-, V., »schwellen«, nhd. wäre anlautendes d zu erwarten

Tausendschaft, F., »Untergliederung zu tausend«, 19. Jh. (Brunner bzw. Dahn), s. tausend, schaft

taxativ, Adj., »abschließend«, 19. Jh.? Lw., s. Taxe

Taxe, F., »Schätzung, Schätzpreis«, M. 15. Jh. Lw. (frz. taxe,) mlat. taxa, F., »Schätzung, Schätzpreis, Abgabe«, zu lat. taxare, V., »berühren, schätzen, den Wert ermitteln«

Taxi, N., »Mietauto«, Anf. 20. Jh. (1925) gekürzt aus Taxameter, M., »(Fahrzeug mit) Preismesser«, nach dem Vorbild von frz. taximètre, M., »(Fahrzeug mit) Preismesser«, s. Taxe

taxieren, V., »schätzen, den Wert ermitteln«, A. bzw. E. 14. Jh. (1303 bzw. 1374 Niederrhein)? bzw. 15. Jh. Lw. (frz. taxer, V., »schätzen, den Wert ermitteln«,) aus lat. taxare, V., »berühren, schätzen, den Wert ermitteln«, zu lat. tangere, V., »berühren«

Technik, F., »Verfahren, Vorgehensweise«, frühes 18. Jh. (technica Leupold 1724) Lw. (frz. technique, F., »Verfahren, Vorgehensweise«, subst. frz. technique, Adj., »kunstfertig, handwerksmäßig«, aus) lat. technicus, Adj., »verfahrensmäßig, kunstgemäß«, Lw. gr. technikós, Adj., »kunstfertig, handwerksmäßig«, zu gr. téchne, F., »Handwerk, Kunst, Wissenschaft«

technisch, Adj., »verfahrensmäßig, kunstgemäß«, frühes 18. Jh. (Uffenbach 1728) Lw. lat. technicus (M. 17. Jh.), Adj., »verfahrensmäßig, kunstgemäß«, Lw. gr. technikós, Adj., »kunstfertig, handwerksmäßig«, zu gr. téchne, F., »Handwerk, Kunst, Wissenschaft«

Technischer Überwachungsverein, M., »Verein für technische Überwachung von Geräten«, 20. Jh., s. Überwachungsverein, technisch

Teiding, N., »Gerede, Teiding«, mhd. tagedinc, teidinc, N., M., »Verhandlung, Gerichtstag, Termin, Frist, Übereinkunft«, ahd. tagading (863-71), N., »Termin, Frist, Übereinkunft, festgesetzter Tag, Gericht, Volksversammlung«, s. Tag, Ding

Teil, M., N., »Abschnitt eines Ganzen«, mhd. teil, M., N., »Teil«, ahd. teil (765), M., N., »Teil, Anteil, Stück, Seite, Gebiet«, as. dēl, M., »Teil«, germ. *daili, *dailiz, M., *daila, *dailaz, M., *daila, *dailam, N., »Teil«, zu idg. *dəlo-, Sb., »Teil«?, zu idg. *dā-, *dāi-, V., »teilen, zerschneiden, zerreißen«

teilbar, Adj., »teilbar, in Teile zerlegbar«, mhd. teilbære, Adj., »teilbar«, 15. Jh., s. Teil, bar

teilbare Leistung, F., »in Teile zerlegbare Leistung«, 19. Jh.?, s. Leistung, teilbar

Teilbesitz, M., »Besitz eines realen abgrenzbaren Teiles einer Sache insbesondere eines abgesonderten Wohnraumes oder anderen Raumes«, Goethe vor 1832, s. Teil, Besitz

Teileigentum, N., »(nur ausnahmsweise mögliches) Eigentum an einem Sachteil«, 20. Jh.?, s. Teil, Eigentum

teilen, V., »teilen«, mhd. teilen, V., »teilen, zerteilen, trennen«, ahd. teilen (790), teilōn (1000), V., »teilen, verteilen, austeilen, zerteilen«, as. dēlian, V., »teilen«, germ. *dailjan, V., »teilen«, s. Teil

Teilgläubigerschaft, F., »Form der Gläubigermehrheit bei der jeder von mehreren Gläubigern nur einen Anspruch auf einen Teil der Leistung hat«, 19. Jh., s. Teil, Gläubiger, schaft

Teilhaber, M., »Mitberechtigter«, A. 18. Jh., s. teil, haben

Teilkündigung, F., »teilweise Kündigung«, 20. Jh., s. Teil, Kündigung

Teilleistung, F., »in Bezug auf die Schuld irgendwie unvollständige Leistung«, 19. Jh., s. Teil, Leistung

Teilnahme, F., »Beteiligung an einer fremden Handlung insbesondere an einer fremden Straftat«, (E.) 18. Jh. Lüt. lat. participatio, F., »Teilhaftmachung«?, s. Teil, Nahme, älter Teilnehmung

Teilnehmer, M., »wer sich an einer fremden Handlung beteiligt, (im Strafrecht) wer einen anderen zu dessen vorsätzlich begangener rechtswidriger Tat bestimmt (Anstiftung) oder ihm zu einer vorsätzlich begangenen rechtswidrigen Tat vorsätzlich Hilfe leistet (Beihilfe)«, »Partizip«, 16. Jh. (Ickelsamer um 1530) bzw. »Teilnehmer« E. 18. Jh. Lüs. lat. particeps, subst. Adj., »Teilnehmer«, s. teil, Nehmer

Teilnichtigkeit, F., »Nichtigkeit eines Teiles einer Handlung«, 20. Jh., s. Teil, Nichtigkeit

Teilrechtsfähigkeit, F., »teilweise Rechtsfähigkeit«, 20. Jh.?, s. Teil, Rechtsfähigkeit

Teilschuld, F., »Teil einer Schuld«, 20. Jh., s. Teil, Schuld

Teilschuldner, M., »Schuldner eines Teiles einer Schuld«, 20. Jh., s. Teil, Schuld

Teilschuldnerschaft, F., »Form der Schuldnermehrheit bei der jeder von mehreren Schuldnern nur zu einem Teil der Leistung verpflichtet ist«, 20. Jh., s. Teilschuldner, schaft

Teilstaat, M., »Teil eines Staates«, 2. H. 20. Jh., s. Teil, Staat

Teilstaatenlehre, F., »eine Theorie über den Aufbau der Bundesrepublik«, 2. H. 20. Jh., s. Teilstaat, Lehre

Teilstreik, M., »nur einen Teil der Arbeitnehmer erfassender Streik«, 2. H. 20. Jh., s. Teil, Streik

Teilung, F., »Zerlegung eines Ganzen in einzelne Abschnitte«, mhd. teilunge, F., »Teilung, Trennung, Abteilung, Einteilung, Erbteilung«, ahd. teilunga (9./10. Jh.), F., »Teilung, Trennung«, s. teilen, ung

Teilungsanordnung, F., »Anordnung des Erblassers über die Art und Weise der Auseinandersetzung«, 20. Jh.?, s. Teilung, Anordnung

Teilungsklage, F., »Klage auf Teilung«, 20. Jh.?, s. Teilung, Klage

Teilungsversteigerung, F., »zum Zwecke der Teilung eines Vermögens erfolgende Versteigerung«, 20. Jh.?, s. Teilung, Versteigerung

Teilunmöglichkeit, F., »teilweise Unmöglichkeit«, 20. Jh., s. Teil, Unmöglichkeit

Teilurteil, N., »Endurteil in dem über einen Teil eines oder mehrerer Streitgegenstände entschieden wird«, 19. Jh., s. Teil, Urteil, vgl. Planck 1896

Teilzahlung, F., »in Teilleistungen bewirkte Erfüllung einer auf Zahlung gerichteten Verpflichtung, einzelne Teilleistung«, Badisches Landrecht 1809, Allgemeines Bürgerliches Gesetzbuch 1811 Österreich, s. Teil, Zahlung

Teilzahlungsabrede, F., »Vereinbarung der Vertragsparteien daß der Kaufpreis oder die entsprechende Vergütung - entgegen der allgemeinen gesetzlichen Regelung - nicht auf einmal sondern in mindestens 2 Teilen (Raten bzw. Anzahlung und Rate) zu leisten ist«, 20. Jh., s. Teilzahlung, Abrede

Teilzeit, F., »Teil einer Zeit(einheit)«, 2. H. 20. Jh., s. Teil, Zeit

Teilzeitarbeit, F., »Arbeit bei welcher die Wochenarbeitszeit der betreffenden Arbeitnehmer kürzer ist als die durchschnittliche Wochenarbeitszeit vergleichbarer Arbeitnehmer«, 2. H. 20. Jh., s. Teilzeit, Arbeit

Tele, Präf., »Tele, fern«, Lw. gr. tēle, Adv., »fern, weit«

Telefax, N., »auf der Grundlage der elektronischen Datenverarbeitung wirkendes Schriftfernübertragungssystem«, um 1985, zu gr. tēle, Adv., »fern, weit«, lat. facere, V., »machen, tun«

Telefon, Telephon, N., »Fernsprecher (2. H. 19. Jh.)«, E. 18. Jh. (Huth 1796), zu gr. tēle, Adv., »fern, weit«, gr. phoné, F., »Stimme, Klang«

Telegramm, N., »Telegramm, fernschriftlich übermittelte Nachricht«, M. 19. Jh. (Mahler 1864) Lw. (frz. télégramme,) ne. telegram (Smith 1852), N., »Telegramm«, zu gr. tēle, Adv., »fern, weit«, gr. grámma, N., »Schreiben«

Telegraph, Telegraf, M., »Telegraph«, E. 18. Jh. (1794) Lw. frz. télégraphe (Miot de Melito 1792), M., »Telegraph, Fernschreibapparat«, zu gr. tēle, Adv., »fern, weit«, gr. gráphein, V., »schreiben«

Telekommunikation, F., »auf der Grundlage der elektronischen Datenverarbeitung wirkende zwischenmenschliche Kommunikation«, um 1980, s. tele, Kommunikation

Television, F., »Fernsehen«, früheres 20. Jh. (1932/3) Lw. ne. television, N., »Fernsehen«, zu gr. tēle, Adv., »fern, weit«, ne. vision, N., »Sehen«, zu lat. visio, F., »Sehen, Sicht«, zum PPP. visus von lat. videre, V., »sehen«

Teleologie, F., »Zweckmäßigkeitslehre, Zielvorstellungslehre«, M. 18. Jh. (Meier 1755-59) Lw. nlat. teleologia (Chr. Wolff 1728), F., »Zweckmäßigkeit«, zu gr. télos, M., »Ende, Ziel, Grenze, Zweck, Ursache«, gr. lógos, M., »Sagen (N.), Wort, Rede, Kunde (F.), Vernunft«

teleologisch, Adj., »zweckbezogen, zielgerichtet«, E. 18. Jh. (Schiller 1789), zu Teleologie, isch

teleologische Auslegung, F., »zweckbezogene Auslegung«, 19. Jh.?, s. Auslegung, teleologisch

teleologische Reduktion, F., »zweckbezogene Einschränkung«, 2. H. 20. Jh.?, s. Reduktion, teleologisch

Telex, N., »Fernschreiben«, 1961 gekürzt aus ne. teleprinter exchange, N., »Austausch durch Fernschreiber«

Tempel, M., »Tempel, gottgeweihtes Gebäude«, mhd. tempel, M., N., »Tempel«, ahd. tempal (nach 765?), tempali (E. 8. Jh.), N., »Tempel«, germ. *tempal, *templ-, Sb., »Tempel«, Lw. lat. templum, N., »Tempel«, M. aus afrz. temple, M., »Tempel«?

Tempo, N., »Geschwindigkeit«, A. 17. Jh. (Dilich 1608) Lw. it. tempo, M., »Zeit, Zeitabschnitt«, aus lat. tempus, N., »Zeit, Zeitabschnitt«, zu idg. *tenp-, V., »dehnen«

Tendenz, F., »Streben, Neigung«, 2. H. bzw. E. 18. Jh. (Forster 1791) Lw. frz. tendance, F., »Richtung, Neigung«, zu frz. tendre, V., »strecken, dehnen«, aus lat. tendere, V., »spannen, strecken, dehnen«

Tendenzbetrieb, M., »Betrieb der unmittelbar und überwiegend politischen oder konfessionellen oder wissenschaftlichen und ähnlichen Bestimmungen dient (z.B. Zeitungsverlag)«, 2. H. 20. Jh., s. Tendenz, Betrieb

Tenor, M., »Tenor, Wortlaut, Sinn, Haltung, Inhalt, Urteilsformel (z.B. der Beklagte wird verurteilt ... an den Kläger zu zahlen. Der Beklagte trägt die Kosten. Das Urteil ist ... vorläufig vollstreckbar)«, (mhd. tenor, M., »Hauptinhalt«?,) A. 17. Jh. (Kirchhof 1602) Lw. lat. tenor, M., »Lauf, Fortgang, Sinn, Inhalt«, zu lat. tenere, V., »halten, haben«, zu lat. tendere, V., »spannen, dehnen, strecken«

Termin, M., »Grenze (16. Jh.), Zeitpunkt, Frist, (im Privatrecht) bestimmter Zeitpunkt an dem etwas geschehen soll (z.B. Lieferung einer Kaufsache) oder eine Rechtswirkung von selbst eintritt (z.B. Fälligkeit des Kaufpreises), (im Verfahrensrecht) im voraus durch das Gericht genau bestimmter Zeitpunkt für gemeinschaftliche Prozeßhandlungen des Gerichts mit Parteien oder Dritten«, mhd. termin, N., M., »festgesetzte Zeit, Tag«, E. 13. Jh. (1297 Augsburg) Lw. mlat. terminus, M., »Grenze, Ende, Ziel, Zeitpunkt«, zu lat. terminus, M., »Grenzstein, Grenze, Ende, Schluß«

Termingeschäft, N., »auf einen Zeitpunkt abstellendes Geschäft«, 20. Jh., s. Termin, Geschäft

terminieren, V., »begrenzen, bestimmen, einen Termin halten (2. H. 19. Jh.), zeitlich festlegen (A. 20. Jh.)«, mhd. terminieren, V., »begrenzen, bestimmen«, Lw. mlat. »begrenzen, beschränken, beendigen, entscheiden«, zu lat. terminare, V., »begrenzen, beschränken, beschließen«

Terminverlust, M., »Berechtigung des Gläubigers alle offenen Teilleistungen fällig zu stellen«, 2. H. 20. Jh. Österreich, s. Termin, Verlust

territorial, Adj., »gebietsmäßig«, späteres 17. Jh. (Lassenius 1661) Lw. spätlat. territorialis, Adj., »zum Gebiet gehörig«, zu lat. territorium, N., »zu einer Stadt gehörendes Gebiet, Stadtgebiet«, zu lat. terra, F., »Erde«

Territorialitätsprinzip, N., »auf ein räumliches Gebiet abstellender Grundsatz«, 19. Jh., s. territorial, Prinzip, vgl. Weiske 1839ff.

Territorialstaat, M., »Staat der ein bestimmtes Gebiet (Territorium) als räumliche Grundlage seiner Staatsgewalt hat«, 19. Jh.?, s. territorial, Staat

Territorium, N., »Territorium, Gebiet«, E. 16. Jh. (Ernstinger) Lw. lat. territorium, N., »zu einer Stadt gehörendes Gebiet, Stadtgebiet«, zu lat. terra, F., »Erde«

Terror, M., »Terror, Schrecken«, M. 19. Jh. (Heyse 1838) Lw. (frz. terreur [Bodin], M., »Schrecken«,) lat. terror, M., »Schrekken«, zu lat. terrere, V., »erschrecken«, häufiger seit A. 20. Jh., vgl. Geschichtliche Grundbegriffe

Terrorist, M., »Anhänger eines Schrekkensregimes, gewalttätiger politischer Extremist (nach 1920)«, E. 18. Jh. (1795) Lw. frz. terroriste (1794), M., »Anhänger einer Schreckensherrschaft, gewalttätiger politischer Extremist (um 1920)«, s. Terror, ist

Tesching, N., »Tesching, kleinkalibriges Gewehr«, 19. Jh., zum ON Teschen, ing

Test, M., »Test, Versuch«, A. 20. Jh. Lbd. ne. test, N., »Versuch«, spätmhd. test, M., »Topf, Tiegel, Schlacke«, Lw. afrz. test, M., »Topf, Tiegel«, aus lat. testa, F., »Scherbe, Geschirr«, zu lat. testu, Sb., »irdenes Geschirr«, Bedeutungsentwicklung »Tiegel, Probiertiegel, Versuchsstück, Versuch (20. Jh.)«

Testament, N., »einseitige nicht empfangsbedürftige und jederzeit frei widerrufliche Willenserklärung des Erblassers mit der dieser eine Regelung für den Fall seines Todes trifft - und dadurch die gesetzliche Rechtslage abändert -«, mhd. testament, N., »Vertrag, Bündnis, Vermächtnis«, E. 13. Jh. (bzw. 15. Jh.) Lw. lat. testamentum, N., »Testament«, zu lat. testari, V., »bekunden«, zu lat. testis, M., »Zeuge«, zu lat. tertius, Num. Ord., »dritte«

testamentarisch, Adj., »durch Testament festgelegt«, E. 18. Jh., s. Testament, isch

Testamentsvollstrecker, M., »vom Erblasser zur Ausführung seiner letztwilligen Anordnungen durch letztwillige Verfügung berufene Person«, 19. Jh., s. Testament, Vollstrecker, älter Testamentsexekutor (Gerber 1895 bzw. Koch 1864 bzw. Allgemeines bürgerliches Gesetzbuch 1811 Österreich), Vollzieher des Testaments Coßmann 1829, Vollstrecker des Testaments Musäus 1782ff.

Testat, N., »Bescheinigung, Beglaubigung«, M. 19. Jh. (Schopenhauer 1844) Lw. lat. testatum, N., »Bescheinigtes«, subst. Part. Prät. Akt. N. von lat. testari, V., »bekunden, bezeugen«, s. testieren

testieren, V., »bezeugen (Roth 1571), ein Testament anfertigen«, E. 15. Jh. (1520 Freiburg) Lw. lat. testari, V., »bekunden, bezeugen, ein Testament errichten«, zu lat. testis, M., »Zeuge«, zu lat. tertius, Num. Ord., »dritte«, Bedeutung »den Besuch einer Vorlesung bestätigen« M. 19. Jh. (Grimm 1846)

Testierfähigkeit, F., »Fähigkeit ein Testament zu errichten oder zu ändern oder aufzuheben«, 19. Jh., s. testieren, Fähigkeit

Testierfreiheit, F., »Freiheit der natürlichen Person nach Belieben Verfügungen von Todes wegen zu errichten«, 19. Jh., s. testieren, Freiheit

testis, lat., M., »Zeuge«, zu lat. tertius, Num. Ord., »dritte«

teuer, Adj., »teuer, kostbar, hohen Wert habend«, mhd. tiure, Adj., »wertvoll, kostbar, herrlich«, ahd. tiuri (E. 8. Jh.), Adj., »teuer, kostbar, wertvoll, lieb, angesehen«, as. diuri, Adj., »teuer, lieb«, germ. *deurja, *deurjaz, *deuzja, *deuzjaz, Adj., »wertvoll, kostbar«, zu idg. *dēiro-, Sb., »Zier, Schönheit, Kostbarkeit«?, zu idg. *dei- (1), V., »glänzen, schimmern, scheinen«?, zu nhd. dauern, V., »leid, tun«?

Teufel, M., »Teufel, Dämon«, mhd. tiuvel, M., »Teufel«, ahd. tiufal (1. H. 8. Jh.), tiuval, M., N., »Teufel, Geist, Dämon«, as. diuval, M., »Teufel«, germ. *diabul-, M., »Teufel«, Lw. mlat. diavalus, M., »Teufel«, zu lat. diabolus, M., »Teufel«, Lw. gr. diábolos, M., »Verleumder«, zu gr. diabállein, V., »umwerfen, verleumden«, zu gr. diá, Präp., Präf., »durch, hindurch«, gr. bállein, V., »werfen, schleudern«

Text, M., »Text, Wortgefüge«, mhd. text, M., »Wortgefüge«, M. 14. Jh. (1350-65) Lw. lat. textus, M., »Verbindung, Gewebe, Geflecht, Wortgefüge, Stil, Darstellung, Inhalt«, zum PPP. textus von lat. texere, V., »weben«, zu gr. téchne, F., »Handwerk, Kunst, Fertigkeit«

Textverarbeitung, F., »Sammelbezeichnung für Methoden und Verfahren zur Erarbeitung und Bearbeitung von Texten vor allem mit Hilfe der automatisierten Datenverarbeitung (und unterschiedlicher Textverarbeitungsprogramme)«, um 1970 Lüs. ne.?

Theke, thek, F., Suff., »Theke, thek«, (Theke M. 19. Jh.) Lw. lat. theca, F., »Kästchen, Hülle«, Lw. gr. théke, F., »Lade, Behältnis«, zu gr. tithénai, V., »setzen, stellen, legen«

Thema, N., »Gegenstand, Thema«, A. 15. Jh. (Richental 1414-18) (mhd.) Lw. mlat. thema, N., »Gegenstand, Stoff«, Lw. gr. théma, N., »Gegebenes, Aufgestelltes, Behauptung«, zu gr. tithénai, V., »setzen, stellen, legen«

Theokratie, F., »Gottesherrschaft«, frühes 18. Jh. (Sperander 1728) (über ne. theocracy bzw. frz. théocratie) Lw. gr. theokratía, F., »Gottesherrschaft«, zu gr. theós, M., »Gott«, gr. krátos, M., »Stärke, Kraft«

Theologe, M., »Fachmann für Theologie«, (M. 14. Jh.) Lw. lat. theologus, M., »wer von Göttern redet«, Lw. gr. theológos, Adj., »mit Gott redend«, zu gr. theós, M., »Gott«, gr. légein, V., »sagen, erklären«

Theologie, F., »Glaubenslehre«, A. 15. Jh. (1414-18) Lw. lat. theologia, F., »Glaubenslehre, Theologie«, Lw. gr. theología, F., »Glaubenslehre«, s. Theologe

Theorie, F., »Betrachtungsweise, Wissenschaftsaussage, Theorie«, A. 16. Jh. (Fries 1519)? bzw. 18. Jh. Lw. lat. theoria, F., »Betrachtung, Untersuchung«, Lw. gr. theoría, F., »Betrachtung, Erkenntnis, Wissenschaft«, zu gr. theorós, M., »Zuschauer«, zu gr. theoreĩn, V., »zuschauen«

Therapie, F., »Heilbehandlung«, A. 18. Jh. (Woyt 1709) Lw. gr. therapeía, F., »Dienst, Heilung«, zu gr. therapeúein, V., »dienen, pflegen«, zu gr. therápon, M., »Diener, Gefährte«

These, F., »Behauptung, These«, E. 16. Jh. (Fabricius 1588 theses) bzw. E. 18. Jh. Lw. frz. thèse, F., »Behauptung«, aus lat. thesis, F., »Behauptung«, Lw. gr. thésis, F., »Aufgestelltes, Behauptung«, zu gr. tithénai, V., »setzen, stellen, legen«

Thing, s. Ding

Thron, M., »Thron, Herrscherstuhl«, spätmhd. trōn, thrōn, M., »Thron, Wipfel?«, Lw. afrz. trone, throne, M., »Thron«, aus lat. thronus, M., »Thron«, Lw. gr. thrónos, M., »Stuhl, Herrschersitz«

Thüringen, N., »(seit 3. 10. 1990) ein Land der Bundesrepublik Deutschland«, 4. Jh. PN Toringi, zu germ. *þaur-, V., »wagen«?

Tiara, F., »Tiara, Kopfbedeckung des Papstes«, 18. Jh. Lw. gr. tiára, F., »Turban«, Lw. aus dem Persischen, sachlich seit 8. Jh. für den Papst bezeugt, um 14. Jh. durchgesetzt, 1964 abgelegt

Tichter, M., »Enkel«, mhd. (mostfrk.) tĭhter, diehter, M., »Enkel, Tochterkind«, zu Tochter

tief, Adj., »tief«, mhd. tief, Adj., »tief, weitläufig«, ahd. tiof (765), Adj., »tief, unergründlich, bedeutungsvoll«, as. diop, Adj., »tief«, germ. *deupa, *deupaz, Adj., »tief«, idg. *dheub-, Adj., »tief, hohl«

Tier, N., »ein Lebewesen das sich vom Menschen durch das Fehlen von Vernunft und Sprache sowie von der Pflanze durch Bewegungsvermögen und Empfindungsvermögen unterscheidet (str. für Mikroorganismen und Viren)«, mhd. tier, N., »Tier«, ahd. tior (765), N., »Tier, Lebewesen, wildes Tier«, as. dior, N., »Tier«, germ. *deuza, *deuzam, N., »Tier«, zu idg. *dhu̯es-, *dheus-, V., Sb., »stieben, wirbeln, blasen, atmen, Tier«, zu idg. *dheu- (4), V., Sb., »stieben, wirbeln, wehen, stinken, schütteln, Dampf, Hauch, Rauch«

Tierhalter, M., »Person welche ein Tier in ihrem Hausstand oder Wirtschaftsbetrieb im eigenen Interesse nicht nur vorübergehend verwendet«, 19. Jh., s. Tier, Halter

Tierhüter, M., »wer für den Tierhalter die Führung der Aufsicht über ein Tier durch Vertrag übernimmt«, Stieler 1660, s. Tier, Hüter

Tierschutz, M., »Schutz für Tiere«, 20. Jh.?, s. Tier, Schutz

tilgen, V., »tilgen, vertilgen, beseitigen«, mhd. tiligen, V., »tilgen, vertilgen«, ahd. tiligōn (1000), V., »tilgen, vertilgen, vernichten, zunichte machen, abschaffen«, (Lw. ae. *dīligion, V., »auslöschen, vernichten«?,) germ. *dīligōn, V., »tilgen, auslöschen«?, Lw. lat. delere, V., »zerstören, vernichten«, vgl. ahd. tīlōn (863-71), V., »auslöschen«

Tilgung, F., »Beseitigung einer Schuld, Löschung einer Eintragung«, E. 17. Jh. (Stieler 1691), vgl. ahd. tīligunga (1000), F., »Vertilgung, Untergang«, Lsch. lat. defectio, F., »Abfall«?, s. tilgen, ung

Tisch, M., »Tisch«, mhd. tisch, M., »Tisch, Speisetafel«, ahd. tisk (E. 8. Jh.), tisc, M., »Tisch, Schüssel, Dreifuß, Speisebrett«, as. disk, M., »Tisch, Gericht«, germ. *disku, *diskuz, M., »Tisch, Speisebrett, Schüssel«, Lw. lat. discus, M., »Schüssel«, Lw. gr. dískos, M., »Scheibe, Wurfscheibe«

Tischler, M., »Tischler«, spätmhd. tischler, (neben älterem [A. 15. Jh.] tischer,) M., »Tischler«, 15. Jh. ostd., zu Tisch

Titel, M., »Aufschrift, Zeichen, Name, Bezeichnung einer Person mit einem Ehrennamen (u.a. Doktortitel), Bezeichnung eines Schriftwerkes oder eines Teiles eines solchen (z.B. Untergliederung eines Gesetzes)«, mhd. titel, tittel, M., »Titel«, ahd. titulo (nach 765?), M., titula (E. 8. Jh.), F., »Titel, Aufschrift, Strich, Überschrift«, Lw. lat. titulus, M., »Aufschrift, Titel«, Herkunft unbekannt

Tochter, F., »Tochter, weibliches Kind«, mhd. tochter, F., »Tochter«, ahd. tohter (E. 8. Jh.), F., »Tochter«, as. dohtar, F., »Tochter«, germ. *duhter, F., »Tochter«, idg. *dhugəter, F., »Tochter«

Tod, M., »Erlöschen der Lebensäußerungen, Stillstand von Kreislauf und Atmung, irreversibles Erlöschen der Gehirntätigkeit«, mhd. tōt, M., »Tod«, ahd. tōd (765), M., »Tod, Untergang«, as. dōth, M., »Tod«, germ. *dauþu, *dauþuz, M., »Tod«, Verbalabstraktum zu germ. *daujan, V., »sterben«, zu idg. *dheu- (2), V., Sb., »sterben, hinschwinden, Tod«, zu idg. *dheu- (4), V., Sb., »stieben, wirbeln, wehen, stinken, schütteln, Dampf, Hauch, Rauch«

Todeserklärung, F., »Feststellung des Todes einesVerschollenen auf Grund eines Aufgebotsverfahrens«, Allgemeines Bürgerliches Gesetzbuch 1811 Österreich, s. Tod, Erklärung, vgl. Weiske 1839ff., sachlich M. 18. Jh. Sachsen, 1763 Preußen

Todesstrafe, F., »Bestrafung eines Menschen durch Tötung«, 16. Jh. (Sachs) Lüs. lat. mortis poena, F., »Strafe des Todes«, s. Tod, Strafe

Todfallsaufnahme, F., »gerichtliche Aufnahme der Umstände eines Todesfalls«, 19. Jh. Österreich, s. Tod, Fall, Aufnahme

tödlich, Adj., »den Tod bewirkend«, mhd. tōtlich, tœtlich, Adj., »tödlich«, ahd. tōdlīh (E. 8. Jh.), Adj., »tödlich, sterblich, todbringend, Tote betreffend«, Lbd. lat. mortalis?, s. Tod, lich

Toleranz, F., »Toleranz«, M. 16. Jh. (Luther vor 1546) Lw. lat. tolerantia, F., »Duldsamkeit«, zum Part. Präs. tolerans von lat. tolerare, F., »dulden«, vgl. Geschichtliche Grundbegriffe

Tölpel, M., »Tölpel, ungeschickter Mensch«, A. 16. Jh. tulpel, zu mnd. dorper, mhd. dorpære, M., »Dorfbewohner, Bauer«?, Lüs. frz. vilain, M., »Dorfbewohner, Bauer«, s. Dorf

Tonne, F., »Tonne«, mhd. tunne, tonne, F., »Tonne«, lat.-ahd. tunna (9. Jh.), F., »Tonne, Faß«, as. tunna, F., »Tonne«?, germ. *tonna, *tunna, F., »Tonne«?, Lw. mlat. tunna, F., »Tonne, Faß«, aus dem Keltischen (»Haut«)?

Topik, F., »Lehre von den gängigen allgemein anerkannten Begriffen bzw. Sätzen und Argumenten«, 2. H. 20. Jh. (Vieweg 1953), zu gr. tópos, M., »Ort, Stelle«

Tor, M., »Tor (M.)«, mhd. tōre, tōr, M., »Tor (M.), Narr, Irrsinniger, Tauber«

Torkel, F., M., »Torkel, Weinkeller«, südd., mhd. torkel, torkul, F., M., »Kelter«, ahd. torkul (10. Jh.), torcul, N., torkula (9./10. Jh.), torcula, F., »Torkel, Kelter, Presse«, Lw. mlat. *torcula, F., »Presse«, zu lat. torquere, V., »drehen, verrenken«

Torpedo, M. N., »Torpedo, Schiffsgeschoß«, M. 19. Jh. (Prittwitz und Gaffron 1865) »Torpedo« Lw. ne. torpedo, N., »Zitterrochen, Torpedo (Fulton 1805)«, aus lat. torpedo, F., »Lähmung, Stumpfheit, Zitterrochen«, zu lat. torpere, V., »starr sein«

Tortur, F., »Quälerei, Tortur, Folter«, M. 16. Jh. (Serranus 1540) Lw. mlat. tortura, F., »Quälerei, Folter«, aus lat. tortura, F., »Krümmung, Verrenkung«, zum Part. Fut. torturus bzw. zum PPP. tortus von lat. torquere, V., »drehen, verrenken«

tot, Adj., »tot«, mhd. tōt, Adj., »tot«, ahd. tōt (1. H. 8. Jh.?), Adj., »tot, gestorben«, as. dōd, Adj., »tot«, germ. *dauda, *daudaz, Adj., »tot«, ursprünglich PPP. (von germ *daujan, V., »sterben«), s. Tod

Tote, M., F., »Taufpate, Taufpatin«, mhd. tote, totte, M., F., »Pate, Patin«, ahd. tota (A. 9. Jh.), F., »Patin«, toto (A. 9. Jh.), M., »Pate«, Lallform für ahd. gota, goto, s. Gote

töten, V., »töten«, mhd. tœten, V., »töten, tot machen, für ungültig erklären«, ahd. tōden (1000), V., »töten«, as. *dōdian, V., »töten«, germ. *dauþjan, V., »töten«, s. Tod

Totenbeschau, F., »amtliche Untersuchung einer Leiche«, 19. Jh. (Rosegger 1876) Österreich

Totgeburt, F., »Fehlgeburt, Vorgang der Geburt der während der Schwangerschaft oder der Geburt gestorbenen Leibesfrucht, tot geborene Leibesfrucht«, 19. Jh., s. tot, Geburt

Totschlag, M., »Tötung eines Menschen die kein Mord ist«, mhd. tōtslac, M., »Totschlag, Leichnam eines Erschlagenen«, s. tot, Schlag

Tötung, F., »Verursachung des Todes (eines Menschen)«, mhd. tœtunge, F., »Tötung, Totschlag, Abtötung, Ungültigkeitserklärung«, s. töten, ung

Tracht, F., »Tracht«, mhd. trahte, F., »Denken, Betrachtung, Fischzug, aufgetragene Speise«, mhd. traht, F., »Tragen, Last, Denken, aufgetragene Speise«, ahd. traht (12. Jh.), M., »Trachten«, ahd. trahta (863-71), F., »Trachten, Denken, Zugnetz, aufgetragene Speise«, zu tragen, V., »tragen«

trachten, V., »trachten, streben«, mhd. trahten, V., »erwägen, bedenken, beachten, trachten«, ahd. trahten (863-71), V., »betrachten«, ahd. trahtōn (nach 765?), V., »betrachten, trachten, behandeln«, as. trahton, V., »betrachten, behandeln«, germ. *trahten?, V., »trachten«, Lw. lat. tractare, V., »behandeln«

traditio, lat., F., »Übergabe«, zum PPP. traditus von lat. tradere, V., »übergeben, überreichen«, zu lat. trans, Präp., Präf., »über«, lat. dare, V., »geben«

Traditionspapier, N., »Inhaberpapier«, 19. Jh. Österreich, s. traditio, Papier

tragen, V., »tragen«, mhd. tragen, V., »tragen, haben, besitzen, ertragen«, ahd. tragan (765), V., »tragen, ertragen, bringen, empfangen, haben«, as. dragan, V., »tragen«, germ. *dragan, V., »ziehen, schleppen«, idg. *dherāgh-, V., »ziehen, schleifen«?, zu idg. *trāgh-, V., Sb., »ziehen, schleppen, laufen, Nachkommen«?

Traktat, N., M., »Abhandlung«, mhd. tractāt, M., »Abhandlung«, 14. Jh. Lw. lat. tractatus, M., »Abhandlung«, subst. PPP. von lat. tractare, V., »ziehen, schleppen, behandeln, untersuchen«, Intensivum zu lat. trahere, V., »ziehen«

trans, Präf., »trans, über«, Lw. lat. trans, Präp., Präf., »über«

Transfer, M., »Übertragung«, 1. H. 18. Jh. (1733) bzw. 1. H. 20. Jh. (1910) Lw. ne. transfer, N., »Übertragung«, zu lat. transferre, V., »übertragen«, zu lat. trans, Präp., Präf., »über«, lat. ferre, V., »tragen, bringen«

Transformation, F., »Umwandlung«, 1. H. 16. Jh. (Schaidenraisser 1537) Lw. mlat. transformatio, F., »Umwandlung«, zum PPP. transformatus von lat. transformare, V., »umformen«, zu lat. trans, Präp., Präf., »über«, lat. formare, V., »bilden, gestalten«, zu lat. forma, F., »Gestalt, Form«

Transformationsgesetz, N., »staatliches Gesetz durch welches Völker(vertrags)recht in innerstaatliches Recht überführt wird«, 2. H. 20. Jh., s. Transformation, Gesetz

Transplantation, F., »Organverpflanzung«, früheres 16. Jh. (Fuchsberger 1534) Lw. lat. transplantatio, F., »Veränderung, Verlagerung, Versetzung«, zum PPP. transplantatus von lat. transplantare, V., »verpflanzen, versetzen«, zu lat. trans, Präp., Präf., »über«, lat. plantare, V., »pflanzen«, 20. Jh. Lbd. ne. transplantation, N., »Organverpflanzung«

Transport, M., »Beförderung«, A. 17. Jh. (Neumann 1605) Lw. frz. transport, M. bzw. it. trasporto, M., »Übertragung, Übertrag«, zu lat. transportare, V., »überführen, hinübersetzen«, zu lat. trans, Präp., Präf., »über«, lat. portare, V., »tragen, führen«, 2. H. 17. Jh. Bedeutung »Güterbeförderung«

Tratte, F., »gezogener d.h. den Bezogenen zur Zahlung anweisender Wechsel«, 16. Jh. (tratto) Lw. it. tratto, subst. PPP., »Gezogenes«, zu it. trarre, V., »ziehen«, aus lat. trahere, V., »ziehen«

trauen, V., »glauben, vertrauen, trauen«, mhd. trūwen, V., »trauen, hoffen, glauben, sich getrauen, ehelich verloben, antrauen«, ahd. trūēn (9./10. Jh.), trūwēn, V., »trauen, vertrauen, sich verlassen, glauben, hoffen«, as. trūon, V., »vertrauen«, germ. *trūwēn, V., »trauen, vertrauen«, zu idg. *dreu̯o-, Adj., »treu, fest«, zu idg. *deru-, *drū-, Sb., »Baum«

Trauring, M., »Ehering«, 16. Jh., s. trauen, Ring

Trauung, F., »(kirchliche und standesamtliche) Form der Eheschließung«, spätmhd. trūwinge, F., »Vertrauen, Zuversicht«, 14. Jh. (Cranc) Lüs. lat. fiducia, F., »Vertrauen, Zuversicht«, Bedeutung »Trauung« um 1420 in mnd. trūwinge, dann E. 16. Jh. (Schweinichen), s. trauen, ung

Trauzeuge, M., »Zeuge bei der Eheschließung«, E. 18. Jh., s. trauen, Zeuge

Travellerscheck, M., »Anweisung an eine Bank dem Inhaber des Travellerschecks eine bestimmte Geldsumme auszuzahlen«, 20. Jh.?, zu ne. traveller, M., »Reisender«, s. Scheck

treiben, V., »treiben«, mhd. trīben, V., »wenden, treiben«, ahd. trīban (765), V., »treiben, betreiben, bewirken, behandeln, ausführen«, as. drīvan, V., »treiben«, germ. *dreiban, V., »treiben«, idg. *dhreibh-, V., »treiben, stoßen«, zu idg. *dher- (1), Sb., V., »Trübes, Schmutz, trüben«

trennen, V., »trennen«, mhd. trennen, V., »trennen, scheiden«, ahd. trennen (12. Jh.), V., »trennen, auftrennen«, zu germ. *trannjan?, V., »trennen, spalten?«, zu idg. *der- (4), V., »spalten, schinden«

Trennung, F., »Trennen«, 1. H. 16. Jh. »Zwist, Partei, Spaltung«, s. trennen, ung

treten, V., »treten«, mhd. treten, V., »treten, betreten (V.)«, ahd. tretan (A. 9. Jh.), V., »treten, betreten (V.), zertreten, bedrängen, zerstampfen«, westgerm. *tredan, V., »treten«, zu idg. *dreu-, V., »laufen, treten«?, zu idg. *der- (3), V., »laufen, treten«?

treu, Adj., »treu«, spätmhd. triuwe, Adj., »treu«, ahd. *triuwi, Adj., »treu«, as. triuwi, Adj., »treu«, zu Treue

Treu, s. Treue

Treubruch, M., »Bruch der Treue«, 18. Jh. (um 1700), s. treubrüchig

treubrüchig, Adj., »treubrüchig«, spätmhd. triuwibrüchic, Adj., »wortbrüchig, meineidig«, Lüs. mlat. fidefragus, Adj., »treubrüchig«, s. Treue, Bruch

Treubruchstatbestand, M., »Verletzung der einer Person kraft Gesetzes oder behördlichen Auftrags oder Rechtsgeschäfts oder eines Treueverhältnisses obliegenden Pflicht fremde Vermögensinteressen wahrzunehmen«, 20. Jh.?, s. Treubruch, Tatbestand

Treue, F., »innere feste Bindung eines Menschen an eine Person oder eine Idee«, mhd. triuwe, F., »Treue, Zuverlässigkeit, Versprechen«, ahd. triuwa (E. 8. Jh.), F., »Treue, Glaube, Beständigkeit, Beistand, Vertrag, Bündnis«, as. treuwa, F., »Treue«, germ. *trewwō, F., »Treue«, zu idg. *dreu̯o-, Adj., »treu, fest«, zu idg. *deru-, *drū-, Sb., »Baum«

treuga Dei, mlat., F., »Waffenruhe Gottes«, Lw. ahd. treuwa (1037-41), älter mlat. trewa (723), F., »Sicherheitsleistung für Gewaltfreiheit«, s. Treue

Treugeber, M., »wer Treue gewährt«, 20. Jh.?, s. Treue, geben

Treuhand, F., »Rechtsverhältnis bei dem ein Teil (Treuhänder) nach außen mindestens ein Vermögensrecht als eigenes Recht hat dieses aber auf Grund einer schuldrechtlichen Abrede (Treuhandvertrag bzw. Sicherungsvertrag) ganz oder teilweise im Interesse des anderen Teils (Treugeber) ausüben soll«, vgl. getruwe hant

1484 Nürnberg, truwe hant 1520 Freiburg, Schottel 1663 für lat. dextra fidelis, F., »die treue rechte (Hand)«, Schultze 1895, Beyerle 1932, s. Treu, Hand

Treuhänder, M., »Empfänger einer Treue«, mhd. triuwenhander, triuwenhender, M., »Treuhänder, Gewährleister, verpflichteter Vollzieher«, 1283 trewhendere, s. Treue, Hand

Treunehmer, M., »Empfänger einer Treue«, 20. Jh.?, s. Treue, nehmen

Treuepflicht, F., »in Rechtsverhältnissen bestehende Verpflichtung zu einem besonderen die Interessen der anderen Seite berücksichtigenden Verhalten«, 1688, s. Treue, Pflicht

Treu und Glauben, Sb., »Verhaltensmaßstab der das Verhalten eines redlich und anständig denkenden und handelnden Menschen zugrundelegt«, 1346, Lüt. lat. fides et legalitas (1342), »Treue und Rechtmäßigkeit«?, s. Treue, Glauben, 1620 Preußen, 1863 Sachsen

Tribunal, N., »Amtssitz, Gericht«, um 1300 (tribunal, M. »Richterstuhl, erhöhte Gerichtsbühne«,) Lw. mlat. tribunale, M., »Richterstuhl«, 16. Jh. bzw. M. 17. Jh. Lw. frz. tribunal (15. Jh.), M., »Gericht, Gerichtshof«, aus lat. tribunal, N., »Bühne des Tribuns«, aus lat. tribunale suggestum, zu lat. tribunus, M., »Tribun«, zu lat. tribus, M., »(einer der) drei (Stämme), Bezirk, Volk«, zu lat. tres, Num. Kard., »drei«

Tribut, M., »Abgabe, Tribut«, spätmhd. (Kirchberg 1378) (, ahd. tribuz [830], M., »Tribut«), Lw. lat. tributum, N., »Abgabe«, subst. PPP. N. von lat. tribuere, V., »gewähren, verleihen, zugestehen«, zu lat. tribus, M., »(einer der) drei (Stämme), Bezirk, Volk«, zu lat. tres, Num. Kard., »drei«

Trichotomie, F., »Dreiteilung, frühere Gliederung der Straftaten in Verbrechen und Vergehen sowie die jetzt nicht mehr strafbaren Übertretungen«, E. 19. Jh.?, zu gr. trícha, Adv., »dreifach«, gr. tomé, F., »Schneiden«

Tridentinisches Konzil, N., »das zwanzigste allgemeine von 1545 bis 1563 in Trient tagende Konzil der katholischen Kirche das die verbindliche Wirkung der kirchlichen Dogmatik festlegte (7 Sakramente usw.)«, 19. Jh.?, s. Konzil

Trift, F., »Weide (F.) (2)«, mhd. trift, M., F., »Treiben, Trift, Weide (F.) (2)«, ahd. *trift, F., »Treiben«, zu treiben

trinken, V., »trinken, Flüssigkeit zu sich nehmen«, mhd. trinken, V., »trinken«, ahd. trinkan (8. Jh.?), trincan, V., »trinken«, as. drinkan, V., »trinken«, germ. *drenkan, V., »trinken«, zu idg. *dhreĝ-, V., »ziehen, gleiten, streifen«

Trinkgeld, N., »zusätzliche Anerkennungszahlung bei Zahlung«, mhd. trincgeld, N., »Kosten von Getränken, Zechschuld, Geld zum Vertrinken als Belohnung«, s. trinken, Geld

Tripper, M., »Tripper, Harnröhrenkatarrh«, E. 17. Jh., zu md. drippen, trippen, V., »tropfen«

Tritt, M., »Tritt«, mhd. trit, M., »Tritt, Schritt, Fußsohle, Fußspur, Weg«, zu treten

Trödel, M., »Kram«, fnhd. (15. Jh. dredelmarckt bzw. 16. Jh.), Herkunft unklar

Trödelvertrag, M., »(gesetzlich nicht geregelter) Vertrag durch den (gebrauchte) Sachen zum Verkauf überlassen werden mit der Abrede zu einem gewissen Zeitpunkt entweder einen vereinbarten Preis zu zahlen oder die Sachen zurückzugeben«, Allgemeines Landrecht 1794 Preußen, Allgemeines Bürgerliches Gesetzbuch 1811 Österreich(, Mackeldey 1814 Trödelcontract), Held 1841, s. Trödel, Vertrag

Trödler, M., »Kramer, Händler«, E. 15. Jh., s. Trödel

Trottel, M., »Schwachsinniger«, 1. H. 19. Jh. aus Österreich, zu trotten bzw. treten?

Truchsess, M., »Hofverwalter, Truchseß«, mhd. truhtsæze, M., »der die Speisen aufsetzt, Truchseß«, ahd. truhtsāzo (10. Jh.), truhtsezzo (11. Jh.), M., »Truchseß«, lat. beeinflußt?, zu germ. *druhti, *druhtiz, F., »Schar (F.) (1)«, zu germ. *dreugan, V., »Gefolgschaft leisten«, zu idg. *dereugh-, Adj., V., »fest, halten«, zu idg. *dher- (2), V., »halten, festhalten, stützen«, und zu setzen

Trucksystem, N., »Vergütung der Arbeit durch vom Arbeitgeber vertriebene Ware statt durch Geld«, 19. Jh., Lw. ne truck system, N., »Naturallohnsystem«, zu ne. truck (N.) (1), N., »Tausch, Verkehr«, vgl. Gerber 1895

Trug, s. trügen

trügen, V., »trügen, betrügen, irreführen, täuschen«, mhd. triegen, V., »betrügen, trügen«, ahd. triogan (765), V., »trügen, betrügen, täuschen, übervorteilen«, as. driogan, V., »trügen«, germ. *dreugan, V., »trügen, schädigen«?, idg. *dhreugh- (2), V., »trügen, schädigen«, nhd. ü in Parallele zu lügen übernommen

Trunk, M., »Trunk, Handlung des Trinkens, Trunksucht«, mhd. trunc, M., »Trunk«, ahd. trunk (790), trunc, M., »Trunk, Schluck«, germ. *drunki, *drunkiz, M., »Trunk«, zu idg. *dhreĝ-, V., »ziehen, gleiten, streifen«, s. trinken

trunken, Adj., »betrunken«, mhd. trunken, Adj., »betrunken«, ahd. trunkan (830), truncan, Adj., »trunken, betrunken«, as. *drunkan, Adj., »trunken«, germ. *drunkana, *drunkanaz, Adj., »trunken«, PPP. von trinken

Trunkenheit, F., »Trunkenheit, Rausch, Trunksucht«, mhd. trunkenheit, F., »Trunkenheit«, ahd. trunkanheit (10. Jh.), truncanheit, F., »Trunkenheit«, Lüs. lat. ebrietas, F., »Trunkenheit«, s. trunken, heit

Trunkenheit im Straßenverkehr, F., »Führen eines Fahrzeugs im Verkehr durch eine Person die infolge des Genusses alkoholischer Getränke oder anderer berauschender Mittel nicht in der Lage ist das Fahrzeug sicher zu führen«, 20. Jh., s. Trunkenheit, Straßenverkehr

Trunksucht, F., »Hang zum häufigen übermäßigen Genuß geistiger Getränke dem zu widerstehen der Betroffene nicht mehr die Kraft hat«, 1. H. 19. Jh. (1838), s. Trunk, Sucht

Truppe, F., »Truppe«, A. 17. Jh. (Brantzius 1603) Lw. frz. troupe, F., »Schar (F.) (1), Herde, Truppe«, aus galloroman. troppus, M., »Herde«, s. Dorf?

Trust, M., »Konzern«, früheres 19. Jh. (Raumer 1835) Lw. ne. trust, N., »Treuhandgesellschaft«, Kurzform von trust-company, N., »Teruhandgesellschaft«, zu ne. trust, V., »vertrauen«

tüchtig, Adj., »leistungsfähig, tauglich«, mhd. tühtic, tuhtec, Adj., »brauchbar, tüchtig, wacker«, zu mhd. tuht, duht, F., »Andrang, Tüchtigkeit, Kraft, Gewalt«, zu ahd. tugan (1. H. 8. Jh.), Prät.-Präs., »taugen, nützen«, s. taugen

Tücke, F., »Hinterlist«, mhd. tücke, tucke, F., »Handlungsweise, Benehmen, Gewohnheit, Arglist«, E. 13. Jh. aus Pl. von mhd. tuc, duc, M., »Schlag, Stoß, Streich, Gewohnheit, Arglist, Tücke«, Herkunft unklar, lautmalend?

tum, Suff., »tum«, mhd. tuom, Suff., »tum«, ahd. tuom, M., N., »Urteil, Gericht, Recht, Macht, Ruhm, Gerechtigkeit, Herrschaft, Fähigkeit, Tat, Ansehen«, as. dōm, M., »Gericht, Urteil, Macht, Ruhm«, germ. *dōma, *dōmaz, M., »Urteil, Würde, Stand, Ruhm«, zu idg. *dhēmi-, *dhəmi-, Sb., »Aufgestelltes, Satzung«, zu idg. *dhē- (2), V., »setzen, stellen, legen«

tun, V., »tun, machen«, mhd. tuon, V., »tun, machen, schaffen, geben«, ahd. tuon (1. H. 8. Jh.), V., »tun, machen, wirken, schaffen, handeln«, as. dōn, V., »tun, machen«, westgerm. *dōn, V., »setzen, machen, tun«, zu idg. *dhē- (2), V., »setzen, stellen, legen«

Tun, N., »aktives Verhalten«, s. tun

Tür, F., »Tür«, mhd. tür, türe, F., »Tür, Öffnung, Eingang«, ahd. tura (1000), turi (765), F., »Tür, Pforte«, as. duri, F., »Tür«, germ. *dur-, F., »Tür« (ursprünglich meist Dual, dann Plural, dann Singular), idg. *dhu̯er-, *dhur-, Sb., »Tür, Tor (N.)«

türken, V., »vorspiegeln«, um 1900, zu frz. tête de turc, F., »Kopf des Türken« (als Zielscheibe bei überraschenden militärischen Übungen)?

Turnus, M., »Abfolge«, 17. Jh. (1667) Lw. mlat. turnus, M., »Wechsel, Reihenfolge«, aus lat. tornus, M., »Dreheisen«, Lw. gr. tórnos, M., »Dreheisen«, zu gr. teírein, V., »aufreiben«

tutela, lat., F., »Schutz, Vormundschaft«, s. Tutor

Tutor, M., »Beschützer, Vormund, Betreuer«, A. 16. Jh. (1527) Lw. lat. tutor, M., »Vormund, Beschützer«, zum Part. Prät. Akt. tutus von lat. tueri, V., »schützen, Vorsorge tragen«, E. 18. Jh. (Michaelis 1770) Lw. ne. tutor, M., »Studienleiter, Nachhilfelehrer«, seit etwa 1960 »Betreuer von studentischen Arbeitsgruppen«

TÜV, s. Technischer Überwachungsverein

Typ, M., »Type«, F., »bestimmte Kategorie«, (E. 16. Jh. typus bzw.) 18. Jh. Lw. lat. typus, M., »Bild, Muster«, Lw. gr. týpos, M., »Schlag, Stoß, Bild, Muster«, zu gr. týptein, V., »schlagen, hauen«

Typengenehmigung, F., »öffentlichrechtliche Genehmigung eines ganzen Typs von Vorhaben (z.B. Fertighausbau)«, 2. H. 20. Jh.?, s. Typ, Genehmigung

Typenverschmelzungsvertrag, M., »untrennbare Verschmelzung von Elementen verschiedener Vertragstypen in einer von einer Partei geschuldeten Leistung«, 2. H. 20. Jh., s. Typ, Verschmelzung, Vertrag

Typenzwang, M., »Bindung an bestimmte abstrakte Rechtsverhältnisse (Typen) durch zwingende gesetzliche Vorschrift (z.B. im Sachenrecht)«, 20. Jh., s. Typ, Zwang

Typhus, M., »Typhus, eine Krankheit«, Lw. gr. týphos, M., »Rauch, Qualm, Schwindel«, zu gr. týphesthai, V., »dampfen, qualmen, rauchen«

Tyrann, M., »Gewaltherrscher, Tyrann, herrschsüchtiger Mensch«, mhd. tiranne, M., »Tyrann«, M. 14. Jh. (Heinrich von Mügeln um 1350) Lw. lat. tyrannus, M., »Tyrann«, Lw. gr. týrannos, M., »Gewaltherrscher«, Herkunft unklar

U

übel, Adj., »übel, böse, schlecht«, mhd. übel, Adj., »übel, böse, bösartig, böshaft, grimmig, schlecht«, ahd. ubil (765), Adj., »übel, böse, falsch, schlecht, schlimm, sündhaft«, as. uvil, Adj., »übel«, germ. *ubila, *ubilaz, Adj., »übel, schlecht, böse«, idg. *upélos, Adj., »über das Normale hinausgehend, übel«, zu idg. *upo, Adv., Präf., »unten, hinauf, über«?

Übeltäter, M., »Übeltäter, Verbrecher«, mhd. übeltætere, M., »Übeltäter«, 15. Jh. Lüs. lat. malefactor, maleficus, M., »Übeltäter«, s. übel, Täter

üben, V., »üben, ausüben, verrichten«, mhd. üeben, uoben, V., »üben«, ahd. uoben (A. 9. Jh.), V., »üben, pflegen, tun, verrichten, bereiten, ausüben«, as. ōvian, V., »einen Festtag begehen«, germ. ōbjan, V., »tun, wirken, begehen«, idg. *op- (1), V., Sb., »arbeiten, Ertrag, Reichtum«

über, Adv., Präp., »über«, mhd. über, Präp., »über«, ahd. ubar (1. H. 8. Jh.?), Präp., Präf., Adv., »über, oben«, as. ovar, Präp., Adv., »über«, germ. *uber, *uberi, Präp., Adv., »über«, idg. *uper, *uperi, Adv., Präp., »über, oberhalb«, zu idg. *upo, Adv., Präf., »unten, hinauf, über«

überantworten, V., »übergeben«, zu über, Antwort

Überbau, M., »Errichtung eines Gebäudes über die Grenze eines Grundstücks«, mhd. überbū, M., »Überbau, Pflügen über die Grenze«, 13. Jh., s. über, Bau, vgl. »Gesamtheit von Ideen« (Marx M. 19. Jh.)

übereignen, V., »das Eigentum übertragen«, 16. Jh., Lüt. lat. proprietatem transferre, V., »Eigentum übertragen«, s. über, eignen

Übereignung, F., »Übertragung des Eigentums an einer Sache«, Schottel 1663, s. übereignen, ung

übereinkommen, V., »zusammenfallen, eins werden«, 15. Jh. Lüt. lat. convenire, V., »eintreffen, zusammenkommen«, s. über, ein, kommen

Übereinkommen, N., »Zusammenfall, Vertrag«, 16. Jh., s. übereinkommen

Überfall, M., »(im Sachenrecht) die von einem Baum oder Strauch auf ein Nachbargrundstück hinüberfallende Frucht, (im Strafrecht) ein Angriff der das Opfer unversehens trifft«, 15. Jh., s. über, Fall

überführen, V., »überführen, vorbeileiten, hinüberführen, betrügen«, mhd. übervüeren, V., »überführen, anführen, betrügen«, ahd. ubarfuoren (E. 8. Jh.), V., »überführen, hinübertragen«, Lüs. lat. transvehere, V., »hinüberführen«?, s. über, führen, eines Verbrechens überführen Chemnitz 1648

Übergabe, F., »Hingabe, Verschaffung des unmittelbaren Besitzes an einer Sache durch Übertragung der tatsächlichen Herrschaftsgewalt«, E. 15. Jh. (Maaler 1561), Lüs. lat. traditio, F., »Übergabe«

Übergang, M., »Fortschreiten oder Hinüberwechseln insbesondere von einem bisher betroffenen Rechtssubjekt auf ein anderes Rechtssubjekt«, mhd. überganc, M., »Übergang, Übertretung«, ahd. ubargang, M., »Untergang, Verderben, Abschweifung«, Lüt. lat. excessus, M., »Herausgehen«?, s. über, Gang

übergesetzlich, Adj., »über dem Gesetz stehend«, Jacobi vor 1819, s. über, gesetzlich

übergesetzlicher Notstand, M., »über ein Gesetz reichender Notstand«, 20. Jh.?, s. Notstand, übergesetzlich

Überhang, M., »vom Nachbargrundstück eingedrungene Wurzel bzw. herüberragender Zweig«, mhd. überhanc, M., »Überhang, Umhang, Überhang von Obstbäumen, Übergewicht, Oberhand«, s. über, Hang

Überhangmandat, N., »Abgeordnetenmandat das entsteht wenn die Zahl der Direktmandate die Zahl der einer Partei nach dem Verhältniswahlrecht zustehenden Mandate überschreitet«, 2. H. 20. Jh., s. Überhang, Mandat

überholen, V., »überholen«, mhd. überholn, V., »herüberholen«, 19. Jh. (um 1870) Lbd. ne. overhaul, V., »nachbessern«, s. über, holen

überholend, Adj., »überholend, schneller ablaufend«, s. überholen

überholende Kausalität, F., »schneller ablaufende Kausalität«, 20. Jh., s. Kausalität, überholend

Überlasser, M., »Arbeitnehmerüberlasser«, Grimm DW (Hilpert) bzw. 2. H. 20. Jh. Österreich, s. über, lassen

überleiten, V., »hinüberleiten«, 15. Jh. Lüs. lat. traducere, V., »hinüberführen«, s. über, leiten

Überleitung, F., »Überleitung«, 19. Jh., s. überleiten, ung

Überleitungsvertrag, M., »am 26. 5. 1952 zwischen den Vereinigten Staaten von Amerika und Großbritannien und Frankreich und der Bundesrepublik Deutschland geschlossener Vertrag zur Regelung aus Krieg und Besatzung entstandener Fragen welcher in Ausführung des Deutschlandvertrages Fortbestand und Aufhebung des Besatzungsrechtes festlegte«, s. Überleitung, Vertrag

Übermaß, N., »Übermaß«, mhd. übermāz, N., »Übermaß, Überfluß«, s. über, Maß

Übermaßverbot, N., »Verbot eine Maßnahme (z.B. Strafe) im Verhältnis zu einem Umstand (z.B Schwere der Tat und Verschulden des Täters) zu hoch anzusetzen«, 2. H. 20. Jh., s. Übermaß, Verbot

Übernahme, F., »freiwilliges Erlangen einer Rechtsposition«, 1330 Hessen, s. über, Nahme, vgl. mhd. übernāme, F., »Nehmen über Gebühr oder Verdienst«

überschießen, V., »überschießen«, mhd. überschiezen, V., »hinwegschießen, über«, s. über, schießen

überschießend, Adj., »überschießend«, s. überschießen

überschießende Innentendenz, F., »weiterreichende Innentendenz«, 20. Jh., s. Innentendenz, überschießend

überschreiten, V., »überschreiten, übertreten«, mhd. überschrīten, V., »schreiten über, überschreiten«, ahd. ubarskrītan (11. Jh.), ubarscrītan, V., »überschreiten, sich entfernen, hinüberschreiten«, Lüs. mlat. transpassare, V., »überschreiten«?, s. über, schreiten

Überschreitung, F., »Übertretung, Überschreitung«, Stieler 1691, Lüs. lat. transgressio, F., »Hinübergehen, Überschreitung«, s. überschreiten, ung

Überschuldung, F., »Überwiegen der Schulden über die aktiven Werte des Vermögens«, E. 19. Jh., s. über, Schuld

Überschuß, M., »Überschuß«, mhd. überschuz, M., »das über etwas Hinausragende, Überschuß«, s. über, Schuß, schießen

Überstunde, F., »über die betriebliche regelmäßige Arbeitszeit hinaus geleistete Arbeitsstunde«, E. 19. Jh., s. über, Stunde

übertragen, V., »übertragen«, mhd. übertragen, V., »an eine andere Stelle tragen, versetzen, beladen, belasten, übertreffen, unterlassen«, Lüs. lat. transferre, V., »hinübertragen«, s. über, tragen

übertragener Wirkungskreis, M., »übergebenes Aufgabengebiet«, 20. Jh.?, s. Wirkungskreis, übertragen

Übertragung, F., »gewillkürter Übergang einer Rechtsposition von einer Person auf eine andere«, »Überhebung«, 15. Jh. Lüt. lat. elatio, F., »Überhebung«, 17. Jh. »Erduldung«, 19. Jh. »Übertragung«, Lbd. lat. translatio, F., »Übertragung«?, s. übertragen, ung

übertreten, V., »übertreten«, mhd. übertreten, V., »treten auf (bis 17. Jh.), überwinden, übertreten, sich vergehen«, Lüs. lat. transgredi, V., »überschreiten«?, s. über, treten

Übertretung, F., »(bis zu einem Gesetz vom 2. 3. 1974) einfachste Form einer Straftat«, mhd. übertretunge, F., »Übertretung, Vergehen«, Lüs. lat. transgressio, F., »Hinübergehen, Übertretung«, s. übertreten, ung, 19. Jh. Lbd. frz. contravention, F., »Übertretung« (1810), Bedeutungseinengung 2. H. 19. Jh., sachlich seit 18. Jh.

überwachen, V., »überwachen (19. Jh.)«, vgl. mhd. überwachen, V., »zu wenig schlafen« (16. Jh.), s. über, wachen

Überwachung, F., »Aufsicht«, 19. Jh., s. überwachen, ung

Überwachungsverein, Technischer (TÜV), s. Technischer Überwachungsverein

überweisen, V., »überzeugen, überführen, beweisen, anweisen, zuteilen«, 15. Jh., s. über, weisen

Überweisung, F., »(im Rahmen eines Geschäftsbesorgungsvertrages) Auftrag zur Belastung des Kontos des Überweisenden und zur Gutschrift auf dem Konto des Empfängers, (im Zivilverfahrensrecht) Übertragung der Verfügungsbefugnis (Einziehungsbefugnis)«, »Beweisführung (Luther 1. H. 16. Jh.)«, »Anweisung, Zuweisung (Frischlin 1586)«, s. überweisen, ung

Überweisungsbeschluß, M., »gerichtlicher Beschluß welcher dem Gläubiger das mit dem Pfändungsbeschluß gepfändete Recht überweist«, 20. Jh.?, s. Überweisung, Beschluß

überzeugen, V., »überzeugen«, mhd. (13. Jh.) überziugen, V., »Zeugnis ablegen gegen einen, mit Zeugen überführen«, s. über, zeugen, Zeuge

Überzeugung, F., »durch Überlegung erlangte Gewißheit«, 16. Jh. (Nas 1567/9), s. überzeugen, ung

Überzeugungstäter, M., »Täter welcher sich auf Grund seiner sittlichen oder religiösen oder politischen Überzeugung zum Verstoß gegen eine gültige Strafbestimmung verpflichtet bzw. berechtigt glaubt«, 2. H. 20. Jh.?, s. Überzeugung, Täter

überziehen, V., »überziehen«, mhd. überziehen, V., »überziehen, gewinnen«, ahd. ubarziohan (vor 1165), V., »vorziehen«, s. über, ziehen

Überziehung, F., »Hinüberziehung« 16. Jh. (Calepinus 1598) Lüt. lat. obductio, F., »Überziehen, Bedecken«, s. überziehen, ung

Überziehungskredit, M., »grundsätzlich nur auf Grund einer Vereinbarung im Rahmen eines Girovertrages zulässiger Kredit welcher dadurch entsteht daß der Kunde sein Konto negativ belastet (überzieht)«, 2. H. 20. Jh., s. Überziehung, Kredit

üble Nachrede, F., »böswillige Nachrede«, 19. Jh.?, s. Nachrede, übel

Übung, F., »häufig durchgeführtes Verhalten (Brauch bzw. Gewohnheit bzw. Sitte bzw. Verkehrssitte), Lehrveranstaltung in der die juristische Arbeitstechnik an Hand von Fällen geübt wird (E. 18. Jh.)«, mhd. üebunge, F., »Landbau, Sorgfalt, Eifer, Mühe, Ausübung, Handlung«, ahd. uobunga (2. H. 8. Jh.), F., »Prüfung, Kult, Pflege«, Lüs. lat. cultura, F., »Pflege«?, 15. Jh. »Üben«, s. üben, ung

UdSSR, s. Sowjetunion

Ufer, N., »Ufer«, spätmhd. uover, N., »Ufer«, zu westgerm. *ōvera, *ōveram, N., »Ufer«, »Dahinterliegendes«?

Uhr, F., »Uhr, Zeitmesser (, Stunde)«, mhd. (14. Jh.) ūr, ūre, F., »Stunde«, Lw. mnd. ūre, ūr, F., »Stunde«, Lw. afrz. hore, ore, F., »Stunde«, aus lat. hora, F., »Stunde«, Lw. gr. hóra, F., »Zeit, Stunde«

Ukas, M., »kaiserlicher Befehl«, 18. Jh. Lw. russ. ukáz, Sb., »Befehl, Gesetz«, zu russ. u-kazáti, V., »verordnen«, zu russ. kazáti, V., »zeigen«

Ultimatum, N., »Zuendegegangenes, Erklärung einer Anforderung unter Androhung von Folgen für den Fall der Nichterfüllung«, frühes 18. Jh. (Sperander 1728) zu lat. ultimus, Adj. Superl., »letzte«, zu lat. ultra, Adv., »jenseits«, zu lat. ulter, Adj., »jenseitig«

ultra posse nemo obligatur, lat., »zu Unmöglichem ist niemand verpflichtet«

ultra-vires-Lehre, F., »(im angloamerikanischen Rechtskreis) geltende Lehre wonach die Rechte einer juristischen Person auf ihren Aufgabenkreis beschränkt sind«, 2. H. 20. Jh.?, zu lat. ultra, Adj., »jenseits«, lat. vis, F., »Kraft«, s. Lehre

um, Adv., Präp., Präf., »um«, mhd. umbe, Adv., Präp., Präf., »um«, ahd. umbi (1. H. 8. Jh.), Adv., Präp., Präf., »um, an, bei«, as. um, umbi, Adv., Präp., Präf., »um«, germ. *umbi, Adv., Präp., »um«, zu idg. *ambhi, *m̥bhi, Präp., »um herum, beiderseits«?

umbringen, V., »an einen anderen Ort bringen, zurückbringen, ums Leben bringen«, mhd. umbebringen, V., »umherführen, abwenden, verwehren, ums Leben bringen«, ahd. umbibringan (A. 9. Jh.), V., »umherführen«, Lüs. lat. circumferre, V., »umherführen«, s. um, bringen

umdeuten, V., »anders deuten«, 19. Jh., s. um, deuten

Umdeutung, F., »Konversion, Ersetzung eines gewollten aber nichtigen Rechtsgeschäfts durch ein anderes nicht gewolltes aber in seinen Voraussetzungen gegebenes Rechtsgeschäft«, 19. Jh., s. umdeuten, ung

umgehen, V., »umgehen, herumgehen«, mhd. umbegān, V., »umgehen, gehen um«, ahd. umbigān (nach 765?), V., »umhergehen, umlaufen«, s. um, gehen

umgehend, V., »postwendend«, 19. Jh. aus mit umgehender Post (18. Jh.), s. um, gehen

Umgehung, F., »Herumgehen« Liechtenberger 15. Jh., s. umgehen, ung

Umgehungsgeschäft, N., »Geschäft durch welches die Beteiligten einen Zweck erreichen wollen den sie wegen des Verbotes oder der Folgen eines anderen Geschäftes mit diesem nicht oder nicht in dieser Weise erreichen können«, 19. Jh., s. Umgehung, Geschäft

Umkehr, F., »Umkehr«, mhd. umbekēre, F., »Umkehr, Umkehrung, Wechsel«, vgl. ahd. umbikēr, M., »Umkehr«, s. um, Kehr

Umkehrschluß, M., »Schluß von der Verschiedenheit der Voraussetzungen auf die Verschiedenheit der Folgen«, 20. Jh.?, Lsch. lat. argumentum e contrario, N., »Argument aus dem Gegenteil«?, s. Umkehr, Schluß

Umlage, F., »besondere Form einer Einnahme (mit steuerähnlichem Charakter)«, mhd. umbelāge, F., »was sich herumlegt, Belagerung«, s. um, Lage, »Abgabe« 18. Jh. (Aler 1727)

Umlauf, M., »Umlauf«, mhd. umbelouf, M., »Laufen im Kreis«, vgl. ahd. umbilouft (nach 765?), »Umlauf«, s. um, Lauf

Umlaufverfahren, N., »diejenige Art der Benachrichtigung oder Entscheidungsbildung bei welcher die Beteiligten einzeln zeitlich nacheinander erfaßt werden«, 20. Jh.?, s. Umlauf, Verfahren

Umlaufvermögen, N., »Vermögen des Unternehmens welches zur Veräußerung oder Verbrauch oder Abwicklung bestimmt ist (z.B. Bargeld)«, 20. Jh.?, s. Umlauf, Vermögen

Umlegung, F., »Umordnung von Grundstücken zur zweckmäßigen baulichen oder sonstigen Nutzung«, 2. H. 20. Jh.?, »Belagerung« 15. Jh.?, »Herumlegen« 16. Jh., »Verteilung« 19. Jh., s. um, legen, ung

Umsatz, M., »Wert, Menge der Waren die in einem bestimmten Zeitraum veräußert werden, (im Steuerrecht) Lieferung und sonstige Leistung die ein Unternehmer im Inland gegen Entgelt im Rahmen seines Unternehmens ausführt bzw. Eigenverbrauch im Inland und Einfuhr von Gegenständen in das inländische Zollgebiet«, »Veränderung«, »Umtausch, Verkehr mit Waren« 18. Jh., s. mnd. ummesad

Umsatzsteuer, F., »Steuer vom zu versteuernden und steuerpflichtigen Umsatz«, E. 19. Jh.?, s. Umsatz, Steuer

umsonst, Adv., »unentgeltlich, vergeblich«, aus mhd. umbe sus, »um so, um nichts«, s. um, sonst

Umstand, M., »Umstand«, mhd. umbestant, M., »Herumstehen, herumstehende Leute (Herzog Ernst), Sachverhalt, Umstand«, z.T. Lbd. lat. circumstantia, F., »Umstand«, s. um, Stand

Umwandlung, F., »Umgestaltung (19. Jh.)«, »Veränderung eines Unternehmens in ein anderes Unternehmen (oder eine andere Rechtsform) unter Ausschluß der Abwicklung (Universalsukzession)«, s. um, Wandlung

Umwelt, F., »Lebensbereich eines Menschen, Gesamtheit der die natürlichen Lebensbedingungen der Menschen bildenden Gegenstände«, »den Menschen umgebende Welt« A. 19. Jh. (Baggesen 1800 bzw. Campe 1811), s. um, Welt

Umwelthaftungsgesetz, N., »seit 1. 1. 1991 geltendes Gesetz das - als Gefährdungshaftung - Inhaber von bestimmten Anlagen zum Ersatz für aus Umwelteinwirkungen entstehende Schäden verpflichtet«, s. Umwelt, Haftung, Gesetz

Umweltkriminalität, F., »Gesamtheit der Straftaten gegen die Umwelt«, um 1980, s. Umwelt, Kriminalität

Umweltschutz, M., »Schutz der Umwelt«, um 1970, s. Umwelt, Schutz

Umweltverträglichkeitsprüfung, F., »Prüfung der Auswirkungen von Vorhaben (z.B. Bau von Fabriken) auf die gesamte Umwelt«, um 1990, s. Umwelt, Vertrag, lich, heit, Prüfung

Umweltzeichen, N., »die Umwelt betreffendes Zeichen«, um 1990, s. Umwelt, Zeichen

un, Präf., »un«, mhd. un, Präf., »un«, ahd. un, Präf., »un«, as. un, Präf., »un«, germ.

*un, Präf., »un«, zu idg. *ņ, Schwundstufe von idg. *ne, Partik., »nicht«

Unabdingbarkeit, F., »Unmöglichkeit der Abdingung«, 19. Jh.?, s. un, abdingbar, heit

Unabhängigkeit, F., »Fehlen einer Bindung«, Lüs. mlat. independentia, F., »Unabhängigkeit«, 2. H. 18. Jh. (Kramer-Moerbeek 1768), zu unabhängig (2. H. 18. Jh.), zu un, abhängig (um 1750 übertragen gebraucht, 1480 erstmals belegt), zu Abhang, ig, s. ab, Hang, vgl. Weiske 1839ff.

unabwendbar, Adj., »nicht abzuwenden«, Campe 1807ff., s. un, ab, wenden, bar

unabwendbares Ereignis, N., »nicht abwendbares Ereignis«, 20. Jh.?, s. Ereignis, unabwendbar

unbefugt, Adj., »unerlaubt, rechtswidrig«, fnhd., s. un, be, fügen

unbenommen, Adj., »unbenommen«, mhd. unbenomen, Adj., »ungehindert«, s. un, be, nehmen

unbescholten, Adj., »unbescholten«, mhd. unbescholten, Adj., »unbescholten« (12. Jh.), s. un, be, schelten

unbestimmt, Adj., »nicht bestimmt«, 15. Jh. (1497), 17. Jh., s. un, be, stimmen

unbestimmter Rechtsbegriff, M., »nicht eindeutig bestimmter Rechtsbegriff«, 20. Jh., s. Rechtsbegriff, unbestimmt

unbeweglich, Adj., »nicht beweglich«, mhd. unbewegelich, Adj., »unbeweglich«, 12. Jh. Lüs. lat. immobilis, Adj., »unbeweglich«, s. un, beweglich

unbewegliche Sache, F., »nicht bewegliche Sache«, s. Sache, unbeweglich, vgl. Weiske 1839ff.

unbewußt, Adj., »nicht bewußt«, 15. Jh., s. un, bewußt

unbewußte Fahrlässigkeit, F., »nicht bewußte Fahrlässigkeit«, 19. Jh.?, s. Fahrlässigkeit, unbewußt

Unbilden, N. Pl., »Unbilden, Unanehmlichkeit«, mhd. unbilde, N., »Frevel, Unrecht, Unbill«, ahd. unbilidi (11. Jh.), N., »Unförmigkeit, Unrecht«, s. un, Bild, vgl. unbil, ahd. idi-Suffix

Unbill, F., »Unrecht«, 16. Jh. (Schweiz), aus mhd. unbil, Adj., »unrecht«, zu Bild?, urspr. N.

unbillig, Adj., »unbillig«, mhd. unbillich, Adj., »unrecht, unschicklich, ungerecht, unnatürlich«, s. un, billig, Unbill

unbotmäßig, Adj., »ungehorsam«, 19. Jh., zu spätmhd. botmæzec, Adj., »verpflichtet«, zu un, bieten, Gebot, mäßig

Unbotmäßigkeit, F., »Ungehorsam«, 19. Jh., s. unbotmäßig, heit

Unding, N., »Unding«, mhd. undinc, N., »schlechte Sache, Unrecht, Verderben«, s. un, Ding

unecht, Adj., »nicht echt«, s. mhd. unēhaft, Adj., »unehelich«, s. un, echt

unechte Gesamtschuld, 20. Jh.?, s. Gesamtschuld, unecht, vgl. Weiske 1839ff.

unechte Rückwirkung, 20. Jh.?, s. Rückwirkung, unecht

unechte Urkunde, 19. Jh.?, s. Urkunde, unecht

unechtes Sonderdelikt, 20. Jh.?, s. Sonderdelikt, unecht

unechtes Unterlassungsdelikt, 20. Jh.?, s. Unterlassungsdelikt, unecht

unehelich, Adj., »nichtehelich«, mnd. unēlich, Adj., »rechtlos«, Sachsenspiegel um 1225, Lüs. lat. illegitimus, Adj., »ungesetzlich«, s. un, ehelich, nichtehelich

uneigentlich, Adj., »nicht eigentlich«, mhd. uneigenlīche, Adv., »nicht eigentlich«, s. un, eigen, lich

uneigentlicher Werklieferungsvertrag, 19. Jh.?, s. Werklieferungsvertrag, uneigentlich

unentgeltlich, Adj., »ohne Entgelt«, E. 15. Jh. (1499), s. un, Entgelt, lich

Unentgeltlichkeit, F., »Fehlen einer Gegenleistung«, Campe 1807ff., s. unentgeltlich, heit

unerlaubt, Adj., »nicht erlaubt«, mhd. unerloubet, Adj., »nicht erlaubt«, Herzog Ernst, s. un, erlauben

unerlaubte Handlung, F., »nicht erlaubte Handlung«, Lüs. mlat. acta illicita, N. Pl., »unerlaubte Handlungen«, Lsch. lat. delictum, N., »Gefehltes«?, Allgemeines Landrecht 1794 Preußen, s. Handlung, unerlaubt, vgl. Weiske 1839ff.

Unerlaubtes Entfernen vom Unfallort, N., »Entfernen vom Unfallort trotz Wartepflicht«, 2. H. 20. Jh., älter (19. Jh.) unerlaubtes Entfernen

Unfähigkeit, F., »Fehlen der Fähigkeit«, Dannhauer 1642ff., Lüs. mlat. incapacitas, F., »Unfähigkeit«, s. un, Fähigkeit

UNESCO (United Nations Educational, Scientific and Cultural Organization, 1945, Sitz in Paris)

Unfall, M., »plötzliches zeitlich (auf höchstens etwa die Dauer einer Arbeitsschicht) begrenztes (äußeres) Ereignis durch das die nicht ganz unerhebliche Verletzung eines Menschen verursacht wird (z.B. Explosion)«, mhd. unval, M., »Unfall, Unglück«, 15. Jh., s. un, Fall, fallen

Unfallbeteiligter, M., »jeder dessen Verhalten nach den Umständen zur Verursachung des Unfalls beigetragen haben kann«, 20. Jh., s. Unfall, Beteiligter

Unfallhaftpflichtrecht, N., »Gesamtheit der die Haftpflicht bei einem Unfall betreffenden Rechtsregeln«, 2. H. 20. Jh., s. Unfall, Haftpflicht, Recht

Unfallverhütung, F., »vorbeugende Vorsorge gegen Unfälle«, Manes 1909, s. Unfall, Verhütung

Unfallversicherung, F., »Versicherung einer Person gegen die wirtschaftlichen Folgen von Unfällen«, um 1880, s. Unfall, Versicherung

unfrei, Adj., »nicht frei«, mhd. unvrī, Adj., »unfrei«, ahd. unvrī (1000), Adj., »unfrei«, Lüs. lat. non liber, Adj., »nicht frei«?, s. un, frei

Unfug, M., »Unfug«, mhd. unvuoc, M., »Unanständigkeit, Unziemlichkeit, Roheit, Schande, Frevel«, s. un, Fug, fügen

Unfug, grober, M., »eine Übertretung«, 19. Jh.?, s. Unfug, grob

ung, Suff., »ung«, mhd. unge, Suff., »ung«, ahd. unga, ungi, Suff., »ung«, zu idg. k bei n-Stämmen (denominal)

ungefähr, Adv., Adj., »annähernd (richtig)«, zu mhd. āne gevære (14. Jh.), Adv., »ohne Hinterlist«, s. un, Gefahr

Ungefährwerk, N., »absichtslos schädigende Handlung«, Brunner E. 19. Jh., s. ungefähr, un, Gefahr, Werk,

Ungeld, N., »eine Abgabe«, mhd. ungelt, N., M., »Abgabe von Einfuhr und Verkauf von Lebensmittel (welche eigentlich nicht sein sollte)«, 12. Jh., s. un, Geld

ungerechtfertigt, Adj., »ohne Rechtfertigung«, 19. Jh.?, s. un, rechtfertigen

ungerechtfertigte Bereicherung, F., »ohne Rechtfertigungsgrund erfolgte Vermögensvermehrung«, 19. Jh.?, s. Bereicherung, ungerechtfertigt

ungleichartig, Adj., »nicht gleichartig«, Weigel 1687, s. un, gleichartig

ungleichartige Idealkonkurrenz, F., »nicht gleichartige Tateinheit«, 19. Jh.?, s. Tateinheit, ungleichartig

ungleichartige Realkonkurrenz, F., »nicht gleichartige Tatmehrheit«, 19. Jh.?, s. Tatmehrheit, ungleichartig

Unglück, N., »Unglück«, mhd. ungelücke, unglücke, N., »Unglück«, s. un, Glück

Unglücksfall, M., »plötzliches äußeres Ereignis das eine erhebliche Gefahr für Personen oder Sachen bringt oder zu bringen droht«, s. Unglück, Fall, vgl. Weiske 1839ff.

uni, Präf., »uni, ein, allein«, Lw. lat. unus, Num. Kard., »ein«

Uniform, F., »Uniform, Einheitskleidung«, 1. H. 18. Jh. (Fäsch 1735) Lw. frz. uniforme, Sb., »Uniform«, zu frz. uniforme, Adj., »einförmig, einheitlich«, aus lat. uniformis, Adj., »einheitlich, einförmig«, zu lat. unus, Num. Kard., »ein«, lat. forma, F., »Gestalt, Form«

Union, F., »Einheit, Verbindung, Union«, frühes 16. Jh. (1522) bzw. 17. Jh. Lw. kirchenlat. unio, F., »Einheit«, zu lat. unus, Num. Kard., »ein«

universal, Adj., »allumfassend«, frühes 16. Jh. (1521 universalem) bzw. 17. Jh. Lw. lat. universalis, Adj., »allumfassend«, zu lat. universus, Adj., »ganz, sämtlich«, zu lat. unus, Num. Kard., »ein«, lat. versus, PPP. von lat. vertere, V., »wenden, drehen, kehren (V.) (1)«

Universalerbe, M., »Alleinerbe«, Maister 1750 (Universalerbin), s. universal, Erbe

Universalität, F., »Allseitigkeit, Allzuständigkeit des Wirkungskreises, umfassende sachliche Zuständigkeit (einer Gemeinde) (A. 19. Jh.)«, E. 17. Jh. (Seckendorff 1691) Lw. lat. universalitas, F., »Gesamtheit«, s. universal, tät

Universalrechtsgut, N., »Rechtsgut der Allgemeinheit (z.B. Bestand des Staates)«, 20. Jh.?, s. universal, Rechtsgut

Universalsukzession, F., »Gesamtrechtsnachfolge«, Lw. mlat. successio universalis, F., »Gesamtrechtsnachfolge«, lat. successio per universitatem, s. universal, Sukzession, vgl. Weiske 1839ff.

Universität, F., »wissenschaftliche Hochschule welche die gesamte Breite der Geisteswissenschaften und Naturwissenschaften in Forschung und Lehre umfaßt, andere Hochschule«, spätmhd. universitet, F., »Gemeinschaft von Lehrenden und Lernenden

(1365), Lehreinrichtung (2. H. 14. Jh.)«, Lw. lat. universitas, F., »Gesamtheit, Gemeinschaft von Lehrern und Schülern (mlat.)«, zu lat. universus, Adj., »ganz, sämtlich«, zu lat. unus, Num. Kard. »ein«, lat. versus, PPP. von lat. vertere, V., »wenden, drehen, kehren (V.) (1)«

Unkosten, F. Pl., »Unkosten, unvorteilhafte Kosten«, 14. Jh. im Norden, s. un, Kosten

unlauter, Adj., »nicht lauter«, mhd. unlûter, Adj., »nicht rein«, ahd. unlūttar (1000), Adj., »unrein, unlauter, glanzlos, verdorben«, Lüs. lat. insincerus, Adj., »unrein«?, s. un, lauter

unlauterer Wettbewerb, M., »gegen die Redlichkeit verstoßender Wettbewerb«, E. 19. Jh.?, s. Wettbewerb, unlauter

unmittelbar, Adj., »ohne Vermittlung«, 17. Jh. Lüt. lat. immediatus, Adj., »unvermittelt«, Lüs. gr. ámesos, Adj., »unvermittelt«, s. un, mittelbar

unmittelbare Stellvertretung, F., »ohne weitere Vermittlung bestehende Stellvertretung«, s. Stellvertretung, unmittelbar, vgl. Weiske 1839ff.

unmittelbare Wahl, F., »ohne weitere Vermittlung erfolgende Wahl«, 19. Jh.?, s. Wahl unmittelbar

unmittelbarer Besitz, M., »ohne weitere Vermittlung ausgeübter Besitz«, 19. Jh.?, s. Besitz, unmittelbar

unmittelbarer Schaden, M., »am verletzten Gut eingetretener Schaden«, 20. Jh.?, s. Schaden, unmittelbar

unmittelbarer Zwang, M., »direkter Zwang«, 19. Jh.?, s. Zwang, unmittelbar

Unmittelbarkeit, F., »Verbindung zwischen zwei Momenten ohne ein drittes vermittelndes Glied (z.B. Handlung - Erfolg)«, Schottel 1663, Lüs. mlat. immedietas, F., »Unmittelbarkeit«, s. unmittelbar, heit

Unmöglichkeit, F., »Unbewirkbarkeit der Leistung«, mhd. unmügelichheit, F., »Unmöglichkeit«, Lüs. lat. impossibilitas, F., »Unmöglichkeit«, s. un, möglich, heit

unmündig, Adj., »nicht mündig«, mhd. unmündic, Adj., »unmündig«, s. un, mündig

Unmündigkeit, F., »Unmündigkeit«, 1550, s. unmündig, heit

umpfändbar, Adj., »unpfändbar«, mhd. unphantbære, Adj., »nicht verpfändbar, nichts zu verpfänden habend«, s. un, pfändbar

Unpfändbarkeit, F., »gesetzlicher Ausschluß der Pfändung bestimmter Gegenstände«, E. 19. Jh.?, s. unpfändbar, heit

UNO (United Nations Organization), s. Vereinte Nationen, 1945 Lw. ne. United Nations Organization, N., »Organisation der Vereinten Nationen«

Unrecht, N., »Widerspruch zur Rechtsordnung«, mhd. unrecht, N., »Unrecht, Ungerechtigkeit, Ungebühr, Geldbuße«, ahd. unreht (765), N., »Unrecht, Sünde, Missetat, Böses, Bosheit, Ungerechtigkeit«, as. unreht, N., »Unrecht«, Lüt. lat. iniuria, F., »Unrecht«?, s. un, Recht

Unrechtsbewußtsein, N., »Rechtswidrigkeitsbewußtsein, Einsicht des Handelnden daß sein Verhalten rechtlich verboten ist«, 2. H. 20. Jh.?, s. Unrecht, Bewußtsein

Unrechtselement, N., »Unrechtselement«, 2. H. 20. Jh.?, s. Unrecht, Element

Unrechtselement, subjektives, N., »im subjektiven Bereich bestehendes Unrechtselement«, 2. H. 20. Jh.?, s. Tatbestand, subjektiv

unregelmäßig, Adj., »nicht regelmäßig«, 18. Jh. (Kramer 1702) Lüs. lat. irregularis, Adj., »unregelmäßig«, s. un, Regel, mäßig

unregelmäßige Verwahrung, F., »vom Üblichen abweichende Verwahrung (bei welcher der Verwahrer Eigentümer wird)«, 19. Jh.? Lüs. nlat. depositum irregulare, N., »unregelmäßige Verwahrung«, s. Verwahrung, unregelmäßig

unrichtig, Adj., »unrichtig«, mhd. unrihtic, Adj., »unrichtig, mißgestaltet«, ahd. unrihtīg (1000), Adj., »unrichtig, ungeregelt, regellos«, Lüs. mlat. indirectus, Adj., »ungerichtet«?, s. un, richtig

Unrichtigkeit, F., »Falschheit eines Umstandes, Abweichung vom Richtigen (z.B. statt A ist B als Eigentümer im Grundbuch eingetragen)«, mhd. unrihticheit, F., »Unrichtigkeit«, s. unrichtig, heit

Unschuld, F., »Unschuld«, mhd. unschult, F., »Unschuld, Schuldlosigkeit«, ahd. unskuld (nach 765?), unsculd, F., »Unschuld, Schuldlosigkeit«, Lüt. lat. innocentia, F., »Unschädlichkeit, Unschuld«, s. un, Schuld

Unschuldsvermutung, F., »bis zum Nachweis der Schuld bestehende Vermutung der Unschuld eines einer Straftat Verdächtigen«, 2. H. 20. Jh., s. Unschuld, Vermutung

Untat, F., »Untat, Schandtat«, mhd. untāt, F., »Missetat, Unrecht, Verbrechen, Irrtum, Schmach«, ahd. untāt (9. Jh.), F., »Untat, Übel, Sünde, Unrecht, Übeltat«, s. un, Tat

untätig, Adj., »untätig (16. Jh. bzw. 18. Jh.), schlecht (bis 16. Jh.)«, vgl. mhd. untætic, Adj., »eine Untat begehend, verbrecherisch«, Lbd. lat. inactuosus, Adj., »untätig?«, s. un, tätig

Untätigkeit, F., »Schlechtigkeit (16. Jh.), Untätigkeit (18. Jh. [Kinderling 1795])«, s. untätig, heit

Untätigkeitsklage, F., »gegen die Untätigkeit einer Behörde gerichtete Klage«, 2. H. 20. Jh., s. Untätigkeit, Klage

untauglich, Adj., »nicht tauglich«, mhd. untugelich, Adj., »untauglich, unbrauchbar, ungültig«, s. un, tauglich

untauglicher Versuch, M., »zur Herbeiführung des angestrebten Erfolges nicht geeigneter Versuch«, s. Versuch, untauglich, vgl. Weiske 1839ff.

unter, Präp., Präf., »unter (, zwischen)«, mhd. under, Präp., Präf., »unter (, zwischen)«, ahd. untar (1. H. 8. Jh.?), Präp., Präf., »unter, zwischen«, as. undar, Präp., Präf., »unter«, germ. *under, Präp., Präf., »unter, zwischen«, idg. *n̥dher, Adv., »unterhalb«, idg. *n̥ter, Präp., »zwischen«, zu idg. *en, Präp., »in«

Unterbeteiligung, F., »Beteiligung an einer Beteiligung«, 20. Jh., s. unter, be, Teil, ig, ung

unterbrechen, V., »unterbrechen, zerbrechen, dazwischentreten«, mhd. underbrechen, V., »dazwischentreten, hineinbrechen, verhindern, beendigen«, ahd. untarbrehhan (1000), untarbrechan, V., »brechen, zerbrechen, zerteilen«, Lüs. lat. interrumpere, V., »voneinander reißen«, s. unter, brechen

Unterbrechung, F., »mindestens zeitweiliges Ruhen oder Abbrechen eines Geschehensablaufes«, mnd. underbrekinge, F., »Unterbrechung«, 18. Jh.? (Badisches Landrecht 1809), Lüs. lat. interruptio, F., »Unterbrechung«, s. unterbrechen, ung

unterbringen, F., »hinunterbringen, unterwerfen, unterbringen«, mhd. underbringen, V., »unterbringen, beifügen«, ahd. untarbringan (8. Jh.), V., »beifügen«, Lüt. lat. subinferre, V., »hinzufügen«, s. unter, bringen

Unterbringung, F., »Beschaffung einer Unterkunft für eine Person«, 16. Jh. (Schütz 1592), s. unterbringen, ung

unterdrücken, V., »nicht zulassen, unterwerfen, bedrängen«, mhd. underdrücken, V., »unterwerfen, bedrängen, unterdrükken«, 13. Jh., Lüs. lat. supprimere, V., »hinunterdrücken«?, s. unter, drücken, vgl. Weiske 1839ff.

Unterdrücken einer Urkunde, N., »Verhinderung der Benutzung der Urkunde als Beweismittel durch den Berechtigten«, 19. Jh.?, s. unterdrücken

Untereigentum, N., »Rechtsstellung des Untereigentümers (z.B. Lehnsmannes) eines im geteilten Eigentum stehenden Gegenstandes«, Kant vor 1804, s. unter, Eigentum

Unterhalt, M., »Gesamtheit der für den Lebensbedarf eines Menschen erforderlichen Aufwendungen, Unterhalt (1602)«, 16. Jh. (Waldis 1548) Lüt. lat. sustentatio, F., »Stützen, Erhaltung«, zu unterhalten

unterhalten, V., »unterhalten«, spätmhd. underhalten, V., »stützen«, Lüs. lat. sustentare, V., »in die Höhe halten«, s. unter, halten

Unterhaltsanspruch, M., »einer Person gegenüber einer anderen zustehender Anspruch auf Unterhalt«, E. 19. Jh., s. Unterhalt, Anspruch

Unterhaltspflicht, F., »auf Gesetz oder Vertrag beruhende Verpflichtung einer Person einer anderen Person Unterhalt zu leisten«, E. 19. Jh., s. Unterhalt, Pflicht, vgl. Gerber 1895

Unterhaltsvorschuß, M., »Vorschuß den der Staat in bestimmten Fällen an alleinerziehende Elternteile für den Fall leistet daß der zu Unterhalt verpflichtete Elternteil seine Verpflichtung nicht erfüllt«, 20. Jh.?, s. Unterhalt, Vorschuß

Unterkauf, M., »Unterkauf, Maklergebühr«, mhd. underkouf, M., »Zwischenhandel, Gewinn des Zwischenhändlers«, s. unter, Kauf

unterlassen, V., »unterlassen, unter etwas schieben, unterwerfen«, mhd. underlāzen, V., »unterlassen«, ahd. untarlāzan (A. 9. Jh.), V., »unterlassen, heimlich zuschikken«, s. unter, lassen

Unterlassen, N., »Unterlassen, Nichtvornahme einer bestimmten Handlung (etwas [Gebotenes] nicht tun)«, 19. Jh.?, s. unterlassen, vgl. Hälschner 1887

unterlassene Hilfeleistung, F., »nicht ausgeführte Hilfeleistung«, 2. H. 20. Jh.?, s. Hilfeleistung, unterlassen

Unterlassung, F., »Unterlassung«, 1508, Lüt. lat. submissio, F., »Herablassung«?, s. unterlassen, Unterlassung des Guten (Wolff 1720), rechtlich 19. Jh.?

Unterlassungsanspruch, M., »Anspruch auf eine Unterlassung«, E. 19. Jh.?, s. Unterlassung, Anspruch

Unterlassungsdelikt, N., »auf eine Unterlassung gegründetes mit Strafe bedrohtes Verhalten«, 19. Jh.?, s. Unterlassung, Delikt, vgl. Weiske 1839ff., Hälschner 1887 (Omissivdelikt)

Unterlassungsklage, F., »auf eine Unterlassung gerichtete Klage«, 19. Jh.?, s. Unterlassung, Klage

Untermiete, F., »Mietvertrag zwischen dem Mieter und einem Dritten über den selbständigen alleinigen Gebrauch der gemieteten Sache oder eines ihrer Teile gegen Entgelt«, 19. Jh., s. unter, Miete

unternehmen, V., »nach unten kriegen, unternehmen (18. Jh.)«, mhd. undernemen, V., »abschneiden, unterbrechen, verhindern, wegnehmen, sich annehmen, etwas übernehmen, antreten«, ahd. untarneman (9./10. Jh.), V., »abgrenzen, unterbrechen, dazwischentreten«, as. undarniman, V., »unterbrechen«, Lüt. lat. interrumpere, V., »unterbrechen«, s. unter, nehmen

Unternehmen, N., »aktives Tun, (im Privatrecht) organisatorische Einheit - aus Sachen bzw. Rechten und sonstigen Werten - innerhalb der ein Unternehmer entferntere wirtschaftliche oder ideelle Ziele verfolgt«, »was man unternimmt« 17. Jh. (1606), »Geschäft« 19. Jh., s. unternehmen

Unternehmenstarifvertrag, M., »für ein bestimmtes Unternehmen (von einem einzelnen Arbeitgeber) vereinbarter Tarifvertrag«, 20. Jh., s. Unternehmen, Tarif, Vertrag

Unternehmer, M., »wer selbständig mittels einer auf Dauer angelegten organisierten Wirtschaftseinheit anderen Marktteilnehmern wirtschaftlich werthafte Leistungen anbietet«, »Handelnder« Stieler 1691, Lüs. ne. (17. Jh.) undertaker, M., »Handelnder«?, vgl. Geschichtliche Grundbegriffe, gewerblich E. 18. Jh. (Campe 1801), s. Unternehmen

unterrichten, V., »unterrichten, lehren«, mhd. underrihten, V., »einrichten, anweisen, zurechtweisen«, s. unter, richten

Untersagung, F., »Verbot eines Verhaltens«, s. unter, sagen, ung

unterschieben, V., »unterschieben«, mhd. underschieben, V., »darunter schieben, dazwischen schieben«, s. unter, schieben

Unterschieben eines Kindes, N., »Straftatbestand der erfordert daß jemand mittels Täuschung anderer ein Kind in eine tatsächliche namentlich räumliche Beziehung zu einer Frau zu dem Zweck bringt es nach der äußeren Sachlage als deren leibliches Kind erscheinen zu lassen und daß dadurch die behördliche Feststellung des Personenstandes gefährdet wird«, s. unterschieben, vgl. Weiske 1839ff.

unterschlagen, V., »unterschlagen«, mhd. underslahen, V., »unter sich schlagen, senken, neigen, beiseite legen, unterschlagen (14. Jh.)«, s. unter, schlagen

Unterschlagung, F., »rechtswidrige Zueignung einer fremden beweglichen Sache die der Täter in Besitz oder Gewahrsam hat (z.B. Veräußern einer entliehenen Sache)«, »Zwischenraum« (1598), »Unterschlagung« Praetorius 1665, s. unterschlagen, ung, sachlich werden Diebstahl und Unterschlagung E. 18. Jh. bzw. 1813 systematisch getrennt

Unterschleif, M., »Unterschleif, Betrug, Unterschlagung«, 16. Jh., aus mhd. undersleipfen, V., »heimlich zur Seite bringen«

Unterschrift, F., »zum Zeichen der Anerkennung des Inhaltes unter den Text einer Urkunde gesetzter eigenhändig geschriebener Name einer Person«, spätmhd. underschrift, F., »Unterschrift«, Lüt. lat. subscriptio, F., »Unterschrift«, s. unter, schreiben

untersuchen, V., »untersuchen«, spätmhd. undersuochen, V., »untersuchen«, ahd. *untarsuohhen, V., as. undarsōkian, V., »untersuchen, prüfen«, s. unter, suchen

Untersuchung, F., »prüfende Betrachtung eines Umstandes zum Zweck der Feststellung eines Ergebnisses«, mhd. undersuochunge, F., »Untersuchung«, s. untersuchen, ung

Untersuchungsausschuß, M., »Ausschuß des Parlamentes zur Feststellung einzelner politischer Sachverhalte«, »Kommission« Kinderling 1795, s. Untersuchung, Ausschuß

Untersuchungsgrundsatz, M., »Inquisitionsmaxime, Prinzip daß das Gericht von Amts wegen Tatsachen erforscht und sie in die Verhandlung einführt und ihre Wahrheit feststellt«, 19. Jh.?, s. Untersuchung, Grundsatz, vgl. Wetzell 1865, Planck 1896 Untersuchungsmaxime

Untersuchungsgefangener, M., »zur Untersuchung in Haft Genommener«, 19. Jh.?, s. Untersuchung, Gefangener, vgl. Ullmann 1839

Untersuchungshaft, F., »Entziehung der Freiheit des Beschuldigten zum Zweck der Sicherung des Erkenntnisverfahrens oder der Vollstreckung«, 2. H. 19. Jh. (Jahn 1884), s. Untersuchung, Haft, vgl. Ullmann 1893

Untersuchungsrichter, M., »(bis 1974) im Strafverfahrensrecht mit der Voruntersuchung betrauter Richter«, »Richter der Untersuchung«, Krünitz 1773

untertan, Adj., »untertan«, mhd. undertān, Adj., »untergeben, unterworfen«, PPP. von ahd. untartuon (765), V., »unterwerfen«, Lüs. lat. subdere, V., »unterwerfen«?, s. unter, tun

Untertan, M., »Untertan«, mhd. undertān, undertāne, M., »Untergebener, Untertan«, s. untertan

Untervermächtnis, N., »Vermächtnis bei dem Beschwerter ein Vermächtnisnehmer ist«, 19. Jh.?, s. unter, Vermächtnis

Untervollmacht, F., »Vollmacht bei der Bevollmächtigender ein Bevollmächtigter ist der seine Vertretungsmacht (teilweise) weitergibt«, 19. Jh.?, s. unter, Vollmacht

unterzeichnen, V., »unterschreiben, sein Zeichen setzen unter«, 16. Jh., s. unter, zeichnen

Unterzeichnung, F., »Unterschreiben«, 16. Jh., s. unterzeichnen, ung

Untreue, F., »Untreue, Mangel der Treue, ein Vermögensdelikt«, mhd. untriuwe, F., »Treulosigkeit, Betrug«, ahd. untriuwa (A. 9. Jh.), F., »Untreue, Betrug«, Lüt. lat. infidelitas, F., »Untreue«?, s. un, Treue

Unvereinbarkeit, F., »fehlende Vereinbarkeit«, E. 18. Jh. (Mendelssohn bzw. Kant), s. un, vereinbaren, heit

unvermeidbar, Adj., »unumgänglich, nicht zu vermeiden«, 19. Jh., s. un, vermeidbar

unvermeidbarer Verbotsirrtum, M., »nicht zu vermeidender Verbotsirrtum«, 2. H. 20. Jh., s. Verbotsirrtum, unvermeidbar

Unvermögen, N., »subjektive nur in der Person des Schuldners bestehende Unmöglichkeit (z.B. Verkauf eines entwendeten Kraftfahrzeuges)«, mhd. unvermügen, N., »Unvermögen«, Tauler vor 1361, s. un, Vermögen, juristische Bedeutungsverengung E. 19. Jh.

Unverstand, M., »Fehlen des Verstandes«, 1. H. 16. Jh. (Luther), s. un, Verstand

Unverstand, grober, M., »völlig abwegige Vorstellung von bekannten Ursachenzusammenhängen«, 20. Jh.?, s. Unverstand, grob

unvertretbar, Adj., »nicht vertretbar«, 19. Jh.?, s. un, vertretbar

unvertretbare Sache, F., »nicht vertretbare Sache«, 19. Jh.?, s. Sache, unvertretbar

unverzüglich, Adj., »Befristung eines Verhaltens die zum Ausdruck bringt daß dieses ohne schuldhaftes Zögern zu erfolgen hat (z.B. Anfechtung)«, 15. Jh., s. un, Verzug, lich

unvollkommen, Adj., »nicht vollkommen«, spätmhd., Lüt. lat. imperfectus, Adj., »unvollkommen«?, s. un, voll, kommen

unvollkommene Verbindlichkeit, F., »nicht in jeder Hinsicht vollkommene Verbindlichkeit«, 19. Jh.?, s. Verbindlichkeit, unvollkommen

unvordenklich, Adj., »soweit die Erinnerung zurückreicht«, 17. Jh.?, Lüt. mlat. immemorialis, Adj., »unvordenklich«, s. un, vor, denken, lich

unvordenkliche Verjährung, F., »vor die Erinnerung zurückreichende Verjährung«, s. Verjährung, unvordenklich, Hugo 1826 (, Coßmann 1829)

Unwirksamkeit, F., »Fehlen von Wirkungen«, Arnold 1703, Lüt. mlat. inefficientia, F., »Unwirksamkeit«?, s. un, Wirksamkeit

Unze, F., »Unze, ein Gewicht«, mhd. unze, unz, F., »Unze, ein Flächenmaß«, ahd. unza (E. 8. Jh.), F., »Unze«, Lw. lat. uncia, unica, oinicia*, F., »Einheit, Unze, Zwölftel«, zu lat. unus, Num. Kard., »ein«

Unzucht, F., »Mangel an Zucht, (bis 1973) Bezeichnung für die strafbare sexuelle Handlung welche die geschlechtliche Sittlichkeit verletzt«, mhd. unzuht, F., »Betragen gegen die Zucht, Ungehörigkeit, Ungeschicklichkeit, Ungezogenheit, Ungesittetheit, Unsittlichkeit«, ahd. unzuht (10. Jh.), F., »Zuchtlosigkeit, unzüchtiges Betragen, Ungestüm, Mangel an Bildung«,

Lüt. lat. indisciplinatio, F., »Mangel an Zucht«?, s. un, Zucht

unzüchtig, Adj., »nicht reif gezogen, unsittlich«, mhd. unzühtec, Adj., »zuchtlos, ungezogen, unzüchtig«, ahd. unzuhtīg (10. Jh.), Adj., »zuchtlos, ungestüm, ungebildet«, Lüt. lat. indisciplinatus, Adj., »ungezogen, ungebildet«, s. Unzucht, ig

unzulässig, Adj., »nicht zulässig«, Archatius 1557, s. un, zulässig

Unzulässigkeit, F., »rechtliche Unerlaubtheit eines Verhaltens«, Francisci vor 1693, s. un, Zulässigkeit

unzumutbar, Adj., »nicht zuzumuten«, 20. Jh.?, s. un, zumutbar

Unzumutbarkeit, F., »Unangemessenheit eines Verlangens«, 20. Jh.?, s. unzumutbar, heit

unzurechnungsfähig, Adj., »nicht zurechnungsfähig«, 19. Jh., Lüt. nlat. incomputabilis, Adj., »nicht zurechenbar«?, s. un, zurechnungsfähig

Unzurechnungsfähigkeit, F., »Schuldunfähigkeit, Deliktsunfähigkeit, Fehlen der Voraussetzungen der Verantwortlichkeit«, 19. Jh., s. unzurechnungsfähig, heit

unzuständig, Adj., »nicht zuständig«, 1652, Lüt. lat. incompetens, Adj., »unzuständig«, s. un, zuständig

ur, Präf., »ur, aus, anfänglich«, mhd. ur, Präf., »aus«, ahd. ur, Präf., »aus«, as. ur, Präf., »aus«, germ. *uz, Präp., Präf., »aus«, idg. *ŭ̆ds, *ŭ̆d-, Präp., »aus«, in unbetonter Stellung (in Verbalkomposita) zu er abgeschwächt

ur, Suff., »ur«, über frz. ure, Suff., »ur«, Lw. lat. ura, Suff., »ur«

Urabstimmung, F., »Abstimmung von Gewerkschaftsmitgliedern über einen Streik«, E. 19. Jh.?, s. ur, Abstimmung

Urahn, M., »Urahn, Vorfahre«, mhd. urane, M., »Urahn«, ahd. urano (12. Jh.), M., »Urahn, ältester Vorfahre«, s. ur, Ahn

urbar, Adj., »bewirtschaftbar, urbar«, 17. Jh. Lw. nd. orbar, s. Urbar

Urbar, N., »Urbar, Verzeichnis von Grundstücken und Einkünften«, mhd. urbor, urbar, F., N., »Zinsgut, Zins, Rente, Gut«, s. ur, ahd. beran, V., »bringen, tragen«

Urfehde, F., »Versprechen (der Beendigung der Feindschaft) mit dem die Fehde endet«, mhd. urvehede, urvēde, F., »Urfehde, Racheverzicht«, A. 13. Jh., s. ur, Fehde

Urheber, M., »wer etwas bewirkt oder veranlaßt hat«, fnhd. (A. 15. Jh.) aus mhd. urhap, M., N., »Sauerteig, Anfang, Ursprung, Ursache«, aus ur, heben, Einfluß von lat. auctor, M., »Urheber«

Urheberbenennung, F., »(praktisch seltene) Benennung des nach Ansicht des Beklagten richtigerweise zu Beklagenden (z.B. mittelbarer Besitzer)«, 19. Jh., Lüs. nlat. nominatio auctoris, F., »Benennung des Eigentümers« (Coßmann 1829), s. Urheber, be, nennen

Urheberrecht, N., »Gesamtheit der Rechtssätze welche ein individuelles geistiges Werk schützen«, 1871, älter Autorrecht, s. Urheber, Recht

Urkunde, F., »verkörperte Gedankenerklärung die allgemein oder für Eingeweihte verständlich ist und den Aussteller erkennen läßt und zum Beweis einer rechtlich erheblichen Tatsache geeignet und bestimmt ist (z.B. amtliches Kraftfahrzeugkennzeichen)«, mhd. urkünde, urkunde, N., F., »Zeichen, Anzeichen, Kennzeichen, Merkmal, Zeugnis, Beweis, Bekundung«, ahd. urkunda (10. Jh.), F., urkundī (E. 8. Jh.), F., urkundi (8./9. Jh.), N., »Zeugnis, Bekundung, Beweis, Gebot, Bund, Verheißung, Anzeichen«, lat. beeinflußt?, Nominalbildung zu erkennen

Urkundenbeweis, M., »Beweis durch (echte) Urkunden«, 19. Jh. Lüt. lat. probatio per instrumenta, F., »Beweis durch Urkunden«, s. Urkunde, Beweis, vgl. Koch 1864

Urkundenfälschung, F., »Herstellung einer unechten Urkunde oder Verfälschung einer echten Urkunde oder Gebrauch einer unechten oder verfälschten Urkunde zur Täuschung im Rechtsverkehr«, 19. Jh., s. Urkunde, Fälschung, vgl. Weiske 1839ff., älter Urkundenverfälschung (Krünitz 1773)

Urkundenprozeß, M., »Prozeß bei dem ein Anspruch geltend gemacht wird welcher die Zahlung einer bestimmten Geldsumme oder die Leistung einer bestimmten Menge anderer vertretbarer Sachen oder Wertpapiere zum Gegenstand hat und bei dem die sämtlichen zur Begründung des Anspruchs erforderlichen Tatsachen durch Urkunden bewiesen werden können und bei dem die Klage die Erklärung enthält daß in ihm geklagt werde«, 19. Jh., s. Urkunde, Prozeß, vgl. Weiske 1839ff.

Urkundenunterdrückung, F., »Vernichten oder Beschädigen oder Unterdrücken einer Urkunde oder technischen Aufzeichnung welche dem Täter nicht ausschließlich gehört in der Absicht einem anderen einen mit der Verwendbarkeit der Urkunde zusammenhängenden Nachteil zuzufügen«, 19. Jh.?, s. Urkunde, Unterdrückung, vgl. Weiske 1839ff.

urkundlich, Adj., »durch eine Urkunde bezeugt«, 16. Jh., s. Urkunde, lich, vgl. ahd. urkundlīhho (10. Jh.), urkundlīcho, Adv., »zuverlässig bezeugt«

Urkundsbeamter, M., »Beamter des mittleren oder gehobenen Dienstes der nach gesetzlich besonders geregelter Ausbildung an der Geschäftsstelle eines Gerichts tätig wird (z.B. Beurkundung)«, 20. Jh.?, s. Urkunde, Beamter

Urlaub, M., »Erlaubnis, Abschied, bezahlte arbeitsfreie Arbeitszeit«, mhd. urloup, M., N., »Erlaubnis«, ahd. urloub (E. 8. Jh.), M., N., »Erlaubnis, Genehmigung, Billigung, Abschied, Urlaub«, lat. beeinflußt?, as. orlōf, M., N., »Erlaubnis«, s. ur, s. germ. *lauba, *laubaz, Sb., »Erlaubnis, Billigung, Genehmigung«, zu Laub als Lockmittel für das Vieh?

Urne, F., »Urne«, (A. 13. Jh. Lw. lat. urna, F., »Krug, Gefäß«,) 2. H. 16. Jh. Lw. lat. urna, F., »Krug, Gefäß«, seit 1. H. 19. Jh. (Raumer 1823-5) »Behälter für Stimmzettel«

Urproduktion, F., »Gewinnung von Naturerzeugnissen oder Rohstoffen (z.B. Bergbau)«, E. 19. (Schwerz 1882), s. ur, Produktion

Ursache, F., »Grund, Anlaß«, spätmhd. ursache, F., »Anfang eines Streites, Ursache, Veranlassung, Grund«, s. ur, Sache

ursächlich, Adj., »ursächlich«, 1. H. 15. Jh. (1429) Lüs. lat. causalis, Adj., »zur Ursache gehörig«, s. Ursache, lich

Ursächlichkeit, F., »Ursächlichkeit«, Campe 1801ff., s. ursächlich, heit

Ursprung, M., »Ursprung«, mhd. ursprunc, M., N., »Quelle, Ursprung«, vgl. ahd. urspring (10. Jh.), M., »Ursprung«, zu ur, Sprung, springen

ursprünglich, Adj., »ursprünglich«, mhd. ursprunclich, Adj., »ursprünglich«, Lüs. lat. originalis, Adj., »ursprünglich«?, s. Ursprung, lich, 18. Jh. häufiger

ursprüngliche Unmöglichkeit, F., »von Anfang an bestehende Unmöglichkeit«, 19. Jh.?, s. Unmöglichkeit, ursprünglich

Ürte, F., »Zeche«, mhd. ürte, urte, F., »Wirtsrechnung, Zeche, Wirtshaus, Gesellschaft, Gemeinde«, Herkunft unbekannt

Urteil, N., »gerichtliche eine besonderen Form bedürftige Entscheidung«, mhd. urteile, urteil, N., F., »Urteil, Meinung, Entscheidung«, ahd. urteili (vor 793), N., urteilī (1000), F., urteila (1. Vt. 9. Jh.), F., urteil (9. Jh.), M., »Urteil, Beurteilung, Entscheidung, Beschluß, Gericht, Recht«, as. urdēli, N., »Urteil«, aus ahd. tuome irteilen, as. dōmos ādēlian, V., »Urteil erteilen«, zu ur, Teil, teilen

urteilen, V., »ein Urteil fällen, einschätzen«, mhd. urteilen, V., »ein Urteil sprechen«, s. Urteil

Urteiler, M., »Urteiler, Entscheider«, mhd. urteilære, urteiler, M., »Urteiler, Richter«, s. ahd. irteilāri (1000), M., »Richter«, Lüt. lat. iudex, M., »Richter«?, s. Urteil

Urteilsformel, F., »Formel des Urteils«, 20. Jh.?, s. Urteil, Formel, vgl. Ullmann 1893, Planck 1896 Formel des Urteils

Urteilsgebühr, F., »mit Erlaß eines Urteils grundsätzlich entstehende Gebühr eines Rechtsanwalts«, 19. Jh.?, s. Urteil, Gebühr

Urteilsgründe, F. Pl., »(im Strafprozeßrecht) Gründe für das Urteil«, 19. Jh., Lüt. lat. rationes decidendi, F. Pl., »Urteilsgründe«, s. Urteil, Grund, sachlich u.a. vom Reichskammergericht 1555 verlangt, allgemeiner seit 1715 Sachsen

Urteilsmethode, F., »für ein Urteil (im Gegensatz zu einem Gutachten) erforderliche Methode welche die Entscheidung voranstellt und danach ihre Gründe darlegt«, 20. Jh., s. Urteil, Methode

Urteilstenor, M., »Tenor des Urteils«, 19. Jh.?, s. Urteil, Tenor

Usance, F., »Brauch, Handelsbrauch«, M. 16. Jh. (Hoep 1553) (usantye) Lw. mlat. usancia, F., »Brauch«, zum Part. Präs. usans von mlat. usare, V., »brauchen, gebrauchen«, zu lat. usus, M., »Brauch, Sitte«, zum Part. Prät. Akt. usus von lat. uti, V., »gebrauchen«

Usurpation, F., »Aneignung, Usurpation«, E. 16. Jh. (Rathgeb 1592) bzw. häufiger A. 18. Jh. Lw. lat. usurpatio, F., »widerrechtliche Aneignung«, zum PPP. usurpatus von lat. usurpare, V., »gebrauchen, sich aneignen«, aus lat. usu rapere, V., »durch Gebrauch aneignen«, zu lat. usus, M., »Gebrauch, Brauch«, lat. rapere, V., »reißen, raffen, rauben«

usus, lat., M., »Brauch, Gebrauch«, zum Part. Prät. Akt. usus von lat. uti, V., »gebrauchen«

Usus, M., »Usus, Brauch«, A. 17. Jh. (Hainhofer 1610) Lw. lat. usus, M., »Gebrauch, Brauch«, zum Part. Prät. Akt. usus von lat. uti, V., »gebrauchen«

usus modernus pandectarum, M., »moderner Gebrauch der Pandekten, Bezeichnung für die ältere Zeit des gemeinen Rechts (16.-18. Jh.)«, Stryk 1701, s. usus, Pandekten

Utilitarismus, M., »von Bentham (1748-1832) und Mill systematisierte sozialphilosophische Lehre welche eine Handlung nach ihrer Nützlichkeit (Utilität) für den Menschen bewertet«, M. 19. Jh. (Buss 1843) Lw. frz. utilitarisme, M., »Utilitarismus«, Lw. ne. utilitarianism, M., »Nützlichkeitslehre«, zu ne. utilitarian, M., »Anhänger der Nützlichkeitslehre«, zu lat. utilitas, F., »Nützlichkeit«, zu lat. utilis, Adj., »nützlich«, zu lat. uti, V., »gebrauchen, benützen«

V

Vagabund, M., »Landstreicher, Strolch«, 17. Jh. (1600 [vagabundus] bzw. Weisse 1703) Lw. frz. vagabond, M., »Landstreicher«, aus mlat. vagabundus, M., »Landstreicher«, zu lat. vagabundus, Adj., »umherstreifend«, zu lat. vagari, V., »umherstreifen«, zu lat. vagus, Adj., »unstet«

vagant, Adj., »umherstreifend«, Lw. lat. Part. Präs. vagans von lat. vagari, V., »umherstreifen«, zu lat. vagus, Adj., »unstet«

Vagant, M., »Umherziehender«, 1. H. 16. Jh. (1522) Lw. lat. vagans, subst. Part. Präs. von lat. vagari, V., »umherstreifen«, zu lat. vagus, Adj., »unstet«

Valenz, F., »Wertigkeit«, 19. Jh. Lw. spätlat. valentia, F., »Stärke, Kraft«, zum Part. Präs. valens von lat. valere, V., »kräftig sein, vermögen«

Valuta, F., »Wert, Gegenwert«, M. 16. Jh. (Meder 1558) Lw. it. valuta, F., »Währung«, subst. PPP. F. von it. valere, V., »wert sein, gelten«, aus lat. valere, V., »kräftig sein, vermögen«

Vasall, M., »Vasall, Gefolgsmann«, mhd. vassal, M., »Vasall«, Lw. frz. vassal, M., »Vasall«, aus mlat. vasallus, M., »Vasall«, Lw. spätlat./galloroman. vassus, M., »Gefolgsmann, Knecht«, aus kelt. *gwas, M., »Diener«

Vater, M., »Erzeuger eines Kindes«, mhd. vater, M., »Vater«, ahd. fater (1. H. 8. Jh.?), M., »Vater«, as. fadar, M., »Vater«, germ. *fader, M., »Vater«, idg. *pətē̆r, M., »Vater«, zu idg. *pā-?, V., »füttern, nähren, weiden«?, Lallwort?

Vaterland, N., »Land in dem man geboren ist«, mhd. vaterlant (11. Jh.), N., »Land in dem man geboren ist«, Lüt. lat. patria, F., »Vaterland«, s. Vater, Land

väterlich, Adj., »den Vater betreffend«, mhd. vaterlich, veterlich, Adj., »väterlich«, ahd. faterlīh (765), Adj., »väterlich«, Lüs. lat. patrius, Adj., »väterlich«, s. Vater, lich

väterliche Gewalt, F., »Gewalt des Vaters über die Familie«, Tengler 1509, Lüs. lat. patria potestas, F., »väterliche Gewalt«, s. Vater, Gewalt

Vaterschaft, F., »Stellung als Vater«, Stieler 1691, Lüs. lat. paternitas, F., »Vaterschaft«, s. Vater, schaft

Vaterschaftsanerkenntnis, N., »Erklärung daß der Anerkennende ein nichteheliches Kind auf Grund seiner Beiwohnung in der Empfängniszeit als von ihm erzeugt ansieht«, 20. Jh.?, s. Vaterschaft, Anerkenntnis

Vaterschaftsgutachten, N., »wissenschaftliches Gutachten über die Vaterschaft eines Mannes an einem Kind«, 20. Jh.?, s. Vaterschaft, Gutachten

Vaterschaftsvermutung, F., »Vermutung daß der Mann innerhalb der Empfängniszeit der Frau beigewohnt habe«, 20. Jh.?, s. Vaterschaft, Vermutung

Vatikan, M., »durch die zwischen Italien und dem Heiligen Stuhl geschlossenen Lateranverträge am 11. 2. 1929 entstandener unabhängiger Kirchenstaat mit dem Papst als (weltlichem) Souverän«, Lw. aus lat. (mons) Vaticanus, M., »vatikanischer (Berg)« als dem Ort der Residenz des Papstes

Vatikanisches Konzil, N., »ein nach dem Vatikan benanntes in Rom abgehaltenes

Konzil (1869/70 bzw. 1962-65)«, 19. Jh., s. Vatikan, Konzil

VDE (Verband deutscher Elektriker)

VDI (Verein deutscher Ingenieure)

venia legendi, lat., F., »Erlaubnis des Lesens, Lehrbefugnis an einer Universität«

venire contra factum proprium, lat., »Zuwiderhandeln gegen eigenes Tun«, vgl. Azo, Brocardica 10,28 (vor 1230), Digesten 1,7,25pr. (Pseudo-Ulpian)

venture capital, N., »Wagniskapital«, 2. H. 20. Jh. Lw. ne.

ver, Präf., »ver«, mhd. ver, Präf., »ver«, ahd. fir, Präf., »ver«, as. far, Präf., »ver«, germ. far, Präf., »ver« (, idg. *prŏ, Präp., Adv., »vorwärts, vorn, voran«, idg. *per, *peri, Präp., Adv., »vorwärts«, idg., *pr̥, Adv., »hervor«), zu idg. *per- (2B), V., »hinüberführen, hinüberbringen, übersetzen, durchdringen, fliegen«

verabreden, V., »eine Abrede treffen«, 18. Jh., s. ver, ab, Rede

Verabredung, F., »gemeinsames Entwerfen eines Plans«, E. 18. Jh. (Wieland vor 1813), s. verabreden, ung

Verabredungsgefahr, F., »Gefahr einer Verabredung«, 19. Jh.?, s. Verabredung, Gefahr

verächtlich, Adj., »Verachtung erregend, Verachtung hegend«, 15. Jh., s. ver, Acht, lich

Verächtlichmachen, N., »Verhalten bei dem der Angriffsgegenstand als der Achtung der Bürger unwert und unwürdig hingestellt wird«, 2. H. 20. Jh., s. verächtlich, machen

verändern, V., »verändern«, mhd. verandern, verendern, V., »verändern«, s. ver, ändern

Veränderung, F., »Verschaffung oder Erlangung eines anderen Aussehens oder Wesens«, mhd. veranderunge, verenderunge, F., »Änderung, Veränderung, Wechsel«, s. ver, Änderung

Veränderung des rechtlichen Gesichtspunktes, F., »(im Strafprozeßrecht) Hervortreten neuer rechtlicher Gesichtspunkte (vor allem Auswechseln des Anklagetatbestandes)«, 20. Jh.?, s. Veränderung

Veränderungssperre, F., »Verbot genehmigungsbedürftige oder sonstige wertsteigernde bauliche Anlagen zu errichten oder andere wertsteigernde Veränderungen des Grundstücks vorzunehmen«, 2. H. 20. Jh., s. Veränderung, Sperre

Veranlagung, F., »Auferlegung, Feststellung, (im Steuerrecht) Feststellung und Festsetzung des Steueranspruchs im Einzelfall«, 19. Jh., s. ver, an, Lage, ung, vgl. Mayer 1895

Veranlagungsteuer, F., »durch Veranlagung erhobene Steuer«, 20. Jh., s. Veranlagung, Steuer

verantwortlich, Adj., »verantwortlich«, 17. Jh. (Stieler 1691), s. ver, Antwort, lich

Verantwortlichkeit, F., »Einstehenmüssen«, 19. Jh., s. verantwortlich, heit

verarbeiten, V., »durch Arbeit verbrauchen«, mhd. verarbeiten, V., »durch Arbeit umgestalten«, s. ver, arbeiten

Verarbeitung, F., »Spezifikation, Herstellung einer neuen - nicht nur: erneuerten - beweglichen Sache durch Verarbeitung oder Umbilden eines oder mehrerer Stoffe (z.B. Backen von Brot) wobei als Verarbeitung auch das Schreiben oder eine ähnliche Bearbeitung der Oberfläche gilt«, Adelung 1774ff., s. verarbeiten, ung

veräußern, V., »veräußern«, mhd. veriuzern, verūzern, V., »veräußern, verkaufen«, s. ver, außer

Veräußerung, F., »Weggabe eines Gegenstandes an einen anderen«, mhd. veriuzerunge, verūzerunge, F., »Veräußerung, Verkauf«, 1418 Frankfurt, s. veräußern, ung

Veräußerungsverbot, N., »Verbot über einen Gegenstand zu verfügen«, 19. Jh.?, s. Veräußerung, Verbot, vgl. Weiske 1839ff.

Verb, N., »Zeitwort, Verb«, 15. Jh. (verbum) bzw. 1. H. 18. Jh. Lw. lat. verbum, N., »Wort«

verbal, Adj., »wörtlich, verbal«, A. 18. Jh. (Wächtler 1703) Lw. spätlat. verbalis, Adj., »das Wort betreffend«, zu lat. verbum, N., »Wort«

Verbalinjurie, F., »Beleidigung durch Worte« (Mengering 1661), verbale Injurien (Sperander 1728), 17. Jh. Lw. nlat. iniuria verbalis (1609 Harpprecht), F., »wörtliche Beleidigung«, s. verbal, iniuria

Verband, M., »Binde, Band (Steinbach 1734), Verbundenes, Einheit (19. Jh. [Bekker 1801ff.]), Vereinigung von Personen, (insbesondere) Vereinigung von Unternehmen mit dem Ziel Gesetzgebung und

Verwaltung im Interesse eines Wirtschaftszweiges zu beeinflussen (z.B. Arbeitgeberverband)«, s. ver, Band, binden

Verbandsklage, F., »Klage eines Verbands unter eigenem Namen«, 2. H. 20. Jh., s. Verband, Klage

Verbandskompetenz, F., »Zuständigkeit eines Organes eines Verbandes«, 2. H. 20. Jh., s. Verband, Kompetenz

Verbandskörperschaft, F., »Körperschaft deren Mitglieder juristische Personen sind (z.B. Zweckverband)«, 2. H. 20. Jh., s. Verband, Körperschaft

Verbandstarifvertrag, M., »Tarifvertrag bei dem auf der Arbeitgeberseite ein Verband als Vertragspartei auftritt«, 2. H. 20. Jh., s. Verband, Tarifvertrag

verbannen, V., »verbannen, ächten«, mhd. verbannen, V., »unter Androhung gebieten oder verbieten, verstoßen, verfluchen«, ahd. firbannan (765), V., »ächten«, s. ver, bannen

Verbannung, F., »Bestrafung mit dem Ausschluß aus der Gemeinschaft durch Vertreibung aus dem von dieser Gemeinschaft beanspruchten Gebiet«, 15. Jh., s. verbannen, ung

Verbesserungsanspruch, M., »Nachbesserungsanspruch«, 19. Jh.?, s. ver, besser, Anspruch

verbindlich, Adj., »verpflichtend«, E. 16. Jh., Lüt. lat. obligatorius, Adj., »verbindend, verbindlich«, s. verbinden, lich

Verbindlichkeit, F., »Obligation, Verpflichtung, Schuld des Schuldners«, 19. Jh., Lüt. lat. obligatio, F., »Binden, Verbindlichkeit«, s. verbindlich, heit

verbieten, V., »verbieten«, mhd. verbieten, V., »vorladen, verhindern, gebieten, untersagen«, ahd. firbiotan (790?), V., »verbieten, verneinen, versagen, verhindern, befehlen, berufen (V.)«, as. farbiodan, V., »verbieten«, germ. *farbeudan, V., »verbieten«, s. ver, bieten

verbinden, V., »verbinden, vereinigen, zubinden«, mhd. verbinden, V., »verbinden, zusammenbinden, zubinden, verhüllen, verstecken, einschließen, fesseln, verpflichten«, ahd. firbintan (1000), V., »verbinden, zubinden«, germ. *farbendan, V., »verbinden«, s. ver, binden

Verbindung, F., »Vereinigung mehrerer Elemente zu einer Einheit, Vereinigung einer beweglichen Sache mit einem Grundstück oder anderen beweglichen Sache dergestalt daß sie wesentlicher Bestandteil des Grundstücks oder einer einheitlichen Sache wird«, mhd. verbindunge, F., »Verpflichtung«, 15. Jh., Lüt. lat. obligatio, F., »Binden, Verbindlichkeit«?, s. verbinden, ung

Verbot, N., »Anordnung ein Verhalten zu unterlassen«, mhd. verbot, N., »Verbot, Beschlag, Arrest, gerichtliche Vorladung«, ahd. firbot (10./11. Jh.), N., »Verbot«, Lsch. lat. interdictum, N., »Interdikt, Gebot, Verbot«?, s. ver, verbieten

verboten, PPP., »verboten, untersagt«, s. verbieten

verbotene Eigenmacht, F., »(im Besitzrecht) unzulässige Selbsthilfe«, 19. Jh., s. Eigenmacht, verboten

Verbotsirrtum, M., »Irrtum über die Rechtswidrigkeit (das Verbotensein) der Tat«, 2. H. 20. Jh., s. Verbot, Irrtum

Verbrauch, M., »Verbrauch«, 18. Jh. (Adelung 1780), s. verbrauchen

verbrauchbar, Adj., »aufbrauchbar«, Heinsius 1807ff., Allgemeines Bürgerliches Gesetzbuch 1811 Österreich, Lüt. mlat. consumptibilis, Adj., »verbrauchbar«

verbrauchbare Sache, F., »aufbrauchbare Sache«, s. Sache, verbrauchbar, vgl. Weiske 1839ff.

verbrauchen, V., »verbrauchen, aufbrauchen«, (mhd. -,) ahd. firbrūhhen (1000), firbrūchen, V., »verzehren, verausgaben«, s. ver, brauchen

Verbraucher, M., »Verbraucher«, 19. Jh., s. verbrauchen

Verbrauchergeschäft, N., »Geschäft mit einem Verbraucher«, um 1975, s. Verbraucher, Geschäft

Verbraucherkredit, M., »entgeltliche Kreditgewährung eines gewerblich oder beruflich tätigen Kreditgebers an einen Verbraucher«, um 1985, s. Verbraucher, Kredit

Verbraucherkreditgesetz, N., »am 1. 1. 1991 in Kraft getretenes u.a. das Abzahlungsgesetz (Abzahlungskauf) von 1894 ablösendes Gesetz das den Verbraucherkredit regelt«, s. Verbraucherkredit, Gesetz

Verbraucherschutz, M., »Schutz des Verbrauchers vor rechtlicher Benachteiligung durch Produzenten oder Kreditgeber«, 2. H. 20. Jh., s. Verbraucher, Schutz

Verbrauchsteuer, F., »Steuer auf den Verbrauch von Gütern (z.B. Tabaksteuer)«, 1845, s. Verbrauch, Steuer

verbrechen, V., »verbrechen«, mhd. verbrechen, V., »schwach werden, aufhören, enden, zerbrechen, zerstören, verletzen, übertreten, brechen«, ahd. firbrehhan (765), firbrechan, V., »brechen, zerbrechen, zerschlagen, zerreißen, aufreißen«, as. farbrekan, V., »zerbrechen, übertreten«, germ. *farbrekan, V., »zerbrechen«, s. ver, brechen

Verbrechen, N., »vom Tatbestand des Strafgesetzes in seinen Merkmalen festgelegtes mit Strafe bedrohtes Unrecht für das der Täter einen Schuldvorwurf verdient, rechtswidrige Tat die im Mindestmaß mit Freiheitsstrafe von einem Jahr und darüber bedroht ist«, spätmhd. Substantivierung des Verbs verbrechen, 19. Jh. Lbd. frz. crime, M., »Verbrechen« (1810), 1813 systematisiert

Verbrecher, M., »Verbrecher, Straftäter«, mhd. verbrecher, M., »Übertreter, Verletzer«, 1280, s. Verbrechen

Verbücherung, F., »Eintragung in ein amtliches Buch (z.B. Grundbuch)«, 19. Jh.?, s. ver, Buch, ung

Verbund, M., »Vereinigung, Verbund«, mhd. verbunt, M., »Bund, Bündnis«, s. ver, Bund, verbinden

Verdacht, M., »Verdacht, Argwohn, Vermutung (eines rechtswidrigen Verhaltens)«, 16. Jh., zu mhd. verdâht, Adj., (PPP. von verdenken,) »in Gedanken vertieft, bedacht, besonnen, argwöhnisch, verdächtig«, s. mnd. vordacht (14. Jh.), F., »Verdenken, Bösesein, Verdacht, Argwohn«

verdächtig, Adj., »zweifelhaft, in Verdacht befindlich (17. Jh.), verdächtig«, mhd. verdaehtic, Adv., »überlegt, vorbedacht«, s. Verdacht, ig

verdächtigen, V., »in Verdacht haben«, 17. Jh., s. verdächtig

Verdächtigter, M., »wer unter dem Verdacht steht eine mit Strafe bedrohte Handlung begangen zu haben«, 19. Jh.?, s. verdächtig

Verdächtigung, F., »Äußerung oder Begründung eines Verdachts«, 19. Jh. (Spielhagen), s. verdächtigen, ung

verdenken, V., »verdenken«, mhd. verdenken, V., »denken, sich erinnern, erwägen, Übles denken, in Verdacht haben«, ahd. firdenken (765), V., »verdenken, verachten, mit den Gedanken abirren«, s. ver, denken

Verdienst, M., N., »Lohn«, mhd. verdienst, M., »Verdienst, Erwerb«, s. ver, Dienst, dienen

Verdikt, N., »Wahrspruch, Urteil«, 1. H. 19. Jh. (Heine 1837) Lw. ne. verdict, N., »Urteil«, Lw. afrz. veirdit, voirdit, N., »Urteil«, aus lat. vere dictum, N., »wahrhaft Gesprochenes«, zu lat. verus, Adj., »wahr, wirklich«, PPP. N. dictum von lat. dicere, V., »sagen, sprechen«

verdingen, V., »verdingen, verpflichten«, mhd. verdingen, V., »durch einen Vertrag binden, verpflichten, festsetzen, bestimmen, vertragsmäßig erwerben«, ahd. firdingōn (10. Jh.), V., »auffordern, bekanntmachen, vereinbaren«, s. ver, Ding, dingen

Verdingung, F., »Vergabe von Arbeiten oder Lieferung durch Ausschreibung«, Kant vor 1804, Allgemeines Bürgerliches Gesetzbuch 1811 Österreich, s. verdingen, ung

Verdingungsordnung (für Bauleistungen [VOB]), F., »Verwaltungsvorschrift über die bei der Vergabe von öffentlichen Leistungsaufträgen geltenden Grundsätze deren innerdienstliche Verbindlichkeit eine unmittelbare Rechtswirkung nach außen nicht begründet«, 20. Jh., s. Verdingung, Ordnung

verdunkeln, V., »verdunkeln, dunkel machen«, mhd. vertunkeln, V., »verdunkeln«, ahd. firtunkalen (1000), firtuncalen, V., »verdunkeln, trüben«, s. ver, dunkel

Verdunkelung, F., »Verdunkelung«, Maaler 1561, Lüt. lat. caligatio, F., »Verdunkelung«, s. verdunkeln, ung

Verdunkelungsgefahr, F., »dringender Verdacht daß der Verdächtige im Fall der Nichtverhaftung auf die Integrität der Beweismittel unlauter einwirken wird und daß deshalb die Gefahr droht daß die Ermittlung der Wahrheit erschwert werde«, 20. Jh.?, s. Verdunkelung, Gefahr

vereidigen, V., »vereidigen, einen Eid abnehmen, unter Eid stellen«, 15. Jh., vgl. mhd. vereiden, V., »durch einen Eid bekräftigen, durch einen Eid binden, verpflichten«, s. ver, Eid, ig

Vereidigung, F., »Ablegung eines Eides zur Bekräftigung einer Aussage durch einen Eid«, 19. Jh., s. vereidigen, ung

Verein, M., »Vereinigung, Zusammenschluß, (im Verfassungsrecht) Erscheinungsform des Zusammenschlusses einer Mehrheit von Personen, (im Verwaltungsrecht) Vereinigung zu der sich eine Mehrheit von Personen für längere Zeit zu einem gemeinsamen Zweck freiwillig und mit dem Ziel organisierter Willensbildung zusammengeschlossen hat, (im Privatrecht) eine auf eine gewisse Dauer berechnete Personenvereinigung mit körperschaftlicher Verfassung die als einheitliches Ganzes gedacht wird daher einen Gesamtnamen führt und im Bestand vom Wechsel der Mitglieder unabhängig ist«, 18. Jh. ([Verein von Reichsfürsten] Scheidemantel 1782), aus oder neben spätmhd. (14. Jh. bzw. 16. Jh.) vereine, F., »Vereinigung, Übereinkommen«, zu mhd. vereinen, V., »vereinigen, verbinden, einigen, versöhnen«, zu ver, ein, vgl. Geschichtliche Grundbegriffe

vereinbaren, V., »vereinbaren, gemeinsam festlegen«, mhd. vereinbæren, V., »einträchtig machen, vereinbaren, vereinigen«, zu mhd. einbære, Adj., »einträchtig, einig«, s. ver, ein, bar

Vereinbarung, F., »Vertrag«, 16. Jh. (Maaler 1561) »Vereinigung, Verabredung«, s. vereinbaren, ung

Vereinbarungsdarlehen, N., »Darlehen das dadurch entsteht daß der Schuldner der Geld oder andere vertretbare Sachen schon aus einem anderen Grund schuldet mit dem Gläubiger nachträglich vereinbart daß das Geld oder die Sachen als Darlehen geschuldet werden sollen«, 20. Jh.?, s. Vereinbarung, Darlehen

vereinen, V., »vereinen, zusammenschließen, zu einer Einheit machen«, mhd. vereinen, V., »vereinen, verbinden, einigen, versöhnen«, 12. Jh., s. ver, einen, ein

vereinigen, V., »vereinigen, zusammenschließen, zu einer Einheit machen«, mhd. vereinigen, V., »vereinigen, verbinden, einigen, versöhnen«, 14. Jh., s. ver, ein, ig

Vereinigte Staaten von Amerika (USA), M. Pl., »aus ehemaligen Kolonien vor allem Englands und Frankreichs 1776/83 erwachsener Bundesstaat«, s. vereinigen, Staat, Amerika

Vereinigung, M., »Verein, Gesellschaft«, mhd. vereinigung, F., »Zusammenbringung«, s. vereinigen, ung

Vereinigungsfreiheit, F., »Freiheit aller Deutschen Vereinigungen zu bilden (positive Vereinigungsfreiheit)«, 20. Jh., s. Vereinigung, Freiheit

Vereinsfreiheit, F., »Freiheit des Vereins«, 19. Jh.?, s. Verein, Freiheit

Vereinshaftung, F., »Haftung des Vereins«, 20. Jh., s. Verein, Haftung

Vereinsregister, N., »öffentliches von den Amtsgerichten geführtes Register in welches die rechtsfähigen nichtwirtschaftlichen Vereine eingetragen werden«, E. 19. Jh., s. Verein, Register, vgl. Gerber 1895 Register für Vereine

Vereinssache, F., »Angelegenheit eines Vereins«, 20. Jh.?, s. Verein, Sache

Vereinte Nationen (UNO), F. Pl., »Zusammenschluß der Staaten zum Zweck der Wahrung des Weltfriedens und der internationalen Sicherheit durch Kollektivmaßnahmen«, 1945, s. vereinen, Nation

vereiteln, V., »vereiteln, nicht wirksam werden lassen«, mhd. verītelen, V., »vereiteln, kraftlos werden«, s. ver, eitel

verfahren, V., »verfahren, hinweggehen, sich mit etwas befassen, erledigen, handeln (16. Jh.)«, mhd. vervarn, V., »vorübergehen, vergehen, dahinfahren«, mnd. vervarn, V., »nach vorn fahren, verfahren«, ahd. firfaran (830), V., »vergehen, vorbeigehen, vorübergehen, zugrundegehen«, as. farfaran, V., »durchfahren«, germ. *farfaran, V., »auseinanderfahren«, s. ver, fahren

Verfahren, N., »Art und Weise der Bewältigung einer Aufgabe oder eines Vorhabens, Entscheidungsverfahren der Gerichte über eine Rechtsstreitigkeit«, (vereinzelt mhd. vervarn, N., »Verirren«, bzw.) 18. Jh. (Trucelius 1701), s. verfahren, älter Verfahrung (16. Jh.)

Verfahrensgrundsätze, M. Pl., »allgemeine Prinzipien der Durchführung eines Verfahrens«, 20. Jh.?, s. Verfahren, Grundsatz

Verfahrenshilfe, F., »Prozeßhilfe«, 2. H. 20. Jh., s. Verfahren, Hilfe

Verfahrensrecht, N., »Gesamtheit der Rechtssätze die das Verfahren betreffen«, 20. Jh.?, s. Verfahren, Recht

Verfahrensverschleppung, F., »Verschleppung eines Verfahrens«, 20. Jh.?, s. Verfahren, Verschleppung

Verfall, M., »Untergang, Rückgang, Verlust eines Rechtes ohne Willen des Berechtigten«, Stieler 1691, s. verfallen

verfallen, V., »verfallen (V.), zusammenfallen, fallend verschwinden, durch Fallen

Schaden nehmen«, mhd. vervallen, V., »zu tief fallen, verfallen (V.), einfallen, zufallen, zugrundegehen«, ahd. firfallan (9. Jh.), V., »geraten, einfallen«, germ. farfallan, V., »verfallen (V.)«, s. ver, fallen

Verfallsklausel, F., »Vereinbarung zwischen Schuldner und Gläubiger daß der Schuldner bei Nichterfüllung oder nicht gehöriger Erfüllung einer Verpflichtung seine Rechte verliert«, 19. Jh., s. Verfall, Klausel

Verfallspfand, N., »Pfand bei dem vereinbart ist daß dem Pfandgläubiger falls er nicht oder nicht rechtzeitig befriedigt worden ist das Eigentum an der Sache zufallen oder übertragen werden soll«, 19. Jh., s. Verfall, Pfand, vgl. Gerber 1895 (Verfallpfand)

Verfangenschaft, F., »Beschlaglegung (zugunsten eines Familienangehörigen)«, 1495 Baden, s. ver, fangen, schaft

Verfangenschaftsrecht, N., »Recht auf Verfangenschaft«, Stieler 1691, s. Verfangenschaft, Recht

verfassen, V., »umfassen (fnhd.), einen Rahmen geben, verfassen, herstellen, einen Text herstellen«, mhd. vervazzen, V., »in sich aufnehmen, vereinbaren«, s. ver, fassen

Verfasser, M., »Verfasser, Urheber«, M. 17. Jh. (Stieler 1691), gekürzt (Zesen) aus Schriftverfasser, M., »Hersteller einer Schrift«, ersetzt Autor, s. verfassen

Verfassung, F., »Zusammenfassung, Darlegung, Inhalt (16. Jh.), Zustand (17. Jh.), Zusammenfassung von Grundregeln über die gesellschaftliche Ordnung (18. Jh. [Moser 1764 bzw. Häberlin 1794] unter Einfluß der Virginia Bill of Rights 1776), Grundordnung einer Körperschaft insbesondere des Staates«, (im Verfassungsrecht) formelle Verfassung, F., »in besonderer Form zustandegekommenes Gesetz (Verfassungsurkunde) das nur auf bestimmtem vorgeschriebenem Weg und mit bestimmten vorgegebenen Kräften geändert werden darf und daher eine erhöhte Bestandsgewähr in sich trägt«, materielle Verfassung, F., »Gesamtheit der Regeln über die Leitung des Staates und die Bildung und den Aufgabenkreis der obersten Staatsorgane sowie die grundlegenden Staatseinrichtungen und die Stellung des Bürgers im Staat«, mhd. vervazzunge, F., »Zusammenfassung, Darlegung, Vertrag, Abmachung«, 14. Jh., s. verfassen, ung, vgl. Geschichtliche Grundbegriffe

verfassunggebend, Adj., »eine Verfassung schaffend«, M. 19. Jh. (Gutzkow), s. Verfassung, geben

verfassunggebende Gewalt, F., »eine Verfassung schaffende Gewalt«, 19. Jh.?, s. Gewalt, verfassunggebend

Verfassungsänderung, F., »Abänderung der Verfassung insbesondere der Verfassung im formellen Sinn«, E. 19. Jh., s. Verfassung, Änderung

Verfassungsbeschwerde, F., »verfassungsrechtliche Möglichkeit das Verfassungsgericht zum Schutz eines dem Beschwerdeführer nach seiner Ansicht zustehenden Rechtes anzurufen«, 2. H. 20. Jh., s. Verfassung, Beschwerde

Verfassungsfeind, M., »(aktiver) Gegner der jeweils geltenden Verfassung«, 2. H. 20. Jh., s. Verfassung, Feind

Verfassungsgericht, N., »für Verfassungsstreitigkeiten (z.B. Verfassungsbeschwerde) zuständiges Gericht des Bundes oder eines Landes«, 2. H. 20. Jh. (1951), s. Verfassung, Gericht

Verfassungsgeschichte, F., »Beschäftigung mit vergangenen Verfassungen«, E. 19. Jh., s. Verfassung, Geschichte

Verfassungsgrundsatz, M., »für die jeweilige Verfassung wesentliches Prinzip«, Dahlmann 1845, s. Verfassung, Grundsatz

verfassungskonform, Adj., »der Verfassung entsprechend«, um 1970, s. Verfassung

verfassungskonforme Auslegung, F., »der Verfassung entsprechende Auslegung«, um 1970, s. Auslegung, verfassungskonform

verfassungsmäßig, Adj., »der Verfassung gemäß«, M. 19. Jh. (Waitz), s. Verfassung, mäßig

verfassungsmäßige Ordnung, F., »der Verfassung entsprechende Ordnung«, 2. H. 20. Jh., s. Ordnung, verfassungsmäßig

verfassungsmäßiger Vertreter, M., »der Verfassung (eines Vereins) entsprechender Vertreter«, 20. Jh.?, s. Vertreter, verfassungsmäßig

Verfassungsorgan, N., »in der Verfassung bestimmtes Organ«, 20. Jh.?, s. Verfassung, Organ

Verfassungsprinzip, N., »Verfassungsgrundsatz«, 20. Jh.?, s. Verfassung, Prinzip

Verfassungsprozeß, M., »Prozeß in einer Verfassungsstreitigkeit«, 2. H. 20. Jh., s. Verfassung, Prozeß

Verfassungsrecht, N., »die Verfassung betreffendes Recht«, Dahlmann 1845, s. Verfassung, Recht

Verfassungsschutz, M., »Schutz der freiheitlich demokratischen Grundordnung sowie des Bestandes und der Sicherheit des Bundes oder eines Landes«, 2. H. 20. Jh., s. Verfassung, Schutz

Verfassungsstreitigkeit, F., »verfassungsrechtliche Streitigkeit«, 2. H. 20. Jh.?, s. Verfassung, Streitigkeit

Verfassungsurkunde, F., »die Verfassung enthaltende Urkunde«, (Schmidt) 19. Jh., s. Verfassung, Urkunde

Verfassungsvorbehalt, M., »Vorbehalt der Verfassung«, 2. H. 20. Jh., s. Vorbehalt, Verfassung

verfassungswidrig, Adj., »der Verfassung zuwiderlaufend«, 19. Jh.?, s. Verfassung, widrig

Verfassungswidrigkeit, F., »Widerspruch zur Verfassung«, 20. Jh.?, s. verfassungswidrig, heit

verfolgen, V., »verfolgen, nacheilen«, mhd. vervolgen, V., »Folge leisten, beistimmen, folgen, nachkommen, befolgen, verfolgen«, as. farfolgon, V., »folgen, gehorchen«, s. ver, folgen

Verfolgung, F., »Nachfolgen«, mnd. vervolginge, F., »Verfolgung«, Luther vor 1546, s. verfolgen, ung

Verfolgungsverjährung, F., »Verjährung der Strafverfolgung«, 19. Jh.?, s. Verfolgung, Verjährung

Verfrachter, M., »wer es durch Seefrachtvertrag übernimmt Güter zu befördern«, Bobrik 1850, s. ver, Fracht

verfügen, V., »verfügen, bestimmen«, mhd. vervüegen, V., »passen, anstellen, einrichten, veranlassen, begeben«, s. ver, fügen, Fug

Verfügung, F., »anordnende Bestimmung, (im Verwaltungsrecht) Verwaltungsakt der ein Gebot oder Verbot ausspricht (z.B. Polizeiverfügung), (im Verfahrensrecht) vom Vorsitzenden oder beauftragten Richter oder ersuchten Richter erlassene meist prozeßleitende gerichtliche Entscheidung, (im Privatrecht) - meist zweiseitiges - Rechtsgeschäft durch das ein Recht unmittelbar geändert bzw. aufgehoben bzw. übertragen oder belastet wird (z.B. Übereignung)«, »Zusammenfügung« Melanchthon 16. Jh., »Unterbringung, Anordnung«, s. verfügen, ung

Verfügung von Todes wegen, F., »für den Fall des Todes getroffene Verfügung«, 18. Jh.?, s. Verfügung

Verfügungsbefugnis, F., »Berechtigung über ein Recht zu verfügen«, 20. Jh.?, s. Verfügung, Befugnis

Verfügungsermächtigung, F., »Ermächtigung im eigenen Namen über ein Recht des Ermächtigenden zu verfügen«, 2. H. 20. Jh.?, s. Verfügung, Ermächtigung

Verfügungsgegenstand, M., »Gegenstand über den eine Verfügung stattfindet oder stattfinden soll«, 20. Jh., s. Verfügung, Gegenstand

Verfügungsgeschäft, N., »Rechtsgeschäft durch welches eine Verfügung getroffen wird (z.B. Übereignung oder Abtretung)«, 20. Jh.?, s. Verfügung, Geschäft

Verfügungsgrundsatz, M., »Dispositionsmaxime, Grundsatz daß die Parteien über den Gang und den Inhalt des Verfahrens (Streitgegenstand) frei verfügen können«, 20. Jh.?, s. Verfügung, Grundsatz

Verfügungsverbot, N., »Verbot eine Verfügung vorzunehmen«, 20. Jh.?, s. Verfügung, Verbot

verführen, V., »verführen, hinschaffen, verleiten«, mhd. vervüeren, V., »vollführen, ausüben, wegführen, verführen, auseinanderführen, zerreißen«, ahd. firfuoren (A. 9. Jh.), V., »führen von, wegführen, versetzen, weggehen, hinübertragen«, s. ver, führen

Verführer, M., »wer verführt«, um 1500, s. verführen

Verführung, F., »Verleitung eines Mädchens unter 16 Jahren mit dem Täter den Beischlaf zu vollziehen«, mhd. vervüerunge, F., »Vollführung, Verführung«, s. verführen, ung

vergehen, V., »vergehen, zu Ende kommen, auf falsche Wege bringen«, mhd. vergān, vergēn, V., »vergehen, vorübergehen, aufhören, verschwinden, auseinandergehen, schwach werden, umkommen«, ahd. firgān (863-71), firgēn, V., »vergehen, vorübergehen, übergehen«, germ. *fargēn, V., »vergehen«, s. ver, gehen

Vergehen, N., »rechtswidrige Tat die im Mindestmaß mit einer geringeren Freiheitsstrafe als einem Jahr oder mit Geldstrafe bedroht ist (z.B. Diebstahl)«, mhd. vergēn, N., »Vorübergehen«, 18. Jh. »Vergehen«, 19. Jh. Lbd. frz. délit, M., »Vergehen« (1810), s. vergehen

vergelten, V., »vergelten, gegeneinander abwägen, aufrechnen«, mhd. vergelten, V., »zurückerstatten, bezahlen, eintragen«, ahd. firgeltan (E. 8. Jh.), V., »vergelten, entgelten, erstatten, bezahlen, büßen, opfern«, as. fargeldan, V., »vergelten«, germ. *fargeldan, V., »vergelten«, s. ver, gelten

Vergeltung, F., »Vergeltung«, mhd. vergeltunge, F., »Entgelt«, 12. Jh., s. vergelten, ung

Vergesellschaftung, F., »Vergesellschaftung«, Leibniz E. 17. Jh., Lüs. frz. association, F., »Vereinigung«?, s. ver, Gesellschaft, ung

vergewaltigen, V., »vergewaltigen, Gewalt über etwas gewinnen«, spätmhd. (15. Jh.), s. ver, Gewalt, ig

Vergewaltigung, F., »Notzucht, Nötigung einer Frau - mit Gewalt oder durch Drohung mit gegenwärtiger Gefahr für Leib und Leben - zum außerehelichen Beischlaf mit dem Nötigenden oder einem Dritten« (Constitutio Criminalis Carolina 1532), »gewaltsames Unterwerfen«, 15. Jh., s. vergewaltigen, ung

vergiften, V., »vergiften, Gift beibringen«, mhd. vergiften, V., »schenken, vergeben, vermachen, vergiften«, ahd. firgiften (10. Jh.), V., »geben, übergeben, ausliefern, preisgeben, veräußern«, s. ver, Gift, geben

Vergiftung, F., »Beibringung von Gift oder anderen Stoffen (z.B. zerstoßenes Glas) welche geeignet sind die Gesundheit zu zerstören um die Gesundheit eines anderen zu beschädigen«, »Übergabe« 15. Jh., »Giftbeibringung« 15. Jh., s. vergiften, ung

Vergleich, M., »Vergleichen, gegenseitiger Vertrag durch den der Streit oder die Ungewißheit der Parteien über ein Rechtsverhältnis im Wege gegenseitigen Nachgebens beseitigt wird«, 17. Jh. (Stieler 1691), s. ver, gleich, juristische Einengung 19. Jh., älter Vergleichung (mhd. vergelīchunge)

vergleichen, V., »vergleichen«, mhd. verglīchen, vergelīchen, V., »gleich machen, ausgleichen«, Meister Eckhart 14. Jh., s. ver, gleich

Vergleichsordnung, F., »Ordnung des Vergleichsverfahrens«, 1935, s. Vergleich, Ordnung

Vergleichsverfahren, N., »Verfahren des Vergleichs«, 20. Jh.?, s. Vergleich, Verfahren

Vergleichung, F., »Vergleich, Vergleichen, Gleichstellung«, mhd. vergelīchunge, F., »Vergleichung«?, Lüt. lat. comparatio, F., »Begleichung«?, s. vergleichen, ung

vergüten, V., »vergüten, bezahlen«, spätmhd. vergüeten, V., »vergüten, auf Zinsen anlegen«, s. ver, gut

Vergütung, F., »Entgelt für eine Leistung«, »Ersatz« E. 18. Jh., s. vergüten, ung

Vergütungsgefahr, F., »Gefahr der Vergütung (ohne Gegenleistung)«, 20. Jh.?, s. Gefahr, Vergütung

verhaften, V., »verhaften, in Haft nehmen«, 1484 Nürnberg, zu mhd. verhaft, M., »Verhaftung«, s. ver, haften, älter mhd. verheften, V., »einheften, befestigen, verbinden«

Verhaftung, F., »Inhaftnahme«, Fischart vor 1590, s. verhaften, ung

verhalten, V., »verhalten, festhalten, zuhalten, zurückhalten, betragen«, mhd. verhalten, V., »verschlossen halten, versperren, zurückhalten, verbergen«, ahd. firhaltan (790), V., »prostituieren«, s. ver, halten

Verhalten, N., »willensgesteuerte Lebensäußerung eines Menschen«, (vereinzelt) mhd. verhalten, N., »Zurückhalten«, häufiger 17. Jh., s. verhalten

Verhaltenshaftung, F., »Haftung für Verhalten«, 2. H. 20. Jh., s. Verhalten, Haftung

Verhältnis, N., »Beziehung zwischen mindestens zwei Elementen«, 2. H. 18. Jh., »Verwahrung, Erhaltung« 17. Jh. (Melissus vor 1602,) s. verhalten, nis

verhältnismäßig, Adj., »im Verhältnis«, Adelung 1780, s. Verhältnis, mäßig

Verhältnismäßigkeit, F., »Angemessenheit eines Verhältnisses«, 19. Jh., s. verhältnismäßig, heit

Verhältniswahlrecht, N., »besondere Art des Wahlrechts bei der die Gesamtzahl der Parlamentssitze auf die einzelnen Parteien im Verhältnis der Gesamtstimmenzahl zu der auf die einzelne Partei im ganzen Wahlgebiet abgegebenen Zahl der Stimmen verteilt wird«, 20. Jh.?, s. Verhältnis, Wahlrecht

verhandeln, V., »verhandeln, unterhandeln«, mhd. verhandeln, V., »fehlgreifen, handeln, schlecht handeln«, s. ver, handeln

Verhandeln, N., »Erörtern einer Angelegenheit unter mehreren Beteiligten«, 19. Jh.?, s. verhandeln

Verhandlung, F., »Erörterung eines Gegenstandes, Zeitraum in dem eine rechtliche Angelegenheit vor dem Gericht erörtert wird«, mhd. verhandelunge, F., »schlechte Handlung, Vergehen, Verbrechen«, 15. Jh.?, s. ver, verhandeln, Handlung

Verhandlungsfähigkeit, F., »Fähigkeit zur Verhandlung«, 20. Jh.?, s. Verhandlung, Fähigkeit

Verhandlungsgebühr, F., »für die mündliche Verhandlung vor Gericht oder Behörde anfallende Rechtsanwaltsgebühr«, 20. Jh.?, s. Verhandlung, Gebühr

Verhandlungsgrundsatz, M., »Grundsatz daß die Parteien bestimmen welche Tatsachen sie dem Gericht zur Entscheidung unterbreiten«, 19. Jh., s. Verhandlung, Grundsatz, vgl. Weiske 1839ff., Wetzell 1865 Verhandlungsprincip, Posener 1909 Verhandlungsmaxime

verharmlosen, V., »abschwächen«, 20. Jh., s. ver, harmlos

Verharmlosen von Gewalttätigkeiten, N., »der wirklichen Bedeutung widersprechendes Verkleinern der Wertwidrigkeit oder der Gefährlichkeit oder der schwerwiegenden Folgen bestimmter Gewalttätigkeiten«, 20. Jh., s. verharmlosen

verherrlichen, V., »herrlich machen«, 18. Jh. (Kramer 1702), s. ver, Herr, lich

Verherrlichen von Gewalttätigkeiten, N., »positives Bewerten von Gewalttätigkeiten das bewirkt daß diese als Ausfluß einer anerkennenswerten Grundhaltung erscheinen«, 20. Jh.?, s. verherrlichen

verhetzen, V., »verhetzen«, mhd. verhetzen, V., »verhetzen, verfolgen«, s. ver, hetzen

Verhetzung, F., »Verhetzung, Aufreizung«, Stieler 1691, s. verhetzen, ung

Verhör, N., »Befragung, Verhör«, spätmhd. verhœr, N., »Verhör«, s. ver, hören, vgl. Planck 1857

verhören, V., »verhören, befragen«, mhd. verhœren, V., »hören, anhören, vernehmen, prüfen, erhören, überhören«, s. ver, hören

verhüten, V., »verhüten, vermeiden«, mhd. verhüeten, V., »behüten, bewachen, bewahren, aufpassen, auflauern«, s. ver, hüten

Verhütung, F., »Vorbeugung, Vermeidung«, 16. Jh. (Maaler 1561) Lüt. lat. cautio, F., »Behutsamkeit«?, s. verhüten, ung

verjähren, V., »verjähren«, mhd. verjæren, V., »verjähren lassen, ein Jahr vergehen lassen, das Jahr wofür versäumen«, daneben mhd. verjāren, V., »alt werden, verjähren«, s. ver, Jahr

Verjährung, F., »durch Zeitablauf eintretender Verlust von Rechten«, A. 16. Jh. (1527), s. verjähren, ung, vgl. sachlich die 424 von den Kaisern Honorius und Arcadius eingeführte praescriptio temporis von grundsätzlich 30 Jahren

Verkauf, M., »gegenseitiger Vertrag durch den sich ein Teil zur Übertragung eines Gegenstandes gegen die Verpflichtung des anderen Teils zur Bezahlung des Kaufpreises verpflichtet«, 16. Jh. (Worms 1499), s. ver, Kauf

verkaufen, V., »verkaufen, einen Kaufvertrag als Verkäufer abschließen«, mhd. verkoufen, V., »verkaufen, hingeben, preisgeben«, ahd. firkoufen (nach 765?), V., »verkaufen, veräußern, feilbieten«, as. farkōpian, V., »verkaufen«, s. ver, koufen

Verkäufer, M., »diejenige Person welche einen Gegenstand verkauft«, mhd. verkoufære, verkeufer, M., »Verkäufer«, s. verkaufen

Verkehr, M., »Vertrieb von Waren (1. H. 18. Jh.), Verbindung (2. H. 18. Jh.), Beförderung von Waren (2. H. 19. Jh.), jede soziale Bewegung insbesondere die Bewegung oder Beförderung von Personen oder Gegenständen auf dafür vorgesehenen Wegen«, s. verkehren

verkehren, V., »verkehren, umwenden, umkehren«, mhd. verkēren, V., »umkehren, umwenden, ändern, verwandeln«, »Handel treiben«, aus mnd. vorkēren, s. ver, kehren (V.) (1)

Verkehrsgeschäft, N., »übliches Geschäft des allgemeinen Handelsverkehrs (z.B. Kauf), Geschäft bei dem Veräußerer und Erwerber einer Sache verschiedene Personen sind wobei die Personenverschiedenheit nicht nur rechtlicher sondern auch wirtschaftlicher Art sein muß«, 20. Jh.?, s. Verkehr, Geschäft

Verkehrshypothek, F., »Hypothek welche zum Umlauf im rechtsgeschäftlichen Verkehr bestimmt ist«, 2. H. 19. Jh.?, s. Verkehr, Hypothek

Verkehrsrecht, N., »den Straßenverkehr betreffendes Recht das vor allem im Straßenverkehrsgesetz und in der Straßenverkehrsordnung und in der Straßenverkehrszulassungsordnung geregelt ist«, 20. Jh., s. Verkehr, Recht

Verkehrssicherung, F., »Sicherung des Verkehrs«, 20. Jh., s. Verkehr, Sicherung

Verkehrssicherungspflicht, F., »Pflicht den Verkehr gegenüber Gefahrenquellen abzusichern«, 2. H. 20. Jh., s. Verkehrssicherung, Pflicht

Verkehrssitte, F., »in betroffenen Kreisen gepflogene Übung«, 19. Jh., s. Verkehr, Sitte

Verkehrsteuer, F., »Steuer die an Vorgänge des Rechtsverkehrs anknüpft (z.B. Grunderwerbsteuer)«, 20. Jh.?, s. Verkehr, Steuer

Verkehrsstrafrecht, N., »den Verkehr betreffendes Strafrecht«, 2. H. 20. Jh., s. Verkehr, Strafrecht

Verkehrsunfall, M., »plötzliches Ereignis im öffentlichen Verkehr das zur Tötung oder Verletzung eines Menschen oder zu einer nicht völlig belanglosen Sachbeschädigung führt«, 20. Jh., s. Verkehr, Unfall

Verkehrsunfallflucht, F., »Flucht bei Verkehrsunfall«, 20. Jh., s. Verkehr, Unfall, Flucht

Verkehrswesentlichkeit, F., »Bedeutsamkeit für den allgemeinen Geschäftsverkehr«, 20. Jh., s. Verkehr, wesentlich, heit

Verkehrswirtschaft, F., »auf dem Güterverkehr aufbauende Wirtschaft«, 20. Jh., s. Verkehr, Wirtschaft

Verkehrszeichen, N., »Zeichen zur Regelung des Straßenverkehrs«, E. 19. Jh.?, s. Verkehr, Zeichen

Verkehrszentralregister, N., »Zentralregister für Verkehrsangelegenheiten«, 2. H. 20. Jh., s. Verkehr, zentral, Register

verklammern, V., »verklammern, durch eine Klammer verbinden«, s. ver, Klammer

Verklammerung, F., »Verbindung (durch eine Klammer)«, Stieler 1691, s. verklammern, ung

Verklammerungsprinzip, N., »Grundsatz zur Begründung einer Tateinheit der besagt daß zwei an sich selbständige Handlungen durch eine dritte Handlung zu einer Tateinheit verklammert werden wenn sie jeweils zu dieser dritten Handlung in Tateinheit stehen und die verklammernde Tat mindestens ebenso schwer ist wie die beiden anderen Taten (z.B. Körperverletzung und Sachbeschädigung sowie Raub)«, 2. H. 20. Jh., s. Verklammerung, Prinzip

Verklarung, F., »Einreichung eines Berichts des Kapitäns eines Schiffes über den Hergang eines Unfalls beim zuständigen Amtsgericht«, 15. Jh. verclarung, s. ver, klar, ung

verknacken, V., »strafgerichtlich verurteilen«, 2. H. 19. Jh., zu rotw. knassen, V., »strafen«?

verkünden, V., »verkünden, kund machen«, mhd. verkünden, V., »kund tun, öffentlich erklären«, s. ver, künden

Verkündung, F., »Bekanntmachung«, 1440 Frankfurt, s. verkünden, ung

Verkündungsblatt, N., »Druckerzeugnis in welchem amtliche Verlautbarungen veröffentlicht werden (müssen)«, 20. Jh., s. Verkündung, Blatt

Verlag, M., »gewerbsmäßiger Vertrieb von Erzeugnissen, (im Immaterialgüterrecht) Vervielfältigung und Verbreitung eines Werkes der Literatur oder Tonkunst«, »Hingeben von Geld« (16. Jh.), »was man an einen anderen Ort bringt«, 1651 Weimar?, »Drucken und Herstellen und Herausgeben von Büchern« 2. H. 17. Jh., »verlegte Bücher« 2. H. 18. Jh., »Unternehmen zur Herstellung und Verbreitung von Druckwerken« (19. Jh.), s. verlegen

verlängern, V., »verlängern, ausdehnen, länger machen«, s. ver, lang

verlängert, Adj., »länger gemacht«, s. verlängern

verlängerter Eigentumsvorbehalt, M., »über den Normalfall hinaus erweiterter Eigentumsvorbehalt«, 2. H. 20. Jh., s. Eigentumsvorbehalt, verlängert

verlassen, V., »verlassen (V.), zurücklassend entfernen, aufgeben«, mhd. verlâzen, V., »loslassen, entlassen, erlassen, nachlassen, überlassen, verlassen (V.), unterlassen, aufgeben«, ahd. firlāzan (1. H. 8. Jh.?), V., »verlassen (V.), zurücklassen, aufgeben«, as. farlātan, V., »verlassen (V.)«, germ. *farlētan, V., »entlassen, verlassen (V.)«, s. ver, lassen

Verlassenschaft, F., »Nachlaß«, 16. Jh. (1580), s. verlassen (PPP.), schaft

verlautbaren, V., »verlautbaren, veröffentlichen«, mhd. verlūtbæren, V., »verlautbaren«, s. ver, laut, bar

verlegen, V., »verlegen (V.), als Verleger wirken, ein Buch herausbringen (16. Jh.)«, mhd. verlegen, V., »an einen anderen Ort legen, verlegen (V.), versperren, verdrängen, für einen Geldauslagen machen«, ahd. firleggen (1000), V., »verlegen (V.), verdecken«, s. ver, legen

Verleger, M., »Verleger, Unternehmer (15. Jh.), Hersteller von Büchern (M. 17. Jh.)«, s. verlegen

verleihen, V., »verleihen«, mhd. verlīhen, V., »als Darlehen oder Lehen oder Miete geben, geben, schenken, verleihen, zugestehen«, ahd. firlīhan (vor 790), V., »leihen, verleihen, gewähren, darbringen«, as. farlīhan, V., »verleihen«, germ. *farleihwan, V., »verleihen«, s. ver, leihen

Verleihung, F., »- gebührenpflichtige - Vergabe eines Rechts oder einer Rechtsstellung insbesondere durch den Staat«, »Überlassung« 15. Jh., s. verleihen, ung

verleiten, V., »verleiten«, mhd. verleiten, V., »irreführen, verleiten«, ahd. firleiten (765), V., »entführen, verführen, verleiten«, as. farlēdian, V., »verleiten«, s. ver, leiten

Verleiten zur Ableistung eines falschen Eides bzw. einer falschen Versicherung an Eides statt oder einer falschen uneidlichen Aussage, F., »Bestimmen eines anderen - der wenigstens nach Meinung des Täters gutgläubig ist - zur unvorsätzlichen Tat«, 19. Jh.?, s. verleiten

verletzen, V., »verletzen, verwunden«, mhd. verletzen, V., »schützen, verletzen, verwunden, schädigen«, zu ahd. lezzen (1. H. 8. Jh.), V., »hemmen, aufhalten, hindern«, as. lettian, V., »ablassen, hemmen«, germ. *latjan, V., »hemmen, aufhalten«, zu germ. *lata, *lataz, Adj., »lässig«

Verletzter, M., »wer eine Verletzung erlitten hat«, s. verletzen

Verletzung, F., »Beschädigung des Körpers eines Menschen oder eines sonstigen Rechtsgutes sowie im übertragenen Sinn Nichtbeachtung einer gesetzlichen Vorschrift«, 15. Jh.? (1499 Worms), Lüs. lat. laesio, F., »Verletzung«?, s. verletzen, ung

Verletzungsdelikt, N., »Delikt das eine (versuchte) Schädigung des in Betracht kommenden Handlungsobjektes erfordert (z.B. Körperverletzung)«, 20. Jh.?, s. Verletzung, Delikt

verleumden, V., »verleumden«, mhd. verliumunden, verliumden, V., »in üblen Ruf bringen, verleumden«, s. ver, Leumund

Verleumder, M., »wer verleumdet«, 16. Jh., s. verleumden

Verleumdung, F., »wider besseres Wissen erfolgende Behauptung oder Verbreitung einer unwahren Tatsache in Beziehung auf einen anderen die geeignet ist denselben verächtlich zu machen oder in der öffentlichen Meinung herabzuwürdigen oder dessen Kredit zu gefährden«, 1484 Nürnberg bzw. 16. Jh. (Dasypodius 1537), s. verleumden, ung

verlieren, V., »verlieren«, mhd. verliesen, vliesen, V., »verlieren, verspielen«, ahd. firliosan (765), V., »verlieren, verderben, vernichten, töten, zugrunderichten«, as. farliosan, V., »verlieren«, germ. *farleusan, V., »verlieren«, zu idg. *leu- (2), V., »lösen, schneiden, trennen«, s. ver, das aus grammatischem Wechsel aus stimmhaftem s entstandene r wird vom Part. Prät. und vom Prät. Plur. fnhd. auf alle Formen übertragen

Verließ, N., »Kerker«, 2. H. 18. Jh. Lw. nnd. Verlies, N., »Verlust, Ort wo man verloren ist, Abgrund, Keller«, zu mnd. vorlies, vorlēs, N., »Verlust, Schaden«, s. verlieren

verloben, V., »verloben, die Ehe versprechen«, mhd. verloben, V., »übermäßig loben, geloben (Hartmann von Aue 1190 bzw. Kaiserchronik), versprechen, verloben (15. Jh.), vermählen«, zu geloben, loben, Lob, s. ver

Verlöbnis, N., »Vertrag durch den sich zwei Personen verschiedenen Geschlechts gegenseitig versprechen die Ehe miteinander einzugehen sowie das dadurch begründete Gemeinschaftsverhältnis«, mhd. verlobnisse, F., N., »Versprechen, Verlobung (15. Jh. Arnstadt)«, s. verloben, nis

Verlobung, F., »Versprechen (Fischart 1575), Verlobung (Schweinichen 16. Jh.)«, s. verloben, ung

Verlust, M., »unfreiwillige Einbuße an

Werten«, mhd. verlust, vlust, M., »Verlust, Verschwendung, Verderben, Schaden«, ahd. firlust (830), M., »Verschwendung, Verderben«, as. farlust, M., »Verderben«, s. ver, verlieren

vermachen, V., »vermachen, ein Vermächtnis aussetzen«, mhd. vermachen, V., »auseinander machen, zertrümmern, verderben, vernichten, festmachen, einschließen, durch Testament vermachen (14. Jh.), schenken, geben«, s. ver, machen

Vermächtnis, N., »Verfügung von Todes wegen durch die der Erblasser einem anderen einen einzelnen Vermögensvorteil zuwendet ohne ihn als Erben einzusetzen«, »Testament, Hinterlassenschaft« 16. Jh. (Stieler 1691) Lüt. lat. legatum, N., »Vermächtnis«?, s. vermachen, nis

Vermächtnisnehmer, M., »Empfänger eines Vermächtnisses«, Allgemeines Bürgerliches Gesetzbuch 1811 Österreich, s. Vermächtnis, Nehmer, vgl. Weiske 1839ff.

vermählen, V:, »verheiraten, verehelichen«, mhd. vermehelen, vermahelen, V., »verloben, vermählen«, s. Mahl

Vermählung, F., »Verheiratung«, 16. Jh., s. vermählen, ung

vermeidbar, Adv., »was vermieden werden kann«, 19. Jh., s. vermeiden

vermeidbarer Verbotsirrtum, M., »Verbotsirrtum der vermieden werden kann«, 2. H. 20. Jh., s. Verbotsirrtum, vermeidbar

vermeiden, V., »ausweichen, vermeiden«, mhd. vermīden, V., »fern bleiben, ausweichen, vermeiden, unterlassen«, ahd. firmīdan (765), V., »vermeiden, unterlassen, schonen, meiden, entgehen«, as. farmīthan, V., »vermeiden«, germ. *farmeiþan, V., »vermeiden«, s. ver, meiden

Vermengung, F., »Vereinigung«, mhd. vermengunge, F., »Vermengung«, s. ver, Menge

vermieten, V., »vermieten«, mhd. vermieten, V., »vermieten, verdingen«, ahd. firmieten (9. Jh.), V., »vermieten, verpachten«, s. ver, mieten

Vermieter, M., »Vermieter«, s. vermieten, vgl. Weiske 1839ff.

vermindern, V., »verringern, vermindern«, mhd. vermindern, V., »verringern«, s. ver, mindern

vermindert, Adj., »verringert«, s. vermindern

verminderte Schuldfähigkeit, F., »verringerte Schuldfähigkeit«, 19. Jh.?, s. Schuldfähigkeit, vermindert

Verminderung, F., »Verringerung« 16. Jh., s. vermindern, ung

vermischen, V., »vermischen«, mhd. vermischen, V., »mischen, vermischen«, ahd. firmisken (9. Jh.), firmiscen, V., »vermischen«, s. ver, mischen

Vermischung, F., »- praktisch - untrennbare Vermengung mehrerer beweglicher Sachen (z.B. Milch mehrerer Eigentümer im Tankwagen)«, 15. Jh.?, Lüt., Lbd. lat. commixtio, F., »Vermischung«?, s. vermischen, ung

vermitteln, V., »ausgleichen, vermitteln«, mhd. vermitteln, V., »vermitteln, dazwischentreten«, Lüt. lat. mediare, V., »dazwischentreten«?, s. ver, Mittel

Vermittlung, F., »Herstellung einer Verbindung oder Einigung«, Stieler 1691, s. vermitteln, ung

Vermittlungsausschuß, M., »aus - je gleich vielen - Mitgliedern des Bundestages und des Bundesrates bestehender im Gesetzgebungsverfahren zwischen diesen Bundesorganen vermittelnder Ausschuß, einen Ausgleich anstrebender Ausschuß«, 19. Jh. (Dahlmann 1845), s. Vermittlung, Ausschuß

Vermittlungsvertreter, M., »zur Vermittlung bestellter Vertreter«, 20. Jh.?, s. Vermittlung, Vertreter

vermögen, V., »vermögen, zustande bringen, Kraft haben«, mhd. vermügen, firmugen, V., »vermögen, imstande sein, Kraft haben, besitzen, mündig sein«, ahd. firmugan (1000), Prät.-Präs., »können, vermögen, mächtig sein, im Besitz sein«, s. ver, mögen

Vermögen, N., »Gesamtheit der einer Person zustehenden Güter und Rechte von wirtschaftlichem Wert einschließlich der Erwerbschancen«, spätmhd. vermügen, vermugen, N., »Vermögen, Kraft, Macht, Fähigkeit«, (Luther vor 1546), s. vermögen

Vermögensbildung, F., »Bildung von Vermögen«, 2. H. 20. Jh., s. Bildung, Vermögen

Vermögensbildungsgesetz, N., »Gesetz betreffend die Vermögensbildung«, um 1960, s. Vermögensbildung, Gesetz

Vermögensnachfolge, F., »Nachfolge bezüglich des Vermögens«, 20. Jh., s. Vermögen, Nachfolge

Vermögenspflegschaft, F., »das Vermögen betreffende Pflegschaft«, 20. Jh., s. Vermögen, Pflegschaft

Vermögensrecht, N., »jedes in Geld bewertbare Recht sowie objektiv die das Vermögen betreffenden Regeln (z.B. Schuldrecht)«, 19. Jh.?, s. Vermögen, Recht, vgl. Weiske 1839ff.

Vermögensschaden, M., »jeder in Geld bewertbare Schaden einer Person an ihrem Vermögen«, 19. Jh., s. Vermögen, Schaden

Vermögenssorge, F., »Recht und Pflicht der Eltern eines ehelichen Kindes für das Vermögen des Kindes zu sorgen«, vor 1964, im Bürgerlichen Gesetzbuch 1979 für Vermögensverwaltung, s. Vermögen, Sorge

Vermögensteuer, F., »vom Vermögen einer Person erhobene Steuer«, Heinsius 1818, s. Vermögen, Steuer

Vermögensübernahme, F., »Übernahme des Vermögens einer Person seitens einer anderen durch einen (Verpflichtungs-)Vertrag«, 19. Jh., s. Vermögen, Übernahme

Vermögensverfügung, F., »(im Strafrecht) jedes Handeln oder Dulden oder Unterlassen das sich unmittelbar vermögensmindernd auswirkt (z.B. Unterlassen der Geltendmachung eines Anspruchs)«, 19. Jh.?, s. Vermögen, Verfügung

Vermögensverwaltung, F., »Verwaltung des Vermögens«, 19. Jh., s. Vermögen, Verwaltung, vgl. Planck 1896

Vermögensverzeichnis, N., »genaue Aufstellung des Vermögens einer Person«, 19. Jh. (Heinsius 1818), s. Vermögen, Verzeichnis, Badisches Landrecht 1809, vgl. Weiske 1839ff.

Vermögensvorteil, M., »jede günstigere Gestaltung der Vermögenslage«, 19. Jh., s. Vermögen, Vorteil, vgl. Hälschner 1887

vermummen, V., »vermummen, verhüllen«, 16. Jh., zu mnd. mummen, V., s. ver, Mumme

vermuten, V., »vermuten, mutmaßen, meinen«, 16. Jh., (mhd.-,) mnd. vormōden, F., »vermuten«, as. farmōdian, V., »verachten, verschmähen«, s. ver, muten

Vermutung, F., »Annahme eines Umstandes als wahrscheinlich gegeben, (im Verfahrensrecht) gesetzliche Bestimmung nach welcher von dem Vorliegen eines bestimmten Umstandes auf einen bestimmten anderen Umstand geschlossen werden soll«, 16. Jh. (Constitutio Criminalis Carolina 1532), s. vermuten, ung

vernehmen, V., »vernehmen, befragen, erfassen, verhören, hören«, vernemen, V., »gefangennehmen, hören, vernehmen«, ahd. firneman (1. H. 8. Jh.?), V., »vernehmen, aufnehmen, annehmen, erkennen, hören, auffassen, meinen«, as. farniman, V., »vernehmen, hören, zerstören«, germ. *farneman, V., »wegnehmen, vernehmen«, s. ver, nehmen

Vernehmung, F., »meist mündliche Befragung einer Person über verfahrensrechtlich bedeutsame Umstände«, mhd. vernemunge, F., »Erfassung« 15. Jh.?, »Verhör« E. 17. Jh. (1688), Lüt. lat. perceptio, F., »Empfangen«, s. vernehmen, ung

Vernunft, F., »Vernunft, Verstand, Überlegung«, mhd. vernunst, vernunft, F., »Vernehmen, Erkenntnisfähigkeit, Verständnis, Einsicht, Klugheit, Aufmerksamkeit«, ahd. firnumft (800), firnunst, F., »Fähigkeit, Verstand, Erkenntnis, Einsicht, Verständnis, Vorstellung«, Lbd. lat. intellegentia, F., »Erkenntnis, Einsicht«, s. ver, nehmen

Vernunftrecht, N., »allein durch die Vernunft gerechtfertigtes und begründetes Recht, das säkularisierte Naturrecht der frühen Neuzeit«, 19. Jh., s. Vernunft, Recht

verordnen, V., »verordnen, bestimmen, festlegen, befehlen«, mhd. verordenen, V., »in Unordnung bringen, vernichten«, s. ver, ordnen

Verordnung, F., »behördliche Anordnung an eine unbestimmte Zahl von Personen und für eine unbestimmte Zeit von Fällen«, »Festsetzung, Bestimmung«, A. 16. Jh. (Luther vor 1546), s. verordnen, ung

verpachten, V., »verpachten« 17. Jh., mhd. (obd.) verpfehten, verphehten, V., »verpachten« 14. Jh., s. ver, Pacht

Verpächter, M., »wer einen Gegenstand verpachtet«, 17. Jh. (Stieler 1691 verpachter) Lüt. lat. locator, M., »Verpächter«, s. verpachten

verpfänden, V., »verpfänden, zum Pfand geben«, mhd. verpfenden, verphenden, V., »verpfänden«, s. ver, pfänden

Verpfändung, F., »rechtsgeschäftliche Begründung eines Pfandrechts«, 1484 Nürnberg bzw. Dasypodius 1537, s. verpfänden, ung

verpflichten, V., »verpflichten«, mhd. verpflihten, verphlichten, V., »in verbindliche Gemeinschaft setzen, verbinden, verpflichten, haftbar werden, zusichern«, s. ver, Pflicht

Verpflichteter, M., »wen eine Pflicht zu einer Handlung bzw. Duldung oder Unterlassung trifft«, s. verpflichten

Verpflichtung, F., »Pflicht, Schuld, Verbindlichkeit«, 15. Jh. Lsch. lat. obligatio, F., »Binden, Verbindlichmachung«, vgl. Gobler 1551, s. verpflichten, ung

Verpflichtungsgeschäft, N., »auf Begründung einer Verpflichtung gerichtetes Rechtsgeschäft (z.B. Kaufvertrag)«, 20. Jh.?, s. Verpflichtung, Geschäft

Verpflichtungsklage, F., »Klage auf Verurteilung zum Erlaß eines abgelehnten oder unterlassenen Verwaltungsaktes«, 2. H. 20. Jh.?, s. Verpflichtung, Klage

verpönen, V., »verpönen, mißbilligen«, mhd. verpēnen, V., »mit Geldbuße belegen« 15. Jh., zu lat. poena, V., »Strafe«

Verrat, M., »unbefugte treuwidrige Offenbarung eines Geheimnisses«, E. 17. Jh. (Stieler 1691), s. ver, Rat

verraten, V., »verraten, bekennen was unbekannt bleiben sollte«, mhd. verrāten, V., »durch falschen Rat irreleiten, verführen, vernichten, verraten«, ahd. firrātan (E. 8. Jh.), V., »verraten, übergeben, ausliefern«, s. ver, Rat

Verräter, M., »Verräter«, mhd. verräter, verræter, M., »Verräter« (Hartmann von Aue um 1200)

verrechnen, V., »verrechnen, falsch rechnen, in Rechnung bringen, aufrechnen«, spätmhd. verrechenen, V., »Rechnung ablegen, verrechnen«, vgl. ahd. firrehhanōn (1000), firrechanōn, V., »sich besinnen auf«, s. ver, rechnen

Verrechnung, F., »rechnerische Berücksichtigung eines Umstandes«, »fehlerhaftes Rechnen« Stieler 1691, »rechnerische Auseinandersetzung« 19. Jh.?, s. verrechnen, ung

Verrechnungsscheck, M., »derjenige Scheck bei welchem der Aussteller oder Inhaber durch den quer über die Vorderseite gesetzten Vermerk (- nur zur Verrechnung -) dem Bezogenen die Barauszahlung verbietet«, 20. Jh.?, s. Verrechnung, Scheck

verrichten, V., »verrichten, bewirken«, mhd. verrihten, V., »in Ordnung bringen, einrichten, ausrüsten, vollbringen, bezahlen, versöhnen, verurteilen«, s. ver, richten

Verrichtung, F., »Ausgleichung, Verrichtung, Vollführung, Handlung«, mhd. verrihtunge, F., »Ausgleichung, Versöhnung, Vergleich, Vertrag, Verwaltung«, 14. Jh.?, s. verrichten, ung

Verrichtungsgehilfe, M., »Person welcher von einer anderen Person von deren Weisungen sie mehr oder weniger abhängig ist eine Tätigkeit übertragen worden ist (z.B. Arbeiter)«, A. 20. Jh.?, s. Verrichtung, Gehilfe

verrucht, Adj., »verrucht, ruchlos«, mhd. verruochet, Adj., »achtlos, sorglos, ruchlos«, zu mhd. verruochen, V., »sich nicht kümmern, verachten«, zu ahd. ruohha (E. 8. Jh.), ruocha, F., »Sorge, Rücksicht«, zu germ. *rōkō, F., »Sorge, Achtung«

verrückt, Adj., »verrückt, geisteskrank (16. Jh.)«, zu mhd. verrücken, verrucken, V., »von der Stelle rücken, weichen (V.) (1), vergehen, sterben, außer Fassung bringen, verwirren«, ahd. firrukken (E. 10. Jh.), firrucken, V., »vorrücken, zurückdrängen«, s. ver, rücken

Versailler Vertrag, M., »der am 28. 6. 1919 zwischen 27 alliierten und assoziierten Mächten einerseits und dem Deutschen Reich andererseits nach Zustimmung der deutschen Nationalversammlung (23. 6. 1919 237 Ja-Stimmen bei 6 Enthaltungen und 138 Nein-Stimmen) in Versailles abgeschlossene den ersten Weltkrieg formell beendende Friedensvertrag welcher am 10. 1. 1920 in Kraft trat«, s. ON Versaille, Vertrag

versammeln, V., »versammeln, zusammenrufen, vereinigen«, mhd. versamenen, V., »vereinigen, versammeln«, s. ver, sammeln

Versammlung, F., »Zusammenkunft einer Vielheit von Menschen zum Zweck gemeinsamer Erörterung oder Kundgebung, Beisammensein einer größeren Zahl von Menschen zur Verfolgung eines bestimmten Zwecks«, 1461, mhd. versamenunge, F., »Zusammenkunft, Versammlung«, s. versammeln, ung

Versammlungsfreiheit, F., »für alle Deutschen bestehendes Recht sich ohne Anmeldung oder Erlaubnis friedlich und ohne Waffen zu versammeln«, 19. Jh.?, s. Versammlung, Freiheit

versäumen, V., »versäumen, verspäten, ungetan lassen, durch Verspäten verlieren«, mhd. versūmen, V., »unbeachtet lassen, versäumen, verspäten, vernachlässigen«, ahd. firsūmen (800), V., »versäumen, vernachlässigen, nicht beachten, verleugnen«, s. ver, säumen

Versäumnis, F., »Versäumnis, Unterlassung, Fehlen«, mhd. versūmnisse, F., N., »Vernachlässigung, Versäumnis«, s. versäumen, nis

Versäumnisurteil, N., »bei Säumnis einer Partei auf Antrag des Gegners zu erlassendes Urteil«, E. 19. Jh., s. Versäumnis, Urteil, vgl. Planck 1896

Versäumung, F., »Nichtvornahme (oder unwirksame Vornahme) einer Prozeßhandlung innerhalb des für die Vornahme vorgeschriebenen Zeitraumes«, mhd. versūmunge, F., »Vernachlässigung, Versäumnis«, s. versäumen, ung

verschaffen, V., »erlangen machen«, mhd. verschaffen, V., »übel schaffen, verwandeln, verzaubern, wegschaffen, verderben, anordnen, bestimmen, vermachen, zuteilen, schriftlich zusichern«, s. ver, schaffen

Verschaffen, N., »durch Handlung erlangen«, s. verschaffen

Verschaffung, F., »Verordnung«, 16. Jh., s. verschaffen, ung

Verschaffungsvermächtnis, N., »Vermächtnis bei dem sich der vermachte Gegenstand nicht im Nachlaß befindet sondern vom Beschwerten erst beschafft werden muß«, 19. Jh.?, s. Verschaffung, Vermächtnis

verschleppen, V., »wegschleppen, verschleppen«, 17. Jh., s. ver, schleppen

Verschleppung, F., »Gefährdungsdelikt welches voraussetzt daß der Täter einen anderen durch List oder Drohung oder Gewalt in ein Gebiet außerhalb des räumlichen Geltungsbereiches des Strafgesetzbuches verbringt oder veranlaßt sich dorthin zu begeben oder davon abhält von dort zurückzukehren und dadurch der Gefahr aussetzt aus politischen Gründen verfolgt zu werden und hierbei im Widerspruch zu rechtsstaatlichen Grundsätzen durch Gewaltmaßnahmen oder Willkürmaßnahmen Schaden an Leib oder Leben zu erleiden oder der Freiheit beraubt oder in seiner beruflichen oder wirtschaftlichen Stellung empfindlich beeinträchtigt zu werden«, »Fortschaffung«, 1. H. 19. Jh.?, s. verschleppen

verschmelzen, V., »verschmelzen, durch Schmelzen weich werden«, mhd. versmelzen, V., »zerschmelzen«, ahd. firsmelzan (10./11. Jh.), V., »schmelzen, zerschmelzen«, s. ver, schmelzen

Verschmelzung, F., »Vereinigung der Vermögen mehrerer Kapitalgesellschaften ohne Abwicklung«, »Vereinigung«, 2. H. 18. Jh. (Lessing), s. verschmelzen, ung

verschollen, Adj., »verschollen, untergegangen (18. Jh.), auf öffentliche Ladung nicht erreichbar (19. Jh.?)«, kontaminiertes PPP. von mhd. verschellen, V., »untergehen«

Verschollenheit, F., »Fehlen von Nachrichten über das Leben oder Versterben einer Person deren Aufenthalt während längerer Zeit unbekannt ist und an deren Fortleben nach den Umständen ernstliche Zweifel bestehen«, 19. Jh., s. verschollen, heit, vgl. Weiske 1839ff.

verschulden, V., »vorwerfbar herbeiführen«, mhd. verschulden, V., »durch Schuld verlieren, verursachen, verdienen, verschulden, schuldig werden, übertreten«, ahd. firskulden (M. 9. Jh.), firsculden, V., »verschulden, verwirken, durch Schuld verlieren, angeklagt sein«, firskuldōn (12. Jh.), firsculdōn, V., »verschulden, begehen, verdienen«, as. farskuldian, V., »verwirken«, s. ver, schulden

Verschulden, N., »objektiv pflichtwidriges und subjektiv vorwerfbares Verhalten (str.) einer schuldfähigen Person«, Steinbach 1734, s. verschulden

Verschuldensvermutung, F., »Vermutung daß ein Verhalten schuldhaft ist«, 20. Jh.?, s. Verschulden, Vermutung

verschwägern, V., »durch Heirat verbunden werden«, 17. Jh., s. ver, Schwager

verschwägert, Adj., »durch Schwägerschaft verbunden«, 18. Jh., s. ver, Schwager

verschweigen, V., »verschweigen«, mhd. verswīgen, V., »schweigen, verschweigen, verlieren«, ahd. firswīgēn (765), V., »schweigen, verschweigen, übergehen, unterdrücken«, s. ver, schweigen

Verschweigen, N., »Unterlassen einer Erklärung«, s. verschweigen

Verschweigung, F., »fehlende Geltendmachung eines Rechts die meist nach Jahr und Tag zum Rechtsverlust führt (z.B.

Stadtluft macht frei), (im Erbrecht) gesetzliche Gleichstellung eines Gläubigers der seine Forderung später als fünf Jahre nach dem Erbfall geltend macht mit einem ausgeschlossenen Gläubiger«, »Verschweigen«, 14. Jh. Magdeburg, s. verschweigen, ung

verschwenden, V., »verschwenden, vergeuden«, mhd. verswenden, V., »verschwinden machen, zerbrechen, verzehren, beseitigen«, ahd. firswenten (1000), V., »vernichten, verzehren, verschlingen«, s. ver, schwenden

Verschwendung, F., »länger andauernde Vornahme unnützer und übermäßiger Ausgaben«, mhd. verswendunge, F., »Verschwendung, Schädigung«, 14. Jh.?, s. verschwenden, ung

verschwiegen, s. verschweigen

Verschwiegenheit, F., »Verschwiegensein«, Maaler 1561, s. verschwiegen, heit

Verschwiegenheitspflicht, F., »Verpflichtung ein Geheimnis nicht zu offenbaren«, 19. Jh., s. Verschwiegenheit, Pflicht, vgl. Planck 1896

verschwören, V., »schwören, zusichern, verschwören«, mhd. verswern, V., »falsch schwören, versichern, verschwören«, ahd. firswerien, V., »falsch schwören«, as. farswerian, V., »falsch schwören«, s. ver, schwören

Verschwörer, M., »Verschwörer«, mhd. verswerer, M., »der sich durch einen Schwur von einem lossagt«, s. verschwören

versenden, V., »versenden, wegsenden«, mhd. versenden, V., »aussenden, wegsenden, sich verlieren«, ahd. firsenten (765), V., »überantworten, absenden, abordnen, fortschicken«, s. ver, senden

Versendung, F., »Wegsendung«, 15. Jh.?, s. versenden, ung

Versendungskauf, M., »Kauf bei dem der Verkäufer auf Verlangen des Käufers die verkaufte Sache nach einem anderen Ort als dem Erfüllungsort versendet«, A. 20. Jh.?, s. Versendung, Kauf

versetzen, V., »versetzen«, mhd. versetzen, V., »hinsetzen, verpfänden, verlieren, festsetzen, versperren«, ahd. firsezzen (9. Jh.), V., »abwenden, aussetzen, verpflichten«, s. ver, setzen

Versetzung, F., »dauernde Zuweisung einer anderen Amtsstelle unter Verlust der bisherigen Amtsstelle«, mhd. versatzunge, F., »Versetzung, Verpfändung«, s. versetzen, ung

versichern, V., »versichern, eine Versicherung abgeben, eine Versicherung abschließen«, mhd. versichern, V., »sicher machen, schützen, befestigen, Sicherheit leisten, versorgen, versuchen, geloben, versprechen«, s. ver, sichern

Versicherung, F., »Schaffung von Sicherheit durch ein Verhalten, Deckung eines durch bestimmte Ereignisse (z.B. Krankheit) hervorgerufenen zufälligen schätzbaren Bedarfs (z.B. voraussichtliche Kosten aller Krankheiten) unter Verteilung auf eine möglichst große Zahl gleichartig bedrohter Personen«, mhd. 15. Jh.?, Lsch. lat. cautio, F., »Behutsamkeit, Vorsicht«?, s. versichern, ung, »Versicherung« Frisch 1741, sachlich 1676 staatlich begründete Feuerkasse Hamburg

Versicherung an Eides Statt, F., »Möglichkeit eine tatsächliche Behauptung glaubhaft zu machen«, 19. Jh.?, s. Versicherung, Eid, vgl. Hälschner 1887

Versicherungsaufsicht, F., »staatliche Aufsicht über die Versicherungsunternehmen«, A. 20. Jh.?, s. Versicherung, Aufsicht

Versicherungsbedingungen (allgemeine), F. Pl., »für bestimmte Arten von Versicherungen von den Versicherungsunternehmen den Versicherungsverträgen zugrundegelegte allgemeine Geschäftsbedingungen«, A. 20. Jh.?, s. Versicherung, Bedingung

Versicherungsberater, M., »Berater in Versicherungsangelegenheiten«, 20. Jh.?, s. Versicherung, Berater

Versicherungsbetrug, M., »Straftatbestand bei dem der Täter in betrügerischer Absicht entweder eine gegen Feuersgefahr versicherte Sache in Brand setzt oder ein Schiff welches als solches oder in seiner Ladung oder in seinem Frachtlohn versichert ist sinken oder stranden macht«, E. 19. Jh.?, s. Versicherung, Betrug, vgl. Hälschner 1887

Versicherungsfall, M., »Ereignis das die Leistungspflicht des Versicherers (Versicherungsunternehmers) auslöst (z.B. Tod des durch Lebensversicherung versicherten Versicherungsnehmers)«, A. 20. Jh.?, s. Versicherung, Fall

Versicherungsnehmer, M., »Person die auf Grund eines Versicherungsvertrags ein

Risiko bei einem Versicherungsunternehmer versichert«, E. 19. Jh.?, s. Versicherung, Nehmer

Versicherungspflicht, F., »Verpflichtung ein Risiko zu versichern bzw. kraft Gesetzes zwangsweise gegen ein Risiko versichert zu sein«, A. 20. Jh.?, s. Versicherung, Pflicht

Versicherungspolice, F., »Versicherungsschein«, E. 19. Jh.?, s. Versicherung, Police

Versicherungsprämie, F., »Geldleistung die der Versicherungsnehmer als Gegenleistung für die Tragung des Risikos durch den Versicherer an diesen zu erbringen hat«, E. 19. Jh.?, s. Versicherung, Prämie

Versicherungsrecht, N., »Recht der Versicherung«, 19. Jh., s. Versicherung, Recht

Versicherungsschein, M., »vom Versicherer unterzeichnete Urkunde über den Versicherungsvertrag«, Kramer 1702, s. Versicherung, Schein

Versicherungsverein, M., »zum Zweck der Versicherung eines Risikos gegründeter rechtsfähiger Verein«, 2. H. 19. Jh.?, s. Versicherung, Verein

Versicherungsvertrag, M., »zwischen Versicherer und Versicherungsnehmer über die entgeltliche Tragung eines Risikos formlos abgeschlossener Vertrag«, Allgemeines Bürgerliches Gesetzbuch 1811 Österreich, s. Versicherung, Vertrag, vgl. Weiske 1839ff.

Versicherungszwang, M., »gesetzlicher Zwang zur Versicherung«, E. 19. Jh., s. Versicherung, Zwang

versitzen, V., »versitzen, durch Zeitablauf verlieren«, mhd. versitzen, V., »durch Sitzenbleiben übersehen, versäumen, zu lange sitzen«, s. ver, sitzen

Versitzung, F., »Verlust eines Rechts durch dessen Ersitzung seitens einer anderen Person«, 19. Jh.? (Badisches Landrecht 1809), s. versitzen, ung

versorgen, V., »versorgen, sicherstellen«, mhd. versorgen, V., »aufhören zu sorgen, besorgen, sicherstellen«, s. ver, sorgen

Versorgung, F., »Sicherung des Lebensunterhaltes außerhalb eines aktiven Dienstverhältnisses«, A. 16. Jh. (1515), Lüt. lat. provisio, F., »Vorhersehen, Vorsorge«, s. versorgen, ung

Versorgungsausgleich, M., »Ausgleich der Ansprüche auf Versorgung zwischen zwei Ehegatten im Fall der Ehescheidung«, Held 1970, s. Versorgung, Ausgleich

Verspätungsschaden, M., »auf Verspätung beruhender Schaden«, 19. Jh.?, s. ver, Schaden

verstaatlichen, V., »in Eigentum des Staates überführen, verstaatlichen«, 2. H. 19. Jh., s. ver, Staat, lich

Verstaatlichung, F., »Verstaatlichung«, E. 19. Jh., s. verstaatlichen, ung

Verständnis, N., »Verständnis«, mhd. verstantnisse, verstentnisse, F., »Denkvermögen, Verständnis«, ahd. firstantannissa (11. Jh.), firstantnissa, F., »Verständnis, Einsicht«, s. ver, Stand, nis

Versteigerer, M., »wer versteigert«, 19. Jh.? Lüs. lat. auctionator, M., »Auktionator«?, s. versteigern

versteigern, V., »versteigern, an den Meistbietenden öffentlich verkaufen«, E. 18. Jh. schriftsprachlich, älter mundartlich zu mhd. ersteigen, gesteigen

Versteigerung, F., »öffentlicher Verkauf an einen Meistbietenden«, 15. Jh. (bzw. Stieler 1691), s. versteigern, ung

Verstoß, M., »widersprechendes Verhalten«, »Fehler, Versehen«, 17. Jh. (Ludwig 1716), »Mittel zum Verstopfen von Öffnungen (16. Jh.)«, s. verstoßen

verstoßen, V., »verletzen, fortstoßen«, mhd. verstōzen, V., »stoßen, weisen, wegstoßen, vertreiben, berauben, vergeuden, zustoßen, irregehen, sich irren«, ahd. firstōzan (9. Jh.), V., »stoßen, verstoßen, vertreiben, ablehnen«, s. ver, stoßen

verstricken, V., »beschlagnahmen, verstrikken«, mhd. verstricken, V., »fest zusammenstricken, verflechten, verbinden, einsperren«, Lüt. lat. laqueare, V., »umstrikken«, s. ver, stricken

Verstrickung, F., »Begründung und Bestehen einer staatlichen Verfügungsmacht an einem Gegenstand unter Ausschluß der früheren privatrechtlichen Verfügungsmacht des Berechtigten«, mhd. verstrikkunge, F., »Verbindung, Verpflichtung«, s. verstricken, ung

Verstrickungsbruch, M., »Zerstören oder Beschädigen oder Unbrauchbarmachen oder der Verstrickung Entziehen einer Sache welche gepfändet oder sonst dienstlich in Beschlag genommen ist«, E. 19. Jh., s. Verstrickung, Bruch, vgl. Hälschner 1887

verstümmeln, V., »verletzen, verzehren«, mhd. verstümbeln, verstumeln, V., »verstümmeln«, zu ahd. stumbal (765, ON), Adj., »stumpfsinnig, verstümmelt«

Verstümmelung, F., »Entfernen oder Unbrauchbarmachen eines Teiles des menschlichen Körpers durch eine unmittelbare mechanische Einwirkung auf den Körper (z.B. Entfernen eines Organs)«, vor Stieler 1691, s. verstümmeln, ung

Versuch, M., »Betätigung des Entschlusses zur Begehung einer Straftat durch Handlungen die zur Verwirklichung des gesetzlichen Tatbestandes unmittelbar ansetzen aber nicht zur Vollendung führen«, mhd. versuoh, M., »Streben, Trachten, Unternehmen, Prüfung, Untersuchung« (12. Jh.), s. versuchen

versuchen, V., »versuchen, probieren«, mhd. versuochen, V., »zu erfahren suchen, kennenzulernen suchen, forschen, prüfen, zu erlangen suchen«, s. ver, suchen

vertagen, V., »vertagen, auf einen anderen Tag verschieben«, 18. Jh. Lbd. frz. ajourner, V., »vertagen«, Lbd. ne. adjourn, V., »vertagen«, mhd. vertagen, V., »einen Tag ansetzen, aufschieben, verschieben, versäumen«, s. ver, tagen

Vertagung, F., »Bestimmung eines neuen Termins zur Verhandlung in einem noch nicht beendeten Termin«, spätmhd. vertagunge, F., »Verhandlung« 1562, s. vertagen, ung

verteidigen, V., »verteidigen, schützen, abwehren«, mhd. vertagedingen, verteidigen, V., »vor Gericht ziehen, vor Gericht laden, vor Gericht verhandeln, vor Gericht verteidigen«, s. ver, Teiding, Tag, Ding

Verteidiger, M., »unabhängiges Organ der Rechtspflege dessen Aufgabe es ist dem Beschuldigten Beistand zu leisten«, mhd. Lüt. lat. defensio, F., »Verteidigung«?, 16. Jh. (Sachs) Lüt. lat. defensor, M., »Verteidiger«?, s. verteidigen

Verteidigung, F., »Abwehr«, A. 16. Jh. (Luther vor 1540), s. verteidigen, ung

Verteidigungsfall, M., »vom Bundestag festzustellender Fall daß das Bundesgebiet mit Waffen angegriffen wird oder ein solcher Angriff unmittelbar droht«, 2. H. 20. Jh., s. Verteidigung, Fall

Verteidigungsnotstand, M., »zur Verteidigung erforderlicher Notstand«, 20. Jh., s. Verteidigung, Notstand

verteilen, V., »verteilen, aufteilen«, mhd. verteilen, V., »verteilen, zerteilen, durch Urteil nehmen, verdammen«, ahd. firteilen (10. Jh.? bzw. 11. Jh.), V., »berauben, betrügen, verurteilen«, s. ver, teilen

Verteilung, F., »Aufteilung eines Gegenstandes auf mehrere Berechtigte«, mhd. verteilunge, F., »Verurteilung, Verdammung«, s. verteilen, ung

vertiefen, V., »vertiefen, tiefer machen«, mhd. vertiefen, V., »vertiefen, versenken«, s. ver, tief

Vertiefung eines Grundstückes, F., »Senkung der Höhe der Oberfläche eines Grundstücks«, 16. Jh. (Zwingli), s. vertiefen, ung

vertikal, Adj., »senkrecht, vertikal«, E. 17. Jh. (1695) Lw. spätlat. verticalis, Adj., »senkrecht«, zu lat. vertex, M., »Wirbel, Scheitel, Spitze, Höhe«, zu lat. vertere, V., »drehen, wenden«

vertikaler Finanzausgleich, M., »Finanzausgleich zwischen Bund und Ländern oder Ländern und Gemeinden«, 2. H. 20. Jh., s. Finanzausgleich, vertikal

Vertrag, M., »zweiseitiges Rechtsgeschäft das grundsätzlich durch zwei sich deckende bzw. einander wechselseitig entsprechende Willenserklärungen (Antrag und Annahme) zustandekommt«, spätmhd. (14. Jh. bzw. 1366 St. Truiden) vertrac, M., »Vertrag, Verträglichkeit, Dauer, Bestand, Zeitvertreib, Eintrag, Gewinn«, wird im 17. Jh. durch Traktat, Pakt, Kontrakt zurückgedrängt, löst im 19. Jh. Kontrakt ab, vgl. Geschichtliche Grundbegriffe

vertragen, V., »vertragen, befördern, zerstreuen, verschleppen«, mhd. vertragen, V., »führen, forttragen, verleiten, verleumden, ertragen, gestatten, gütlich beilegen, aussöhnen, übereinkommen«, ahd. firtragan (790), V., »tragen, ertragen, leiden, dulden, stützen«, as. fardragan, V., »dulden«, germ. *fardragan, V., »wegschleppen«, s. ver, tragen

Vertrag mit Schutzwirkung, M., »Vertrag zwischen zwei Parteien welcher eine Schutzwirkung für bestimmte Dritte umfaßt«, um 1960, s. Vertrag, Schutzwirkung

Vertrag über die abschließende Regelung in Bezug auf Deutschland, M., »am 12. 9. 1990 nach den Zweiplusviererverhandlungen abgeschlossener Vertrag zwischen der bisherigen Bundesrepublik

Deutschland und der bisherigen Deutschen Demokratischen Republik und den vier alliierten Siegermächten des zweiten Weltkrieges«, s. Vertrag, Regelung, Deutschland

Vertrag zugunsten Dritter, M., »einen Dritten begünstigender Vertrag«, E. 19. Jh.?

Vertrag zu Lasten Dritter, M., »einen Dritten belastender Vertrag«, E. 19. Jh.?

Vertragsfreiheit, F., »Freiheit Verträge zu schließen«, E. 19. Jh.?, s. Vertrag, Freiheit

Vertragshändler, M., »wer erstens auf Grund eines auf gewisse Dauer geschlossenen Rahmenvertrages verpflichtet ist Waren eines anderen (Herstellers) in eigenem Namen und auf eigene Rechnung zu verkaufen und zweitens dadurch in dessen Verkaufsorganisation eingegliedert ist«, 20. Jh.?, s. Vertrag, Händler

Vertragsrecht, N., »Gesamtheit der Rechtssätze welche Verträge betreffen«, Fichte A. 19. Jh., s. Vertrag, Recht

Vertragsschluß, M., »Abschluß eines Vertrages«, E. 19. Jh.?, s. Vertrag, Schluß

Vertragsstatut, N., »(im internationalen Privatrecht) auf Verträge anwendbares Recht für welches der Grundsatz der Vertragsfreiheit gilt«, 20. Jh.?, Vertrag, Statut

Vertragsstrafe, F., »meist in Geld bestehende Leistung die der Schuldner für den Fall der Nichterfüllung oder der nicht gehörigen Erfüllung einer Verbindlichkeit verspricht«, 19. Jh., Lüt. lat. poenae stipulatio, F., »Strafversprechen«, s. Vertrag, Strafe, vgl. Gerber 1895

Vertragsübernahme, F., »Übertragung (bzw. Übernahme) der Stellung als Partei eines Schuldverhältnisses auf (bzw. durch) eine dritte Person«, 2. H. 20. Jh.?, s. Vertrag, Übernahme

Vertragsverletzung, F., »Verletzung einer Vertragspflicht«, 19. Jh., s. Vertrag, Verletzung

Vertragszwang, M., »Abschlußzwang (für Vertrag)«, 19. Jh.?, s. Vertrag, Zwang

vertrauen, V., »vertrauen, trauen, anvertrauen«, mhd. vertrūwen, vertriuwen, V., »trauen, anvertrauen«, ahd. firtrūēn (1000), V., »vertrauen, sich verlassen, zuversichtlich sein«, s. ver, trauen

Vertrauen, N., »sichere Erwartung des Eintretens eines bestimmten Umstandes«, 1506 Frankfurt, s. vertrauen

Vertrauensarzt, M., »ein bei einem Sozialversicherungsträger tätiger Arzt der auf Ersuchen der Krankenkasse die Arbeitsfähigkeit eines Versicherten und die Verordnung von Versicherungsleistungen gutachtlich überprüft«, Manes 1909, s. Vertrauen, Arzt

Vertrauensfrage, F., »Antrag des Bundeskanzlers an den Bundestag ihm das Vertrauen auszusprechen«, 2. H. 20. Jh., s. Vertrauen, Frage

Vertrauensgrundsatz, M., »vom Vertrauen ausgehende Regel«, 20. Jh.?, s. Vertrauen, Grundsatz, vgl. Vertrauensmaxime 19. Jh.

Vertrauenshaftung, F., »Haftung für die Verletzung eines Vertrauens«, um 1960?, s. Vertrauen, Haftung

Vertrauensinteresse, N., »negatives Interesse, Interesse des durch einen Vertrauensschaden Geschädigten«, 2. H. 20. Jh.?, s. Vertrauen, Interesse

Vertrauensschaden, M., »im Vertrauen auf die Gültigkeit eines in Wirklichkeit nicht bestehenden Rechtsgeschäfts entstandener Schaden (z.B. Verpackungskosten im Rahmen eines nachträglich angefochtenen Rechtsgeschäfts)«, 2. H. 20. Jh.?, s. Vertrauen, Schaden

Vertrauensschutz, M., »rechtliche Berücksichtigung eines entgegengebrachten Vertrauens«, 20. Jh., s. Vertrauen, Schutz

vertretbar, Adj., »ersetzbar, annehmbar«, 19. Jh., Lsch. mlat. fungibilis, Adj., »vertretbar«, s. vertreten, bar

vertretbare Handlung, F., »ersetzbare Handlung«, 19. Jh.?, s. vertretbar, Handlung

vertretbare Sache, F., »ersetzbare Sache«, 19. Jh., s. Sache, vertretbar, Zachariae, vgl. Weiske 1839ff.

vertreten, V., »vertreten, zertreten, einen Fehltritt tun«, mhd. vertreten, V., »dahingehen, enden, wegtreten, verschmähen, fehltreten, vor einen treten, vertreten, haften«, ahd. firtretan (E. 8. Jh.), V., »zertreten, niedertreten, zerquetschen, verspotten«, s. ver, treten

Vertretenmüssen, N., »gesetzliche Verpflichtung für ein bestimmtes (schuldhaftes) Verhalten einzustehen«, E. 19. Jh., s. vertreten, müssen

Vertreter, M., »wer für einen anderen auftritt (Stellvertreter)«, »Schirmherr« 1390,

»Abgeordneter« 16. Jh., »Stellvertreter« 19. Jh., s. vertreten

Vertretergeschäft, N., »das vom Vertreter vorzunehmende Rechtsgeschäft«, 20. Jh.?, s. Vertreter, Geschäft

Vertretung, F., »Zertreten (Chomel 18. Jh.), Verrenkung, Schutz (Torquatus 1562), Eintreten (1621), Verwaltung (1607), Vertretung (19. Jh.)«, s. vertreten, ung

Vertretungsmacht, F., »Rechtsmacht in fremdem Namen für fremde Rechnung zu handeln«, E. 19. Jh.?, s. Vertretung, Macht, vgl. Planck 1896

Vertretungswille, M., »Wille in fremdem Namen für fremde Rechnung zu handeln«, 20. Jh.?, s. Vertretung, Wille

vertreiben, V., »vertreiben«, mhd. vertrīben, V., »auseinandertreiben, vertreiben, wegtreiben«, ahd. firtrīban (765), V., »vertreiben, entfernen, zurückweisen«, as. fardrīvan, V., »vertreiben«, germ. *fardreiban, V., »vertreiben«, s. ver, treiben

Vertriebener, M., »deutscher Staatsangehöriger oder Volkszugehöriger der seinen Wohnsitz in den früheren deutschen Ostgebieten oder außerhalb des Deutschen Reiches im Zusammenhang mit den Ereignissen des zweiten Weltkrieges infolge Vertreibung verloren hat (sowie eine ihm gleichgestellte Person)«, 2. H. 20. Jh., s. vertreiben

Vertreibung, F., »Vertreibung«, mhd. vertrībunge, V., »Vertreibung«, ahd. firtrībunga (11. Jh.), F., »Verstoßung, Scheidung«, Lsch. lat. repudium, N., »Verstoßung«, s. vertreiben, ung

Vertrieb, M., »Vertrieb« »Verkauf von Waren« 16. Jh., mhd. vertrip, M., »Vertreibung« 16. Jh., 18. Jh. häufiger, s. vertreiben

Vertriebsrecht, N., »Recht des Vertriebs«, 2. H. 20. Jh., s. Vertrieb, Recht

verunglimpfen, V., »verunglimpfen, beleidigen«, 15. Jh., zu Unglimpf, M., »Beleidigung«

veruntreuen, V., »treuwidrig behandeln«, mhd. veruntrūwen, veruntriuwen, V., »treulos sein, treulos behandeln, schädigen, verraten, bestehlen, veruntreuen«, ahd. firuntriuwēn (13. Jh.), V., »veruntreuen, betrügen, hintergehen«, s. ver, un, treu

Veruntreuung, F., »Unterschlagung einer dem Täter besonders anvertrauten Sache (z.B. bei Eigentumsvorbehaltskauf)«, 16. Jh., s. veruntreuen, ung

verursachen, V., »hervorrufen«, A. 16. Jh., s. ver, Ursache

Verursacher, M., »wer verursacht«, E. 16. Jh., s. verursachen

Verursachung, F., »Setzung einer Ursache für einen Erfolg«, 17. Jh. (Hulsius-Ravellus 1616), s. verursachen, ung

verurteilen, V., »verurteilen, durch Urteil entscheiden«, mhd. verurteilen, V., »richterlich entscheiden, verurteilen«, s. ver, urteilen

Verurteilung, F., »Anordnen einer Rechtsfolge in einem Einzelfall durch ein Urteil«, 2. H. 16. Jh. (Fischart), s. verurteilen, ung

Vervielfältigung, F., »Vermehrung um ein Vielfaches«, 18. Jh. Lüs. lat. multiplicatio, F., »Vervielfältigung«, s. viel, fältig, ung

verwahrlosen, V., »verwahrlosen, verkommen«, mhd. verwarlōsen, V., »unachtsam behandeln, unachtsam betreiben, verwahrlosen, beflecken«, zu spätmhd. warlos, Adj., »nicht beachtet«, zu ahd. wara (10. Jh.), F., »Wahrnehmung«, s. ver, wahren, los

Verwahrlosung, F., »Zustand eines Jugendlichen von einiger Dauer in welchem der davon Betroffene in erheblichem Umfang derjenigen körperlichen oder geistigen oder seelischen Eigenschaften ermangelt die bei einem Minderjährigen seines Alters unter sonst gleichen Verhältnissen als Ergebnis einer ordnungsgemäßen Erziehung vorausgesetzt werden müssen«, »Vernachlässigung« Gersdorff 1517, s. verwahrlosen, ung

verwahren, V., »aufbewahren, verwahren«, mhd. verwarn, V., »behüten, bewahren«, s. ver, wahren

Verwahrung, F., »entweder gegenseitiger oder unvollkommen zweiseitig verpflichtender Vertrag durch den sich der eine Teil (Verwahrer) verpflichtet eine ihm von dem anderen Teil (Hinterleger) übergebene bewegliche Sache aufzubewahren«, mhd. verwarunge, F., »Verwahrung, Vorbehalt«, 15. Jh., Lsch. lat. depositum, N., »Verwahrung«?, s. verwahren, ung

Verwahrungsbruch, M., »Straftatbestand der voraussetzt daß der Täter Schriftstücke oder andere bewegliche Sachen die in dienstlicher Verwahrung - oder amtlicher

Verwahrung einer Religionsgesellschaft des öffentlichen Rechts - sind zerstört oder beschädigt oder unbrauchbar macht oder der dienstlichen Verfügung entzieht«, 19. Jh.?, s. Verwahrung, Bruch

verwalten, V., »verwalten, sorgen für«, mhd. verwalten, V., »in Gewalt haben, verwalten, sorgen für, können, verstehen, sich frei bewegen«, s. ver, walten

Verwaltung, F., »auf längere Dauer angelegte Besorgung einer Angelegenheit, diejenige - öffentlichrechtliche oder privatrechtliche - Staatstätigkeit die nicht Gesetzgebung oder Rechtsprechung oder Regierung ist«, 15. Jh., »Tätigkeit, Aufgabe eine Staates usw.« 16. Jh., s. verwalten, vgl. Geschichtliche Grundbegriffe

Verwaltungsakt, M., »- formlos mögliche - Verfügung (Allgemeinverfügung) oder Entscheidung oder andere hoheitliche Maßnahme die ein Behörde zur Regelung eines Einzelfalles auf dem Gebiet des öffentlichen Rechts trifft und die auf unmittelbare Rechtswirkung nach außen gerichtet ist (z.B. Bauerlaubnis)«, Mayer 1895, vgl. frz. acte administratif, M., »Akt der Verwaltung«, s. Verwaltung, Akt

Verwaltungsbehörde, F., »Stelle welche Aufgaben der öffentlichen Verwaltung wahrnimmt wobei unter Stelle eine durch Organisationsrecht geschaffene vom Wechsel der sie jeweils innehabenden Personen unabhängige in gewisser Weise verselbständigte Organisationseinheit zu verstehen ist«, Krünitz 1773ff., s. Verwaltung, Behörde

Verwaltungsgebühr, F., »Gebühr für die Vornahme einer Amtshandlung (z.B. Erteilung einer Baugenehmigung)«, 20. Jh.?, s. Verwaltung, Gebühr

Verwaltungsgemeinschaft, F., »bis 1953 eine Einrichtung des Ehegüterrechts bei der das an sich rechtlich getrennte Vermögen der Ehegatten als Einheit vom Mann verwaltet wurde«, E. 19. Jh., s. Verwaltung, Gemeinschaft, vgl. Gerber 1895

Verwaltungsgericht, N., »Gericht der ersten Instanz der Verwaltungsgerichtsbarkeit«, um 1860 Baden, s. Verwaltung, Gericht

Verwaltungsgerichtsbarkeit, F., »für verwaltungsrechtliche Streitigkeiten (allgemeine öffentlichrechtliche Streitigkeiten nichtverfassungsrechtlicher Art) zuständige Gerichtsbarkeit«, 19. Jh., s. Verwaltung, Gerichtsbarkeit

Verwaltungsgerichtsgesetz der amerikanischen Besatzungszone, N., »der Verwaltungsgerichtsordnung vom 21. 1. 1960 vorausgehendes Gesetz über die Verwaltungsgerichtsbarkeit in der amerikanischen Besatzungszone«, um 1950, s. Verwaltungsgericht, Gesetz

Verwaltungsgerichtshof (VGH), M., »in einigen Ländern (z.B. Bayern) Bezeichnung für das Oberverwaltungsgericht«, 19. Jh., s. Verwaltung, Gerichtshof

Verwaltungsgerichtsordnung (VwGO), F., »die Verfassung und das Verfahren der Verwaltungsgerichtsbarkeit regelndes Gesetz vom 21. 1. 1960«, s. Verwaltung, Gerichtsordnung

Verwaltungshandeln, N., »Handeln der Verwaltungsbehörden (z.B. Rechtsverordnung oder Verwaltungsakt)«, 20. Jh., s. Verwaltung, Handeln

Verwaltungslehre, F., »Verwaltungswissenschaft, Lehre über das Wesen und die Organisation der öffentlichen Verwaltung«, E. 19. Jh.?, s. Verwaltung, Lehre

Verwaltungsprivatrecht, N., »dasjenige Recht das Anwendung findet wenn ein Träger öffentlicher Verwaltung in privatrechtlichen Rechtsformen handelt (z.B. Stromversorgung)«, 20. Jh., s. Verwaltung, Privatrecht

Verwaltungsprozeß, M., »Verwaltungsstreitverfahren, gerichtliches Verfahren in welchem über eine allgemeine öffentlichrechtliche Streitigkeit nichtverfassungsrechtlicher Art entschieden wird«, 20. Jh., s. Verwaltung, Prozeß

Verwaltungsrecht, N., »Gesamtheit der die öffentliche Verwaltung betreffenden Rechtssätze«, E. 19. Jh. (Mayer 1895), s. Verwaltung, Recht

Verwaltungsträger, M., »wem eine Zuständigkeit zur Ausübung öffentlicher Verwaltung zugeteilt ist«, 2. H. 20. Jh., s. Verwaltung, Träger

Verwaltungstreuhand, F., »die Verwaltung betreffende Treuhand«, 20. Jh., s. Verwaltung, Treuhand

Verwaltungsunrecht, N., »im Widerspruch zu einem Ordnungsgesetz stehendes Verhalten (Ordnungswidrigkeit)«, 2. H. 20. Jh., s. Verwaltung, Unrecht

Verwaltungsverfahren, N., »nach außen wirkende Tätigkeit der Behörden die auf die Prüfung der Voraussetzungen und die Vorbereitung und den Erlaß eines Verwaltungsaktes oder auf den Abschluß eines öffentlich-rechtlichen Vertrages gerichtet ist«, 20. Jh., s. Verwaltung, Verfahren

Verwaltungsvermögen, N., »alle Gegenstände die unmittelbar hoheitlichen Zwekken dienen (z.B. Verwaltungsgebäude)«, 19. Jh., s. Verwaltung, Vermögen

Verwaltungsverordnung, F., »Verwaltungsvorschrift«, 19. Jh.?, s. Verwaltung, Verordnung, vgl. Mayer 1895

Verwaltungsvertrag, M., »die Verwaltung betreffender Vertrag«, 20. Jh.?, s. Verwaltung, Vertrag

Verwaltungsvollstreckung, F., »zwangsweise Verwirklichung der Anordnung der Verwaltung«, 20. Jh., s. Verwaltung, Vollstreckung

Verwaltungsvollstreckungsgesetz (des Bundes), N., »die Verwaltungsvollstreckung betreffendes Gesetz (des Bundes)«, 2. H. 20. Jh., s. Verwaltungsvollstreckung, Gesetz

Verwaltungsvorschrift, F., »Regelung die innerhalb der Verwaltungsorganisation von übergeordneten Verwaltungsträgern an nachgeordnete Verwaltungsträger ergeht und dazu dient Organisation und Handeln der Verwaltung näher zu bestimmen (z.B. Erlaß)«, 2. H. 19. Jh. (Bernhardt 1872ff.), s. Verwaltung, Vorschrift, verdrängt Verwaltungsverordnung

Verwaltungswissenschaft, F., »Wissenschaft vom Wesen und der Organisation der Verwaltung«, 20. Jh.?, s. Verwaltung, Wissenschaft

Verwaltungszustellung, F., »Zustellung von Schriftstücken der Verwaltung«, 2. H. 20. Jh., s. Verwaltung, Zustellung

Verwaltungszwang, M., »Erzwingung der von der Verwaltung gegebenen Anordnung - des belastenden Verwaltungsaktes - durch die Verwaltung selbst«, 20. Jh.?, s. Verwaltung, Zwang

verwandt, Adj., »verwendet, verwandt (15. Jh.)«, mhd. verwant, PPP., »in Beziehung stehend, in Verbindung stehend«, zu mhd. verwenden, V., »rückgängig machen, abwenden, verheiraten«, s. verwenden

Verwandter, M., »Person welche zu einer Person oder zu einer gemeinsamen dritten Person in einem Abstammungsverhältnis steht (z.B. Sohn)«, 16. Jh., s. verwandt

Verwandtschaft, F., »personenrechtliches Verhältnis zwischen Personen die voneinander (Verwandtschaft in gerader Linie) oder gemeinsam von derselben dritten Person (Verwandtschaft in Seitenlinien) abstammen«, »Freundschaft, Zugetansein«, E. 15. Jh. (Riederer 1493), »Verwandtschaft« (16. Jh.), s. verwandt, schaft

verwandtschaftlich, Adj., »Verwandtschaft betreffend«, 2. H. 18. Jh., s. Verwandtschaft, lich

verwarnen, V., »verwarnen, ermahnen, mit Strafe drohen (2. H. 18. Jh.)«, 16. Jh., mhd. verwarnen, V., »warnen«, as. farwernian, V., »abschlagen, verweigern«, s. ver, warnen

Verwarnung, F., »Warnung, Hinweis auf eine Gefahr (16. Jh.), eindringliche Zurechtweisung eines jugendlichen Täters unter Vorhaltung des Unrechts der begangenen Straftat«, mhd. verwarnunge, V., »Warnung, Mahnung«, Nikolaus von Jeroschin 14. Jh., s. verwarnen, ung, ver, Warnung

Verweis, M., »Verweis, Tadel«, mhd. verwīz, M., »Verweis«, Rückbildung aus verweisen, s. verweisen

verweisen, V., »verweisen, verbannen«, mhd. verwīsen, V., »falsch weisen, verführen, abweisen, ausweisen, überführen, zuweisen, übertragen«, s. ver, weisen

verweisen, V., »tadeln«, mhd. verwīzen, V., »vorwerfen, tadeln«, ahd. firwīzan (790, PN), V., »vorwerfen, schmähen«, germ. *farweitan, V., »tadeln, beschimpfen«

Verweisung, F., »Bezugnahme, Weiterleitung«, mhd. verwīsunge, F., »Beweis, Ausweisung, Verbannung, Vermächtnis« 14. Jh., s. verweisen, ung

verwenden, V., »verwenden, aufwenden«, mhd. verwenden, V., »rückgängig machen, abwenden, abwehren, umwenden, zerstören, unterbringen, verheiraten, ausstatten, schmücken«, ahd. firwenten (12. Jh.), V., »abbringen, zurückhalten«, s. ver, wenden

Verwendung, F., »gewollte Vermögensaufwendung welche einer Sache zugutekommen soll indem sie diese wiederherstellt oder erhält oder verbessert (z.B. Reparatur eines Autos)«, 16. Jh., s. verwenden, ung

verwerten, V., »verwerten, zu Werten machen«, A. 19. Jh. (Arndt um 1800), s. ver, Wert

Verwertung, F., »Benützung, Auswertung«, 19. Jh., s. verwerten, ung

Verwertungsgesellschaft, F., »Gesellschaft deren Zweck in der vermögensrechtlichen Verwertung von (nichtvermögensrechtlichen) Rechten liegt (z.B. WORT)«, 2. H. 20. Jh.?, s. Verwertung, Gesellschaft

Verwertungsverbot, N., »von der Rechtsordnung an ein Gericht oder eine Behörde gerichtetes Verbot bestimmte Tatsachen bei der Entscheidungsbildung zu berücksichtigen (str.)«, 20. Jh.?, s. Verwertung, Verbot

verwesen, V., (»verwesen«, mhd. verwesen, V., »zunichte werden, vergehen, verwesen, zunichte machen, verderben, aufbrauchen,) an die Stelle treten, vertreten, verwalten, versehen, sorgen für«, ahd. firwesan (1) (863-71), V., »vertreten«, s. ver, Wesen

Verweser, M., »Verweser«, mhd. verweser, M., »Stellvertreter, Verwalter«, s. verwesen

verwirken, V., »verwirken, verlieren«, mhd. verwirken, V., »vermachen, einschließen, verderben, ins Unglück stürzen«, ahd. firwirken (A. 9. Jh.), V., »verwirken, verschulden, zerstören, sich versündigen«, s. ver, wirken

Verwirkung, F., »aus Treu und Glauben folgender Verlust eines Rechts infolge verspäteter Geltendmachung«, 15. Jh., »Schuld, Vergehen« (16. Jh.), »Verlust« (Luther vor 1546), s. verwirken, ung, im 19. Jh. wieder aufgenommen

Verwirkungsklausel, F., »kassatorische Klausel, Verfallsklausel«, um 1900 (Manes 1909), s. Verwirkung, Klausel

verzeichnen, V., »schriftlich festhalten, falsch zeichnen«, 15. Jh., s. ver, zeichnen

Verzeichnis, N., »schriftliche Zusammenstellung, Aufstellung, Register«, 15. Jh., s. verzeichnen, nis

verzeihen, V., »verzeihen (15. Jh.), nachsehen«, mhd. verzīhen, verzīen, V., »versagen, abschlagen, nicht beanspruchen, verzichten, aufgeben, verlassen (V.), verschmähen«, ahd. firzīhan (800), V., »verweigern, versagen, ablehnen«, s. ver, zeihen

Verzeihung, F., »Vergebung, Nachsicht«, mhd. verzīhunge, F., »Vergebung, Nachsicht«, s. verzeihen, ung

Verzicht, M., »rechtsgeschäftliche Aufgabe eines Rechts oder eines rechtlichen Vorteils«, mhd. verziht, F., »Entsagung, Verzichtsleistung«, im 12.-15. Jh. auch vurziht (furciht um 1130 Berchtesgaden), s. verzeihen

verzichten, V., »aufgeben«, E. 18. Jh., s. Verzicht, verdrängt verzeihen in der Bedeutung »aufgeben«

Verzichtsurteil, N., »auf Grund eines Verzichts des Klägers ergehendes Urteil«, 19. Jh.?, s. Verzicht, Urteil

verzögern, V., »zeitlich hinausziehen«, M. 17. Jh. (Schottel 1663), vgl. mnd. vertogeren, V., »zeitlich hinausziehen«, 14. Jh., s. ver, zögern

Verzögerung, F., »Aufschub«, 2. H. 17. Jh. (Chemnitz 1648), vgl. mnd. vertogheringhe, F., »Aufschub« 15. Jh., s. verzögern, ung

verzollen, V., »Zoll leisten für«, mhd. verzollen, V., »Zoll leisten«, s. ver, Zoll

Verzug, M., »rechtswidrige Verzögerung der Leistung durch den Schuldner«, mhd. verzoc, verzuc, M., »Verzug«, Lbd. lat. mora, F., »Verzug«, s. ver, Zug, vürzoc 14. Jh. obd.

Veto, N., »Einspruch«, M. 18. Jh. (Schönaich 1753) Lw. frz. veto, M., »Einspruch«, Lw. ne. veto (17. Jh.), M., »Einspruch«, aus lat. veto, »ich verbiete«, 1. Pers. Sg. Akt. Ind. Präs. von lat. vetare, V., »verbieten«

Vettel, F., »Alte«, 15. Jh. Lw. lat. vetula, F., »altes Weib«, zu lat. vetus, Adj., »alt«

Vetter, M., »Vetter, Cousin«, mhd. vetere, veter, M., »Vatersbruder, Vetter, Brudersohn, Stammverwandter«, ahd. fetiro (765, PN), fatureo, M., »Oheim, Onkel, Vetter«, westgerm. *fadurjan, *fadurjōn, *fadurwjōn, M., »Vatersbruder«, idg. *pətr̥wjo-, M., »Vatersbruder«, zu idg. *pətēr, M., »Vater«, zu idg. *pā-?, V., »füttern, nähren, weiden«?, Bedeutungsentwicklung infolge der Aufgabe des Gegensatzes zwischen Vatersbruder und Mutterbruder und der Entwicklung einer eigenen Benennung des Geschwistersohnes

Vetternwirtschaft, F., »Bevorzugung von Verwandten bei der Besetzung von Dienststellen«, A. 20. Jh., s. Vetter, Wirtschaft, mundartlich älter?

Vieh, N., »Vieh«, mhd. vihe, vehe, N., »Tier, Vieh«, ahd. fihu (830), N., »Vieh, Tier, Vermögen, Geld?«, as. fehu, N., »Vieh, Gut, Habe«, germ. *fehu, N., »Schaf, Vieh, Fahrhabe, Fahrnis«, idg. *peḱu-, N., »geschorenes Schaf, Vieh, Wolle, Fließ, Haar«, zu idg. *peḱ- (2), V., »zupfen, zausen«

Viehkauf, M., »Kauf bestimmter Tiere (z.B. Pferd) bei welchem der Verkäufer nur Hauptmängel und diese nur innerhalb bestimmter Gewährfristen und nur in der Form der Wandlung bzw. evtl. der Nachlieferung zu vertreten hat«, Kirchhof 1563, s. Vieh, Kauf

viel, Adj., »viel«, mhd. vil, vile, Adj., »viel«, ahd. filu (1. H. 8. Jh.?), subst. N. eines Adj., Adv., »viel, sehr, groß, gar«, as. filo, filu, subst. N. eines Adj., Adv., »viel«, germ. *felu-, Adj., Adv., »viel«, zu idg. *pel- (1), V., »fliegen«, idg. *plē-, V., »gießen, fließen, schütten, füllen, schwimmen, fliegen«

vielfältig, Adj., »vielfältig«, mhd. (16. Jh.?) Lüs. lat. multiplex, Adj., »vielfältig«, s. viel, falt, ig

Vielweiberei, F., »eheliche Verbindung eines Mannes mit vielen Frauen«, E. 17. Jh. Lüt. gr. polygamía, F., »Vielweiberei«, s. Polygamie

Vikar, M., »Stellvertreter, Theologe zwischen erster und zweiter Prüfung«, mhd. vicār, vicāri, M., »Stellvertreter, Verweser«, A. 14. Jh. (1326 Frankfurt) Lw. lat. vicarius, M., »Stellvertreter«, zu lat. *vicis, F., »Abwechslung, Wechselseitigkeit, Stelle«, vgl. ahd. fikāri (A. 9. Jh.), M., »Vertreter, Ersatz«, Lw. lat. vicarius, M., »Stellvertreter«, zu lat. *vicis, F., »Abwechslung, Wechselseitigkeit, Stelle«

Viktimologie, F., »Opferkunde, Teilgebiet der Kriminologie das die Beziehungen zwischen Täter und Verletztem (Opfer) einer Straftat betrifft«, 2. H. 20. Jh., zu lat. victima, F., »Opfertier«, s. logie

vindicatio, lat., F., »Gewaltsagung, Herausgabeverlangen«, zu lat. vis, F., »Gewalt«, lat. (dicare,) dicere, V., »sprechen, sagen«

Vindikation, F., »(aus dem römischen Recht stammender) Herausgabeanspruch der Eigentümers gegen den nichtberechtigten Besitzer«, Lw. lat. vindicatio, F., »Gewaltsagung, Herausgabeverlangen«, vgl. Weiske 1839ff.

Vindikationslegat, N., »Herausgabevermächtnis, Vermächtnis bei welchem der Vermächtnisnehmer die Inhaberschaft am Vermächtnisgegenstand mit dem Erbfall erlangt«, E. 19. Jh.?, s. Vindikation, Legat

Vindikationszession, F., »Abtretung des Herausgabeanspruchs«, 19. Jh.?, s. Vindikation, Zession

vinkuliert, Adj., »gefesselt«, s. vinkulieren

vinkulieren, V., »fesseln«, 19. Jh.? Lw. lat. vinculare, V., »fesseln, binden«, zu lat. vinculum, N., »Fessel, Binde«, zu lat. vincire, V., »binden«

vinkulierte Namensaktie, F., »gebundene Namensaktie«, 19. Jh., s. Namensaktie, vinkuliert

Virginia Bill of Rights (12. 6. 1776), Sb., »Verfassungsgesetz des amerikanischen Staates Virginia das erstmalig fundamentale Rechte des Einzelnen (Grundrechte) verkündete«

vis, lat., F., »Gewalt«

vis absoluta, lat., F., »absolute Gewalt«

vis compulsiva, lat., F., »zwingende Gewalt«

Vision, F., »Vorstellung, Erscheinung, Gesicht, Sicht«, mhd. vision, visiūn, visiūne, F., »Traumgesicht, Vision«, frühes 14. Jh. (Meister Eckhart vor 1327) Lw. lat. visio, F., »Sicht, Anblick, Vorstellung, Idee«, zum PPP. visus von lat. videre, V., »sehen«

vis maior, lat., F., »höhere Gewalt«

Visum, N., »Sichtvermerk, in den Paß eines Ausländers eingetragener Vermerk der - staatlichen - Erlaubnis der Einreise (evtl. auch der Ausreise)«, A. 20. Jh. (Gegenbaur 1901) Lw. lat. visum, PPP. N., »gesehen«, zu lat. videre, V., »sehen«, älter visa, N. Pl., F., »Visum«, späteres 18. Jh. Lw. frz. visa, Sb., »amtlicher Vermerk«, zum PPP. visus von lat. videre, V., »sehen«

Vivisektion, F., »Versuch am lebendigen Lebewesen«, A. 19. Jh. (Görres 1819) (Lw. ne. vivisection, frz. vivisection) aus lat. vivus, Adj., »lebend«, Sektion, F., »Eingriff, Zerschneidung, Zergliederung«, zum PPP. sectus von lat. secare, V., »schneiden«

Vize, Präf., »Stellvertreter«, seit 12. Jh. Lw. lat. vice, Präp., »anstatt, für«, zu lat. vicis*, F., »Abwechslung, Wechselseitigkeit, Stelle«

Vizekanzler, M., »Vizekanzler«, 15. Jh. Lw. mlat. vicecancellarius, M., »Vizekanzler«, s. Vize, Kanzler

Vizekönig, M., »Vizekönig«, 16. Jh. Lüs. mlat. vicerex, M., »Vizekönig«, s. Vize, König

Viztum, M., »Statthalter, Stellvertreter, Vogt«, 12. Jh. Lw. lat. vicedominus, M., »Statthalter, Stellvertreter«, zu lat. vice, Präp., »anstatt, für«, Abl. von lat. vicis*, F., »Abwechslung, Wechselseitigkeit, Stelle« lat. dominus, M., »Herr, Herrscher«

V-Mann, M., »Vertrauensmann, amtsfremder Informant«, 20. Jh., s. Vertrauen, Mann

VOB (Verdingungsordnung für Bauleistungen)

Vogel, M., »Vogel«, mhd. vogel, M., »Vogel«, ahd. fogal (830), fugal, M., »Vogel«, as. fugal, M., »Vogel«, germ. *fugla, *fuglaz, M., »Vogel«, zu idg. *pu-, Sb., »Tierjunges«?, kaum zu fliegen

vogelfrei, Adj., »geächtet (15. Jh.?)«, (»frei wie ein Vogel«, 1314 Laas/Tirol bzw. 1391 Deutscher Orden), s. Vogel, frei

Vogt, M., »schützender (weltlicher) Sachwalter einer Person oder Kirche«, mhd. voget, vogt, voit, M., »Rechtsbeistand, Fürsprecher, Vormund, Verteidiger, Schirmherr, Beschützer, Patron«, ahd. fogat (A. 9. Jh.), M., »Vogt, Beistand, Beschützer, Fürsprecher, Schirmherr, Richter, Rechtsbeistand«, as. fogat, M., »Vogt«, Lw. mlat. vocatus, M., »Beistand«, zu lat. advocatus, M., »Herbeigerufener, Freund, Sachverständiger, Rechtssachverständiger, Sachwalter, Anwalt«, subst. PPP. von lat. advocare, V., »herbeirufen«, zu lat. ad, Präp., Präf., »zu«, lat. vocare, V., »rufen«, zu lat. vox, F., »Stimme«

Vogtei, F., »Amt eines Vogts«, mhd. vogetîe, F., »Vormundschaft, Amt eines Vogts«, s. Vogt, ei

volenti non fit iniuria, lat., »dem Einwilligenden geschieht kein Unrecht«, vgl. Digesten 47,10,1 § 5 am Ende (Ulpian 170-223)

Volk, N., »durch gemeinschaftliche geistige oder kulturelle oder politische Entwicklung verbundene umfassende Personenmehrheit«, mhd. volc, N., M., »Leute, Volk, Schar (F.) (1), Menge, Haufen«, ahd. folk (1. H. 8. Jh.?), folc, N., M., »Volk, Volksstamm, Bevölkerung, Menge, Schar (F.) (1), Volksmenge, Heer«, as. folk, N., »Volk, Schar (F.) (1), Menge«, germ. *fulka, *fulkam, N., »Schar (F.) (1), Volk, Kriegsvolk«, idg. *pl̥go-, Sb., »Fülle, Menge«, zu idg. *pel- (1), V., »gießen, fließen, schütten, füllen, schwimmen, fliegen«, vgl. Geschichtliche Grundbegriffe

Völkerbund (1920-46), M., »vertragliche Vereinigung von Staaten zur Sicherung des Weltfriedens«, älter Schmidt 1778 fränkischer Völkerbund, s. Volk, Bund, vgl. Grimm DW vor 1956

Völkermord, M., »Genozid, bestimmte Handlung in der Absicht eine nationale oder rassische oder religiöse oder durch ihr Volkstum bestimmte Gruppe als solche ganz oder teilweise zu zerstören (z.B. Tötung von Mitgliedern der Gruppe)«, Strachwitz 1850, s. Volk, Mord

Völkerrecht, N., »Summe der Normen welche die Verhaltensweisen regeln die zu einem geordneten Zusammenleben der Menschen notwendig sind und nicht im innerstaatlichen Recht der einzelnen souveränen Staaten enthalten sind«, 16. Jh. (Mathesius 1571 bzw. Gobler bzw. Fuchsperger 1561) Lüs. lat. ius gentium (Cicero), N., »das (auch) für Nichtrömer geltende (römische) Recht«, s. Volk, Recht, vgl. Geschichtliche Grundbegriffe

Völkerrechtssubjekt, N., »Träger der sich unmittelbar aus dem Völkerrecht ergebenden Rechte und Pflichten (Staaten bzw. innerstaatliche Organisationen bzw. in bestimmten Beziehungen auch Einzelpersonen)«, 20. Jh.?, s. Völkerrecht, Subjekt

Völkerwanderung, F., »Wanderung der (germanischen) Völker«, Zedler 1750 bzw. Schmidt 1778 Lüs. lat. migratio gentium (Lazius 1531/56-64), F., »Wanderung der Völker«?, s. Volk, Wanderung

Volksabstimmung, F., »Abstimmung der stimmberechtigten Staatsbürger über eine einzelne Sachfrage«, 19. Jh. (Rosegger 1895ff.), s. Volk, Abstimmung, vgl. 1848 Schweiz

Volksanwalt, M., »Vertreter des Kontrollorgans der Verwaltung in Österreich«, 2. H. 20. Jh., s. Volk, Anwalt

Volksbank, F., »Genossenschaftsbank, in der Rechtsform einer eingetragenen Genossenschaft geführtes und einem Prüfungsverband angehörendes Kreditinstitut«, 19. Jh.?, s. Volk, Bank

Volksbegehren, N., »Begehren des Staatsvolkes«, Reichsverfassung 1919, s. Volk, Begehren, vgl. 1777 Georgia, 1848 Schweiz

Volksdemokratie, F., »(im - sozialistischen - Verfassungsrecht) - der bürgerlichen Demokratie sprachlich bewußt entgegengesetzte - Staatsform und Regierungsform in der die politische Macht in den Händen der kommunistischen Arbeiterpartei als Vertreterin des Volkes liegt«, 1947 Lüs. russ. narodnaja demokratija, F., »Volksdemokratie«, s. Volk, Demokratie

Volksdeutscher, M., »(zwischen 1918 und 1945) Deutscher fremder Staatsangehörigkeit«, s. Volk, deutsch

Volksentscheid, M., »Entscheid des Staatsvolkes«, Reichsverfassung 1919, s. Volk, Entscheid

Volksgeist, M., »Gesamtheit der einem Volk innewohnenden teilweise unbewußt wirkenden schöpferischen Kräfte«, Campe, 1794 für Nationalgeist (Moser 1761 Lüs. frz. l'esprit de la nation, M., »Geist der Nation«), s. Volk, Geist

Volksgemeinschaft, F., »(im Nationalsozialismus) Gesamtheit der von ihrer Rasse her zu einem Volk gehörenden Personen«, Schleiermacher vor 1834, s. Volk, Gemeinschaft

Volksgerichtshof, M., »(seit 24. 4. 1934) Sondergericht des Dritten Reiches für politische Straftaten«, 1934, s. Volk, Gerichtshof

Volksgesetzbuch, N., »volkstümliches das gesamte Recht eines Volkes verständlich zusammenfassendes Gesetzbuch«, Glück 1790, s. Volk, Gesetzbuch

Volkshochschule, F., »Einrichtung zur Fortbildung von Erwachsenen«, E. 19. Jh.?, s. Volk, Hochschule, vgl. Grimm DW

Volksrecht, N., »Volksrecht (der germanischen Stämme)«, A. 19. Jh. Grimm, älter (15. Jh.? Volkrecht, N., »römisches plebiscitum«), s. Volk, Recht

Volksschädling, M., »(im Nationalsozialismus) den Interessen des deutschen Volkes schadende Person«, 1935, s. Volk, Schade, ling

Volksschule, F., »Grundschule, allgemeinbildende öffentliche (Pflicht-)Schule für Kinder ab dem 6. Lebensjahr«, 18. Jh. (Campe 1807ff.), s. Volk, Schule

Volkssouveränität, F., »Innehabung der Staatsgewalt durch das Volk«, E. 18. Jh. (Forster vor 1794) Lüs. frz. souveraineté du peuple, F., »Souveränität des Volkes« (Vattel 1758 bzw. Rousseau 1862), s. Volk, Souveränität

Volksverhetzung, F., »Angriff gegen die Menschenwürde anderer durch Aufstacheln zum Haß gegen Teile der Bevölkerung bzw. durch Auffordern zu Gewaltmaßnahmen und Willkürmaßnahmen gegen sie oder durch ihr Beschimpfen bzw. böswilliges Verächtlichmachen oder Verleumden wenn dies in einer Weise geschieht die geeignet ist den öffentlichen Frieden zu stören«, 20. Jh., s. Volk, Verhetzung

Volksversammlung, F., »Versammlung der freien Angehörigen eines Volkes«, Campe 1807ff., »Versammlung von Menschen« Braunschweig 1677, s. Volk, Versammlung

Volksvertreter, M., »Vertreter des Volkes, Abgeordneter«, A. 19. Jh., s. Volk, Vertreter

Volksvertretung, F., »Vertretung des Volks«, Schlegel vor 1829, s. Volk, Vertretung

voll, Adj., »voll, gefüllt«, mhd. fol, Adj., »voll, angefüllt«, ahd. fol (8. Jh.?), Adj., »voll, gefüllt, trächtig, beladen (Adj.), vollständig«, as. ful, full, Adj., »voll«, germ. *fulla, *fullaz, Adj., »voll«, idg. *pl̥no-, *plәno-, Adj., »gefüllt, voll«, zu idg. *pel-, V., »gießen, fließen, schütten, füllen, schwimmen, fliegen«

vollenden, V., »vollenden, fertigstellen, zu Ende bringen«, mhd. volenden, V., »zu vollem Ende bringen, ausführen, vollbringen, vollenden«, s. voll, Ende

Vollendung, F., »Vollbringung«, 15. Jh.?, »Abschluß (18. Jh.)«, s. vollenden, ung

volljährig, Adj., »zur Volljährigkeit gelangt«, 16. Jh. (Fischart vor 1590) Lüt. lat. plena aetas, F., »volles Alter«?, s. voll, Jahr

Volljährigkeit, F., »dasjenige Lebensalter mit welchem die unbeschränkte Geschäftsfähigkeit erlangt wird«, 18. Jh., Badisches Landrecht 1809, (Allgemeines Bürgerliches Gesetzbuch 1811 Österreich, Winckelmann 1825ff.,) s. volljährig, heit, vgl. Weiske 1839ff.

Volljurist, M., »Person welche die Richteramtsbefähigung erworben hat«, 20. Jh.?, s. voll, Jurist

Vollkaufmann, M., »Kaufmann der ein Grundhandelsgewerbe betreibt dessen Betrieb nach Art oder Umfang einen in kaufmännischer Weise eingerichteten Geschäftsbetrieb erfordert«, E. 19. Jh.?, s. voll, Kaufmann

Vollmacht, F., »durch Rechtsgeschäft erteilte Vertretungsmacht«, spätmhd. volmacht, F., »Vollmacht, Gültigkeit«, Lüs. mlat. plenipotentia, F., »volle Macht«, zu lat. plenipotens, Adj., »allmächtig«, zu lat. plenus, Adj., »voll«, lat. potens, Adj., »vermögend, mächtig«, zu lat. posse, V., »können, vermögen«

Vollrausch, M., »abstraktes Gefährdungsdelikt bei dem sich der Täter vorsätzlich oder fahrlässig durch alkoholische Getränke oder andere berauschende Mittel in einen Rausch versetzt und (objektive Bedingung der Strafbarkeit [str.]) in diesem Zustand eine rechtswidrige Tat begeht deretwegen er (nur deswegen) nicht bestraft werden kann weil er infolge des Rausches schuldunfähig war oder weil dies nicht auszuschließen ist«, 19. Jh.?, s. voll, Rausch

vollstrecken, V., »strecken bis zum Ziel (15. Jh.), ausdehnen, durchführen«, ein Urteil vollstrecken (Luther vor 1546), s. voll, strecken

vollstreckbar, Adj., »vollstreckungsfähig«, 19. Jh.?, s. vollstrecken, bar, vgl. Planck 1896, Grimm DW vor 1954

vollstreckbare Urkunde, F., »für eine Vollstreckung ausreichende Urkunde«, 19. Jh.?, s. Urkunde, vollstreckbar

Vollstreckbarkeit, F., »Eignung eines Rechts oder Schriftstückes zur Durchführung der Vollstreckung«, s. vollstreckbar, heit, vgl. Weiske 1839ff., Planck 1896

Vollstrecker, M., »Ausführender«, 16. Jh. (Nas 1567ff.) Lsch. lat. executor, M., »Vollzieher«, s. vollstrecken, Vollstrecker des Testaments Musäus 1782ff.

Vollstreckung, F., »zwangsweise Durchsetzung eines Anspruchs oder einer Anordnung«, »Durchführung«, 15. Jh. (1499 Worms bzw. Schöpper 1550) Lsch. lat. exsecutio, F., »Vollziehung«, s. vollstrekken, ung

Vollstreckungsanordnung, F., »Anordnung der zwangsweisen Verwirklichung eines Anspruchs durch diejenige Verwaltungsbehörde die den Anspruch geltend machen kann«, 2. H. 20. Jh., s. Vollstreckung, Anordnung

Vollstreckungsbefehl (bis 1977), M., »Anordnung der Vollstreckung«, 18. Jh. (Campe 1807ff. bzw. Coßmann 1829) Lüt. nlat. mandatum exsecutionis, N., »Befehl der Vollstreckung«?, s. Vollstreckung, Befehl

Vollstreckungsbescheid, M., »(seit 1977) im Mahnverfahren auf der Grundlage des Mahnbescheides bei Fehlen eines Widerspruchs auf Antrag erlassener Vollstrekkungstitel«, s. Vollstreckung, Bescheid

Vollstreckungserinnerung, F., »Rechtsbehelf gegen die Art und Weise des Vorgehens eines Vollstreckungsorganes (z.B. Pfändung unpfändbarer Gegenstände)«, E. 19. Jh.?, s. Vollstreckung, Erinnerung

Vollstreckungsgegenklage, F., »Klage durch die der Schuldner - vor dem Prozeßgericht - Einwendungen gegen den im Urteil festgestellten Anspruch geltend machen kann«, E. 19. Jh.?, s. Vollstreckung, gegen, Klage

Vollstreckungsgericht, N., »für die Zwangsvollstreckung zuständige Abteilung des Amtsgerichts«, E. 19. Jh., s. Vollstreckung, Gericht, vgl. Planck 1896

Vollstreckungsgläubiger, M., »Person welche die Zwangsvollstreckung aus dem im Vollstreckungstitel enthaltenen Anspruch betreibt«, E. 19. Jh.?, s. Vollstreckung, Gläubiger

Vollstreckungsklausel, F., »Vermerk (des Urkundsbeamten) auf der vollstreckbaren Ausfertigung eines Vollstreckungstitels der die Vollstreckbarkeit bescheinigt (Vorstehende Ausfertigung wird dem [Bezeichnung der Partei] zum Zweck der Zwangsvollstreckung erteilt)«, E. 19. Jh., s. Vollstreckung, Klausel, vgl. Planck 1896

Vollstreckungsorgan, N., »staatliches Organ das die Zwangsvollstreckung durchführt (Gerichtsvollzieher oder Vollstrekkungsgericht oder Prozeßgericht oder Grundbuchamt)«, 20. Jh.?, s. Vollstreckung, Organ

Vollstreckungsschuldner, M., »derjenige gegen den der im Vollstreckungstitel enthaltene Anspruch vollstreckt wird«, E. 19. Jh.?, s. Vollstreckung, Schuldner

Vollstreckungsschutz, M., »Gesamtheit der gesetzlichen Bestimmungen welche zum Schutz des Vollstreckungsschuldners gegen Maßnahmen der Zwangsvollstrekkung erlassen worden sind«, E. 19. Jh.?, s. Vollstreckung, Schutz

Vollstreckungstitel, M., »Entscheidung oder beurkundete Erklärung aus der durch Gesetz die Zwangsvollstreckung zugelassen ist«, 19. Jh., s. Vollstreckung, Titel

Vollstreckungsvereitelung, F., »Vereitelung der Vollstreckung«, E. 19. Jh., s. Vollstreckung, Vereitelung

Vollstreik, M., »einen gesamten Wirtschaftszweig oder einen gesamten Betrieb vollständig erfassender Streik«, 20. Jh., s. voll, Streik

Vollurteil, N., »über die Klage in ihrem vollen Umfang entscheidendes Urteil«, 20. Jh.?, s. voll, Urteil

vollziehen, V., »vollziehen, ausführen«, mhd. volziehen, V., »vollständig ziehen, vollziehen, ausführen«, ahd. follaziohan (765), V., »vollenden, unterstützen, helfen«, Lüs. lat. perducere, V., »hinbringen, fertigmachen«?

Vollziehung, F., »Verwirklichung einer Anordnung oder Vorstellung«, E. 15. Jh. (1484 Nürnberg) Lsch. lat. exsecutio, F., »Vollziehung«, s. vollziehen, ung

Vollzug, M., »Verwirklichung einer Anordnung oder Vorstellung«, mhd. volzuc, M., »Vollziehung«, s. voll, Zug

Vollzugsbehörde, F., »(in der Strafvollstreckung) Behörde die Anordnungen der Strafvollstreckungsbehörde durch Vollzug der Freiheitsstrafe bzw. der Maßnahme der Besserung und Sicherung und des Jugendarrests auszuführen hat«, 19. Jh.?, s. Vollzug, Behörde

Vollzugsdienst, M., »Tätigkeit der Vollzugsbehörden insbesondere der Vollzugspolizei«, 20. Jh.?, s. Vollzug, Dienst

Vollzugsnorm, F., »Norm die den Bürger selbst unmittelbar in seinen Rechten betrifft«, 2. H. 20. Jh. Lüt. ne. self-executing-norm, N., »Vollzugsnorm«, s. Vollzug, Norm

Vollzugspolizei, F., »Polizei i.e.S., Beamte die für den laufenden Einsatz in Einzelakten zur Verfügung stehen«, 20. Jh., s. Vollzug, Polizei

Volontär, M., »unentgeltlich auszubildender Arbeitnehmer (M. 19. Jh.)«, A. 17. Jh. (Wallhausen 1616) Lw. frz. volontaire, M., »Freiwilliger«, aus lat. voluntarius, Adj., »freiwillig«, zu lat. voluntas, F., »Wille«, zum Part. Präs. volens von lat. velle, V., »wollen (V.)«

von, Präp., »von«, mhd. von, vone, van, Adv., Präp., »von«, ahd. fona (8. Jh.), Adv., Präp., Präf., »von«, as. fan, fana, Präp., »von«, germ. *fan, Präp., »von«?, idg. *pone, Präp., »von«, (nasalierte Erweiterung der Schwundstufe von) idg. *apo-, Präp., »ab, weg«?

von Amts wegen, Adv., »Bezeichnung für den Amtsbetrieb«

vor, Adv., Präp., Präf., »vor«, mhd. vore, vor, Adv., Präp., Präf., »vor«, ahd. fora (765), Adv., Präp., Präf., »vor, für, wegen, angesichts, durch, statt, unter, über«, as. for, fur, far, Präp., Präf., »vor, für, wegen«, germ. *for, *fur, Präp., »vor, für«, idg. *peri, Präp., »vor, voran«, zu idg. *per- (2A), Präp., »vorwärts, über, hinaus, durch«

voran, Adv., »voran«, 16. Jh., s. vor, an, älter füran (15. Jh.)

vorangegangen, Adj., »vorausgegangen«, s. vorangehen

vorangegangenes Tun, N., »vorhergegangenes Handeln«, 20. Jh.?, s. Tun, vorangehen

vorangehen, V., »vorangehen, vorher geschehen«, s. voran, gehen

voraus, Adv., Präf., »voraus«, mhd. vorūz, Adv., »voraus, vor andern«, s. vor, aus

Voraus, M., »Anspruch des überlebenden Ehegatten auf die zum ehelichen Haushalt gehörenden Gegenstände soweit sie nicht Zubehör eines Grundstückes sind und die Hochzeitsgeschenke«, mhd. vorūz, M., »Geld das Arbeiter voraus erhalten«, s. voraus

Vorausabtretung, F., »Abtretung einer Forderung vor dem Zeitpunkt ihrer Entstehung«, 2. H. 20. Jh., s. voraus, Abtretung

Vorausklage, F., »zeitlich einem anderen Verhalten vorausgehende Klage«, 19. Jh. (Badisches Landrecht 1809), s. voraus, Klage

Vorausvermächtnis, N., »von der Gesamtnachfolge als Erbe unabhängige besondere Zuwendung einzelner Gegenstände an einen Erben«, 19. Jh., Allgemeines Bürgerliches Gesetzbuch 1811 Österreich, Lüt. mlat. praelegatum, N., »Vorvermächtnis« (Coßmann 1829), s. voraus, Vermächtnis

Vorbehalt, M., »Einschränkung«, 16. Jh. (Frisius 1556), s. vorbehalten

Vorbehalt des Gesetzes, M., »Grundsatz daß Eingriffe in Freiheit und Eigentum nur auf Grund einer gesetzlichen Ermächtigung zulässig sind«, 19. Jh.?

vorbehalten, V., »zurückbehalten, vorbehalten, als Bedingung stellen«, 14. Jh., s. vor, be, halten

Vorbehaltsgut, N., »(bei der Gütergemeinschaft) besonderes aus dem Gesamtgut ausgeschlossenes der alleinigen Zuständigkeit und selbständigen Verwaltung durch den einzelnen Ehegatten vorbehaltenes Gut«, 19. Jh., s. Vorbehalt, Gut

Vorbehaltsurteil, N., »Urteil das den Streit unter Vorbehalt der Entscheidung derselben Instanz über bestimmte Einwendungen der Beklagten erledigt«, E. 19. Jh.?, s. Vorbehalt, Urteil

vorbereiten, V., »im voraus bearbeiten«, 16. Jh. (Maaler 1561) Lüs. lat. praeparare, V., »vorbereiten«, s. vor, bereiten

Vorbereitung, F., »Vorbereitung, vorherige Hilfshandlung«, mhd. vorbereitunge, F., »Vorbereitung«, s. vorbereiten, ung

Vorbereitungsdienst, M., »praktische Ausbildung des Anwärters auf eine beamtete Tätigkeit des mittleren und gehobenen und höheren Dienstes«, E. 19. Jh., s. Vorbereitung, Dienst

Vorbereitungshandlung, F., »Handlung die für die Durchführung der geplanten Tat geeignete Vorbedingungen schaffen soll aber noch nicht zur Verwirklichung des Tatbestandes unmittelbar ansetzt (z.B. Kauf eines Messers zum Mord)«, 19. Jh., s. Vorbereitung, Handlung, vgl. Hälschner 1887

Vorbescheid, M., »in verschiedenen Verwaltungsverfahren und Gerichtsverfahren ein meist zunächst nur vorläufig wirksamer Bescheid«, mhd. vorbescheid, M., »Vorladung«, s. vor, Bescheid

Vorbeugehaft, F., »Haft zur Verhinderung einer Straftat«, 20. Jh.?, s. vorbeugen, Haft

vorbeugen, V., »nach vorn beugen (18. Jh.), vorsorglich verhüten«, 16. Jh., s. vor, beugen

vorbeugend, Adj., »vorsorglich, verhütend«, 19. Jh.?, s. vorbeugen

Vorbürge, M., »diejenige Person (Bürge) für deren Bürgschaftsverpflichtung sich bei der Nachbürgschaft der Nachbürge verbürgt«, 20. Jh.?, s. vor, Bürge

Voreid, M., »der vor Abgabe einer Erklärung geleistete Eid«, »Gefährdeeid«, 16. Jh.?, s. vor, Eid, vgl. Planck 1896

Vorerbe, M., »Erbe der in der Weise zunächst zur Erbschaft berufen ist daß nach ihm - zu einem bestimmten späteren Zeitpunkt (Nacherbfall) - ein anderer Erbe (Nacherbe) wird«, 15. Jh.?, Lüs. lat. proheres, M., »Vorerbe«, s. vor, Erbe

Vorerhebung, F., »Voruntersuchung« E. 19. Jh. (Ebner-Eschenbach 1895), s. vor, er, heben, ung

Vorfahre, M., »vorhergehender Verwandter«, mhd. vorvare, vorvar, M., »Vorgänger, Vorfahr«, vgl. ahd. forafaro (A. 9. Jh.), M., »Herold, Ausrufer«, Lüt. lat. praeco, M., »Herold«, s. vor, fahren

vorfahren, V., »vorfahren, voraus fahren«, mhd. vorvarn, V., »vorfahren«, ahd. forafaran (830), V., »vorausgehen«, Lüt. lat. praeire, V., »vorausgehen«?, s. vor, fahren

Vorfahrt, F., »(beim Zusammentreffen mehrerer Fahrzeuge) Fortsetzung der Fahrt eines Fahrzeuges unter Zurückbleiben der anderen Fahrzeuge«, mhd. vorvart, F., »Vorfahren«, s. vor, Fahrt

vorführen, V., »nach vorn führen, zeigen«, 15. Jh.?, Lüt. lat. provehi, V., »vorführen«, s. vor, führen

Vorführung, F., »Erzwingung des Erscheinens einer Person vor einer Behörde oder einem Gericht«, 15. Jh. Lüs. lat. provectio, F., »Fortschreiten«?, s. vorführen, ung

Vorführungsbefehl, M., »hoheitliche Anordnung der Erzwingung des Erscheinens einer Person vor einer Behörde oder einem Gericht«, 19. Jh.?, s. Vorführung, Befehl

Vorgesellschaft, F., »der zustandegekommenen Gesellschaft im Gründungsstadium vorhergehende Gesellschaft«, 2. H. 20. Jh.?, s. vor, Gesellschaft

Vorgesetzter, M., »Beamter der einem anderen Beamten in seiner dienstlichen Tätigkeit Weisungen erteilen kann«, 16. Jh., vgl. ahd. foragisezzito, M., »Vorgesetzter, Prior, Vorsteher«, Lüs. lat. praepositus, M., »Vorgesetzter, Vorsteher«, s. vorsetzen

vorher, Adv., Präf., »vorher, früher«, mhd. vorher, Adv., Präf., »vorher«, s. vor, her

vorhersehen, V., »voraussehen«, Chemnitz 1653, s. vorher, sehen

vorhersehbar, Adj., »voraussehbar«, 19. Jh.?, s. vorhersehen, bar

Vorhersehbarkeit, F., »Möglichkeit des

vorherigen Erkennens eines Erfolges«, 19. Jh.?, s. vorhersehbar, heit

Vorkauf, M., »vorhergehender Kauf«, s. vor, Kauf

Vorkaufsrecht, M., »einer Person zustehendes Recht einen Gegenstand von dem Verpflichteten zu erwerben sobald dieser den betreffenden Gegenstand an einen Käufer verkauft«, 17. Jh. (Stieler 1691) Lüs. lat. ius protimeseos, N., »Vorkaufsrecht«, s. Verkauf, Recht

vorkonstitutionell, Adj., »vor der Verfassung«, 19. Jh.?, s. vor, konstitutionell

vorkonstitutionelles Recht, N., »vor der Verfassung entstandenes Recht«, 2. H. 20. Jh.?, s. Recht vorkonstitutionell

Vorlage, F., »Vorlage, Entwurf, Muster«, mhd. vorlāge, F., »Liegen vor jemandem«, s. vor, Lage, legen

Vorlageverfahren, N., »besonderes Verfahren der Vorlage einer Streitsache durch ein Gericht an das Verfassungsgericht«, 2. H. 20. Jh., s. Vorlage, Verfahren

vorläufig, Adj., »einstweilig, vorübergehend«, 17. Jh.? (Zinkgref 1628), s. vor, laufen, ig

vorläufige Einstellung, F., »vorübergehende Einstellung«, 19. Jh.?, s. Einstellung, vorläufig

vorläufige Festnahme, F., »einstweilige Festnahme«, 19. Jh.?, s. Festnahme, vorläufig, vgl. Ullmann 1893

vorläufiger Rechtsschutz, M., »einstweiliger Rechtsschutz«, 20. Jh.?, s. Rechtsschutz, vorläufig

vorläufige Vollstreckbarkeit, F., »einstweilige Vollstreckbarkeit«, 19. Jh., s. Vollstreckbarkeit, vorläufig, vgl. Planck 1896

vorlegen, V., »vorlegen, legen vor, zeigen«, mhd. vorlegen, V., »vortragen, darlegen«, ahd. foraleggen (11. Jh.), V., »festsetzen, vorausbestimmen, vorschreiben«, s. vor, legen

Vorlegung, F., »Vorlegung«, 16. Jh.? (Stieler 1691), s. vorlegen, ung

Vorlegungspflicht, F., »Verpflichtung eines Gerichts in bestimmten Fällen eine Streitsache einem höheren Gericht vorzulegen«, 20. Jh.?, s. Vorlegung, Pflicht

vorleisten, V., »vorher leisten«, vereinzelt 17. Jh. (Buchholtz 1666), 2. H. 19. Jh., s. vor, leisten

Vorleistung, F., »vorherige Leistung«, 2. H. 19. Jh., s. vorleisten, ung, vgl. Planck 1896

Vorleistungspflicht, F., »Verpflichtung eine Leistung zeitlich vor der Gegenleistung zu erbringen«, 2. H. 19. Jh., s. Vorleistung, Pflicht

vormerken, V., »vormerken, einen Plan festhalten«, »ahnen (Maaler 1561)«, Lüt. lat. praesentire, V., »vorausmerken«, s. vor, merken

Vormerkung, F., »vorläufige Grundbucheintragung zur Sicherung eines Anspruchs auf Eintragung einer Rechtsänderung«, »Ahnung«, E. 16. Jh. (Calepinus 1598) Lüs. lat. praesensio, F., »Vorempfindung«?, praenotatio, F., »Vormerkung«?, »Vorbemerkung« 1745, 19. Jh. »Festhalten, Eintragung (Allgemeines Bürgerliches Gesetzbuch 1811 Österreich)« s. vormerken, ung

Vormiete, F., »vorherige Miete«, 20. Jh.?, s. vor, Miete

Vormietrecht, N., »dem Vorkauf entsprechendes Recht eines Vermieters gegenüber dem Verpflichteten einen parallelen Mietvertrag zustandezubringen sobald der Verpflichtete mit einem Dritten einen Mietvertrag abschließt«, 20. Jh.?, s. Vormiete, Recht

Vormund, M., »wer als solcher durch Anordnung des Vormundschaftsgerichts zur Führung einer Vormundschaft bestellt ist«, mhd. vormunt, M., »Fürsprecher, Beschützer, Vormund«, ahd. foramunto (10. Jh.), M., »Vogt, Beistand, Rechtsbeistand«, s. vor, Mund, F., »Schutz«

Vormundschaft, F., »amtlich verordnete verwaltende Fürsorgetätigkeit für Minderjährige die nicht unter elterlicher Gewalt stehen (sowie bis 31. 12. 1991 für Volljährige die entmündigt sind)«, mhd. vormuntschaft, F., »Schutz, Vormundschaft«, ahd. foramuntskaf (10. Jh.), formuntscaf, F., »Beistand, Verteidigung, Schutz, Vertretung?«, s. Vormund, schaft

Vormundschaftsgericht, N., »für Vormundschaftssachen zuständige Abteilung des Amtsgerichts«, »Gericht für Vormundschaftsangelegenheiten«, 1670 Gotha, s. Vormundschaft, Gericht

Vornahme, F., »Durchführung«, 19. Jh. (Campe 1807), s. vornehmen

Vornahmeklage, F., »Klage auf Erlaß eines abgelehnten Verwaltungsaktes«, 2. H. 20. Jh., s. Vornahme, Klage

Vorname, M., »individueller Name einer Person im Gegensatz zum Namen seiner Familie«, mhd. vorname, M., »Vorname, Beiname«, ahd. foranamo (1000), M., »Beiname, vorher genannter Name«, Lüt. lat. nomen praenotatum, N., »vorher genannter Name«, lat. praenomen, N., »Vorname«, s. vor, Name

vornehmen, V., »vornehmen, vor sich nehmen, beabsichtigen«, 15. Jh.?, Lüs. lat. praecipere, V., »vorhernehmen«, s. vor, nehmen

Vorpfand, N., »vorausgegebenes Pfand«, fnhd.? Thüringen, s. vor, Pfand

vorpfänden, V., »durch Pfand sicherstellen«, s. Vorpfand

Vorpfändung, F., »Benachrichtigung des Gläubigers an den Schuldner und Drittschuldner daß die Pfändung bevorstehe«, 19. Jh., s. vorpfänden, ung, älter »Sicherung durch vorweggenommenes Pfand«

Vorprüfung, F., »vorherige Prüfung«, 15. Jh.?, s. vor, Prüfung

Vorprüfungsverfahren, N., »dem eigentlichen Entscheidungsverfahren vorgeschaltetes Verfahren zur Herbeiführung einer Vorentscheidung über die Annahme einer Verfassungsbeschwerde«, 2. H. 20. Jh., s. Vorprüfung, Verfahren

Vorrang, M., »Vortritt, Rang vor anderen«, 18. Jh. (Ludwig 1716), s. vor, Rang

Vorrang des Gesetzes, M., »Grundsatz daß der in Form eines (formellen) Gesetzes geäußerte Staatswille jeder anderen staatlichen Willensäußerung vorgeht«, 19. Jh., s. Vorrang, Gesetz

Vorrat, M., »Vorrat, Aufgespeichertes«, mhd. vorrât, M., »Vorrat, Vorberatung, Vorbedacht, Überlegung, Anweisung, Weistum«, s. vor, Rat

Vorratsschuld, F., »diejenige Schuld bei welcher der nach allgemeinen gattungsmäßigen Merkmalen bestimmte Gegenstand der Leistung nur aus einer bestimmten Menge zu nehmen ist (10 Flaschen Wein aus dem Lager des A)«, 20. Jh.?, s. Vorrat, Schuld

Vorrecht, N., »im Verhältnis zu anderen Rechten vorgehendes oder besonderes Recht (z.B. Privileg)«, mhd. vorreht, N., »Vorrecht, Lohn den man vor anderen voraus hat«, s. vor, Recht

Vorruhestand, M., »Zeit zwischen dem tatsächlichen Ausscheiden aus dem Erwerbsleben und der Zeit in welcher der Betreffende nach den allgemeinen Regeln in den Ruhestand getreten wäre«, 2. H. 20. Jh., s. vor, Ruhestand

Vorsatz, M., »längerfristige seelische Ausrichtung, (im Schuldrecht) Wissen und Wollen des rechtswidrigen Erfolges im Bewußtsein der Rechtswidrigkeit, (im Strafrecht) Wille zur Verwirklichung eines Straftatbestandes (Wollen [str.]) in Kenntnis aller seiner objektiven Tatumstände (Wissen)«, mhd. fürsaz, vorsaz (mmd.), M., »Vorspann, Vorhaben, Vorsatz, Entschluß, Einsatz, Pfand«, s. vor, für, Satz, setzen

Vorsatzschuld, F., »Vorwerfbarkeit des vorsätzlichen Handelns gegen ein rechtliches Verbot«, 2. H. 20. Jh., s. Vorsatz, Schuld

Vorsatztheorie, F., »Theorie die im Vorsatz ein Schuldmerkmal sieht das neben dem Wissen und Wollen der Tatbestandsverwirklichung auch das Unrechtsbewußtsein erfaßt«, 2. H. 20. Jh.?, s. Vorsatz, Theorie

Vorschrift, F., »Regel, Gebot, Verbot«, fnhd. vorschrift, F., »Muster zum Nachschreiben, Vorlage« 17. Jh., vgl. ahd. foraskrift (1000), forascrift, F., »Überschrift«, Lüt. lat. inscriptio tituli, F., »Überschrift«?, s. vor, Schrift, Bedeutung »Regel« seit Adelung 1774ff.

Vorschuß, M., »plötzliche Bewegung nach vorn (16. Jh.), vorher geleisteter Teil (einer Zahlung)«, 17. Jh. (Kramer 1702), älter »was zuerst gewonnen wird«, s. vor, Schuß

Vorschußleistung, F., »besondere Art der Erfüllung bei der auf eine noch nicht entstandene oder noch nicht fällige Forderung im voraus geleistet wird ohne daß eine Rückerstattung gewollt ist«, 20. Jh.?, s. Vorschuß, Leistung

vorsetzen, V., »vorsetzen«, (mhd. vürsetzen,) ahd. forasezzen (1000), V., »vorsetzen, etwas über etwas stellen, vorziehen, vorher festsetzen«, s. vor, setzen

vorsitzen, V., »vor (andern) sitzen«, 15. Jh.?, Lüs. lat. praesidere, V., »vorn sitzen«, s. vor, sitzen

Vorsitzender, M., »Leiter eines Kollegialorgans (z.B. Aufsichtsrat)«, 18. Jh. (Rabener 1777) Lüs. frz. président, M., »Vorsitzender«, aus lat. praesidens, Part. Präs. von lat. praesidere, V., »vorsitzen«

Vorsitzer, M., »Vorsitzender«, mhd. vorsitzer, M., »Vorsitzer, Aufwärter, Kellner«, s. vor, sitzen

Vorsorge, F., »Sorge im voraus«, 15. Jh.? bzw. 16. Jh. daneben mhd. vürsorge, s. vor, Sorge, vgl. ahd. forasworgēn (830), V., »vorsorgen, versorgen, verwalten«, Lüs. lat. procurare, V., »Sorge tragen«

vorspiegeln, V., »wie in einem Spiegel sichtbar machen (16. Jh.), vortäuschen (18. Jh.)«, s. vor, Spiegel

Vorspiegeln einer Tatsache, N., »Aufstellen einer unwahren Behauptung«, Fischart (vor 1590), Adelung 1774, s. vor, spiegeln

Vorspiegelung, F., »Vortäuschung«, 18. Jh., s. vorspiegeln, ung

Vorspruch, M., »Vordersatz (Bütner 1588), Empfehlung (Stieler 1691), Einleitung (Aler 1727)«, Lüs. lat. proloquium, N., »Ausspruch«?, s. vor, Spruch

Vorstand, M., »vielfach das geschäftsführende Organ«, »Verteidiger (15. Jh.), Stehen vor einem anderen (16. Jh. bzw. Cario 1684), Stehen für einen anderen als Sicherheit (Faber 1587), Führung (Maaler 1569), Vorsteher (Adelung 1774ff.), leitendes Gremium (Ranke 1867)«, s. vor, Stand

Vorsteher, M., »Leiter (M.)«, 16. Jh., s. vor, stehen

Vorsteuer, F., »(im Umsatzsteuerrecht) einem Unternehmer von seinem Lieferanten in Rechnung gestellte Umsatzsteuer«, 2. H. 20. Jh., s. vor, Steuer

Vorstrafe, F., »zeitlich vor einer Verurteilung liegende Strafe«, E. 19. Jh., älter »Strafe vor der Bestrafung (Francisci 1681)«, s. vor, Strafe

Vortat, F., »zeitlich vor einem Verhalten liegende mit Strafe bedrohte Handlung«, vgl. ahd. foratāt (E. 8. Jh.), F., »vorausgehende Handlung«, Lüt. lat. praetextus, M., »Vorwand«, s. vor, Tat

vortäuschen, V., »vorspiegeln« 16. Jh. (Luther vor 1546), s. vor, täuschen

Vortäuschen einer Straftat, N., »entgegen besserem Wissen vor einer Behörde vorgebrachte Behauptung daß eine rechtswidrige Tat begangen worden sei oder eine bestimmte rechtswidrige Tat bevorstehe um dadurch ein Einschreiten auszulösen«, 20. Jh.?, s. vortäuschen, Straftat

Vorteil, M., »Nutzen, günstige Lage«, mhd. vorteil, M., N., »Vorausempfang, Vorteil, Vorrecht«, vgl. ahd. forateila (765), F., »Vorteil, Vorrecht, Siegespreis, Zuwendung«, s. vor, Teil

Vorteilsannahme, F., »Fordern oder Sichversprechenlassen oder Annehmen eines Vorteils durch einen Amtsträger oder einen für den öffentlichen Dienst besonders Verpflichteten als Gegenleistung dafür daß er eine Dienstleistung vorgenommen hat oder künftig vornehmen wird«, 2. H. 20. Jh., s. Vorteil, Annahme

Vorteilsausgleichung, F., »Vorteilsanrechnung, Anrechnung eines durch die schädigende Handlung gleichzeitig verursachten Vorteils bei der Berechnung der Höhe des Schadensersatzes (z.B. Ersparung der Verpflegungskosten während der Heilbehandlung)«, 20. Jh., s. Vorteil, Ausgleich

Vorteilsgewährung, F., »Straftatbestand der voraussetzt daß jemand einem Amtsträger bzw. einem für den öffentlichen Dienst besonders Verpflichteten bzw. einem Soldaten der Bundeswehr bzw. einem Richter oder Schiedsrichter als Gegenleistung für die künftige Vornahme einer (in dessen Ermessen stehenden) Diensthandlung einen Vorteil verspricht oder anbietet oder gewährt«, 2. H. 20. Jh., s. Vorteil, gewähren, ung

Vorteilsverschaffungsabsicht, F., »Absicht sich oder einem anderen einen Vermögensvorteil zu verschaffen«, 20. Jh., s. Vorteil, verschaffen, ung, Absicht

Voruntersuchung, F., (im Strafverfahrensrecht) (bis 1974) bei schwereren Straftaten erforderliches gerichtliches Zwischenverfahren zwischen Ermittlungsverfahren und Eröffnungsverfahren«, »vorbereitete Untersuchung« Krünitz 1773ff. bzw. Schelling 1856, s. vor, Untersuchung, vgl. Weiske 1839ff., Planck 1857

Vorverein, M., »zwischen Gründung eines Vereins und Erlangung der Rechtsfähigkeit bestehender nichtrechtsfähiger Verein«, 20. Jh., s. vor, Verein

Vorverfahren, N., »zeitlich von dem (Haupt-)Verfahren liegendes Verfahren (z.B. Ermittlungsverfahren im Strafverfahren bzw. Widerspruchsverfahren im Verhältnis zum Verwaltungsstreitverfahren)«, Jhering 1852, s. vor, Verfahren, vgl. Ullmann 1893

Vorverständnis, F., »Gesamtheit der im Laufe seiner Entwicklung entstandenen

Grundeinstellungen eines Menschen«, 2. H. 20. Jh.?, s. vor, Verständnis

Vorvertrag, M., »Vertrag der die Verpflichtung zum Abschluß eines schuldrechtlichen Vertrages begründet«, 19. Jh. (Gerber 1895), s. vor, Vertrag

Vorwurf, M., »Vorwurf, Vorhaltung, Rüge«, mhd. fürwurf, vorwurf, M., »Gegenstand, Objekt«, 14. Jh. Lüs. lat. obiectum, N., »Gegenstand«, Lüs. gr. próblema, N., »Vorsprung, Vorwand, Streitfrage«, s. vor, werfen

Vorzug, M., »Vorausziehen (Busteter 1532), Vorziehen, Vorhut (1475 Basel), Vorecht (fürzug 1306 Appenzell), Vorteil (Luther vor 1546)«, mhd. vürzuc, vürzoc, M., »Vorrang, Vorrecht« 1306 Appenzell, s. vor, Zug

Vorzugsaktie, F., »Aktie welche bestimmte Vorrechte gewährt (z.B. erhöhter Anteil am Liquidationserlös«, 1889 für Prioritätsaktie, s. Vorzug, Aktie

Votum, N., »Stimme, Stellungnahme«, frühes 16. Jh. (1521 vota) bzw. 17. Jh. Lw. mlat. votum, N., »Stimme, Stimmabgabe«, zu lat. votum, N., »Gelübde«, subst. PPP. N. von lat. vovere, V., »geloben, versprechen«

vulgar, Adj., »laienhaft, einfach, volksmäßig«, 20. Jh. Lw. lat. vulgaris, Adj., »gemein, niedrig, allgemein«, zu lat. vulgus, M., »Volk«

Vulgarrecht, N., »(in der Rechtsgeschichte) gegenüber dem klassischen römischen Juristenrecht verfallenes durch Rhetorik und moralisierende Emotionalität gekennzeichnetes Recht des Dominats (3.-5. Jh. n. Chr.) insbesondere im westlichen Teil des römischen Reichs (z.B. vulgare Interpretationen zu klassischen Rechtstexten)«, 20. Jh., s. vulgar, Recht

W

Waage, F., »Waage, Gewicht, Instrument zum Wägen«, mhd. wāge, F., »Waage«, ahd. wāga (E. 8. Jh.), F., »Waage, Gewicht«, as. wāga, F., »Waage, Waagschale«, germ. *wēgō, F., »Waage«, zu idg. *u̯eĝh-, V., »bewegen, ziehen, fahren«

wach, Adj., »wach«, 16. Jh., aus Wache, F., »Wache, Wachsein«, verdrängt wacker

Wache, F., »Wache, Bewachung, Wächter«, mhd. wache, F., »Wachen, Wache«, ahd. wahha (1000), wacha, F., »Wache, Nachtwache«, germ. *wakō, *wakōn, F., »Wache«, zu idg. *u̯eĝe-, V., »frisch sein, stark sein«, zu idg. *u̯eĝ-, Adj., »frisch, stark«

wachen, V., »wachen, wach sein, Wache halten«, mhd. wachen, V., »wachen, erwachen«, ahd. wahhēn (A. 9. Jh.), wachēn, V., »wachen, erwachen, überwachen«, as. wakon, V., »wachen«, germ. *wakēn, V., »wachen«, s. Wache

Wachs, N., »Wachs«, mhd. wahs, N., »Wachs«, ahd. wahs (1000), N., »Wachs«, as. wahs (E. 10. Jh.), N., »Wachs«, germ. *wahsa, *wahsam, N., »Wachs«, idg. *u̯okso-, Sb., »Wachs«, zu idg. *au̯eg-, *u̯eg-, *u̯eks-, V., »vermehren, zunehmen«, zu idg. *u̯eg-, V., Sb., »weben, knüpfen, Gewebe, Gespinst«

wachsen, V., »wachsen (V.) (1), größer werden«, mhd. wahsen, V., »wachsen (V.) (1), aufwachsen, erwachsen (V.)«, ahd. wahsan (765), V., »wachsen (V.) (1), zunehmen, gedeihen«, as. wahsan, V., »wachsen (V.) (1)«, germ. *wahsjan, *wahsan, V., »wachsen (V.) (1)«, zu idg. *au̯eg-, *u̯eg-, *u̯eks-, V., »vermehren, zunehmen«, zu idg. *u̯eg-, V., Sb., »weben, knüpfen, Gewebe, Gespinst«

Wacht, F., »Wacht, Wache«, mhd. wahte, F., »Wachen, Wachsein, Wacht, Wache«, ahd. wahta (800), F., »Wacht, Wache, Nachtwache, Wachen«, as. wahta, F., »Wacht, Wache«, germ. *wahtwō, F., »Wache, Wacht«, s. wachen

Wächter, M., »Wächter, Wärter«, mhd. wahtære, M., »Wächter«, ahd. wahtāri (10. Jh. bzw. in Komp. 9. Jh.), M., »Wächter«, Lüt. lat. vigil, M., »Wächter«, s. Wacht

Wachtmeister, M., »Wachtmeister«, 15. Jh. »Zunftmeister (der Nachtwachen)«, 14. Jh. wachemeister, M., »Zunftmeister (der Nachtwachen)«, s. Wacht, Meister

Waffe, F., »jeder Gegenstand der seiner Art nach dazu geeignet ist Widerstand durch Gewalt oder durch Drohung mit Gewalt zu verhindern oder zu überwinden«, mhd. wāfen, wāpen, N., »Waffe«, ahd. wāfan (1. H. 8. Jh.?), N., »Waffe, Schwert, Gewalt«, as. wāpan, N., »Waffe«, germ. *wēpna, *wēpnam, N., »Waffe«,

Herkunft unklar, feminines Geschlecht (18. Jh.) aus dem Plural?

Waffenschein, M., »Urkunde über die Erlaubnis zur Führung von Schußwaffen«, 20. Jh.?, s. Waffe, Schein

Waffenstillstand, M., »(zeitweilige) Einstellung von Feindseligkeiten (Kampfhandlungen) zwischen kriegführenden Parteien«, A. 18. Jh. (Kirsch 1713), s. Waffe, still, Stand, älter Stillstand (16. Jh.), Stillstand der Waffen (17. Jh.)

Wagen, M., »Wagen, Fahrzeug mit Rädern«, mhd. wagen, M., »Wagen«, ahd. wagan (765), M., »Wagen, Karre«, as. wagan, M., »Wagen«, germ. *wagna, *wagnaz, M., »Wagen« zu idg. *u̯eĝh-, V., »bewegen, ziehen, fahren«

wägen, V., »wägen, überlegen (V.)«, mhd. wegen, V., »bewegen, wiegen, schwingen, erwägen«, ahd. wegan (2. H. 8. Jh.), V., »bewegen, wiegen, wägen, erwägen«, as. wegan, V., »wägen, erwägen«, germ. *wegan, V., »bewegen, wägen«, zu idg. *u̯eĝh-, V., »bewegen, ziehen, fahren, tragen, bringen«

Waggon, M., »Güterwagen, Wagen«, 19. Jh. Lw. ne. waggon, N., »Wagen«, Lw. nnl. wagen, M., »Wagen«, s. Wagen

Wagner, M., »Wagner, Wagenmacher«, südd., mhd. wagener, M., »Wagner, Wagenmacher«, ahd. waganāri (11. Jh.? bzw. 12. Jh.), M., »Wagner«, as. wagneri, M., »Wagner«, Lüs. lat. carpentarius, M., »Wagenmacher«, s. Wagen, er

Wahl, F., »Auswahl, Berufung einer Person zu einer Aufgabe durch Abstimmung«, mhd. wal, wale, F., »Wahl, Auswahl, Lage, Schicksal«, ahd. wala (A. 9. Jh.), F., »Wahl, Auswahl, freie Bestimmung«, germ. *walō, F., »Wahl«?, zu germ. *waljan, V., »wählen«, zu idg. *u̯el- (2), V., »wählen, wollen (V.)«, zu idg. *au- (7), V., »verlangen, gern haben, begünstigen«

Wahlbeamter, M., »Beamter der sein Amt durch Wahl erlangt«, »Beamter als Aufsicht bei einer Wahl«, 1862 Preußen, s. Wahl, Beamter

Wahlbehinderung, F., »Verhinderung oder Störung einer Wahl oder der Feststellung ihres Ergebnisses mit Gewalt oder durch Drohung mit Gewalt«, 20. Jh.?, s. Wahl, Behinderung

Wahlberechtigter, M., »zu einer Wahl Berechtigter«, 1819 Württemberg, s. Wahl, Berechtigter

Wahlberechtigung, F., »Wahlrecht«, 1848 Bayern, s. Wahl, Berechtigung

Wahldelikt, N., »in Zusammenhang mit einer Wahl begangene mit Strafe bedrohte Handlung (z.B. Wahlbehinderung)«, 19. Jh.?, s. Wahl, Delikt

wählen, V., »wählen«, mhd. weln, welen, V., »wählen, erwählen, auswählen«, ahd. wellen (A. 9. Jh.), V., »wählen, auswählen, auserwählen«, germ. *waljan, V., »wählen«, zu idg. *u̯el- (2), V., »wählen, wollen (V.)«, zu idg. *au- (7), V., »verlangen, gern haben, begünstigen«

Wähler, M., »wer wählt«, mhd. welære, weler, M., »wer wählt (z.B. den König)«, s. wählen

Wählerbestechung, F., »im Zusammenhang mit einer Wahl stehende Vorteilsgewährung«, 20. Jh.?, s. Wähler, Bestechung

Wählernötigung, F., »Nötigung oder Hinderung eines anderen zu wählen oder sein Wahlrecht in einem bestimmten Sinn auszuüben«, 20. Jh.?, s. Wähler, Nötigung

Wählertäuschung, F., »Straftatbestand bei dem der Täter bewirkt daß jemand bei der Stimmabgabe über den Inhalt seiner Erklärung irrt oder gegen seinen Willen nicht oder ungültig wählt«, 20. Jh.?, s. Wähler, Täuschung

Wahlfälschung, F., »unbefugtes Teilnehmen an einer Wahl, Herbeiführen eines unrichtigen Wahlergebnisses oder Verfälschen des Wahlergebnisses«, Hälschner 1887, 1893 Preußen, s. Wahl, Fälschung

Wahlfeststellung, F., »wahldeutige Verurteilung eines Täters aus zwei (oder mehr) Straftatbeständen von denen zwar nur einer vorliegen kann aber ungewiß ist welcher von ihnen vorliegt«, 20. Jh.?, s. Wahl, Feststellung

Wahlgeheimnis, N., »Grundsatz daß der Inhalt der Stimmabgabe geheim bleiben soll«, 1849 Sachsen, s. Wahl, Geheimnis

Wahlgerichtsstand, M., »Gerichtsstand den der Kläger unter mehreren unter denen er die Wahl hat auswählt«, 20. Jh.?, s. Wahl, Gerichtsstand

Wahlkapitulation, F., »(im frühneuzeitlichen deutschen Recht) Zusage eines Bewerbers für den Fall der Wahl in ein Amt«, 19. Jh.?, s. Wahl, Kapitulation, vgl. Weiske 1839

Wahlkonsul, M., »ehrenamtlicher Konsul der meist Angehöriger des Empfangsstaates ist«, 19. Jh., Lüt. nlat. consul electus, M., »Wahlkonsul«, s. Wahl, Konsul

Wahlperiode, F., »Zeitraum für welchen gewählt wird«, 1848 Bayern, s. Wahl, Periode

Wahlpflicht, F., »Pflicht zu wählen«, E. 19. Jh. (1899), s. Wahl, Pflicht

Wahlprüfung, F., »Überprüfung einer Wahl auf ihre Rechtmäßigkeit«, 19. Jh., Rönne, s. Wahl, Prüfung

Wahlrecht, N., »Gesamtheit der die Wahl betreffenden Rechtssätze, Recht zu wählen und gewählt zu werden«, »Recht einer Wahl« 1632 Köthen, »Recht auszuwählen« Zedler 18. Jh., »Recht jemanden zu wählen« Schottel 1663, »Recht der Wahl von Volksvertretern« 19. Jh., s. Wahl, Recht

Wahlschuld, F., »Art der Schuld bei welcher mehrere Leistungen in der Weise geschuldet werden daß nur die eine oder andere zu bewirken ist«, 19. Jh. (Badisches Landrecht 1809 Wahlverbindlichkeit,) (Litten), Lüt. lat. obligatio alternativa, F., »Wahlschuld«, s. Wahl, Schuld

Wahlvermächtnis, N., »durch den Erblasser als Wahlschuld gestaltetes Vermächtnis«, 1716 Augsburg, s. Wahl, Vermächtnis

Wahlverteidiger, M., »Verteidiger den der Beschuldigte - oder sein gesetzlicher Vertreter - gewählt hat«, 1877/9, s. Wahl, Verteidiger

Wahn, M., »Wahn, Erwartung, Hoffnung, Verdacht«, mhd. wān, M., »Meinung, Glaube, Erwartung, Hoffen«, ahd. wān (nach 765?), M., »Meinung, Ansicht, Erwartung, Hoffnung, Glaube, Wahn, Vermutung, Schein, Sinn, Mutmaßung, Vorstellung, Urteil«, as. wān, M., »Erwartung«, germ. *wēnō, *wēni, *wēniz, F., »Hoffnung, Erwartung«, zu idg. *u̯en- (1), V., »streben, wünschen, lieben, erreichen, gewinnen, siegen«

wahn, Adj., »leer, unverständig, mangelhaft«, mhd. wan, Adj., »nicht voll, nicht erfüllt, erfolglos«, ahd. wan (765), Adj., »fehlend, mangelnd, leer, unvollkommen, nicht voll«, as. wan, Adj., »fehlend«, germ. *wana, *wanaz, Adj., »mangelnd, fehlend«, idg. *u̯ənos, Adj., »mangelnd«, zu idg. *eu- (1), Adj., V., »leer, mangeln«

Wahndelikt, N., »Verhalten von dem der Täter irrig annimmt es falle unter eine Verbotsnorm (z.B. einfache Homosexualität)«, 19. Jh., s. Wahn, Delikt, vgl. Hälschner 1887

Wahnsinn, M., »Wahnsinn«, 16. Jh. (bzw. geläufig nach 1780) Rückbildung aus wahnsinnig

wahnsinnig, Adj., »wahnsinnig, irr, geisteskrank«, 15. Jh., s. wahn, Sinn, ig

wahr, Adj., »wahr, zutreffend, wirklich, richtig«, mhd. wār, Adj., »wahr, wahrhaft«, ahd. wār (E. 8. Jh.), Adj., »wahr, wahrhaft, wirklich, richtig«, as. wār, Adj., »wahr«, germ. *wēra, *wēraz, *wērja, *wērjaz, Adj., »wahr«, zu idg. *u̯er- (11), Sb., »Freundlichkeit«?, zu idg. *u̯erə-, V., »achten«

wahren, V., »wahren, bewahren«, mhd. warn, V., »beachten, behüten«, ahd. *warōn, V., »wahren, achtgeben«, as. waron, V., »wahren, acht haben«, germ. *warōn, V., »bewahren, beachten«, zu germ. *warō, F., »Aufmerksamkeit«, zu idg. *u̯er- (8), V., »gewahren, achtgeben«, idg. *u̯erə-, V., »achten«

währen, V., »währen, andauern«, mhd. wern, weren, V., »ausdauern, währen, leisten, gewähren, vollziehen«, ahd. werēn (A. 9. Jh.), V., »währen, dauern (V.) (1), bestehen, halten, bleiben«, ahd. *werōn, V., »währen«, as. weron, V., »währen, dauern«, germ. *wezēn, V., »bleiben, währen«?, idg. *u̯es- (1), V., »weilen, verweilen, wohnen«, zu idg. *au- (2), V., »übernachten, schlafen«?

Wahrheit, F., »mit Gründen einlösbarer und insofern haltbarer Geltungsausspruch über einen Sachverhalt«, mhd. wārheit, F., »Wahrheit, Wirklichkeit«, ahd. wārheit (900?), F., »Wahrheit«, as. wārhēd, F., »Wahrheit«, Lüs.?, Lbd.? lat. veritas, F., »Wahrheit«, s. wahr, heit

Wahrheitsbeweis, M., »Nachweis der Wahrheit«, 19. Jh.?, s. Wahrheit, Beweis

Wahrheitspflicht, F., »Verpflichtung eines Beteiligten seine Erklärung über tatsächliche Umstände vollständig und der (subjektiven) Wahrheit gemäß abzugeben«, 19. Jh. Rietsch, s. Wahrheit, Pflicht

Wahrnehmung, F., »Aufmerksamkeit« Maaler 1561, s. wahren, nehmen, ung

Wahrnehmung berechtigter Interessen, F., »Verfolgung rechtmäßiger Anliegen«, s. Wahrnehmung, berechtigt, Interesse, vgl. Weiske 1839ff.

Währschaft, F., »Gewährschaft, Inhalt, Gehalt, Wert«, s. währen, schaft

Währung, F., »gesetzliche Ordnung des Geldwesens eines Staates«, mhd. werunge, F., »Gewährung, Bezahlung, Sicherstellung, gewährleisteter Münzwert, Währung«, ahd. werunga (10. Jh.), F., »Gewährung«, s. währen, ung

Währungsunion, F., »(vertraglich geschaffene) Einheit der Währung in Gebieten verschiedener Staaten«, 1990, s. Währung, Union

Waise, (M.,) F., »Kind ohne Eltern (Vollwaise) oder ohne einen Elternteil (Halbwaise)«, mhd. weise, M., F., »Waise«, ahd. weiso (A. 9. Jh.), M., »Waise«, germ. *waisa, *waisan, *waisōn, M., »Waise«, Herkunft unklar, ai aus bay. von Luther übernommener Schreibgewohnheit, seit 18. Jh. F.

Wald, M., »mit Forstpflanzen bestockte Grundfläche einschließlich der Lichtungen und Waldwiesen«, mhd. walt, M., »Wald«, ahd. wald (765, ON, PN), M., »Wald, Wildnis, Wüste, Wipfel?«, as. wald, M., »Wald«, germ. *walþu, *walþuz, M., »Wald, Wildnis, Heide (F.)«, zu idg. *u̯el- (4), Sb., »Haar, Wolle, Gras, Ähre, Wald«

Walker, M., »Walker, der Tuche und Felle walkt«, mhd. walker, M., »Walker«, ahd. walkāri (12. Jh.), walcāri, M., »Walker«, zu germ. *walkan, V., »drehen, wandern, walken«, idg. *u̯olg-, V., »drehen, sich bewegen«?, zu idg. *u̯el- (7), V., »drehen, winden, wälzen«?

walten, V., »walten, Macht haben, regieren, besitzen«, mhd. walten, V., »herrschen, besitzen, haben«, ahd. waltan (1. H. 8. Jh.?), V., »walten, herrschen, mächtig sein, besitzen, sorgen für«, as. waldan, V., »walten«, germ. waldan, V., »walten«, idg. *u̯aldh-, V., »stark sein, vermögen, herrschen«, zu idg. *u̯al-, V., »stark sein«

Wandel, M., »Wandel, Wechsel, Verkehr, Gang, Lebensführung«, mhd. wandel, N., M., »Wechsel, Änderung, Tausch«, ahd. wantal (9. Jh.), M., »Wandel, Umwandlung, Wechsel, Verkehr«, aus ahd. wantalōn rückgebildet

wandeln, V., »wandeln, verkehren, gehen, ändern«, mhd. wandeln, V., »verwandeln, umändern«, ahd. wantalōn (765), V., »wandeln, verwandeln, verändern, zurückrufen, handeln«, as. wandlon, V., »wandeln, verändern«, Iterativ zu germ. *wandōn, V., »wenden«, germ. *wandjan, V., »wenden«, idg. *u̯endh- (1), V., »drehen, winden, wenden, flechten«, zu idg. *au̯- (5), V., »flechten, weben«

Wandelschuldverschreibung, F., »Schuldverschreibung die von einer Aktiengesellschaft ausgegeben wird aber außer einem verzinslichen Forderungsrecht auch das Recht verbrieft einen Umtausch oder Bezug von Aktien zu bestimmten vorher festgelegten Bedingungen vorzunehmen«, 20. Jh., s. wandeln, Schuldverschreibung

Wandelung, Wandlung, F., »Wandlung, Veränderung, Rückgängigmachung des Kaufes«, mhd. wandelunge, F., »Änderung, Verwandlung, Wechsel«, ahd. wantalunga (E. 8. Jh.), F., »Wandel, Verkehr, Verbindung, Handel, Verwandlung«, s. wandeln, ung, Wandel

wandern, V., »wandern, zu Fuß reisen«, mhd. wandern, V., »in Bewegung sein, gehen, ziehen, wandeln, wandern, reisen«, zu ahd. wantōn, V., »sich wenden«, s. wenden

Wappen, N., »Wappen«, nd. Form von Waffe, 16. Jh. Bedeutungsdifferenzierung »Erkennungszeichen, Wappen«

Ware, F., »Handelsgut, bewegliche Sache«, mhd. war, ware, F., »Ware, Kaufmannsgut, Habe«, 13. Jh. (1290), aus dem Mnd.?, zu wahren?, zu germ. *wazō, F., »Kaufpreis?, Ware?«, zu idg. *u̯es-, V., »kaufen, verkaufen«, in der 2. H. 16. Jh. im Obd. durchgesetzt

ware, ne. »Ware, Gegenstand«, s. Ware

Warenhandwerker, M., »Handwerker der Waren anschafft und mit oder ohne Bearbeitung oder Verarbeitung weiter veräußert (z.B. Bäcker)«, 20. Jh.?, s. Ware, Handwerker

Warenverkehr, M., »Verkehr mit Waren«, Krünitz 1773, s. Ware, Verkehr

Warenverkehrsfreiheit, F., »eine der Freiheiten der Europäischen Gemeinschaften«, 2. H. 20. Jh., s. Warenverkehr, Freiheit

Warenzeichen, N., »Kennzeichen (Marke) welches dazu dient die Waren eines Gewerbetreibenden von den Waren anderer Gewerbetreibender zu unterscheiden«, Krünitz 1773, s. Ware, Zeichen

warnen, V., »warnen, hinweisen, auffordern, vorsehen, versehen (V.), ausrüsten«, mhd. warnen, V., »warnen, versehen (V.), vorbereiten«, ahd. warnōn (765, PN), V., »warnen, beschützen, vorbereiten, sich hüten, sich versehen«, westgerm. *warnōn, V., »warnen, sich vorsehen«, zu germ. *warōn, V., »wahren, beachten«, s. wahren

Wart, M., »Wart, Wächter, Hüter«, mhd. warte, M., »Wärter, Aufseher«, ahd. wart (E. 8. Jh.), warto (830, PN), M., »Wärter, Wächter«, as. ward, M., »Wart, Beschützer«, germ. *warda, *wardaz, M., »Hüter, Wart«, zu idg. *u̯er- (8), V., »gewahren, achtgeben«

Warte, F., »Warte, Ausschau, Ort der Ausschau, Wache«, mhd. warte, wart, F., »Ausschauen, Wachen, Bewachen, Lauern, Wacht, Postendienst«, ahd. warta (765, ON), F., »Warte, Anschauen, Obhut, Aufsicht, Wache«, as. warda, F., »Wache«, germ. *warda, Sb., »Warte«, mit idg. tā-Suffix zu idg. *u̯er- (8), V., »gewahren, achtgeben«

warten, V., »warten, harren, pflegen, dienen«, mhd. warten, V., »spähen, schauen, zuschauen, wahrnehmen«, ahd. wartēn (8. Jh.?), V., »sehen, schauen, betrachten, achten, beobachten, behüten, abwarten«, as. wardon, V., »sich hüten, sorgen, schützen«, germ. *wardēn, *wardōn, V., »beachten, ausschauen, bewachen«, zu idg. *u̯er- (8), V., »gewahren, achtgeben«, warten verdrängt das ältere Wort ahd. beiten, »warten«

Wärter, M., »Wärter, Aufseher, Wächter, Pfleger«, mhd. warter, M., »Wärter, Hüter, Aufseher, Fürsprecher«, ahd. wartāri (830), M., »Wärter, Anhänger, Ausspäher, Wächter«, as. *warderi, M., »Wärter«, beeinflußt von lat. custos, M., »Wärter«?, s. warten, er

wärtig, Suff., »wärtig«, mhd. wertig, Suff., »wärtig«, ahd. wartīg, wertīg, Suff., »wärtig«, zu germ. *werda, *werdaz, *warda, *wardaz, Adj., »wärtig«, s. wärts, ig

wärts, Suff., »wärts«, mhd. wertes, Suff., »wärts«, ahd. wartes, wertes, Suff., »wärts«, zu germ. *werda, *werdaz, *warda, *wardaz, Adj., »wärtig«, zu idg. u̯ert-, V., »drehen, wenden«, zu idg. *u̯er- (3), V., »drehen, biegen«

Wasen, M., »Rasen (M.)«, südd., mhd. wase, M., »Rasen (M.)«, ahd. waso (9. Jh., ON), M., »Wasen (M.) (2), Erde, Schlamm, Rasen (M.)«, as. waso, M., »Rasen (M.), Scholle«, zu germ. *was-, Sb., »Feuchtigkeit, Boden, Wasen (M.) (2)«?, zu idg. *u̯es- (3), V., Adj., »feuchten, feucht, naß«?, zu idg. *au- (9), V., »benetzen, befeuchten, fließen«

Wasenmeister, M., »Abdecker, Henker«, südd., 15. Jh., s. Wasen, Meister

Wasser, N., »Wasser«, mhd. wazzer, N., »Wasser, Meer, See, Fluß, Regen«, ahd. wazzar (8. Jh.), N., »Wasser, Gewässer, Meer«, as. watar, N., »Wasser«, germ. *watar, N., »Wasser«, idg. *u̯édōr, Sb., *uden-, Sb., »Wasser«, zu idg. *au- (9), V., »benetzen, befeuchten, fließen«

Wasserhaushalt, M., »Gewinnung und Bewirtschaftung von Wasser«, 2. H. 20. Jh., s. Wasser, Haushalt

Wasserhaushaltsgesetz, N., »Gesetz betreffend den Wasserhaushalt« 1957, s. Wasserhaushalt, Gesetz

Wasserrecht, N., »die Verhältnisse des Wassers betreffendes Recht«, 1310 Bayern, s. Wasser, Recht, vgl. Weiske 1839ff.

Watsche, F., »Ohrfeige«, bay., Herkunft unklar

weben, V., »weben«, mhd. weben, V., »weben, wirken, flechten, spinnen«, ahd. weban (790), V., »weben, flechten, spinnen«, as. wevan, V., »weben«, germ. *weban, V., »weben, wickeln«, idg. *u̯ebh- (1), V., »weben, flechten, knüpfen«, zu idg. au̯- (5), V., »flechten, weben«

Weber, M., »Weber«, mhd. webære, weber, M., »Weber«, ahd. nur Wörter für Weberin (12. Jh.), s. weben, er

Wechsel, M., »Wechsel, Tausch, Geldanweisung (18. Jh.), Urkunde in der eine oder mehrere gegenüber einem Grundgeschäft abstrakte Zahlungsverpflichtungen verbrieft sind und die besonders strengen gesetzlichen Formvorschriften unterliegt insbesondere ausdrücklich als Wechsel bezeichnet sein muß«, mhd. wehsel, M., »Wechsel, Tausch, Austausch, Ersatz, Geldwechsel (14. Jh.), Vorkaufsrecht«, ahd. wehsal (790), M., N., »Wechsel, Tausch, Austausch, Umstellung, Verwandlung, Änderung, Stellvertretung, Darlehen, Entgelt, Ersatz«, as. wehsal, M., »Wechsel«, germ. *wihsla, *wihslaz, M., »Wechsel«, zu idg. *u̯eik- (4), *u̯eig-, V., Sb., »biegen, sich wenden, weichen (V.) (2), Wechsel, Abwechslung«?, die Wertpapierbezeichnung Wechsel (16. Jh.) ist eine Abkürzung aus Wechselbrief (14. Jh.).

Wechselbalg, M., »mißgestaltetes Kind«,

mhd. wehselbalc, M., »mißgestaltetes Kind«, älter ahd. wehseling (1000), wehselkind (1000), s. Wechsel

wechselbezüglich, Adj., »gegenseitig«, 19. Jh., Lsch. lat. reciprocus, Adj., »zurückgehend, wechselseitig«, s. Wechsel, Bezug, lich

wechselbezügliches Testament, N., »gegenseitiges Testament«, s. Testament, wechselbezüglich

Wechselprozeß, M., »Unterfall des Urkundenprozesses in welchem ein Anspruch aus einem Wechsel geltend gemacht wird«, Thomasius 1720, Lüs.?, vgl. Planck 1896

Wechselrecht, N., »Gesamtheit der den Wechsel betreffenden Rechtssätze«, »Recht Geldwechsel durchzuführen« 1260 Basel, »Recht abzuwechseln« Stieler 1691, »Recht des Wechsels« 18. Jh. (Rabener 1755) Lüt. lat. ius cambiale, N., »Wechselrecht«, s. Wechsel, Recht

Wechselreiterei, F., »Wechselreiterei, Geldbeschaffung durch bloßen Wechselaustausch«, 18. Jh. Lw. nnl. wisselruiterij, F., »Wechselreiterei, Reiterei wegen bloßen Wechselaustausches?«, s. Wechsel

weg, Adj., Präf., »weg, ent«, 14. Jh., mhd. enwec, Adv., »hinweg, fort«, ahd. in weg, Adv., »auf dem Weg«, s. Weg

Weg, M., »Weg, Bahn zum Gehen«, mhd. wec, weg, M., »Weg, Straße«, ahd. weg (nach 765?, ON), M., »Weg, Straße, Bahn, Gang, Zugang, Reise, Pfad«, as. weg, M., »Weg, Straße«, germ. *wega, *wegaz, M., »Weg«, zu idg. *u̯eĝh-, V., »bewegen, ziehen, fahren, tragen, bringen«

Wegelagerer, M., »Straßenräuber«, 18. Jh., älter wegelager (15. Jh.), zu Weg, ahd. lāgāri, M., »Nachsteller«, zu liegen

Wegerecht, N., »die Verhältnisse der Straßen bzw. Wege und Plätze welche dem allgemeinen Verkehr gewidmet sind betreffendes Recht«, 20. Jh.?, s. Weg, Recht

Wegfall, M., »Abfall« Dapper 1671, »Schwinden« 19. Jh., s. weg, fallen

Wegfall der Bereicherung, M., »Entfallen der Bereicherung, Rechtssatz des Bereicherungsrechts daß die Verpflichtung zur Herausgabe oder zum Ersatz des Wertes des Erlangten ausgeschlossen ist soweit der Empfänger nicht mehr bereichert ist«, 19. Jh.?, s. Wegfall, Bereicherung

Wegfall der Geschäftsgrundlage, F., »Entfallen der vorausgesetzten Umstände eine Geschäfts«, 20. Jh., s. Wegfall, Geschäftsgrundlage

Wegnahme, F., »(im Rahmen des Diebstahls) Bruch fremden und Begründung neuen Gewahrsams«, »Wegnehmen« Adelung 1774ff., s. weg, nehmen

Wegnahmerecht, N., »Berechtigung einer Person eine Einrichtung mit der sie eine Sache versehen hat wegzunehmen sobald sie die Sache herausgeben muß (z.B. Öfen in Wohnung)«, 19. Jh.?, Lüs. lat. ius tollendi, N., »Wegnahmerecht«, s. Wegnahme, Recht

weh, Interj., N., »weh, Weh«, mhd. wē, Adv., N., F., »weh, Weh«, ahd. wē (E. 8. Jh.), Interj., N., »weh, Weh«, germ. *wai, Interj., »weh«, germ. *waiwa, waiwan, Sb., »Weh, Schmerz«, s. idg. *u̯ai, Interj., »weh«

Wehen, F. Pl., »Wehen«, mhd. wē, wēhe, F., »Weh, Wehe«, 16. Jh., s. weh

Wehmutter, F., »Hebamme«, 15. Jh., s. weh, Mutter

Wehr, F., »Wehr (F.), Abwehr, Verteidigung«, mhd. wer, were, F., »Verteidigung, Wehr (F.), Kampf, Widerstand«, ahd. wer, werī (765), F., »Wehr (F.), Abwehr, Verteidigung«, as. *weri, F., »Wehr (F.)«, zu wehren

Wehr, N., »Wehr (N.), Stauwerk«, mhd. wer, N., »Wehr (N.), Waffe«, ahd. wer (12. Jh.), N., »Wehr (N.), Flußwehr, Mühlenwehr«, Lw. as. wer, werr (10. Jh.), N., »Wehr (N.), Hofstätte?«, zu wehren

Wehrbeauftragter, M., »Hilfsorgan des Bundestages das zum Schutz der Grundrechte der Soldaten und zur Ausübung der parlamentarischen Kontrolle im Wehrbereich berufen wird«, um 1955, s. Wehr (F.), Beauftragter

Wehrdienst, M., »Dienst als Soldat bei den Streitkräften«, Weber 1850, s. Wehr, Dienst

Wehrdienstentziehung, F., »Entziehung vom Wehrdienst«, um 1960, s. Wehrdienst, Entziehung

wehrlos, Adj., »wehrlos«, mhd. werlōs, Adj., »wehrlos, unbewaffnet, vor Gericht nicht angehört«, s. Wehr, los

Wehrlosigkeit, F., »Schutzlosigkeit« Ludwig 1716, um 1780 allgemeiner, s. wehrlos, ig, heit

wehren, V., »wehren«, mhd. weren, V., »schützen, verteidigen, wehren«, ahd. werien (765, PN), werren, V., »wehren, verwehren, hindern, abhalten, verteidigen, schützen«, as. werian, V., »wehren, hindern, schützen«, germ. warjan, V., »wehren, abhalten, schützen«, zu idg. *u̯er- (5), V., »schließen, decken, schützen, retten, wehren, abwehren«

Wehrmittel, N. Pl., »Gegenstände die ihrer Natur nach oder auf Grund besonderer Zweckbestimmung für den bewaffneten Einsatz der Truppe geeignet und bestimmt sind (z.B. Panzer bzw. Brieftaube)«, »Abwehrmittel« 1788, s. Wehr, Mittel

Wehrpflicht, F., »Pflicht dem Staat als Soldat zu dienen«, Weiske 1839ff., sachlich Gesetz über die Verpflichtung zum Kriegsdienst 1814 Preußen, s. Wehr, Pflicht

Wehrpflichtiger, M., »der Wehrpflicht Unterfallender«, um 1860 Preußen, s. Wehrpflicht, ig

Wehrrecht, N., »die zur Verteidigung aufgestellten Streitkräfte betreffendes Recht«, 2. H. 20. Jh., s. Wehr, Recht

Wehrstrafrecht, N., »den Wehrdienst betreffendes Strafrecht«, 2. H. 20. Jh., s. Wehr, Strafrecht

Wehrüberwachung, F., »verwaltungsmäßige Überwachung der Wehrpflichtigen von ihrer Musterung an«, 2. H. 20. Jh., s. Wehr, über, wachen, ung

Weib, N., »Weib, erwachsene weibliche Person, Ehefrau«, mhd. wīp, wīb, N., »Weib«, ahd. wīb (E. 8. Jh.), N., »Frau, Mädchen, Weib, Ehefrau«, as. wīf, N., »Weib«, germ. *wība, *wībam, *weiba, *weibam, N., »Weib, Frau«, zu idg. *u̯eip-, *u̯eib-, V., »drehen, sich bewegen«?, zu idg. *u̯eiku̯-, Sb., »Mutterleib«?

Weibel, M., »Büttel, Weibel«, schweiz., mhd. weibel, M., »Gerichtsbote, Gerichtsdiener«, ahd. weibil (1000, PN), M., »Weibel, Gerichtsdiener, Fronbote«, il-Ableitung zu ahd. weibōn (10. Jh., PN), V., »treiben, umhertreiben, schwanken, schwellen, herabgleiten«

Weibsbild, N., »Weibsbild, Weib, Frau«, 15. Jh., südd., aus wībes bild, N., »Frauensperson« (13. Jh.), s. Weib, Bild

Weichbild, N., »Art und Recht einer geschlossenen Siedlung«, mhd. wīchbilde, N., »Weichbild«, mnd. wīkbelde, N., »Weichbild« (um 1180), ursprünglich »Ortsrecht, Ortsart«, zu as. wīk, N., »geschlossene Siedlung«, as. bilithi, N., »Bild, Art, Form«

weichen, V., »zurückgehen, weichen (V.) (2)«, mhd. wīchen, V., »weichen (V.) (2), ausweichen, entweichen, fliehen«, ahd. wīhhan (1000), wīchan, V., »weichen (V.) (2), nachgeben, sich unterwerfen«, as. wīkan, V., »weichen (V.) (2)«, germ. *weikan, V., »weichen (V.) (2)«, zu idg. *u̯eig-, V., Sb., »biegen, winden, sich wenden, weichen (V.) (2), Wechsel, Abwechslung«

Weide, F., »Weide (F.) (2), Grasland«, mhd. weide, weid, F., »Futter (N.) (1), Speise, Nahrungserwerb, Weide (F.) (2), Weideplatz, Jagd«, ahd. weida (790, ON, PN), F., »Beute (F.) (1), Futter (N.) (1), Weide (F.) (2), Speise, Fang, Jagd«, anfrk. weitha, F., »Weide (F.) (2), Wiese«, germ. *waiþō, F., »Jagd, Weide (F.) (2), Futter (N.) (1)«, zu idg. *u̯īti-, Sb., »Genuß, Streben«?, zu idg. *u̯ei- (3), V., »gehen, erstreben, ersehnen, erjagen, wollen (V.), kräftig sein«?

Weidmann, M., »Weidmann, Jäger«, mhd. weideman, M., »Jäger, Fischer«, ahd. weidaman (2. H. 11. Jh.)«, M., »Jäger«, zu Weide (str.), Mann

***Weigand**, M., »Kämpfer«, mhd. wīgant, M., »Kämpfer«, ahd. wīgant (A. 9. Jh., PN), M., »Krieger, Kämpfer«, subst. Part. Präs. von ahd. *wīgan (E. 8. Jh., PN), V., »kämpfen, Krieg führen«, germ. *wīgan, V., »kämpfen, fechten, streiten«, idg. *u̯eik- (2), V., Sb., »kämpfen, siegen, Kampf, Kraft, Krieg«

weigern, V., »weigern, widerstreben«, mhd. weigern, V., »weigern, versagen, verweigern«, ahd. weigarōn (1000, PN), weigerōn, V., »ablehnen, weigern«, germ. *waigrōn, V., »weigern«?, zu idg. *u̯eik- (2), V., Sb., »kämpfen, siegen, Kampf, Kraft, Krieg«

Weigerung, F., »Weigerung, Ablehnung«, spätmhd. weigerunge, F., »Weigerung« M. 15. Jh., s. weigern, ung

Weigerungsklage, F., »Art der Vornahmeklage«, 20. Jh.?, s. Weigerung, Klage

Weihe, F., »Weihe (F.) (2), Heiligung, Heiligkeit«, mhd. wīche, F., »Weihung, Segnung, Einsegnung, Heiligkeit«, ahd. wīhī (E. 8. Jh.), F., »Heiligkeit, Heiligung, Weihe (F.) (2), Segen«, Lbd. lat. consecratio, F., »Weihe (F.) (2)«, zu weihen bzw. ahd. wīh (765, PN), Adj., »heilig«

weihen, V., »heiligen, segnen, weihen«, mhd. wīchen, V., »weihen, einsegnen«, ahd. wīhen (765, PN), V., »weihen, heiligen, salben, segnen, preisen«, as. wīhian, V., »weihen, einweihen, segnen«, Lbd. lat. sacrare, V., »weihen«, germ. *wīhjan, V., »weihen, heiligen«, idg. *u̯eik- (1), V., »aussondern, weihen«?

Weiher, M., »Weiher«, mhd. wīwære, wīwer, M., »Weiher«, ahd. wīwāri (E. 8. Jh.), wīāri, M., »Weiher, Teich, Fischteich«, as. wīhiri, M., »Weiher«?, germ. *wīwāri, N., »Weiher, Teich«, Lw. lat. vivarium, N., »Gehege für (lebende) Tiere, Tiergarten, Fischteich«, zu lat. vivus, Adj., »lebendig«

Weihnachten, N., F. Pl., »Weihnachten«, mhd. wīhenachten (13. Jh.), F. Pl., wīenacht (um 1300), F., »Weihnachten«, um 1300 aus (ze den wīhen nahten bzw. ze der wīhen naht [2. H. 12. Jh.]), s. weihen, Weihe, Nacht, N. aus Weihnacht(sfest), N.?

Weile, F., »Weile«, mhd. wīle, F., »Weile, Zeit, Zeitpunkt, Raum, Stunde«, ahd. wīla (E. 8. Jh.), F., »Weile, Zeit, Stunde, Zeitpunkt«, as. hwīla, hwīl, F., »Zeit, Weile«, germ. *hwīlō, F., »Weile, Zeit, Ruhe«, zu idg. *ku̯eiə-, *ku̯i̯ē-, V., »ruhen«

Weiler, M., »Weiler, kleine Siedlung«, mhd. wīler, M., N., »Weiler«, ahd. wīlāri (9. Jh.?, ON), wīlar, M., N., »Weiler«, germ. *wīlāri, M., N., »Weiler«?, Lw. mlat. villare, N., »Weiler«, zu lat. villa, F., »Hof, Landgut«

Weimarer Reichsverfassung, F., »Verfassung der Weimarer Republik vom 11. 8. 1919«, s. Reichsverfassung

Weimarer Republik, F., »Deutsches Reich in seiner durch die Verfassung der Weimarer Nationalversammlung bestimmten Form (1919-33)«, s. Republik

Wein, M., »Wein«, mhd. wīn, M., »Wein«, ahd. wīn (8. Jh.?), M., (N.,) »Wein«, as. wīn, M., (N.,) »Wein«, germ. *wīna, *wīnam, N., »Wein«, Lw. lat. vinum, N., »Wein«, Herkunft unbekannt, M. unter frz. Einfluß

Weinbrand, M., »Weinbrand«, E. 19. Jh. (1907?) Lsch. frz. cognac, M., »Weinbrand«, seit 1921 wegen des Versailler Vertrages von 1919 amtliche Bezeichnung für deutsche Branntweinprodukte

Weinkauf, M., »Weinkauf, Trinken von Wein nach Abschluß eines Kaufes«, mhd. wīnkouf, M., »Weinkauf, Weinpreis, Abgabe von Wein beim Kauf«, s. Wein, Kauf

weisen, V., »weisen, führen, zeigen«, mhd. wīsen, V., »anweisen, belehren, unterrichten, zeigen, beweisen«, ahd. wīsen (E. 8. Jh.), V., »weisen, führen, rufen, bringen, einladen, belehren«, as. wīsian, V., »zeigen, weisen, verkünden«, germ. *wīsjan, V., »zeigen, weisen«, zu idg. *u̯eid- (2), V., »erblicken, sehen, finden«

Weistum, N., »Weistum (Möser 18. Jh.), gewiesenes Recht«, mhd. wīstuom, N., »Verständigkeit, Wissen, Weisheit, Rechtsweisung (14. Jh.), Urteil (14. Jh.)« zu mhd. wīsen, V., »anweisen«, s. weisen, vgl. ahd. wīstuom (765), M., N., »Weisheit, Erkenntnis, Einsicht, Wissenschaft«, zu ahd. wīs, Adj., »weise«

Weisung, F., »Anweisung zu einem Verhalten, Anordnung, (im Strafrecht) Gebot oder Verbot welches die Lebensführung des Jugendlichen regeln und dadurch seine Erziehung fördern und sichern soll«, mhd. wīsunge, F., »Weisung«, ahd. wīsunga (11. Jh.), F., »Wink, Deutung«, zu ahd. wīsen (E. 8. Jh.), V., »weisen, führen«

Weisungsrecht, N., »Recht einer Person einer anderen Person eine Weisung zu erteilen«, 20. Jh., s. Weisung, Recht

Weisungsverwaltung, F., »Verwaltung von (staatlichen) Aufgaben durch einen anderen Hoheitsträger (Selbstverwaltungskörperschaft) als Fremdverwaltung nach Auftrag und Weisung (z.B. Erhaltung der öffentlichen Sicherheit und Ordnung oder Aufsicht über Pflichtschulen)«, 2. H. 20. Jh.?, s. Weisung, Verwaltung

weit, Adj., »weit«, mhd. wīt, Adj., »weit«, ahd. wīt (790, PN), Adj., »weit, breit, groß«, as. wīd, Adj., »weit«, germ. *wīda, *wīdaz, Adj., »weit«, zu idg. *u̯ī- (1), Adv., Num. Kard., »auseinander, zwei«?, zu idg. *ei- (1), V., »gehen«?

weitere, Adj. Komp., »zusätzlich«, s. weit

weitere Beschwerde, F., »zusätzliche Beschwerde«, 19. Jh., s. Beschwerde, weitere

Welt, F., »Welt«, mhd. werlt, F., »Zeitalter, Welt, Menschheit«, ahd. weralt (790?), F., »Zeit, Zeitalter, Ewigkeit, Welt, Erde, Menschheit«, as. werold, F., »Welt, Erde«, lat. beeinflußt, westgerm. (*weraldi, *weraldiz,) *wiraaldō, F., »Zeitalter, Menschen, Welt«, zu idg. *u̯iros, Adj., M.,

»kräftig, Mann«, idg. *al- (2), V., »wachsen, nähren«, vgl. Geschichtliche Grundbegriffe

Weltpostverein, M., »Zusammenschluß von Staaten zur Regelung und Vereinheitlichung der zwischenstaatlichen Postbeziehungen (Weltpostvertrag 1878 Sitz in Bern)«, 19. Jh., s. Welt, Post, Verein

Weltraum, M., »die Erde umgebender Raum«, 2. H. 17. Jh. (Francisci 1680), Lsch. lat. universum?, s. Welt, Raum

Weltraumrecht, N., »Gesamtheit der den Weltraum betreffenden Rechtssätze«, 2. H. 20. Jh., s. Weltraum, Recht

Welturheberrechtsabkommen, N., »mehrseitiger völkerrechtlicher Vertrag über die notwendigen Bestimmung zum Schutz der Urheberrechte vom 6. 9. 1952«, 20. Jh., s. Welt, Urheberrecht, Abkommen

wenden, V., »wenden«, mhd. wenden, V., »anrühren, betasten, umwenden, umkehren, abwenden«, ahd. wenten (765), V., »wenden, beugen, führen, bestimmen, abwenden«, as. wendian, V., »wenden, abwenden«, germ. *wandjan, V., »wenden«, Kausativum zu idg. *u̯endh- (1), V., »drehen, winden, wenden, flechten«, zu idg. *au- (5), V., »flechten, weben«

wendig, Adj., »geschickt, beweglich, umkehrbar«, s. wenden, ig

werben, V., »werben, sich bewegen, tätig sein, etwas zu erlangen suchen«, mhd. werben, V., »bewegen, drehen, bemühen«, ahd. werban (765), V., »sich drehen, bewegen, leben, sich bemühen«, as. hwervan, V., »sich wenden, gehen«, germ. *hwerban, V., »sich bewegen, sich wenden«, zu idg. *kᵘ̯erp-, *kᵘ̯erb-, V., »sich drehen, sich wenden«

Werbung, F., »Anpreisung einer Ware (A. 20. Jh.)«, mhd. werbunge, F., »Umlauf«, »Tätigkeit« 15. Jh., ahd. *werbunga, F., »Drehung«, s. werben, ung, »Reklame« Lichtenberg 1791, verdrängt Reklame

Werbungskosten, F. Pl., »Aufwendungen zur Erwerbung bzw. Sicherung und Erhaltung der Einnahmen bei bestimmten Einkünften (z.B. Aufwendungen für Fahrt zur Arbeitsstätte)«, Schwappach 1886, s. Werbung, Kosten

Wergeld, M., »Manngeld, bei Tötung eines Menschen zu erbringende in Geld ausgedrückte Leistung (z.B. 200 Schilling bei Tötung eines Freien)«, mhd. wergelt, M., N., »Geldbuße für Totschlag«, ahd. werigelt (A. 9. Jh.), weragelt, M., N., »Wergeld, Bußgeld, Lösegeld«, germ. *weragelda, *werageldaz, *weragreldam, N., »Wergeld«, zu ahd. wer, M., »Mann«, s. Geld

Werk, N., »schaffendes Verhalten, Ergebnis eines schaffenden Verhaltens, (im Arbeitsrecht) Betrieb«, mhd. werc, N., »Werk, Tat, Handlung«, ahd. werk (nach 765?), werc, N., »Werk, Tun, Tat, Betätigung, Arbeit, Dienst, Ertrag«, as. werk, N., »Werk«, germ. *werka, *werkam, N., »Werk, Werg?, Arbeit«, idg. *u̯erĝom, N., »Werk«, zu idg. *u̯erĝ- (2), V., »wirken, tun«

Werklieferung, F., »Lieferung eines Werkes«, 19. Jh., s. Werk, Lieferung

Werklieferungsvertrag, M., »Vertrag in dem sich der eine Teil (Unternehmer) verpflichtet ein Werk aus einem von ihm zu beschaffenden Stoff herzustellen«, E. 19. Jh., s. Werklieferung, Vertrag

Werkstarifvertrag, M., »auf das Werk (Betrieb) eines einzelnen Arbeitgebers bezogener Tarifvertrag«, 20. Jh., s. Werk, Tarifvertrag

Werktag, M., »Wochentag«, mhd. werctac, M., »Wochentag«, s. Werk, Tag

werktätig, Adj., »handelnd«, (16. Jh. bzw. geläufig) 18. Jh., »berufstätig« A. 20. Jh., s. Werk, Tat, ig

Werkvertrag, M., »gegenseitiger Vertrag in dem sich der eine Teil (Unternehmer bzw. Hersteller) zur Herstellung eines Werkes und der andere Teil (Besteller) zur Entrichtung einer Vergütung verpflichtet (z.B. Bau eines Hauses)«, 19. Jh., s. Werk, Vertrag

Werkzeug, N., »Gerät oder Mittel für eine Tätigkeit oder die Erreichung eines Erfolges, (im Strafrecht) Gerät oder Mittel oder Person durch die ein Täter eine Straftat (als mittelbarer Täter) begeht«, mhd. werkziuc, M., N., »Werkzeug, Belagerungswerkzeug«, 12. Jh. (verdeutlichend neben ziuc, geziuc), s. Werk, Zeug(, gefährliches Werkzeug vgl. Hälschner 1887)

Wert, M., »Grad der Brauchbarkeit eines Gegenstandes in Geld«, mhd. wert, M., N., »Wert, Kaufpreis«, ahd. werd (E. 8. Jh.), N., »Wert, Preis, Abschätzung«, germ. *werþa, *werþaz, *werþam, M., N., »Wert«, zu idg. *u̯ert-, V., »drehen, wenden«, zu idg. *u̯er- (3), V., »drehen, biegen«

werten, V., »werten«, mhd. werden, V., »wert halten, würdigen, schätzen, verherrlichen«, ahd. werdōn (765), V., »wertschätzen, schätzen, für wert erachten, verehren, kaufen«, germ. *werþōn, V., »würdigen«, s. Wert

Wertinteresse, N., »den Wert betreffendes Interesse«, 2. H. 20. Jh., s. Wert, Interesse

Wertpapier, N., »Urkunde deren Innehabung Voraussetzung für die Geltendmachung des in ihr verbrieften Rechtes ist (str.)«, Huber 1855, »wertvolles Papier« Fallersleben 1868, s. Wert, Papier

Wertpapierrecht, N., »die Wertpapiere betreffendes Recht«, 20. Jh.?, s. Wertpapier, Recht

Wertschuld, F., »auf einen bestimmten feststehenden Wertbetrag oder eine Summe lautende Schuld (Geldbetragsschuld z.B. Darlehensschuld), auf einen in Geld zu berechnenden Wert eines Gegenstandes lautende Schuld (Wertschuld i.e.S. Geldwertschuld z.B. Schadensersatzschuld)«, 20. Jh.?, s. Wert, Schuld

Wertsicherung, F., »Sicherung des Wertes«, 20. Jh., s. Wert, Sicherung

Wertsicherungsklausel, F., »Vereinbarung daß der Betrag einer Geldschuld in deutscher Mark durch den Kurs einer anderen Währung oder den Goldkurs oder den Preis für andere Güter und Leistungen bestimmt wird«, 20. Jh., s. Wertsicherung, Klausel

Wertsystem, N., »zu einer zusammenhängenden Ordnung vereinigte Mehrheit von anerkannten Gütern«, Czuber 1908, s. Wert, System

Werturteil, N., »Urteil über den Wert«, 2. H. 19. Jh., s. Wert, Urteil

Wertzeichen, N., »Gegenstand der unabhängig von seinem Gegenstandswert einen bestimmten Wert repräsentiert«, Raumer 1823, s. Wert, Zeichen

Wertzeichenfälschung, F., »Fälschung von Wertzeichen«, 20. Jh., s. Wertzeichen, Fälschung

Werwolf, M., »Werwolf, in einen Wolf verwandelbarer Mensch«, mhd. werwolf, M., »Werwolf«, ahd.?, s. Wergeld

Wesen, N., »Wesen, Grundeigenschaft, Eigenart«, mhd. wesen, N., »Wesen«, subst. Inf., zu ahd. wesan (1. H. 8. Jh.?), V., »sein (V.), werden, geschehen, stattfinden, kommen«, germ. *wesan, V., »sein (V.), bleiben«, idg. *u̯es- (1), V., »weilen, verweilen, wohnen«, zu idg. *au̯- (2), V., »übernachten, schlafen«

wesend, Suff., »seiend«, mhd. wesende, Adj., »seiend, anwesend«, s. Wesen

Wesensgehalt, M., »das Wesen betreffender Gehalt«, 2. H. 20. Jh., s. Wesen, Gehalt

Wesensgehaltsgarantie, F., »durch die Verfassung gewährte Garantie daß kein Grundrecht in seinem Wesen angetastet werden darf«, 2. H. 20. Jh., s. Wesensgehalt, Garantie

wesentlich, Adj., »wesentlich, zum Wesen gehörend«, mhd. wesentlich, wesenlich, Adj., »wesenhaft, wirklich«, ahd. wesantlīh (9. Jh.), Adj., »wesentlich«, Lbd. lat. substantialis?, s. Wesen, lich, t als Gleitlaut

wesentlicher Bestandteil, M., »zum Wesen gehörender Bestandteil«, 19. Jh.?, s. Bestandteil, wesentlich

Westen, M., »Westen«, mhd. westen, M., N., »Westen«, ahd. westan (A. 9. Jh.), M., N., »Westen«, zu germ. *westa, Adv., »westwärts, nach Westen«, zu idg. *u̯e- (4), *u̯es-, Adv., »herab«, zu idg. *au- (3), Präp., »herab, weg, von«?, zu idg. *u̯es- (1), V., »weilen, verweilen, wohnen«?

Wettbewerb, M., »Streben mehrerer nach einem Ziel das nicht alle (gleichzeitig) erreichen können, (im Wirtschaftsrecht) Streben jedes von mehreren Unternehmern auf einem gemeinsamen Markt mit möglichst vielen Kunden abzuschließen«, 19. Jh. (Lange 1866) Lsch. frz. concurrence, F., »Wettbewerb«, s. Wette, be, werben

Wettbewerber, M., »Teilnehmer am Wettbewerb«, Sanders 1871, s. Wettbewerb

Wettbewerbsbeschränkung, F., »Einschränkung der grundsätzlich bestehenden Wettbewerbsfreiheit«, 20. Jh., s. Wettbewerb, Beschränkung

Wettbewerbsrecht, N., »Gesamtheit der den Wettbewerb betreffenden Rechtssätze«, 20. Jh., s. Wettbewerb, Recht

Wettbewerbsverbot, N., »Verpflichtung einer Person keinen gewerblichen Wettbewerb zu einem Unternehmer zu betreiben«, 20. Jh., s. Wettbewerb, Verbot

Wette, F., »(gegenseitiges) zur Bekräftigung bestimmter widerstreitender Behauptungen mehrerer Vertragspartner dienendes Versprechen daß dem dessen Behauptung sich als richtig erweist ein Gewinn zufallen soll«, mhd. wette, wete, wet, N., »Wette, Pfandvertrag, Rechtsverbindlichkeit«, ahd. wetti (2. H. 8. Jh.), N., »Pfand«, as. weddi, N., »Pfand«, Lbd. lat. pignus, N., »Pfand«?, germ. *wadja, *wadjam, N., »Einsatz«, idg. *uadh-, Sb., V., »Pfand, Pfand geben, wetten«?, zu einer Wurzel »verbinden«?, F. seit 14. Jh., Bedeutung »Pfandeinsatz, Wettstreit« aus mal. Turnieren?

WEU (Westeuropäische Union Belgiens und Frankreichs und Luxemburgs und der Niederlande und Großbritanniens vom 17. 3. 1948 zum gegenseitigen Beistand für den Fall der Wiederaufnahme einer deutschen Angriffspolitik welche 1954 unter Änderung des Vertragszweckes auf die Förderung der Einheit Europas um Italien und die Bundesrepublik Deutschland erweitert wurde)

WHO (World Health Organization 22. 7. 1946 Sitz in Genf)

Wich, M., »Wich, Abstand«, mhd. wīch, M., »Weichen (N.), Wanken, Fliehen«, zu ahd. wīh (10./11. Jh.), M., »schnelle Bewegung, Weichen (N.)«?, s. weichen

Wicht, M., »Wicht, kleiner Kerl, Schurke«, mhd. wiht, M., N., »Wesen, Ding, Wicht, Geschöpf«, ahd. wiht (830), M., N., »Wesen, Ding, Substanz, Mensch, Geschöpf, nichtsnütziger Mensch, etwas«, as. wiht, M., N., »Wicht, Dämon, Ding, Sache«, germ. *wehti, *wehtiz, *wihti, *wihtiz, F., »Wesen, Sache, Ding«, idg. *u̯ekti, Sb., »Ding, Sache«, zu idg. *u̯eku̯-?, V., »sprechen«?, zu idg. *u̯eg-?, *u̯eig-?

wichtig, Adj., »wichtig, bedeutsam«, spätmhd. wihtec, Adj., »was nach dem Gewicht verkauft wird«, E. 14. Jh.? Lw. mnd. wichtic, Adj., »gewichtig«, im Nordniedersächsischen entstanden?, zu ahd. wihtstein (12. Jh.), M., »Gewicht«, zu germ. *wehti, *wehtiz, F., »Gewicht«, zu idg. *u̯eǵh-, V., »bewegen, ziehen, fahren«?

wichtiger Grund, M., »bedeutsamer Grund«, 20. Jh.?, s. wichtig, Grund

Wickel, M., »Wickel«, mhd. wickelīn, N., »Wickel?«, ahd. wikkilīn (10. Jh.? bzw. 11. Jh.), wickilīn, N., »zugewogene Wollmenge«, zu germ. *wek-, V., »weben«?, zu idg. *u̯eg-, Sb., V., »Gewebe, Gespinst, weben, knüpfen«, zu idg. *au̯- (5), V., »weben, knüpfen«?

wickeln, V., »wickeln«, mhd. wickeln, V., »wickeln«, s. Wickel

wider, Adv., Präp., Präf., »wider, gegen«, mhd. wider, Adv., Präp., Präf., »wider, gegen, zurück«, ahd. widar (1. H. 8. Jh.?), Adv., Präp., Präf., »wider, gegen, rückwärts, wiederum«, as. withar, Adv., Präp., Präf., »wider, gegen«, germ. *wiþra, Adv., Präp., »wider, gegen«, mit tero-Suffix zu idg. *u̯ī- (2), Adv., Num. Kard., »auseinander, zwei«, im 17./18. Jh. in wider »wider« und wieder »wieder, zurück« aufgeteilt

Widerklage, F., »Klage die vom Beklagten im gleichen Verfahren gegen den Kläger erhoben wird«, mhd. widerklage, F., »Gegenklage«, Lüt. mlat. reconventio, F., »Gegenrecht«?, s. wider, Klage

widerrechtlich, Adj., »dem Recht widersprechend«, M. 16. Jh. (Machholth 1560) Lüt. lat. contra ius, »gegen das Recht«, s. wider, rechtlich

Widerrechtlichkeit, F., »Rechtswidrigkeit«, Campe 1807ff., s. widerrechtlich, heit, vgl. Weiske 1839ff.

Widerruf, M., »(im Privatrecht) Willenserklärung die eine noch nicht endgültig wirksame Willenserklärung von Anfang an beseitigen soll, (im Verwaltungsrecht) Aufhebung eines rechtmäßigen Verwaltungsaktes«, mhd. widerruof, M., »Gegenrufen, Widerspruch, Weigerung« (Wolfram von Eschenbach Parzival 1200-10), s. wider, Ruf

widerrufen, V., »eine Aussage zurücknehmen«, mhd. widerruofen, widerrüefen, V., »abrufen, zurückrufen, zurücknehmen, absetzen, widerlegen«, s. wider, rufen

Widerrufsvorbehalt, M., »Vorbehalt einer nachträglichen Beseitigung einer Erklärung oder Anordnung«, 20. Jh.?, s. Widerruf, Vorbehalt

Widerspruch, M., »Gegenäußerung, (im Sachenrecht) bei Unrichtigkeit des Grundbuchs dem Schutz des wahren Berechtigten dienende Eintragung in das Grundbuch, (im Verfahrensrecht) Rechtsbehelf, (im Verwaltungsrecht) allgemeiner Rechtsbehelf gegen einen Verwaltungsakt«, mhd. widerspruch, M., »Widerspruch, Widerruf«, (15. Jh.) Lüt. lat. contradictio, F., »Widerspruch«, zu ahd. widarsprehhan (10. Jh.), widarsprechan, V., »widersprechen«, Lüs. lat. contradicere, V., »widersprechen«, s. wider, Spruch

Widerspruchsbehörde, F., »Behörde die über einen Widerspruch entscheidet«, 2. H. 20. Jh., s. Widerspruch, Behörde

Widerspruchsbescheid, M., »von der Widerspruchsbehörde auf einen Widerspruch hin erlassener Verwaltungsakt«, 2. H. 20. Jh., s. Widerspruch, Bescheid

Widerspruchsklage, F., »einen Widerspruch beinhaltende Klage«, 19. Jh., s. Widerspruch, Klage, vgl. Planck 1896

Widerspruchsverfahren, N., »Verwaltungsverfahren das gegen einen Verwaltungsakt gerichtet ist«, 2. H. 20. Jh., s. Widerspruch, Verfahren

Widerstand, M., »entgegenstehende Haltung oder Kraft«, mhd. widerstant, M., »Widerstand«, zu ahd. widarstantan (766-800), V., »widerstehen«, Lüs. lat. obsistere, V., »sich entgegenstellen«?, s. wider, Stand

Widerstand gegen die Staatsgewalt, M., »Leistung von Widerstand mit Gewalt oder durch Drohung mit Gewalt, tätlicher Angriff gegenüber einem Amtsträger bei der Vornahme einer rechtmäßigen Diensthandlung«, 1871, s. Widerstand, Staatsgewalt, vgl. Hälschner 1887

Widerstandsrecht, N., »Recht jedes Deutschen gegen jeden der es unternimmt die verfassungsmäßige Grundordnung zu beseitigen dann wenn andere Abhilfe nicht möglich ist Widerstand zu üben«, 19. Jh. (Krünitz 1856) Lüs. lat. ius resistentiae, N., »Recht zum Widerstand«, s. Widerstand, Recht

widmen, V., »widmen, ausstatten, übereignen, zueignen, darbringen, stiften«, mhd. widemen, V., »ausstatten«, ahd. widamen (9. Jh.), V., »widmen, ausstatten, aussteuern«, s. Wittum

Widmung, F., »Erklärung einer staatlichen Stelle daß eine Sache einem bestimmten öffentlichen Zweck dienen soll (öffentliche Sache z.B. Straße), spätmhd. widemunge, widmunge, F., »Ausstattung, Dotierung« (1360 Bayern), s. widmen, ung

widrig, Adj., »entgegengesetzt«, 14. Jh. (Tauler) Lüs. lat. contrarius, Adj., »gegenüber befindlich, entgegengesetzt«?, s. wider, ig

Widrigkeit, F., »Gegensatz, Verschiedenheit (15. Jh.), Feindseligkeit (1664)«, 15. Jh. Lüs. lat. contrarietas, F., »Gegensätzlichkeit«?, s. widrig, heit

wieder, Adv., Präf., s. wider

Wiederaufgreifen, N., »erneute Sachbehandlung nach Abschluß des Verfahrens«, 2. H. 20. Jh., s. wieder, auf, greifen

Wiederaufnahme, F., »erneute Durchführung eines rechtskräftig abgeschlossenen Prozesses«, »Wiederaufnehmen«, Möser E. 18. Jh., prozessual 1877/9?, vgl. Planck 1896

Wiedereinsetzung in den vorigen Stand, F., »gerichtliche Entscheidung durch die eine versäumte und nachgeholte Prozeßhandlung als rechtzeitig fingiert wird«, 16. Jh. Lüt. lat. restitutio, F., »Wiederherstellung, Wiedereinsetzung«, s. wieder, Einsetzung, vgl. Planck 1896

Wiederherstellung, F., »Herbeiführung eines früheren Zustandes«, 18. Jh. (1721) Lüt. lat. restauratio, F., »Wiederherstellung«, s. wieder, Herstellung

Wiederherstellung der aufschiebenden Wirkung, F., »erneute Herbeiführung der aufschiebenden Wirkung«, 2. H. 20. Jh., s. Wiederfeststellung, aufschiebend, Wirkung

wiederholen, V., »wieder tun« 15. Jh., vgl. ahd. widarhalōn (8./9. Jh.), V., »zurückrufen, zurückziehen, zurückfordern«, Lüt. lat. repetere, V., »wieder auf etwas losgehen«, s. wieder, holen

wiederholt, Adj., »nochmals durchgeführt«, s. wiederholen

wiederholte Verfügung, F., »nochmals durchgeführte Verfügung«, 20. Jh.?, s. Verfügung, wiederholt

Wiederholung, F., »nochmalige Vornahme«, 17. Jh. (Ayrer 1640) Lüt. lat. repetitio, F., »Rückforderung, Wiederholung«, s. wiederholen, ung

Wiederholungsgefahr, F., »Wahrscheinlichkeit daß ein bestimmtes Verhalten erneut geübt wird«, 20. Jh.?, s. Wiederholung, Gefahr

Wiederkauf, M., »Rückkauf«, Allgemeines Bürgerliches Gesetzbuch 1811 Österreich, s. wieder, Kauf

Wiederkehr, F., »Rückerstattung, Rückkehr«, mhd. widerkēre, widerkēr, F., »Zurückgehen, Rückkehr«, ahd. widarkēra (12. Jh.), F., »Wiederkehr, Streitigkeit«, Lüt. lat. controversia, F., »entgegengesetzte Richtung, Streitigkeit«, s. wieder, Kehr

Wiederkehrschuldverhältnis, N., »Schuldverhältnis bei welchem wiederholt die gleichen Leistungsverpflichtungen entstehen (z.B. Wasserlieferung)«, 20. Jh.?, s. Wiederkehr, Schuldverhältnis

Wiedervereinigung, F., »Wiederherstellung der Einheit (Deutschlands)«, 17. Jh. (Stieler 1691) Lüt. frz. réunion, F., »Wiedervereinigung«, s. wieder, Vereinigung

Wiederverheiratung, F., »erneute Verheiratung«, 17. Jh. (Francisci 1665) Lüt. nlat. remaritagium, N., »Wiederverheiratung«?, s. wieder, ver, heiraten, ung

Wiederverheiratungsklausel, F., »Klausel eines gemeinschaftlichen Testaments daß der überlebende Ehegatte bei Wiederverheiratung verpflichtet sein soll sich mit den gemeinschaftlichen Abkömmlingen entsprechend der gesetzlichen Erbfolge auseinanderzusetzen«, 20. Jh.?, s. Wiederverheiratung, Klausel

Wiederverlautbarung, F., »erneute Kundmachung«, 20. Jh.?, s. wieder, ver, bar, ung

Wiedervorlage, F., »erneute Vorlage einer Akte nach Ablauf eines gewissen Zeitraums innerhalb dessen vermutlich eine sachliche Veränderung eingetreten ist«, 20. Jh.?, s. wieder, Vorlage

wiegen, V., »wiegen, das Gewicht bestimmen, das Gewicht haben«, 16. Jh., entwickelt aus Präsensformen von mhd. wegen, V., »sich bewegen«, ahd. wegan, s. wägen

Wiener Kongreß, M., »1815 in Wien tagender die territorialen Verhältnisse Europas nach Beendigung der napoleonischen Vorherrschaft neu ordnender Kongreß«, 19. Jh.

Wild, N., »Gesamtheit der jagdbaren Säugetiere und Vögel, (im Verwaltungsrecht) wildlebende Tiere die dem Jagdrecht unterliegen«, mhd. wilt, N., »Wild« ahd. wild (830), N., »Tier, Wild, wildes Tier«, westgerm. *wilþa, *welþa, *welþaz, *wilþi, *wilþiz, N., »Wild«, s. wild

wild, Adj., »wild«, mhd. wilde, wilt, Adj., »unangebaut, unbewohnt, wüst, abgestorben, faul«, ahd. wildi (nach 765?), Adj., »wild, nicht angebaut, ungebildet«, as. wildi, Adj., »wild«, germ. *wilþja, *wilþjaz, *welþja, *welþjaz, Adj., »wild«, zu idg. *u̯el- (4), Sb., »Haar, Wolle, Gras, Ähre, Wald«?

Wilddieb, M., »Wilderer«, 17. Jh., s. Wild, Dieb

wilder Streik, M., »rechtswidriger Streik«, 20. Jh.?, s. Streik, wilder

Wilderei, F., »Verletzung des Jagdrechts oder Fischereirechts«, 19. Jh., daneben im Mittelalter »Wildnis«, s. Wilderer, wild

Wilderer, M., »Wilderer, Jäger ohne Jagdrecht (16. Jh.)«, mhd. wilderære, M., »Jäger«, zu Wild (Pl. Wilder)

wildern, V., »rechtswidrig jagen«, 18. Jh., s. Wilderer

Wildschaden, M., »von Wild (an Grundstücken) verursachter Schaden«, Lichtenberg vor 1799, s. Wild, Schaden

Wildschütz, M., »Jäger (16. Jh.), Wilddieb (um 1700)«, s. Wild, Schütz

Wille, M., »Fähigkeit des Menschen sich für ein bestimmtes Verhalten zu entscheiden«, mhd. wille, M., »Wille, Wollen, Belieben, Wünschen, Verlangen«, ahd. willo (790?), M., »Wille, Wunsch, Verlangen, Willkür, Wollen, Wohlgefallen, Absicht, Eifer, Entschluß«, as. willio, M., »Wille«, germ. *weljan, *weljōn, M., »Wille«, zu idg. *u̯el- (2), V., »wollen (V.), wählen«, zu idg. *au̯- (7), V., »verlangen, gern haben, begünstigen«

Willenserklärung, F., »auf einen rechtlichen Erfolg gerichtete private Willensäußerung (z.B. Kaufvertragsantrag)«, Allgemeines Landrecht 1794 Preußen, Engel vor 1802, Allgemeines Bürgerliches Gesetzbuch 1811 Österreich, Haller vor 1834 Lüs. nlat. declaratio voluntatis, F., »Erklärung des Willens«, s. Wille, Erklärung

Willensfreiheit, F., »(vermutete) Unabhängigkeit des Willens von äußeren die Willenshandlung zwangsweise bestimmenden Umständen«, Schopenhauer vor 1838, s. Wille, Freiheit, vgl. Weiske 1839ff.

Willensmangel, M., »den Willen betreffender Mangel, Mangel einer Willenserklärung«, 19. Jh., s. Wille, Mangel

Willenstheorie, F., »auf den Willen abstellende Theorie«, 19. Jh.?, s. Wille, Theorie

willig, Adj., »willig, bereitwillig, freiwillig«, mhd. willic, Adj., »willig, bereitwillig, geneigt«, ahd. willīg (E. 8. Jh.), Adj., »willig, bereitwillig, freiwillig«, as. willig, Adj., »willig«, s. Wille, ig

Willkür, F., »Willkür, Belieben«, mhd. willekür, wilkür, F., »freie Willenswahl, freier Wille, Gutdünken, Statut«, s. Wille, Kür

willkürlich, Adj., »freiwillig (16. Jh.), nach

Gutdünken vorgehend, eigenmächtig (18. Jh.)«, s. Willkür, lich

Willkürverbot, N., »Verbot ohne angemessenen Grund Gleiches ungleich und Ungleiches gleich zu behandeln«, s. Willkür, Verbot, vgl. Weiske 1839ff.

winden, V., »winden«, mhd. winden, winten, V., »winden, ringen, drehen, wickeln, aufhören«, ahd. wintan (1. H. 8. Jh.?), V., »winden, wickeln, flechten, binden, wenden, umkehren, drehen«, as. windan, V., »sich wenden, sich bewegen«, germ. *wendan, V., »winden, drehen, sich wenden«, idg. *u̯endh- (1), V., »drehen, winden, wenden, flechten«, zu idg. *au̯- (5), V., »flechten, weben«

Windhund, M., »Jagdhund (M. 16. Jh.), leichtfertiger Mensch (18. Jh.)«, zu Hund und zu mhd. wint, M., »Jagdhund«, ahd. wint (9. Jh.), M., »Windhund«, zum PN der Wenden?

Winkel, M., »Winkel, Ecke«, mhd. winkel, M., »Winkel, Ecke, Ende«, ahd. winkil (2. H. 8. Jh., ON), M., N., »Winkel, Ecke«, westgerm. *wenkila, *wenkilaz, *winkila, M., »Winkel«, zu idg. *u̯eng-, V., »gebogen sein«?, zu idg. *u̯ā- (2), Adv., V., »auseinander, biegen, drehen«?

Winkeladvokat, M., »Winkeladvokat, der im Winkel unseriös praktizierende Advokat«, 18. Jh., s. Winkel, Advokat

Winkelschreiber, M., »nichtbefugter Vertreter in Rechtssachen«, 1550 Österreich, s. Winkel, Schreiber

Winter, M., »Winter«, mhd. winter, winder, M., »Winter«, ahd. wintar (1. H. 8. Jh.?), M., »Winter«, as. wintar, M., »Winter«, germ. *wentru, *wentruz, *wintru, M., »Winter«, Herkunft unklar, zu idg. *aud-, *u̯ed-, *ŭd-, Sb., »Wasser«?, zu weiß?, zu idg. *u̯e-, Adv., Präp., »herab, weg von«?

Winzer, M., »Winzer«, (spätmhd. winzer, winzüre (13. Jh.), M., »Winzer«, zu ahd. wīnzuril (830), M., »Winzer, Weinbauer«,) Lw. lat. vinitor, M., »Winzer«, zu lat. vinum, N., »Wein«, Suffixe ahd. il bzw. mhd. er

wirken, V., »wirken«, mhd. wirken, würken, wurken, V., »wirken«, ahd. wirken (8. Jh.?), V., »wirken, tun, machen«, as. wirkian, V., »wirken«, ahd. wurken (E. 8. Jh.), V., »wirken, bewirken, vollbringen«, as. workian, V., »wirken«, germ. *wirkjan, V., »wirken, tun, machen«, germ. *wurkjan, V., »wirken, tun, machen«, idg. *u̯erĝ- (2), *u̯reĝ-, *u̯r̥ĝ-, V., »wirken, tun«

wirklich, Adj., »wirklich (18. Jh.), tatsächlich (16. Jh.)«, mhd. wirklich, würklich, würkenlich, Adj., »tätig, wirksam, wirkend«, 13. Jh. »im Wirken geschehend«, s. wirken, lich

Wirkung, F., »Folge eines Zustandes oder Ereignisses oder Verhaltens«, mhd. wirkunge, würkunge, F., »Wirken, Wirksamkeit, Ausübung«, s. wirken, ung

Wirkungskreis, M., »Aufgabenbereich«, 17. Jh. (Francisci 1676), Lüs.?, 18. Jh. häufiger, s. Wirkung, Kreis

wirr, Adj., »wirr, verwirrt«, 17. Jh. aus wirren

wirren, V., »wirren, verwirren, stören«, mhd. werren, V., »verwickeln, verwirren, stören, hindern«, ahd. werran (765, PN), V., »verwirren, stören, entzweien«, as. werran, V., »in Verwirrung bringen, in Not bringen, verwirren«, germ. *werran, *werzan, V., »verwirren«, zu idg. *u̯ers-?, V., »schleifen?«?, i in Parallele zu irren?

Wirrkopf, M., »wirrer Mensch«, 17. Jh., s. wirr, Kopf

Wirt, M., »Wirt«, mhd. wirt, M., »Ehemann, Hausherr, Bewirter, Wirt«, ahd. wirt (863-71, PN), M., »Hausherr, Ehemann, Bewirter, Gastgeber«, as. werd, M., »Gastgeber, Hausherr«, germ. *werdu-, *werduz, M., »Hausherr, Gastfreund, Mahlzeit, Bewirtung«, Herkunft unklar, zu idg. *u̯er- (11), Sb., »Freundlichkeit«?, zu idg. *u̯er- (8), V., »gewahren, achtgeben«?

Wirtschaft, F., »Gesamtheit der Einrichtungen und Maßnahmen zur planvollen Deckung des menschlichen Bedarfs an Gütern (19. Jh.), Gaststätte (16. Jh.), Haushalt (17. Jh.), Unordnung (18. Jh.)«, mhd. wirtschaft, F., »Bewirtung, Gastmahl, Fest, Freude, Abendmahl«, ahd. wirtskaft (10. Jh.), wirtscaft, F., »Bewirtung, Mahl, Gastfreundschaft, Schmaus«, as. werdskepi, M., »Bewirtung, Mahl«, lat. beeinflußt?, s. Wirt, schaft, vgl. Geschichtliche Grundbegriffe

wirtschaftlich, Adj., »die Wirtschaft betreffend (19. Jh.), gesellschaftlich (16. Jh. [Bütner 1596]), haushälterisch (Steinbach 1734)«, Lüs. lat. oeconomicus, Adj., »die Wirtschaft betreffend«?, s. Wirtschaft, lich

wirtschaftliche Betrachtungsweise, F., »auf die Wirtschaft abstellende Betrachtungsweise«, 20. Jh., s. Betrachtungsweise, wirtschaftlich

wirtschaftlicher Verein, M., »auf Gewinnerzielung angelegter Verein«, E. 19. Jh.?, s. Verein, wirtschaftlich

Wirtschaftskriminalität, F., »Gesamtheit der im Bereich des wirtschaftlichen Handelns vorgenommenen Straftaten«, um 1970, s. Wirtschaft, Kriminalität

Wirtschaftslenkung, F., »Gesamtheit der wirtschaftlichen Maßnahmen durch die zum Zweck der Erreichung eines wirtschaftspolitisch oder gesellschaftspolitisch erwünschten Zustandes oder Ablaufes des Wirtschaftslebens auf das wirtschaftliche Geschehen eingewirkt werden soll (z.B. Preisfestsetzung oder Steuerfestsetzung oder Subvention)«, 2. H. 20. Jh., s. Wirtschaft, Lenkung

Wirtschaftsprüfer, M., »Person der die ausschließliche Befugnis zusteht die Jahresabschlüsse der Aktiengesellschaften zu prüfen«, um 1960?, s. Wirtschaft, Prüfer

Wirtschaftsrecht, N., »Gesamtheit der die Wirtschaft betreffenden Rechtsregeln«, »Recht zu wirtschaften« Pestalozzi 1819, »Rechtsordnung der Wirtschaft« um 1900, s. Wirtschaft, Recht

Wirtschaftsstrafrecht, N., »die Wirtschaft betreffendes Strafrecht«, 2. H. 20. Jh., s. Wirtschaft, Strafrecht

Wirtschaftsunion, F., »die Wirtschaft betreffende Union«, 1990, s. Wirtschaft, Union

Wirtschaftsverfassung, F., »Grundordnung der Wirtschaft«, 2. H. 20. Jh., s. Wirtschaft, Verfassung

Wirtschaftsverfassungsrecht, N., »Summe der Regeln die Organisation und Ablauf der Wirtschaft in ihren Grundlagen bestimmen (z.B. Stabilitätsgesetz), Summe der die Wirtschaft betreffenden Normen der Verfassungsurkunde (z.B. Sozialstaatsprinzip)«, 2. H. 20. Jh., s. Wirtschaftsverfassung, Recht

Wirtschaftsverwaltung, F., »Verwaltung der Wirtschaft«, 2. H. 20. Jh., s. Wirtschaft, Verwaltung

Wirtschaftsverwaltungsrecht, N., »Summe der Regeln durch die der Staat auf die Wirtschaft im einzelnen ordnend oder fördernd oder lenkend eingreift«, 2. H. 20. Jh., s. Wirtschaftsverwaltung, Recht

Wirtshaus, N., »Gasthaus«, spätmhd. wirtshūs, N., »Gasthaus«, s. Wirt, Haus

Wispel, M., »Wispel, ein Hohlmaß«, 16. Jh. Lw. mnd. wīkskepel, M., »in der geschlossenen Siedlung verwendeter Scheffel« (12. Jh.), s. Weichbild, Scheffel

wissen, V., »wissen«, mhd. wizzen, Prät.-Präs., »wissen, kennen«, ahd. wizzan (1. H. 8. Jh.?), Prät.-Präs., »wissen, kennen, verstehen, erfahren (V.)«, as. witan, Prät.-Präs, V., »wissen«, germ. *witan, Prät.-Präs., »gesehen haben, kennen, wissen«, idg. *u̯oida-, V., »gesehen haben, wissen«, zu idg. *u̯eid- (2), V., »sehen, erblicken, finden«, zu idg. *au̯- (8), V., »sinnlich wahrnehmen, auffassen«

Wissen, N., »Kennen eines Umstandes«, mhd. wizzen, N., »Wissen« (Meister Eckhart um 1300), ahd. wizzan (1000), N.?, »Wissen«, Lüt. lat. scientia, F., »Wissen«, neben mhd. wizzen, F., »Wissen, Einsicht, Gewissenhaftigkeit, Redlichkeit, Gewissen«, s. wissen, vgl. Wissen und Wollen, Schmidt 1778, wider besseres Wissen (17. Jh.), nach bestem Wissen und Gewissen (18. Jh.)

Wissenmüssen, N., »naheliegendes Wissen, zu unterstellendes Wissen«, 20. Jh.?, s. wissen, müssen

Wissenschaft, F., »Gesamtheit der Erkenntnisse insbesondere auf einem einzelnen Sachgebiet (17. Jh.)«, spätmhd. wizzentschaft, F., »Wissen, Vorwissen, Genehmigung«, 14. Jh., zu mhd. wizzen, Prät.-Präs., »wissen«

wissenschaftlich, Adj., »die Wissenschaft betreffend, gelehrt«, 17. Jh., s. Wissenschaft, lich

Wissenschaftsfreiheit, F., »Freiheit der wissenschaftlichen Tätigkeit«, 20. Jh.?, s. Wissenschaft, Freiheit

wissentlich, Adj., »bewußt«, mhd. wizzentlich, wizzenlich, Adj., »bewußt, bekannt«, s. wissen, lich

Wittum, N., M., »Wittum, Brautgabe, Kirchengut, Dotierung«, mhd. wideme, M., »Brautgabe, Wittum«, ahd. widamo (1. Vt. 9. Jh.), M., »Wittum, Brautgabe, Mitgift, Kirchengut«, as. *withum-, Sb., »Mitgift«, westgerm. *wetman, *wetmōn, M., »Brautgabe«, idg. *u̯edmno-, Sb., »Brautkaufpreis«, zu idg. *u̯edh- (2), *u̯ed-, V., »führen, heiraten«, Form widemb 15. Jh., Wittum 17. Jh.

Witwe, F., »weiblicher Ehegatte nach Beendigung der Ehe durch Tod des männlichen Ehegatten«, mhd. witewe, witwe, F., »Witwe«, ahd. wituwa (2. H. 8. Jh.), F., »Witwe«, as. widowa, F., »Witwe«, germ. *widuwō, *widuwōn, F., »Witwe«, idg. *u̯idheu̯ā, F., »Witwe«, zu idg. *u̯eidh-, V., »trennen«?, zu idg. *u̯ī- (2), Adv., Num. Kard., »auseinander, zwei«, idg. *dhē-, V., »setzen«

Witwer, M., »männlicher Ehegatte nach Beendigung der Ehe durch Tod des weiblichen Ehegatten«, mhd. witewer, witwer, M., »Witwer«, s. ahd. wituwo (11. Jh.), M., »Witwer«, s. Witwe

Woche, F., »Woche«, mhd. woche, weche, F., »Woche«, ahd. wehha (2. H. 8. Jh.), wecha, wohha (11. Jh.), F., »Woche«, germ. *wikō, *wikōn, F., »Wechsel, Reihenfolge, Woche«, lat. beeinflußt?, zu idg. *u̯eik- (4), *u̯eig-, V., Sb., »biegen, winden, sich wenden, weichen (V.) (2), Wechsel, Abwechslung«

wöchentlich, Adj., »jede Woche«, mhd. wochlich, wochenlich, wochentlich, Adj., »wöchentlich«, lat. beeinflußt?, s. Woche, lich

wohl, Adv., Interj., Präf., »wohl«, mhd. wol, Adv., Interj., Präf., »wohl«, ahd. wola (1. H. 8. Jh.), wela, wala, Adv., Interj., Präf., »wohl«, as. wela, wala, wola, Interj., »wohl«, germ. *welō, Adv., »wohl«, zu idg. *u̯el- (2), »wollen (V.), wählen«, h seit 16. Jh.

Wohl, N., »Gedeihen, öffentliches Wohl (Wohl der Allgemeinheit), aus vielen besonderen privaten und öffentlichen Einzelinteressen und Teilinteressen abgeleitetes möglicherweise aber auch im Widerstreit zu ihnen bestehendes wahres Gemeininteresse«, Substantivierung des Adverbs seit dem 15. Jh., zuerst in der Formel Wohl und Wehe (Tauler 1508), s. wohl

wohlerworben, Adj., »der Rechtsordnung entsprechend erworben«, 19. Jh.?, s. wohl, erwerben, vgl. Mayer 1895

Wohlfahrt, F., »Wohlfahrt, Wohlergehen«, 16. Jh. (Berthold von Chiemsee 1528 bzw. Alberus 1540), zu mhd. wol varn, V., »wohl ergehen«, ersetzt den subst. Infinitiv wol varn, s. wohl, Fahrt, vgl. Geschichtliche Grundbegriffe

Wohlfahrtspflege, F., »Förderung des Wohlergehens (der Allgemeinheit)«, 20. Jh. (Alten 1909ff.), s. Wohlfahrt, Pflege

Wohlfahrtstaat, N., »sich umfassend um das Wohl seiner Angehörigen kümmernder Staat«, Handwörterbuch der Sozialwissenschaften 1902, s. Wohlfahrt, Staat

wohnen, V., »Wohnsitz haben, sich aufhalten, wohnen«, mhd. wonen, V., »weilen, wohnen, hausen, bleiben«, ahd. wonēn (E. 8. Jh.), V., »wohnen, sein (V.), sich aufhalten, bleiben, leben, verweilen, ruhen, gewohnt sein«, as. wonon, V., »wohnen, bleiben, verweilen«, germ. *wunēn, V., »gewohnt sein, wohnen«, zu idg. *u̯en- (1), V., »streben, wünschen, lieben, erreichen, gewinnen, siegen«

Wohngeld, N., »öffentlicher Zuschuß zu den Aufwendungen für den Wohnraum«, 1965, s. wohnen, Geld

wohnhaft, Adj., »ansässig, wohnend«, mhd. wonhaft, Adj., »ansässig, Wohnung habend, bewohnbar«, s. wohnen, haft

Wohnraum, M., »Raum der zum Wohngebrauch bestimmt ist«, Allgemeines Deutsches Handelsgesetzbuch 1861, s. wohnen, Raum

Wohnsitz, M., »örtlicher Schwerpunkt der Lebensbeziehungen eines Menschen«, 17. Jh. (Birken 1684), s. wohnen, Sitz

Wohnung, F., »befriedetes Besitztum das dem Menschen zum auf längere Zeit angelegten Aufenthalt dient, (im Strafrecht) Inbegriff der Räume welche einer oder mehreren Personen namentlich einer Familie zur Unterkunft dienen oder zur Benutzung freistehen«, mhd. wonunge, F., »Bleiben, Aufenthalt, Wohnung, Gegend, Gewohnheit«, ahd. wonunga (830), F., »Aufenthalt, Wohnung«, s. wohnen, ung

Wohnungsbau, M., »Errichtung von Wohnraum«, 20. Jh.?, s. Wohnung, Bau

Wohnungsbindung, F., »Bindung der Wohnung«, um 1985?, s. Wohnung, Bindung

Wohnungsbindungsrecht, N., »Recht der Wohnungsbindung«, um 1985?, s. Wohnungsbindung, Recht

Wohnungseigentum, N., »Sondereigentum an einer Wohnung in Verbindung mit einem Miteigentumsanteil an dem betreffenden Grundstück«, um 1950, s. Wohnung, Eigentum

Wohnungsrecht, N., »Recht ein Gebäude oder einen Teil eines Gebäudes unter Ausschluß des Eigentümers als Wohnung zu benutzen«, »Recht wohnen zu dürfen«

Happel 1692 Luserner Tal, »Recht wohnen zu dürfen an einem einzelnen Grundstück(steil)«, Mackeldey 1814, 1902, s. Wohnung, Recht

wollen, V., »wollen (V.), fordern, wünschen, beabsichtigen«, mhd. wellen, V., »wollen (V.), verlangen, wünschen«, ahd. wellen (1. H. 8. Jh.), wollen (9. Jh., afrk.), V., »wollen (V.), wünschen, begehren, beanspruchen«, as. willian, V., »wollen (V.)«, germ. weljan, V., »wollen (V.)«, aus dem Optativ von idg. *u̯el- (2), V., »wollen (V.), wählen«, zu idg. *au̯- (7), V., »verlangen, gern haben, begünstigen«

Wollen, N., »Anstreben eines Ereignisses«, 16. Jh. (1525 Bamberg), subst. Infinitiv, s. wollen (V.)

Wort, N., »einfachster selbständig bedeutsamer Teil einer Sprache«, mhd. wort, N., »Wort, Name«, ahd. wort (1. H. 8. Jh.?, PN), N., »Wort, Rede, Ausspruch, Bericht, Gebot, Auftrag, Ruf, Werk«, as. word, N., »Wort«, germ. *wurda, *wurdam, N., »Wort«, idg. *u̯erdho-, *u̯r̥dho-, N., »Wort«, zu idg. *u̯er- (6), V., »sagen, sprechen«

WORT, Sb., »Verwertungsgesellschaft für die Urheberrechte an Schriftwerken«, um 1970

Wortinterpretation, F., »Auslegung von Worten«, 20. Jh.? Österreich, s. Wort, Interpretation

Wucher, M., »unter Ausbeutung der Zwangslage oder der Unerfahrenheit oder des Mangels an Urteilsvermögen oder der erheblichen Willensschwäche eines anderen erfolgendes Versprechenlassen oder Gewährenlassen von solchen Vermögensvorteilen für eine Leistung welche in einem auffälligen Mißverhältnis zu der Leistung stehen«, mhd. wuocher, M., N., »Ertrag, Frucht, Gewinn, Profit, Wucher«, ahd. wuohhar, (765), wuochar, M., N., »Frucht, Ernte, Ertrag, Gewinn, Zins, Wucher, Lohn, Erfolg, Ertrag des Bodens«, germ. *wōkra, *wōkraz, M., »Ertrag, Nachkommenschaft?«, zu idg. *u̯ōg-, V., Sb., »vermehren, zunehmen, Ertrag, Nachkommen?«

Wucherer, M., »wer Wucher treibt«, mhd. wuocherære, M., »wer Wucher treibt«, ahd. wuohharāri (12. Jh.), wuocharāri, M., »Geldverleiher«, Lüt. lat. fenerator, M., »Geldverleiher«, s. wuchern

Würde, F., »Würde«, mhd. wirde, werde (mmd.), F., »Wert, Würde, Ehre, Ehrenbezeichnung, Verehrung«, ahd. wirda (2. V. 11. Jh.), wirdī (765), werdī, F., »Würde, Ansehen, Verdienst, Ehre, Ehrerbietung«, Abstraktum zu wert, vgl. Geschichtliche Grundbegriffe

Würdenträger, M., »Würdenträger«, 19. Jh. Lsch. lat. dignitarius, frz. dignitaire, M., »Würdenträger«, zu lat. dignus, Adj., »würdig«?

würdigen, V., »würdigen, hoch einschätzen, für würdig halten«, s. Würde, ig, vgl. ahd. wirdīgen, (E. 10. Jh.), V., »anerkennen«, Lsch. lat. cognoscere, V., »erkennen«?

wüst, Adj., »wüst, öde, unwirtlich«, mhd. wüeste, wuoste, Adj., »wüst, öde, einsam«, ahd. wuosti (790), Adj., »wüst, öde, einsam, leer«, as. wōsti, Adj., »wüst«, westgerm. *wōsti, *wōstiz, *wōstja, *wōstjaz, Adj., »wüst«, idg. *u̯āstos, Adj., »öde, wüst«, zu idg. *eu- (1)?, V., Adj., »mangeln, leer«

Wüstling, M., »Wüstling, Sittenstrolch«, 16. Jh. (Sachs), s. wüst, ling

Z

Zahl, F., »Zahl«, mhd. zale, F., »Zahl, Menge, Schar (F.) (1), Zahlung, Berechnung, Aufzählung«, ahd. zala (765), V., »Zahl, Anzahl, Reihe, Erzählung, Menge«, as. tala, F., »Zahl«, germ. *talō, F., *tala, *talam, N., »Berechnung, Zahl, Rede«, zu idg. *del- (1), V., »zielen, berechnen, nachstellen, schädigen, zählen«?, zu idg. *dā-, V., »teilen, zerschneiden, zerreißen«?, oder zu idg. *del- (3), V., »spalten, schnitzen, behauen«?

zahlen, zählen, V., »zahlen, zählen«, mhd. zaln, zalen, zeln, zellen, V., »berechnen, zählen, erzählen«, ahd. zalōn (1000, PN), zellen (790), V., »rechnen, zählen, erzählen, berichten«, as. talon, tellian, V., »berechnen, zählen, erzählen«, s. Zahl, seit 17. Jh. zahlen »eine Schuld bezahlen«

Zahlung, F., »Übereignung von Geld (Barzahlung)«, mhd. zalunge, F., »Zahlung, Bezahlung« (15. Jh.), s. zahlen, ung

Zahlungsbefehl, M., »Befehl zu zahlen«, Badisches Landrecht 1809, Lüt. nlat. mandatum solutionis, N., »Zahlungsbefehl«, s. Zahlung, Befehl, vgl. Planck 1896, 1977 durch Mahnbescheid ersetzt

Zahlungseinstellung, F., »Beendigung von Zahlungen infolge eines Mangels an Geldmitteln trotz Bestehens von Zahlungsverpflichtungen«, 19. Jh., s. Zahlung, Einstellung, vgl. Koch 1864

Zahlungsmittel, N. Pl., »Geldarten und geldgleiche Rechte die zur Zahlung verwandt werden«, M. 19. Jh. (Dahlmann 1845), s. Zahlung, Mittel, gesetzliche Zahlungsmittel, N. Pl., »diejenigen Zahlungsmittel denen der Staat durch Gesetz unbeschränkte Zahlungskraft beigelegt hat (auf Deutsche Mark lautende Banknoten und Münzen der Deutschen Bundesbank)«

Zahlungsstatt, F., »Leistung an Stelle einer Zahlung«, Lüt. lat.? (Harsdörfer M. 17. Jh.), s. Zahlung, Statt

zahlungsunfähig, Adj., »unfähig zu zahlen«, Campe 1807ff., Lüt. nlat. insolvens, Adj., »zahlungsunfähig«, s. Zahlung, unfähig

Zahlungsunfähigkeit, F., »Insolvenz, auf den Mangel an Zahlungsmitteln gegründete Unfähigkeit des Schuldners seine fälligen Geldverbindlichkeiten zu erfüllen«, Campe 1807ff., Allgemeines Bürgerliches Gesetzbuch 1811 Österreich, Lüt. nlat. insolventia, F., »Zahlungsunfähigkeit«, s. zahlungsunfähig, heit

Zahn, M., »Zahn«, mhd. zan, M., »Zahn«, ahd. zan (nach 765?, PN), zand, zant, M., »Zahn«, as. tand, M., »Zahn«, germ. *tanþs, M., »Zahn, Esser«, idg. *edōnt, *dōnt, Sb., »Zahn, Esser«, (Part. Präs.) zu idg. *ed-, V., »essen«

Zahnarzt, M., »Arzt für Zahnkrankheiten«, A. 17. Jh., s. Zahn, Arzt

Zapfen, M., »Zapfen«, mhd. zapfe, M., »Zapfen, Bierzapfen, Weinzapfen, Ausschank«, ahd. zapfo (11. Jh., PN), zapho, M., »Zapfen«, germ. *tappan, *tappōn, M., »Zapfen«, Herkunft unklar, n im Nominativ aus gebeugten Formen

Zapfenstreich, M., »Zapfenstreich, Signal zur Rückkehr in die Unterkunft, Signal zur Beendigung des Bierausschankes durch Aufsetzen von Zapfen auf die Bierfässer«, 17. Jh. (sachlich Wallenstein?), s. Zapfen, Streich

zanken, zenken, V., »streiten, zanken«, mhd. zanken, zenken, V., »streiten« 14. Jh., Herkunft unbekannt, (zu ahd. zizanihhōn (12. Jh.), zizanichōn, V., »zerreißen«?, zu Zahn?)

Zärter, M., »Urkunde, Vertrag«, Lw. frz. chartre, F., »Urkunde«, zu lat. chartula, F., »Urkunde«, zu lat. charta, F., »Urkunde«, s. Ehe-

Zaster, M., »Geld (A. 20. Jh. Obersachsen/Berlin), Sold (E. 19. Jh.)«, Lw. rotw. Zaster, M., »Eisen« 18. Jh., Lw. zigeunersprachl. saster, M., »Eisen«

Zauber, M., »Zauber«, mhd. zouber, M., N., »Zauber«, ahd. zoubar (765), N., »Zauber, Zauberei, Behexung, Gaukelei«, germ. *taubra, *taubraz, *taubram, M., N., »Zauber«, Herkunft unklar

Zauberei, F., »Zaubern, Magie«, mhd. zouberīe, F., »Zauberei«, s. Zauber, ei

Zaun, M., »Zaun«, mhd. zūn, zoun, M., »Zaun«, ahd. zūn (765, ON), M., »Zaun, Gehege, Verschanzung, Mauer«, as. tūn, M., »Zaun«, germ. *tūna, *tūnaz, M., »Zaun, Gehege«, Herkunft unklar

Zeche, F., »Zeche, Rechnung, Bergwerk«, mhd. zeche, zech, F., »Ordnung, Reihenfolge, Veranstaltung, Vereinigung, Gelage, Schmaus, Umlage, Kosten«, ahd. zehha (9. Jh.), zecha, F., »gemeinsamer Beitrag«, zu ahd. gizehōn, V., »anordnen«, Herkunft unklar, zu germ. *tehsman, Sb., »Reihe«?, zu idg. *dek̑- (1), V., »nehmen, aufnehmen, begrüßen, sich schicken«?

Zedent, M., »Abtretender, Altgläubiger bei der Abtretung«, 18. Jh.?, Lw. lat. cedens, Part. Präs. von lat. cedere, V., »gehen, treten«, vgl. Coßmann 1829

Zehe, F., »Zehe«, mhd. zēhe, F., »Zehe«, ahd. zēha (790), F., »Zehe«, germ. *taihō, *taihōn, *taihwō, *taihwōn, F., »Zehe«, zu idg. *deik̑-, V., »zeigen, weisen, sagen«, zu idg. *dei- (2), V., »glänzen, schimmern, scheinen«, vereinzelte maskuline Formen unter dem Einfluß von Finger?

zehn, Num. Kard., »zehn«, mhd. zehen, zēn, Num. Kard., »zehn«, ahd. zehan (765), Num. Kard., »zehn«, as. tehan, Num. Kard., »zehn«, germ. *tehun, *tehan, Num. Kard., »zehn«, idg. *dek̑m̥-, Num. Kard., »zehn«

Zehnt, M., »von der Kirche geforderter zehnter Teil eines Ertrages«, mhd. zehende, M., »zehnter Teil (als Abgabe von

Vieh und Früchten)«, Lüs. lat. decima (pars), F., »zehnte(r Teil)«, subst. Num. Ord. zehnte, zu zehn, s. Moses 26,1ff., 4. Moses 18,26

Zeichen, N., »Zeichen«, mhd. zeichen, N., »Zeichen, Anzeichen, Beispiel, Merkmal«, ahd. zeihhan (765), zeichan, N., »Zeichen, Bild, Wunder«, as. tēkan, N., »Zeichen«, germ. *taikna, *taiknam, N., »Zeichen«, s. idg. *deik̑-, V., »zeigen, weisen, sagen«, zu idg. *dei- (2), V., »glänzen, schimmern, scheinen«

zeichnen, V., »zeichnen«, mhd. zeichenen, V., »zeichnen, versehen (V.), bezeichnen«, ahd. zeihhanen (765), zeihhanōn (830), zeichanōn, V., »zeichnen, bezeichnen, bezeugen«, germ. *taiknjan, *taiknōn, V., »zeigen, bezeichnen«, s. Zeichen

Zeidler, M., »Zeidler, Bienenzüchter«, mhd. zīdelære, zīdler, M., »Zeidler«, zu lat.-ahd. zīdalweida, F., »Honigwald«, germ. *tīþla, Sb., »Bienenstock, Honig«?, tlo-Ableitung zu idg. *dei- (1), V., »glänzen, schimmern, scheinen«

zeigen, V., »zeigen«, mhd. zeigen, V., »zeigen, deuten, weisen«, ahd. zeigōn (790, PN), V., »zeigen, bezeichnen, bestimmen, beweisen«, germ. *taigōn?, V., »zeigen«, (Intensivum zu *teihan mit grammatischem Wechsel von h und g,) idg. *deik̑-, V., »zeigen, weisen, sagen«, zu idg. *dei- (1), V., »glänzen, schimmern, scheinen«?, nur hd.

zeihen, V., »zeihen«, mhd. zīhen, V., »zeihen, beschuldigen«, ahd. zīhan (863-71), V., »zeihen, bezichtigen, beschuldigen«, as. *tīhan, V., »zeihen«, germ. *teihan, V., »zeihen«, idg. *deik̑-, V., »zeigen, weisen, sagen«, zu idg. *dei- (1), V., »glänzen, schimmern, scheinen«

Zeit, N., »Zeit«, mhd. zīt, F., N., »Zeit, Zeitalter«, ahd. zīt (765), N., »Zeit, Zeitalter, Stunde, Zeitpunkt, Zeitspanne«, as. tīd, N., »Zeit, Stunde«, germ. *tīdi, *tīdiz, F., »Zeit«, idg. *dīt-, Sb., »Zeitabschnitt, Zeit«?, zu idg. *dā-, V., »teilen, zerschneiden, zerreißen«

Zeitablauf, M., »Ablauf eines bestimmten Zeitabschnittes«, 19. Jh.?, s. Zeit, ab, Lauf, vgl. Gerber 1895

Zeitbestimmung, F., »Bestimmung einer Zeit für ein Verhalten«, 17. Jh. (Galen 1679), Lüt.?, s. Zeit, Bestimmung

Zeitgesetz, N., »für einen bestimmten Zeitabschnitt geltendes Gesetz, einer Zeit eigenes Gesetz«, Schlegel vor 1829, s. Zeit, Gesetz

Zeitlohn, M., »allein nach Zeitabschnitten bemessener Lohn (z.B. Stundenlohn)«, vereinzelt 17. Jh. (1674) bzw. 19. Jh., s. Zeit, Lohn

Zeitschrift, F., »Zeitbuch (2. H. 17. Jh. Chronogramm [Harsdörfer 1645]), Zeitschrift (2. H. 18. Jh.)«, Lüs. nlat. chronogramma, N., »Zeitbuch«?, Lbd. frz. journal, M., »Zeitschrift«, s. Zeit, Schrift

Zeitung, F., »Zeitung (17. Jh. [zuerst 1609 als Wochenschrift])«, spätmhd. zītunge, F., »Nachricht, Kunde (F.), Botschaft« (vor 1300 Köln), »schriftliche Nachricht im Druck« (2. H. 15. Jh.), s. Zeit, ung, am Niederrhein entstanden?

Zelge, F., »Zelge, Flurteil«, mhd. zelge, F., »Zelge«, ahd. zelga (9. Jh., ON), lat.-ahd. zelga (780), F., »Zelge, Flurabteilung der Dreifelderwirtschaft«, germ. *telgōn, F., »Zelge, Teil, Zweig«, zu idg. *delgh-, V., »spalten, schnitzen, behauen«, zu idg. *del- (3), V., »spalten, schnitzen, behauen«

Zelle, F., »Zelle« (, 18. Jh. Lbd. ne. cell, N., »Zelle im biologischen Sinn« [17. Jh.]), mhd. zelle, celle, F., »Zelle, Wohngemach, Kammer, Kapelle, Tempel, Klostergut«, ahd. zella (800, ON), F., »Zelle, Kloster, Kammer«, Lw. lat. cella, F., »Vorratskammer, Kammer«

zen, Suff., »zen«, mhd. ezen, zen, Suff., »zen«, ahd. azzen, Suff., »zen«, germ. *atjan, Suff., »zen«

zensieren, V., »bewerten, prüfen, mit einer Note versehen (19. Jh.)«, M. 16. Jh. (1548 Bern) Lw. lat. censere, V., »bewerten, meinen«

Zensur, F., »(staatliche) Aufsicht über Veröffentlichungen, Note (19. Jh.)«, 15. Jh. bzw. A. 16. Jh. (1521) Lw. mlat. censura, F., »Aufsicht, Überwachung, Verbot, Bann«, zu lat. censura, F., »Zensoramt, Prüfung, Untersuchung, Beurteilung«, zum Part. Fut. censurus bzw. PPP. census von lat. censere, V., »bewerten, meinen«

Zent, F., »Zent«, mhd. zent, F., »Zent, Gerichtsbezirk, Gericht«, Lw. mlat. centa, F., »Hundertschaft«, aus lat. centena, F., »Hundertschaft«, zu lat. centum, Num. Kard., »hundert«

zenti, Präf., »hundert«, Lw. lat. centum, Num. Kard., »hundert«

Zentimeter, M., »Zentimeter, hundertster Teil des Meters«, 19. Jh., Lw. frz. centimétre (1793), M., »Zentimeter«, s. zenti, Meter

Zentner, M., »Zentner, 50 Kilogramm, (in Österreich und der Schweiz) 100 Kilogramm«, mhd. zentenære, zentner, M., »Zentner, Zentrichter«, Lw. spätlat. centenarium, N., »Hundertpfundgewicht«, zu lat. centenarius, Adj., »zu hundert gehörig«, zu lat. centum, Num. Kard., »hundert«

zentral, Adj., »zentral, auf die Mitte bezogen«, (2. H. 17. Jh. bzw. A. 18. Jh. in Zusammensetzungen,) M. 19. Jh. bzw. E. 19. Jh. Ableitung von Zentrum, älter centralisch (A. 17. Jh. [Galgemayr 1626]), vgl. lat. centralis, Adj., »in der Mitte befindlich«

Zentralisation, F., »Vereinigung aller Aufgaben des Staates in der staatlichen Verwaltung«, A. 19. Jh. (1808) Lw. frz. centralisation (1794), F., »zentrale Lenkung«, s. Zentrum, zentralisieren

zentralisieren, V., »zusammenfassen, einer einheitlichen Leitung unterstellen«, A. 19. Jh. Lw. frz. centraliser, V., »zusammenfassen, einer einheitlichen Leitung unterstellen«, s. Zentrum

Zentralismus, M., »Tendenz zur Stärkung des Gesamtstaates auf Kosten der Gliedstaaten«, M. 19. Jh. (1866) Ableitung von zentralisieren, s. Zentrum, vgl. ne. centralism

Zentralregister, N., »zentrales Register«, 1971?, s. zentral, Register

Zentrum, N., »Zentrum, Mittelpunkt«, spätmhd. zenter, mhd. zentrum, N., »Zentrum«, Lw. lat. centrum, N., »Stachel, Kern, Mittelpunkt«, Lw. gr. kéntron, N., »Stachel, Kern, Mittelpunkt«, zu gr. kentein, V., »stechen«

Zepter, N., M., »Zepter, Herrscherstab«, mhd. zepter, cepter, N., »Zepter«, Lw. lat. sceptrum, N., »Zepter«, Lw. gr. sképtron, N., »Stab, Zepter«, zu gr. sképtein, V., »stützen«

zer, Präf., »zer, auseinander«, mhd. zer, Präf., »zer«, ahd. zur, zir, Präf., »zer«, aus ahd. zi, ir?, oder verschobenes dis?, germ. *tis-, Präf., »zer«?, idg. *du̯is, *dis, Adv., »entzwei, auseinander«

zerrütten, V., »zerrütten, durch Erschütterung auseinanderbringen«, mhd. zerrütten, V., »zerrütten, zerstören, verderben« 15. Jh., s. zer, rütten

Zerrüttung, F., »Zerstörung, Scheitern einer Ehe«, mhd. zerrüttunge, F., »Zerrüttung, Zerstörung«, 15. Jh. (um 1400), s. zerrütten, ung

Zerrüttungsprinzip, N., »Grundsatz der Zerrüttung«, Cahn 1928, s. Zerrüttung, Prinzip

Zerstörung, F., »Zerstörung«, mhd. zerstœrunge, F., »Zerstörung, Schaden«, ahd. zistōrunga (12. Jh.), zistōrungī (12. Jh.), F., »Vernichtung, Zerstörung, Verwüstung«, s. zer, Störung, stören

Zertifikat, N., »Bescheinigung, Schuldschein, Anteilsschein«, frühes 18. Jh. (Sperander 1728) Lw. mlat. certificatum, N., »Beglaubigung, Versicherung, Bescheinigung«, zum PPP. certificatus von lat. certificare, V., »vergewissern«, zu lat. certus, Adj., »sicher, gewiß«, lat. facere, V., »machen, tun«

Zession, F., »Abtretung«, 18. Jh.? Lw. lat. cessio, F., »Abtreten«, zum PPP. cessus von lat. cedere, V., »gehen, treten«

Zessionar, M., »Abtretungsempfänger, Neugläubiger bei der Abtretung«, 18. Jh.? Lw. mlat. cessionarius, M., »Abtretungsempfänger«, zu lat. cessio, s. Zession, vgl. Coßmann 1829

Zeter, M., »Schrei, Geschrei«, mhd. zeter, Interj., »Hilferuf, Klageruf, Erstaunensruf«, 2. H. 13. Jh., ostmd., Herkunft unklar (aus thiōdūte, Interj., »Volk heraus«?)

Zettel, M., »Stück Papier, Zettel«, mhd. zedele, zedel, zetel, F., M., N., »Blatt, Zettel«, Lw. mlat. cedula, F., »Blättchen«, aus spätlat. schedula, F., »Papierblättchen«, zu lat. scheda, F., »Blatt«, Lw. gr. *schíde, F., »Splitter«

Zeug, N., »Zeug«, mhd. ziug, M., N., »Gerät, Zeug, Stoff, Material«, ahd. ziug (10. Jh.), M., N., »Zeug, Mittel, Ausstattung, Ausrüstung«, as. *tiuh, N., »Zeug«?, germ. *teuga, *teugam, N., »Zeug, Zuggerät?«, (mit grammatischem Wechsel von h und g) zu idg. *deuk-, V., »ziehen«?, zu idg. *deu-?, V., »ziehen«?

Zeuge, M., »Person die über Tatsachen die sie wahrgenommen hat aussagen soll (und zum Zweck der späteren Aussage vielfach zu einem Geschäft besonders hingezogen wird)«, mhd. ziuc, ziug, M., N., »Zeugnis, Beweis, Zeuge (später)«, zu ahd. zi urkundi ziohan, V., »zum Zeugnis heranziehen«

zeugen, V., »hervorbringen, zeugen«, mhd. ziugen, V., »zeugen, erzeugen, verfertigen, herstellen, bezeugen, beweisen«, zu ahd. *ziugōn, V., »erklären«?, zu Zeug, Zeuge

Zeughaus, N., »Zeughaus, Waffenlager, Arsenal«, 16. Jh. Lsch. Arsenal (E. 15. Jh. Lw. it.), s. Zeug, Haus

Zeugnis, N., »Aussage des Zeugen, Aussage (insbesondere über die Bewertung einer Leistung)«, mhd. ziugnisse, F., N., »Machen, Tun, Zeugnis«, (14. Jh.), s. zeugen, Zeug, daneben mhd. giziugnisse (E. 13. Jh.), F., N., seit Luther überwiegt N.

Zeugnisverweigerung, F., »Verweigerung der Aussage durch einen Zeugen«, 19. Jh., s. Zeugnis, Verweigerung, vgl. Planck 1896

Zeugnisverweigerungsrecht, N., »Recht eines zu einem Rechtsstreit geladenen Zeugen sich der grundsätzlich bestehenden Pflicht als Zeuge eine Aussage zu machen zu entziehen«, 19. Jh.?, s. Zeugnisverweigerung, Recht

ziehen, V., »ziehen«, mhd. ziehen, V., »ziehen, bewegen, führen, leiten«, ahd. ziohan (765), V., »ziehen, führen, bringen, erziehen«, as. tiohan, V., »ziehen«, germ. *teuhan, V., »ziehen«, idg. *deuk-, V., »ziehen«, zu idg. *deu-?, V., »ziehen«

Ziestag, M., »Dienstag«, mhd. zīstac, M., »Dienstag«, ahd. *ziostag?, M., »Dienstag«, vor E. 4. Jh., Lüt. lat. dies Martis, M., »Tag des Kriegsgottes Mars«, zum Götternamen Ziu, s. Tag

Ziffer, F., »Ziffer«, spätmhd. ziffer, zifer, F., »Ziffer«, E. 14. Jh. (1399 Böhmen) Lw. (mfrz. cifre, F., »Ziffer, Zahlzeichen, Null«, aus) mlat. cifra, F., »Ziffer, Zahlzeichen, Null«, Lw. arab. sifr, Adj., »leer, Null«, Lüs. ai. śūnya-, Adj., Sb., »leer, Null«, Bedeutung verallgemeinert als lat. nulla, F., »Null« entsteht

zig, Suff., »zig (für Zehnerzahlen von 20 bis 90)«, mhd. zic, Suff., »zig«, ahd. zug, Suff., »zig«, as. tig, Suff., »zig«, germ. *teg, *tegu-, *teguz, Sb., »Zahl von zehn«, zu idg. *dek̑u-, Sb., »Zahl von zehn«?, die Zehnerzahlen ab 70 werden ahd. mit dem Suff. zo (abgeschwächt aus zug?), as. mit dem Suff. da und dem Präf. ant (aus germ. *hund-?) gebildet

Ziger, M., »zehn (Einheiten Milch)«, schweiz., mhd. ziger, M., »Quark«, möglicherweise Lw. spätgall. *tsigros, Sb., »Quark«, zu gall. *dwigros, Sb., »zweite Erwärmung«, zu idg. gʷher-, Adj., »heiß, warm«?

Zigeuner, M., »Zigeuner, Wohnsitzloser«, 15. Jh. (1418) Lw. it. zingaro, M., »Zigeuner«?, Lw. ungar. czigány, M., »Zigeuner?«, Herkunft unbekannt, sachlich sind die Zigeuner ein im 10. Jh. aus Nordindien ausgewandertes idg. Volk (1417 im Reich nachweisbar)

Zimmer, N., »Zimmer, Wohnraum«, mhd. zimber, zimmer, N., M., »Bauholz, Bau, Gebäude, Wohnung, Haufe«, ahd. zimbar (765), N., »Stoff, Materie, Bau, Gebäude, Werkzeug, Bauholz, Baustoff«, as. timbar, M., »Zimmerwerk«, germ. *temra, *temram, *timbra, *timbram, N., »Bauholz, Bau, Gezimmertes«, mit ro-Suffix zu idg. *dem-, V., »bauen, zusammenfügen«

Zimmerer, M., »Zimmerer, Zimmermann«, ahd. zimbarari (nach 765?), M., »Baumeister, Künstler, Zimmermann«, Lüt. lat. carpentarius, M., »Wagenmacher«?, Lbd. lat. artifex, M., »Baumeister«?, s. Zimmer, er

Zimmermann, M., »Zimmermann«, mhd. zimberman, zimmerman, M., »Zimmermann«, ahd. zimbarman (9. Jh.), M., »Zimmermann, Baumeister«, Lüt. lat. carpentarius, M., »Wagenmacher«?, Lbd. lat. architectus, M., »Baumeister«?, s. Zimmer, Mann

Zinken, M., »Zinken, Zacke«, südd., mhd. zinke, M., »Zacken, Zinke, Spitze«, ahd. zinko (1000, ON), zinco, M., »Zinke, Zacken«, nhd. auch »Nase (16. Jh.), Gaunerzeichen (18. Jh.)«, nur hd., mit k-Suffix zu Zinne?

Zins, M., »Vergütung für den Gebrauch eines auf Zeit überlassenen in Geld oder anderen vertretbaren Sachen bestehenden Kapitals die - in einem Bruchteil des Kapitals ausgedrückt - mit dem Kapital gleichartig und fortlaufend zu entrichten ist (vereinzelt 14. Jh. allgemein 16. Jh.)«, mhd. zins, M., »Abgabe, Tribut, Zins«, ahd. zins (nach 765?), M., »Steuer (F.), Abgabe, Zins, Zensus, Zoll«, as. tins, M., »Zins«, germ. *zins, M., »Zins, Abgabe«, Lw. lat. census, M., »Schätzung, Steuer (F.)«, zum PPP. census von lat. censere, V., »bewerten, meinen«, Pl. Zinsen im 18. Jh. durchgesetzt

Zinsabschlaggesetz, N., »Gesetz über einen Zinsabschlag«, um 1990, s. Zins, ab, Schlag, Gesetz

Zinsschuld, F., »Schuld an Zins«, mnd. tynsschult 1543 (Braunschweig), Lüt. lat. debitum census, N., »Schuld an Zins«?, s. Zins, Schuld

Zinseszins, M., »Zins von Zinsen«, 1781 Lüs. lat. usura usurarum, F., »Zins von Zinsen«, älter Zinsenzins (Stieler 1691), s. Zins

Zinsverbot, N., »kanonisches Zinsverbot, (von der Kirche) gefordertes und zeitweise weitgehend durchgesetztes durch den Liberalismus aber beseitigtes Verbot für Darlehen Zinsen zu nehmen«, Eichhorn 1823, Lüs.?, s. Zins, Verbot

zirk, s. Be-, zirka

zirka, Adv., »ungefähr, um«, 17. Jh. Lw. lat. circa, Adv., »ringsum, ungefähr«, zum verselbständigten Akk. circum von lat. circus, M., »Kreis«, Lw. gr. kírkos, M., »Kreis«

Zitadelle, F., »Zitadelle, Festung«, (vereinzelt) M. 15. Jh. (Hermann von Sachsenheim 1453) bzw. 2. H. 16. Jh. Lw. (frz. citadelle, F., »Zitadelle«,) Lw. it. cittadella, F., »Zitadelle«, zu it. città, F., »Stadt, Burg«, aus lat. civitas, F., »Stadt, Burg, Bürgerschaft«, zu lat. civis, M., »Bürger«

zivil, Adj., »zivil, bürgerlich, öffentlich, nichtkirchlich, nichtstrafrechtlich«, (in Zusammensetzungen seit dem 16. Jh.,) 17. Jh. Lw. (frz. civil, Adj., »anständig, zivil, bürgerlich«, aus) lat. civilis, Adj., »bürgerlich«, zu lat. civis, M., »Bürger«, älter zivilisch (Luther 1539 civilisch)

Zivildienst, M., »ziviler Ersatzdienst«, um 1955, s. zivil, Dienst

Zivilkammer, F., »Spruchkörper des Landgerichts in bürgerlichen Rechtsstreitigkeiten«, 19. Jh. (1877/9), Lüs. frz. chambre civile, F., »Zivilkammer«?, s. zivil, Kammer

Zivilprozeß, M., »staatlich angeordnetes und geregeltes Verfahren vor staatlichen Gerichten zur Feststellung und Durchsetzung und vorläufigen Sicherung privater Rechte eines Rechtssubjekts«, 18. Jh. (Bülau 1766 bzw. Müller 1812), Lw. mlat. processus civilis, M., »Zivilprozeß«?, s. zivil, Prozeß, vgl. Weiske 1839ff.

Zivilprozeßordnung, F., »Ordnung des Zivilprozesses«, 1877/9, Lüt. frz. code de procédure civile, M., »Zivilprozeßgesetzbuch«?, s. Zivilprozeß, Ordnung

Zivilrecht, N., »bürgerliches Recht, Privatrecht«, 18. Jh. (Beust 1743) Lüs. lat. ius civile, N., »bürgerliches Recht«, s. zivil, Recht

Zivilsache, F., »Verfahren in einer privatrechtlichen Angelegenheit im Wege des Zivilprozesses«, 16. Jh. (1560 Baden) Lüs. lat. causa civilis, F., »Zivilsache«, s. zivil, Sache (Zesen 1670 bürgerliche Sache)

Zivilsenat, M., »Spruchkörper des Oberlandesgerichts und des Bundesgerichtshofs in bürgerlichen Rechtsstreitigkeiten«, 1877/9, Lüs.?, s. zivil, Senat

Zobel, N., »unsauberes Frauenzimmer«, obd., 16. Jh., zu zupfen?

zocken, V., »Glücksspiel spielen«, Lw. rotw. zchokken, M., »Glücksspiel spielen« 19. Jh., aus westjidd. zchocken, V., »spielen, unterhalten«, aus hebr. śeḥoq

Zofe, F., »Kammerjungfer, Zofe«, 17. Jh., zu mhd. zāfen, V., »ziehen, pflegen, schmücken«?, älter zoffmagd (16. Jh. [zoffe 1623 Obersachsen])

Zoff, M., »Streit«, Lw. rotw., westjidd. zoff, M., »Ende«, aus hebr. sōf, Sb., »Ende«

zögern, V., »das Handeln hinausziehen«, (mhd. zōgeren, V., »zerren, herumzerren«?,) 1. H. 16. Jh. südwestd.? (Blaurer vor 1548), Iterativform von zogen, V., »ziehen, gehen«, um 1700 häufiger, zu ziehen, Zug

Zölibat, M., N., »(im katholischen Kirchenrecht) Ehelosigkeit des Geistlichen«, 1. H. 16. Jh. (Lauterbach 1538) Lw. lat. caelibatus, M., »Ehelosigkeit, Witwerstand«, zu lat. caelebs, Adj., »unverheiratet, ehelos«

Zölibatsklausel, F., »den Zölibat betreffende Klausel«, 20. Jh.?, s. Zölibat, Klausel

Zoll, M., »(meist an der Staatsgrenze erhobene) Steuer auf die Einfuhr oder Ausfuhr von Waren«, mhd. zol, M., N., »Zoll«, ahd. zol (790), M., »Zoll, Abgabe«, as. tol, toln, M., tolna, F., »Zoll«, germ. *tol-, Sb., »Zoll«, Lw. vulgarlat. toloneum, N., »Zoll«, zu spätlat. teloneum, N., »Zoll«, Lw. gr. teloneĩon, N., »Zoll«, zu gr. télos, N., »Ziel, Ende, Zahlung«

Zoll, M., »Zoll, ein Längenmaß«, mhd. zol, M., F., »Holzstück, Baumstamm, Klotz, Maß von einem Fingerglied (1500)«, zu Zahl?, zu Zelge?, vgl. mhd. zollo (11. Jh.), M., »Kreisel«

zollfrei, Adj., »ohne Zoll«, mhd. zolvrī, Adj., »ohne Zoll«, s. Zoll, frei

Zöllner, M., »Zöllner«, mhd. zolnære, M., »Zöllner«, ahd. zollanāri, zolanāri, M., »Zöllner, Steuereintreiber«, germ. *tolnar-, M., »Abgabeneinnehmer«, Lw. mlat. tolnearius, M., »Abgabeneinnehmer«, zu spätlat. tolonarius, tolonearius, M., »Abgabeneinnehmer«, s. Zoll, er

Zone, F., »Zone, Gebiet«, A. 18. Jh. Lw. lat. zona, F., »Zone, Gürtel«, Lw. gr. zóne, F., »Gürtel«, e 2. H. 18. Jh. durchgesetzt

Zores, M., »Ärger«, 19. Jh., Lw. rotw., westjidd. zore, Sb., »Sorge, Not«, aus hebr. ṣārā(h), Sb., »Not, Drangsal«

zu, Präp., Adj., Präf., »zu«, mhd. zuo, Präp., Adv., Präf., »zu, hinzu«, ahd. zuo (1. H. 8. Jh.?), Adv., Präp., Präf., »zu, in, an, unter, mit, auf«, as. tō, Adv., Präp., Präf., »zu«, westgerm. *tō, Adv., »zu«, zu idg. *dē-, *dō-, Instrumental des Pron. *de-, *do-, vgl. auch die unbetonten Formen der Präposition ahd. zi, as. ti, germ. *te, idg. *de

Zubehör, N., »bewegliche Sachen die ohne Bestandteil der Hauptsache zu sein nach der Verkehrsanschauung dem wirtschaftlichen Zweck einer Hauptsache zu dienen bestimmt sind und zu ihr in einem dieser Bestimmung entsprechenden räumlichen Verhältnis stehen (z.B. Baumaterial auf Baugrundstück)«, mnd. tōbehōre, N., »Zubehör«, 17. Jh. hd., Lüt. mlat. pertinentia, F., »Zubehör« (775), s. zu, be, hören

Zucht, F., »Zucht«, mhd. zuht, F., »Erziehung, Ernährung, Unterhalt«, ahd. zuht (765), F., »Unterhalt, Nahrung, Zucht, Erziehung, Schulung, Kind, Nachkommenschaft«, as. tuht, F., »Zucht, Nahrung«, westgerm. *tuhti, *tuhtiz, F., »Zucht«, ti-Ableitung zu idg. *deuk-, V., »ziehen«, zu idg. *deu-?, V., »ziehen«

Zuchthaus, N., »(bis 1. 4. 1969) besondere der Aufklärung entstammende Form der Freiheitsstrafe (mit Erziehungszweck)«, »Erziehungshaus«, 16. Jh. (Scheit vor 1565 bzw. 1569 Braunschweig), 17. Jh. Lbd. nnl. tuchthuis, N., »Arbeitshaus« (16. Jh.), s. Zucht, Haus

züchtig, Adj., »züchtig, gut erzogen, enthaltsam«, mhd. zühtec, zühtic, Adj., »artig, wohlerzogen«, ahd. zuhtīg (E. 10. Jh.), Adj., »erzogen, geschult, sittsam«, Lbd. lat. disciplinatus, Adj., »geschult, gewöhnt«?, s. Zucht, ig

züchtigen, V., »züchtigen, strafen«, mhd. zühtegen, V., »durch Zucht erziehen, züchtigen, strafen«, ahd. zuhtīgen? (11./12. Jh.), Adj., »säugen«, s. züchtig, Lbd. lat. castigare, V., »züchtigen«?

Züchtigung, F., »als Erziehungsmittel geübte schmerzerregende Strafe (z.B. Schläge)«, mhd. zühtegunge, F., »Züchtigung, Strafe«, s. züchtigen, ung

Züchtigungsrecht, N., »Recht einer Person zur Züchtigung einer anderen Person«, Allgemeines Bürgerliches Gesetzbuch 1811 Österreich, Kotzebue vor 1819, s. Züchtigung, Recht

Zuchtmittel, N. Pl., »bestimmte Maßnahmen zur Erziehung von straffälligen Jugendlichen«, Bürgerliches Gesetzbuch 1900, s. Zucht, Mittel

zueignen, V., »zu eigen machen, widmen«, 15. Jh.? Lüs. lat. appropriare, V., »zu eigen machen«, s. zu eignen

Zueignung, F., »Einverleibung der Sache selbst oder ihres Wertes in das eigene Vermögen des Täters unter dauerndem Ausschluß der Berechtigten (z.B. Rückgabe des Sparbuches nach Abheben des Geldes)«, 16. Jh. (Frisius 1556) Lüt. lat. appropriatio, F., »Zueigenmachung«, s. zueignen, ung

Zueignungsabsicht, F., »auf (rechtswidrige) Zueignung gerichtete Absicht des Täters«, 20. Jh.?, s. Zueignung, Absicht

Zufall, M., »Ereignis für welches keine Gesetzmäßigkeit zu erkennen ist«, mhd. zuoval, M., »Anfall, Zuteilwerden, Zufall, Veränderlichkeit, Wandel«, Lüt. lat. accidens, N., »Zufall«?, zu lat. ad, Präp., Präf., »zu«, lat. cadens, Part. Präs. von lat. cadere, V., »fallen«, s. zu, Fall

Zug, M., »Zug«, mhd. zug, M., »Zug, Ziehen«, ahd. zug (9. Jh.), M., »Ziehen, Zug, Fischzug«, westgerm. *tugi, *tugiz, M., »Ziehen, Zug«, (mit grammatischem Wechsel von h und g) zu idg. *deuk-, V., »ziehen«, zu idg. *deu-?, V., »ziehen«

Zugabe, F., »zusätzliche Leistung, unentgeltliche Zuwendung an einen Kunden neben der Ware oder Leistung«, mhd. zuogābe (M. 14. Jh.), F., »Zugabe, Mitgift«, s. zu, Gabe

Zugang, M., »Eingang«, mhd. zuoganc, M., »Zugang, Zutritt, Untergang«, ahd. zuogang (nach 765?), M., »Zugang, Eingang«, Lüs. lat. aditus, M., »Zugang«, s. zu, Gang

Zugangsvereitelung, F., »Vereitelung des Zugangs«, 20. Jh.?, s. Zugang, Vereitelung

Zugangsverzögerung, F., »Verzögerung des Zugangs«, 20. Jh.?, s. Zugang, Verzögerung

zugesichert, Adj., »zugesichert«, 19. Jh.?, s. zusichern

Zugewinn, M., »Betrag um den das Vermögen eines Ehegatten bei Ende der Ehe sein Vermögen am Anfang der Ehe übersteigt«, Berent 1915, s. zu, gewinnen, älter (19. Jh. Schweiz) Zugewinst

Zugewinnausgleich, M., »(bei Zugewinngemeinschaft) Ausgleich der Zugewinne der Ehegatten bei Beendigung der Ehe«, 1957, älter (Reinicke 1952) Ausgleich des Zugewinns, s. Zugewinn, Ausgleich

Zugewinngemeinschaft, F., »gesetzlicher Güterstand bei dem das Vermögen des Ehegatten ständig getrennt bleibt und erst nach Beendigung der Ehe der Zugewinn den die Ehegatten jeweils in der Ehe erzielt haben ausgeglichen wird (Gütertrennung mit Zugewinnausgleich)«, 1957, älter Zugewinstgemeinschaft (Berent 1915), s. Zugewinn, Gemeinschaft

Zuhälter, M., »wer einen anderen - welcher der Prostitution nachgeht - ausbeutet oder seines Vorteils wegen bei der Ausübung der Prostitution überwacht oder diese Prostitutionsausübung bestimmt und im Hinblick darauf Beziehungen zu dem anderen unterhält die über den Einzelfall hinausgehen«, M. 19. Jh. (von der Polizei geprägt?), zu Zuhälterin, älter »Anhänger«, mnd. tōholdere, M., zuhalter, M., (Luther)

Zuhälterei, F., »Verhalten des Zuhälters«, 19. Jh.?, s. Zuhälter, ei

Zuhälterin, F., »Zuhälterin, Geliebte, die zu einem hält«, 15. Jh. (1498 Frankfurt), s. zu, halten, in

zulassen, V., »zulassen«, mhd. zuolāzen, V., »zulassen«, ahd. zuolāzan (11. Jh.), V., »hinzulassen, zuschicken, zukommen lassen«, s. zu, lassen

zulässig, Adj., »zulaßbar, erlaubt (16. Jh.), möglich (18. Jh.)«, 16. Jh. (Berthold von Chiemsee bzw. Sachs), später verbreitet, s. zulassen, ig

Zulässigkeit, F., »rechtliche Erlaubtheit (eines Verhaltens)«, E. 17. Jh. (Beer d.h. Zendorius 1682 bzw. Hohberg 1682), s. zulässig, heit

Zulassung, F., »Eröffnung des Zugangs durch eine öffentlichrechtliche Erlaubnis«, mhd. zuolāzunge, F., »Zulassung«, seit 16. Jh. verbreitet, s. zulassen, ung

Zulassungsvoraussetzung, F., »Voraussetzung der Zulassung«, 20. Jh.?, s. Zulassung, Voraussetzung

zumessen, V., »zumessen, zuteilen«, mhd. zumessen, V., »hinzumessen, zumessen«, ahd. zuomezzan (1. Vt. 9. Jh.), V., »zumessen«, Lüt. lat. accomodare, V., »anpassen, abmessen«?, s. zu, messen

Zumessung, F., »Zumessung«, Hedio 1530, s. zumessen, ung

zumutbar, Adj., »zumutbar«, 20. Jh.?, s. zumuten, bar

Zumutbarkeit, F., »Angemessenheit einer Anforderung an ein Verhalten«, 20. Jh.?, s. zumutbar, heit

Zumutbarkeitstheorie, F., »Aufopferungstheorie, Theorie zu der Frage wann eine Enteignung vorliegt«, 2. H. 20. Jh., s. Zumutbarkeit, Theorie

zumuten, V., »zumuten, abverlangen«, mhd. zuomuoten, V., »wünschen, zuwenden«, s. zu, Mut, muten

Zuname, M., »Zuname, Familienname«, mhd. zuoname, M., »Beiname«, Rudolf von Ems vor 1254, s. zu, Name

Zunft, F., »Zunft«, mhd. zunft, zumft, F., »Zunft (13. Jh. Oberdeutschland [Basel]), Verein, Gesellschaft«, ahd. zumft (800), F., »Gemeinschaft, Konvent, Vertrag, Vereinbarung«, Lbd. lat. conventus, M., »Konvent«, germ. *tumfti?, *tumftiz?, F., »Angemessenheit, Bauplatz, Gemeinschaft«, ti-Abstraktum zu idg. *dem-, V., »bauen, zusammenfügen«

zünftig, Adj., »zur Zunft gehörend, ordentlich«, spätmhd. zünftic, Adj., »einer Zunft angehörend«, ahd. zumftīg (9./10. Jh.), Adj., »übereinstimmend«, s. Zunft, ig

Zunge, F., »Zunge, Organ zum Sprechen und Essen«, mhd. zunge, F., »Zunge«, ahd. zunga (nach 765?), F., »Zunge, Rede, Sprache«, as. tunga, F., »Zunge«, germ. *tungōn, F., »Zunge«, idg. *dn̥ĝhu̯a, F., »Zunge«, dn̥ĝhū, M., »Zunge«

zurechnen, V., »zurechnen, zuschreiben«, 16. Jh. (Alberus 1540 bzw. Luther vor 1546) Lüt. lat. imputare, V., »anrechnen«, s. zu, rechnen

zurechenbar, Adj., »zurechenbar«, 19. Jh. (Ritter vor 1859) Lüt. nlat. imputabilis, Adj., »zurechenbar«?, s. zurechen, bar

Zurechenbarkeit, F., »(rechtliche) Möglichkeit einen (rechtswidrigen) Erfolg auf ein Verhalten einer bestimmten Person zurückzuführen«, A. 19. Jh.? (Welcker), s. zurechenbar, heit, vgl. Weiske 1839ff.

Zurechnung, F., »Hinzurechnung«, 17. Jh. (Hulsius-Ravellus 1616) Lüs. lat. imputatio, F., »Anrechnung«, s. zurechnen, ung

Zurechnungsfähigkeit, F., »Fähigkeit der Zurechnung«, E. 18. Jh. (Goethe vor 1832 bzw. Jacobi vor 1817), s. Zurechnung, Fähigkeit, vgl. Weiske 1839ff.

zurück, Adv., »zurück«, mhd. ze rukke, (Adv.,) »zum Rücken, rückwärts (12. Jh.)«, ahd. zi rugge (9. Jh.), »im Rücken«, s. zu, Rücken

Zurückbehaltung, F., »Zurückhalten«, E. 18. Jh. (Schmidt 1778ff.) Lüs. lat. retentio, F., »Zurückbehaltung«, s. zurück, be, halten, ung

Zurückbehaltungsrecht, N., »Recht des Schuldners seine Leistung zu verweigern bis die ihm gebührende Leistung bewirkt wird«, E. 18. Jh. (Allgemeines Bürgerliches Gesetzbuch 1811 Österreich) Lüt. lat. ius retinendi, N., »Recht zur Zurückhaltung«, s. Zurückbehaltung, Recht

zurückverweisen, V., »zurück zu etwas verweisen«, Fischart 1575, s. zurück, verweisen

Zurückverweisung, F., »Rückübertragung eines Rechtsstreits durch das Rechtsmittelgericht an die Vorinstanz zur erneuten Entscheidung nach Aufhebung eines angefochtenen Urteils«, 19. Jh.?, s. zurückverweisen, ung, vgl. Planck 1896

Zusage, F., »Selbstverpflichtung der Verwaltung zu einem Tun oder Unterlassen«, mhd. zuosage (vor 15. Jh.?), F., »Zusage, Versprechen«, s. zu, sagen

zusammen, Adv., Präf., »zusammen, gemeinsam«, mhd. zesamene, Adv., Präf., »zusammen«, ahd. zisamane (8. Jh.?), Adv., Präf., »zusammen, aufeinander, vereint«, as. tesamne, Adv., Präf., »zusammen«, (Zusammenrückung von Präposition und Adverb,) westgerm. *te samanē, Adv., »zusammen«, zu germ. *sama, Adj., »derselbe, gleich«, idg. *somòs, *samòs, Adj., »eben, gleich, derselbe«, zu idg. *sem- (2), Num. Kard., Adv., Präp., »eins, ein, zusammen, samt«

Zusammenhang, M., »Verbindung«, 17. Jh. (Stieler 1691) Lüt. mlat. cohaesio, F., »Zusammenhängen«, s. zusammen, Hang, hängen

zusammenrotten, V., »sich zu einer Rotte zusammenfinden«, 17. Jh.? (Franck 1538), s. zusammen, Rotte

Zusammenrotten, N., »räumliches Zusammentreten oder Zusammenhalten von mindestens zwei Gefangenen zu einem gemeinschaftlichen in bestimmter Weise bedrohlichen Zweck wobei der die Rotte beherrschende friedensstörende Wille äußerlich erkennbar in Erscheinung treten muß«, 19. Jh.?, s. zusammenrotten, vgl. Hälschner 1887 (Zusammenrottung)

Zuschlag, M., »(in der Versteigerung) Annahme des Meistgebotes durch den Versteigerer (z.B. Gerichtsvollzieher oder Versteigerungsgericht)«, »Schlag, Zuschlag, Zugabe« 16. Jh. (Heyden 1565), s. zu, Schlag, zum Zuschlag mit dem Hammer bei Versteigerungen vgl. Helfft 1836, Weiske 1839ff.

Zuschreibung, F., »Zuordnung eines Grundstückes zu einem anderen Grundstück im Grundbuch«, »Widmung« 17. Jh.?, s. zu, schreiben, ung

zusichern, V., »zusagen, versprechen«, Heynatz 1798 bzw. Lavater vor 1801, s. zu, sichern

Zusicherung, F., »Zusage, (im Verwaltungsrecht) eine von der zuständigen Behörde erteilte Zusage einen bestimmten Verwaltungsakt später zu erlassen oder zu unterlassen«, 2. H. 19. Jh.? (Gervinus bzw. Ranke), s. zusichern, ung

Zusicherung einer Eigenschaft, F., »(im Schuldrecht) verpflichtende Willenserklärung des Verkäufers die Gewähr für das Vorhandensein der Eigenschaft übernehmen und für alle (str.) Folgen ihres Fehlens ohne zusätzliches Verschulden einstehen zu wollen (Angaben im Katalog eines Versteigerers genügen)«, 19. Jh.?, s. Zusicherung, Eigenschaft

Zustand, M., »Stand (17. Jh.), Zustand, Lage, Gegebenheit«, spätmhd. zuostant (15. Jh.), M., »Dabeistehendes, Zustand«, s. zu, Stand

zuständig, Adj., »bevorstehend (17. Jh.), zustehend, dazugehörig (16. Jh.)«, mnd. tōstendich 16. Jh. (Fischart 1575), s. Zustand, ig

Zuständigkeit, F., »Kompetenz, Berechtigung und Verpflichtung der Wahrnehmung einer Aufgabe«, »Zustand« (Schottel 1663), »Zuständigkeit« 19. Jh., s. zuständig, heit, vgl. Planck 1896

Zustandsdelikt, N., »Delikt bei dem der durch die Tat geschaffene Zustand andauert die bloße Aufrechterhaltung des Zustandes aber keine selbständige strafrechtliche Bedeutung hat (z.B. Personenstandsfälschung)«, 20. Jh.?, s. Zustand, Delikt

Zustandshaftung, F., »polizeiliche Verantwortlichkeit einer Person für einen eine Störung verursachenden Zustand einer Sache (z.B. Tier oder Grundstück)«, 2. H. 20. Jh.?, s. Zustand, Haftung

zustellen, V., »zustellen, verdecken, bringen, übergeben«, mhd. zuostellen, V., »zurichten, zugreifen«, s. zu, stellen

Zustellung, F., »in bestimmter gesetzlich vorgeschriebener Form geschehender und - in einer Zustellungsurkunde - zu beurkundender Vorgang durch den einer Person Gelegenheit zur Kenntnisnahme seines Schriftstücks verschafft wird«, »Hinstellung, Zurichtung« 16. Jh. (1509 Frankfurt bzw. Vetter 1581), s. zustellen, ung, vgl. Planck 1896

zustimmen, V., »mit der Stimme mittönen, zustimmen, beipflichten, einverstanden sein«, 16. Jh. (Frisius 1556), s. zu, Stimme

Zustimmung, F., »formlose Erklärung des Einverständnisses mit einem Rechtsgeschäft (z.B. eines beschränkt Geschäftsfähigen)«, »Übereinstimmung« Frisius 1556 (durch Unterschrift unter Klage), »Erklärung des Einvernehmens« Hulsius 1618, s. zustimmen, ung

Zustimmungsgesetz, N., »Bundesgesetz das zu seiner Entstehung der Zustimmung des Bundesrates bedarf«, 2. H. 20. Jh., s. Zustimmung, Gesetz

***Zuverlaß**, M., mhd. zuoverlâz, M., »Zuversicht, Zuflucht«, s. zu, ver, lassen

zuverlässig, Adj., »verläßlich«, »von wem zu erwarten ist daß er sich an die jeweiligen rechtlichen Vorschriften halten und Rechtsgüter nicht gefährden oder verletzen wird«, 16. Jh. (Machholth 1560), seit E. 17. Jh. verbreitet, s. zu, verlassen (V.) auf, ig

Zuverlässigkeit, F., »begründete Erwartung (Gewähr) zufriedenstellender Tätigkeit«, E. 18. Jh.? (Goethe vor 1832), s. zuverlässig, heit

zuwenden, V., »zuwenden, hinwenden, hingeben«, vgl. ahd. zuowenten (765), V., »hinwenden, zuwenden, wahrnehmen«, as.? tōwendian, V., »zuwenden«, Lüs. lat. advertere, V., »zuwenden«, s. zu, wenden

Zuwendung, F., »Hingabe (eines Vermögensgegenstandes von) einer Person an eine andere«, 17. Jh. (Dannhauer vor 1666), s. zuwenden, ung

Zuwendungsverhältnis, N., »Valutaverhältnis, (beim berechtigenden Vertrag zugunsten Dritter) Verhältnis zwischen Versprechensempfänger (Gläubiger) und Begünstigtem (Dritten)«, 2. H. 20. Jh.?, s. Zuwendung, Verhältnis

Zwang, M., »Einwirkung auf eine Person oder Sache mit Gewalt«, mhd. twanc, M., »Zwang, Beengung, Gewalt, Not«, ahd. *dwang, M., ablautendes Verbalabstraktum zu zwingen

Zwangsgeld, N., »für den Fall der Nichterfüllung einer geschuldeten Pflicht von der Behörde oder dem Gericht festgesetzte Geldleistung«, 20. Jh.?, s. Zwang, Geld

Zwangshypothek, F., »auf Antrag eines Gläubigers im Wege der Zwangsvollstreckung in das Grundbuch eingetragene Hypothek«, 2. H. 19. Jh.?, s. Zwang, Hypothek, vgl. Gerber 1895

Zwangslizenz, F., »zwangsweise erteilte Lizenz«, 2. H. 20. Jh., s. Zwang, Lizenz

Zwangsmittel, N. Pl., »der Verwaltung zur Durchsetzung der vollstreckbaren (anfechtbaren sofort vollstreckbaren oder nichtsuspensiv wirkenden) Verwaltungsakte im Verwaltungsvollstreckungsverfahren zur Verfügung stehende Mittel«, »Zwang ausübende Mittel«, Enß 1627, s. Zwang, Mittel

Zwangsvergleich, M., »auf den Vorschlag des Gemeinschuldners zwischen diesem und den nicht bevorrechtigten Konkursgläubigern geschlossener Vergleich«, 2. H. 19. Jh.?, s. Zwang, Vergleich, vgl. Gerber 1895

Zwangsversteigerung, F., »Versteigerung eines Grundstücks (oder Schiffes oder Luftfahrzeuges) im Wege der Zwangsvollstreckung«, 19. Jh.?, s. Zwang, Versteigerung, s. Zwang, Versteigerung, vgl. Weiske 1839ff.

Zwangsverwaltung, F., »Sequestration, Verwaltung eines Grundstückes im Wege der Zwangsvollstreckung«, 2. H. 19. Jh., s. Zwang, Verwaltung, vgl. Gerber 1895

Zwangsvollstreckung, F., »Durchsetzung einer hoheitlichen Anordnung mit Hilfe staatlicher Zwangsmaßnahmen, Durchsetzung eines dem Gläubiger gegen den Schuldner im Vollstreckungstitel verbrieften Anspruchs«, 2. H. 19. Jh., s. Zwang, Vollstreckung, vgl. Planck 1896

Zweck, M., »Zweck, Sinn, Ziel«, mhd. zwec, M., »Nagel, Bolzen, Mittelpunkt der Zielscheibe, Ziel (15. Jh.)«, ahd. zwek (8./9. Jh.?), zwec, M., »Nagel, Holzpflock«, zu germ. *twikkjōn, V., »befestigen, klemmen, zwicken«, Herkunft unklar

Zweckerreichung, F., »Erlangung des Zieles, Eintreten des geschuldeten Leistungserfolges ohne Zutun des Schuldners (z.B. das gestrandete Schiff wird vor der Bergung von selbst wieder frei)«, 2. H. 20. Jh., s. Zweck, er, reichen, ung

Zweckfortfall, M., »Wegfall des Leistungssubstrats (z.B. das zu heilende Kind stirbt)«, 2. H. 20. Jh., s. Zweck, fort, Fall

zweckmäßig, Adj., »zweckmäßig, sinnvoll«, 18. Jh., s. Zweck, mäßig

Zweckmäßigkeit, F., »Bewertung eines Verhaltens nach seiner Geeignetheit zur Erreichung eines Zieles«, E. 18. Jh. (Nast 1791), s. zweckmäßig, heit

Zweckstörung, F., »Störung des Zweckes, Wegfall des Interesses des Gläubigers an der Leistung trotz äußerlicher Möglichkeit der Leistung (z.B. Fußballspiel zu dem Sonderfahrt stattfinden soll fällt aus)«, 2. H. 20. Jh., s. Zweck, Störung

Zweckverband, M., »- durch öffentlichrechtlichen Vertrag erfolgender - Zusammenschluß mehrerer Gemeinden oder sonstiger Hoheitsträger«, 1. H. 20. Jh.? (Bülow 1916 bzw. Mayer 1917), s. Zweck, Verband

zwei, Num. Kard. (N.), »zwei«, mhd. zwēne (M.), zwō (F.), zwei (N.), Num. Kard., »zwei«, ahd. zwēne (1. H. 8. Jh.?) (M.), zwa, zwō (F.), zwei (N.), Num. Kard., »zwei«, westgerm. *twaina, Distributivzahlwort (statt *twai), *twa, *twai, Num. Kard., »zwei«, idg. *du̯ōu (M.), *du̯ai (F. bzw. N.), Num. Kard., »zwei«, bis zum 18. Jh. setzt sich die Form des N. durch, F. »zwo« im 20. Jh. z.T. wieder aufgegriffen

Zweifel, M., »Bedenken an der Richtigkeit«, mhd. zwīvel, M., »Zweifel, Mißtrauen«, ahd. zwīfal (E. 8. Jh.), M., N., »Zweifel, Ungewißheit, Bedenken«, germ. *twīfla, *twīflaz, *twīflja, *twīfljaz, M., »Zweifel, Zweifältiges«, zu idg. *du̯ōu, Num. Kard. (M.), »zwei«

Zweig, M., »Zweig, Ast«, mhd. zwīc, N., M., »Zweig«, ahd. zwīg (830), M., N., »Zweig«, germ. *twīga, Sb., »Zweig«, idg. *du̯eigho, *du̯igho, Sb., »Zweig«?, zu idg. *du̯ōu (M.), *du̯ai (F. bzw. N.), Num. Kard., »zwei«

Zweigniederlassung, N., »Niederlassung eines Kaufmanns an der er oder seine Leute teils abhängig (sachlich dieselben Geschäfte bzw. abhängige Firma) von der Hauptniederlassung teils unabhängig (räumliche Selbständigkeit bzw. selbständiger Leiter) von ihr wirken«, 2. H. 19. Jh. Lsch. für Filiale, s. Zweig, Niederlassung

Zweikammersystem, N., »Aufteilung des Parlaments in zwei Kammern (z.B. Oberhaus-Unterhaus bzw. Repräsentantenhaus-Senat bzw. Bundestag-Bundesrat bzw. Landtag-Senat)«, 19. Jh., s. zwei, Kammer, System, vgl. Weiske 1839ff.

Zweikampf, M., »Duell, verabredeter Kampf zweier Personen mit (tödlichen) Waffen«, 17. Jh. (Harsdörfer vor 1658 Nürnberg) Lüs. lat. duellum, N., »Zweikampf«, zu scheinbar vorliegendem lat. duo, Num. Kard., »zwei«, lat. bellum, N., »Kampf, Krieg«, verdrängt älteres ahd. einwīg (11. Jh.), M., N., »Einzelkampf, Zweikampf«, Lüs. lat. monomachia, F., »Alleinkampf«, s. zwei, Kampf

Zweikondiktionentheorie, F., »(bei der ungerechtfertigten Bereicherung) Lehre die annimmt daß wenn der Empfänger einer ungerechtfertigten Bereicherung bei einem (nichtigen) gegenseitigen Vertrag seine Gegenleistung bereits bewirkt hat jeder Vertragsteil einen selbständigen Anspruch auf Herausgabe des jeweils vom Gegner Empfangenen bzw. des entsprechenden Wertersatzes unabhängig vom Schicksal des Bereicherungsanspruches der Gegenseite hat«, 2. H. 20. Jh., s. zwei, Kondiktion, Theorie

Zweiplusvierverhandlung, F. Pl., »Verhandlungen der Vereinigten Staaten von Amerika und der Sowjetunion und Frankreichs und Großbritanniens und der Bundesrepublik Deutschland und der Deutschen Demokratischen Republik über die deutsche Einheit im Jahre 1990«, s. zwei, Verhandlung

Zweischwerterlehre, F., »Theorie zur Begründung des Verhältnisses von Kaiser und Papst«, 20. Jh.?, s. zwei, Schwert, Lehre

zweiseitig, Adj., »zwei Seiten betreffend«, 17. Jh. (Albanus 1637) Lüs. nlat. bilateralis, Adj., »zweiseitig«, s. zwei, Seite, ig

Zweispurigkeit des Strafrechts, F., »(im Strafrecht) Parallelität von Strafen und Maßregeln der Besserung und Sicherung«, 2. H. 20. Jh., s. zwei, Spur, ig, heit

Zweistaatentheorie, F., »Theorie die davon ausging daß das nicht mehr bestehende Deutsche Reich (bis 1990) seine Fortsetzung in den bestehenden beiden deutschen Staaten fand«, 2. H. 20. Jh., s. zwei, Staat, Theorie

Zweistufentheorie, F., »Theorie zur Bestimmung des Vorgehens der Leistungsverwaltung (z.B. Subvention) das in zwei Stufen geschehen soll«, 2. H. 20. Jh., s. zwei, Stufe, Theorie

Zweitbescheid, M., »Bescheid in dem die Behörde nach unanfechtbar gewordenem Verwaltungsakt auf Gegenvorstellung oder Antrag des Betroffenen ein zweitesmal über dieselbe Angelegenheit entscheidet«, 2. H. 20. Jh., s. zweite, Bescheid

zweite, Num. Ord., »zweite«, 15. Jh. Ableitung zu zwei, Num. Kard., »zwei«, verdrängt älteres ander, Adj., »andere, zweite«

Zwerg, M., »Zwerg, Wichtelmännchen«, mhd. twerc, N., »Zwerg«, ahd. twerg (vor 882?), N., »Zwerg«, germ. *dwerga, *dwergaz, M., »Zwerg«, zu idg. *dhu̯ergh-, Adj., »zwerghaft, verkrüppelt«?, zu idg. *dhu̯er-, V., »schädigen«?, z seit 15. Jh.

zwie, Präf., Nebenform von zwei für Zusammensetzungen, s. zwei

Zwilling, M., »Zwilling«, mhd. zwillinc, zwinelinc, M., »Zwilling«, ahd. zwiniling (10. Jh.), M., »Zwilling«, Lüt. lat. geminus, M., »Zwilling«?, zu ahd. zwinal, Adj., »Zwillings-«, zu zwei bzw. zwie, Assimilation von n an l seit 13. Jh.

zwingen, V., »zwingen, mit Zwang zu etwas bewegen«, mhd. twingen, V., »zwingen«, ahd. dwingan (765, PN), V., »zwingen, bezwingen, unterwerfen, züchtigen«, as. thwingan, V., »zwingen«, germ. þwengan, V., »zwingen«, idg. *tu̯enĝh-, V., »bedrängen«

zwingend, Adj., »unabänderlich, zwingend, folgerichtig (18. Jh.)« 16. Jh. (Luther 1522) Lüs. lat. cogens, Adj., »zwingend«, Part. Präs. von zwingen

zwingendes Recht, N., »(von den Parteien) unabänderliches Recht«, 19. Jh.? Lüs. lat. ius cogens, N., »zwingendes Recht«, s. zwingend, Recht, zwingendes Gesetz (16. Jh.)

Zwinger, M., »Zwinger (15. Jh.?)«, mhd. zwingære, twinger, M., »Dränger, Überwältiger« (14. Jh.?), s. zwingen, er

zwischen, Präp., Präf., »zwischen«, mhd. zwischen, Präp., Präf., »zwischen«, ahd.? zwiskēn (13. Jh.), Präp., »zwischen«, Dat. Pl. von ahd. zwiski (765), zwisci, Adj., »zweifach, zweiteilig«, germ. *twiska, *twiskaz, *twiskja, *twiskjaz, Adj., »zweifach«, ko-Ableitung, zu idg. *du̯is, Adv., »zweimal, entzwei«, zu idg. *du̯ōu, Num. Kard. (M.), »zwei«, zeitliche Bedeutung seit 14. Jh.

Zwischenbescheid, M., »vorläufiger nicht endgültig regelnder Bescheid«, s. zwischen, Bescheid, vgl. Wetzell 1865

Zwischenprüfung, F., »im Laufe einer Ausbildung abgehaltene Prüfung«, 2. H. 20. Jh.?, s. zwischen, Prüfung

Zwischenurteil, N., »Urteil über einen zur Entscheidung reifen Zwischenstreit (z.B. über eine Prozeßvoraussetzung oder über den Grund eines Anspruchs)«, 18. Jh. (Kramer 1702) Lüs. nlat. sententia interlocutoria, F., »Zwischenurteil«, s. zwischen, Urteil, Interlokut, vgl. Planck 1857

Zwischenverfahren, F., »zwischen zwei Einheiten ablaufendes Verfahren«, s. zwischen, Verfahren, vgl. Wetzell 1865

Zwischenverfügung, F., »Verfügung des Grundbuchamtes in der - weder eine beantragte Eintragung angeordnet noch der Antrag zurückgewiesen sondern - dem Antragsteller eine angemessene Frist zur Behebung eines einer Eintragung entgegenstehenden - behebbaren - Hindernisses (z.B. fehlende behördliche Genehmigung) bestimmt wird«, 20. Jh.?, s. zwischen, Verfügung

Zwist, M., »Zwist, Streit«, mhd. Zwist, M., »Zwist, Streit«, zu zwei

Zwitter, M., »Zwitter, Hermaphrodit, Bastard«, mhd. zwitarn, M., »Zwitter (13. Jh.), Bastard«, ahd. zwitarn (A. 9. Jh.), M., »Zwitter?, Bastard, Mischling von adliger und unadliger Herkunft«, germ.

*twiderna, *twidernaz, M., »Zwitter«?, zu idg. *du̯ōu, Num. Kard. (M.), »zwei«, Herkunft des zweiten Wortbestandteils unklar

zwölf, Num. Kard., »zwölf«, mhd. zwelif, Num. Kard., »zwölf«, ahd. zwelif (E. 8. Jh.), Num. Kard., »zwölf«, as. twelif, Num. Kard., »zwölf«, germ. *twalībi, Num. Kard., »zwölf«, s. idg. *du̯ōu (M.), *du̯ai (F. bzw. N.), Num. Kard., »zwei«, idg. *leiku̯-, V., »lassen, übriglassen«(, zwölf ist die Zahl, bei welcher nach dem Zählen bis zehn noch zwei übrigbleiben)

Zwölftafelgesetz, N., »in 12 Tafeln gefaßte Aufzeichnung des römischen Rechts (451/450 v. Chr.) (welche niemals förmlich aufgehoben wurde)«, 2. H. 19. Jh.? (Winkelmann 1866) Lüs. lat. lex duodecim tabularum, F., »Zwölftafelgesetz«, s. zwölf, Tafel, Gesetz